西周金文字編

上

張俊成 編著

教育部人文社會科學研究青年基金項目
「西周金文的整理及數據庫的開發與建設」（13YJC740137）
山東省一流學科「曲阜師範大學中國史」資助成果

序言

在當前對先秦文化進行分區、分域研究的學術熱潮下，按時代和地域編撰先秦古文文字編已成爲深入開展古文字研究的迫切需要。文字編的編寫工作一直是古文字整理研究的基礎性工作，很多學者花費大量精力着力於此，目前有關金文文字編的編寫工作已經向縱深化發展，各種性質的金文文字編相繼出現。綜合性的金文文字編，如董蓮池先生《新金文編》，已成爲古文字學者重要的參考書。分域的文字編，如王輝先生《秦文字編》、孫剛先生《齊文字編》、張振林先生《齊魯文字編》等，也有大量金文字形的收入。

目前，該項工作的趨勢是進一步細化編寫斷代金文文字編，現已取得了一定的成果，這主要體現在商代金文文字編的編寫上，如畢秀潔《商代金文全編》、嚴志斌《商金文編》等，都是這方面工作的代表性成果，而其他時段的斷代金文文字編則幾近空白。

西周青銅器的珍貴價值，突出表現在銘文上，西周金文在商代金文的基礎上有顯著的發展與進步。商代的主要文字資料是甲骨文，金文居於次要地位，而西周時期，金文則是文字資料的主流。從漢字發展歷史上看，西周金文也是中國古文字的核心資料之一。西周金文材料没有經過後人的傳抄和整理，保持了當時的原貌，是研究西周語言文字、歷史文化的第一手寶貴資料。西周銘文内容豐富，涉及當時的語言文字及政治、經濟、軍事、文化等諸多方面。在當前情況下，能否利用好這些資料，在很大程度上取決於對這些原始資料的整理是否到位。因此，全方位地展開各種基礎性的整理工作就顯得很有必要，其中文字編的編寫就是最重要的工作之一。

張俊成博士聰穎好學，勤於思考，多年致力於兩周金文的研習，收穫頗豐，具備深厚的學術功底。現在他以多年的學術積累爲基礎，經過數年的努力，編纂成了一部能體現當今學術新水準的金文文字編。這部文字編選取了金文發展史上最具代表性階段的西周金文作爲研究資料，窮盡收集原始資料和研究論著，對西周金文單字進行了系統全面的整理。其特點主要有以下兩個方面。一、資料收集全面。該書不僅着重收集了近些年新見的西周金文資料，對以前發表的資料也進行了較爲全面的收録。在銘文字形的選取上，不是僅僅力求全面，而是着重選取有代表性的能夠反映銘文發展特徵的字形拓片，這爲瞭解西周金文字形的變化脈絡，提供了相對明晰的線索。二、及時收錄最新研究成果。一部好的古文字工具書不僅要爲讀者提供詳盡科學的研究資料，更應體現該研究領域的新成果、新水準及新動向。該書充分吸收了學界在西周金文研究方面的新成果，並以加案語的形式予以簡要羅列，這無疑爲讀者及時瞭解最新的研究成果提供了較多便利。

除此之外，該書其他方面也頗足稱道，如論説之精審，選擇之得當，條理之分明，文字之簡潔等等，不一而足。總之，這是一部兼具學術性和實用性的好書，相信隨着大家對該書的不斷使用，其價值也將日益顯現出來。

彭裕商

二〇一七年十月於江安花園

目録

凡例

一、本書專收二〇一八年上半年以前公開發表的西周銅器銘文，不包括時代不確定而定爲商或西周早期、西周晚期或春秋早期的銅器銘文。

二、本書主體由正編（十四卷）、合文、附録（上、下）組成。正編編排次序略依大徐本《説文》爲序，異體字加方括號依次位於正字上方；合文部分專收合書字例。仿《金文編》之例，以未識之「圖形文字」爲附録上，其他未識字爲附録下。

三、每個字頭下所收字形儘可能全面，選取原則主要考慮寫法有代表性者。所收字形依時代順序排列，《殷周金文集成》之後新見字形附於其後。每個字形下注明出處、器銘。各字形排列略依著録編號先後，兼顧時代、形體。新見字形略依時代爲序排列。順序爲西周早期、西周早期或中期、西周中期、西周中期或晚期、西周晚期。時代的判定多據發表者意見或學術界一般看法，僅供參考。如一字頭下有結構、寫法明顯不同者，則先類聚，再按時代排序。

四、金文隸定字與《説文》字頭差異較大者，置於字頭上方，並加「〔　〕」號。

五、本書金文字形取於《殷周金文集成》、《殷周金文集成釋文》者，只標注該書册數和拓片序號，如「05. 2837」表示出自《殷周金文集成》第 5 册第 2837 號。取於《近出殷周金文集録》、《新收殷周青銅器銘文暨器影彙編》者，則標注該書簡稱和該器在書中的編號。

六、字形儘量采自電子化的拓本或照片、摹本，再經電腦處理。字形大小經過縮放，並非原大。拓本模糊、摹寫失真、照片不清者不在收録之列。

七、書中稱引書刊多用簡稱，詳參「引書簡稱表」。簡稱表中「書」以出版年份爲序，「刊」按音序排列。

八、本書附有「筆畫檢字表」，表中同筆畫者按書中出現先後爲序。

九、案語中稱引諸家之説一般以「作者（年份）」的形式，書末另附「參考文獻」以備檢索。「參考文獻」按作者姓名音序排列。

十、所出銘文的器物的年代在每列底部標出，年代一般分西周早、中、晚三期。

引書簡稱表

周金	《周金文存》，鄒安著，一九一六年廣倉學宭石印本。
總集	《金文總集》，嚴一萍編，藝文印書館，一九八三年。
三代	《三代吉金文存》，羅振玉編，中華書局，一九八三年。
銘文選	《商周青銅器銘文選》，馬承源主編，文物出版社，一九八六年—一九九〇年。
史徵	《西周青銅器銘文分代史徵》，唐蘭著，中華書局，一九八六年。
陝金	《陝西金文彙編》，吳鎮烽編著，三秦出版社，一九九〇年。
商周	《商周金文選》，曹錦炎編，西泠印社，一九九八年。
徐集	《徐中舒先生百年誕辰紀念文集》，四川聯合大學歷史系，巴蜀書社，一九九八年。
保利	《保利藏金——保利藝術博物館精品選》，保利藏金編委會編著，嶺南美術出版社，一九九九年。
虢國墓	《三門峽虢國墓》，河南省文物考古研究所等，文物出版社，一九九九年。
曲村	《天馬—曲村》（一九八〇—一九八九），北京大學考古系商周組、山西省考古研究所編著，科學出版社，二〇〇〇年。
長子口	《鹿邑大清宫長子口墓》，河南省文物考古研究所、周口市文化局局編，中州古籍出版社，二〇〇〇年。

頤和園	《頤和園文物菁華・青銅類》，頤和園管理處編，五洲傳播出版社，二〇〇〇年。
保利續	《保利藏金續——保利藝術博物館精品選》，保利藏金編委會編著，嶺南美術出版社，二〇〇一年。
近出	《近出殷周金文集録》，劉雨、盧岩編著，中華書局，二〇〇二年。
晉國	《晉國奇珍——山西晉侯墓群出土文物精品》，上海博物館，上海人民美術出版社，二〇〇二年。
晉侯	《晉侯墓地出土青銅器國際學術研討會論文集》，上海博物館編，上海書畫出版社，二〇〇二年。
北京	《北京文物精粹大系・青銅器卷》，《北京文物精粹大系》編委會、北京市文物局編，北京出版社，二〇〇二年。
第三屆	《第三屆國際中國古文字學研討會論文集》，張光裕等編，香港中文大學中國語言及文學系，二〇〇三年。
盛世	《盛世吉金：陝西寶雞眉縣青銅器窖藏》，陝西文物局、寶雞市文物局等編，北京出版社，二〇〇三年。
夏商周	《夏商周青銅器研究》，陳佩芬著，上海古籍出版社，二〇〇四年。
雪齋	《雪齋學術論文二集》，張光裕撰，藝文印書館，二〇〇四年。
中銅展	《中國青銅器展覽圖録》，上海博物館編，五洲傳播出版社，二〇〇四年。
滕州	《滕州前掌大墓地》，中國社會科學院考古研究所編著，文物出版社，二〇〇五年。
西安	《西安文物精華・青銅器卷》，西安市文物保護考古所編著，世界圖書出版公司。二〇〇五年。
周原	《周原出土青銅器》，曹瑋主編，巴蜀書社，二〇〇五年。

新收	《新收殷周青銅器銘文暨器影彙編》，鍾柏生、陳昭容、袁國華編，藝文印書館，二〇〇六年。
流散歐美	《流散歐美殷周有銘青銅器集録》，劉雨、汪濤撰，上海辭書出版社，二〇〇七年。
山東	《山東金文集成》，山東省博物館編，齊魯書社，二〇〇七年。
字與史（一）	《古文字與古代史》第一輯，陳昭容主編，中研院歷史語言研究所，二〇〇七年。
曾國	《曾國青銅器》，湖北省文物考古研究所編，文物出版社，二〇〇七年。
華章	《吉金鑄華章——寶雞眉縣楊家村單氏青銅器窖藏》，陝西省考古研究院等，文物出版社，二〇〇八年。
論稿	《古文字學論稿》，張光裕、黄德寬主編，安徽大學出版社，二〇〇八年。
首陽	《首陽吉金——胡盈瑩、范季融藏中國古代青銅器》，首陽齋、上海博物館等，上海古籍出版社，二〇〇八年。
玫茵堂	《玫茵堂藏中國銅器》，汪濤，玫茵堂，二〇〇九年。
商金	《商周金文編——寶雞出土青銅器銘文集成》，霍彦儒、辛怡華主編，三秦出版社，二〇〇九年。
隨州	《隨州出土文物精粹》，隨州市博物館，文物出版社，二〇〇九年。
芮國墓	《梁代村芮國墓地——二〇〇七年度發掘報告》，陝西省考古研究院等編，文物出版社，二〇一〇年。
通鑒	《商周金文資料通鑒》，《商周金文資料通鑒》課題組，二〇一〇年。
銘圖	《商周青銅器銘文暨圖像集成》，吴鎮烽編著，上海古籍出版社，二〇一二年。

銘圖續	《商周青銅器銘文暨圖像集成續編》，吴鎮烽編著，上海古籍出版社，二〇一六年。
古研	《古文字研究》
故博	《故宫博物院院刊》
國刊	《中國國家博物館館刊》
集刊	《中研院歷史語言研究所集刊》
考文	《考古與文物》
歷文	《中國歷史文物》
上博	《上海博物館集刊》
陝博	《陝西歷史博物館館刊》

西周金文字編 卷一

一

西周早期	西周中期	西周中期	西周晚期
05.2706 麥方鼎	05.2696 [illegible]鼎	文物 2000(6) 曶鼎	05.2818 鬲攸从鼎
05.2728 旅鼎	08.4159 鼂簋	歷文 2004(1) 師酉鼎	05.2835 多友鼎
05.2763.1 我方鼎	08.4208 段簋	新收 1891 害簋	08.4324.1 師嫠簋
05.2837 大盂鼎	10.5398.2 同卣	新收 1958 夾簋	08.4328 不嬰簋
10.5426.2 庚贏卣	10.5430.2 繁卣	考文 2006(6) 二式𤞷簋	09.4467.1 師克盨
文物 2005(9) 榮仲方鼎	15.9456 裘衛盉	銘圖 05666 遣伯盨	華章 39 頁 卌二年逑鼎甲
	文物 1999(9) 戎生編鐘	論稿 10 頁 聞尊	華章 55 頁 卌三年逑鼎甲

元

西周早期	西周中期
05.2614 曆方鼎	05.2838 曶鼎
	08.4288.1 師酉簋
	08.4288.2 師酉簋
	08.4291 師酉簋
	08.4316 師虎簋

天

 歷文 2006(3) 親簋	 11.5688 天作从尊	 03.754 尹姞鬲	 08.4261 天亡簋	 05.2760 作册大 方鼎	 09.4457.1 叔尃父盨	 01.239.1 虢叔旅锺	 15.9705 番匊生壺
 陝博(7) 宰獸簋	 考文 1997(3) 虎簋蓋	 05.2824 㦰方鼎	 11.5687 天御尊	 05.2791 伯姜鼎	 09.4457.2 叔尃父盨	 05.2835 多友鼎	
 歷文 2004(1) 師酉鼎	 歷文 2002(1) 士山盤	 08.4219 追簋	 11.6014 何尊	 05.2837 大盂鼎	 18.11412 元矛	 08.4274.2 元年師 兑簋	
 文物 1999(9) 戎生編鐘	 歷文 2002(6) 豳公盨	 08.4223.1 追簋	 11.6015 麥方尊	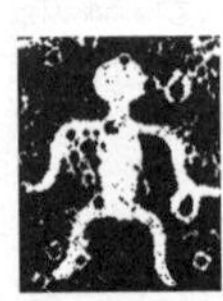 06.3603 天禾作父 乙簋	 文博 1991(2) 叔元父 盨蓋	 08.4282.1 元年師 旋簋	
		 08.4251 大師虘簋	 11.6015 麥方尊	 08.4205 楷伯簋	 夏商周 395 伯吕盨	 08.4326 番生簋蓋	
西周中期	西周中期	西周中期	西周早期	西周早期	西周晚期	西周晚期	西周中期

吏　〔不〕丕

吏	丕						
 11.5957 䝨父乙尊	 05.2810 噩侯鼎	 05.2786 康鼎	 05.2778 史獸鼎	 華章 71 頁 卌三年逑鼎丙	 08.4228 無曩簋蓋	 01.181.2 南宮乎鐘	 首陽 114 頁 應侯視工簋蓋
 15.9451 麥盉		 05.2804 利鼎	 05.2837 大盂鼎	 華章 79 頁 卌三年逑鼎丁	 08.4333.1 頌簋	 01.260.2 㝬鐘	 銘圖 05673 古盨蓋
 15.9530 吏从壺		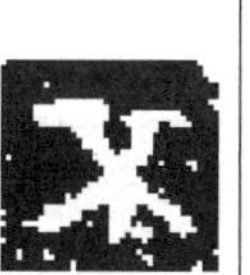 05.2820 善鼎	 08.4261 天亡簋	 文博 2007(2) 𩵦鼎	 15.9731.1 頌壺	 05.2805 南宮柳鼎	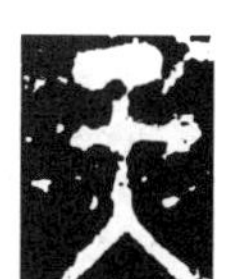 歷文 2004(2) 任鼎
 16.9893.2 井侯方彝		 08.4250 即簋	「不」字重見。	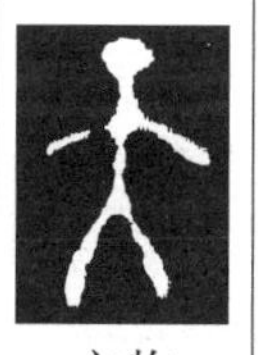 文物 2009(9) 頌盤	 文博 1987(2) 逑鐘	 05.2829 頌鼎	 論稿 167 頁 吕簋蓋
 16.10061 吏从盤		 16.10175 史牆盤				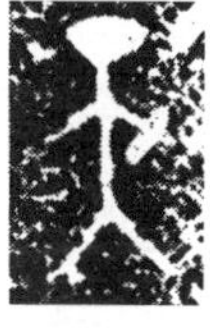 05.2841B 毛公鼎	
西周早期	西周晚期	西周中期	西周早期	西周晚期	西周晚期	西周晚期	西周中期

帝　　　　上

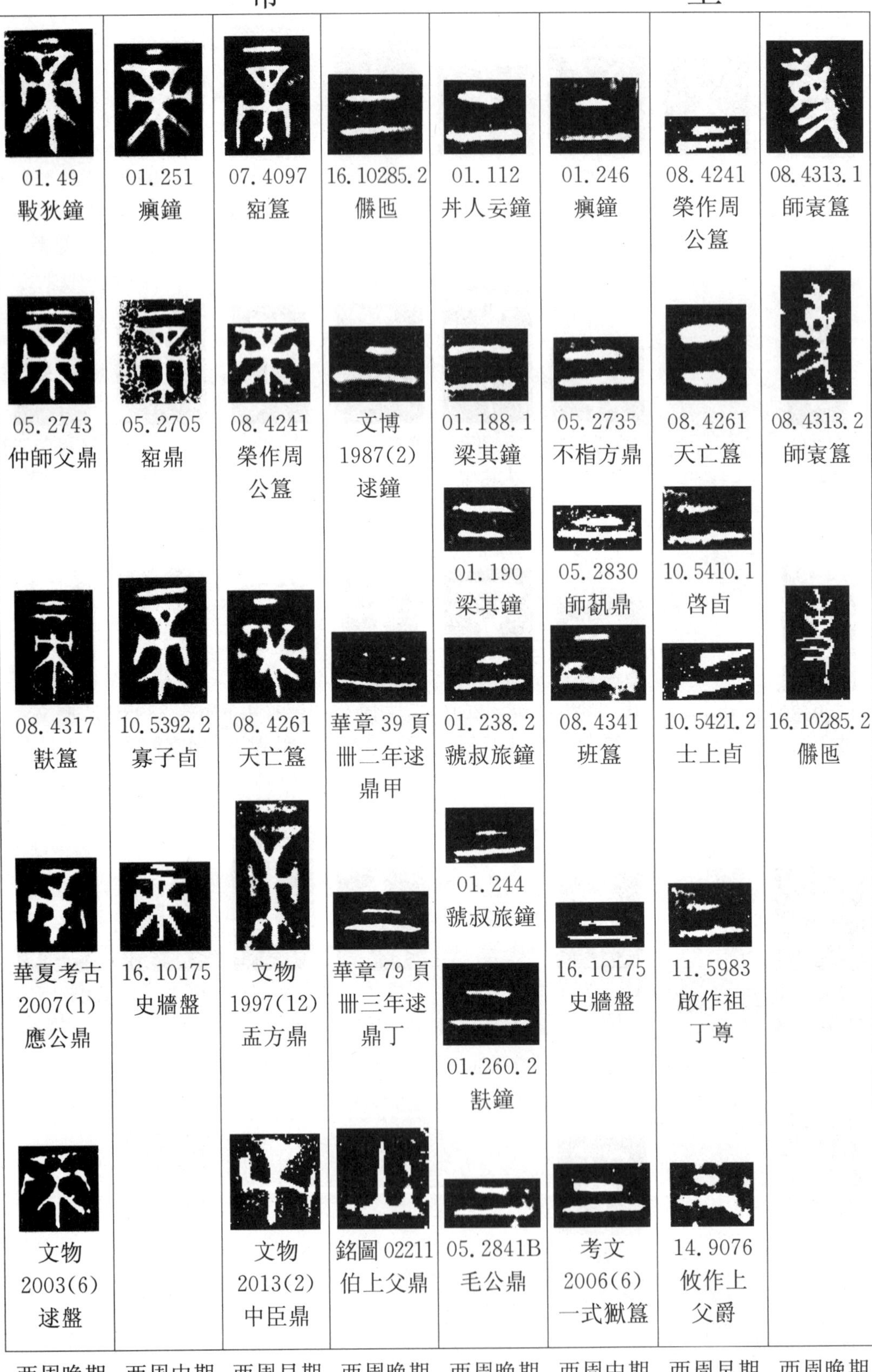

帝			上				
01.49 戰狄鐘	01.251 𤼈鐘	07.4097 䆫簋	16.10285.2 𠑇匜	01.112 井人妄鐘	01.246 𤼈鐘	08.4241 榮作周公簋	08.4313.1 師寰簋
05.2743 仲師父鼎	05.2705 䆫鼎	08.4241 榮作周公簋	文博 1987(2) 逑鐘	01.188.1 梁其鐘	05.2735 不指方鼎	08.4261 天亡簋	08.4313.2 師寰簋
				01.190 梁其鐘	05.2830 師䚄鼎	10.5410.1 啓卣	
08.4317 㝬簋	10.5392.2 寡子卣	08.4261 天亡簋	華章 39 頁 卌二年逑鼎甲	01.238.2 虢叔旅鐘	08.4341 班簋	10.5421.2 士上卣	16.10285.2 𠑇匜
				01.244 虢叔旅鐘			
華夏考古 2007(1) 應公鼎	16.10175 史牆盤	文物 1997(12) 盂方鼎	華章 79 頁 卌三年逑鼎丁	01.260.2 㝬鐘	16.10175 史牆盤	11.5983 啟作祖丁尊	
文物 2003(6) 逑盤		文物 2013(2) 中臣鼎	銘圖 02211 伯上父鼎	05.2841B 毛公鼎	考文 2006(6) 一式獄簋	14.9076 攸作上父爵	
西周晚期	西周中期	西周早期	西周晚期	西周晚期	西周中期	西周早期	西周晚期

示	下			旁			
考文 2006(6) 一式獄簋	 01.238.2 虢叔旅鐘	05.2831 九年衛鼎	 08.4241 榮作周公簋	04.2071 旁肇鼎	 07.3845 妊𤔲母簋	 11.5922 周免旁父丁尊	10.5431 高卣
	 01.240.2 虢叔旅鐘	 11.6011.2 盠駒尊	 玫茵堂102 伯祼簋		 07.3936 仲駒父簋蓋		 15.9768 亞旁罍
	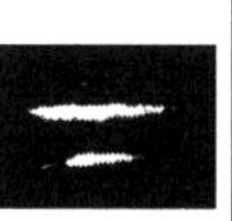 01.244 虢叔旅鐘	 15.9455 長由盉					 曲村440頁 仲畱父壺
	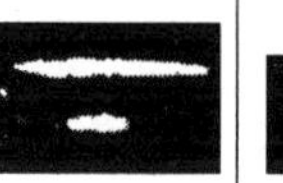 08.4326 番生簋蓋	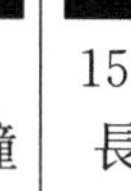 16.10175 史牆盤					
	 華章79頁 卌三年逑鼎丁	歷文 2002(6) 豳公盨					
	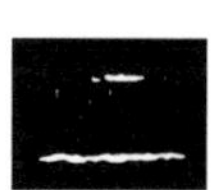 華章87頁 卌三年逑鼎戊	 南開學報 2008(6) 衛簋甲蓋					
西周中期	西周晚期	西周中期	西周早期	西周	西周晚期	西周中期	西周早期

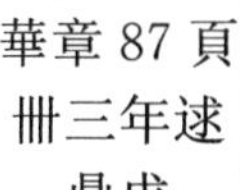

祜

01.249
癲鐘

01.250
癲鐘

西周中期

〔豊〕禮

08.4261
天亡簋

11.6014
何尊

11.6015
麥方尊

「豊」字重見。

西周早期

〔彔〕祿

01.246
癲鐘

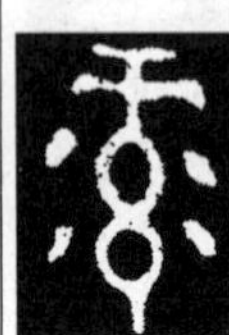
05.2662
或者鼎

10.5427.1
作册嗌卣

16.10175
史牆盤

西周中期

文物
2007(8)
五年琱生
尊甲

文物
2007(8)
五年琱生
尊乙

「彔」字重見。

西周中期

01.188.1
梁其鐘

05.2827
頌鼎

05.2828
頌鼎

05.2829
頌鼎

西周晚期

08.4331
頌簋

08.4332
頌簋

08.4336
頌簋蓋

西周晚期

08.4337
頌簋

08.4338
頌簋蓋

15.9718
䰙史㞒壺

文物
2003(6)
逑盤

西周晚期

文物
2003(6)
卌二年逑
鼎乙

西周晚期

福

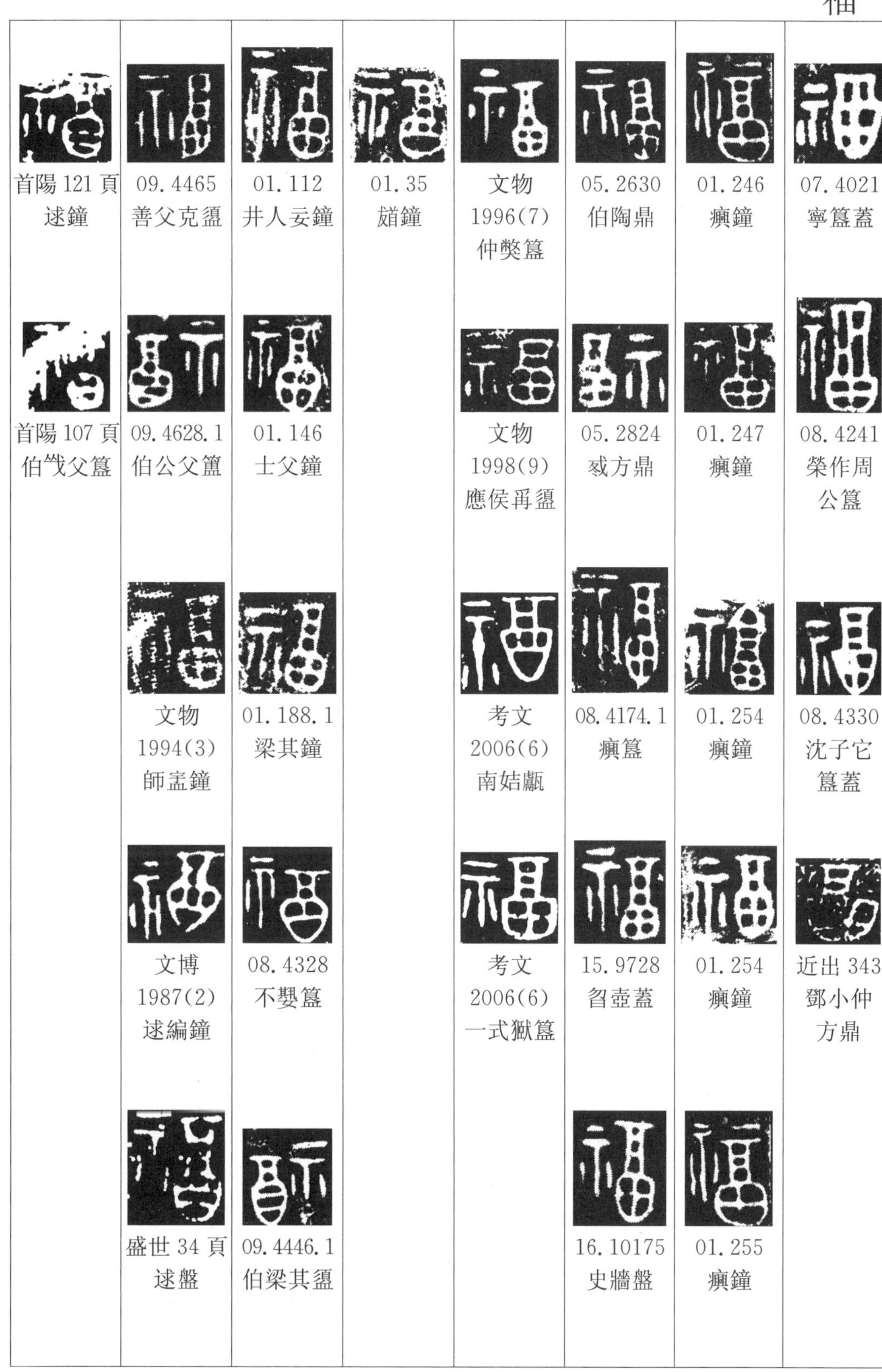

西周晚期	西周晚期	西周晚期	西周中期或晚期	西周中期	西周中期	西周中期	西周早期
首陽121頁 述鐘	09.4465 善父克盨	01.112 井人妄鐘	01.35 𡤩鐘	文物1996(7) 仲獘簋	05.2630 伯陶鼎	01.246 𤼈鐘	07.4021 寧簋蓋
首陽107頁 伯戔父簋	09.4628.1 伯公父簠	01.146 士父鐘		文物1998(9) 應侯爯盨	05.2824 𢦚方鼎	01.247 𤼈鐘	08.4241 榮作周公簋
	文物1994(3) 師寏鐘	01.188.1 梁其鐘		考文2006(6) 南姞甗	08.4174.1 𤼈簋	01.254 𤼈鐘	08.4330 沈子它簋蓋
	文博1987(2) 述編鐘	08.4328 不嬰簋		考文2006(6) 一式獄簋	15.9728 曶壺蓋	01.254 𤼈鐘	近出343 鄧小仲方鼎
	盛世34頁 述盤	09.4446.1 伯梁其盨			16.10175 史牆盤	01.255 𤼈鐘	

神	祇〔⿱屮⿵冂由〕	祓	〔⿰扌尗〕	〔⿱御示〕	〔⿱宀福〕	〔⿱宀⿱⿰王畐示〕	〔畐〕
 07.4021 寧簋蓋	 16.10175 史牆盤	 10.5415.1 保卣	 05.5662 或者鼎	 10.5406 周乎卣	 02.356 井叔采鐘	 04.2280 ⿱雨丂鼎	 01.147 士父鐘
07.4022 寧簋蓋	 08.4293 六年琱生簋	 10.5415.2 保卣			 05.2560 王伯姜鼎		
	案：連劭名(2000)讀爲「底」，定也；林澐(2008)謂字象兩甾底部相抵，故三體石經用爲「祇」字。	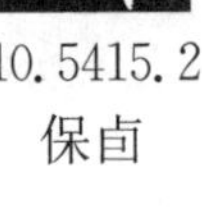 文物2011(11) 荊子鼎 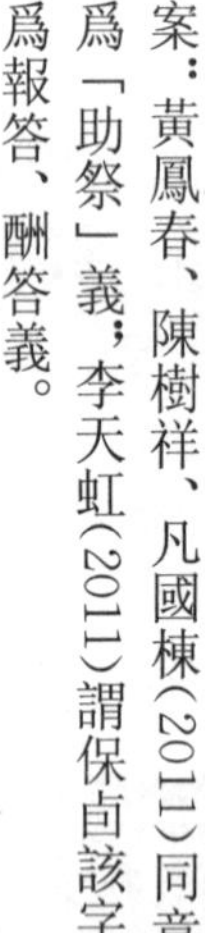 案：黄鳳春、陳樹祥、凡國棟(2011)同意舊説釋「祓」爲「助祭」義；李天虹(2011)謂保卣該字應讀爲「侑」，爲報答、酬答義。			 10.5411 㝬卣		
西周早期	西周中期	西周早期	西周中期	西周中期	西周晚期	西周中期	西周晚期

〔申〕

01.246 瘐鐘

08.4170.1 瘐簋

08.4171.1 瘐簋

歷文 2006(6) 任鼎

史學 2006(2) 趞伯簋

西周中期

考文 2006(6) 一式獄簋蓋

考文 2006(6) 二式獄簋

銘圖 05676 獄盨蓋

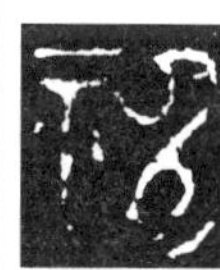

南開學報 2008(6) 衛簋甲蓋

西周中期

01.260.2 㝬鐘

02.356 井叔采鐘

首陽 107 頁 伯𢦏父簋

西周晚期

05.2836 大克鼎

08.4307 此簋

08.4308 此簋

08.4309 此簋

08.4310 此簋

西周晚期

09.4450 杜伯盨

15.9718 𩛥史展壺

歷文 2002(6) 圅公盨

「申」字重見。

西周晚期

祭

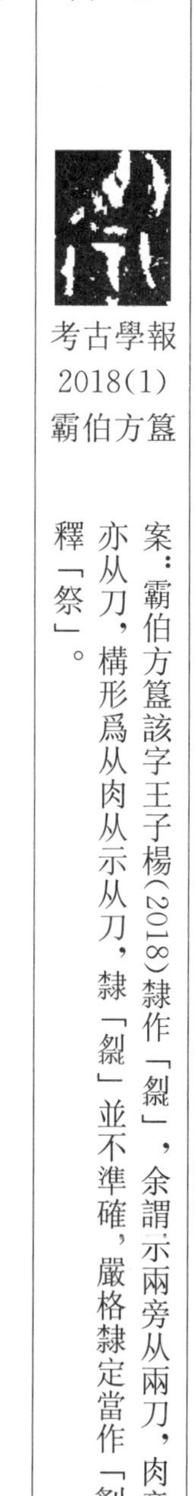

新收 1894 呂壺蓋

考古學報 2018(1) 霸伯方簋

案：霸伯方簋該字王子楊(2018)隸作「𦢊」，余謂示兩旁从兩刀，肉旁亦从刀，構形爲从肉从示从刀，隸「𦢊」並不準確，嚴格隸定當作「㓨」，釋「祭」。

西周早期

祀

04.2473 史喜鼎

西周

05.2532 乃𪒠子鼎

05.2837 大盂鼎

08.4261 天亡簋

10.5415.1 保卣

11.6003 保尊

西周早期

祖
〔且〕

11.6015 麥方尊

15.9303.2 作册旂觥

15.9551 王七祀壺蓋

考古 2007(3) 覭公簋

西周早期

05.2838 曶鼎

07.3979.1 呂伯簋

08.4171.1 癲簋

08.4174.1 癲簋

08.4208 段簋

10.5430.2 繁卣

西周中期

16.10166 鮮盤

16.10175 史牆盤

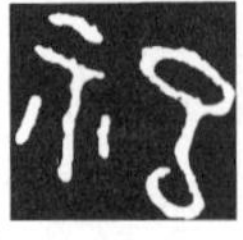
歷文 2004(1) 師酉鼎

歷文 2002(6) 豳公盨

銘圖 05676 獄盨蓋

西周中期

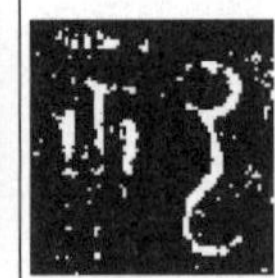
08.4321 訇簋

15.9718 敽史展壺

西周晚期

04.2368 㿽婦方鼎

「且」字重見。

西周早期

08.4122.1 彔作辛公簋

考古學報 2018(2) 格仲鼎

考古學報 2018(2) 格仲簋

考古學報 2018(2) 格仲簋

西周中期

07.4050.1 琱伐父簋

西周晚期

衻

05.2763.1 我方鼎

西周早期

祝				祼			〔啻〕禘
						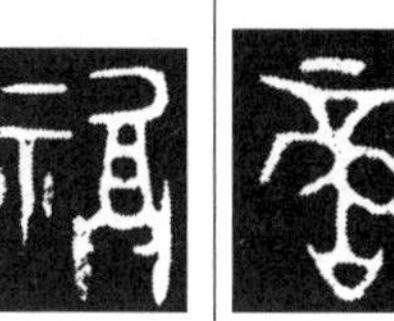	
08.4297 鄦簋	08.4267 申簋蓋	04.1938 大祝禽方鼎	05.2841A 毛公鼎	05.2735 不指方鼎	考文 2010(2) 內史亳觚	05.2661 德方鼎	05.2776 剌鼎
					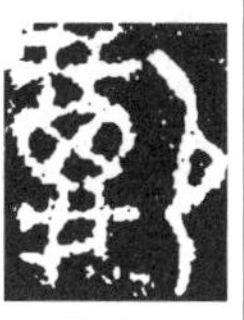		
	08.4267 申簋蓋	07.4041 禽簋		05.2810 噩侯鼎	玫茵堂 102 伯祼簋	05.2763.1 我方鼎	08.4165 大簋
							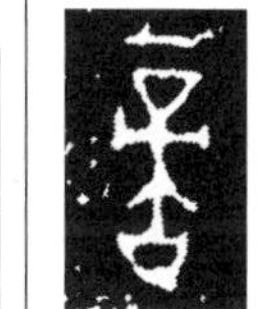
	15.9455 長囟盉			16.10166 鮮盤		11.6014 何尊	16.10166 鮮盤
							「啻」字重見。
						08.4121 榮簋	
西周晚期	西周中期	西周早期	西周晚期	西周中期	西周早期	西周早期	西周中期

〔[illegible]〕

祈

07.4073
伯猷簋

西周早期

08.4224
追簋

15.9716.3
梁其壺

文物
1995(7)
晉侯僰馬壺

文物
1999(9)
戎生編鐘

西周中期

文物
2007(8)
五年琱生尊甲

考文
2007(3)
琱生尊

考文
2007(3)
琱生尊

銘圖 04738
祈伯簋

西周中期

01.188.1
梁其鐘

05.2768
梁其鼎

05.2827
頌鼎

05.2828
頌鼎

05.2829
頌鼎

西周晚期

15.9713
殳季良父壺

西周晚期

禦

05.2763.1
我方鼎

12.6472
作禦父辛觶

西周早期

10.5427.1
作册嗌卣

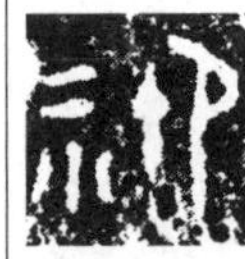
11.5952
叀啓諆父甲尊

西周中期

08.4317
㝬簋

西周晚期

禡

史學集刊 2006(2) 爯簋

案：吳振武(2006a)謂可據其右旁讀作「萬」；鄧佩玲(2008a)讀爲「萬」；張再興(2010)認爲「禡」最有可能是跟「祈」同義連用的一個詞；陳斯鵬(2012)疑讀「賴」，認爲「賴」有求取義，與「祈」近義連用；吳鎮烽(2010a)認爲該字相當於「桒」字，該字可能是只在魯豫交界一帶使用的方言。余謂金文「萬」字經常放在「祈」之後，構成「用祈萬壽」或「用祈萬年壽」文辭，故本銘讀「萬」字可商；此處或爲義近連用，與祈求之意大致近似，或可釋作「祈」。

西周中期

祔

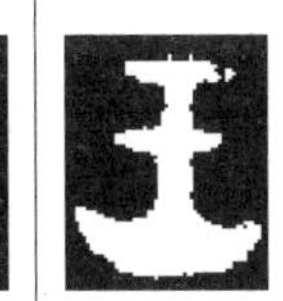
文物 2001(8) 叔夨方鼎

案：李伯謙(2001)謂册加「示」旁，乃以簡册告神。

西周早期

三

05.2661 德方鼎

05.2837 大盂鼎

07.4029 明公簋

08.4261 天亡簋

文物 2009(2) 何簋

西周早期

05.2754 呂方鼎

08.4194.1 友簋

09.4626 免簠

10.5424.1 農卣

新收 1874 虎簋蓋乙

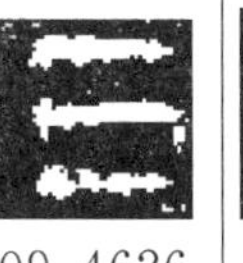
文物 2006(8) 倗伯爯簋

西周中期

08.4337 頌簋

09.4438.1 伯寬父盨

16.10174 兮甲盤

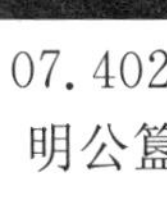
字與史(1) 文盨

華章 119 頁 卌三年逑鼎壬

華章 71 頁 卌三年逑鼎丙

西周晚期

王

04.1734 成王鼎

04.2149 夨王鼎蓋

05.2837 大盂鼎

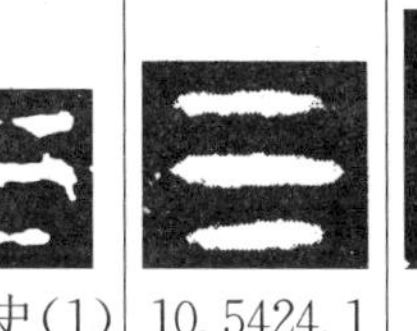
08.4261 天亡簋

10.5383.1 岡劫卣

西周早期

10.5398.2 同卣

10.5402.1 遣卣

10.5415.1 保卣

文物 1998(9) 柞伯簋

10.5421.2 士上卣

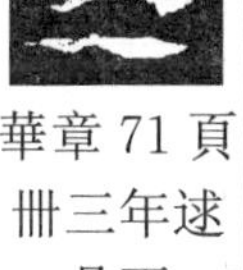

西周早期

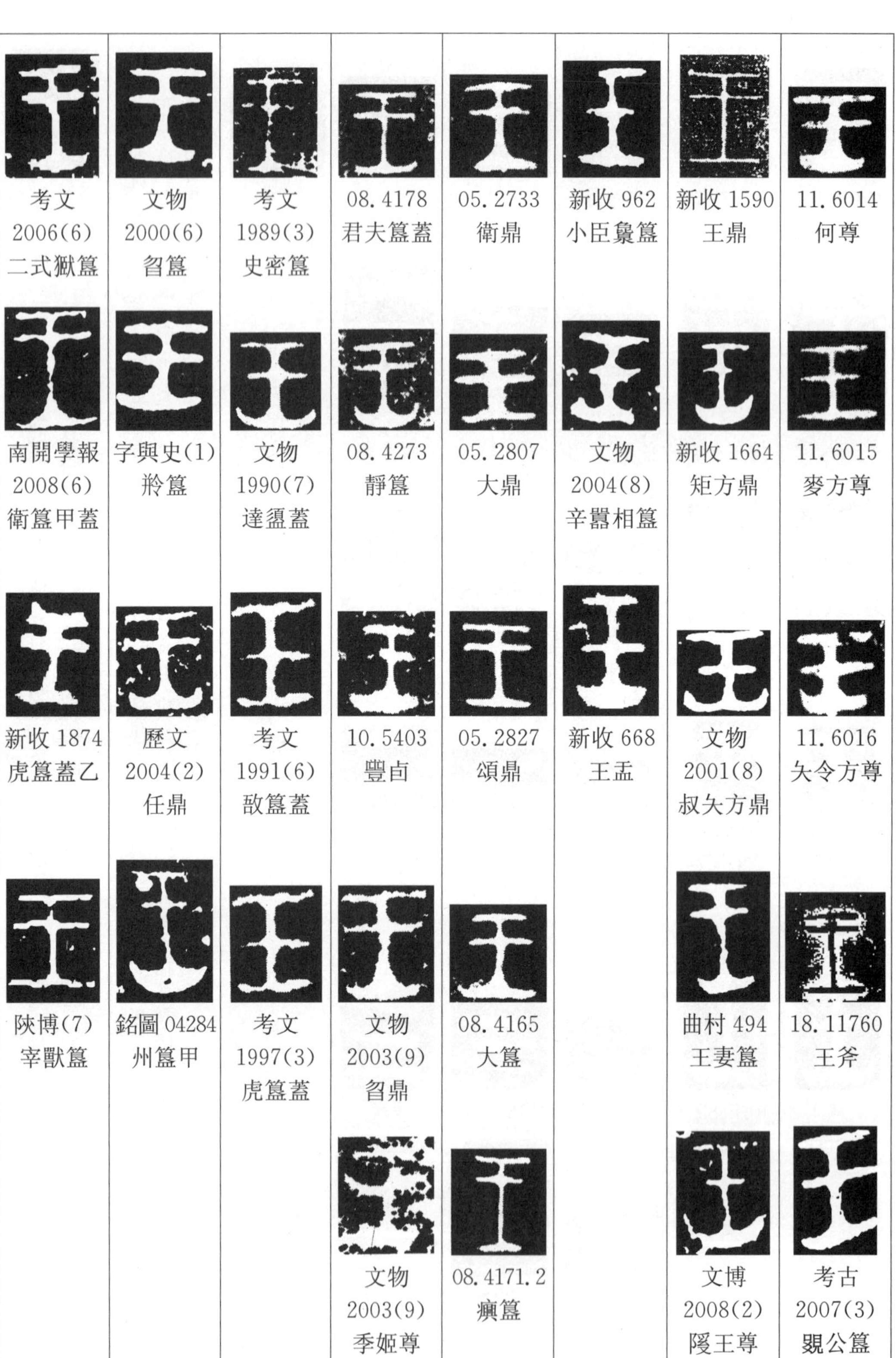

西周中期	西周中期	西周中期	西周中期	西周中期	西周早期	西周早期	西周早期
考文 2006(6) 二式𤞷簋	文物 2000(6) 曶簋	考文 1989(3) 史密簋	08.4178 君夫簋蓋	05.2733 衛鼎	新收 962 小臣㝬簋	新收 1590 王鼎	11.6014 何尊
南開學報 2008(6) 衛簋甲蓋	字與史(1) 羚簋	文物 1990(7) 達盨蓋	08.4273 靜簋	05.2807 大鼎	文物 2004(8) 辛𦉢相簋	新收 1664 矩方鼎	11.6015 麥方尊
新收 1874 虎簋蓋乙	歷文 2004(2) 任鼎	考文 1991(6) 敔簋蓋	10.5403 豐卣	05.2827 頌鼎	新收 668 王盉	文物 2001(8) 叔夨方鼎	11.6016 夨令方尊
陝博(7) 宰獸簋	銘圖 04284 州簋甲	考文 1997(3) 虎簋蓋	文物 2003(9) 曶鼎	08.4165 大簋		曲村 494 王妻簋	18.11760 王斧
			文物 2003(9) 季姬尊	08.4171.2 𤼈簋		文博 2008(2) 𨻰王尊	考古 2007(3) 覭公簋

皇　珷

皇	皇	皇	珷	珷	珷	珷	珷
 01.246 瘋鐘	 08.4300 作册夨令簋	 05.2760 作册大方鼎	 華夏考古 2007(1) 應公鼎	 字與史(1) 文盨	 文博 2007(2) 𩛥鼎	 01.188 梁其鐘	 歷文 2002(6) 豳公盨
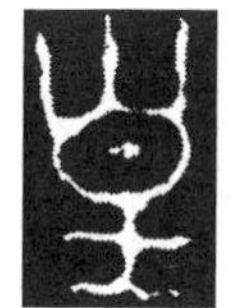 03.752 仲枏父鬲	 11.5908 作厥皇考尊	 05.2778 史獸鼎		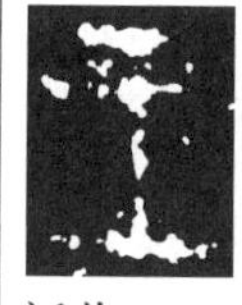 新收 1674 辛王姬簋	 首陽 107 頁 伯𢦚父簋	 08.4160 伯康簋	 考文 2005(增) 老簋
 05.2765 𧊒鼎	 新收 1589 皇鼎	 07.3826 亘攴戬簋			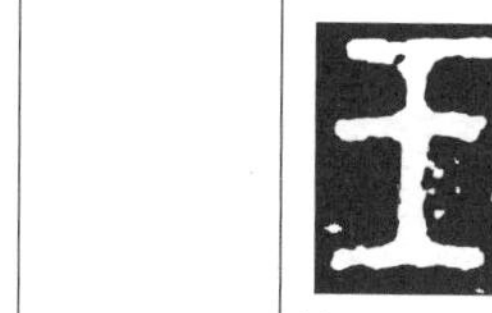 首陽 114 頁 應侯視公簋蓋	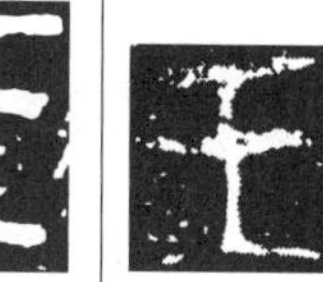 歷文 2002(2) 作册封鬲	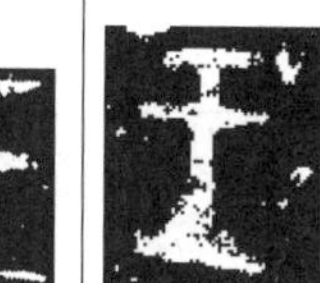 文物 2014(1) 肅卣
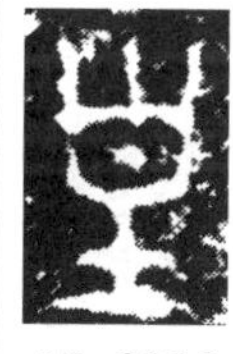 05.2812 師望鼎		 07.4073 伯椃簋			 夏商周 395 伯呂盨	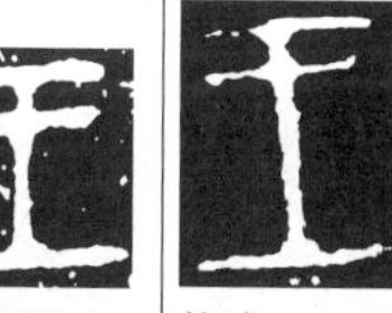 華章 79 頁 卌三年逑鼎丁	
		 08.4139 楷侯簋蓋			 保利續 158 頁 應侯視工鐘		
西周中期	西周早期	西周早期	西周晚期	西周晚期	西周晚期	西周晚期	西周中期

案：劉釗(2006b)謂該字本爲「武王」二字合文，後逐漸固定爲「武王」的專字；張富海(2008)謂原銘从王从武，是「武王」之「武」的專字，而非「武」和「王」二字合文。

王部

西周晚期	西周晚期	西周晚期	西周晚期	西周晚期	西周中期	西周中期	西周中期
 09.4452 杜伯盨	 08.4324.1 師嫠簋	 07.3859 辛叔皇父簋	 05.2801 小克鼎	 01.146 士父鐘	 首陽96頁 仲枏父鬲	 15.9727 三年癲壺	 08.4219 追簋
 華章169頁 單五父方壺甲	 08.4331 羋伯歸夆簋	 07.3981.1 吳尨父簋	 05.2815 趞鼎	 01.188 梁其鐘	 歷文 2004(1) 師酉鼎	 文物 2002(7) 應侯視工簋	 08.4302 彔伯㦰簋蓋
 文物 2009(9) 頌盤	 08.4338 頌簋蓋	 07.4001.1 豐兮尸簋	 05.2818 鬲攸从鼎	 01.207 克鐘	 歷文 2004(2) 任鼎	 考文 2005(增) 老簋	 10.5425 競卣
 文物 2004(3) 有司簡簋蓋	 09.4451 杜伯盨	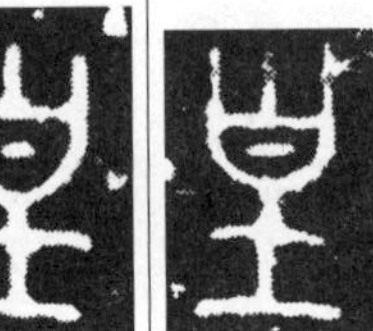 07.4094 伯椃虘簋	 05.2821 此鼎	 01.238.1 虢叔旅鐘	 考文 2006(6) 南姬甗	 論稿10頁 聞尊	 15.9716 梁其壺
		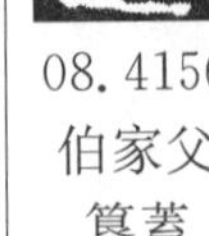 08.4156 伯家父簋蓋	 05.2841A 毛公鼎	 05.2599 鄭虢仲悆戕鼎			

〔鬲〕瓚

08.4121
榮簋

08.4320
宜侯夨簋

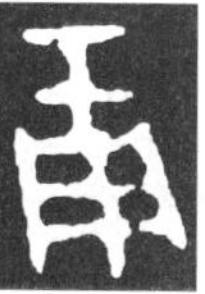

文物
2005(9)
榮仲方鼎

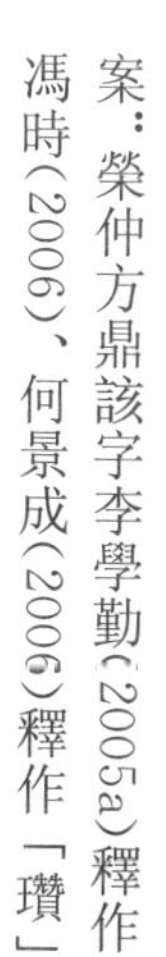

案：榮仲方鼎該字李學勤(2005a)釋作「庸」；馮時(2006)、何景成(2006)釋作「瓚」。

西周早期

⿱大玉

16.10168
守宮盤

西周中期

⿰王复

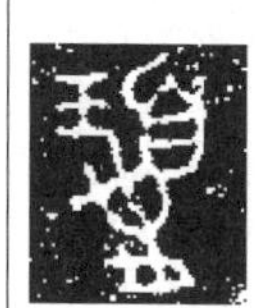

09.4411
⿰王复夑盨

西周晚期

玉

05.2841B
毛公鼎

08.4326
番生簋蓋

文物
2002(7)
應侯視工簋

西周晚期

08.4269
縣改簋

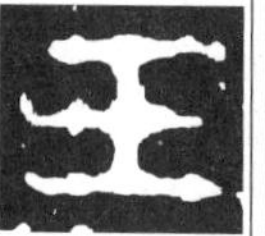

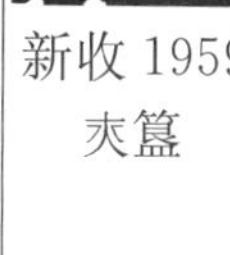

新收 1959
夾簋

西周中期

03.754
尹姞鬲

06.3712
鳳作祖癸簋

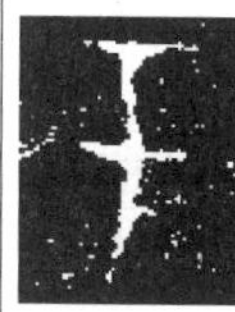

10.5324
戎佩玉人卣

西周早期

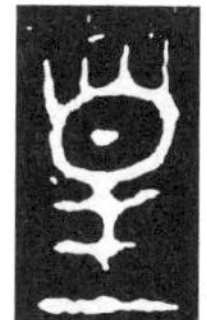

華夏考古
2000(3)
追夷簋

西周晚期

文物
2003(6)
卌三年逑鼎辛

文物
2006(5)
柞伯鼎

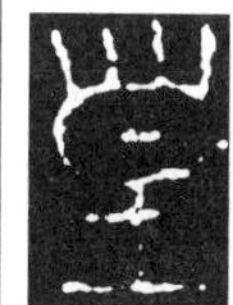

華章 55 頁
卌三年逑鼎甲

保利續
126 頁
應侯視工簋甲

西周晚期

玒	〔黃〕	璜	〔睘〕		環	璧	
 上博(8) 亢鼎 案：馬承源(2000)讀爲「球」；黃錫全(2002a)釋爲「珠」；董珊(2005)謂字从「玉」旁，應是珠玉之類的東西；陳劍(2007)以爲「琮」之古字。	 08.4269 縣改簋 「黃」字重見。	 08.4292 五年琱生簋  文物2007(8) 五年琱生尊甲 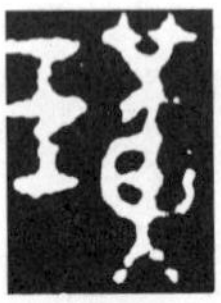 考文2007(3) 琱生尊	 08.4326 番生簋蓋	 05.2841A 毛公鼎	 16.9897.1 師遽方彝	 08.4293 六年琱生簋	 05.2835 多友鼎  08.4323 敔簋
西周中期	西周中期	西周中期	西周中期	西周晚期	西周中期	西周中期	西周晚期

玗	〔周〕	琱					〔章〕璋
10.5373.2 叡𡩜卣	 11.6015 麥方尊	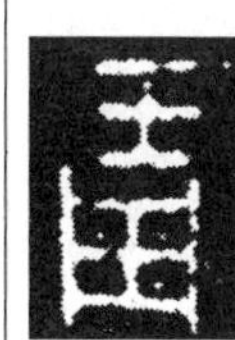 08.4321 訇簋	 05.2548 函皇父鼎	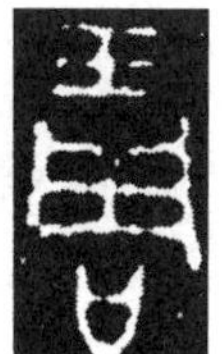 文物 2007(8) 五年琱生尊甲	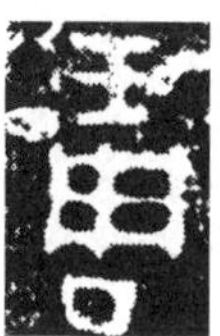 05.2813 師奎父鼎	 05.2828 頌簋	 文物 2007(8) 五年琱生尊乙
	「周」字重見。	 08.4324.1 師嫠簋	 07.4050.1 琱伐父簋	 論稿 167 頁 吕簋	 08.4250 即簋		「章」字重見。
		 08.4325.1 師嫠簋	 08.4218 五年師旋簋	 文物 2007(3) 琱生尊	 08.4293 六年琱生簋		
			 08.4257 弭伯師耤簋		  16.10170 走馬休盤		
西周	西周早期	西周晚期	西周晚期	西周中期	西周中期	西周晚期	西周中期

士	气		〔毄〕 珏	⿰口丰	⿰王系	⿱龹王	⿰王面
10.5409.1 貉子卣	08.4261 天亡簋	05.2810 噩侯鼎	新收 1958 夾簋	10.5420.1 彔𢦚卣	05.2830 師𩛥鼎	04.2339 公大史作 姬⿱龹王方鼎	16.9897 師遽方彝
11.5985 噉士卿尊			新收 1959 夾簋				16.9897 師遽方彝
11.5999 士上尊			「珏」字或體。				
15.9454.1 士上盉							
文物 2001(8) 叔夨方鼎							
西周早期	西周早期	西周晚期	西周中期	西周早期	西周中期	西周早期	西周中期

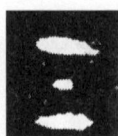

中

西周中期	西周早期	西周早期	西周早期	西周晚期	西周晚期	西周晚期	西周中期
04.2783 七年趞曹鼎	保利續 143 頁 陽仲卣	新收 668 中盂	03.1194 中鼎	09.4437 乘父士杉盨	05.2656 伯吉父鼎	01.148 士父鐘	08.4266 趞簋
05.2809 師旂鼎	新收 1913 仲子日乙卣	文物 2005(9) 榮仲方鼎	04.1714 中婦鼎	字與史(1) 文盨	07.4111 魯士商𫹀簋	01.204 克鐘	考文 1986(4) 殷簋甲
06.3377 仲作簞簋	隨州 74 鄂仲鼎	曲村 440 頁 仲畐父壺	10.5332.1 [中]作父丁卣		08.4313.1 師寰簋	01.206 克鐘	通鑒 05273 尹氏上吉射簋甲蓋
07.4023.1 伯中父簋	文物 2013(2) 中臣鼎	新收 1943 山仲簋	11.6014 何尊		08.4314 師寰簋	01.208 克鐘	歷文 2002(1) 士山盤
		曲村 505 頁 晉仲韋父盉	11.6087 中觶		08.4317 㝬簋	03.715 睽士父鬲	

中　串

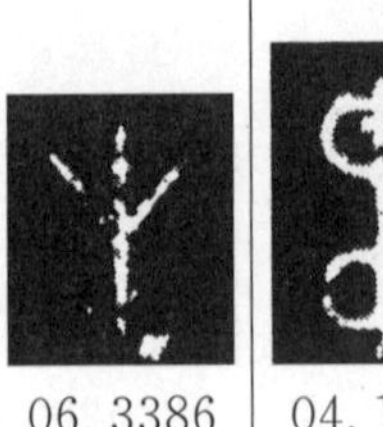 06.3386 中作從彝簋	 04.1660 串父辛鼎	 文物2003(4) 郝仲簠	 16.10102 中友父盤	 01.28 中義鐘	 陝博(7) 宰獸簋	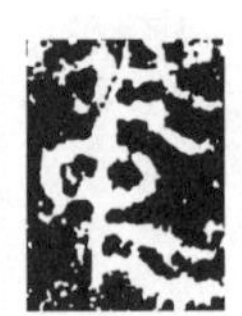 銘圖05282 大師虘簋蓋	 08.4267 申簋蓋
 06.3514 作父戊簋	 14.8370 串父甲爵	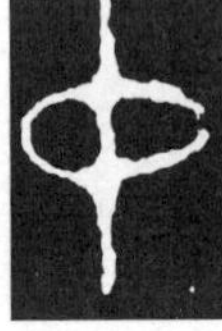 盛世34頁 逑盤	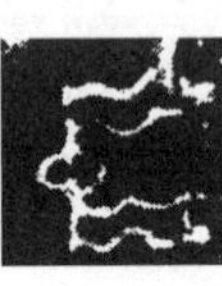 16.10172 寰盤	 07.3755 中友父簋	 字與史(1) 羚簋	 保利續120頁 公仲辥簋	 08.4268.1 王臣簋
 15.9383 中作從彝盉		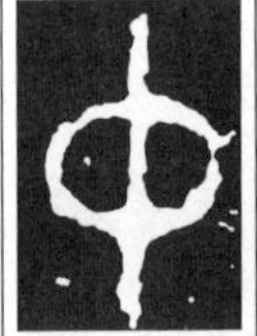 文物2004(3) 有司簡簋蓋	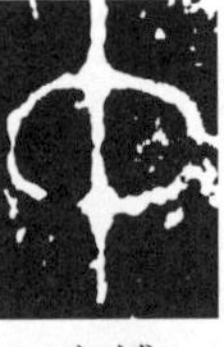 文博2008(2) 芮子仲鼎	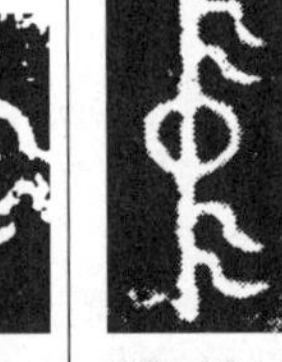 07.3946 中伯簋	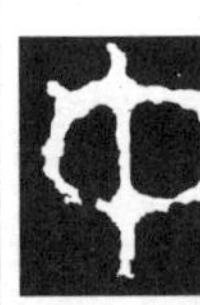 銘圖10589 丞仲觶	 首陽96頁 仲枏父鬲	 08.4270 同簋蓋
			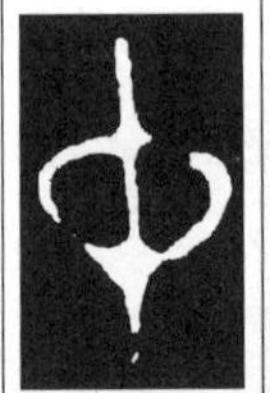 文物2000(12) 虢仲簠	 08.4247.2 楚簋		 銘圖02073 南方追孝鼎	 08.4327 卯簋蓋
						 新收1891 䓣簋	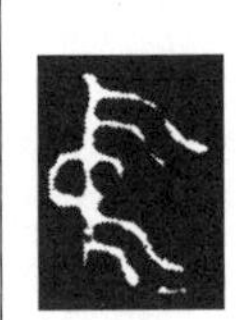 考文1986(4) 殷簋甲
西周早期	西周早期	西周晚期	西周晚期	西周晚期	西周中期	西周中期	西周中期

屯

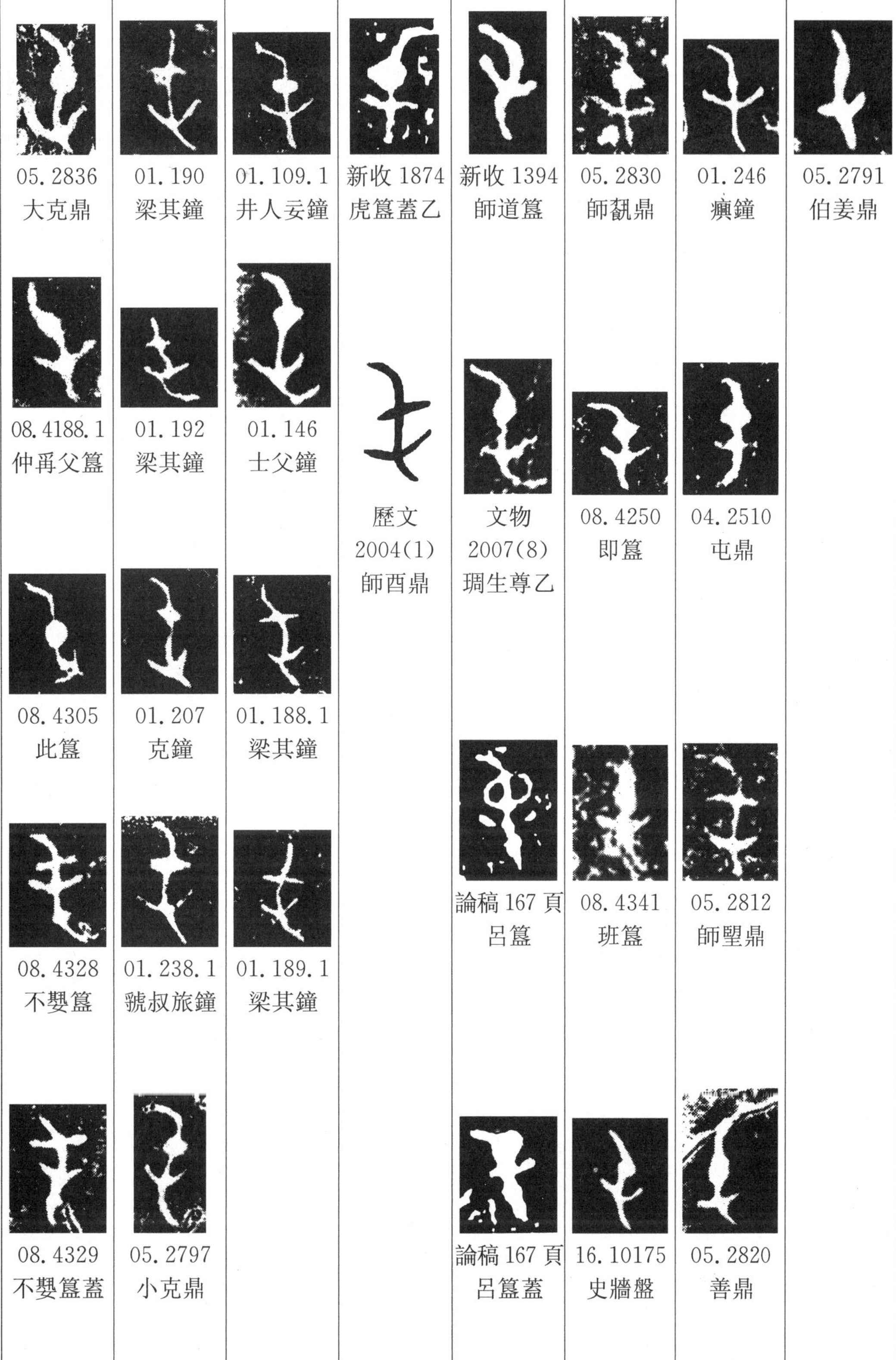

西周早期：05.2791 伯姜鼎

西周中期：01.246 瘋鐘；04.2510 屯鼎；05.2812 師朢鼎；05.2820 善鼎

西周中期：05.2830 師𩛥鼎；08.4250 即簋；08.4341 班簋；16.10175 史牆盤

西周中期：新收 1394 師道簋；文物 2007(8) 琱生尊乙；論稿 167 頁 呂簋；論稿 167 頁 呂簋蓋

西周中期：新收 1874 虎簋蓋乙；歷文 2004(1) 師酉鼎

西周晚期：01.109.1 井人妄鐘；01.146 士父鐘；01.188.1 梁其鐘；01.189.1 梁其鐘

西周晚期：01.190 梁其鐘；01.192 梁其鐘；01.207 克鐘；01.238.1 虢叔旅鐘；05.2797 小克鼎

西周晚期：05.2836 大克鼎；08.4188.1 仲爯父簋；08.4305 此簋；08.4328 不𡢁簋；08.4329 不𡢁簋蓋

〔穌〕

蘇			熏		每		
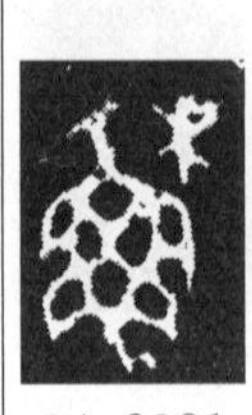 04.2381 蘇衛妃鼎	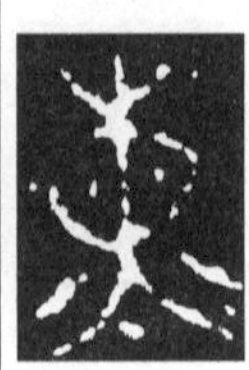 華章 71 頁 卌三年逑 鼎丙	 05.2841B 毛公鼎	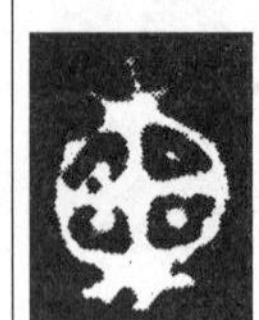 16.9898B 吳方彝蓋	 05.2838 曶鼎	 08.4261 天亡簋	 華章 95 頁 卌三年逑 鼎己	 08.4338 頌簋蓋
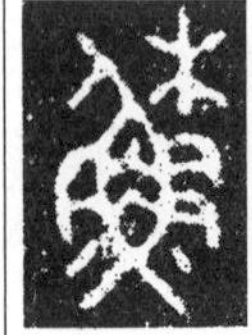 08.4234 史頌簋	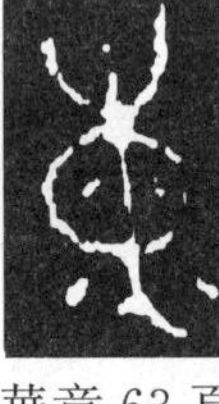 華章 63 頁 卌三年逑 鼎乙	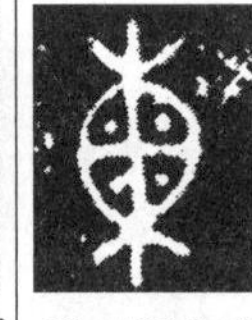 08.4318.2 三年師 兑簋			 11.6014 何尊	 華章 79 頁 卌三年逑 鼎丁	 08.4339 頌簋
 16.10205 蘇甫人匜	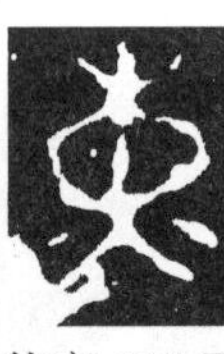 華章 103 頁 卌三年逑 鼎庚	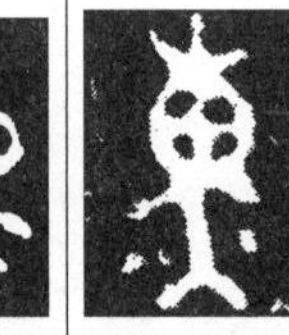 08.4326 番生簋蓋			 文物 1998(5) 靜方鼎	 文博 2007(2) ⿱衛曰鼎	 15.9731.1 頌壺
 文物 1994(1) 晉侯蘇鼎		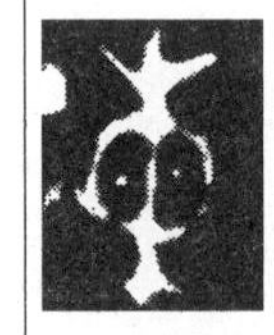 09.4467.1 師克盨					 文物 2009(9) 頌盤
 新收 861 晉侯蘇鼎							
西周晚期	西周晚期	西周晚期	西周中期	西周中期	西周早期	西周晚期	西周晚期

〔刅〕荆	芫	葬		〔[illegible]〕薛		蓼	
06.3732.2 𩰫簋	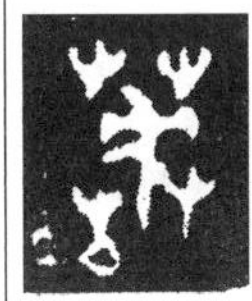 08.4326 番生簋蓋	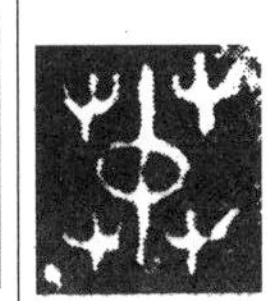 06.3589 葬侯盤	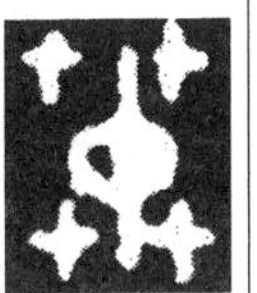 歷文 2002(1) 士山盤	 16.10133 薛侯盤	 11.5928 𡉚薛作日癸尊	 03.715 䢅士父鬲	新收 881 晉侯蘇鐘
 文物 2011(11) 荊子鼎	案：吳紅松(2015)謂字从「䒑」从「冘」，疑讀爲「首」字。						 新收 881 晉侯蘇鐘
案：荊子鼎該字，李天虹(2011)釋作「耒」；王占奎(2011)釋作「戊」；涂白奎、黄錦前(2011)隸作「刅」讀成「荊」，李學勤(2012a)釋作「斗」。							
西周早期	西周晚期	西周晚期	西周中期	西周晚期	西周早期	西周晚期	西周晚期

07.3907
過伯簋

07.3950
隹叔簋

07.3976
㝬馭簋

16.10175
史牆盤

西周中期

歷文
2002(1)
士山盤

文物
2003(6)
逑盤

西周中期

芮

09.4538
内大子白
簠蓋

「内」字重見。

西周晚期

苗

09.4374
苗寏盨

西周晚期

蔡

01.92
𠭯鐘

05.2831
九年衛鼎

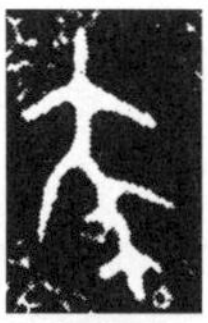

06.3678
伯蔡父簋

11.5969
伯作蔡
姬尊

11.5969
伯蔡父簋

西周中期

08.4198
蔡姬簋

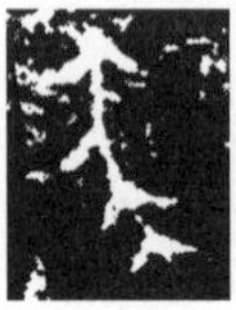

08.4340
蔡簋

文物
2006(5)
柞伯鼎

文物
2006(5)
柞伯鼎

西周晚期

茀

14.8478
茀父丁爵

西周早期

文物
2003(9)
季姬尊

案：季姬尊該字，嚴志斌(2005)謂从「屮」从「弗」，當是「茀」字。

西周中期

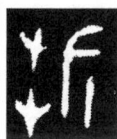

㪿		芻	薦	芰		若	
 05.2779 師同鼎	05.2839 小盂鼎	 16.10176 散氏盤	 03.597 鄭登伯鼎	 文物 2014(1) 𤔲卣	08.4295 揚簋	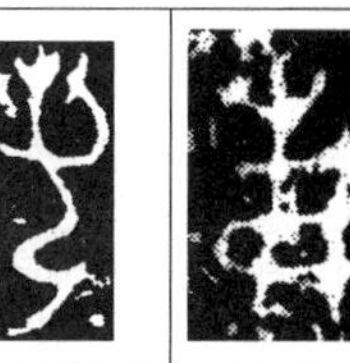 05.2763.1 我方鼎	07.4090 叔皮父簋
 05.2835 多友鼎		16.10176 散氏盤	 03.598 鄭登伯鼎		08.4331 乖伯歸夆簋	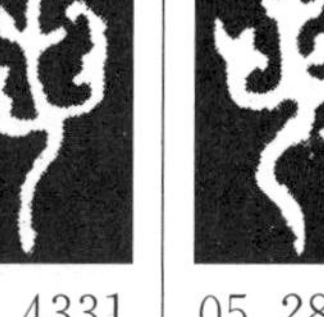 05.2837 大盂鼎	
 05.2841B 毛公鼎			03.599 鄭登伯鼎		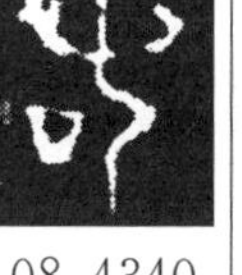 08.4340 蔡簋	11.6015 麥方尊	
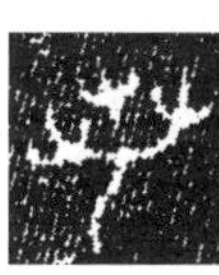 08.4313.2 師寰簋					考文 2003(3) 逑盤	 12.6409 亞若父己觶	
 08.4328 不嬰簋					 文物 2003(6) 卌二年逑鼎乙		
西周晚期	西周早期	西周晚期	西周晚期	西周中期	西周晚期	西周早期	西周晚期

莽		莫	蒿	蘇		艿	
 10.5370.2 莽作文考父丁卣	 16.10176 散氏盤	 10.5245.1 夆莫父卣	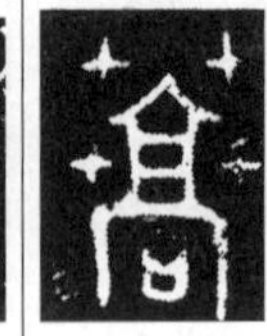 05.2661 德方鼎	 15.9822 蘇罍	 08.4123 妊小簋	 03.546 姬艿母鬲	 08.4329 不嬰簋蓋
 14.9083 莽大父辛爵		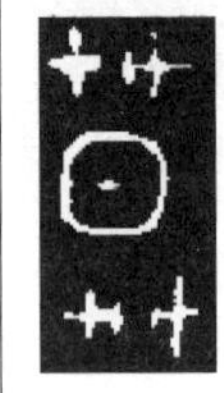 11.5776 莫尊			 16.10176 散氏盤	 05.2809 師旂鼎	 09.4460 翏生盨
		 18.11844 莫銅泡				 07.3792 伯艿簋	 16.10174 兮甲盤
							 新收881 晉侯蘇鐘
西周早期	西周晚期	西周早期	西周早期	西周中期	西周晚期	西周中期	西周晚期

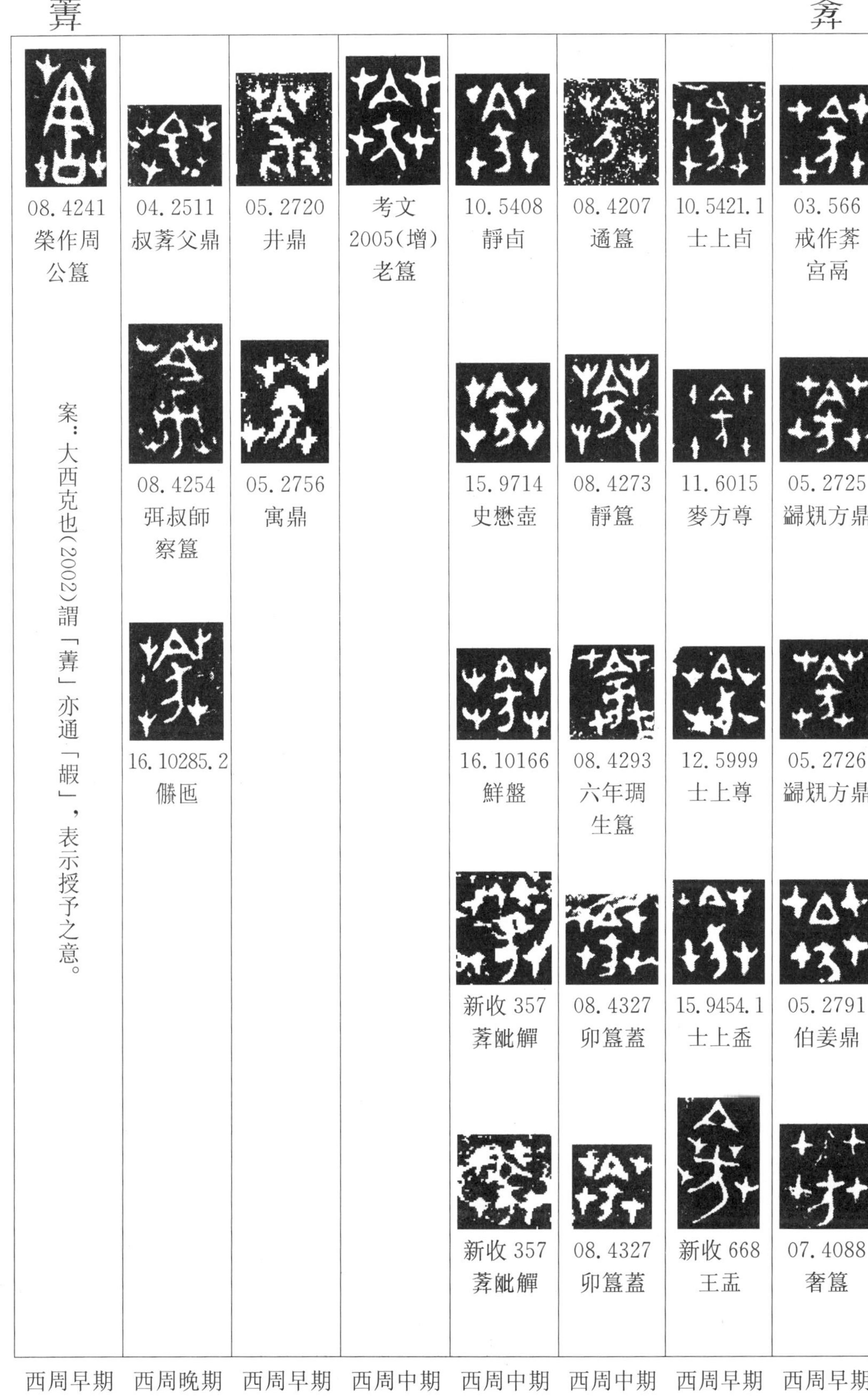

⿱艹⿱害廾							莽
08.4241 榮作周公簋	04.2511 叔莽父鼎	05.2720 井鼎	考文2005(增) 老簋	10.5408 靜卣	08.4207 通簋	10.5421.1 士上卣	03.566 戒作莽宮鬲
案：大西克也(2002)謂「⿱艹⿱害廾」亦通「叚」，表示授予之意。	08.4254 弭叔師察簋	05.2756 寓鼎		15.9714 史懋壺	08.4273 靜簋	11.6015 麥方尊	05.2725 𪗚𡚬方鼎
	16.10285.2 𠑇匜			16.10166 鮮盤	08.4293 六年琱生簋	12.5999 士上尊	05.2726 𪗚𡚬方鼎
				新收357 莽毗觶	08.4327 卯簋蓋	15.9454.1 士上盉	05.2791 伯姜鼎
				新收357 莽毗觶	08.4327 卯簋蓋	新收668 王盂	07.4088 奢簋
西周早期	西周晚期	西周早期或中期	西周中期	西周中期	西周中期	西周早期	西周早期

葬

新收 1891 蓍簋	05.2580 伯葬父鼎						
西周中期	西周						

西周金文字編

卷二

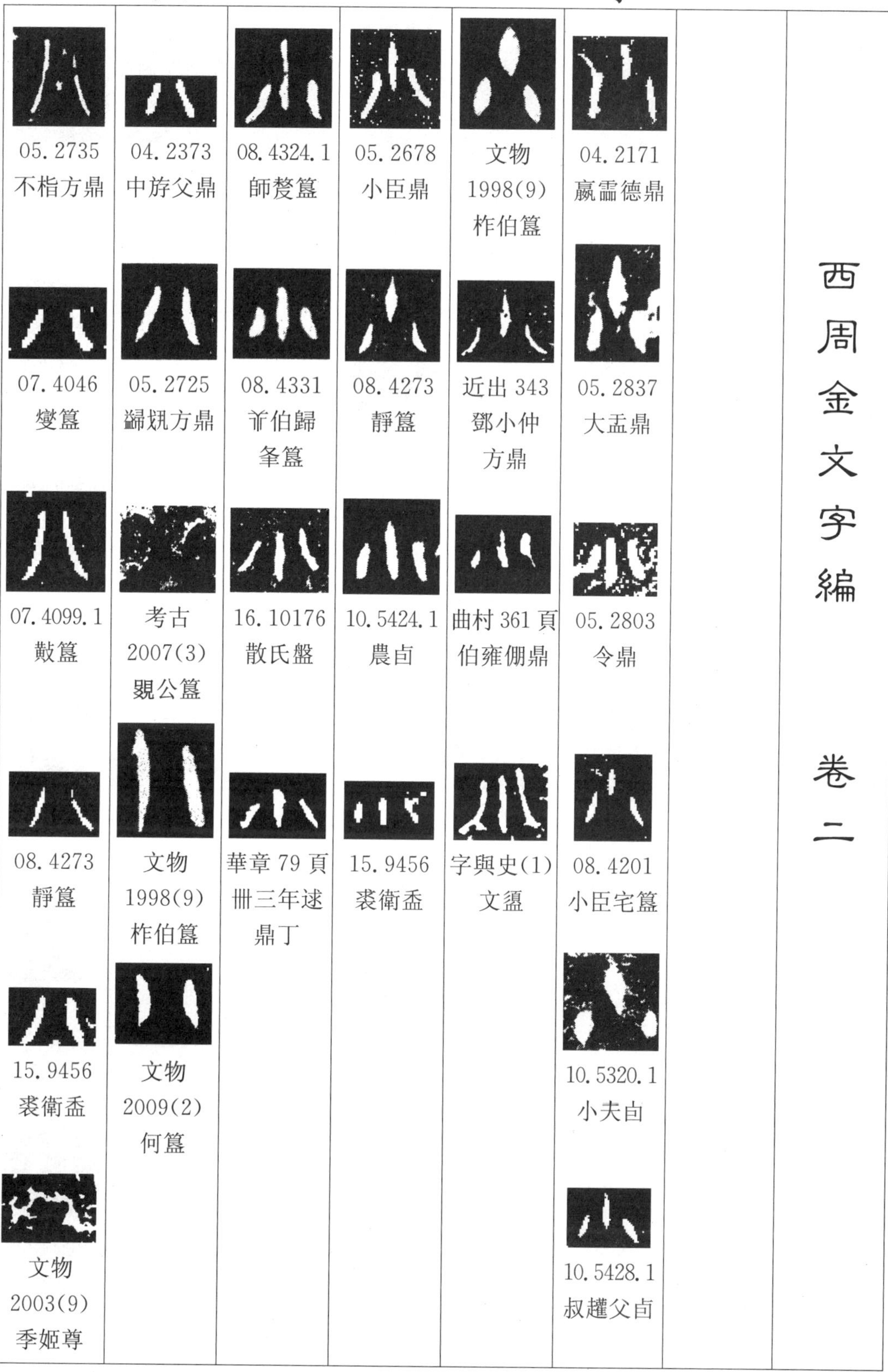

小

西周早期	西周早期	西周中期	西周晚期
04.2171 嬴霝德鼎	文物 1998(9) 柞伯簋	05.2678 小臣鼎	08.4324.1 師嫠簋
05.2837 大盂鼎	近出 343 鄧小仲方鼎	08.4273 靜簋	08.4331 羋伯歸夆簋
05.2803 令鼎	曲村 361 頁 伯雍倗鼎	10.5424.1 農卣	16.10176 散氏盤
08.4201 小臣宅簋	字與史(1) 文盨	15.9456 裘衛盉	華章 79 頁 卌三年逑鼎丁
10.5320.1 小夫卣			
10.5428.1 叔趯父卣			

八

西周早期	西周中期
04.2373 中斿父鼎	05.2735 不栺方鼎
05.2725 歸𠨘方鼎	07.4046 燮簋
考古 2007(3) 覭公簋	07.4099.1 𢽴簋
文物 1998(9) 柞伯簋	08.4273 靜簋
文物 2009(2) 何簋	15.9456 裘衛盉
	文物 2003(9) 季姬尊

曾　　分

 09.4598 曾侯簠	 03.699 曾伯宫父穆鬲	 05.2678 小臣鼎	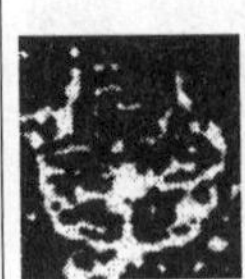 文物1998(5) 靜方鼎	 05.2818 𤔲攸从鼎	 07.3977 己侯貉子簋蓋	 12.6372 𩁹分父甲觶	 05.2801 小克鼎
 16.9971 番伯鐳	 07.4052.1 曾伯文簋	 08.4210.2 衛簋	 江漢考古2011(3) 曾侯諫簋	 新收881 晉侯蘇鐘			 05.2698 散伯車父鼎
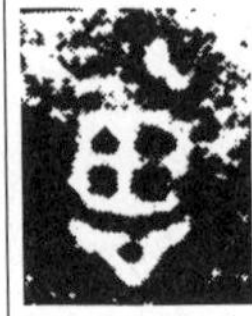 16.10097 曾仲盤	 08.4203 曾仲大父蝨簋	 文物1998(4) 匍盉	 江漢考古2011(3) 曾侯壺				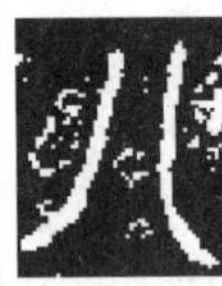 05.2798 小克鼎
	 08.4286 輔師嫠簋		 江漢考古2016(3) 曾伯作西宮爵				 08.4141.1 函皇父簋
							 新收1612 豖氏𠛬簋蓋
							 字與史(1) 文盨
西周晚期	西周晚期	西周中期	西周早期	西周晚期	西周中期	西周早期	西周晚期

公　　　　　　尚

西周晚期	西周中期	西周中期	西周早期	西周早期	西周晚期	西周中期	西周早期
01.16 益公鐘	歷文 2002(6) 豳公盨	01.246 㾓鐘	考古 2007(3) 覡公簋	05.2728 旅鼎	07.4107 豐伯車父簋	03.931 仲伐父甗	04.1769 尚方鼎
03.736 虢文公子作鬲	保利續 120 頁 公仲𤔲簋	03.754 尹姞鬲	首陽 83 頁 𤔲簋	05.2740 寧鼎		05.2824 𢦏方鼎	10.5428.1 叔趞父卣
05.2821 此鼎	首陽 102 頁 芮伯簋	03.918 孚公𣏟甗	文物 2009(2) 何簋	05.2759 作册大方鼎		05.2838 曶鼎	
05.2841A 毛公鼎	考文 2006(6) 一式獄簋	05.2789 𢦏方鼎	通鑒 05293 何簋蓋	05.2837 大盂鼎		06.3491 伯尚簋	
07.3959 叔角父簋	考古學報 2018(2) 乞盉	文物 2007(8) 五年琱生尊甲	銘圖 05014 公豐父簋	上博(8) 亢鼎		考文 1997(3) 虎簋蓋	

余　　　必

01.246
癲鐘

05.2696
[illegible]鼎

05.2820
善鼎

05.2830
師訇鼎

05.2832
五祀衛鼎

西周中期

11.6014
何尊

16.9892
[illegible]方彝

考古
1990(1)
克罍

西周早期

05.2803
令鼎

05.2837
大盂鼎

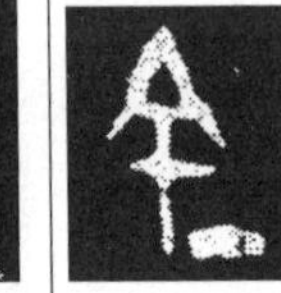
08.4206
小臣傳簋

10.5428.1
叔趞父卣

11.5989
作册睘尊

西周早期

08.4311
師獸簋

16.10172
寰盤

西周晚期

01.181.2
南宫乎鐘

05.2814
無叀鼎

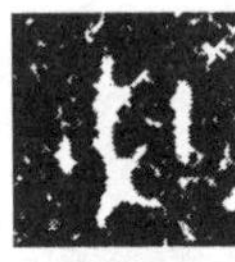
08.4217.1
五年師旋簋

08.4218
五年師旋簋

08.4217.2
五年師旋簋

西周晚期

08.4268.1
王臣簋

16.10170
走馬休盤

考文
1989(3)
史密簋

論稿167頁
吕簋

西周中期

文物
2006(5)
柞伯鼎

華夏考古
2007(1)
應公鼎

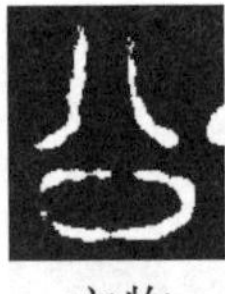
文物
2007(8)
琱生尊

收藏
2007(4)
蘇公盤

西周晚期

09.4384
伯公父盨蓋

15.9598
芮公壺

16.10314
伯公父盂

17.11064
楚公豪戈

文物
2003(6)
逑盉

西周晚期

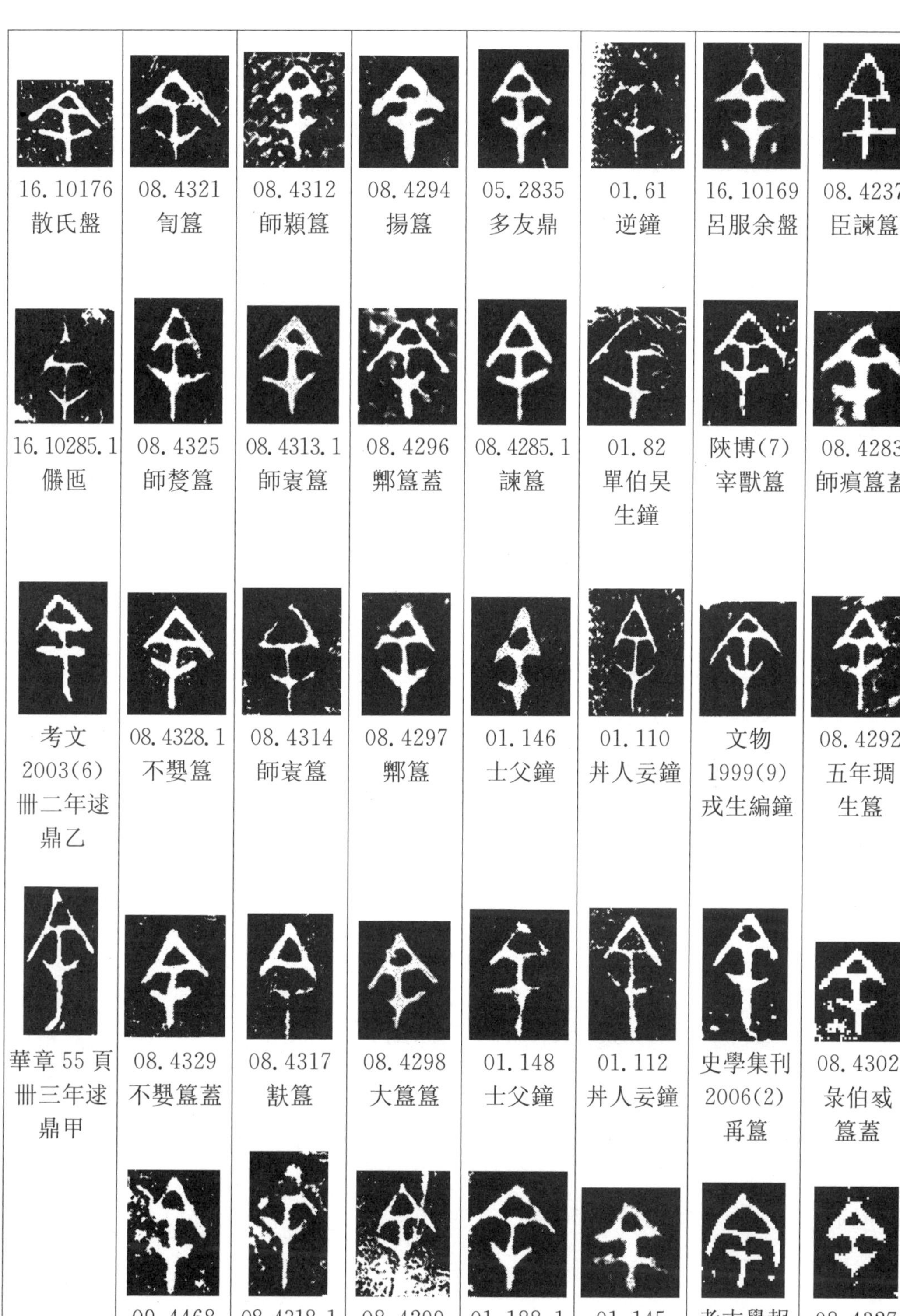

16.10176 散氏盤	08.4321 訇簋	08.4312 師類簋	08.4294 揚簋	05.2835 多友鼎	01.61 逆鐘	16.10169 呂服余盤	08.4237 臣諫簋
16.10285.1 𠑇匜	08.4325 師嫠簋	08.4313.1 師寰簋	08.4296 𨜒簋蓋	08.4285.1 諫簋	01.82 單伯旲生鐘	陝博(7) 宰獸簋	08.4283 師瘨簋蓋
考文2003(6) 卌二年逑鼎乙	08.4328.1 不嬰簋	08.4314 師寰簋	08.4297 𨜒簋	01.146 士父鐘	01.110 井人妄鐘	文物1999(9) 戎生編鐘	08.4292 五年琱生簋
華章55頁 卌三年逑鼎甲	08.4329 不嬰簋蓋	08.4317 㝬簋	08.4298 大簋簋	01.148 士父鐘	01.112 井人妄鐘	史學集刊2006(2) 再簋	08.4302 彔伯㦰簋蓋
	09.4468 師克盨蓋	08.4318.1 三年師兑簋	08.4299 大簋簋	01.188.1 梁其鐘	01.145 士父鐘	考古學報2018(2) 乞盉	08.4327 卯簋蓋
西周晚期	西周晚期	西周晚期	西周晚期	西周晚期	西周晚期	西周中期	西周中期

		牛	〔宷〕 審		番	采	
 08.4313.1 師寰簋	 05.2838 曶鼎	 06.1104.1 牛鼎	 05.2832 五祀衛鼎	 03.645 王作番改鬲	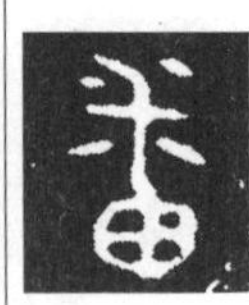 15.9705 番匊生壺	 02.356 井叔采鐘	 華章63頁 卌三年逑鼎乙
 08.4313.2 師寰簋	 08.4194.1 友簋	 08.4132 叔簋		 08.4236 番生簋蓋	 文物春秋 2007(6) 番匊生鼎	 02.357 井叔采鐘	 華章79頁 卌三年逑鼎丁
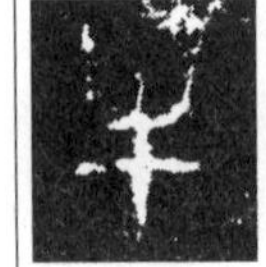 16.10285.1 𠑇匜	 08.4327 卯簋蓋	 16.9901 矢令方彝		 16.10271 潘君羸匜			 文物 2007(8) 琱生尊
	 文物 2003(9) 季姬尊	 上博(8) 亢鼎		 考文 2011(5) 丹叔番盂			 首陽114頁 應侯見公簋
西周晚期	西周中期	西周早期	西周中期	西周晚期	西周中期	西周晚期	西周晚期

犀	〔葡〕犕	牢			牲	犅	牡
 03.572 弭叔鬲	 05.2841A 毛公鼎	 07.3979 吕伯簋	 10.5409.1 貉子卣	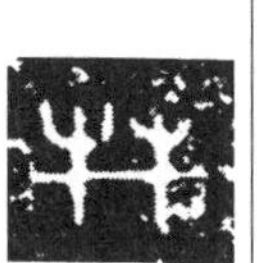 考文 2004(2) 任鼎	 16.9901.1 矢令方彝	 08.4165 大簋	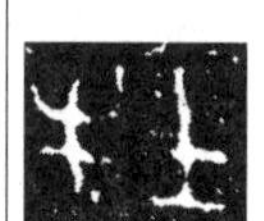 05.2776 剌鼎
 03.573 弭叔鬲	「葡」字重見。	 考文 2004(2) 任鼎			 文物 2005(9) 榮仲方鼎	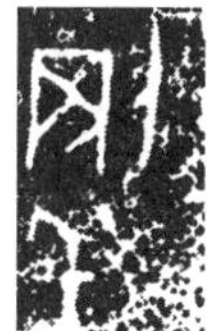 11.5977 犅劫尊	
 03.574 弭叔鬲							
西周中期或晚期	西周晚期	西周中期	西周早期	西周中期	西周早期	西周中期	西周中期

告 㞷 羊

西周中期	西周中期	西周中期	西周早期	西周早期	西周早期	西周中期	西周
南開學報 2008(6) 衛簋甲蓋	15.9456 裘衛盉	05.2809 師旂鼎	08.4330 沈子它簋蓋	04.1849 田告父丁鼎	05.2531 雍伯簋	08.4165 大簋	05.2534 遲伯魚父鼎
考文 2006(6) 二式獄簋	08.4293 六年琱生簋	05.2809 師旂鼎	12.6391 父丁告田觶	04.2145.2 田告母辛方鼎			
	08.4341 班簋	05.2832 五祀衛鼎	15.9777 田告罍	04.2506 㬪作祖乙鼎			
	15.9456 裘衛盉	05.2838 曶鼎	16.9901.1 矢令方彝	06.3711 且乙告田簋			
	文物 2006(8) 倗伯爯簋	05.2838 曶鼎					

呼				嗌		口	
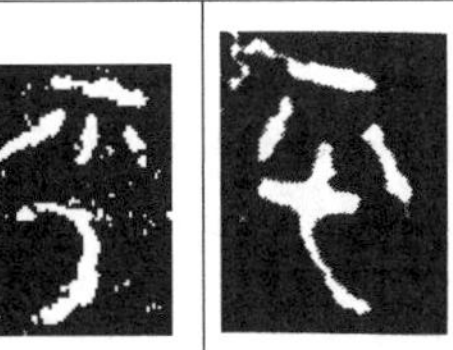 08.2828 頌鼎	考文 1997(3) 虎簋蓋	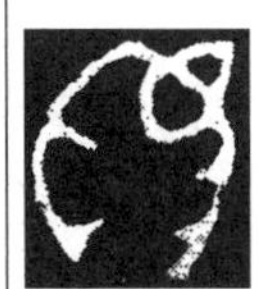 05.2547 華季嗌鼎	 文博 1987(4) 尸伯尸簋	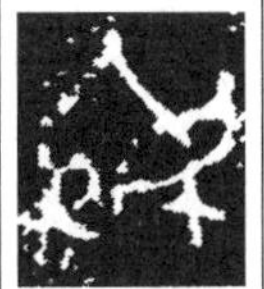 10.5251.1 鬻嗌卣	 近出 845 子口爵	 12.7145 口父辛觚	 05.2835 多友鼎
	「乎」字重見。	08.4130 [illegible]叔簋蓋	05.2838 曶鼎			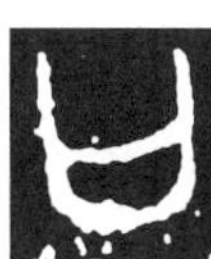 長子口 99 頁 長子口尊	 05.2841B 毛公鼎
		 09.4412 華季嗌盨	 10.5427 作册嗌卣			 長子口 102 頁 長子口方尊	 16.10285 𠑇匜
						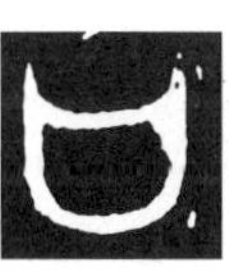 長子口 102 頁 長子口方卣	 文物 2006(5) 柞伯鼎
西周晚期	西周中期	西周晚期	西周中期	西周早期	西周早期	西周早期	西周晚期

君	哲			吾			名
05.2674 征人鼎	 05.2836 大克鼎	 05.2812 師朢鼎	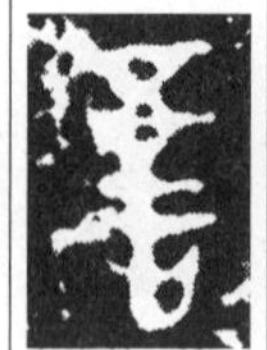 05.2841B 毛公鼎	 03.565 吾作滕公鬲	 01.181 南宮乎鐘	 08.4293 六年琱生簋	 13.7702 名爵
 07.4020 天君簋	案：該字通常釋爲「哲」，陳劍(2001b)釋作「慎」。	 16.10175 史牆盤		 08.4330 沈子它簋蓋		 10.5427.1 作册嗌卣	
 11.5945 弇者君父乙尊				 08.4330 沈子它簋蓋			
 16.9901.1 夨令方彝				 11.5828 商作父丁犧尊蓋			
 16.10360 蠶圜器							
西周早期	西周晚期	西周中期	西周晚期	西周早期	西周晚期	西周中期	西周早期

命

西周中期	西周中期	西周中期	西周早期	西周晚期	西周晚期	西周中期	西周中期
陜博(7) 宰獸簋	08.4267 申簋蓋	07.4104.1 賢簋	03.852 命作寶彝甗	16.10176 散氏盤	01.187.2 梁其鐘	15.9722 幾父壺	03.755 尹姞鬲
論稿167頁 呂簋蓋	08.4271 同簋	08.4178 君夫簋蓋	07.4112.1 命簋	文物 2007(3) 琱生尊	07.4056.1 叔𩰫父簋	16.10321 趞盂	08.4178 君夫簋蓋
考古學報 2018(2) 乞盉	08.4276 豆閉簋	08.4195.1 萳簋		文物 2007(3) 琱生尊	07.4058.1 叔𩰫父簋	新收304 季姬尊	08.4269 縣改簋
考古學報 2018(2) 乞盉	08.4291 師酉簋	08.4250 即簋			08.4232.1 史頌簋		08.4276 豆閉簋
考古學報 2018(2) 乞盤	16.10322 永盂	08.4266 趞簋					08.4293 六年琱生簋

〔𥁰〕
召

西周晚期	西周中期	西周早期	西周早期	西周晚期	西周晚期	西周晚期	西周中期
 05.2833 禹鼎	08.4292 五年琱生簋	 11.6004 𥁰尊	 04.2407 伯龢鼎	首陽 114 頁 應侯視工簋	 09.4464 駒父盨蓋	 05.2798 小克鼎	 文物 1999(9) 戎生編鐘
 新收 1042 郜召簠	 文物 2007(8) 五年琱生尊乙	 14.9089 龢父辛爵	 05.2749 憲鼎	 首陽 114 頁 應侯視工簋	 首陽 114 頁 應侯蓋	  07.3925 命父諆簋	「令」字重見。
		 15.9430.1 伯憲盉	 05.2837 大盂鼎	 華夏考古 2000(3) 追夷簋	 文物 2007(3) 琱生尊	 08.4215.1 龖簋	
		 新收 349 叔尊	 10.5020.1 𥁰仲卣		 字與史(1) 文盨	  07.3925 命父諆簋	
			 10.5416.2 召卣				

唯

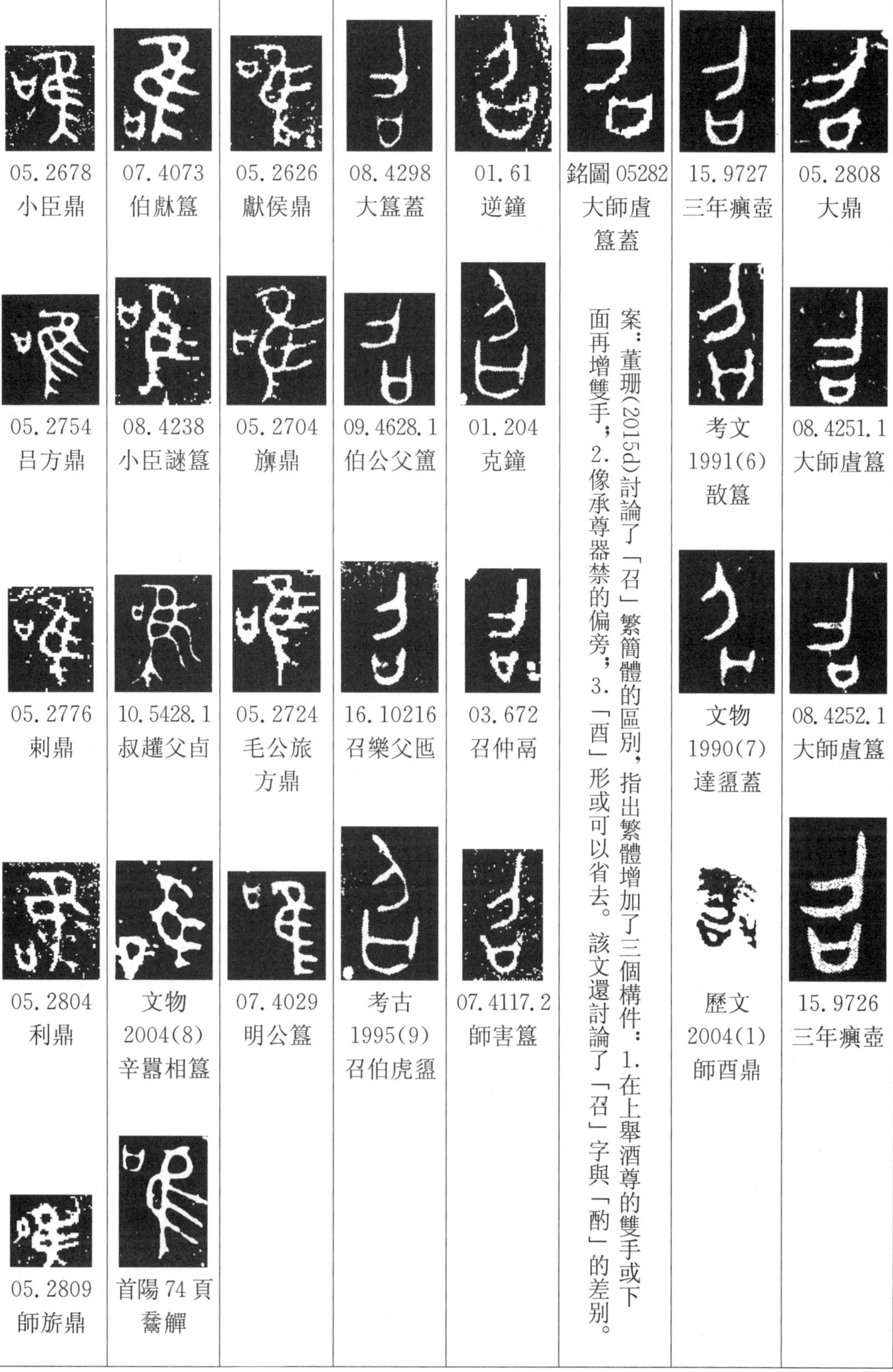

西周中期	西周早期	西周早期	西周晚期	西周晚期	西周中期	西周中期	西周中期
05.2678 小臣鼎	07.4073 伯𩞁簋	05.2626 獻侯鼎	08.4298 大簋蓋	01.61 逆鐘	銘圖 05282 大師虘簋蓋	15.9727 三年㾓壺	05.2808 大鼎
05.2754 吕方鼎	08.4238 小臣謎簋	05.2704 旟鼎	09.4628.1 伯公父簠	01.204 克鐘	案：董珊(2015d)討論了「召」繁簡體的區別，指出繁體增加了三個構件：1.在上舉酒尊的雙手或下面再增雙手；2.像承尊器禁的偏旁；3.「酉」形或可以省去。該文還討論了「召」字與「酌」的差别。	考文 1991(6) 敔簋	08.4251.1 大師虘簋
05.2776 刺鼎	10.5428.1 叔趯父卣	05.2724 毛公旅方鼎	16.10216 召樂父匜	03.672 召仲鬲		文物 1990(7) 達盨蓋	08.4252.1 大師虘簋
05.2804 利鼎	文物 2004(8) 辛𦉜相簋	07.4029 明公簋	考古 1995(9) 召伯虎盨	07.4117.2 師害簋		歷文 2004(1) 師酉鼎	15.9726 三年㾓壺
05.2809 師旂鼎	首陽 74 頁 𩓠觶						

咸

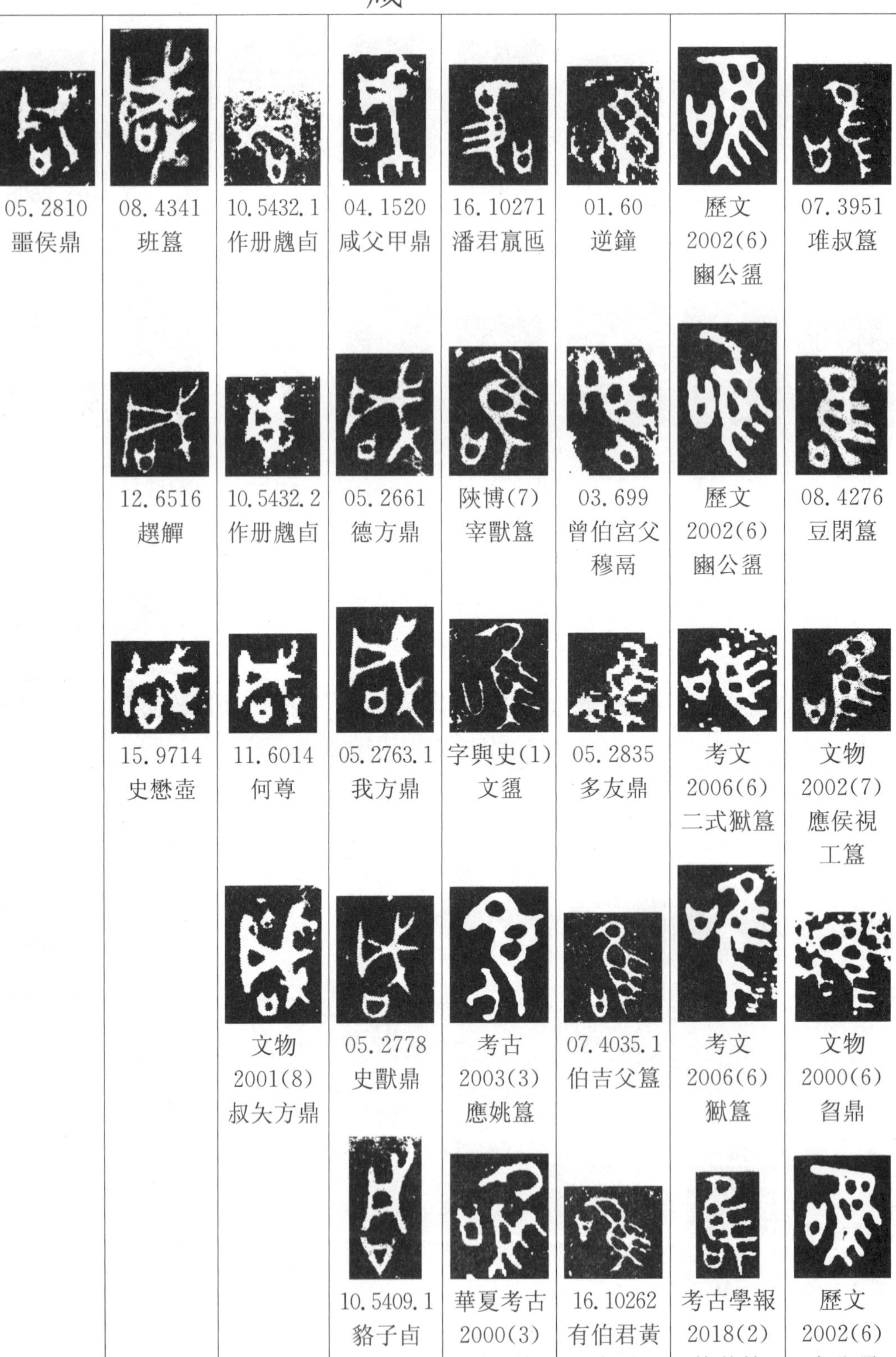

05.2810 噩侯鼎	08.4341 班簋	10.5432.1 作册魖卣	04.1520 咸父甲鼎	16.10271 潘君亷匜	01.60 逆鐘	歷文 2002(6) 豳公盨	07.3951 隹叔簋
	12.6516 趩觶	10.5432.2 作册魖卣	05.2661 德方鼎	陝博(7) 宰獸簋	03.699 曾伯宮父 穆鬲	歷文 2002(6) 豳公盨	08.4276 豆閉簋
	15.9714 史懋壺	11.6014 何尊	05.2763.1 我方鼎	字與史(1) 文盨	05.2835 多友鼎	考文 2006(6) 二式𤞞簋	文物 2002(7) 應侯視 工簋
		文物 2001(8) 叔夨方鼎	05.2778 史獸鼎	考古 2003(3) 應姚簋	07.4035.1 伯吉父簋	考文 2006(6) 𤞞簋	文物 2000(6) 曶鼎
			10.5409.1 貉子卣	華夏考古 2000(3) 追夷簋	16.10262 有伯君黄 生匜	考古學報 2018(2) 格仲簋	歷文 2002(6) 豳公盨
西周晚期	西周中期	西周早期	西周早期	西周晚期	西周晚期	西周中期	西周中期

右

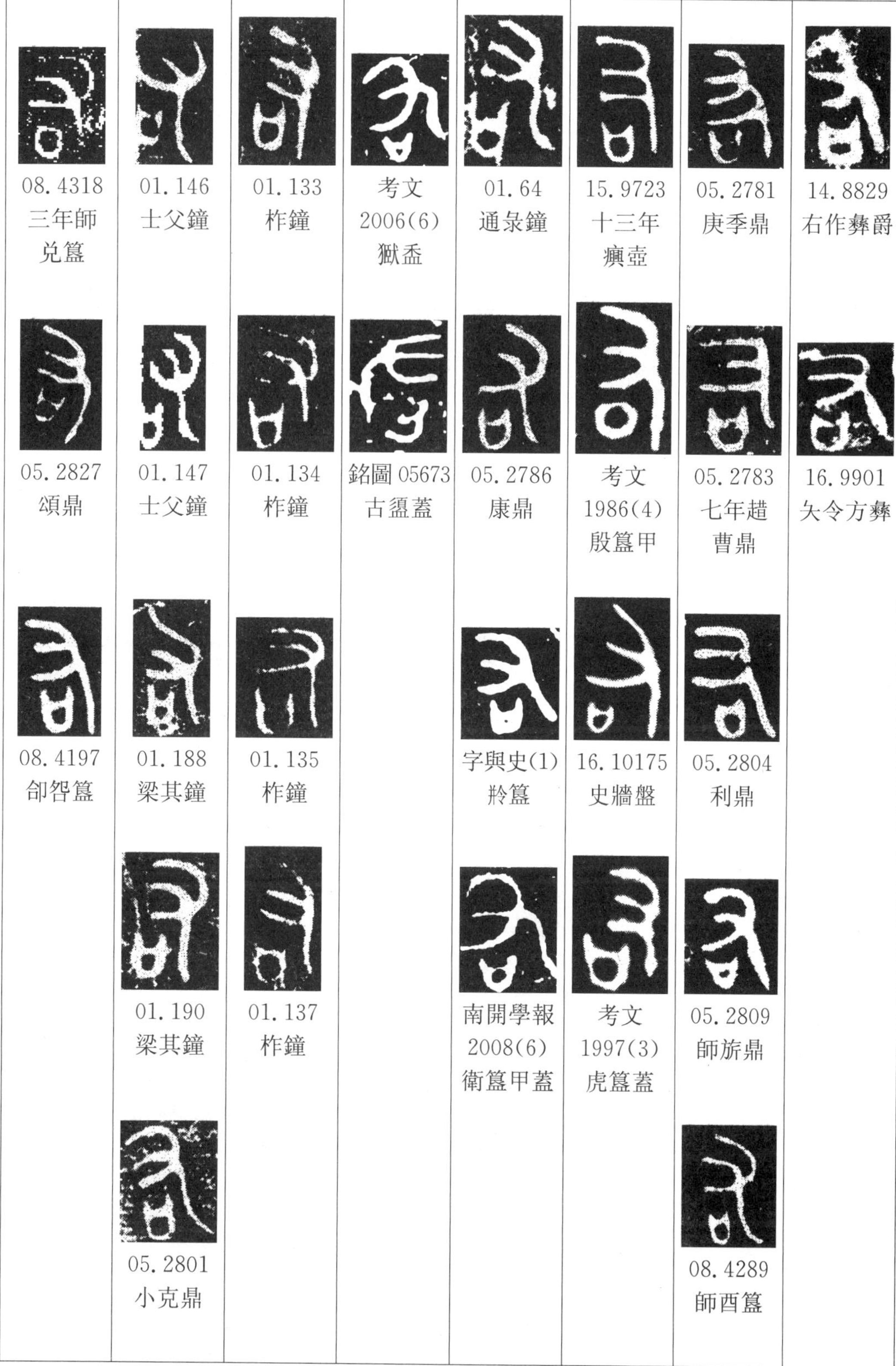
08.4318 三年師兑簋
05.2827 頌鼎
08.4197 卻咎簋
西周晚期
01.146 士父鐘
01.147 士父鐘
01.188 梁其鐘
01.190 梁其鐘
05.2801 小克鼎
西周晚期
01.133 柞鐘
01.134 柞鐘
01.135 柞鐘
01.137 柞鐘
西周晚期
考文 2006(6) 獄盉
銘圖 05673 古盨蓋
西周中期
01.64 通彔鐘
05.2786 康鼎
字與史(1) 肣簋
南開學報 2008(6) 衛簋甲蓋
西周中期
15.9723 十三年㾓壺
考文 1986(4) 殷簋甲
16.10175 史牆盤
考文 1997(3) 虎簋蓋
西周中期
05.2781 庚季鼎
05.2783 七年趞曹鼎
05.2804 利鼎
05.2809 師旂鼎
08.4289 師酉簋
西周中期
14.8829 右作彝爵
16.9901 夨令方彝
西周早期

吉			啻				
05.2670 旂鼎	08.4129 𠂤叔買簋	首陽 92 頁 晉伯卣蓋	08.4288 師酉簋	05.2776 剌鼎	銘圖 05142 師衛簋	華章 79 頁 卌三年逑鼎丁	08.4281 元年師旋簋
05.2704 旟鼎	08.4321 訇簋	首陽 92 頁 晉伯卣	08.4316 師虎簋	08.4165 大簋		文物 2003(6) 卌三年逑鼎乙	08.4324 師嫠簋
05.2729 歠獻方鼎			08.4322.2 㦰簋	08.4266 趞簋		華章 71 頁 卌三年逑鼎丙	文博 1987(2) 逑編鐘
07.3827 敔簋			10.5430.1 繁卣			華章 39 頁 卌二年逑鼎甲	陝博(7) 宰獸簋
07.4044 御正衛鼎			16.10166 鮮盤			文物 2009(9) 頌盤	
西周早期	西周晚期	西周中期	西周中期	西周中期	西周早期	西周晚期	西周晚期

考文 2006(8) 倗伯鼎	文物 2000(6) 曶簋	08.4263 格伯簋	07.4099.2 鼓簋	05.2713 師趛鼎	01.88 叡鐘	11.6007 耳尊	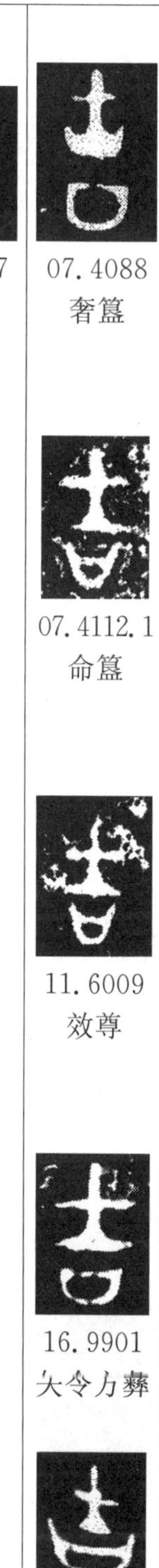 07.4088 奢簋
首陽 96 頁 仲枏父鬲	考文 2005(增) 老簋	10.5405.2 次卣	07.4104.1 賢簋	05.2719 公貿鼎	03.745 師趛鬲		07.4112.1 命簋
字與史(1) 衿簋蓋	考文 2006(6) 獄盉	10.5423A 匡卣	08.4194.1 友簋	05.2767 [illegible]叔鼎	03.746 仲枏父鬲		11.6009 效尊
	考文 2006(6) 獄盤	文物 2003(9) 曶簋	08.4250 即簋	05.2780 師湯父鼎	03.747 仲枏父鬲		16.9901 夨令方彝
							新收 1567 滎仲鼎
西周中期	西周中期	西周中期	西周中期	西周中期	西周中期	西周早期或中期	西周早期

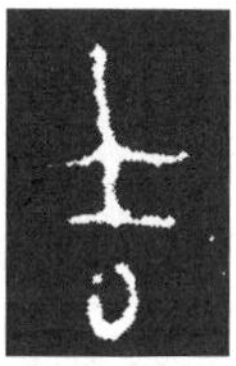

周

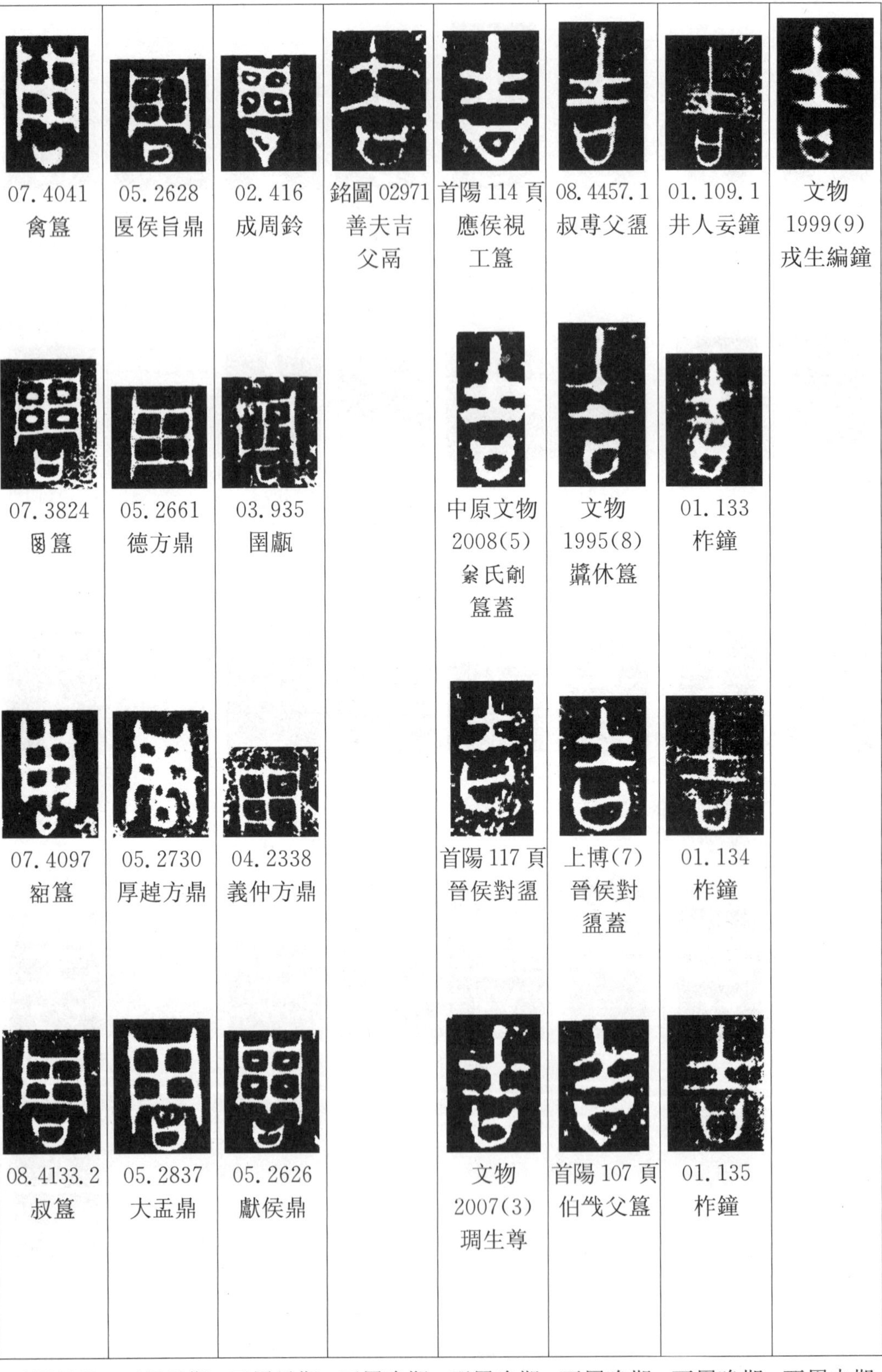
07.4041
禽簋
07.3824
圉簋
07.4097
窋簋
08.4133.2
叔簋
西周早期
05.2628
匽侯旨鼎
05.2661
德方鼎
05.2730
厚趠方鼎
05.2837
大盂鼎
西周早期
02.416
成周鈴
03.935
圉甗
04.2338
義仲方鼎
05.2626
獻侯鼎
西周早期
銘圖 02971
善夫吉父鬲
西周晚期
首陽 114 頁
應侯視工簋
中原文物 2008(5)
㒸氏剜簋蓋
首陽 117 頁
晉侯對盨
文物 2007(3)
琱生尊
西周晚期
08.4457.1
叔尃父盨
文物 1995(8)
䨻休簋
上博(7)
晉侯對盨蓋
首陽 107 頁
伯戏父簋
西周晚期
01.109.1
井人妄鐘
01.133
柞鐘
01.134
柞鐘
01.135
柞鐘
西周晚期
文物 1999(9)
戎生編鐘
西周中期

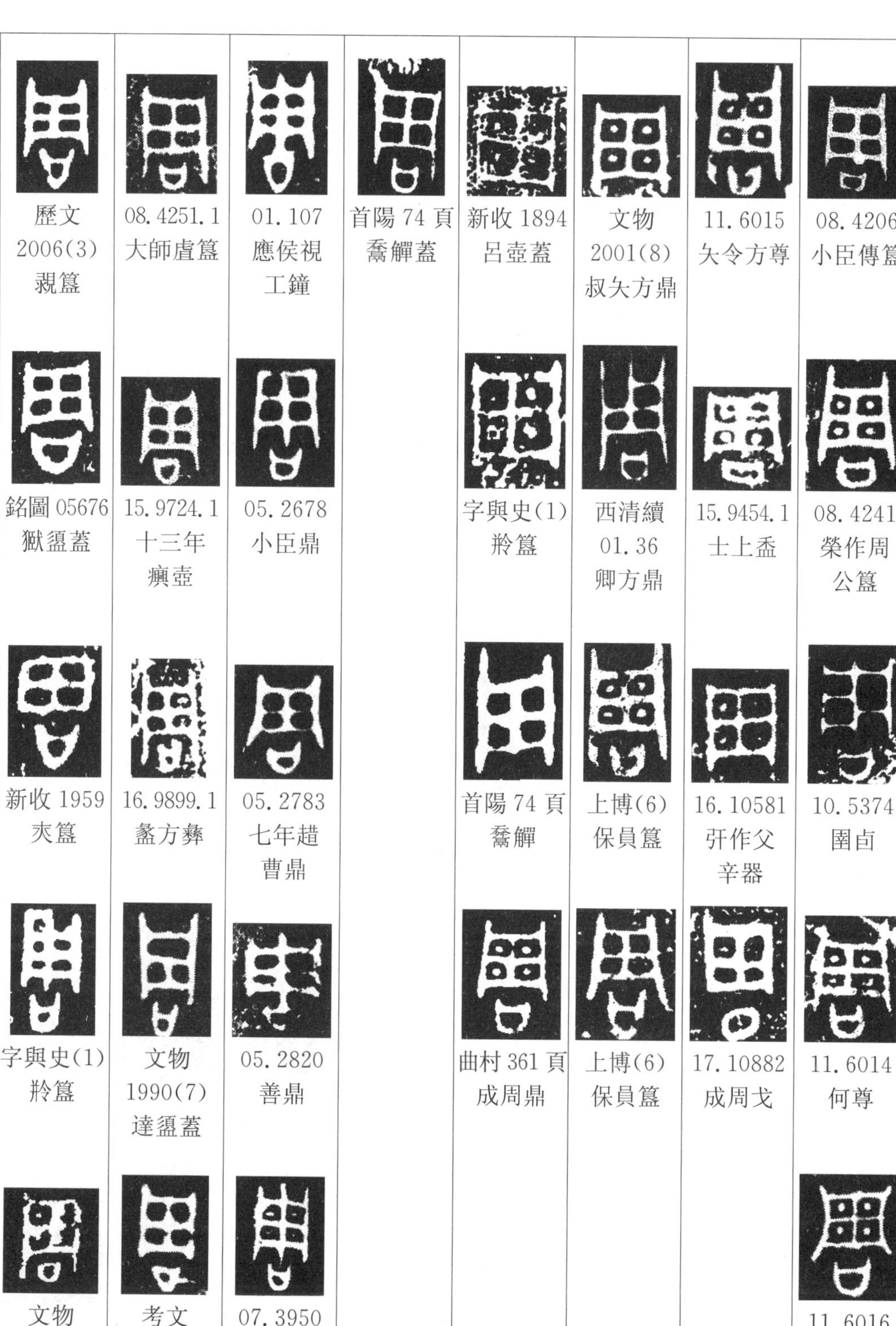

西周中期	西周中期	西周中期	西周早期	西周早期	西周早期	西周早期	西周早期
歷文 2006(3) 䚃簋	08.4251.1 大師虘簋	01.107 應侯視工鐘	首陽 74 頁 鬵觶蓋	新收 1894 呂壺蓋	文物 2001(8) 叔夨方鼎	11.6015 夨令方尊	08.4206 小臣傳簋
銘圖 05676 𤞷盨蓋	15.9724.1 十三年𤸫壺	05.2678 小臣鼎		字與史(1) 羚簋	西清續 01.36 卿方鼎	15.9454.1 士上盉	08.4241 榮作周公簋
新收 1959 𡗜簋	16.9899.1 盠方彝	05.2783 七年趞曹鼎		首陽 74 頁 鬵觶	上博(6) 保員簋	16.10581 幵作父辛器	10.5374 圉卣
字與史(1) 羚簋	文物 1990(7) 達盨蓋	05.2820 善鼎		曲村 361 頁 成周鼎	上博(6) 保員簋	17.10882 成周戈	11.6014 何尊
文物 2014(1) 肅卣	考文 1986(4) 段簋甲	07.3950 隹叔簋					11.6016 夨令方尊

曷　唐　啇

 04.1989 眉曷作彝鼎	 新收698 伯唐父鼎	 流散歐美102 棘啇簋	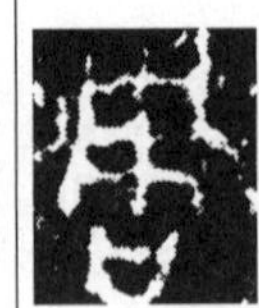 07.3915 周棘生簋	 保利續159頁 應侯視工鐘	 華章55頁 卌三年逑鼎甲	 08.4297 鄦簋	 05.2787 史頌鼎
 07.4060 不曷簋			 08.4166.1 敔簋	 文物2006(5) 柞伯鼎	 華章63頁 卌三年逑鼎乙	 08.4310 此簋	 05.2798 小克鼎
 16.10558 曷作父戊器			 15.9621 成周邦父壺	 首陽107頁 伯𢦏父簋	 華章87頁 卌三年逑鼎戊	 16.10225 函皇父匜	 05.2799 小克鼎
					 文物2009(9) 頌盤	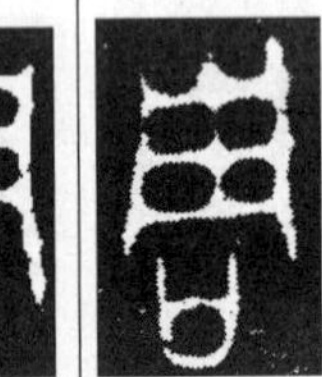 歷文2002(2) 作册封鬲甲	 05.2802 小克鼎
							 08.4275.2 元年師兌簋
西周早期	西周中期	西周中期	西周	西周晚期	西周晚期	西周晚期	西周晚期

各

 01.190 梁其鐘	 南開學報 2008(6) 衛簋甲蓋	 新收 1974 虎簋蓋乙	 12.6516 趩觶	 01.246 痶鐘	 11.6007 耳尊	 03.631 ⿱雨叀鬲	 05.2831 九年衛鼎
 01.260 㝬鐘	 銘圖 05676 獄盨蓋	 歷文 2006(3) 親簋	 16.9900.2 盠方彝	 05.2783 七年趞 曹鼎		 07.4021 寧簋蓋	 08.4302 彔伯戓 簋蓋
 新收 881 晉侯蘇鐘	 考文 2006(6) 獄簋	 陝博(7) 宰獸簋	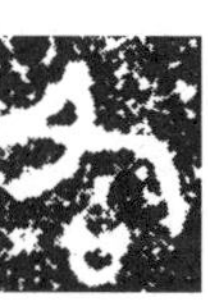 16.10321 趞盂	 05.2813 師奎鼎		 08.4121 焚簋	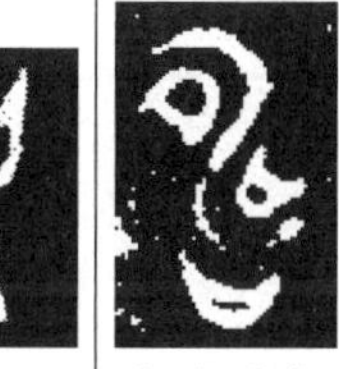 考古學報 2018(1) 霸伯山簋
 保利續 158 頁 應侯視 工鐘		 字與史(1) 羚簋	 考文 2006(6) 獄簋	 08.4271 同簋		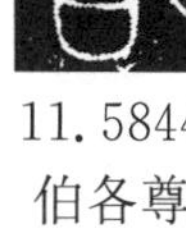 11.5844 伯各尊	
			 歷文 2004(1)				
西周晚期	西周中期	西周中期	西周中期	西周中期	西周早期 或中期	西周早期	西周中期

〔造〕〔徬〕〔夊〕

哀

西周晚期	西周早期	西周早期	西周晚期	西周晚期	西周晚期	西周晚期	西周晚期
05.2833 禹鼎	08.4330 沈子它簋蓋	10.5426.1 庚嬴鼎	08.4316 師虎簋	考文 2003(3) 卌二年逑鼎乙	16.10174 兮甲盤	08.4281 元年師旋簋	05.2821 此鼎
	銘圖 02367 雝鼎	10.5426.2 庚嬴鼎		考文 2006(6) 二式獄簋	華章 119 頁 卌三年逑鼎壬	08.4317 𤔲簋	05.2827 頌鼎
		16.10285 𠑇匜			首陽 121 頁 逑鐘	08.4318 三年師兑簋	08.4197 郃曶簋
						08.4324 師嫠簋	08.4279 元年師旋簋

唬	哦	咭	⿰口尃	⿱𡗗口	⿱夗口	⿰⿱吅工殳	嚴
05.2820 善鼎	06.3613 哦作父辛簋	文物天地 2008(10) 咭相伯甗	首陽114頁 應侯視工簋蓋	考文 2006(6) 二式獄簋	11.5984 能匋尊	16.10133 薛侯尊	01.249 𤼈鐘
07.4115 伯㦰簋		案：《玉篇·口部》：「咭，笑皃。」銘文中當爲地名或國族名。	首陽114頁 應侯簋	銘圖05676 獄盨蓋		16.10176 散氏盤	
			案：李學勤(2009a)讀「薄」，訓「迫」；王龍正等(2009)認爲右側从専左側从口，讀爲「搏伐」之搏；陳斯鵬(2012)認爲此字讀「敷」。	案：吳鎮烽(2006)認爲當是「茜」字古體；吳振武(2006b)分析从「口」「莖」聲，釋爲「馨」之異構；李學勤(2007a)認爲字从「本」聲，讀爲「芬」。			
西周中期	西周早期	西周晚期	西周晚期	西周中期	西周早期	西周晚期	西周中期

噩

07.4056.1 叔噩父簋	05.2810 噩侯鼎	11.5912 厝季尊	06.3574 噩叔簋	文博 1987(2) 逑編鐘	01.244 虢叔旅鐘	01.148 士父鐘	01.49 戰狄鐘
07.4057.1 叔噩父簋	05.2833 禹鼎	隨州 33 噩侯卣	06.3668 噩侯厝季簋	文博 1987(2) 逑編鐘	01.260.2 㝬鐘	01.188.1 梁其鐘	01.112 井人妄鐘
07.4058.2 叔噩父簋	07.3928 噩侯簋	隨州 35 噩侯罍	06.3669 噩侯奞季簋	華章 71 頁 卌三年逑鼎丙	05.2835 多友鼎	01.238.2 虢叔旅鐘	01.145 士父鐘
文物報 2013年4月24日5版 噩侯簋	07.3929 噩侯簋	銘圖 01566 噩侯鼎	10.5325 噩侯厝季簋	新收 881 晉侯蘇鐘	08.4326 番生簋蓋	01.240.2 虢叔旅鐘	01.147 士父鐘
	07.3930 噩侯簋						
西周晚期	西周晚期	西周早期	西周早期	西周晚期	西周晚期	西周晚期	西周晚期

單

西周早期

06.3441 粃單簋

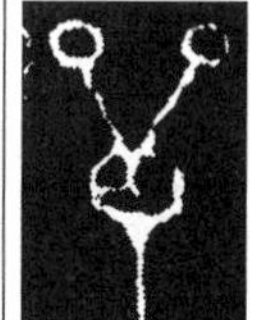

06.3624 叔單簋

10.5308.1 𤰈作父甲卣

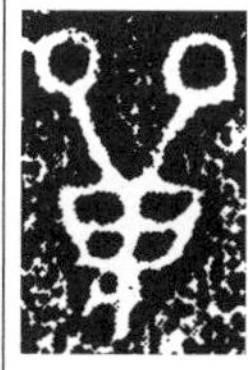

12.6512 小臣單觶

西周早期

16.10070 單子伯盤

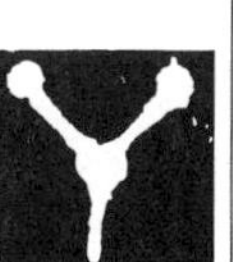

夏商周 222 南單母癸甗

文物 2004(7) 單爵

西周中期

11.5904 貍作父癸尊

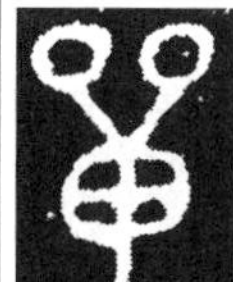

15.9456 裘衛盉

西周晚期

01.82 單伯旲生鐘

03.737 單伯原父鬲

08.4294 揚簋

08.4295 揚簋

09.4424 單子伯盨

西周晚期

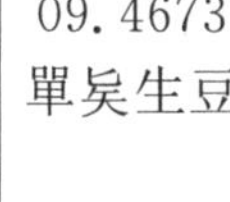

09.4673 單旲生豆

16.10195 蔡侯匜

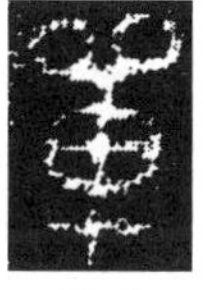

考文 2003(3) 單叔鬲

考文 2003(3) 述盤

西周晚期

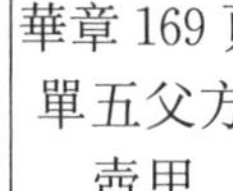

華章 169 頁 單五父方壺甲

華章 169 頁 單五父方壺甲蓋

華章 152 頁 單叔鬲庚

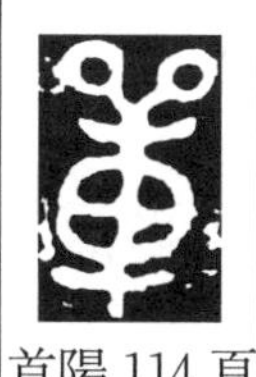

首陽 114 頁 應侯視工簋

⿱吅⿱乂口

西周早期

10.5112 戈⿱吅⿱乂口卣

12.6433 戈⿱吅⿱乂口觶

案：陳秉新(2002)引吳大澂說「⿱吅⿱乂口」是「噩」之古文，並謂「⿱吅乂」爲「⿱吅⿱乂⿱乂口」字初文，「⿱吅乂」與「噩」同字。

⿱吅⿱乂⿱乂口

西周晚期

08.4328 不嬰簋

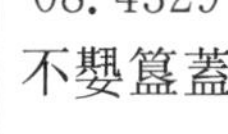

08.4329 不嬰簋蓋

趙	走				喪		
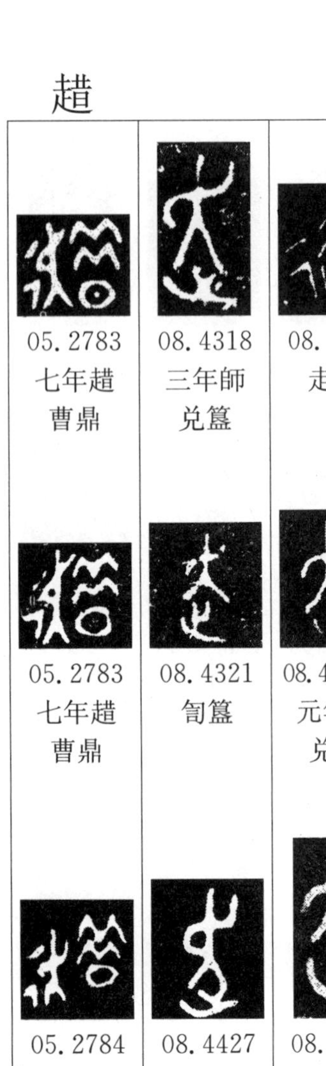 05.2783 七年趙曹鼎	08.4318 三年師兌簋	08.4244 走簋	05.2808 大鼎	05.2803 令鼎	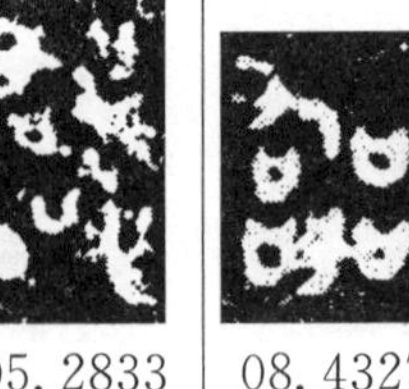 05.2833 禹鼎	08.4327 卯簋蓋	 05.2555 旂鼎
05.2783 七年趙曹鼎	08.4321 訇簋	 08.4274.2 元年師兌簋	  16.10170 走馬休盤	 05.2837 大盂鼎	案：彭裕商(2012)指出「喪」字西周早期下部象桑樹根的部分逐漸演化爲似「亡」的形象，再往後西周晚期「亡」的形象愈益明顯。	 08.4240 免簋	 05.2678 小臣鼎
05.2784 十五年趙曹鼎	08.4427 食仲走父盨	 08.4275 元年師兌簋	 新收 1874 虎簋蓋乙	 08.4241 榮作周公簋		 考古學報 2018(2) 格仲鼎	 05.2837 大盂鼎
			 考文 1997(3) 虎簋蓋	 11.6015 麥方尊		 考古學報 2018(2) 格仲簋	 07.3908 量侯簋
西周中期	西周晚期	西周晚期	西周中期	西周早期	西周晚期	西周中期	西周早期

⿺走雚	趠	趙		趩		⿺走僉	⿺走瞿
10.5428.1 叔⿺走雚父卣	 05.2730 厚趠方鼎	 18.11719.1 叔趙父爯	 文物 2003(6) 述盤	 12.6516 趩觶	 09.4465 善父克盨	 03.745 師⿺走僉鬲	 05.2841B 毛公鼎
 10.5429.1 叔⿺走雚父卣			 華章 39 頁 卌二年逑 鼎甲	 文物 1990(7) 達盨蓋	 古研(27) 198 頁 伯𢦚父簋	 05.2713 師⿺走僉鼎	
			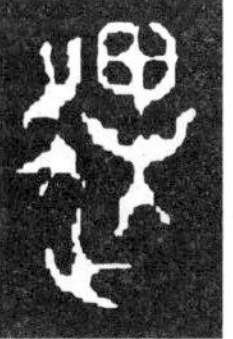 文物 2003(6) 卌三年逑 鼎乙	 文物 1999(9) 戎生編鐘			
西周早期	西周早期	西周中期 或晚期	西周晚期	西周中期	西周晚期	西周中期	西周晚期

扷	⿺走戚	趞			⿺走亘	趡	
08.4330 沈子它 簋蓋	文物 1999(9) 戎生編鐘	04.2190 伯趞鼎	05.2549 𣪘男鼎	01.246 㾓鐘	04.1743 亞㠱鼎	15.9817 趡作父 戊罍	07.4004 叔多父簋
案：董珊(2015a)分析左从「𣎵」，即「樹」字初文，右从「夭」，可讀爲「聚」。			05.2833 禹鼎	06.3740 齊史⿺走亘簋	04.1848 亞㠱父 丁鼎		07.4005 叔多父簋
			08.4124 㝬仲簋蓋	16.10175 史牆盤			
			16.10173 虢季子 白盤	文物 1999(9) 戎生編鐘			
			文物 2003(6) 逑盤				
西周早期	西周中期	西周早期	西周晚期	西周中期	西周早期	西周早期	西周晚期

止	[走叡]		[走曹]	[走豈]	[走焉]		[走褱]
08.4292 五年琱生簋	通鑒 05275 [走叡]簋甲	文博 2008(2) 叔駒父簋	銘圖 05666 遣伯盨	08.4266 [走登]簋	05.2815 [走焉]鼎	01.109.2 井人妄鐘	01.246 瘨鐘
	通鑒 05276 [走叡]簋乙	文物 2006(5) 柞伯鼎		出土文獻 第八輯 [走登]簋 案：「[走登]」字原从彳从[走登]作「[彳走登]」，曹錦炎(2016a)認爲可以看作「[走登]」字的繁構，讀作「豈」，「[走豈]」不排除爲「[走登]」字省寫。			16.10175 史牆盤
西周中期	西周中期	西周晚期	西周中期	西周中期	西周晚期	西周晚期	西周中期

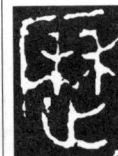

歸	歷	歖		〔寿〕 前	堂	⿰山重	
05.2739 塱方鼎	05.2833 禹鼎	03.849 歖作寶彝甗	 01.69 兮仲鐘	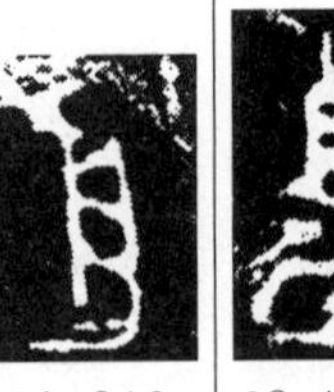 01.246 瘐鐘	08.4322.1 㦸簋	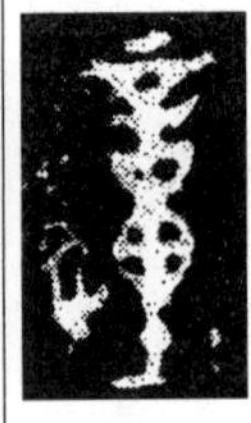 05.2841B 毛公鼎	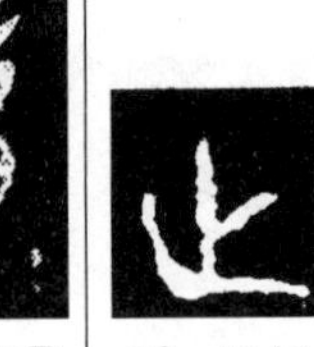 08.4340 蔡簋
 05.2803 令鼎	文物2003(6) 卌三年逨鼎辛		 01.188.1 梁其鐘	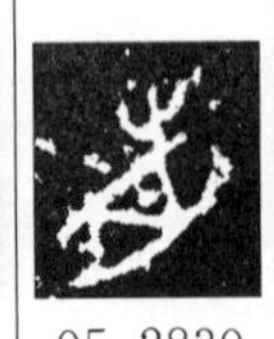 05.2830 師𩛥鼎	 08.4322.2 㦸簋		
 08.4238 小臣謎簋	華章39頁 卌二年逨鼎甲		 08.4317 㝬簋	 08.4220 追簋	案：此字舊釋「堂」，劉釗(2006a)分析爲从「京」省从「堂」聲，釋爲「堂」；何景成(2015)認爲該字从「止」从「堂」聲。		
10.5409.1 貉子卣	文物2003(6) 卌三年逨鼎乙		華章39頁 卌二年逨鼎甲	 08.4224 追簋			
 16.9901 夨令方彝			 文物2003(6) 卌三年逨鼎乙				
西周早期	西周晚期	西周早期	西周晚期	西周中期	西周中期	西周晚期	西周晚期

登　歨

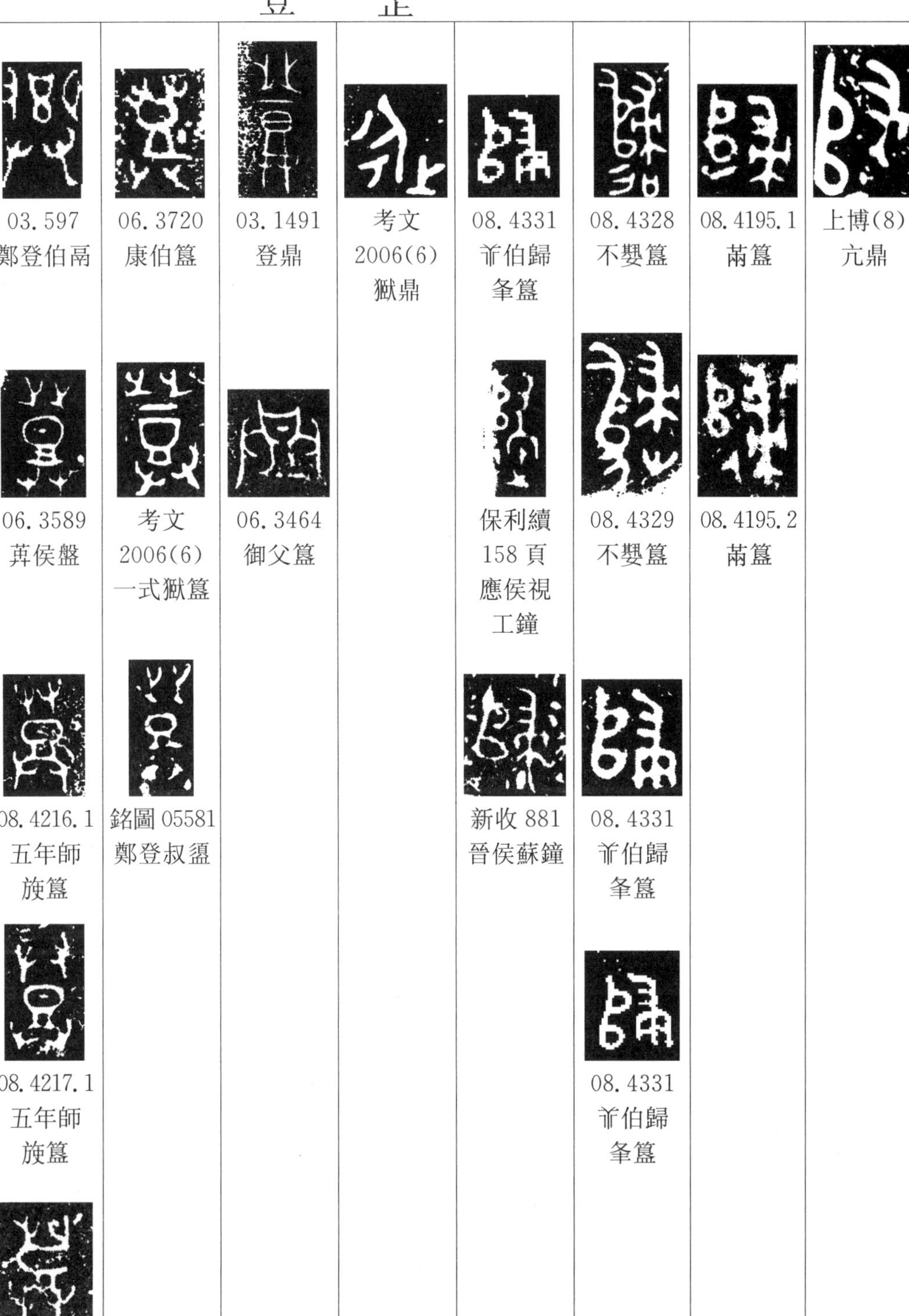

上博(8)
亢鼎
西周早期

08.4195.1
𦳝簋
08.4195.2
𦳝簋
西周中期

08.4328
不㝨簋
08.4329
不㝨簋
08.4331
𦬊伯歸夆簋
08.4331
𦬊伯歸夆簋
西周晚期

08.4331
𦬊伯歸夆簋
保利續158頁
應侯視工鐘
新收881
晉侯蘇鐘
西周晚期

考文2006(6)
㺇鼎
西周中期

03.1491
登鼎
06.3464
御父簋
西周早期

06.3720
康伯簋
考文2006(6)
一式㺇簋
銘圖05581
鄭登叔盨
西周中期

03.597
鄭登伯鬲
06.3589
茾侯盤
08.4216.1
五年師旋簋
08.4217.1
五年師旋簋
08.4218
五年師旋簋
西周晚期

此			歲			步	
12.6515 萬諆觶	11.5569.1 亞此犧尊	05.2841A 毛公鼎	05.2838 曶鼎	08.4131 利簋	新收 881 晉侯蘇鐘	15.9406 僕父己盉	考古 1985(3) 鄧公簋蓋
	11.5886 此作父辛尊						文物 2009(1) 鄭登伯盨
	15.9385.1 此作寶彝盉						
西周中期	西周早期	西周晚期	西周中期	西周早期	西周晚期	西周早期	西周晚期

正

08.4249 楚簋	01.187.2 梁其鐘	文物 2002(7) 應侯視工簋	01.88 𠭯鐘	10.5409.1 貉子卣	05.2702 𡢁方鼎	08.4308 此簋	05.2821 此鼎
08.4296 鄉簋蓋	05.2663 伯鮮鼎	字與史(1) 肣簋	08.4159 鼂簋	11.5755 告正父癸尊	05.2837 大盂鼎	08.4309 此簋	05.2822 此鼎
09.4464 駒父盨蓋	05.2796 小克鼎	銘圖 05673 古盨蓋	08.4289 師酉簋	16.9893 井侯方彝	07.4044 御正衛鼎	08.4310 此簋	05.2823 此鼎
16.10173 虢季子白盤	05.2825 善夫山鼎	考古學報 2018(2) 格仲簋	16.10127 殷榖盤	銘圖 05014 公豐父簋	08.4121 榮簋		08.4303.1 此簋
首陽 117 頁 晉侯對盨	07.3957 仲叀父簋	考古學報 2018(2) 格仲鼎	新收 791 戉尸正父己甗		11.5575 牧正尊		08.4307 此簋
西周晚期	西周晚期	西周中期	西周中期	西周早期	西周早期	西周晚期	西周晚期

		逨		速			是
05.2833 禹鼎	 05.2824 㦰方鼎	 05.2671 [illegible]父鼎	 08.4313.2 師寰簋	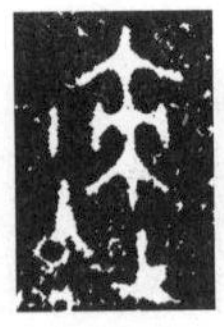 08.4216.1 五年師旋簋	 05.2841A 毛公鼎	 07.3911.1 是婁簋	 05.2724 毛公旅方鼎
 05.2835 多友鼎	 08.4322.1 㦰簋	 08.4239.2 小臣謎簋		 08.4216.2 五年師旋簋	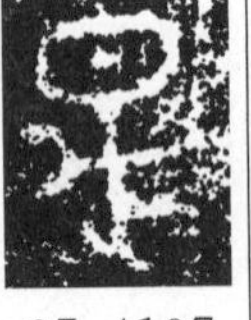 07.4107 豐伯車父簋	 07.3917 是驪簋	 10.5348.1 麃父卣
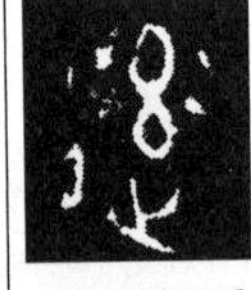 08.4313.2 師寰簋	 16.10322 永盂	 文物 1998(9) 柞伯簋		 08.4217.2 五年師旋簋	 15.9713 殳季良父壺	 文物 1995(7) 晉侯㝬馬壺	
 新收 881 晉侯蘇鐘				 08.4313.1 師寰簋	  16.10173 虢季子白盤		
 字與史(1) 文盨							
西周晚期	西周中期	西周早期	西周晚期	西周晚期	西周晚期	西周中期	西周早期

邁

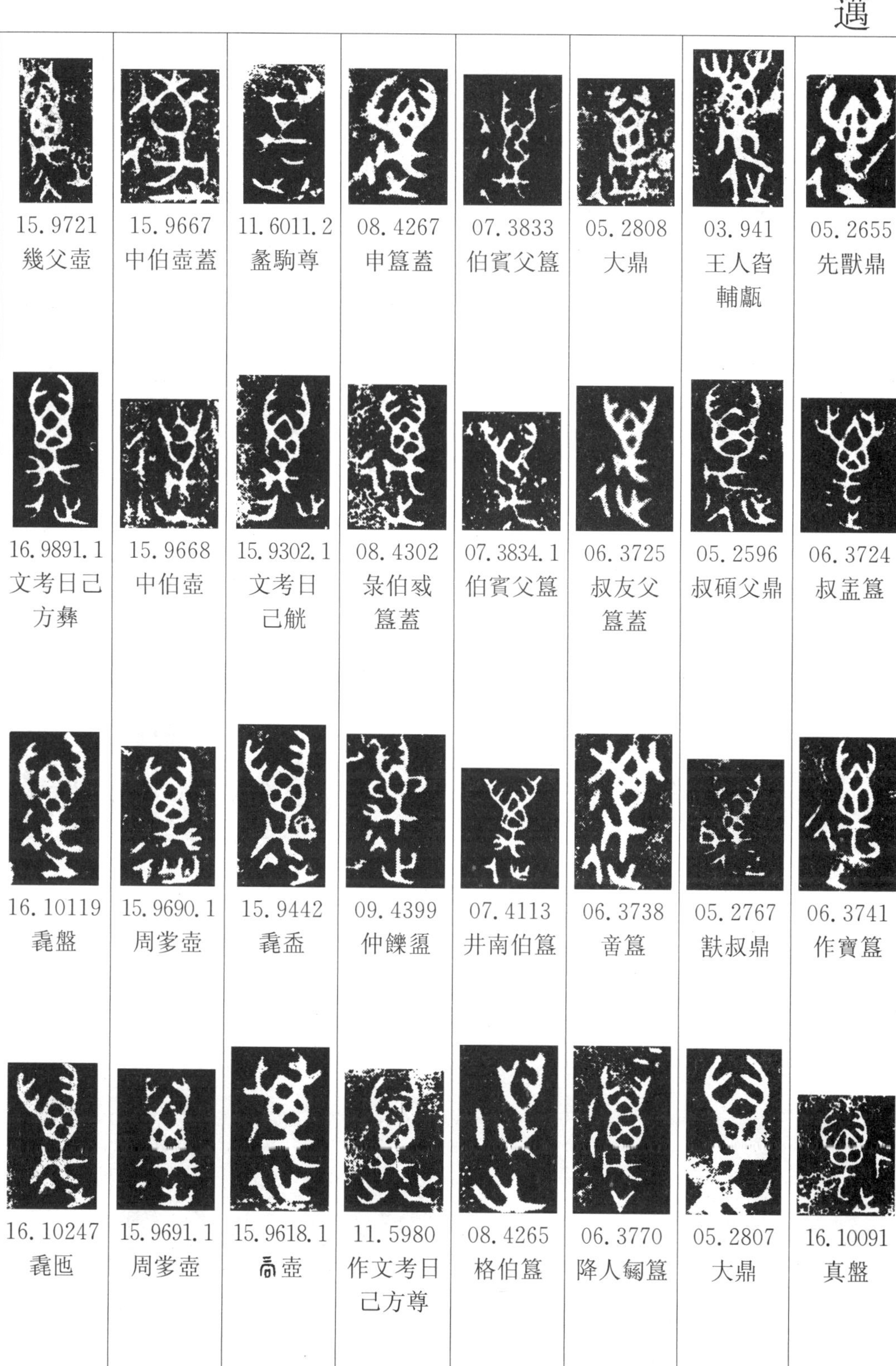

西周中期	西周中期	西周中期	西周中期	西周中期	西周中期	西周中期	西周早期
15.9721 幾父壺	15.9667 中伯壺蓋	11.6011.2 盠駒尊	08.4267 申簋蓋	07.3833 伯賓父簋	05.2808 大鼎	03.941 王人[illegible]輔甗	05.2655 先獸鼎
16.9891.1 文考日己方彝	15.9668 中伯壺	15.9302.1 文考日己觥	08.4302 彔伯𢦚簋蓋	07.3834.1 伯賓父簋	06.3725 叔友父簋蓋	05.2596 叔碩父鼎	06.3724 叔[illegible]簋
16.10119 毳盤	15.9690.1 周[illegible]壺	15.9442 毳盉	09.4399 仲鑠盨	07.4113 井南伯簋	06.3738 啻簋	05.2767 [illegible]叔鼎	06.3741 作寶簋
16.10247 毳匜	15.9691.1 周[illegible]壺	15.9618.1 [illegible]壺	11.5980 作文考日己方尊	08.4265 格伯簋	06.3770 降人[illegible]簋	05.2807 大鼎	16.10091 真盤

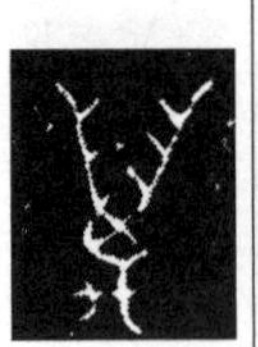 05.2698 散伯車父鼎	 04.2512 吉父鼎	 04.2508 伯考父鼎	銘圖 05676 獄盨蓋	 考文 2005(增) 老簋	 考文 2006(6) 獄盉	 考文 2006(6) 一式獄簋	 考文 2006(6) 獄簋蓋
 05.2796 小克鼎	 05.2538 伯尚鼎			 夏商周 335 州簋	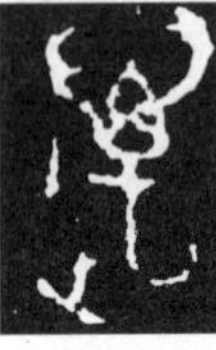 首陽 92 頁 晉伯卣	 考文 2006(6) 一式獄簋	 文物 1995(7) 晉侯僰馬壺
 05.2797 小克鼎	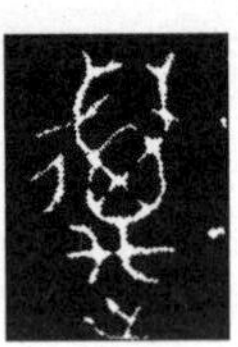 05.2619 善夫旅伯鼎			 新收 1845 馬方彝	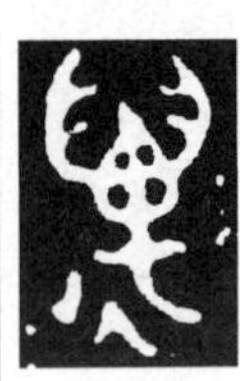 新收 1958 夾簋	 周原 2130 頁 梁伯敔簋	 文物 1995(7) 晉侯僰馬壺
 05.2798 小克鼎	 05.2649 伯頵父鼎			 考文 2006(6) 南姞甗	 新收 1958 夾簋	 考文 2006(6) 二式獄簋	
西周晚期	西周晚期	西周中期或晚期	西周中期	西周中期	西周中期	西周中期	西周中期

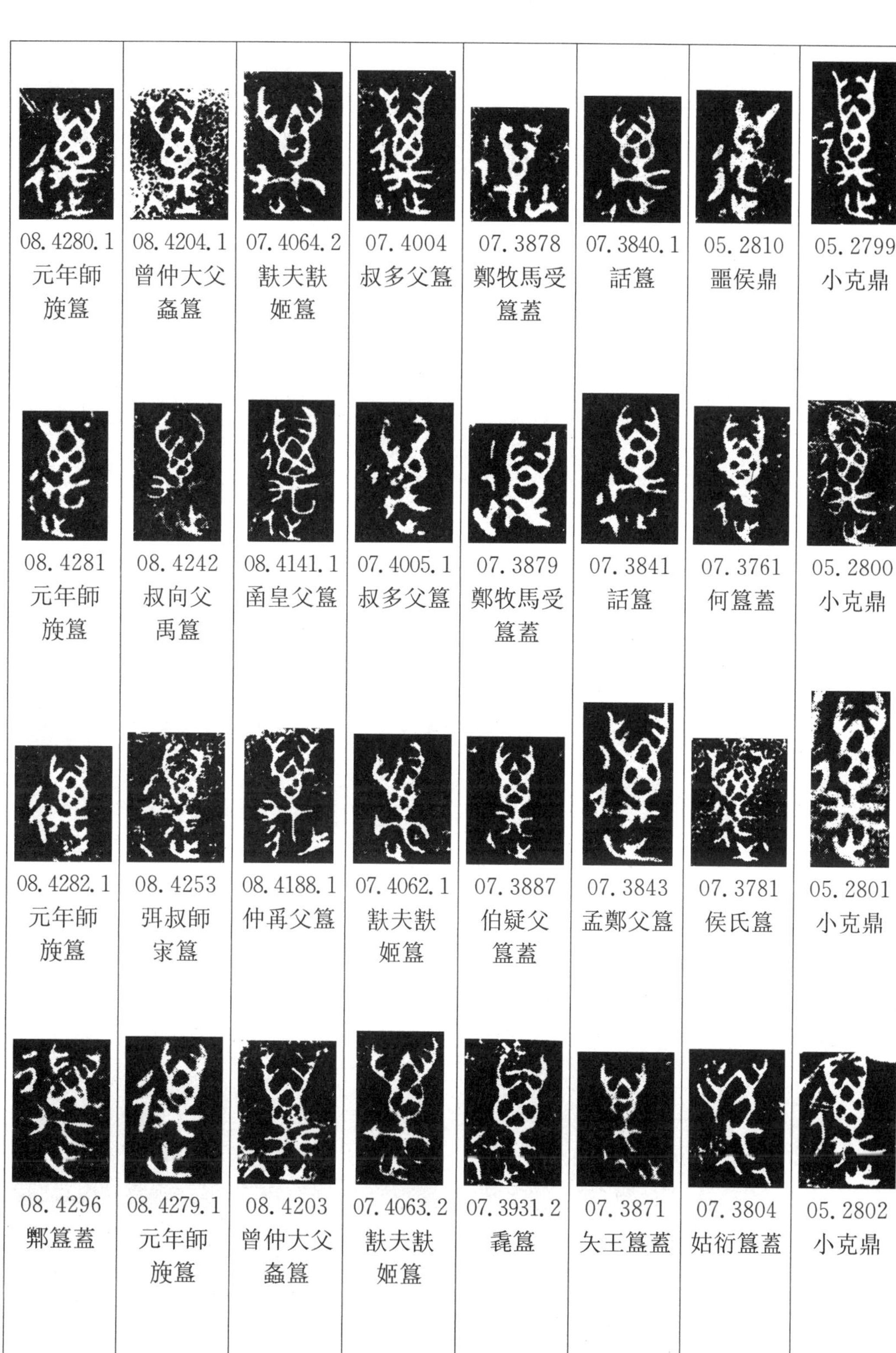

08.4280.1 元年師旋簋	08.4204.1 曾仲大父螽簋	07.4064.2 ⿰吉夫夫⿰吉夫姬簋	07.4004 叔多父簋	07.3878 鄭牧馬受簋蓋	07.3840.1 話簋	05.2810 噩侯鼎	05.2799 小克鼎
08.4281 元年師旋簋	08.4242 叔向父禹簋	08.4141.1 函皇父簋	07.4005.1 叔多父簋	07.3879 鄭牧馬受簋蓋	07.3841 話簋	07.3761 何簋蓋	05.2800 小克鼎
08.4282.1 元年師旋簋	08.4253 弭叔師察簋	08.4188.1 仲爯父簋	07.4062.1 ⿰吉夫夫⿰吉夫姬簋	07.3887 伯疑父簋蓋	07.3843 孟鄭父簋	07.3781 侯氏簋	05.2801 小克鼎
08.4296 𨛭簋蓋	08.4279.1 元年師旋簋	08.4203 曾仲大父螽簋	07.4063.2 ⿰吉夫夫⿰吉夫姬簋	07.3931.2 毳簋	07.3871 夨王簋蓋	07.3804 姞衍簋蓋	05.2802 小克鼎
西周晚期	西周晚期	西周晚期	西周晚期	西周晚期	西周晚期	西周晚期	西周晚期

 考古 2007(3) 姞仲衍鐘	 考古 2003(3) 應姚盤	 上博(7) 晉侯對盨	 16.10172 寰盤	 15.9652 炬叔壺	 15.9620 伯濼父 壺蓋	 09.4459.1 翏生盨	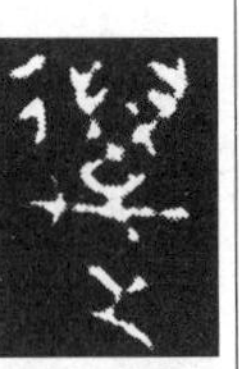 08.4297 鄁簋
 文博 2008(2) 叔屖父盨	 文物 2004(3) 仲殷盨蓋	 上博(7) 晉侯對盨	 文物 1998(8) 宰獸簋	 15.9718 𩋟史屒壺	 15.9643.1 仲南父壺	 09.4533 尹氏貯 良簠	 08.4331 𦬸伯歸 夆簋
	 首陽 107 頁 伯𢦔父簋	 文物 1994(8) 晉侯邦 父鼎	 首陽 117 頁 晉侯對盨	 16.10102 中友父盤	 15.9644 內大子白 壺蓋	 09.4537 內太子白 簠蓋	 09.4404 伯大師 釐盨
	 夏商周 395 伯呂盨	 首陽 114 頁 應侯視工 簋蓋	 新收 851 晉侯對鼎	 16.10112 伯碩奮盤	 15.9651 炬叔壺	 09.4538 內太子白 簠蓋	 09.4413.1 諫季獻盨
西周晚期	西周晚期	西周晚期	西周晚期	西周晚期	西周晚期	西周晚期	西周晚期

征　徒

徒（西周）：04.2437 [illegible]虎鼎；07.3916 姞氏壺；07.3751 [illegible]父甲簋

徒（西周中期）：09.4415.1 魯𤔲徒伯吳盨；16.10322 永盂；通鑒 05288 楷大𤔲徒仲車父簋

徒（西周晚期）：05.2833 禹鼎；05.2814 無叀鼎；08.4313.1 師寰簋；文物 2007(3) 琱生尊

征（西周早期）：05.2674 征人鼎；05.2739 塱方鼎；08.4131 利簋；08.4140 大保簋；10.5410 啓卣

征（西周中期）：07.3976 [illegible]馭簋；08.4162 孟簋；16.10175 史牆盤；考文 1989(3) 史密簋

征（西周中期）：文博 1987(4) 夷伯夷簋；歷文 2002(6) 豳公盨；銘圖 03349 昔須甗；文物 2014(1) 肅卣

征（西周晚期）：05.2810 噩侯鼎；08.4225.1 無㠱簋；08.4331 羋伯歸夆簋；09.4435 虢仲盨蓋；09.4460 翏生盨

征（西周晚期）：09.4461 翏生盨；首陽 107 頁 伯戋父簋；古研(27) 198 頁 伯戋父簋；首陽 114 頁 應侯視公簋蓋

〔⿺辶正〕

	造		進	過		述	
 04.2326 史造作父癸鼎	 新收 349 叔造尊	 16.10174 兮甲盤	 05.2725 歸䂓方鼎	 07.3907 過伯簋	 16.10321 趞盂	 05.2837 大盂鼎	 09.4420 㪤盂征盨
			 15.9594.1 歸䂓進壺	 14.8991 過伯爵		 06.3646 史述作父乙簋	
			 16.10360 盨圜器			 08.4238.2 小臣謎簋	
西周中期	西周早期	西周晚期	西周早期	西周早期	西周中期	西周早期	西周中期

遣		迨	〔眾〕 遝	〔⿱宀⿰亻告〕	〔⿺辶⿱宀告〕		〔⿱宀⿰舟告〕
 05.2841A 毛公鼎	 16.10175 史牆盤	 10.5415.1 保卣	 07.4059 渣嗣土 遙簋	 08.4338 頌簋蓋	 08.4337 頌簋	 08.4335 頌簋	 05.2828 頌鼎
 08.4326 番生簋蓋			 10.5422 士上卣	 新收 389 嫱戈		 08.4336 頌簋蓋	 05.2829 頌鼎
			「眾」字重見。				 08.4332.1 頌簋
							 08.4332 頌簋
西周晚期	西周中期	西周早期	西周早期	西周晚期	西周晚期	西周晚期	西周晚期

遇					逆	速	遄
 新收 881 晉侯蘇鐘	 05.2835 多友鼎	 01.63 逆鐘	 05.2838 曶鼎	 11.5874 逆作父 丁尊	 07.3747 仲爯簋	 文物 2005(9) 榮仲方鼎	 08.4249 楚簋
	 09.4464 駒父盨蓋	 01.64 通彔鐘	 15.9727 三年㾓壺	 上博(6) 保員簋	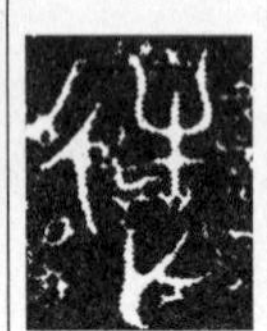 07.3748 伯者父簋		
	 考文 2003(3) 述鼎乙	 01.106 楚公逆鐘		 玫茵堂 100 逆簋	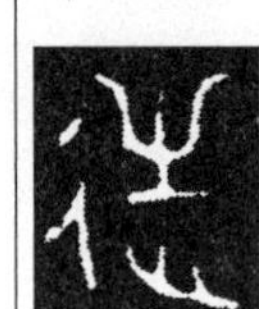 10.5428.1 叔趯父卣		
	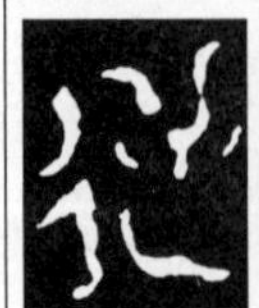 華章 39 頁 卌二年述 鼎甲	 01.260.2 㝬鐘			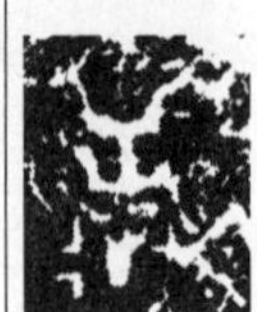 12.6416 逆[illegible]父 辛觶		
西周晚期	西周晚期	西周晚期	西周中期	西周早期	西周早期	西周早期	西周晚期

遘

04.2416
子邁鼎
西周晚期

08.4205
楷伯簋

10.5415
保卣

考古
2007(3)
覭公簋
西周早期

05.2765
蟎鼎

歷文
2002(6)
豳公盨

銘圖續
0174
伯武父鼎
西周中期

通

08.4331
乖伯歸
夆簋

09.4465
善父克盨
西周晚期

01.64
通彔鐘

05.2831
九年衛鼎
西周中期

01.188
梁其鐘

05.2827
頌鼎

08.4332
頌簋

08.4338
頌簋蓋
西周晚期

文物
2003(6)
逑盤

文物
2003(6)
卌三年逑
鼎乙

華章 95 頁
卌三年逑
鼎己

文物
2009(9)
頌盤
西周晚期

考文
2007(3)
琱生尊

文物
2007(8)
琱生尊

案：琱生尊該字多釋「通」；李學勤(2007b)謂字从「同」省聲；陳劍(2008a)釋作「踴」初文；李家浩(2016a)謂从「辵」省「肯」聲。

西周晚期

	〔⿱罒止〕 選	〔睘〕	〔⿰彳睘〕			還	〔⿸尸彡〕 徙
 16.10176 散氏盤	 05.2831 九年衛鼎	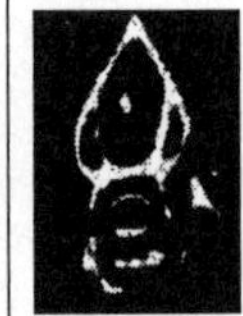 09.4464 駒父盨蓋	 音樂 49 頁 司馬楙 編鎛	 04.2220 緐還鼎	 05.2810 噩侯鼎	 04.2200 緐還鼎	 05.2833 禹鼎
					 08.4280.1 元年師 旋簋	 08.4191 穆公簋蓋	 新收 1394 師道簋
					 16.10176 散氏盤	 09.4626 免簠	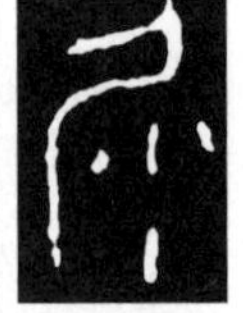 文物 2003(6) 逑盤
					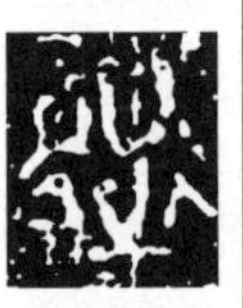 字與史(1) 文盨		案：李守奎(2015)認爲⿸尸乙、⿸尸彡絶不通用。⿸尸乙讀纂，⿸尸彡讀徙、選等字。蘇建洲(2016)認爲⿸尸彡源自⿸尸乙。
					 首陽 107 頁 伯戜父簋		
西周晚期	西周中期	西周晚期	西周晚期	西周	西周晚期	西周中期	西周晚期

遲	邐	〔⿱臼口〕	〔⿲𠂤口彐〕	遣			
 04.2195 伯遲父鼎	 上博(6) 保員簋	 08.4140 大保簋	 08.4239.2 小臣謎簋	 08.4162 孟簋	 01.260.2 㝬鐘	 11.5992 遣尊	 05.2763.1 我方鼎
 07.4102 仲叡父簋	 案：李家浩(2013)認爲「邐」或「麗」應該讀爲「僎」。			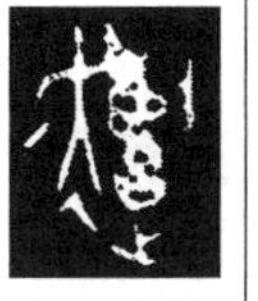 08.4341 班簋	 04.2212 遣叔鼎	 10.5402.1 遣卣	 07.4029 明公簋
				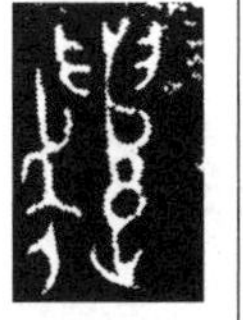 09.4418.1 遣叔吉父盨	 05.2755 寏鼎	 上博(7) 𩍮卣	 08.4239.2 小臣謎簋
				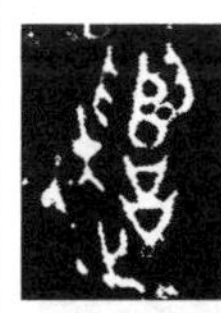 16.10322 永盂	 07.3848 遣小子䩛簋		 07.4042 昜𠂤簋
				 文物1999(9) 戎生編鐘	 08.4207 遹簋		
西周中期	西周早期	西周早期	西周早期	西周晚期	西周中期	西周早期	西周早期

達		違				遹	
 05.2672 虘父鼎	 08.4341 班簋	 05.2595 臣卿鼎	 05.2797 小克鼎	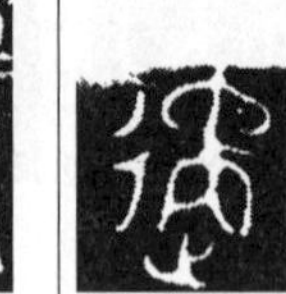 01.204 克鐘	 08.4207 遹簋	 05.2837 大盂鼎	 08.4279.1 元年師旋簋
 05.2671 虘父鼎		 07.3948 臣卿簋	 05.2798 小克鼎	 01.206 克鐘	 16.10175 史牆盤		 09.4436.2 遟盨
			 05.2800 小克鼎	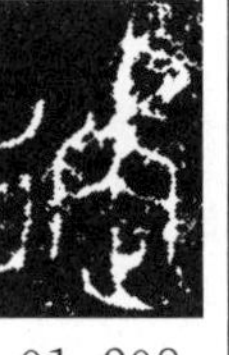 01.208 克鐘			 考文 1998(3) 吳虎鼎
			 05.2801 小克鼎	 01.260.2 㝬鐘			
			 09.4460 翏生盨	 05.2796 小克鼎			
西周早期	西周中期	西周早期	西周晚期	西周晚期	西周中期	西周早期	西周晚期

遺　　述

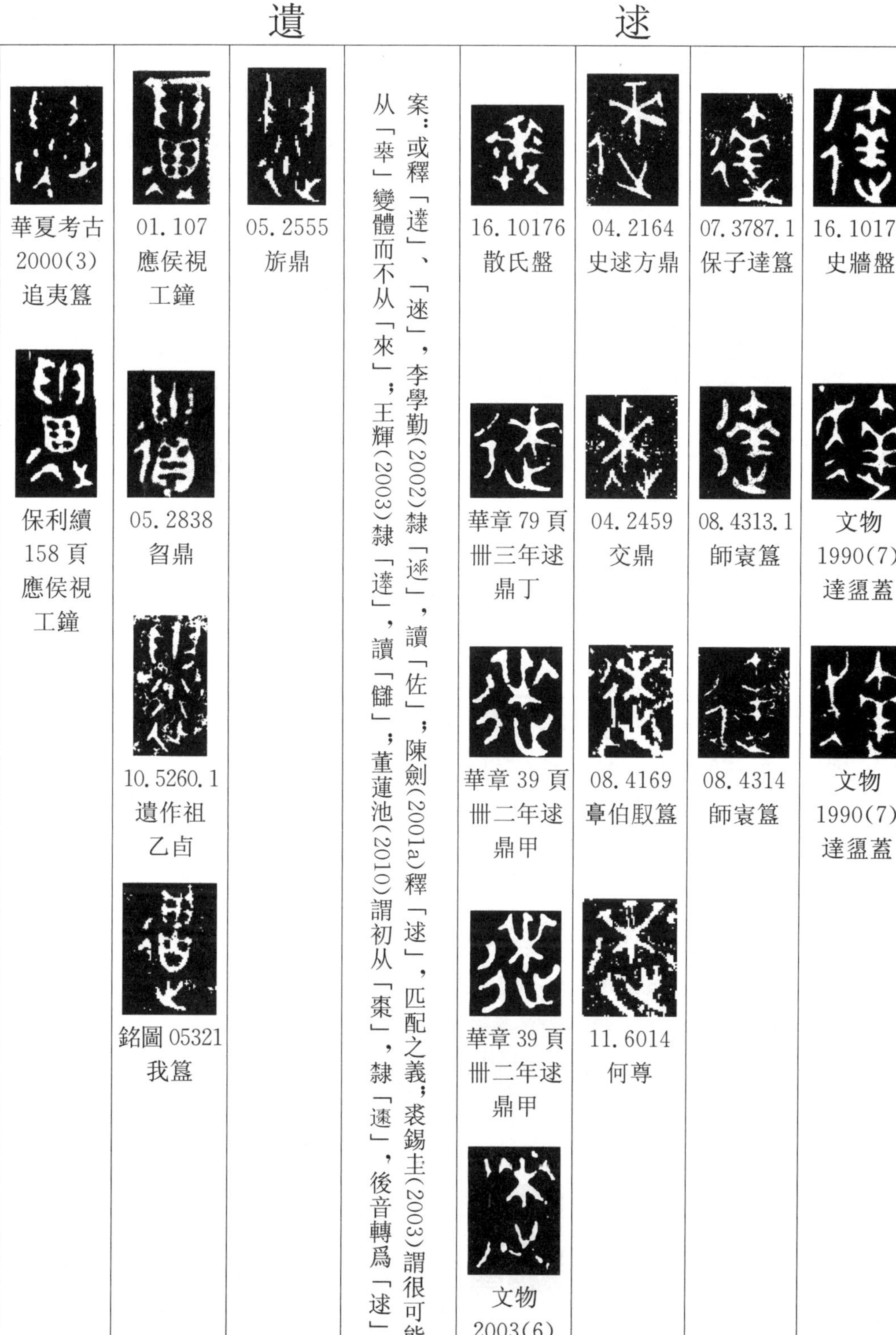

遺				述			
華夏考古 2000(3) 追夷簋	01.107 應侯視工鐘	05.2555 旂鼎	案：或釋「逵」、「逨」，李學勤(2002)隸「逑」，讀「佐」；陳劍(2001a)釋「逑」，匹配之義；裘錫圭(2003)謂很可能从「𠦪」變體而不从「來」；王輝(2003)隸「逵」，讀「讎」；董蓮池(2010)謂初从「棗」，隸「逨」，後音轉爲「逑」。	16.10176 散氏盤	04.2164 史述方鼎	07.3787.1 保子達簋	16.10175 史牆盤
保利續 158 頁 應侯視工鐘	05.2838 曶鼎			華章 79 頁 卌三年逑鼎丁	04.2459 交鼎	08.4313.1 師寰簋	文物 1990(7) 達盨蓋
	10.5260.1 遺作祖乙卣			華章 39 頁 卌二年逑鼎甲	08.4169 𩫏伯馭簋	08.4314 師寰簋	文物 1990(7) 達盨蓋
	銘圖 05321 我簋			華章 39 頁 卌二年逑鼎甲	11.6014 何尊		
				文物 2003(6) 逑盤			
西周晚期	西周中期	西周早期		西周晚期	西周早期	西周晚期	西周中期

				追	〔⿰彳兆〕逃		逋
01.69 兮仲鐘	上博(6) 目鼎	08.4222 追簋蓋	01.246 㾓鐘	07.4073 伯⿰⿸虍木犬簋	保利續 120 頁 公仲⿰彳兆簋	05.2832 五祀衛鼎	12.6442 逋作父乙觶
01.112 井人妄鐘	文物 1999(9) 戎生編鐘	08.4224 追簋	05.2813 師奎父鼎	08.4241 榮作周公簋		15.9456 裘衛盉	
07.4038 章叔⿲爿幵片簋	考古學報 2018(2) 格仲簋	15.9722 幾父壺	06.3693 伯塋簋蓋	11.6004 ⿱畾酉尊			
08.4333.1 頌簋	考古學報 2018(2) 格仲簋	16.9822 仲追父方彝	08.4219 追簋	16.9901.1 夨令方彝			
08.4338 頌簋蓋		銘圖 02073 南方追孝鼎	08.4220 追簋				
西周晚期	西周中期	西周中期	西周早期	西周早期	西周中期	西周中期	西周早期

邍			遠		逐		
 01.18 鲁邍鐘	 08.4264.1 格伯簋	 新收 881 晉侯蘇鐘	 16.10175 史牆盤	 新收 881 晉侯蘇鐘	 05.2735 不栺方鼎	 首陽 121 頁 逑鐘	 15.9718 鼀史展壺
 03.737 單伯原 父鬲	 08.4264.2 格伯簋	 05.2836 大克鼎	 文物 1999(9) 戎生編鐘		 05.2729 𩰫𣪕方鼎	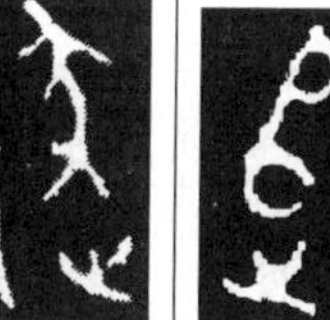 華夏考古 2000(3) 追夷簋	 文物 1998(9) 柞伯簋
 16.10176 散氏盤	 考古學報 2018(2) 格仲鼎	 08.4317 㝬簋			 05.2972 逐簋	 文物 2009(9) 頌盤	 文物 2006(5) 柞伯鼎
 文物 1996(7) 仲邍父匜	 考古學報 2018(2) 格仲簋	 08.4326 番生簋蓋					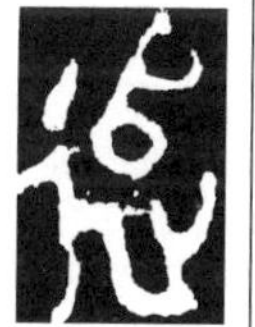 華章 39 頁 卌二年逑 鼎甲
 上博(7) 晉侯對 盨蓋	 考古學報 2018(2) 格仲簋	 文物 2003(6) 逑盤					
西周晚期	西周中期	西周晚期	西周中期	西周晚期	西周早期	西周晚期	西周晚期

遽				道			
 09.4485.1 般仲遽簠	 08.4214 師遽簋蓋	 10.5357.1 懥季遽父卣	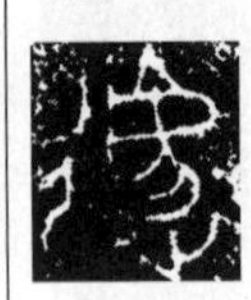 03.1492 遽從鼎	 16.10176 散氏盤	 05.2721 𡨦鼎	 10.5409.1 貉子卣	 首陽114頁 應侯簋器
	16.9897.1 師遽方彝	12.6495 遽仲作父丁觶	 03.1493 遽從鼎	 16.10176 散氏盤			 首陽114頁 應侯視工簋蓋
	 16.10175 史牆盤	 13.8307 遽從角	 06.3132 遽從簋	 16.10176 散氏盤			 首陽117頁 晉侯對盨
			 07.3763 遽伯睘簋	 16.10176 散氏盤			
			 10.5143.1 遽册卣	 新收1394 師道簋			
				 字與史(1) 文盨			
西周晚期	西周中期	西周早期	西周早期	西周晚期	西周中期	西周早期	西周晚期

邊

05.2837 大盂鼎

西周早期

16.10176 散氏盤

西周晚期

⿺辶弋

10.5404.1 商卣

11.5997 商尊

西周早期

⿺辶必

11.5983 啟作祖丁尊

案：董珊（2012a）分析此字从「辵」「必」聲，讀「趩」。

西周早期

⿺辶舟

07.3748 伯者父簋

08.4301 作册矢令簋

西周早期

⿺辶卿

08.4322.2 㦰簋

首陽117頁 晉侯對盨

案：李家浩（2016a）讀晉侯對盨「⿺辶卿」爲「隰」。

西周中期

遇

03.948 遇甗

西周中期

⿺辶匩

16.9893.1 井侯方彝

案：該字釋讀舊説分歧，黄德寬（2002）分析此字从辵（或彳）从匩（或羊），並引徐中舒先生讀該字爲「將」之説，徵引包山等楚簡加以申述，證讀「將」之確。

西周中期

05.2787
史頌鼎

08.4229.1
史頌簋

08.4230
史頌簋

08.4231
史頌簋

08.4232.1
史頌簋

西周晚期

迖

11.6015
麥方尊

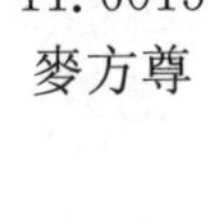
案：陳劍(2004a)認爲釋該字爲「这」，認爲字从辵从文，文是意爲大拇指的「拇」和「敏」字的表意初文，这从文得聲，讀爲訓憂病的「愍」。

西周早期

⿺辶亟

05.2837
大盂鼎

西周早期

⿺辶食

08.4208
段簋

西周中期

⿺辶晨

04.2070
⿺辶晨鼎

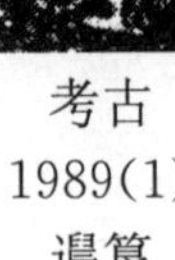

考古
1989(1)
⿺辶晨簋

西周早期

05.2817
師晨鼎

西周中期

轙

05.2835
多友鼎

案：馮時(2012)認爲當讀「迭」。

西周晚期

遺

06.3632
寧遺簋

西周

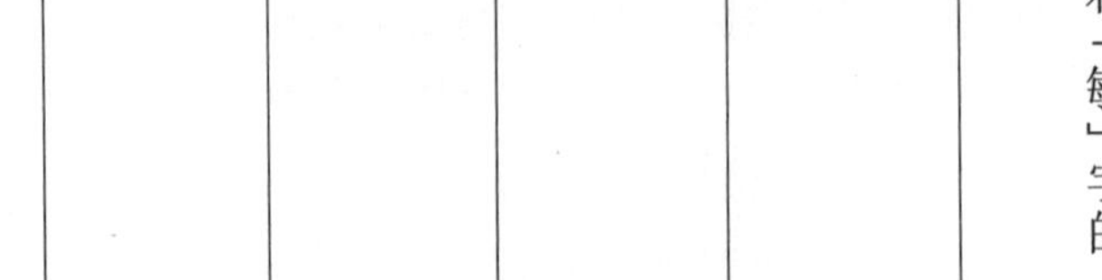

德　⿺辶彡

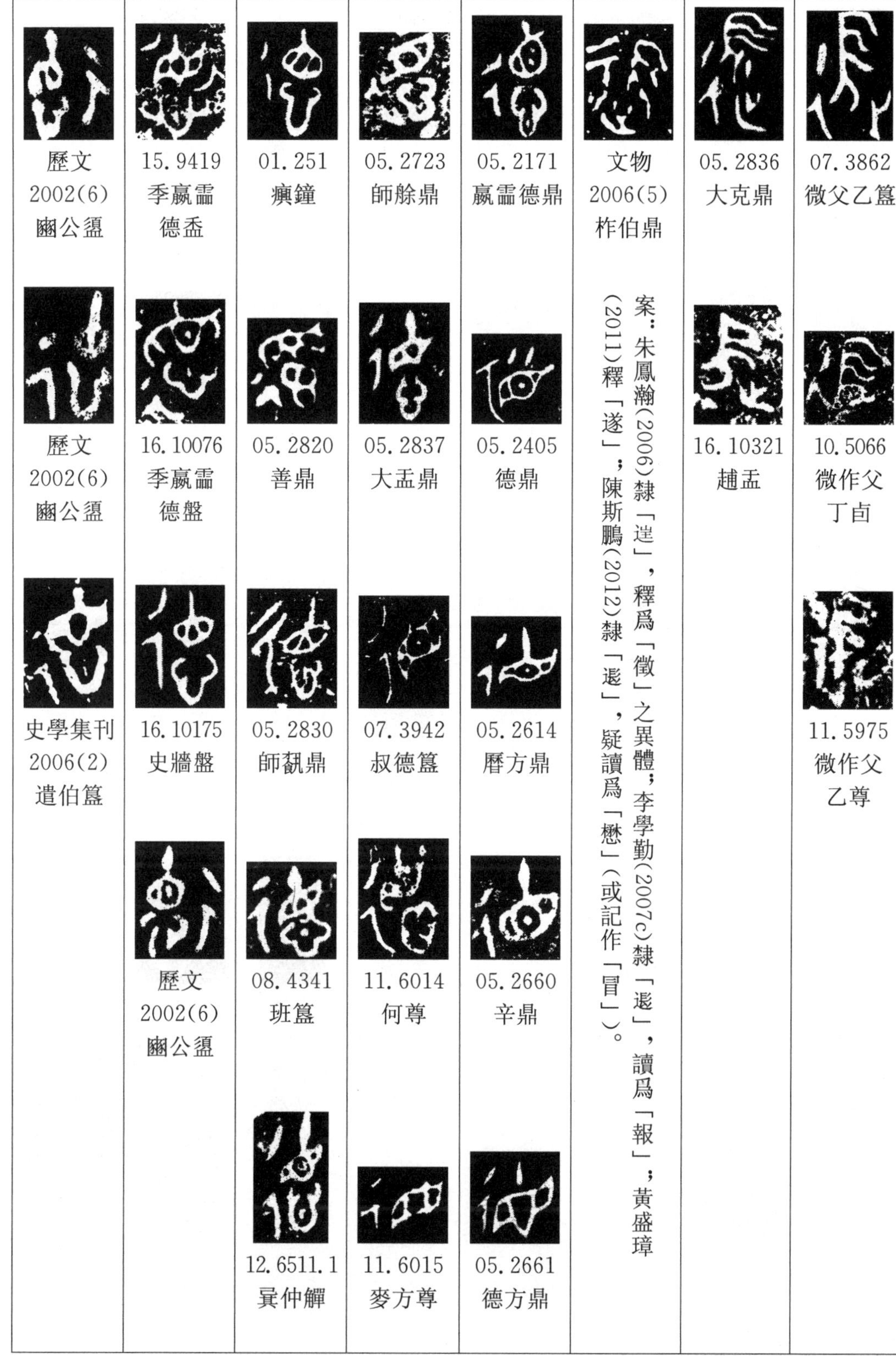

西周中期	西周中期	西周中期	西周早期	西周早期	西周晚期	西周中期	西周早期
歷文2002(6)豳公盨	15.9419 季嬴霝德盉	01.251 𤼈鐘	05.2723 師𩛥鼎	05.2171 嬴霝德鼎	文物2006(5)柞伯鼎	05.2836 大克鼎	07.3862 微父乙簋
歷文2002(6)豳公盨	16.10076 季嬴霝德盤	05.2820 善鼎	05.2837 大盂鼎	05.2405 德鼎	案：朱鳳瀚(2006)隸「𨑥」，釋爲「徵」之異體；李學勤(2007c)隸「⿺辶彡」，讀爲「報」；黄盛璋(2011)釋「遂」；陳斯鵬(2012)隸「⿺辶彡」，疑讀爲「懋」(或記作「冒」)。	16.10321 𧾷孟	10.5066 微作父丁卣
史學集刊2006(2)遣伯簋	16.10175 史牆盤	05.2830 師䚄鼎	07.3942 叔德簋	05.2614 曆方鼎			11.5975 微作父乙尊
	歷文2002(6)豳公盨	08.4341 班簋	11.6014 何尊	05.2660 辛鼎			
		12.6511.1 㠱仲觶	11.6015 麥方尊	05.2661 德方鼎			

復

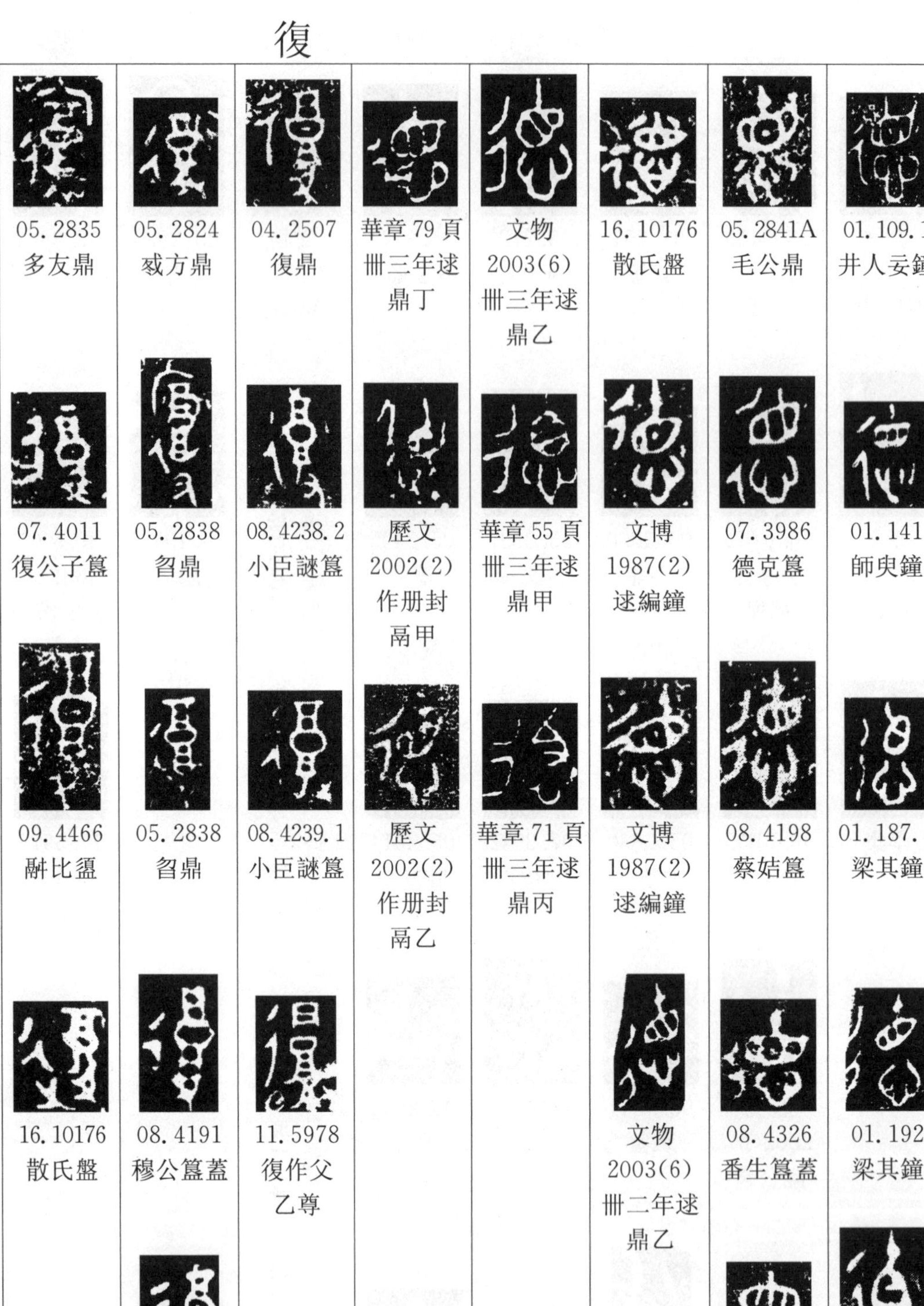

05.2835 多友鼎	05.2824 㦛方鼎	04.2507 復鼎	華章79頁 卌三年逑鼎丁	文物 2003(6) 卌三年逑鼎乙	16.10176 散氏盤	05.2841A 毛公鼎	01.109.1 井人妄鐘
07.4011 復公子簋	05.2838 曶鼎	08.4238.2 小臣謎簋	歷文 2002(2) 作册封鬲甲	華章55頁 卌三年逑鼎甲	文博 1987(2) 逑編鐘	07.3986 德克簋	01.141 師臾鐘
09.4466 㽙比盨	05.2838 曶鼎	08.4239.1 小臣謎簋	歷文 2002(2) 作册封鬲乙	華章71頁 卌三年逑鼎丙	文博 1987(2) 逑編鐘	08.4198 蔡姞簋	01.187.2 梁其鐘
16.10176 散氏盤	08.4191 穆公簋蓋	11.5978 復作父乙尊			文物 2003(6) 卌二年逑鼎乙	08.4326 番生簋蓋	01.192 梁其鐘
	歷文 2002(6) 豳公盨					09.4669 降叔豆	01.239.1 虢叔旅鐘
西周晚期	西周中期	西周早期	西周晚期	西周晚期	西周晚期	西周晚期	西周晚期

	後		〔復〕 退	待		彶	〔复〕
03.718 𫲨季鬲	 05.2741 𡨦鼎	 09.4469 㙨盨	 08.4261 天亡簋	 05.2704 旟鼎	 05.2841A 毛公鼎	 05.2838 曶鼎 「及」字重見。	 09.4466 𩵦比盨 「复」字重見。
 08.4314 師寰簋	 08.4300 作册夨令簋 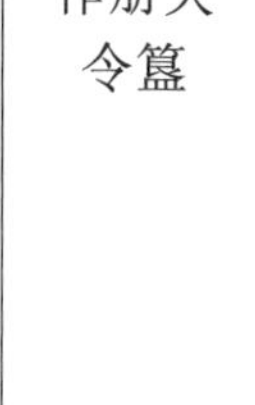						
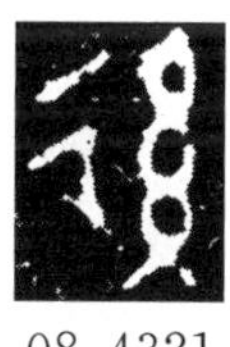 08.4321 訇簋	 12.6512 小臣單觶						
西周晚期	西周早期	西周晚期	西周早期	西周早期	西周晚期	西周中期	西周晚期

律

04.2073 𪳇建鼎

西周中期

得

首陽107頁 伯戋父簋

古研(27) 198頁 伯戋父簋

西周晚期

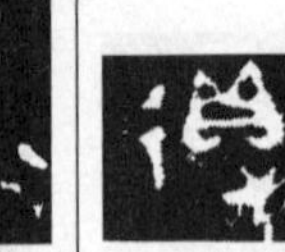
05.2809 師旂鼎

05.2812 師望鼎

05.2838 曶鼎

07.3976 𢦚馭簋

16.10175 史牆盤

西周中期

近出343 鄧小仲方鼎

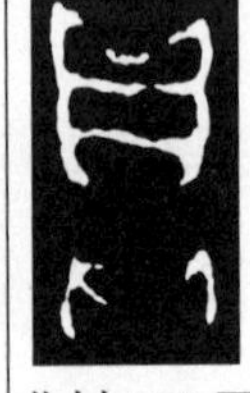
曲村555頁 孟得簋

西周早期

徲

文物2003(6) 述盤

案：李學勤(1998b)隸「遲」，訓「待」；陳劍(1999)讀「尸」或「矢」，訓「陳」；王輝(2003)謂徲即「遲」字，讀爲「夷」；袁俊傑(2011)謂讀「遲」、「尸」、「夷」均可。

西周晚期

05.2818 鬲攸从鼎

05.2821 此鼎

05.2822 此鼎

08.4305 此簋

08.4308 此簋

西周晚期

15.9733.2 十三年𤼈壺

西周中期

文物1998(9) 柞伯簋

西周早期

〔駭〕

御

 05.2837 大盂鼎	 08.4339 頌簋	 07.4068 叔娽父簋	 01.238.1 虢叔旅鐘	 05.2824 㦰方鼎	 07.4044 御正衛鼎	 05.2837 大盂鼎	 05.2841A 毛公鼎
 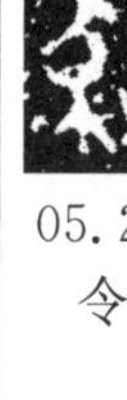 05.2803 令鼎	 華章 119 頁 卌三年逑鼎壬	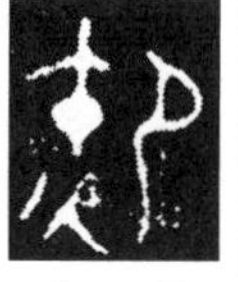 07.4070 叔娽父簋	 01.243 虢叔旅鐘	 08.4207 遹簋	 10.5428.2 叔趯父卣	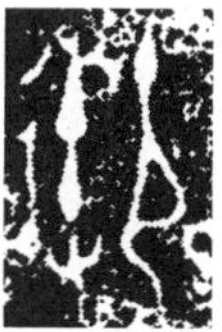 06.3468 大盂鼎	
 15.9300 犾馭觥蓋	 華章 71 頁 卌三年逑鼎丙	 08.4332.1 頌簋	 05.2827 頌鼎	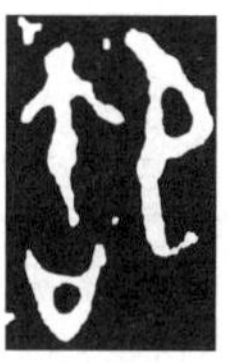 新收 1958 夾簋	 10.5429.1 叔趯父卣	 07.4044 御正衛鼎	
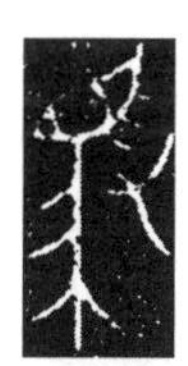 考古 1990(1) 克盉		 08.4333.1 頌簋	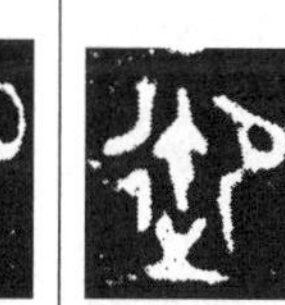 05.2828 頌鼎	 新收 359 御簋	 16.10568 山御作父乙器	 08.4134 御史競簋	
 百年 48 頁 馭鬳瘧甗		 08.4338 頌簋蓋	 05.2829 頌鼎				
西周早期	西周晚期	西周晚期	西周晚期	西周中期	西周早期	西周早期	西周晚期

⿰彳圭	⿰彳肖	〔⿰彳嘗〕		復	彶		
 05.2831 九年衛鼎	 05.2721 㝨鼎	 05.2787 史頌鼎	 08.4234 史頌簋蓋	 08.4229.1 史頌簋	 16.10580 保彶母器	 05.2810 噩侯鼎	 07.3976 䟪馭簋
			 08.4235.1 史頌簋	 08.4230 史頌簋		 05.2833 禹鼎	 新收 1874 虎簋蓋乙
			 08.4236 史頌簋	 08.4231 史頌簋蓋		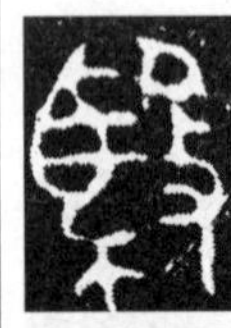 08.4328 不嬰簋	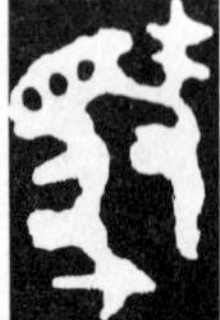 新收 1874 虎簋蓋乙
			 流散歐美 113 史頌簋	 08.4232 史頌簋蓋		 08.4329 不嬰簋	 新收 1891 𦯉簋
				 08.4233 史頌簋蓋		 08.4313.1 師寰簋	
西周中期	西周中期	西周晚期	西周晚期	西周晚期	西周早期	西周晚期	西周中期

					廷	備	襛
銘圖 05282 大師虘簋蓋	16.9900.1 盠方彝	08.4290 師酉簋	08.4267 申簋蓋	05.2783 七年趞曹鼎	銘文選一63 小盂鼎	04.2158 大保方鼎	04.2010 宰襛宔父丁鼎
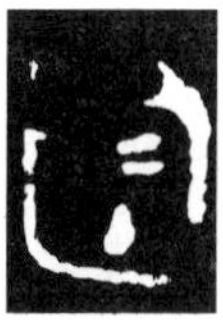 銘圖 05282 大師虘簋蓋	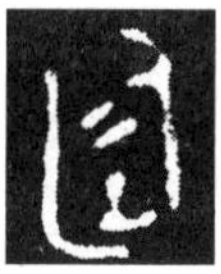 16.10170 走馬休盤	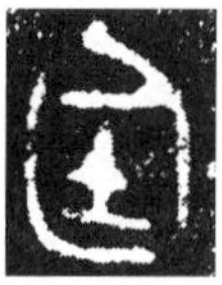 08.4291 師酉簋	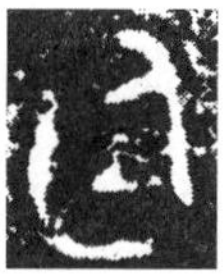 08.4268.1 王臣簋	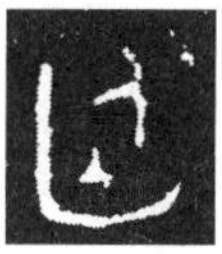 05.2804 利鼎		案：徐寶貴(2003)認爲釋爲「予」「恭」「備」等皆誤，分析該字右所从爲「帶」，把該字釋作从「辵」、「帶」聲的「遰」字。	
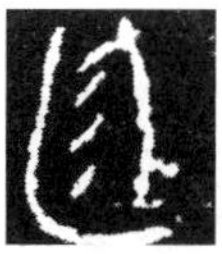 文物 1999(9) 戎生編鐘	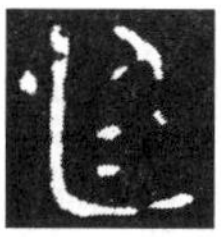 考文 1986(4) 殷簋甲	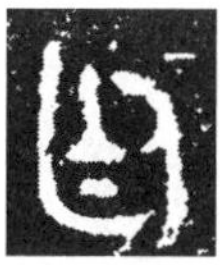 08.4327 卯簋蓋	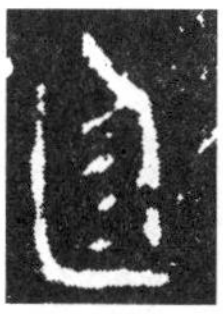 08.4284 師瘨簋蓋	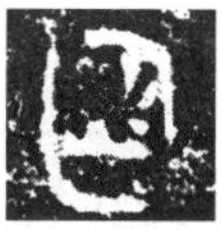 08.4251.1 大師虘簋			
	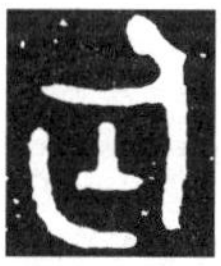 字與史(1) 㪉簋	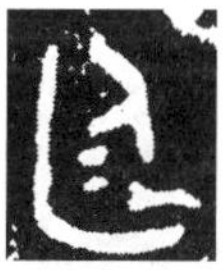 16.9898A 吳方彝蓋	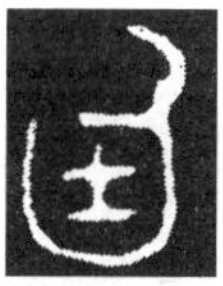 08.4288.1 師酉簋	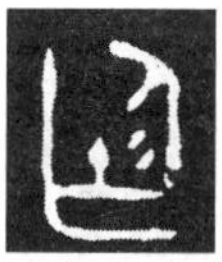 08.4252.1 大師虘簋			
	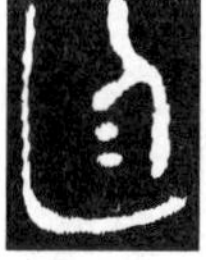 歷文 2006(3) 䚄簋	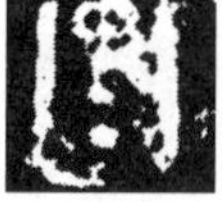 16.9899.1 盠方彝	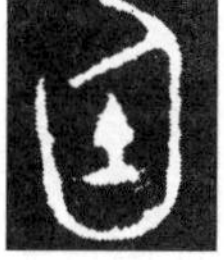 08.4289.1 師酉簋	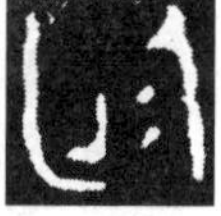 08.4256.1 廿七年衛簋			
西周中期	西周中期	西周中期	西周中期	西周中期	西周早期	西周早期	西周早期

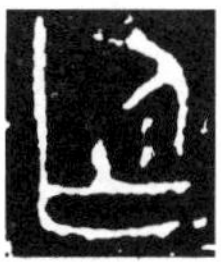

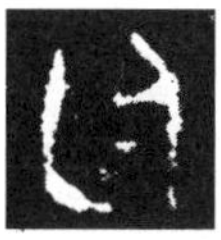

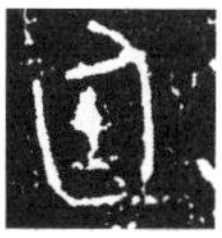

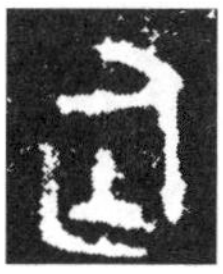

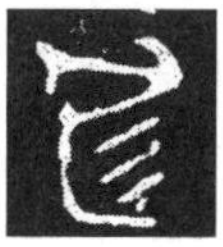

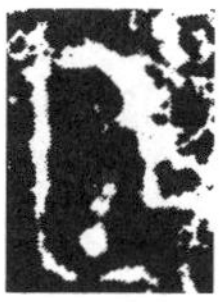

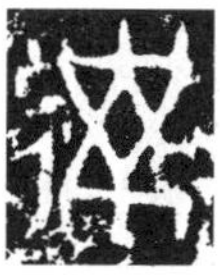

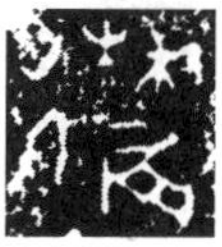

建

 05.2556 小臣䢅鼎	 華章39頁 卌二年逑鼎甲	 08.4318.2 三年師兌簋	 08.4307 此簋	 08.4297 鄦簋	 08.4254 弭叔師察簋	 05.2828 頌鼎	 05.2805 南宮柳鼎
 近出251 建作彝鼎		 08.4339 頌簋	 08.4308 此簋	 08.4280.1 元年師旋簋	 08.4257 弭伯師耤簋	 05.2829 頌鼎	 05.2814 無叀鼎
案：小臣䢅鼎該字，裘錫圭(1989)釋作「建」字初文；禤健聰(2015)謂建作彝鼎該字从「乚」，从「廾」持「杵」，下从「𦎫」，爲「築」字表意初文。		 考文2003(3) 逑盤	 08.4310 此簋	 08.4282.2 元年師旋簋	 08.4274.2 元年師兌簋	 05.2841B 毛公鼎	 05.2815 趞鼎
		 陝博(7) 宰獸簋	 08.4312 師穎簋	 08.4285.1 諫簋	 08.4277 師艅簋蓋	 08.4248.1 楚簋	 05.2821 此鼎
			 08.4317 㝬簋	 08.4304.1 諫簋	 08.4279.2 元年師旋簋	 08.4249 楚簋	 05.2825 善夫山鼎
西周早期	西周晚期	西周晚期	西周晚期	西周晚期	西周晚期	西周晚期	西周晚期

行　延

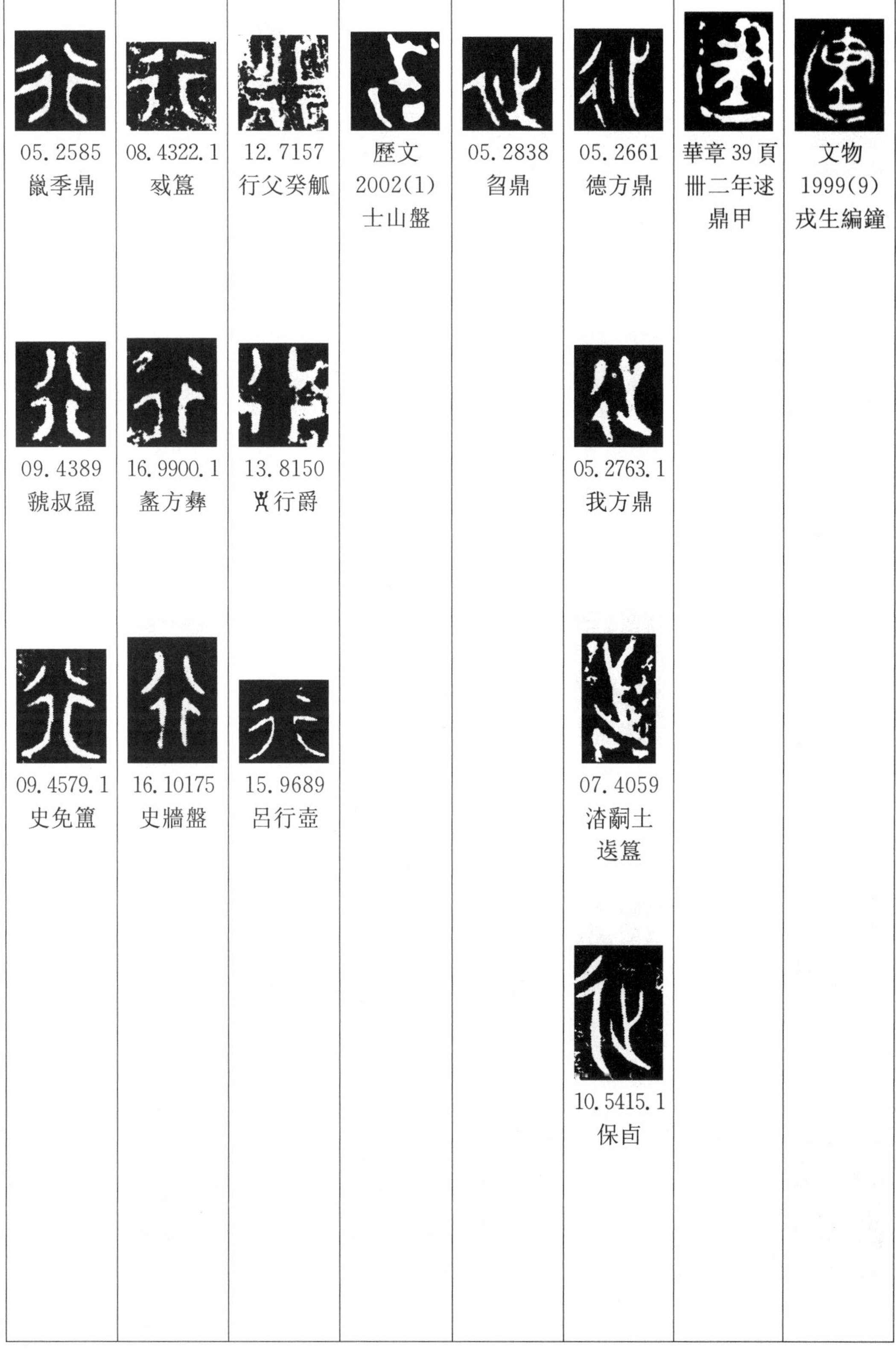

05.2585 鼒季鼎
09.4389 虢叔盨
09.4579.1 史免簠
西周晚期
08.4322.1 𢦏簋
16.9900.1 盠方彝
16.10175 史牆盤
西周中期
12.7157 行父癸觚
13.8150 𠂤行爵
15.9689 吕行壺
西周早期
歷文 2002(1) 士山盤
西周晚期
05.2838 曶鼎
西周中期
05.2661 德方鼎
05.2763.1 我方鼎
07.4059 渣嗣土逘簋
10.5415.1 保卣
西周早期
華章39頁 卌二年逑鼎甲
西周晚期
文物 1999(9) 戎生編鐘
西周中期

衛 衞

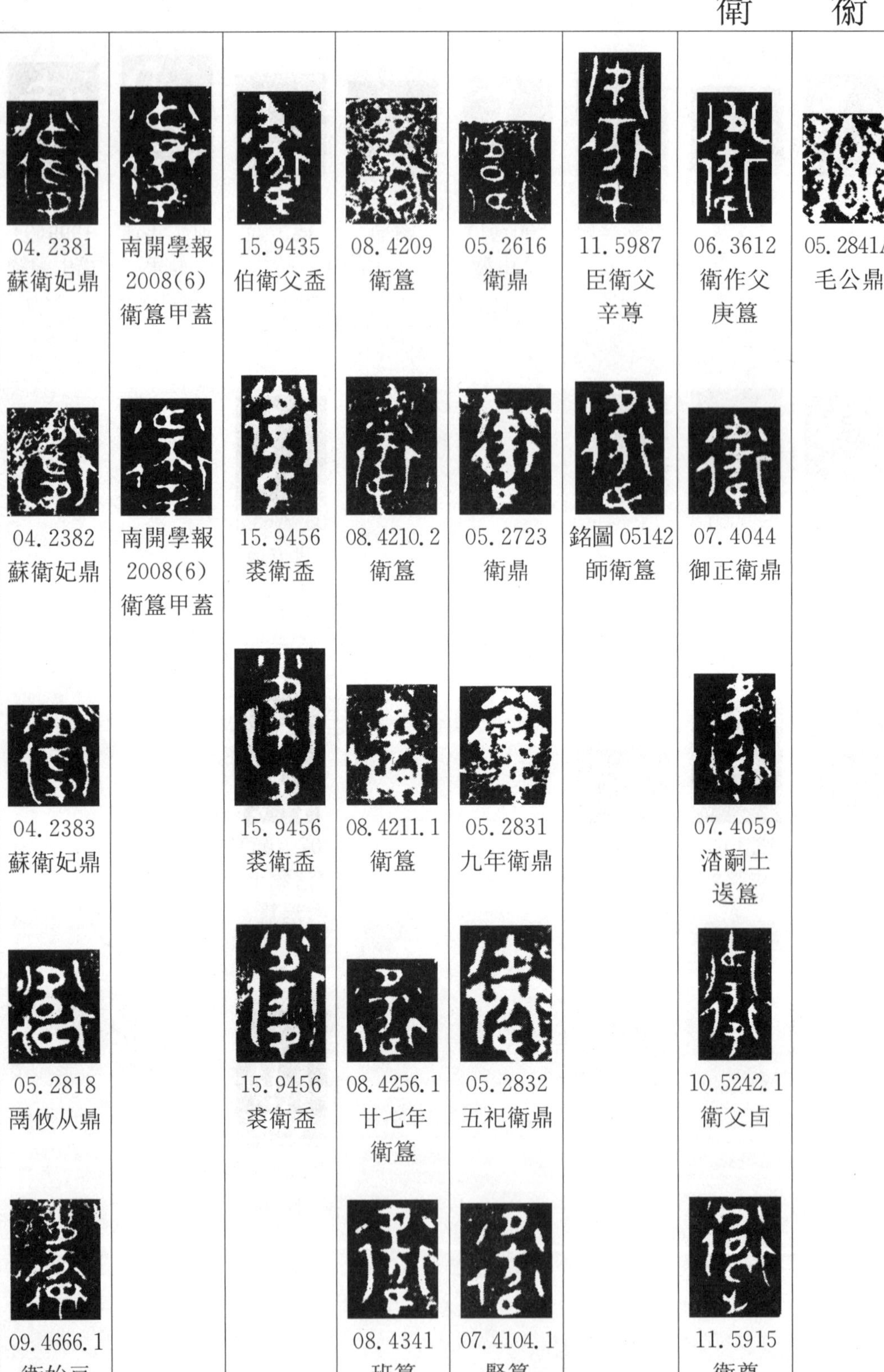

04.2381 蘇衛妃鼎	南開學報 2008(6) 衛簋甲蓋	15.9435 伯衛父盉	08.4209 衛簋	05.2616 衛鼎	11.5987 臣衛父辛尊	06.3612 衛作父庚簋	05.2841A 毛公鼎
04.2382 蘇衛妃鼎	南開學報 2008(6) 衛簋甲蓋	15.9456 裘衛盉	08.4210.2 衛簋	05.2723 衛鼎	銘圖 05142 師衛簋	07.4044 御正衛鼎	
04.2383 蘇衛妃鼎		15.9456 裘衛盉	08.4211.1 衛簋	05.2831 九年衛鼎		07.4059 涾嗣土逘簋	
05.2818 鬲攸从鼎		15.9456 裘衛盉	08.4256.1 廿七年衛簋	05.2832 五祀衛鼎		10.5242.1 衛父卣	
09.4666.1 衛始豆			08.4341 班簋	07.4104.1 賢簋		11.5915 衛尊	
西周晚期	西周中期	西周中期	西周中期	西周中期	西周早期	西周早期	西周晚期

路	足			牙	衖	衛	
 15.9714 史懋壺	 08.4318.2 三年師兑簋  華章55頁 卌三年逑鼎甲	 01.248 瘐鐘 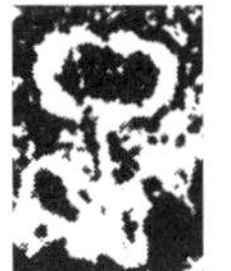 05.2817 師農鼎  08.4240 免簋  08.4267 申簋蓋  新收1874 虎簋蓋乙	 08.4213 屖敖簋蓋  09.4467.1 師克盨 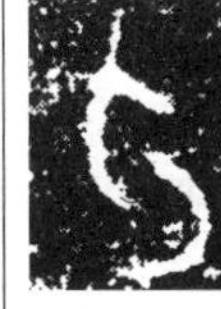 09.4468 師克盨	 15.9723.1 十三年瘐壺  15.9724.1 十三年瘐壺	 03.827 亞𣪘衖甗  04.1743 亞𣪘衖鼎  04.1744 亞𣪘衖鼎  06.3246 亞𣪘衖簋  10.5014.1 亞𣪘衖卣  11.5685 亞𣪘衖尊	 應國墓 457頁 衛斧	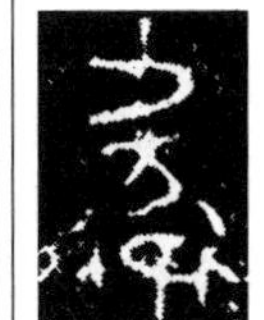 09.4667.1 衛始豆  15.9641 翩寇良父壺
西周中期	西周晚期	西周中期	西周晚期	西周中期	西周早期	西周中期	西周晚期

龢				龠	枲	品	
 01.251 瘋鐘	 04.2407 伯龢鼎	 16.10176 散氏盤	 05.2731 𩰫鼎	 06.3652 龠作父丁簋	 07.3764 叔枲父簋	 03.755 尹姞鬲	 08.4241 榮作周公簋
 16.10175 史牆盤	 14.9089 龢父辛爵			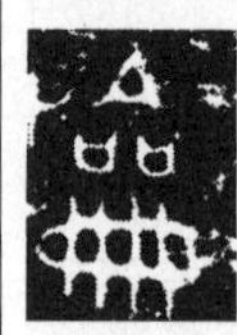 10.5421.1 士上卣		 16.10166 鮮盤	 10.5415.1 保卣
 文物 1999(9) 戎生編鐘							 11.6003 保尊
西周中期	西周早期	西周晚期	西周中期	西周早期	西周早期	西周中期	西周早期

冊	鑰	龢					
 04.2115 臣辰冊父 乙鼎	 14.9097 盟口鑰 𨒅爵	 01.246 㾊鐘	 01.145 士父鐘	 01.64 通彔鐘	 新收 891 楚公逆鐘	 01.110 井人妄鐘	 01.16 益公鐘
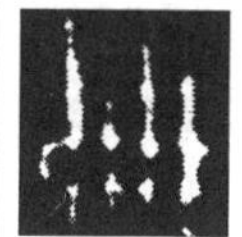 06.3319 冊劦父 丁簋		 08.4188.2 仲爯父簋	 01.188.2 梁其鐘		 盛世 34 頁 逑盤	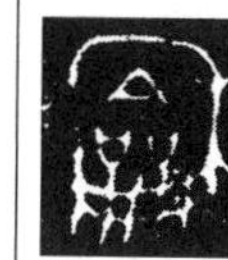 01.189.2 梁其鐘	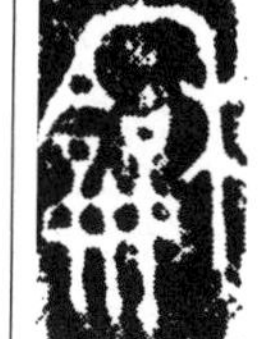 01.18 魯邍鐘
 16.9895.1 旂方彝		 08.4189.1 仲爯父簋	 05.2836 大克鼎		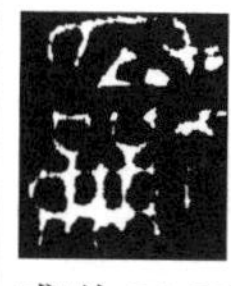 盛世 34 頁 逑盤	 01.240.2 虢叔旅鐘	 01.24 中義鐘
 考古 1989(1) 晨簋		 08.4242 叔向父 禹簋	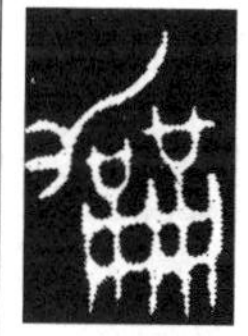 05.2799 小克鼎			 08.4275.2 元年師 兑簋	 01.46 昆疕王鐘
 文物 2007(8) 宰犬冊甗		 08.4326 番生簋蓋	 05.2801 小克鼎			 08.4324.2 師嫠簋	
西周早期	西周早期	西周晚期	西周晚期	西周中期或晚期	西周晚期	西周晚期	西周晚期

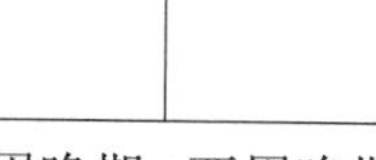

龠部　冊部

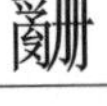 [甚冊] 嗣

	 05.2841A 毛公鼎	 05.2830 師𩛥鼎	 05.2837 大盂鼎	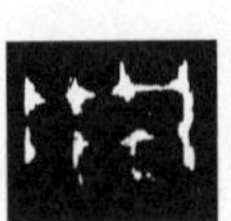 歷文 2002(2) 作冊封 鬲甲	 08.4253 弭叔師 宷簋	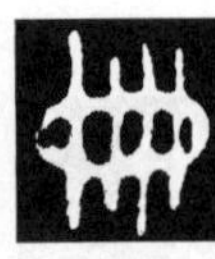 歷文 2006(3) 親簋	 08.4288.1 師酉簋
				 文物 2009(9) 頌盤	 08.4279 元年師 旋簋	 銘圖 05673 古盨蓋	 15.9723.1 十三年 瘐壺
				 華章 95 頁 卌三年逨 鼎己	 08.4282.1 元年師 旋簋		 15.9724.1 十三年 瘐壺
				 華章 39 頁 卌二年逨 鼎甲	 08.4324.1 師嫠簋		 15.9728 曶壺蓋
				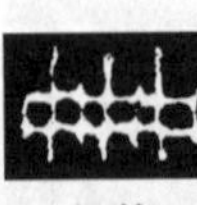 文物 2003(6) 卌三年逨 鼎乙	 08.4337 頌簋		 考文 1997(3) 虎簋蓋
	西周晚期	西周中期	西周早期	西周晚期	西周晚期	西周中期	西周中期

西周金文字編 卷三

嚻

西周早期

- 16.10149 嚻伯盤
- 文物 2004(8) 辛嚻相簋
- 文物 2004(8) 辛嚻相簋

器

西周早期

- 07.3791 甚𡢁君簋
- 07.4097 𥨸簋
- 10.5407.1 作册睘卣
- 10.5407.2 作册睘卣

西周中期

- 04.1974 𩏂作寶器鼎
- 05.2705 𥨸簋
- 05.2727 師器父鼎
- 08.4192.1 𤕌簋
- 11.5931 曶尊

西周晚期

- 08.4141.1 函皇父簋
- 09.4459.1 翏生盨
- 09.4598 曾侯簠
- 16.10176 散氏盤
- 文物 2003(6) 卌二年逑鼎乙

舌

西周早期

- 14.8979 舌作妣丁爵

干

西周中期

- 08.4167 㢊簋
- 17.10787 干戈
- 銘圖 16240 干戈

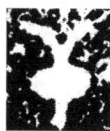

商　屰　褱

05.2831 九年衛鼎	10.5401.1 商卣	04.2398 𩰫鼎	16.10176 散氏盤	西青古鑒 01.23 屰父癸鼎	文物 1999(9) 戎生編鐘	15.9621 成周邦父壺	05.2841A 毛公鼎
08.4191 穆公簋蓋	11.5986 𨽍作父乙尊	04.4131 利簋		14.8887 亞屰父丁爵			09.4468 師克盨蓋
	11.5997 商尊	05.2626 獻侯鼎		14.8964 屰目父癸爵			
	新收 962 小臣𧰼簋	07.4020 天君簋		14.8965 屰目父癸爵			
西周中期	西周早期	西周早期	西周晚期	西周早期	西周中期	西周	西周晚期

干部　㕯部

古		丩	鉤	拘〔䜌〕	句		
01.251 癲鐘	05.2739 塱方鼎	12.6449 夌作父癸觶	新收 1454 焂戒鼎	11.6011.2 盠駒尊	05.2727 師器父鼎	12.7301 𦨭作且癸觚	07.4111 魯士商𠭯簋
16.10175 史牆盤	05.2837 大盂鼎		08.2841B 毛公鼎		15.9726 三年癲壺		09.4466 𩰫比盨
銘圖 05673 古盨蓋	故精品 232 古父丁鬲		案：吳振武(1998)認爲「劓雁」即《詩經》的「鉤膺」，釋該字爲「鉤」。		16.10322 永盂		16.10187 魯士商𠭯匜
西周中期	西周早期	西周早期	西周晚期	西周中期	西周中期	西周早期	西周晚期

〔叚〕
十 叚

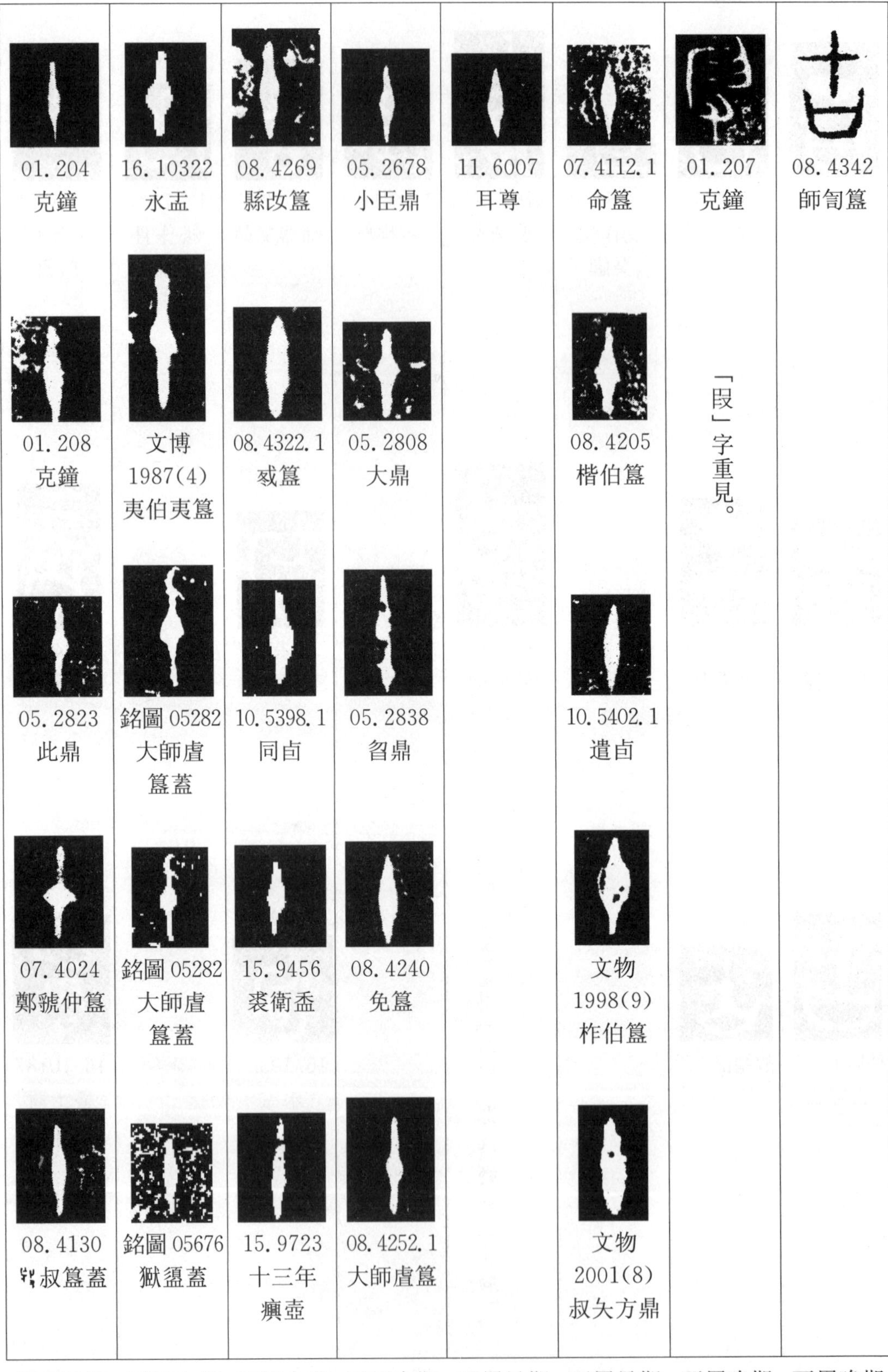

西周晚期	西周中期	西周中期	西周中期	西周早期或中期	西周早期	西周晚期	西周晚期
01.204 克鐘	16.10322 永盂	08.4269 縣改簋	05.2678 小臣鼎	11.6007 耳尊	07.4112.1 命簋	01.207 克鐘	08.4342 師訇簋
01.208 克鐘	文博 1987(4) 夷伯夷簋	08.4322.1 㦰簋	05.2808 大鼎		08.4205 楷伯簋	「叚」字重見。	
05.2823 此鼎	銘圖 05282 大師虘簋蓋	10.5398.1 同卣	05.2838 曶鼎		10.5402.1 遣卣		
07.4024 鄭虢仲簋	銘圖 05282 大師虘簋蓋	15.9456 裘衛盉	08.4240 免簋		文物 1998(9) 柞伯簋		
08.4130 𬳇叔簋蓋	銘圖 05676 獄盨蓋	15.9723 十三年㾓壺	08.4252.1 大師虘簋		文物 2001(8) 叔夨方鼎		

廿	博		千				
 05.2838 曶鼎	 08.4313.1 師寰簋	 08.4322.1 㦅簋	 08.4150.1 善夫梁其簋	 05.2833 禹鼎	 05.2837 大盂鼎	 08.4329 不嬰簋蓋	 08.4215.1 龖簋
 16.10170 走馬休盤	 08.4313.2 師寰簋	 新收 1891 䔰簋	 08.4151 善夫梁其簋	 05.2768 梁其鼎	 08.4320 宜侯夨簋	 09.4464 駒父盨蓋	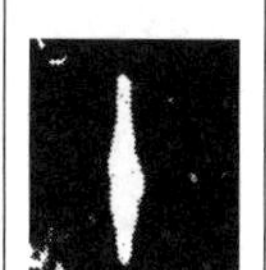 08.4225.1 無㠱簋
 歷文 2006(3) 䚃簋	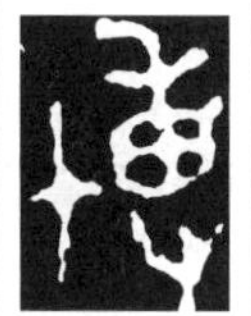 華章 39 頁 卌二年逑鼎甲		 09.4460 翏生盨	 08.4149.1 善夫梁其簋		 16.10176 散氏盤	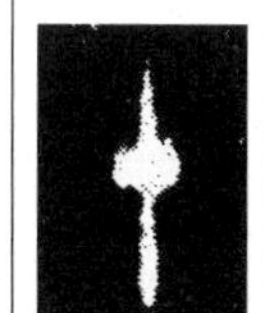 08.4244 走簋
			 16.10176 散氏盤			 文物 2006(5) 柞伯鼎	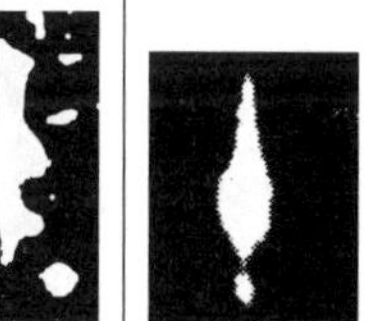 08.4298 大簋
			 16.10176 散氏盤			 考古 2003(3) 應姚簋	 08.4325 師𤰈簋
西周中期	西周晚期	西周中期	西周晚期	西周晚期	西周早期	西周晚期	西周晚期

卅

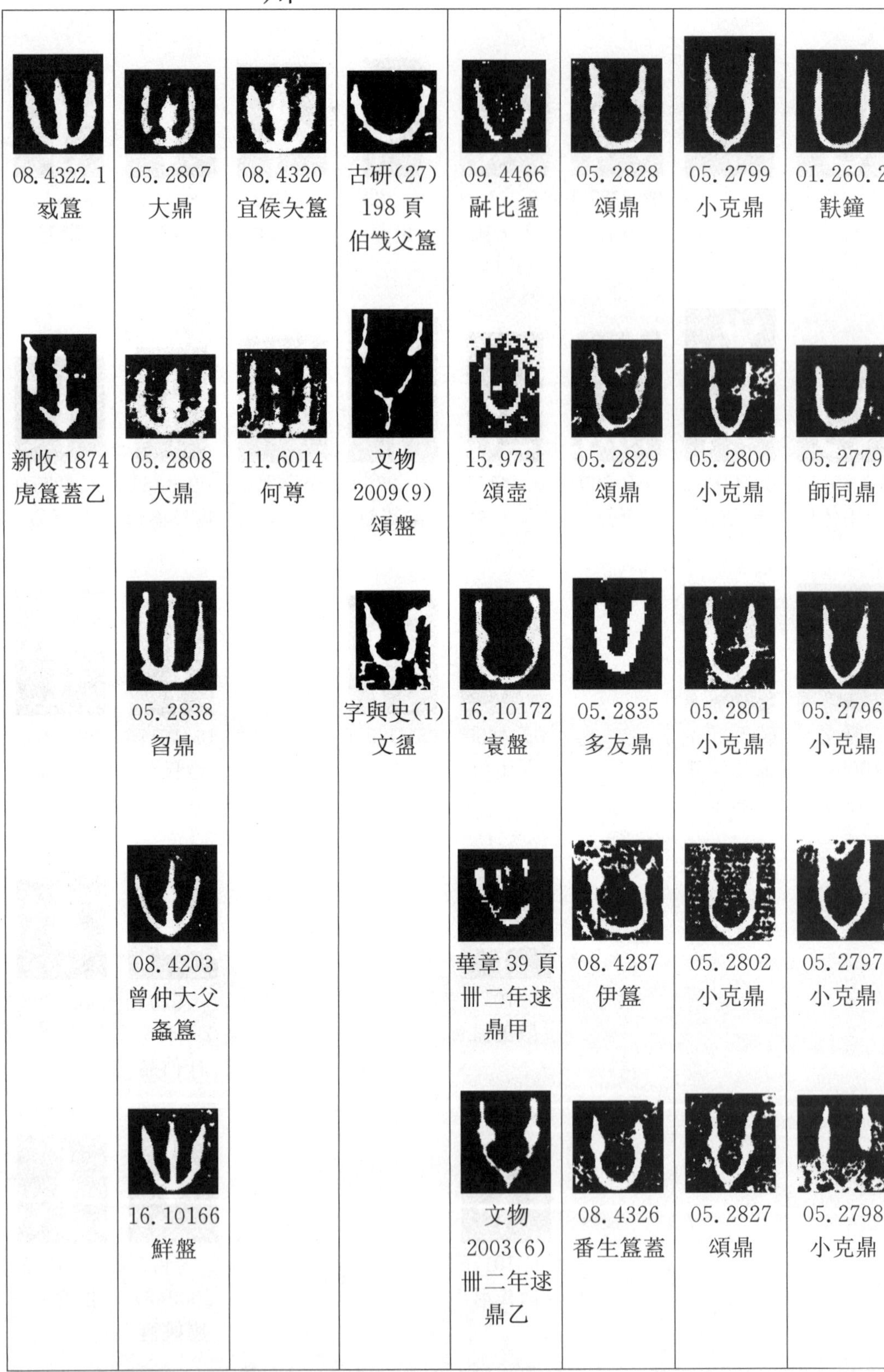

西周中期	西周中期	西周早期	西周晚期	西周晚期	西周晚期	西周晚期	西周晚期
08.4322.1 彧簋	05.2807 大鼎	08.4320 宜侯夨簋	古研(27) 198頁 伯戋父簋	09.4466 𩰫比盨	05.2828 頌鼎	05.2799 小克鼎	01.260.2 㝬鐘
新收1874 虎簋蓋乙	05.2808 大鼎	11.6014 何尊	文物 2009(9) 頌盤	15.9731 頌壺	05.2829 頌鼎	05.2800 小克鼎	05.2779 師同鼎
	05.2838 曶鼎		字與史(1) 文盨	16.10172 寰盤	05.2835 多友鼎	05.2801 小克鼎	05.2796 小克鼎
	08.4203 曾仲大父螽簋			華章39頁 卌二年逑鼎甲	08.4287 伊簋	05.2802 小克鼎	05.2797 小克鼎
	16.10166 鮮盤			文物 2003(6) 卌二年逑鼎乙	08.4326 番生簋蓋	05.2827 頌鼎	05.2798 小克鼎

〔筐〕

卌	世						
 08.4320 宜侯夨簋	 07.3991 祖日庚簋	05.2835 多友鼎	 文物 2007(8) 五年琱生 尊乙	 08.4199 恒簋蓋	 05.2791 伯姜鼎	09.4439.1 伯寛父盨	 05.2779 師同鼎
	 07.3992 祖日庚簋	 07.3784 伯俘簋	 字與史(1) 羚簋	 08.4214 師遽簋蓋	 07.4021 寧簋蓋	 文物 2003(6) 卌三年逑 鼎乙	 05.2818 鬲攸从鼎
		 考文 2007(3) 琱生尊	 字與史(1) 羚簋	 08.4270 同簋蓋	 07.4022 寧簋蓋		 05.2835 多友鼎
				 11.5969 伯作蔡 姬尊			 08.2841B 毛公鼎
				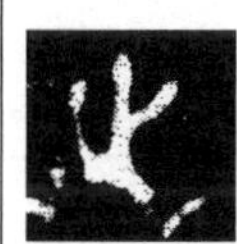 16.9898B 吳方彝蓋			 08.4278 鬲比簋蓋
西周早期	西周早期	西周晚期	西周中期	西周中期	西周早期	西周晚期	西周晚期

〔喏〕

諾　　　　　許　　　　　言

 05.2838 曶鼎	 05.2841A 毛公鼎	 05.2832 五祀衛鼎	 04.2399 言鼎	 09.4466 𧧝比盨	 04.2456 伯矩鼎	 華章55頁 卌三年逑 鼎甲	 05.2838 曶鼎
	 考文 2007(3) 琱生尊	 05.2838 曶鼎			 10.5354.1 敹卣	 華章63頁 卌三年逑 鼎乙	
	 文物 2007(3) 琱生尊	 05.2838 曶鼎			 近出677 敹尊	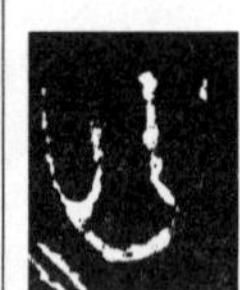 華章71頁 卌三年逑 鼎丙	
		 08.4292 五年琱 生簋				 華章119頁 卌三年逑 鼎壬	
西周中期	西周晚期	西周中期	西周	西周晚期	西周早期	西周晚期	西周中期

卷三

誨	[illegible]	啻			諸 〔者〕	讎 〔雔〕	
 07.3950 唯叔簋	 05.2724 毛公旅方鼎	 16.10175 史牆盤	 05.2831 九年衛鼎	 16.10174 兮甲盤	 16.9901 矢令方彝	 06.3606 雔作文父日丁簋	 09.4466 融比盨
 16.10175 史牆盤	案：該字从「競」、从「言」、「川」聲。林澐(1990)釋「順」；董珊(2017)認爲此字可以看作糅合了「競」和「訓」二字字形。		 晉國 97 頁 晉侯斷簋		「者」字重見。	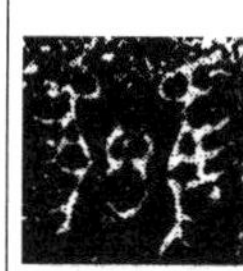 11.5877 雔尊	
 歷文2002(6) 豳公盨							
西周中期	西周早期	西周晚期	西周中期	西周晚期	西周早期	西周早期	西周早期

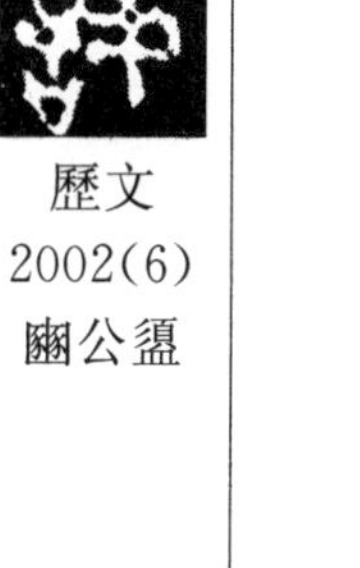

言部

〔嘫〕　〔戠〕

訊　　識　　聞

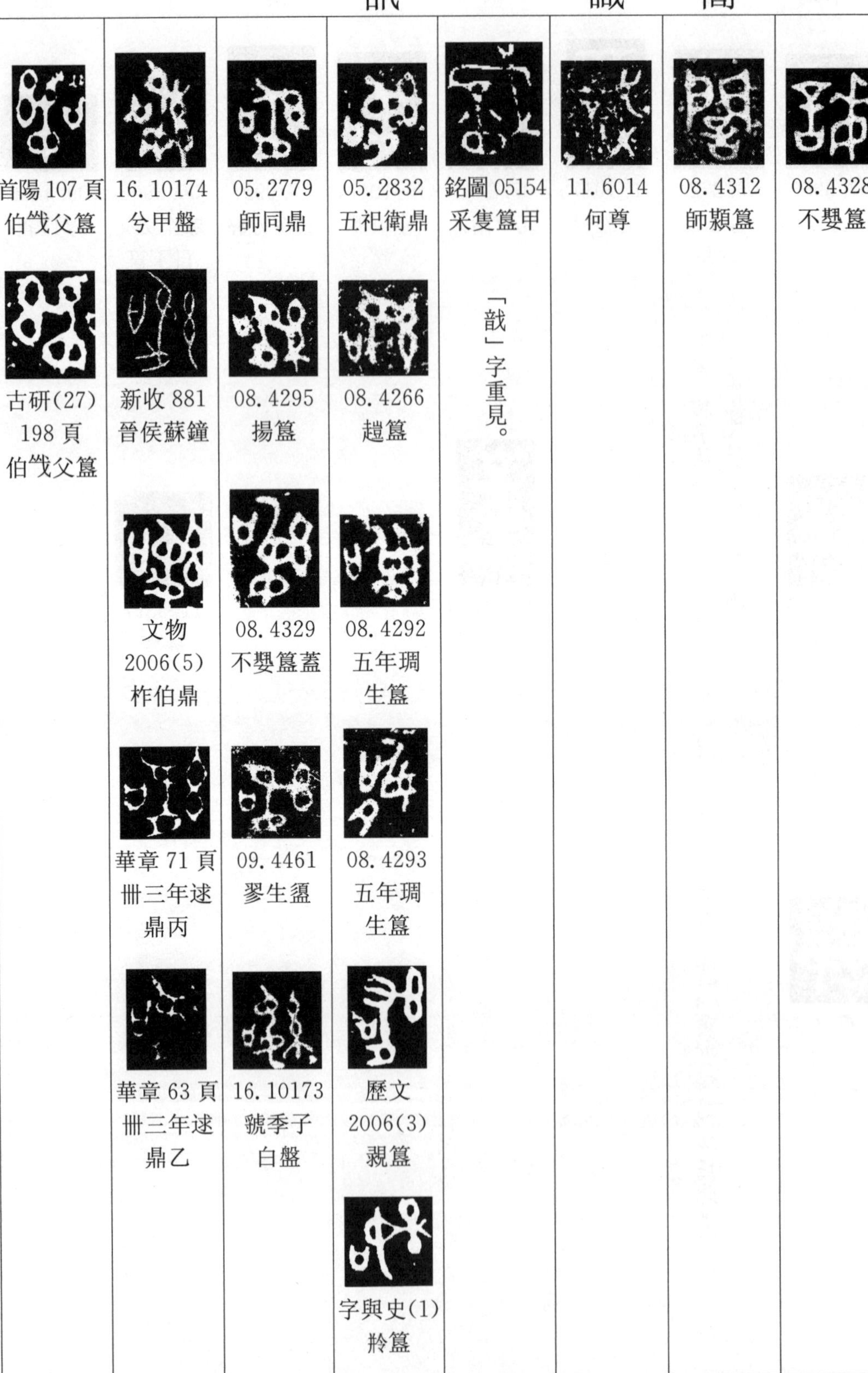

訊				〔戠〕	識	聞	
首陽 107 頁 伯戋父簋	16.10174 兮甲盤	05.2779 師同鼎	05.2832 五祀衛鼎	銘圖 05154 采隻簋甲	11.6014 何尊	08.4312 師頯簋	08.4328 不嬰簋
古研(27) 198 頁 伯戋父簋	新收 881 晉侯蘇鐘	08.4295 揚簋	08.4266 趞簋	「戠」字重見。			
	文物 2006(5) 柞伯鼎	08.4329 不嬰簋蓋	08.4292 五年琱 生簋				
	華章 71 頁 卌三年逑 鼎丙	09.4461 翏生盨	08.4293 五年琱 生簋				
	華章 63 頁 卌三年逑 鼎乙	16.10173 虢季子 白盤	歷文 2006(3) 親簋				
			字與史(1) 㪤簋				
西周晚期	西周晚期	西周晚期	西周中期	西周中期	西周早期	西周晚期	西周晚期

諫	誓			〔𢍜〕誥	諱	〔㐰〕信	諶
 05.2837 大盂鼎	 05.2818 鬲攸从鼎	 05.2832 五祀衛鼎	 考古 2003(3) 應姚鬲	 11.6014 何尊	 08.4213 㞟敖簋蓋	 05.2767 ⿰吉夫叔鼎	 05.2680 諶鼎
	 08.4326 番生簋蓋	 考古學報 2018(2) 乞盉	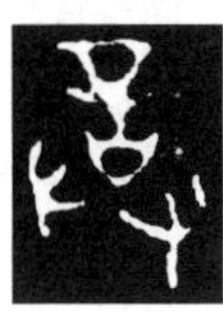 考古 2003(3) 應姚鬲				 05.2680 諶鼎
	 16.10176 散氏盤	 考古學報 2018(2) 乞盉					
	 16.10285.2 𠑇匜	 考古學報 2018(2) 乞盤					
西周早期	西周晚期	西周中期	西周晚期	西周早期	西周晚期	西周中期	西周晚期

〔⿸产言〕 諺	〔乎〕 評	話	〔⿰言臧〕 諴	諫			
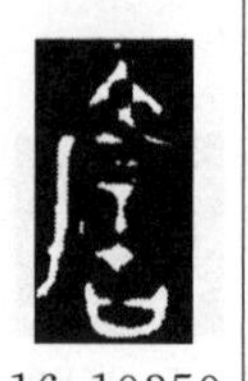 16.10350 屖氏⿸产言⿰金會	 01.204 克鐘	 07.3840.1 話簋	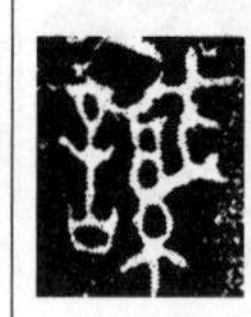 09.4600 ⿰虫若公⿰言臧簠	 08.4326 番生簋蓋	 08.4237 臣諫簋	 12.6493 諫作父丁觶	 05.2836 大克鼎
	 「乎」字重見。	 07.3840.2 話簋		 中原文物 1988(3) 諫簋	 歷文 2006(3) 親簋	 江漢考古 2011(3) 曾侯諫簋	
				 考文 2003(3) 逑盤	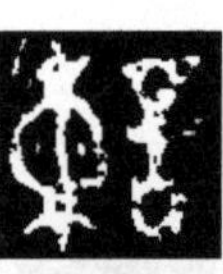 文物 2014(1) 肅卣	 江漢考古 2013(4) 曾侯諫鼎	
				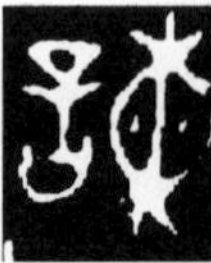 歷文 2002(2) 作册封鬲甲			
				 文博 2007(2) 讆鼎			
西周晚期	西周晚期	西周晚期	西周晚期	西周晚期	西周中期	西周早期	西周晚期

諆		訇				䜌	誖
 04.2375 逐啓諆鼎	 08.4321 訇簋	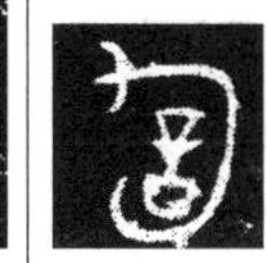 07.3746 數𡨦敊簋	 07.3947 中伯簋	 16.10170 走馬休盤	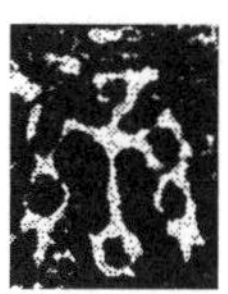 08.4268.1 王臣簋	 05.2781 庚季鼎	 07.3872 旅仲簋
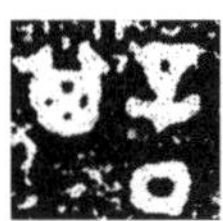 05.2803 令鼎	 文物 2003(6) 逑盤		 08.4249 命父諲簋	 考文 1997(3) 虎簋蓋	 08.4276 豆閉簋	 05.2783 七年趞曹鼎	
 07.4021 寧簋蓋	 華章 39 頁 卌二年逑鼎甲		 08.4297 鄦簋	 文物 1999(9) 戎生編鐘	 09.4626 免簠	 08.4199 恒簋蓋	
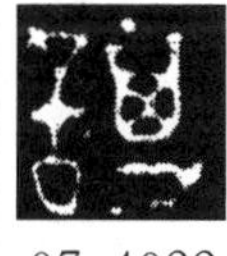 07.4022 寧簋蓋			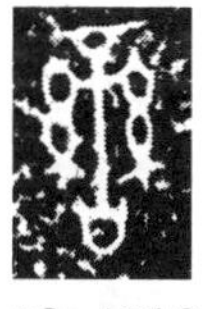 08.4312 師頮簋	 論稿 167 頁 呂簋蓋	 15.9668 中伯壺	 08.4250 即簋	
 10.5428.1 叔趯父卣			 文物 2009(9) 頌盤	 新收 1874 虎簋蓋乙	 16.10175 史牆盤	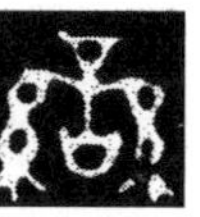 08.4256.1 廿七年衛簋	
西周早期	西周晚期	西周早期	西周晚期	西周中期	西周中期	西周中期	西周晚期

訟		䛩	䛗				
05.2838 曶鼎	05.2837 大盂鼎	近出 246 史叀鼎	07.4055 鄧公簋蓋	04.2071 旁庫鼎	08.4313.1 師寰簋	12.6515 萬諆觶	04.2410 甚諆臧鼎
字與史(1) 矜簋		案：單育辰(2014b)謂从「亞」得聲，可通「去」。			文物 2006(5) 柞伯鼎	16.10321 趞盂	10.5429.1 叔趩父卣
考古學報 2018(2) 乞盤					文物 2006(5) 柞伯鼎	新收 1360 諆子銅泡	14.9091 索諆爵
						文物 1998(8) 䰜卣	11.5952 叀啓諆父甲尊
西周中期	西周早期	西周晚期	西周晚期	西周	西周晚期	西周中期	西周中期

			⿰言聖	⿰言衣	誎	譖	
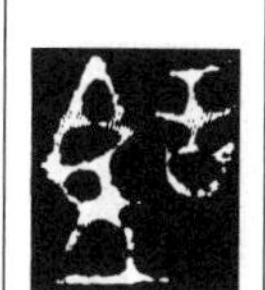 華章 119 頁 卌三年逑 鼎壬	 歷文 2002(2) 作册封 鬲甲	 05.2830 師訊鼎	 08.4205 楷伯簋	 10.5392.1 寡子卣	 16.10175 史牆盤	 文物 1999(9) 戎生編鐘	 08.4215.1 龖簋
	 文物 2003(6) 卌二年逑 鼎甲			 10.5392.2 寡子卣			
	 文物 2003(6) 卌二年逑 鼎乙			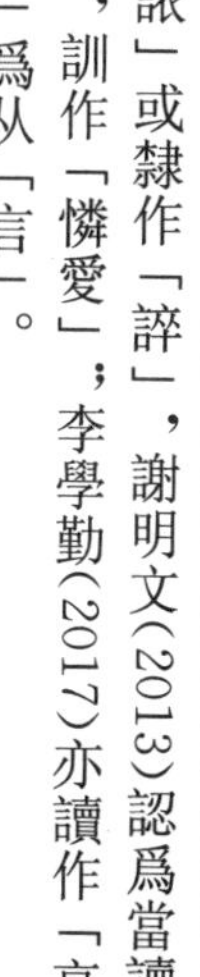 案：「⿰言衣」或隸作「誶」，謝明文(2013)認爲當讀作「哀」，或看作「哀」的繁體，訓作「憐愛」；李學勤(2017)亦讀作「哀」，从「衣」聲，只是改从「口」爲从「言」。			
	 華章 71 頁 卌三年逑 鼎丙						
西周晚期	西周晚期	西周中期	西周早期	西周中期	西周中期	西周中期	西周晚期

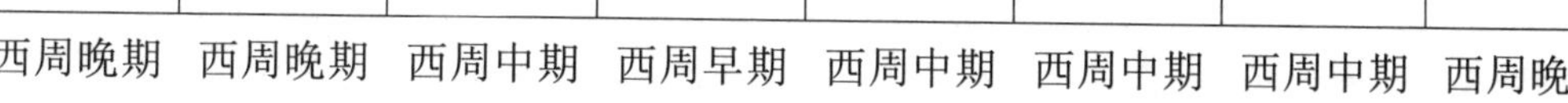

讕	訴	訊	⿰言攸	𢦏	謹	誙	𧮯
 05.2837 大盂鼎	 04.2066 訴啓鼎	 05.2815 趞鼎	 三代 八・五 十一 窒叔簋	 15.9571 孟𢦏父壺	 07.3925 命父謹簋	 通鑒 05239 仲譔父簋	 文博 2007(6) 𧮯鼎  文博 2007(6) 𧮯鼎 案：吴鎮烽(2007a)謂字所从「衜」是聲符兼意符，爲踐言的專用字；陳斯鵬(2012)疑即「諓」之繁構。
西周早期	西周中期	西周晚期	西周中期	西周中期	西周	西周晚期	西周晚期

競	竟			譱	諜	⿰言⿱夂食	謎
08.4134 御史競簋	04.497 竟鬲	徵集 5 姒簋甲	05.2822 此鼎	05.2695 員方鼎	09.4375.1 叔諜父盨	總集 6753 仲叡父盤	08.4239.1 小臣謎簋
10.5154.1 競作父乙卣			05.2825 善夫山鼎	考文 1997(3) 虎簋蓋	09.4413.1 諜季獻盨		08.4239.2 小臣謎簋
16.10479 競器			05.2841A 毛公鼎		通鑒 05239 仲諜父簋		案：《新金文編》隸作「譴」，讀作「謎」。
11.5796 競作父乙尊			08.4147.2 善夫梁其簋				
			09.4465 善父克盨				
西周早期	西周早期	西周晚期	西周晚期	西周中期	西周晚期	西周	西周早期

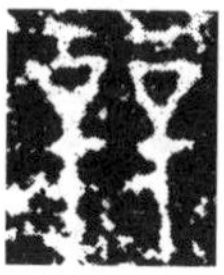

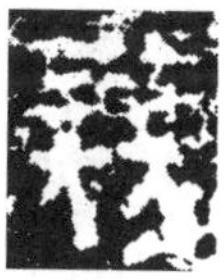

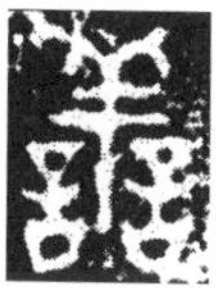

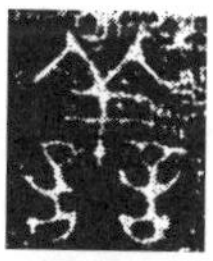

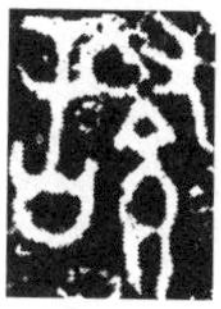

章 音

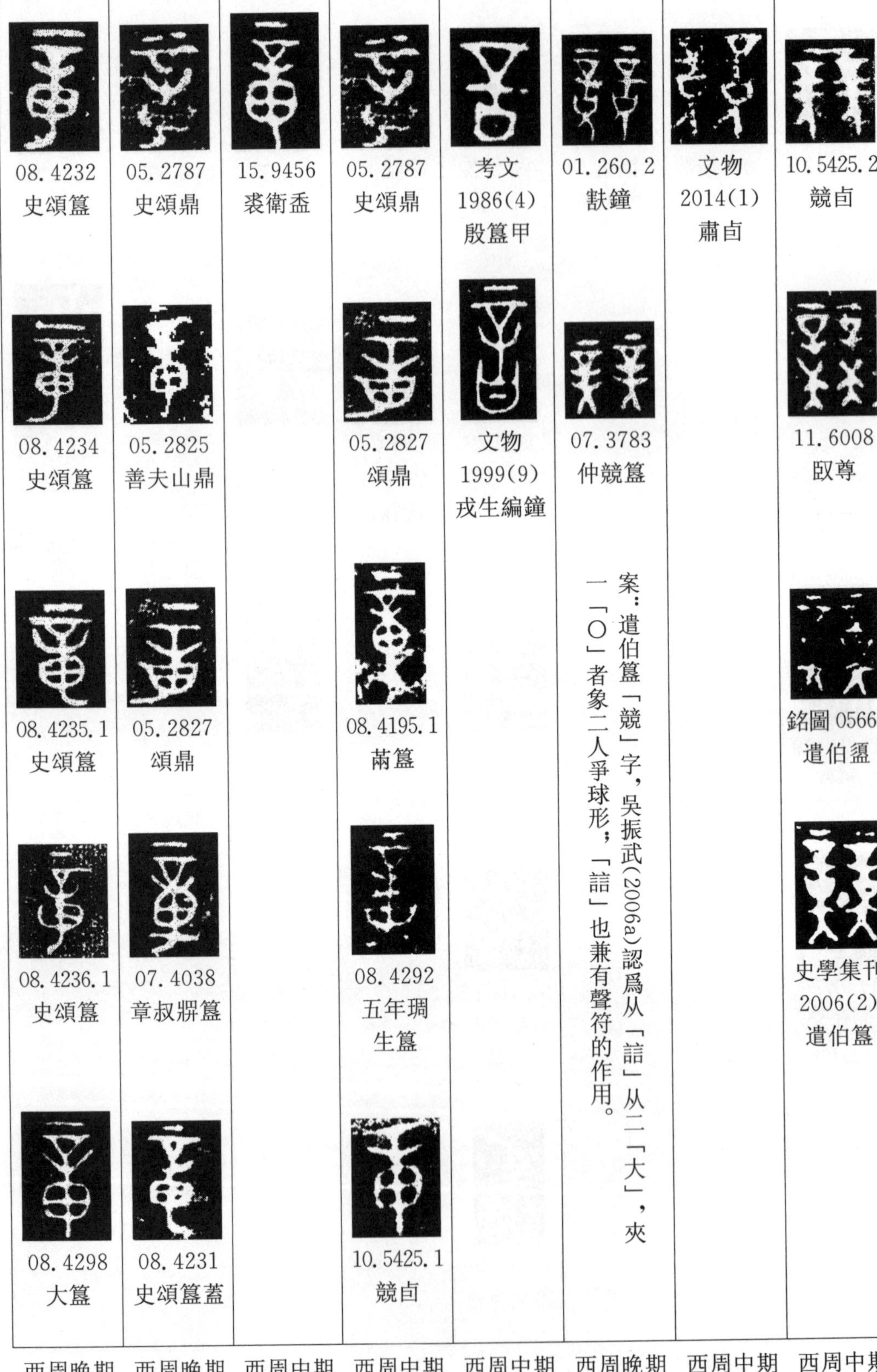

西周晚期	西周晚期	西周中期	西周中期	西周中期	西周晚期	西周中期	西周中期
08.4232 史頌簋	05.2787 史頌鼎	15.9456 裘衛盉	05.2787 史頌鼎	考文 1986(4) 殷簋甲	01.260.2 㝬鐘	文物 2014(1) 肅卣	10.5425.2 競卣
08.4234 史頌簋	05.2825 善夫山鼎		05.2827 頌鼎	文物 1999(9) 戎生編鐘	07.3783 仲競簋		11.6008 臤尊
08.4235.1 史頌簋	05.2827 頌鼎		08.4195.1 𦿝簋				銘圖 05666 遣伯盨
08.4236.1 史頌簋	07.4038 章叔𤸫簋		08.4292 五年琱生簋				史學集刊 2006(2) 遣伯簋
08.4298 大簋	08.4231 史頌簋蓋		10.5425.1 競卣				

案：遣伯簋「競」字，吴振武(2006a)認爲从「誩」从二「大」，夾一「○」者象二人爭球形；「誩」也兼有聲符的作用。

〔[illegible]〕

業		妾		童			
01.247 瘐鐘	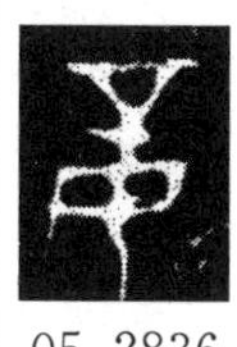 05.2836 大克鼎	11.5978 復作父乙尊	05.2841B 毛公鼎	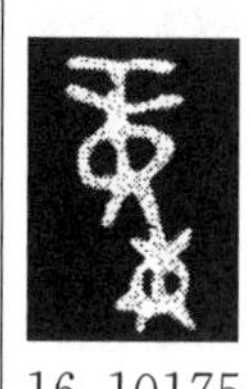 16.10175 史牆盤	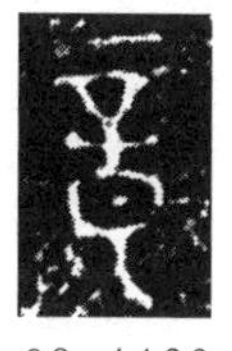 09.4466 鬲比盨	 08.4335 頌簋	 08.4292 五年琱生簋
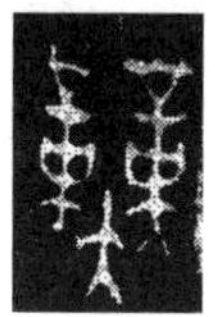 01.249 瘐鐘	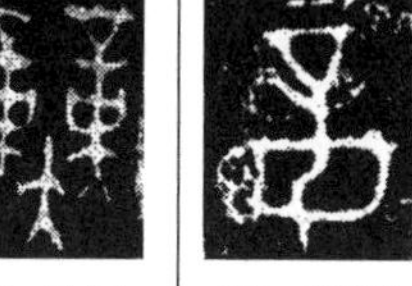 08.4287 伊簋	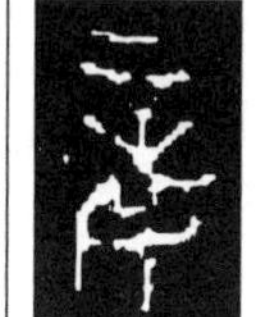 陝博(7) 宰獸簋	 08.4326 番生簋蓋		 文物2009(9) 頌盤	 08.4336 頌簋	 08.4298 大簋
 01.250 瘐鐘	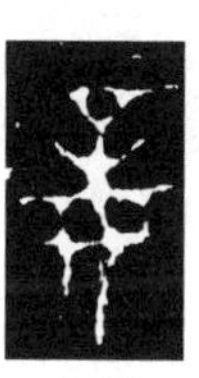 文博2007(2) 訇鼎	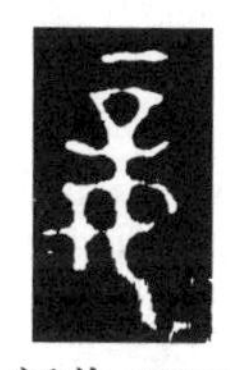 新收1959 夾簋			 文物2007(8) 琱生尊	 08.4337 頌簋	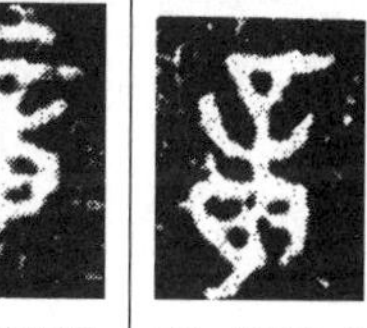 08.4332.1 頌簋
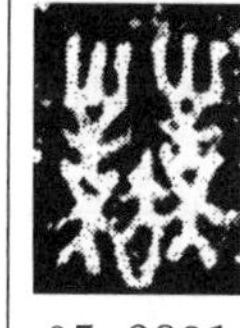 05.2831 九年衛鼎		 考古學報2018(2) 乞盨				 08.4338 頌簋	 08.4333.1 頌簋
						 08.4339 頌簋	 08.4334 頌簋
西周中期	西周晚期	西周中期	西周晚期	西周中期	西周晚期	西周晚期	西周晚期

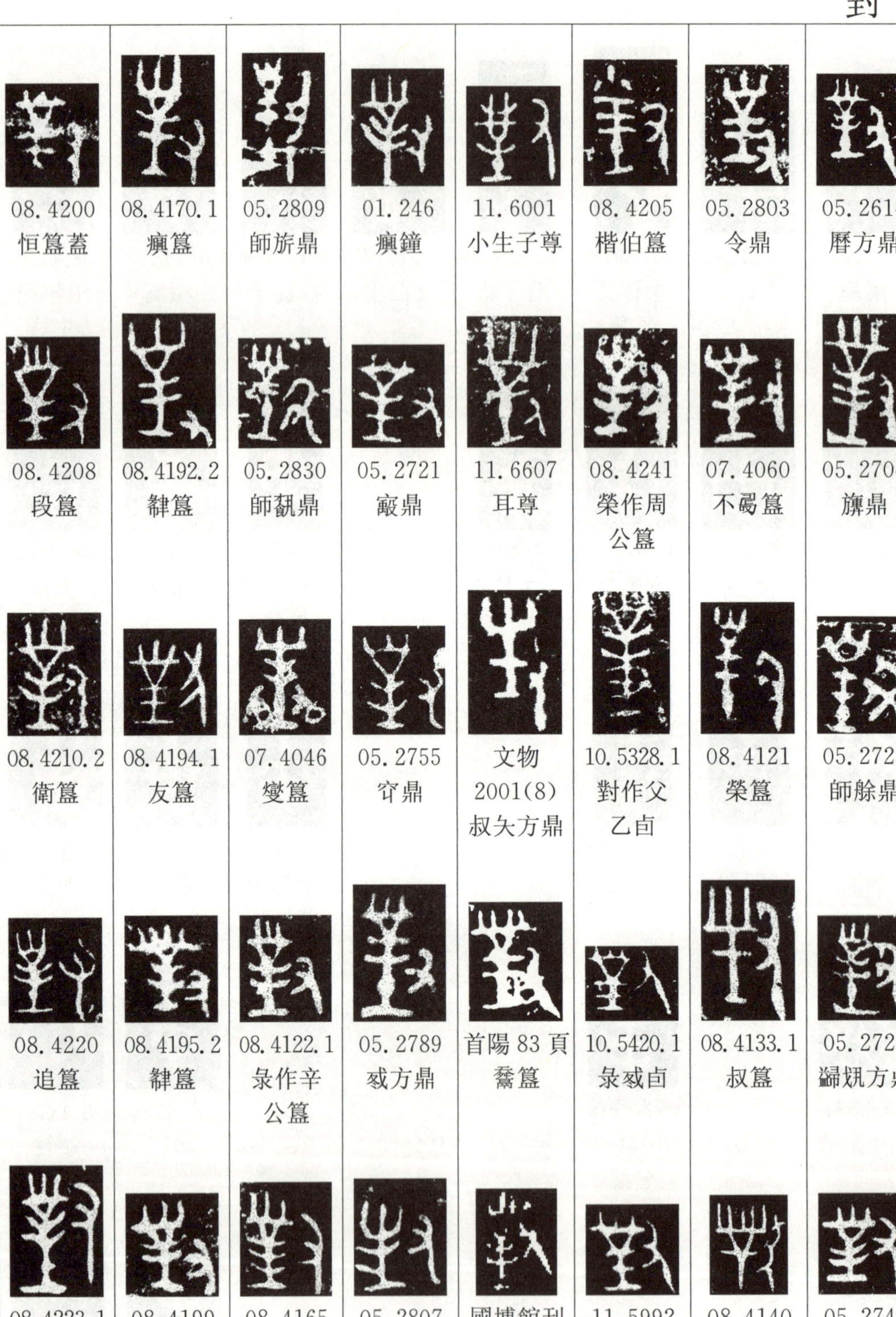

西周中期	西周中期	西周中期	西周中期	西周早期	西周早期	西周早期	西周早期
08.4200 恒簋蓋	08.4170.1 瘋簋	05.2809 師旂鼎	01.246 瘋鐘	11.6001 小生子尊	08.4205 楷伯簋	05.2803 令鼎	05.2614 曆方鼎
08.4208 段簋	08.4192.2 肆簋	05.2830 師訊鼎	05.2721 㝨鼎	11.6607 耳尊	08.4241 榮作周公簋	07.4060 不壽簋	05.2704 旟鼎
08.4210.2 衛簋	08.4194.1 友簋	07.4046 燮簋	05.2755 窌鼎	文物 2001(8) 叔夨方鼎	10.5328.1 對作父乙卣	08.4121 榮簋	05.2723 師艅鼎
08.4220 追簋	08.4195.2 肆簋	08.4122.1 彔作辛公簋	05.2789 𢦏方鼎	首陽 83 頁 鬻簋	10.5420.1 彔𢦏卣	08.4133.1 叔簋	05.2726 歸𡚬方鼎
08.4223.1 追簋	08.4199 恒簋蓋	08.4165 大簋	05.2807 大鼎	國博館刊 2012(1) 吴對卣	11.5992 遣尊	08.4140 大保簋	05.2748 庚嬴鼎

丵部

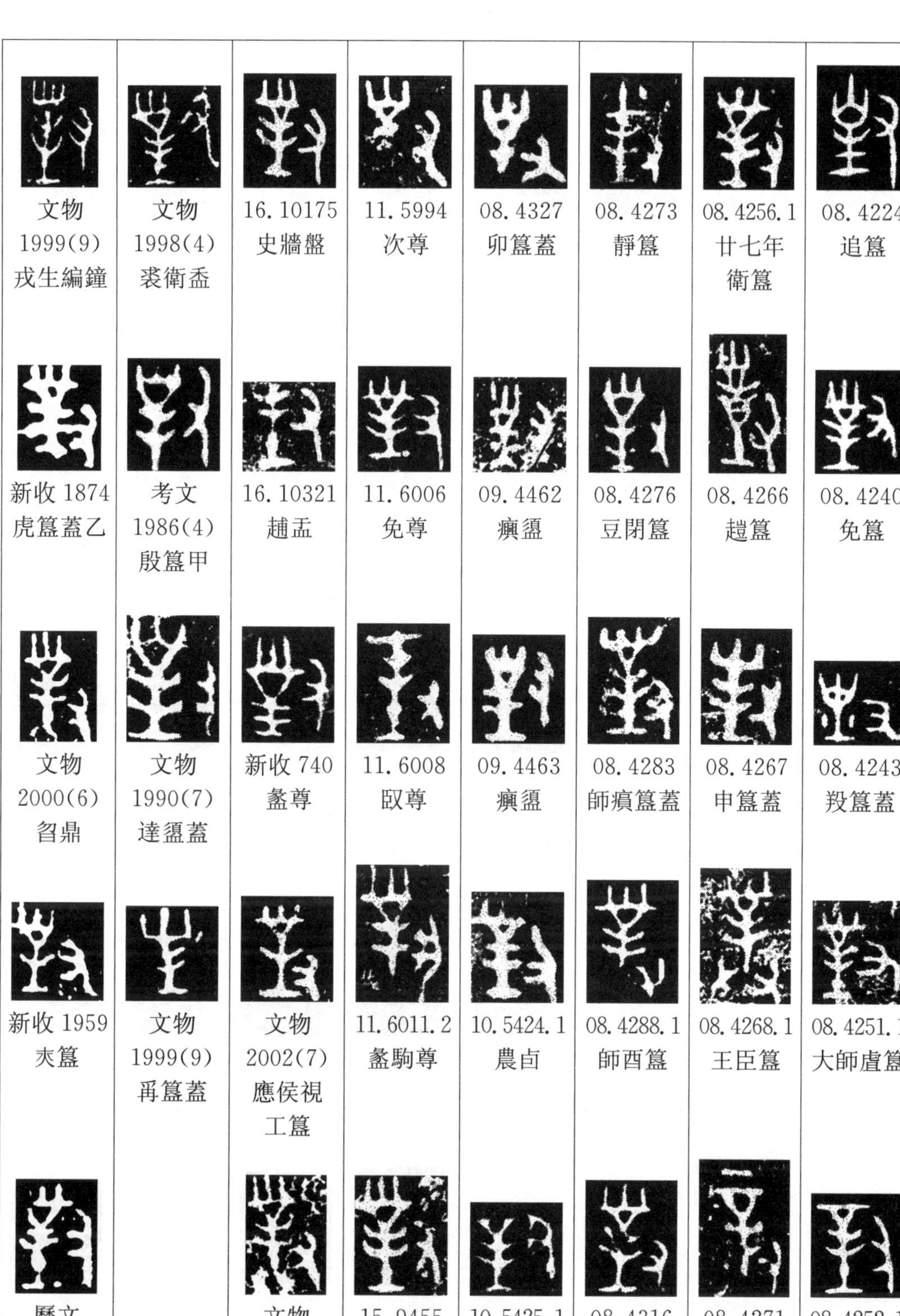

文物 1999(9) 戎生編鐘	文物 1998(4) 裘衛盉	16.10175 史牆盤	11.5994 次尊	08.4327 卯簋蓋	08.4273 靜簋	08.4256.1 廿七年衛簋	08.4224 追簋
新收 1874 虎簋蓋乙	考文 1986(4) 殷簋甲	16.10321 趞盂	11.6006 免尊	09.4462 癲盨	08.4276 豆閉簋	08.4266 趞簋	08.4240 免簋
文物 2000(6) 曶鼎	文物 1990(7) 逹盨蓋	新收 740 盠尊	11.6008 臤尊	09.4463 癲盨	08.4283 師瘨簋蓋	08.4267 申簋蓋	08.4243 𣪘簋蓋
新收 1959 夾簋	文物 1999(9) 爯簋蓋	文物 2002(7) 應侯視工簋	11.6011.2 盠駒尊	10.5424.1 農卣	08.4288.1 師酉簋	08.4268.1 王臣簋	08.4251.1 大師虘簋
歷文 2006(3) 親簋		文物 2000(6) 曶簋	15.9455 長甶盉	10.5425.1 競卣	08.4316 師虎簋	08.4271 同簋	08.4252.1 大師虘簋
西周中期	西周中期	西周中期	西周中期	西周中期	西周中期	西周中期	西周中期

〔丵〕

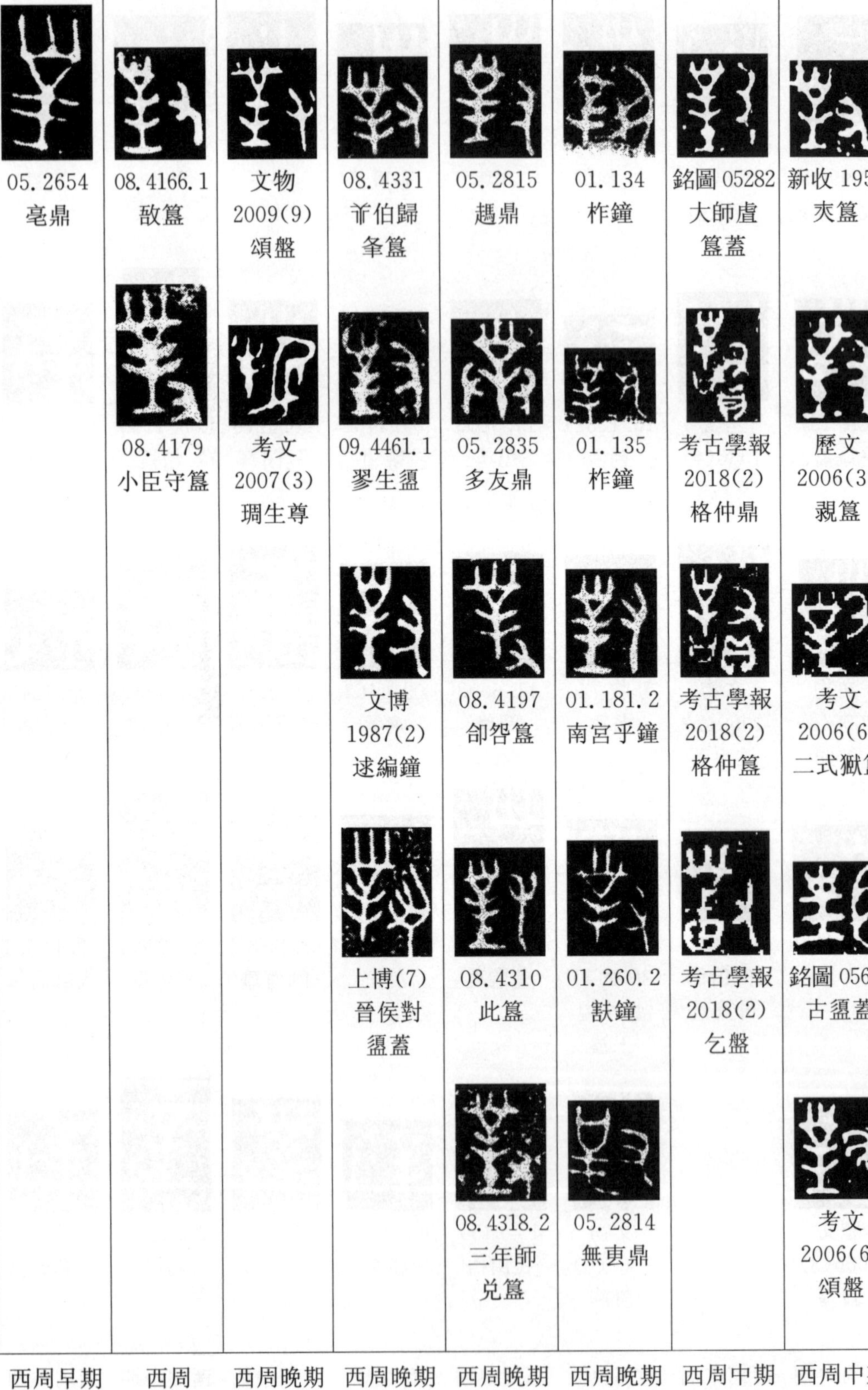

西周早期	西周	西周晚期	西周晚期	西周晚期	西周晚期	西周中期	西周中期
05.2654 亳鼎	08.4166.1 敔簋	文物 2009(9) 頌盤	08.4331 乖伯歸夆簋	05.2815 趞鼎	01.134 柞鐘	銘圖 05282 大師虘簋蓋	新收 1959 夾簋
	08.4179 小臣守簋	考文 2007(3) 琱生尊	09.4461.1 翏生盨	05.2835 多友鼎	01.135 柞鐘	考古學報 2018(2) 格仲鼎	歷文 2006(3) 親簋
			文博 1987(2) 逑編鐘	08.4197 卻咎簋	01.181.2 南宮乎鐘	考古學報 2018(2) 格仲簋	考文 2006(6) 二式𤞷簋
			上博(7) 晉侯對盨蓋	08.4310 此簋	01.260.2 㝬鐘	考古學報 2018(2) 乞盤	銘圖 05673 古盨蓋
				08.4318.2 三年師兌簋	05.2814 無叀鼎		考文 2006(6) 頌盤

〔僕〕

奉

〔對〕

僕

16.10176 散氏盤	江漢考古 2016(3) 僕監簋	01.61 逆鐘	15.9721 幾父壺	05.2765 蟎鼎	05.2670 旂鼎	08.4302 彔伯㦰 簋蓋	古研(27) 伯气父簋
16.10176 散氏盤		15.9654 史僕壺蓋	15.9722 幾父壺	04.2809 師旂鼎	14.9095 呂仲僕爵		
16.10176 散氏盤		考文 2007(3) 琱生尊	論稿 10 頁 聞尊	08.4266 趞簋	16.10083 京隣仲盤		字與史(1) 文盨
16.10176 散氏盤		山東 696 頁 者僕故匜	文物 2014(1) 肅卣	08.4273 靜簋			
				08.4292 五年琱 生簋			
西周晚期	西周早期	西周晚期	西周中期	西周中期	西周早期	西周中期	西周晚期

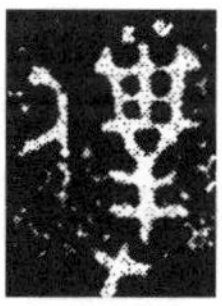

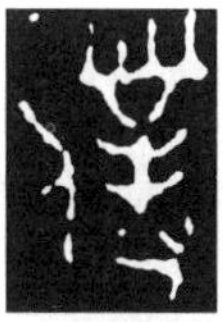

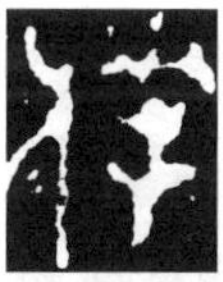

〔龏〕

龏		兵		戒	弁	奐	丞
 03.688 龏作又母 辛鬲	 中原文物 2007(5) 輔伯戈	 08.4322.1 𢦚簋	 新收 1454 㚇戒鼎	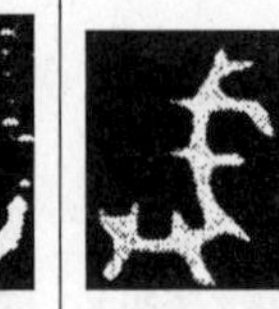 03.566 戒作葊 宫鬲	 08.4288.2 師酉簋	 文物 2004(4) 䍐叔奐 父盨	 陜金 01.088 尹丞鼎
 04.2433 龏姒鼎				 11.5856 戒叔尊	 08.4289 師酉簋		 陜金 3.3 尹丞鼎
 11.6014 何尊					 保利 白敢弁盨 甲盨器		 03.1352 尹丞鼎
 11.6015 麥方尊					 保利 白敢弁盨 乙盨器		 銘圖 10589 丞仲觶
					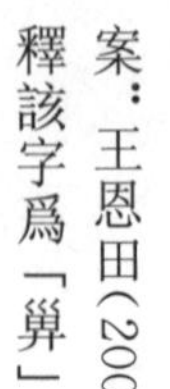 案：王恩田(2004)釋該字爲「𢍜」。		
西周早期	西周晚期	西周中期	西周晚期	西周早期	西周中期	西周晚期	西周早期

〔龏〕

具

01.260.2 㝬鐘	 04.2118 具作父庚鼎	 04.1549 具父乙鼎	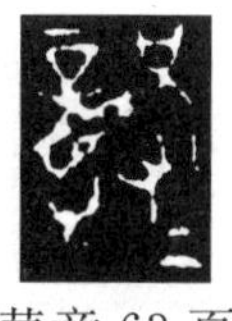 華章 63 頁 卌三年逑鼎乙	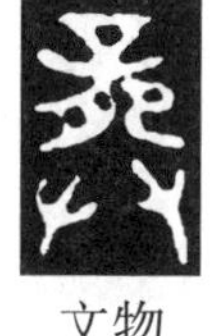 文物 2009(9) 頌盤	 08.4338 頌簋蓋	 05.2829 頌鼎	 05.2696 [illegible]鼎
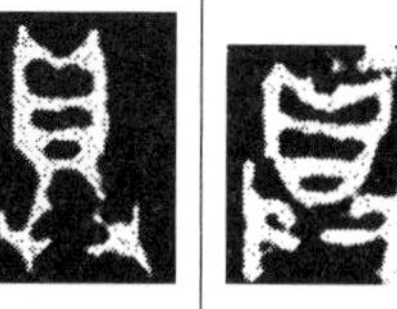 05.2818 鬲攸从鼎	 05.2831 九年衛鼎	 04.2341 叔具鼎	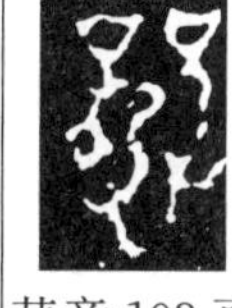 華章 103 頁 卌三年逑鼎庚	華章 79 頁 卌三年逑鼎丁	 09.4431 曼龏父盨蓋	 05.2835 多友鼎	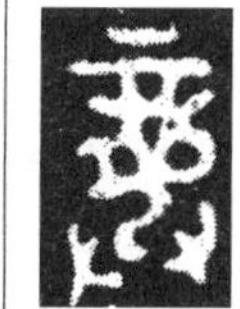 05.2832 五祀衛鼎
 08.4141.1 函皇父簋	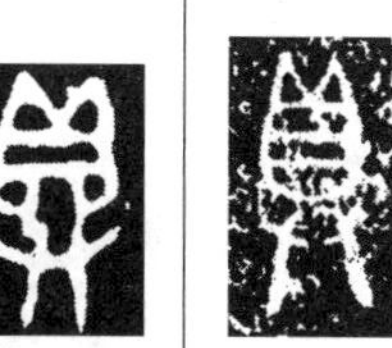 05.2838 曶鼎	首陽 83 頁 𩰫簋		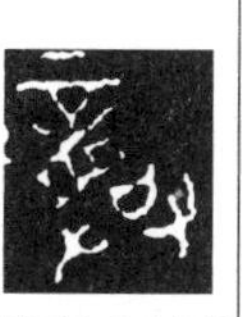 華章 95 頁 卌三年逑鼎己	 文博 1987(2) 逑編鐘	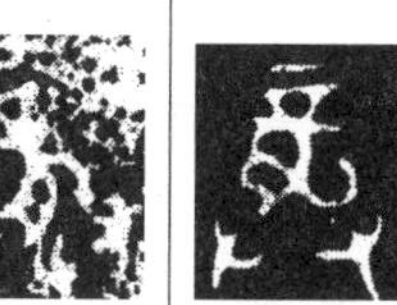 05.2841A 毛公鼎	08.4208 段簋
 09.4464 駒父盨蓋					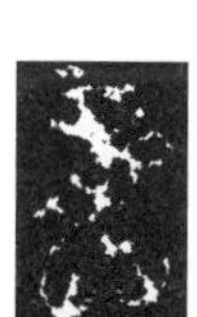 文物 2003(6) 逑盤	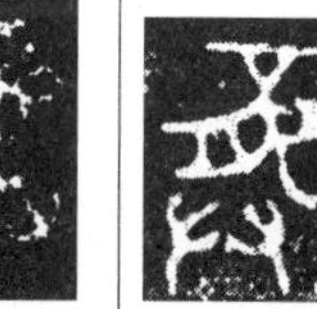 08.4334 頌簋	 文物 1999(9) 戎生編鐘
						 08.4336 頌簋蓋	
西周晚期	西周中期	西周早期	西周晚期	西周晚期	西周晚期	西周晚期	西周中期

		⿱東廾	⿱从廾		⿱犬廾	⿱豕廾	⿱⿱丷从廾
06.3615 䚕[illegible]伯簋	08.4141.1 函皇父簋 09.4464 駒父盨蓋	銘圖 03333 鄭邢伯⿱東廾父甗	08.4237 臣諫簋 案：謝明文(2014)肯定了郭永秉把臣諫簋的「⿱从廾」讀作「順」的意見，並謂把該字讀爲「遵」或「順」、「訓」，從語音上看是完全没有問題的。	05.2841A 毛公鼎	11.5945 ⿱犬廾者君父乙尊	考文 1990(5) 大師小子 豢簋	08.4313.1 師寰簋
西周早期	西周晚期	西周早期	西周中期	西周晚期	西周早期	西周晚期	西周晚期

畁

05.2713
師趛鼎

西周中期

𢍳

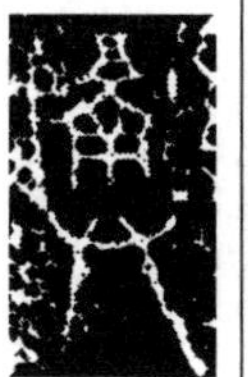

16.9892
𨸏方彝

案：李學勤（2011a）認爲該字从「爿」，讀爲「將」。

西周早期

𢌿

歷文
2004(2)
任鼎

案：王冠英（2004）分析爲从「廾」「才」聲，疑讀作「㪽」；董珊（2005）謂即《周禮·天官》「以式法授酒材」之「酒材」，「𢌿」、「㪽」、「材」同聲符可通用。

西周中期

𢍬

考文
2007(3)
琱生尊

案：王輝（2008）、徐義華（2007）、劉桓（2008）等釋作「盥」；李學勤（2007b）認爲該字从「益」、从「廾」，隸作「𢍬」，讀爲「賜」；陳英傑（2007）隸作「𢍬」；何景成（2012）釋作「注」，讀爲「鑄」。

西周晚期

𢍭

文物
2003(6)
卌二年逑
鼎乙

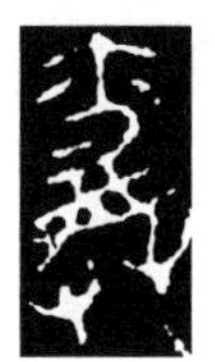

華章119頁
卌三年逑
鼎壬

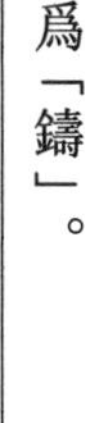

案：裘錫圭（1980）謂是訓功訓勞「庸」之本字；董珊（2003）謂从「拱」，讀作「恭」或「功」；朱鳳瀚（2006）謂與「共」通。

西周晚期

樊

04.2351
小臣氏樊
尹鼎

西周早期
或中期

03.626
樊君鬲

西周晚期

斐

04.2201
斐啓鼎

西周中期

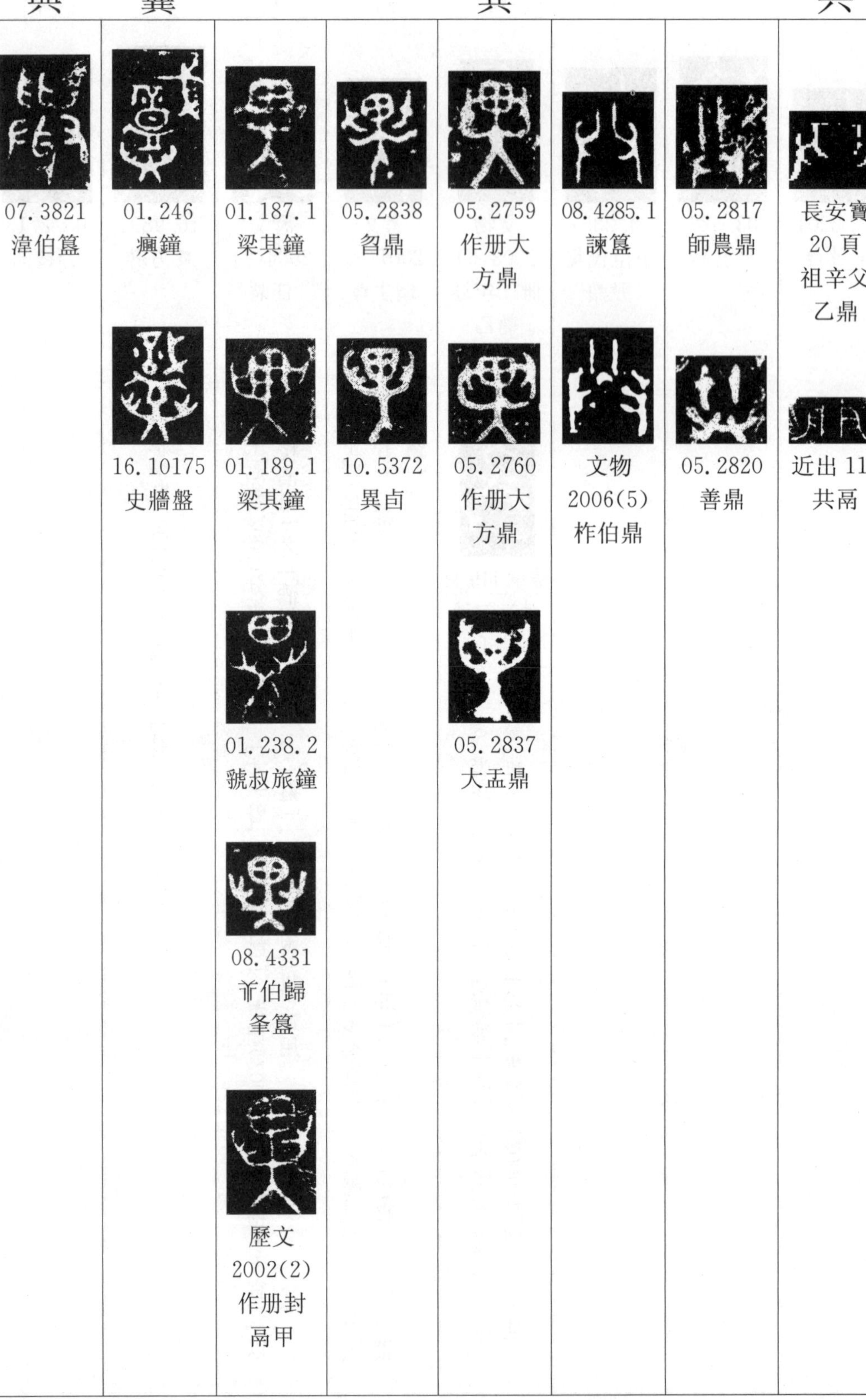

與	龔			異			共
07.3821 湋伯簋	01.246 瘐鐘	01.187.1 梁其鐘	05.2838 曶鼎	05.2759 作册大方鼎	08.4285.1 諫簋	05.2817 師農鼎	長安寶 20頁 祖辛父乙鼎
	16.10175 史牆盤	01.189.1 梁其鐘	10.5372 異卣	05.2760 作册大方鼎	文物 2006(5) 柞伯鼎	05.2820 善鼎	近出118 共鬲
		01.238.2 虢叔旅鐘		05.2837 大盂鼎			
		08.4331 𦍌伯歸夆簋					
		歷文 2002(2) 作册封鬲甲					
西周晚期	西周中期	西周晚期	西周中期	西周早期	西周晚期	西中中期	西周早期

農		晨	舁	〔⿰爿興〕			興
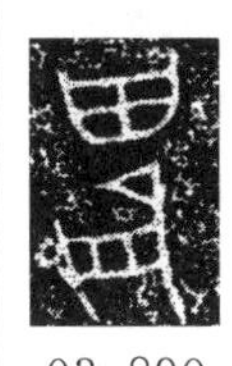 03.890 田農甗	 05.2835 多友鼎	 08.2816 伯晨鼎	 03.911 舁仲雩父甗	 05.2835 多友鼎	 09.4405.2 鬲叔興父盨	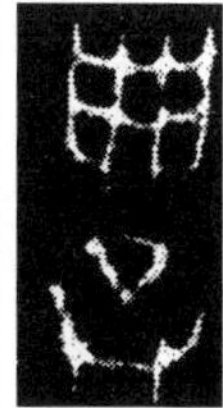 04.1962 興作寶鼎	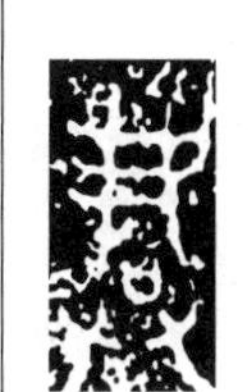 首陽 83 頁 𩰫簋
 04.2174 田農鼎		 銘圖 05282 大師虘簋蓋	 07.4028 毛舁簋		 15.9676 殷句壺	 04.1963 興作寶鼎	
 05.2803 令鼎					 首陽 114 頁 應侯簋	 文物 2014(1) 肅卣	
 06.3461 農父簋							
西周早期	西周晚期	西周中期	西周晚期	西周晚期	西周晚期	西周中期	西周早期

轉	鞞		革		〔農〕		
05.2831 九年衛鼎	08.4326 番生簋蓋	08.4273 靜簋	08.4258 害簋	05.2786 康鼎	16.10175 史牆盤	01.187.1 梁其鐘	06.3575.1 農簋
08.4302 彔伯𢦏簋蓋						01.189.1 梁其鐘	06.3576 田農簋
16.9898A 吳方彝蓋						01.192 梁其鐘	11.6169 史農觶
						16.10176 散氏盤	
西周中期	西周晚期	西周中期	西周晚期	西周中期或晚期	西周中期	西周晚期	西周早期

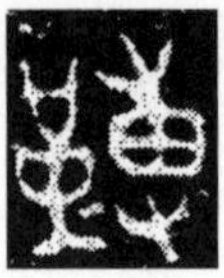

勒

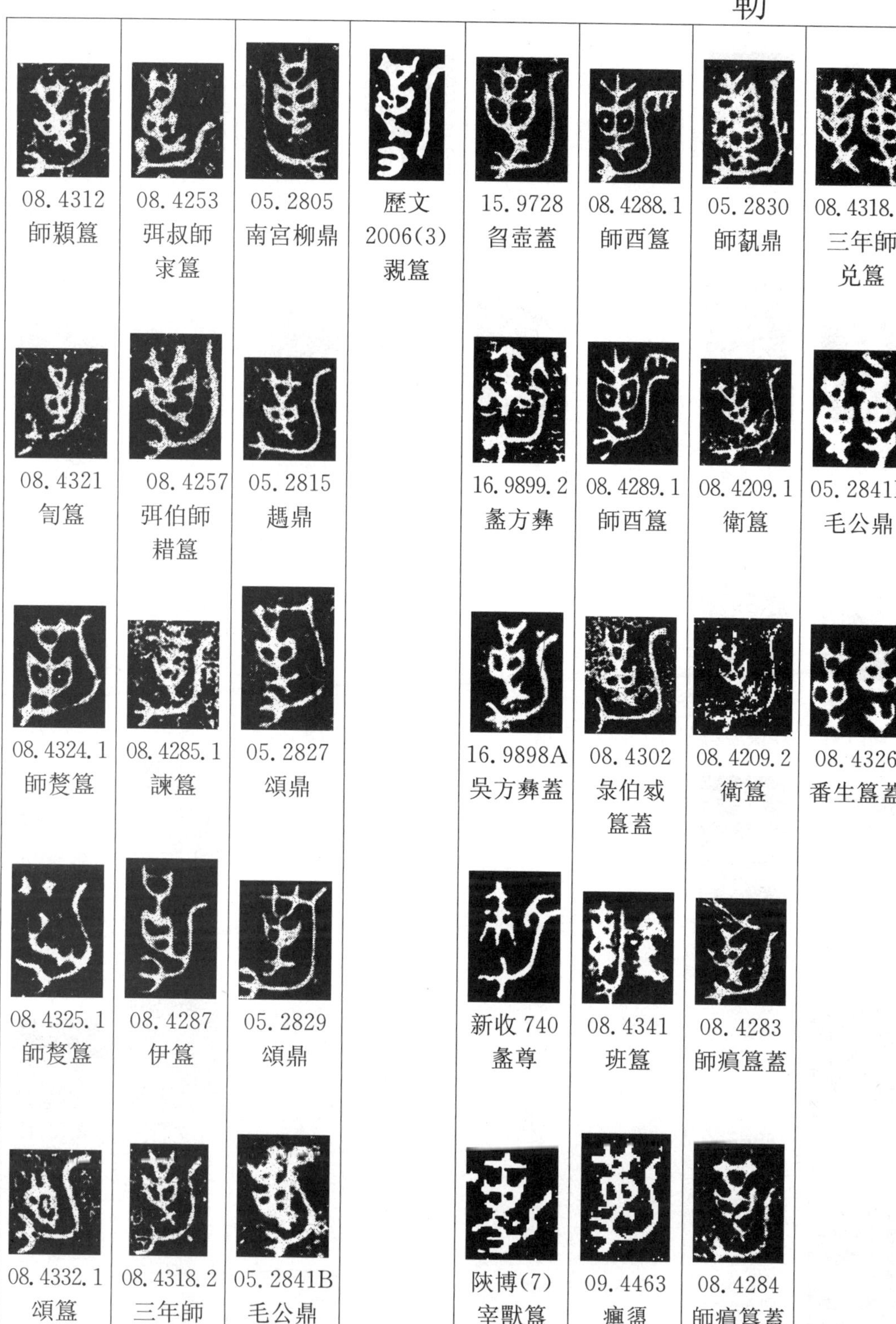

08.4312 師䫫簋	08.4253 弭叔師𡩜簋	05.2805 南宮柳鼎	歷文 2006(3) 親簋	15.9728 曶壺蓋	08.4288.1 師酉簋	05.2830 師𩛥鼎	08.4318.2 三年師兑簋
08.4321 訇簋	08.4257 弭伯師耤簋	05.2815 趞鼎		16.9899.2 盠方彝	08.4289.1 師酉簋	08.4209.1 衛簋	05.2841B 毛公鼎
08.4324.1 師嫠簋	08.4285.1 諫簋	05.2827 頌鼎		16.9898A 吴方彝蓋	08.4302 彔伯㦰簋蓋	08.4209.2 衛簋	08.4326 番生簋蓋
08.4325.1 師嫠簋	08.4287 伊簋	05.2829 頌鼎		新收 740 盠尊	08.4341 班簋	08.4283 師𤸫簋蓋	
08.4332.1 頌簋	08.4318.2 三年師兑簋	05.2841B 毛公鼎		陝博(7) 宰獸簋	09.4463 𤸫盨	08.4284 師𤸫簋蓋	
西周晚期	西周晚期	西周晚期	西周中期	西周中期	西周中期	西周中期	西周晚期

鬲		⿰革彖	〔⿰亻⿱亼丈〕	〔⿱亼丈〕 鞭			
 03.510 仲姬作鬲	 05.2837 大盂鼎	 08.4326 番生簋蓋	 16.10285.1 𠑇匜	 05.2831 九年衛鼎	 華章 79 頁 卌三年逑 鼎丁	 08.4339 頌簋	 08.4333.1 頌簋
 03.516 微伯鬲	 08.4300 作册夨 令簋		 16.10285.2 𠑇匜	 考古學報 2018(2) 乞盉	 華章 71 頁 卌三年逑 鼎丙	 09.4468 師克盨	 08.4334 頌簋
 03.518 微伯鬲	 16.9893.1 井侯方彝			案：裘錫圭(2012)謂「⿱亼丈」是「鞭」的古字，各家皆以鞭刑説之，當讀爲便利之「便」。		 16.10172 寰盤	 08.4335 頌簋
03.532 旂姬鬲	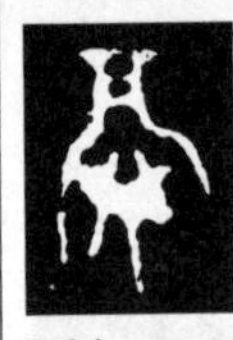 曲村 526 頁 再鬲					 陝博(7) 宰獸簋	 08.4336 頌簋
 03.544 仲⿰口𠂇父鬲						 文物 2003(6) 逑盤	 08.4337 頌簋
 03.561 虢仲鬲							
西周中期	西周早期	西周晚期	西周晚期	西周中期	西周晚期	西周晚期	西周晚期

⿱句鬲	⿱夆鬲						
07.3924 束仲□父 簋蓋	首陽 74 頁 ⿱夆鬲觶蓋	09.4405.2 鬲叔興 父盨	03.682 伯家父鬲	03.736 虢文公子 作鬲	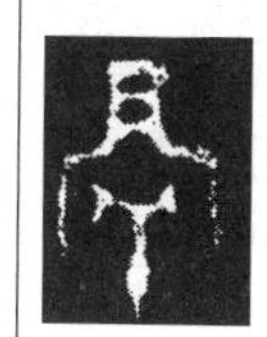 03.512 虢姞作鬲	 03.453 鬲鬲	 03.632 榮伯鬲
案：該字有殹、媚、飲、壽等不同釋法。吴振武(1990)釋「瀝」，讀爲「歷」；鄧佩玲(2014)釋該字爲「鬻」，讀「延」；禤健聰(2016a)認爲表示陳列意，釋「䰙」。	首陽 83 頁 ⿱夆鬲簋	虢國墓 43 頁 虢季鬲	03.683 虢季氏子 作鬲	03.679 榮有司 再鬲	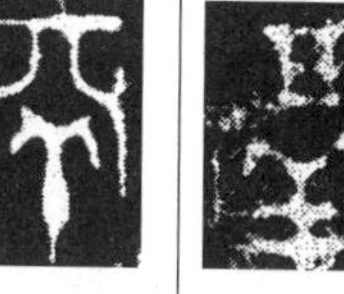 03.605 伯姜鬲	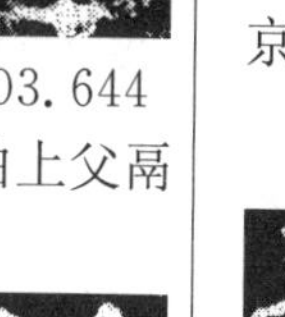 03.644 伯上父鬲	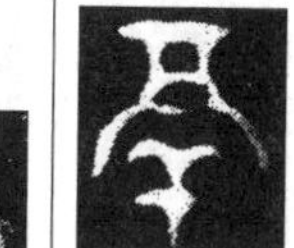 03.641 京姜鬲
	首陽 74 頁 ⿱夆鬲觚	虢國墓 473 頁 或子碩 父鬲	03.704 善夫吉 父鬲	03.680 成伯孫 父鬲	03.606 王伯姜鬲	03.669 鼄伯鬲	03.652 伯先父鬲
	國博館刊 2012(1) 史⿱夆鬲卣	虢國墓 474 頁 虢宮父鬲	03.723 伯夏父鬲	03.681 仲父鬲	03.635 吕王鬲	03.546 姬艿母鬲	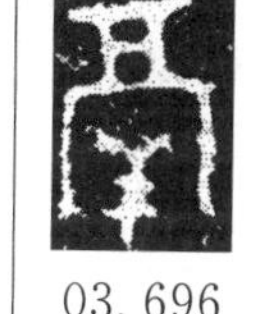 03.696 夆伯鬲
		考古 2003(3) 應姚鬲			 03.672 召仲鬲		 03.750 仲枏父鬲
							 首陽 96 頁 仲枏父鬲
西周晚期	西周早期	西周晚期	西周晚期	西周晚期	西周晚期	西周中期 或晚期	西周中期

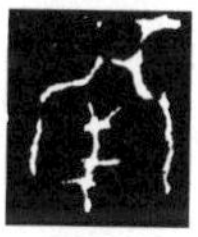

孚	爪	鬻	〔䰠〕	鬻	⿱羔鬲	鬳	⿰鬲斗
05.2741 寧鼎	09.4467.1 師克盨	05.2756 寓鼎	03.744 琱生尊	03.633 𡐓肇家鬲	古研(24) 229頁 淮伯鼎	03.818 見作甗	05.2706 麥方鼎
06.3732.1 亷鼎	09.4468 師克盨	案：張新俊(2004)讀爲「饎」；禤健聰(2005)讀爲「莘」；陳劍(2008b)謂作「鬻」形的「羮」應係六國古文的特殊寫法；郭永秉(2010a)再確認「鬻」爲「羮」字異體。				03.884 師趛甗	09.4466 ⿰鬲斗比盨
07.3907 過伯簋							11.6015 麥方尊
							15.9451 麥盉
							案：張桂光(2011)釋此字爲「⿳𦥑鬲大」。
西周早期	西周晚期	西周早期或中期	西周中期	西周中期	西周中期	西周早期	西周早期

爲

07.4055 鄧公簋蓋	08.4293 六年琱生簋	11.5950 引簋	西清續鑒乙編 06.36 自爲曼仲簋	05.2531 雍伯簋	首陽 107 頁 伯戋父簋	05.2835 多友鼎	03.918 孚公㤙甗
09.4365 立盨	文物 1995(7) 晉侯僰馬方壺	11.5952 叀啓諆父甲尊	通鑒 05293 何簋蓋	07.4097 窑簋	首陽 114 頁 應侯見公簋蓋	09.4459.1 翏生盨	08.4322.1 𢦅簋
文博 2008(2) 叔屖父盨	文物 1995(7) 晉侯僰馬方壺	集刊七十・三 否叔卣		07.4097 窑簋		09.4460 翏生盨	銘圖 03349 昔須甗
	歷文 2004(2) 任鼎	銘圖 04432 芮公簋		10.5428.1 叔趩父卣		09.4461.1 翏生盨	案：趙平安(2011)認爲孚公朹甗之「孚」即「褎」，該器爲褎國所見最早的青銅器。
						華章 39 頁 卌二年逑鼎甲	
西周晚期	西周中期	西周早期或中期	西周早期	西周早期	西周晚期	西周晚期	西周中期

爪部

⿰亯丮	〔坴〕	〔⿱埶女〕	〔⿰坴丮〕 埶		丮	⿱𡿪畐	
				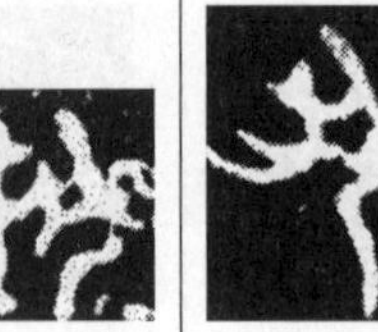			
06.3490.1 伯⿰至丮簋	文博 2006(3) 尸鼎	05.2841B 毛公鼎	16.9899.1 盠方彝	08.4341 班簋	08.4330 沈子它 簋蓋	曲村 440 頁 中⿱𡿪畐父壺	07.3916.1 姞氏簋
		案：李學勤(2002)謂「埶」讀爲「設」；裘錫圭(2002a)謂「埶」爲「蓺」(藝)之初文，又是「勢」之古字，讀爲「設」。	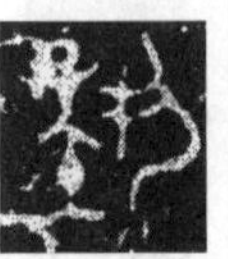 16.9899.2 盠方彝			 曲村 440 頁 中⿱𡿪畐父 壺蓋	
			 新收 740 盠尊				
			 歷文 2002(6) 𤔲公盨				
西周中期	西周中期	西周晚期	西周中期	西周中期	西周早期	西周早期	西周

〔㦰〕

巩　　　　⿰食丮

巩		〔㦰〕					⿰食丮
05.2841B 毛公鼎	16.10175 史牆盤	首陽105頁 龍紋盤	08.4316 師虎簋	10.5237 叔㦰簋	考文 1997(3) 虎簋蓋	05.2830 師⿰食丮鼎	07.3746 數㝅敔簋
					新收1874 虎簋蓋乙	06.3585 嬴霝德簋	08.4330 沈子它簋蓋
	案：劉桓(2004)謂「巩」當讀爲「鞏」，並引王國維釋「毛公鼎」的「不巩先王配命」，從孫詒讓説將「不巩」讀爲「丕鞏」。				案：陳劍(2015)謂「⿰食丮」的初文从「丮」从「食」，表示雙手陳設食物，「才」是加注的聲符。	08.4316 師虎簋	
						08.4327 卯簋蓋	
西周晚期	西周中期	西周	西周中期	西周早期	西周中期	西周中期	西周早期

〔⿰韋丮〕 贛		⿰土丮					⿰戈丮	
 16.10166 鮮盤	 05.2748 庚贏鼎	 03.568 ⿰土丮作父乙鬲	 雪齋209頁 方⿰戈丮各鼎	 08.4208 段簋	 15.9595.1 ⿰𠂤帚⿰戈丮進壺	 05.2725 ⿰𠂤帚⿰戈丮方鼎	 03.613 林⿰戈丮鬲	西周金文字編
				 08.4269 縣改簋	 15.9595.1 ⿰𠂤帚⿰戈丮進壺	 07.3905 ⿰戈丮父丁簋	 03.888 寡史⿰戈丮甗	
				 16.10175 史牆盤	 文物 2005(9) 榮仲方鼎	 10.5193 朿⿰戈丮卣	 03.920 ⿰𠂤帚⿰戈丮甗	丮部
						 10.5348.1 麃父卣	 05.2702 嬰方鼎	
						 14.9099 祉作父辛角	 05.2725 ⿰𠂤帚⿰戈丮方鼎	一三四
西周中期	西周早期	西周早期	西周晚期	西周中期	西周早期	西周早期	西周早期	

又　僂

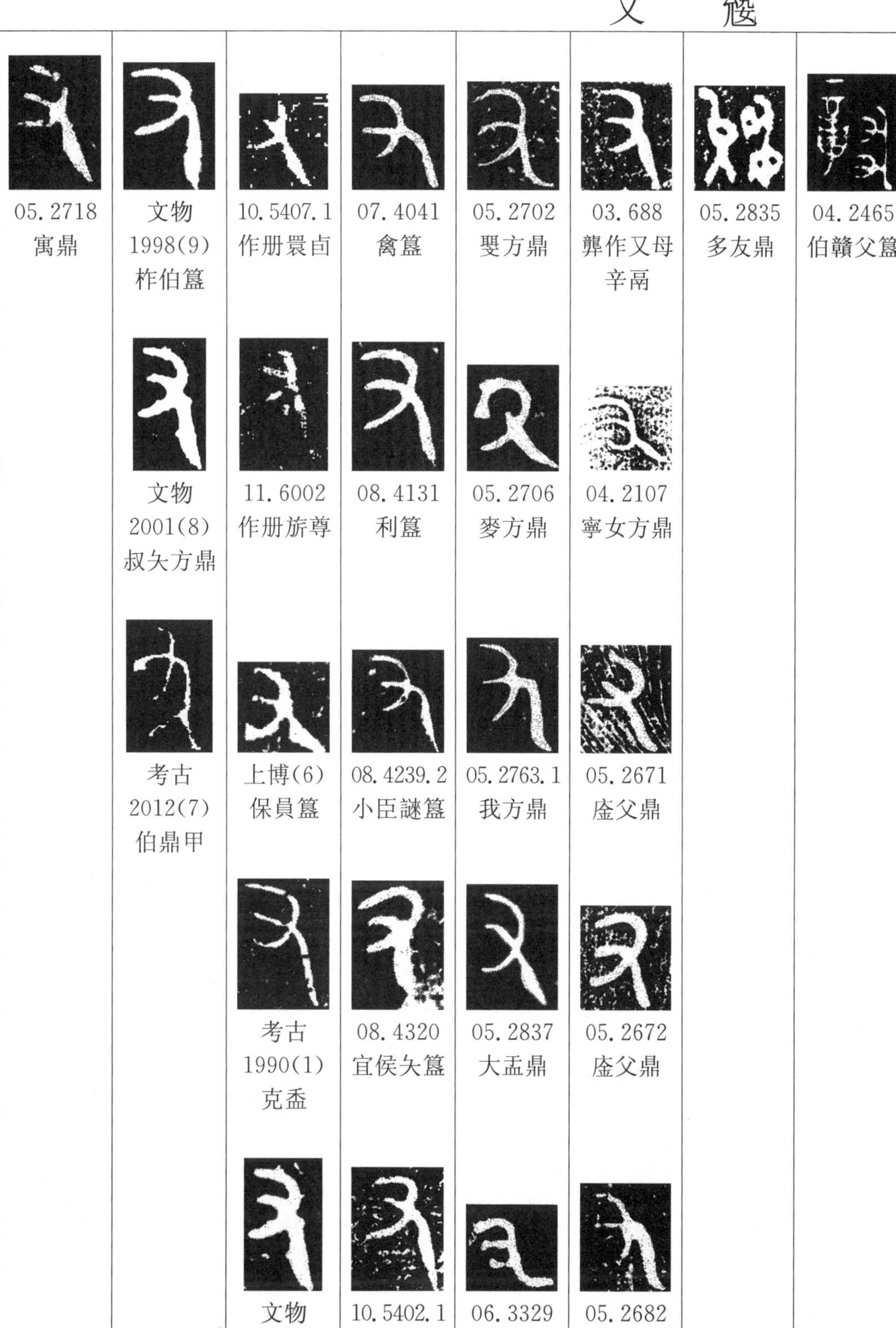

05.2718 寓鼎	文物 1998(9) 柞伯簋	10.5407.1 作册睘卣	07.4041 禽簋	05.2702 嬰方鼎	03.688 龏作又母辛鬲	05.2835 多友鼎	04.2465 伯贛父簋
	文物 2001(8) 叔夨方鼎	11.6002 作册旂尊	08.4131 利簋	05.2706 麥方鼎	04.2107 寧女方鼎		
	考古 2012(7) 伯鼎甲	上博(6) 保員簋	08.4239.2 小臣謎簋	05.2763.1 我方鼎	05.2671 㡯父鼎		
		考古 1990(1) 克盉	08.4320 宜侯夨簋	05.2837 大盂鼎	05.2672 㡯父鼎		
		文物 2001(8) 叔夨方鼎	10.5402.1 遣卣	06.3329 又牧父己簋	05.2682 新邑鼎		
西周早期或中期	西周早期	西周早期	西周早期	西周早期	西周早期	西周晚期	西周晚期

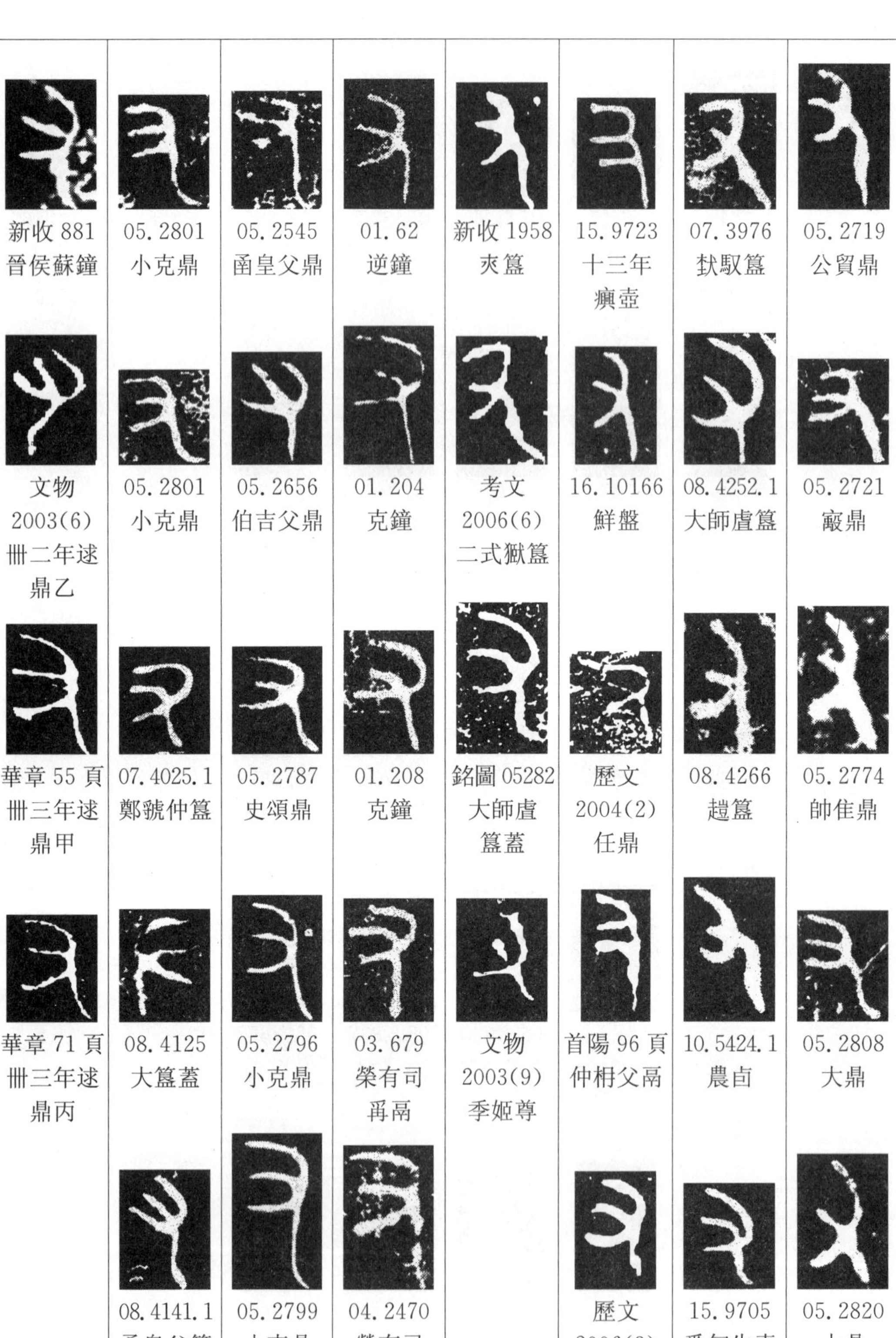

新收 881 晉侯蘇鐘	05.2801 小克鼎	05.2545 函皇父鼎	01.62 逆鐘	新收 1958 夾簋	15.9723 十三年癲壺	07.3976 㝬馭簋	05.2719 公貿鼎
文物 2003(6) 卌二年逑鼎乙	05.2801 小克鼎	05.2656 伯吉父鼎	01.204 克鐘	考文 2006(6) 二式獄簋	16.10166 鮮盤	08.4252.1 大師虘簋	05.2721 𡨦鼎
華章 55 頁 卌三年逑鼎甲	07.4025.1 鄭虢仲簋	05.2787 史頌鼎	01.208 克鐘	銘圖 05282 大師虘簋蓋	歷文 2004(2) 任鼎	08.4266 趞簋	05.2774 帥隹鼎
華章 71 頁 卌三年逑鼎丙	08.4125 大簋蓋	05.2796 小克鼎	03.679 榮有司爯鬲	文物 2003(9) 季姬尊	首陽 96 頁 仲枏父鬲	10.5424.1 農卣	05.2808 大鼎
	08.4141.1 函皇父簋	05.2799 小克鼎	04.2470 榮有司爯鼎		歷文 2006(3) 親簋	15.9705 番匊生壺	05.2820 大鼎
西周晚期	西周晚期	西周晚期	西周晚期	西周中期	西周中期	西周中期	西周中期

父

西周晚期	西周中期	西周中期	西周早期	西周早期	西周早期	西周早期	西周晚期
03.681 仲父鬲	歷文 2002(6) 豳公盨	03.651 伯先父鬲	滕州 273 頁 史父乙尊	曲村 480 頁 同簋	文物 2004(7) 戈父己鼎	03.822 龔父癸甗	華章 79 頁 卌三年逑鼎丁
03.682 伯家父鬲	文物 2000(6) 曶鼎	03.932 子邦父甗	玫茵堂 93 頁 □丁鼎	周原 1905 頁 牧父乙爵	曲村 480 頁 同簋	03.1256 父丁鼎	夏商周 395 伯吕盨
15.9599.1 伯魚父壺	通鑒 05288 楷大嗣仲車父簋	03.1261 父己鼎	首陽 83 頁 山父丁盤	文物 2006(3) 父戊觶	首陽 80 頁 山父鼎簋	04.1887 父辛佚冊鼎	考文 2007(3) 琱生尊
16.10176 散氏盤		04.1562 未父乙鼎	銘圖 05014 公豐父簋	流散歐美 152 父乙尊	文博 2008(2) 大丏簋	06.3328 耒作父己簋	
		11.5630 尹父丁尊	江漢考古 2016(3) 父乙鼎			10.5310 [illegible]家作父戊卣	

尹　曼

			尹		曼		
 16.9899.1 盠方彝	 新收 740 盠尊	 03.755 尹姞鬲	 04.2499 亯父丁鼎	 陝金 3.3 尹丞鼎	 09.4431 曼龏父盨蓋	 西清續鑒乙編 06.36 𠂤爲曼仲簋	 文物 2003(6) 卌二年逑鼎乙
 16.9900.2 盠方彝	 12.6515 萬諆觶	 04.2282 尹叔作𢓊姞鼎	 06.3391 尹簋	 03.912 尹伯作祖辛甗	 09.4432 曼龏父盨		 華章 169 頁 單五父方壺甲
 16.10170 走馬休盤	 15.9724.1 十三年瘐壺	 08.4240 免簋	 08.4300 作册夨令簋	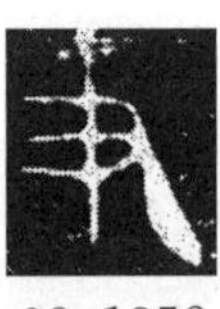 03.1352 尹丞鼎	 09.4433 曼龏父盨		 晉國 149 頁 叔釗父甗
 16.10175 史牆盤	 15.9728 曶壺蓋	 08.4243 殳簋蓋	 10.5391.1 執卣	 03.1457 舟尹鼎	 09.4434 曼龏父盨		 文博 2008(2) 叔孱父盨蓋
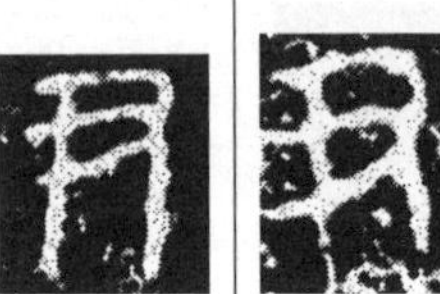 16.10322 永盂	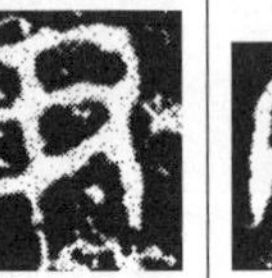 16.9898A 吳方彝蓋	 08.4267 申簋蓋	 11.5752 尹舟父癸尊	 04.1925 叔尹作旅方鼎			
西周中期	西周中期	西周中期	西周早期	西周早期	西周晚期	西周早期	西周晚期

叡

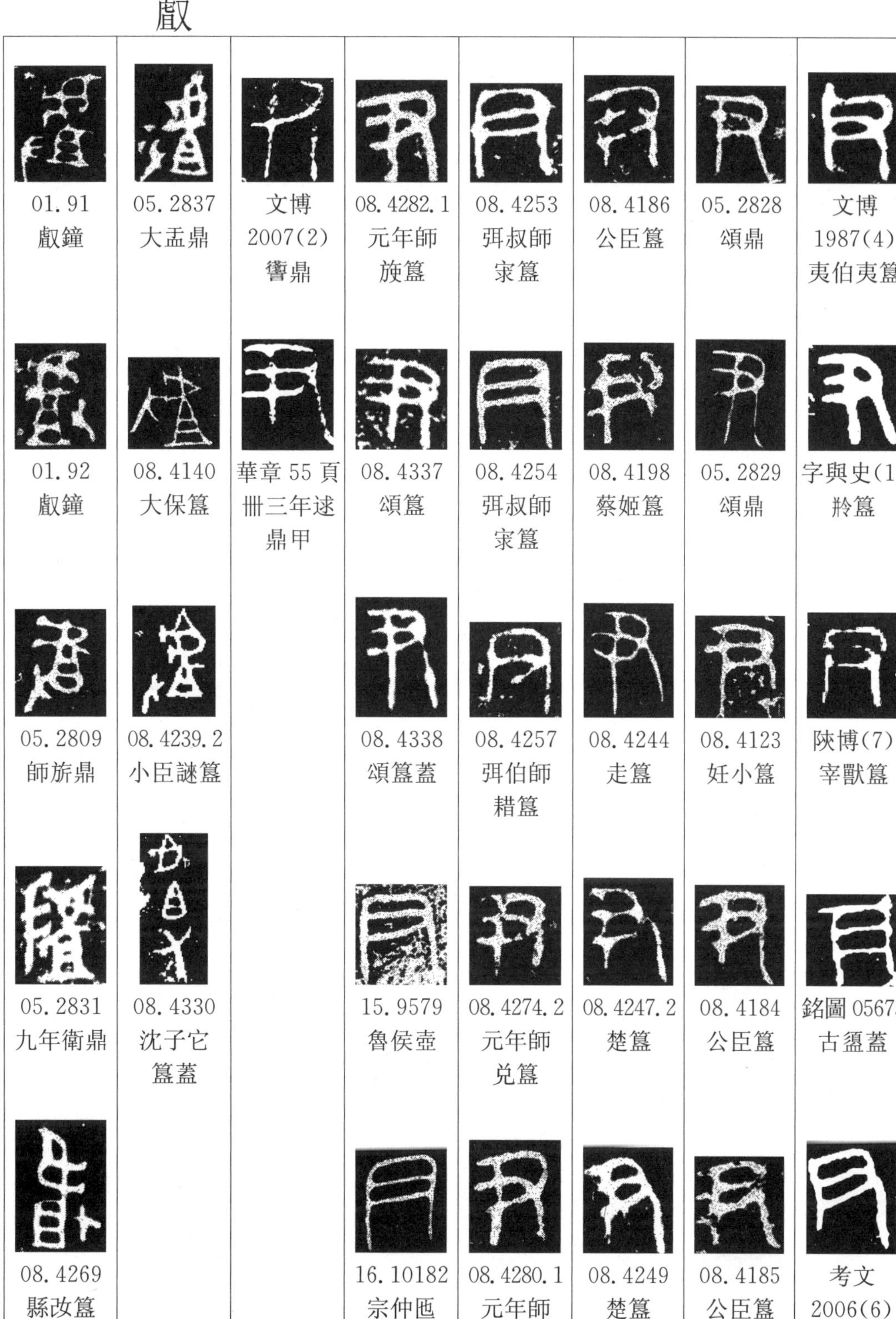

01.91 叡鐘	05.2837 大盂鼎	文博 2007(2) 讆鼎	08.4282.1 元年師旋簋	08.4253 弭叔師家簋	08.4186 公臣簋	05.2828 頌鼎	文博 1987(4) 夷伯夷簋
01.92 叡鐘	08.4140 大保簋	華章 55 頁 卌三年逑鼎甲	08.4337 頌簋	08.4254 弭叔師家簋	08.4198 蔡姞簋	05.2829 頌鼎	字與史(1) 扲簋
05.2809 師旂鼎	08.4239.2 小臣謎簋		08.4338 頌簋蓋	08.4257 弭伯師耤簋	08.4244 走簋	08.4123 妊小簋	陝博(7) 宰獸簋
05.2831 九年衛鼎	08.4330 沈子它簋蓋		15.9579 魯侯壺	08.4274.2 元年師兌簋	08.4247.2 楚簋	08.4184 公臣簋	銘圖 05673 古盨蓋
08.4269 縣改簋			16.10182 宗仲匜	08.4280.1 元年師旋簋	08.4249 楚簋	08.4185 公臣簋	考文 2006(6) 獄盤
西周早期	西周早期	西周晚期	西周晚期	西周晚期	西周晚期	西周晚期	西周中期

𠭰

10.5419
彔戜卣

文物 1999(9)
戎生編鐘

西周中期

案：李學勤(2011b)不讚成楊樹達讀「嗟」，認爲當讀作「徂」，意爲過去。陳偉武(2016)讀爲「且」，訓爲「若」，於此表假設。

08.4286
輔師𠭰簋

08.4286
輔師𠭰簋

08.4286
輔師𠭰簋

08.4324.1
師𠭰簋

08.4324.1
師𠭰簋

西周晚期

08.4324.1
師𠭰簋

08.4324.1
師𠭰簋

08.4324.2
師𠭰簋

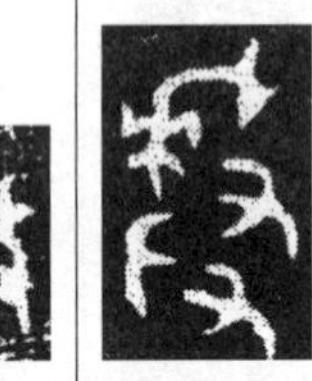
08.4324.2
師𠭰簋

08.4324.2
師𠭰簋

西周晚期

及

10.5415.1
保卣

西周早期

09.4396
鄭登叔盨

西周晚期

〔彶〕

05.2838
曶鼎

西周中期

05.2536
鄭登伯鼎

08.4328
不嬰簋

08.4329
不嬰簋蓋

晉國 84 頁
晉侯對盨蓋

首陽 117 頁
晉侯對盨

西周晚期

〔返〕

09.4425
㲋叔盨

西周晚期

秉

西周早期

04.1809 秉□父辛鼎

西清續鑒甲編 05.2 天秉尊

近出 390 秉盾簋

西周中期

05.2820 善鼎

05.2838 曶鼎

08.4341 班簋

西周晚期

01.112 井人妄鐘

01.189.1 梁其鐘

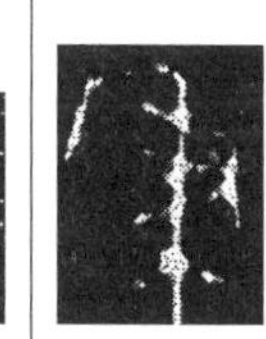

01.192 梁其鐘

01.238.2 虢叔旅鐘

西周晚期

01.239.1 虢叔旅鐘

08.4242 叔向父禹簋

17.11064 楚公冢戈

歷文 2002(2) 作册封鬲

西周晚期

華章 63 頁 卌三年逑鼎乙

文物 2003(6) 卌二年逑鼎乙

華章 71 頁 卌三年逑鼎丙

反

西周早期

07.3907 過伯簋

08.4140 大保簋

08.4239.2 小臣謎簋

考古 1991(7) 保員簋

文物 1998(9) 柞伯簋

西周中期

05.2831 九年衛鼎

西周晚期

05.2825 善夫山鼎

05.2827 頌鼎

05.2829 頌鼎

08.4313.1 師寰簋

08.4332 頌簋

𠬝

08.4333.1 頌簋

08.4334 頌簋

08.4335 頌簋

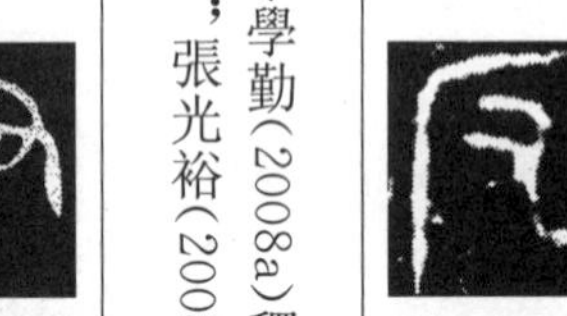
08.4336 頌簋蓋

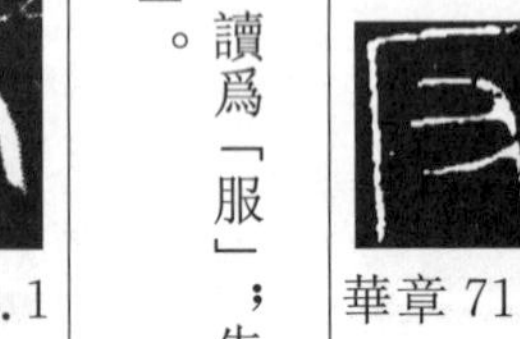
華章 71 頁 卌三年逑鼎丙

西周晚期

01.260.1 㝬鐘

首陽 107 頁 伯𢦏父簋

案：伯𢦏父簋該字李學勤(2008a)釋作「𠬝」，讀爲「服」；朱鳳瀚(2008b)釋作「𠬝」，張光裕(2008)釋作「屖」。

西周晚期

叔

04.2052.1 叔鼎

04.2054 叔鼎

08.4132.1 叔鼎

08.4132.2 叔鼎

08.4133.1 叔鼎

西周早期

16.9898B 吴方彝蓋

西周中期

05.2836 大克鼎

08.4324.1 師嫠簋

08.4324.2 師嫠簋

西周晚期

取

04.1923 叔作寶彝鼎

西周

文物 1998(9) 柞伯簋

西周早期

05.2807 大鼎

08.4263 格伯簋

08.4264.1 格伯簋

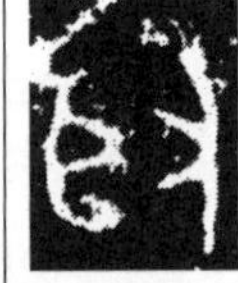
08.4266 趞簋

15.9456 裘衛盉

西周中期

友		叚					
11.6015 麥方尊	03.787 友甗	華章 39 頁 卌二年逑鼎甲	01.207 克鐘	16.9899.1 盠方彝	18.11757 取子鉞	08.4215.1 龖簋	文物 1999(9) 戎生編鐘
16.9901 矢令方彝	05.2660 辛鼎	歷文 2002(2) 作册封鬲甲	05.2833 禹鼎	文物 1999(9) 戎生編鐘		08.4247.1 楚簋	字與史(1) 肣簋
	05.2672 虘父鼎	歷文 2002(2) 作册封鬲乙	08.4313.1 師寰簋			08.4249 楚簋	歷文 2006(3) 親簋
	05.2706 麥方鼎	案：西周金文「不叚」「弗叚」之「叚」，沈培(2010)謂當是表示「可能性」情態的助動詞。	文物 2003(6) 卌二年逑鼎乙			08.4295 揚簋	
	05.2724 毛公旅方鼎						
西周早期	西周早期	西周晚期	西周晚期	西周中期	西周	西周晚期	西周中期

〔春〕

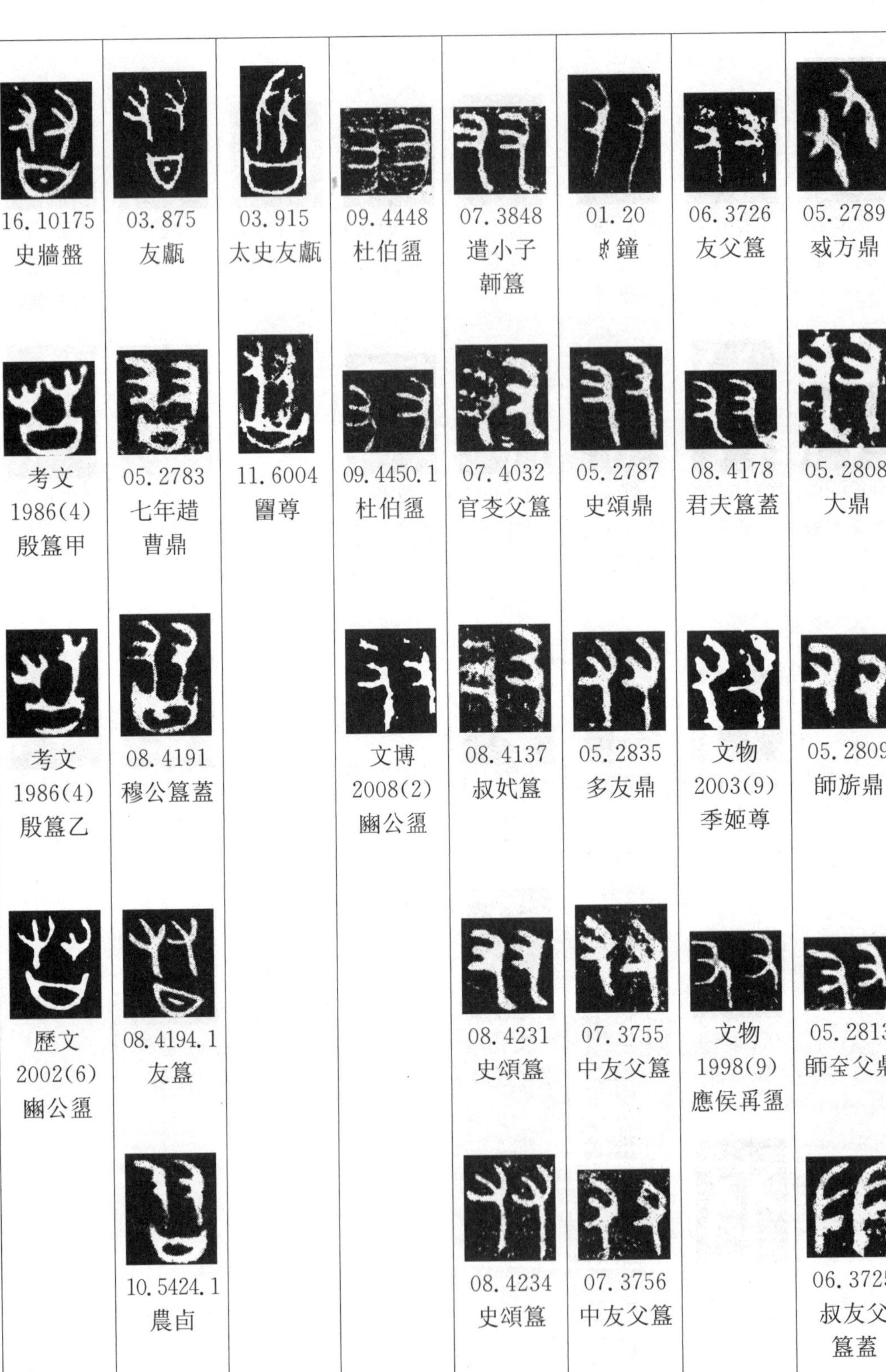

西周中期	西周中期	西周早期	西周晚期	西周晚期	西周晚期	西周中期	西周中期
16.10175 史牆盤	03.875 友甗	03.915 太史友甗	09.4448 杜伯盨	07.3848 遣小子䡸簋	01.20 𤔲鐘	06.3726 友父簋	05.2789 㦰方鼎
考文 1986(4) 殷簋甲	05.2783 七年趞曹鼎	11.6004 𠭯尊	09.4450.1 杜伯盨	07.4032 官㚖父簋	05.2787 史頌鼎	08.4178 君夫簋蓋	05.2808 大鼎
考文 1986(4) 殷簋乙	08.4191 穆公簋蓋		文博 2008(2) 𪓐公盨	08.4137 叔妃簋	05.2835 多友鼎	文物 2003(9) 季姬尊	05.2809 師旂鼎
歷文 2002(6) 𪓐公盨	08.4194.1 友簋			08.4231 史頌簋	07.3755 中友父簋	文物 1998(9) 應侯爯盨	05.2813 師奎父鼎
	10.5424.1 農卣			08.4234 史頌簋	07.3756 中友父簋		06.3725 叔友父簋蓋

𠂇			〔綮〕	〔敤〕 叙	叡	虘	
08.4316 師虎簋	文物 2001(12) 王作左 守鼎	15.9300 𤜵馭觥蓋	05.2763.1 我方鼎	08.4322.1 𢦚簋	07.3888.2 叡簋	上博(6) 保員簋	保利續 126 頁 應侯視工 簋甲蓋
16.10175 史牆盤				文物 2003(9) 季姬尊	07.3889 叡簋		
				案：字見於甲骨文，于省吾讀「賽」，指報賽鬼神賜福言；嚴志斌(2005)、涂白奎(2006)等謂用作記量詞。			
西周中期	西周早期或中期	西周早期	西周早期	西周中期	西周晚期	西周時代	西周晚期

史　　卑

 08.4266 趞簋	 04.1936 懋史𨾊鼎	 滕州 287 頁 史卣	 08.4241 榮作周公簋	 03.643 瀕史鬲	 16.10176 散氏盤	 05.2830 師訊鼎	 08.4274.1 元年師兑簋
 08.4283 師瘨簋蓋	 05.2789 㦵方鼎	 首陽 74 頁 鬵觶蓋	 11.6169 史農觶	 03.888 寡史𤔲甗	 文物 1999(9) 戎生編鐘	 05.2838 曶鼎	 08.4318.2 三年師兑簋
 08.4290 師酉簋	 06.3740 齊史趞簋	 文物 2007(8) 史父乙盉	 12.6490 齊史遄祖辛觶	 04.1624 史父庚鼎		 08.4322.1 㦵簋	 09.4467.1 師克盨
 08.4291 師酉簋	 08.4243 殳簋蓋	 文物 2014(4) 西簋	 新收 592 史父辛鼎	 07.3862 逘父乙簋		 10.5424.1 農卣	 16.10176 散氏盤
 08.4316 師虎簋	 08.4264.1 格伯簋		 新收 1834 史鬲	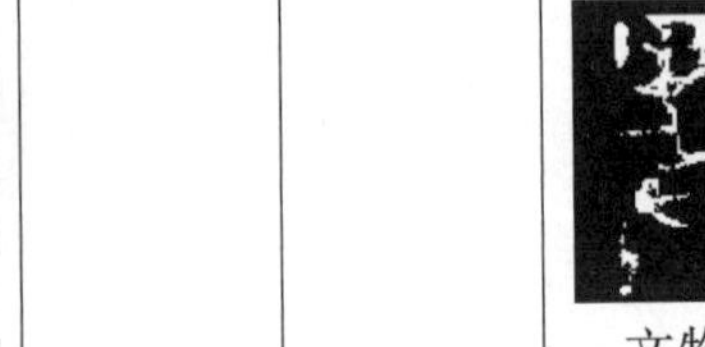		 文物 2014(1) 肅卣	
西周中期	西周中期	西周早期	西周早期	西周早期	西周晚期	西周中期	西周晚期

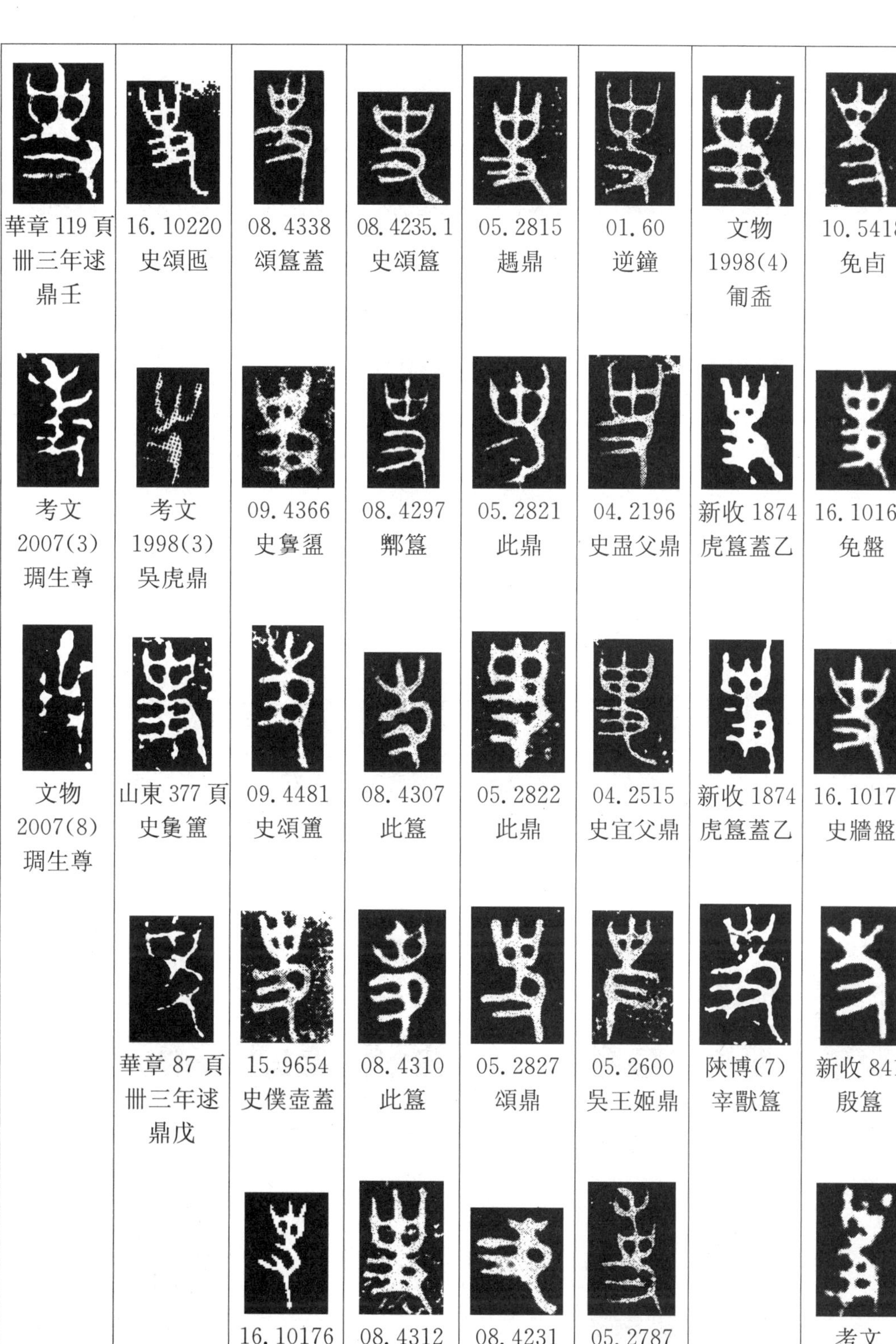

西周晚期	西周晚期	西周晚期	西周晚期	西周晚期	西周晚期	西周中期	西周中期
華章 119 頁 卌三年逑鼎壬	16.10220 史頌匜	08.4338 頌簋蓋	08.4235.1 史頌簋	05.2815 趞鼎	01.60 逆鐘	文物 1998(4) 匍盉	10.5418 免卣
考文 2007(3) 琱生尊	考文 1998(3) 吳虎鼎	09.4366 史[illegible]盨	08.4297 鄦簋	05.2821 此鼎	04.2196 史盄父鼎	新收 1874 虎簋蓋乙	16.10161 免盤
文物 2007(8) 琱生尊	山東 377 頁 史㲋簠	09.4481 史頌簠	08.4307 此簋	05.2822 此鼎	04.2515 史宜父鼎	新收 1874 虎簋蓋乙	16.10175 史牆盤
	華章 87 頁 卌三年逑鼎戊	15.9654 史僕壺蓋	08.4310 此簋	05.2827 頌鼎	05.2600 吳王姬鼎	陝博(7) 宰獸簋	新收 841 殷簋
		16.10176 散氏盤	08.4312 師穎簋	08.4231 史頌簋	05.2787 史頌鼎		考文 1997(3) 虎簋蓋

事

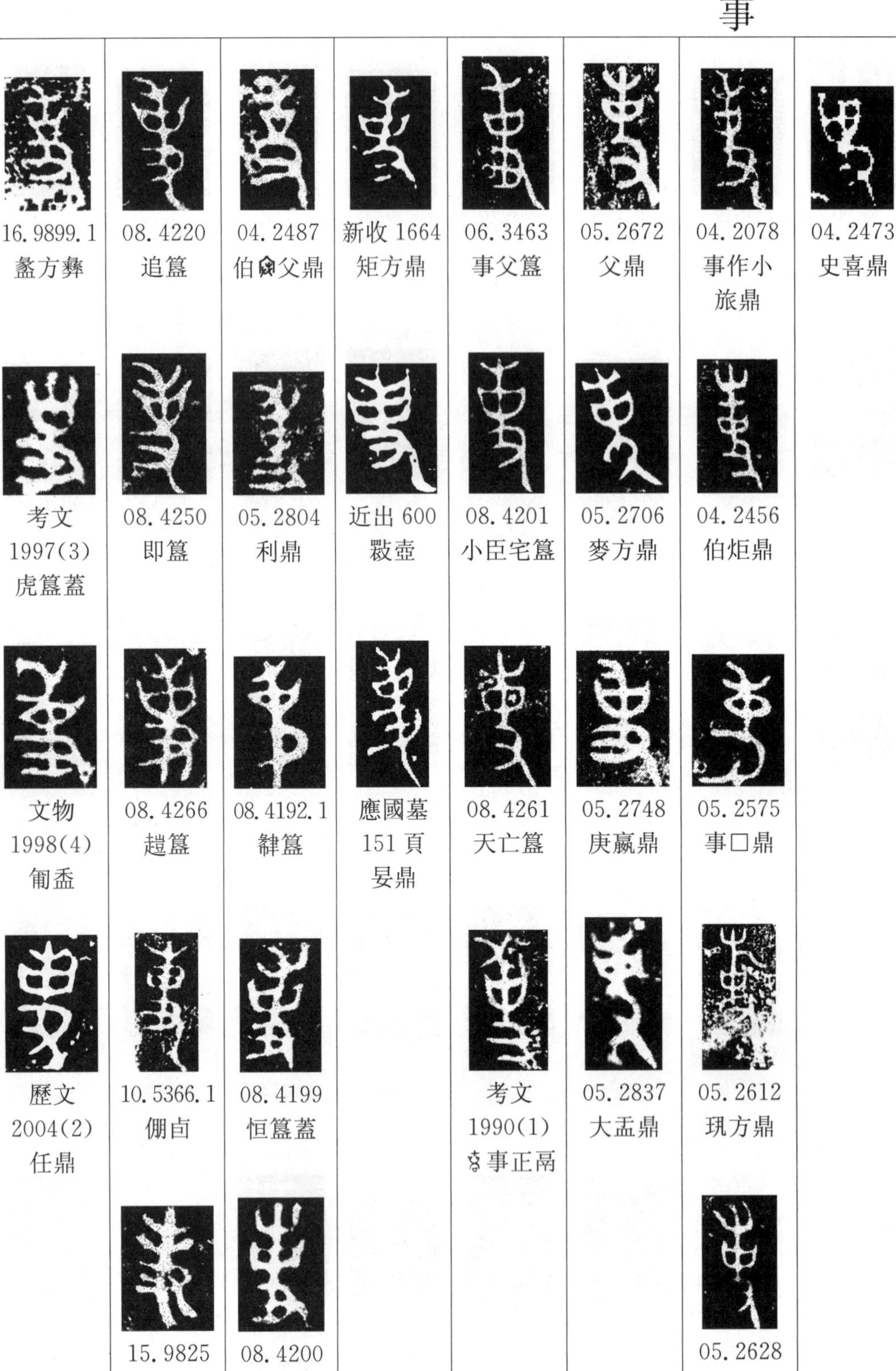

西周中期	西周中期	西周中期	西周早期	西周早期	西周早期	西周早期	西周
16.9899.1 盠方彝	08.4220 追簋	04.2487 伯[illegible]父鼎	新收 1664 矩方鼎	06.3463 事父簋	05.2672 父鼎	04.2078 事作小旅鼎	04.2473 史喜鼎
考文 1997(3) 虎簋蓋	08.4250 即簋	05.2804 利鼎	近出 600 㲉壺	08.4201 小臣宅簋	05.2706 麥方鼎	04.2456 伯炬鼎	
文物 1998(4) 匍盉	08.4266 趞簋	08.4192.1 肄簋	應國墓 151 頁 旻鼎	08.4261 天亡簋	05.2748 庚嬴鼎	05.2575 事口鼎	
歷文 2004(2) 任鼎	10.5366.1 倗卣	08.4199 恒簋蓋		考文 1990(1) [illegible]事正鬲	05.2837 大盂鼎	05.2612 珷方鼎	
	15.9825 滔御事罍	08.4200 恒簋蓋				05.2628 匽侯旨鼎	

肄

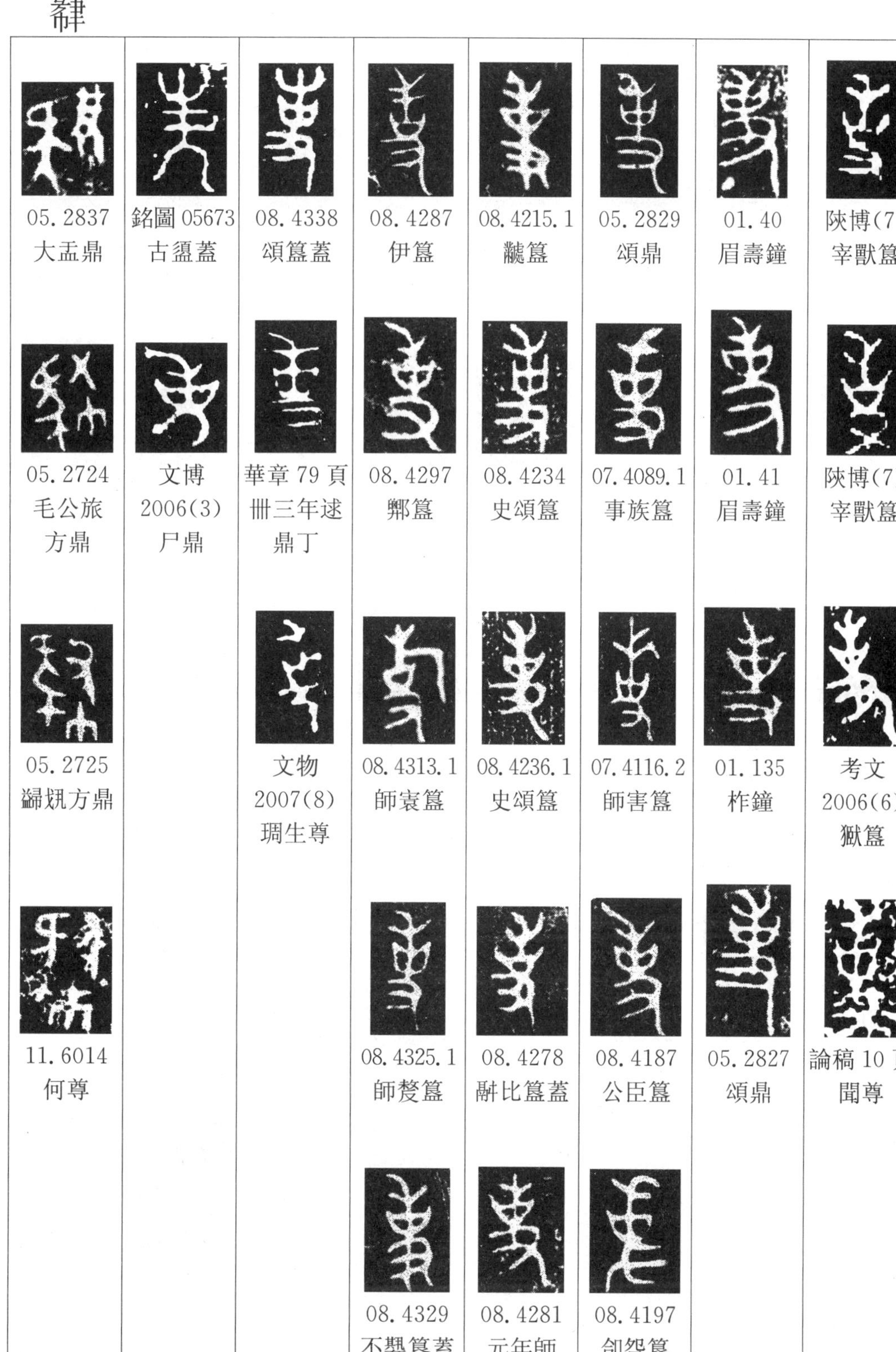

05.2837 大盂鼎	銘圖 05673 古盨蓋	08.4338 頌簋蓋	08.4287 伊簋	08.4215.1 䮄簋	05.2829 頌鼎	01.40 眉壽鐘	陝博(7) 宰獸簋
05.2724 毛公旅方鼎	文博 2006(3) 尸鼎	華章 79 頁 卌三年逑鼎丁	08.4297 鄘簋	08.4234 史頌簋	07.4089.1 事族簋	01.41 眉壽鐘	陝博(7) 宰獸簋
05.2725 歸𡚬方鼎		文物 2007(8) 琱生尊	08.4313.1 師寰簋	08.4236.1 史頌簋	07.4116.2 師害簋	01.135 柞鐘	考文 2006(6) 獄簋
11.6014 何尊			08.4325.1 師𠭰簋	08.4278 鬲比簋蓋	08.4187 公臣簋	05.2827 頌鼎	論稿 10 頁 聞尊
			08.4329 不嬰簋蓋	08.4281 元年師旋簋	08.4197 郃咎簋		
西周早期	西周中期	西周晚期	西周晚期	西周晚期	西周晚期	西周晚期	西周中期

	書		聿	肅			
 05.2815 趞鼎	 05.2809 師旂鼎	 04.2410 甚諆臧鼎	 10.5391.1 執卣	 05.2833 禹鼎	 華章 119 頁 卌三年逑鼎壬	 05.2823 此鼎	 08.4269 縣改簋
 05.2827 頌鼎	 08.4263 格伯簋		 10.5391.2 執卣	 06.3704 孟肅父簋	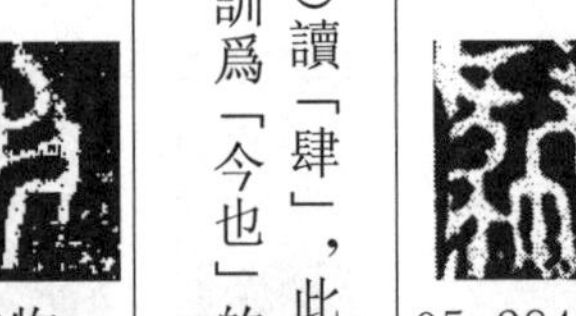 案：李零(2003)讀「肆」，此字一般訓爲「故」，是承原因句之後，引其結果句的轉折詞。《爾雅·釋詁》訓爲「今也」的「肆」，也是同樣的意思。	 05.2833 禹鼎	 新收 1874 虎簋蓋乙
 08.4332.1 頌簋	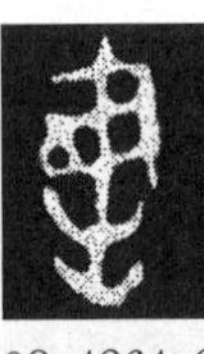 08.4264.2 格伯簋		 13.7444 聿爵	 文物 2014(1) 肅卣 案：肅卣該字董珊(2014)謂字从「困」从「丮」，疑「肅」字異體；吴雪飛(2016)謂字从「淵」从「丮」。		 05.2841A 毛公鼎	
 08.4334 頌簋	 08.4265 格伯簋					 文物 2003(6) 卌三年逑鼎辛	
 08.4335 頌簋						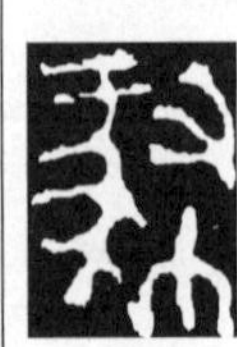 文物 2003(6) 卌二年逑鼎乙	
西周晚期	西周中期	西周中期	西周早期	西周晚期	西周晚期	西周晚期	西周中期

		畫			𦘒		
 08.2816 伯晨鼎	15.9723 十三年癲壺	08.4201 小臣宅簋	華章71頁 卌三年逨鼎丙	07.3912 再簋	05.2812 師朢鼎	華章55頁 卌三年逨鼎甲	08.4338 頌簋蓋
	16.9898A 吳方彝蓋	05.2831 九年衛鼎		07.3913 再簋	案：該字王國維釋「畫」，郭沫若釋「規」，王襄釋作「肅」。李學勤(2003a)認爲「𦘒」爲「畫」字所从，讀「畫」，孫亞冰(2003)謂畫从「𦘒」从「周」，釋「規」至確。	華章79頁 卌三年逨鼎丁	08.4339 頌簋
	 新收1394 師道簋						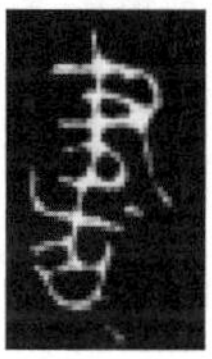 15.9731 頌壺
							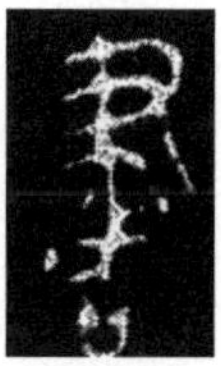 16.10172 寰盤
西周中期或晚期	西周早期	西周早期	西周晚期	西周	西周中期	西周晚期	西周晚期

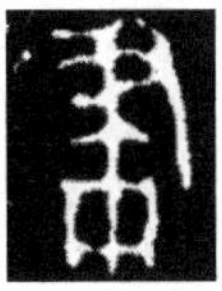

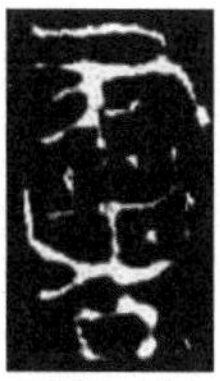

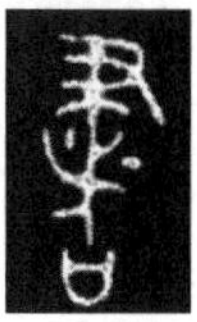

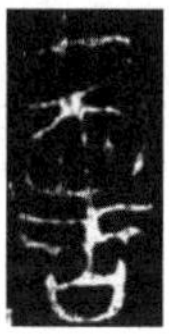

臣

 首陽 83 頁 䵼簋	 11.5835 小臣辰父 辛尊	 08.4205 楷伯簋	 05.2556 小臣𠪚鼎	04.1942 臣辰册 方鼎	 文物 2003(6) 卌三年逑 鼎辛	 08.4319 三年師 兑簋	 05.2841A 毛公鼎
 新收 962 小臣𧰼簋	 14.8999 臣作父 乙爵	 08.4206 小臣傳簋	 05.2581 小臣𧻓鼎	 04.1943 臣辰册 方鼎	 華章 39 頁 卌二年逑 鼎甲	 08.4326 番生簋蓋	 08.4216.1 五年師 旋簋
 文物 1998(9) 柞伯簋	 15.9303.1 作册旂觥	 08.4238 小臣謎簋	 05.2595 臣卿鼎	 04.2003 臣辰父 乙鼎	 華章 79 頁 卌三年逑 鼎丁	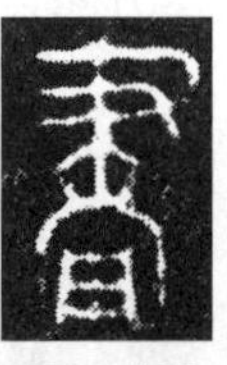 09.4468 師克盨蓋	 08.4218 五年師 旋簋
 文物 2013(2) 中臣鼎	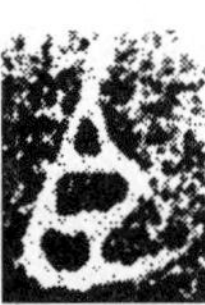 16.10053 臣辰失 册盤	 10.5150.1 臣辰父 乙卣	 07.3942 叔德簋	 04.2116 臣辰父 乙鼎		 09.4469 塱盨	 08.4318.2 三年師 兑簋
	 16.10101 仲㚶臣盤	 10.5352 小臣豐卣	 07.3948 臣卿簋	 04.2135 臣辰父 乙鼎			
西周早期	西周早期	西周早期	西周早期	西周早期	西周晚期	西周晚期	西周晚期

西周晚期	西周晚期	西周晚期	西周中期	西周中期	西周中期	西周中期	西周中期
09.4446.1 伯梁其盨	08.4328 不嬰簋	08.4310 此簋	新收1874 虎簋蓋乙	08.4268.1	08.4220 追簋	05.2838 曶鼎	05.2678 小臣鼎
文物2009(9)頌盤	08.4336 頌簋蓋	08.4313.1 師寰簋	陝博(7)宰獸簋	08.4273 靜簋	08.4221 追簋	08.4163 孟簋	05.2765 𧊒鼎
	08.4337 頌簋	08.4314 師寰簋		08.4288.1 師酉簋	08.4222 追簋蓋	08.4163 孟簋	05.2824 㦰方鼎
	08.4338 頌簋蓋	08.4321 訇簋		文物2003(9)季姬尊	08.4223.1 追簋蓋	08.4167 豦簋	05.2830 師𫊣鼎
	08.4339 頌簋	08.4328 不嬰簋		歷文2002(6)𤔲公盨	08.4224 追簋	08.4219 追簋	05.2831 九年衛鼎

殳			𦣞	𦣝	〔𧾖〕	臧	
文物 2006(5) 柞伯簋	05.2784 十五年趞曹鼎	08.4136 相侯簋	04.2060 𦣞鼎 14.8886 𦣞作父丙爵	07.4030 史𦣝簋	文物 1999(9) 戎生編鐘	04.2410 甚諆臧鼎	04.2032 小臣鼎 08.4179 小臣守簋 08.4179 小臣守簋 08.4181 小臣守簋蓋
西周晚期	西周中期	西周早期	西周早期	西周早期	西周中期	西周中期	西周

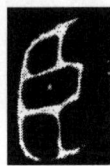

殁		⿰木殳	軗	⿰⿱㸚大殳	毅	段	殹
11.5299 北伯歿卣	 考文 2006(6) 二式獄簋	 14.9027 妊爵	 考古 1984(6) 白軗鬲	 06.3517 ⿰⿱㸚大殳作父 庚簋	 05.2656 伯吉父鼎	 06.3586 段金歸簋	 08.4262.2 格伯簋
	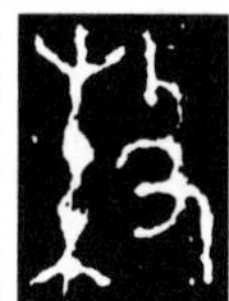 南開學報 2008(6) 衛簋甲蓋			 11.5769 ⿰⿱㸚大殳方尊	 06.3681 毅簋	 06.3587 段金歸簋	
					 07.4035.1 伯吉父簋	 08.4208 段簋	
					 考文 1998(3) 吳虎鼎	 11.5863 段金歸簋	
西周早期	西周中期	西周早期	西周晚期	西周早期	西周晚期	西周中期	西周中期

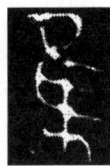

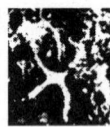

	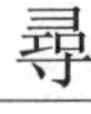		寺			皃	殺
 16.10221 尋伯匜	 長子口 16頁 子口尋鼎	 07.3817 寺季故 公簋	 05.2832 五祀衛鼎	 07.3913 再簋	 09.4425 皃叔盨	 論稿256頁 姬皃母 温鼎	 05.2818 鬲攸从鼎
		 文博 1985(3) 史叀鼎 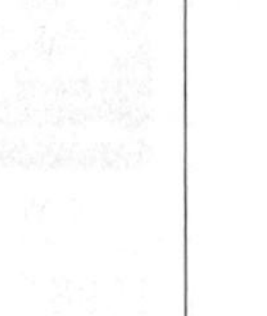			 16.10181.1 皃叔匜		 08.4278 鬲比簋蓋
西周晚期	西周早期	西周晚期	西周中期	西周	西周晚期	西周早期	西周晚期

啟	皮					尃	⿰尋巾
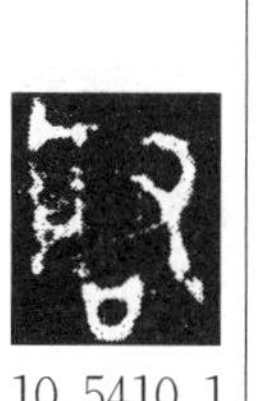 10.5410.1 啓卣	 05.2831 九年衛鼎	 歷文 2002(6) 豳公盨	 16.10285.2 㑩匜	 01.205 克鐘	 05.2830 師訊鼎	 05.2739 塱方鼎	 考文 2007(3) 琱生尊
 11.5983 啟作祖 丁尊	 05.2831 九年衛鼎	 華章 79 頁 卌三年逑 鼎丁	 09.4456.2 叔尃父盨	 01.207 克鐘	 歷文 2002(6) 豳公盨		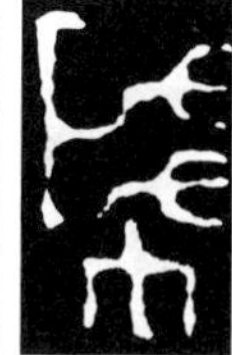 考文 2007(3) 琱生尊
	 05.2831 九年衛鼎		 09.4457.1 叔尃父盨	 05.2841B 毛公鼎			 案：王輝(2008)隸「帥」，讀「帨」；李學勤(2007b)釋作「尋」；吳鎮烽(2007b)析此字从巾从彐，即「⿰尋巾」字。
			 文物 1998(9) 柞伯簋	 08.4326 番生簋蓋			
西周早期	西周中期	西周晚期	西周晚期	西周晚期	西周中期	西周早期	西周晚期

〔攸〕

肇　　　　徹

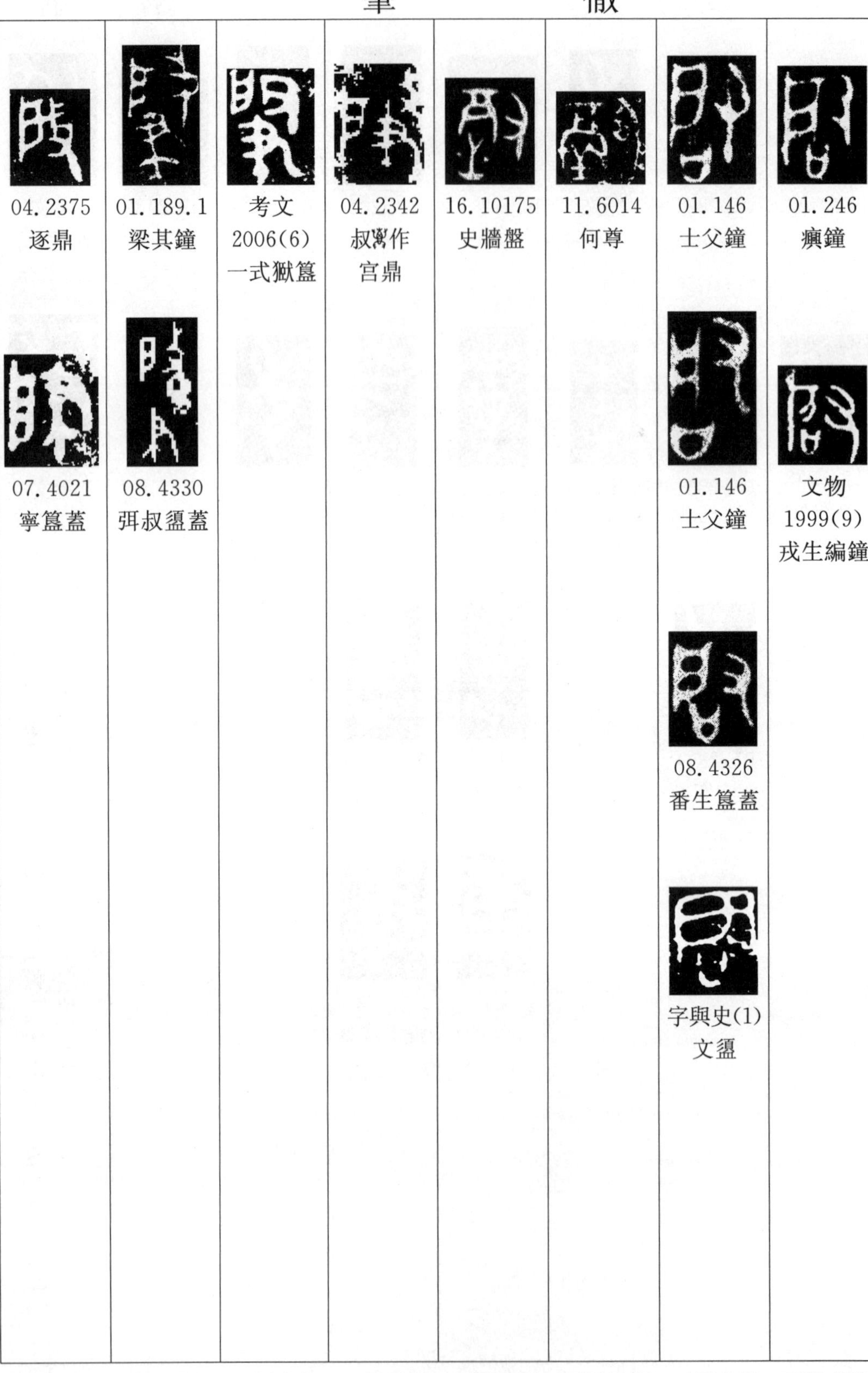

04.2375
逐鼎

07.4021
寧簋蓋

西周早期

01.189.1
梁其鐘

08.4330
弭叔盨蓋

西周晚期

考文
2006(6)
一式獄簋

西周中期

04.2342
叔𩰫作
宫鼎

西周早期

16.10175
史牆盤

西周中期

11.6014
何尊

西周早期

01.146
士父鐘

01.146
士父鐘

08.4326
番生簋蓋

字與史(1)
文盨

西周晚期

01.246
𤼈鐘

文物
1999(9)
戎生編鐘

西周中期

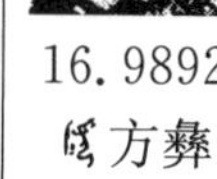
07.3906.1
攸簋
西周早期

16.9892
方彝

16.10360
𥂴圜器

04.2066
訴鼎
西周中期

案：金文許多「肈」字，舊常誤釋作「啓」。方稚松(2008)討論了金文中「啓」「肈」的區別，指出「肈」主要从户从戈或攴，「啓」則从户从又，从攴的「攺」、「啓」是「肈」之異體，非「啓」字。

敏

08.4322.1
㝬簋
西周中期

歷文
2002(6)
豳公盨

案：豳公盨「敏」字多釋作「𠩺」，讀「釐」；裘錫圭(2002a)釋作「敏」。

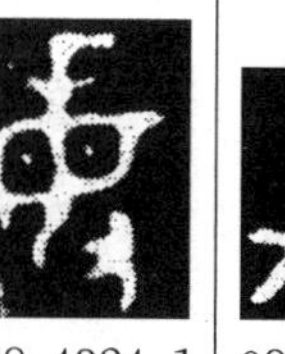
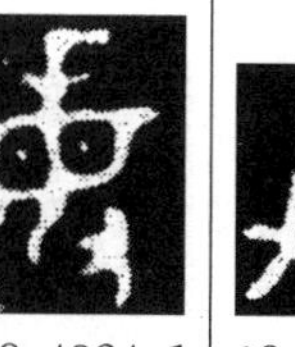
08.4324.1
師嫠簋
西周晚期

08.4325.1
師嫠簋

文物
2003(6)
卌二年逑鼎甲

文物
2003(6)
卌二年逑鼎乙

敃

05.2812
師朢鼎
西周中期

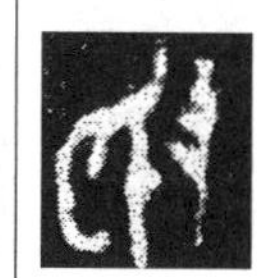
01.187.1
梁其鐘
西周晚期

01.189.1
梁其鐘

01.192
梁其鐘

01.239.1
虢叔旅鍾

05.2836
大克鼎

05.2841A
毛公鼎
西周晚期

16.10174
兮甲盤

文博
2007(2)
𩰫鼎

案：李學勤(2015)認爲該字从「民」聲，應讀爲「蚌」。

敄

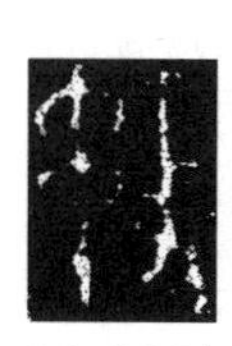
06.3664
無敄簋
西周早期

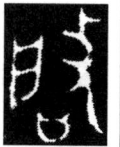

敚	故				效		
文物 2011(11) 荆子鼎	 07.3817 寺季故公簋	 08.4341 班簋	 05.2841A 毛公鼎	 05.2838 曶鼎	 07.3822 效父簋	 11.5943 效尊	 05.2841B 毛公鼎
	 07.4055 鄧公簋蓋		 08.4330 沈子它簋蓋	 10.5433 效卣	 11.5493 效作祖辛尊	 華章 55 頁 卌三年逑鼎甲	案：「敄」字構形，一般都認爲左从「矛」；周寶宏(2016)認爲左非从「矛」，並同意張世超等《金文形義通解》的説法，認爲是兜鍪形。
	山東 696 頁 者僕故匜				 14.9065 效爵	 華章 63 頁 卌三年逑鼎乙	
						 華章 79 頁 卌三年逑鼎丁	
西周中期	西周晚期	西周中期	西周晚期	西周中期	西周早期	西周晚期	西周

	更	僘		攼			政
 05.2838 曶鼎	 04.1940 更鼎	 06.3544 仲僘簋	 08.4216.1 五年師旋簋	 05.2807 大鼎	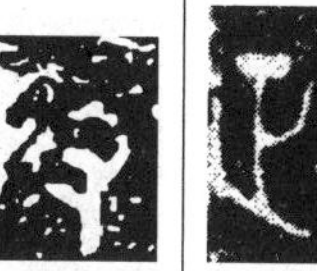 上博刊 (10) 應侯視工鼎	 01.63 逆鐘	 01.251 痶鐘
 08.4199 恒簋蓋					 華章 71 頁 卌三年逑鼎丙	 05.2841B 毛公鼎	 05.2832 五祀衛鼎
 08.4200 恒簋蓋					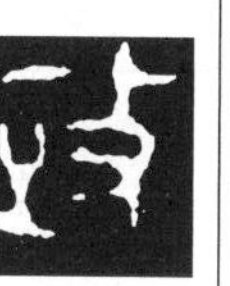 文物 2003(6) 逑盤	 16.10174 兮甲盤	 08.4341 班簋
 08.4267 申簋蓋					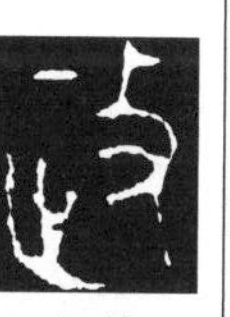 文物 2003(6) 逑盤	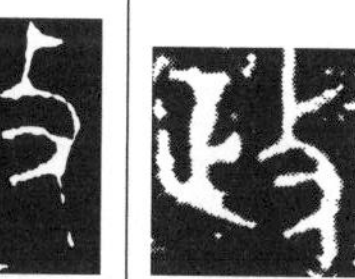 文博 1987(2) 逑編鐘	 16.10175 史牆盤
					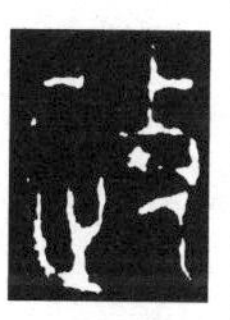 文物 2003(6) 逑盤	 新收 1454 焂戒鼎	 考文 1997(3) 虎簋蓋
							 新收 1874 虎簋蓋乙
西周中期	西周早期或中期	西周中期	西周晚期	西周中期	西周晚期	西周晚期	西周中期

嗽　敁　䎛

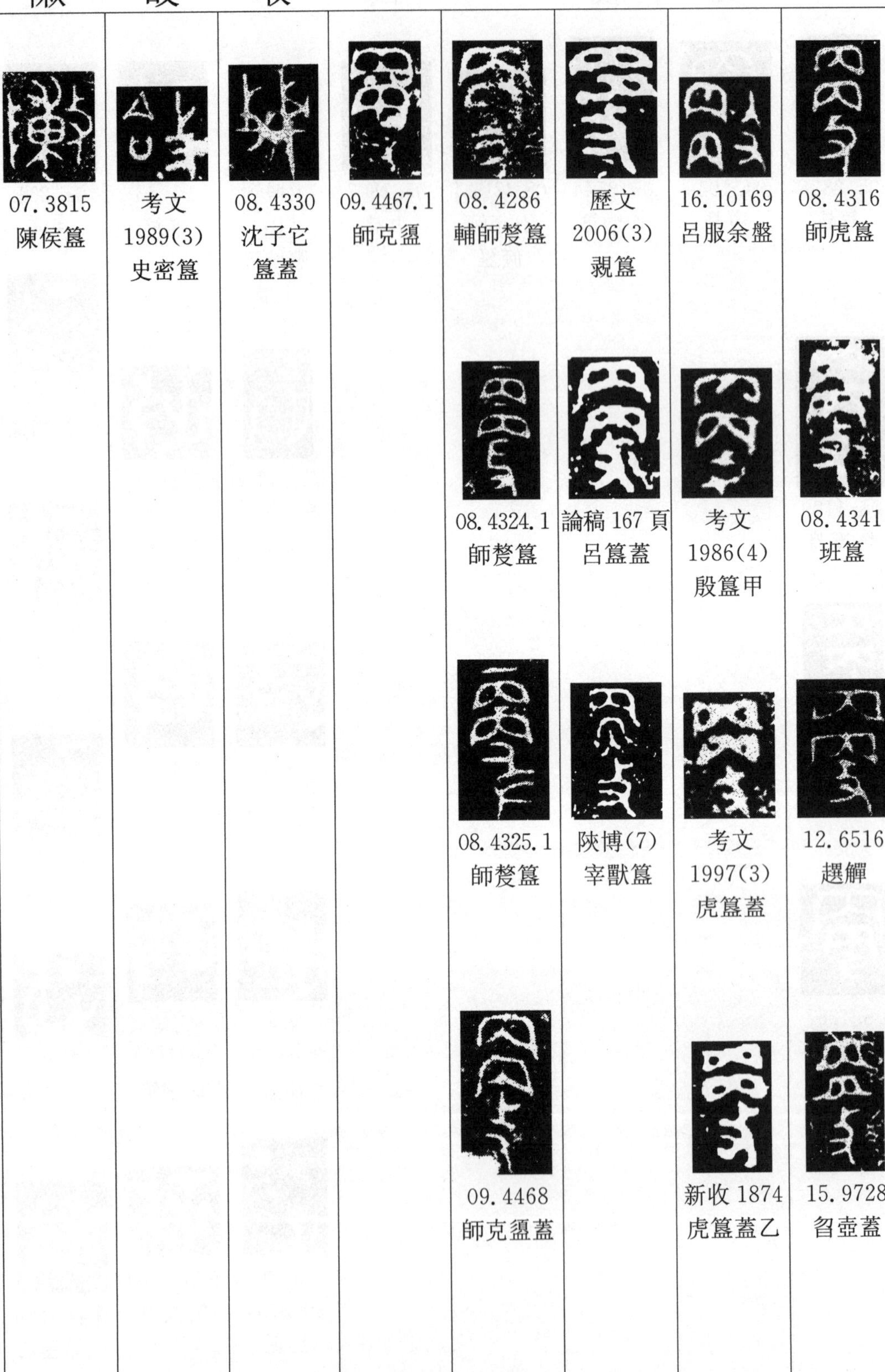

07.3815 陳侯簋 西周晚期

考文1989(3) 史密簋 西周中期

08.4330 沈子它簋蓋 西周早期

09.4467.1 師克盨 西周晚期

08.4286 輔師嫠簋　08.4324.1 師嫠簋　08.4325.1 師嫠簋　09.4468 師克盨蓋 西周晚期

歷文2006(3) 䙷簋　論稿167頁 吕簋蓋　陝博(7) 宰獸簋 西周中期

16.10169 吕服余盤　考文1986(4) 殷簋甲　考文1997(3) 虎簋蓋　新收1874 虎簋蓋乙 西周中期

08.4316 師虎簋　08.4341 班簋　12.6516 趩觶　15.9728 曶壺蓋 西周中期

				攸	〔𢼊〕 赦	救	敵
 文物 2003(6) 逑盤	 08.4324.1 師嫠簋	 05.2841B 毛公鼎	 08.4288.1 師酉簋	 04.1971 攸作旅鼎	 16.10285.2 𠑇匜	 16.10218 周窐匜	 08.4322.1 戜簋
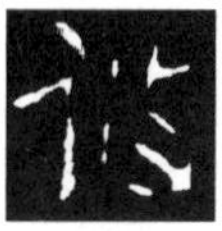 文物 2009(9) 頌盤	 08.4325.1 師嫠簋	 08.4254 弭叔師 察簋		 04.2049 叔攸鼎			「啻」字重見。
 華章 127 頁 卌三年逑 鼎癸	 08.4339 頌簋	 08.4287 伊簋		 07.3906.1 攸簋			
	 文物 2003(6) 卌二年逑 鼎乙	 08.4312 師類簋		 14.9076 攸作上 父爵			
	 華章 79 頁 卌三年逑 鼎丁	 08.4318.2 三年師 兑簋					
西周晚期	西周晚期	西周晚期	西周中期	西周早期	西周晚期	西周晚期	西周中期

	戰		寇	敗	敹		敡
 01.49 戰狄鐘	 08.4330 沈子它簋蓋	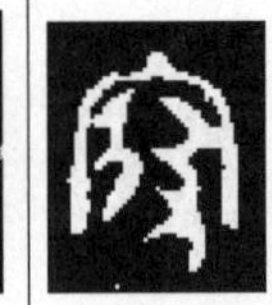 小校 7.94 司寇良父簋	 05.2838 曶鼎	 08.4216.1 五年師旋簋	 文物2007(1) 敹甗	 08.4279 元年師旋簋	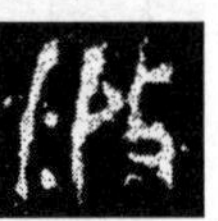 09.4463 癲盨
		 08.4294 揚簋		 08.4218 五年師旋簋		 陝博(7) 宰獸簋	
		 15.9641 嗣寇良父壺				案：宰獸簋該字施謝捷(1999)釋爲「攸」字的異體；付强(2016)認爲字左邊爲「易」字簡寫，隸作「敡」，假借爲「裼」。	
		 15.9695.1 虞司寇壺					
西周中期或晚期	西周早期	西周晚期	西周中期	西周晚期	西周早期	西周晚期	西周中期

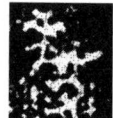

攺	敔						敉
09.4414 攺盨	08.4166.1 敔簋	徐集137頁 公作敔簋	周原 2130頁 梁伯敔簋	07.3827 敔簋	08.4313 師寰簋	05.2830 師訊鼎 新收1891 䔺簋	文物 2003(6) 逑盤
西周	西周	西周晚期	西周中期	西周早期	西周晚期	西周中期	西周晚期

鬳攴	鼔	臣攴				牧	畋
 10.5409.1 貉子卣	 16.10322 永盂	 05.2803 令鼎	 05.2805 南宮柳鼎	 08.4271 同簋	 周原 1893 頁 䣄尊	 06.3651 牧共作父丁簋	 文物 2003(9) 季姬尊
			 07.4068 叔㝬父簋	 09.4626 免簠	 周原 1905 頁 牧父乙爵	 08.4239.2 小臣謎簋	
			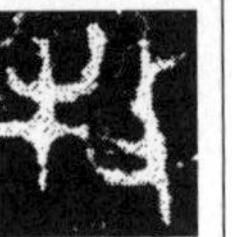 07.4069 叔㝬父簋蓋		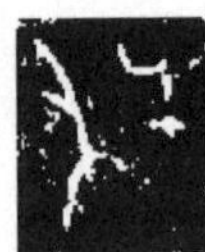 銘圖 01063 牧鼎	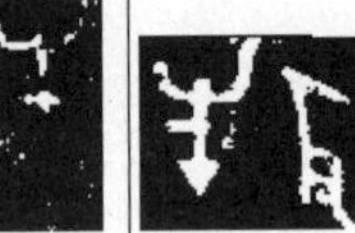 11.5575 牧正尊	
			 16.10285.1 㑴匜			 周原 1888 頁 䣄尊	
西周早期	西周中期	西周早期	西周晚期	西周中期	西周早期	西周早期	西周中期

𢾱	𢿳	𡅏	𢿮	𨻧	𢿱	𩞁	𢻫
05.2830 師𩛥鼎	11.5882 𢿳作父辛尊	11.5985 𡅏士卿尊	04.1655 𢿮父辛鼎	04.2346 𠡠𨻧作丁侯簋	07.4099.1 𢿱簋	16.10175 史牆盤	11.6011.2 盠駒尊
新收 803 𢾱令鉞	銘圖 01738 𢿳鼎				07.4099.2 𢿱簋	案：劉桓(2004)謂「𩞁」字構形當是表示以攴(扑)擊熊(能即熊)，通「𢿱」。	
	新收 944 𢿳卣						
	新收 944 𢿳卣						
西周中期	西周早期	西周早期	西周早期	西周早期	西周中期	西周中期	西周中期

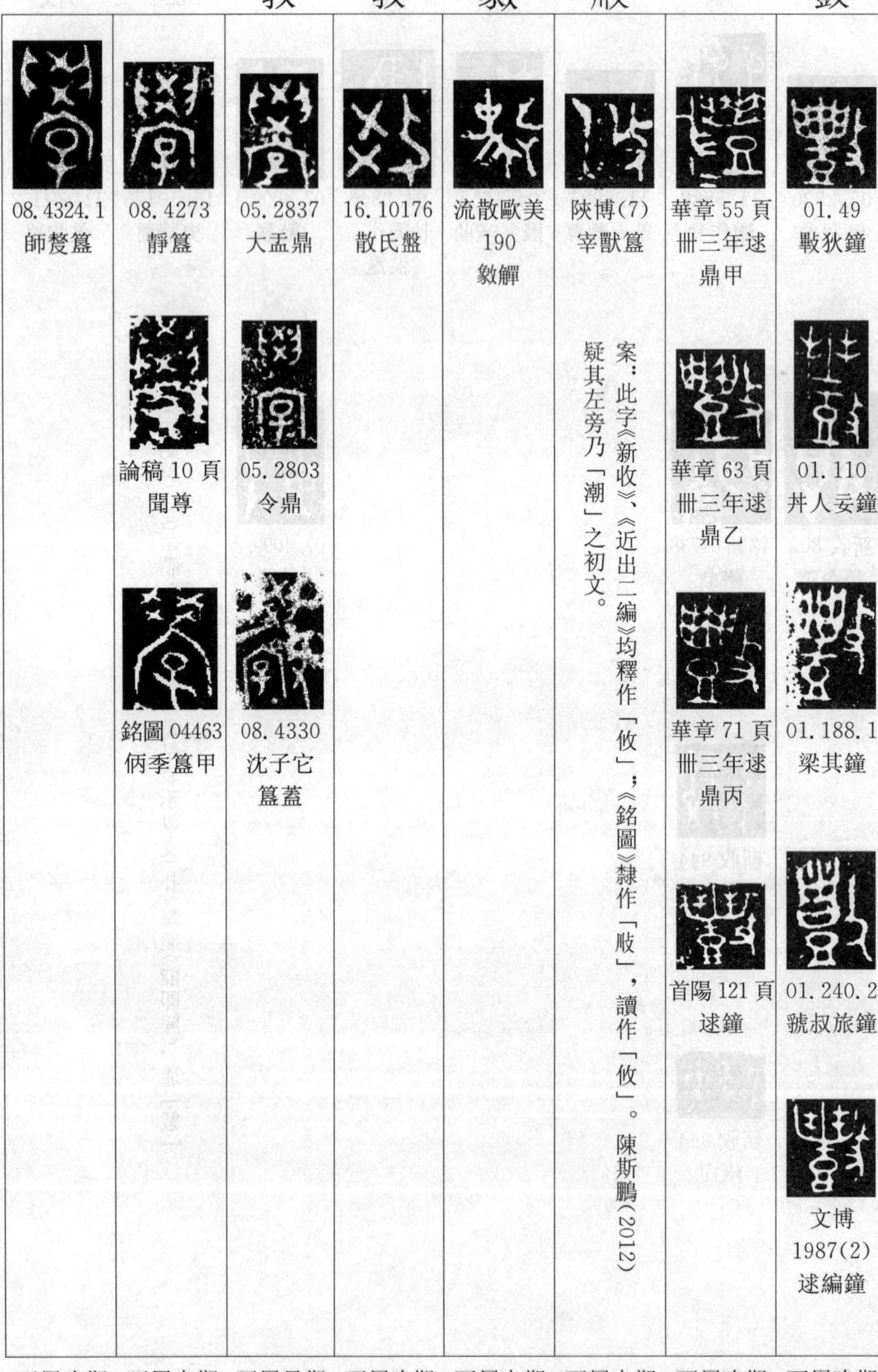

〔學〕斅			教	敎	𢻮		斆
08.4324.1 師嫠簋	08.4273 靜簋	05.2837 大盂鼎	16.10176 散氏盤	流散歐美 190 敎觶	陝博(7) 宰獸簋	華章55頁 卌三年逑 鼎甲	01.49 斁狄鐘
	論稿10頁 聞尊	05.2803 令鼎			案：此字《新收》、《近出二編》均釋作「攸」，《銘圖》隸作「𢻮」，讀作「攸」。陳斯鵬(2012)疑其左旁乃「潮」之初文。	華章63頁 卌三年逑 鼎乙	01.110 井人妄鐘
	銘圖04463 㑥季簋甲	08.4330 沈子它 簋蓋				華章71頁 卌三年逑 鼎丙	01.188.1 梁其鐘
						首陽121頁 逑鐘	01.240.2 虢叔旅鐘
							文博 1987(2) 逑編鐘
西周晚期	西周中期	西周早期	西周晚期	西周中期	西周中期	西周晚期	西周晚期

用			囙	貞		卜	
01.246 癲鐘	文物 2001(8) 叔夨方鼎	04.1930 叔我鼎	07.4029 明公簋	16.10176 散氏盤	曲村361頁 伯雍倗鼎	05.2838 曶鼎	06.3577.1 卜孟簋
03.632 滎伯鬲	文物 2005(9) 滎仲方鼎	04.2327 易貝作母辛鼎		文物 1994(8) 晉侯邦父鼎			
03.638 庚姬鬲	文物 2009(2) 何簋	05.2405 德鼎					
05.2830 師覩鼎		05.2706 麥方鼎					
05.2831 九年衛鼎		新收1664 矩方鼎					
西周中期	西周早期	西周早期	西周早期	西周晚期	西周早期	西周中期	西周早期

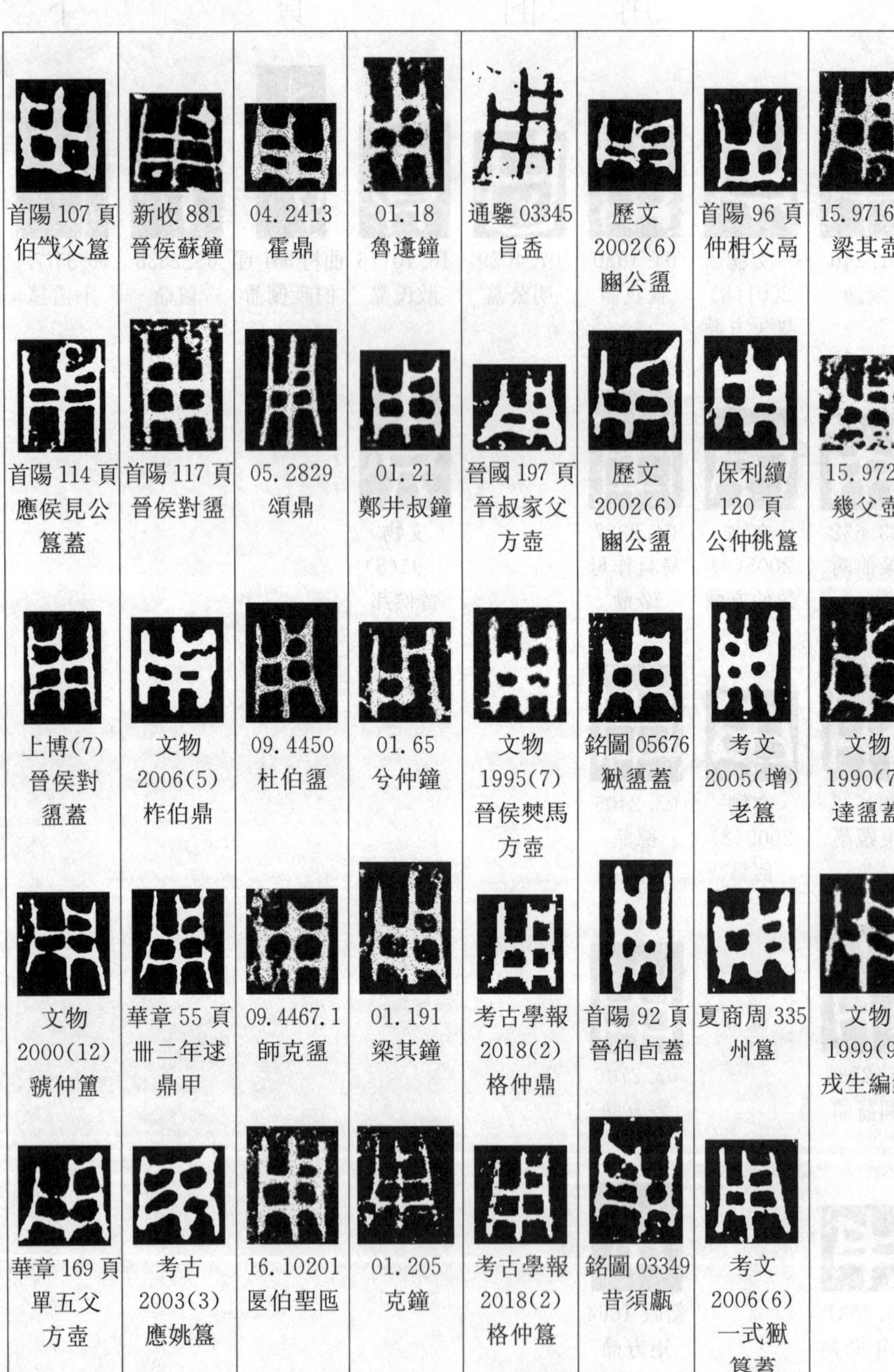

首陽107頁 伯𢦏父簋	新收881 晉侯蘇鐘	04.2413 霍鼎	01.18 魯遼鐘	通鑒03345 旨盉	歷文 2002(6) 豳公盨	首陽96頁 仲枏父鬲	15.9716.1 梁其壺
首陽114頁 應侯見公 簋蓋	首陽117頁 晉侯對盨	05.2829 頌鼎	01.21 鄭井叔鐘	晉國197頁 晉叔家父 方壺	歷文 2002(6) 豳公盨	保利續 120頁 公仲𢓜簋	15.9722 幾父壺
上博(7) 晉侯對 盨蓋	文物 2006(5) 柞伯鼎	09.4450 杜伯盨	01.65 兮仲鐘	文物 1995(7) 晉侯僰馬 方壺	銘圖05676 獄盨蓋	考文 2005(增) 老簋	文物 1990(7) 逹盨蓋
文物 2000(12) 虢仲簠	華章55頁 卌二年逑 鼎甲	09.4467.1 師克盨	01.191 梁其鐘	考古學報 2018(2) 格仲鼎	首陽92頁 晉伯卣蓋	夏商周335 州簋	文物 1999(9) 戎生編鐘
華章169頁 單五父 方壺	考古 2003(3) 應姚簋	16.10201 匽伯聖匜	01.205 克鐘	考古學報 2018(2) 格仲簋	銘圖03349 昔須甗	考文 2006(6) 一式獄 簋蓋	
西周晚期	西周晚期	西周晚期	西周晚期	西周中期	西周中期	西周中期	西周中期

用部 爻部

爻		葡	庸			甫	
 03.831 爻作彝甗	 05.2841A 毛公鼎	 08.4243 殳簋蓋	 01.62 逆鐘	 09.4669 降叔豆	 10.5423A 匡卣	 國博館刊 2012(3) 甫父簋	 文物 2000(12) 季隧父匜
 04.1560 爻父乙鼎	 08.4326 番生簋蓋		 08.4321 訇簋	 16.10205 蘇甫人匜	 通鑒 05276 趣簋乙		 華夏考古 2015(3) 丏史簋
 06.3163 爻父乙簋				 16.10206 蘇甫人匜			
06.3164 爻父乙簋				 銘圖 06119 姜休母 鋪甲			
06.3181 爻父丁簋							
西周早期	西周晚期	西周中期	西周晚期	西周晚期	西周中期	西周早期	西周晚期

爽　爾

16.10176 散氏盤	08.4341 班簋	11.6016 矢令方尊	01.246 㾓鐘	11.6014 何尊	11.6082 爻觶
			01.254 㾓鐘		14.8534 爻父戊爵
			16.10175 史牆盤		16.9892 㠱方彝
西周晚期	西周中期	西周早期	西周中期	西周早期	西周早期

㸚部

罝 目 眂 瞏

西周晚期	西周中期	西周早期	西周中期	西周早期	西周早期
08.4326 番生簋蓋	06.3677 瞏簋	10.5326.2 伯瞏卣	05.2695 員方鼎	04.1691 目父癸鼎	14.9034 癸罝爵
09.4464 駒父盨蓋		10.5327.1 伯瞏卣		13.7494 目爵	
		10.5407.1 作册瞏卣		14.8964 屰目父簋爵	
		11.5989 作册瞏尊			

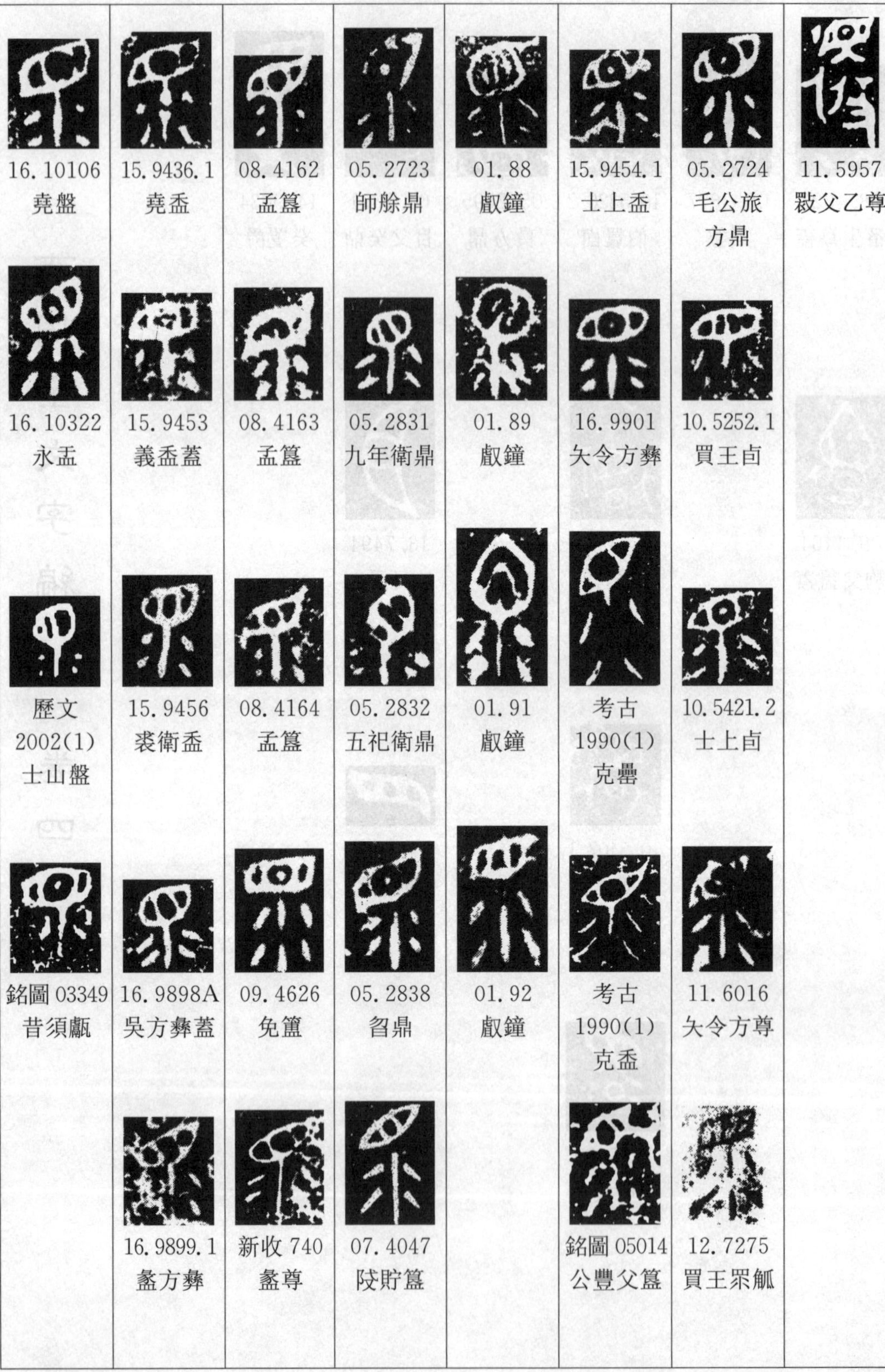

㲖	罘						
11.5957 㲖父乙尊	05.2724 毛公旅方鼎	15.9454.1 士上盉	01.88 𫿝鐘	05.2723 師𩛥鼎	08.4162 孟簋	15.9436.1 堯盉	16.10106 堯盤
	10.5252.1 買王卣	16.9901 夨令方彝	01.89 𫿝鐘	05.2831 九年衛鼎	08.4163 孟簋	15.9453 義盉蓋	16.10322 永盂
	10.5421.2 士上卣	考古 1990(1) 克罍	01.91 𫿝鐘	05.2832 五祀衛鼎	08.4164 孟簋	15.9456 裘衛盉	歷文 2002(1) 士山盤
	11.6016 夨令方尊	考古 1990(1) 克盉	01.92 𫿝鐘	05.2838 曶鼎	09.4626 免簠	16.9898A 吳方彝蓋	銘圖 03349 昔須甗
	12.7275 買王罘觚	銘圖 05014 公豐父簋		07.4047 陖貯簋	新收 740 盠尊	16.9899.1 盠方彝	
西周中期	西周早期	西周早期	西周中期	西周中期	西周中期	西周中期	西周中期

〔[illegible]〕

相	睦		旬	瞏			
08.4136 相侯簋 11.6002 作册旂尊 15.9302.1 文考日己觥 16.9895.2 旂方彝 文物 2004(8) 辛嚚相簋	16.10285.2 𠑇匜	文物 2005(9) 榮仲方鼎 案：該字在文例中讀作「鈞」。但對該字形的隸定不同，李學勤(2005a)隸作「昜」；馮時(2006)隸作「眴」。旬字見於《説文》「目摇也，从目，勻省聲。旬或从旬」。	04.2414 伯旬鼎	03.715 睽士父鬲 08.4299 大簋蓋 08.4299 大簋蓋 08.4299 大簋蓋	15.9672 仲自父壺 考文 2007(3) 琱生簋 案：郭沫若釋作「涕」之本字，陳斯鵬(2004)引郭店簡認爲「罘」應該是「泣」的初文。	08.4294 揚簋 09.4459.1 翏生盨 09.4460 翏生盨 09.4461.1 翏生盨 09.4466 鬲比盨	01.147 士父鐘 08.4137 叔妘簋 08.4215.1 龖簋 08.4244 走簋 08.4294 揚簋
西周早期	西周晚期	西周早期	西周	西周晚期	西周晚期	西周晚期	西周晚期

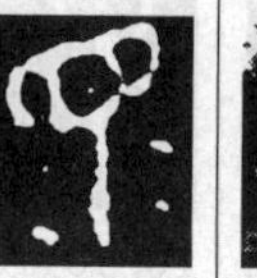

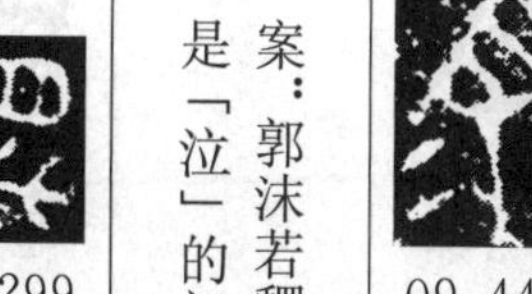
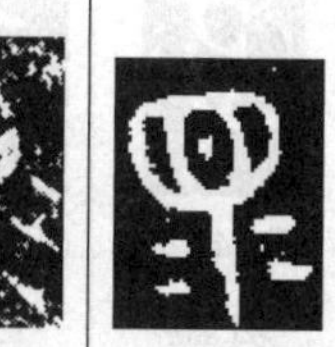

眈　⿱罒大　睗

眈		⿱罒大			睗		
05.2824 戜方鼎	01.181.1 南宫乎鐘	08.4269 縣改簋	05.2841B 毛公鼎	08.4267 申簋蓋	10.5416.1 召卣	文物天地 2008(10) 咭相伯甗	文物 2004(8) 辛囂相簋
08.4322.1 戜簋	01.188.2 梁其鐘	16.10175 史牆盤	09.4600 蛞公諴簠	08.4212 衛簋	11.6004 䍙尊		
08.4341 班簋	05.2841B 毛公鼎		15.9677.2 黽壺蓋	考文 2006(6) 獄盉			
08.4273 静簋				考文 2006(6) 獄盤			
出土文獻第八輯 趞簋							
案：李學勤(2015)讀作「尤」。							
西周中期	西周晚期	西周中期	西周晚期	西周中期	西周早期	西周晚期	西周早期

眉	䀠	目	罾		罭		𥄎
07.4097 䆛簋	04.1816 䀠爵	上博(6) 目鼎	首陽114頁 應侯視工簋蓋	近出600 殼壺	11.5957 殼父乙尊	10.5430.2 繁卣	08.4330 沈子它簋蓋
08.4238 小臣謎簋		上博(6) 目鼎	案：王龍正等(2009)釋作「龜」；李學勤(2009a)讀爲「胥」，訓作「皆」；趙瑩(2010)讀爲「虜」；陳絜(2012)讀爲「魯」；	案：該字《銘圖》、《近出》、《新見金文字編》釋「罭」。	案：該字《殷周金文集成釋文》釋「𥇛」；《引得》、《銘圖》等釋「罭」；謝明文(2015f)認爲該字和廼壺該字上从目、下从戊，即「肈」字。		案：張亞初(2001)隸作「𥄎」；陳劍(2004a)認爲該字爲「夏」之異體，可讀爲「敏」；單育辰(2007)謂下所从與一般金文所从「又」形有異，故或有隸定爲「叉」。
西周早期	西周中期	西周中期	西周晚期	西周早期	西周中期	西周中期	西周早期

盾　　　　〔䁗〕眘

西周中期	西周早期	西周晚期	西周中期	西周早期	西周晚期	西周晚期	西周中期
05.2784 十五年趞曹鼎	08.4201 小臣宅簋	01.260.1 㝬鐘	05.2838 曶鼎	05.2595 臣卿鼎	文物 2007(8) 伯䁗父簋	08.4331 𦍒伯歸夆簋	05.2831 九年衛鼎
08.4322.2 㺇簋		08.4294 揚簋	08.4276 豆閉簋	05.2837 大盂鼎	銘圖 02211 伯上父鼎		
加「豚」聲。		新收 881 晉侯蘇鐘	05.2831 九年衛鼎	07.3948 臣卿簋			
				08.4261 天亡簋			
				12.7234 省作父丁觚			

卷四

自部　白部

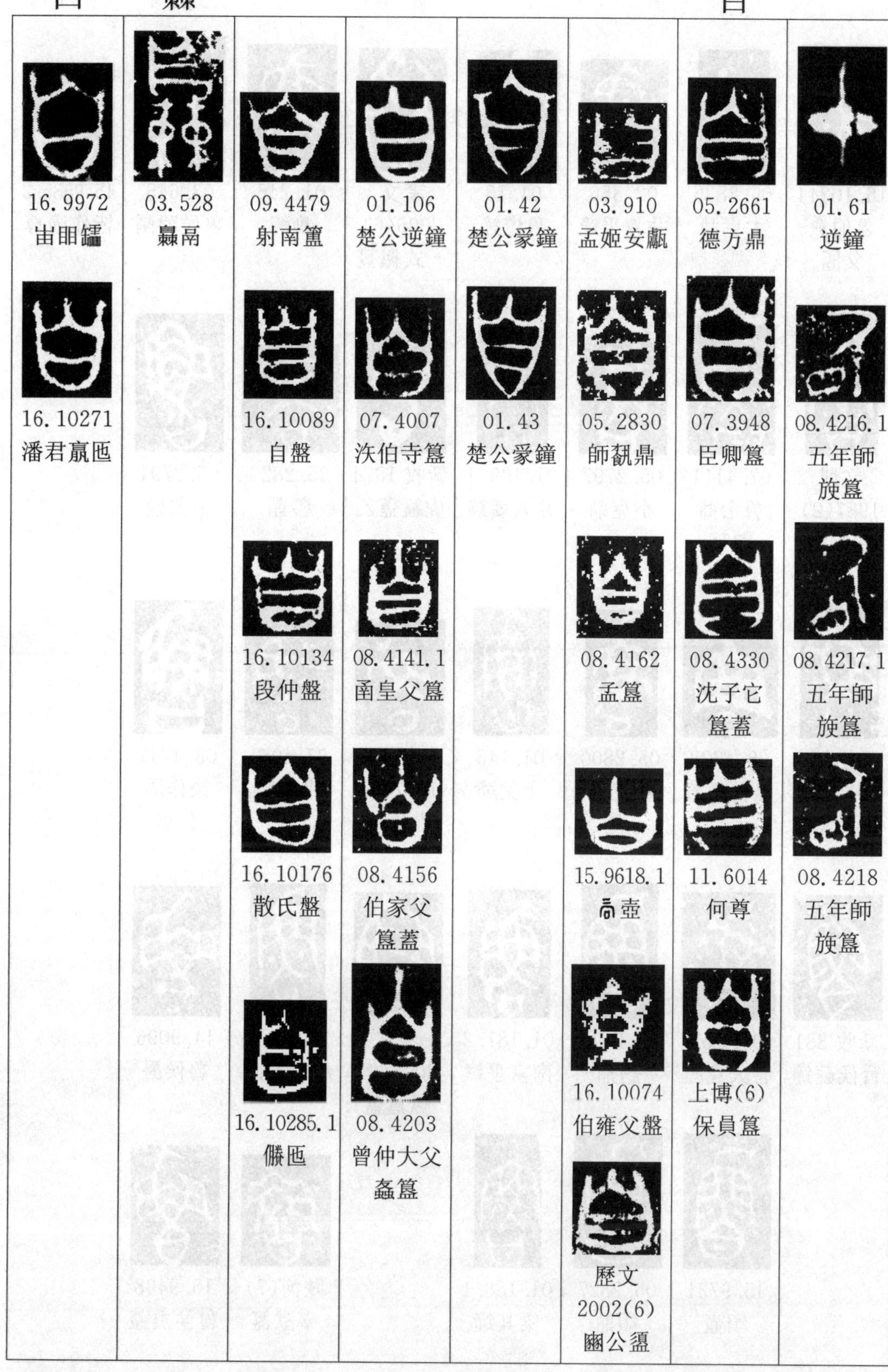

白	⿱自棘	自					
16.9972 甾明鑩	03.528 ⿱自棘鬲	09.4479 射南簠	01.106 楚公逆鐘	01.42 楚公豙鐘	03.910 孟姬安甗	05.2661 德方鼎	01.61 逆鐘
16.10271 潘君贏匜		16.10089 自盤	07.4007 洓伯寺簋	01.43 楚公豙鐘	05.2830 師𩛥鼎	07.3948 臣卿簋	08.4216.1 五年師旋簋
		16.10134 段仲盤	08.4141.1 函皇父簋		08.4162 孟簋	08.4330 沈子它簋蓋	08.4217.1 五年師旋簋
		16.10176 散氏盤	08.4156 伯家父簋蓋		15.9618.1 [illegible]壺	11.6014 何尊	08.4218 五年師旋簋
		16.10285.1 㒖匜	08.4203 曾仲大父蝨簋		16.10074 伯雍父盤	上博(6) 保員簋	
					歷文 2002(6) 𪒠公盨		
西周晚期	西周早期	西周晚期	西周晚期	西周中期或晚期	西周中期	西周早期	西周晚期

皆

15.9535.2 皆作壺尊

西周中期

魯

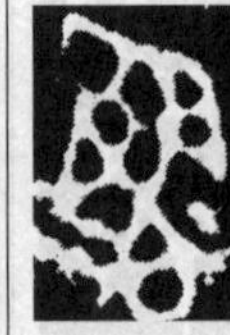
03.648 魯侯熙鬲

05.2791 伯姜鼎

08.4241 滎作周公簋

14.9096 魯侯爵

15.9408 魯侯盉蓋

西周早期

01.246 瘐鐘

05.2820 善鼎

07.4061 畢鮮簋

16.10175 史牆盤

陝博(7) 宰獸簋

西周中期

考文 2006(6) 一式獄簋

新收 1874 虎簋蓋乙

考文 1997(3) 虎簋蓋

考文 2006(6) 獄簋蓋

西周中期

01.18 魯遼鐘

01.109.1 井人妄鐘

01.146 士父鐘

01.181.2 南宫乎鐘

01.188.1 梁其鐘

西周晚期

02.356 井叔采鐘

05.2797 小克鼎

05.2800 小克鼎

05.2815 趞鼎

05.2827 頌鼎

西周晚期

05.2836 大克鼎

07.4111 魯士商戲簋

08.4228 無曩簋蓋

09.4465.1 善夫克盨

15.9731 頌壺

西周晚期

16.10244 魯伯愈父匜

文博 1987(2) 逑編鐘

考古 1986(1) 井叔采鐘

新收 881 晉侯蘇鐘

西周晚期

	〔智〕智					者	
01.62 逆鐘	陝博(7) 宰獸簋	15.9713 殳季良父壺	07.3954 仲幾父簋	05.2662 或者鼎	16.9901 夨令方彝	03.917 者女觥	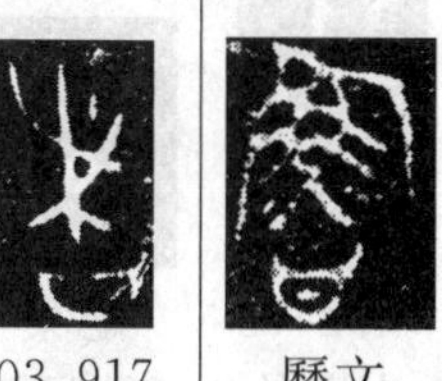 歷文 2002(2) 作册封鬲乙
05.2841B 毛公鼎	陝博(7) 宰獸簋蓋	16.10174 兮甲盤	08.4215.1 虩簋	06.3675 或者簋	文物 1992(6) 者方鼎	04.1757 者鼎	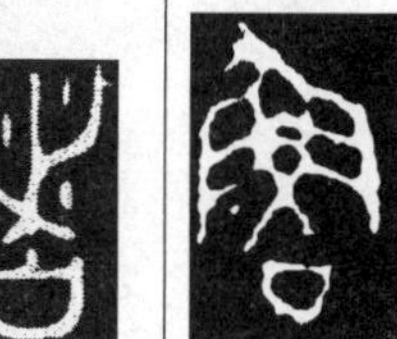 華章 63 頁 卌三年逑鼎乙
		新收 1042 郜召簠	08.4331 乖伯歸夆簋	08.4240 免簋	通鑒 02430 者方鼎	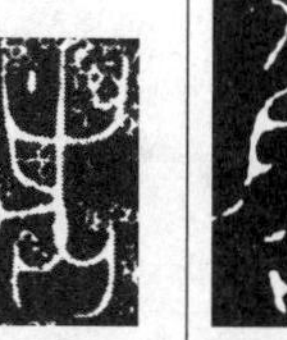 07.3748 伯者父簋	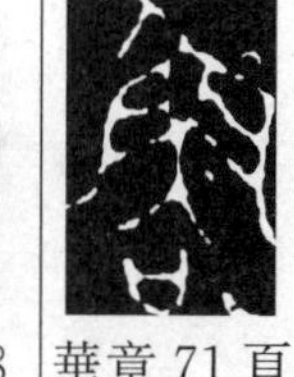 華章 71 頁 卌三年逑鼎丙
		新收 1042 郜召簠	09.4464 駒父盨蓋	12.6479 者兒觶		 11.5945 夻者君父乙尊	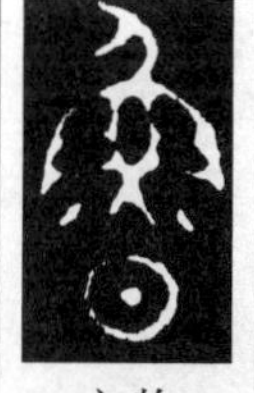 文物 2009(9) 頌盤
		山東 696 頁 者僕故匜	09.4628.1 伯公父簠			  11.6015 麥方尊	
西周晚期	西周中期	西周晚期	西周晚期	西周中期	西周早期	西周早期	西周晚期

翟							百
 04.2473 史喜鼎	 總集 02.1157 禽鼎	 08.4234 史頌簋	 01.260.2 㝬鐘	 考文 2006(6) 南姬甗	 05.2838 曶鼎	 08.4301 作册矢令簋	 05.2702 嬰方鼎
		 08.4235.1 史頌簋	 05.2768 梁其鼎	 考文 2005(增) 老簋	 07.4104.1 賢簋	 08.4320 宜侯矢簋	 07.3942 叔德簋
		 08.4236.1 史頌簋	 05.2779 師同鼎	 南開學報 2008(6) 衛簋甲蓋	 16.10161 免盤	 10.5421.2 士上卣	 07.4021 寧簋蓋
		 16.10174 兮甲盤	 05.2835 多友鼎	 考文 2006(6) 一式獄簋	 考文 2006(6) 獄鼎	 11.5999 士上尊	 07.4041 禽簋
		 新收 881 晉侯蘇鐘	 08.4137 叔㚤簋		 01.107 應侯視工鐘	 16.9901 矢令方彝	 08.4300 作册矢令簋
西周	西周	西周晚期	西周晚期	西周中期	西周中期	西周早期	西周早期

隹　翏

 考文 2005(增) 老簋	 16.10175 史牆盤	03.751 仲枏父鬲	首陽 83 頁 𪓐簋	16.9901 夨令方彝	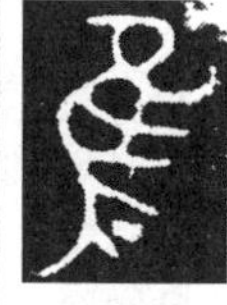 08.4201 小臣宅簋	 05.2661 德方鼎	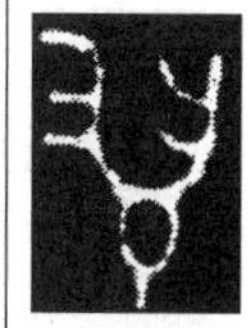 05.2814 無叀鼎
 晉國 99 頁 晉侯 ?? 簋	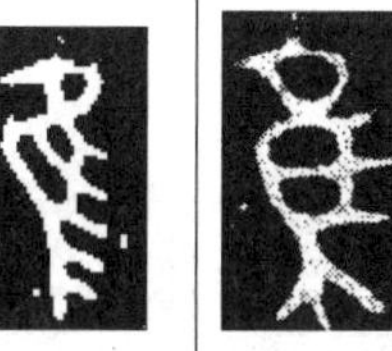 16.10322 永盂	05.2719 公貿鼎	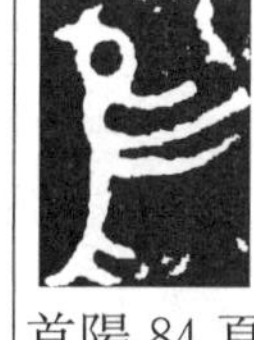 首陽 84 頁 𪓐簋蓋	考古 1990(1) 克盉	 08.4241 榮作周 公簋	 05.2671 㢊父鼎	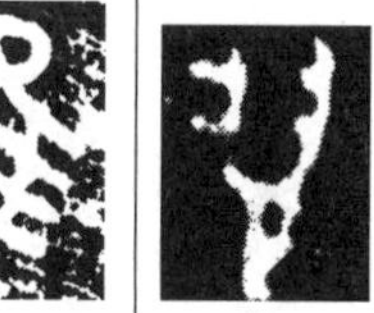 08.4304.1 諫簋
 歷文 2006(3) 䙹簋	 文物 1998(4) 匍盉	 05.2789 𢦏方鼎	 近出 563 隹壺卣蓋	 文物 2001(8) 叔夨方鼎	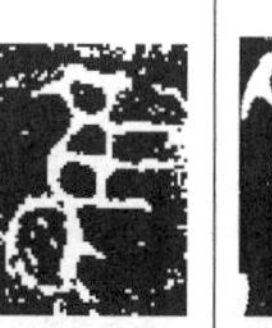 10.5426.2 庚嬴卣	05.2706 麥方鼎	 08.4308 諫簋
 新收 1958 夾簋	 歷文 2004(2) 任鼎	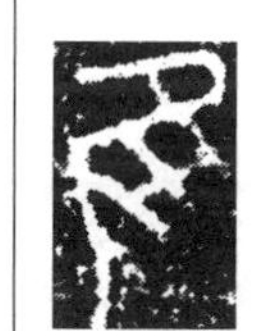 07.3911.1 是婁簋	 文物 2009(2) 何簋	 文物 2007(1) 𣪕甗	 11.5901 隹作父 己尊	 05.2739 𡎖方鼎	 09.4460 翏生盨
	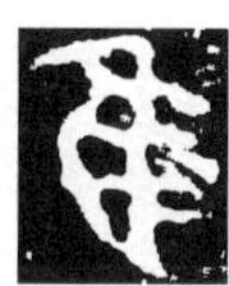 首陽 96 頁 仲枏父鬲	 16.10175 史牆盤	 銘圖 05014 公豐父簋		 14.9104 盂爵	 05.2763.1 我方鼎	
西周中期	西周中期	西周中期	西周早期	西周早期	西周早期	西周早期	西周晚期

隻

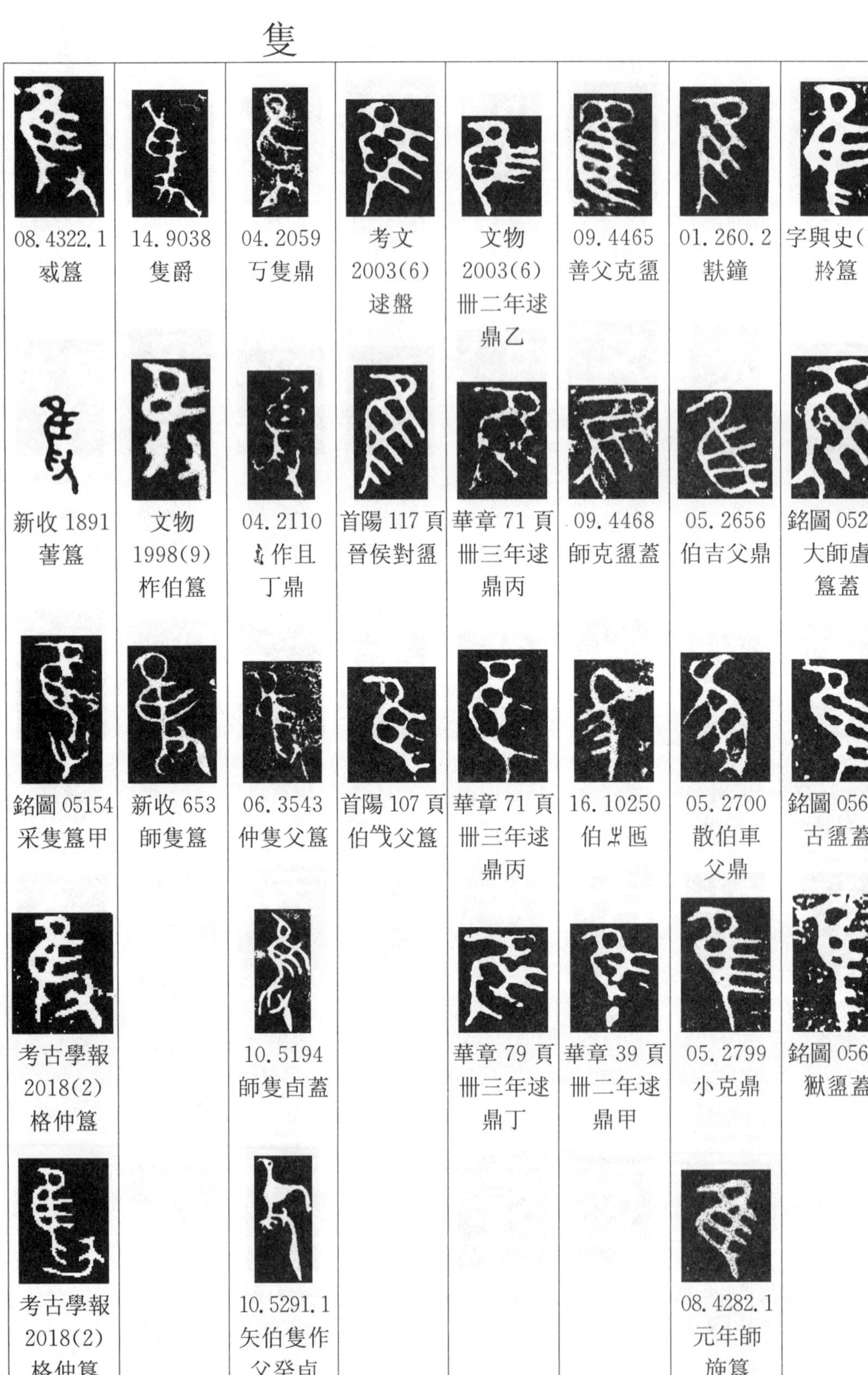

西周中期	西周早期	西周早期	西周晚期	西周晚期	西周晚期	西周晚期	西周中期
08.4322.1 㦰簋	14.9038 隻爵	04.2059 丂隻鼎	考文 2003(6) 逑盤	文物 2003(6) 卌二年逑鼎乙	09.4465 善父克盨	01.260.2 㝬鐘	字與史(1) 肣簋
新收 1891 䔋簋	文物 1998(9) 柞伯簋	04.2110 [illegible]作且丁鼎	首陽 117 頁 晉侯對盨	華章 71 頁 卌三年逑鼎丙	09.4468 師克盨蓋	05.2656 伯吉父鼎	銘圖 05282 大師虘簋蓋
銘圖 05154 采隻簋甲	新收 653 師隻簋	06.3543 仲隻父簋	首陽 107 頁 伯戋父簋	華章 71 頁 卌三年逑鼎丙	16.10250 伯㞢匜	05.2700 散伯車父鼎	銘圖 05673 古盨蓋
考古學報 2018(2) 格仲簋		10.5194 師隻卣蓋		華章 79 頁 卌三年逑鼎丁	華章 39 頁 卌二年逑鼎甲	05.2799 小克鼎	銘圖 05676 獄盨蓋
考古學報 2018(2) 格仲簋		10.5291.1 矢伯隻作父癸卣				08.4282.1 元年師旋簋	

		雁	雗	雀	雟	雒	
05.2841B 毛公鼎	05.2830 師𩛥鼎	03.883 應監甗	04.2205 雗叏父鼎	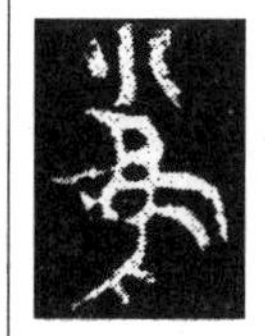 10.5162.2 亞雀魚父己卣	文物 1990(7) 達盨蓋	 09.4380 周雒盨	05.2833 禹鼎
07.3775 鄧公簋	文物 2002(7) 應侯視工簋	11.6174 應公鱓					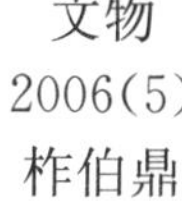 文物 2006(5) 柞伯鼎
 考古 1985(3) 鄧公簋	 文物 1998(9) 應侯爯盨						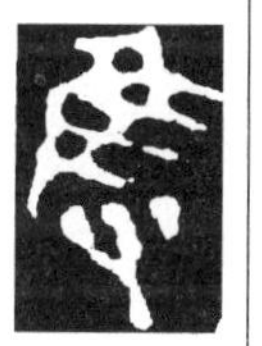 華章 39 頁 卌二年逑鼎甲
 新收 1454 㷉戒鼎							
西周晚期	西周中期	西周早期	西周	西周早期	西周中期	西周晚期	西周晚期

雝

 華章55頁 卌三年逑鼎甲	 01.260.2 㝬鐘	 11.6008 叡尊	 03.948 遇甗	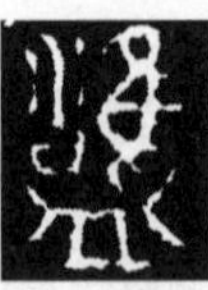 11.6015 麥方尊	 05.2531 雍伯簋	 華章55頁 卌三年逑鼎甲	 考古 2003(3) 應姚鬲
	 05.2559 雍伯原鼎	 16.10074 伯雍父盤	 05.2721 䨣鼎	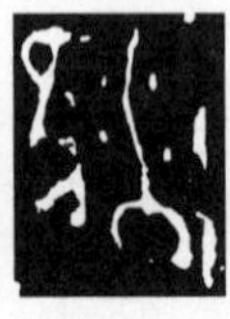 曲村361頁 伯雍倗鼎	 05.2660 辛鼎	 華章119頁 卌三年逑鼎壬	 夏商周398 應侯盨
	 05.2841A 毛公鼎	 文物 1999(9) 戎生編鐘	 08.4122.1 彔作辛公簋	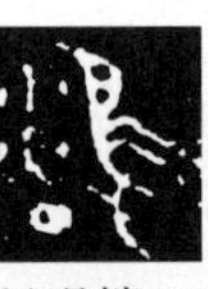 皕明樓97 雍姒簋	 05.2837 大盂鼎		 保利續155頁 應侯壺甲
	 08.4317 㝬簋		 10.5419 彔㦰卣		 06.3568 雝嬰簋		 華夏考古 2007(1) 應公鼎
			 10.5420.1 彔㦰卣				
西周晚期	西周晚期	西周中期	西周中期	西周早期	西周早期	西周晚期	西周晚期

奪	奞	⿱分隹	⿰光隹	⿰隹殳	雞	⿰土隹	⿰享隹
04.2366 奪鼎	06.3669 𩰫季奞父簋	12.6372 ⿱分隹分父甲觶	01.260.2 𤔲鐘	06.3730 季⿰隹殳簋	考文 1990(5) 雞卣	16.10176 散氏盤	考文 2006(6) 獄鼎
10.5331.1 奪作父丁卣			案：李家浩(1992)釋作「⿰光隹」，疑讀爲《詩》「鸞聲噦噦」之「噦噦」；裘錫圭(1999)認爲此字左旁與「尗」字音同或音近，且讀从此聲者爲「肅」。			16.10176 散氏盤	
15.9592 奪作父丁壺							
15.9592 奪壺							
西周早期	西周早期	西周早期	西周晚期	西周中期	西周早期	西周晚期	西周中期

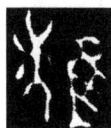

蔑		舊		雚	奮		
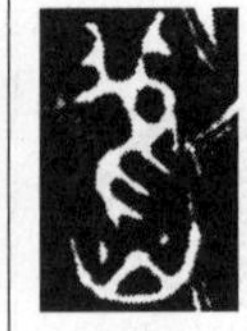 05.2748 庚嬴鼎	 08.4324.1 師嫠簋	 11.6011.2 盠駒尊	 03.941 王人𦔻輔甗	 11.6009 效尊	 05.2803 令鼎	 05.2835 多友鼎	06.3372.2 奪作寶簋
 08.4135 御史競簋	 16.10174 兮甲盤		 10.5433A1 效卣	 文物2011(11) 作寶瓚雚觶	 05.2803 令鼎		
 08.4239.2 小臣謎簋	 考文1998(3) 吳虎鼎		 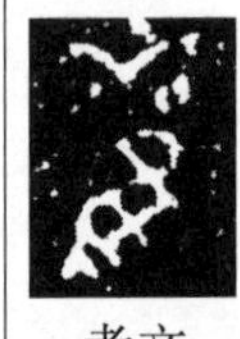   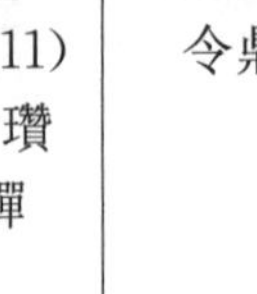 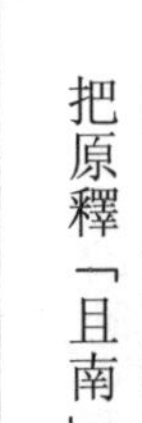 考文1989(3) 史密簋	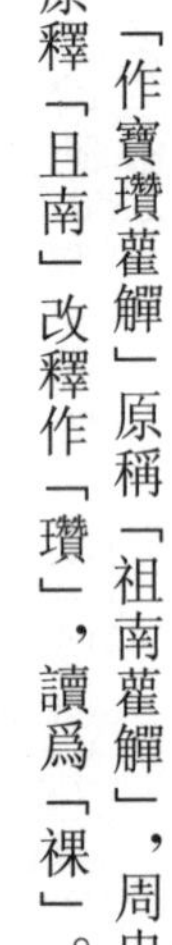 案：「作寶瓚雚觶」原稱「祖南雚觶」，周忠兵(2014b)、謝明文(2016)把原釋「且南」改釋作「瓚」，讀爲「祼」。			
 08.4330 沈子它簋蓋							
 10.5415.1 保卣							
西周早期	西周晚期	西周中期	西周中期	西周早期	西周早期	西周晚期	西周中期

〔⿰禾蔑〕

羊

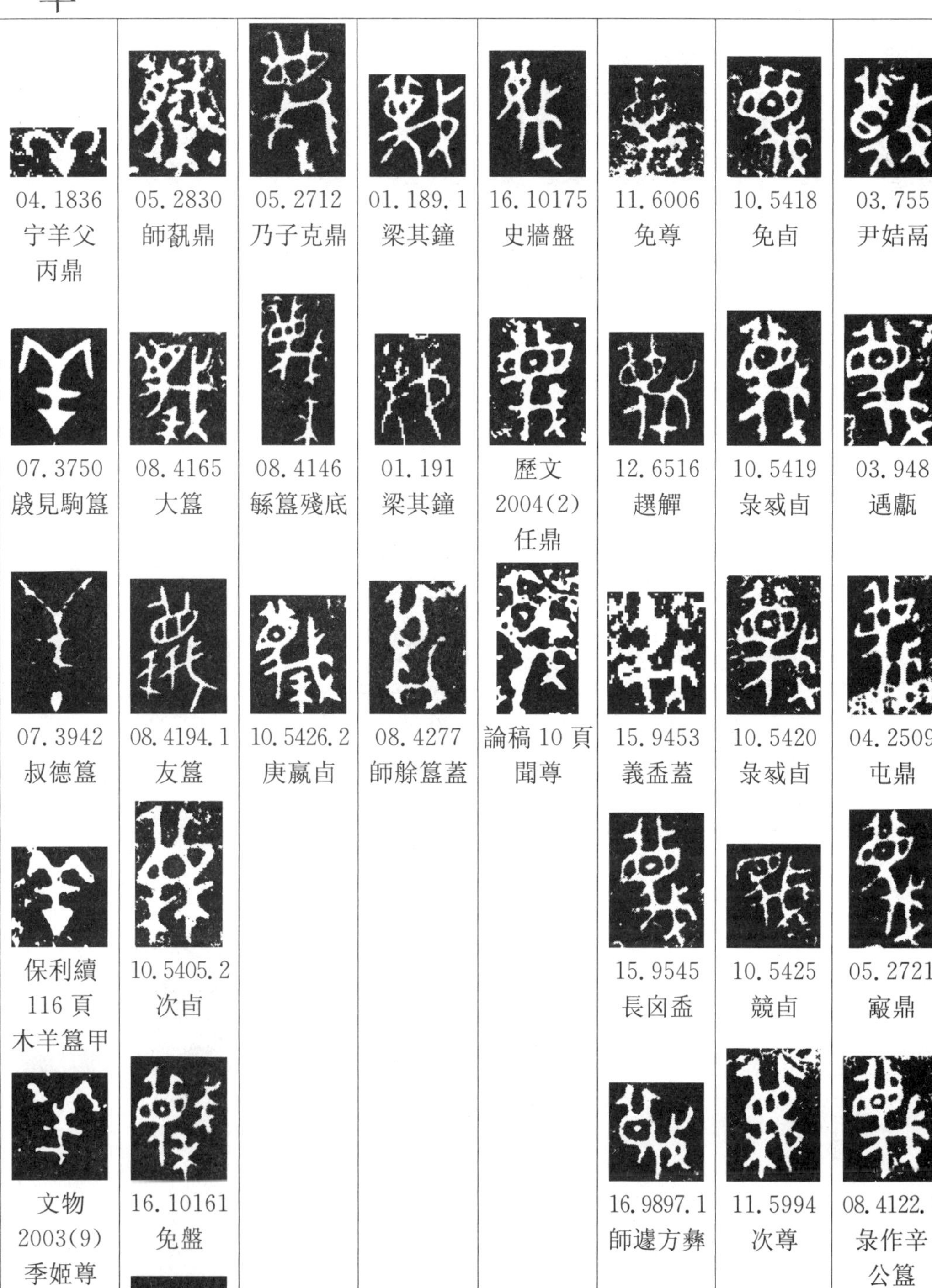

羊							
04.1836 宁羊父丙鼎	05.2830 師訊鼎	05.2712 乃子克鼎	01.189.1 梁其鐘	16.10175 史牆盤	11.6006 免尊	10.5418 免卣	03.755 尹姞鬲
07.3750 戱見駒簋	08.4165 大簋	08.4146 繇簋殘底	01.191 梁其鐘	歷文 2004(2) 任鼎	12.6516 趩觶	10.5419 彔刻卣	03.948 遇甗
07.3942 叔德簋	08.4194.1 友簋	10.5426.2 庚贏卣	08.4277 師艅簋蓋	論稿 10 頁 聞尊	15.9453 義盉蓋	10.5420 彔刻卣	04.2509 屯鼎
保利續 116 頁 木羊簋甲	10.5405.2 次卣				15.9545 長囟盉	10.5425 競卣	05.2721 竅鼎
文物 2003(9) 季姬尊	16.10161 免盤				16.9897.1 師遽方彝	11.5994 次尊	08.4122.1 彔作辛公簋
	16.10166 鮮盤						
西周早期	西周中期	西周早期	西周晚期	西周中期	西周中期	西周中期	西周中期

	〔羨〕 羌	美	羝		羔		
 11.5879 羌作父 己尊	 考古 1990(1) 克罍	 14.9086 美爵	 05.2831 九年衛鼎	 05.2831 九年衛鼎	 14.9091 索諆爵	 05.2779 師同鼎	 04.2410 甚鼎
	 考古 1990(1) 克罍	 14.9087 美爵		 15.9726 三年瘓壺		 08.4313.1 師寰簋	 05.2838 曶鼎
						 08.4314 師寰簋	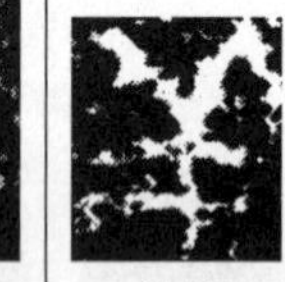 文物 2003(9) 季姬尊
西周中期	西周早期	西周早期	西周中期	西周中期	西周早期	西周晚期	西周中期

	霍		雔	羍	厗		
04.2413 霍鼎	 16.10270 叔男父匜	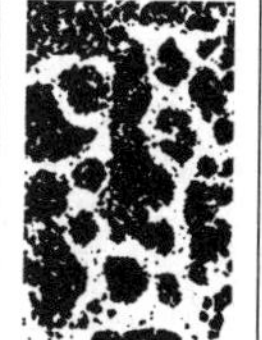 03.636 呂雔姬鬲	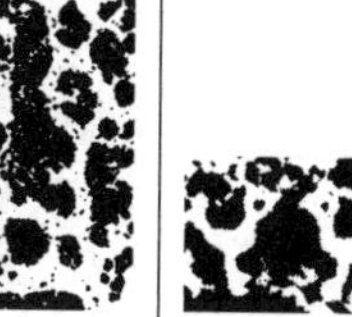 11.6258 雔父丁觶  11.6314 雔父丁觶	 15.9218 羍父辛斝	 16.10350 厗氏詹鍺	 04.2204 羌鼎	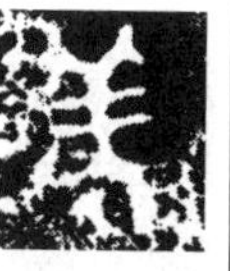 09.4392 鄭義羌父盨
西周	西周晚期	西周中期或晚期	西周早期	西周早期	西周晚期	西周	西周晚期

鵃 鶾 鸞 鳳 鳥 雧 雥

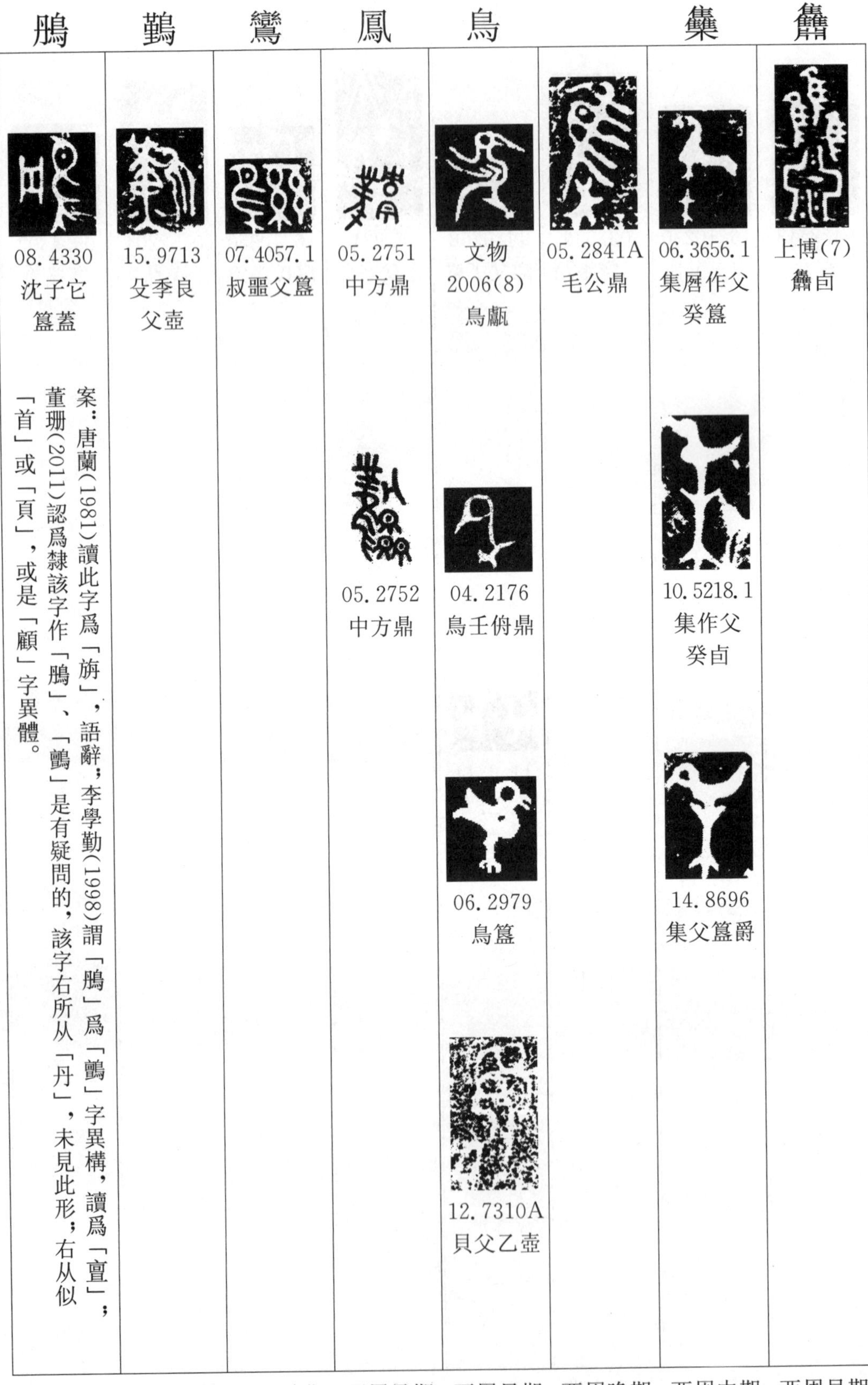

鵃	鶾	鸞	鳳	鳥		雧	雥
08.4330 沈子它簋蓋	15.9713 殳季良父壺	07.4057.1 叔噩父簋	05.2751 中方鼎	文物2006(8) 鳥甗	05.2841A 毛公鼎	06.3656.1 集厝作父癸簋	上博(7) 雥卣
			05.2752 中方鼎	04.2176 鳥壬侜鼎		10.5218.1 集作父癸卣	
				06.2979 鳥簋		14.8696 集父簋爵	
				12.7310A 貝父乙壺			
西周早期	西周晚期	西周晚期	西周早期	西周早期	西周晚期	西周中期	西周早期

案：唐蘭(1981)讀此字爲「旃」，語辭；李學勤(1998)謂「鵃」爲「鸇」字異構，讀爲「亶」；董珊(2011)認爲隸該字作「鵃」、「鸇」是有疑問的，該字右所从「丹」，未見此形；右从似「首」或「頁」，或是「顧」字異體。

舄						烏	[illegible]
 08.2816 伯晨鼎	 05.2817 師晨鼎	 05.2837 大盂鼎	 18.11757 取子钺	 05.2833 禹鼎	 05.2824 㦰方鼎	 08.4330 沈子它簋蓋	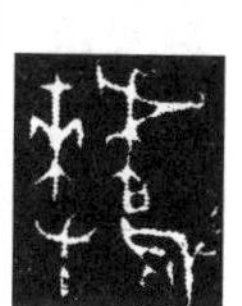 06.3711 且乙告田簋
	 08.4316 師虎簋			 05.2841A 毛公鼎	 08.4341 班簋	 10.5428.1 叔趯父卣	
	 15.9723 十三年㾓壺				 10.5392.1 寡子卣	 10.5429.1 叔趯父卣	
	 16.9898A 吳方彝蓋					 11.6014 何尊	
西周中期或晚期	西周中期	西周早期	西周	西周晚期	西周中期	西周早期	西周早期

爯

07.3747
仲爯簋

15.9814
爯作父丁罍

文物1998(9)
柞伯簋

曲村526頁
爯鬲

西周早期

首陽107頁
伯戋父簋

案：朱鳳瀚(2008b)謂從字形上看疑是「蔑」字異體；李家浩(2010)釋爲「苒」，與翏生盨等「角」爲同一地名的不同寫法；董蓮池等(2014)釋爲「苒」，銘中表示敵我兩軍相遇。

西周早期

苒

15.9239
苒甗

西周早期

棄

16.10176
散氏盤

西周晚期

畢

03.719
伯頵父鬲

05.2584
伯夏父鼎

考文1998(3)
吳虎鼎

西周晚期

04.2462
倗仲鼎

07.4061
畢鮮簋

08.4208
段簋

16.10322
永盂

西周中期

07.4031
史䛐簋

08.4205
楷伯簋

16.10360
䍩圜器

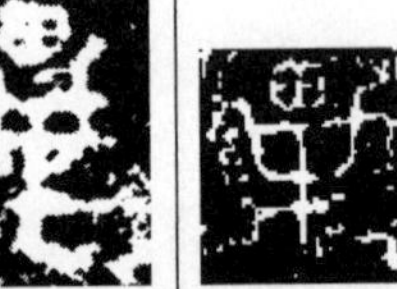

文物2010(6)
畢伯克鼎

西周早期

08.4253
弭叔師𠂤簋

08.4274.2
元年師兑簋

08.4324.1
師嫠簋

09.4467.2
師克盨

華章79頁
卌三年逑鼎丁

西周晚期

幽	𢆶	幺					
11.5917 盩嗣土幽日辛尊	11.6014 何尊	 04.2501 嗣工殘鼎	 07.3913 爯簋	 03.679 榮有司爯鬲	 18.11719.1 叔趙父爯	 考文 2006(6) 獄盉	 08.4327 卯簋蓋
	 文物 2009(2) 何簋蓋			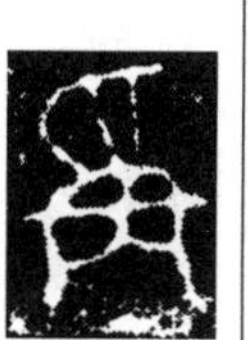 08.4188.1 仲爯父簋		 史學集刊 2006(2) 遣伯簋	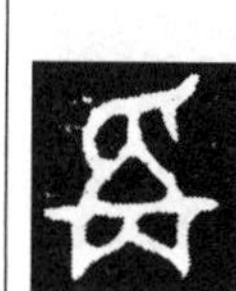 15.9456 裘衛盉
	「茲」字重見。			 08.4317 㝬簋		 銘圖 05666 遣伯盨	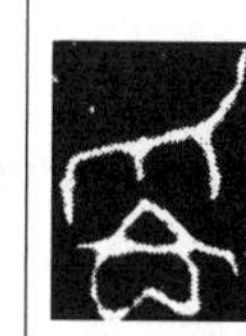 文物 1998(9) 應侯爯盨
				 銘圖續 0468 叔爯父盨甲		 考古學報 2018(2) 乞盉	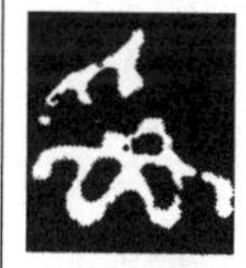 文物 1999(9) 爯簋
						 考古學報 2018(2) 乞盤	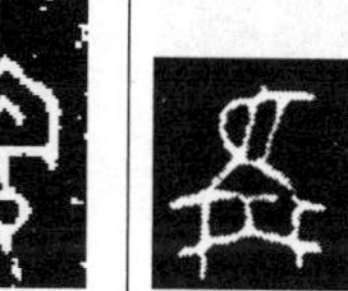 文物 1999(9) 戎生編鐘 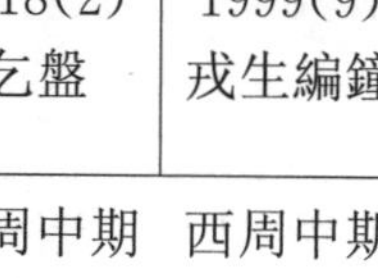
西周早期或中期	西周早期	西周晚期	西周晚期	西周晚期	西周中期或晚期	西周中期	西周中期

幾

西周中期	西周	西周晚期	西周晚期	西周中期或晚期	西周中期	西周中期	西周中期
07.3766.1 伯幾父簋	07.3943 伯簪簋	文物 2006(5) 柞伯鼎	01.141 師臾鐘	08.2816 伯晨鼎	05.2786 康鼎	新收740 盠尊	08.4250 即簋
07.3766.2 伯幾父簋		文物 2003(6) 逑盤	08.4242 叔向父 禹簋			陝博(7) 宰獸簋	08.4266 趞簋
15.9721 幾父壺			08.4287 伊簋			陝博(7) 宰獸簋	15.9728 曶壺蓋
15.9721 幾父壺			08.4293 六年琱 生簋			新收1874 虎簋蓋乙	16.10169 呂服余盤
15.9721 幾父壺			08.4293 六年琱 生簋			歷文 2006(3) 䚄簋	16.10175 史牆盤

惠	叀						
 15.9456 裘衛盉	 文博 1985(3) 史叀簋	 08.4278 鬲比簋蓋	 01.238.1 虢叔旅鐘	 05.2831 九年衛鼎	 10.5277.1 叀作父 戊卣	 03.684 鄭鑄友 父鬲	 15.9722 幾父壺
	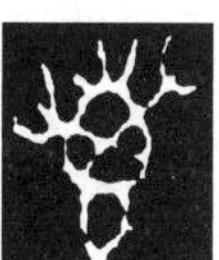 華章63頁 卌三年逑 鼎乙	 08.4285.1 諫簋	 05.2814 無叀鼎	 08.4271 同簋	案：「[glyph]」或釋作「惠」，李學勤(1990)認爲均爲協助之義；黃天樹(2008)釋作「叀」，訓爲「助」；楊安(2011)繫聯清華簡《皇門》篇「[glyph]」字，認爲該字就是「助」的本字。	 07.3954 仲幾父簋	 15.9722 幾父壺
	 華章79頁 卌三年逑 鼎丁	 09.4466 鬲比盨	 05.2818 鬲攸从鼎	 11.5952 叀啓諆父 甲尊		 08.4331 𦬈伯歸 夆簋	 15.9722 幾父壺
		 文博 1985(3) 史叀簋	 07.3956.1 仲叀父簋	 16.10175 史牆盤			
			 08.4198 蔡姞簋				
西周中期	西周晚期	西周晚期	西周晚期	西周中期	西周早期	西周晚期	西周中期

玄					疐		
15.9728 㫚壺蓋	05.2781 庚季鼎	11.6015 麥方尊	01.109.2 井人妄鐘	05.2838 㫚鼎	15.9289.1 疐父丁觥	03.631 疐鬲	08.4149.1 善夫梁其簋
16.9898A 吴方彝蓋	05.2789 㦰方鼎		08.4247.1 楚簋	10.5187.1 疐卣	考古 1984(4) 疐鬲	03.862 疐鬲	08.4317 㝬簋
16.10170 走馬休盤	05.2813 師奎父鼎		08.4317 㝬簋			10.5209 疐作父丁卣	文物 2003(6) 述盤
考文 1997(3) 虎簋蓋	08.4270 同簋蓋					11.5819 疐尊	
	08.4271 同簋蓋						
西周中期	西周中期	西周早期	西周中期	西周中期	西周早期	西周早期	西周晚期

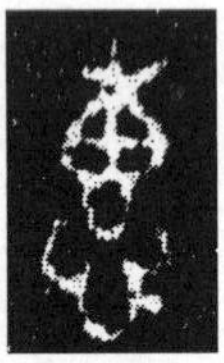

玆

西周中期	西周中期	西周中期	西周早期	西周晚期	西周晚期	西周晚期	西周中期或晚期
考文 2006(6) 一式𤞟簋	02.356 井叔采鐘	05.2824 㦰方鼎	08.4140 大保簋	16.10172 寰盤	08.4310 此簋	05.2814 無叀鼎	08.2816 伯晨鼎
考文 2006(6) 二式𤞟簋	文物 1999(9) 戎生編鐘	05.2838 曶鼎	08.4330 沈子它簋蓋	文物 2009(9) 頌盤	08.4332.1 頌簋	05.2815 趞鼎	
南開學報 2008(6) 衛簋甲蓋	新收 1874 虎簋蓋乙	08.4162 孟簋	10.5404.1 商卣	華章 55 頁 卌三年逑鼎甲	08.4337 頌簋	05.2821 此鼎	
	歷文 2002(6) 豳公盨	08.4302 彔伯㦰簋蓋	17.11333.1 㑄勹白戈		08.4338 頌簋	05.2829 頌鼎	
		15.9416 畣父盉					

西周中期 西周中期 西周中期 西周早期 西周晚期 西周晚期 西周晚期 西周中期或晚期

𤔲	爰			敖	放	幻	
 文物 2009(2) 何簋蓋	 16.10173 虢季子 白盤	 08.4213 屖敖簋蓋	 05.2831 九年衛鼎	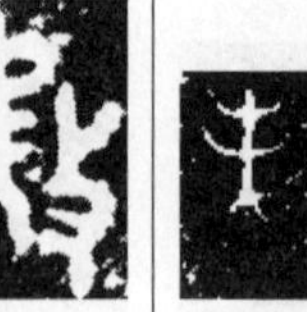 小校 2.33.3 魚父癸鼎	 05.2835 多友鼎	 07.3962 孟辝父簋	 02.356 井叔采鐘
		 08.4331 𦣻伯歸 夆簋				 07.3963.1 孟辝父簋	 05.2779 師同鼎
						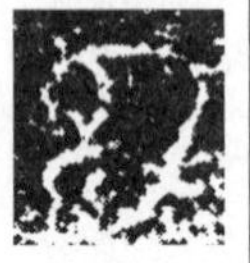 07.3963.2 孟辝父簋	 09.4435 虢仲盨蓋
							 15.9718 䣄史展壺
							 新收881 晉侯蘇鐘
							 考文 2007(3) 琱生尊
西周早期	西周晚期	西周晚期	西周中期	西周早期	西周中期	西周晚期	西周晚期

受

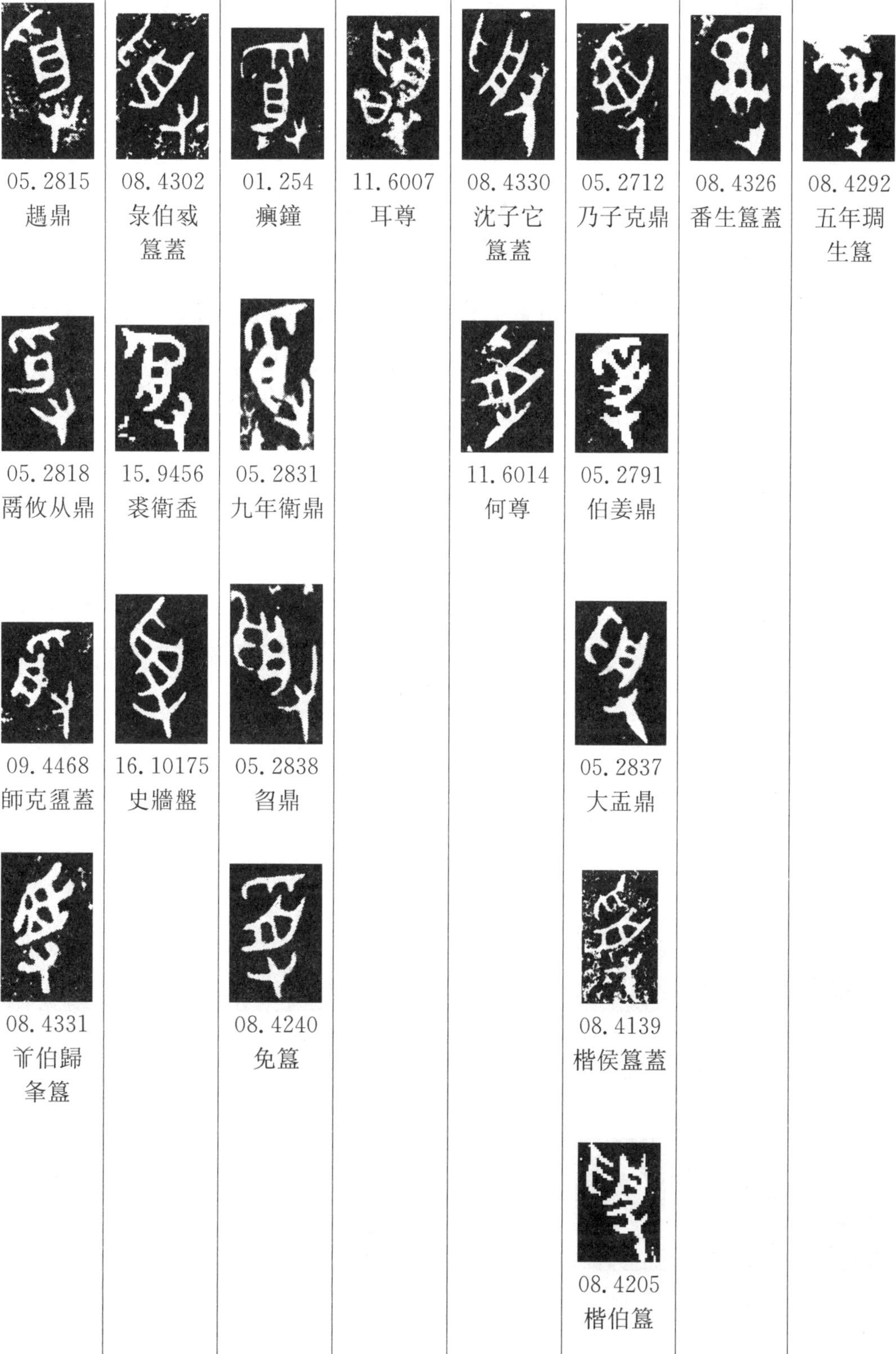

西周晚期	西周中期	西周中期	西周早期或中期	西周早期	西周早期	西周晚期	西周中期
05.2815 趞鼎	08.4302 彔伯𢦏簋蓋	01.254 𤼈鐘	11.6007 耳尊	08.4330 沈子它簋蓋	05.2712 乃子克鼎	08.4326 番生簋蓋	08.4292 五年琱生簋
05.2818 鬲攸从鼎	15.9456 裘衛盉	05.2831 九年衛鼎		11.6014 何尊	05.2791 伯姜鼎		
09.4468 師克盨蓋	16.10175 史牆盤	05.2838 曶鼎			05.2837 大盂鼎		
08.4331 乖伯歸夆簋		08.4240 免簋			08.4139 楷侯簋蓋		
					08.4205 楷伯簋		

敢					寽		
 05.2555 旂鼎	08.4249 楚簋	05.2779 師同鼎	字與史(1) 羚簋	05.2809 師旂鼎	05.2712 乃子克鼎	華章 119 頁 卌三年逑鼎壬	08.4321 訇簋
 08.4196 章伯馭簋	 08.4294 揚簋	 05.2841B 毛公鼎	 歷文 2006(3) 䚄簋	 05.2838 曶鼎	 07.4041 禽簋	 盛世 34 頁 逑盤	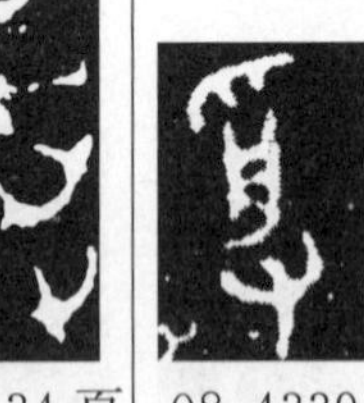 08.4339 頌簋
 08.4241 榮作周公簋	 08.4295 揚簋	 08.4215.1 𪓔簋	考古學報 2018(2) 乞盤	 08.4266 趞簋	 10.5404.1 商卣	盛世 34 頁 逑盤	 華章 39 頁 卌二年逑鼎甲
 08.4300 作册夨令簋	 08.4326 番生簋蓋	 08.4246.1 楚簋			 11.5597 商尊		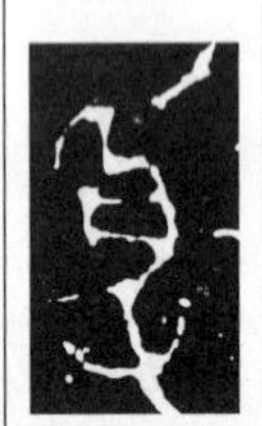 華章 71 頁 卌三年逑鼎丙
 08.4330 沈子它簋蓋	 總集 02.1157 禽鼎	 08.4248.1 楚簋					
西周早期	西周晚期	西周晚期	西周中期	西周中期	西周早期	西周晚期	西周晚期

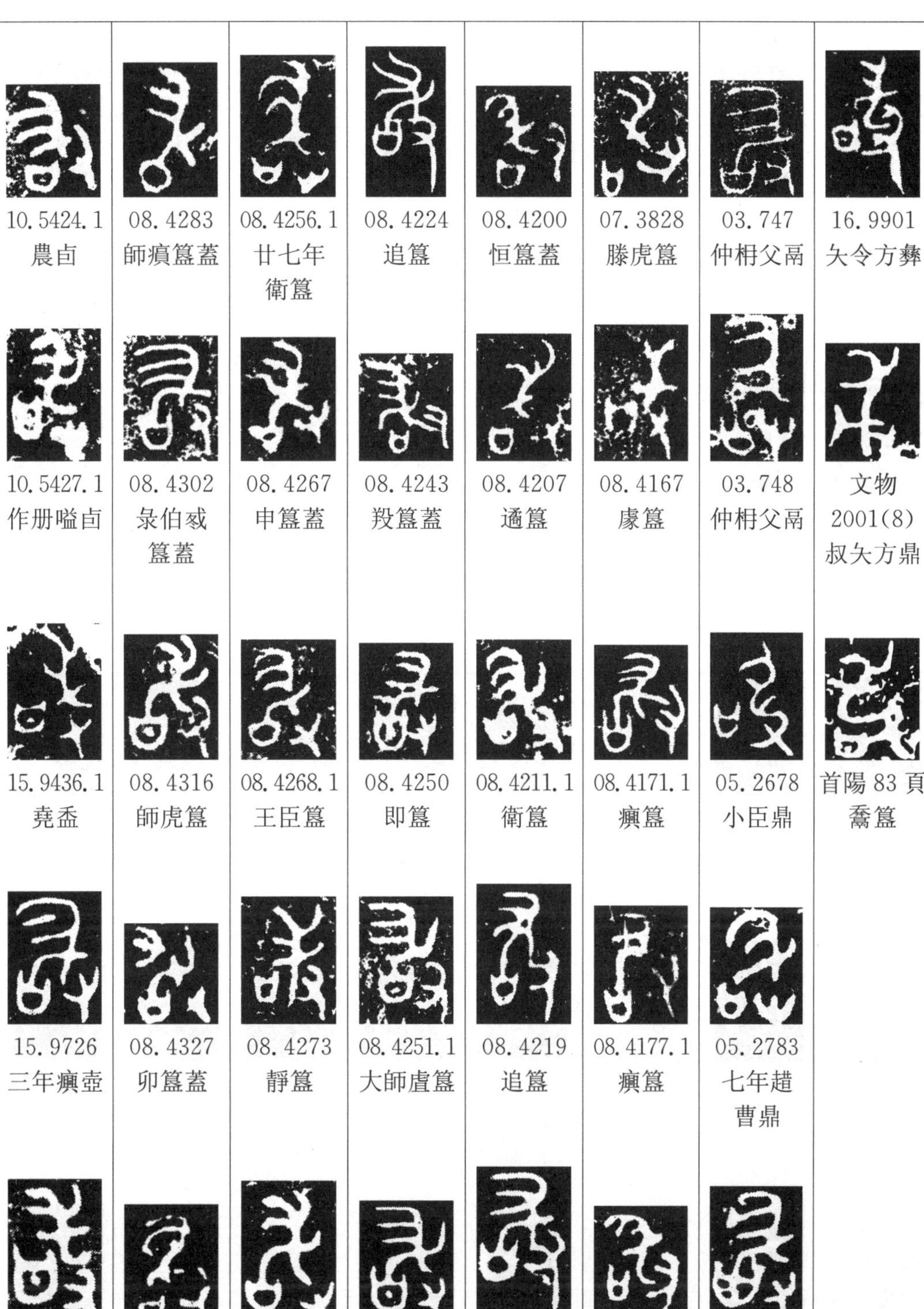

10.5424.1 農卣	08.4283 師瘨簋蓋	08.4256.1 廿七年衛簋	08.4224 追簋	08.4200 恒簋蓋	07.3828 滕虎簋	03.747 仲枏父鬲	16.9901 夨令方彝
10.5427.1 作册嗌卣	08.4302 彔伯𢦚簋蓋	08.4267 申簋蓋	08.4243 𣪕簋蓋	08.4207 通簋	08.4167 𢉅簋	03.748 仲枏父鬲	文物2001(8)叔夨方鼎
15.9436.1 堯盉	08.4316 師虎簋	08.4268.1 王臣簋	08.4250 即簋	08.4211.1 衛簋	08.4171.1 瘐簋	05.2678 小臣鼎	首陽83頁 喬簋
15.9726 三年瘐壺	08.4327 卯簋蓋	08.4273 靜簋	08.4251.1 大師虘簋	08.4219 追簋	08.4177.1 瘐簋	05.2783 七年趞曹鼎	
16.9897.1 師遽方彝	09.4462 瘐盨	08.4276 豆閉簋	08.4252.1 大師虘簋	08.4223.1 追簋	08.4199 恒簋蓋	05.2832 五祀衛鼎	
西周中期	西周中期	西周中期	西周中期	西周中期	西周中期	西周中期	西周早期

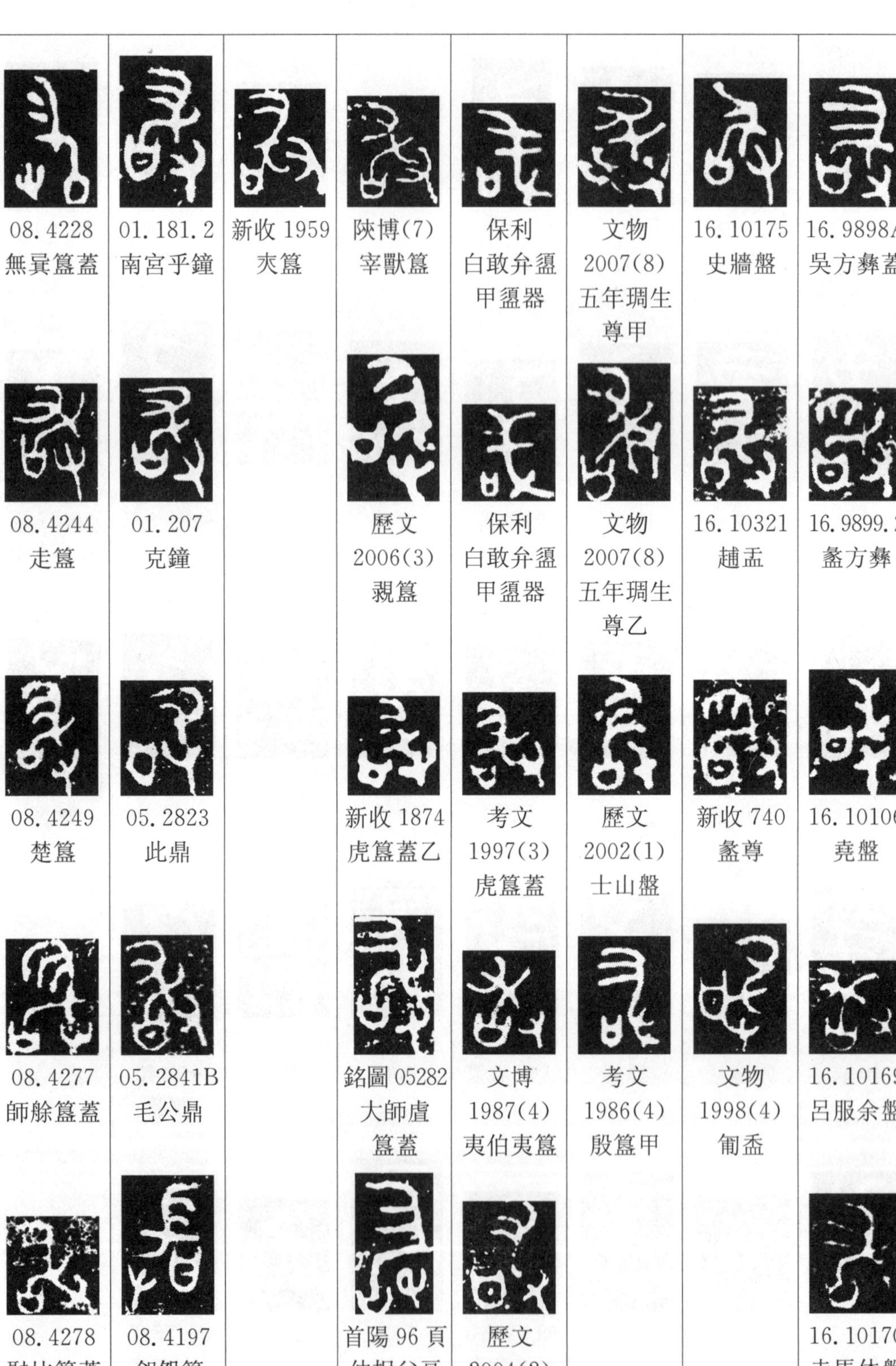

08.4228 無曩簋蓋	01.181.2 南宮乎鐘	新收 1959 夾簋	陝博(7) 宰獸簋	保利 白敢弁盨 甲盨器	文物 2007(8) 五年琱生 尊甲	16.10175 史牆盤	16.9898A 吳方彝蓋
08.4244 走簋	01.207 克鐘		歷文 2006(3) 親簋	保利 白敢弁盨 甲盨器	文物 2007(8) 五年琱生 尊乙	16.10321 趞盂	16.9899.2 盠方彝
08.4249 楚簋	05.2823 此鼎		新收 1874 虎簋蓋乙	考文 1997(3) 虎簋蓋	歷文 2002(1) 士山盤	新收 740 盠尊	16.10106 堯盤
08.4277 師艅簋蓋	05.2841B 毛公鼎		銘圖 05282 大師虘 簋蓋	文博 1987(4) 夷伯夷簋	考文 1986(4) 殷簋甲	文物 1998(4) 匍盉	16.10169 呂服余盤
08.4278 鬲比簋蓋	08.4197 卻咎簋		首陽 96 頁 仲枏父鬲	歷文 2004(2) 任鼎			16.10170 走馬休盤
西周晚期	西周晚期	西周中期	西周中期	西周中期	西周中期	西周中期	西周中期

[illegible]	受						
 05.2827 頌鼎	 華章63頁 卌三年逑 鼎乙	 08.4179 小臣守簋	 華章71頁 卌三年逑 鼎丙	 文博 1987(2) 逑編鐘	 16.10174 兮甲盤	 08.4326 番生簋蓋	 08.4279.1 元年師 旋簋
 08.4333 頌簋	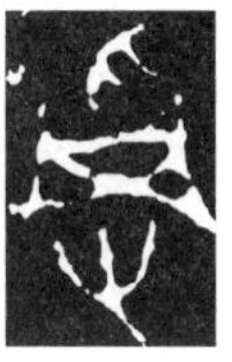 華章71頁 卌三年逑 鼎丙	 08.4180 小臣守簋	 華夏考古 2000(3) 追夷簋	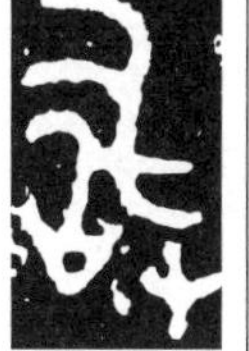 首陽114頁 應侯視工 簋蓋	 文物 2003(6) 卌二年逑 鼎乙	 08.4331 𣂚伯歸 夆簋	 08.4281 元年師 旋簋
 15.9731 頌壺	案：何琳儀(2010)謂應讀「網」，疑即「掆」字；付强(2015)釋作「樊」。	 08.4181 小臣守簋	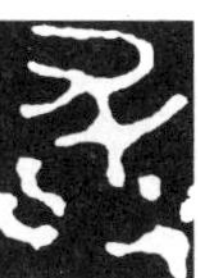 考文 2007(3) 琱生尊 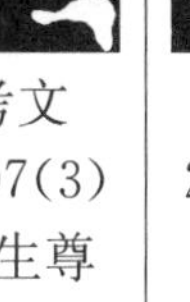	 文物 2006(5) 柞伯鼎	 陝博(7) 宰獸簋	 08.4339 頌簋	 08.4282.1 元年師 旋簋
 16.10241 司馬南 叔匜				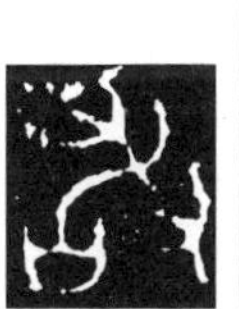 華章63頁 卌三年逑 鼎乙	 陝博(7) 宰獸簋	 08.4340 蔡簋	 08.4298 大簋
 文物 2003(6) 卌二年逑 鼎乙						 09.4468 師克盨蓋	 08.4307 此簋
西周晚期	西周晚期	西周	西周晚期	西周晚期	西周晚期	西周晚期	西周晚期

案：董珊(2003)謂从兩手執一网，「虍」爲聲符，讀「娛」；李零(2003)謂「虍」旁不是聲旁，或釋作「虔」；陳劍(2009)認爲其左下到底是从「虍」還是从「女」難以斷定；李學勤(2013b)謂字象爽手張網，下有虎首。

奴

11.6015 麥方尊

西周早期

叡

05.2809 師旂鼎

西周中期

16.10285.2 倗匜

西周晚期

歺

04.2504 作册疐鼎

案：从木从歺，與《說文》「歺」或體同。

西周早期

死

05.2837 大盂鼎

08.4300 作册夨令簋

文物 2007(1) 𣪕甗

考古學報 2018(1) 霸伯盤

西周早期

08.4219 追簋

08.4224 追簋

10.5427.1 作册嗌卣

西周中期

05.2827 頌鼎

05.2828 頌鼎

09.4438.1 伯寬父盨

文物 2006(5) 柞伯鼎

華章 79 頁 卌三年逑鼎丁

西周晚期

胤	股	臂	膺			臚	
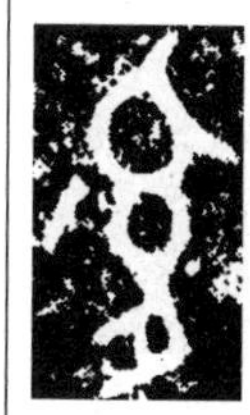		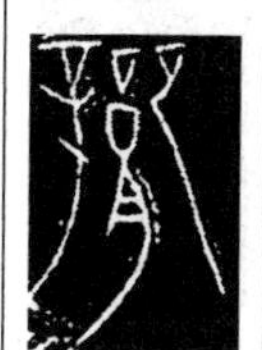					
07.4075 遹簋	08.4342 師訇簋	銘文選二 882 妤盜壺	05.2841A 毛公鼎	05.2830 師訊鼎	05.2831 九年衛鼎	11.5950 引簋	08.4179 小臣守簋
				「雁」字重見。			
西周晚期	西周晚期	西周晚期	西周晚期	西周中期	西周中期	西周早期或中期	西周

利

05.2804
利鼎

05.2804
利鼎

05.2804
利鼎

16.9897.1
師遽方彝

西周中期

06.3580
利簋

08.4131
利簋

西周早期

脡

歷文
2004(2)
任鼎

案：王冠英(2004)釋此字爲「脡」；陳斯鵬等(2012)認爲字从「肉」从「廷」省，蓋「肉」旁穿插在「廷」字所从的「人」和「𠃊」二部件之間，故原本處此位置的「彡」或「土」省去，經籍或作「挺」。

西周中期

肜

09.4372.1
仲肜盨

西周晚期

肯

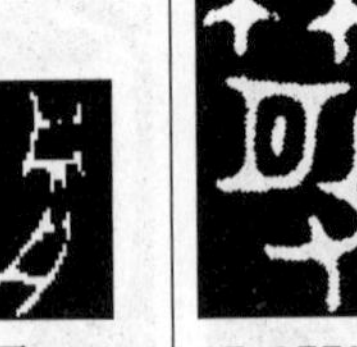
銘圖 01630
仲肯父鼎

案：《銘圖》隸作「肒」，陳斯鵬(2012)根據清華簡《皇門》「肯」作「[illegible]」，隸爲「肯」。

西周早期

散

07.3779.1
散伯簋

16.10176
散氏盤

16.10193
散伯匜

西周晚期

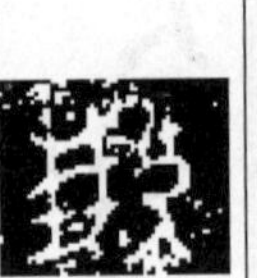
04.2029
散姬鼎

05.2832
五祀衛鼎

西周中期

10.5300
散伯卣蓋

10.5301.1
散伯卣

10.5301.2
散伯卣

西周早期

初

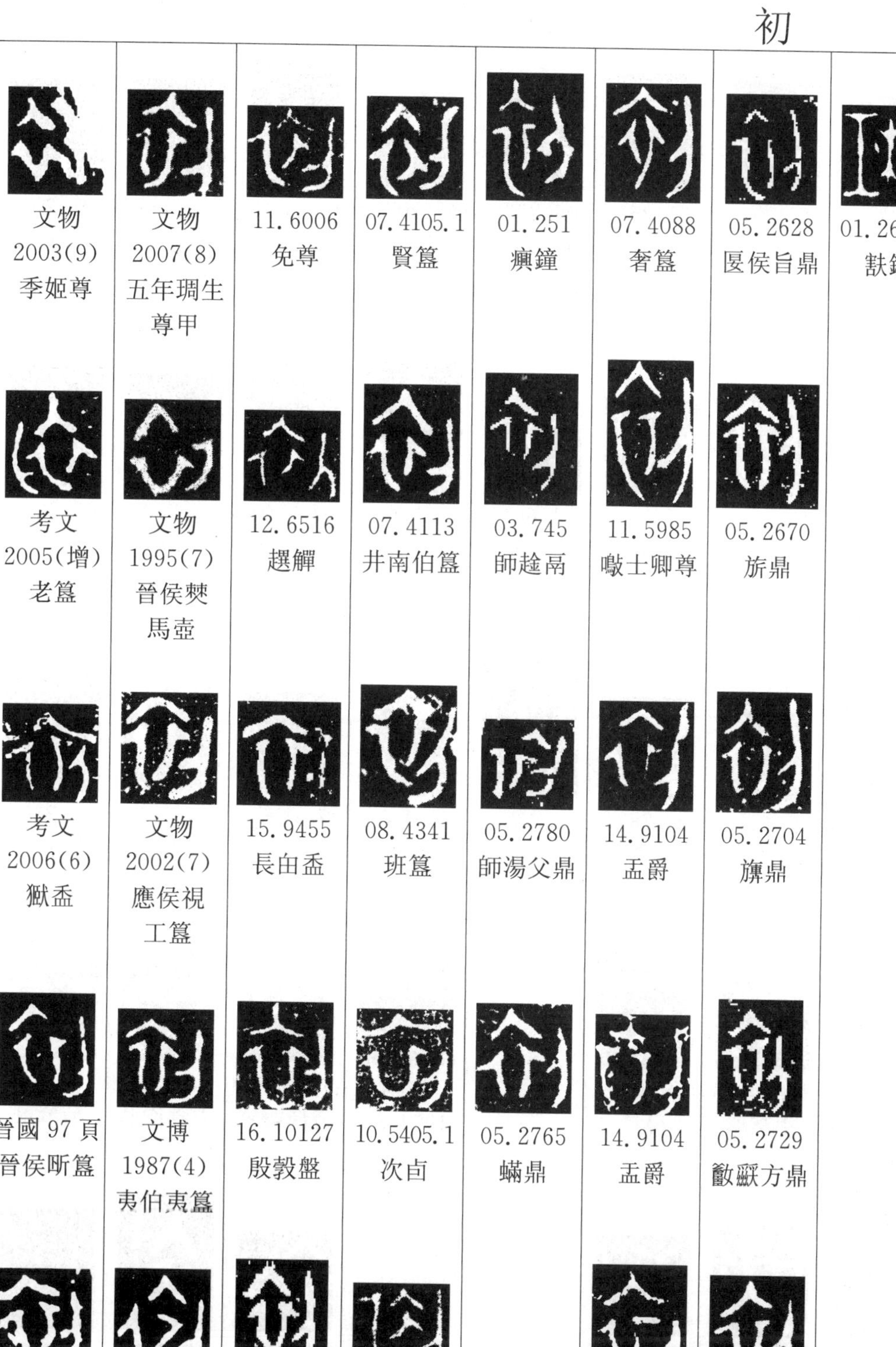

西周晚期	西周早期	西周早期	西周中期	西周中期	西周中期	西周中期	西周中期
01.260.2 㝬鐘	05.2628 匽侯旨鼎	07.4088 奢簋	01.251 痶鐘	07.4105.1 賢簋	11.6006 免尊	文物 2007(8) 五年琱生尊甲	文物 2003(9) 季姬尊
	05.2670 旂鼎	11.5985 噉士卿尊	03.745 師趛鬲	07.4113 井南伯簋	12.6516 趩觶	文物 1995(7) 晉侯㸚馬壺	考文 2005(增) 老簋
	05.2704 旟鼎	14.9104 盂爵	05.2780 師湯父鼎	08.4341 班簋	15.9455 長由盉	文物 2002(7) 應侯視工簋	考文 2006(6) 𤞷盉
	05.2729 歔獻方鼎	14.9104 盂爵	05.2765 𪊨鼎	10.5405.1 次卣	16.10127 殷穀盤	文博 1987(4) 夷伯夷簋	晉國 97 頁 晉侯斷簋
	07.4044 御正衛鼎	銘圖 05014 公豐父簋		10.5418 免卣	16.10322 永盂	字與史(1) 𦨶簋蓋	論稿 167 頁 呂簋

則

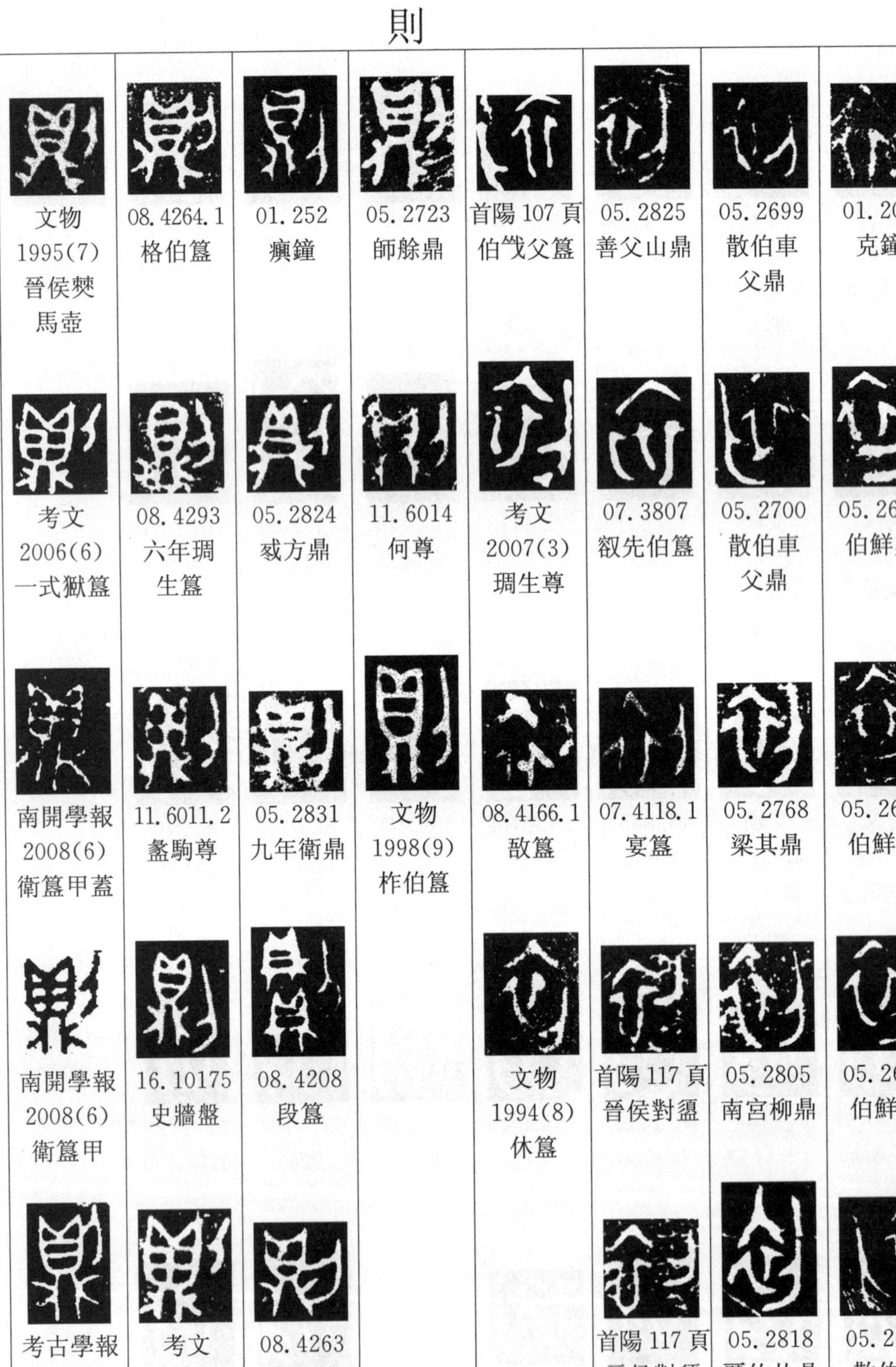

西周中期	西周中期	西周中期	西周早期	西周晚期	西周晚期	西周晚期	西周晚期
文物 1995(7) 晉侯嫢馬壺	08.4264.1 格伯簋	01.252 瘐鐘	05.2723 師餘鼎	首陽 107 頁 伯戋父簋	05.2825 善父山鼎	05.2699 散伯車父鼎	01.208 克鐘
考文 2006(6) 一式獄簋	08.4293 六年琱生簋	05.2824 戜方鼎	11.6014 何尊	考文 2007(3) 琱生尊	07.3807 叡先伯簋	05.2700 散伯車父鼎	05.2663 伯鮮鼎
南開學報 2008(6) 衛簋甲蓋	11.6011.2 盠駒尊	05.2831 九年衛鼎	文物 1998(9) 柞伯簋	08.4166.1 敔簋	07.4118.1 宴簋	05.2768 梁其鼎	05.2664 伯鮮鼎
南開學報 2008(6) 衛簋甲	16.10175 史牆盤	08.4208 段簋		文物 1994(8) 休簋	首陽 117 頁 晉侯對盨	05.2805 南宮柳鼎	05.2665 伯鮮鼎
考古學報 2018(2) 乞盉	考文 2006(6) 二式獄簋	08.4263 格伯簋			首陽 117 頁 晉侯對盨	05.2818 鬲攸从鼎	05.2697 散伯車父鼎

割	列	辨	剛				
 05.2814 無叀鼎	 新收 881 晉侯蘇鐘	 06.3714 辨作文父己簋	 16.10176 散氏盤	 16.10175 史牆盤	 14.9033 剛爵	 16.10176 散氏盤	 05.2818 鬲攸从鼎
		 10.5432.2 作册䰧卣	 16.10176 散氏盤			 16.10285.1 𠑇匜	 08.4321 訇簋
		 11.6001 小生子尊	 16.10176 散氏盤			 文物 2003(6) 卌二年逑鼎乙	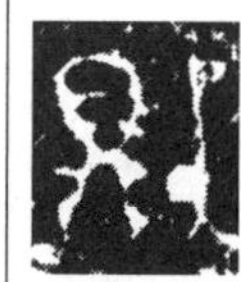 09.4467.1 師克盨
						 華章 79 頁 卌三年逑鼎丁	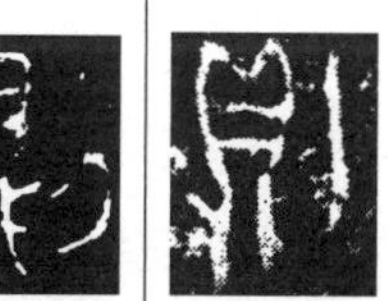 09.4468 師克盨蓋
							 16.10174 兮甲盤
西周晚期	西周晚期	西周早期	西周晚期	西周中期	西周早期	西周晚期	西周晚期

㓷	㓞				罰	釗	制
	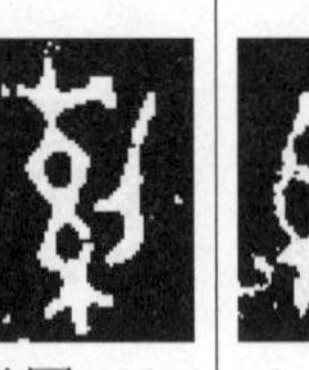						
05.2660 辛鼎	銘圖 02211 伯上父鼎	08.4262.2 格伯簋	08.4215.1 䪞簋	05.2809 師旂鼎	05.2837 大盂鼎	晉國 149 頁 叔釗父甗	10.5427.1 作册嗌卣
		案：此字一般隸作「紉」，讀「絶」。郭永秉、鄔可晶(2012a)隸作「㓞」，會以刀割繩索之意，或爲「割」字的表意初文，銘文中似可讀爲契刻之「栔、契」。	 16.10285.2 𠤳匜	 考古學報 2018(2) 乞盤	 10.5317 𣲙伯罰卣		
				 考古學報 2018(2) 乞盤			
西周早期	西周晚期	西周中期	西周晚期	西周中期	西周晚期	西周晚期	西周中期

⿰壴刂	劊	剢	⿰自刂		𤇷	⿰宜刂	割
14.9044 ⿰壴刂爵	新收1612 紊氏劊 簋蓋	08.4273 靜簋	04.2107 寧女方鼎	05.2789 戜方鼎	08.4206 小臣傳簋	04.2072 ⿰宜刂鼎	16.10176 散氏盤
	通鑒05271 紊氏劊 簋乙				案：王人聰（1993）指出此𤇷當係「炟」字，爲「俎」之繁體。余謂在金文構形中，在一些和刀密切關聯的如「肉」、「俎」、「宜」等旁有時會增繁「刀」構字部件。		
西周早期	西周晚期	西周中期	西周早期	西周中期	西周早期	西周早期	西周晚期

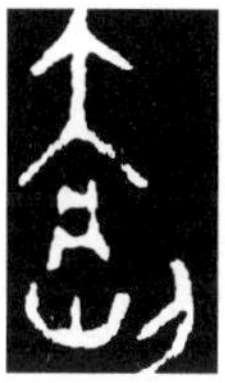

角			耤	耒	翆	刲	劍
 05.2810 噩侯鼎	 01.246 瘋鐘	 08.4257 弭伯師 耤簋	 06.3328 耒作父 己簋	 04.1618 耒父己鼎	 05.2779 師同鼎	 05.2779 師同鼎	 05.2779 師同鼎
 07.3959 叔角父簋	 16.10175 史牆盤		 05.2803 令鼎	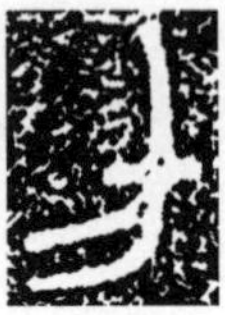 10.5117.1 耒作保 彝卣			
 09.4459.1 翏生盨				 11.5647 耒父己尊			
 09.4459.2 翏生盨				 新收 688 耒父己爵			
西周晚期	西周中期	西周晚期	西周早期	西周早期	西周晚期	西周晚期	西周晚期

衡	解		觴
05.2841B 毛公鼎	03.874 解子甗	07.3945 觴姬簋蓋	新收 707 觴仲鼎
08.4326 番生簋蓋	04.2345 解子作寛團宫鼎	15.9572 觴仲多壺	
西周晚期	西周早期	西周晚期	西周中期

筥	簟	笽	簡	筍	筍
  07.4037 筥小子簋	 05.2841B 毛公鼎   08.4326 番生簋蓋   華夏考古 2007(1) 應公鼎 案：李學勤(2008b)釋作「簟」；羅衛東(2008)釋作「簋」；張富海(2008)釋作「簟」，讀爲「燂」。	 15.9714 史懋壺	 文物 2004(3) 有司簡 簋蓋	 09.4422.1 筍伯大 夫盨  09.4422.2 筍伯大 夫盨  銘圖 16749 筍侯戈	03.730 鄭伯筍 父鬲 03.925 鄭伯筍 父甗 04.2513 伯筍父鼎  05.2835 多友鼎  09.4350 伯筍父盨
西周晚期	西周晚期	西周中期	西周晚期	西周晚期	西周晚期

簋〔毀〕

05.2724 毛公旅方鼎

06.3251 作寶簋

06.3253 作寶簋

06.3255 作寶簋

06.3354 伯作寶簋

西周早期

06.3355 伯作寶簋

06.3367 晨作寶簋

06.3453 作肴商簋

06.3480 □伯簋

06.3482.1 卂伯簋

西周早期

06.3500 作祖戊簋

06.3528 強伯簋

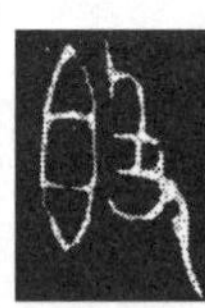
06.3529 強伯簋

06.3540 伯作乙公簋

06.3543 仲隻父簋

西周早期

06.3731 □簋

07.3863 彔簋

07.3866 城虢遣生簋

08.4330 沈子它簋蓋

11.6001 小生子尊

西周早期

16.10565 師高器

2007(3) 覞公簋

江漢考古 2016(3) 僕監簋

西周早期

06.3257 作寶簋

06.3375 舟作寶簋

06.3377 仲作簟簋

06.3474.1 果簋

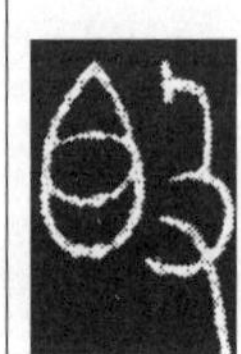
06.3491 伯尚簋

西周中期

06.3545 仲自父簋

06.3552 叔虤簋

06.3587 段金歸簋

06.3588 屖作豔伯簋

西周中期

06.3676 □簋

06.3678 伯蔡父簋

06.3718 伯簋

06.3725 叔友父簋蓋

07.3771 晉人簋

西周中期

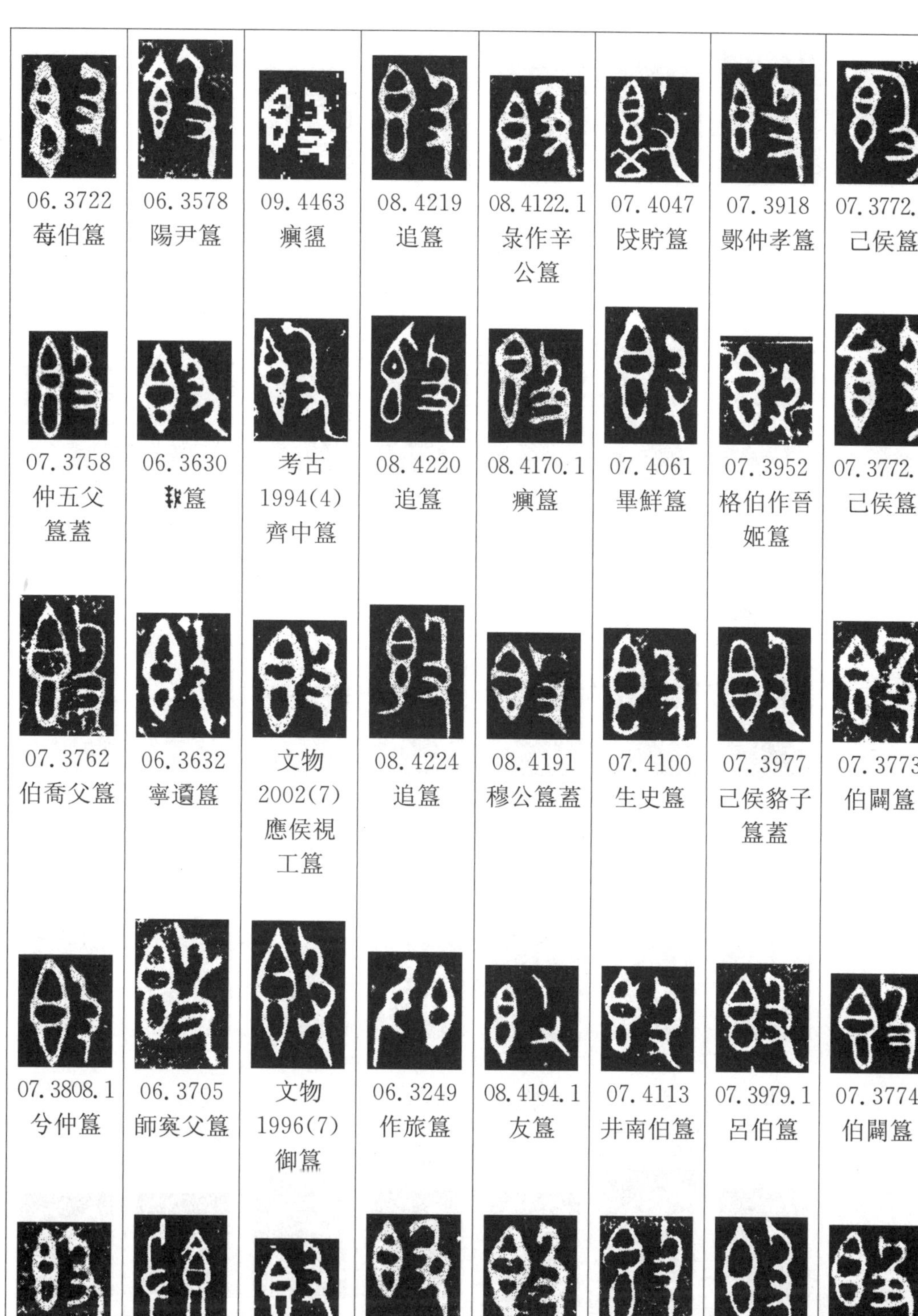

06.3722 莓伯簋	06.3578 陽尹簋	09.4463 瘓盨	08.4219 追簋	08.4122.1 彔作辛公簋	07.4047 陖貯簋	07.3918 鄭仲孝簋	07.3772.1 己侯簋
07.3758 仲五父簋蓋	06.3630 [illegible]簋	考古 1994(4) 齊中簋	08.4220 追簋	08.4170.1 瘓簋	07.4061 畢鮮簋	07.3952 格伯作晉姬簋	07.3772.2 己侯簋
07.3762 伯喬父簋	06.3632 寧遹簋	文物 2002(7) 應侯視工簋	08.4224 追簋	08.4191 穆公簋蓋	07.4100 生史簋	07.3977 己侯貉子簋蓋	07.3773 伯闢簋
07.3808.1 兮仲簋	06.3705 師寏父簋	文物 1996(7) 御簋	06.3249 作旅簋	08.4194.1 友簋	07.4113 井南伯簋	07.3979.1 呂伯簋	07.3774 伯闢簋
07.3813 兮仲簋蓋	06.3709 内公簋蓋	考古學報 2018(2) 格仲簋	08.4322.1 㦵簋	08.4199 恒簋蓋	07.4114 仲辛父簋	07.4045 應侯簋	07.3911.1 是婁簋
西周晚期	西周晚期	西周中期	西周中期	西周中期	西周中期	西周中期	西周中期

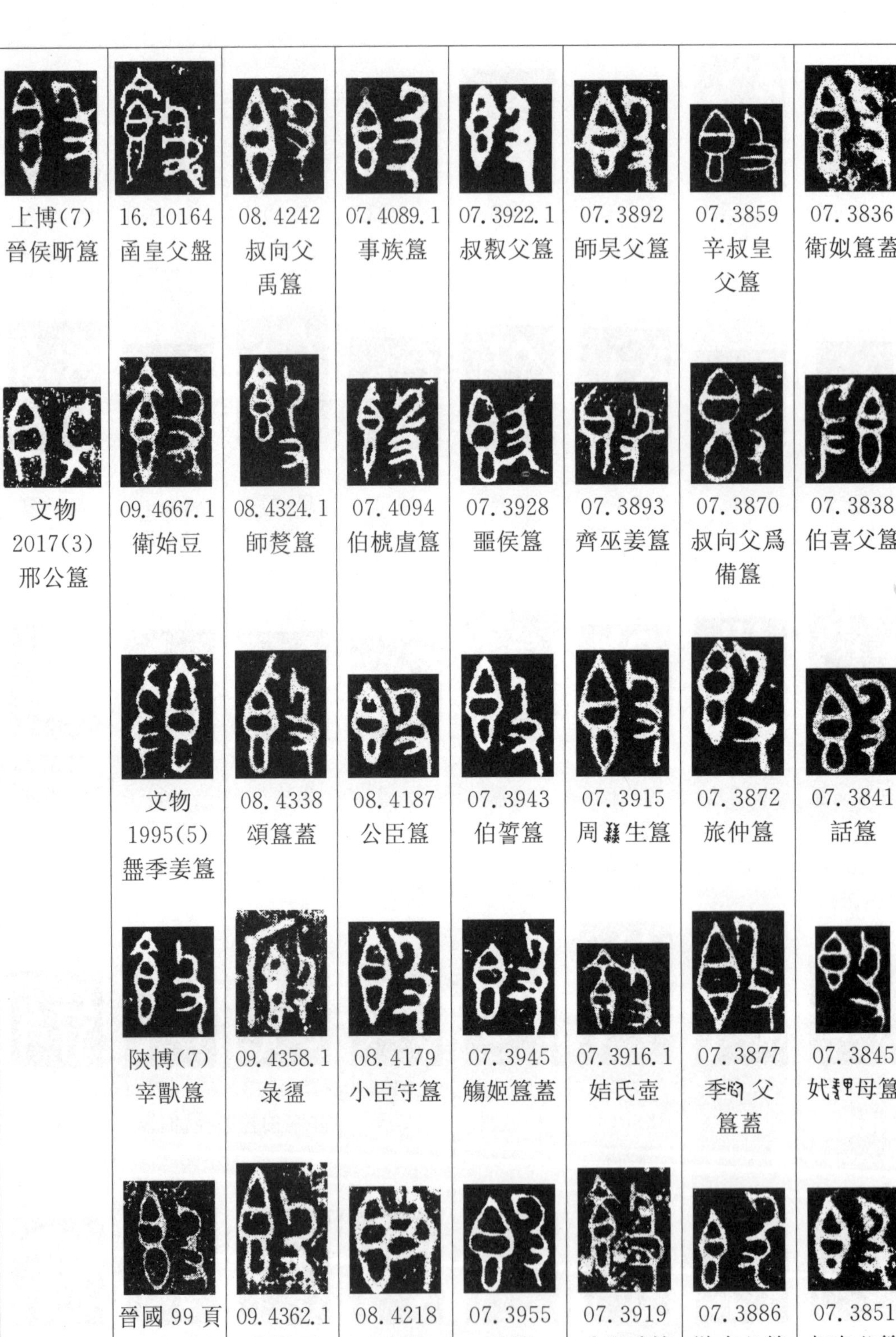

07.3836 衛姒簋蓋
07.3838 伯喜父簋
07.3841 話簋
07.3845 妊[illegible]母簋
07.3851 叔向父簋

07.3859 辛叔皇父簋
07.3870 叔向父爲備簋
07.3872 旅仲簋
07.3877 季[illegible]父簋蓋
07.3886 栿車父簋

07.3892 師㚖父簋
07.3893 齊巫姜簋
07.3915 周𩰬生簋
07.3916.1 姞氏壺
07.3919 𤔲公昏簋

07.3922.1 叔皷父簋
07.3928 䣄侯簋
07.3943 伯警簋
07.3945 鶬姬簋蓋
07.3955 兑簋

07.4089.1 事族簋
07.4094 伯梡䖒簋
08.4187 公臣簋
08.4179 小臣守簋
08.4218 五年師旋簋

08.4242 叔向父禹簋
08.4324.1 師嫠簋
08.4338 頌簋蓋
09.4358.1 彔盨
09.4362.1 伯鮮盨

16.10164 函皇父盤
09.4667.1 衛始豆
文物 1995(5) 無季姜簋
陝博(7) 宰獸簋
晉國 99 頁 晉侯斷簋

上博(7) 晉侯斷簋
文物 2017(3) 邢公簋

西周晚期　西周晚期　西周晚期　西周晚期　西周晚期　西周晚期　西周晚期　西周晚期

		〔其〕 箕	簧	第	笭	〔匲〕	簠
文物 2003(9) 季姬尊	03.744 琱生鬲	03.913 比甗	08.4317 㝬簋	考古學報 2018(2) 乞盉	12.6487 征作笭觶	首陽 117 頁 晉侯對盨	09.4681 微伯瘭簠
文物 2007(8) 五年琱生 尊甲	03.745 師趛鬲	新收 1664 矩方鼎		案：該字各家多釋「第」，裘錫圭(2012)指出此字上端似非「竹」頭，而有些像「人」形的上端，並疑此字可分析爲从二「人」从「𠆢」，是「並」之異體。			
文物 2007(8) 五年琱生 尊乙	03.746 仲枏父鬲	文物 2001(8) 叔夨方鼎					
文物 1999(9) 戎生編鐘	文物 1984(6) 夨王簋蓋	新收 960 家父盤					
	文物 1984(6) [illegible]其簋	曲村 505 頁 魰卣蓋					
	歷文 2002(1) 士山盤	通鑒 03317 叔㐬甗					
西周中期	西周中期	西周早期	西周晚期	西周晚期	西周早期	西周晚期	西周中期

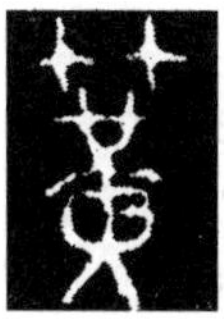

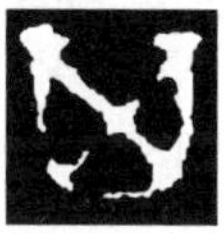

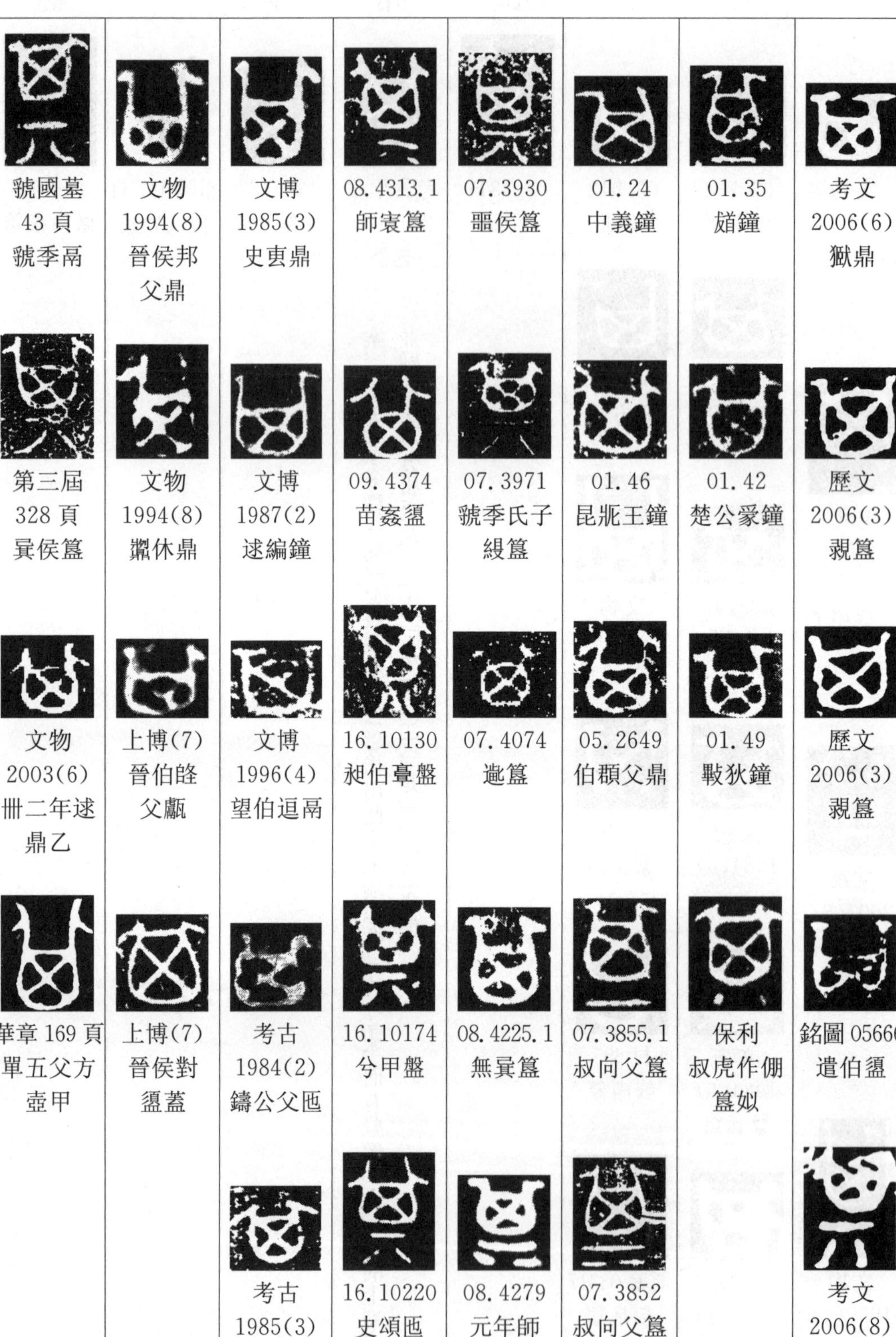

虢國墓 43 頁 虢季鬲	文物 1994(8) 晉侯邦父鼎	文博 1985(3) 史叀鼎	08.4313.1 師寰簋	07.3930 噩侯簋	01.24 中義鐘	01.35 媨鐘	考文 2006(6) 獄鼎
第三屆 328 頁 㠱侯簋	文物 1994(8) 𩰫休鼎	文博 1987(2) 逑編鐘	09.4374 苗寏盨	07.3971 虢季氏子組簋	01.46 昆疕王鐘	01.42 楚公冢鐘	歷文 2006(3) 親簋
文物 2003(6) 卌二年逑鼎乙	上博(7) 晉伯𨕣父甗	文博 1996(4) 望伯逌鬲	16.10130 䢅伯章盤	07.4074 𨕣簋	05.2649 伯頵父鼎	01.49 戰狄鐘	歷文 2006(3) 親簋
華章 169 頁 單五父方壺甲	上博(7) 晉侯對盨蓋	考古 1984(2) 鑄公父匜	16.10174 兮甲盤	08.4225.1 無㠱簋	07.3855.1 叔向父簋	保利 叔虎作倗簋姒	銘圖 05666 遣伯盨
		考古 1985(3) 鄧公簋蓋	16.10220 史頌匜	08.4279 元年師旋簋	07.3852 叔向父簋		考文 2006(8) 倗伯鼎
西周晚期	西周晚期	西周晚期	西周晚期	西周晚期	西周晚期	西周中期或晚期	西周中期

畀			典	〔⿱賏丌〕		〔⿰其凡〕	
 文物 1998(9) 柞伯簋	 09.4465 善父克盨	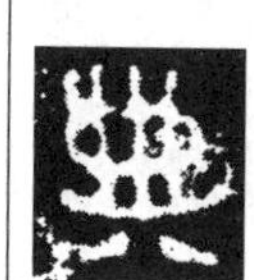 08.4262.1 格伯簋	 08.4241 榮作周公簋	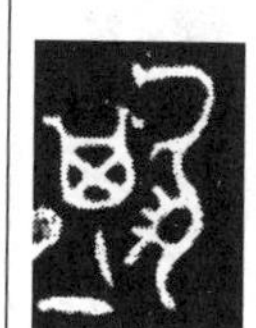 07.3846 訇伯簋蓋	 05.2776 剌鼎	 10.5428.1 叔趯父卣	 夏商周 395 伯呂盨
		 08.4263 格伯簋	 保利續 145 頁 典兔尊	 08.4328 不嬰簋	 05.2809 師旂鼎	 10.5428.2 叔趯父卣	 文物 2006(5) 柞伯鼎
		 08.4264.1 格伯簋		 08.4329 不嬰簋蓋		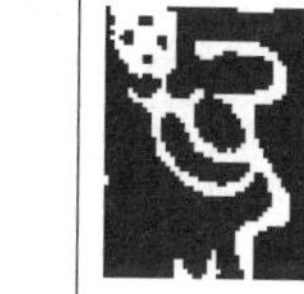 10.5429.1 叔趯父卣	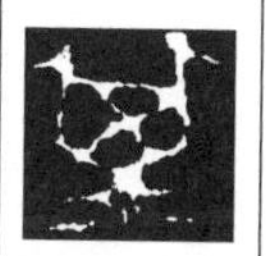 華章 63 頁 卌三年逑鼎乙
		 08.4265 格伯簋		 08.4329 不嬰簋蓋			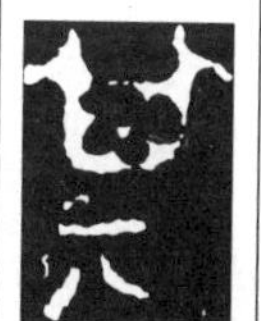 山東 696 頁 者僕故匜
		 08.4293 六年琱生簋					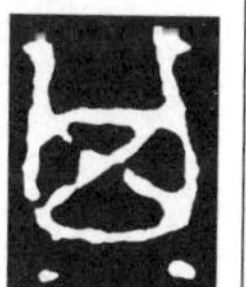 考文 2007(3) 琱生尊
西周早期	西周晚期	西周中期	西周早期	西周晚期	西周中期	西周早期	西周晚期

左　　　　　　　　奠

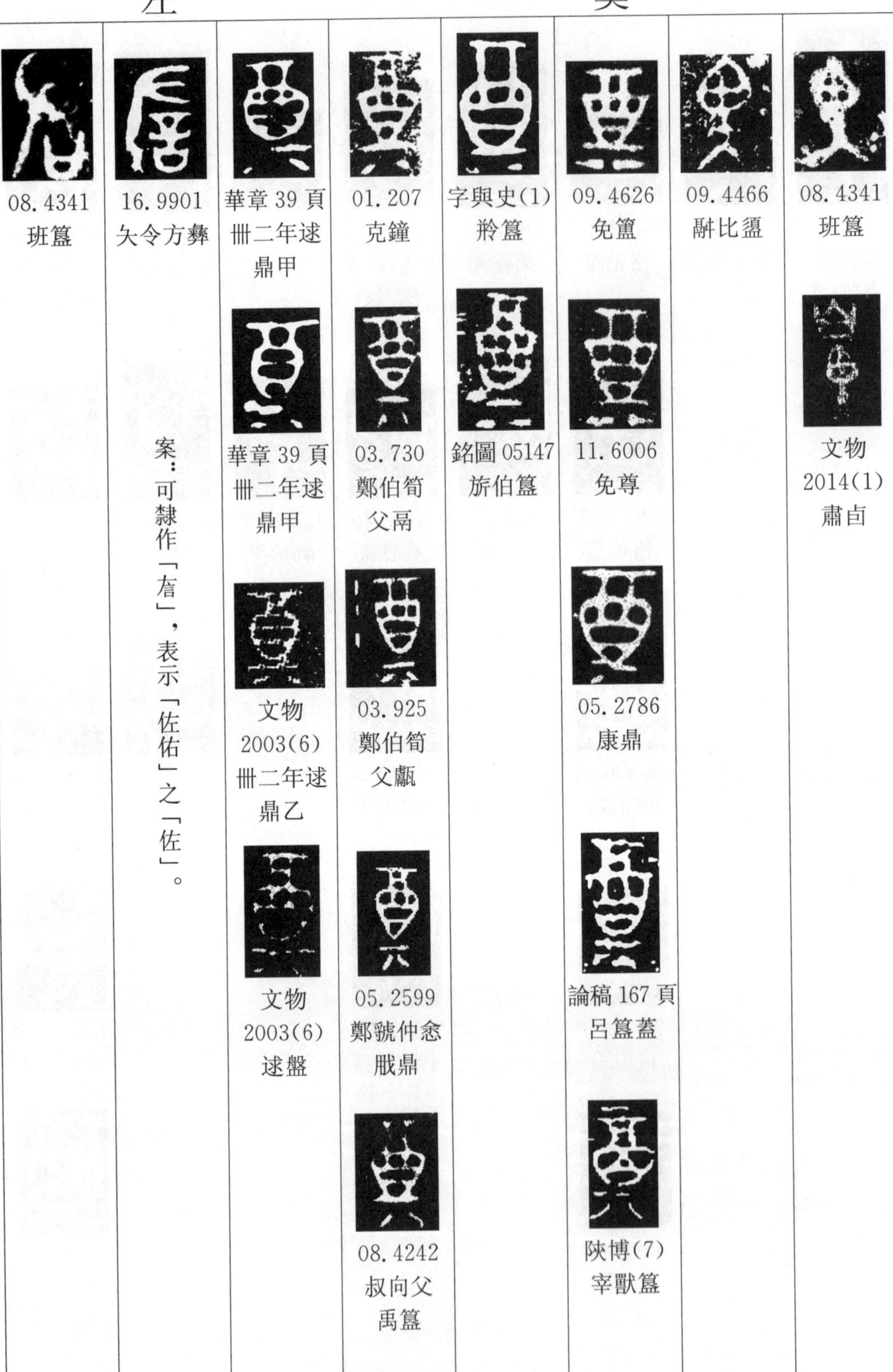

奠	奠	奠	奠	奠	左	左	左
08.4341 班簋	09.4466 [鬲斗]比盨	09.4626 免簠	字與史(1) 舲簋	01.207 克鐘	華章 39 頁 卌二年逑鼎甲	16.9901 矢令方彝	08.4341 班簋
文物 2014(1) 肅卣		11.6006 免尊	銘圖 05147 旂伯簋	03.730 鄭伯筍父鬲	華章 39 頁 卌二年逑鼎甲	案：可隸作「𢀜」，表示「佐佑」之「佐」。	
		05.2786 康鼎		03.925 鄭伯筍父甗	文物 2003(6) 卌二年逑鼎乙		
		論稿 167 頁 呂簋蓋		05.2599 鄭虢仲悆戠鼎	文物 2003(6) 逑盤		
		陝博(7) 宰獸簋		08.4242 叔向父禹簋			
西周中期	西周晚期	西周中期	西周中期	西周中期	西周中期	西周早期	西周中期

工 差

西周晚期	西周中期	西周中期	西周中期	西周早期	西周早期	西周中期	西周晚期
04.2501 嗣工殘鼎	16.10322 永盂	10.5418 免卣	05.2832 五祀衛鼎	08.4330 沈子它簋蓋	04.2246 木工册作妣戊鼎	08.4271 同簋	08.4313.2 師寰簋
08.4184 公臣簋	新收740 盠尊	11.5988 斿尊	05.2832 五祀衛鼎	12.6502 木工册作母甲觶	05.2778 史獸鼎		08.4314 師寰簋
08.4185 公臣簋	文物2002(7) 應侯視工簋	11.6006 免尊	08.4162 孟簋	14.8792 嗣工丁爵	06.3666 木工册作母日甲簋		
08.4186 公臣簋	歷文2006(3) 親簋	15.9456 裘衛盉	08.4163 孟簋	16.9901 矢令方彝	07.4029 明公簋		
08.4187 公臣簋	銘圖03349 昔須甗	16.9899.1 盠方彝	08.4164 孟簋	16.10363 司工量	10.5195.1 單子卣		
08.4294 揚簋							

巨〔矩〕

08.4340 蔡簋

16.10176 散氏盤

華章 39 頁 卌二年逑鼎甲

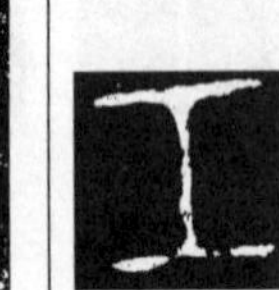
華章 39 頁 卌二年逑鼎甲

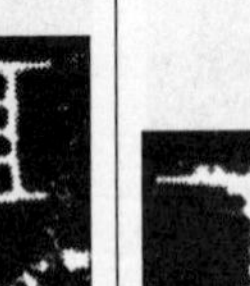
文物 2003(6) 卌二年逑鼎乙

西周晚期

03.689.2 伯矩鬲

03.892 伯矩甗

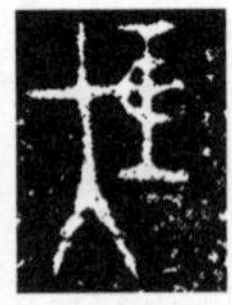
04.2170 伯矩鼎

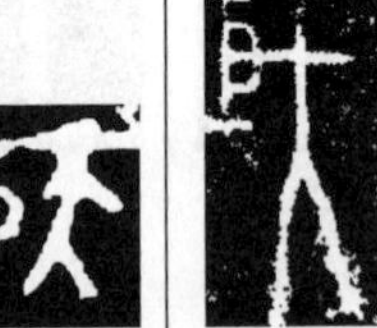
06.3532 伯矩簋

10.5228.1 伯矩卣

西周早期

15.9567.1 伯矩壺

16.10060 矩盤

16.10073 伯矩盤

新收 1664 矩方鼎

西周早期

05.2831 九年衛鼎

15.9456 裘衛盉

西周中期

塞〔寶〕

09.4524 塞簠

西周晚期

巫

11.6086 巫觶

西周早期

07.3893 齊巫姜簋

西周晚期

甘

文物 1986(6) 鄁甘𩫖鼎

西周晚期

猒　　　　　　　　曆

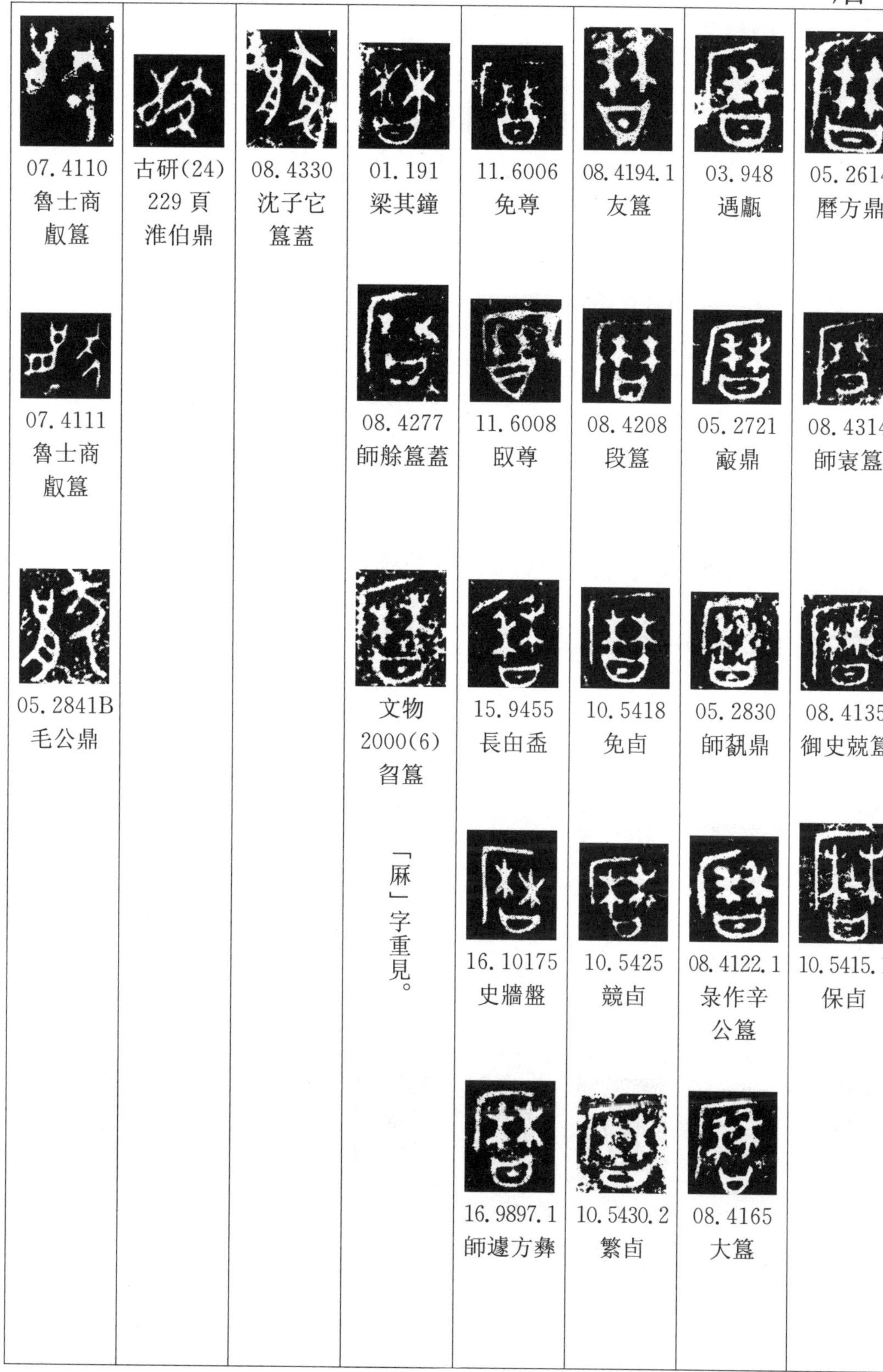

曆
- 西周早期：05.2614 曆方鼎；08.4314 師寰簋；08.4135 御史兢簋；10.5415.1 保卣
- 西周中期：03.948 遇甗；05.2721 𡨦鼎；05.2830 師𩛥鼎；08.4122.1 彔作辛公簋；08.4165 大簋
- 西周中期：08.4194.1 友簋；08.4208 段簋；10.5418 免卣；10.5425 競卣；10.5430.2 繁卣
- 西周中期：11.6006 免尊；11.6008 臤尊；15.9455 長甶盉；16.10175 史牆盤；16.9897.1 師遽方彝
- 西周晚期：01.191 梁其鐘；08.4277 師艅簋蓋；文物 2000(6) 曶簋

「厤」字重見。

猒
- 西周早期：08.4330 沈子它簋蓋
- 西周中期：古研(24) 229頁 淮伯鼎
- 西周晚期：07.4110 魯士商𠭯簋；07.4111 魯士商𠭯簋；05.2841B 毛公鼎

曰　　　　甚

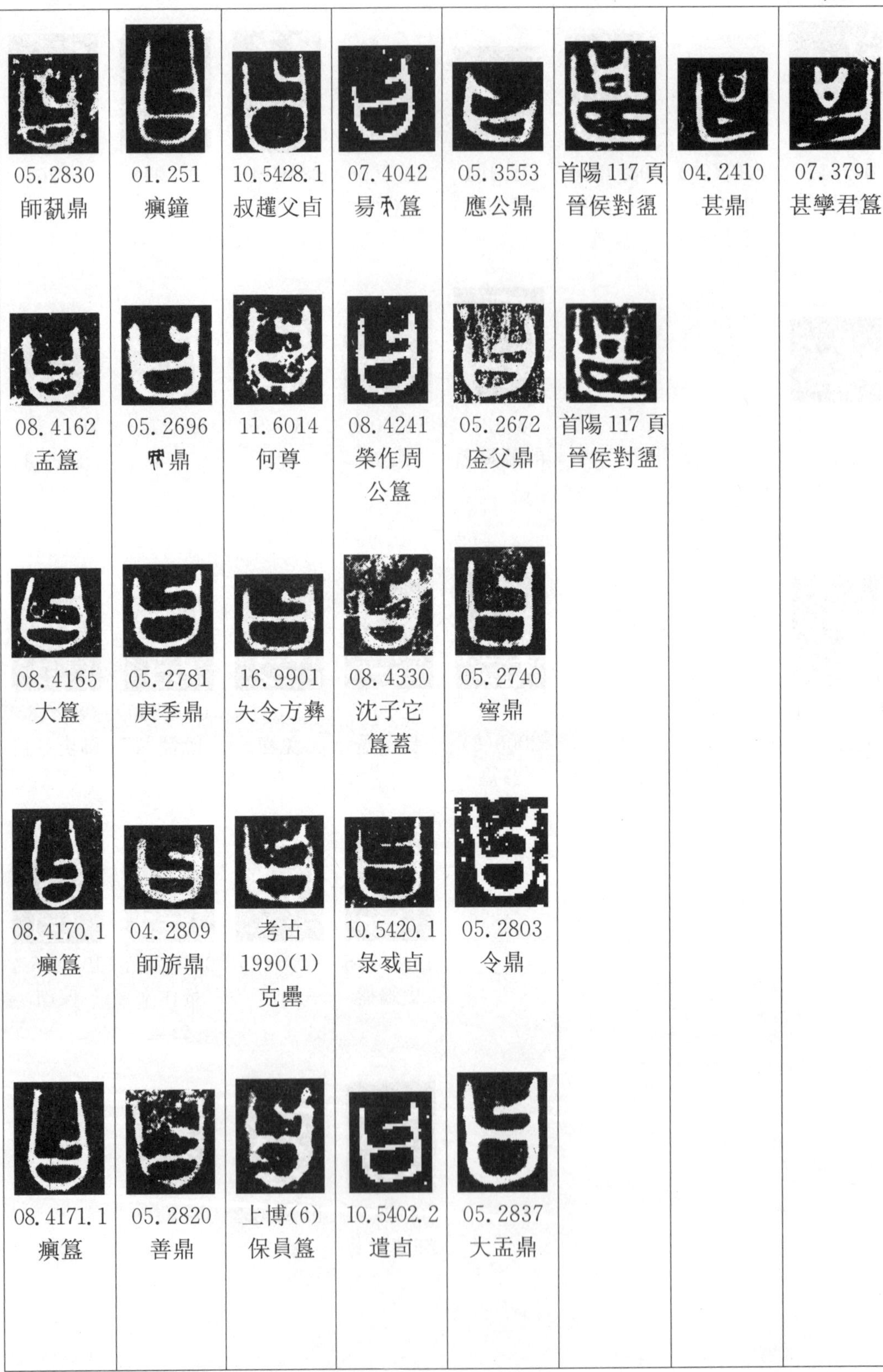

西周中期	西周中期	西周早期	西周早期	西周早期	西周中期	西周中期	西周早期
05.2830 師𩛥鼎	01.251 𤼈鐘	10.5428.1 叔趯父卣	07.4042 易□簋	05.3553 應公鼎	首陽117頁 晉侯對盨	04.2410 甚鼎	07.3791 甚學君簋
08.4162 孟簋	05.2696 □鼎	11.6014 何尊	08.4241 榮作周公簋	05.2672 [广金]父鼎	首陽117頁 晉侯對盨		
08.4165 大簋	05.2781 庚季鼎	16.9901 矢令方彝	08.4330 沈子它簋蓋	05.2740 寧鼎			
08.4170.1 𤼈簋	04.2809 師旂鼎	考古1990(1) 克罍	10.5420.1 彔𢦚卣	05.2803 令鼎			
08.4171.1 𤼈簋	05.2820 善鼎	上博(6) 保員簋	10.5402.2 遣卣	05.2837 大盂鼎			

曶

西周中期	西周早期	西周晚期	西周晚期	西周中期	西周中期	西周中期	西周中期
 05.2838 曶鼎	 04.2175 [illegible]曶作旅鼎	 08.4228 無㠱簋蓋	 01.61 逆鐘	 文物 2003(9) 季姬尊	 16.10175 史牆盤	 08.4269 縣改簋	 08.4173.1 㾓簋
 05.2838 曶鼎	 04.2330 姞曶母方鼎	 08.4340 蔡簋	 01.82 單伯昊生鐘	 新收 1604 尸曰盤	 文物 1999(9) 戎生編鐘	 08.4284 師㾓簋蓋	 08.4174.1 㾓簋
 08.4251.1 大師虘簋	 11.5815 史曶尊	 華章 63 頁 卌三年逨鼎乙	 01.106 楚公逆鐘	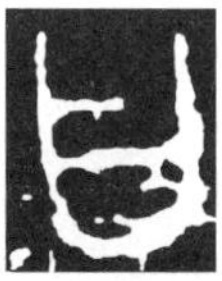 銘圖 05673 古盨蓋	 考文 1986(4) 段簋甲	 08.4341 班簋	 08.4175.1 㾓簋
 08.4252.1 大師虘簋	 14.9041 史曶爵		 01.111.1 井人妄鐘	 考古學報 2018(2) 乞盉	 陝博(7) 宰獸簋	 10.5419 彔刻卣	 08.4176.1 㾓簋
 11.5931 曶尊			 01.181.1 南宮乎鐘		 歷文 2002(6) 豳公盨	 10.5423A 匡卣	 08.4178 君夫簋蓋

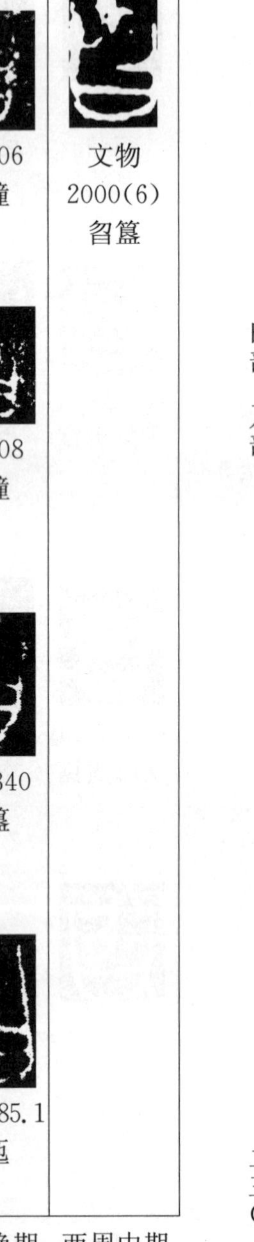

乃		曹			朁		
 07.3991 祖日庚簋	 03.924.1 乃子作父辛甗	 04.2783 七年趞曹鼎	 08.4326 番生簋蓋	 文物 1999(9) 戎生編鐘	 04.2244 朁作祖乙鼎	 01.204 克鐘	 銘圖 05282 大師虘簋蓋
 08.4330 沈子它簋蓋	 05.2532 乃牆子鼎	 04.2783 七年趞曹鼎			 11.6004 ⿱罒朁尊	 01.206 克鐘	文物 2000(6) 曶簋
 08.4330 沈子它簋蓋	 05.2554 應公鼎	 05.2784 十五年趞曹鼎				 01.208 克鐘	
 08.4330 沈子它簋蓋	 05.2712 乃子克鼎					 08.4340 蔡簋	
 10.5389.1 ⿰鼎頁卣	 05.2837 大盂鼎					 16.10285.1 𠍃匜	
西周早期	西周早期	西周中期	西周晚期	西周中期	西周早期	西周晚期	西周中期

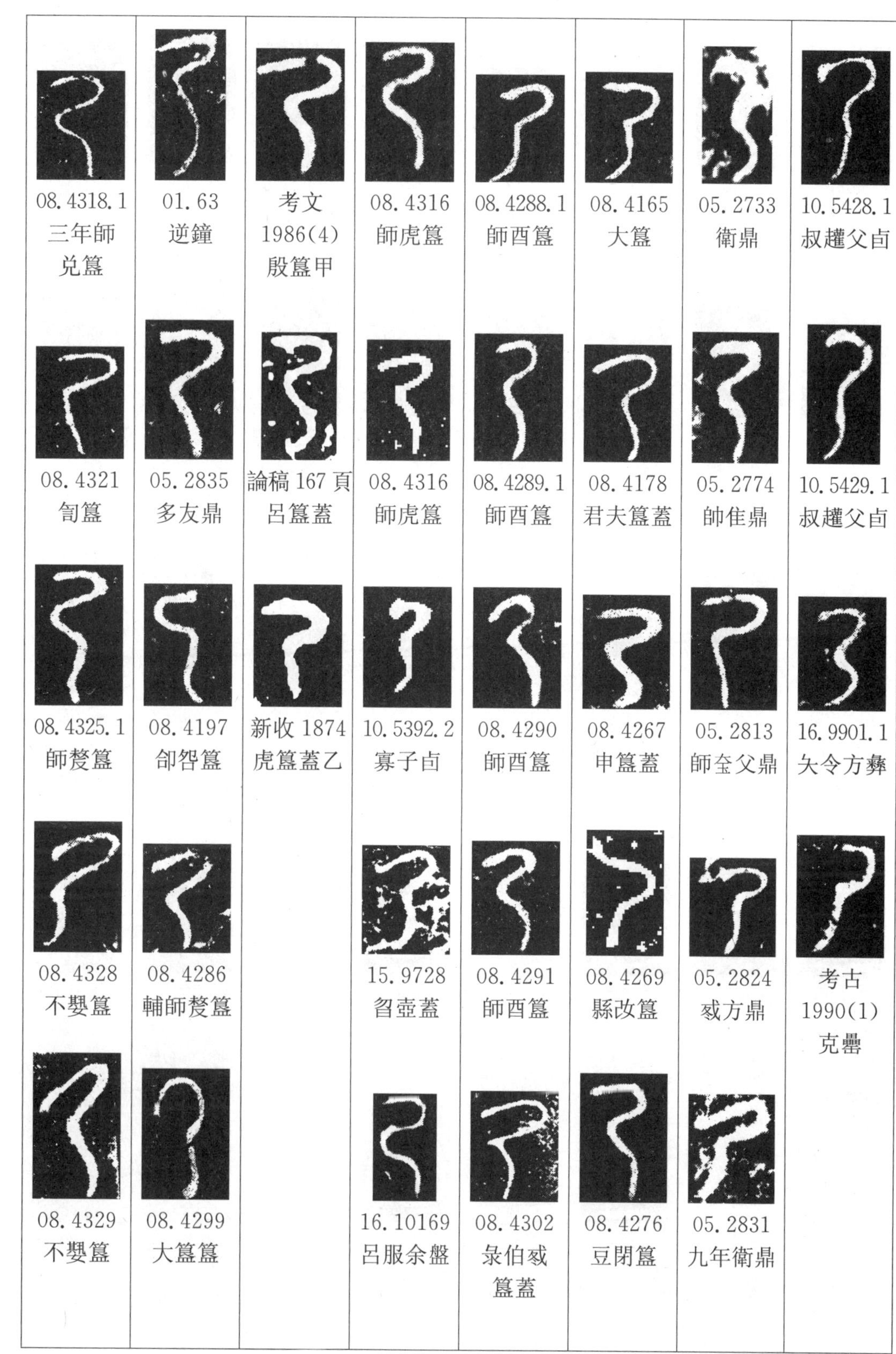

10.5428.1
叔趯父卣
10.5429.1
叔趯父卣
16.9901.1
夨令方彝
考古
1990(1)
克罍
05.2733
衛鼎
05.2774
帥隹鼎
05.2813
師奎父鼎
05.2824
㦰方鼎
05.2831
九年衛鼎
08.4165
大簋
08.4178
君夫簋蓋
08.4267
申簋蓋
08.4269
縣改簋
08.4276
豆閉簋
08.4288.1
師酉簋
08.4289.1
師酉簋
08.4290
師酉簋
08.4291
師酉簋
08.4302
彔伯㦰簋蓋
08.4316
師虎簋
08.4316
師虎簋
10.5392.2
寡子卣
15.9728
曶壺蓋
16.10169
呂服余盤
考文
1986(4)
殷簋甲
論稿167頁
呂簋蓋
新收1874
虎簋蓋乙
01.63
逆鐘
05.2835
多友鼎
08.4197
郃咎簋
08.4286
輔師嫠簋
08.4299
大簋簋
08.4318.1
三年師兑簋
08.4321
訇簋
08.4325.1
師嫠簋
08.4328
不嬰簋
08.4329
不嬰簋

西周早期 西周中期 西周中期 西周中期 西周中期 西周中期 西周晚期 西周晚期

迺

01.260.1 㝬鐘	10.5424.1 農卣	04.2809 師旂鼎	文物 2009(2) 何簋	05.2837 大盂鼎	華章 79 頁 卌三年逑 鼎丁	文物 2006(5) 柞伯鼎	09.4468 師克盨蓋
05.2818 鬲攸从鼎	16.10175 史牆盤	05.2831 九年衛鼎	首陽 83 頁 [illegible]簋	07.4030 史話簋	華章 55 頁 卌三年逑 鼎甲	考文 2007(3) 琱生尊	16.10285.2 𠑇匜
05.2833 禹鼎	歷文 2006(3) 親簋	05.2831 九年衛鼎		08.4330 沈子它 簋蓋	華章 119 頁 卌三年逑 鼎壬	華章 39 頁 卌二年逑 鼎甲	文物 2003(6) 逑盤
05.2835 多友鼎	歷文 2002(6) 豳公盨	05.2838 曶鼎		16.9901.1 夨令方彝	文物 2003(6) 卌三年逑 鼎辛	文物 2003(6) 卌二年逑 鼎乙	字與史(1) 文盨
05.2841B 毛公鼎		08.4191 穆公簋蓋		16.9901.2 夨令方彝			
西周晚期	西周中期	西周中期	西周早期	西周早期	西周晚期	西周晚期	西周晚期

丂　　　　卣

丂					卣		
 06.3538 伯丂庚簋	 09.4467.1 師克盨	 01.240.1 虢叔旅鐘	 08.2816 伯晨鼎	 05.2754 吕方鼎	 05.2837 大盂鼎	 華章 55 頁 卌三年逑鼎甲	 08.4203 曾仲大父蝨簋
 06.3696 嗣土嗣簋	 09.4468 師克盨	 01.238.1 虢叔旅鐘		 08.4302 彔伯㦰簋蓋	 10.5421.2 士上卣	 華章 63 頁 卌三年逑鼎乙	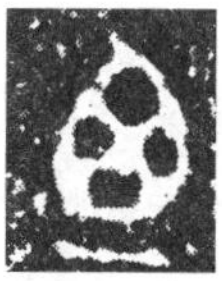 08.4204.1 曾仲大父蝨簋
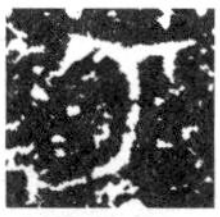 06.3697 嗣土嗣簋	 華章 39 頁 卌二年逑鼎甲	 05.2841B 毛公鼎		 16.9898A 吳方彝蓋			 08.4278 鬲比簋蓋
 通鑒 11793 倗季尊	 華章 55 頁 卌三年逑鼎甲	 08.4318 三年師兑簋					 16.10176 散氏盤
		 08.4318.2 三年師兑簋					
西周早期	西周晚期	西周晚期	西周中期或晚期	西周早期	西周早期	西周晚期	西周晚期

寧		騁	甹				
 11.6015 麥方尊	 03.462 寧母鬲	 13.7824 亞騁爵	 01.63 逆鐘	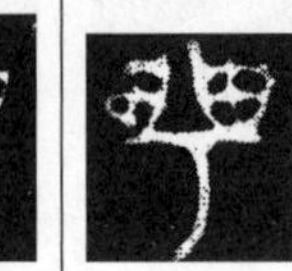 01.251 㾓鐘	 09.4533 口[illegible]簋	 03.752 仲枏父鬲	 03.746 仲枏父鬲
 12.6419 寧作父辛觶	 04.2107 寧女方鼎		 05.2841A 毛公鼎	 08.4341 班簋	 16.10176 散氏盤	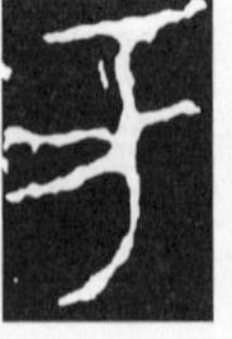 首陽96頁 仲枏父鬲	 03.747 仲枏父鬲
 14.9104 盂爵	 07.4021 寧簋蓋			 16.10175 史牆盤	 16.10176 散氏盤		 03.749 仲枏父鬲
	 10.5384.1 耳卣						 03.750 仲枏父鬲
							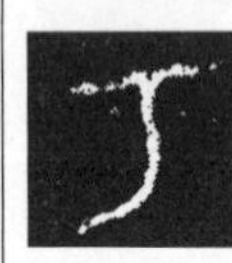 03.751 仲枏父鬲
西周早期	西周早期	西周早期	西周晚期	西周中期	西周晚期	西周中期	西周中期

兮　可

兮			可				
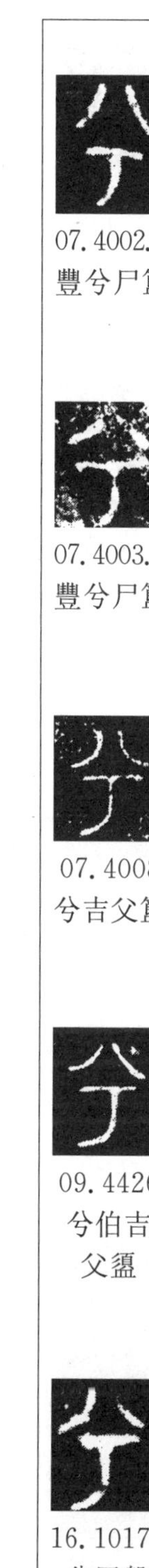 07.4002.2 豐兮尸簋	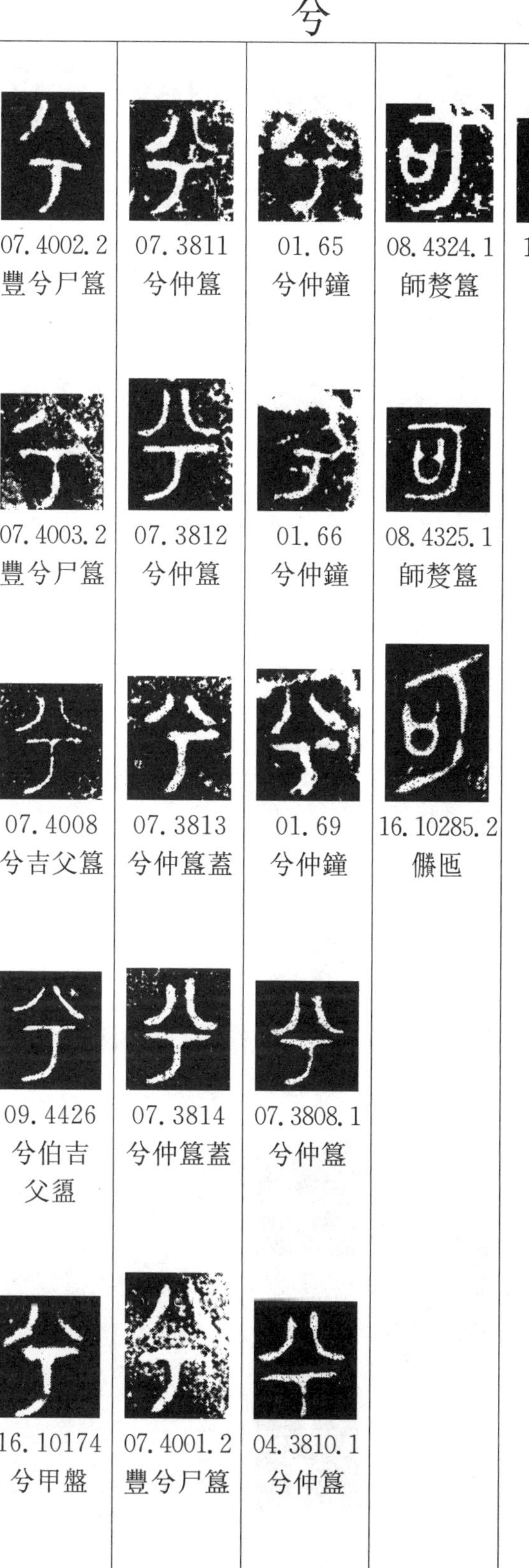 07.3811 兮仲簋	01.65 兮仲鐘	08.4324.1 師嫠簋	14.9087 美爵	06.3632 寧遹簋	 華章 55 頁 卌三年逑鼎甲	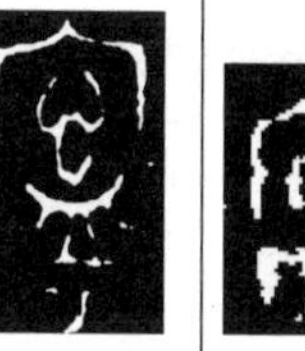 12.6515 萬諆觶
07.4003.2 豐兮尸簋	07.3812 兮仲簋	01.66 兮仲鐘	08.4325.1 師嫠簋			 華章 63 頁 卌三年逑鼎乙	夏商周 398 應侯盨
07.4008 兮吉父簋	07.3813 兮仲簋蓋	01.69 兮仲鐘	16.10285.2 儹匜			 06.3739 蘇公簋	
09.4426 兮伯吉父盨	07.3814 兮仲簋蓋	07.3808.1 兮仲簋				案：趙平安(1998)分析蘇公簋該字从「血」从「丂」，隸作「甹」，即「寧」字。	
16.10174 兮甲盤	07.4001.2 豐兮尸簋	04.3810.1 兮仲簋					
西周晚期	西周晚期	西周晚期	西周晚期	西周早期	西周	西周晚期	西周中期

乎

15.9727 三年𤼈壺	12.6516 趩觶	08.4291 師酉簋	08.4256.1 廿七年衛簋	08.4207 遹簋	05.2780 師湯父鼎	05.2720 井鼎	14.8873 乎子父以爵
15.9728 曶壺蓋	15.9714 史懋壺	08.4316 師虎簋	08.4268.1 王臣簋	08.4250 即簋	05.2808 大鼎		文物2001(8) 叔夨方鼎
16.9897.1 師遽方彝	15.9723 十三年𤼈壺	08.4327 卯簋蓋	08.4276 豆閉簋	08.4251.1 大師虘簋	05.2813 師奎父鼎		
16.9898B 吳方彝蓋	15.9724.1 十三年𤼈壺	09.4462 𤼈盨	08.4288.1 師酉簋	08.4251.1 大師虘簋	07.3769.1 乎簋		
16.10170 走馬休盤	15.9726 三年𤼈壺	09.4463 𤼈盨	08.4289.1 師酉簋	08.4252.1 大師虘簋	08.4191 穆公簋蓋		
					08.4192.1 肄簋		
西周中期	西周中期	西周中期	西周中期	西周中期	西周中期	西周早期或中期	西周早期

考文 1986(4) 段簋甲
考文 1997(3) 虎簋蓋
文物 1990(7) 達盨蓋
新收 1874 虎簋蓋乙
銘圖 05282 大師虘簋蓋
歷文 2006(3) 親簋
01.181.1 南宮乎鐘
01.204 克鐘
01.206 克鐘
05.2814 無叀鼎
05.2815 趞鼎
05.2821 此鼎
05.2822 此鼎
05.2825 善夫山鼎
05.2827 頌鼎
05.2829 頌鼎
08.4244 走簋
08.4253 弭叔師采簋
08.4257 弭伯師耤簋
08.4274.1 元年師兌簋
08.4281 元年師旋簋
08.4282.1 元年師旋簋
08.4294 揚簋
08.4295 揚簋
08.4296 鄭簋蓋
08.4297 鄭簋
08.4298 大簋
08.4304.1 諫簋
08.4305 此簋
08.4307 此簋
08.4308 此簋
08.4309 此簋
08.4310 此簋
08.4312 師類簋
08.4318.1 三年師兌簋
08.4324.1 師嫠簋

西周中期　西周中期　西周晚期　西周晚期　西周晚期　西周晚期　西周晚期　西周晚期

于

 考古 2007(3) 覭公簋	 16.9901.1 矢令方彝	 涾嗣土 迭簋	 07.3743 保侃母 簋蓋	 05.2612 玔方鼎	 文物 2009(9) 頌盤	 08.4340 蔡簋	 08.4325.1 師嫠簋
	上博(8) 亢鼎	07.4097 窑簋	07.3791 甚孌君簋	05.2704 旟鼎		 16.10172 寰盤	 08.4332.1 頌簋
	 文物 2004(8) 辛囂相簋	 08.4241 榮作周 公簋	 07.3826 亘𠂤戵簋	 05.2706 麥方鼎		 陝博(7) 宰獸簋	 08.4333.1 頌簋
	 文物 2004(8) 辛囂相簋	 08.4133.2 叔簋	 07.4030 史話簋	 05.2739 塱方鼎		 華章 71 頁 卌三年逑 鼎丙	 08.4334 頌簋
	 通鑒 03317 叔亢甗	 11.6014 何尊	 07.4042 昜禾簋	 05.2803 令鼎			 08.4339 頌簋
西周早期	西周早期	西周早期	西周早期	西周早期	西周晚期	西周晚期	西周晚期

西周中期	西周中期	西周中期	西周中期	西周中期	西周中期	西周中期	西周早期或中期
考文 2005(增) 老簋	10.5425 競卣	08.4266 趞簋	08.4224 追簋	08.4208 段簋	05.2695 員方鼎	01.246 瘐鐘	12.6509.2 [illegible]觶
歷文 2002(6) 豳公盨	考古 1989(6) 孟狴父甗	08.4268.1 王臣簋	08.4237 臣諫簋	08.4219 追簋	07.4104.1 賢簋	03.755 尹姞鬲	
中國古董 2008(56) 古鼎	歷文 2004(2) 任鼎	08.4269 縣改簋	08.4240 免簋	08.4221 追簋	08.4165 大簋	03.948 遇甗	
考古學報 2018(2) 格仲鼎	考文 2006(6) 獄簋	08.4270 同簋蓋	08.4243 殳簋蓋	08.4222 追簋蓋	08.4191 穆公簋蓋	04.2509 屯鼎	
考古學報 2018(2) 格仲簋	字與史(1) 羚簋	10.5425 競卣	08.4262.1 格伯簋	08.4223.1 追簋	08.4207 遹簋	05.2678 小臣鼎	

08.4137 叔妃簋

08.4197 卲智簋

08.4203 曾仲大父螽簋

08.4218 五年師旇簋

08.4232.1 史頌簋

西周晚期

文博2007(2) 讆鼎

文物2006(5) 柞伯鼎

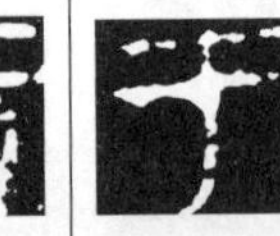
華章39頁 卌二年逑鼎甲

文物2003(6) 卌二年逑鼎乙

西周晚期

華章119頁 卌三年逑鼎壬

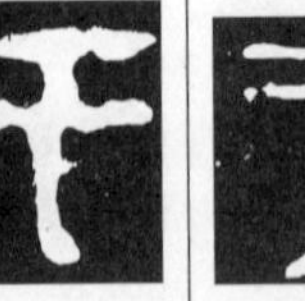
首陽107頁 伯𢦏父簋

字與史(1) 文盨

西周晚期

雩

05.2837 大盂鼎

「雩」字重見。

西周早期

華章55頁 卌三年逑鼎甲

西周晚期

旨

04.2269 匽侯旨作父辛鼎

05.2628 匽侯旨鼎

05.2628 匽侯旨鼎

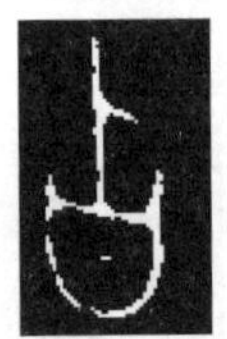
應國墓151頁 旻鼎

西周早期

文物1996(7) 旨鼎

通鑒14778 旨盉蓋

西周中期

15.9713 殳季良父壺

新收857 晉侯對鋪

西周晚期

					喜		嘗
考古 1986(1) 井叔采鐘	07.3838 伯喜父簋	01.146 士父鐘	01.67 兮仲鐘	01.246 㝬鐘	08.4261 天亡簋	05.2681 姬鼎	08.4293 六年琱生簋
文物 1994(2) 師盂鐘	07.3839 伯喜父簋	01.147 士父鐘	01.68 兮仲鐘	05.2831 九年衛鼎			10.5433 效卣
新收 903 晉侯喜父器	07.3997.1 伯喜簋	01.190 梁其鐘	01.69 兮仲鐘	08.4273 靜簋			
首陽 121 頁 逑鐘	08.4137 叔妣簋	02.356 井叔采鐘	01.141 師臾鐘				
西周晚期	西周晚期	西周晚期	西周晚期	西周中期	西周早期	西周晚期	西周中期

嘉		彭		尌		壴	
 06.3679 伯嘉父簋	 07.3890 廣簋蓋	 11.5810 作彭史 从尊	04.1907 彭女彝鼎	08.4124 尌仲簋蓋	16.10056 尌仲作盤	04.2483 壴生鼎	文物 2002(12) 壴師當盧
06.3680 伯嘉父簋		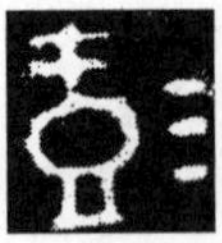 15.9369 伯彭作盉	04.1908 彭女彝鼎				
		 文物 2011(11) 魚伯彭卣	05.2612 玔方鼎				
			 05.2613 玔方鼎				
			 10.5103 伯彭父卣				
西周晚期	西周晚期	西周早期	西周早期	西周晚期	西周早期	西周中期 或晚期	西周早期

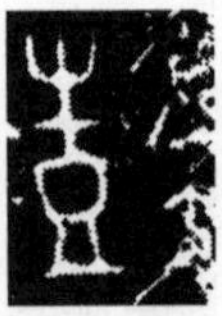

𧯠			豆		鼓		
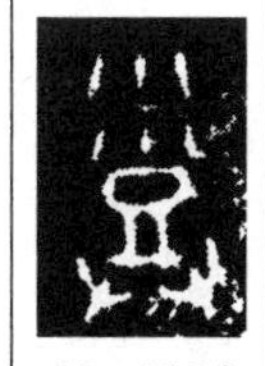 09.4692 大師虘豆	 08.4208 段簋	 大系圖18 大盂鼎	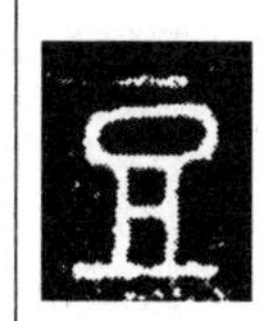 09.4683 周生豆	 08.4276 豆閉簋	 05.2836 大克鼎	 01.258 𤼈鐘	 12.6500 鼓𦎫作父辛觶
		 05.2837 大盂鼎	 09.4692 大師虘豆	 08.4276 豆閉簋	 08.4324.1 師嫠簋	 01.259 𤼈鐘	
			 16.10176 散氏盤		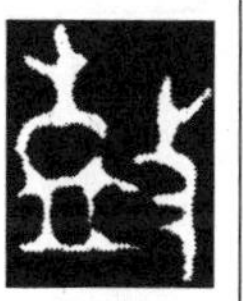 08.4325.1 師嫠簋	 07.4047 陖貯簋	
			 09.4673 單𥎦生豆				
西周晚期	西周中期	西周早期	西周晚期	西周中期	西周晚期	西周中期	西周早期

	豐				豊		豊
17. 11014 豐伯戈	 08. 4201 小臣宅簋	 16. 10176 散氏盤	 新收 1605 叔豐簋	 10. 5403. 1 豊卣	 04. 2152 豊公鼎	 15. 9455 長由盉	 08. 4261 天亡簋
 18. 11572 豐伯劍	 10. 5191. 1 豐卣			 11. 5996 豊作父辛尊	 10. 5346 豊卣		 11. 6014 何尊
 18. 11572 豐伯劍	 10. 5352 小臣豐卣			 14. 9081 豊父辛爵	 銘圖 05014 公豊父簋		 11. 6015 麥方尊
 18. 11774 豐王斧	 10. 5337. 1 㦺季遽父卣			 14. 9082 豊父辛爵	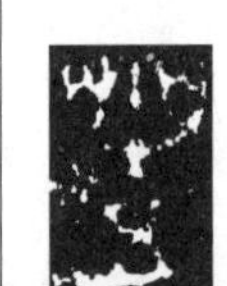 銘圖 05014 公豊父簋		
 18. 11848 豐王銅泡	 10. 5432. 1 作册魖卣			 保利 叔豊簋	 文物 2010(8) 豊簋		
西周早期	西周早期	西周晚期	西周中期	西周中期	西周早期	西周中期	西周早期

虔		虞					
 01.252 瘋鐘	 15.9694.1 虞嗣寇壺	 08.4199 恒簋蓋	 08.4280.1 元年師旋簋	 05.2546 輔伯雁父鼎	 16.10175 史牆盤	 01.247 瘋鐘	 18.11850 豐王銅泡
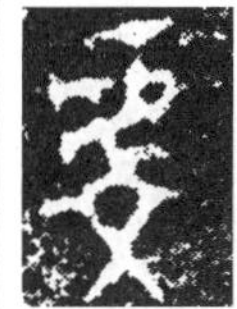 05.2812 師朢鼎	 15.9696 虞侯政壺	 08.4320 宜侯夨簋	 15.9438 王盉	 07.3923 豐井叔簋	 文物 1996(7) 伯豐爵	 06.3737 夆簋	 保利續 146 頁 典兔尊
 08.4221 追簋	 16.10176 散氏盤		 18.11847 豐泡	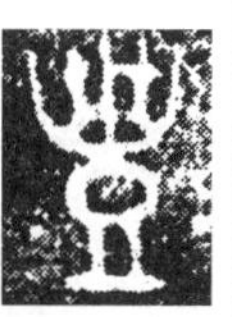 07.4001.2 豐兮尸簋	 字與史(1) 文盨	 06.3387 豐作從彝簋	 銘圖 03157 豐甗
 08.4224 追簋			 18.11848 豐王泡	 07.4002.1 豐兮尸簋	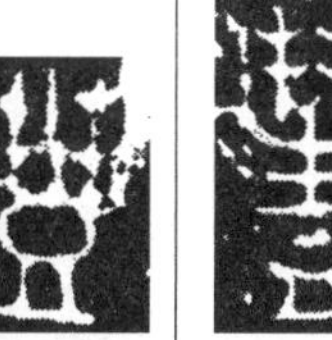 新收 703 咸鼎	 08.4267 申簋蓋	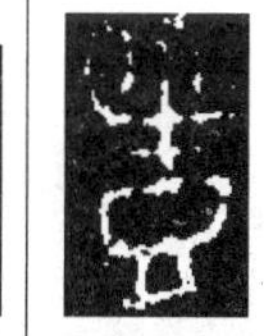 銘圖 05142 師衛簋
			 新收 1673 豐侯母鬲	 07.4002.2 豐兮尸簋		  15.9456 裘衛盉	
西周中期	西周晚期	西周早期	西周晚期	西周晚期	西周中期	西周中期	西周早期

虖	虘						
08.4330 沈子它 簋蓋	07.4094 伯梡虘簋	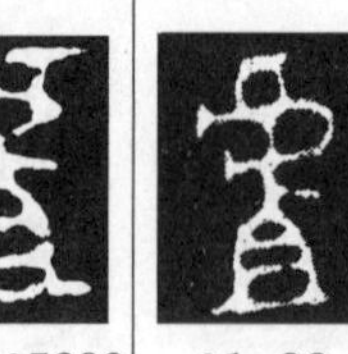 銘圖 05282 大師虘 簋蓋	01.88 叡鐘	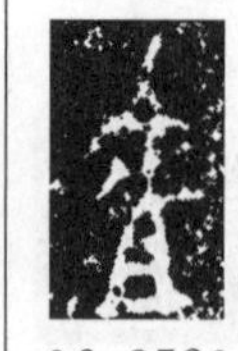 06.3520 虘作父 辛簋	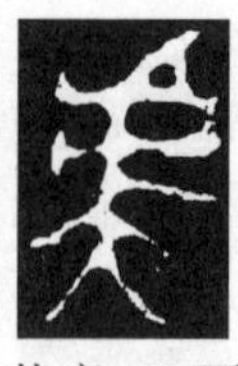 華章 79 頁 卌三年逑 鼎丁	 歷文 2002(2) 作册封鬲 (乙)	 01.189.1 梁其鐘
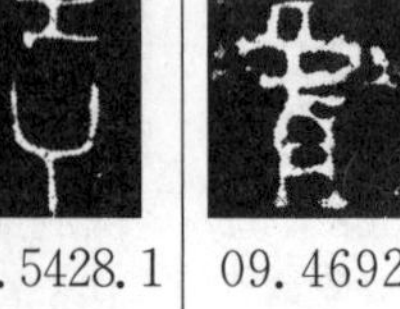 10.5428.1 叔趯父卣	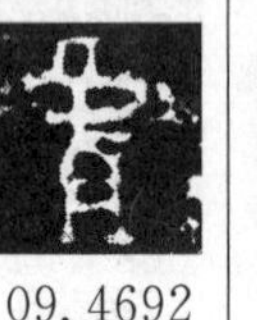 09.4692 大師虘豆	 歷文 2002(1) 士山盤	 08.4251.1 大師虘簋	 14.8952 虘作父 辛爵	案：逑鼎該字李學勤(2003a)、李零(2003)、董珊(2003)、周鳳五(2004)釋作「虔」。	 文物 2003(6) 逑盤	 01.192 梁其鐘
 11.6009 效尊			 08.4252.1 大師虘簋			 文博 1987(2) 逑編鐘	 05.2841B 毛公鼎
 11.6014 何尊			 16.10175 史牆盤			 華章 71 頁 卌三年逑 鼎丙	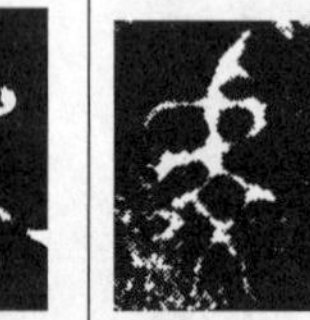 08.4314 師寰簋
							 08.4326 番生簋蓋
西周早期	西周晚期	西周中期	西周中期	西周早期	西周晚期	西周晚期	西周晚期

			虎	虩		虘	
15.9456 裘衛盉	08.4289 師酉簋	05.2824 𢦏方鼎	05.2751 中方鼎	05.2831 九年衛鼎	09.4469 塱盨	08.4343 牧簋	05.2824 𢦏方鼎
16.9898B 吴方彝蓋	08.4291 師酉簋	07.3828 滕虎簋					08.4341 班簋
考文 1997(3) 虎簋蓋	08.4293 六年琱生簋	08.4251.1 大師虘簋					10.5392.1 寡子卣
考文 1997(3) 虎簋蓋	08.4302 彔伯𢦏簋蓋	08.4252.1 大師虘簋					05.2841A 毛公鼎
銘圖 05282 大師虘簋蓋	08.4316 師虎簋	08.4288.1 師酉簋					
西周中期	西周中期	西周中期	西周早期	西周中期	西周晚期	西周中期	西周晚期

虩

05.2841B
毛公鼎

西周晚期

彪

2007(6)
譶鼎

西周晚期

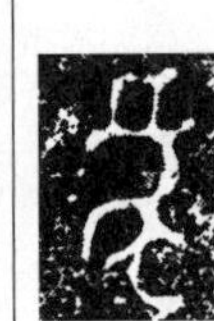

04.2437
虎鼎

西周

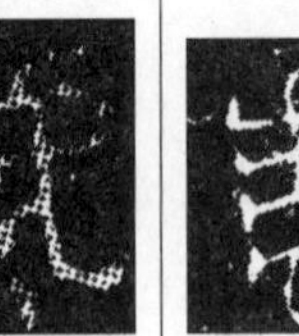

考文
1998(3)
吳虎鼎

新收 1454
焂戒鼎

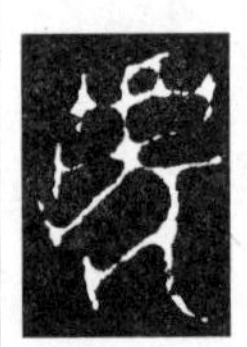

華章 71 頁
卌三年逨鼎丙

西周晚期

09.4468
師克盨蓋

16.10176
散氏盤

考古
1995(9)
召伯虎盨

考古
1995(9)
召伯虎盨

西周晚期

08.4313.1
師寰簋

08.4314
師寰簋

08.4318.2
三年師兑簋

08.4321
訇簋

08.4326
番生簋蓋

西周晚期

08.2816
伯晨鼎

西周中期或晚期

新收 1611
虎叔簋

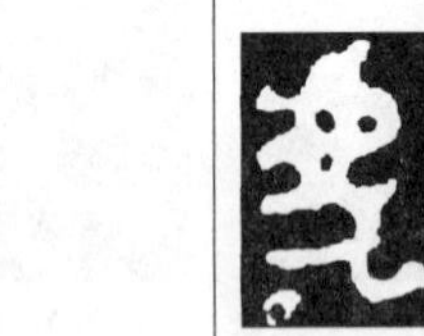

新收 1874
虎簋蓋乙

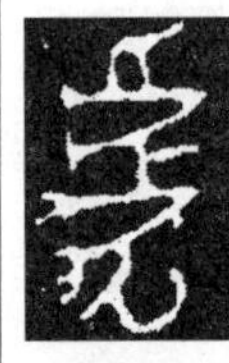

保利
虎叔作朋姒簋

保利
虎叔作朋姒簋

西周中期

虢

 虢國墓 50頁 虢季簋	 虢國墓 33頁 虢季鼎	 15.9655 虢季氏子 組壺	 09.4389 虢叔盨	 07.3820 虢姜簋	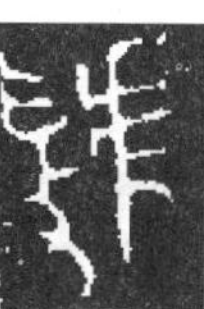 03.708 虢仲鬲	 01.238.1 虢叔旅鐘	 03.561 虢仲鬲
 虢國墓 56頁 虢季盨	 虢國墓 33頁 虢季鼎	 16.10173 虢季子 白盤	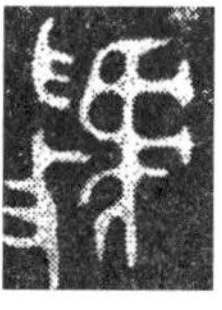 09.4498 虢叔作叔 殷穀簠蓋	 07.3971 虢季氏子 組簋	 04.2492 虢叔大 夫鼎	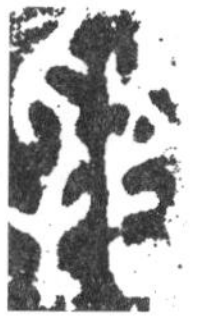 01.239.1 虢叔旅鐘	 06.3244 虢叔簋
 虢國墓 60頁 虢季簠	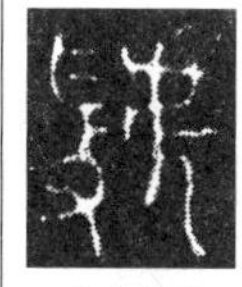 虢國墓 37頁 虢季鼎	 文物 2006(5) 柞伯鼎	 09.4515 虢叔簠	 07.3973 虢季氏子 組簋	 05.2599 鄭虢仲鼎	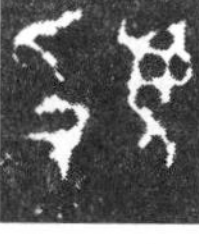 03.512 虢姞作鬲	 07.3866 城虢遣 生簋
 虢國墓 473頁 或子碩 父鬲	 虢國墓 43頁 虢季鬲	 文物 2006(5) 柞伯鼎	 10.5376 虢季子 組卣	 07.4024 鄭虢仲簋	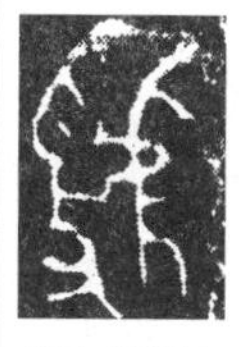 05.2634 虢文公子 作鼎	 03.524 虢叔鬲	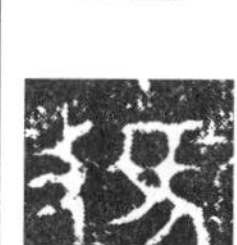 08.4302 彔伯戜 簋蓋
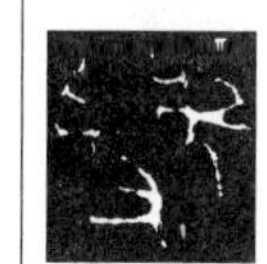 華章127頁 卌三年逑 鼎癸			 10.5914 虢叔尊	 07.4025.1 鄭虢仲簋	 05.2637 虢宣公子 白鼎	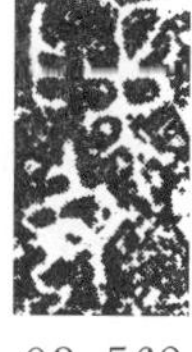 03.562 虢仲鬲	 08.4341 班簋
							 16.10307 虢叔盂
西周晚期	西周晚期	西周晚期	西周晚期	西周晚期	西周晚期	西周晚期	西周中期

⿰韋虎	⿸虍囟	⿰忄虎	虒	⿸虍支	⿰冎虎	⿸虍斤	
 08.2816 伯晨鼎	 11.5857 叔⿸虍囟尊	 01.14 己侯⿰忄虎鐘	 08.4271 同簋  15.9723 十三年 𤼈壺  15.9724.1 十三年 𤼈壺 案：林澐(1990)釋「虒」；張世超(1990、2016)釋「號」。	 14.9024 ⿸虍支父癸爵	 05.2831 九年衛鼎	 考文 2012(3) ⿸虍斤簋 案：吴鎮烽、朱艷玲(2012)認爲金文首見，《説文》作「虒」，此處用作人名。	 皕明樓 47 虢叔簠  中銅展 76 頁 虢姜鋪 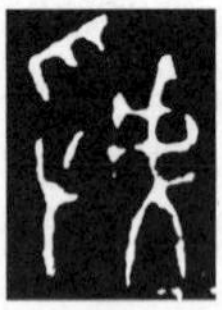 文物 2009(9) 頌盤
西周中期或晚期	西周早期	西周晚期	西周中期	西周早期	西周中期	西周中期	西周晚期

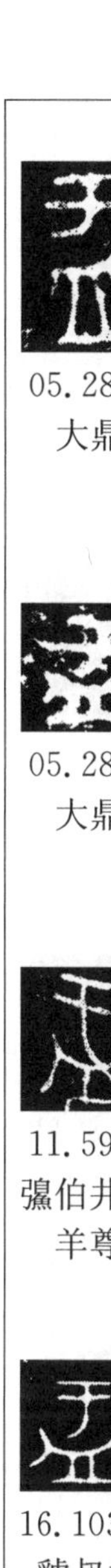

盂				皿			虤
 05.2807 大鼎	保利 獸面紋鼎	05.2837 大盂鼎	06.3004 皿簋	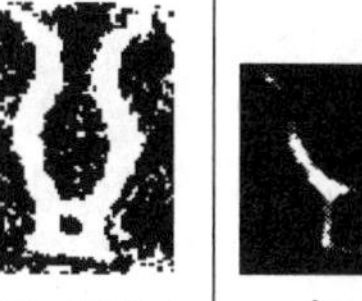  考文 1990(5) 皿伯簋	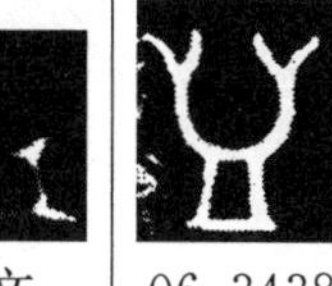 06.3438 皿屖簋	 08.4250 即簋	 06.3552 叔虤簋
05.2808 大鼎	 新收 668 王盂	 14.9104 盂爵	06.3004 皿簋		12.7300 皿合觚		 06.3554 叔虤簋
 11.5913 彊伯井姬羊尊		 16.10303.1 匽侯盂			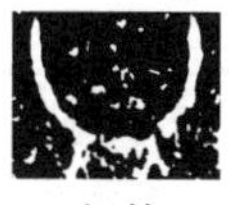 文物 2006(8) 皿戟		
 16.10306 虢叔盂		16.10305 匽侯盂			 曲村 471 頁 作皿尊簋		
 16.10307 虢叔盂		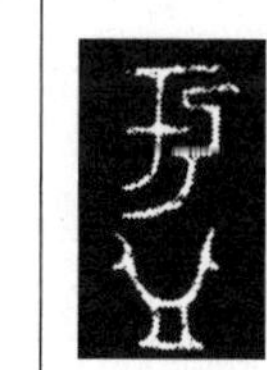  文物 1997(12) 盂方鼎					
西周中期	西周早期	西周早期	西周晚期	西周中期	西周早期	西周中期	西周早期

		齋	盛	盆	盜		
 04.2340 季盨鼎	 04.1968 寡長方鼎	 03.527 夌姬鬲	 09.4579.1 史免簠	 銘圖 06258 仲岂父盆甲	 彙編 465 元尊	 16.10314 伯公父盂	 16.10310 滋盂
 05.2726 歸㚸方鼎	 04.2030 王伯鼎	 03.543 荀作父丁鬲	 15.9713 殳季良父壺		案：吳鎮烽(2012)隸作「盜」；周忠兵(2015)分析此字从「宀」从「皿」，「汋」聲，讀「鬻」。	 考文 2001(5) 丹叔番盂	 16.10321 趞盂
 05.2730 厚趠方鼎	 04.2109 䜌伯鼎	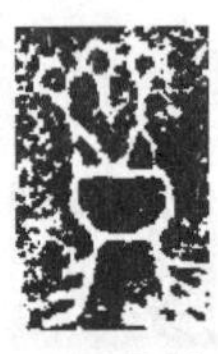 04.1731 仲作齋鼎				 盛世 37 頁 天盂	 16.10322 永盂
 正經 30 頁 伯鼎	 04.2337 伯六辝方鼎	 04.1769 尚方鼎					 夏商周 337 伯盂
 考古學報 2018(1) 伯方鼎		 04.1949 甲作寶方鼎					 文物 1995(7) 晉侯㸚馬方壺
西周早期	西周早期	西周早期	西周晚期	西周中期	西周早期	西周晚期	西周早期

盧

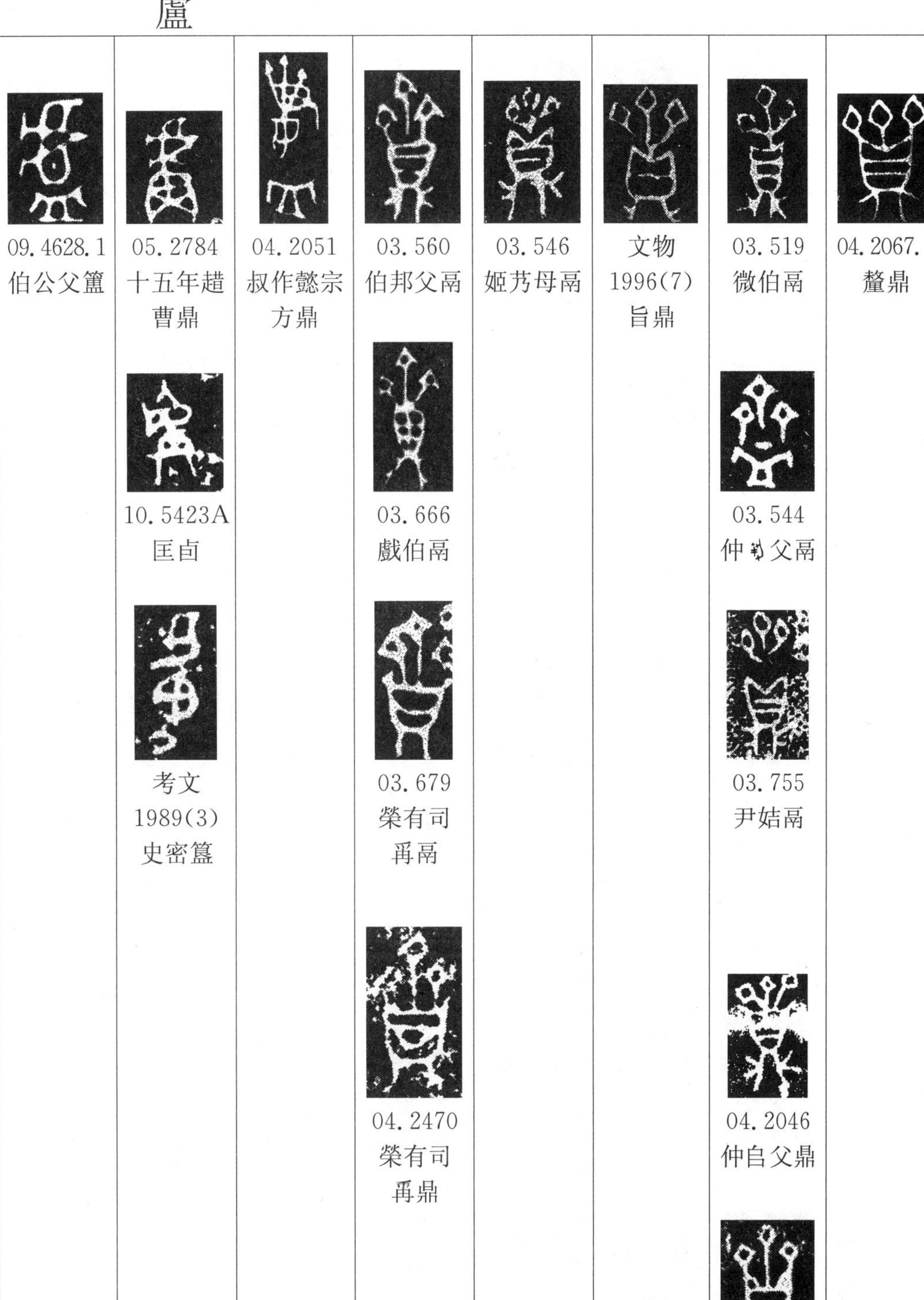

西周晚期	西周中期	西周	西周晚期	西周中期或晚期	西周中期	西周中期	西周早期或中期
09.4628.1 伯公父簠	05.2784 十五年趞曹鼎	04.2051 叔作懿宗方鼎	03.560 伯邦父鬲	03.546 姬艿母鬲	文物1996(7) 旨鼎	03.519 微伯鬲	04.2067.1 盩鼎
	10.5423A 匡卣		03.666 戲伯鬲			03.544 仲□父鬲	
	考文1989(3) 史密簋		03.679 榮有司爯鬲			03.755 尹姞鬲	
			04.2470 榮有司爯鼎			04.2046 仲自父鼎	
						05.2754 吕方鼎	

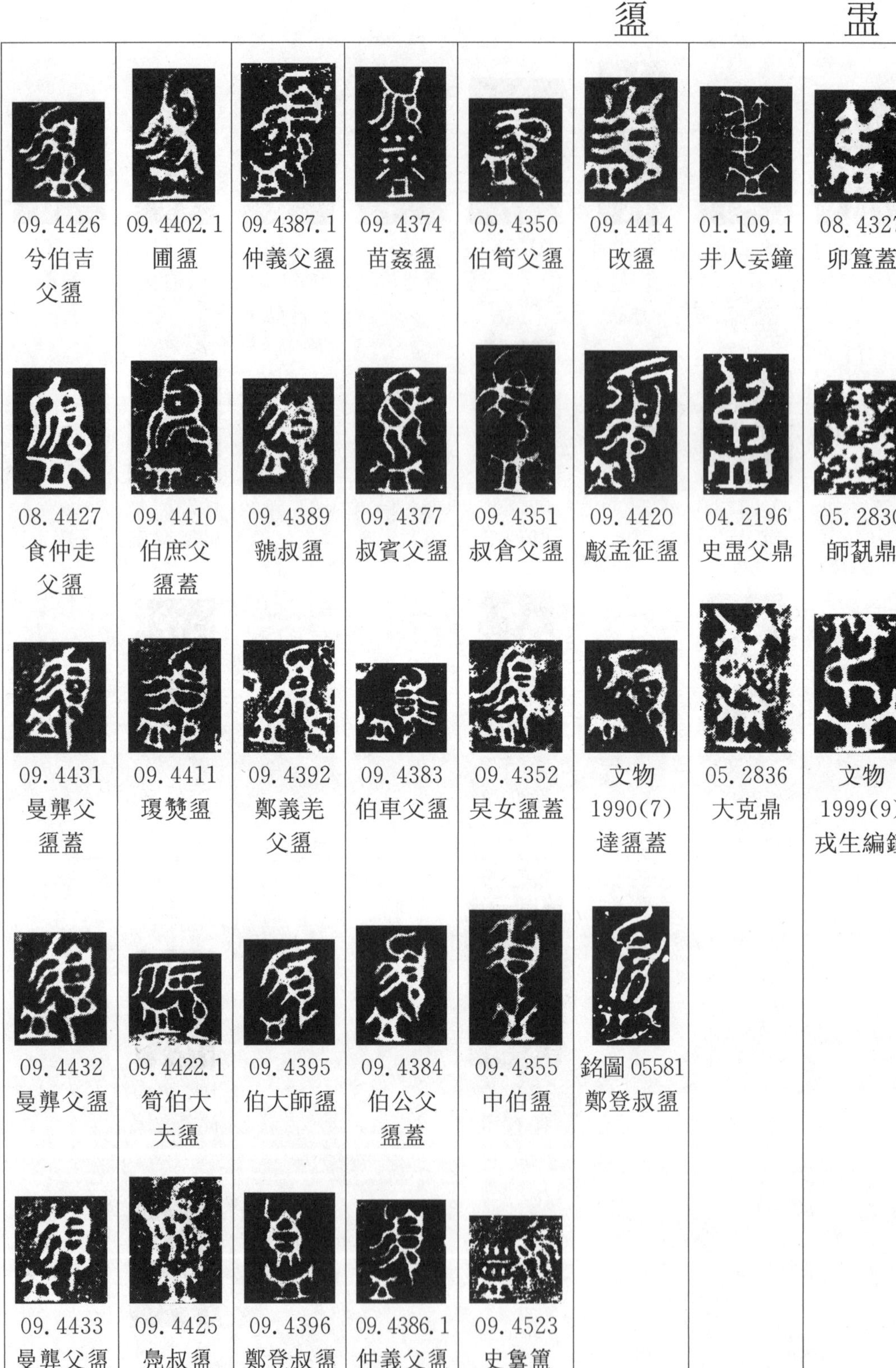

西周晚期	西周晚期	西周晚期	西周晚期	西周晚期	盨 西周中期	西周晚期	盄 西周中期
09.4426 兮伯吉父盨	09.4402.1 圃盨	09.4387.1 仲義父盨	09.4374 苗⿱宀妾盨	09.4350 伯筍父盨	09.4414 改盨	01.109.1 井人妄鐘	08.4327 卯簋蓋
08.4427 食仲走父盨	09.4410 伯庶父盨蓋	09.4389 虢叔盨	09.4377 叔賓父盨	09.4351 叔倉父盨	09.4420 𠭯孟征盨	04.2196 史盄父鼎	05.2830 師訇鼎
09.4431 曼龏父盨蓋	09.4411 ⿰王复燹盨	09.4392 鄭義羌父盨	09.4383 伯車父盨	09.4352 旲女盨蓋	文物 1990(7) 達盨蓋	05.2836 大克鼎	文物 1999(9) 戎生編鐘
09.4432 曼龏父盨	09.4422.1 筍伯大夫盨	09.4395 伯大師盨	09.4384 伯公父盨蓋	09.4355 中伯盨	銘圖 05581 鄭登叔盨		
09.4433 曼龏父盨	09.4425 ⿱臼儿叔盨	09.4396 鄭登叔盨	09.4386.1 仲義父盨	09.4523 史⿱夂鼻簠			

盉	〔頪〕		〔[金頁]〕				
 15.9367.1 員作盉	 09.4360 彔盨	 09.4388 叔姞盨	 09.4344 攸鬲盨	 文物 2004(3) 仲殷盨蓋	 09.4459.1 翏生盨	 09.4452 杜伯盨	 09.4434 曼龔父盨
 15.9371.1 亞盉父乙盉			 09.4345 伯夲父盨	 文博 2008(2) 叔犀父盨	 09.4465 善父克盨	 09.4454.1 叔尃父盨	 09.4435 虢仲盨蓋
 15.9386 [illegible]般盉			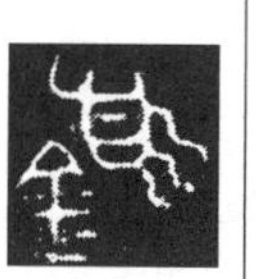 09.4372.1 仲彤盨	 夏商周 395 伯吕盨	 09.4466 鬲比盨	 09.4455.1 叔尃父盨	 09.4436.1 遅盨
 15.9398 伯矩盉			 09.4373.1 仲彤盨		 09.4468 師克盨蓋	 09.4456.1 叔尃父盨	 09.4438.1 伯寬父盨
 15.9407 吳盉			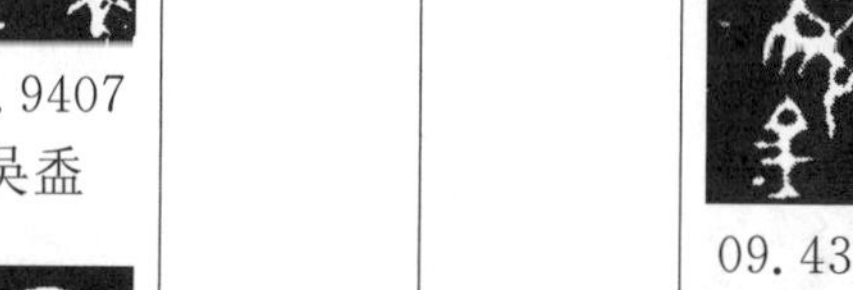 09.4385 弭叔盨		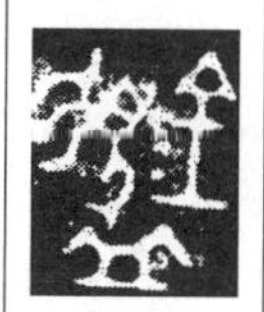 考文 1984(4) 夨賸盨	 09.4457.1 叔尃父盨	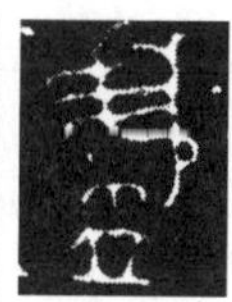 09.4448 杜伯盨
 15.9417 伯玁盉							
西周早期	西周晚期	西周晚期	西周晚期	西周晚期	西周晚期	西周晚期	西周晚期

益

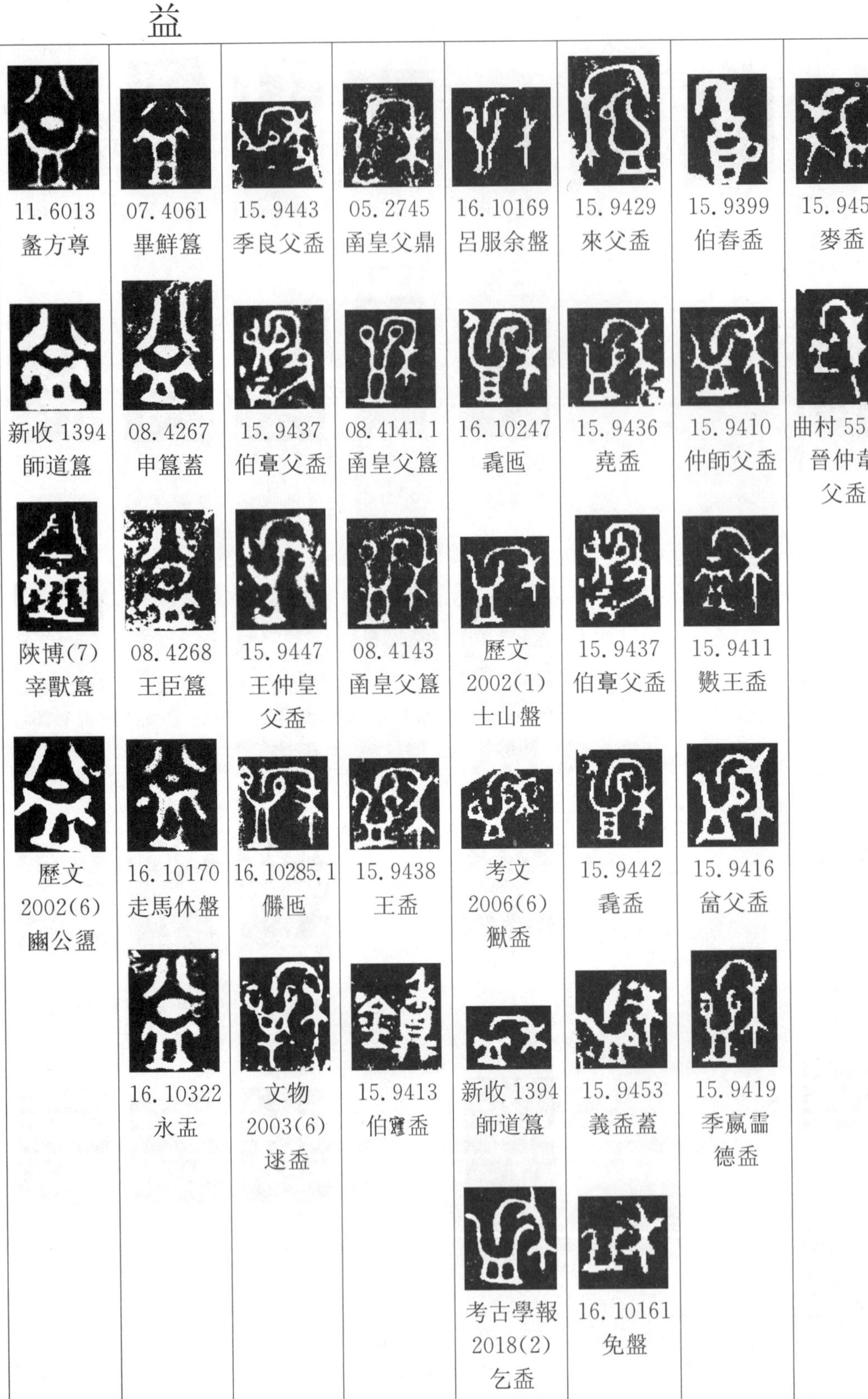

西周早期：15.9451 麥盉；曲村55頁 晉仲韋父盉

西周中期：15.9399 伯春盉；15.9410 仲師父盉；15.9411 𢿨王盉；15.9416 畬父盉；15.9419 季嬴霝德盉

西周中期：15.9429 來父盉；15.9436 堯盉；15.9437 伯章父盉；15.9442 毳盉；15.9453 義盉蓋；16.10161 免盤

西周中期：16.10169 呂服余盤；16.10247 毳匜；歷文2002(1) 士山盤；考文2006(6) 獄盉；新收1394 師道簋；考古學報2018(2) 乞盉

西周晚期：05.2745 函皇父鼎；08.4141.1 函皇父簋；08.4143 函皇父簋；15.9438 王盉；15.9413 伯𡨦盉

西周晚期：15.9443 季良父盉；15.9437 伯章父盉；15.9447 王仲皇父盉；16.10285.1 儹匜；文物2003(6) 逨盉

西周中期：07.4061 畢鮮簋；08.4267 申簋蓋；08.4268 王臣簋；16.10170 走馬休盤；16.10322 永盂

西周中期：11.6013 盠方尊；新收1394 師道簋；陝博(7) 宰獸簋；歷文2002(6) 豳公盨

⿱鹵皿	⿱魚皿	⿱艹⿱彐皿	⿱舟皿		⿱囚皿		
 新收 602 叔良父匜	 08.4213 㞑敖簋蓋	 08.4273 靜簋	 16.10055 輔作寶盥盤	 16.10322 永盂	 03.887 弗生甗	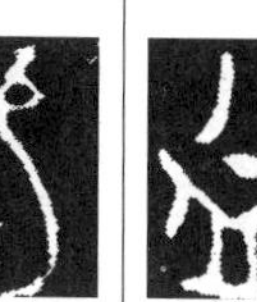 08.4331 𠦪伯歸夆簋	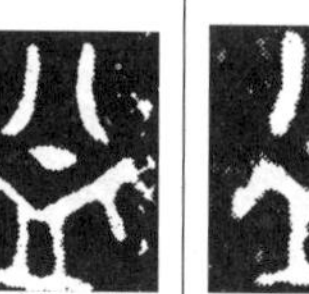 01.16 益公鐘
					案：舊隸作「卣」，讀爲「宏」；劉釗(1998)隸作「囚」，即「⿱囚皿」。	 文物 2004(3) 有司簡簋蓋	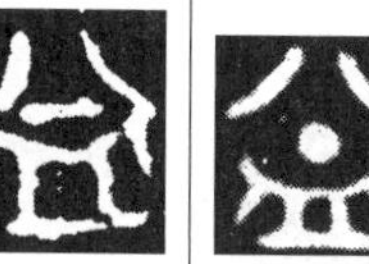 08.4279 元年師旋簋
							 08.4280.1 元年師旋簋
							 08.4282.1 元年師旋簋
							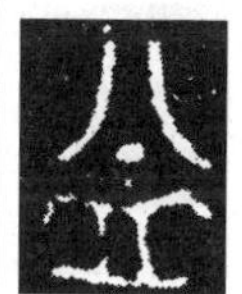 08.4321 訇簋
西周晚期	西周晚期	西周中期	西周早期	西周中期	西周早期	西周晚期	西周晚期

卹

01.252 𤼈鐘

05.2832 五祀衛鼎

08.4220 追簋

08.4221 追簋

08.4222 追簋

西周中期

⿱戲皿

08.4267 申簋蓋

西周中期

⿱⿰幺隹皿

10.5308.1 ⿱⿰幺隹皿作父甲卣

西周早期

05.2549 ⿱無皿男鼎

04.2340 季⿱無皿鼎

新收326 中原父匜

西周晚期

⿱無皿

11.5963 ⿱無皿仲尊

西周早期

⿱⿰飠有皿

文物2004(2) 曶叔奐父盨

案：劉社剛(2003)讀作「盛」；程燕(2004)讀爲「饎」，意爲「饎」。

西周晚期

08.4298 大簋

案：裘錫圭(1978)釋該字爲「糂」之古體。

西周晚期

⿱⿰米帚皿

05.2807 大鼎

05.2808 大鼎

西周中期

盌　　盠　　盡

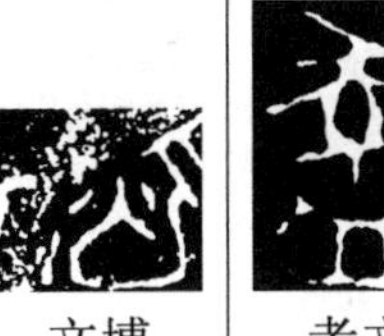
文博 2008(2) 盌戎盨
西周晚期

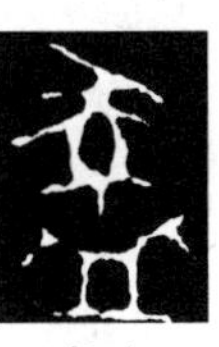
考文 2003(6) 述盤

案：裘錫圭(1992b)謂上所从的形體象一種凶猛的野豬，頗疑此字即「猛」字初文；董珊(2003)謂字實不从「彖」。

西周晚期

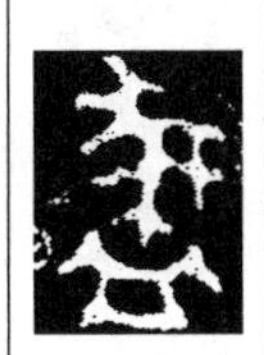
11.6011.2 盠駒尊

11.6012 盠駒尊蓋

11.6013 盠方尊

16.9899.2 盠方彝

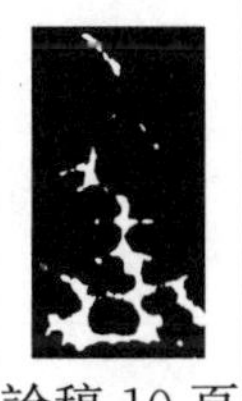
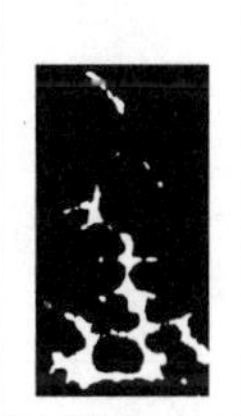
論稿 10 頁 聞尊

西周中期

05.2835 多友鼎

案：王冠英(2004)隸爲「盡」，訓傷敗、傷壞之意；董珊(2005)謂該字从「皕」聲，可讀作「畢」；朱鳳瀚(2017)謂該字从「皕」聲，可讀「疾」或「悉」。

西周晚期

歷文 2004(2) 任鼎
西周中期

歷文 2002(2) 作册封鬲甲

08.4313.1 師寰簋

08.4313.2 師寰簋

歷文 2002(2) 作册封鬲甲

歷文 2002(2) 作册封鬲乙

西周晚期

08.4223.2 追簋

08.4269 縣改簋

西周中期

盧

考文 2007(3) 琱生尊	考文 2007(3) 琱生尊

西周晚期

案：李學勤(2007b)、林澐(2008)認爲該字與《説文》訓「古陶器」之「䖒」有語源關係。

丹

10.5426.1 庚嬴卣	15.9393 作公丹鎣

西周早期

考文 2001(5) 丹叔番盂

西周晚期

彤

16.10170 走馬休盤	新收 1394 師道簋

西周中期

01.62 逆鐘	08.4217.1 五年師旋簋	08.4218 五年師旋簋	08.4257 弭伯師耤簋	08.4286 輔師嫠簋

西周晚期

08.4321 訇簋	16.10172 寰盤	16.10173 虢季子白盤

西周晚期

〔彡〕

論稿 167 頁 呂簋蓋

西周中期

青

16.9898A 吳方彝蓋	16.10175 史牆盤	文物 1998(4) 匍盉

西周中期

井　　靜

靜（西周早期）：文物 1998(5) 靜方鼎

靜（西周晚期）：04.2537 靜叔鼎

井（西周早期）：05.2575 事口鼎；05.2614 曆方鼎；05.2706 麥方鼎；05.2837 大盂鼎；08.4241 滎作周公簋

西周早期：08.4330 沈子它簋蓋；12.6457 井叔觶；16.9893.1 井侯方彝；新收 691 邢鼎；考古學報 2018(1) 霸伯簋

西周中期：03.615 伯試父鬲；05.2676 𢐗伯鼎；05.2783 七年趞曹鼎；05.2804 利鼎；05.2812 師望鼎

西周中期：05.2813 師奎父鼎；05.2838 曶鼎；07.3949 季魯簋；07.4113 井南伯簋；08.4167 豦簋；08.4237 臣諫簋

西周中期：08.4283 師瘨簋蓋；08.4240 免簋；08.4243 𣪕簋蓋；08.4276 豆閉簋；08.4284 師瘨簋蓋；08.4312 師類簋

西周中期：08.4316 師虎簋；08.4341 班簋；09.4400 郑井叔康盨；09.4400 郑井叔康盨；10.5239 井季夐卣

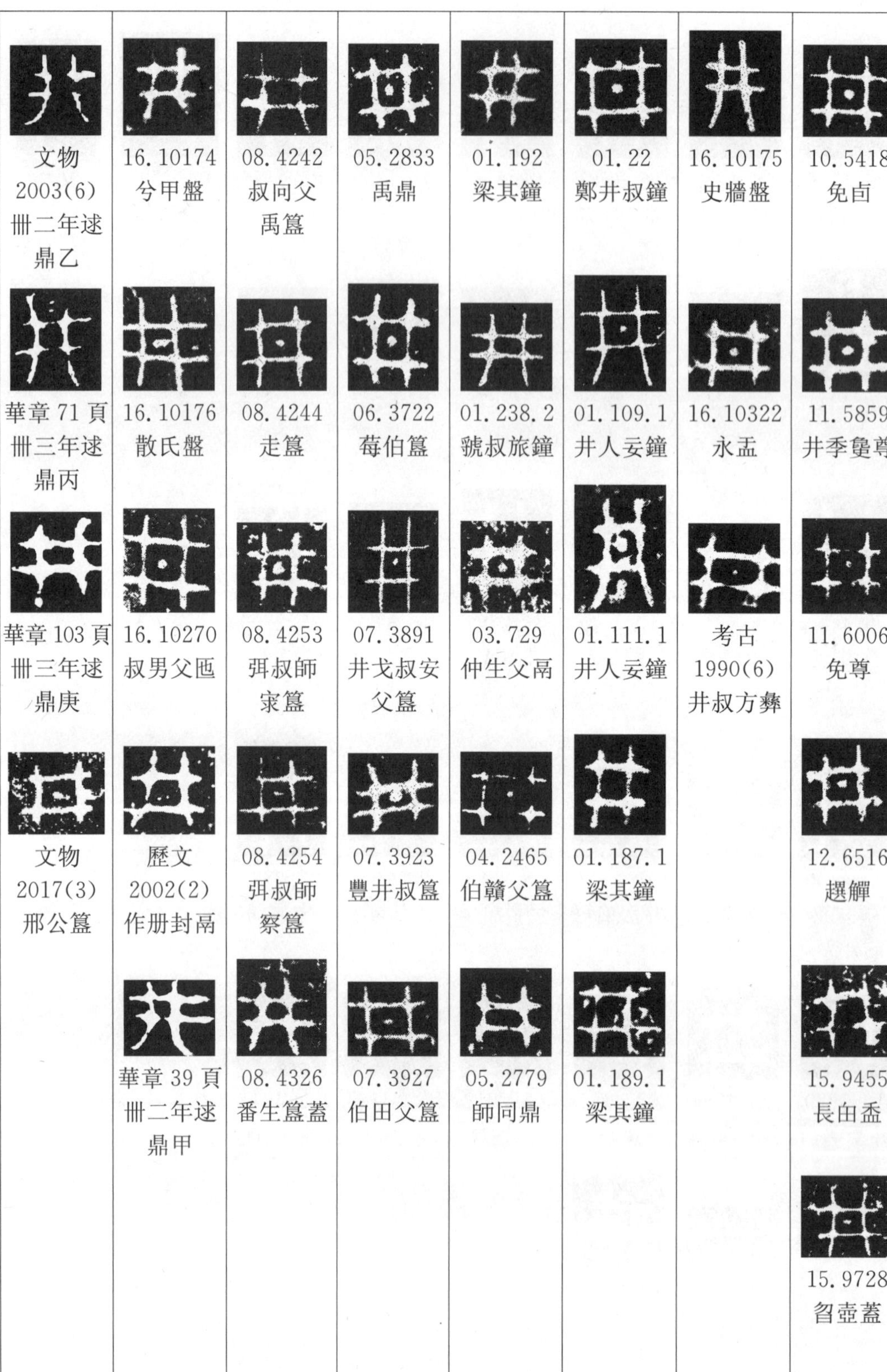

西周晚期	西周晚期	西周晚期	西周晚期	西周晚期	西周晚期	西周中期	西周中期
文物 2003(6) 卌二年逑鼎乙	16.10174 兮甲盤	08.4242 叔向父禹簋	05.2833 禹鼎	01.192 梁其鐘	01.22 鄭井叔鐘	16.10175 史牆盤	10.5418 免卣
華章 71 頁 卌三年逑鼎丙	16.10176 散氏盤	08.4244 走簋	06.3722 莓伯簋	01.238.2 虢叔旅鐘	01.109.1 井人妄鐘	16.10322 永盂	11.5859 井季㚟尊
華章 103 頁 卌三年逑鼎庚	16.10270 叔男父匜	08.4253 弭叔師察簋	07.3891 井戈叔安父簋	03.729 仲生父鬲	01.111.1 井人妄鐘	考古 1990(6) 井叔方彝	11.6006 免尊
文物 2017(3) 邢公簋	歷文 2002(2) 作册封鬲	08.4254 弭叔師察簋	07.3923 豐井叔簋	04.2465 伯贑父簋	01.187.1 梁其鐘		12.6516 趩觶
	華章 39 頁 卌二年逑鼎甲	08.4326 番生簋蓋	07.3927 伯田父簋	05.2779 師同鼎	01.189.1 梁其鐘		15.9455 長甶盉
							15.9728 曶壺蓋

		即		皀	𢍏	栟	荆
08.4284 師瘨簋蓋	08.4252.1 大師盧簋	05.2838 曶鼎	05.2837 大盂鼎	06.3453 作𢼸商簋	08.4300 作册夨令簋	06.3686 栟[illegible]冀作父癸簋	16.10176 散氏盤
08.4316 師虎簋	08.4256.1 廿七年衛簋	08.4220 追簋					音樂48頁 司馬楙編鎛
09.4463 瘨盨	08.4266 趞簋	08.4243 𣪕簋蓋					
10.5425 競卣	08.4267 申簋蓋	08.4250 即簋					
15.9455 長由盉	歷文 2002(1) 士山盤	08.4251.1 大師盧簋					
西周中期	西周中期	西周中期	西周早期	西周早期	西周早期	西周早期	西周晚期

既

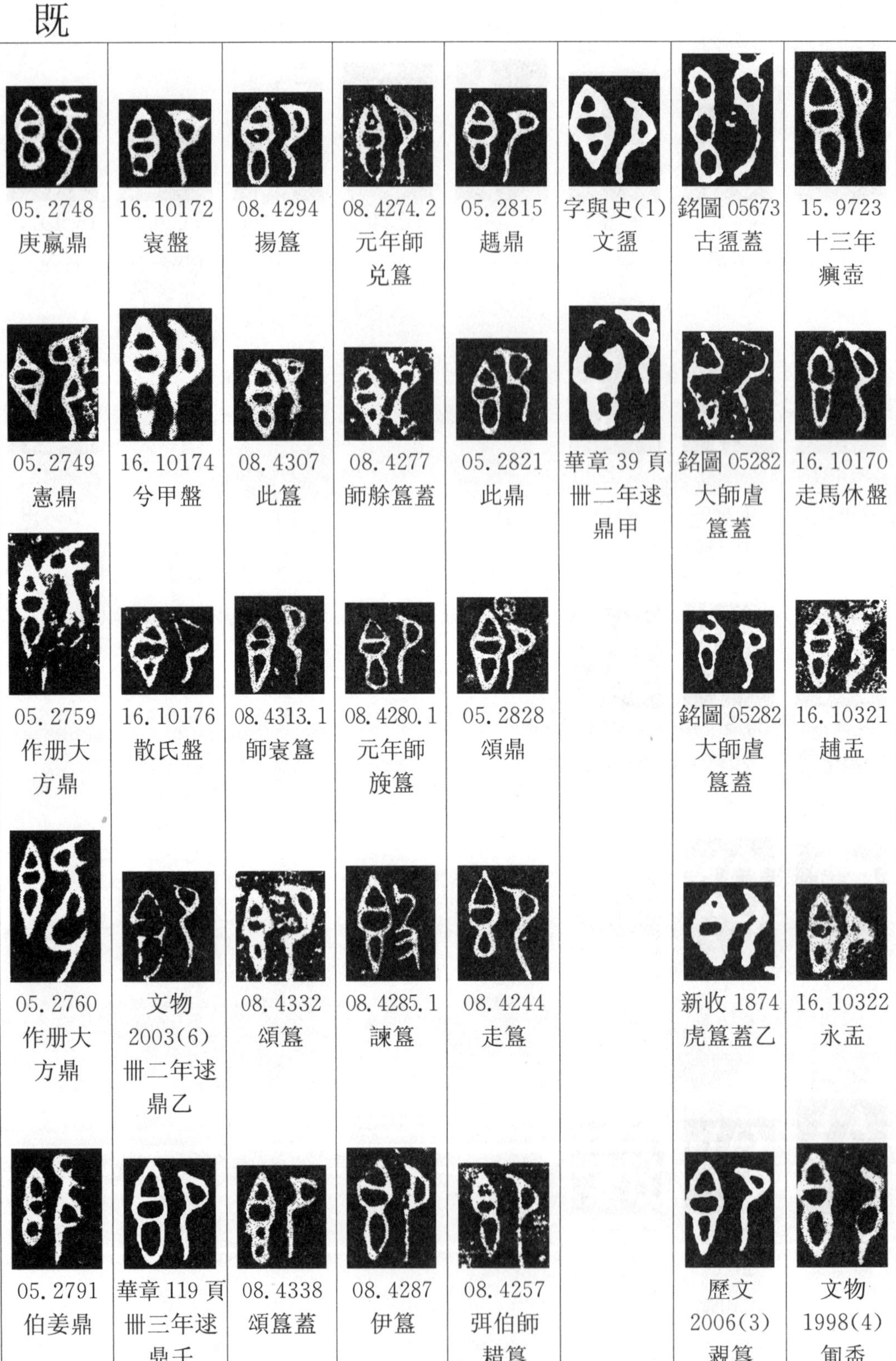

05.2748 庚贏鼎	16.10172 寰盤	08.4294 揚簋	08.4274.2 元年師兑簋	05.2815 趞鼎	字與史(1) 文盨	銘圖05673 古盨蓋	15.9723 十三年瘐壺
05.2749 憲鼎	16.10174 兮甲盤	08.4307 此簋	08.4277 師𩛥簋蓋	05.2821 此鼎	華章39頁 卌二年逑鼎甲	銘圖05282 大師虘簋蓋	16.10170 走馬休盤
05.2759 作册大方鼎	16.10176 散氏盤	08.4313.1 師寰簋	08.4280.1 元年師旋簋	05.2828 頌鼎		銘圖05282 大師虘簋蓋	16.10321 趞盂
05.2760 作册大方鼎	文物2003(6) 卌二年逑鼎乙	08.4332 頌簋	08.4285.1 諫簋	08.4244 走簋		新收1874 虎簋蓋乙	16.10322 永盂
05.2791 伯姜鼎	華章119頁 卌三年逑鼎壬	08.4338 頌簋蓋	08.4287 伊簋	08.4257 弭伯師耤簋		歷文2006(3) 䚓簋	文物1998(4) 匍盉
西周早期	西周晚期	西周晚期	西周晚期	西周晚期	西周中期	西周中期	西周中期

 05.2783 七年趞曹鼎	 05.2735 不指方鼎	 01.251 㾟鐘	 05.2765 蟎鼎	 文物2007(1) 𢿢甗	 11.6014 何尊	 10.5421.2 士上卣	 08.4135 御史兢簋
 05.2789 㦰方鼎	 05.2754 吕方鼎	 03.755 尹姞鬲			 11.6016 矢令方尊	 10.5426.2 庚嬴卣	 08.4205 楷伯簋
 05.2807 大鼎	 05.2755 穵鼎	 03.948 遹甗			 15.9454.1 士上盉	 10.5432.1 作册魖卣	 08.4206 小臣傳簋
 05.2813 師奎父鼎	 05.2781 庚季鼎	 05.2695 員方鼎			 16.9901 矢令方彝	 11.5999 士上尊	 08.4300 作册矢令簋
 05.2820 善鼎	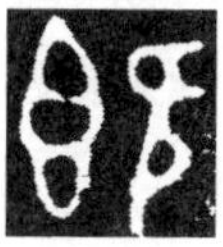 05.2783 七年趞曹鼎	 05.2735 不指方鼎			 上博(6) 保員簋	 11.6003 保尊	 10.5415.1 保卣
西周中期	西周中期	西周中期	西周早期或中期	西周早期	西周早期	西周早期	西周早期

文物 1998(4) 匍盉	16.10166 鮮盤	11.6008 臤尊	09.4626 免簠	08.4293 五年琱生簋	08.4269 縣改簋	08.4195.1 苪簋	05.2831 九年衛鼎
考文 1986(4) 殷簋甲	16.10168 守宮盤	15.9453 義盉蓋	10.5403 豐卣	08.4316 師虎簋	08.4276 豆閉簋	08.4207 遹簋	05.2833 禹鼎
考文 1991(6) 敔簋	16.10170 走馬休盤	15.9456 裘衛盉	10.5406 周乎卣	08.4327 卯簋蓋	08.4283 師瘨簋蓋	08.4251.1 大師虘簋	07.3953 辰在寅簋
新收 851 晉侯對鼎	16.10170 走馬休盤	15.9714 史懋壺	10.5425 競卣	09.4462 癲盨	08.4284 師瘨簋蓋	08.4252.1 大師虘簋	07.4098 宎簋
文物 1995(7) 晉侯燮馬壺	文物 1990(7) 達盨蓋	16.9897.1 師遽方彝	11.5996 豐作父辛尊	09.4463 癲盨	08.4292 五年琱生簋	08.4256.1 廿七年衛簋	08.4194.1 友簋
西周中期	西周中期	西周中期	西周中期	西周中期	西周中期	西周中期	西周中期

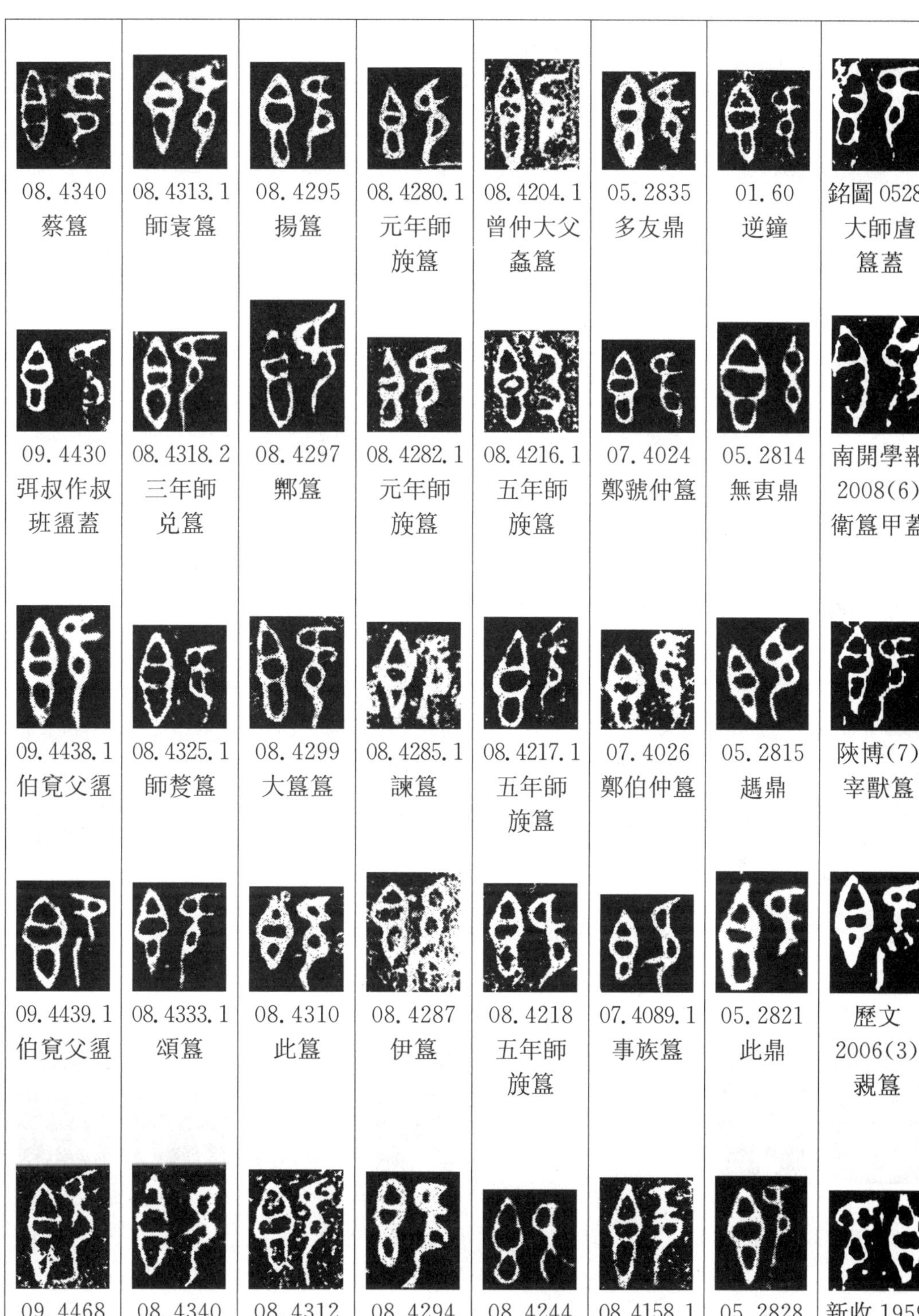

08.4340 蔡簋	08.4313.1 師寰簋	08.4295 揚簋	08.4280.1 元年師旋簋	08.4204.1 曾仲大父螽簋	05.2835 多友鼎	01.60 逆鐘	銘圖 05282 大師虘簋蓋
09.4430 弭叔作叔班盨蓋	08.4318.2 三年師兑簋	08.4297 鄘簋	08.4282.1 元年師旋簋	08.4216.1 五年師旋簋	07.4024 鄭虢仲簋	05.2814 無叀鼎	南開學報 2008(6) 衛簋甲蓋
09.4438.1 伯寬父盨	08.4325.1 師嫠簋	08.4299 大簋簋	08.4285.1 諫簋	08.4217.1 五年師旋簋	07.4026 鄭伯仲簋	05.2815 趞鼎	陝博(7) 宰獸簋
09.4439.1 伯寬父盨	08.4333.1 頌簋	08.4310 此簋	08.4287 伊簋	08.4218 五年師旋簋	07.4089.1 事族簋	05.2821 此鼎	歷文 2006(3) 䚄簋
09.4468 師克盨蓋	08.4340 蔡簋	08.4312 師類簋	08.4294 揚簋	08.4244 走簋	08.4158.1 黿乎簋	05.2828 頌鼎	新收 1959 夾簋
西周晚期	西周晚期	西周晚期	西周晚期	西周晚期	西周晚期	西周晚期	西周中期

	鬯			冟			
 10.5400.1 作册䰜卣	 05.2837 大盂鼎	 05.2841B 毛公鼎	 08.2816 伯晨鼎	 05.2831 九年衛鼎	 08.4179 小臣守簋	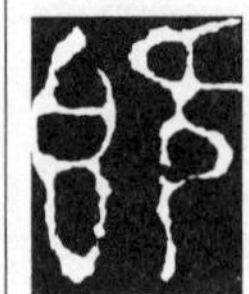 華章 55 頁 卌三年逑鼎甲	 16.10174 兮甲盤
 10.5421.2 士上卣	 08.4132 叔簋	 08.4326 番生簋蓋		 08.4302 彔伯㦰簋蓋	 08.4180 小臣守簋	 華章 79 頁 卌三年逑鼎丁	 16.10176 散氏盤
 11.5991 作册䰜父乙尊	 08.4133.1 叔簋	 華章 79 頁 卌三年逑鼎丁		 16.9898B 吳方彝蓋	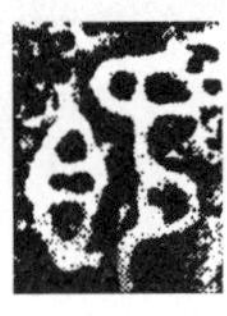 08.4181 小臣守簋蓋	 文物 2009(9) 頌盤	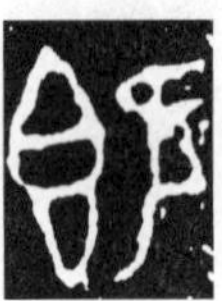 文物 2006(5) 柞伯鼎
 14.9096 魯侯爵	 08.4320 宜侯夨簋			 論稿 10 頁 聞尊		 夏商周 395 伯吕盨	 華章 39 頁 卌二年逑鼎甲
西周早期	西周早期	西周晚期	西周中期或晚期	西周中期	西周	西周晚期	西周晚期

爵　⿰亶鬯

15.9454.1
士上盉

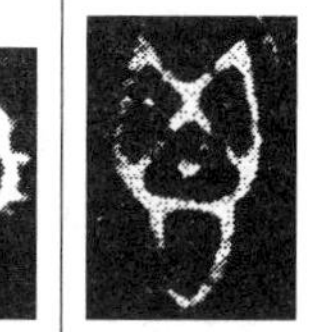
16.9901
夨令方彝

新收 1894

上博(8)
亢鼎

西周早期

15.9728
曶壺蓋

16.9898B
吳方彝蓋

西周中期

08.2816
伯晨鼎

西周中期或晚期

05.2841B
毛公鼎

08.4318.2
三年師兑簋

09.4468
師克盨蓋

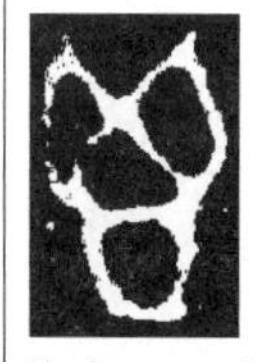
華章 63 頁
卌三年逑鼎乙

西周晚期

華章 39 頁
卌二年逑鼎甲

華章 103 頁
卌三年逑鼎庚

西周晚期

上博(8)
亢鼎

案：馬承源(2000)謂从「鬯」；黃錫全(2002a)釋爲「壇」；李學勤(2001b)釋作「觛」；董珊(2005)認爲該字以「亶」爲基本聲符，讀爲「觶」。

西周早期

11.5599
爵祖丙尊

11.5675
爵父癸

考古1997(4)
矩爵簋

近出 950
爵父癸

05.2778
史獸鼎

14.9096
魯侯爵

西周早期

文物2001(8)
叔夨方鼎

案：李學勤(2001c)分析从「爵」省，「齊」聲，即「儕」，讀作「齎」；吳振武(2002)釋作「爵」字初文；黃盛璋(2002)釋爲「齍」；陳斯鵬(2008)釋成「觴」字的象形初文；嚴志斌(2017)釋作「爵」。

西周早期

08.4269 縣改簋

08.4302 彔伯𢦚簋蓋

10.5426 庚嬴鼎

12.6515 萬諆觶

銘圖續 0461 宗人簋

西周中期

案：史曶鼎、庚嬴鼎、宗人簋等該字舊一般釋作「祼」。諸上銘文中表示一種賞賜物。何景成(2015a)認爲這種器物即被稱作「伯公父勺」的酒器。曹錦炎(2016b)認爲伯公父勺的「爵」可以看作該字的繁構。李春桃(2016)有詳論，亦釋「爵」。

05.2841B 毛公鼎

09.4468 師克盨蓋

09.4468 師克盨蓋

16.9935 伯公父勺

新收 746 卌二年逨鼎

西周晚期

[illegible]

05.2775 史獸鼎

西周早期

案：該字一般分析爲从「爵」从「止」，即「爵」字。謝明文(2015a)分析此字應爲从爵、正聲，隸作「[illegible]」，是爵形器的一種別名，清華簡《封許之命》的「鉦」應即金文中的「[illegible]」。其説可從。

[illegible]

05.2754 吕方鼎

08.4302 彔伯𢦚簋蓋

15.9728 曶壺蓋

16.9898B 吴方彝蓋

西周中期

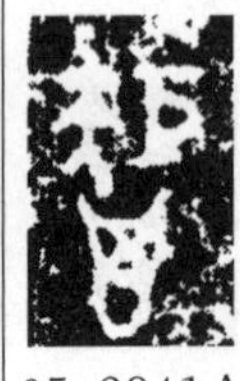
05.2841A 毛公鼎

08.4318.1 三年師兑簋

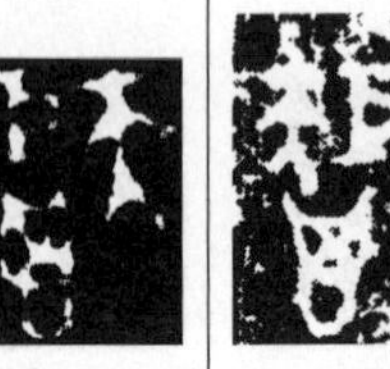
09.4468 師克盨蓋

新收 881 晉侯蘇鐘

華章 63 頁 卌三年逨鼎乙

西周晚期

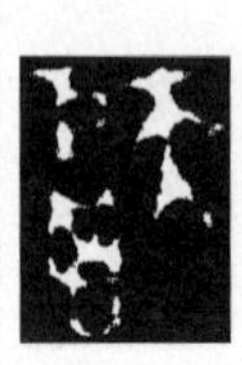
華章 39 頁 卌二年逨鼎甲

西周晚期

[illegible]

歷文 2004(2) 任鼎

西周中期

案：王冠英(2004)謂从「㔾」「克」聲，爲「秬」字異體；董珊(2005)認爲讀「秬」不確，該字與「[illegible]」構形方式相同。

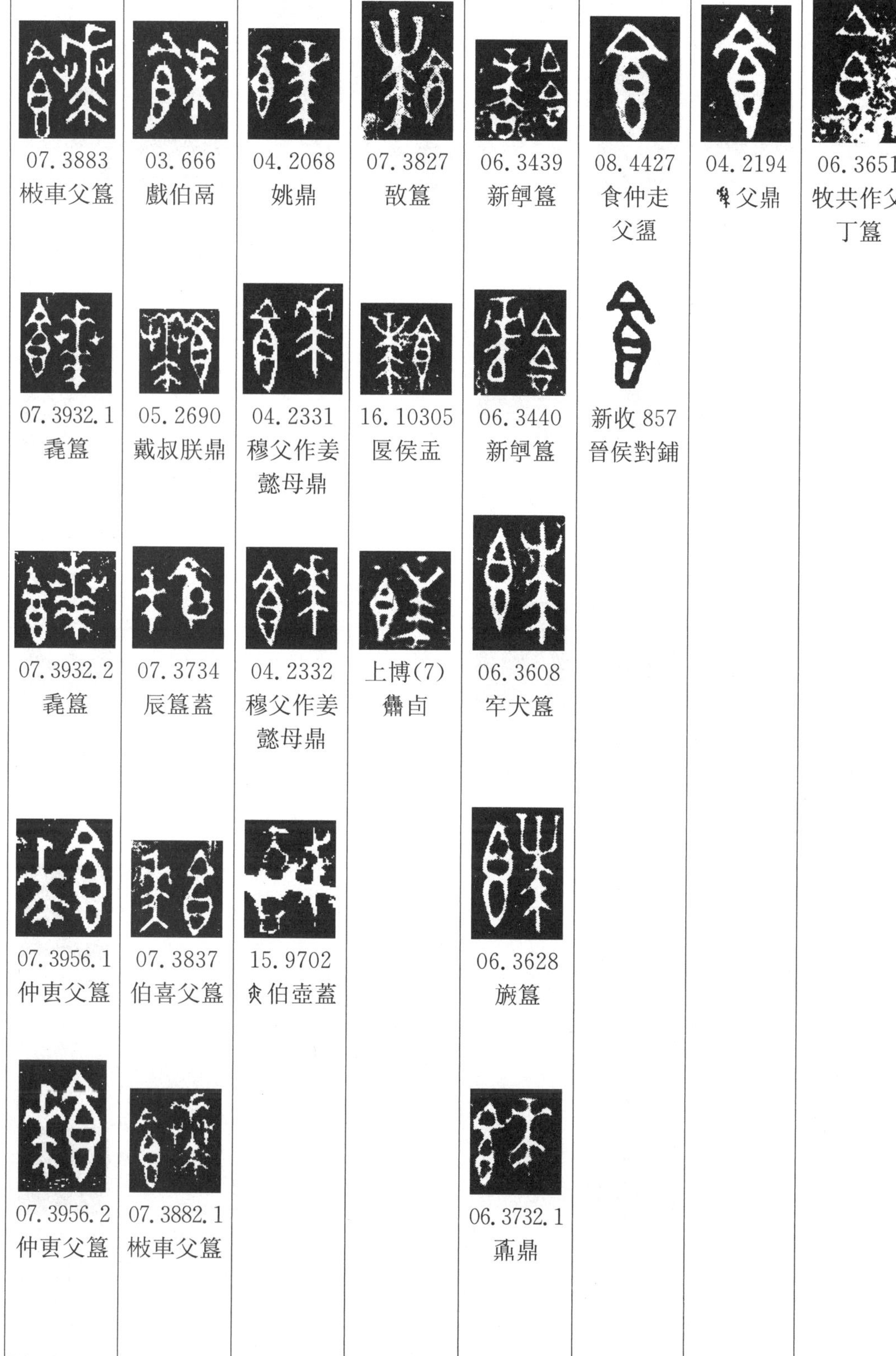

食 西周早期	西周中期	西周晚期	饎 西周早期	西周早期	西周中期	西周晚期	西周晚期
06.3651 牧共作父丁簋	04.2194 [illegible]父鼎	08.4427 食仲走父盨	06.3439 新𤔲簋	07.3827 敔簋	04.2068 姚鼎	03.666 戲伯鬲	07.3883 梌車父簋
		新收857 晉侯對鋪	06.3440 新𤔲簋	16.10305 匽侯盂	04.2331 穆父作姜懿母鼎	05.2690 戴叔朕鼎	07.3932.1 䵹簋
			06.3608 牢犬簋	上博(7) 鼒卣	04.2332 穆父作姜懿母鼎	07.3734 辰簋蓋	07.3932.2 䵹簋
			06.3628 㫃簋		15.9702 𩟥伯壺蓋	07.3837 伯喜父簋	07.3956.1 仲叀父簋
			06.3732.1 鼏鼎			07.3882.1 梌車父簋	07.3956.2 仲叀父簋

〔⿰食雝〕饔

07.3957
仲叀父簋

07.4071
孟姬㫖簋

08.4160
伯康簋

08.4161
伯康簋

09.4532
㝬簠

西周晚期

16.10112
伯碩𡗜盤

西周晚期

〔⿱食異〕飴

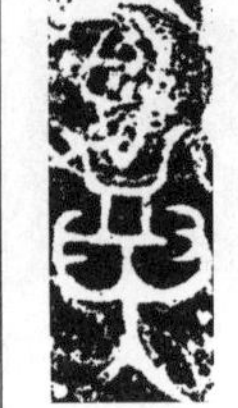
05.2703
堇鼎

西周早期

飤

08.4195.1
𤔲簋

西周中期

07.4112.1
命簋

11.6247.1
父乙飤觶

15.9348
父乙飤盉

西周早期

06.3720
康伯簋

06.3721
康伯簋蓋

04.2468
陳生寉鼎

05.2600
吳王姬鼎

07.3984
陽飤生簋蓋

西周晚期

07.3985
陽飤生簋蓋

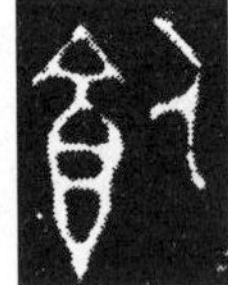
16.10227
陽飤生匜

西周晚期

04.2437
[illegible]虎鼎

西周

⿸厂食

16.10175
史牆盤

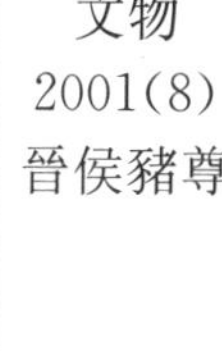
文物
2001(8)
晉侯豬尊

案：馬今洪(2002)釋作「簋」；陳劍(2006a)認爲从簋初文「𠂤」聲，讀作「彝」；郭永秉（2014a）釋作「飤」；蘇建洲(2016)字从「食」「㞢」省聲，讀作「饡」。

西周中期

餳

05.2803
令鼎

西周早期

⿰飠楚

新收857
晉侯對鋪

案：陳芳妹(2000)隸作「⿰飠楚」，通「糈」或「疏」；張再興(2010)認爲上所从聲符當爲「楙」之異寫，或是「飽」的異體；李學勤(2013a)隸作「⿱樊食」，讀作「燔」，即烤肉。

西周晚期

饗

03.631
⿱𠂉亞鬲

05.2655
先獸鼎

05.2674
征人鼎

05.2706
麥方鼎

06.3695
義叔䎽簋

西周早期

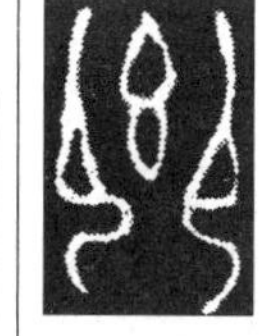
06.3731
⿰𠂤𠃌簋

07.3745
㰱簋

07.3747
仲爯簋

07.3748
伯者父簋

西周早期

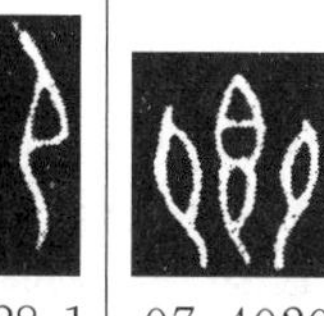
07.4020
天君簋

08.4261
天亡簋

08.4300
作册夨令簋

08.4301
作册夨令簋

08.4330
沈子它簋蓋

西周早期

10.5428.1
叔趯父卣

10.5429.1
叔趯父卣

11.6009
效尊

15.9431.1
甲盉

上博(6)
保員簋

西周早期

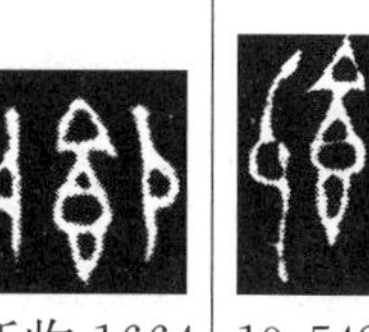
新收1664
矩鼎

「卿」字重見。

西周早期

飲　　饉

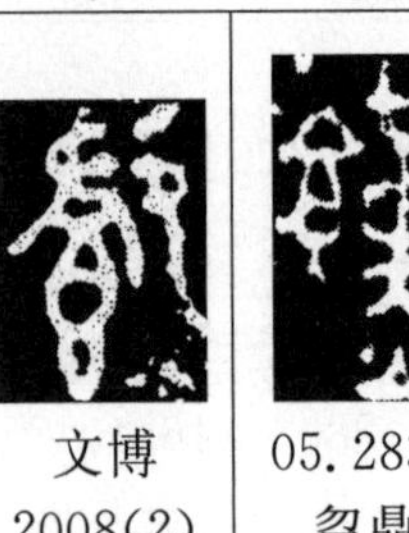 文博 2008(2) 叔駒父盨	05.2838 曶鼎	 07.3943 伯簪簋	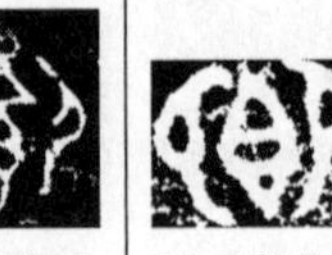 08.4160 伯康簋	 16.9897.1 師遽方彝	 08.4207 通簋	 05.2783 七年趞 曹鼎	03.746 仲枏父鬲
			 08.4161 伯康簋	 歷文 2002(1) 士山盤	 10.5433 效卣	 05.2784 十五年趞 曹鼎	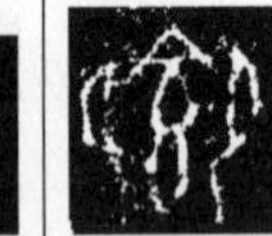 03.747 仲枏父鬲
			 16.10173 虢季子 白盤	 新收 1447 仲枏父鬲	 15.9455 長由盉	05.2807 大鼎	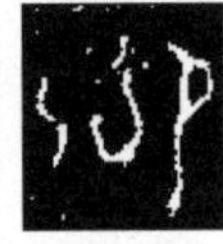 03.750 仲枏父鬲
					 15.9456 裘衛盉	 05.2832 五祀衛鼎	 03.752 仲枏父鬲
					 15.9726 三年㾓壺	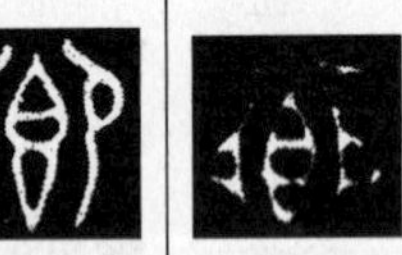 08.4191 穆公簋蓋	 05.2733 衛鼎
					15.9727 三年㾓壺		
西周晚期	西周中期	西周	西周晚期	西周中期	西周中期	西周中期	西周中期

合	[illegible]	[illegible]		[illegible]	餱	[illegible]	[illegible]
12.7300 皿合觚	歷文 2002(6) 豳公盨	09.4399 仲[illegible]盨	05.2754 呂方鼎	05.2740 [illegible]鼎	08.4317 㝬簋	10.5312.1 [illegible]作父戊卣	15.9602.1 [illegible]車父壺
	案：李零(2002)認爲从「食」从「憂」省，讀「擾」；李學勤(2002)認爲从即「寡」聲，讀「顧」；裘錫圭(2002a)謂从「食」「頁」，疑爲「飪」的古字；朱鳳瀚(2002)釋作「餍」異體；孟蓬生(2008)釋作「頤」字古文。			05.2741 [illegible]鼎			
				11.5999 士上尊			
				11.6015 麥方尊			
				15.9454.1 士上盉			
西周早期	西周中期	西周中期	西周中期	西周早期	西周晚期	西周早期	西周晚期

今

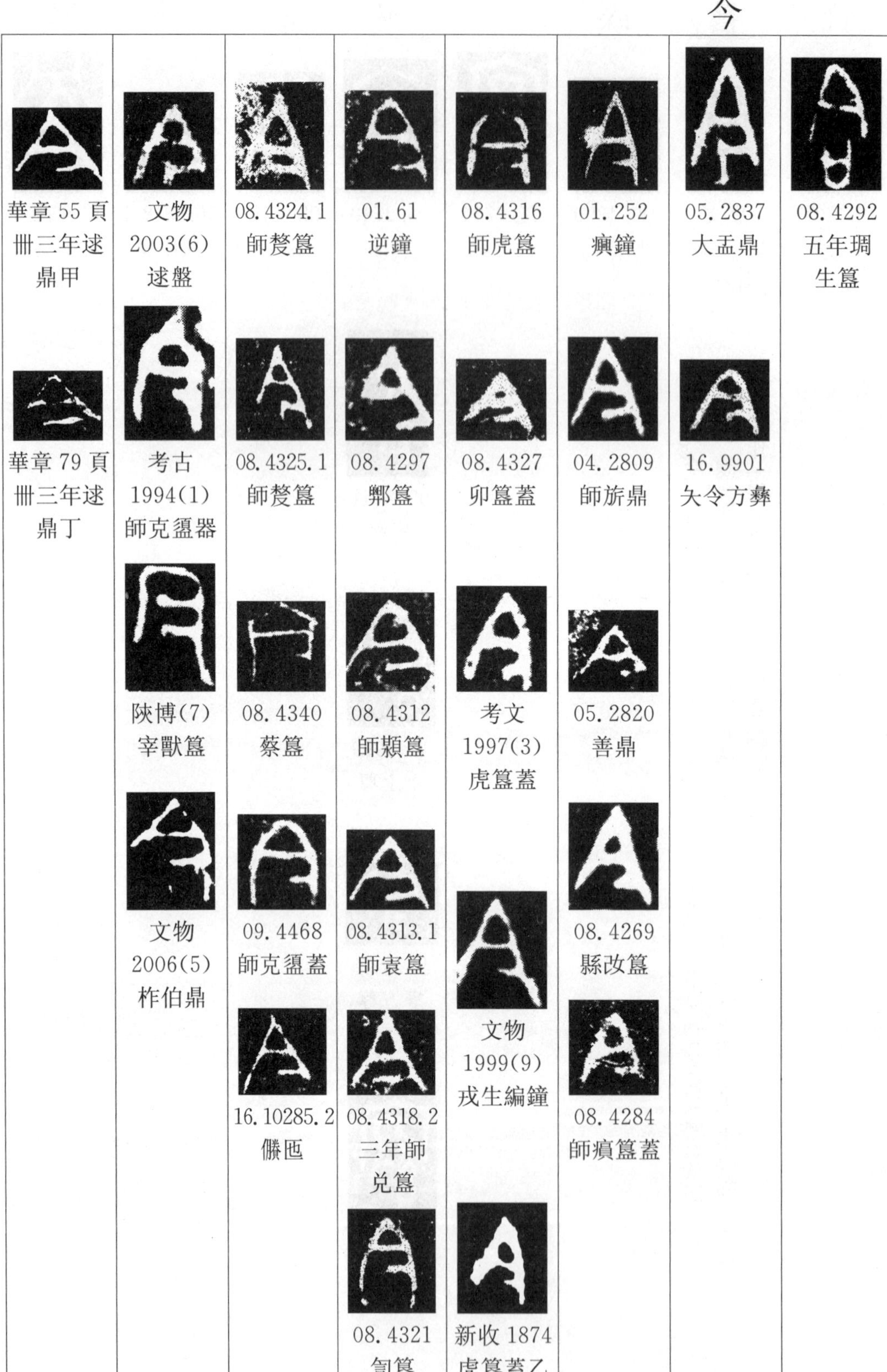

西周中期	西周中期	西周中期	西周中期	西周中期	西周中期	西周早期	西周中期
華章 55 頁 卌三年逑鼎甲	文物 2003(6) 逑盤	08.4324.1 師嫠簋	01.61 逆鐘	08.4316 師虎簋	01.252 癲鐘	05.2837 大盂鼎	08.4292 五年琱生簋
華章 79 頁 卌三年逑鼎丁	考古 1994(1) 師克盨器	08.4325.1 師嫠簋	08.4297 鄸簋	08.4327 卯簋蓋	04.2809 師旂鼎	16.9901 矢令方彝	
	陝博(7) 宰獸簋	08.4340 蔡簋	08.4312 師穎簋	考文 1997(3) 虎簋蓋	05.2820 善鼎		
	文物 2006(5) 柞伯鼎	09.4468 師克盨蓋	08.4313.1 師寰簋	文物 1999(9) 戎生編鐘	08.4269 縣改簋		
		16.10285.2 儯匜	08.4318.2 三年師兑簋	新收 1874 虎簋蓋乙	08.4284 師瘨簋蓋		
			08.4321 訇簋				

倉		會					舍
 01.260.2 㝬鐘	 文物 2003(6) 逑盤	 03.536 會始鬲	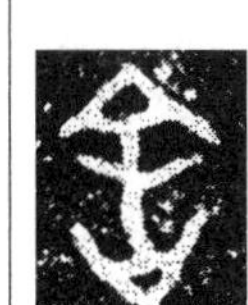 16.10176 散氏盤	 05.2796 小克鼎	 15.9456 裘衛盉	 01.252 瘐鐘	 05.2629 舍父鼎
 09.4351 叔倉父盨		 16.10285.2 儹匜	 案：黃錦前(2011)通過辭例考證認爲，在西周金文中，凡是表示「賜予」、「給予」一類意思的「舍」字，都應釋作「余」；凡表示「施」、「置」一類意思的都應釋作「舍」，二者形體上並無明顯區別。	 05.2799 小克鼎	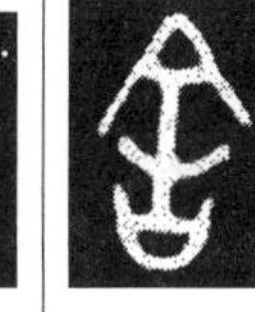 16.10175 史牆盤	 05.2831 九年衛鼎	 05.2803 令鼎
		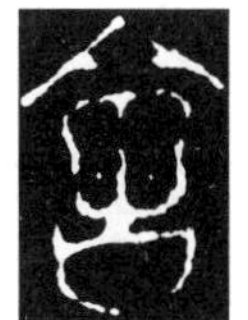 文物 2003(6) 逑盤		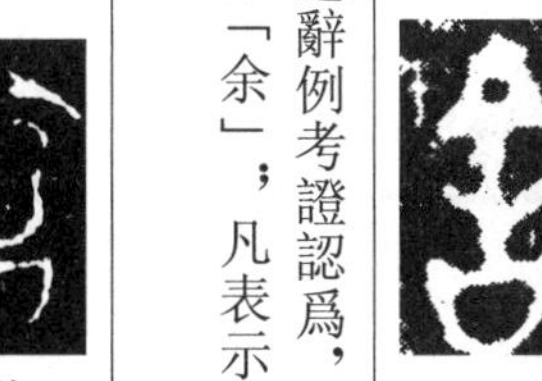 05.2841A 毛公鼎	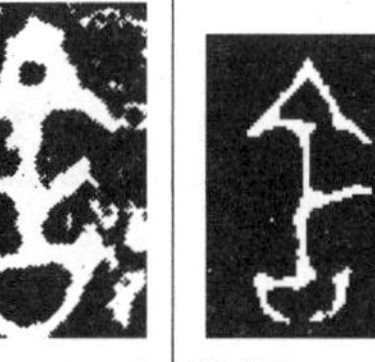 銘圖 04609 霸簋	 05.2832 五祀衛鼎	 16.9901 矢令方彝
				 07.4011 復公子簋		 05.2838 曶鼎	
				 07.4011 復公子簋		 06.3373 舍作寶簋	
西周晚期	西周晚期	西周晚期	西周晚期	西周晚期	西周中期	西周中期	西周早期

08.4275.1 元年師兌簋	05.2827 頌鼎	05.2815 趞鼎	11.6015 麥方尊	08.4289 師酉簋	08.4256.1 廿七年衛簋	05.2733 衛鼎	05.2837 大盂鼎
08.4277 師艅簋蓋	05.2828 頌鼎	05.2821 此鼎	歷文 2002(1) 士山盤	08.4290 師酉簋	08.4268.1 王臣簋	05.2783 七年趞曹鼎	08.4201 小臣宅簋
08.4279.1 元年師兌簋	05.2829 頌鼎	05.2822 此鼎	銘圖 05282 大師虘簋蓋	08.4291 師酉簋	08.4276 豆閉簋	05.2808 大鼎	近出 677 敎尊
08.4280.1 元年師兌簋	05.2841A 毛公鼎	05.2823 此鼎		08.4327 卯簋蓋	08.4283 師瘨簋蓋	08.4250 即簋	
08.4309 此簋	08.4274.1 元年師兌簋	05.2825 善夫山鼎		10.5354.1 [illegible]卣	08.4288.1 師酉簋	08.4251.1 大師虘簋	
				10.5354.2 [illegible]卣		08.4252.1 大師虘簋	
西周晚期	西周晚期	西周晚期	西周中期	西周中期	西周中期	西周中期	西周早期

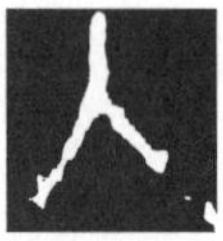

内

 12.6516 趩觶	 08.4268.1 王臣簋	 05.2813 師奎父鼎	 01.107 應侯視工鐘	 11.6015 麥方尊	 04.2456 伯炬鼎	 華章 39 頁 卌二年逑鼎甲	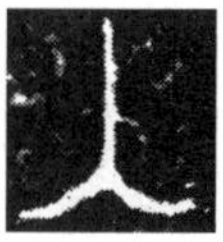 08.4312 師穎簋
 15.9728 曶壺蓋	 08.4276 豆閉簋	 05.2832 五祀衛鼎	 05.2696 [illegible]鼎	 新收 1664 矩方鼎	 08.4241 滎作周公簋		 08.4321 訇簋
 16.10161 免盤	 08.4283 師瘨簋蓋	 08.4243 殺簋蓋	 05.2789 㦰方鼎	 文物 2005(9) 滎仲方鼎	 10.5387 員卣		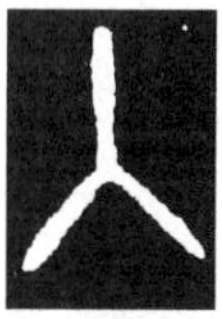 文物 2009(9) 頌盤
 16.10169 呂服余盤	 08.4283 師瘨簋蓋	 08.4256.1 廿七年衛簋	 05.2804 利鼎		 10.5428.1 叔趯父卣		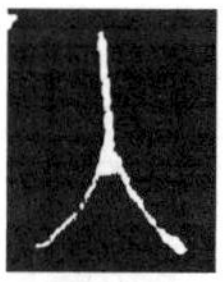 華章 71 頁 卌三年逑鼎丙
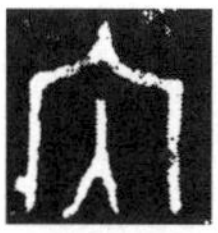 16.10322 永盂	 08.4316 師虎簋	 08.4266 趞簋	 04.2809 師旂鼎		 10.5428.2 叔趯父卣		 華章 55 頁 卌三年逑鼎甲
 考文 1986(4) 殷簋甲	 10.5419 彔㦰卣	 08.4267 申簋蓋	 05.2812 師望鼎		 11.6001 小生子尊		
西周中期	西周中期	西周中期	西周中期	西周早期	西周早期	西周晚期	西周晚期

〔芮〕

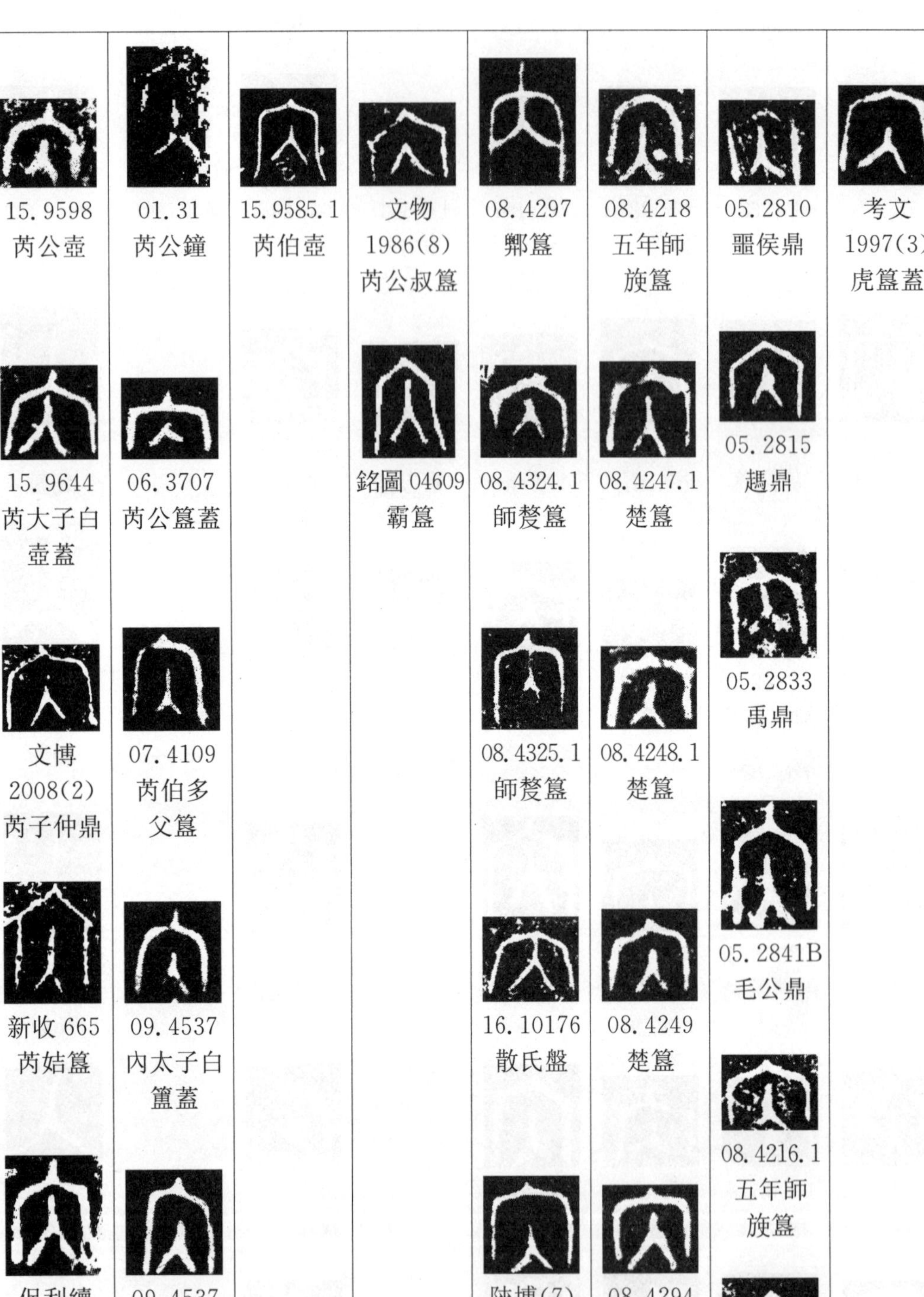

西周晚期	西周晚期	西周中期	西周早期	西周晚期	西周晚期	西周晚期	西周中期
15.9598 芮公壺 15.9644 芮大子白壺蓋 文博 2008(2) 芮子仲鼎 新收 665 芮姞簋 保利續 158 頁 應侯視工鐘	01.31 芮公鐘 06.3707 芮公簋蓋 07.4109 芮伯多父簋 09.4537 內太子白簠蓋 09.4537 內太子白簠蓋	15.9585.1 芮伯壺	文物 1986(8) 芮公叔簋 銘圖 04609 霸簋	08.4297 鄦簋 08.4324.1 師嫠簋 08.4325.1 師嫠簋 16.10176 散氏盤 陝博(7) 宰獸簋	08.4218 五年師旋簋 08.4247.1 楚簋 08.4248.1 楚簋 08.4249 楚簋 08.4294 揚簋	05.2810 噩侯鼎 05.2815 趞鼎 05.2833 禹鼎 05.2841B 毛公鼎 08.4216.1 五年師旋簋 08.4217.1 五年師旋簋	考文 1997(3) 虎簋蓋

	矢	鐳			匋		缶
文物 1998(9) 柞伯簋	06.3318 宁矢父丁簋	16.9964.1 仲義父鐳	09.4422.2 筍伯大夫盨	04.2073 [illegible]建鼎	11.5984 能匋尊	03.641 京姜鬲	10.5383.1 岡刼卣
	10.5291.1 矢伯隻作父癸卣			08.4167 [illegible]簋	16.10075 畬盤		11.5977 犅刼尊
	11.6333 矢父簋觶			08.4194.1 友簋			
	13.7632 矢爵			15.9416 畬父盉			
	14.8701 矢父簋爵						
西周早期	西周早期	西周早期	西周中期	西周中期	西周早期	西周中期	西周早期

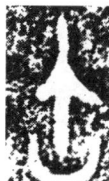

射

西周中期	西周早期	西周早期	西周晚期	西周晚期	西周中期或晚期	西周中期	西周中期
05.2784 十五年趞曹鼎	13.8246 褱射爵	03.848 褱射作尊甗	保利續126頁 應侯視工簋甲蓋	05.2810 噩侯鼎	08.2816 伯晨鼎	10.5398.1 同卣	05.2784 十五年趞曹鼎
08.4266 趞簋	17.10791 射戈	05.2803 令鼎		08.4328 不嬰簋		首陽114頁 應侯視工簋蓋	05.2838 曶鼎
08.4273 靜簋	17.10792 射戟	06.3654.1 覭作父壬簋		08.4329 不嬰簋蓋		上博(6) 目鼎	07.4099.2 豎簋
15.9455 長甶盉	文物1998(9) 柞伯簋	11.6015 麥方尊		16.10173 虢季子白盤		上博(6) 目鼎	08.4276 豆閉簋
		13.7634 射爵		新收881 晉侯蘇鐘			08.4322.1 戜簋

〔医〕
矦

西周中期	西周中期	西周早期	西周早期	西周早期	西周早期	西周早期	西周晚期
文物 2002(7) 應侯視工簋	03.948 遇甗	考古 1990(1) 克罍	16.10305 匽侯盂	08.4341 班簋	05.2837 大盂鼎	04.2153 康侯丰鼎	05.2559 雍伯原鼎
文物 1995(7) 晉侯燹馬壺	05.2735 不栺方鼎	海岱考古 匽侯簋	17.10797 侯戟	10.5415.1 保卣	06.3614 郾侯簋	05.2626 獻侯鼎	05.2810 噩侯鼎
文物 1997(7) 晉侯喜盤	07.3977 己侯貉子簋蓋	文物 2005(9) 榮仲方鼎	18.11778 康侯斧	11.6015 麥方尊	07.3908 量侯簋	05.2654 亳鼎	05.2818 鬲攸从鼎
文物 1998(9) 應侯鼎	08.4237 臣諫簋	江漢考古 2011(3) 侯盉	18.11861 匽侯銅泡	13.8310 康侯爵	07.4029 明公簋	05.2703 堇鼎	08.4297 鄘簋
		江漢考古 2011(3) 曾侯諫簋	考古 2007(3) 覨公簋	14.9096 魯侯爵	07.4059 渣嗣土遙簋	05.2706 麥方鼎	09.4479 射南簠

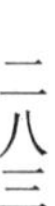

⿰矢又

歷文 2004(2) 任鼎	 03.542 楷叔⿰矢又父鬲	 夏商周 398 應侯盨	 文物 2003(6) 卌二年逑鼎乙	 09.4598 曾侯簠	 01.14 己侯虓鐘	 08.2816 伯晨鼎	 歷文 2002(1) 士山盤
	 06.2955 ⿰矢又簋	 新收 1673 晉侯母鬲	 文物 1994(8) 晉侯邦父鼎	 15.9579 魯侯壺	 05.2833 禹鼎		 晉國 59 頁 晉侯鼎
	 11.6269 ⿰矢又父戊觶	 字與史(1) 文盨	 首陽 117 頁 晉侯對盨	 16.10174 兮甲盤	 07.3781 侯氏簋		 晉國 97 頁 晉侯昕簋
	 14.8355 ⿰矢又祖壬簋		 文物 2006(5) 柞伯鼎	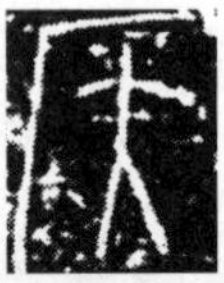 新收 881 晉侯蘇鐘	 07.3802 叔侯父簋		
	新收 946 ⿰矢又爵				 07.3929 噩侯簋		
西周中期	西周早期	西周晚期	西周晚期	西周晚期	西周晚期	西周中期或晚期	西周中期

高

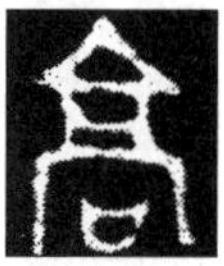
06.3621
陸婦簋
西周早期

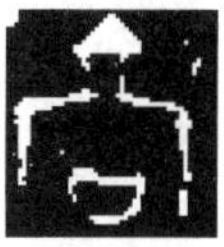
06.3655
亞高作父癸簋
西周早期

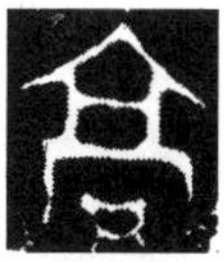
10.5319.1
𢀛高卣
西周早期

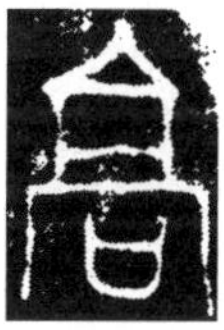
12.6441
高作父乙觶
西周早期

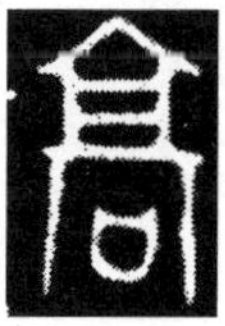
16.10565
師高器
西周早期

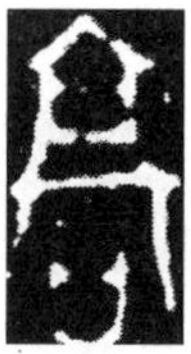
考文1990(5)
臣高鼎
西周早期

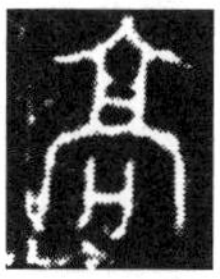
01.246
㾜鐘
西周中期

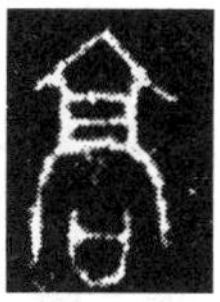
08.4125
大簋蓋
西周中期

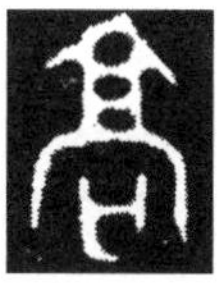
08.4328
不嬰簋
西周中期

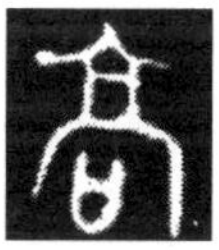
16.10175
史牆盤
西周中期

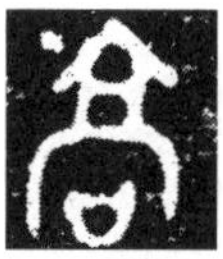
08.4329
不嬰簋蓋
西周晚期

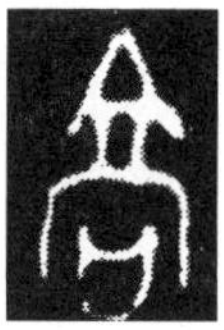
09.4464
駒父盨蓋
西周晚期

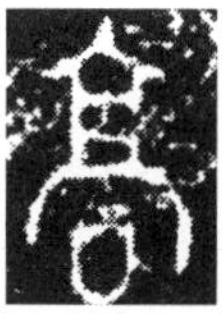
16.10239
叔高父匜
西周晚期

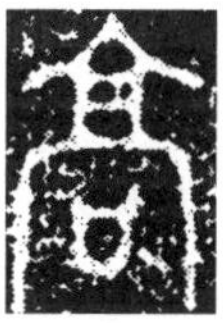
文博2007(2)
䜌鼎
西周晚期

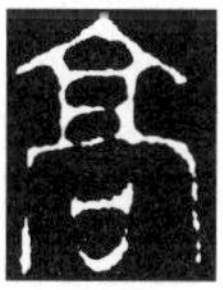
文物2003(6)
逑盤
西周晚期

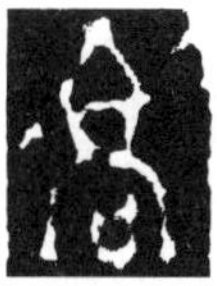
文物2003(6)
逑盉
西周晚期

亳

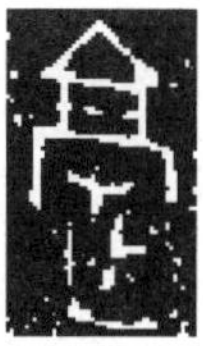
04.2316
亳鼎
西周早期

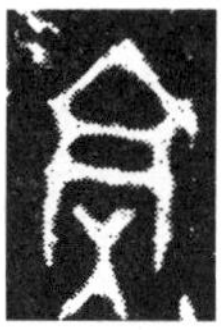
05.2654
亳鼎
西周早期

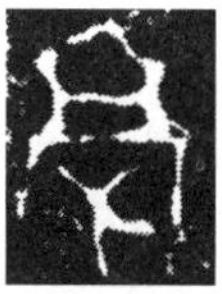
05.2654
亳鼎
西周早期

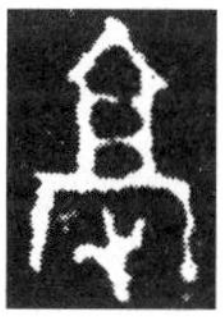
考文2010(2)
內史亳觚
西周早期

冂

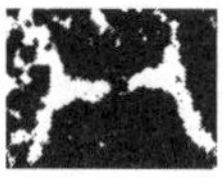
12.6442
逋作父乙觶
西周早期

〔冋〕

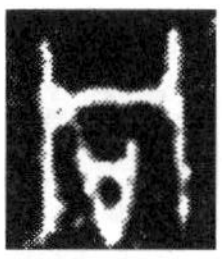
10.5418
免卣
西周中期

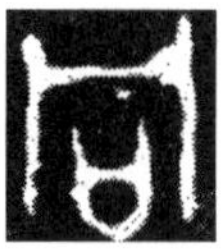
05.2783
七年趞曹鼎
西周中期

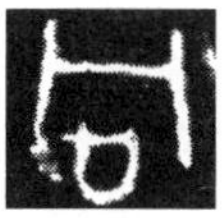
05.2813
師奎父鼎
西周中期

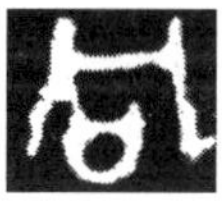
12.6516
趩觶
西周中期

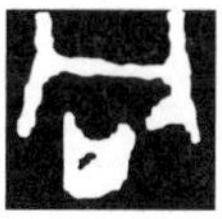
文物2000(6)
㫚簋
西周中期

𩫖　　央　市

08.4292
五年琱生簋

文物2007(8)
五年琱生尊甲

文物1994(2)
師盂鐘

西周中期

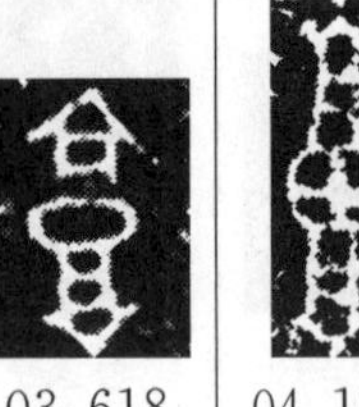
03.618
伯𩫖父鬲

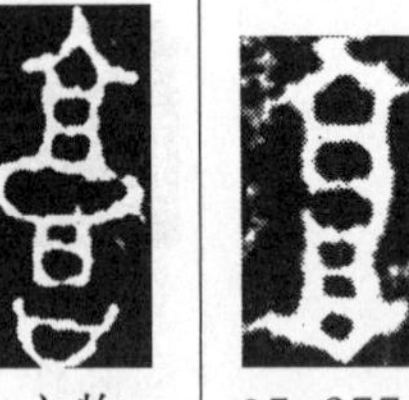
05.2774
師隹鼎

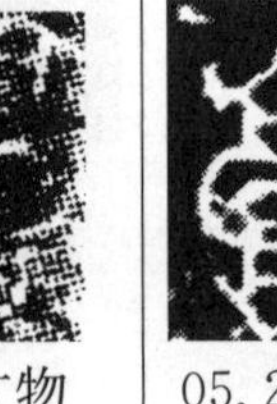
05.2830
師𧽙鼎

08.4237
臣諫簋

陝博(7)
宰獸簋

西周中期

04.1966
𩫖作寶鼎

08.4241
榮作周公簋

西周早期

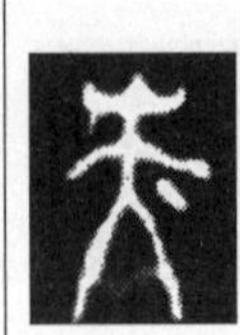
16.10173
虢季子白盤

西周晚期

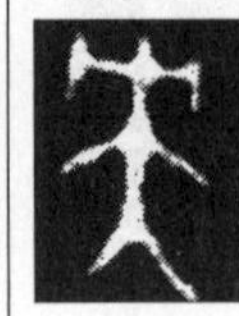
06.3370
央作寶盤

西周早期

16.10174
兮甲盤

西周晚期

08.4279
元年師旋簋

08.4297
鄘簋

西周晚期

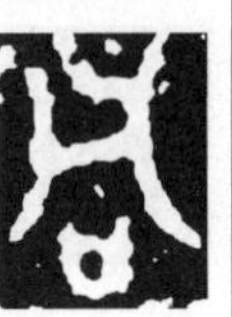
論稿167頁
呂簋蓋

西周中期

京　⿰𩫏䖵

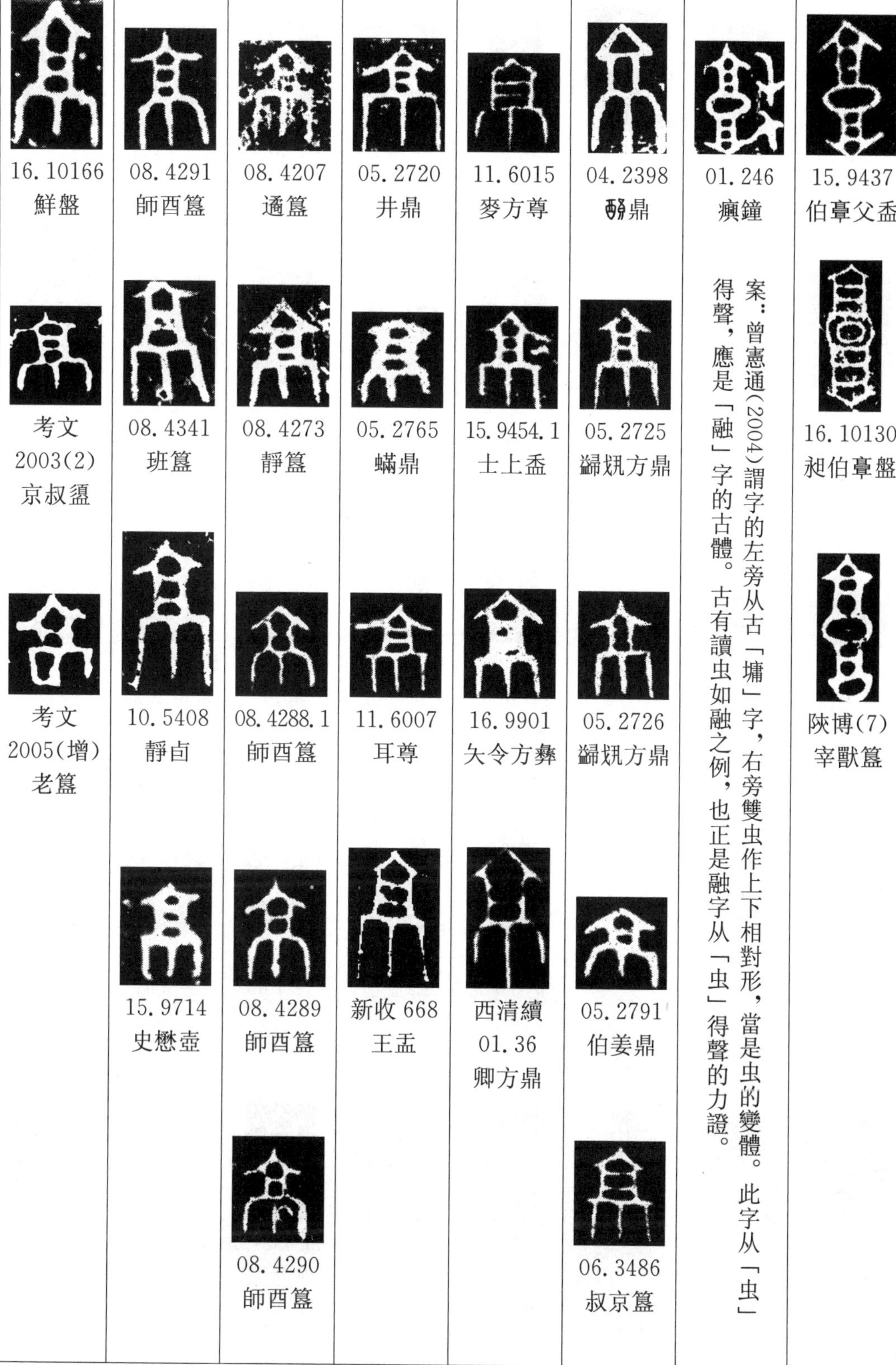

西周中期	西周中期	西周中期	西周早期或中期	西周早期	西周早期	西周中期	西周晚期
16.10166 鮮盤	08.4291 師酉簋	08.4207 遹簋	05.2720 井鼎	11.6015 麥方尊	04.2398 [illegible]鼎	01.246 𤼈鐘	15.9437 伯𩫏父盉
考文 2003(2) 京叔盨	08.4341 班簋	08.4273 靜簋	05.2765 蟎鼎	15.9454.1 士上盉	05.2725 歸㚸方鼎	案：曾憲通(2004)謂字的左旁从古「墉」字，右旁雙虫作上下相對形，當是虫的變體。此字从「虫」得聲，應是「融」字的古體。古有讀虫如融之例，也正是融字从「虫」得聲的力證。	16.10130 祀伯𩫏盤
考文 2005(增) 老簋	10.5408 靜卣	08.4288.1 師酉簋	11.6007 耳尊	16.9901 矢令方彝	05.2726 歸㚸方鼎		陝博(7) 宰獸簋
	15.9714 史懋壺	08.4289 師酉簋	新收 668 王盂	西清續 01.36 卿方鼎	05.2791 伯姜鼎		
		08.4290 師酉簋			06.3486 叔京簋		

　　就

 07.4097 䈞簋	 03.648 魯侯熙鬲	 08.4200 恒簋蓋	 考古 1994(1) 師克盨器	 08.4325.1 師嫠簋	 05.2836 大克鼎	 08.4321 訇簋	 01.204 克鐘
 10.5393.2 伯□作文考父辛卣	 05.2614 曆方鼎	案：李家浩(2014)分析此字爲从止、京聲，讀爲「涼」或「諒」，訓爲「輔佐」。	 陝博(7) 宰獸簋	 08.4340 蔡簋	 08.4296 鄉簋蓋	 16.10226 伯吉父匜	 01.206 克鐘
 11.5738 父丁亯戚尊	 05.2791 伯姜鼎		 文博 1985(3) 史叀鼎	 09.4467.1 師克盨	 08.4297 鄉簋	 玫茵堂 106 京良父簋	 01.208 克鐘
 11.6015 麥方尊	 05.2837 大盂鼎		 華章 55 頁 卌三年逑鼎甲	 09.4468 師克盨	 08.4318.2 三年師兑簋	 銘圖 02971 善夫吉父鬲	 03.701 善父吉父鬲
 15.9408 魯侯盉蓋	 06.2897 亯簋		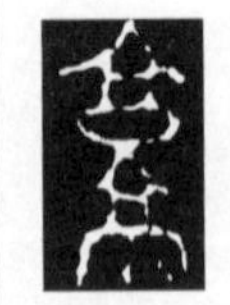 華章 63 頁 卌三年逑鼎乙	 16.10176 散氏盤	 08.4324.1 師嫠簋		 03.702 善父吉父鬲
西周早期	西周早期	西周中期	西周晚期	西周晚期	西周晚期	西周晚期	西周晚期

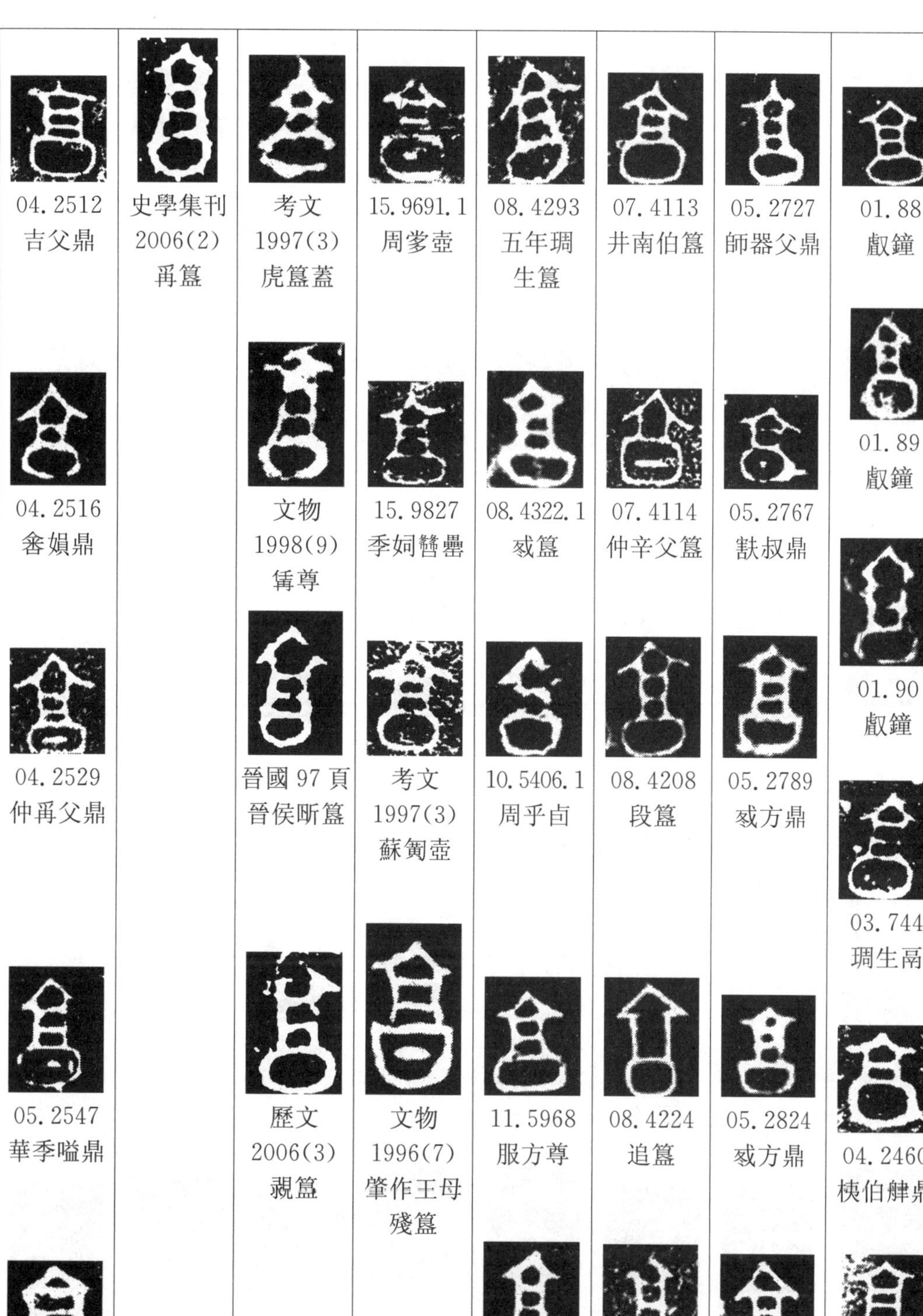

04.2512 吉父鼎	史學集刊 2006(2) 爯簋	考文 1997(3) 虎簋蓋	15.9691.1 周𡢁壺	08.4293 五年琱 生簋	07.4113 井南伯簋	05.2727 師器父鼎	01.88 𢾊鐘
04.2516 畬娟鼎		文物 1998(9) 偁尊	15.9827 季姛[illegible]罍	08.4322.1 𢦚簋	07.4114 仲辛父簋	05.2767 [illegible]叔鼎	01.89 𢾊鐘
04.2529 仲爯父鼎		晉國 97 頁 晉侯昕簋	考文 1997(3) 蘇𡡄壺	10.5406.1 周乎卣	08.4208 段簋	05.2789 𢦚方鼎	01.90 𢾊鐘
05.2547 華季嗌鼎		歷文 2006(3) 親簋	文物 1996(7) 肇作王母 殘簋	11.5968 服方尊	08.4224 追簋	05.2824 𢦚方鼎	03.744 琱生鬲
05.2559 雍伯原鼎				15.9690.1 周𡢁壺	08.4284 師𤸫簋蓋	07.4102 仲𢾊父簋	04.2460 楧伯肆鼎
							05.2705 [illegible]鼎
西周晚期	西周中期	西周中期	西周中期	西周中期	西周中期	西周中期	西周中期

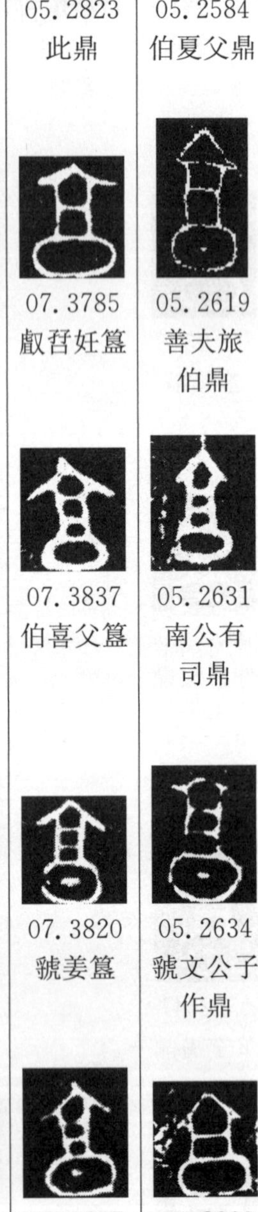

 08.4189.1 仲再父簋	 07.4089.1 事族簋	 07.4051.1 曾伯文簋	 07.4008 兮吉父簋	 07.3984 陽飤生簋蓋	 07.3872 旅仲簋	 05.2823 此鼎	 05.2584 伯夏父鼎
 08.4204.1 曾仲大父蠢簋	 07.4093 伯梡盧簋	 07.4052.1 曾伯文簋	 07.4009 毛伯簋	 07.3986 德克簋	 07.3893 齊巫姜簋	07.3785 叡吾妊簋	05.2619 善夫旅伯鼎
 08.4287 伊簋	 07.4094 伯梡盧簋	 07.4062.1 㚘夫㚘姬簋	 07.4039 黄君簋蓋	 07.3995 伯姬父簋	 07.3924 束仲[illegible]父簋蓋	07.3837 伯喜父簋	05.2631 南公有司鼎
 08.4297 郱簋	 08.4156 伯家父簋蓋	 07.4065.1 㚘夫㚘姬簋	 07.4048.1 琱伐父簋	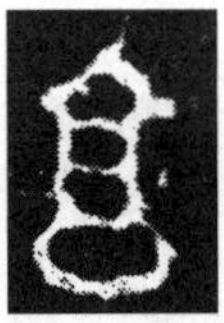 07.4002.1 豐兮尸簋	 07.3925 命父諆簋	07.3820 虢姜簋	05.2634 虢文公子作鼎
 08.4304.1 諫簋	 08.4158.1 黿乎簋	 07.4068 叔睺父簋	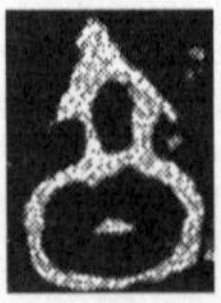 07.4049.1 琱伐父簋	 07.4007 汱伯寺簋	 07.3971 虢季氏子組簋	07.3847 倗伯簋蓋	05.2663 伯鮮鼎
西周晚期	西周晚期	西周晚期	西周晚期	西周晚期	西周晚期	西周晚期	西周晚期

卷五

亯部

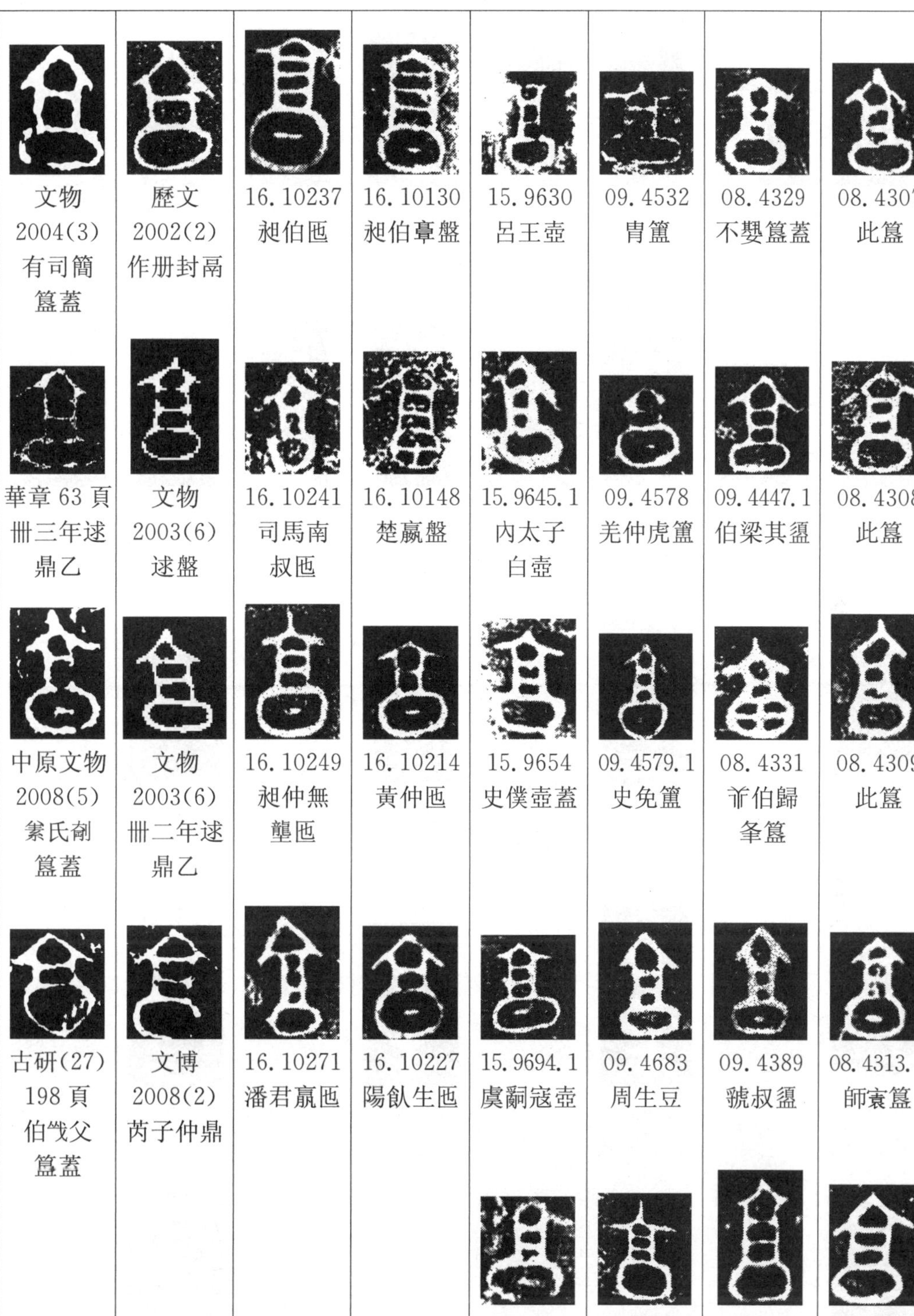

文物 2004(3) 有司簡簋蓋	歷文 2002(2) 作册封鬲	16.10237 衵伯匜	16.10130 衵伯章盤	15.9630 吕王壺	09.4532 肯簠	08.4329 不嬰簋蓋	08.4307 此簋
華章 63 頁 卌三年逑鼎乙	文物 2003(6) 逑盤	16.10241 司馬南叔匜	16.10148 楚嬴盤	15.9645.1 内太子白壺	09.4578 羌仲虎簠	09.4447.1 伯梁其盨	08.4308 此簋
中原文物 2008(5) 粊氏剻簋蓋	文物 2003(6) 卌二年逑鼎乙	16.10249 衵仲無龏匜	16.10214 黄仲匜	15.9654 史僕壺蓋	09.4579.1 史免簠	08.4331 𠦪伯歸夆簋	08.4309 此簋
古研(27) 198 頁 伯戔父簋蓋	文博 2008(2) 芮子仲鼎	16.10271 潘君嬴匜	16.10227 陽飤生匜	15.9694.1 虞嗣寇壺	09.4683 周生豆	09.4389 虢叔盨	08.4313.1 師寰簋
				15.9701 蔡公子壺	15.9602.1 賓車父壺	09.4465 善父克盨	08.4328 不嬰簋
西周晚期	西周晚期	西周晚期	西周晚期	西周晚期	西周晚期	西周晚期	西周晚期

厚　　　　　𦎫

 01.246 痶鐘	 05.2724 毛公旅方鼎	 01.260.1 㝬鐘	 01.249 痶鐘	 10.5392.2 寡子卣	 04.2181 作公尊彝鼎	 05.2535 伯𢉩父鼎	 首陽107頁 伯𢦏父簋
 01.253 痶鐘	 05.2730 厚趠方鼎	 05.2833 禹鼎	 08.4172.1 痶簋	 考文2006(6) 獄簋蓋	 12.6500 鼓𦎫作父辛觶	 06.3630 𤘭簋	 文物2006(5) 柞伯鼎
 08.4268 王臣簋		 08.4328 不𡢁簋	从「皿」从「升」。	 考文2006(6) 獄簋蓋		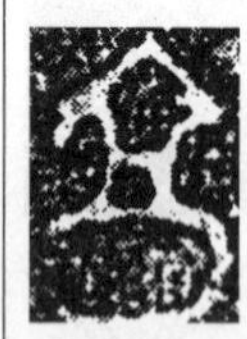 晉國97頁 晉侯㫚簋	
 11.6012 盠党尊蓋		 08.4329 不𡢁簋蓋		 銘圖05676 獄盨蓋		 晉國97頁 晉侯㫚簋	
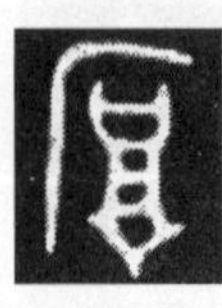 16.10175 史牆盤						 上博(7) 晉侯㫚簋	
西周中期	西周早期	西周晚期	西周中期	西周中期	西周早期	西周	西周晚期

〔嗇〕

㐭　　　　良

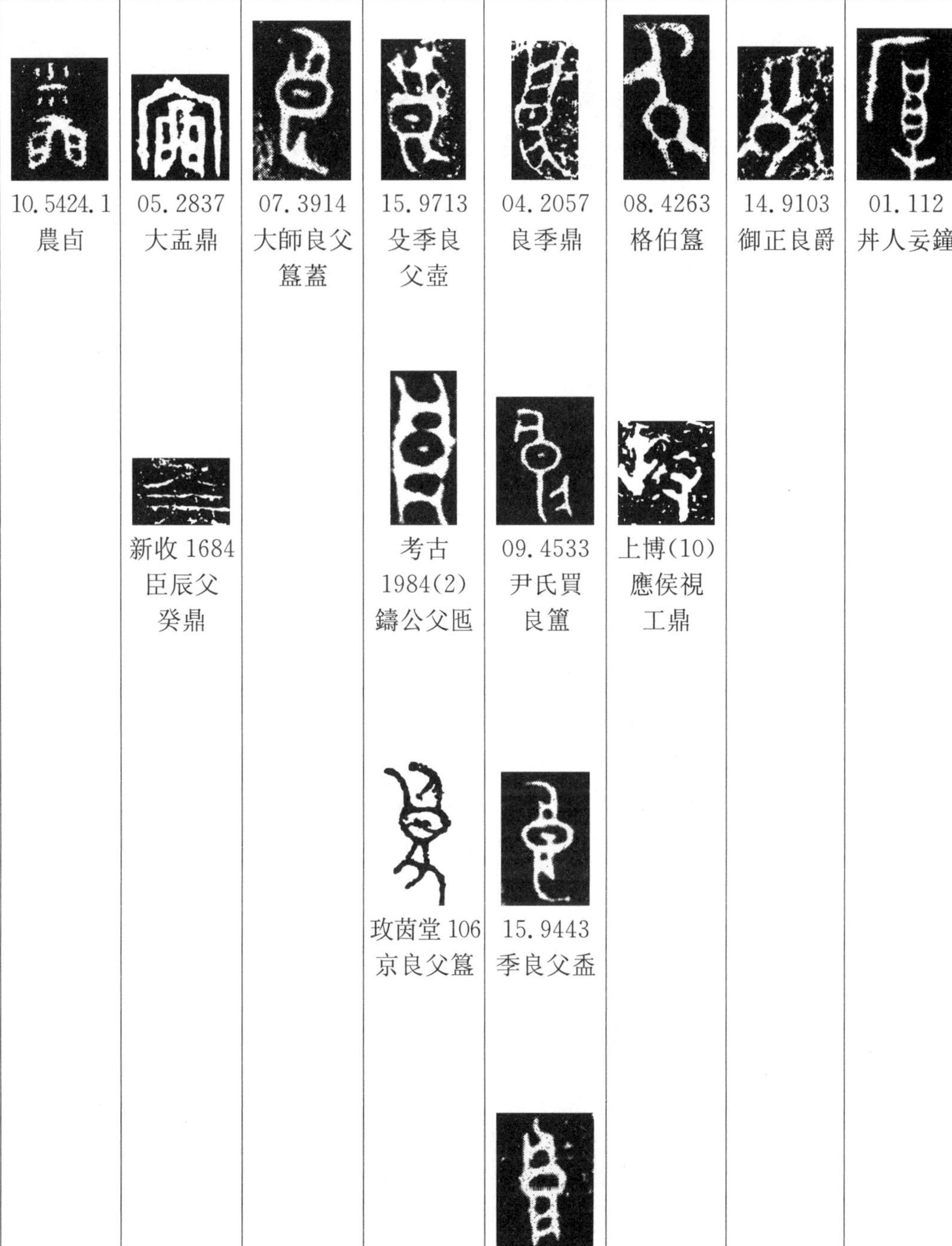

㐭			良				
10.5424.1 農卣	05.2837 大盂鼎	07.3914 大師良父簋蓋	15.9713 殳季良父壺	04.2057 良季鼎	08.4263 格伯簋	14.9103 御正良爵	01.112 井人妄鐘
	新收 1684 臣辰父癸鼎		考古 1984(2) 鑄公父匜	09.4533 尹氏買良簠	上博(10) 應侯視工鼎		
			玫茵堂 106 京良父簋	15.9443 季良父盉			
				15.9641 𤔲寇良父壺			
西周中期	西周早期	西周	西周晚期	西周晚期	西周中期	西周早期	西周晚期

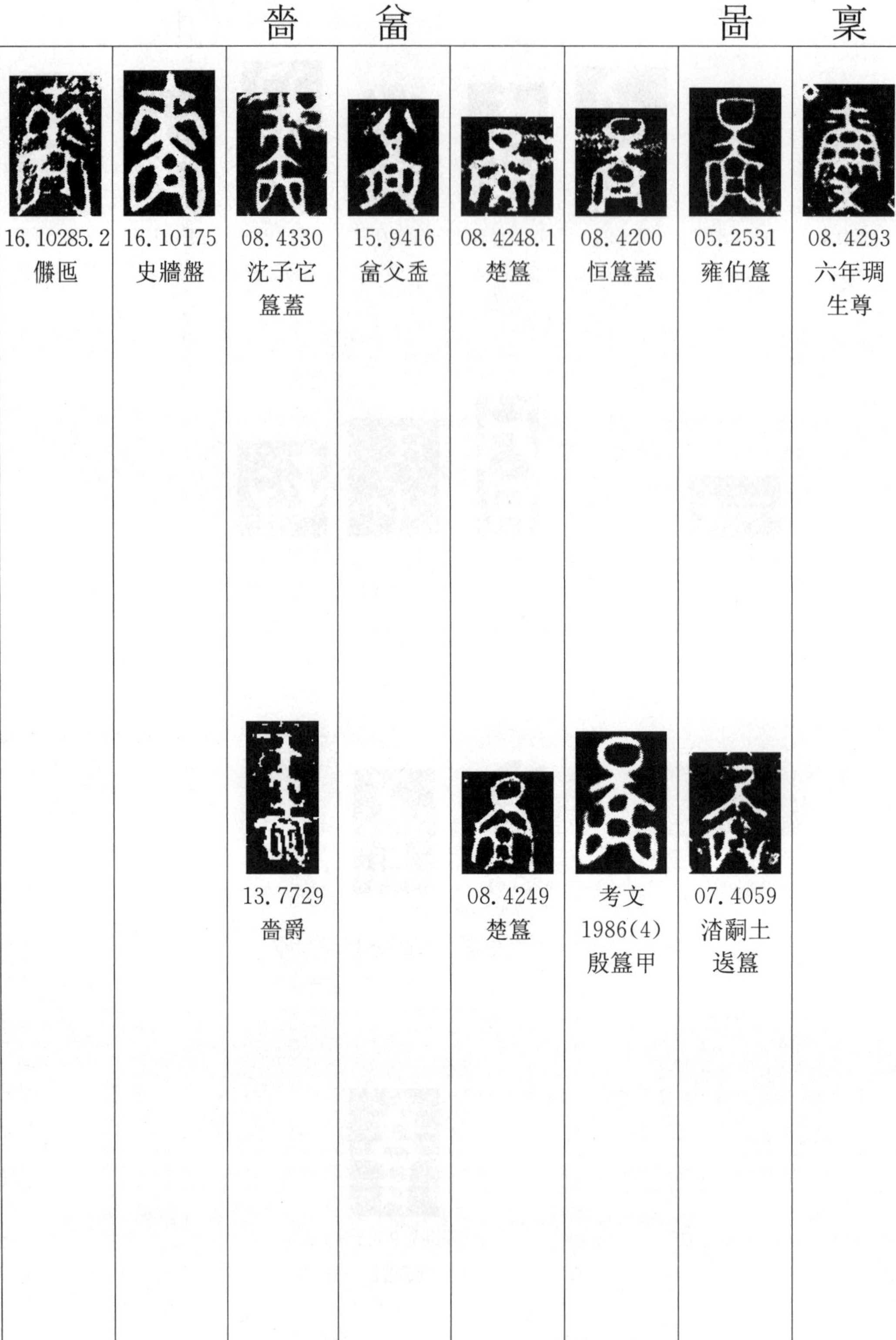

稟	啚			畬	嗇		
08.4293 六年琱生尊	05.2531 雍伯簋	08.4200 恒簋蓋	08.4248.1 楚簋	15.9416 畬父盉	08.4330 沈子它簋蓋	16.10175 史牆盤	16.10285.2 㑇匜
	07.4059 湝嗣土逘簋	考文 1986(4) 殷簋甲	08.4249 楚簋		13.7729 嗇爵		
西周中期	西周早期	西周中期	西周晚期	西周中期	西周早期	西周中期	西周晚期

麥	𪍿				來		𤖨
 03.490 麥作彝鬲	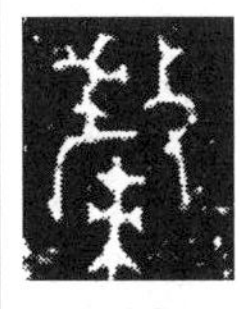 05.2815 趞鼎	 01.260.2 㝬鐘	 08.4292 五年琱生簋	 01.252 癲鐘	 05.2728 旅鼎	 08.4313.1 師寰簋	 14.9067 𤖨父乙爵
 05.2706 麥方鼎		 08.4328 不嬰簋	 16.10175 史𤖨盤	 05.2765 𧊒鼎	 05.2730 厚趠方鼎	 08.4313.2 師寰簋	 14.9068 𤖨父乙爵
 11.6015 麥方尊		 08.4329 不嬰簋蓋		 05.2838 曶鼎	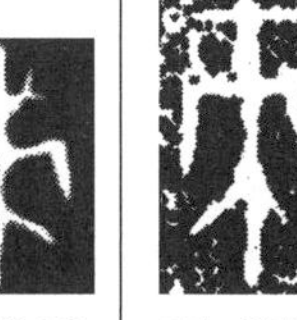 05.2758 作册大方鼎		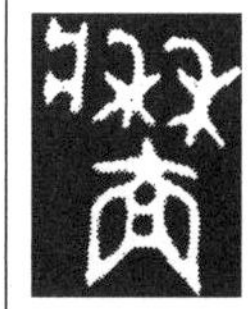 16.10175 史𤖨盤
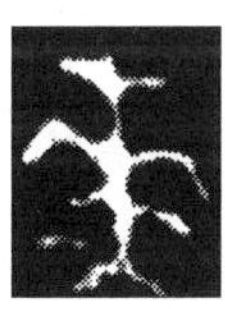 15.9451 麥盉				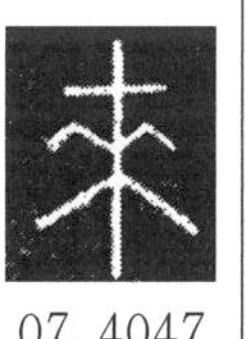 07.4047 陖貯簋	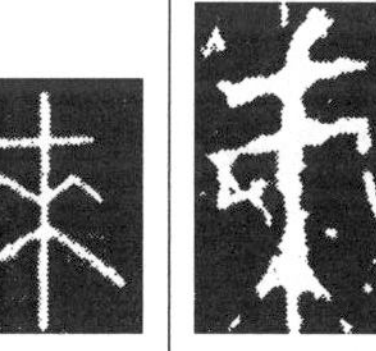 07.4059 涾嗣土遂簋		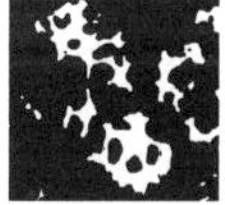 文物 2003(9) 季姬尊
 16.9893.1 井侯方彝				 08.4122.1 彔作辛公簋	 考古學報 2018(1) 霸伯簋		
西周晚期	西周晚期	西周晚期	西周中期	西周中期	西周早期	西周中期	西周中期

夏		憂		致		夌	复
 03.719 伯夏父鬲	 05.2841B 毛公鼎	 04.1742 亞憂鼎	 16.10285.1 𠑇匜	 05.283 曶鼎	 06.3437 朿夌簋	 小校 2.36.2 庣夌鼎	 09.4466 𩛥比盨
 05.2854 伯夏父鼎		 10.5309.2 無憂作父丁卣		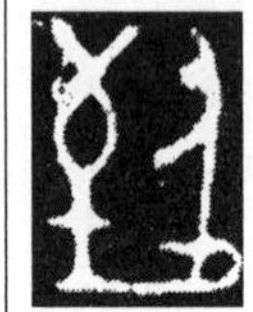 06.3490.1 伯致簋		 03.527 夌姬鬲	 09.4466 𩛥比盨
案：魏宜輝（2002）謂金文中的「夏」字，象一人站在太陽下面，以表現夏天的炎熱。		 11.6175 伯憂觶				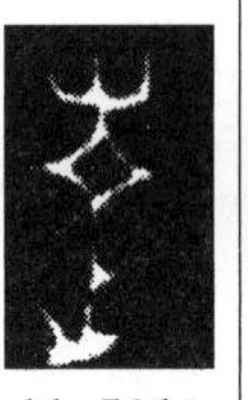 11.5910 子夌作母辛尊	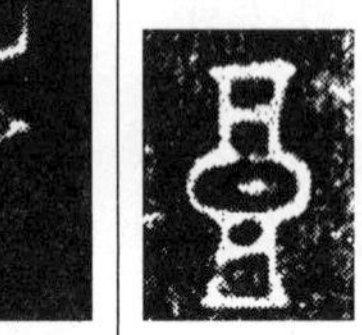 09.4563 季复父簠
						 12.6453 夌伯觶	「復」字重見。
西周晚期	西周晚期	西周早期	西周晚期	西周中期	西周中期	西周早期	西周晚期

	⿹𢦏韋	⿰韋帀			韋	舞	⿺辶夒
01.133 柞鐘	05.2783 七年趞曹鼎	07.3848 遣小子⿰韋帀簋	考文1998(3) 吳虎鼎	文物1998(4) 匍盉	04.2120 韋作父丁鼎	18.11860 匽侯舞銅泡	05.2836 大克鼎
01.134 柞鐘	05.2813 師奎父鼎			文物2004(2) 晉韋父盤		18.11861 匽侯舞銅泡	08.4326 番生簋蓋
01.135 柞鐘	08.4256.2 廿七年衛簋					新收1369 匽侯舞銅泡	考文2003(6) 逑盤
01.136 柞鐘	10.5418 免卣						
08.4321 訇簋	12.6516 趩觶						
	新收1874 虎簋蓋乙						
西周晚期	西周中期	西周晚期	西周晚期	西周中期	西周早期	西周早期	西周晚期

<table>
<tr><th colspan="5">夆</th><th>弟</th><th>韓</th><th>⿰韋襄</th></tr>
<tr><td>文博
2007(2)
訇鼎</td><td>
03.696
夆伯鬲</td><td>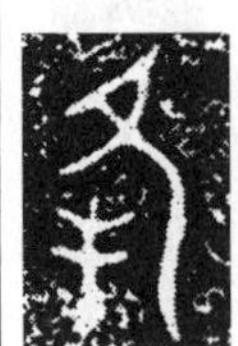
10.5245.1
夆莫父卣</td><td>
07.4068
叔朕父簋</td><td>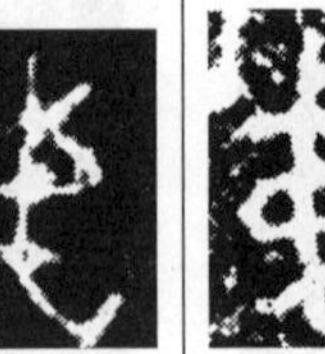
08.4167
㝨簋</td><td>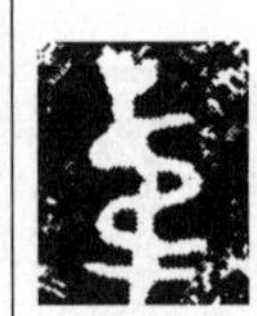
05.2553
應公鼎</td><td>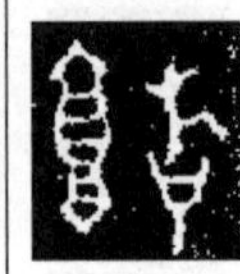
11.5906
韓作父
癸尊</td><td>
05.2831
九年衛鼎</td></tr>
<tr><td></td><td>
05.2831
九年衛鼎</td><td>
文物
1996(12)
夆盉</td><td>
07.4070
叔朕父簋</td><td>
08.4237
臣諫簋</td><td>
05.2554
應公鼎</td><td>
銘圖 02426
韓伯豐鼎</td><td></td></tr>
<tr><td></td><td>
新收 1162
夆鼎</td><td>
新收 1161
夆鼎</td><td>
15.9713
殳季良
父壺</td><td></td><td>
11.5912
眉季尊</td><td rowspan="2">
案：劉洪濤(2016a)、董珊(2015b)均隸該字作「韓」，釋爲「韓」；謝明文(2015d)認爲是「亘」的異體，讀爲姓氏之「韓」。</td><td></td></tr>
<tr><td></td><td>考文
2006(6)
獄簋蓋</td><td>文物
1996(12)
夆盤</td><td>考文
2007(3)
琱生尊</td><td></td><td>
15.9300
扶馭觥蓋</td><td></td></tr>
<tr><td>西周晚期</td><td>西周早期</td><td>西周早期</td><td>西周晚期</td><td>西周中期</td><td>西周早期</td><td>西周早期</td><td>西周中期</td></tr>
</table>

夆

乘

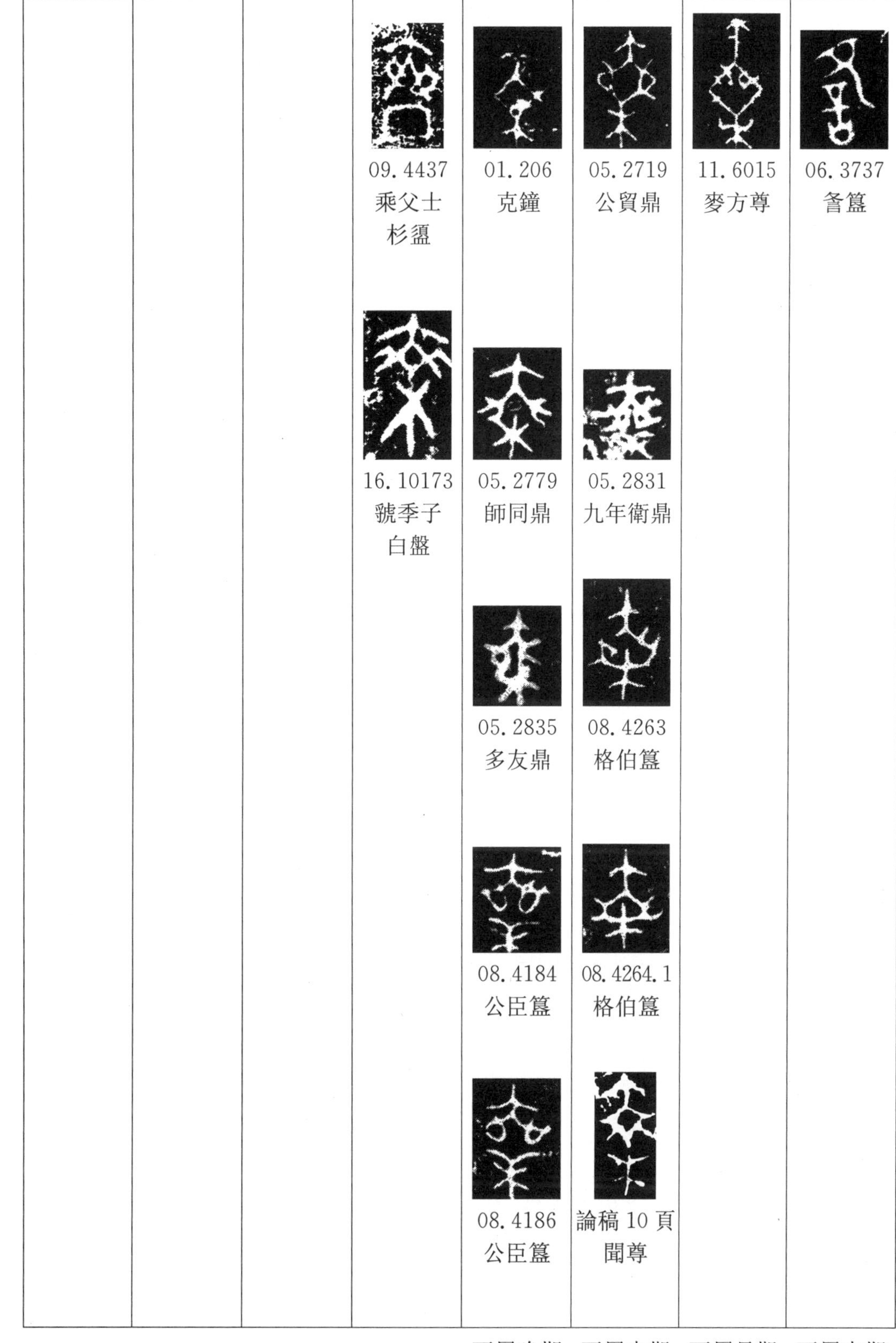

夆：
06.3737 夆簋（西周中期）

乘：
11.6015 麥方尊（西周早期）

05.2719 公貿鼎
05.2831 九年衛鼎
08.4263 格伯簋
08.4264.1 格伯簋
論稿 10 頁 聞尊
（西周中期）

01.206 克鐘
05.2779 師同鼎
05.2835 多友鼎
08.4184 公臣簋
08.4186 公臣簋
（西周晚期）

09.4437 乘父士杉盨
16.10173 虢季子白盤

梅	枏	木					
 06.3644 史梅兟祖辛簋	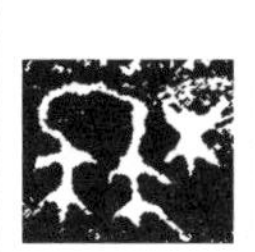 03.746 仲枏父鬲	 16.10176 散氏盤	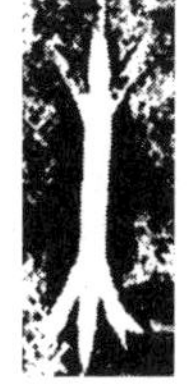 05.2838 曶鼎	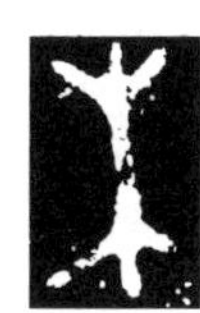 保利續 116 頁 木羊簋甲	 04.2131 木作父辛鼎		
	 03.750 仲枏父鬲	 16.10176 散氏盤	 08.4262.1 格伯簋	 國博館刊 2012(1) 木父乙鼎	 06.3168 木父丙簋		
	 03.751 仲枏父鬲		 08.4262.2 格伯簋	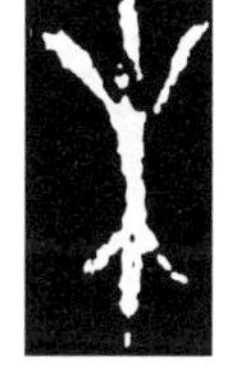 銘圖 00901 木父辛鼎	 06.3666 木工册作母日甲簋		
	  03.979 仲枏父匕			 銘圖 06912 木爵	 14.8350 木祖辛爵		
	 首陽 96 頁 仲枏父鬲						
西周早期	西周中期	西周晚期	西周中期	西周早期	西周早期		

西周金文字編 卷六

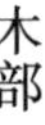

棠	楷				亲		李
 16.10155 湯叔盤	 07.3915 周[illegible]生簋	 06.3363.2 楷仲作旅鼎	 08.4205 楷伯簋	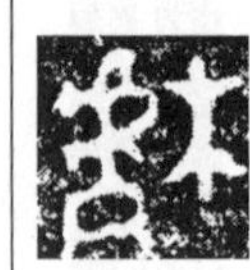 03.542 楷叔知父鬲	 07.3946 中伯簋	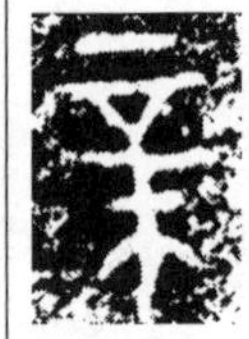 15.9667 中伯壺蓋	 05.2832 五祀衛鼎
		 09..4429.2 師趛盨	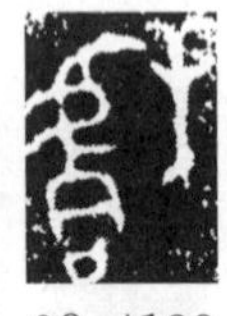 08.4139 楷侯簋蓋	 04.2045 楷仲鼎			
		 15.9553 楷侯壺	 12.6486 叔僡觶	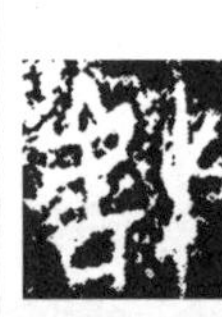 04.2179 吹作楷妊鼎			
		 新收 1669 楷尊	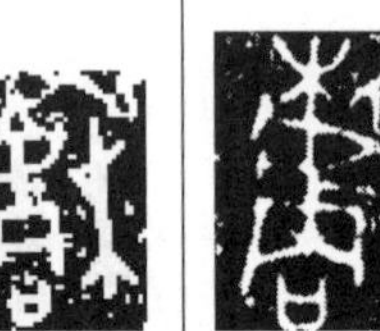 燕國聚珍 63 楷仲鼎	 05.2704 旟鼎			
			 銘圖 04682 仲車父簋	 05.2729 歔甗方鼎			
西周晚期	西周	西周晚期	西周中期	西周早期	西周晚期	西周中期	西周中期

楊	櫅		柞	杙	棫		杜
 05.2835 多友鼎	 01.246 𤼈鐘	 01.136 柞鐘	 07.3994 罚簋	 07.4045 應侯簋	 16.10176 散氏盤	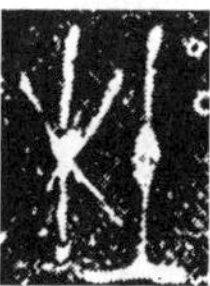 03.698 杜伯鬲	 08.4263 格伯簋
 文物 1994(8) 楊姞壺	 16.10175 史牆盤	 01.137 柞鐘	 文物 1998(9) 柞伯簋			 09.4450.1 杜伯盨	 08.4264.2 格伯簋
 華章 39 頁 卌二年逑 鼎甲		 01.138 柞鐘				 09.4450.2 杜伯盨	 08.4316 師虎簋
 華章 47 頁 卌二年逑 鼎乙		 文物 2006(5) 柞伯鼎				 09.4451 杜伯盨	
						 09.4452 杜伯盨	
西周晚期	西周晚期	西周晚期	西周早期	西周中期	西周中期	西周晚期	西周中期

本		某	柏		桐	杞	柳
 04.2081 本鼎	 08.4285.1 諫簋	 07.4041 禽簋	 晉國 149 頁 叔釗父甗	 09.4459.1 翏生盨	 首陽 107 頁 伯戋父簋	 05.2654 亳鼎	 05.2805 南宮柳鼎
	 總集 02.1157 禽鼎			 09.4460 翏生盨	 古研(27) 198 頁 伯戋父簋		 05.2805 南宮柳鼎
				 09.4461.1 翏生盨			 16.10176 散氏盤
西周中期	西周晚期	西周早期	西周晚期	西周晚期	西周中期	西周早期	西周晚期

朱

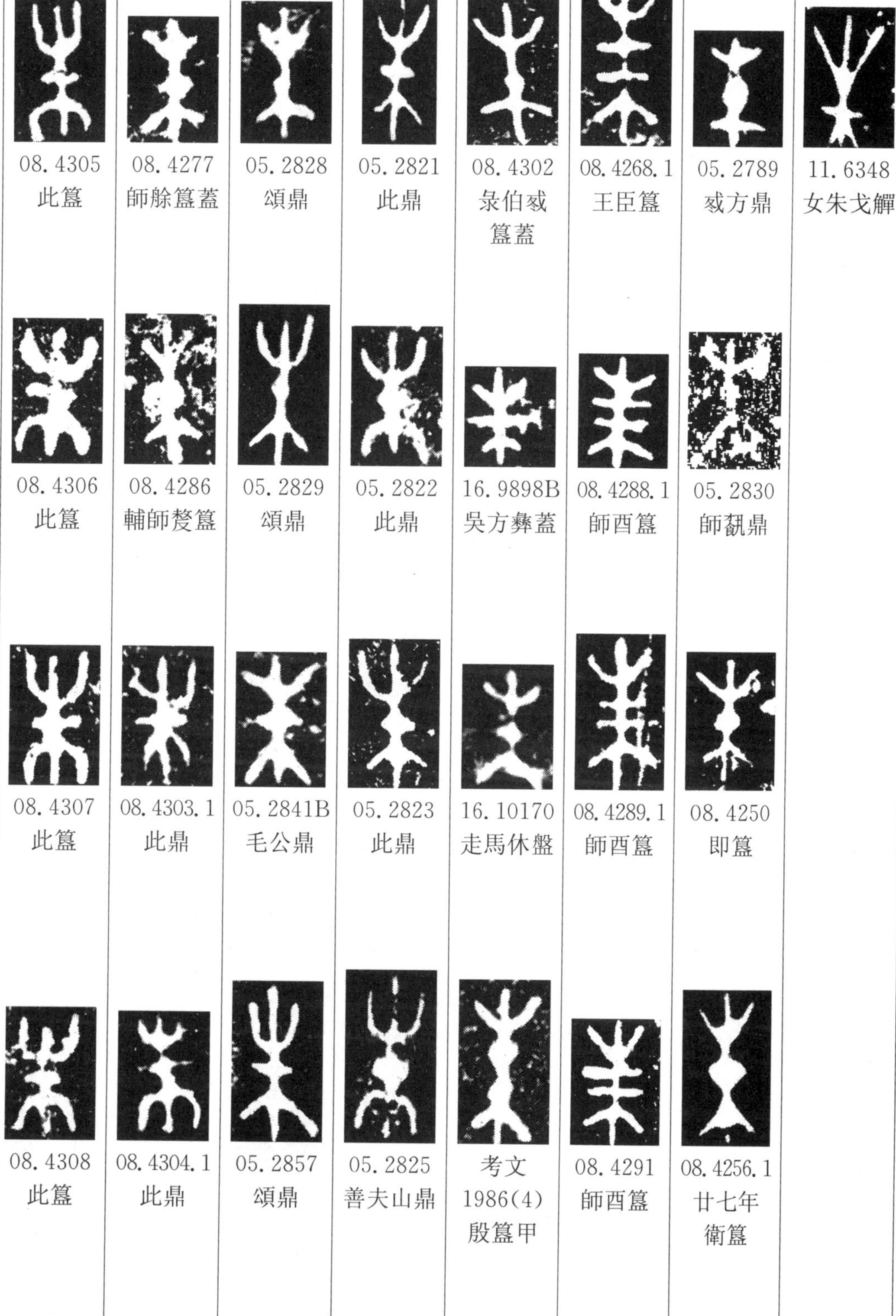

11.6348 女朱戈觶
05.2789 㦰方鼎
05.2830 師𩛥鼎
08.4250 即簋
08.4256.1 廿七年衛簋
08.4268.1 王臣簋
08.4288.1 師酉簋
08.4289.1 師酉簋
08.4291 師酉簋
08.4302 彔伯㦰簋蓋
16.9898B 吳方彝蓋
16.10170 走馬休盤
考文 1986(4) 殷簋甲
05.2821 此鼎
05.2822 此鼎
05.2823 此鼎
05.2825 善夫山鼎
05.2828 頌鼎
05.2829 頌鼎
05.2841B 毛公鼎
05.2857 頌鼎
08.4277 師艅簋蓋
08.4286 輔師嫠簋
08.4303.1 此鼎
08.4304.1 此鼎
08.4305 此簋
08.4306 此簋
08.4307 此簋
08.4308 此簋

西周晚期 西周晚期 西周晚期 西周晚期 西周中期 西周中期 西周中期 西周早期

格　　桹　　果

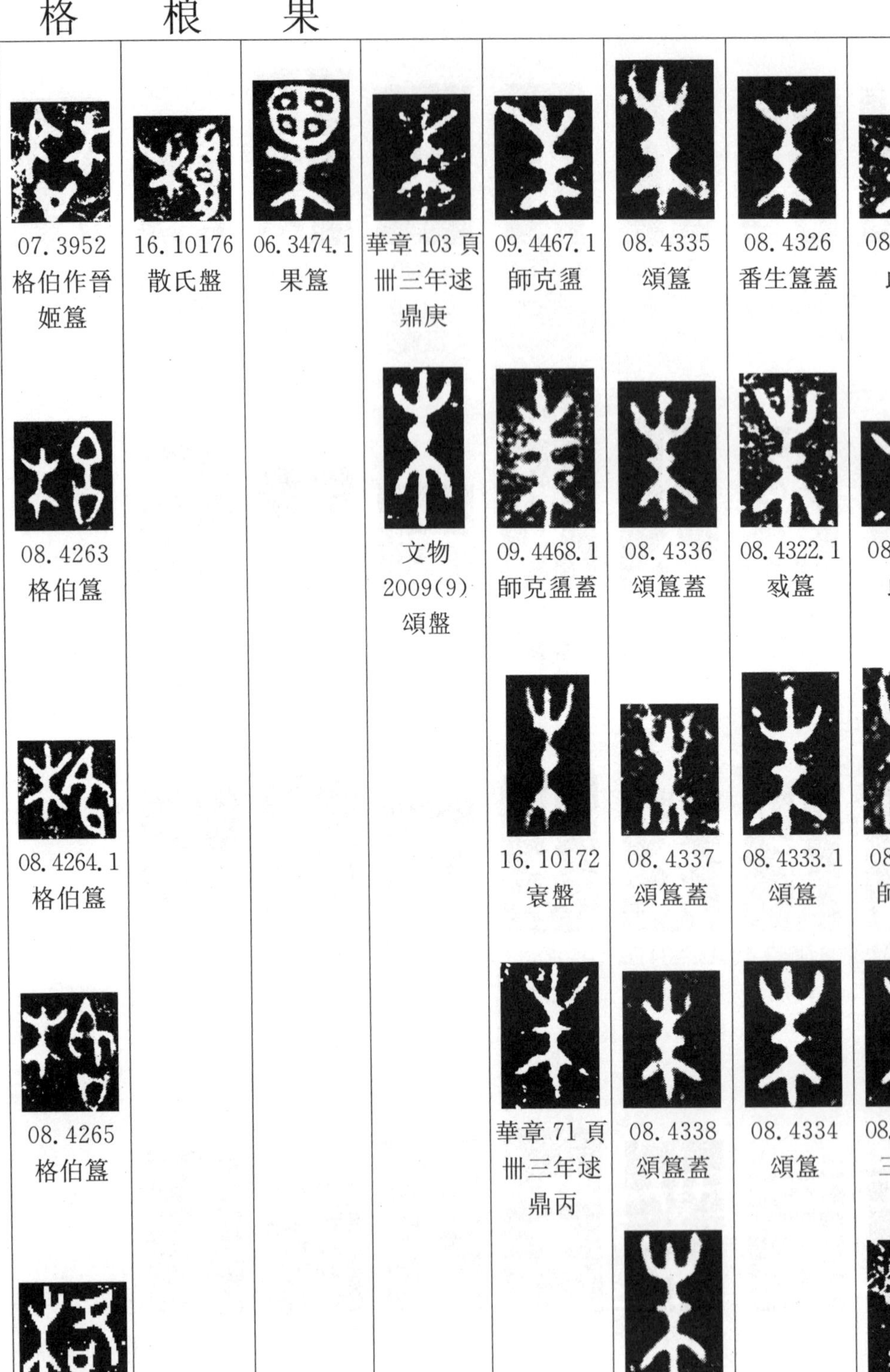

07.3952 格伯作晉姬簋
08.4263 格伯簋
08.4264.1 格伯簋
08.4265 格伯簋
考古學報2018(2) 格仲簋

16.10176 散氏盤

06.3474.1 果簋

華章103頁 卌三年逑鼎庚
文物2009(9) 頌盤

09.4467.1 師克盨
09.4468.1 師克盨蓋
16.10172 寰盤
華章71頁 卌三年逑鼎丙

08.4335 頌簋
08.4336 頌簋蓋
08.4337 頌簋蓋
08.4338 頌簋蓋
08.4339 頌簋蓋

08.4326 番生簋蓋
08.4322.1 㦷簋
08.4333.1 頌簋
08.4334 頌簋

08.4309 此簋
08.4310 此簋
08.4312 師穎簋
08.4318.2 三年師兑簋
08.4319 三年師兑簋

西周中期　西周晚期　西周中期　西周晚期　西周晚期　西周晚期　西周晚期　西周晚期

	〔鑘〕				〔盤〕		
樂		櫺	桓		槃	果	柔
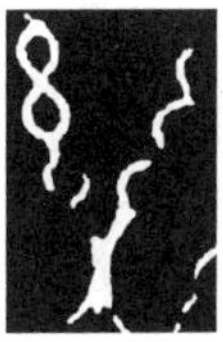 徵集 1 司母樂甗	 08.4141.1 函皇父簋  08.4141.2 函皇父簋  16.10164 函皇父盤	 06.3549 櫺仲簋	 百年 66 頁 桓父己尊	 16.10130 𧙗伯章盤  16.10149 囂伯盤  16.10173 虢季子 白盤  16.10129 伯侯父盤  收藏界 2007(4) 蘇公盤  文物 2009(9) 頌盤	 16.10110 德盤  16.10127 殷穀盤	 16.10176 散氏盤	 考文 2007(3) 琱生尊  考文 2007(3) 琱生尊 案：袁金平(2006)分析爲从「木」，「矛」省聲，隸作「柔」，讀作「務」；徐義華(2007)釋作「朿」；李學勤(2007b)釋作「柔」，讀「擾」。
西周早期	西周晚期	西周中期	西周早期	西周晚期	西周中期	西周晚期	西周晚期

	采	校			〔沙〕梁		
 論稿 10 頁 聞尊	 10.5402.1 遣卣	 新收 1454 焂戒鼎	 08.4151 善夫梁其簋	 01.187.1 梁其鐘	 15.9716.1 梁其壺	 小校 3.92.3 樂甗	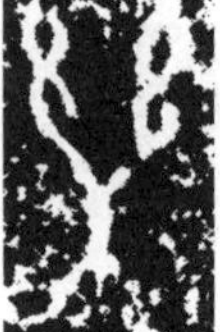 04.1969 樂作旅鼎
 銘圖 5154 采隻簋甲	 10.5402.2 遣卣	案：陳佩芬(1997)將此字與下面「于」字一起隸作「桍」，讀爲「夸」，訓「大」；吳振武(1998)謂上从「交」下从「木」，隸作「校」；胡長春(2006)認爲上从「大」下从「木」，隸作「乘」。	 09.4447.1 伯梁其盨	  01.192 梁其鐘		 02.356 井叔采鐘	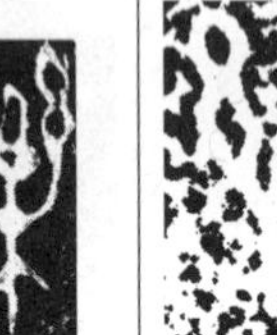 04.1970 樂作旅鼎
	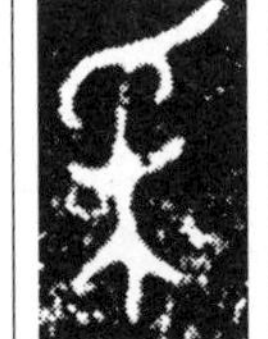 11.5992 遣尊		 歷文 2007(6) 梁姬壺	 07.3793.1 伯梁父簋		 04.2419 樂鼎	
				 07.3795.1 伯梁父簋		 16.10216 召樂父匜	
				 08.4150.1 善夫梁其簋		 首陽 117 頁 晉侯對盨	
西周中期	西周早期	西周晚期	西周晚期	西周晚期	西周中期	西周晚期	西周中期

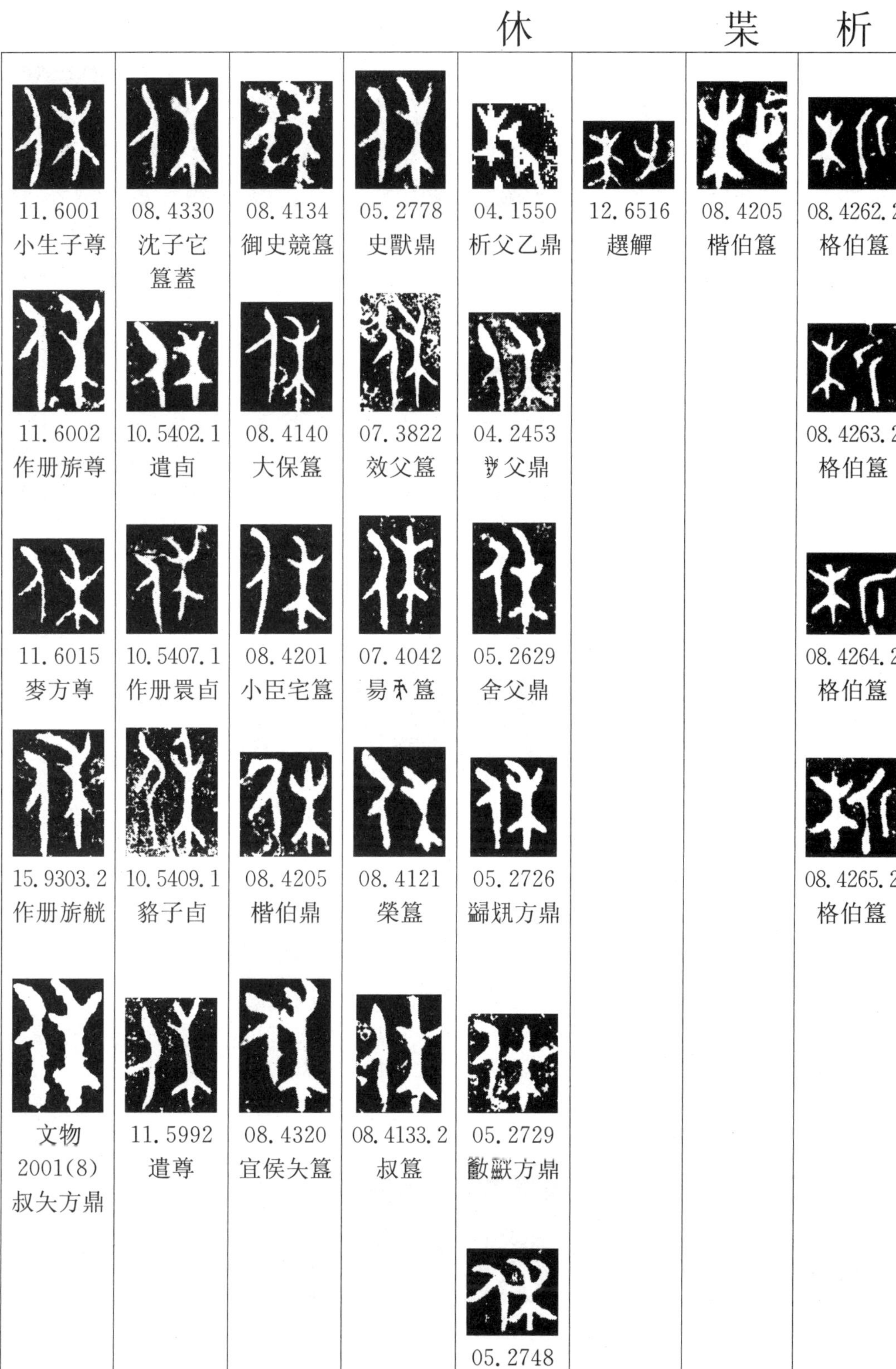

休						枼	析
11.6001 小生子尊	08.4330 沈子它簋蓋	08.4134 御史競簋	05.2778 史獸鼎	04.1550 析父乙鼎	12.6516 趩觶	08.4205 楷伯簋	08.4262.2 格伯簋
11.6002 作册旂尊	10.5402.1 遣卣	08.4140 大保簋	07.3822 效父簋	04.2453 [illegible]父鼎			08.4263.2 格伯簋
11.6015 麥方尊	10.5407.1 作册睘卣	08.4201 小臣宅簋	07.4042 易[illegible]簋	05.2629 舍父鼎			08.4264.2 格伯簋
15.9303.2 作册旂觥	10.5409.1 貉子卣	08.4205 楷伯鼎	08.4121 榮簋	05.2726 歸𢦚方鼎			08.4265.2 格伯簋
文物 2001(8) 叔夨方鼎	11.5992 遣尊	08.4320 宜侯夨簋	08.4133.2 叔簋	05.2729 [illegible]方鼎			
				05.2748 庚嬴鼎			
西周早期	西周早期	西周早期	西周早期	西周早期	西周中期	西周早期	西周中期

西周早期	西周早期或中期	西周中期	西周中期	西周中期	西周中期	西周中期或晚期	西周晚期
首陽 83 頁 鬵簋	11.5959 守宮父辛鳥尊	03.754 尹姞鬲	05.2755 㝨鼎	考古 1989(6) 孟狌父甗	考文 2005(增) 老簋	08.2816 伯晨鼎	保利續 126 頁 應侯視工簋甲蓋
文物 2009(2) 何簋蓋	11.6007 耳尊	03.755 尹姞鬲	15.9728 曶壺蓋	1999(9) 戎生編鐘	字與史(1) 羚簋		歷文 2002(2) 作册封鬲乙
		05.2678 小臣鼎	16.9897.1 師遽方彝	05.2786 康鼎	考文 2006(6) 獄盤		華章 63 頁 卌三年逑鼎乙
		05.2719 公貿鼎	16.10175 史牆盤	新收 1874 虎簋蓋乙	銘圖 05282 大師虘簋蓋		考文 2007(3) 琱生尊
		05.2735 不栺方鼎	考古 1989(6) 孟狌父甗	歷文 2006(3) 親簋			銘圖 06119 姜休母鋪甲

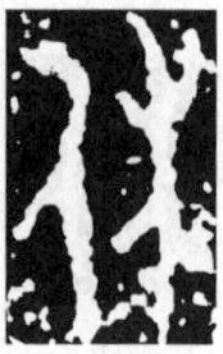

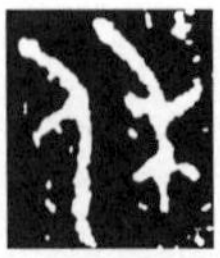

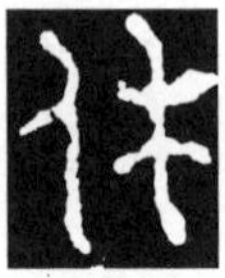

杉		梳	杴		栫	余	樹
					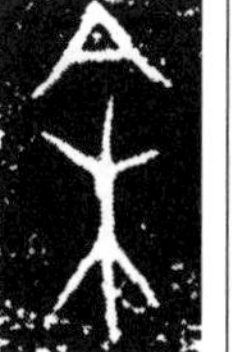		
09.4437	07.4093	07.4073	04.2314	16.10176	10.5426.2	08.4140	11.6316
乘父士杉盨	伯梳盧簋	伯梳簋	士作父乙方鼎	散氏盘	庚贏卣	大保簋	樹父辛觶
			 06.3687 ⿰婦簋			案：李學勤(2011b)釋作「集」；陳絜(2013)釋作「棶」；馮時(2017)謂字从「木」「余」省聲，隸作「梌」；吴紅松(2015)釋作「㯳」；黄傑(2015)認爲从「亼」、「木」聲，讀爲「沐」。	
西周晚期	西周晚期	西周早期	西周早期	西周晚期	西周早期	西周早期	西周早期

美	楷〔樝〕	槐	東			
上博(8) 亢鼎	新收 1669 楷尊	銘圖續 0454 槐簋乙	05.2595 臣卿鼎	上博(6) 保員簋	05.2831 九年衛鼎	08. 4270 同簋蓋	01.206 克鐘
案：馬承源(2000)以爲从「未」，黃錫全(2002a)以爲从「木」。	通鑒 05288 楷大嗣徒仲車父簋		07.3948 臣卿簋		05.2832 五祀衛鼎	08. 4271 同簋	01.260.2 㝬鐘
	新收 1891 蓍簋		07.4029 明公簋		05.2838 曶鼎	08.4341 班簋	07.4118.1 宴簋
			08.4239.2 小臣謎簋		07.4047 陖貯簋	10.5433 效卣	07.4119.1 宴簋
			10.5415.1 保卣		08.4263 格伯簋	考文 1986(4) 殷簋乙	新收 881 晉侯蘇鐘
西周早期	西周中期	西周中期	西周早期	西周早期	西周中期	西周中期	西周晚期

				無			林
01.41 眉壽鐘	 16.10175 史牆盤	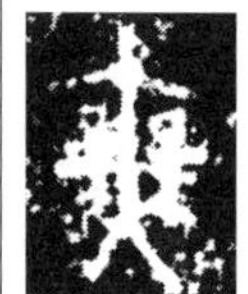 08.4164 孟簋	 01.246 㾜鐘	 05.2837 大盂鼎	 06.3571 姜林母簋	 03.754 尹姞鬲	 03.613 林㚤鬲
 01.112 井人妄鐘	 文物 1999(9) 戎生編鐘	 08.4273 靜簋	 05.2838 曶鼎	 08.4241 榮作周 公簋		 03.755 尹姞鬲	
 05.2636 虢文公子 作鼎	 歷文 2002(6) 䀇公盨	 08.4322.1 㺇簋	 07.4114 仲辛父簋	 10.5309.2 無憂作父 丁卣		 05.2831 九年衛鼎	
 05.2681 姬鼎	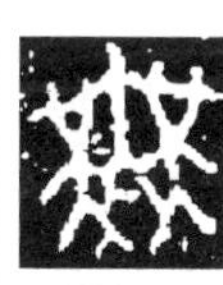 陝博(7) 宰獸簋	 15.9825 湝御事罍	 08.4162 孟簋	 文物 1998(9) 柞伯簋		 08.4271 同簋	
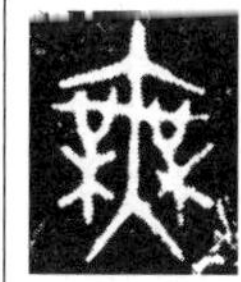 05.2743 仲師父鼎	 考古學報 2018(2) 乞盉	 16.10175 史牆盤	 08.4163 孟簋			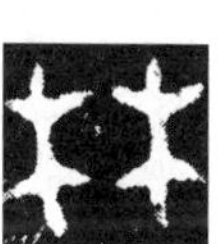 08.4322.1 㺇簋	
西周晚期	西周中期	西周中期	西周中期	西周早期	西周晚期	西周中期	西周早期

鬱

 15.9571 盂截父壺	 08.4133.1 叔簋	 文物 2003(6) 卌二年逑 鼎甲	 15.9701 蔡公子壺	 08.4313.1 師寰簋	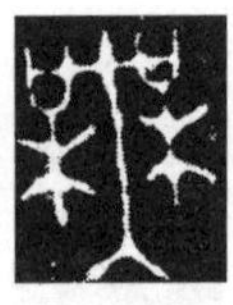 08.4189.1 仲再父簋	 08.4124 尌仲簋蓋	 05.2768 梁其鼎
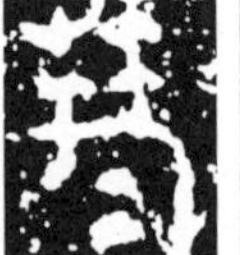 歷文 2004(2) 任鼎	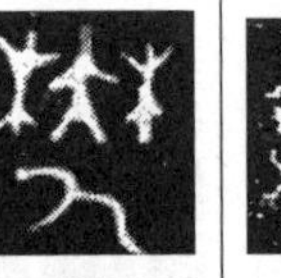 10.5428.1 叔趯父卣	 文物 2003(6) 卌二年逑 鼎乙	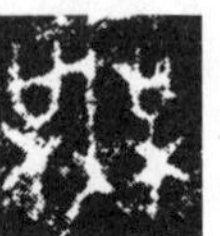 15.9718 𩛥史展壺	 08.4328 不嬰簋	 08.4225.1 無㠱簋	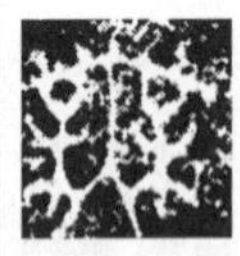 08.4148.1 善父梁 其簋	 05.2788 史頌鼎
 考文 2006(6) 一式獄簋	 11.6001 小生子尊	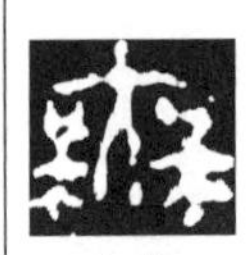 文物 2006(5) 柞伯鼎	 16.10130 䢅伯章盤	 08.4332 頌簋	 08.4234 史頌簋	 08.4151 善父梁 其簋	 05.2798 小克鼎
 銘圖 06229 霸伯盂	 新收 362 康伯壺蓋	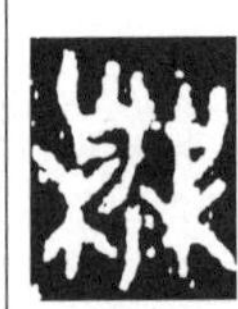 文物 2004(3) 有司簡 簋蓋	 16.10173 虢季子 白盤	 09.4426 兮伯吉 父盨	 08.4287 伊簋	 08.4160 伯康簋	 07.4008 兮吉父簋
案：任鼎「林丂」字董珊(2005)釋作「鬱」；獄簋「林丂」字李學勤	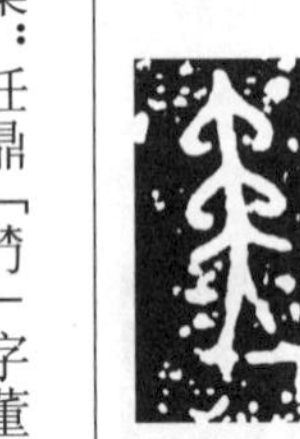 上博(8) 亢鼎	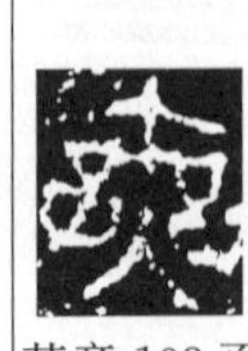 華章 103 頁 卌三年逑 鼎庚	 16.10249 䢅仲無 龔匜	 09.4628.1 伯公父簠	 08.4304.1 諫簋	 08.4168 𨙶兑簋	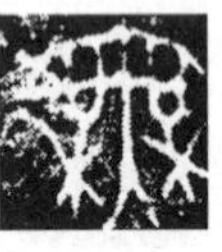 07.4009 毛伯簋
西周中期	西周早期	西周晚期	西周晚期	西周晚期	西周晚期	西周晚期	西周晚期

楚

西周晚期	西周晚期	西周晚期	西周中期或晚期	西周中期	西周中期	西周早期	西周中期
16.10148 楚嬴盤 17.11064 楚公豖戈 新收 891 楚公逆鐘 文物 2003(6) 逑盤	08.4246.1 楚簋 08.4246.2 楚簋 08.4247 楚簋 08.4249 楚簋 08.4253 弭叔師 宷簋 08.4254 弭叔師 宷簋	01.16 益公鐘 01.106 楚公逆鐘 04.2501 嗣工殘鼎 05.2841B 毛公鼎 08.4247.2 楚簋	01.42 楚公豖鐘 01.44 楚公豖鐘	15.9436.1 堯盉 16.10106 堯盤 16.10176 史牆盤	06.3448 季楚簋 07.3950 堆叔簋 07.3951 堆叔簋 07.3976 鈇馭簋 07.4101 生史簋	08.4300 作册夨 令簋 文物 2010(1) 京師畯尊	(2007a)釋作「鬱」，霸伯盂「芀」字，李學勤(2011c)釋作「鬱」，黃錦前(2012)釋作「苞」，何景成(2017)任鼎和霸伯盂該字均當釋作「苞」；亢鼎該字黃錫全(2002a)釋作「鬱」，董珊(2005)同之，李學勤(2011b)讀作「茅」。

⿰⿱林亩攴				⿱林亩	麓		⿲木豕木
 08.4240 免簋  09.4626 免簋	 01.244 虢叔旅鐘  文物 2003(6) 逑盤 華章63頁 卌三年逑 鼎乙 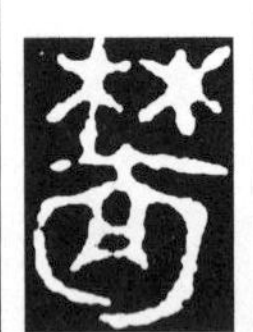 華章119頁 卌三年逑 鼎壬	 01.69 兮仲鐘  01.146 士父鐘 01.205 克鐘  01.207 克鐘  01.240.2 虢叔旅鐘	 01.43 楚公冡鐘  01.44 楚公冡鐘  01.45 楚公冡鐘	 01.108 應侯視 工鐘	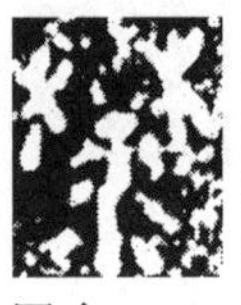 周金3.41 麓伯簋	 15.9631 鄭⿲木豕木叔賓 父壺	 01.247 瘨鐘 01.248 瘨鐘  08.4170.1 瘨簋  08.41741 瘨簋  歷文 2002(6) 豳公盨
西周中期	西周晚期	西周晚期	西周中期 或晚期	西周中期	西周	西周晚期	西周中期

才　榭

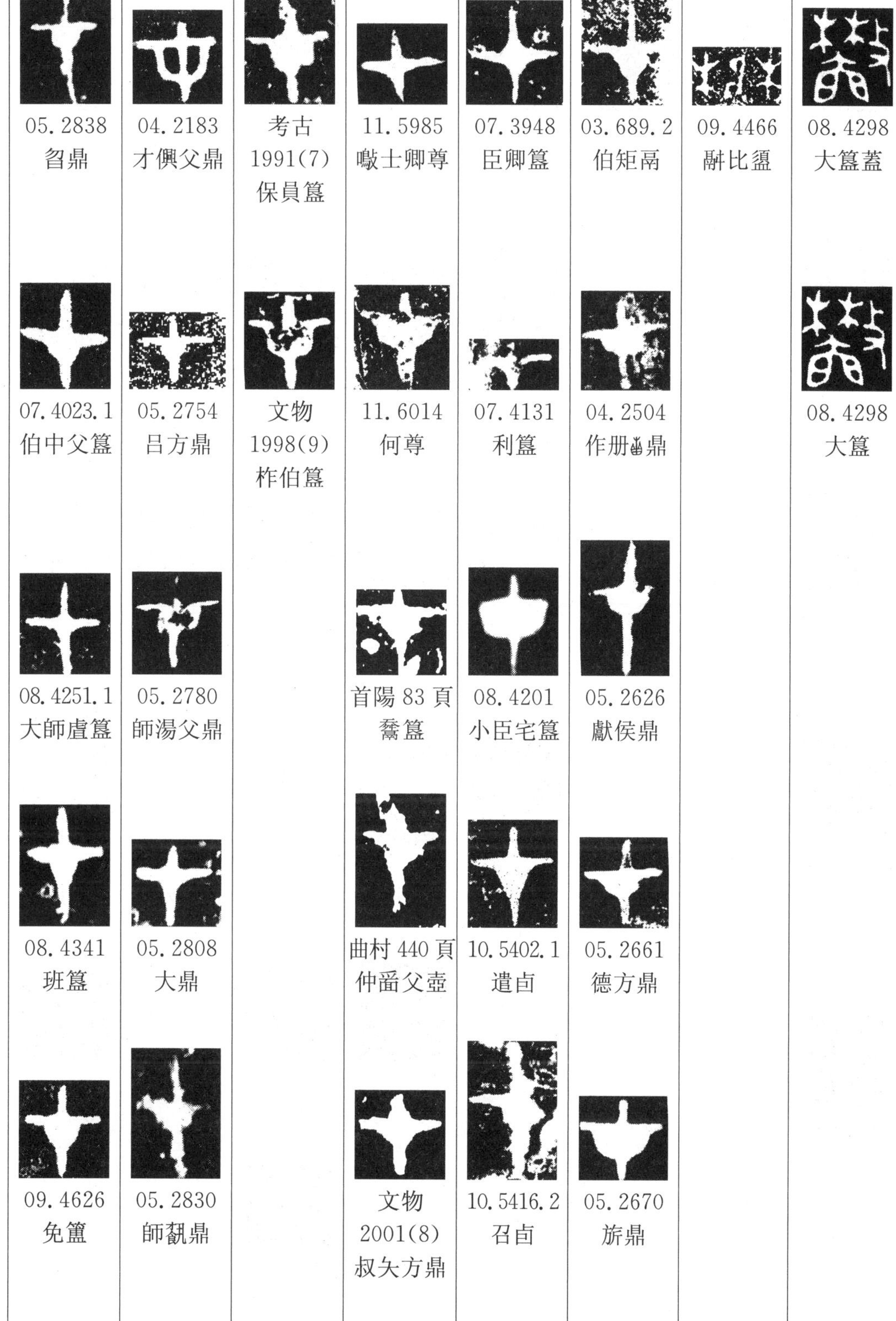

西周中期	西周中期	西周早期	西周早期	西周早期	西周早期	西周晚期	西周晚期
05.2838 曶鼎	04.2183 才㑍父鼎	考古 1991(7) 保員簋	11.5985 𠭯士卿尊	07.3948 臣卿簋	03.689.2 伯矩鬲	09.4466 融比盨	08.4298 大簋蓋
07.4023.1 伯中父簋	05.2754 吕方鼎	文物 1998(9) 柞伯簋	11.6014 何尊	07.4131 利簋	04.2504 作册𠭯鼎		08.4298 大簋
08.4251.1 大師虘簋	05.2780 師湯父鼎		首陽 83 頁 鬻簋	08.4201 小臣宅簋	05.2626 獻侯鼎		
08.4341 班簋	05.2808 大鼎		曲村 440 頁 仲畐父壺	10.5402.1 遣卣	05.2661 德方鼎		
09.4626 免簠	05.2830 師𩛥鼎		文物 2001(8) 叔夨方鼎	10.5416.2 召卣	05.2670 旂鼎		

之

15.9723 十三年瘐壺
歷文 2004(2) 任鼎
考文 2005(增) 老簋
新收 1959 夾簋
歷文 2002(6) 豳公盨
西周中期

01.49 戳狄鐘
08.2816 伯晨鼎
文物 1994(2) 才上彖數甬鐘
西周中期或晚期

01.60 逆鐘
01.238.2 虢叔旅鐘
05.2822 此鼎
08.4286 輔師嫠簋
08.4326 番生簋蓋
09.4465.1 善夫克盨
西周晚期

15.9732 頌壺蓋
16.10172 寰盤
16.10176 散氏盤
16.10285.2 𠑇匜
華章 39 頁 卌二年逑鼎甲
西周晚期

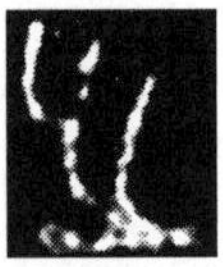

華章 95 頁 卌三年逑鼎己
華章 63 頁 卌三年逑鼎乙
華章 87 頁 卌三年逑鼎戊
文物 2006(5) 柞伯鼎
西周晚期

歷文 2004(2) 任鼎
西周中期

文物 2007(1) 𣪕甗
西周早期

08.4178 君夫簋蓋
08.4269 縣改簋
文物 2007(8) 五年琱生尊甲
文物 2007(8) 五年琱生尊乙
史學集刊 2006(2) 再簋
西周中期

師　帀　㞷

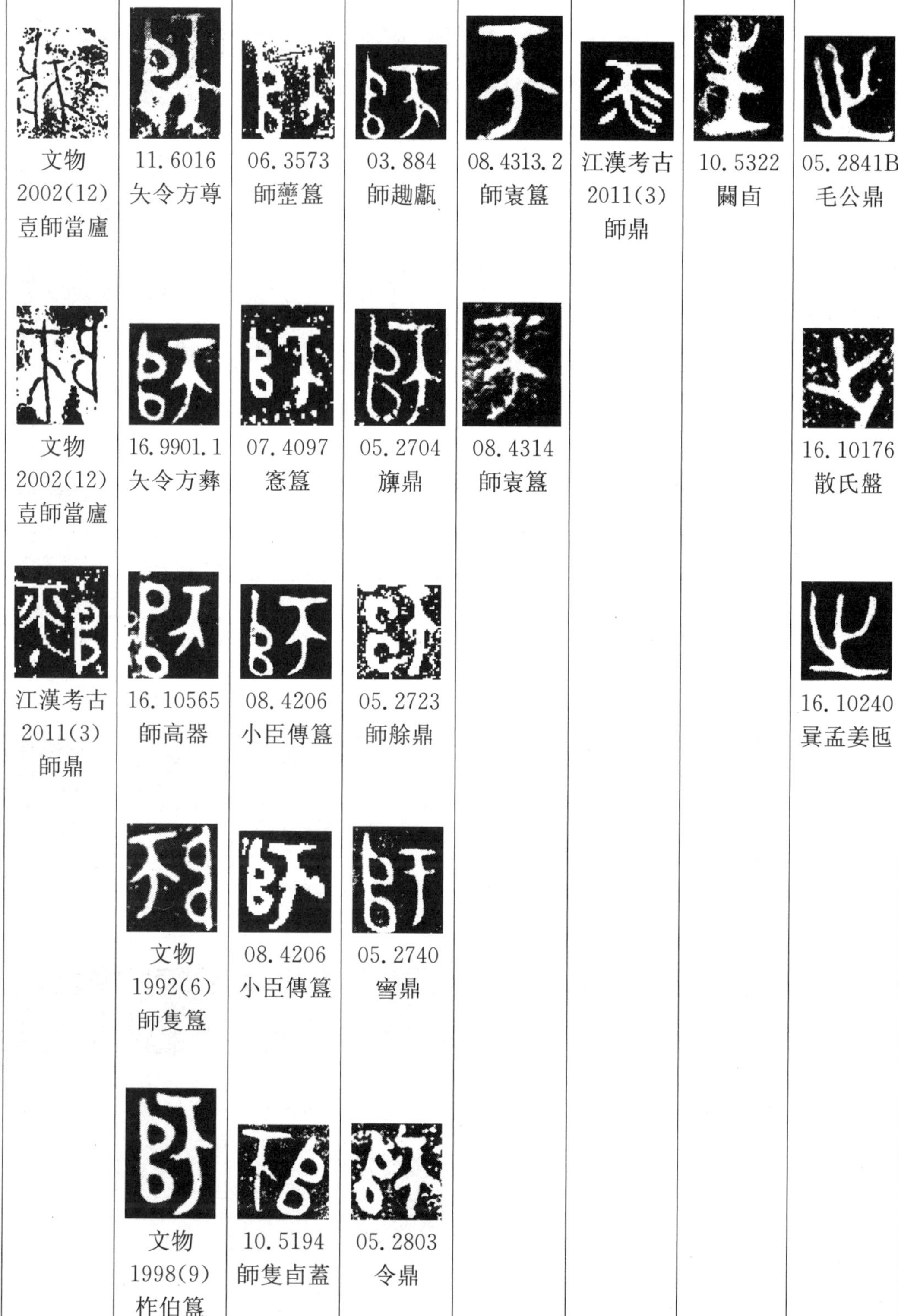

師	師	師	師	師	帀	㞷	㞷
文物 2002(12) 壴師當盧	11.6016 矢令方尊	06.3573 師䜌簋	03.884 師趣甗	08.4313.2 師寰簋	江漢考古 2011(3) 師鼎	10.5322 䴡卣	05.2841B 毛公鼎
文物 2002(12) 壴師當盧	16.9901.1 矢令方彝	07.4097 寏簋	05.2704 旟鼎	08.4314 師寰簋			16.10176 散氏盤
江漢考古 2011(3) 師鼎	16.10565 師高器	08.4206 小臣傳簋	05.2723 師艅鼎				16.10240 曩孟姜匜
	文物 1992(6) 師隻簋	08.4206 小臣傳簋	05.2740 寧鼎				
	文物 1998(9) 柞伯簋	10.5194 師隻卣蓋	05.2803 令鼎				
西周早期	西周早期	西周早期	西周早期	西周晚期	西周早期	西周早期	西周晚期

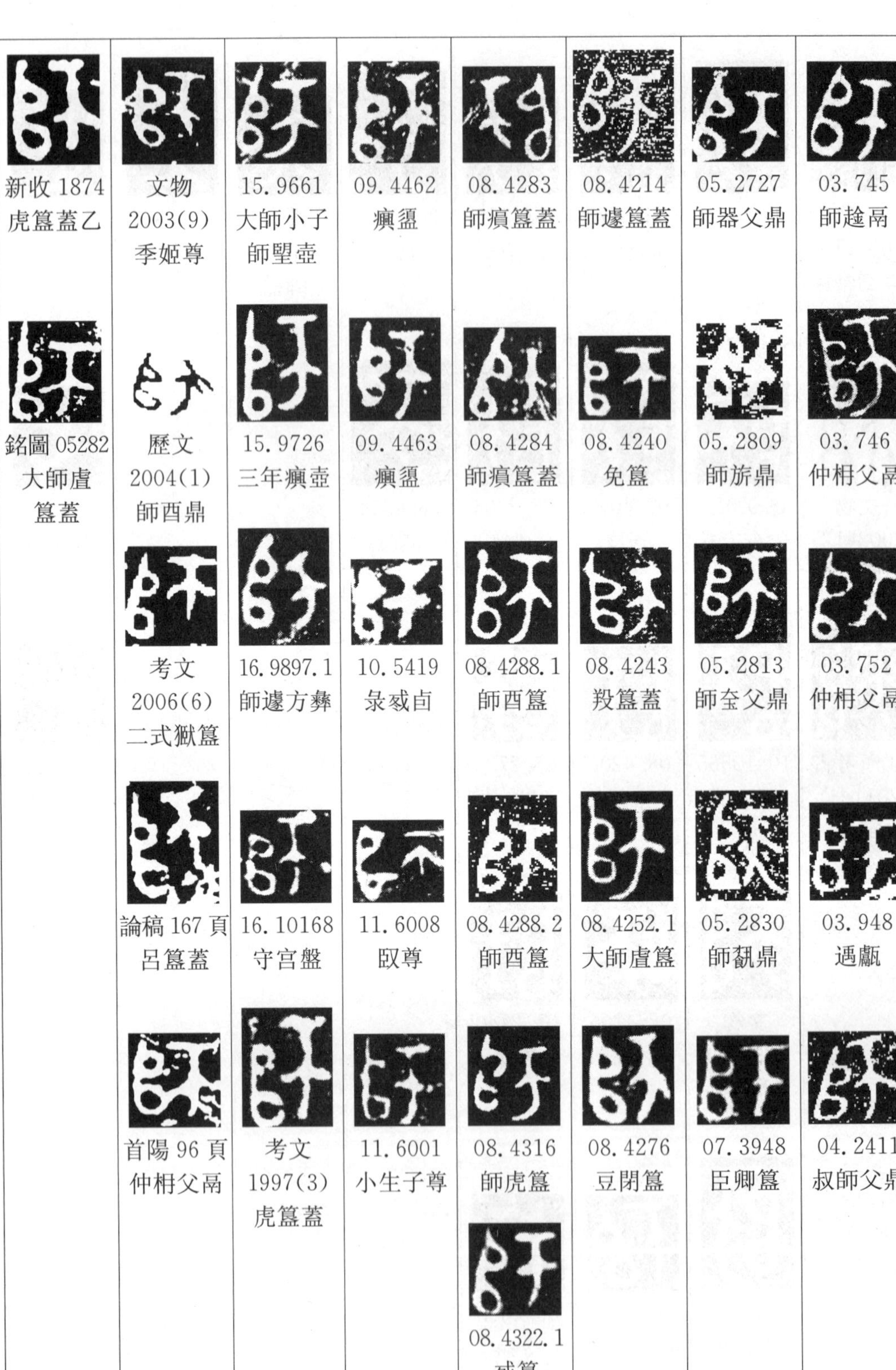

03.745 師趛鬲
03.746 仲枏父鬲
03.752 仲枏父鬲
03.948 遹甗
04.2411 叔師父鼎
西周中期

05.2727 師器父鼎
05.2809 師旂鼎
05.2813 師奎父鼎
05.2830 師訊鼎
07.3948 臣卿簋
西周中期

08.4214 師遽簋蓋
08.4240 免簋
08.4243 殺簋蓋
08.4252.1 大師虘簋
08.4276 豆閉簋
西周中期

08.4283 師瘨簋蓋
08.4284 師瘨簋蓋
08.4288.1 師酉簋
08.4288.2 師酉簋
08.4316 師虎簋
08.4322.1 𢦔簋
西周中期

09.4462 瘨盨
09.4463 瘨盨
10.5419 彔𢦔卣
11.6008 臤尊
11.6001 小生子尊
西周中期

15.9661 大師小子師望壺
15.9726 三年瘨壺
16.9897.1 師遽方彝
16.10168 守宮盤
考文 1997(3) 虎簋蓋
西周中期

文物 2003(9) 季姬尊
歷文 2004(1) 師酉鼎
考文 2006(6) 二式獄簋
論稿 167 頁 呂簋蓋
首陽 96 頁 仲枏父鬲
西周中期

新收 1874 虎簋蓋乙
銘圖 05282 大師虘簋蓋
西周中期

帀

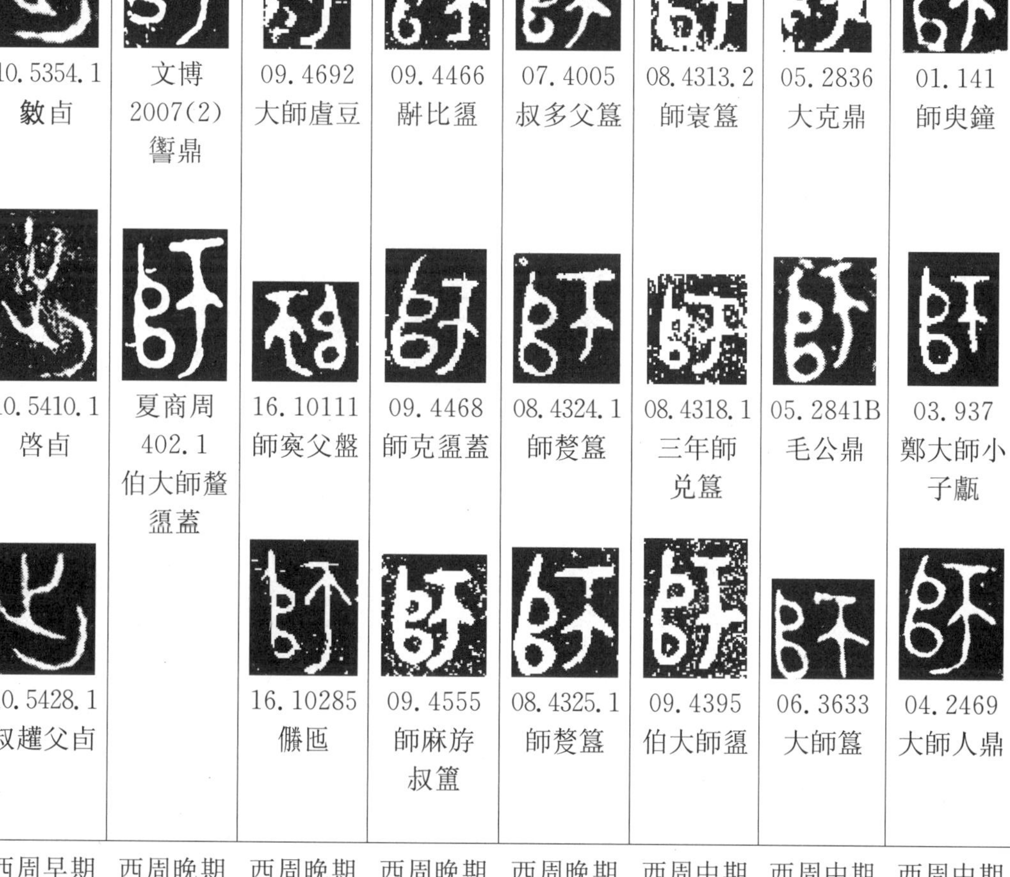

西周早期	西周晚期	西周晚期	西周晚期	西周晚期	西周中期	西周中期	西周中期
04.2456 伯矩鼎	考古1986(11) 師眚父鼎	09.4628.1 伯公父簠	09.4404 伯大師釐盨	06.3705 師奐父簋	07.3892 師昊父簋	05.2744 仲師父鼎	01.134 柞鐘
08.4201 小臣宅簋	考古1990(5) 大師小子豢簋	09.4628.2 伯公父簠	09.4465.1 善夫克盨	07.4004 叔多父簋	08.4313.1 師寰簋	05.2779 師同鼎	01.135 柞鐘
10.5354.1 敫卣	文博2007(2) 𧗿鼎	09.4692 大師虘豆	09.4466 𩰫比盨	07.4005 叔多父簋	08.4313.2 師寰簋	05.2836 大克鼎	01.141 師臾鐘
10.5410.1 啓卣	夏商周402.1 伯大師釐盨蓋	16.10111 師奐父盤	09.4468 師克盨蓋	08.4324.1 師嫠簋	08.4318.1 三年師兑簋	05.2841B 毛公鼎	03.937 鄭大師小子甗
10.5428.1 叔趯父卣		16.10285 儯匜	09.4555 師麻斿叔簠	08.4325.1 師嫠簋	09.4395 伯大師盨	06.3633 大師簋	04.2469 大師人鼎

⿰車索　　　　索

 05.2831 九年衛鼎	 08.4286 輔師嫠簋	 15.9702 ⿱亼火伯壺蓋	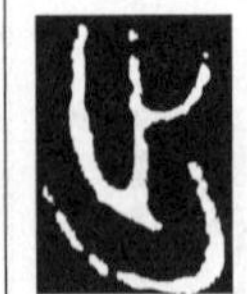 華章 55 頁 卌三年逑鼎甲	 15.9732 頌壺蓋	 05.2825 善夫山鼎	 16.9893.2 井侯方彝	 05.2733 衛鼎
	 09.4467.1 師克盨		 華章 71 頁 卌三年逑鼎丙	 16.10174 兮甲盤	 05.2836 大克鼎	 16.10322 永盂	 05.2812 師望鼎
			 古研(27) 198 頁 伯戋父簋	 文物 2003(6) 卌三年逑鼎甲	 05.2841B 毛公鼎	 近出 677 敔尊	 08.4237 臣諫簋
			 文物 2009(9) 頌盤	 華章 39 頁 卌二年逑鼎甲	 08.4332 頌簋	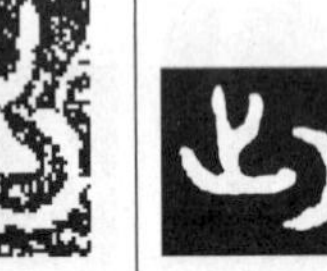 新收 1664 矩方鼎	 11.6001 小生子尊
					 08.4333 頌簋	 考古學報 2018(2) 乞盉	 11.6015 麥方尊
西周中期	西周晚期	西周中期	西周晚期	西周晚期	西周晚期	西周中期	西周中期

朩

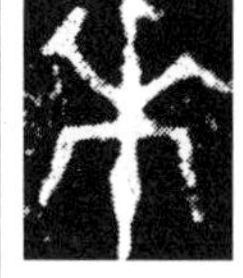
08.4273 靜簋（西周中期）

文物 2003(9) 季姬尊（西周中期）

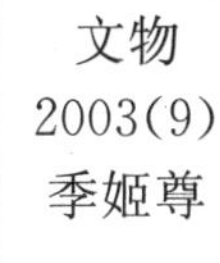

案：蔡運章、張應橋(2003)釋作「市」；李學勤(2003c)、嚴志斌(2005)、涂白奎(2006)皆釋作「朩」。

孛

07.3918 陽仲孛簋（西周中期）

16.10176 散氏盤（西周晚期）

案：趙平安(2010a)根據郭店簡「孛」字釋甲骨、金文相關諸字爲「孛」。

南

西周早期：

04.2342 叔□作南宮鼎

05.2837 大盂鼎

07.3743 保侃母簋蓋

10.5410.1 啓卣

西周早期：

11.5979 ⿱臼大尊

11.5983 啟作祖丁尊

11.6001 小生子尊

新收 925 南公姬鼎

文物 1998(9) 柞伯簋

西周早期：

文物 2007(1) 斡甗

首陽 71 頁 南姬爵甲

新收 360 南干首

新收 1440 南單母癸甗

西周中期：

05.2832 五祀衛鼎

07.3976 扶馭簋

07.4113 井南伯簋

08.4256.1 廿七年衛簋

16.10175 史牆盤

西周中期：

銘圖 02073 南方追孝鼎

上博刊(10) 應侯視工鼎

首陽 114 頁 應侯視工簋蓋

首陽 114 頁 應侯視工簋蓋

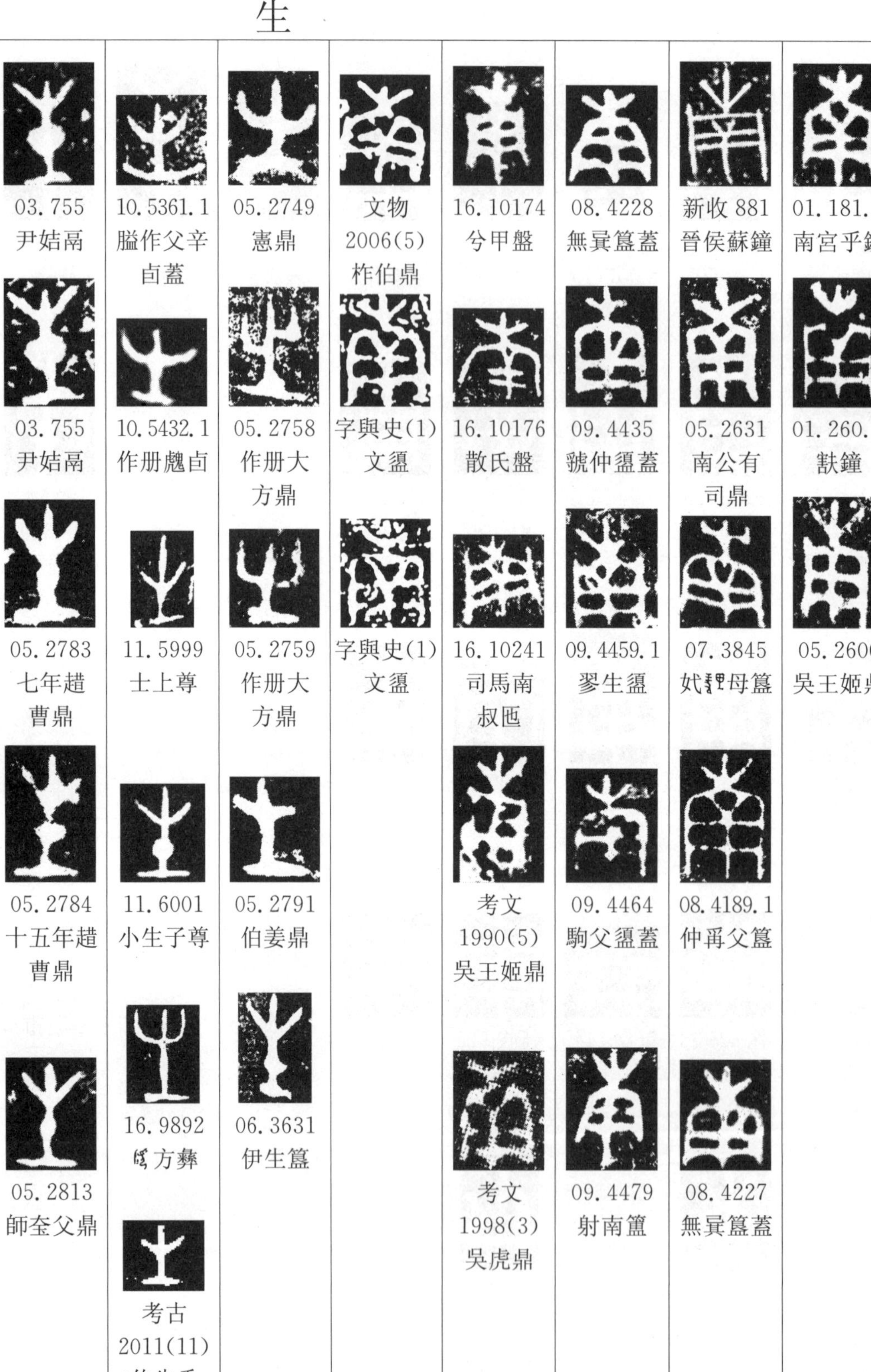

01.181.2 南宫乎鐘
01.260.2 㝬鐘
05.2600 吴王姬鼎
西周晚期

新收881 晉侯蘇鐘
05.2631 南公有司鼎
07.3845 𡛷𨟭母簋
08.4189.1 仲爯父簋
08.4227 無㠱簋蓋
西周晚期

08.4228 無㠱簋蓋
09.4435 虢仲盨蓋
09.4459.1 翏生盨
09.4464 駒父盨蓋
09.4479 射南簠
西周晚期

16.10174 兮甲盤
16.10176 散氏盤
16.10241 司馬南叔匜
考文1990(5) 吴王姬鼎
考文1998(3) 吴虎鼎
西周晚期

文物2006(5) 柞伯鼎
字與史(1) 文盨
字與史(1) 文盨
西周晚期

生

05.2749 憲鼎
05.2758 作册大方鼎
05.2759 作册大方鼎
05.2791 伯姜鼎
06.3631 伊生簋
西周早期

10.5361.1 𦞠作父辛卣蓋
10.5432.1 作册䰧卣
11.5999 士上尊
11.6001 小生子尊
16.9892 𨚕方彝
考古2011(11) 伯生盉
西周早期

03.755 尹姞鬲
03.755 尹姞鬲
05.2783 七年趞曹鼎
05.2784 十五年趞曹鼎
05.2813 師奎父鼎
西周中期

西周晚期	西周中期或晚期	西周中期	西周中期	西周中期	西周中期	西周中期	西周中期
 01.60 逆鐘	 04.2483 壴生鼎	 文物 2003(9) 季姬尊	 文物 1998(4) 匍盉	 12.6511.1 員仲觶	 08.4327 卯簋蓋	 08.4195.1 莁簋	 07.3866 城虢遣生簋
 01.82 單伯昊生鐘		 新收 1959 夾簋	 文物 1990(7) 達盨蓋	 15.9456 裘衛盉	 09.4462 瘨盨	 08.4207 遹簋	 07.3953 辰在寅簋
 05.2787 史頌鼎		 南開學報 2008(6) 衛簋甲蓋	 文物 1999(9) 戎生編鐘	 15.9705 番匊生壺	 09.4463 瘨盨	 08.4256.1 廿七年衛簋	 07.4098 宎簋
 05.2822 此鼎		 考文 2006(6) 一式獄簋	 歷文 2002(6) 豳公盨	 16.10175 史牆盤	 10.5406.2 周乎卣	 08.4264.2 格伯簋	 07.4101 生史簋
 05.2828 頌鼎				 考文 1986(4) 殷簋甲	 11.5996 豐作父辛尊	 08.4265 格伯簋	 08.4192.1 肄簋

華		乇	丰				
 03.548 仲姞鬲	 07.4112.1 命簋	 18.11773 乇斧	 04.2153 康侯丰鼎	 16.10227 陽飤生匜	 08.4279 元年師旋簋	 07.4117.2 師害簋	 07.3984 陽飤生簋蓋
 03.550 仲姞鬲	 05.2736 不指方鼎			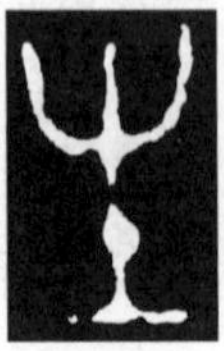 考文 2007(3) 琱生尊	 08.4328 不嬰簋	 08.4229.1 史頌簋	 07.3984 陽飤生簋蓋
 05.2543 仲義父鼎				 文物 2009(9) 頌盤	 08.4325.1 師嫠簋	 08.4231 史頌簋	 07.4024 鄭虢仲簋
 05.2836 大克鼎				 華章 39 頁 卌二年逑鼎甲	 08.4332 頌簋	 08.4232.1 史頌簋	 07.4025.1 鄭虢仲簋
 08.4321 訇簋					 09.4683 周生豆	 08.4235.1 史頌簋	 07.4116.2 師害簋
西周晚期	西周中期	西周早期	西周早期	西周晚期	西周晚期	西周晚期	西周晚期

朿					束	巢	
05.2682 新邑鼎	08.4329 不嬰簋	07.3924 朿仲[illegible]父 簋蓋	上博(6) 目鼎	05.2838 曶鼎	04.1659 束父辛鼎	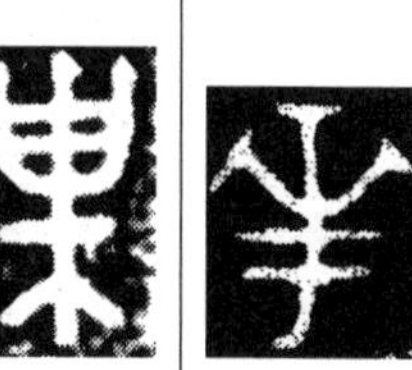08.4341 班簋	08.4328 不嬰簋
	考古 1986(11) [illegible]伯壺	08.4298 大簋	歷文 2004(2) 任鼎	07.4099.2 𣪕簋	10.5399.2 盂卣	07.4047 陵貯簋	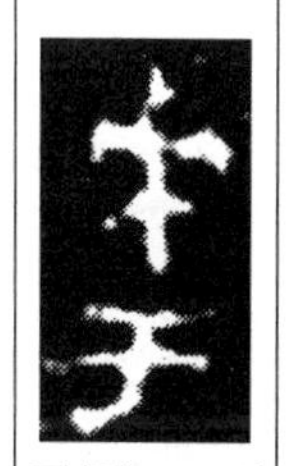09.4412 華季嗌盨
		08.4299 大簋蓋	考文 2007(3) 琱生尊	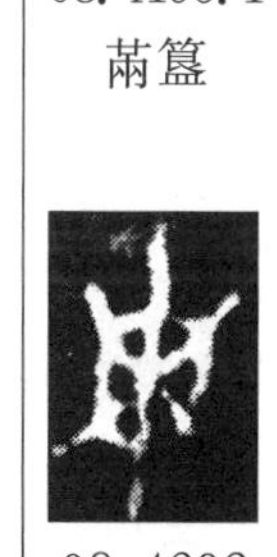08.4195.1 𦮙簋	江漢考古 2011(3) 束父己鼎		晉國97頁 晉侯眆簋
		08.4299 大簋蓋		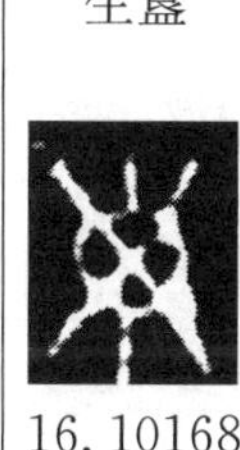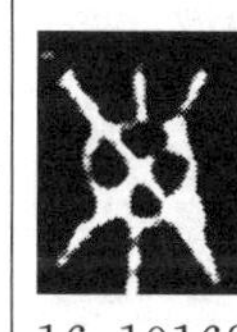08.4292 五年琱 生簋			
		08.4328 不嬰簋		16.10168 守宮盤			
西周早期	西周晚期	西周晚期	西周中期	西周中期	西周早期	西周中期	西周晚期

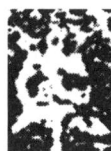

回	橐	刺					
 14.8906 𠤳亘父丁爵	 05.2841B 毛公鼎	 文物 2006(5) 柞伯鼎	 16.10175 史牆盤	 05.2830 師𩛥鼎	 01.246 㾓鐘	 04.2485 刺覾鼎	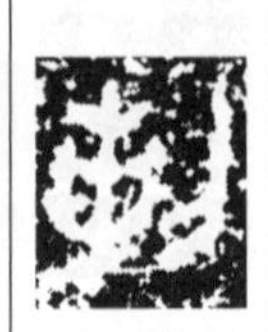 文物 1998(4) 匍盉
	 16.10176 散氏盤	 文物 2003(6) 逑盉	 考文 1997(3) 虎簋蓋	 08.4316 師虎簋	 01.251 㾓鐘	 04.2127 刺鼎	
	 華章 71 頁 卌三年逑鼎丙		 新收 1874 壺簋蓋乙	 08.4322.1 㦰簋	 05.2776 刺鼎	 16.9892 𠭯方彝	
			 文物 1994(2) 師𡧊鐘	 08.4341 班簋	 05.2807 大鼎		
			 陝博(7) 宰獸簋	 16.9900.2 盠方彝	 05.2808 大鼎		
西周早期	西周晚期	西周中期	西周中期	西周中期	西周中期	西周早期	西周中期

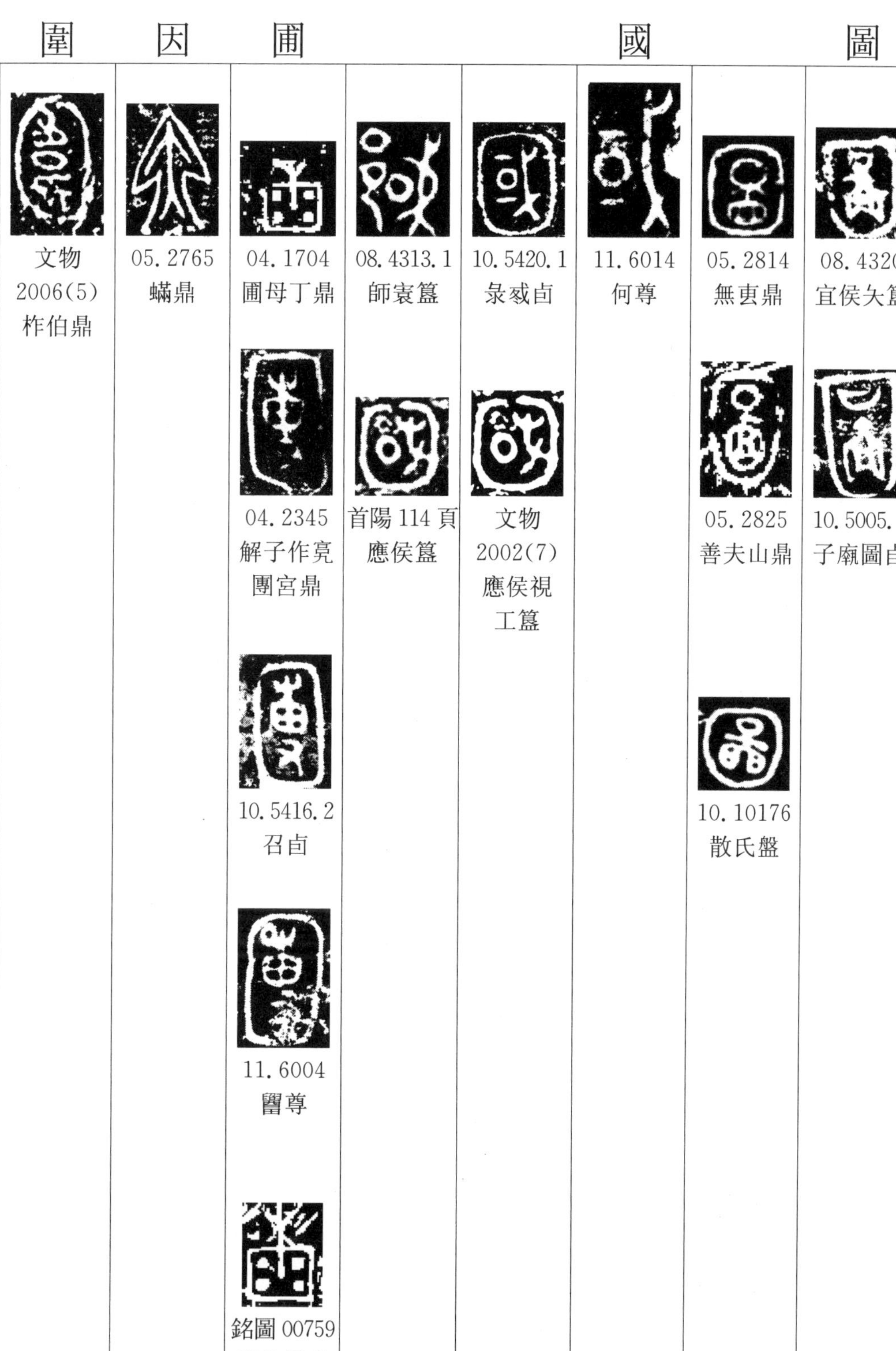

圖

08.4320
宜侯夨簋

10.5005.1
子廟圖卣

西周早期

05.2814
無叀鼎

05.2825
善夫山鼎

10.10176
散氏盤

西周晚期

國

11.6014
何尊

西周早期

10.5420.1
彔戜卣

文物
2002(7)
應侯視
工簋

西周中期

08.4313.1
師寰簋

首陽114頁
應侯簋

西周晚期

圃

04.1704
圃母丁鼎

04.2345
解子作亮
團宮鼎

10.5416.2
召卣

11.6004
𤔲尊

銘圖 00759
圃父甲鼎

西周早期

因

05.2765
𧍝鼎

西周中期

圍

文物
2006(5)
柞伯鼎

西周晚期

圂

05.2841B
毛公鼎

西周晚期

囝

06.3435
囝父辛簋

13.7321
囝爵

西周早期

⿴囗貈

05.2831
九年衛鼎

16.10175
史牆盤

西周中期

05.2841B
毛公鼎

08.4317
㝬簋

08.4326
番生簋蓋

西周晚期

案：楊樹達(1952)釋作「䆪」；于省吾(1981)讀作「貊」，訓「勉」；裘錫圭、李家浩(1992a)讀爲「固」；李學勤(2012b)、李零(2015)皆釋爲「固」；朱鳳瀚(2004)謂「舟」或爲聲符，讀「就」或「周」；曹錦炎(2014)謂从「圃」从「服」，爲「服」字異體；劉光(2016)認爲「⿴囗貈」从「口」「貈」聲，貈所从「豸」當爲意符，讀爲「固」，但該字从「舟」形不能考。

困

13.7737
困爵

西周早期

員

10.5024
員作夾卣

10.5387
員卣

11.5861
員父尊

15.9367.1
員作盉

西周早期

14.8819
員作旅爵

15.9534.1
員作旅壺

15.9804.2
作員從彝罍

考古1991(7)
保員簋

西周早期

貝

 05.2705 𤔲鼎	 10.5407.1 作册睘卣	 10.5374 圉卣	 07.3906.1 攸簋	 05.2626 獻侯鼎	 03.689.2 伯矩鬲	 11.5966 員作父壬尊	 05.2789 㦰方鼎
 05.2736 不栺方鼎	 11.5962 叔䖒方尊	 10.5383.1 岡劫卣	 07.4020 天君簋	 05.2674 征人鼎	 03.935 圉甗	 考古1989(6) 孟狴父甗	 07.3950 堆叔簋
 05.2754 吕方鼎	 11.5986 𩰫作父乙尊	 10.5400.2 作册𤔲卣	 08.4121 𤇾簋	 05.2741 寧鼎	 04.2327 易貝作母辛鼎	 新收1361 員鼎	 07.3951 堆叔簋
 05.2776 剌鼎	 11.5997 商尊	 10.5352 小臣豐卣	 08.4239.1 小臣謎簋	 05.2748 庚嬴鼎	 04.2405 德鼎		 11.5962 員作旅尊
 07.4099.2 敔簋	 16.9888.1 叔䖒方彝	 10.5402.1 遣卣	 08.4301 作册夨令簋	 05.2763.1 我方鼎	 04.2454 父鼎		
西周中期	西周早期	西周早期	西周早期	西周早期	西周早期	西周中期	西周中期

賸　賢

 05.2546 輔伯雁 父鼎	 04.2282 尹叔作㠯 姞鼎	 07.4104.1 賢簋	 08.4130 𠬝叔簋蓋	 新收 1959 夾簋	 15.9714 史懋壺	 10.5433A.1 效卣	 08.4159 鼂簋
 07.3945 鰟姬簋蓋	 15.9705 番匊生壺		 08.4293 六年琱 生簋		 16.10166 鮮盤	 11.5956 鬲作父 甲尊	 08.4191 穆公簋蓋
 07.3970 鼉侯鼎			 15.9646.1 保侃母壺		 考古 1989(6) 盂狌父甗	 11.5981 歔尊	 08.4214 師遽簋蓋
 16.10205 蘇甫人匜					 文博 1987(4) 夷伯夷簋	 11.5996 豐作父 辛尊	 10.5403 豐卣
 文物 2003(4) 郜仲簠					 歷文 2002(1) 士山盤	 15.9453 義盉蓋	 10.5420.1 彔刻卣
西周晚期	西周中期	西周中期	西周晚期	西周中期	西周中期	西周中期	西周中期

	賓	貳			贏	賞	
 15.9299 般觥	 06.3695 義叔䎽簋	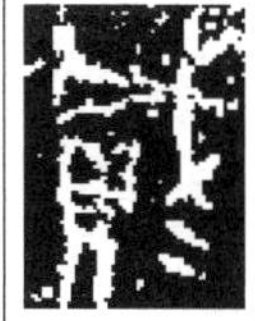 08.4292 五年琱生簋	 16.9896 齊生魯方彝蓋	 07.2027 贏氏鼎	 10.5426.2 庚贏卣	 05.2838 曶鼎	 07.3915 周𩁹生簋
 15.9431.1 甲盉	 07.3745 欮簋	 文物2007(8) 五年琱生尊乙				 05.2838 曶鼎	
	 10.5415.1 保卣						
	 11.5985 噉士卿尊						
	 14.9104 盂爵						
西周早期	西周早期	西周中期	西周	西周中期	西周早期	西周中期	西周

責 貿 質

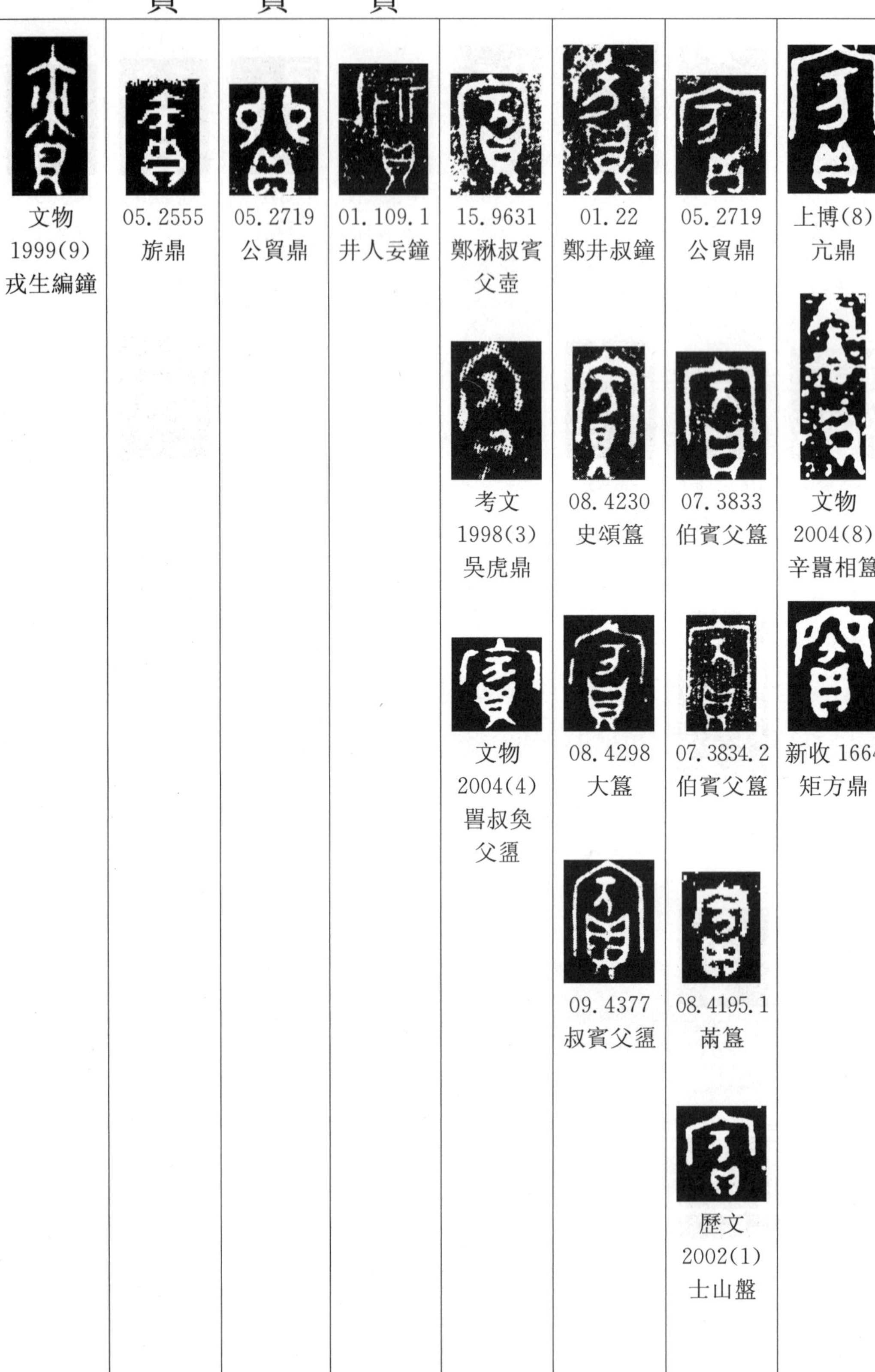

責	貿		質				
文物 1999(9) 戎生編鐘	05.2555 旂鼎	05.2719 公貿鼎	01.109.1 井人妄鐘	15.9631 鄭楙叔賓父壺	01.22 鄭井叔鐘	05.2719 公貿鼎	上博(8) 亢鼎
				考文 1998(3) 吳虎鼎	08.4230 史頌簋	07.3833 伯賓父簋	文物 2004(8) 辛嚻相簋
				文物 2004(4) 瞏叔奐父盨	08.4298 大簋	07.3834.2 伯賓父簋	新收 1664 矩方鼎
					09.4377 叔賓父盨	08.4195.1 茍簋	
						歷文 2002(1) 士山盤	
西周中期	西周早期	西周中期	西周晚期	西周晚期	西周中期	西周中期	西周早期

賈

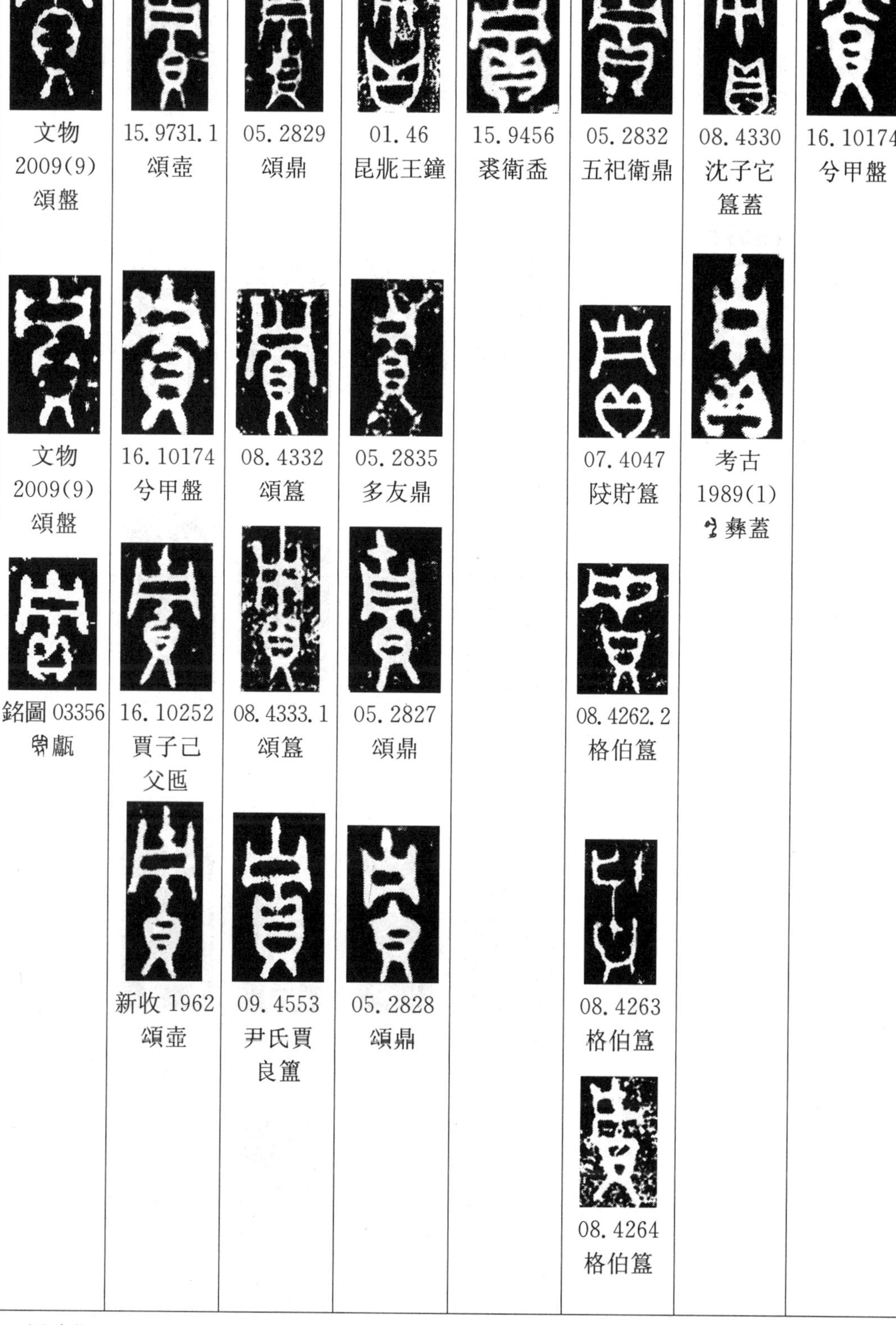

西周晚期	西周晚期	西周晚期	西周晚期	西周中期	西周中期	西周早期	西周晚期
文物 2009(9) 頌盤	15.9731.1 頌壺	05.2829 頌鼎	01.46 昆疕王鐘	15.9456 裘衛盉	05.2832 五祀衛鼎	08.4330 沈子它簋蓋	16.10174 兮甲盤
文物 2009(9) 頌盤	16.10174 兮甲盤	08.4332 頌簋	05.2835 多友鼎		07.4047 陖貯簋	考古 1989(1) [illegible]彝蓋	
銘圖 03356 [illegible]甗	16.10252 賈子己父匜	08.4333.1 頌簋	05.2827 頌鼎		08.4262.2 格伯簋		
	新收 1962 頌壺	09.4553 尹氏賈良簠	05.2828 頌鼎		08.4263 格伯簋		
					08.4264 格伯簋		

商

16.9896 齊生魯方彝蓋

西周

05.2729 歔甗方鼎

05.2739 㙯方鼎

05.2758 作冊大方鼎

05.2759 作冊大方鼎

西周早期

05.2760 作冊大方鼎

05.2778 史獸鼎

07.3906.1 攸簋

07.4044 御正衛鼎

08.4132 叔簋

西周早期

08.4133.2 叔簋

08.4134 御史競簋

10.5421.2 士上卣

10.5422 士上卣

西周早期

11.5978 復作父乙尊

11.5997 商尊

16.9901 矢令方彝

16.10360 罍圜器

西周早期

10.5425 競卣

西周中期

買

10.5252.1 買王卣

上博(8) 亢鼎

西周早期

歷文2004(2) 任鼎

西周中期

劗		賁	員	貧	賣	賦	
 05.2839 小盂鼎	 07.3868 祖辛簋	 10.8283.1 賁作父辛卣	 08.4313.1 師寰簋	 05.2719 公貿鼎	 05.2838 曶鼎	 商周79頁 毛公鼎	08.4129 𠦪叔買簋
		 10.8283 賁作父辛卣	 08.4314 師寰簋		 05.2838 曶鼎		
		 11.6320 賁父辛觶	 16.10174 兮甲盤				
		 12.7278 賁引壺					
西周早期	西周中期	西周早期	西周晚期	西周中期	西周中期	西周晚期	西周晚期

贋

新收 1454 焂戒鼎

西周晚期

𧴪

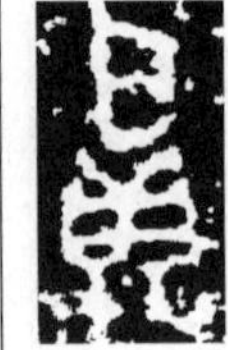
論稿 10 頁 聞尊

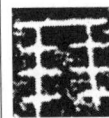

案：張光裕(2008)疑有協助之意；董珊(2005)分析从「戶」聲，讀作「胥」；蔣書紅(2010)訓該字有「監視管理」義；張崇禮(2012a)讀爲「護」。

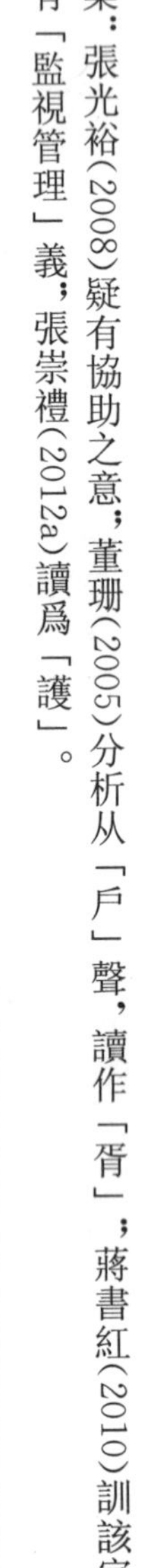
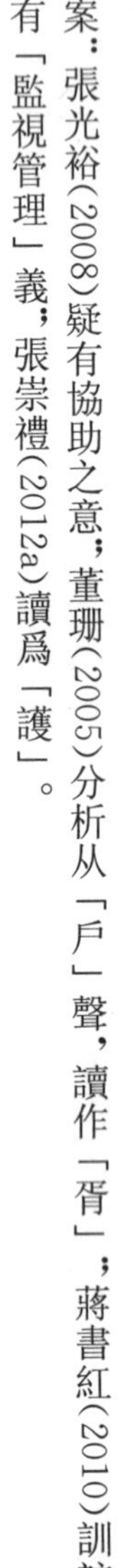

西周中期

䝐

歷文 2002(6) 豳公盨

案：字左旁或以爲从「貝」、「其」或「頁」；右旁則有从「見」、「鬼」、「丮」、「兇」等説法。沈建華(2003)擇取衆説，釋該字爲「䝐」；陳斯鵬(2012)讀作「窮」。

西周中期

贅

05.2660 辛鼎

案：李學勤(2003a)讀爲「釐」，「賞賜」義。

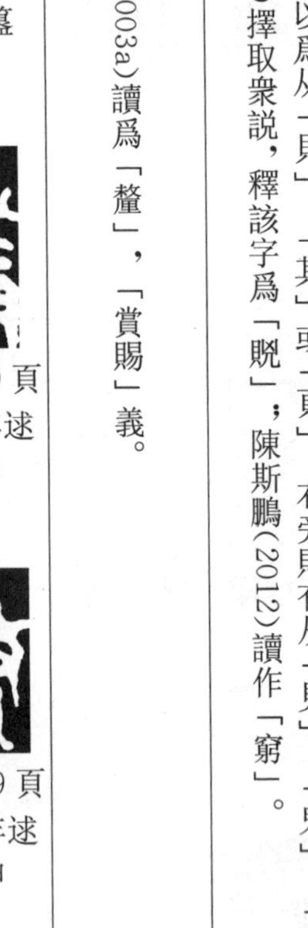

西周早期

朋

05.2835 多友鼎

08.4313.2 師寰簋

華章 39 頁 卌二年逑鼎甲

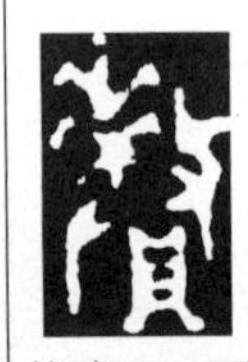
華章 39 頁 卌二年逑鼎甲

西周晚期

04.2458 中作祖癸鼎

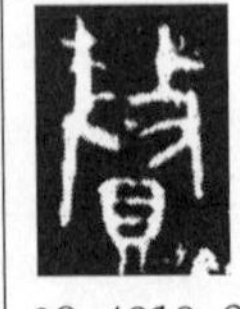
04.2507 復鼎

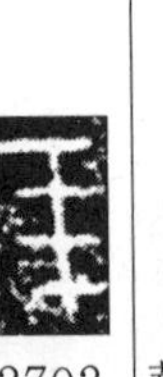
05.2702 嫢方鼎

10.5383.1 岡劫卣

11.5977 𪓐劫尊

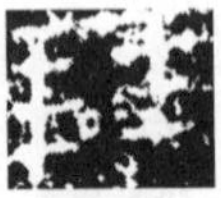

西周早期

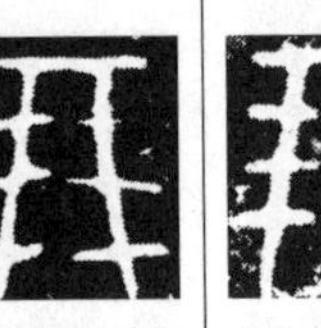
11.5985 𪧃士卿尊

曲村 440 頁 中畱父壺

西周早期

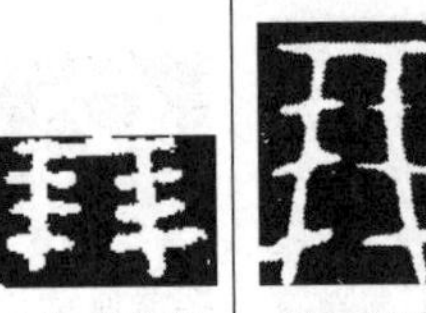
05.2735 不栺方鼎

05.2736 不栺方鼎

15.9456 裘衛盉

西周中期

邦　　邑

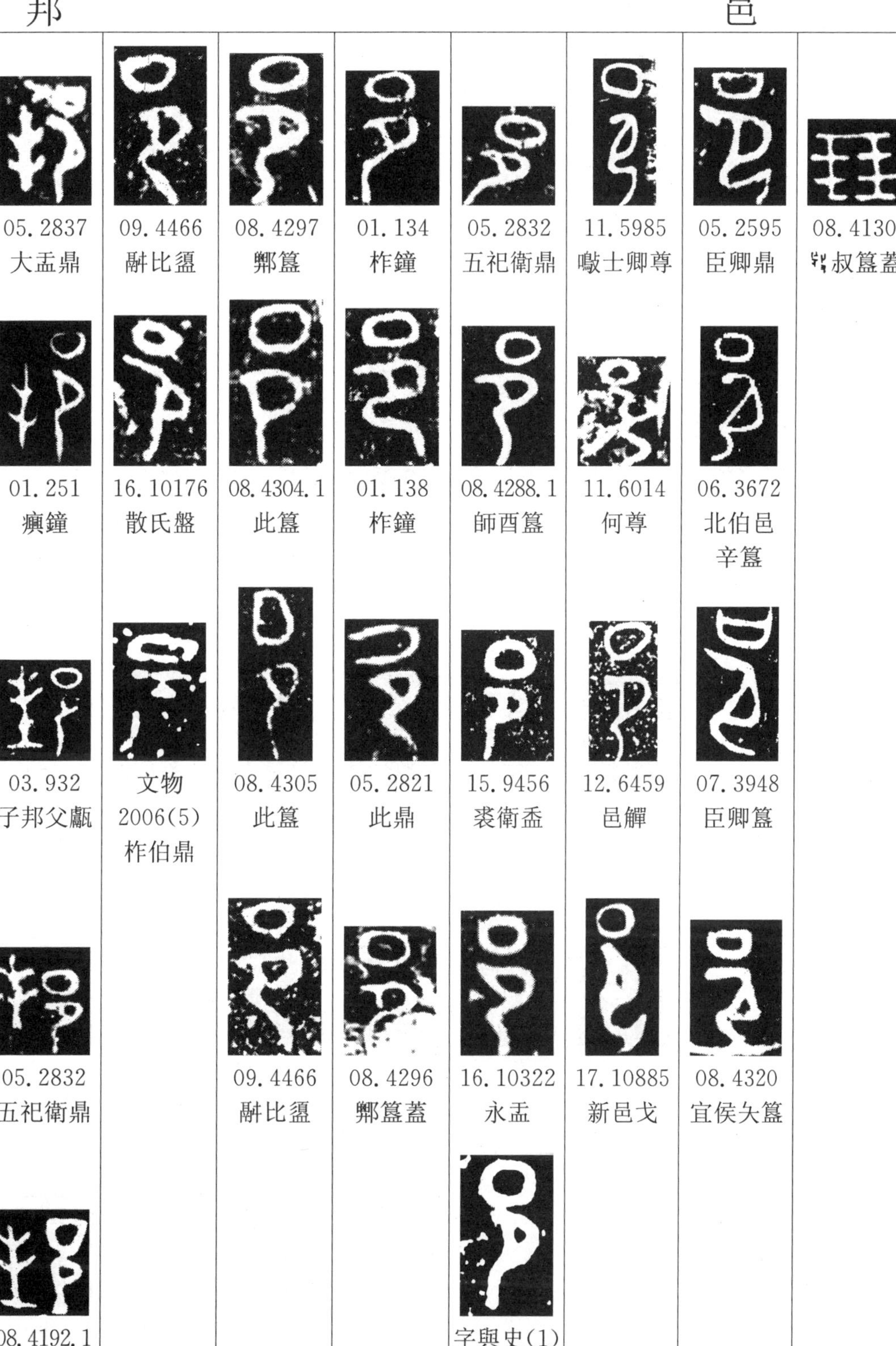

邦		邑					
05.2837 大盂鼎	09.4466 𩰫比盨	08.4297 鄦簋	01.134 柞鐘	05.2832 五祀衛鼎	11.5985 噭士卿尊	05.2595 臣卿鼎	08.4130 [illegible]叔簋蓋
01.251 㾓鐘	16.10176 散氏盤	08.4304.1 此簋	01.138 柞鐘	08.4288.1 師酉簋	11.6014 何尊	06.3672 北伯邑辛簋	
03.932 子邦父甗	文物2006(5) 柞伯鼎	08.4305 此簋	05.2821 此鼎	15.9456 裘衛盉	12.6459 邑觶	07.3948 臣卿簋	
05.2832 五祀衛鼎		09.4466 𩰫比盨	08.4296 鄦簋蓋	16.10322 永盂	17.10885 新邑戈	08.4320 宜侯夨簋	
08.4192.1 肆簋				字與史(1) 文盨			
西周中期	西周晚期	西周晚期	西周中期	西周中期	西周早期	西周早期	西周晚期

西周	西周晚期	西周晚期	西周晚期	西周晚期	西周晚期	西周中期	西周中期
 15.9621 成周邦父壺	 華章 39 頁 卌二年逑鼎甲	 文物 1994(8) 晉侯邦父鼎	 歷文 2002(2) 作册封鬲	 08.4242 叔向父禹簋	 01.260.2 㝬鐘	 16.9900.1 盠方彝	 08.4273 靜簋
	 華章 39 頁 卌二年逑鼎甲	 字與史(1) 文盨	 文物 2003(6) 卌二年逑鼎乙	 08.4314 師寰簋	 03.560 伯邦父鬲	 16.10175 史牆盤	 08.4276 豆閉簋
		 華章 71 頁 卌三年逑鼎丙	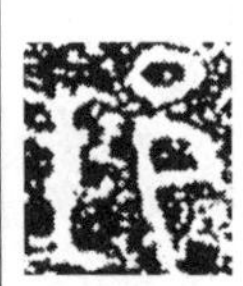 新收 891 楚公逆鐘	 08.4321 訇簋	 05.2833 禹鼎	 新收 740 盠尊	 08.4302 彔伯䵼簋蓋
		 文物 2006(5) 柞伯鼎	 考古 1994(1) 師克盨器	 08.4331 羋伯歸夆簋	 05.2836 大克鼎	 新收 1668 邦簋蓋	 10.5392.2 寡子卣
				 09.4598 曾侯簠	 05.2841B 毛公鼎		 16.9899.1 盠方彝

鄦		鄐	邛	鄭	邵	郜	都
	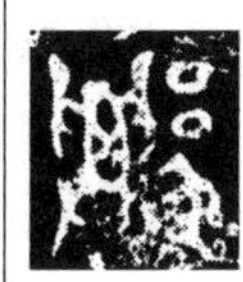						
08.4297 鄦簋	11.6014 何尊	05.2597 伯鄐父鼎	09.4598 曾侯簠	07.4113 井南伯簋	歷文 2002(6) 𨜏公盨	小校 2.88.2 郜史碩父鼎	01.260.1 㝬鐘
	案：李守奎(2013)綜合各家之説認爲該字讀爲「遷」，文通字順。						
西周晚期	西周早期	西周晚期	西周晚期	西周中期	西周中期	西周晚期	西周晚期

鄁	邪	鄑	鄃	鄭	鄤	鄦	
16.10152 宗婦鄁嫛盤	05.2697 散伯車父鼎	文物 1989(6) 鄑甘辜鼎	新收 881 晉侯蘇鐘	華章 39 頁 卌二年逑鼎甲	08.4265 格伯簋	銘圖 05130 賈伯簋甲	
	05.2700 散伯車父鼎			案：李零(2003)謂右半从「卩」不从「邑」；王輝(2006)釋作「鄭」；周鳳五(2004)釋作「疐」。		銘圖 05132 賈伯簋丙	
西周晚期	西周晚期	西周晚期	西周晚期	西周晚期	西周中期	西周晚期	

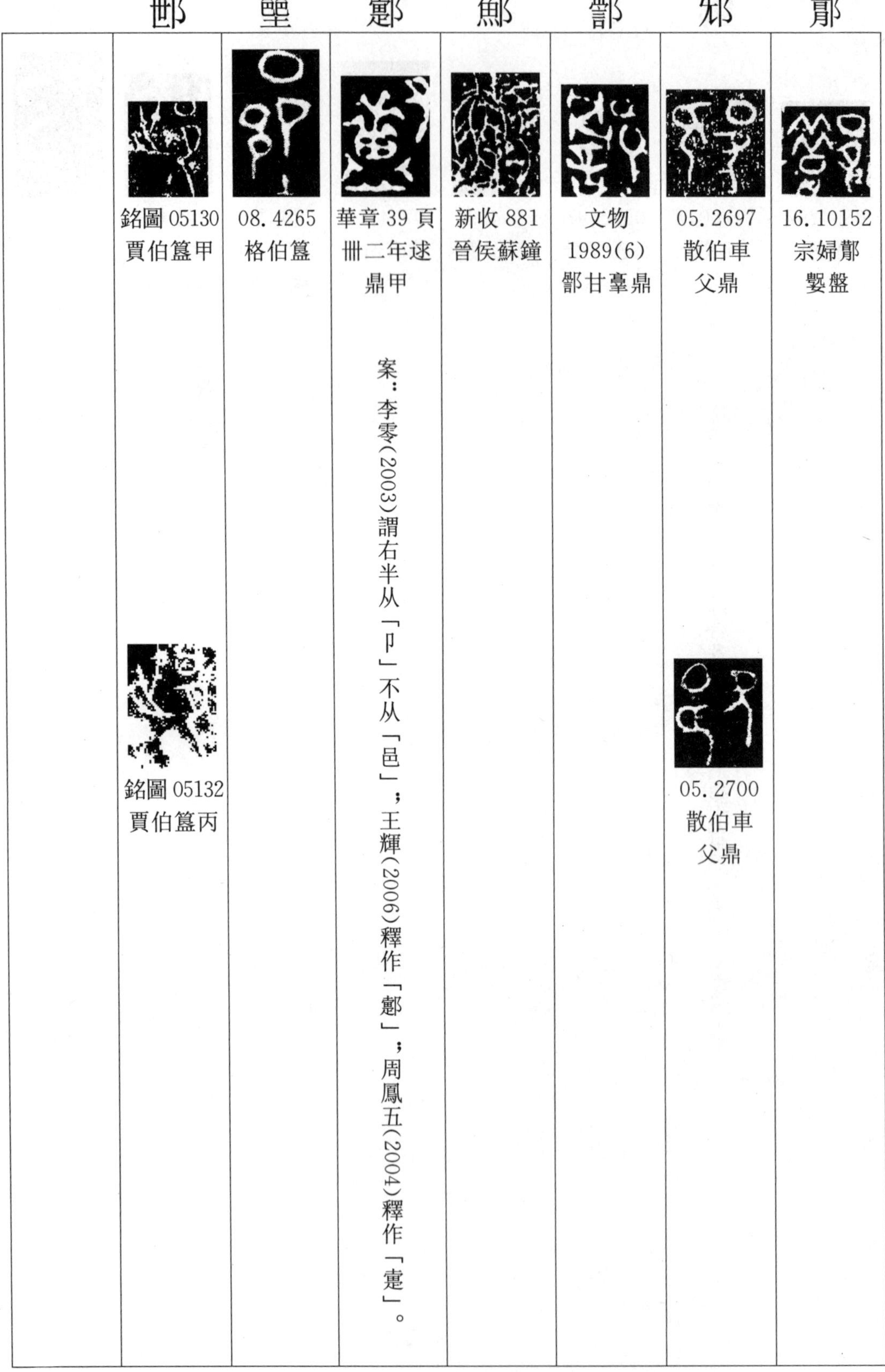

日

西周中期	西周早期或中期	西周早期	西周早期	西周早期	西周早期		西周金文字編　卷七
01.259 𤼈鐘	04.2348 作長鼎	14.9091 索諆爵	11.5928 薛作日癸尊	08.4139 楷侯簋蓋	04.2333 姬作乒姑日辛鼎		
07.3918 [illegible]仲孛簋	11.5933 何作兄日壬尊	15.9814 再作父丁罍	11.5963 [illegible]仲尊	10.5336.1 述作兄日乙卣	05.2670 旂鼎		
07.4114 仲辛父簋	11.5933 述作兄日乙尊	15.9816 陵父日乙罍	11.5979 [illegible]尊	10.5404.1 商卣	06.3606 [illegible]作文父日丁簋		
11.5931 舀尊	滕州276頁 史子日癸壺	文物 1996(7) 史[illegible]敏尊	11.5984 能匋尊	11.5887 侃尊	06.3687 [illegible]婦簋		
15.9826 對罍		文物 1997(12) 盂方鼎	11.5997 商尊	11.5909 仲子作日乙尊	07.3994 [illegible]簋		
15.9691.1 周㚅壺							

晉　　昧

 晉國 59 頁 晉侯鼎	 07.3771 晉人簋	 10.5346 豐卣	 08.4240 免簋	 08.4257 弭伯師 耤簋	 02.356 井叔采鐘	 考文 2006(6) 獄鼎	 16.9891.1 文考日己 方彝
 晉國 60 頁 晉侯簋	 07.3952 格伯作晉 姬簋	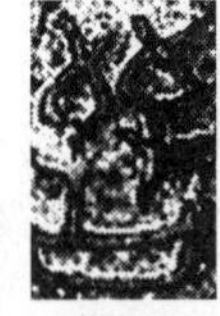 2007(3) 覠公簋	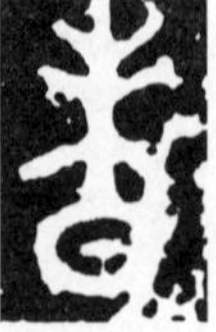 字與史(1) 文盨	 08.4331 羋伯歸 夆簋	 05.2787 史頌鼎	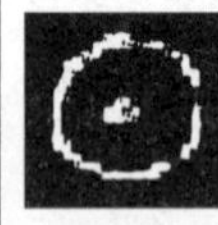 考文 2006(6) 二式獄簋	 16.10175 史牆盤
 晉國 197 頁 晉叔家父 方壺	 文物 1999(9) 戎生編鐘	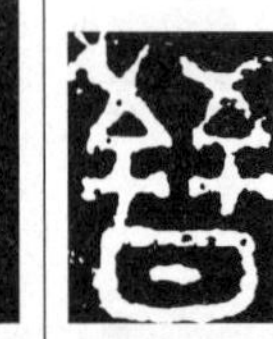 晉國 51 頁 晉侯鳥 尊蓋		 考古 1986(1) 井叔采鐘	 08.4231 史頌簋	 首陽 102 頁 芮伯簋	 考文 2005(增) 老簋
 首陽 92 頁 晉伯卣	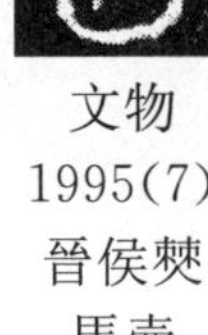 文物 1995(7) 晉侯㸚 馬壺	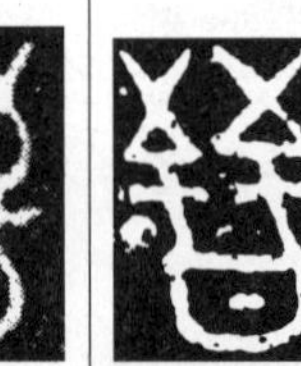 晉國 51 頁 晉侯鳥尊		 華夏考古 2007(1) 應公鼎	 08.4233 史頌簋		 新收 1874 虎簋蓋乙
 文物 2004(2) 晉韋父盤					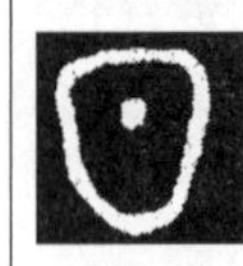 08.4235 史頌簋		 考文 2006(6) 一式獄簋
西周中期	西周中期	西周早期	西周中期	西周晚期	西周晚期	西周中期	西周中期

昔　昬

 05.2836 大克鼎	 05.2820 善鼎	04.2189 史昔鼎	 11.6014 何尊	文物 2006(5) 柞伯鼎	 新收 1672 晉侯鬲乙	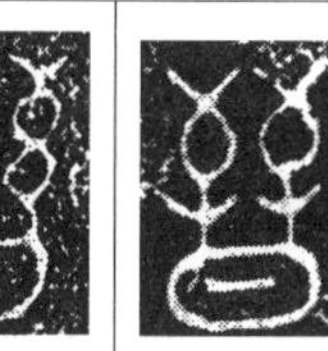 文物 1994(1) 晉侯断簋	文物 1995(7) 晉侯喜 父盤
 08.4297 𨛭簋	 05.2838 曶鼎			 文物 2006(5) 柞伯鼎	 收藏 2007(4) 蘇公盤	 文物 1994(8) 晉侯邦 父鼎	 新收 881 晉侯蘇鐘
 08.4324.2 師嫠簋	 08.4327 卯簋蓋					 新收 851 晉侯對鼎	 新收 914 晉侯尊
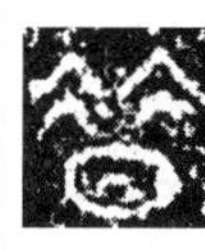 08.4325.1 師嫠簋	 陝博(7) 宰獸簋					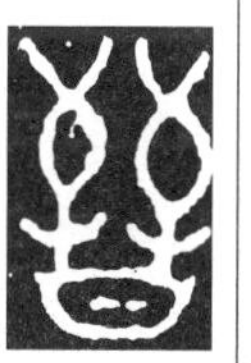 首陽 117 頁 晉侯對 盨器	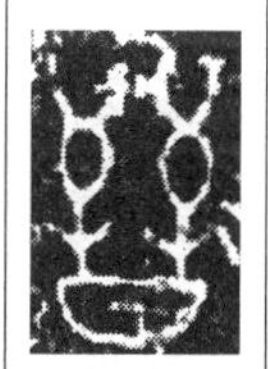 文物 1994(1) 晉侯蘇鼎
	 新收 886 晉姜簋						
西周中期	西周中期	西周早期 或中期	西周早期	西周晚期	西周晚期	西周晚期	西周晚期

旦	㬿	𣅀	曆	𥘵	昊	昆	
 05.2783 七年趞曹鼎	 字與史(1) 舲簋	 14.9035 伯𣅀鼎	 文物 2006(8) 倗伯再簋	 16.10094 𥘵盤	 16.10175 史牆盤	 01.46 昆疕王鐘	 08.4340 蔡簋
 05.2817 師農鼎	 字與史(1) 舲簋蓋			 16.10130 𥘵伯章盤			 09.4467.1 師克盨
 08.4251.1 大師盧簋				 16.10237 𥘵伯匜			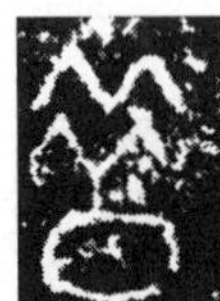 09.4468 師克盨
 08.4252.1 大師盧簋				 16.10249 𥘵仲無龍匜			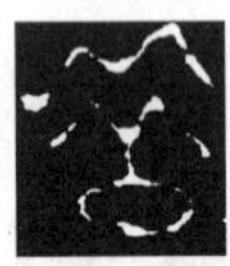 華章55頁 卌三年逑鼎甲
 16.9898A 吳方彝蓋							 華章119頁 卌三年逑鼎壬
西周中期	西周中期	西周早期	西周早期	西周中期	西周中期	西周晚期	西周晚期

朝

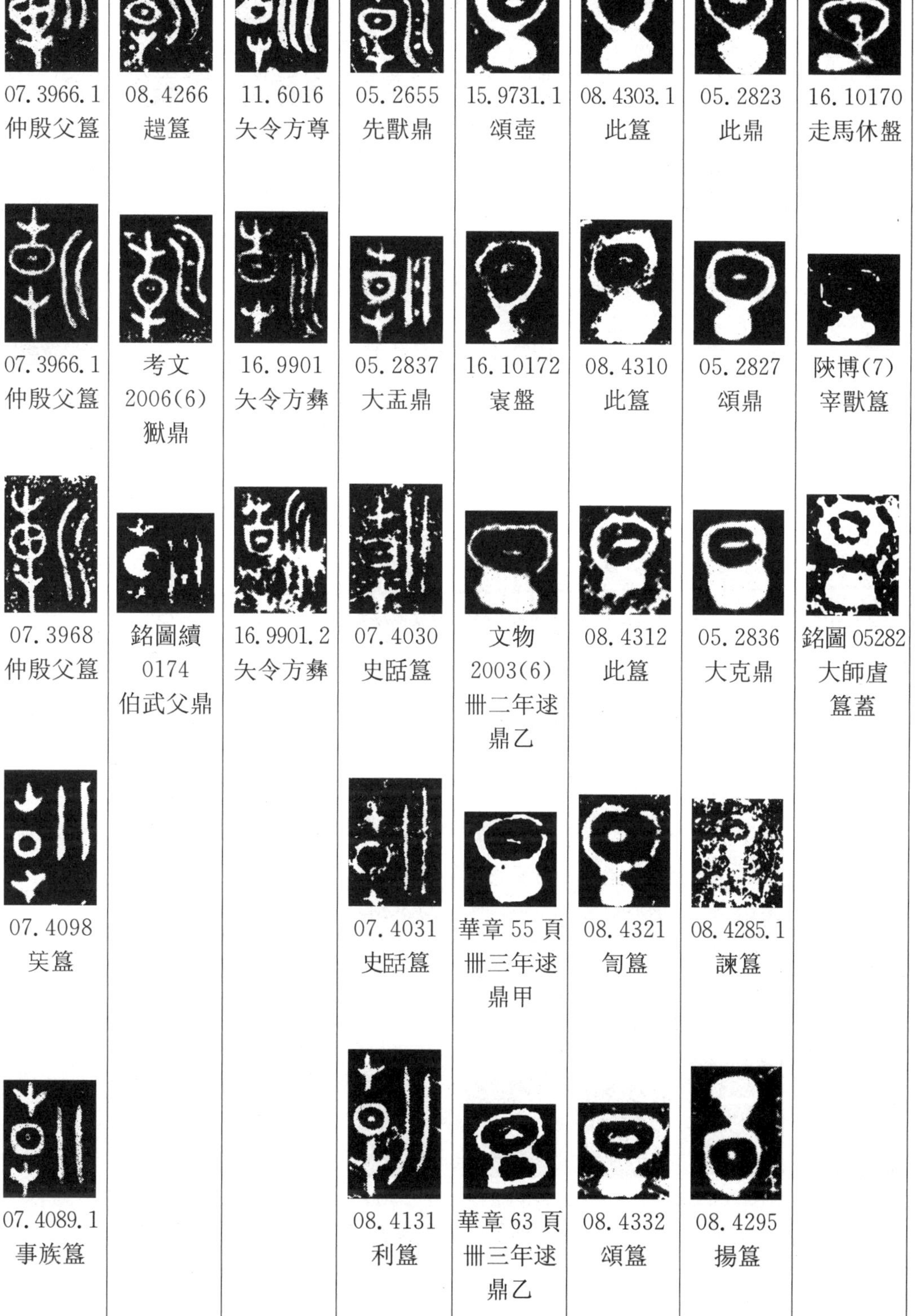

西周晚期	西周中期	西周早期	西周早期	西周晚期	西周晚期	西周晚期	西周中期
07.3966.1 仲殷父簋	08.4266 趞簋	11.6016 矢令方尊	05.2655 先獸鼎	15.9731.1 頌壺	08.4303.1 此簋	05.2823 此鼎	16.10170 走馬休盤
07.3966.1 仲殷父簋	考文 2006(6) 𤞞鼎	16.9901 矢令方彝	05.2837 大盂鼎	16.10172 寰盤	08.4310 此簋	05.2827 頌鼎	陝博(7) 宰獸簋
07.3968 仲殷父簋	銘圖續 0174 伯武父鼎	16.9901.2 矢令方彝	07.4030 史話簋	文物 2003(6) 卌二年逑鼎乙	08.4312 此簋	05.2836 大克鼎	銘圖 05282 大師虘簋蓋
07.4098 穾簋			07.4031 史話簋	華章 55 頁 卌三年逑鼎甲	08.4321 訇簋	08.4285.1 諫簋	
07.4089.1 事族簋			08.4131 利簋	華章 63 頁 卌三年逑鼎乙	08.4332 頌簋	08.4295 揚簋	

倝　㫃　旂

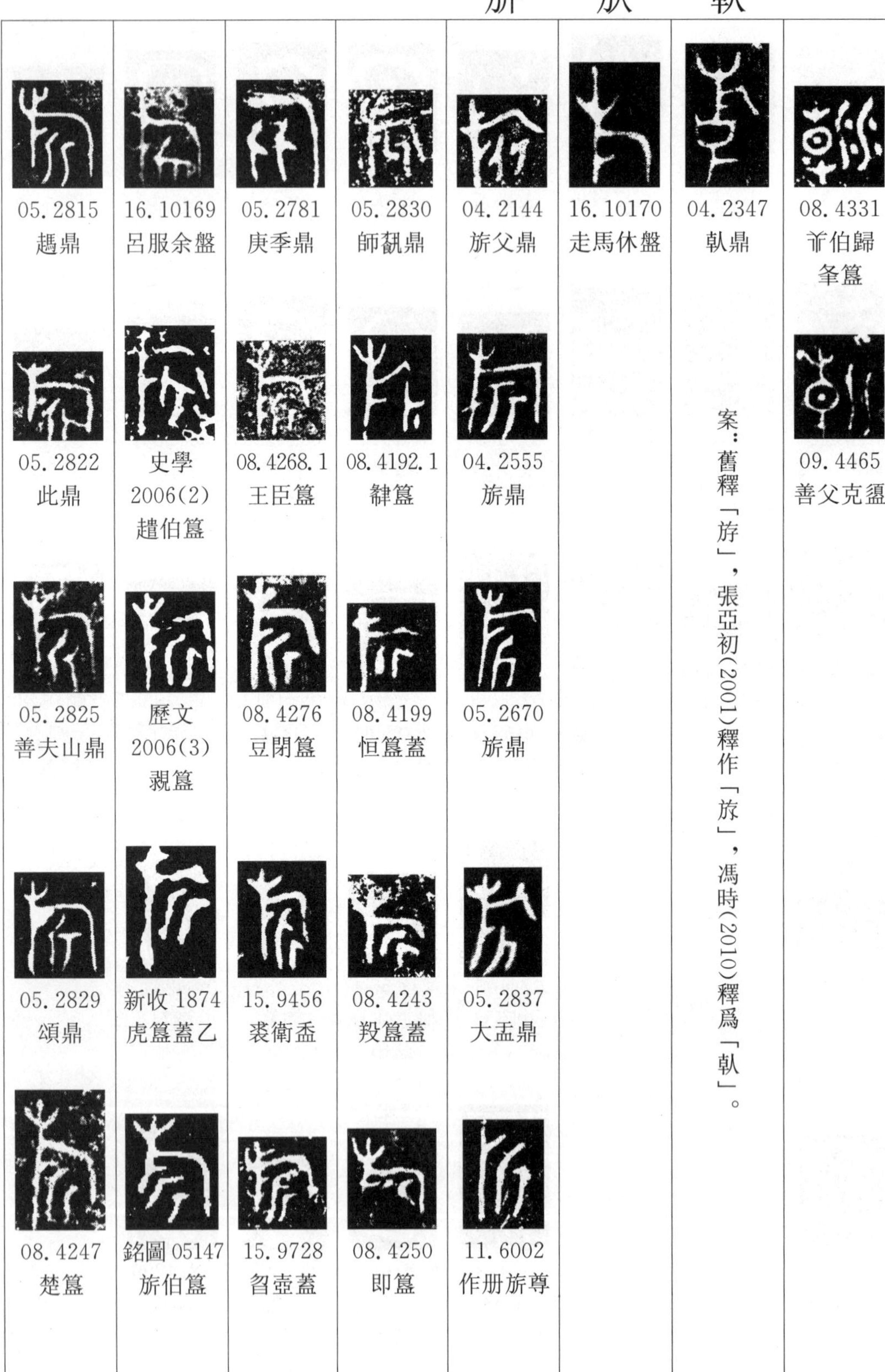

08.4331 𦤎伯歸夆簋

09.4465 善父克盨

西周晚期

倝

04.2347 倝鼎

案：舊釋「斿」，張亞初(2001)釋作「旅」，馮時(2010)釋爲「倝」。

西周早期或中期

㫃

16.10170 走馬休盤

西周中期

旂

04.2144 旂父鼎

04.2555 旂鼎

05.2670 旂鼎

05.2837 大盂鼎

11.6002 作册旂尊

西周早期

05.2830 師𩛥鼎

08.4192.1 肄簋

08.4199 恒簋蓋

08.4243 𣪕簋蓋

08.4250 即簋

西周中期

05.2781 庚季鼎

08.4268.1 王臣簋

08.4276 豆閉簋

15.9456 裘衛盉

15.9728 曶壺蓋

西周中期

16.10169 呂服余盤

史學2006(2) 趞伯簋

歷文2006(3) 親簋

新收1874 虎簋蓋乙

銘圖05147 旂伯簋

西周中期

05.2815 𧽊鼎

05.2822 此鼎

05.2825 善夫山鼎

05.2829 頌鼎

08.4247 楚簋

西周晚期

旄

08.4214
師遽簋蓋

西周中期

斿

04.2373
中斿父鼎

西周早期

08.4286
輔師嫠簋

案：吴鎮烽(2006)釋作「⿸㫃麃」，即「旚」；李學勤(2007a)釋作「⿸㫃爾」，讀爲「柅」；朱鳳瀚(2008a)疑右下所从爲「燕」，並認爲該字以「燕」爲聲符，爲「㫃」之形聲字；郭永秉(2010b)釋作「⿸㫃要」。

西周晚期

⿸㫃要

考文
2006(6)
獄盉

南開學報
2008(6)
衛簋甲蓋

西周中期

08.4326
番生簋蓋

西周晚期

旜

08.4131
利簋

案：劉釗(2006)謂其實字亦有可能是「檀」，木省作「 」。

西周早期

08.4338
頌簋蓋

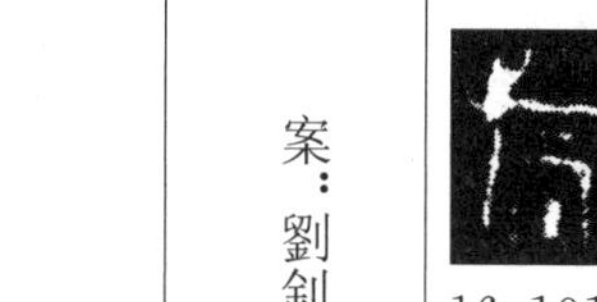
16.10172
寰盤

西周晚期

08.4257
弭伯師耤簋

08.4287
伊簋

08.4297
鄆簋

08.4312
師類簋

08.4332
頌簋

西周晚期

旅

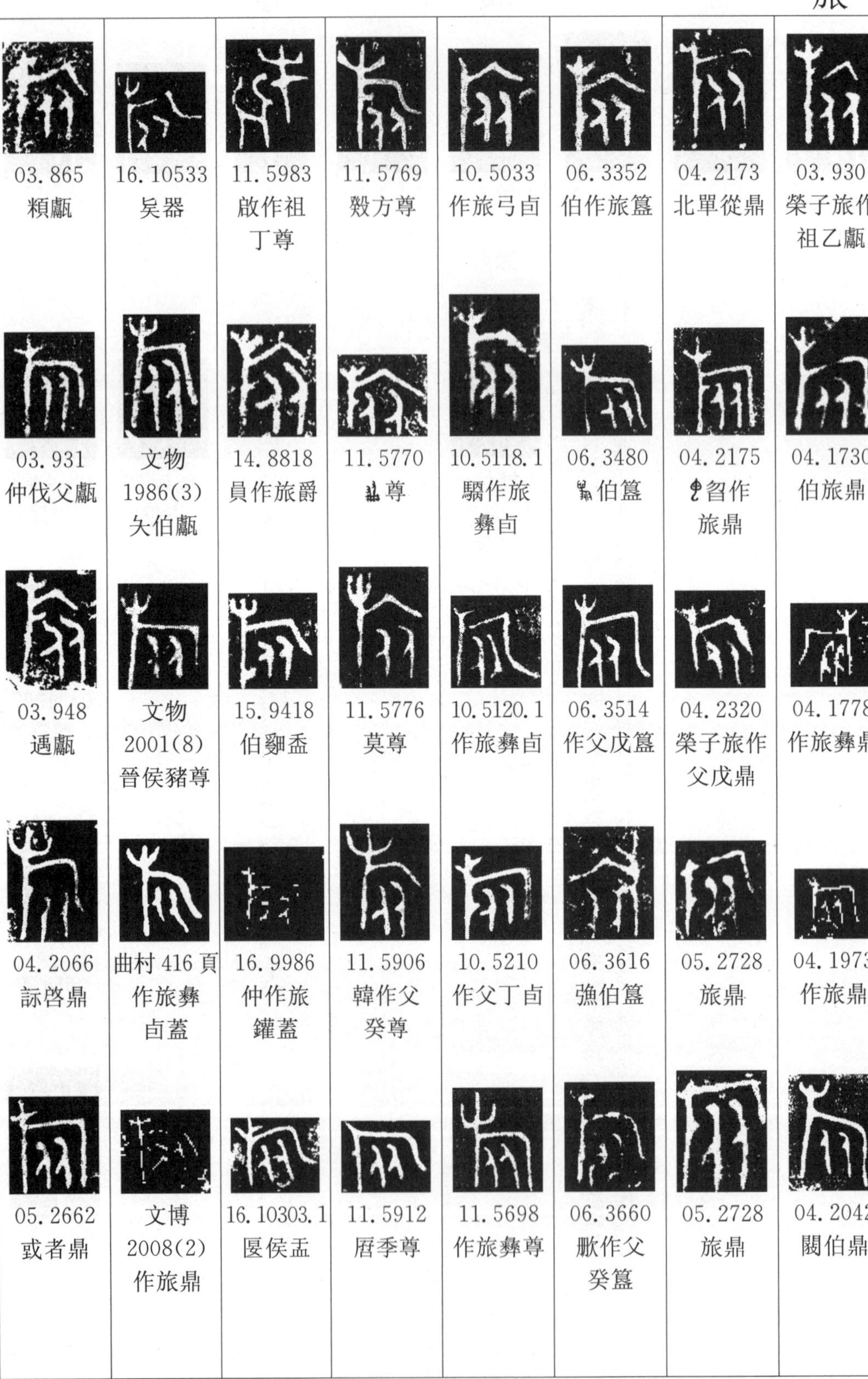

西周中期	西周早期	西周早期	西周早期	西周早期	西周早期	西周早期	西周早期
03.865 頪甗	16.10533 吴器	11.5983 啟作祖丁尊	11.5769 㲉方尊	10.5033 作旅弓卣	06.3352 伯作旅簋	04.2173 北單從鼎	03.930 榮子旅作祖乙甗
03.931 仲伐父甗	文物 1986(3) 矢伯甗	14.8818 員作旅爵	11.5770 [illegible]尊	10.5118.1 [illegible]作旅彝卣	06.3480 [illegible]伯簋	04.2175 [illegible]曶作旅鼎	04.1730 伯旅鼎
03.948 遹甗	文物 2001(8) 晉侯豬尊	15.9418 伯麵盉	11.5776 莫尊	10.5120.1 作旅彝卣	06.3514 作父戊簋	04.2320 榮子旅作父戊鼎	04.1778 作旅彝鼎
04.2066 訦啓鼎	曲村416頁 作旅彝卣蓋	16.9986 仲作旅鑵蓋	11.5906 韓作父癸尊	10.5210 作父丁卣	06.3616 [illegible]伯簋	05.2728 旅鼎	04.1973 作旅鼎
05.2662 或者鼎	文博 2008(2) 作旅鼎	16.10303.1 匽侯盂	11.5912 [illegible]季尊	11.5698 作旅彝尊	06.3660 [illegible]作父癸簋	05.2728 旅鼎	04.2042 䦆伯鼎

16.10240 曩孟姜匜	09.4408.1 伯孝𫯓盨	09.4356 仲伯盨	03.928 叔碩父甗	08.2816 伯晨鼎	16.10306 虢叔盂	09.4416 遣叔吉父盨	06.3587 段金𦉢簋
文博 2008(2) 芮子仲鼎	09.4413.1 譔季獻盨	09.4361 伯鮮盨	04.2512 吉父鼎	08.2816 伯晨鼎	文博 1986(5) 伯作旅鼎	09.4626 免簠	07.3754 仲師父簋
09.4404 伯大師釐盨	09.4497 函交仲簠	09.4387.1 仲義父盨	06.3548 仲叀父簋	銘圖 10589 丞仲觶	故宮文物月刊 1993 年總 129 期 作旅彝甗	10.5431.1 高卣	07.4047 陡貯簋
夏商周 395 伯呂盨	09.4555 師麻斿叔簠	09.4388 叔姞盨	08.4303.1 此簋		文物 2006(8) 倗伯簋	11.5823 陵作父乙尊	08.4237 臣諫簋
山東 377 頁 史皇簠	16.10231 伯正父匜	09.4405.2 鬲叔興父盨	09.4352 吴女盨蓋		夏商周 335 州簋	12.6432 員觶	09.4401 鄭井叔康盨
西周晚期	西周晚期	西周晚期	西周晚期	西周早期或中期	西周中期	西周中期	西周中期

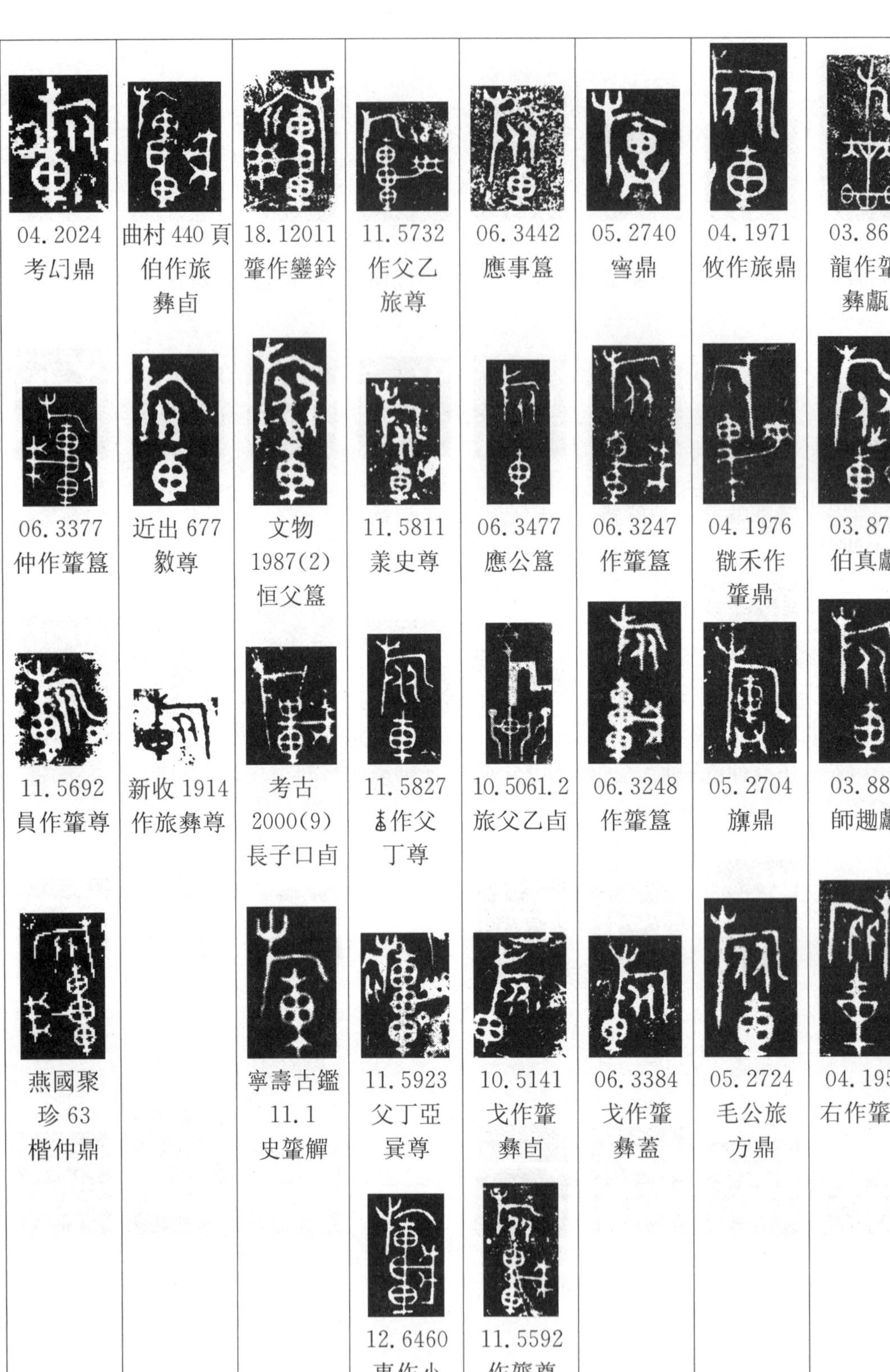

西周中期	西周早期	西周早期	西周早期	西周早期	西周早期	西周早期	西周早期
04.2024 考𠚤鼎	曲村 440 頁 伯作旅彝卣	18.12011 肇作鑾鈴	11.5732 作父乙旅尊	06.3442 應事簋	05.2740 寧鼎	04.1971 攸作旅鼎	03.861 龍作肇彝甗
06.3377 仲作肇簋	近出 677 㪤尊	文物 1987(2) 恒父簋	11.5811 羕史尊	06.3477 應公簋	06.3247 作肇簋	04.1976 戠禾作肇鼎	03.870 伯真甗
11.5692 員作肇尊	新收 1914 作旅彝尊	考古 2000(9) 長子口卣	11.5827 [illegible]作父丁尊	10.5061.2 旅父乙卣	06.3248 作肇簋	05.2704 旟鼎	03.884 師趞甗
燕國聚珍 63 楷仲鼎		寧壽古鑑 11.1 史肇觶	11.5923 父丁亞㠱尊	10.5141 戈作肇彝卣	06.3384 戈作肇彝蓋	05.2724 毛公旅方鼎	04.1956 右作肇鼎
			12.6460 事作小旅觶	11.5592 作肇尊			

		旛	旓	旅			族
 07.3875 旛嫼簋蓋	 07.3875 旛嫼簋蓋	 08.4250 即簋	 16.9898A 吳方彝蓋	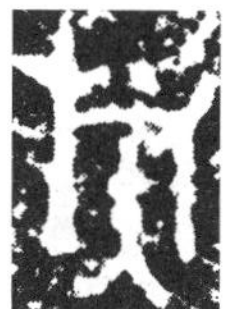 08.4263 格伯簋	 05.2841B 毛公鼎	 08.4288.1 師酉簋	07.4029 明公簋
 07.3945 觴姬簋蓋	 09.4579.1 史免簠	「稻」字重見。		 08.4263 格伯簋	 07.4089.1 事族簋	 08.4341 班簋	 文物 2009(2) 何簋
	 09.4579.2 史免簠			 08.4263 格伯簋	 08.4326 番生簋蓋	 考文 1989(3) 史密簋	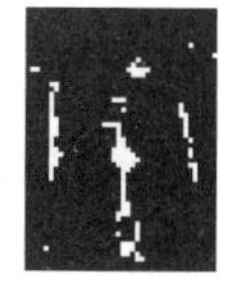 文物 2010(8) 𣳾族卂壺
	 09.4628.1 伯公父簠			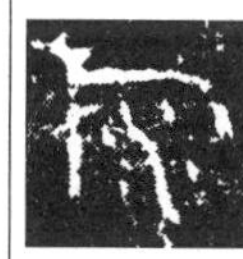 08.4263 格伯簋			 通鑒 13331 族卣
	 09.4628.2 伯公父簠						
西周晚期	西周中期	西周中期	西周中期	西周中期	西周晚期	西周中期	西周早期

	旜	𣄴	𬀪	𣄨	旋	旟	𣄻
文物 1995(7) 晉侯僰馬方壺	03.749 仲柟父鬲	通鑒 14872 束盉蓋	通鑒 14520 中伯盤	06.3671 𣄨嗣土梡簋	11.6015 麥方尊	15.9293.2 旟觥	09.4466 𩰫比盨
文物 1995(7) 晉侯僰馬方壺	03.749 仲柟父鬲				15.9451 麥盉		
	03.751 仲柟父鬲						
	首陽 96 頁 仲柟父鬲						
西周中期	西周中期	西周中期	西周早期	西周早期	西周早期	西周早期	西周晚期

月	⿰⿱晶且刂	疊			參		
 05.2661 德方鼎	 15.9555 ⿰⿱晶且刂嫣壺	 07.3801 ⿰𠂤帚叔山父簋	 07.3797.1 ⿰𠂤帚叔山父盤	 考文2007(3) 琱生尊	 01.260.2 㝬鐘	 05.2832 五祀衛鼎	 01.141 師臾鐘
 05.2670 旂鼎			 07.3797.2 ⿰𠂤帚叔山父簋		 05.2836 大克鼎	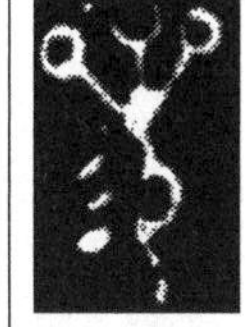 05.2838 曶鼎	
 05.2760 作册大方鼎			 07.3798 ⿰𠂤帚叔山父簋		 05.2841A 毛公鼎	 08.4292 五年琱生簋	
 05.2763.1 我方鼎			 07.3798 ⿰𠂤帚叔山父簋		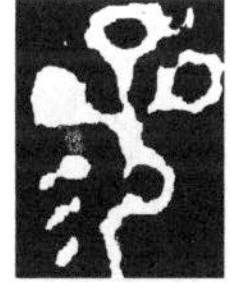 考文2007(3) 琱生尊	 15.9456 裘衛盉	
 07.4088 奢簋			 07.3800 ⿰𠂤帚叔山父簋			 新收 740 盠尊	
西周早期	西周中期	西周晚期	西周晚期	西周晚期	西周晚期	西周中期	西周晚期

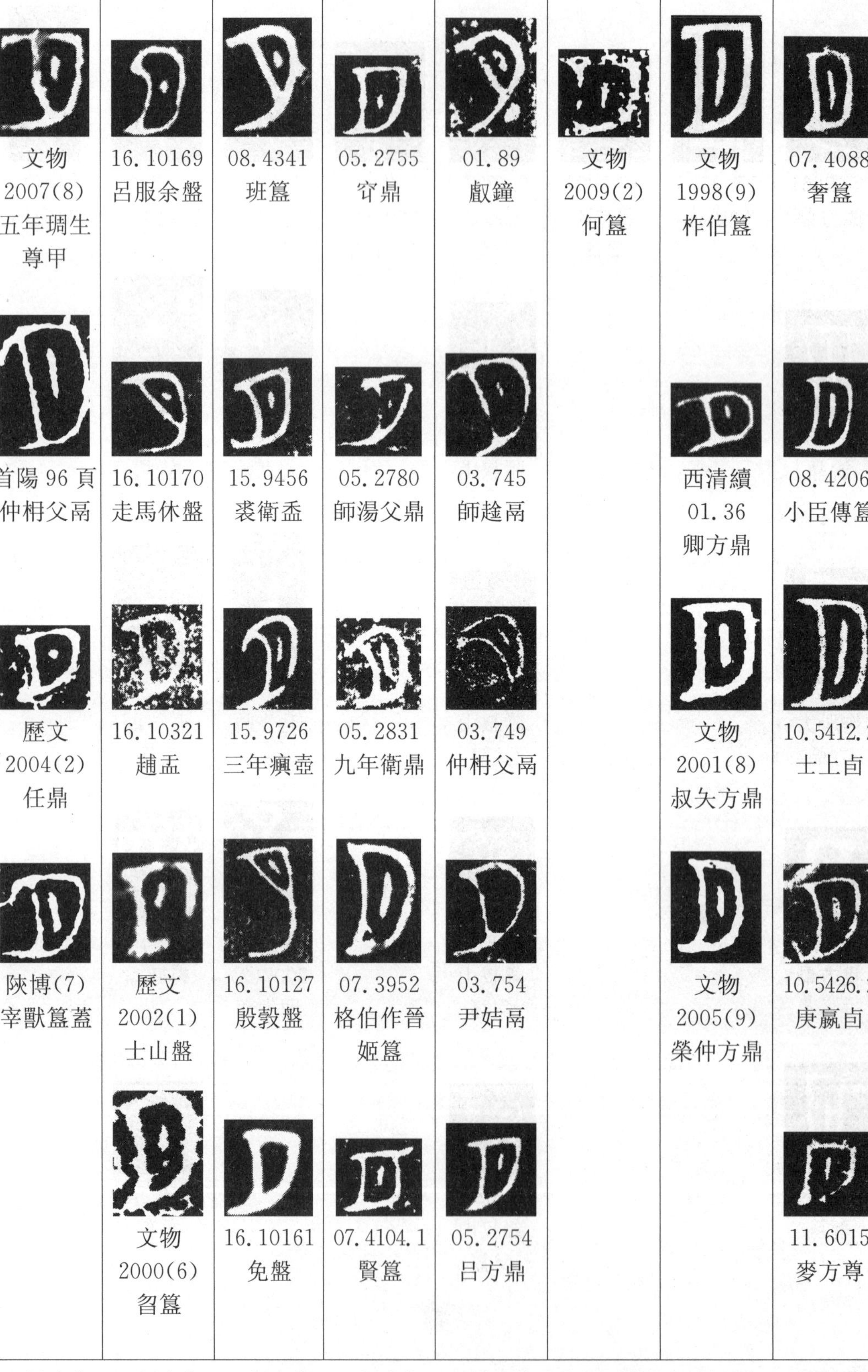
07.4088 奢簋
08.4206 小臣傳簋
10.5412.2 士上卣
10.5426.2 庚嬴卣
11.6015 麥方尊
西周早期
文物 1998(9) 柞伯簋
西清續 01.36 卿方鼎
文物 2001(8) 叔夨方鼎
文物 2005(9) 榮仲方鼎
西周早期
文物 2009(2) 何簋
西周早期
01.89 𢾊鐘
03.745 師趛鬲
03.749 仲枏父鬲
03.754 尹姞鬲
05.2754 吕方鼎
西周中期
05.2755 𥤢鼎
05.2780 師湯父鼎
05.2831 九年衛鼎
07.3952 格伯作晉姬簋
07.4104.1 賢簋
西周中期
08.4341 班簋
15.9456 裘衛盉
15.9726 三年𤼈壺
16.10127 殷穀盤
16.10161 免盤
西周中期
16.10169 吕服余盤
16.10170 走馬休盤
16.10321 趞盂
歷文 2002(1) 士山盤
文物 2000(6) 召簋
西周中期
文物 2007(8) 五年琱生尊甲
首陽 96 頁 仲枏父鬲
歷文 2004(2) 任鼎
陝博(7) 宰獸簋蓋
西周中期

霸　朏

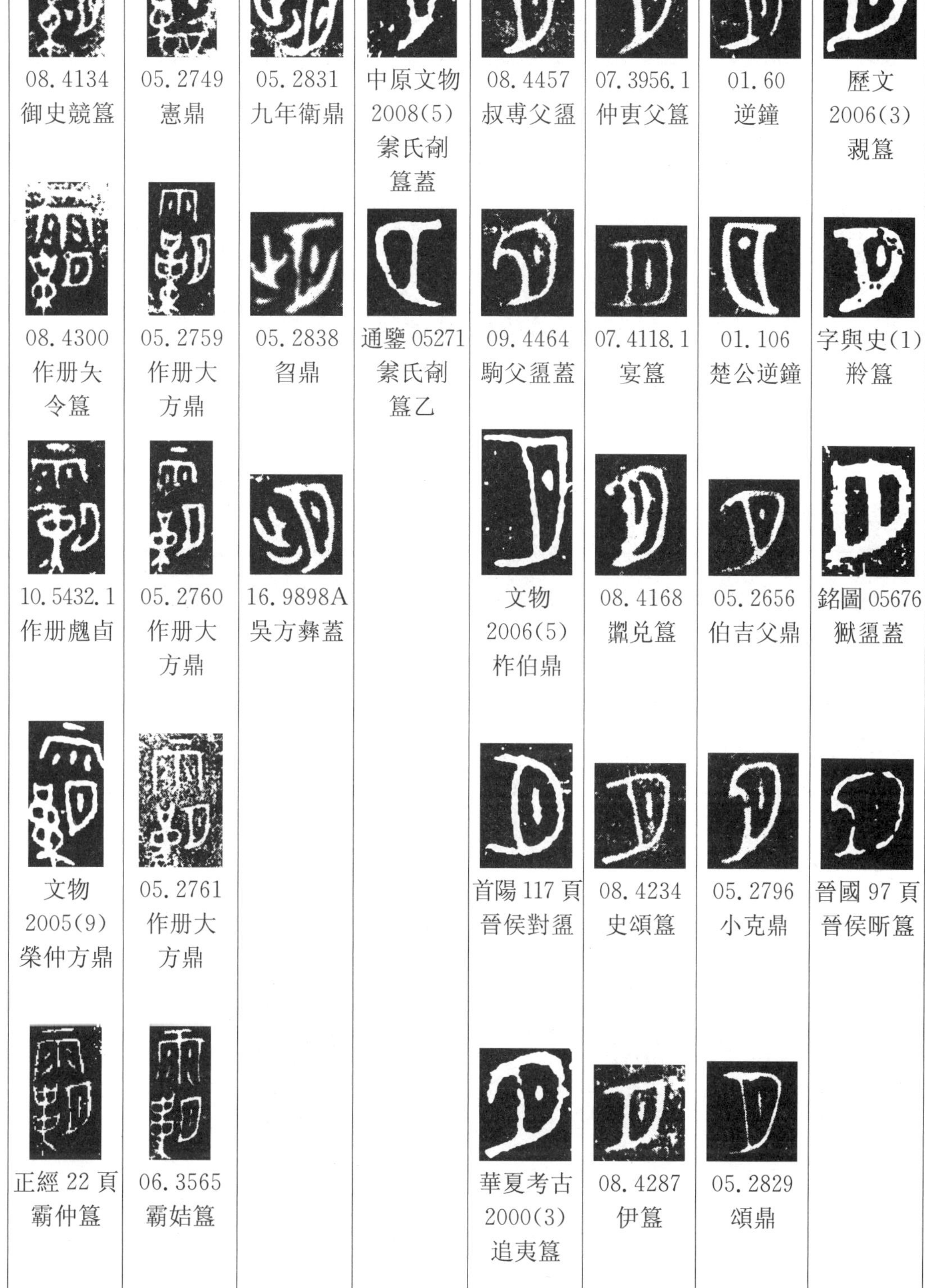

08.4134 御史競簋	05.2749 憲鼎	05.2831 九年衛鼎	中原文物 2008(5) 㝅氏剢簋蓋	08.4457 叔尃父盨	07.3956.1 仲叀父簋	01.60 逆鐘	歷文 2006(3) 䫋簋
08.4300 作冊夨令簋	05.2759 作冊大方鼎	05.2838 曶鼎	通鑒 05271 㝅氏剢簋乙	09.4464 駒父盨蓋	07.4118.1 宴簋	01.106 楚公逆鐘	字與史(1) 羚簋
10.5432.1 作冊魖卣	05.2760 作冊大方鼎	16.9898A 吳方彝蓋		文物 2006(5) 柞伯鼎	08.4168 鬻兑簋	05.2656 伯吉父鼎	銘圖 05676 獄盨蓋
文物 2005(9) 榮仲方鼎	05.2761 作冊大方鼎			首陽 117 頁 晉侯對盨	08.4234 史頌簋	05.2796 小克鼎	晉國 97 頁 晉侯㫁簋
正經 22 頁 霸仲簋	06.3565 霸姞簋			華夏考古 2000(3) 追夷簋	08.4287 伊簋	05.2829 頌鼎	
西周早期	西周早期	西周中期	西周晚期	西周晚期	西周晚期	西周晚期	西周中期

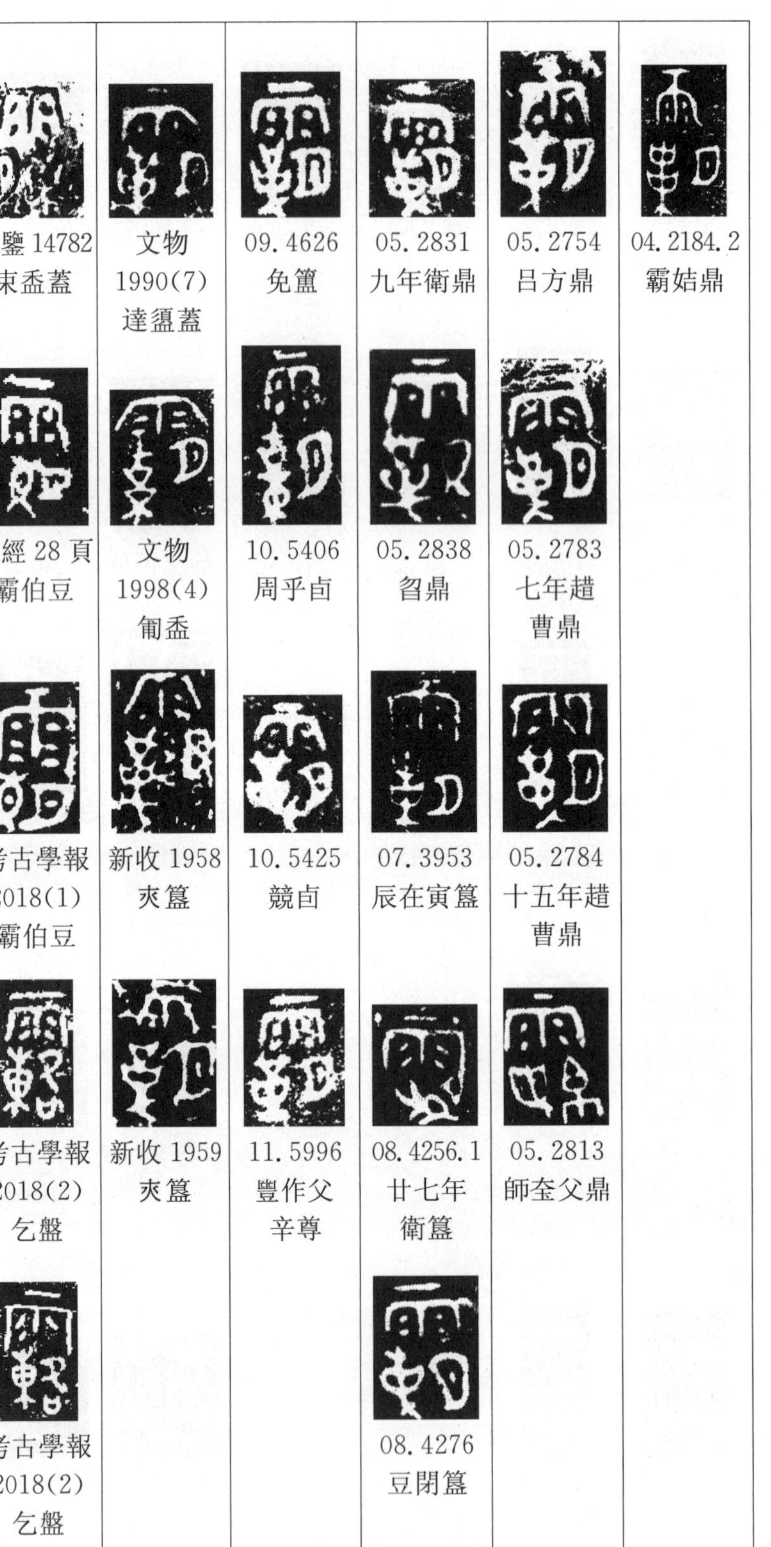

西周早期或中期
04.2184.2 霸姞鼎

西周中期
05.2754 吕方鼎
05.2783 七年趞曹鼎
05.2784 十五年趞曹鼎
05.2813 師奎父鼎

西周中期
05.2831 九年衛鼎
05.2838 曶鼎
07.3953 辰在寅簋
08.4256.1 廿七年衛簋
08.4276 豆閉簋

西周中期
09.4626 免簠
10.5406 周乎卣
10.5425 競卣
11.5996 豐作父辛尊

西周中期
文物 1990(7) 達盨蓋
文物 1998(4) 匍盉
新收 1958 夾簋
新收 1959 夾簋

西周中期
通鑒 14782 束盉蓋
正經 28 頁 霸伯豆
考古學報 2018(1) 霸伯豆
考古學報 2018(2) 乞盤
考古學報 2018(2) 乞盤

西周晚期
01.60 逆鐘
05.2823 此鼎
05.2827 頌鼎
05.2829 頌鼎

西周晚期
07.4024 鄭虢仲簋
07.4025.1 鄭虢仲簋
08.4158.1 黿乎簋
08.4203 曾仲大父蟲簋
08.4216.1 五年師旋簋

有

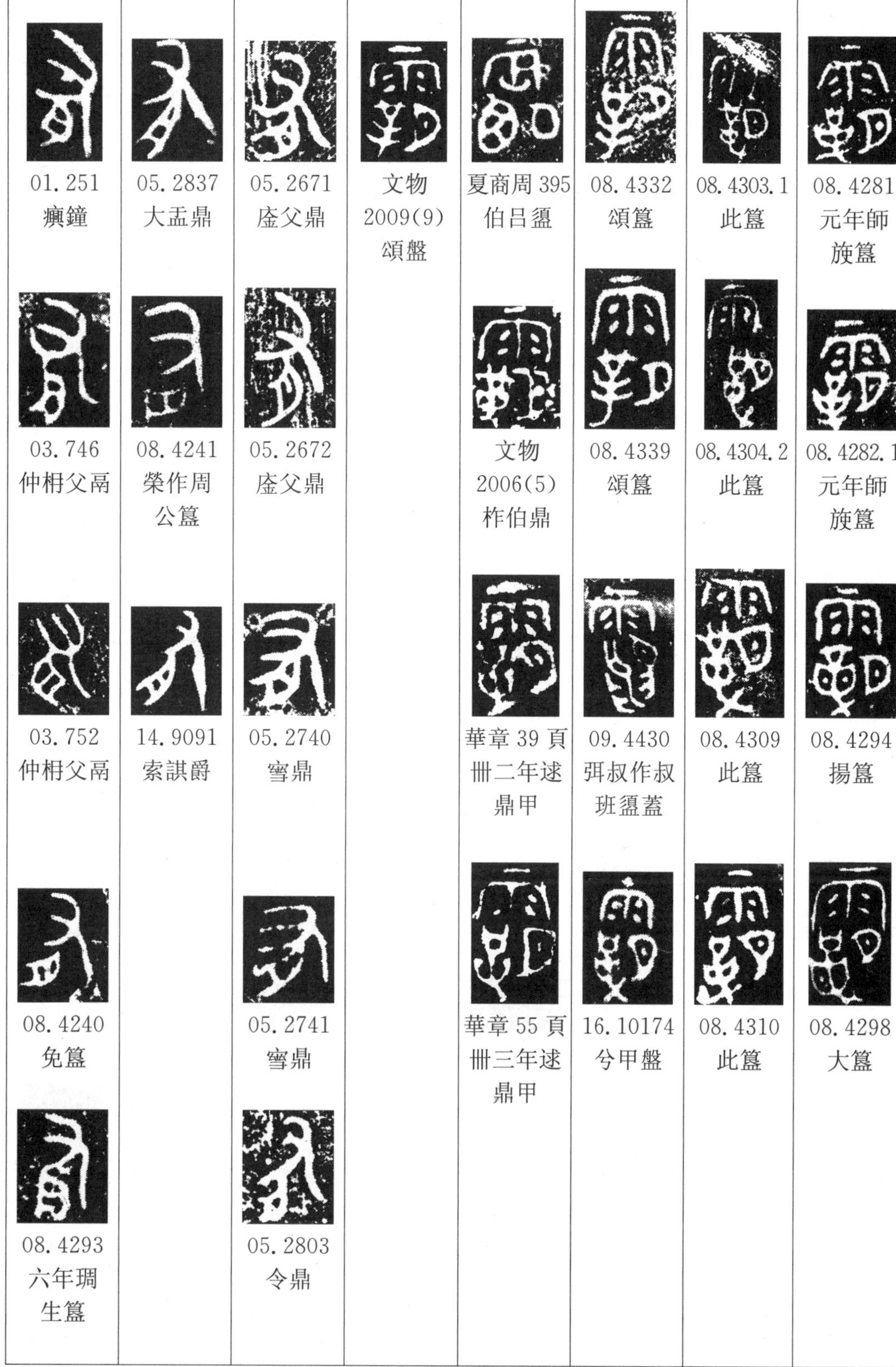

01.251 癲鐘	05.2837 大盂鼎	05.2671 座父鼎	文物 2009(9) 頌盤	夏商周 395 伯吕盨	08.4332 頌簋	08.4303.1 此簋	08.4281 元年師旋簋
03.746 仲枏父鬲	08.4241 榮作周公簋	05.2672 座父鼎		文物 2006(5) 柞伯鼎	08.4339 頌簋	08.4304.2 此簋	08.4282.1 元年師旋簋
03.752 仲枏父鬲	14.9091 索諆爵	05.2740 寧鼎		華章 39 頁 卌二年逑鼎甲	09.4430 弭叔作叔班盨蓋	08.4309 此簋	08.4294 揚簋
08.4240 免簋		05.2741 寧鼎		華章 55 頁 卌三年逑鼎甲	16.10174 兮甲盤	08.4310 此簋	08.4298 大簋
08.4293 六年琱生簋		05.2803 令鼎					
西周中期	西周早期	西周早期	西周晚期	西周晚期	西周晚期	西周晚期	西周晚期

朙

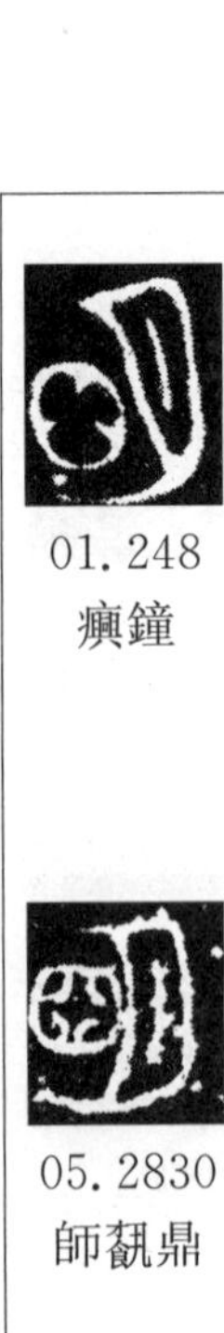 01.248 瘋鐘	 04.1988 明作我鼎	11.6015 麥方尊	03.566 戒作葊宮鬲	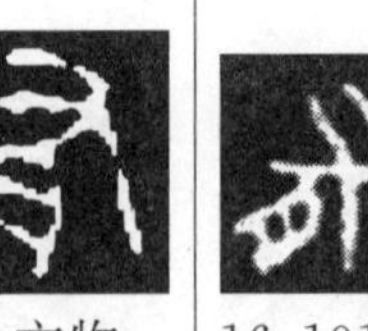 文物 2003(6) 卌三年逑鼎辛	16.10176 散氏盤	 05.2631 南公有司鼎	15.9456 裘衛盉
05.2830 師𩛥鼎		 11.6016 麥方尊	 05.2791 伯姜鼎	 文物 2014(1) 肅卣	 文物 2003(6) 逑盤	05.2805 南宮柳鼎	 16.9899.2 盠方彝
 11.5968 服方尊		 16.9901 矢令方彝	 07.4029 明公簋		 文物 2003(6) 卌二年逑鼎乙	 05.2841B 毛公鼎	 16.10175 史牆盤
 16.10175 史牆盤		 考古 1990(1) 克盉	  10.5400.1 作册翻卣		 文物 2004(3) 有司簡簋蓋	 08.4317 㝬簋	 新收 740 盠尊
			10.5400.2 作册翻卣				
 考文 1997(3) 虎簋蓋		 考古 1990(1) 克罍	 11.5991 作册翻父乙尊			 09.4468 師克盨蓋	 歷文 2006(3) 親簋
西周中期	西周早期或中期	西周早期	西周早期	西周晚期	西周晚期	西周晚期	西周中期

盥　囧

 通鑒 05239 仲譔父簋	 05.2812 師朢鼎	 04.2110 [illegible]作且丁鼎	 04.2406 戈父辛鼎	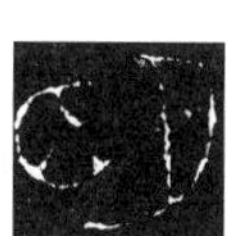 華章 71 頁 卌三年逑鼎丙	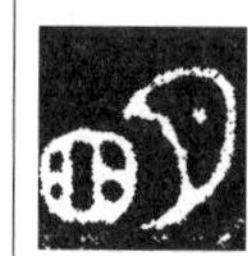 08.4242 叔向父禹簋	 01.189.1 梁其鐘	 文物 2007(8) 五年琱生尊甲
馮時(2017)謂「盥」實際上是在「血」的基礎上發展而成的形聲字，其初文即作「血」，後孳乳爲从「血」得聲之字，或省作「皿」爲聲。		 04.2485 剌觀鼎			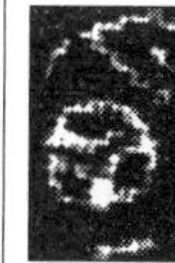 文物 2003(6) 卌二年逑鼎乙	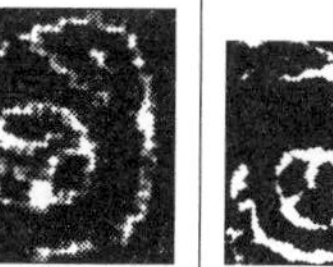 01.192 梁其鐘	 歷文 2002(6) 豳公盨
		 08.4241 榮作周公簋			 文物 2003(6) 逑盤	 01.238.2 虢叔旅鐘	 歷文 2002(6) 豳公盨
		 10.5257 盥弘卣			 歷文 2002(2) 作册封鬲	 05.2836 大克鼎	 文物 1999(9) 戎生編鐘
		 14.9096 魯侯爵				 05.2841A 毛公鼎	 新收 1874 虎簋蓋乙
		 15.9811.1 冉父丁罍					
西周晚期	西周中期	西周早期	西周早期	西周晚期	西周晚期	西周晚期	西周中期

夕　　　　　　　　　　　　　　　　　　　　　　夜

西周早期	西周早期	西周中期	西周中期	西周中期	西周晚期	西周晚期	西周早期
 05.2554 應公鼎	 07.4031 史話簋	 01.246 㾓鐘	 08.4224 追簋	 通鑒 05662 獄盨	 05.2841B 毛公鼎	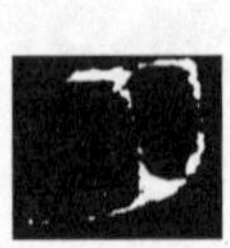 華章 55 頁 卌三年逑鼎甲	10.5410.1 啓卣
 05.2614 曆方鼎	 15.9451 麥盉	 08.4170.1 㾓簋	 考文 1997(3) 虎簋蓋	 考文 2006(6) 獄鼎	 07.3966.1 仲殷父簋	 華章 71 頁 卌三年逑鼎丙	 11.6009 效尊
 05.2655 先獸鼎		 08.4191 穆公簋蓋	 考文 2006(6) 獄盤		 08.4282.1 元年師旋簋		
 05.2837 大盂鼎		 08.4219 追簋	 歷文 2006(3) 親簋		 08.4331 乖伯歸夆簋		
 07.4030 史話簋		 08.4220 追簋			 歷文 2002(2) 作册封鬲		

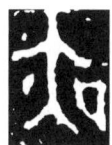

夙			外		夗		
 05.2554 應公鼎	 05.2841B 毛公鼎	 08.4273 靜簋	 04.2186 外叔鼎	 華章 55 頁 卌三年逑 鼎甲	 首陽 83 頁 𩰫簋	 史學集刊 2006(2) 再簋	 05.2789 㦰方鼎
 05.2614 曆方鼎	 08.4340 蔡簋	 08.4284 師瘨簋蓋		 華章 63 頁 卌三年逑 鼎乙	 首陽 74 頁 𩰫觶蓋	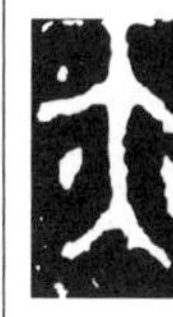 考文 2005(增) 老簋	 07.4023.1 伯中父簋
 05.2791 伯姜鼎		 文物 1999(9) 戎生編鐘		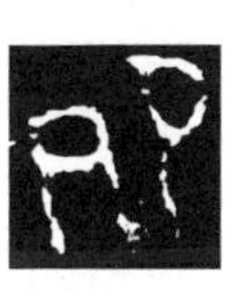 華章 127 頁 卌三年逑 鼎癸	 首陽 74 頁 𩰫觶		 08.4288.1 師酉簋
 05.2837 大盂鼎		 陝博(7) 宰獸簋					 08.4316 師虎簋
		 論稿 10 頁 聞尊					16.10175 史牆盤
西周早期	西周晚期	西周中期	西周早期 或中期	西周晚期	西周早期	西周中期	西周中期

西周晚期	西周中期或晚期	西周中期	西周中期	西周中期	西周中期	西周中期	西周早期
01.63 逆鐘	08.2816 伯晨鼎	銘圖05676 獄盨蓋	考文2006(6) 獄簋	08.4316 師虎簋	08.4127.1 痶簋	01.246 痶鐘	08.4131 利簋
01.192 梁其鐘			考文2005(增) 老簋	08.4322.1 㦰簋	08.4171.1 痶簋	01.248 痶鐘	10.5410.1 啓卣
07.4056.1 叔噩父簋			歷文2006(3) 䙴簋	16.10175 史牆盤	08.4220 追簋	05.2824 㦰方鼎	
07.4057.1 叔噩父簋			史學集刊2006(2) 再簋	考文2006(6) 獄盤	08.4224 追簋	07.4023.1 伯中父簋	
08.4137 叔妊簋					08.4291 師酉簋	05.2832 五祀衛鼎	

多

西周中期	西周中期	西周早期	西周早期	西周早期	西周晚期	西周晚期	西周晚期
文物 1998(9) 應侯爯盨	01.253 癲鐘	11.6004 圛尊	07.4021 寧簋蓋	05.2655 先獸鼎	05.2841B 毛公鼎	08.4325.1 師嫠簋	08.4158.1 黿乎簋
	08.4171.1 癲簋	11.6015 麥方尊	07.4112.1 命簋	05.2660 辛鼎	華章 63 頁 卌三年逨鼎乙	08.4331 𦬁伯歸夆簋	08.4279 元年師旋簋
	08.4341 班簋	文物 1998(9) 柞伯簋	08.4330 沈子它簋蓋	05.2671 ⿸广⿱人皿父鼎	華章 79 頁 卌三年逨鼎丁	09.4467.1 師克盨	08.4282.1 元年師旋簋
	15.9728 曶壺蓋	銘圖 03349 昔須甗	10.5416.2 召卣	05.2672 ⿸广⿱人皿父鼎		文博 1987(2) 逑編鐘	08.4313.1 師寰簋
	16.10175 史牆盤		10.5432.1 作册䰧卣	05.2706 麥方鼎		歷文 2002(2) 作册封鬲	08.4313.2 師寰簋

圅　　　㝖

 05.2548 圅皇父鼎	 06.3684 劀圅作祖戊簋	 15.9690.1 周㝖壺	 16.9896 齊生魯方彝蓋	 歷文 2002(2) 作册封鬲甲	 09.4370.1 伯多父盨	 01.110 井人妄鐘	 文物 1994(2) 才上象敱甬鐘
 08.4141.1 圅皇父簋		 15.9691.1 周㝖壺		 考文 2007(3) 琱生尊	 09.4628.1 伯公父簠	 01.238.2 虢叔旅鐘	
08.4328 不嬰簋				 考文 2003(6) 逑盤	 15.9613 伯多壺	 01.260.2 㝬鐘	
 08.4329 不嬰簋				 首陽121頁 逑鐘庚	 新收881 晉侯蘇鐘	 08.4168 𪒠兑簋	
					 文博 1987(2) 逑編鐘	 08.4317 㝬簋	
西周晚期	西周早期	西周中期	西周	西周晚期	西周晚期	西周晚期	西周中期或晚期

韡	東				甬	圅	
05.2830 師𩛥鼎	05.2830 師𩛥鼎	華章 71 頁 卌三年逑 鼎丙	05.2841B 毛公鼎	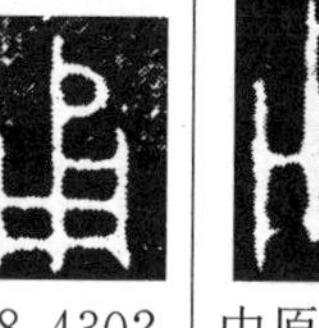 08.4302 彔伯𢦚 簋蓋	 中原文物 1986(4) 甬作父 辛鬲	華章 63 頁 卌三年逑 鼎乙	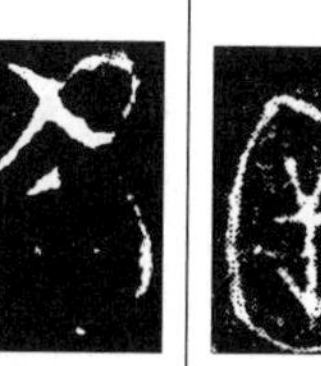 09.4497 圅交仲簠
			08.4318.1 三年師 兌簋	16.9898B 吳方彝蓋	 文物 1992(12) 宗人斧	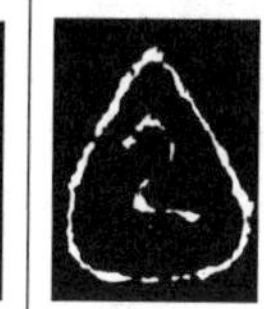 華章 71 頁 卌三年逑 鼎丙	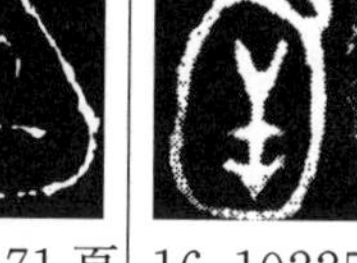 16.10225 圅皇父匜
			 08.4318.2 三年師 兌簋				
			 09.4467.1 師克盨				
			 華章 63 頁 卌三年逑 鼎乙				
西周中期	西周中期	西周晚期	西周晚期	西周中期	西周早期	西周晚期	西周晚期

齊

03.486
齊婦鬲

04.2148
齊姜鼎

12.6490
齊史⿺辶矣祖辛觶

12.6491
齊史⿺辶矣祖辛觶

14.8345
齊祖辛爵

西周早期

06.3740
齊史趠簋

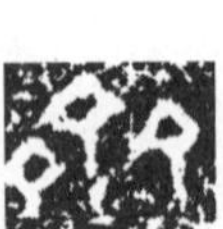
考文1991(6)
敔簋

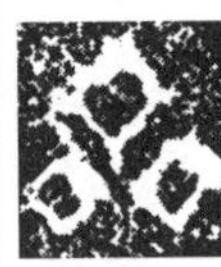
考古1994(4)
齊仲簋

歷文2002(6)
豳公盨

西周中期

03.605
伯姜鬲

07.3816
齊嫿姬簋

07.3893
齊巫姜簋

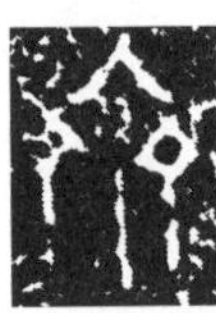
08.4123
妊小簋

08.4216.1
五年師旋簋

西周中期

08.4313.2
師寰簋

16.10142
齊叔姬盤

西周中期

⿱齊女

新收1664
矩鼎

考古2007(3)
覞公簋

西周早期

朿

小校2.36.2
朿夌鼎

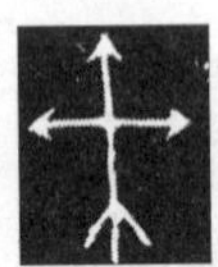
03.901
弜作父乙甗

05.2725
歸夙方鼎

06.3437
朿夌簋

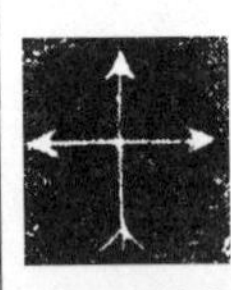
10.4912
朿父乙卣

10.5333.1
朿作父辛卣

西周早期

15.9595.1
歸夙進壺

17.10782
朿戈

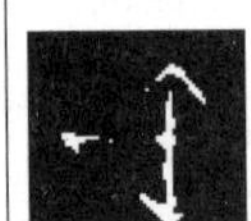
新收330
朿戈

流散歐美143
朿叔卣

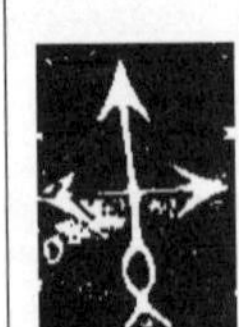
考古2012(7)
朿祖乙卣

西周早期

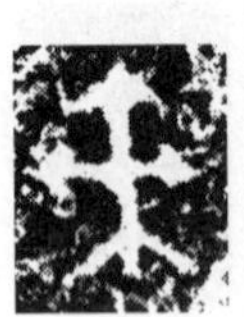
08.4157.1
黿乎簋

西周晚期

03.514 矢伯鬲

03.542 楷叔知父鬲

03.880 鼎作父乙甗

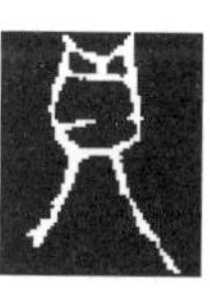
04.1720 伯作鼎

04.1781 作寶鼎

西周早期

04.1785 作寶鼎鼎

04.1914 伯作寶鼎鼎

04.1937 大祝禽方鼎

04.1956 右作肇鼎

04.2022 [illegible]父鼎

西周早期

04.2109 𢍰伯鼎

04.2165 史逑方鼎

05.2171 贏霝德鼎

04.2175 [illegible]曶作旅鼎

04.2252 作父己鼎

西周早期

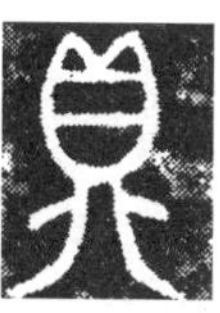
04.2254 奄𧊒作父辛鼎

04.2330 姞曶母方鼎

04.2373 中游父鼎

04.2407 伯龢鼎

西周早期

05.2655 先獸鼎

05.2671 㢑父鼎

05.2706 麥方鼎

05.2724 毛公旅方鼎

05.2748 庚贏鼎

西周早期

05.2759 作册大方鼎

05.2760 作册大方鼎

05.2778 史獸鼎

06.3618 㺇伯簋

07.4097 䜌簋

西周早期

08.4131 利簋

10.4764.1 鼎卣

11.5496 鼎尊

14.8640 鼎父辛爵

新收 918 作寶鼎

西周早期

文物 1987(2) 叔作鼎鬲

新收 925 南公姬鼎

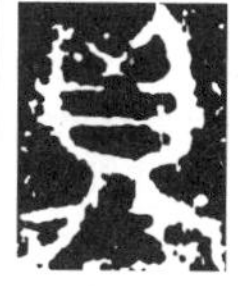
曲村 398 頁 作寶鼎

曲村 398 頁 作寶鼎

西周早期

 考文 2006(6) 一式獄簋	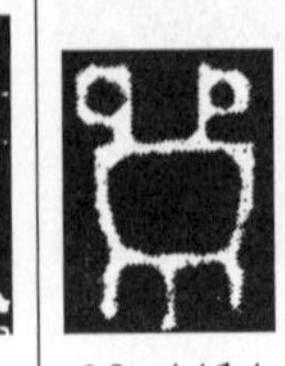 09.4414 攺盨	 05.2789 㦰方鼎	 04.2276 𢐗伯鼎	 04.2077 龏鼎	 04.1936 𢉖史䍙鼎	 03.941 王人𣌭 輔甗	 曲村491頁 申鼎
	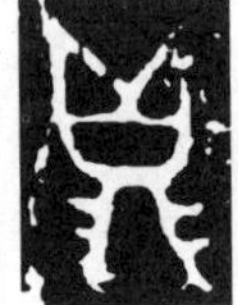 晉國59頁 晉侯鼎	 05.2807 大鼎	 04.2278 𢐗伯作井 姬鼎	 04.2128 貝作父 庚鼎	 04.1978 由作旅鼎	 04.1751 貞鼎	 曲村494頁 作寶鼎
	 文博 2006(3) 尸鼎	 05.2813 師奎父鼎	 04.2438 伯□作 尊鼎	 04.2191 王作仲 姜鼎	 04.2044 敖伯鼎	 04.1773 作旅鼎	
	 考文 2006(8) 倗伯鼎	 05.2831 九年衛鼎	 05.2662 或者鼎	 04.2195 伯遲父鼎	 04.2048 仲作旅 寶鼎	 04.1915 伯作旅鼎	
		 07.3917 是驪簋	 05.2678 小臣鼎	 04.2201 斐啓鼎	 04.2074 㦰鼎		
西周中期	西周中期	西周中期	西周中期	西周中期	西周中期	西周中期	西周早期

西周	西周晚期	西周晚期	西周晚期	西周晚期	西周晚期	西周晚期	西周中期或晚期
 04.1784 作寶鼎	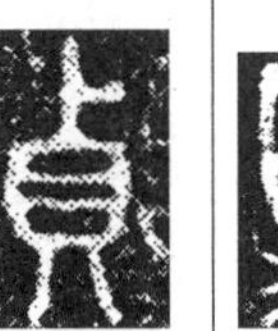 文物 1994(8) 晉侯邦 父鼎	 08.4457 叔尃父盨	 05.2769 梁其鼎	 05.2560 王伯姜鼎	 04.2417 廟孱鼎	 04.2057 良季鼎	 04.2380 亙鼎
 04.2076 覲戚鼎	 新收 851 晉侯對鼎	 學步集 283 頁 應侯見 工鼎	 05.2814 無叀鼎	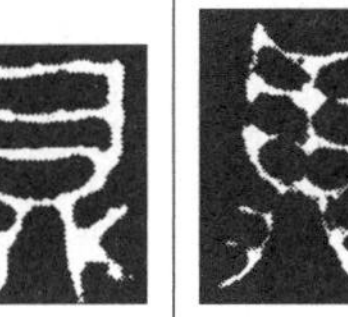 05.2635 虢文公子 作鼎	04.2465 伯贛父簋	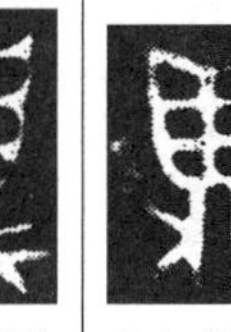 04.2196 史盄父鼎	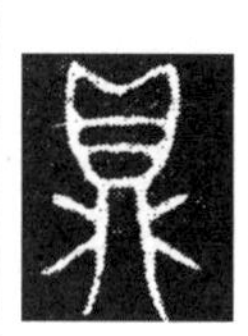 04.2484 舟鼎
 04.2202 孟𠈌鼎	 新收 851 晉侯對鼎	 05.2600 吳王姬鼎	 05.2829 頌鼎	 05.2649 伯頵父鼎	 04.2469 大師人鼎	 04.2209 仲義父鼎	 05.2638 曩侯弟鼎
 04.2202 姜鼎	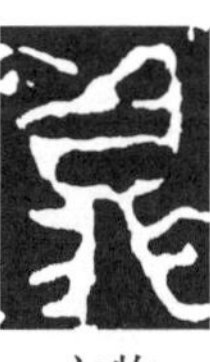 文物 2006(5) 柞伯鼎	 文物 1986(6) 鄀甘𦎫鼎	 05.2841B 毛公鼎	 05.2680 諶鼎	 05.2549 𣋉男鼎	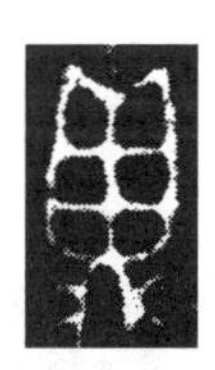 04.2381 蘇衛妃鼎	 05.2816 伯晨鼎
 04.2205 𩏂叏父鼎			 09.4454.1 叔尃父盨	 05.2700 散伯車 父鼎	 05.2559 雍伯原鼎	 04.2416 子邁鼎	 05.2786 康鼎

			鬻	鼏	鼒		
 16.10576 庚姬器	 07.3826 亘攴戱簋	 04.2485 剌觀鼎	 03.648 鲁侯熙鬲	 03.614 叔鼏鬲	 04.2261 王作康季鼒	04.2065 葬鼎	 04.2206 焂子鼎
 考古 2000(9) 长子口卣	 08.4139 楷侯簋蓋	 05.2553 應公鼎	 04.1714 中婦鼎				 04.2437 [illegible]虎鼎
 文物 1997(12) 盂方鼎	 10.5389.1 鼒卣	 05.2554 應公鼎	 04.2012 [illegible]作父戊鼎	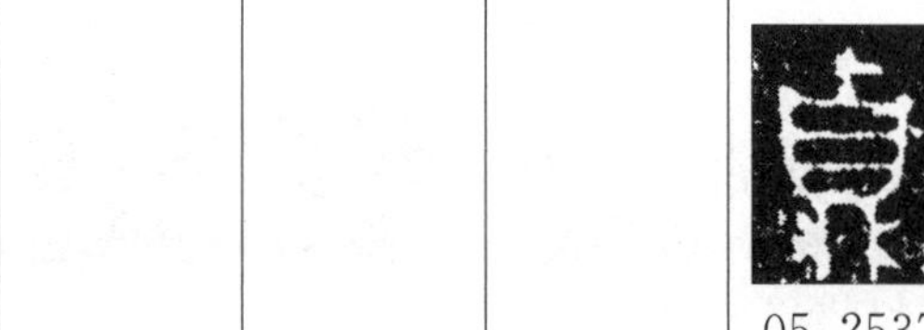			05.2537 靜叔鼎
 文物 1997(12) 盂方鼎	 14.9091 索諆爵	 05.2614 曆方鼎	 04.2060 鼒鼎				
	 16.10563 伯[illegible]父器	 06.3580 利簋	 04.2144 旂父鼎				
西周早期	西周早期	西周早期	西周早期	西周早期	西周早期	西周中期	西周中期

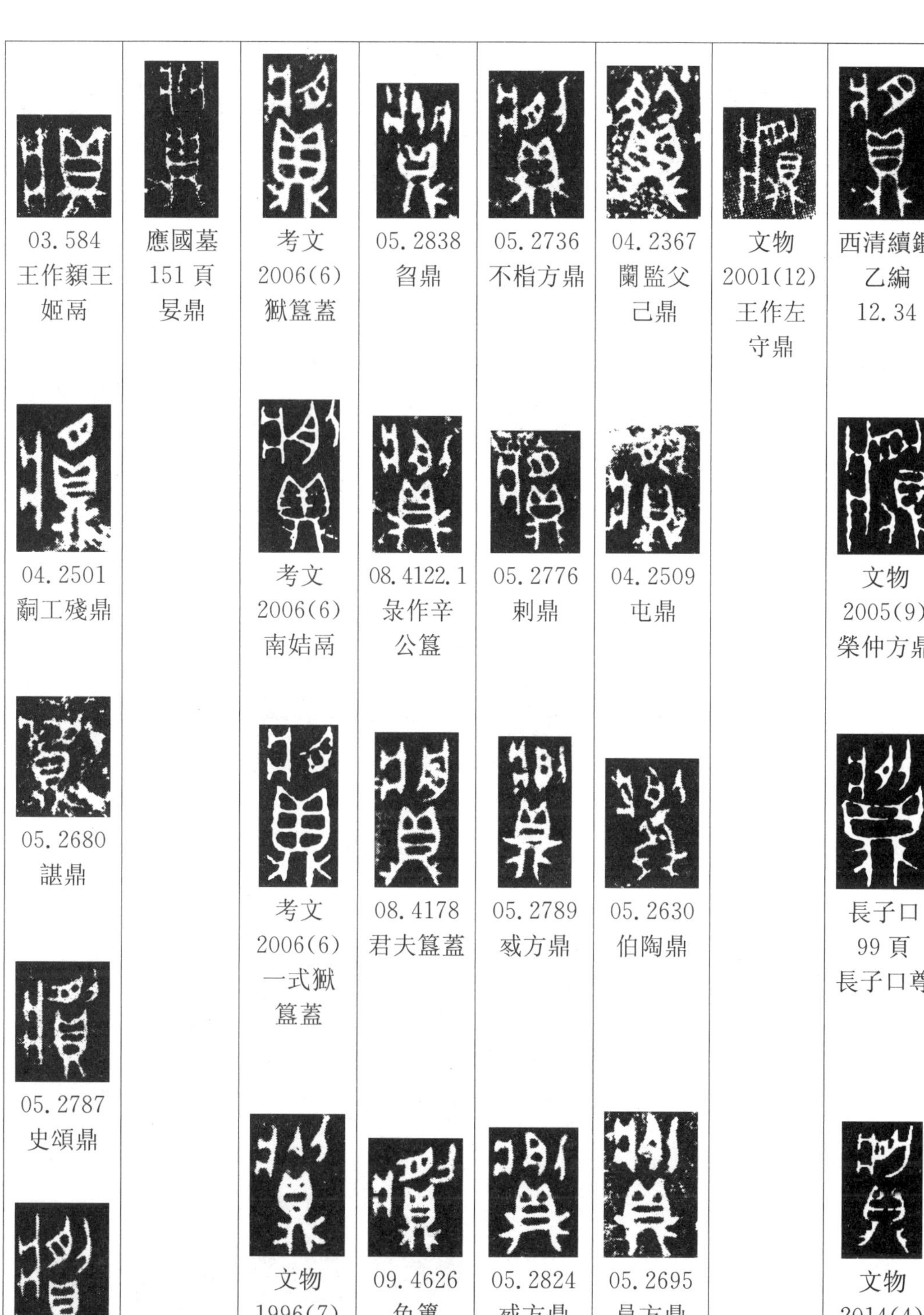

西周晚期	西周中期	西周中期	西周中期	西周中期	西周中期	西周早期或中期	西周早期
03.584 王作頪王姬鬲	應國墓 151頁 旻鼎	考文 2006(6) 獄簋蓋	05.2838 曶鼎	05.2736 不栺方鼎	04.2367 闌監父己鼎	文物 2001(12) 王作左守鼎	西清續鑑乙編 12.34
04.2501 嗣工殘鼎		考文 2006(6) 南姞鬲	08.4122.1 彔作辛公簋	05.2776 剌鼎	04.2509 屯鼎		文物 2005(9) 榮仲方鼎
05.2680 諆鼎		考文 2006(6) 一式獄簋蓋	08.4178 君夫簋蓋	05.2789 㦻方鼎	05.2630 伯陶鼎		長子口 99頁 長子口尊
05.2787 史頌鼎		文物 1996(7) 仲㚇簋	09.4626 免簠	05.2824 㦻方鼎	05.2695 員方鼎		文物 2014(4) 西簋
05.2799 小克鼎							

鼑

西周中期	西周	西周晚期	西周晚期	西周晚期	西周晚期	西周晚期	西周晚期
 08.4208 段簋	 文物 1994(8) 休簋	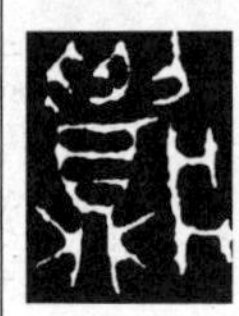 華章 63 頁 卌三年逑 鼎乙	 文物 2003(6) 卌二年逑 鼎乙	 08.4275.2 元年師 兑簋	 08.4234 史頌簋	 08.4198 蔡姬簋	 05.2800 小克鼎
	案：該字舊釋「鬻」，或讀作「將」。陳劍(2008c)認爲所从上部象以刀解肉於俎，蓋釋爲「肆」。	 華章 71 頁 卌三年逑 鼎丙	 考古 1986(11) 師昚父鼎	 08.4317 㝬簋	 08.4235.1 史頌簋	 08.4230 史頌簋	 05.2836 大克鼎
			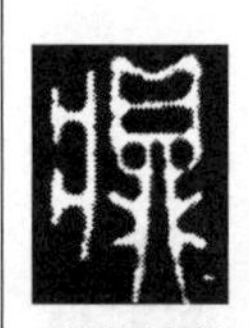 西清續鑑 乙編 01.8 大師望鼎	 08.4318.2 三年師 兑簋	 08.4235.2 史頌簋	 08.4231 史頌簋蓋	 07.3848 遣小子 䡅簋
			 華章 39 頁 卌二年逑 鼎甲	 09.4598 曾侯簠	 08.4236.1 史頌簋	 08.4232.1 史頌簋	 08.4124 䣄仲簋蓋
				 16.10152 宗婦鄁 嬰盤	 08.4274.2 元年師 兑簋	 08.4233 史頌簋	 08.4168 䵼兑簋

克							將
 新收 1874 虎簋蓋乙	 08.4322.1 䵼簋	 05.2809 師旂鼎	 銘文選一 32 何尊	 12.6512 小臣單觶	 08.4241 榮作周 公簋	 05.2712 乃子克鼎	 10.5251.1 將嗌卣
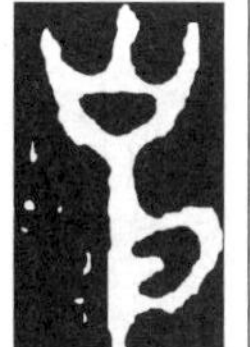 首陽 114 頁 應侯視工 簋蓋	 08.4341 班簋	 05.2812 師望鼎	 曲村 356 克甗	 中國文物 精華 克罍	 08.4330 沈子它 簋蓋	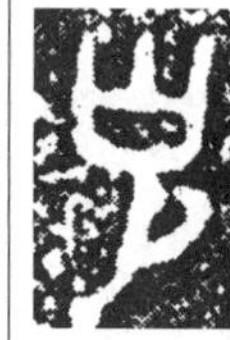 05.2803 令鼎	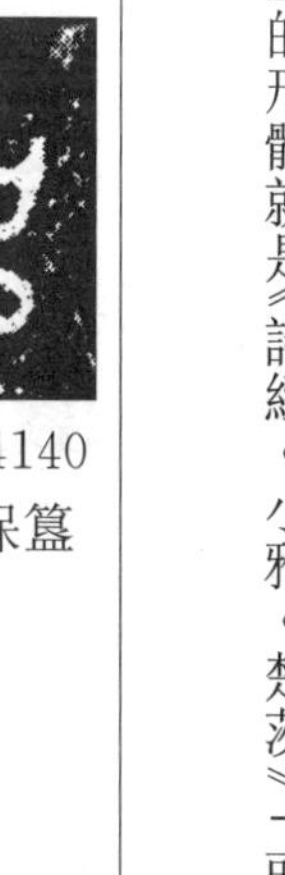 案：王子楊(2013a)釋作「將」，認爲該字「鼎」上的形體就是《詩經·小雅·楚茨》「或肆或將」的表意初文。
	 考文 1997(3) 虎簋蓋	 05.2830 師𩛥鼎	 文物 2010(6) 畢伯克鼎	 中國文物 精華 克罍	10.5428.1 叔趧父卣	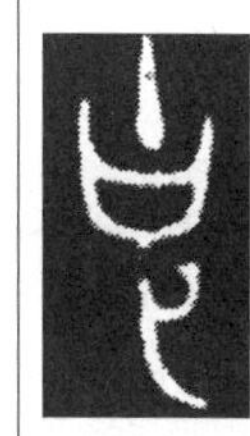 08.4131 利簋	
	歷文 2002(6) 豳公盨	 08.4199 恒簋蓋		 考古 1990(1) 克盉	 10.5429.1 叔趧父卣	 08.4140 大保簋	
		 08.4200 恒簋蓋					
西周中期	西周中期	西周中期	西周早期	西周早期	西周早期	西周早期	西周早期

彔

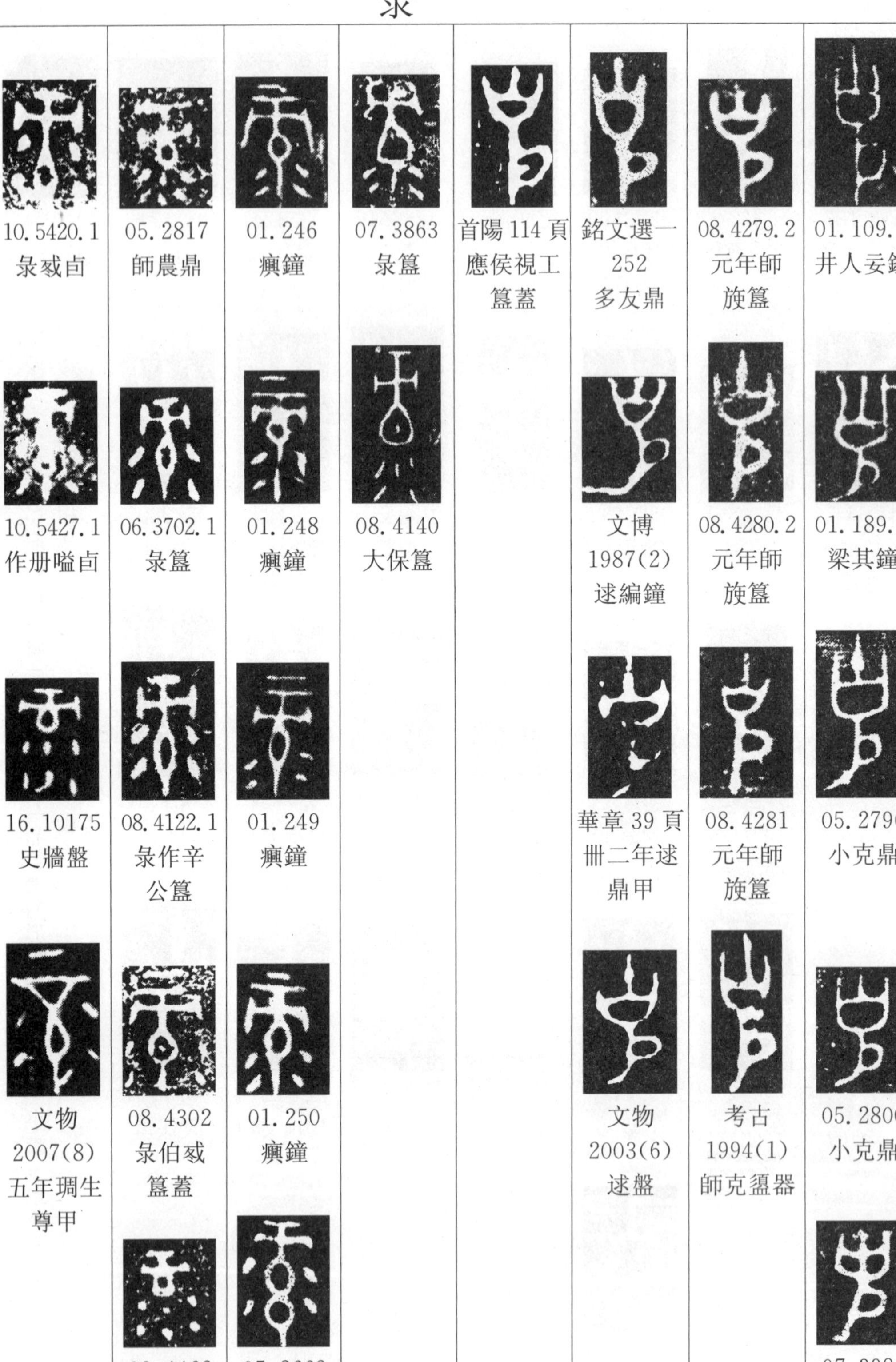

10.5420.1 彔𢦚卣	05.2817 師農鼎	01.246 𤼈鐘	07.3863 彔簋	首陽114頁 應侯視工簋蓋	銘文選一 252 多友鼎	08.4279.2 元年師旋簋	01.109.1 井人妄鐘
10.5427.1 作册嗌卣	06.3702.1 彔簋	01.248 𤼈鐘	08.4140 大保簋		文博 1987(2) 逑編鐘	08.4280.2 元年師旋簋	01.189.1 梁其鐘
16.10175 史牆盤	08.4122.1 彔作辛公簋	01.249 𤼈鐘			華章39頁 卌二年逑鼎甲	08.4281 元年師旋簋	05.2796 小克鼎
文物 2007(8) 五年琱生尊甲	08.4302 彔伯𢦚簋蓋	01.250 𤼈鐘			文物 2003(6) 逑盤	考古 1994(1) 師克盨器	05.2800 小克鼎
	09.4462 𤼈盨	05.2662 或者鼎					07.3986 德克簋
西周中期	西周中期	西周中期	西周早期	西周晚期	西周晚期	西周晚期	西周晚期

禾

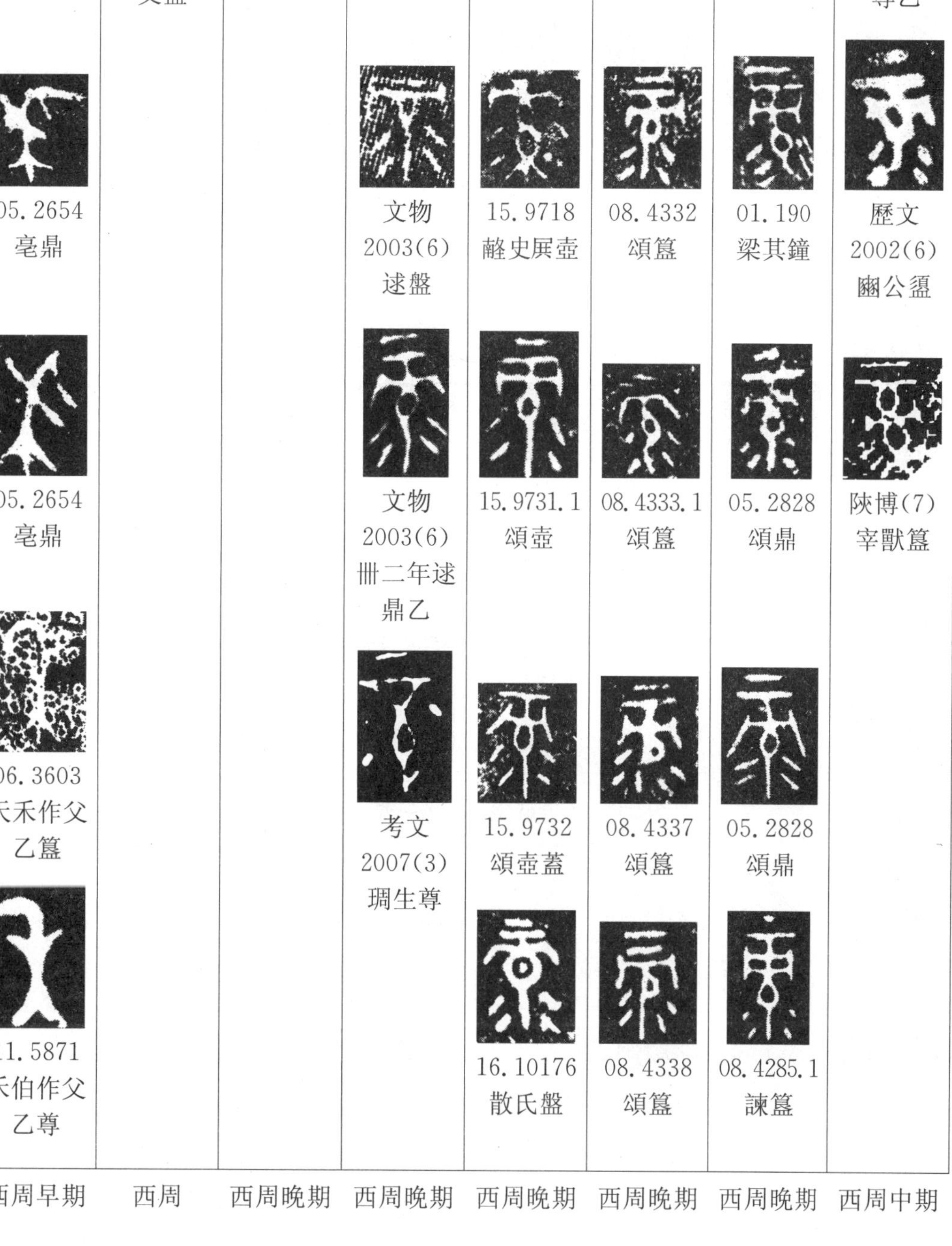

04.1976 骯禾作簟鼎	總集 08.6786 匽叔多父盤	華章 87 頁 卌三年逑鼎戊	考文 1983(2) 彔盨	09.4360 彔盨	08.4331 丯伯歸夆簋	01.188.1 梁其鐘	文物 2007(8) 五年琱生尊乙
05.2654 亳鼎			文物 2003(6) 逑盤	15.9718 鬲史展壺	08.4332 頌簋	01.190 梁其鐘	歷文 2002(6) 豳公盨
05.2654 亳鼎			文物 2003(6) 卌二年逑鼎乙	15.9731.1 頌壺	08.4333.1 頌簋	05.2828 頌鼎	陝博(7) 宰獸簋
06.3603 天禾作父乙簋			考文 2007(3) 琱生尊	15.9732 頌壺蓋	08.4337 頌簋	05.2828 頌鼎	
11.5871 禾伯作父乙尊				16.10176 散氏盤	08.4338 頌簋	08.4285.1 諫簋	
西周早期	西周	西周晚期	西周晚期	西周晚期	西周晚期	西周晚期	西周中期

14.8476
禾父丁爵

14.8960
禾子父癸爵

16.10550
𡚬禾器

西周早期

05.2838
曶鼎

文物2003(9)
季姬尊

西周中期

穆

04.2251
穆鼎

05.2702
嬰方鼎

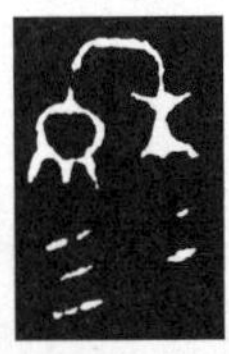
新收1664
矩方鼎

西周早期

03.754
尹姞鬲

03.755
尹姞鬲

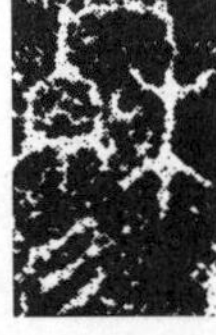
05.2812
師望鼎

05.2824
㺇方鼎

05.2838
曶鼎

西周中期

08.4191
穆公簋蓋

08.4207
遹簋

15.9455
長甶盉

16.10175
史牆盤

西周中期

華章39頁
卌二年逑鼎甲

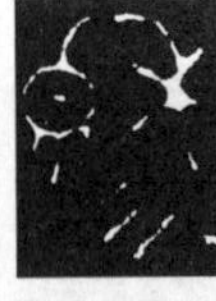
華章95頁
卌三年逑鼎己

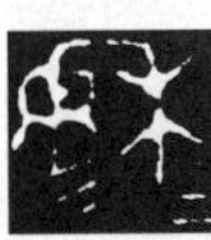
華章79頁
卌三年逑鼎丁

西周晚期

稻

09.4579.1
史免簠

新收747
郜召簠器

文物2004(4)
噩叔奐父盨

西周晚期

年

03.631
㝬鬲

03.913
比甗

05.2575
事口鼎

05.2655
先獸鼎

05.2660
辛鼎

西周早期

西周早期或中期	西周早期	西周早期	西周早期	西周早期	西周早期	西周早期	西周早期
04.2461 从鼎	 文物 2001(8) 夨矢方鼎	 15.9454.1 士上盉	 10.5426.2 庚嬴卣	 07.4073 伯𠭰簋	 07.3745 欮簋	 06.3579 年如簋	 05.2728 旅鼎
 11.6007 耳尊	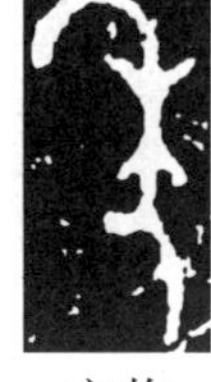 文物 2009(2) 何簋蓋	 16.9892 [illegible]方彝	 11.5991 作册[illegible]父乙尊	 08.4169 𩫏伯馭簋	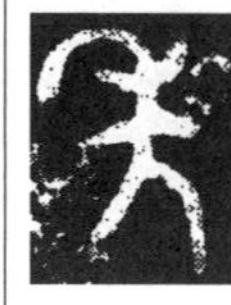 07.3764 叔臬父簋	 06.3723 仲簋	 05.2748 庚嬴鼎
 12.6507.1 北子觶	通鑒 03317 叔亢甗	 16.10091 真盤	 11.6001 小生子尊	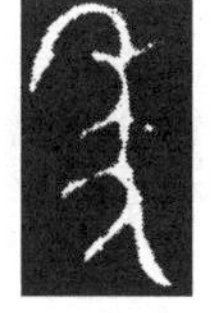 08.4201 小臣宅簋	 07.3908 量侯簋	 06.3724 叔盂簋	 05.2749 憲鼎
		 16.10312 伯盂	 11.6004 嚣尊	 10.5407.1 作册睘卣	 07.3909 [illegible]簋	 06.3741 作寶簋	 05.2791 伯姜鼎
			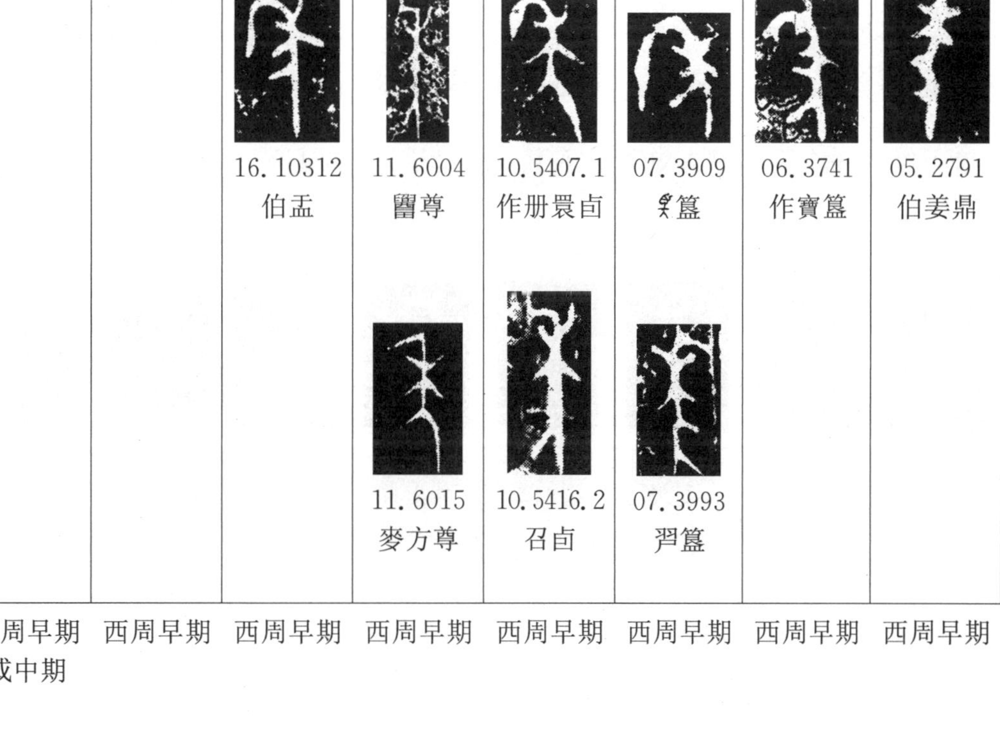 11.6015 麥方尊	10.5416.2 召卣	07.3993 珝簋		

 08.4221 追簋	 07.3835 華簋	 06.3728 叔改簋蓋	 05.2838 曶鼎	 05.2783 七年趞曹鼎	 05.2696 [illegible]鼎	 03.752 仲枏父鬲	 01.246 癲鐘
 08.4223.1 追簋	 07.3868 祖辛簋	 06.3740 齊史趄簋	 06.3676 [illegible]簋	 05.2804 利鼎	 05.2713 師趛鼎	 03.941 王人沓輔甗	 03.632 榮伯鬲
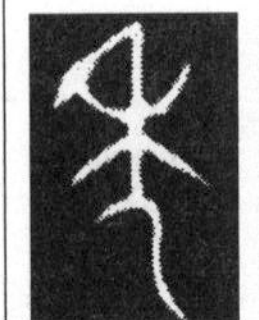 08.4224 追簋	 08.4171.1 癲簋	 07.3768 㬎屖簋	 06.3703.2 同師簋	 05.2807 大鼎	 05.2767 𪒠叔鼎	 04.2460 𣐺伯𦘴鼎	 03.696 夆伯鬲
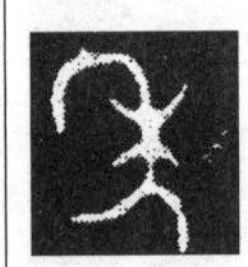 08.4256.1 廿七年衛簋	 08.4200 恒簋蓋	 06.3770 降人[illegible]簋	 06.3718 伯簋	 05.2812 師望鼎	 05.2776 刺鼎	 05.2557 師[illegible]鼎	 03.745 師趛鬲
 08.4262.2 格伯簋	 08.4208 段簋	 07.3833 伯賓父簋	 06.3720 康伯簋	 05.2824 戜方鼎	 05.2781 庚季鼎	 05.2616 衛鼎	 03.747 仲枏父鬲
西周中期	西周中期	西周中期	西周中期	西周中期	西周中期	西周中期	西周中期

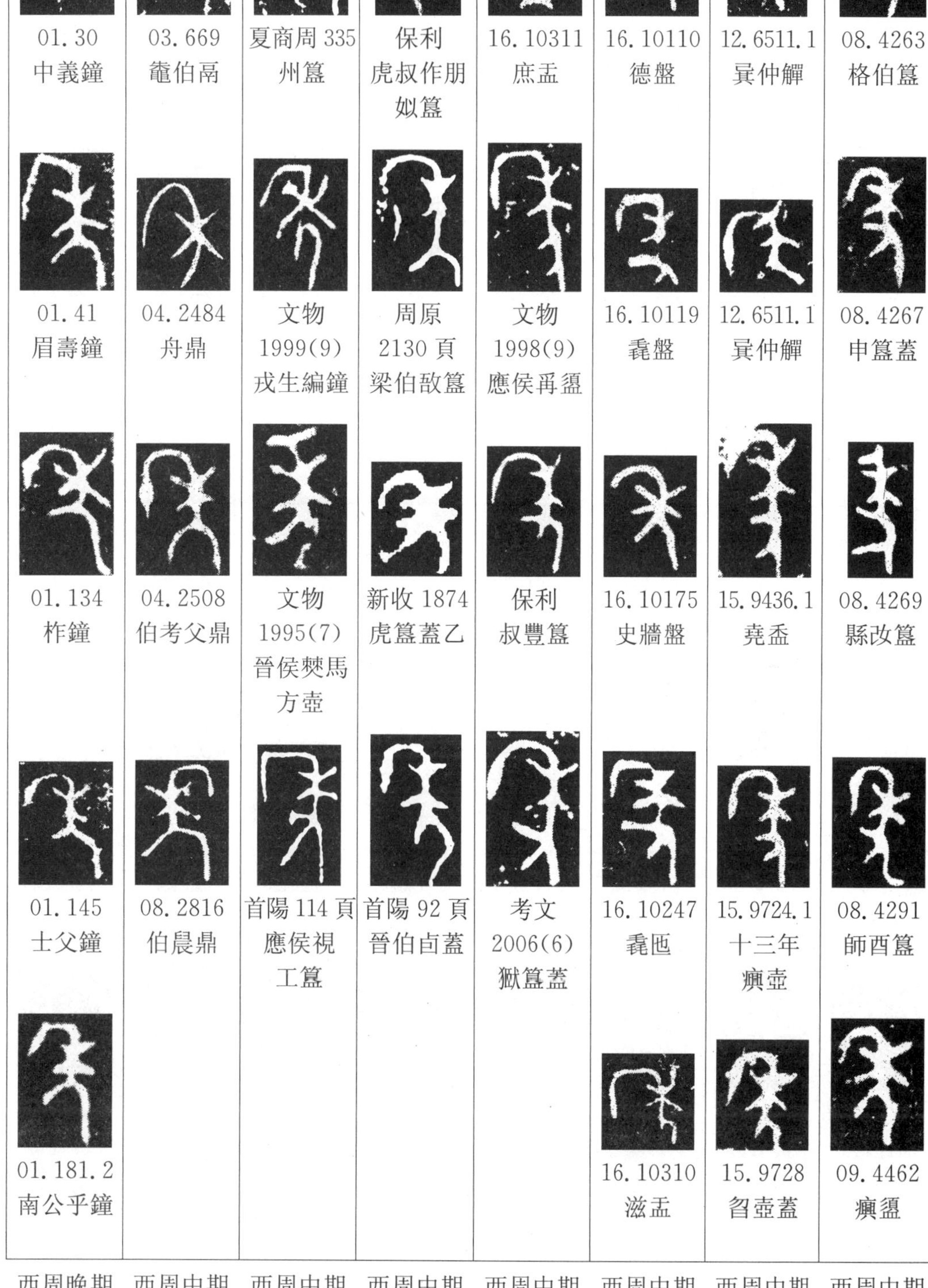

01.30 中義鐘	03.669 黿伯鬲	夏商周335 州簋	保利 虎叔作朋姒簋	16.10311 庶盂	16.10110 德盤	12.6511.1 㠱仲觶	08.4263 格伯簋
01.41 眉壽鐘	04.2484 舟鼎	文物 1999(9) 戎生編鐘	周原 2130頁 梁伯敔簋	文物 1998(9) 應侯再盨	16.10119 毳盤	12.6511.1 㠱仲觶	08.4267 申簋蓋
01.134 柞鐘	04.2508 伯考父鼎	文物 1995(7) 晉侯僰馬方壺	新收1874 虎簋蓋乙	保利 叔豐簋	16.10175 史牆盤	15.9436.1 堯盉	08.4269 縣改簋
01.145 士父鐘	08.2816 伯晨鼎	首陽114頁 應侯視工簋	首陽92頁 晉伯卣蓋	考文 2006(6) 獄簋蓋	16.10247 毳匜	15.9724.1 十三年𤼈壺	08.4291 師酉簋
01.181.2 南公乎鐘					16.10310 滋盂	15.9728 曶壺蓋	09.4462 𤼈盨
西周晚期	西周中期或晚期	西周中期	西周中期	西周中期	西周中期	西周中期	西周中期

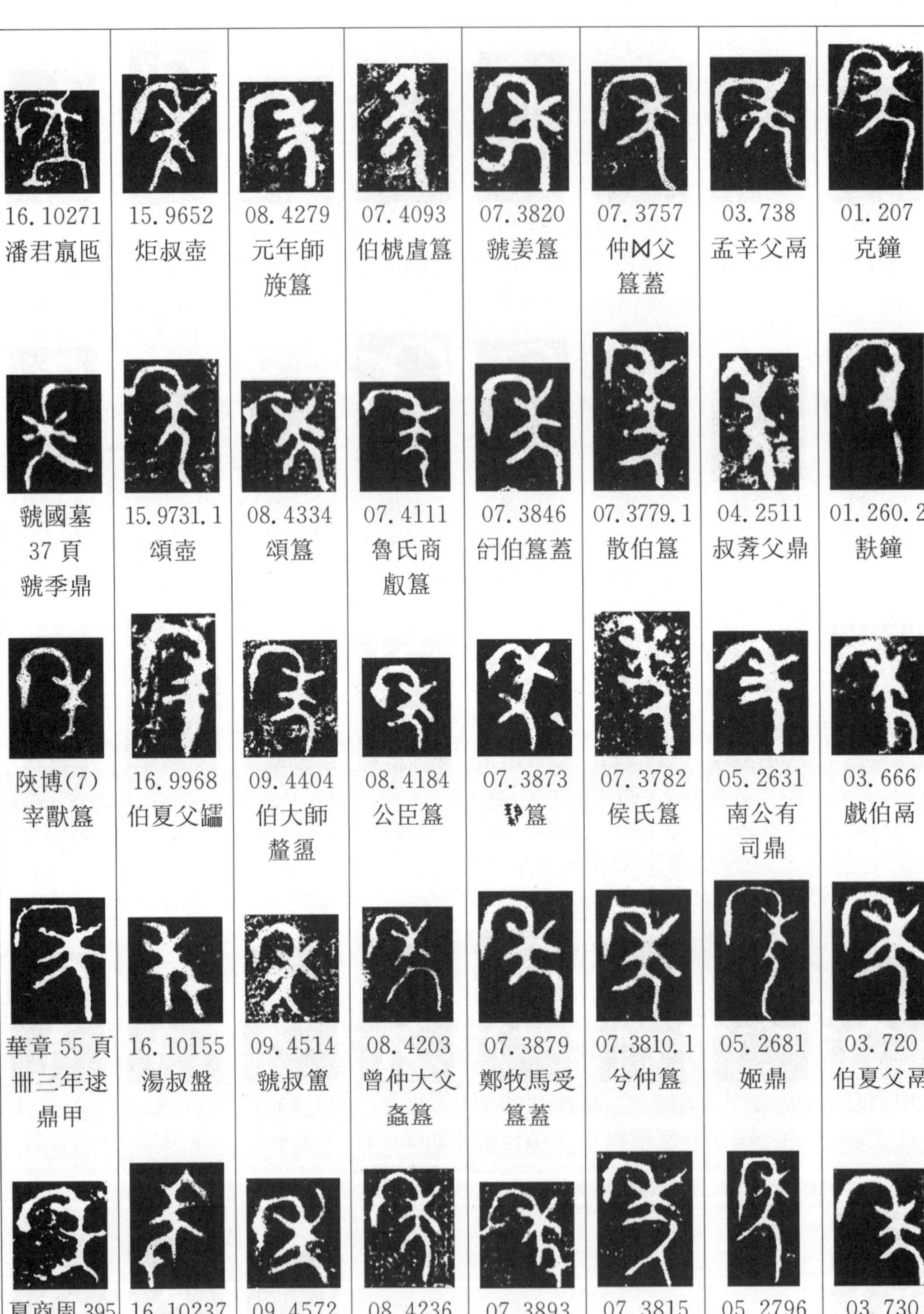

西周晚期	西周晚期	西周晚期	西周晚期	西周晚期	西周晚期	西周晚期	西周晚期
16.10271 潘君贏匜	15.9652 炬叔壺	08.4279 元年師旋簋	07.4093 伯梡慮簋	07.3820 虢姜簋	07.3757 仲⋈父簋蓋	03.738 孟辛父鬲	01.207 克鐘
虢國墓37頁 虢季鼎	15.9731.1 頌壺	08.4334 頌簋	07.4111 魯氏商䖒簋	07.3846 訇伯簋蓋	07.3779.1 散伯簋	04.2511 叔葬父鼎	01.260.2 㝬鐘
陝博(7) 宰獸簋	16.9968 伯夏父鑘	09.4404 伯大師釐盨	08.4184 公臣簋	07.3873 [illegible]簋	07.3782 侯氏簋	05.2631 南公有司鼎	03.666 戲伯鬲
華章55頁 卌三年逑鼎甲	16.10155 湯叔盤	09.4514 虢叔簠	08.4203 曾仲大父蝨簋	07.3879 鄭牧馬受簋蓋	07.3810.1 兮仲簋	05.2681 姬鼎	03.720 伯夏父鬲
夏商周395 伯吕盨	16.10237 袓伯匜	09.4572 季宮父簠	08.4236 番生簋蓋	07.3893 齊巫姜簋	07.3815 陳侯簋	05.2796 小克鼎	03.730 鄭伯筍父鬲

秦			〔穌〕蘇				
 08.4321 訇簋	 07.3867.2 洹秦簋	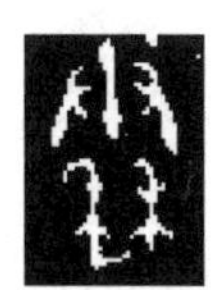 03.468 史秦鬲	 文物 1994(1) 晉侯蘇鼎	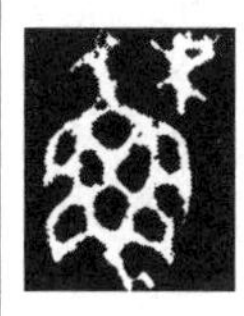 04.2381 蘇衛妃鼎	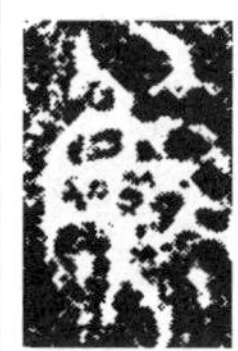 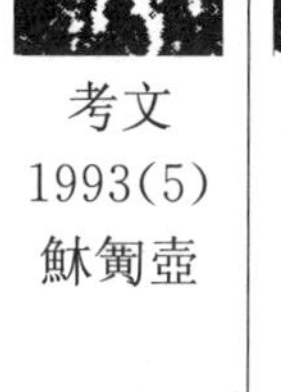 考文 1993(5) 穌⿹勹貝壺	上博(7) 晉侯對盨蓋	文物 2004(3) 有司簡簋蓋
	08.4288.2 師酉簋	05.2739 塱方鼎	收藏 2007(4) 蘇公盤	 05.2787 史頌鼎		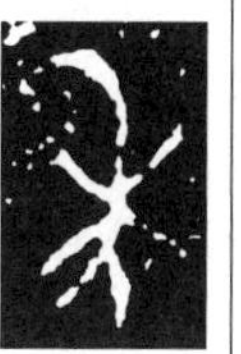 首陽 117 頁 晉侯對盨	華章 169 頁 單五父方壺甲
	08.4288.1 師酉簋			 06.3739 蘇公簋		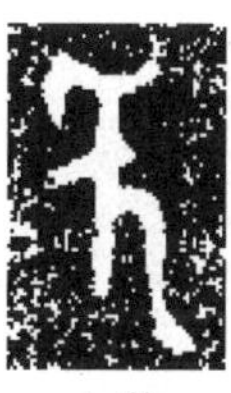 文物 2017(3) 邢公簋	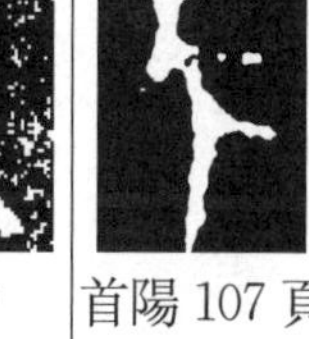 首陽 107 頁 伯𠑇父簋
	08.4291 師酉簋			 16.10205 蘇甫人匜			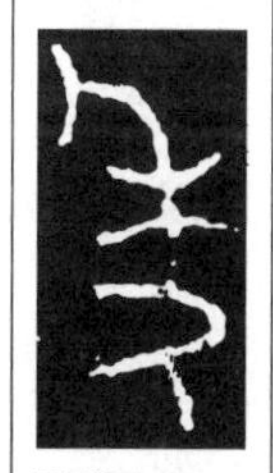 通鑒 03346 應監甗
				 新收 881 晉侯蘇鐘			
西周晚期	西周中期	西周早期	西周中期	西周中期	西周中期	西周晚期	西周晚期

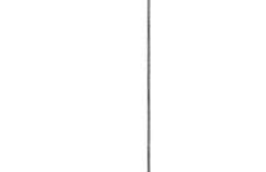

秭

05.2838 曶鼎
西周中期

⿰禾壬

11.5876 ⿰禾壬作父丁尊
西周中期

䅎

10.5411.1 䅎卣	10.5411.2 䅎卣
西周早期	

⿰耒丮〔總〕

西周中期	西周中期	西周晚期	西周晚期
16.9899.1 盠方彝	01.62 逆鐘	08.4285.2 諫簋	文博1987(2) 逑鐘
陝博(7) 宰獸簋	05.2836 大克鼎	08.4287 伊簋	
	05.2841A 毛公鼎	08.4318.2 三年師兌簋	
	08.4277 師餘簋蓋	08.4326 番生簋蓋	
	08.4285.1 諫簋	文物2003(6) 逑盤	

案：金文習見，郭沫若釋作「摄」，高鴻縉釋「兼」。陳劍(2006b)讀爲「兼」，指出「⿰耒丮」字左半或左上部分作「[illegible]」，是以暎(睫)字的表意初文的簡體爲聲符；劉桓(2010)釋「攝」，其意乃象一人走到井旁伸兩手將持水欲飲形；李學勤(2012c)認爲是一個雙聲字，左旁爲聲符，「悤」旁也爲聲符，讀爲「總」；林澐(2014)讀此字爲「總」或「揔」，並提出「⿰耒丮」或是「蔥」，即「悤」的本字的設想。

	糧	糕		粱	馨	香	黍
 08.4294 揚簋	 考古學報 2018(1) 霸伯簋	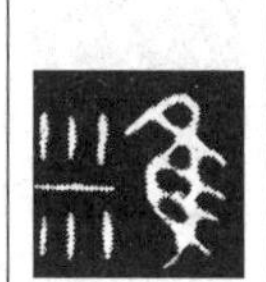 09.4628.1 伯公父簠	 總集 6753 仲叡父盤	 09.4579.1 史免簠	 考文 2006(6) 獄簋蓋	 考文 2006(6) 獄簋蓋	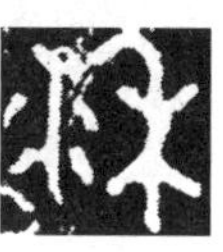 三代 17.10 仲叡父
 08.4295 揚簋	 考古學報 2018(1) 霸伯簋	 09.4628.2 伯公父簠		 09.4628.1 伯公父𠥁	 考文 2006(6) 獄簋蓋	 考文 2006(6) 獄簋蓋	
	 考古學報 2018(1) 霸伯簋	 文物 2004(4) 曶叔奂父盨		 09.4628.2 伯公父簠	 夏商周 398 應侯盨	 考文 2006(6) 一式獄簋	
	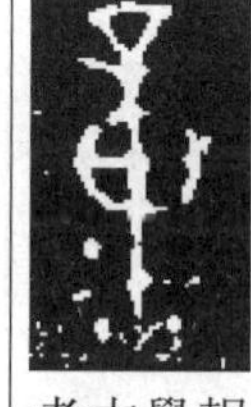 考古學報 2018(1) 霸伯山簋	案：从食焦聲，爲「糕」字異體。程燕(2004)認爲該字从「小」；袁金平(2004)釋作「糕」。		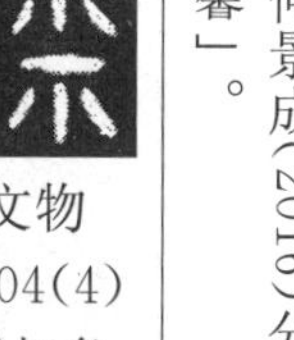 文物 2004(4) 曶叔奂父盨	案：吴振武(2006b)釋獄器該字爲「馨」；應侯盨該字何景成(2016)分析从宀从食从米、聖聲，讀爲「馨」。	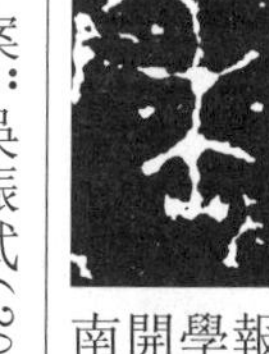 南開學報 2008(6) 衛簋甲蓋	
				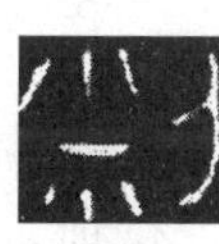 新收 747 邿召簠器		 銘圖 05676 獄盨蓋	
西周晚期	西周早期	西周晚期	西周	西周晚期	西周中期	西周中期	西周

字頭	器號	器名	時代
粣	頤和園 10	粣鼎	西周早期
⿰米頁	考文 2003(2)	京叔盨蓋	西周中期
⿰籴帚	16. 10175	史牆盤	西周中期
	06. 3583	史⿰籴帚簋	西周
⿰米帚	03. 680	成伯孫父鬲	西周晚期
舂	北京 49	舂鼎	西周早期
	15. 9399	伯舂盉	西周中期
臽	01. 260. 1	𤔲鐘	西周晚期

案：史牆盤、史⿰籴帚簋「⿰籴帚」字，成伯孫父鬲「⿰米帚」字，⿱籴甘倗鼎「⿱籴甘」字，裘錫圭(1978)認爲應即「糂」之古體。周忠兵(2017)指出「⿱籴甘」爲「糂」字初文。

家			麻	𣚘			沓
11.6007 耳尊	 10.5310 枚家作父戊卣	 05.2660 辛鼎	 09.4555 師麻斿叔鼎	 07.3883 𣚘車父簋	 07.3881.1 𣚘車父簋	 15.9697 𣚘氏車父壺	 03.941 王人沓輔甗
	 10.5368 屰尹肇家卣	 05.2803 令鼎		 07.3886 𣚘車父簋	 05.2699 𣚘伯車父鼎		 案：徐在國(1998)釋作「冘」；趙平安(2002a)認爲「臼」上形體是「冘」；謝明文(2015c)認爲沓很有可能是把「舀」字所从的「人」變形聲化作「冘」而來；李家浩(2015b)認爲「沓」字實爲「冘」。
	11.6015 麥方尊	07.4042 易朩簋		 08.4126 𣚘季簋	 05.2697 𣚘伯車父鼎		
	 新收 960 家父盤	 08.4205 楷伯簋		 文物 2003(6) 卌二年逑鼎乙	 05.2700 𣚘伯車父鼎		
		 08.4300 作册矢令簋		 考文 2007(3) 琱生尊	 07.3882.1 𣚘車父簋		
西周早期或中期	西周早期	西周早期	西周晚期	西周晚期	西周晚期	西周中期	西周中期

宅

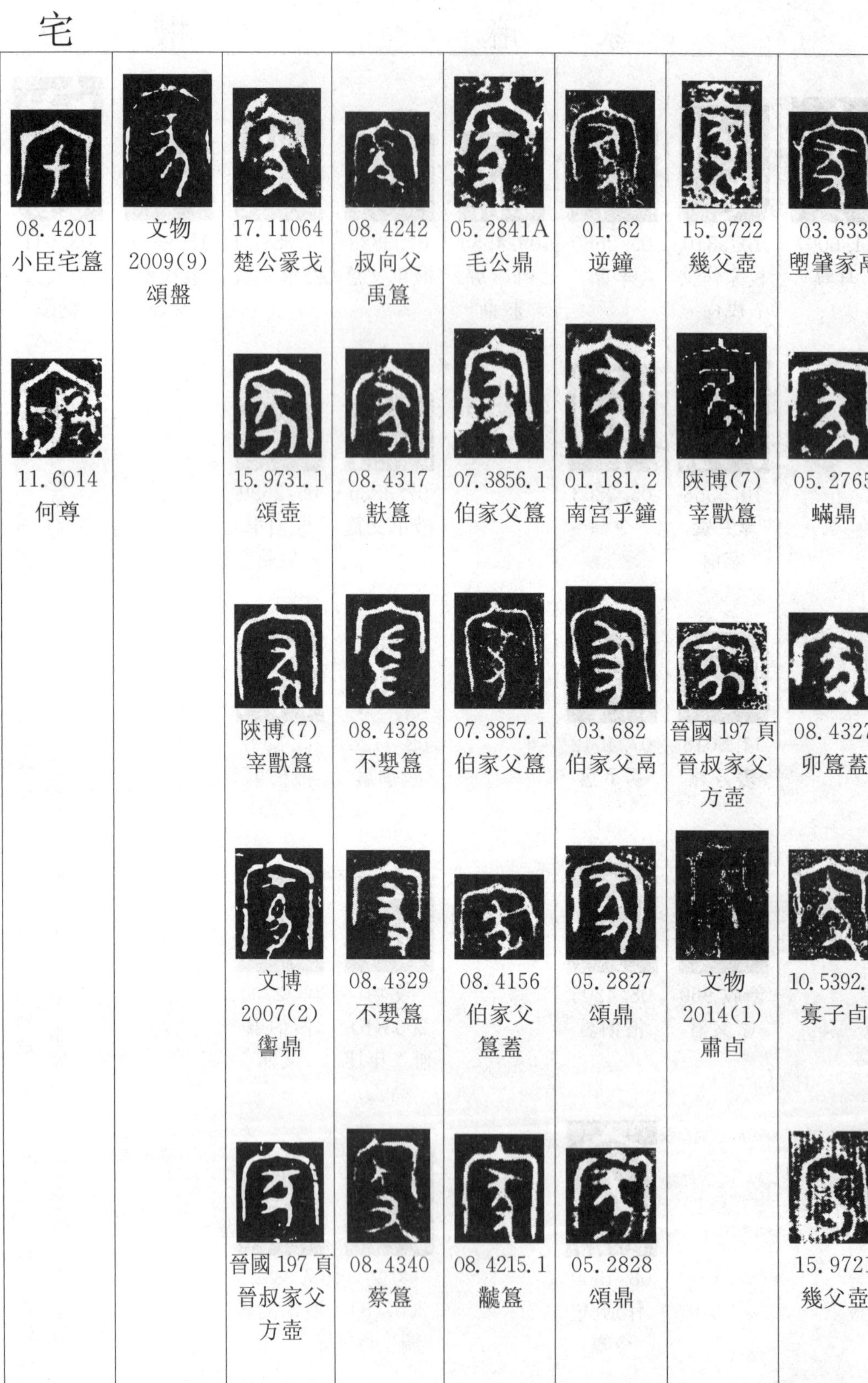

西周早期	西周晚期	西周晚期	西周晚期	西周晚期	西周晚期	西周中期	西周中期
08.4201 小臣宅簋	文物 2009(9) 頌盤	17.11064 楚公豙戈	08.4242 叔向父禹簋	05.2841A 毛公鼎	01.62 逆鐘	15.9722 幾父壺	03.633 塱肇家鬲
11.6014 何尊		15.9731.1 頌壺	08.4317 㝬簋	07.3856.1 伯家父簋	01.181.2 南宮乎鐘	陝博(7) 宰獸簋	05.2765 蟎鼎
		陝博(7) 宰獸簋	08.4328 不嬰簋	07.3857.1 伯家父簋	03.682 伯家父鬲	晉國 197 頁 晉叔家父方壺	08.4327 卯簋蓋
		文博 2007(2) 鬻鼎	08.4329 不嬰簋	08.4156 伯家父簋蓋	05.2827 頌鼎	文物 2014(1) 肅卣	10.5392.1 寡子卣
		晉國 197 頁 晉叔家父方壺	08.4340 蔡簋	08.4215.1 龖簋	05.2828 頌鼎		15.9721 幾父壺

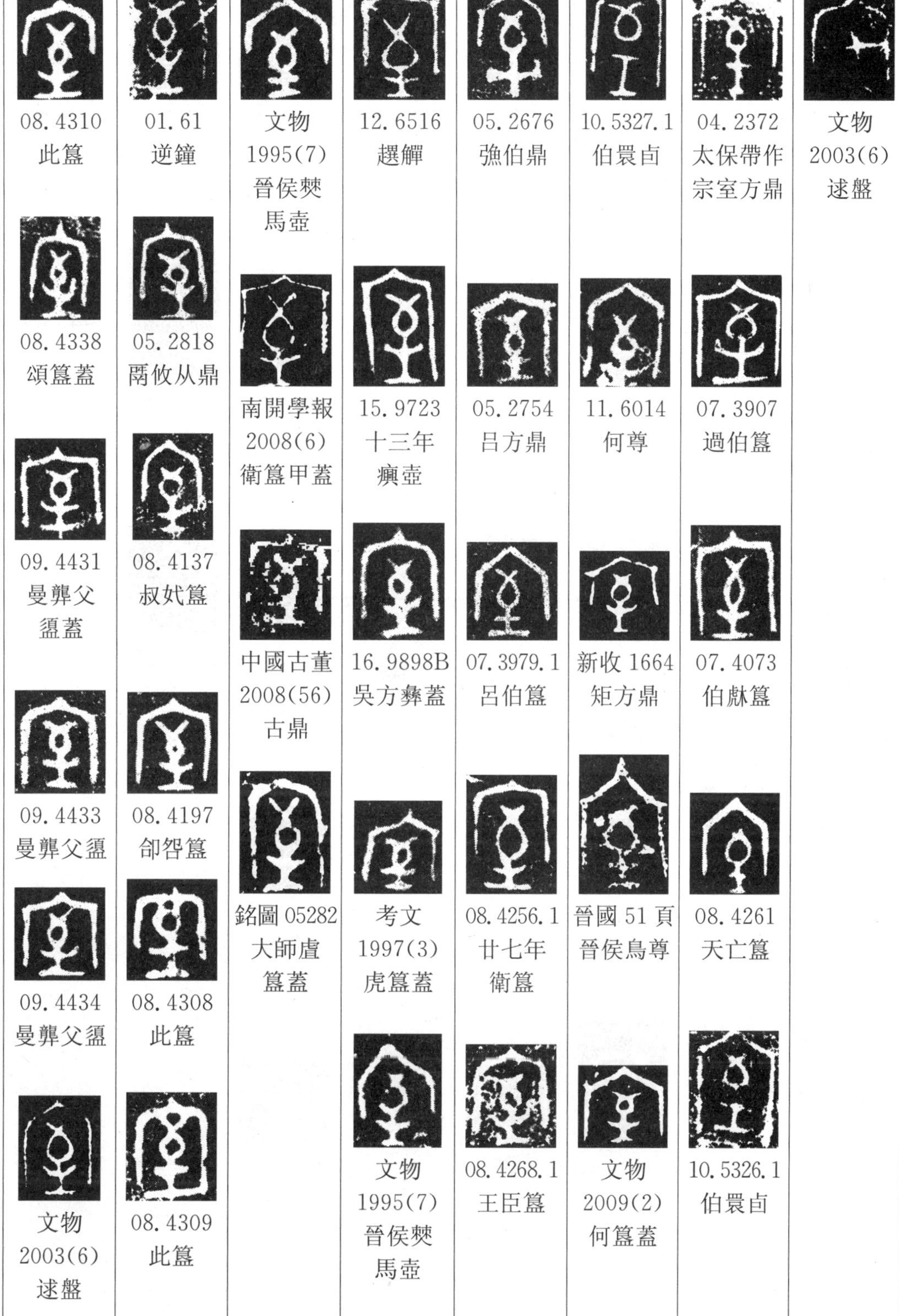

文物 2003(6) 述盤
西周晚期

04.2372 太保帶作宗室方鼎
07.3907 過伯簋
07.4073 伯𧆞簋
08.4261 天亡簋
10.5326.1 伯睘卣
西周早期

10.5327.1 伯睘卣
11.6014 何尊
新收 1664 矩方鼎
晉國 51 頁 晉侯鳥尊
文物 2009(2) 何簋蓋
西周早期

05.2676 𢐗伯鼎
05.2754 呂方鼎
07.3979.1 呂伯簋
08.4256.1 廿七年衛簋
08.4268.1 王臣簋
西周中期

12.6516 趩觶
15.9723 十三年𤼈壺
16.9898B 吳方彝蓋
考文 1997(3) 虎簋蓋
文物 1995(7) 晉侯僰馬壺
西周中期

文物 1995(7) 晉侯僰馬壺
南開學報 2008(6) 衛簋甲蓋
中國古董 2008(56) 古鼎
銘圖 05282 大師虘簋蓋
西周中期

01.61 逆鐘
05.2818 鬲攸从鼎
08.4137 叔𡚬簋
08.4197 卻㫚簋
08.4308 此簋
08.4309 此簋
西周晚期

08.4310 此簋
08.4338 頌簋蓋
09.4431 曼龏父盨蓋
09.4433 曼龏父盨
09.4434 曼龏父盨
文物 2003(6) 述盤
西周晚期

	宛				向		宣
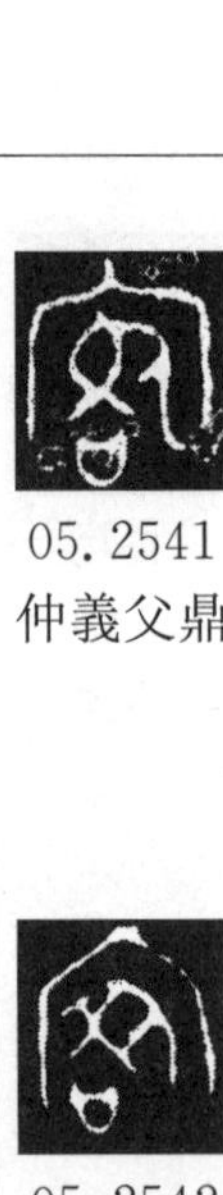 05.2541 仲義父鼎	 05.2748 庚嬴鼎	07.4033 向𩰫簋	 05.2835 多友鼎	 流散歐美 141 向壺	 04.2180 向鼎	 05.2637 虢宣公子白鼎	 文物 2011(11) 亞宣父乙鼎
 05.2542 仲義父鼎		 07.4034 向𩰫簋	07.3851 叔向父簋		 06.3572 向簋	 08.4297 鄭簋	
 05.2543 仲義父鼎		 08.4242 叔向父禹簋	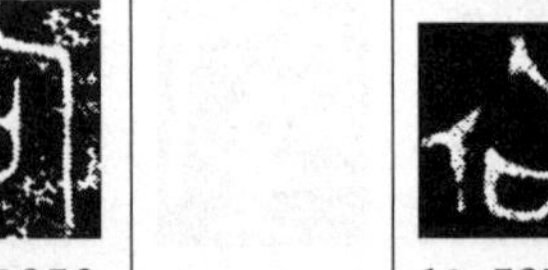 07.3852 叔向父簋		10.5250.1 向卣	 16.10173 虢季子白盤	
 05.2544 仲義父鼎		 新收 914 晉侯尊	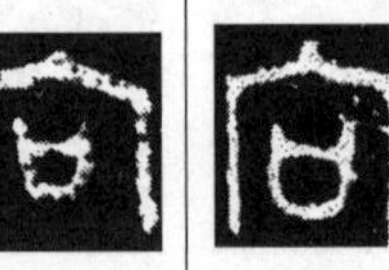 07.3855.1 叔向父簋		 10.10567 向器		
 05.2545 仲義父鼎		 近出 461 叔向父簋	 07.3870 叔向父爲備簋		 晉國 51 頁 晉侯鳥尊		
西周晚期	西周早期	西周晚期	西周晚期	西周中期	西周早期	西周晚期	西周早期

㝩	宖	宊		寏	寷		宇
 05.2836 大克鼎	 16.10175 史牆盤	 09.4522 密姒簠	 06.3705 師寏父簋	 16.10175 史牆盤	 01.39 叔旅魚父鐘	 05.2836 大克鼎	 01.252 瘐鐘
 08.4317 㝬簋			   06.3706.1 師寏父簋			 08.4317 㝬簋	 05.2832 五祀衛鼎
			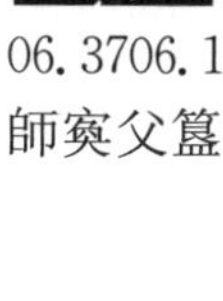 07.3786.2 史寏簋				 16.10175 史牆盤
			 16.10111 師寏父盤				 16.10175 史牆盤
			 首陽105頁 龍紋盤				
西周晚期	西周中期	西周晚期	西周晚期	西周中期	西周晚期	西周晚期	西周中期

窺	宴	宓		安	定		寍
 08.4207 遹簋	 07.4118.1 宴簋	 05.2678 小臣鼎	 05.2719 公貿鼎	 04.2142 安父鼎	 05.2832 五祀衛鼎	 05.2841A 毛公鼎	 16.10175 史牆盤
 15.9714 史懋壺	 07.4118.2 宴簋	 新收 1394 師道簋	 07.4265 格伯簋	 06.3561 安父簋	 08.4250 即簋		 歷文 2002(6) 豳公盨
 首陽 107 頁 伯𢦏父簋			 銘文選一 100 師𩛥鼎	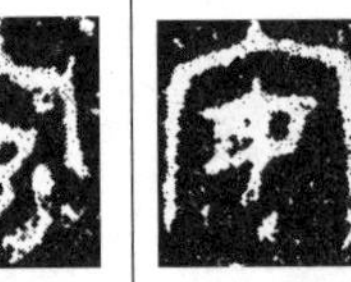 10.5407.1 作册睘卣	 15.9400.1 伯定盉		
 新收 881 晉侯蘇鐘				 11.5989 作册睘尊	 15.9456 裘衛盉		
歷文 2004(1) 師酉鼎				 15.9556.2 嬗妊壺			
西周中期	西周晚期	西周中期	西周中期	西周早期	西周中期	西周晚期	西周中期

寶　實

10.5812B 見尊	07.3827 敔簋	06.3686 [illegible]冀作父癸簋	05.2837 大盂鼎	04.2330 姞曶母方鼎	04.1725 伯鼎	08.4317 㝬簋	05.2810 噩侯鼎
11.5818 矩尊	07.3863 彔簋	06.3696 嗣土嗣簋	06.3461 農父簋	05.2670 旂鼎	04.1771 揮鼎	16.10176 散氏盤	05.2835 多友鼎
16.10055 輔作寶盥盤	07.3908 量侯簋	06.3741 作寶簋	06.3534 伯魚簋	05.2749 憲鼎	04.2144 旂父鼎		上博(8) 成鐘
近出254 備作父乙鼎	07.3994 [illegible]簋	07.3791 甚孿君簋	06.3644 史梅兓祖辛簋	05.2763.1 我方鼎	04.2153 康侯丰鼎		
近出301 備作父乙鼎	10.5242.1 衛父卣	07.3822 效父簋	06.3669 噩侯奞季簋	05.2778 史獸鼎	04.2149 夨王鼎蓋		
近出302 稱戊册鼎					04.2174 田農鼎		
西周早期	西周早期	西周早期	西周早期	西周早期	西周早期	西周晚期	西周晚期

近出 343
鄧小仲方鼎

保利
皇鼎

新收 920
作寶鼎

曲村 348 頁
南宮姬鼎

晉國 51 頁
晉侯鳥尊蓋

西周早期

銘圖 01630
仲肯父鼎

新收 941
作寶彝鼎

新收 958
作寶鼎

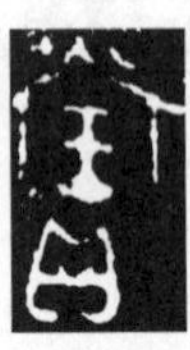
文物
2001(6)
卮丁父卣

近出 265
伯鼎

西周早期

考古
2008(12)
作寶尊
彝盉

江漢考古
2011(3)
作寶鼎

文物
2011(11)
魚伯彭卣

江漢考古
2016(3)
父庚鼎

西周早期

01.246
㾓鐘

03.633
塱肈家鬲

03.637
庚姬鬲

04.2027
嬴氏鼎

05.2713
師趛鼎

西周中期

05.2754
吕方鼎

06.3375
舟作寶簋

06.3702.1
彔簋

06.3727
友父簋

06.3727
友父簋

西周中期

06.3722
莓伯簋

07.3774
伯闢簋

07.3792
伯芃簋

07.3910.1
是婁簋

07.3911.1
是婁簋

西周中期

08.4271
同簋

09.4421.1
𣪘孟征盨

15.9661
大師小子
師望壺

07.3952
格伯作晉
姬簋

西周中期

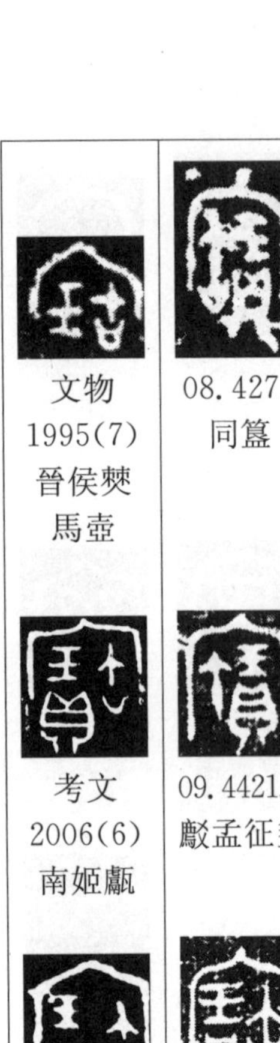
文物
1995(7)
晉侯㸚
馬壺

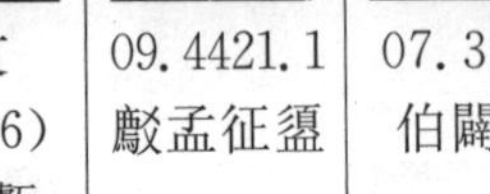
考文
2006(6)
南姬甗

首陽 92 頁
晉伯卣

字與史(1)
羚簋

2005(4)
作寶尊
彝蓋

西周中期

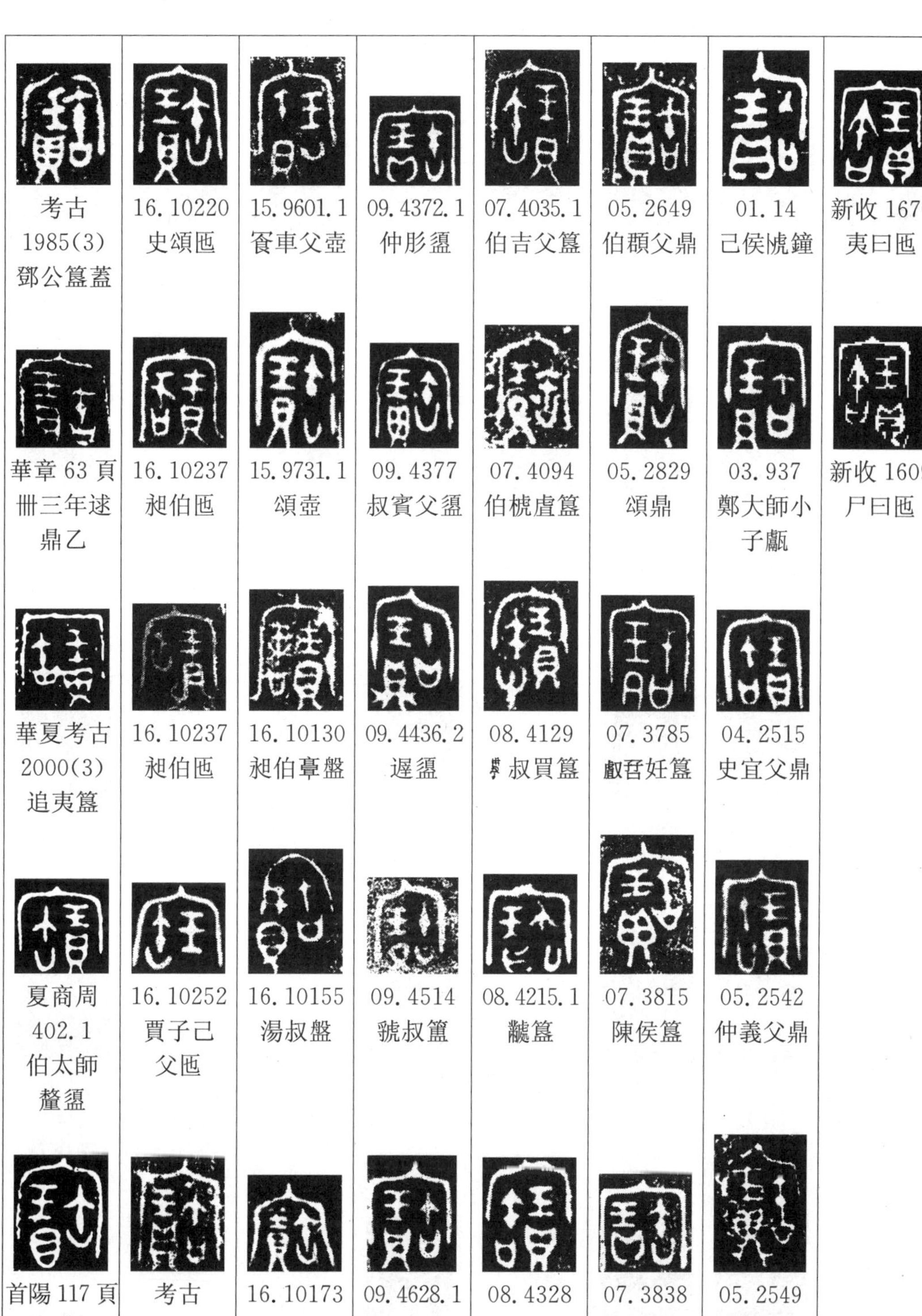

考古 1985(3) 鄧公簋蓋	16.10220 史頌匜	15.9601.1 𩛥車父壺	09.4372.1 仲彤盨	07.4035.1 伯吉父簋	05.2649 伯頵父鼎	01.14 己侯虓鐘	新收 1670 夷曰匜
華章 63 頁 卌三年逑鼎乙	16.10237 𧟌伯匜	15.9731.1 頌壺	09.4377 叔賓父盨	07.4094 伯梡虘簋	05.2829 頌鼎	03.937 鄭大師小子甗	新收 1609 尸曰匜
華夏考古 2000(3) 追夷簋	16.10237 𧟌伯匜	16.10130 𧟌伯章盤	09.4436.2 遟盨	08.4129 𢐗叔買簋	07.3785 䖒吾妊簋	04.2515 史宜父鼎	
夏商周 402.1 伯太師釐盨	16.10252 賈子己父匜	16.10155 湯叔盤	09.4514 虢叔簠	08.4215.1 龖簋	07.3815 陳侯簋	05.2542 仲義父鼎	
首陽 117 頁 晉侯對盨	考古 2007(3) 姞仲衍鐘	16.10173 虢季子白盤	09.4628.1 伯公父匿	08.4328 不𡢁簋	07.3838 伯喜父簋	05.2549 𥁕男鼎	
西周晚期	西周晚期	西周晚期	西周晚期	西周晚期	西周晚期	西周晚期	西周中期

宰 宧

 16.10176 散氏盤	 08.4332.1 頌簋	 05.2815 趞鼎	 陝博(7) 宰獸簋	 05.2780 師湯父鼎	 04.1712 宰女彝鼎	 04.2442 仲宧父鼎	 華章169頁 單五父方壺甲
	 08.4338 頌簋蓋	 05.2828 頌鼎	 銘圖05282 大師虘簋蓋	 08.4191 穆公簋蓋	 04.2010 宰德宆父丁鼎		 山東696頁 者僕故匜
	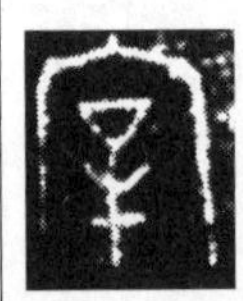 08.4340 蔡簋	 05.2829 頌鼎		 08.4252.1 大師虘簋			 文博2008(2) 叔屖父盨
	 15.9731.1 頌壺	 08.4188.1 仲爯父簋		 16.9897.1 師遽方彝			 文博2008(2) 盠戎盨
	 16.10172 寰盤	 08.4325.1 師嫠簋		 16.9898A 吳方彝蓋			
西周晚期	西周晚期	西周晚期	西周中期	西周中期	西周早期	西周晚期	西周晚期

宥	寵						守
總集 01.908 宥父辛鼎	 01.189.1 梁其鐘	 08.4179 小臣守簋	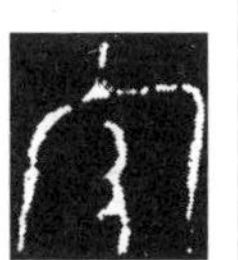 07.4037 筥小子簋	 05.2808 大鼎	 11.5959 守宮父辛鳥尊	 15.9297.2 守宮觥	 03.529 叏人守鬲
 08.4285.1 諫簋	 01.191 梁其鐘	 08.4180 小臣守簋		 05.2817 師農鼎	 文物 2001(12) 王作左守鼎	 近出 597 守卣	 10.5359.1 守宮卣
 華章 63 頁 卌三年逑鼎乙		 08.4181 小臣守簋蓋		 16.10168 守宮盤			 14.8935 守册父己爵
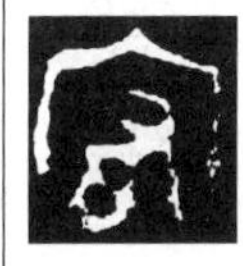 華章 79 頁 卌三年逑鼎丁				 銘圖 04463 倗季簋甲			 14.9017 守宮爵
							 14.9018 守宮爵
西周晚期	西周晚期	西周	西周晚期	西周中期	西周早期或中期	西周早期	西周早期

〔㝲〕

寑		⿱宀方	宿	宵	⿱宀毀	宜	
 新收 668 王盂	 01.88 𠭯鐘	 04.2132 匚賓父 癸鼎	 三代八 五一 窒叔簋	 16.10544.2 宵作旅 彝器	 04.1964 ⿱宀毀鼎	 04.2515 史宜父鼎	 08.4261 天亡簋
	 01.91 𠭯鐘		 總集 06.4800 宿父作父 簋尊				 08.4300 作册夨 令簋
							 08.4320 宜侯夨簋
							 10.5361.1 膉作父辛 卣蓋
							 10.5409.1 貉子卣
西周早期	西周中期	西周早期	西周中期	西周早期	西周早期	西周晚期	西周早期

寓

01.64 通彔鐘

07.3771 晉人簋

10.5381 寓卣

西周中期

05.2718 寓鼎

05.2756 寓鼎

西周早期或中期

客

05.2804 利鼎

08.4214 師遽簋蓋

論稿167頁 呂簋

案：鄧佩玲(2008b)隸作「庴」，讀爲「各」。

西周中期

寬

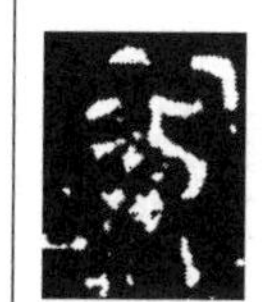

考文1989(3) 史密簋

西周中期

寡

05.2841A 毛公鼎

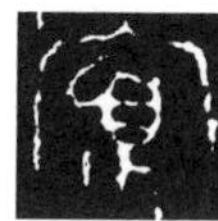

華章63頁 卌三年逑鼎乙

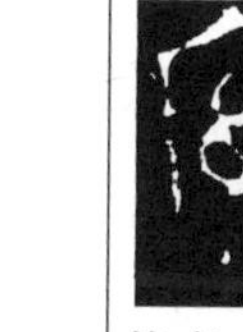

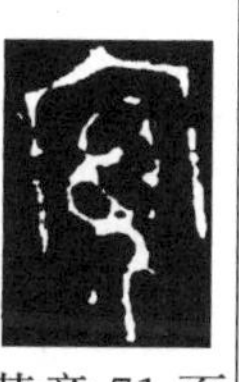

華章71頁 卌三年逑鼎丙

西周晚期

10.5392.1 寡子卣

10.5471.1 作册嗌卣

西周中期

新收1446 㝨鼎

案：裘錫圭(2010a)指出五年琱生簋「寑」與「寪」爲一字，讀作「婦」是缺乏根據的，當讀作「寢」；五年琱生簋「寪」爲「寑」之異體。

西周中期

16.9897.1 師遽方彝

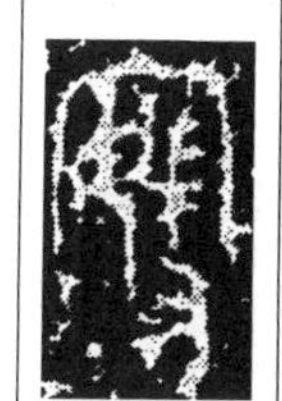

商金280頁 五年琱生簋

商金280頁 五年琱生簋

商金278頁 五年琱生尊乙

商金276頁 五年琱生尊甲

西周中期

	亮	寡	索			害	寒
 03.744 琱生鬲	 04.2345 般子作亮團宮鼎	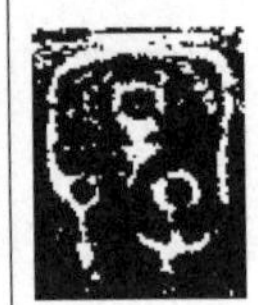 銘圖05321 我簋	 14.9091 索諆爵	 總集08.6786 㡯叔多父盤	 08.4298 大簋	 05.2841B 毛公鼎	 05.2598 小子殺鼎
 15.9722 幾父壺	 04.2485 剌觀鼎				 09.4467.2 師克盨	 07.3805.1 害叔簋	 05.2836 大克鼎
 05.2812 師望鼎	 10.5298 閥作亮伯卣					 07.3805.2 害叔簋	
 08.4288.1 師酉簋	 15.9451 麥盉					 07.3806 害叔簋	
 08.4289.1 師酉簋	 16.9893.1 井侯方彝					 08.4156 伯家父簋蓋	
西周中期	西周早期	西周中期	西周早期	西周	西周晚期	西周晚期	西周晚期

宋　　宕

 04.2203 史宋鼎	 16.10322 永盂	 11.5987 臣衛父辛尊	 08.4328 不嬰簋	 05.2824 㦰方鼎	 04.2044 敖伯鼎	 01.141 師臾鐘	 05.2838 曶鼎
	 通鑑 03012 宋姜鬲	 16.10084 北子宋盤	 08.4329 不嬰簋蓋	 08.4292 五年琱生簋	 03.3619 義伯簋	 16.10174 兮甲盤	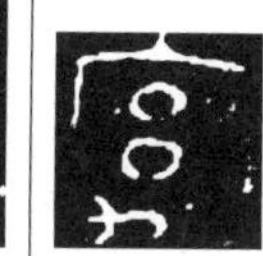 華夏考古 2000(3) 追夷簋
			 文物 2003(6) 卌二年逑鼎乙	 08.4322.1 㦰簋	案：容庚《金文編》列於「宄」字下；董珊(2015c)認爲「九」是「宮」的加注聲符，「亮」即「宮」。		 歷文 2004(1) 師酉鼎
			華章 39 頁 卌二年逑鼎甲	 文物 2007(8) 五年琱生尊甲			
			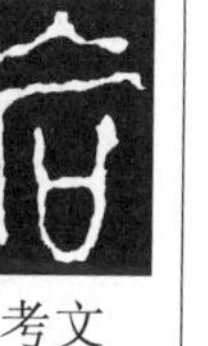 考文 2007(3) 琱生尊	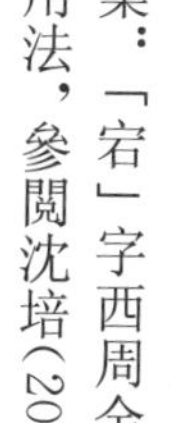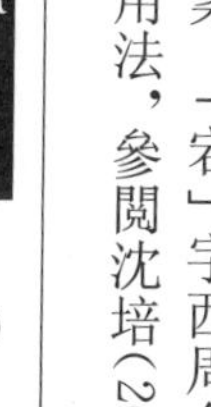 案：「宕」字西周金文用法，參閱沈培(2013)。			
西周	西周中期	西周早期	西周晚期	西周中期	西周	西周晚期	西周中期

宗　⿰革丸

西周早期或中期　西周早期　西周早期　西周早期　西周早期　西周早期　西周早期　西周早期

西周晚期	西周晚期	西周中期	西周中期	西周中期	西周中期	西周中期	西周中期
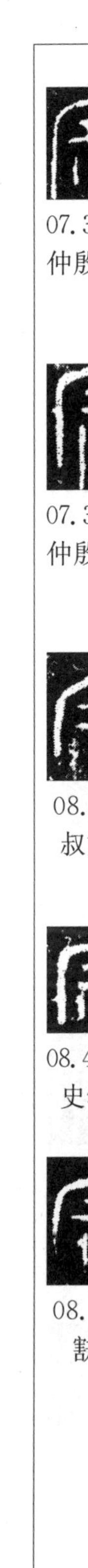 07.3966.1 仲殷父簋	01.112 井人妄鐘	文物 1995(7) 晉侯[illegible] 馬壺	 11.6011.2 盠駒尊	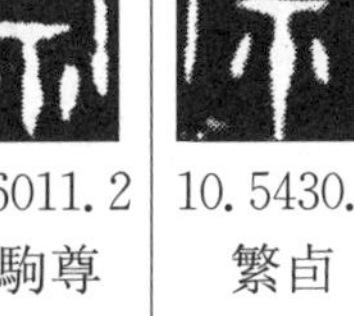 10.5430.2 繁卣	 08.4341 班簋	 07.4098 关簋	 01.88 叡鐘
 07.3967.1 仲殷父簋	01.260.2 㝬鐘	考文 2005(增) 老簋	 15.9302.1 文考日 己觥	 11.5864 傳尊	 10.5365 豚卣	 07.4103 仲叡父簋	 01.90 叡鐘
08.4137 叔妐簋	 05.2631 南公有 司鼎	字與史(1) 羚簋蓋	 15.9690.1 周夌壺	 11.5942 参尊	 10.5372 異卣	 08.4159 鼂簋	 03.755 尹姞鬲
 08.4235.1 史頌簋	 05.2787 史頌鼎	 首陽 92 頁 晉伯卣蓋	16.9882 仲追父 方彝	 11.5980 作文考日 己方尊	 10.5382.2 縈书卣	 08.4266 趞簋	 05.2676 強伯鼎
 08.4317 㝬簋	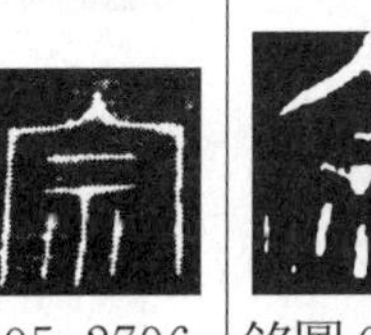 05.2796 小克鼎	 銘圖 05666 遣伯盨	 16.9891.1 文考日己 方彝	 11.5993 作乎方尊	 10.5408 靜卣	 08.4270 同簋蓋	 05.2727 師器父鼎
			 考文 1993(3) 虎簋蓋		 10.5427.1 作册嗌卣	 08.4276 豆閉簋	

㴱	窉	客	牢		宅		
 06.3731 ㄐ簋	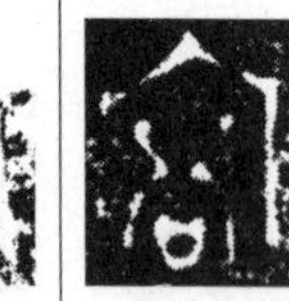 14.8716 窉父癸爵	 07.3996 害客簋	 06.3608 牢犬簋	 03.452 宅鬲	 16.10020 宅盤	 16.10071 宗仲盤	08.4331 𫊸伯歸夆簋
 08.4241 榮作周公簋			 11.5804 牢作父辛尊	 15.9308 宅盉		 16.10152 宗婦鄁嬰盤	 09.4432 曼龏父盨
 10.5428.1 叔䟗父卣						 16.10182 宗仲匜	 09.4563 季复父簠
 10.5428.2 叔䟗父卣						 考文2007(3) 琱生尊	 09.4682 周生豆
 11.6015 麥方尊							 15.9718 鞈史展壺
西周早期	西周早期	西周晚期	西周早期	西周晚期	西周早期	西周晚期	西周晚期

⿱宀鼓	⿱宀夒	⿱宀球	⿳宀君皿	⿱宀衣		⿱宀盂	
16.10175 史牆盤	09.4419 伯多父作成姬盨	07.3746 數⿱宀球敽簋	10.5313 ⿳宀君皿作父辛卣	08.4313.1 師⿱宀衣簋	05.2836 大克鼎	06.3724 叔⿱宀盂簋	16.10285.2 𠑇匜
	06.3571 姜林母簋			08.4313.1 師⿱宀衣簋			
				08.4313.2 師⿱宀衣簋			
				16.10172 ⿱宀衣盤			
西周中期	西周晚期	西周早期	西周早期	西周晚期	西周晚期	西周早期	西周晚期

宔				宔	客	⿱宀䜌	⿱宀⿰豕阝
07.4099.2 ⿰壴戈簋	08.4162 盂簋	10.5399.2 盂卣	05.2761 作册大方鼎	04.2010 宰德宔父丁鼎	07.3959 叔角父簋	16.10176 散氏盤	03.576 伯⿱宀⿰豕阝父鬲
07.4099.1 ⿰壴戈簋	08.4163 盂簋	16.9901 矢令方彝	05.2791 伯姜鼎	05.2712 乃子克鼎			
歷文 2004(1) 師酉鼎	08.4164 盂簋	上博(8) 亢鼎	08.4139 楷侯簋蓋	05.2758 作册大方鼎			
案：有休美、鑄造、賞賜義，陳劍(2007)疑下所从是「琮」，讀作「寵」或「造」；朱鳳瀚(2017)謂似可讀作「胙」。	文物 1999(9) 爯簋	曲村 505 頁 小臣⿱魚夂簋	08.4300 作册矢令簋	05.2759 作册大方鼎			
	16.10175 史牆盤	應國墓 151 頁 妟鼎	08.4301 作册矢令簋	05.2760 作册大方鼎			
西周晚期	西周中期	西周早期	西周早期	西周早期	西周晚期	西周晚期	西周晚期

宿	[宀視]	[宀夒]	[宀曰丂]		[宀臸]	[宀召]	[宀姦]
 曲村361頁 伯雍倗鼎	 10.5424.1 農卣	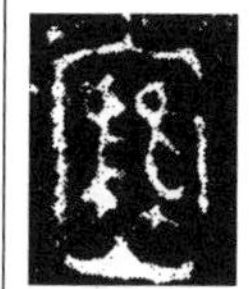 05.2558 師賸父鼎	 03.888 [宀曰丂]史[女凡]甗  04.1968 [宀曰丂]長方鼎  銘圖01622 [宀曰丂]邑司鼎	 華夏考古 2015(3) [卜丂]史簋	 三代八 五十一 [宀臸]叔簋	 07.4097 [宀召]簋	09.4374 苗[宀姦]盨
案：朱鳳瀚(2012)謂或即从「伯」聲，亦即从「旨」聲，在此似可讀爲「底」，旨、底均章母脂部字，致有送达、致送之意。							
西周早期	西周中期	西周中期	西周中期	西周晚期	西周中期	西周早期	西周晚期

宫	𡨦	寡	寣	㝐	寵	宩	富
 04.2342 叔□作南宫鼎	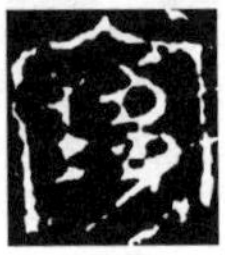 文博 2007(2) 𧗢鼎	 通鑒 12339 子䵼寡壺	 考文 2007(3) 琱生尊	 考文 2006(6) 獄簋蓋	 新收 1247 寵鼎	 08.4254 弭叔師察簋	 15.9718 巤史展壺
05.2531 雍伯簋					新收 1248 寵鼎		文博 2008(2) 伯富父簋 案：該字釋「寶」或「福」，董蓮池(2017)釋「富」。
16.9901 矢令方彝							
 近出 343 鄧小仲方鼎							
 新收 925 南公姬鼎							
西周早期	西周中期	西周早期	西周晚期	西周中期	西周早期	西周晚期	西周晚期

呂

西周早期	西周晚期	西周晚期	西周晚期	西周晚期	西周中期	西周中期	西周早期
06.3348 呂姜作簋	文物 2009(9) 頌盤	16.10176 散氏盤	05.2827 頌鼎	01.181.2 南宮乎鐘	15.97241 十三年癲壺	05.2807 大鼎	近出 591 守宮卣
10.5409.1 貉子卣	華章 55 頁 卌三年逑鼎甲	文物 2003(6) 逑盤	05.2828 頌鼎	01.204 克鐘	文物 1998(9) 作瞿宮盉	05.2808 大鼎	江漢考古 2016(3) 曾伯作西宮爵
14.9095 呂仲僕爵	上博(8) 成鐘	文物 2003(6) 卌三年逑鼎甲	05.2829 頌鼎	01.206 克鐘	上博(8) 口鼎	05.2820 善鼎	文物 2005(9) 榮仲方鼎
15.9689 呂行壺		考文 1998(3) 吳虎鼎	15.9731.1 頌壺	01.208 克鐘	考文 2006(6) 獄盉	05.2838 曶鼎	
17.10955.1 呂自戈		華章 79 頁 卌三年逑鼎丁	15.9732 頌壺	05.2805 南宮柳鼎	新收 1874 虎簋蓋乙	15.9723 十三年癲壺	
						15.9723.1 十三年癲壺	

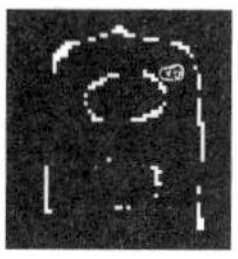

案：榮仲方鼎該字李學勤(2005a)、何景成(2006)釋作「序」；李朝遠(2007)等釋作「宮」。

		寮	宊	竈	䑠		
 05.2841B 毛公鼎	 16.10321 趞盂	 11.6016 夨令方尊	 03.855 宊作寶彝甗	 04.2278 弜伯作井姬鼎	 文物 2004(8) 辛罍相簋	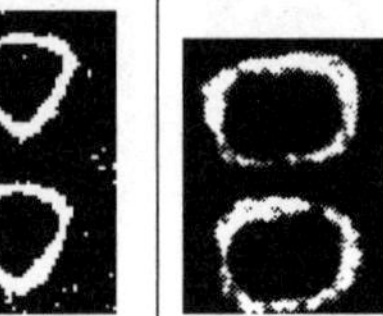 03.635 吕王鬲	05.2754 吕方鼎
 08.4326 番生簋蓋		   08.4300 作册夨令簋				 15.9630 吕王壺	08.4273 靜簋
		 16.9901.1 夨令方彝				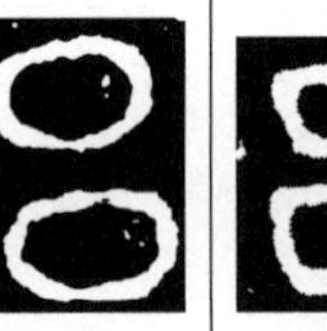 夏商周 395 伯吕盨	08.4341 班簋
							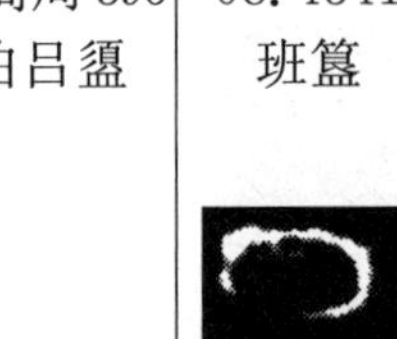 16.10169 吕服余盤
							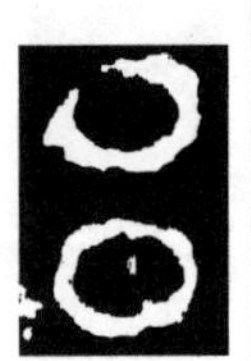 論稿 167 頁 吕簋蓋
西周晚期	西周中期	西周早期	西周早期	西周中期	西周早期	西周晚期	西周中期

疒	瘫	㾓	空	窜	寛	窀	穴
考古 1989(1) 疒父乙卣	05.2546 輔伯瘫父鼎	07.4068 叔㾓父簋	文物 2003(9) 季姬尊	11.5777 窜尊	09.4438.1 伯寛父盨	16.10218 周窀匜	05.2755 穴鼎
		案：徐在國(2002)分析此字右旁是「夷」之或體，釋爲「痍」。			09.44391 伯寛父盨		05.2755 穴鼎
西周早期	西周晚期	西周晚期	西周中期	西周早期或中期	西周晚期	西周晚期	西周中期

同	冖			𤼈	瘠	瘨	疾
 11.5497 同尊	 05.2837 大盂鼎	 14.8916 𤼈作父丁爵	 08.4170.1 𤼈簋	 01.246 𤼈鐘	 08.4341 班簋	 08.4283 師瘨簋蓋	 集刊七十·三 否叔卣
 11.6016 夨令方尊	 11.5987 臣衛父辛尊	 14.9070 𤼈父丁爵	 08.4171.1 𤼈簋	 01.253 𤼈鐘	 08.4341 班簋	 08.4284 師瘨簋蓋	
 16.9901.1 夨令方彝	 11.6015 麥方尊	 15.9724.1 十三年𤼈壺	 08.4173.1 𤼈簋	  01.254 𤼈鐘	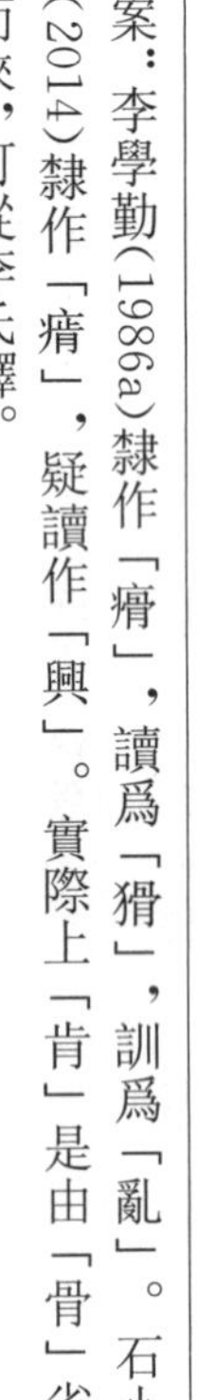 案：李學勤(1986a)隸作「瘠」，讀爲「猾」，訓爲「亂」。石小力(2014)隸作「痏」，疑讀作「興」。實際上「肯」是由「骨」省變而來，可從李氏釋。		
16.9901.2 夨令方彝			09.4463 𤼈盨	   01.257 𤼈鐘			
			 09.4681 微伯𤼈簠	 03.972 微伯𤼈匕			
西周早期	西周早期	西周中期	西周中期	西周中期	西周中期	西周中期	西周早期或中期

冡

曲村480頁 同簋

曲村480頁 同簋蓋

西周早期

08.4270 同簋蓋

08.4271 同簋

10.5398.1 同卣

10.5398.2 同卣

15.9722 幾父壺

西周中期

16.10322 永盂

西周中期

03.522 同姜鬲

05.2779 師同鼎

08.4328 不嬰簋

08.4329 不嬰簋蓋

西周晚期

考文2010(2) 內史亳同

西周晚期

案：吳鎮烽(2010b)釋作「同」，酒器，是「筒」和「筩」的本字；上部所从象竹筒形，後加意符「口」，變成「同」。王占奎(2010)認爲「同」可能來源於竹筒，去掉「口」，即象竹子。下面的兩點可能代表「金」或酒滴，但是位置在下而不在左側，似乎以代表酒滴爲上選；張再興(2010)認爲可以看作是「銅」字的異體字。

08.4240 免簋

08.4240 免簋

09.4626 免𠤳

10.5418 免卣

11.5922 周免旁父丁尊

西周中期

11.6006 免尊

16.10161 免盤

16.10161 免盤

西周中期

兩　冒　　　　　　　　胄

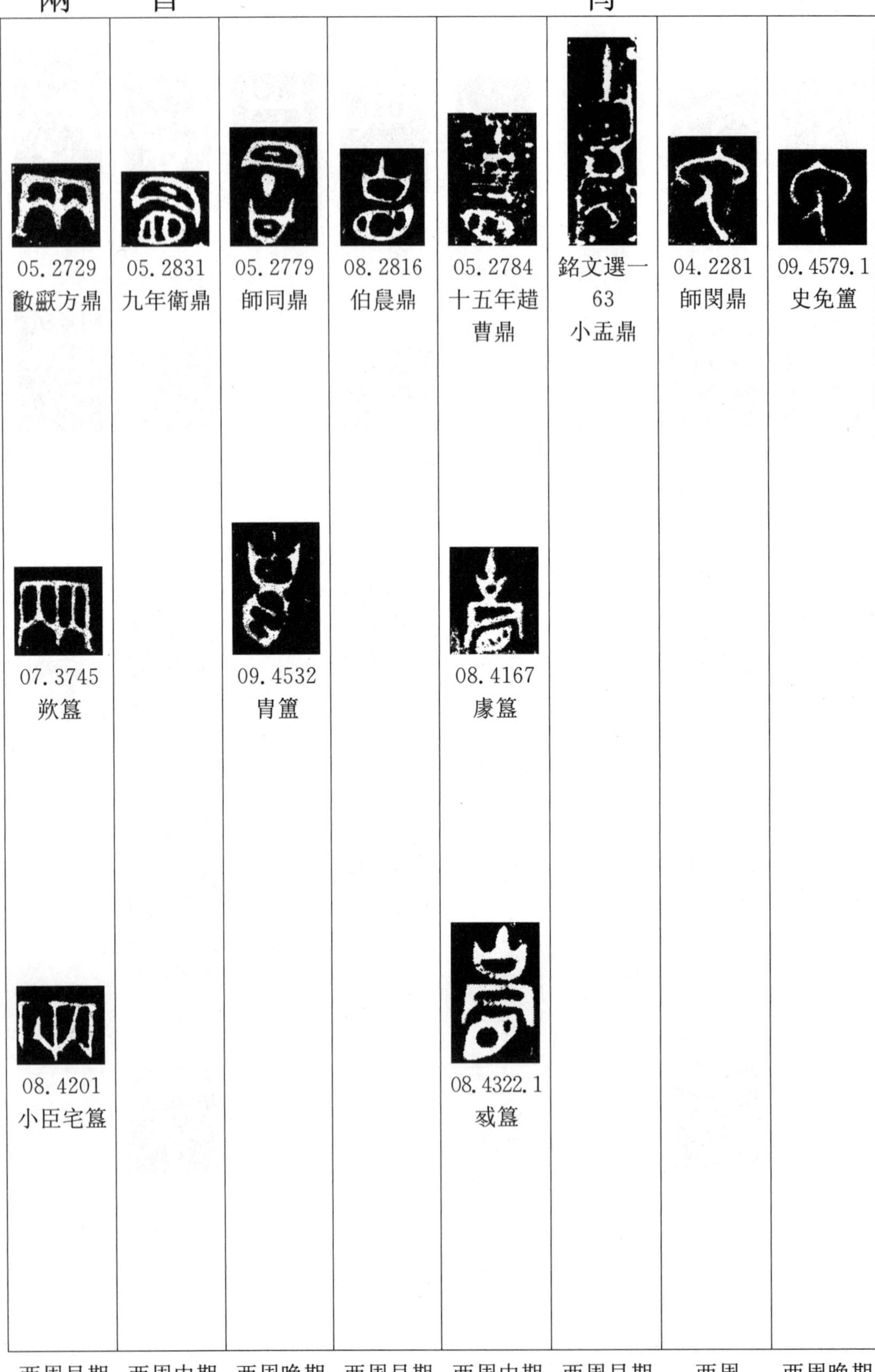

05.2729 斆甗方鼎
07.3745 欮簋
08.4201 小臣宅簋
西周早期

05.2831 九年衛鼎
西周中期

05.2779 師同鼎
09.4532 胄簠
西周晚期

08.2816 伯晨鼎
西周早期或中期

05.2784 十五年趞曹鼎
08.4167 豦簋
08.4322.1 𢦚簋
西周中期

銘文選一63 小盂鼎
西周早期

04.2281 師閔鼎
西周

09.4579.1 史免簠
西周晚期

罾		网	㒼				
 文物 1998(5) 静方鼎	 07.3758 仲网父 簋蓋	 03.1234 网鼎	 08.4195.1 㒼簋	 08.4179 小臣守簋	 08.4298 大簋	 05.2745 函皇父鼎	 05.2831 九年衛鼎
		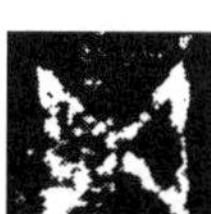 10.4854 戈网卣	 08.4195.1 㒼簋	 08.4180 小臣守簋	 08.4299 大簋蓋	 07.3870 叔向父爲 備簋	 08.4195.1 㒼簋
		 10.5249.1 䣄卣	 08.4195.2 㒼簋	 08.4181 小臣守簋	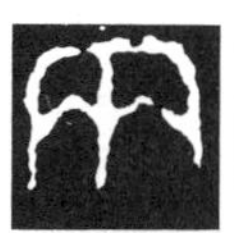 考文 2007(3) 琱生尊	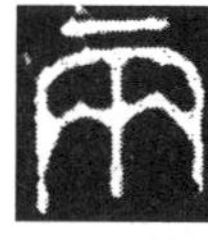 08.4141.1 函皇父簋	10.5430.2 繁卣
		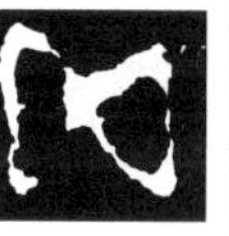 曲村361頁 伯雍倗鼎	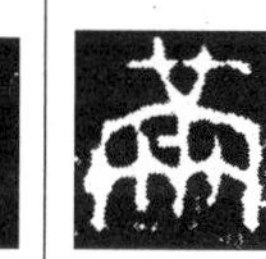 08.4195.2 㒼簋		 考文 2007(3) 琱生尊	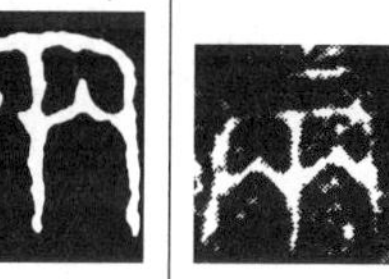 08.4142 函皇父簋	 11.6011.2 盠駒尊
		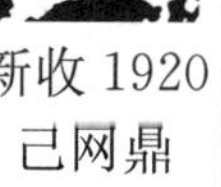 新收1920 己网鼎				 08.4143 函皇父簋	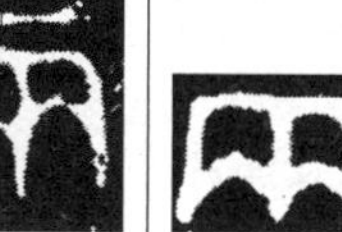 15.9456 裘衛盉
							 文物 1998(4) 匍盉
西周早期	西周晚期	西周早期	西周中期	西周	西周晚期	西周晚期	西周中期

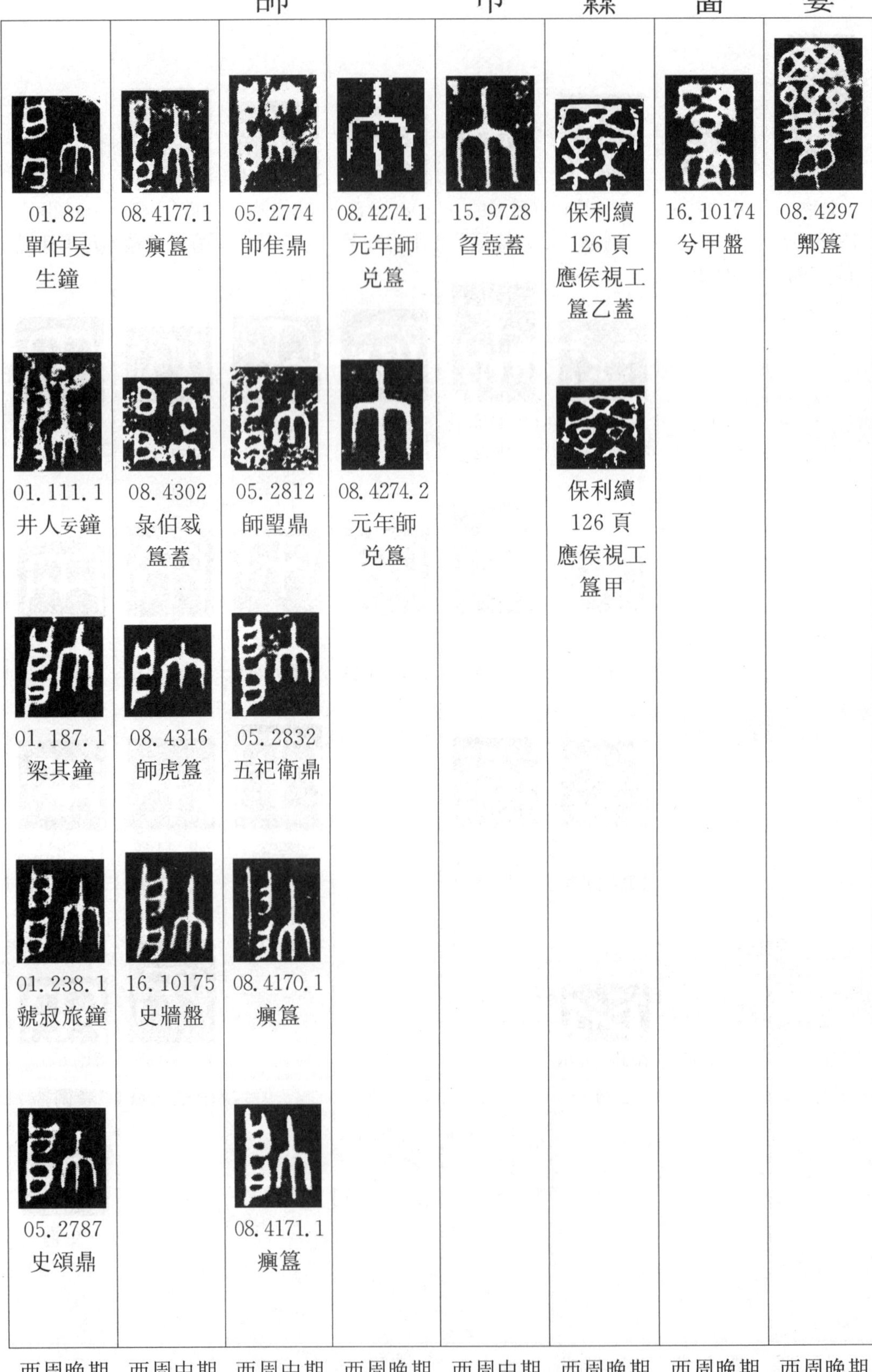

帥				巾	⿱网⿰某某	⿱罒畐	⿱罒妻
01.82 單伯昊生鐘	08.4177.1 𤸫簋	05.2774 帥隹鼎	08.4274.1 元年師兑簋	15.9728 曶壺蓋	保利續126頁 應侯視工簋乙蓋	16.10174 兮甲盤	08.4297 鄦簋
01.111.1 井人妄鐘	08.4302 彔伯㦰簋蓋	05.2812 師望鼎	08.4274.2 元年師兑簋		保利續126頁 應侯視工簋甲		
01.187.1 梁其鐘	08.4316 師虎簋	05.2832 五祀衛鼎					
01.238.1 虢叔旅鐘	16.10175 史牆盤	08.4170.1 𤸫簋					
05.2787 史頌鼎		08.4171.1 𤸫簋					
西周晚期	西周中期	西周中期	西周晚期	西周中期	西周晚期	西周晚期	西周晚期

布	席	帚	幃	幬	帶		
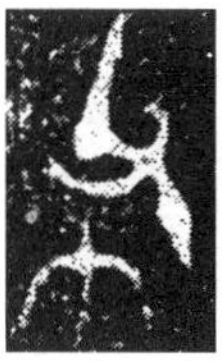 10.5407.1 作册睘卣	 05.2831 九年衛鼎	 11.6143 帚嫡觶	 08.2816 伯晨鼎	 08.2816 伯晨鼎	 16.10172 寰盤	 17.10954 大保戈	 08.4231 史頌簋
 11.5989 作册睘尊					 百年118頁 叔帶父簋		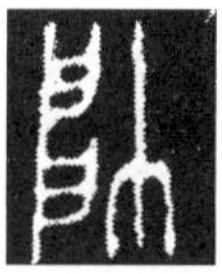 08.4234 史頌簋
							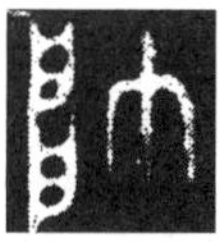 08.4242 叔向父禹簋
							 08.4326 番生簋蓋
							 文博 1987(2) 逑編鐘
西周早期	西周中期	西周早期	西周中期或晚期	西周中期或晚期	西周晚期	西周早期	西周晚期

巿	⿰巾屯		⿰⿱公皿帚				芇
05.2837 大盂鼎	新收 1394 師道簋	06.3586 段金⿰⿱公皿帚簋	04.2121 ⿰⿱公皿帚作父丁鼎	15.9594.2 ⿰⿱公皿帚⿰女丮進壺	03.920 ⿰⿱公皿帚⿰女丮甗	08.4331 羋伯歸夆簋	16.10168 守宮盤
11.6015 麥方尊		06.3586 段金⿰⿱公皿帚簋	案：裘錫圭(1978)認爲該字應即「糂」之古體。	15.95952 ⿰⿱公皿帚⿰女丮進壺	05.2725 ⿰⿱公皿帚⿰女丮方鼎		
		07.3800 ⿰⿱公皿帚叔山父簋			05.2726 ⿰⿱公皿帚⿰女丮方鼎		
		07.3801 ⿰⿱公皿帚叔山父簋			14.9020 ⿰⿱公皿帚作父辛爵		
		11.5863 段金⿰⿱公皿帚簋			15.9594.1 ⿰⿱公皿帚⿰女丮進壺		
西周早期	西周中期	西周中期	西周早期或中期	西周早期	西周早期	西周早期	西周中期

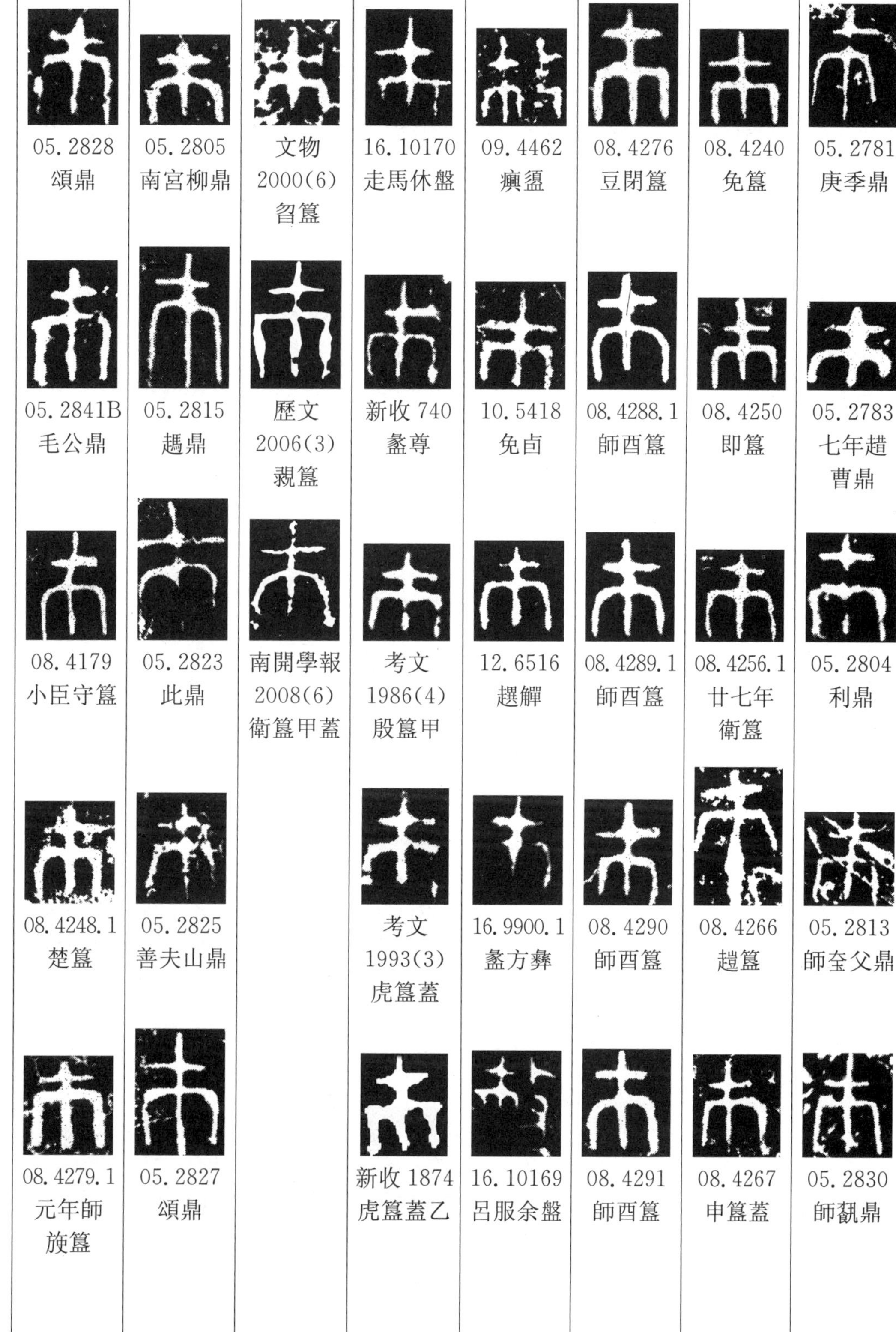

西周晚期	西周晚期	西周中期	西周中期	西周中期	西周中期	西周中期	西周中期
05.2828 頌鼎	05.2805 南宮柳鼎	文物 2000(6) 曶簋	16.10170 走馬休盤	09.4462 瘨盨	08.4276 豆閉簋	08.4240 免簋	05.2781 庚季鼎
05.2841B 毛公鼎	05.2815 趞鼎	歷文 2006(3) 親簋	新收 740 盠尊	10.5418 免卣	08.4288.1 師酉簋	08.4250 即簋	05.2783 七年趞曹鼎
08.4179 小臣守簋	05.2823 此鼎	南開學報 2008(6) 衛簋甲蓋	考文 1986(4) 殷簋甲	12.6516 趩觶	08.4289.1 師酉簋	08.4256.1 廿七年衛簋	05.2804 利鼎
08.4248.1 楚簋	05.2825 善夫山鼎		考文 1993(3) 虎簋蓋	16.9900.1 盠方彝	08.4290 師酉簋	08.4266 趞簋	05.2813 師奎父鼎
08.4279.1 元年師旋簋	05.2827 頌鼎		新收 1874 虎簋蓋乙	16.10169 呂服余盤	08.4291 師酉簋	08.4267 申簋蓋	05.2830 師訊鼎

帛　韐

西周晚期	西周晚期	西周晚期	西周晚期	西周晚期	西周中期	西周早期	西周中期
08.4280.1 元年師旋簋	08.4303.1 此簋	08.4310 此簋	08.4333 頌簋	15.9731.1 頌壺	15.9456 裘衛盉	05.2629 舍父鼎	05.2831 九年衛鼎
08.4281 元年師旋簋	08.4304.1 此簋	08.4321 訇簋	08.4334 頌簋	陜博(7) 宰獸簋		08.4136 相侯簋	08.4195.1 ⿱艹兩簋
08.4282.1 元年師旋簋	08.4305 此簋	08.4324.1 師嫠簋	08.4336 頌簋蓋				08.4292 五年琱生簋
08.4286 輔師嫠簋	08.4307 此簋	08.4326 番生簋蓋	08.4338 頌簋蓋				08.4298 大簋
08.4295 揚簋	08.4308 此簋	08.4332 頌簋	08.4339 頌簋				

白

西周晚期	西周中期或晚期	西周中期	西周中期	西周中期	西周早期	西周早期	西周中期
 09.4404 伯大師釐盨	 08.2816 伯晨鼎	 歷文 2006(3) 親簋	 05.2808 大鼎	 03.516 微伯鬲	 05.2760 作册大方鼎	 03.465 伯作鬲	 08.4292 五年琱生簋
 夏商周 395 伯吕盨		 首陽 92 頁 晉伯卣	 周原 2130 頁 梁伯敔簋	 03.615 伯試父鬲	 08.4132 叔簋	 03.494 伯作彝鬲	 08.4299 大簋蓋
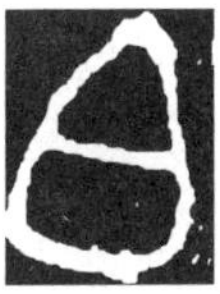 文物 2009(1) 鄭登伯盨		 西安 47 量伯承父爵	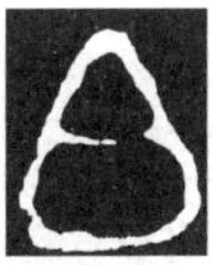 考文 2006(6) 南姬甗	 03.651 伯先父鬲	 文物 2005(9) 榮仲方鼎	 03.514 夨伯鬲	 文物 2007(8) 五年琱生尊甲
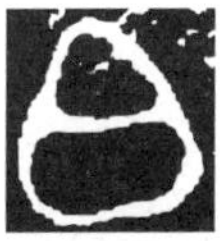 文物天地 2008(10) 弭相伯甗		 文物 2011(11) 伯生盉	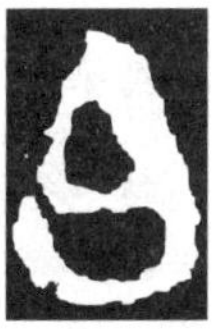 史學集刊 2006(2) 爯簋	 04.2460 㮚伯肆鼎	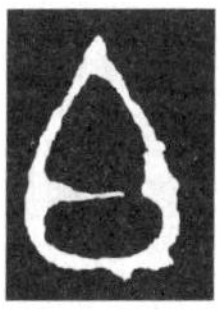 西安 36 伯作彝簋	 03.515 夨伯鬲	
 中原文物 2007(5) 輔伯戈				 05.2678 小臣鼎	 考古 2007(3) 覞公簋	 03.829 伯作彝甗	

黹　敝

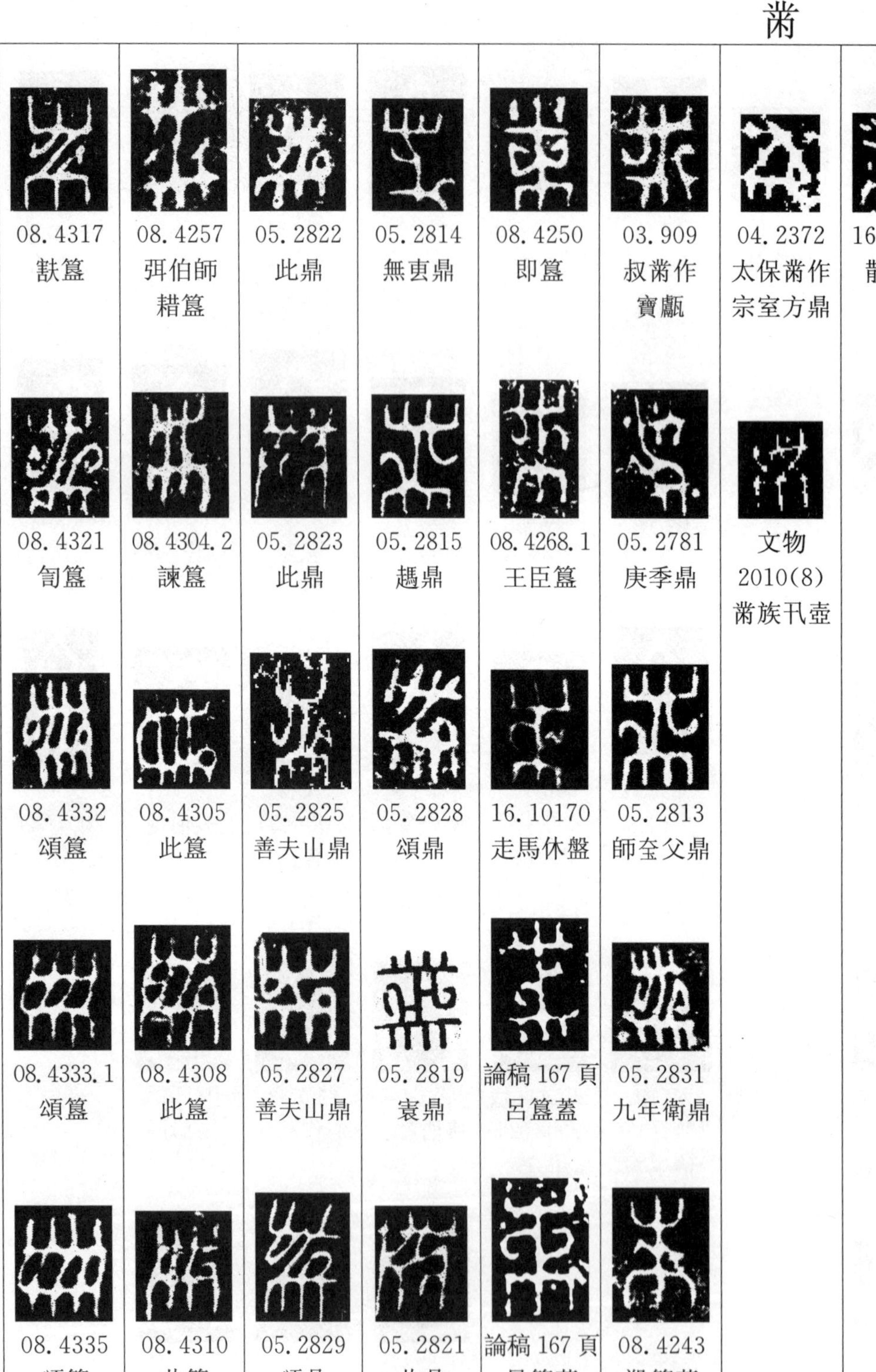

敝	黹						
16.10176 散氏盤	04.2372 太保黹作宗室方鼎	03.909 叔黹作寶甗	08.4250 即簋	05.2814 無叀鼎	05.2822 此鼎	08.4257 弭伯師耤簋	08.4317 㝬簋
	文物 2010(8) 黹族卂壺	05.2781 庚季鼎	08.4268.1 王臣簋	05.2815 趞鼎	05.2823 此鼎	08.4304.2 諫簋	08.4321 訇簋
		05.2813 師奎父鼎	16.10170 走馬休盤	05.2828 頌鼎	05.2825 善夫山鼎	08.4305 此簋	08.4332 頌簋
		05.2831 九年衛鼎	論稿 167 頁 呂簋蓋	05.2819 寰鼎	05.2827 善夫山鼎	08.4308 此簋	08.4333.1 頌簋
		08.4243 㪤簋蓋	論稿 167 頁 呂簋蓋	05.2821 此鼎	05.2829 頌鼎	08.4310 此簋	08.4335 頌簋
西周晚期	西周早期	西周中期	西周中期	西周晚期	西周晚期	西周晚期	西周晚期

⿰黹虒　⿰黹虘

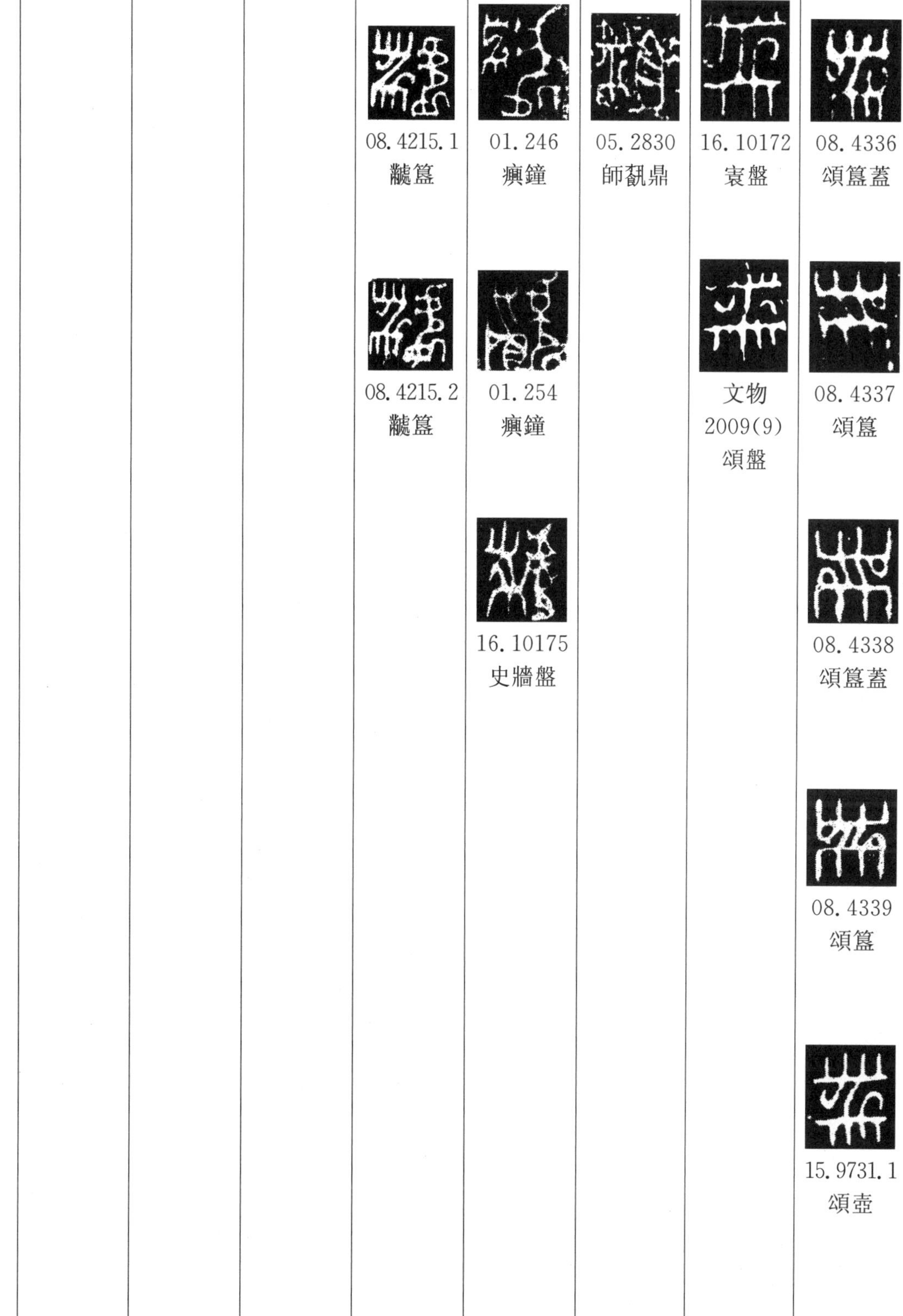

西周晚期	西周晚期	西周中期	西周中期	西周晚期
08.4336 頌簋蓋	16.10172 寰盤	05.2830 師𩛥鼎	01.246 癲鐘	08.4215.1 ⿰黹虒簋
08.4337 頌簋	文物 2009(9) 頌盤		01.254 癲鐘	08.4215.2 ⿰黹虒簋
08.4338 頌簋蓋			16.10175 史牆盤	
08.4339 頌簋				
15.9731.1 頌壺				

西周金文字編 卷八

人

西周早期

03.529 雩人守鬲

04.2456 伯矩鼎

05.2660 辛鼎

05.2674 征人鼎

西周早期

05.2837 大盂鼎

06.3698 柬人守父簋

07.3942 叔德簋

08.4241 榮作周公簋

西周早期

08.4300 作册夨令簋

08.4301 作册夨令簋

08.4320 宜侯夨簋

10.5324 戎佩玉人卣

西周早期

10.5428.1 叔趩父卣

10.5429.1 叔趩父卣

11.6001 小生子尊

12.6433 戈器觶

16.9901 夨令方彝

西周早期

文物1992(12) 宗人斧

西周中期

01.246 瘨鐘

03.941 王人沓輔甗

04.2487 伯[illegible]父鼎

05.2733 衛鼎

05.2812 師朢鼎
05.2820 善鼎
05.2830 師訊鼎
05.2832 五祀衛鼎
05.2838 曶鼎
西周中期
07.3770 降人𩛥簋
07.3771 晋人簋
07.4115 伯𢦚簋
08.4219 追簋
西周中期
08.4220 追簋
08.4221 追簋
08.4290 師酉簋
08.4291 師酉簋
08.4322.1 𢦚簋
西周中期
08.4327 卯簋蓋
08.4341 班簋
10.5405.2 次卣
11.5994 次尊
西周中期
12.6515 萬諆觶
15.9456 裘衛盉
15.9667 中伯壺蓋
15.9668 中伯壺
15.9676 殷句壺
西周中期
16.10322 永盂
考文 1993(3) 虎簋蓋
新收 1874 虎簋蓋乙
歷文 2004(1) 師酉鼎
西周中期
01.68 兮仲鐘
01.69 兮仲鐘
01.109.1 井人妄鐘
01.110 井人妄鐘
西周晚期
01.111.1 井人妄鐘
01.112 井人妄鐘
01.133 柞鐘
01.134 柞鐘
西周晚期

卷八

人部

西周晚期	西周晚期	西周晚期	西周晚期	西周晚期	西周晚期	西周晚期	西周晚期
01.136 柞鐘	01.190 梁其鐘	05.2825 善夫山鼎	07.4055 鄧公簋蓋	08.4306 此簋	08.4317 㝬簋	15.9609 成伯邦父壺	16.10206 蘇甫人匜
01.138 柞鐘	02.356 井叔采鐘	05.2835 多友鼎	08.4123 妊小簋	08.4307 此簋	08.4321 訇簋	16.10080 蘇甫人盤	新收881 晉侯蘇鐘
01.141 師臾鐘	04.2469 大師人鼎	05.2841B 毛公鼎	08.4158.1 竈乎簋	08.4308 此簋	08.4340 蔡簋	16.10174 兮甲盤	考古1986(1) 井叔采鐘
01.188.1 梁其鐘	05.2821 此鼎	07.3946 中伯簋	08.4215.1 [illegible]簋	08.4309 此簋	09.4465 善父克盨	16.10176 散氏盤	考文1998(3) 吳虎鼎
	05.2822 此鼎	07.3947 中伯簋	08.4303.1 此簋	08.4310 此簋	09.4669 降叔豆	16.10205 蘇甫人匜	

保

 08.4265 格伯簋	04.2201 斐啓鼎	上博(6) 保員簋	07.3744 保侃母簋	05.2817 師農鼎	文博 2008(2) 叔𡱓父盨	文博 2007(2) 𩰫鼎	文物 2003(6) 卌二年逑 鼎乙
08.4269 縣改簋	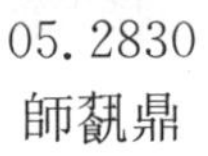 05.2830 師㝨鼎		 08.4140 大保簋	 06.3180 保父丁簋		 華章 71 頁 卌三年逑 鼎丙	 文博 1987(2) 逑編鐘
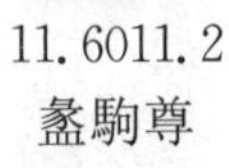 11.6011.2 盠駒尊							
15.9436.1 堯盉	 08.4192.1 肄簋		10.5275 弢作父 丁卣	 06.3235 亞保酉簋		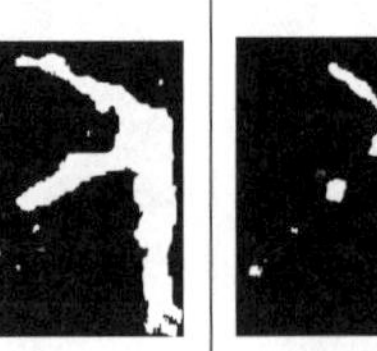 華章 63 頁 卌三年 逑鼎乙	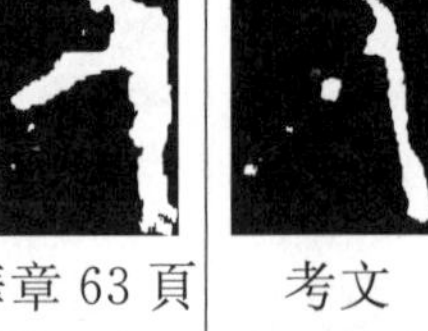 考文 2007(3) 琱生尊
 16.9899.1 盠方彝	 08.4193 肄簋		10.5415.1 保卣	 06.3683 亞鯀父簋		 華章 79 頁 卌三年逑 鼎丁	文物 2006(5) 柞伯鼎
 16.9900.2 盠方彝	 08.4262.2 格伯簋		11.6003 保尊	07.3743 保侃母 簋蓋			
西周中期	西周中期	西周早期	西周早期	西周早期	西周晚期	西周晚期	西周晚期

〔俘〕

人部

考古1990(1)克盉	11.5991 作册翻父乙尊	05.2760 作册大方鼎	04.1735 大保鼎	15.9641 翻寇良父壺	08.4242 叔向父禹簋	01.181.2 南宫乎鐘	16.10106 堯盤
考古1990(1)克罍	14.9103 御正良爵	07.3790 臣榭殘簋	04.2158 大保方鼎	文博2007(2)亹鼎	08.4277 師艅簋蓋	01.260.2 㝬鐘	16.10175 史牆盤
	16.9901 夨令方彝	08.4132 叔簋	04.2372 太保帶作宗室方鼎	歷文2002(2)作册封鬲	08.4317 㝬簋	05.2836 大克鼎	新收740 盠尊
	16.10054 大保盤	10.5018.1 大保卣	05.2749 憲鼎		09.4358.1 彔盨	05.2841B 毛公鼎	
	16.10580 保攸母簋	10.5400.1 作册翻卣	05.2759 作册大方鼎		09.4360 彔盨	07.3787.1 保子達簋	
西周早期	西周早期	西周早期	西周早期	西周晚期	西周晚期	西周晚期	西周中期

佩

西周晚期	西周晚期	西周晚期	西周中期	西周早期或中期	西周晚期	西周中期	西周早期
文物 2003(6) 卌三年逨鼎辛	08.4334 頌簋	05.2827 頌鼎	08.4170.1 癲簋	05.2718 寓鼎	15.9646.1 保侃母壺	05.2765 𧍙鼎	上博(8) 亢鼎
文物 2009(9) 頌盤	08.4335 頌簋	05.2828 頌鼎	08.4172.1 癲簋				銘圖 01016 作大保鼎
	08.4336 頌簋	05.2829 頌鼎	08.4177.1 癲簋				新收 1664 矩方鼎
	08.4339 頌簋	08.4332 頌簋	11.5916 戎佩玉尊				
		08.4333.2 頌簋					

倗			伊			〔伂〕	〔⿰亻巾〕
10.5366.1 倗卣	04.2462 倗仲鼎	03.586 倗作義丐妣鬲	08.4287 伊簋	15.9584 鬼作父丙壺	總集 03.2252 伊生簋	銘圖 05676 獄盨蓋	考文 2006(6) 二式獄簋
11.5955 倗尊	05.2733 衛鼎	05.2655 先獸鼎	08.4287 伊簋	15.9714 史懋壺	流散歐美 150 伊尊	案：佩或从「人」、「巾」、「巿」，不从「凡」，吴鎮烽(2006)認爲从「凡」爲後加聲符。	南開學報 2008(6) 衛簋甲蓋
11.6011.2 盠駒尊	05.2783 七年趞曹鼎	06.3667 倗丐簋	08.4287 伊簋				
12.6511.1 㠱仲觶	05.2784 十五年趞曹鼎	銘圖 11687 倗季尊	08.4287 伊簋				
12.6511.2 㠱仲觶	08.4263 格伯簋		08.4323 敔簋				
西周中期	西周中期	西周早期	西周晚期	西周中期	西周早期	西周中期	西周中期

備		何					
 08.4322.1 戜簋	 近出 301 備尊	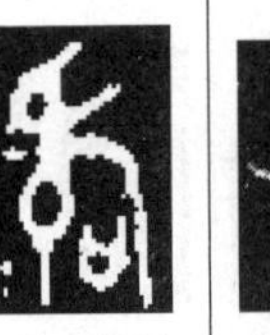 07.3761 何簋蓋	 11.5933 何作兄日壬尊	 03.885 何嫊㝉甗	 08.4331 𦍒伯歸夆簋	 05.2835 多友鼎	 文物 1998(9) 應侯爯盨
 16.10169 呂服余盤		 文物 2009(2) 何簋		 11.6014 何尊	 09.4450 杜伯盨	 07.3847 倗伯簋蓋	 考文 2006(8) 倗伯鼎
		 文物 2009(2) 何簋		 文物 2009(2) 何簋	 09.4451 杜伯盨	 08.4247.2 楚簋	 考文 2006(8) 倗伯簋
				 文物 2009(2) 何簋蓋	 09.4452 杜伯盨	 08.4248.2 楚簋	 新收 1611 虎叔簋
					 09.4465 善父克盨	 08.4249 楚簋	
西周中期	西周早期	西周晚期	西周早期或中期	西周早期	西周晚期	西周晚期	西周中期

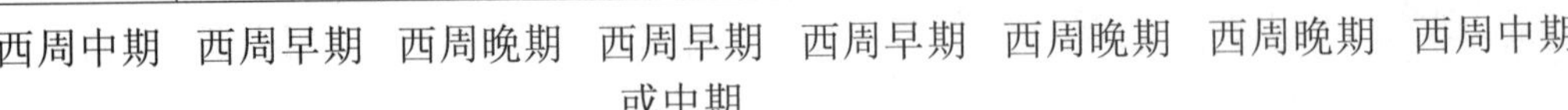

倗	俩		付	側		儕	
 05.2662 或者鼎	 銘圖 04463 俩季簋甲	 05.2818 鬲攸从鼎	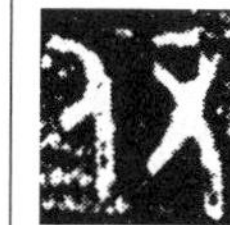 05.2765 𧊒鼎	 05.2814 無叀鼎	 08.4217.1 五年師旋簋	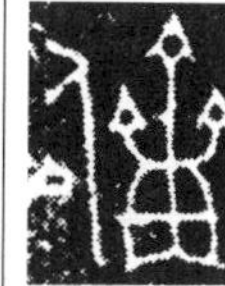 16.10127 殷瑴盤	 08.4279 元年師旋簋
		 16.10176 散氏盤	 05.2831 九年衛鼎	 08.4321 訇簋	 08.4217.2 五年師旋簋	 16.10128 殷瑴盤	 08.4280 元年師旋簋
		 16.10176 散氏盤	 05.2838 曶鼎		 08.4218 五年師旋簋		 08.4281 元年師旋簋
		 考文 1998(3) 吴虎鼎	 16.10322 永盂				 08.4282.1 元年師旋簋
			 考文 1993(3) 虎簋蓋				
			 新收 1874 虎簋蓋乙				
西周中期	西周中期	西周晚期	西周中期	西周晚期	西周晚期	西周中期	西周晚期

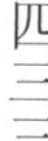

僨　　　散

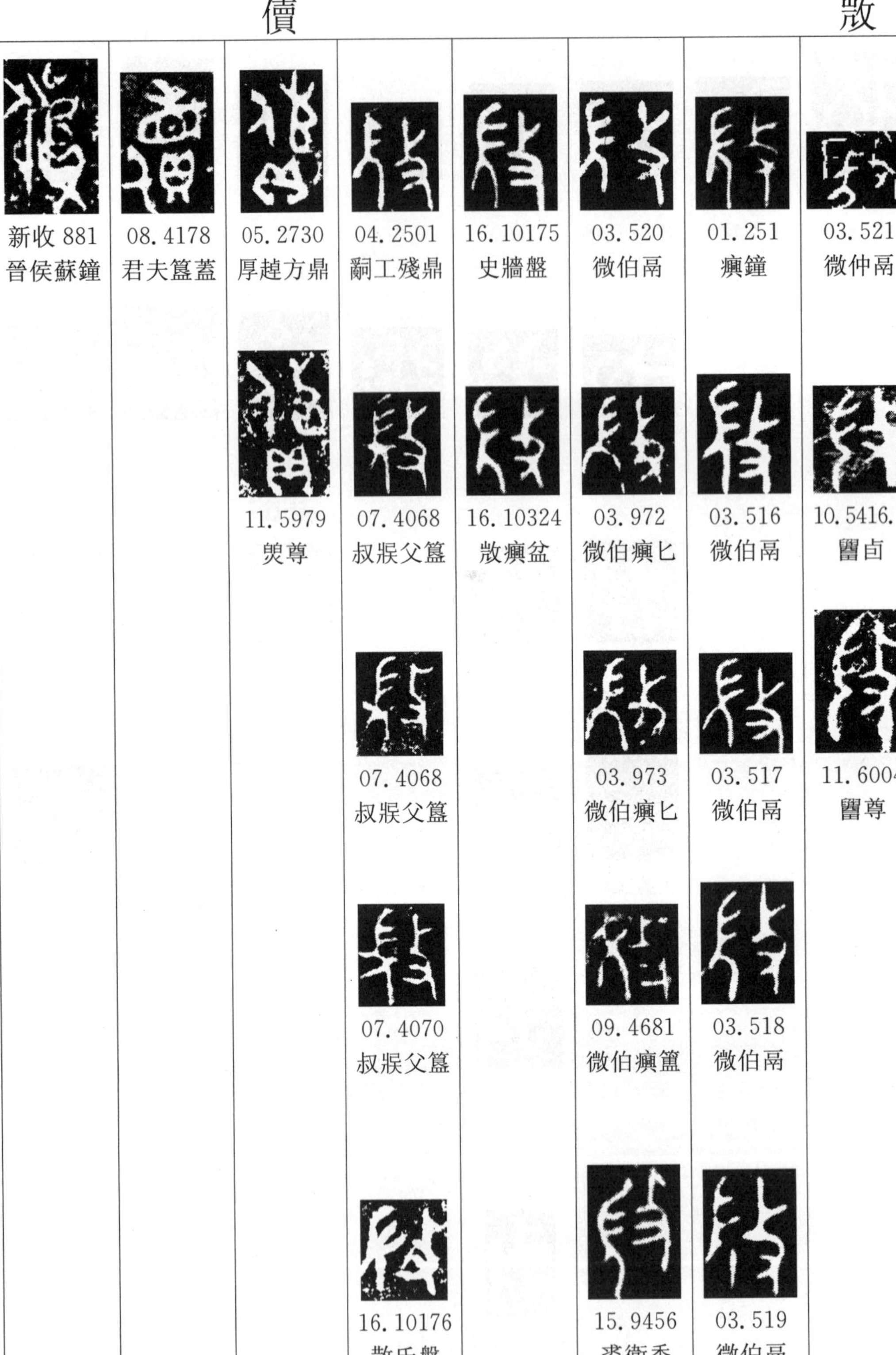

西周晚期　西周中期　西周早期　西周晚期　西周中期　西周中期　西周中期　西周早期

傳			俗			任	
 16.10176 散氏盤	 11.5864 傳尊	 08.4206 小臣傳簋	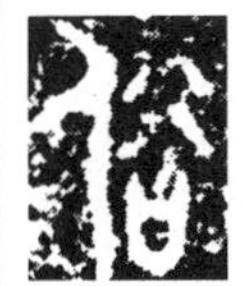 05.2841A 毛公鼎	 考文 1989(3) 史密簋	 05.2781 庚季鼎	 08.4269 縣改簋	 06.3455 作任氏簋
	 考古學報 2018(2) 乞盉	 11.5925 傳作父 戊尊	 09.4464 駒父盨蓋	 考文 2006(6) 獄簋蓋	 05.2817 師農鼎	 歷文 2004(2) 任鼎	
	 考古學報 2018(2) 乞盤			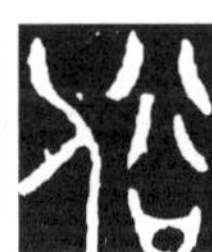 考文 2006(6) 一式獄簋	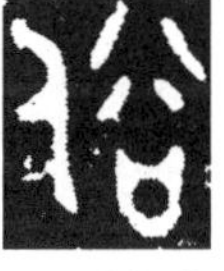 05.2832 五祀衛鼎	 文物 1998(9) 任稱卣	
				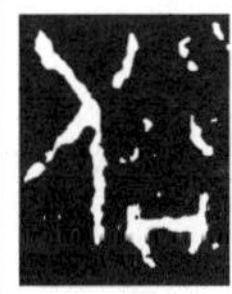 南開學報 2008(6) 衛簋甲蓋	 16.10322 永盂		
西周晚期	西周中期	西周早期	西周晚期	西周中期	西周中期	西周中期	西周早期

		伐	〔偓〕 偃		佃	俑	佚
08.4238 小臣謎簋	07.3907 過伯簋	總集 02.1242 [illegible]方鼎	05.2810 噩侯鼎	01.133 柞鐘	08.4264.2 格伯簋	04.2176 鳥壬俑鼎	09.4572 季宫父簠
08.4239.1 小臣謎簋	07.4029 明公簋	05.2728 旅鼎		01.138 柞鐘			
上博(6) 保員簋	07.4041 禽簋	05.2740 雪鼎		01.204 克鐘			
流散歐美 289 伐父丁爵	07.4059 涾嗣土 遙簋	05.2740 雪鼎		05.2805 南宫柳鼎			
	08.4140 大保簋	05.2741 雪鼎		08.4295 揚簋			
西周早期	西周早期	西周早期	西周晚期	西周晚期	西周中期	西周早期	西周晚期

弔

 05.2613 玔方鼎	 04.2053 叔鼎	 03.475 叔父乙鬲	 16.10174 兮甲盤	 08.4329 不嬰簋蓋	 01.260.2 㝬鐘	 16.10175 史牆盤	 03.931 仲伐父甗
06.3574 噩叔簋	 04.2270 叔作單公方鼎	 03.614 叔䨣鬲	 文物 2003(6) 卌二年逑鼎乙	 08.4329 不嬰簋蓋	 05.2810 噩侯鼎	 考文 1989(3) 史密簋	 07.3976 㚤馭簋
06.3605 叔作父丁簋	 04.2341 叔具鼎	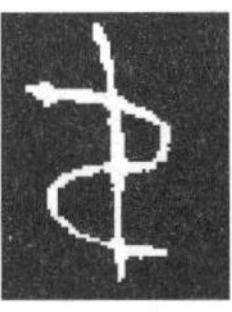 04.1733 𠂤叔鼎	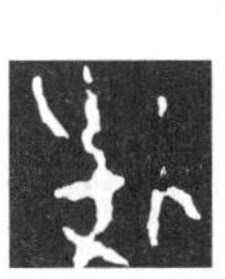 首陽107頁 伯𢦏父簋	 09.4435 虢仲盨蓋	 05.2833 禹鼎	 首陽114頁 應侯視工簋蓋	 08.4322.1 㦰簋
 06.3695 義叔聒簋	 04.2375 逐啓諆鼎	 04.1927 叔作尊鼎	 文物 2006(5) 柞伯鼎	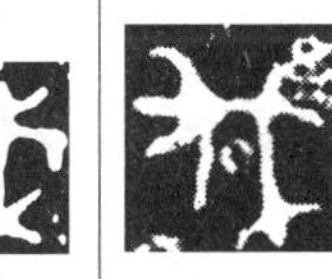 09.4459.1 翏生盨	 05.2835 多友鼎	 首陽114頁 應侯視工簋蓋	 08.4341 班簋
	 05.2612 玔方鼎	 04.1930 叔我鼎		09.4461 翏生盨	 08.4328 不嬰簋		 10.5419 彔㦰卣
西周早期	西周早期	西周早期	西周晚期	西周晚期	西周晚期	西周中期	西周中期

 05.2838 曶鼎	05.2596 叔碩父鼎	03.480 叔父丁鼎	文物 1986(6) 内公叔簋	16.10542 叔作寶彝器	12.6486 叔僼觶	10.5237 叔截簋	06.3711 且乙告田簋
06.3487 叔皈簋	05.2630 伯陶鼎	03.618 伯章父鬲	文博 2008(2) 叔祖辛鼎	16.10547 叔器	14.9037 叔牙爵	10.5303.1 朿叔卣	06.3724 叔宼簋
06.3552 叔虤簋	 05.2719 公貿鼎	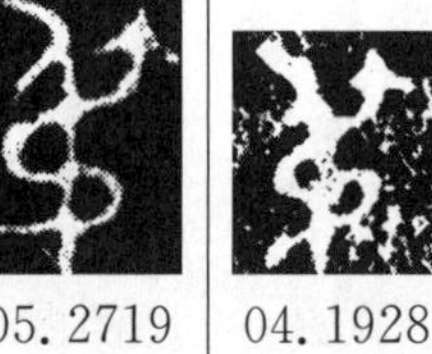 04.1928 叔作旅鼎	 新收 1842 叔㐌簋	 16.10547 叔器	 15.9512.1 叔作寶壺	 10.5428.1 叔趯父卣	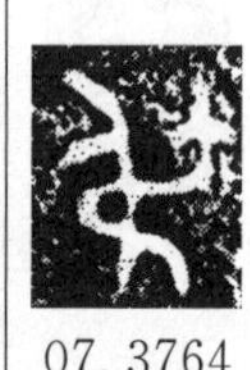 07.3764 叔梟父簋
06.3725 叔友父簋蓋	 05.2755 㝨鼎	04.2282 尹叔作□姞鼎	近出 238 叔父癸鼎	文物 2001(8) 叔夨方鼎	 16.9842.2 叔方彝	 11.5856 戒叔尊	 07.4042 易□簋
 06.3729 叔改簋	 05.2832 五祀衛鼎	 04.2411 叔師父鼎	 近出 434 叔父乙簋	 文物 1987(2) 叔作鼎鬲	 16.9888.1 叔[飠比]方彝	 11.5857 叔[虍囟]尊	 10.5109 叔作寶彝卣
西周中期	西周中期	西周中期	西周早期	西周早期	西周早期	西周早期	西周早期

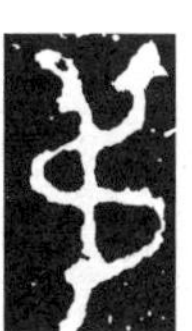 文博 2008(2) 叔屖父盨	 07.3891 井戈叔安 父簋	 07.3806 害叔簋	 05.2833 禹鼎	 05.2635 虢文公子 作鼎	 05.2536 鄭登伯鼎	 03.524 虢叔鬲	 07.3949 季魯簋
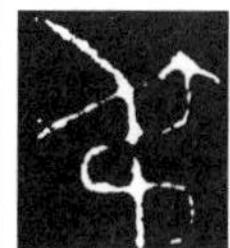 華章71頁 卌三年逑 鼎丙	 07.3922.1 叔㪤父簋	 07.3852 叔向父簋	 06.3706 師奐父簋	 05.2635 虢文公子 作鼎	 05.2562 叔姬鼎	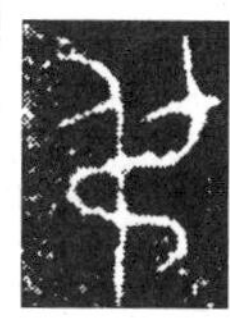 03.563 作予叔 嬴鬲	 考文 1993(5) 叔各父簋
 華章136頁 單叔鬲丙	 07.3923 豐井叔簋	 07.3859 辛叔皇 父簋	 07.3760 叔臨父簋	 05.2822 此鼎	 05.2600 吳王姬鼎	 03.928 叔碩父甗	 字與史(1) 羚簋蓋
 晉國149頁 叔釗父甗	 07.3944 鑄子叔 臣簋	 07.3870 叔向父爲 備簋	 07.3800 歸叔山 父簋	 05.2825 善夫山鼎	 05.2634 虢文公子 作鼎	 04.2492 虢叔大 夫鼎	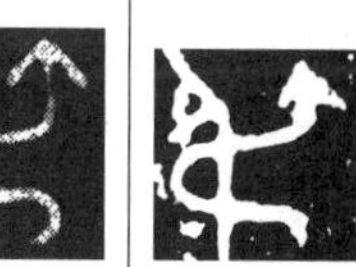 晉國197頁 晉叔家父 方壺
	 07.3955 兑簋	 07.3890 廣簋蓋	 07.3802 叔侯父簋	 05.2827 頌鼎		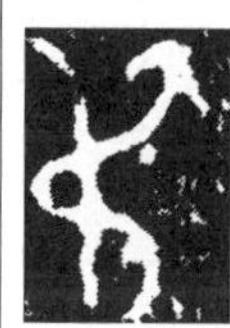 04.2511 叔莽父鼎	 考文 2003(2) 京叔盨
西周晚期	西周晚期	西周晚期	西周晚期	西周晚期	西周晚期	西周晚期	西周中期

偈	僎	俯	伖		僰	佋	
 12.6458 叔偈父觶	 04.2183 才僎父鼎	 06.3537.2 伯俯簋	 06.3555 叔伖父簋	 15.9723 十三年 瘨壺 文物 1995(7) 晉侯僰 馬壺 晉國 69 頁 晉侯僰 馬壺 考文 1989(3) 史密簋	 10.5431.1 高卣 案：陳劍(2003)讀「僰」爲「輻」，湯志彪(2014)加以申説。	 05.2835 多友鼎	 文博 2008(2) 叔駒父簋 考古 2003(3) 應姚簋
西周早期	西周中期	西周早期	西周晚期	西周中期	西周早期	西周晚期	西周晚期

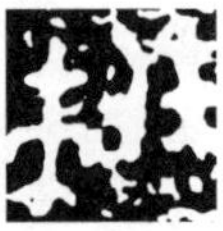

	匕		眞	儹	⿱仜冉	併	儆
03.972 微伯⿸疒興匕	04.1516 乘匕癸 方鼎	03.531 季真鬲	03.870 伯真甗	09.4563 季复父簠	文物 1998(9) ⿱仜冉尊	08.4276 豆閉簋	14.9062 儆父癸爵
03.973 微伯⿸疒興匕	04.2246 木工册作 妣戊鼎		16.10091 真盤		文物 1998(9) ⿱仜冉尊	案：裘錫圭(2003)讀作「纂」。	
03.979 仲枏父匕	05.2763.1 我方鼎						
	10.5112 戈器卣						
	15.9381.1 戈器作 匕盉						
西周中期	西周早期	西周中期 或晚期	西周早期	西周晚期	西周中期	西周中期	西周早期

從　从　卓

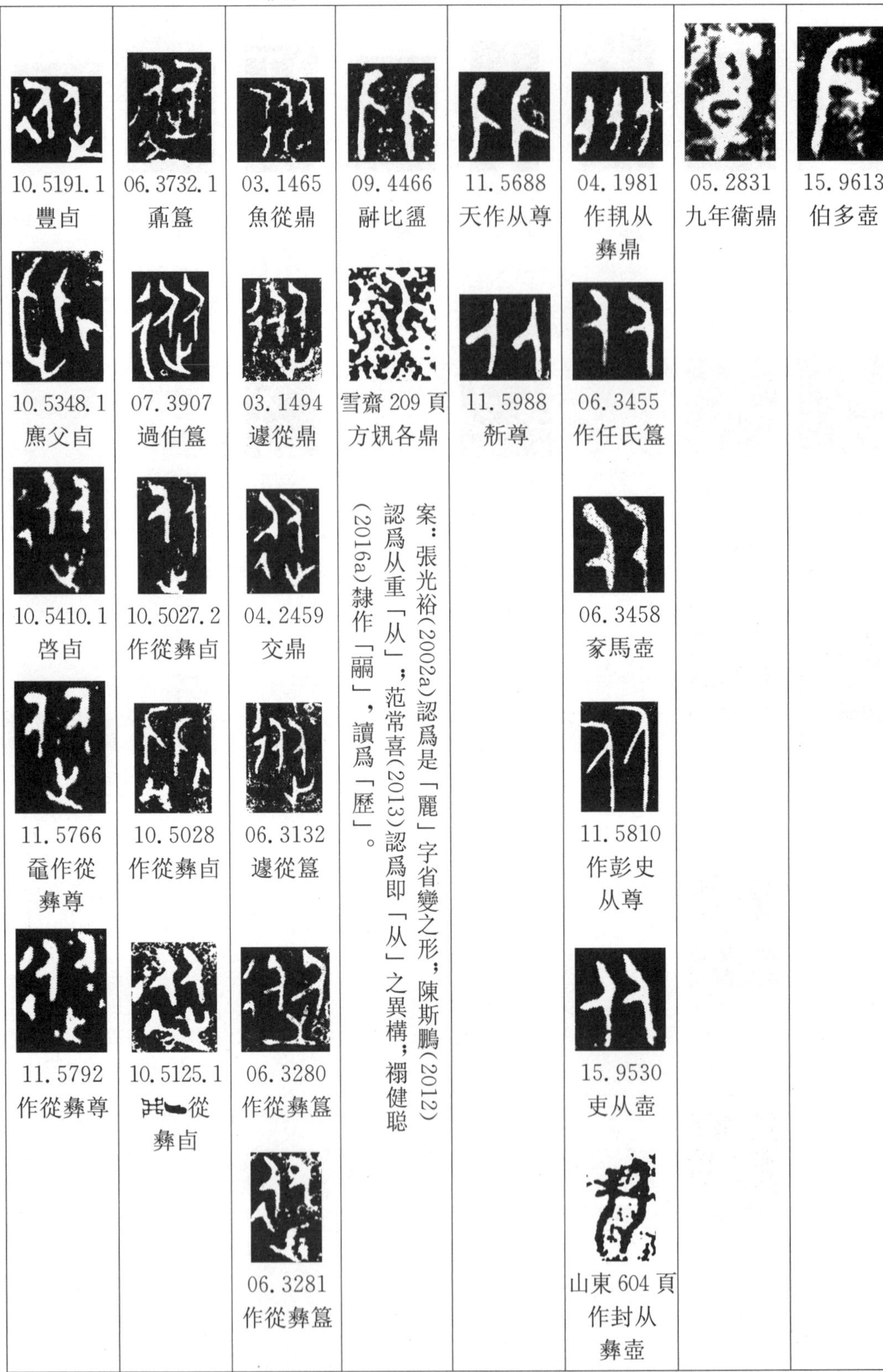

西周早期	西周早期	西周早期	西周晚期	西周中期	西周早期	西周中期	西周晚期
10.5191.1 豐卣	06.3732.1 鼒簋	03.1465 魚從鼎	09.4466 融比盨	11.5688 天作从尊	04.1981 作[illegible]从彝鼎	05.2831 九年衛鼎	15.9613 伯多壺
10.5348.1 麃父卣	07.3907 過伯簋	03.1494 遽從鼎	雪齋209頁 方𡚸各鼎	11.5988 旂尊	06.3455 作任氏簋		
10.5410.1 啓卣	10.5027.2 作從彝卣	04.2459 交鼎			06.3458 豖馬壺		
11.5766 黿作從彝尊	10.5028 作從彝卣	06.3132 遽從簋			11.5810 作彭史从尊		
11.5792 作從彝尊	10.5125.1 [illegible]從彝卣	06.3280 作從彝簋			15.9530 吏从壺		
		06.3281 作從彝簋			山東604頁 作封从彝壺		

案：張光裕(2002a)認爲是「麗」字省變之形；陳斯鵬(2012)認爲从重「从」；范常喜(2013)認爲即「从」之異構；禤健聰(2016a)隸作「[illegible]」，讀爲「歷」。

西周晚期	西周晚期	西周中期	西周中期	西周中期	西周中期	西周早期	西周早期
08.4123 妊小簋	01.31 芮公鐘	11.5821 虘尊	07.4099.2 㪤簋	05.2809 師旂鼎	03.948 遇甗	15.9394.2 亞父盉	11.5979 臾尊
08.4328 不嬰簋	01.32 芮公銅鉤	11.5864 傳尊	07.4104.1 賢簋	06.3387 豐作從彝簋	04.2075 [illegible]鼎	15.9451 麥盉	11.5983 敀作祖丁尊
08.4329 不嬰簋	05.2779 師同鼎	11.5930 麃父尊	07.4105.1 賢簋	07.3950 堆叔簋	04.2435 從鼎	16.10050 作從彝盤	11.5986 隮作父乙尊
08.4459.1 翏生盨	07.4118.1 宴簋		08.4341 班簋	07.3951 堆叔簋	04.2435 從鼎	16.10057 作[illegible]從彝盤	15.9383 中作從彝盉
09.4579.1 史免簠	05.2835 多友鼎		11.5703 作從彝尊	07.3976 扶駿簋	05.2721 𡨦鼎	16.10538 光作從彝器	15.9384 作從彝盉

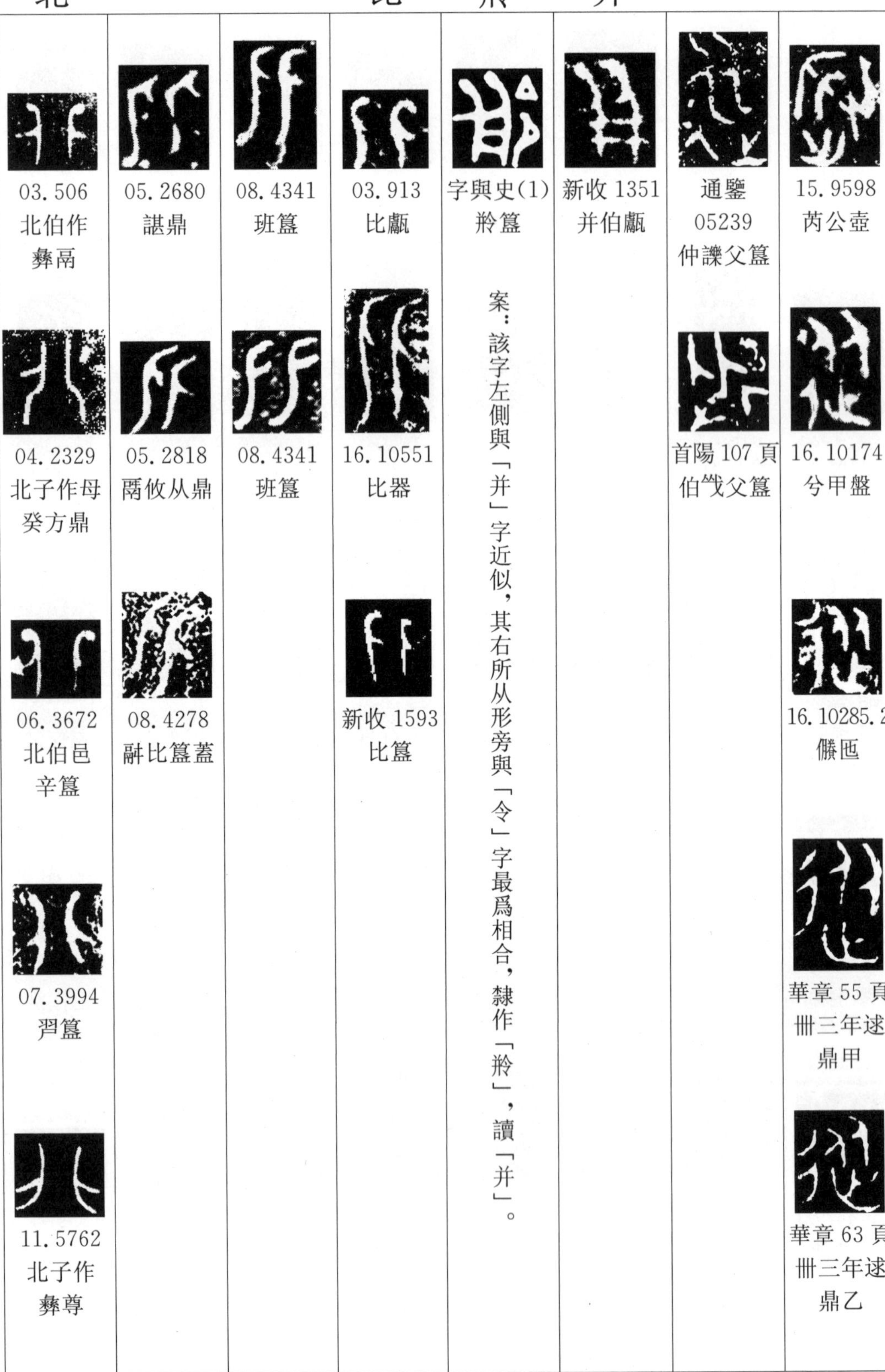

北			比	羚	并		
03.506 北伯作彝鬲	05.2680 諆鼎	08.4341 班簋	03.913 比甗	字與史(1) 羚簋	新收 1351 并伯甗	通鑒 05239 仲譔父簋	15.9598 芮公壺
04.2329 北子作母癸方鼎	05.2818 鬲攸从鼎	08.4341 班簋	16.10551 比器	案：該字左側與「并」字近似，其右所从形旁與「令」字最爲相合，隸作「羚」，讀「并」。		首陽 107 頁 伯戋父簋	16.10174 兮甲盤
06.3672 北伯邑辛簋	08.4278 鬲比簋蓋		新收 1593 比簋				16.10285.2 𠑇匜
07.3994 𦉢簋							華章 55 頁 卌三年逨鼎甲
11.5762 北子作彝尊							華章 63 頁 卌三年逨鼎乙
西周早期	西周晚期	西周中期	西周早期	西周中期	西周早期	西周晚期	西周晚期

眾　冀

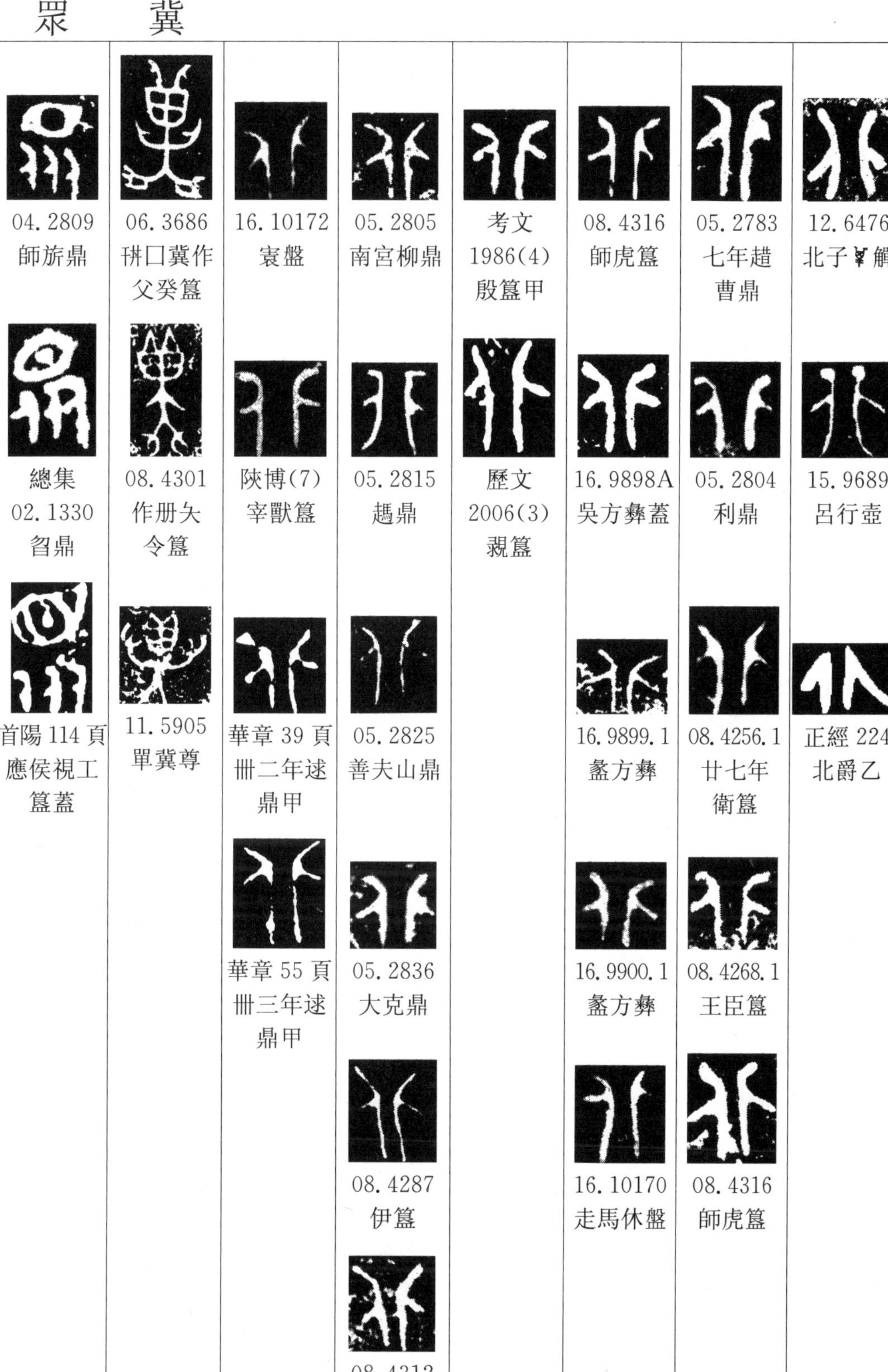

西周中期	西周早期	西周晚期	西周晚期	西周中期	西周中期	西周中期	西周早期
04.2809 師旂鼎	06.3686 栟口冀作父癸簋	16.10172 寰盤	05.2805 南宮柳鼎	考文 1986(4) 殷簋甲	08.4316 師虎簋	05.2783 七年趞曹鼎	12.6476 北子𦍒觶
總集 02.1330 曶鼎	08.4301 作册夨令簋	陝博(7) 宰獸簋	05.2815 趞鼎	歷文 2006(3) 親簋	16.9898A 吴方彝蓋	05.2804 利鼎	15.9689 呂行壺
首陽 114 頁 應侯視工簋蓋	11.5905 單冀尊	華章 39 頁 卌二年逑鼎甲	05.2825 善夫山鼎		16.9899.1 盠方彝	08.4256.1 廿七年衛簋	正經 224 北爵乙
		華章 55 頁 卌三年逑鼎甲	05.2836 大克鼎		16.9900.1 盠方彝	08.4268.1 王臣簋	
			08.4287 伊簋		16.10170 走馬休盤	08.4316 師虎簋	
			08.4312 師頯簋				

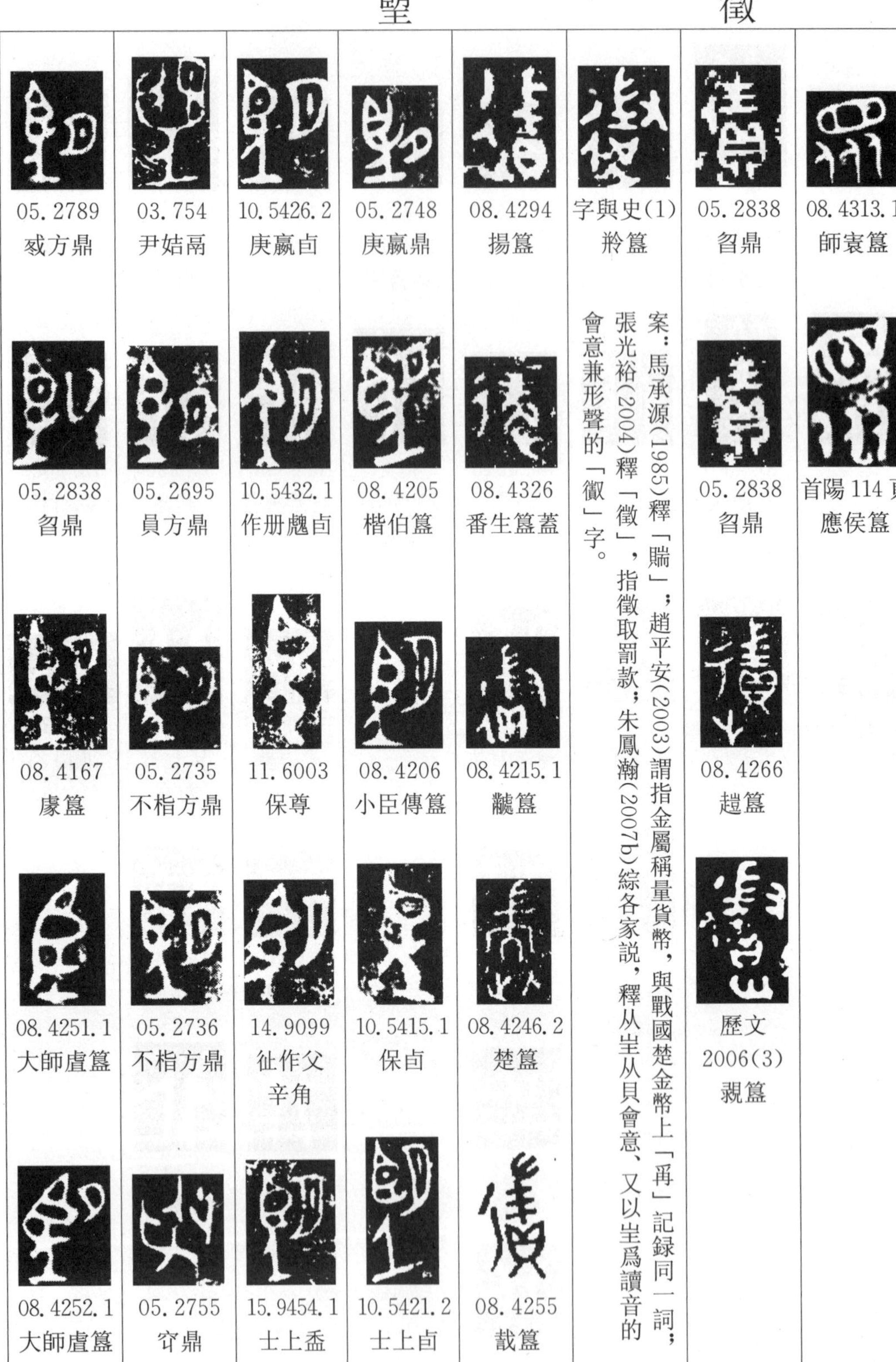

朢					徵		
05.2789 𢦏方鼎	03.754 尹姞鬲	10.5426.2 庚嬴卣	05.2748 庚嬴鼎	08.4294 揚簋	字與史(1) 斘簋	05.2838 曶鼎	08.4313.1 師袁簋
05.2838 曶鼎	05.2695 員方鼎	10.5432.1 作册魖卣	08.4205 楷伯簋	08.4326 番生簋蓋		05.2838 曶鼎	首陽114頁 應侯簋
08.4167 㝩簋	05.2735 不指方鼎	11.6003 保尊	08.4206 小臣傳簋	08.4215.1 𪔁簋		08.4266 趞簋	
08.4251.1 大師虘簋	05.2736 不指方鼎	14.9099 征作父辛角	10.5415.1 保卣	08.4246.2 楚簋		歷文2006(3) 親簋	
08.4252.1 大師虘簋	05.2755 㝑鼎	15.9454.1 士上盉	10.5421.2 士上卣	08.4255 𢦏簋			
西周中期	西周中期	西周早期	西周早期	西周晚期	西周中期	西周中期	西周晚期

案：馬承源(1985)釋「賸」；趙平安(2003)謂指金屬稱量貨幣，與戰國楚金幣上「爯」記録同一詞；張光裕(2004)釋「徵」，指徵取罰款；朱鳳瀚(2007b)綜各家説，釋从𡈼从貝會意、又以𡈼爲讀音的會意兼形聲的「徵」字。

量　重

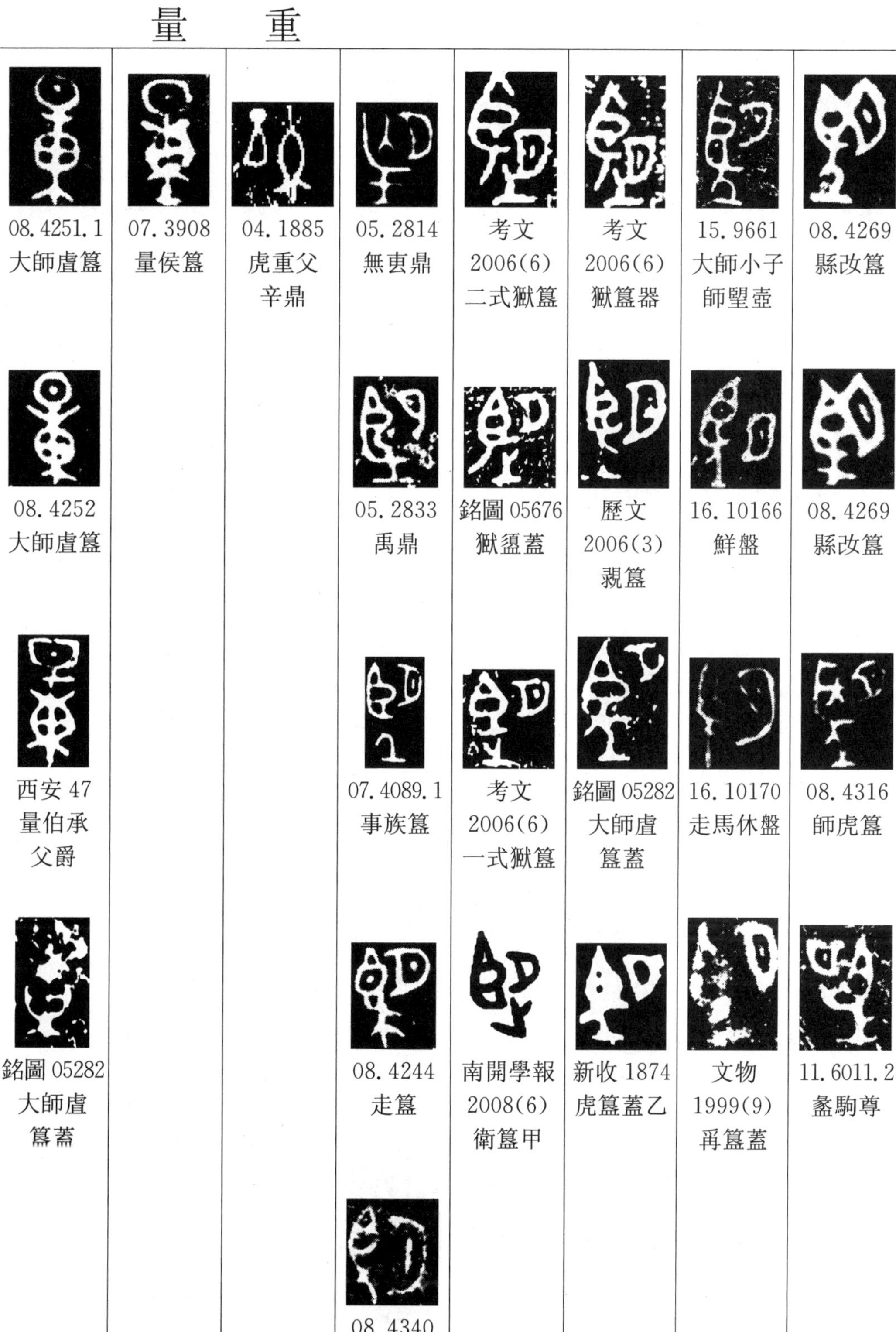

08.4251.1 大師虘簋	07.3908 量侯簋	04.1885 虎重父辛鼎	05.2814 無叀鼎	考文 2006(6) 二式獄簋	考文 2006(6) 獄簋器	15.9661 大師小子師望壺	08.4269 縣改簋
08.4252 大師虘簋			05.2833 禹鼎	銘圖 05676 獄盨蓋	歷文 2006(3) 親簋	16.10166 鮮盤	08.4269 縣改簋
西安 47 量伯承父爵			07.4089.1 事族簋	考文 2006(6) 一式獄簋	銘圖 05282 大師虘簋蓋	16.10170 走馬休盤	08.4316 師虎簋
銘圖 05282 大師虘簋蓋			08.4244 走簋	南開學報 2008(6) 衛簋甲	新收 1874 虎簋蓋乙	文物 1999(9) 再簋蓋	11.6011.2 盠駒尊
			08.4340 蔡簋				
西周中期	西周早期	西周晚期	西周晚期	西周中期	西周中期	西周中期	西周中期

監　臨

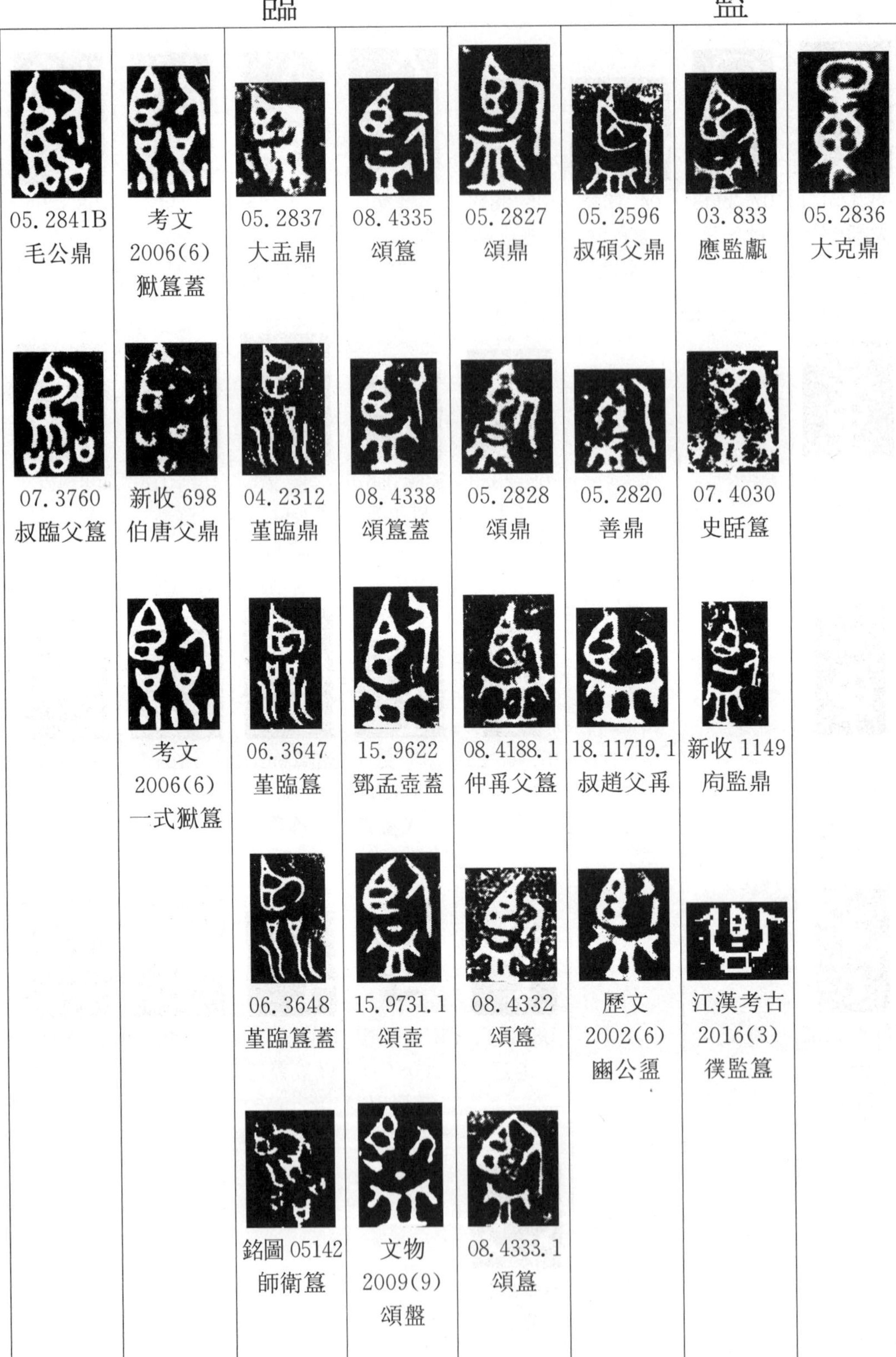

05.2836 大克鼎
西周晚期

03.833 應監甗
07.4030 史䛇簋
新收 1149 𠂤監鼎
江漢考古 2016(3) 僕監簋
西周早期

05.2596 叔碩父鼎
05.2820 善鼎
18.11719.1 叔趙父爯
歷文 2002(6) 豳公盨
西周中期

05.2827 頌鼎
05.2828 頌鼎
08.4188.1 仲爯父簋
08.4332 頌簋
08.4333.1 頌簋
西周晚期

08.4335 頌簋
08.4338 頌簋蓋
15.9622 鄧孟壺蓋
15.9731.1 頌壺
文物 2009(9) 頌盤
西周晚期

05.2837 大盂鼎
04.2312 堇臨鼎
06.3647 堇臨簋
06.3648 堇臨簋蓋
銘圖 05142 師衛簋
西周早期

考文 2006(6) 獄簋蓋
新收 698 伯唐父鼎
考文 2006(6) 一式獄簋
西周中期

05.2841B 毛公鼎
07.3760 叔臨父簋
西周晚期

殷							身
總集 02.1328 大盂鼎	歷文 2002(2) 作册封鬲	08.4242 叔向父禹簋	01.63 逆鐘	16.9899.1 盠方彝	05.2824 𢦚方鼎	01.246 𤼈鐘	08.4139 楷侯簋蓋
08.4239.2 小臣謎簋	商周 81 頁 毛公鼎	08.4317 㝬簋	01.106 楚公逆鐘	16.9900.2 盠方彝	05.2830 師𩛥鼎	01.246 𤼈鐘	08.4205 楷伯簋
10.5400.1 作册翻卣	文博 2007(2) 訇鼎	09.4467.1 師克盨	01.148 士父鐘	史學集刊 2006(2) 爯簋	08.4322.1 𢦚簋	01.253 𤼈鐘	10.5428.1 叔趯父卣
10.5415.1 保卣	芮國墓 26 頁 隥簋	09.4468 師克盨蓋	01.189 梁其鐘	考古學報 2018(2) 乞盉	08.4341 班簋	01.256 𤼈鐘	10.5429.1 叔趯父卣
		歷文 2002(2) 作册封鬲	01.190 梁其鐘		11.6011.2 盠駒尊	05.2824 𢦚方鼎	
西周早期	西周晚期	西周晚期	西周晚期	西周中期	西周中期	西周中期	西周早期

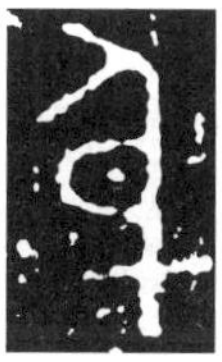

〔⿱宀殷〕

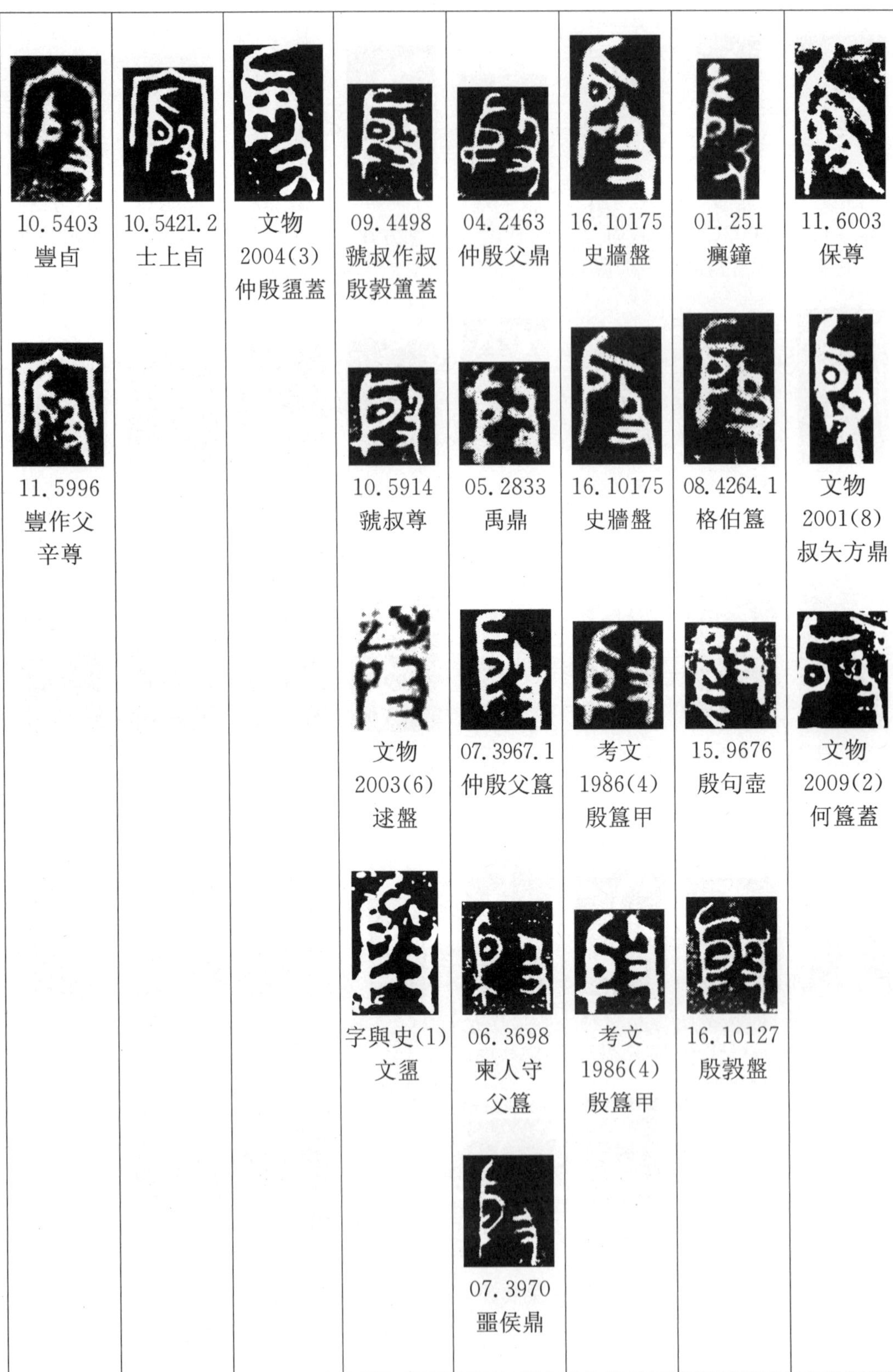

西周中期	西周早期	西周晚期	西周晚期	西周晚期	西周中期	西周中期	西周早期
10.5403 豐卣	10.5421.2 士上卣	文物 2004(3) 仲殷盨蓋	09.4498 虢叔作叔殷穀簠蓋	04.2463 仲殷父鼎	16.10175 史牆盤	01.251 癲鐘	11.6003 保尊
11.5996 豐作父辛尊			10.5914 虢叔尊	05.2833 禹鼎	16.10175 史牆盤	08.4264.1 格伯簋	文物 2001(8) 叔夨方鼎
			文物 2003(6) 逑盤	07.3967.1 仲殷父簋	考文 1986(4) 殷簋甲	15.9676 殷句壺	文物 2009(2) 何簋蓋
			字與史(1) 文盨	06.3698 柬人守父簋	考文 1986(4) 殷簋甲	16.10127 殷穀盤	
				07.3970 噩侯鼎			

衣

華章 71 頁 卌三年逑鼎丙	08.4309 此簋	05.2815 趞鼎	08.2816 伯晨鼎	15.9728 曶壺蓋	08.4250 即簋	04.2198 陵叔鼎	05.2837 大盂鼎
	08.4336 頌簋蓋	05.2821 此鼎		16.9898A 吳方彝蓋	08.4268.1 王臣簋	05.2781 庚季鼎	11.5978 復作父乙尊
	08.4337 頌簋	05.2829 頌鼎		16.10170 走馬休盤	08.4276 豆閉簋	05.2798 小克鼎	11.6015 麥方尊
	08.4340 蔡簋	05.2835 多友鼎		新收 1874 虎簋蓋乙	09.4626 免簠	05.2813 師奎父鼎	文物 2001(8) 叔夨方鼎
	16.10172 寰盤	08.4197 郃咎簋		論稿 167 頁 呂簋蓋	12.6516 趩觶	08.4243 殳簋蓋	
西周晚期	西周晚期	西周晚期	西周中期或晚期	西周中期	西周中期	西周中期	西周早期

襲 裣 襮 裏 裒

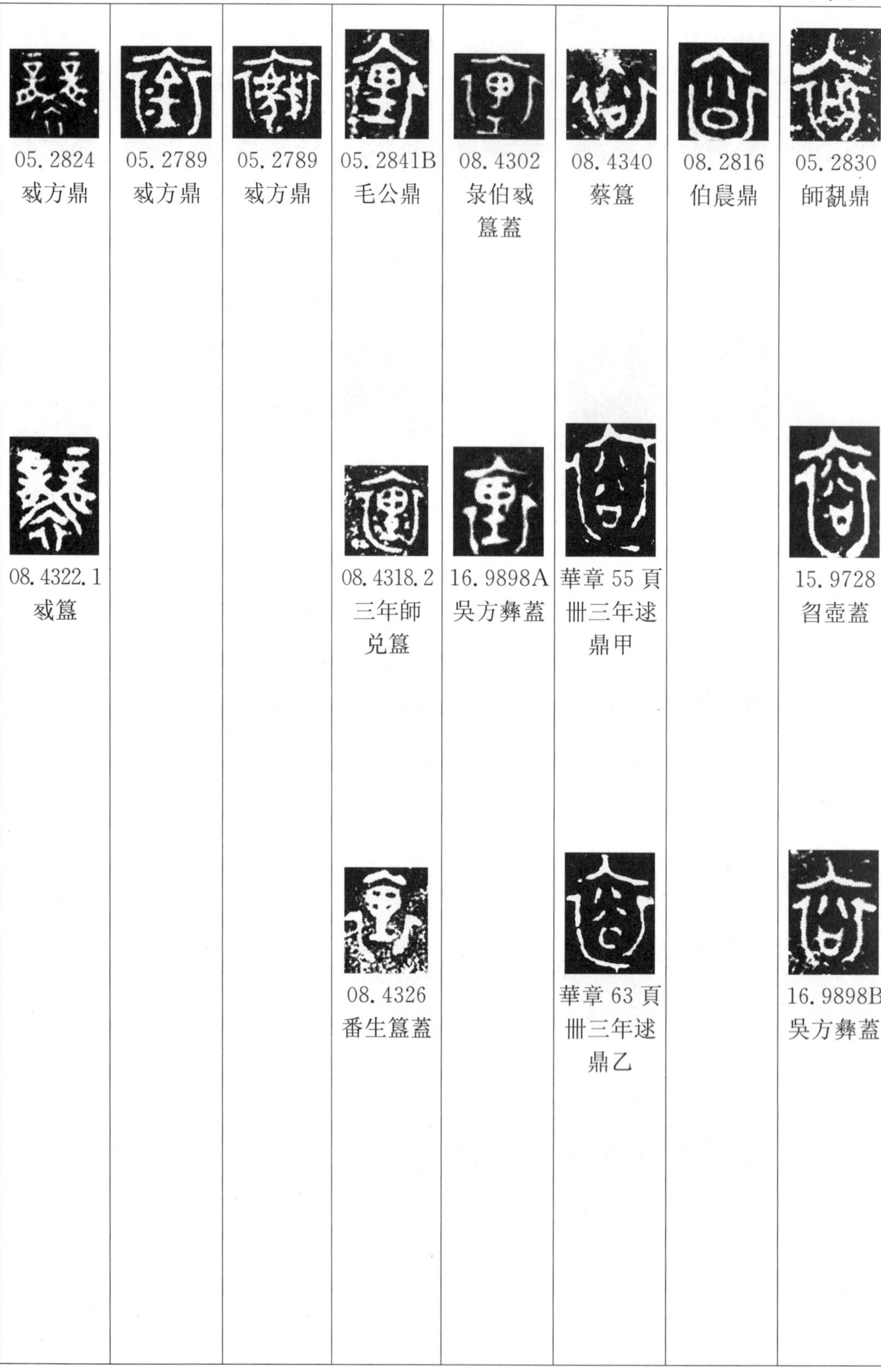

襲	裣	襮	裏	裏	裏	裏	裒
05.2824 𢦔方鼎	05.2789 𢦔方鼎	05.2789 𢦔方鼎	05.2841B 毛公鼎	08.4302 彔伯𢦔簋蓋	08.4340 蔡簋	08.2816 伯晨鼎	05.2830 師𩛥鼎
08.4322.1 𢦔簋			08.4318.2 三年師兑簋	16.9898A 吳方彝蓋	華章55頁 卌三年逑鼎甲		15.9728 曶壺蓋
			08.4326 番生簋蓋		華章63頁 卌三年逑鼎乙		16.9898B 吳方彝蓋
西周中期	西周中期	西周中期	西周晚期	西周中期	西周晚期	西周中期或晚期	西周中期

衰	裨	褻	襄			褱	衺

三代三·二 衰鼎	08.4322.1 彧簋	05.2841A 毛公鼎	16.10080 蘇甫人盤	商周81頁 毛公鼎	07.4115 伯彧簋	08.4330 沈子它簋蓋	歷文2004(1) 師酉鼎
		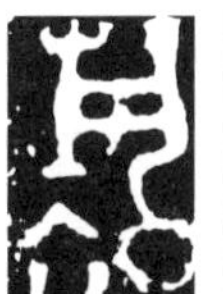					
		文物2009(2) 何簋蓋	16.10205 蘇甫人匜	文物2003(6) 逑盤	08.4341 班簋		
		張光裕(2009)引裘錫圭説隸作从「埶」从「衣」之「褻」，「埶」本有樹立之意，乃「藝」初文，讀「設」；余謂似可不必讀爲「設」，當讀本字。					
					16.10175 史牆盤		
西周	西周中期	西周晚期	西周晚期	西周晚期	西周中期	西周早期	西周中期

⿴衣且

04.2334
⿴衣且𡭴父作
䀉姁鼎

西周

⿴衣炏

06.3689.2
亞㠱吴作
母辛簋

西周早期

⿴衣畐

16.10176
散氏盤

16.10176
散氏盤

西周晚期

⿰衤立

08.2816
伯晨鼎

西周中期或晚期

⿰⿴衣叀斤

文物
2001(8)
叔夨方鼎

西周早期

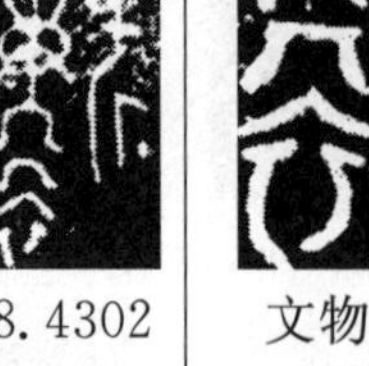
08.4302
彔伯䋣
簋蓋

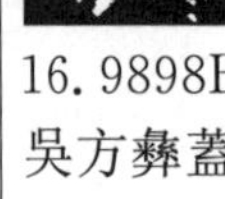
16.9898B
吴方彝蓋

西周中期

05.2841A
毛公鼎

08.4318.2
三年師
兑簋

08.4326
番生簋蓋

09.4467.1
師克盨

西周晚期

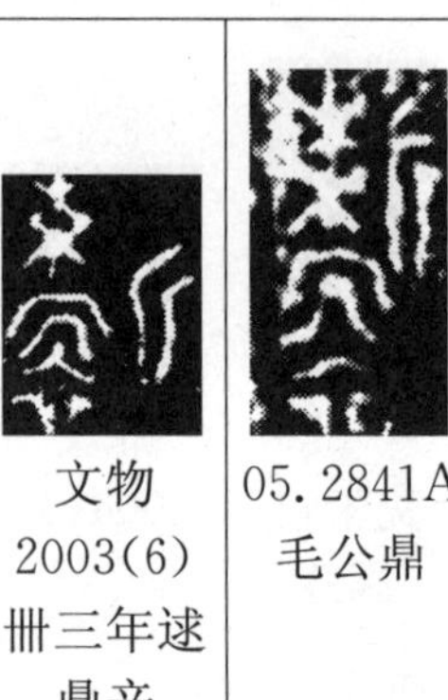
文物
2003(6)
卌三年逑
鼎辛

西周晚期

祺

04.1563
祺父乙鼎
西周早期

福

05.2785
中方鼎

05.2785
中方鼎

案：王長豐(2006)謂從字形上看認爲从「衣」从「鬲」得聲，經仔細研究實應从「鬲」从「裘」。

西周早期

裘

07.4060
不𡢁簋
西周早期

05.2831
九年衛鼎

05.2831
九年衛鼎

05.2831
九年衛鼎

05.2831
九年衛鼎

05.2832
五祀衛鼎

西周中期

08.4251.1
大師虘簋

08.4251.1
大師虘簋

08.4252.1
大師虘簋

08.4252.2
大師虘簋

08.4256.1
廿七年衛簋

西周中期

08.4256.2
廿七年衛簋

10.5405.2
次卣

11.5994
次尊

15.9456
裘衛盉

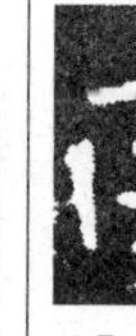

15.9456
裘衛盉

西周中期

歷文2004(1)
師酉鼎

通鑒05016
大師虘簋蓋

西周中期

08.4331
𢦚伯歸夆簋

新收1454
㷭戒鼎

西周晚期

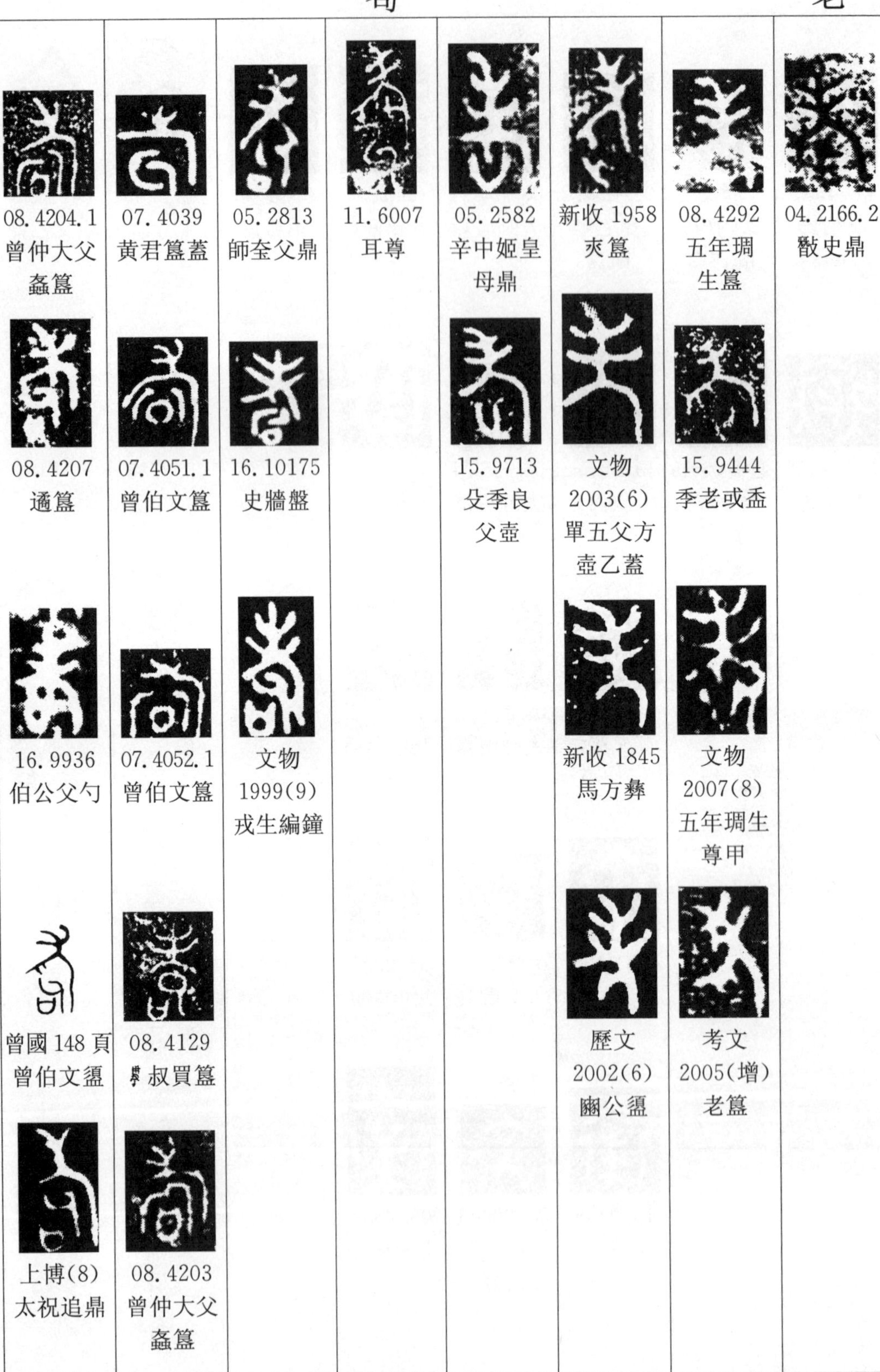

耇				老			
08.4204.1 曾仲大父蛕簋	07.4039 黄君簋蓋	05.2813 師奎父鼎	11.6007 耳尊	05.2582 辛中姬皇母鼎	新收1958 夾簋	08.4292 五年琱生簋	04.2166.2 㪤史鼎
08.4207 遹簋	07.4051.1 曾伯文簋	16.10175 史牆盤		15.9713 殳季良父壺	文物2003(6) 單五父方壺乙蓋	15.9444 季老或盉	
16.9936 伯公父勺	07.4052.1 曾伯文簋	文物1999(9) 戎生編鐘			新收1845 馬方彝	文物2007(8) 五年琱生尊甲	
曾國148頁 曾伯文盨	08.4129 [illegible]叔買簋				歷文2002(6) 豳公盨	考文2005(增) 老簋	
上博(8) 太祝追鼎	08.4203 曾仲大父蛕簋						
西周晚期	西周晚期	西周中期	西周早期或中期	西周晚期	西周中期	西周中期	西周早期

壽

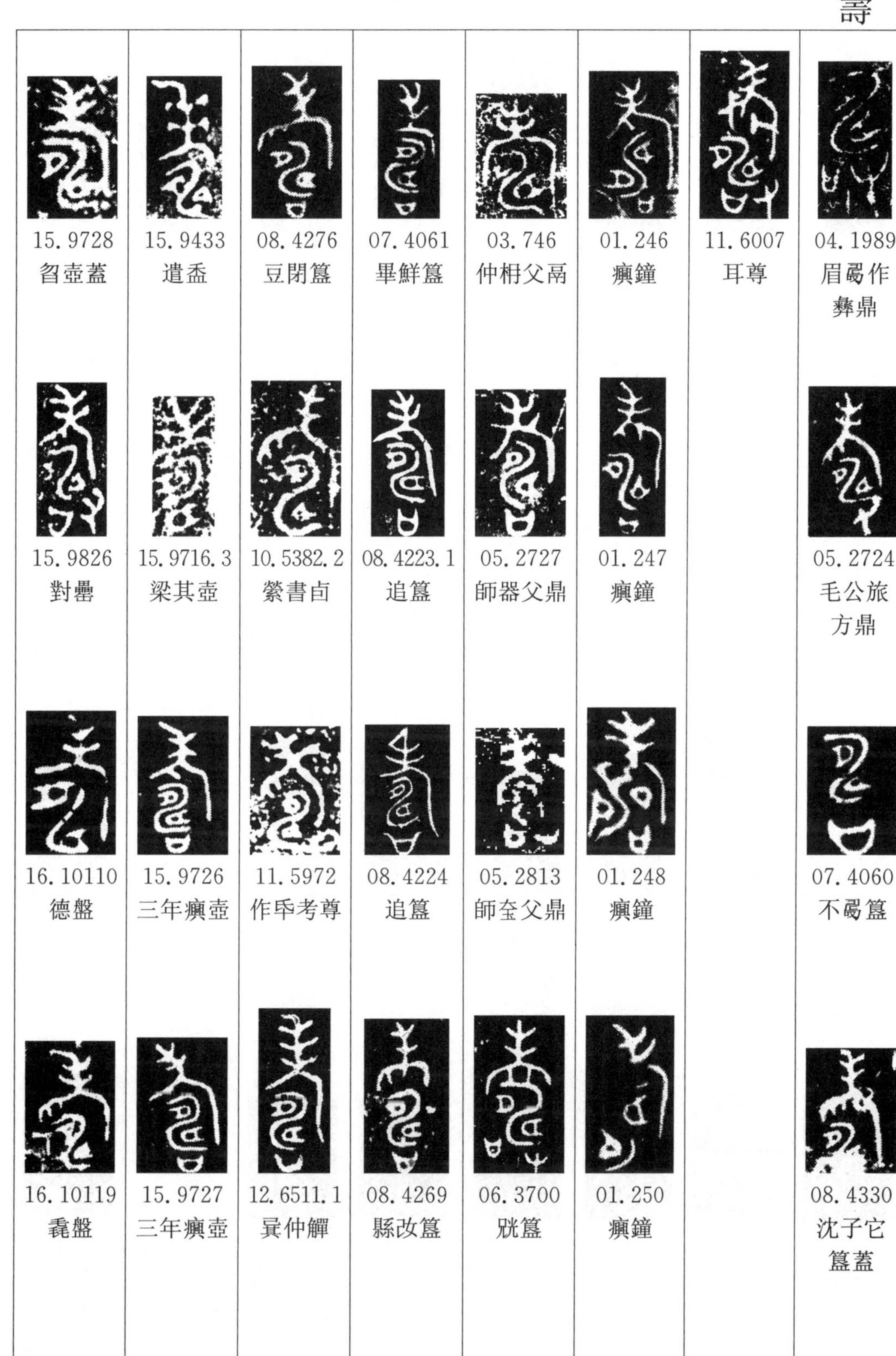

15.9728 曶壺蓋	15.9433 遣盉	08.4276 豆閉簋	07.4061 畢鮮簋	03.746 仲枏父鬲	01.246 𤼈鐘	11.6007 耳尊	04.1989 眉𧽊作彝鼎
15.9826 對罍	15.9716.3 梁其壺	10.5382.2 繁書卣	08.4223.1 追簋	05.2727 師器父鼎	01.247 𤼈鐘		05.2724 毛公旅方鼎
16.10110 德盤	15.9726 三年𤼈壺	11.5972 作䢅考尊	08.4224 追簋	05.2813 師𡌻父鼎	01.248 𤼈鐘		07.4060 不𧽊簋
16.10119 𪓐盤	15.9727 三年𤼈壺	12.6511.1 𪸢仲觶	08.4269 縣改簋	06.3700 𦰡簋	01.250 𤼈鐘		08.4330 沈子它簋蓋
西周中期	西周中期	西周中期	西周中期	西周中期	西周中期	西周早期或晚期	西周早期

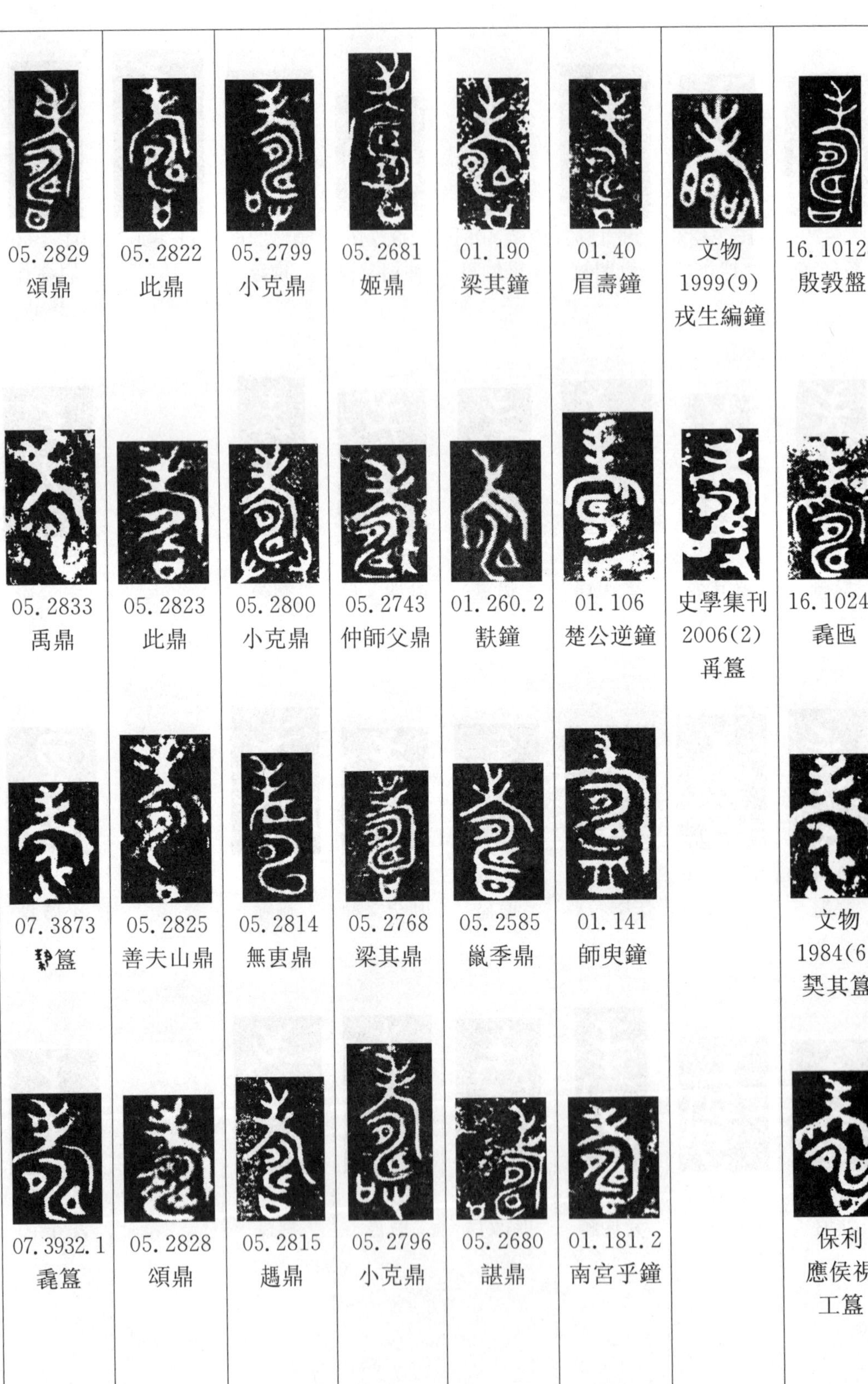
16.10128
殷穀盤
16.10247
[illegible]匜
文物
1984(6)
㓞其簋
保利
應侯視
工簋
西周中期
文物
1999(9)
戎生編鐘
史學集刊
2006(2)
爯簋
西周中期
01.40
眉壽鐘
01.106
楚公逆鐘
01.141
師臾鐘
01.181.2
南宮乎鐘
西周晚期
01.190
梁其鐘
01.260.2
㝬鐘
05.2585
巤季鼎
05.2680
諶鼎
西周晚期
05.2681
姬鼎
05.2743
仲師父鼎
05.2768
梁其鼎
05.2796
小克鼎
西周晚期
05.2799
小克鼎
05.2800
小克鼎
05.2814
無叀鼎
05.2815
趞鼎
西周晚期
05.2822
此鼎
05.2823
此鼎
05.2825
善夫山鼎
05.2828
頌鼎
西周晚期
05.2829
頌鼎
05.2833
禹鼎
07.3873
[illegible]簋
07.3932.1
[illegible]簋
西周晚期

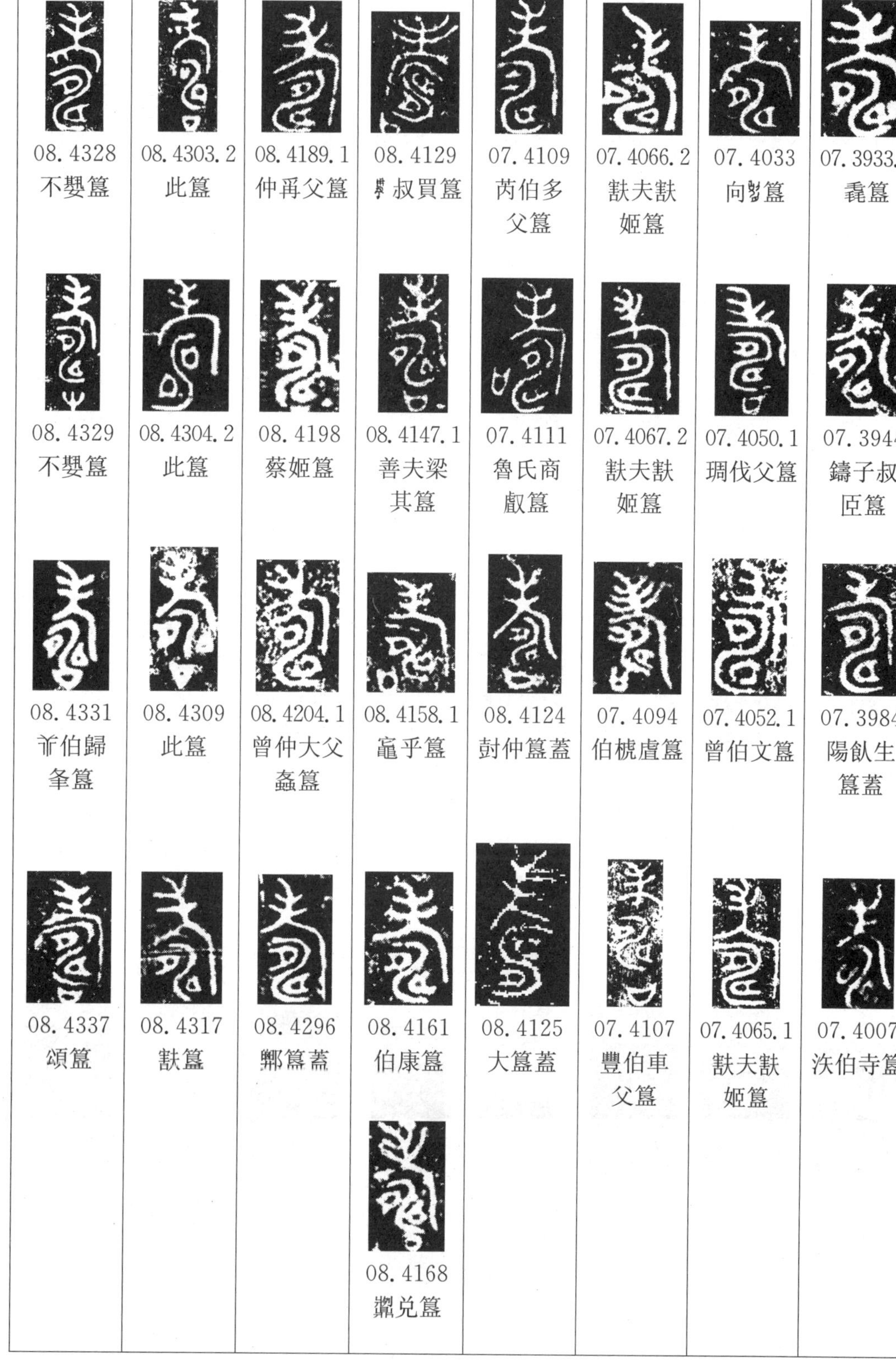

08.4328 不嬰簋
08.4303.2 此簋
08.4189.1 仲再父簋
08.4129 叔買簋
07.4109 芮伯多父簋
07.4066.2 㝬夫㝬姬簋
07.4033 向簋
07.3933.1 簋

08.4329 不嬰簋
08.4304.2 此簋
08.4198 蔡姬簋
08.4147.1 善夫梁其簋
07.4111 魯氏商叡簋
07.4067.2 㝬夫㝬姬簋
07.4050.1 琱伐父簋
07.3944 鑄子叔叵簋

08.4331 乖伯歸夆簋
08.4309 此簋
08.4204.1 曾仲大父蝨簋
08.4158.1 黿乎簋
08.4124 尌仲簋蓋
07.4094 伯梡虘簋
07.4052.1 曾伯文簋
07.3984 陽飤生簋蓋

08.4337 頌簋
08.4317 㝬簋
08.4296 鄦簋蓋
08.4161 伯康簋
08.4125 大簋蓋
07.4107 豐伯車父簋
07.4065.1 㝬夫㝬姬簋
07.4007 泆伯寺簋

08.4168 兑簋

西周晚期 西周晚期 西周晚期 西周晚期 西周晚期 西周晚期 西周晚期 西周晚期

08.4338
頌簋

08.4339
頌簋

08.4340
蔡簋

09.4432
曼龏父盨

西周晚期

08.4436.2
遅盨

09.4433
曼龏父盨

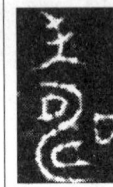

09.4446.1
伯梁其盨

09.4447.1
伯梁其盨

09.4448
杜伯盨

西周晚期

09.4450.2
杜伯盨

09.4451
杜伯盨

09.4452
杜伯盨

09.4453
仲償父盨

西周晚期

08.4459.1
翏生盨

09.4465
善父克盨

09.4554
伯咸父簠

09.4565.1
交君子
叕簠

西周晚期

09.4565.2
交君子
叕簠

09.4600
蛕公諴簠

09.4628.1
伯公父簠

15.9662
交君子
叕壺

15.9677.2
黽壺蓋

西周晚期

15.9694.1
虞嗣寇壺

15.9701
蔡公子壺

15.9713
殳季良
父壺

15.9731.1
頌壺

西周晚期

15.9732
頌壺蓋

16.10129
伯侯父盤

16.10133
薛侯盤

16.10174
兮甲盤

西周晚期

16.10227
陽飤生匜

16.10240
曩孟姜匜

歷文
2002(2)
作册封鬲

文物
2003(6)
卌二年逑
鼎乙

西周晚期

考

 11.5908 作厥皇考尊	 10.5369 許仲卣	 08.4206 小臣傳簋	 07.4021 寧簋蓋	 05.2723 師艅鼎	 04.2341 叔具鼎	 古研(27) 198頁 伯戋父簋蓋	 文博 1987(2) 逑編鐘
 11.5961 伯尊	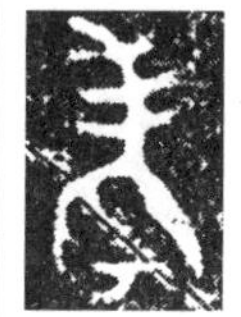 10.5407.2 作册睘卣	 08.4241 榮作周公簋	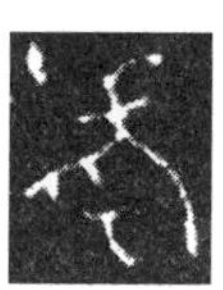 07.4022 寧簋蓋	 05.2724 毛公旅方鼎	 05.2532 乃𦢟子鼎	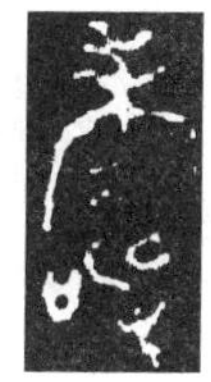 華夏考古 2000(3) 追夷簋	 新收851 晉侯對鼎
 11.5989 作册睘尊	 10.5428.1 叔趯父卣	 08.4330 沈子它簋蓋	 07.4073 伯䣄簋	 05.2730 厚趠方鼎	 05.2614 曆方鼎	 華章103頁 卌三年逑 鼎庚	 上博(8) 太祝追鼎
 14.9034 癸罢爵	 10.5429.1 叔趯父卣	 10.5335 [illegible]作文考癸卣	 07.4097 窰簋	 07.3826 [illegible][illegible]戳簋	 05.2655 先獸鼎		 考古 2003(3) 應姚簋
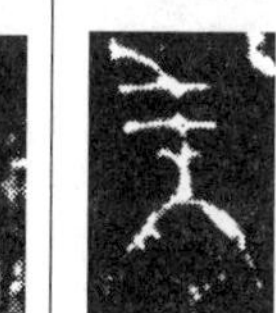 15.9527.1 考母壺	11.5889 卿尊		 08.4169 章伯馭簋	 07.3863 彔簋			
西周早期	西周早期	西周早期	西周早期	西周早期	西周早期	西周晚期	西周晚期

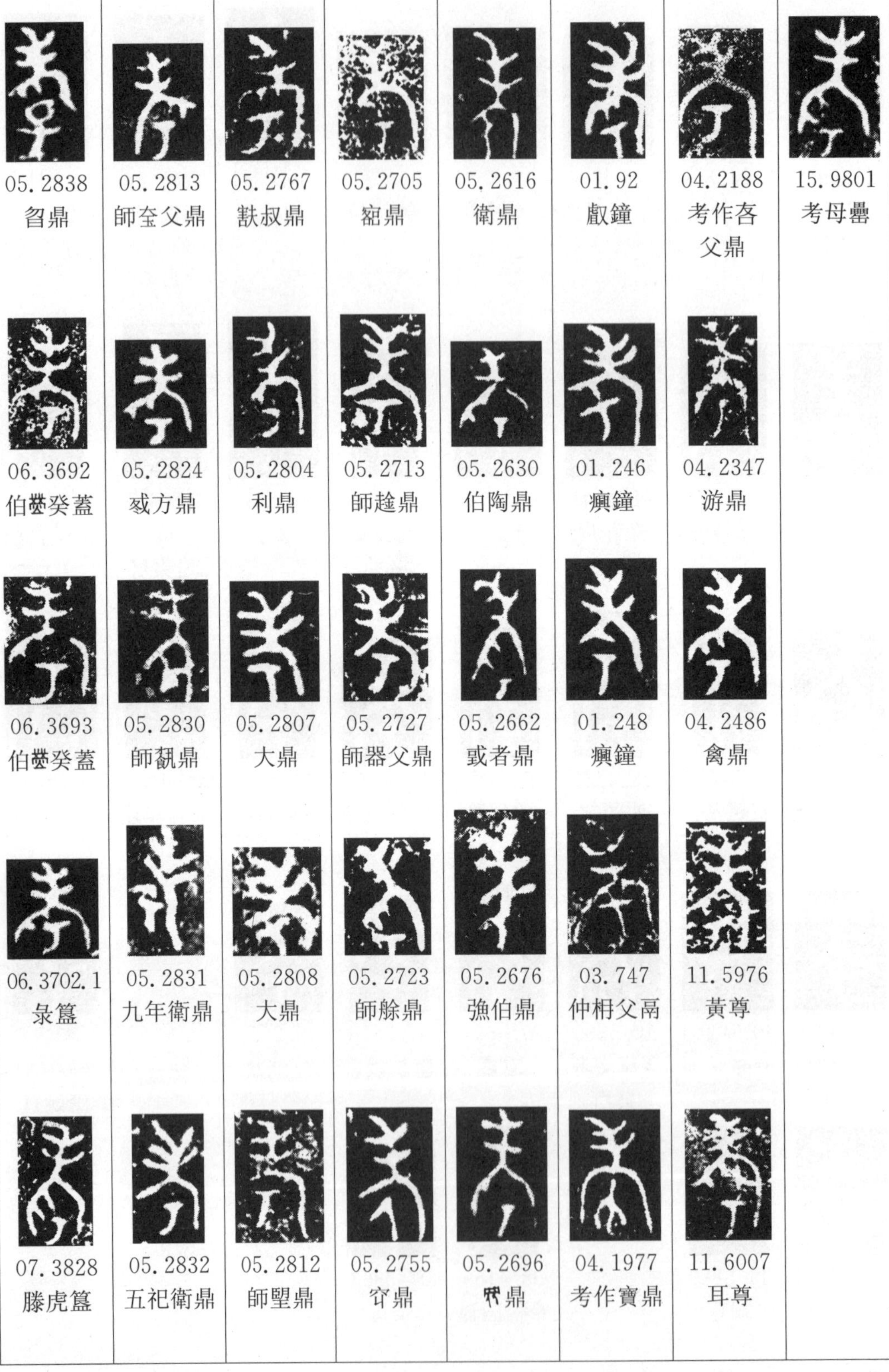

西周中期	西周中期	西周中期	西周中期	西周中期	西周中期	西周早期或中期	西周早期
05.2838 曶鼎	05.2813 師奎父鼎	05.2767 猒叔鼎	05.2705 窰鼎	05.2616 衛鼎	01.92 叡鐘	04.2188 考作吝父鼎	15.9801 考母罍
06.3692 伯𣪘癸蓋	05.2824 𢦏方鼎	05.2804 利鼎	05.2713 師趛鼎	05.2630 伯陶鼎	01.246 𤼈鐘	04.2347 游鼎	
06.3693 伯𣪘癸蓋	05.2830 師𩛥鼎	05.2807 大鼎	05.2727 師器父鼎	05.2662 或者鼎	01.248 𤼈鐘	04.2486 禽鼎	
06.3702.1 录簋	05.2831 九年衛鼎	05.2808 大鼎	05.2723 師餘鼎	05.2676 弴伯鼎	03.747 仲枏父鬲	11.5976 黄尊	
07.3828 滕虎簋	05.2832 五祀衛鼎	05.2812 師朢鼎	05.2755 窌鼎	05.2696 𠦪鼎	04.1977 考作寶鼎	11.6007 耳尊	

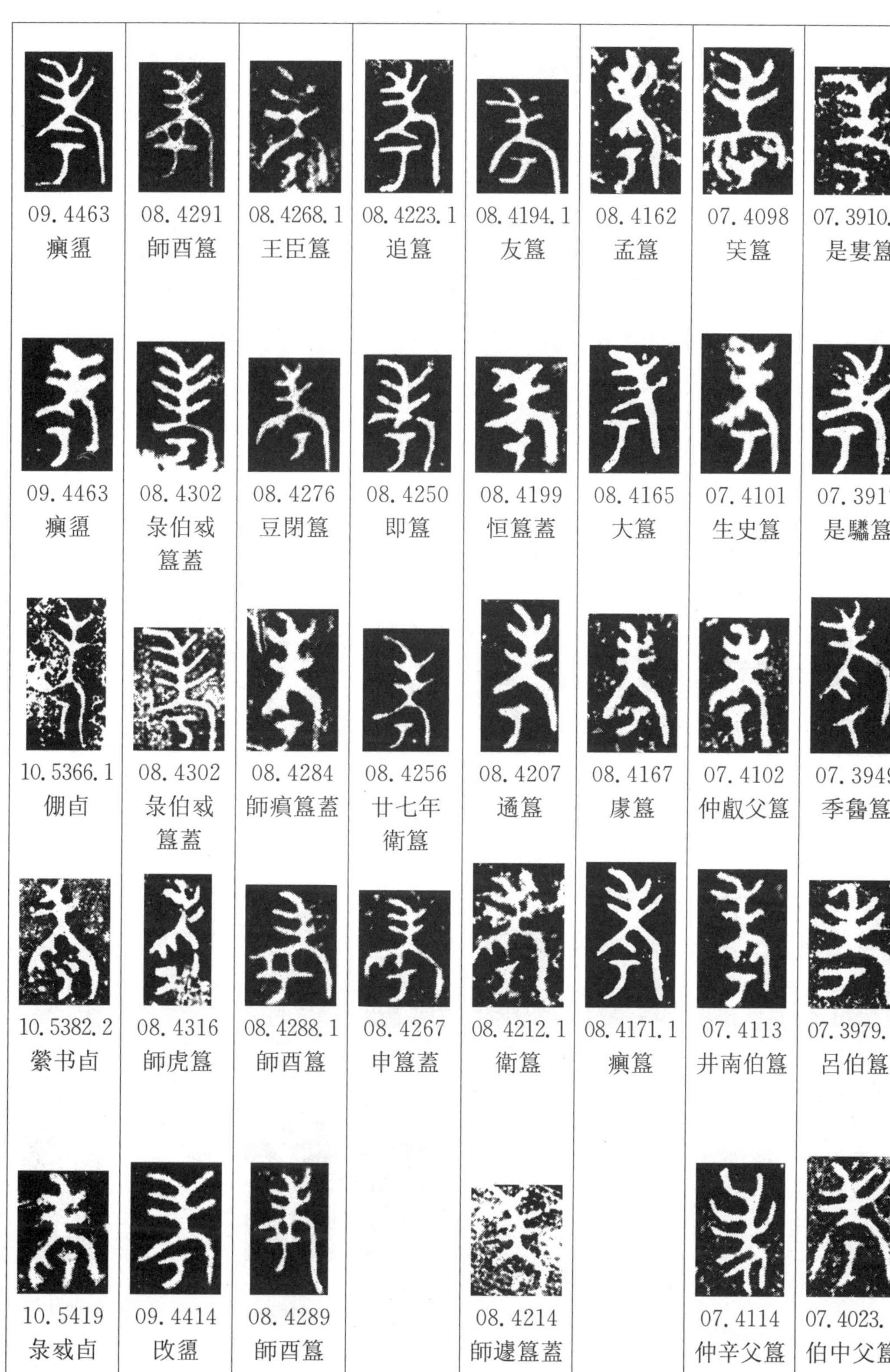

07.3910.1 是婁簋	07.4098 宎簋	08.4162 孟簋	08.4194.1 友簋	08.4223.1 追簋	08.4268.1 王臣簋	08.4291 師酉簋	09.4463 𤼈盨
07.3917 是驪簋	07.4101 生史簋	08.4165 大簋	08.4199 恒簋蓋	08.4250 即簋	08.4276 豆閉簋	08.4302 彔伯𢦚簋蓋	09.4463 𤼈盨
07.3949 季魯簋	07.4102 仲叡父簋	08.4167 豦簋	08.4207 遹簋	08.4256 廿七年衛簋	08.4284 師瘨簋蓋	08.4302 彔伯𢦚簋蓋	10.5366.1 倗卣
07.3979.1 呂伯簋	07.4113 井南伯簋	08.4171.1 𤼈簋	08.4212.1 衛簋	08.4267 申簋蓋	08.4288.1 師酉簋	08.4316 師虎簋	10.5382.2 縈书卣
07.4023.1 伯中父簋	07.4114 仲辛父簋		08.4214 師遽簋蓋		08.4289 師酉簋	09.4414 敔盨	10.5419 彔𢦚卣
西周中期	西周中期	西周中期	西周中期	西周中期	西周中期	西周中期	西周中期

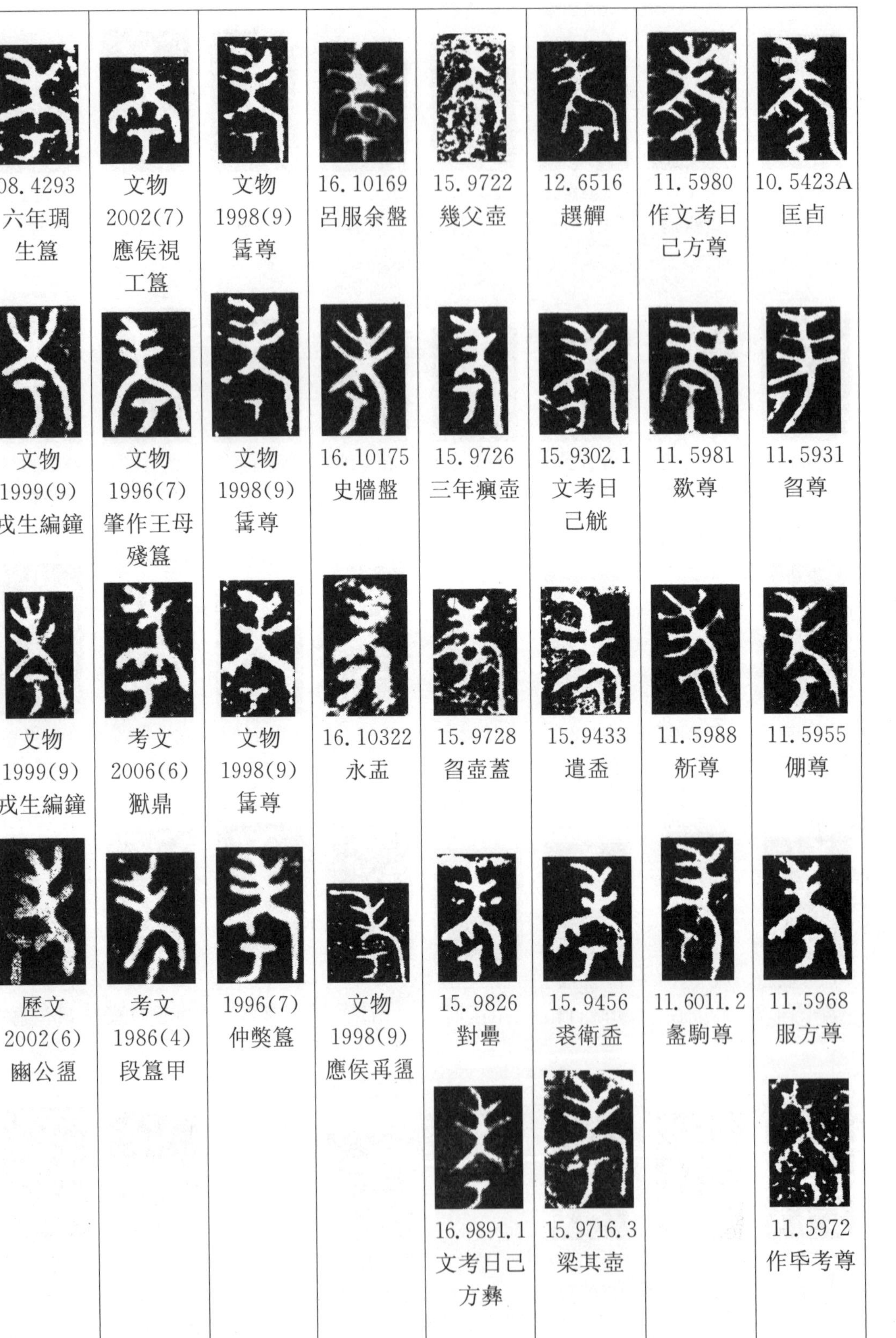

08.4293 六年琱生簋	文物 2002(7) 應侯視工簋	文物 1998(9) 雋尊	16.10169 呂服余盤	15.9722 幾父壺	12.6516 趩觶	11.5980 作文考日己方尊	10.5423A 匡卣
文物 1999(9) 戎生編鐘	文物 1996(7) 肇作王母殘簋	文物 1998(9) 雋尊	16.10175 史牆盤	15.9726 三年𤼈壺	15.9302.1 文考日己觥	11.5981 𢽴尊	11.5931 曶尊
文物 1999(9) 戎生編鐘	考文 2006(6) 獄鼎	文物 1998(9) 雋尊	16.10322 永盂	15.9728 曶壺蓋	15.9433 遣盉	11.5988 𧾷斤尊	11.5955 倗尊
歷文 2002(6) 豳公盨	考文 1986(4) 段簋甲	1996(7) 仲獘簋	文物 1998(9) 應侯爯盨	15.9826 對罍	15.9456 裘衛盉	11.6011.2 盠駒尊	11.5968 服方尊
				16.9891.1 文考日己方彝	15.9716.3 梁其壺		11.5972 作乎考尊
西周中期	西周中期	西周中期	西周中期	西周中期	西周中期	西周中期	西周中期

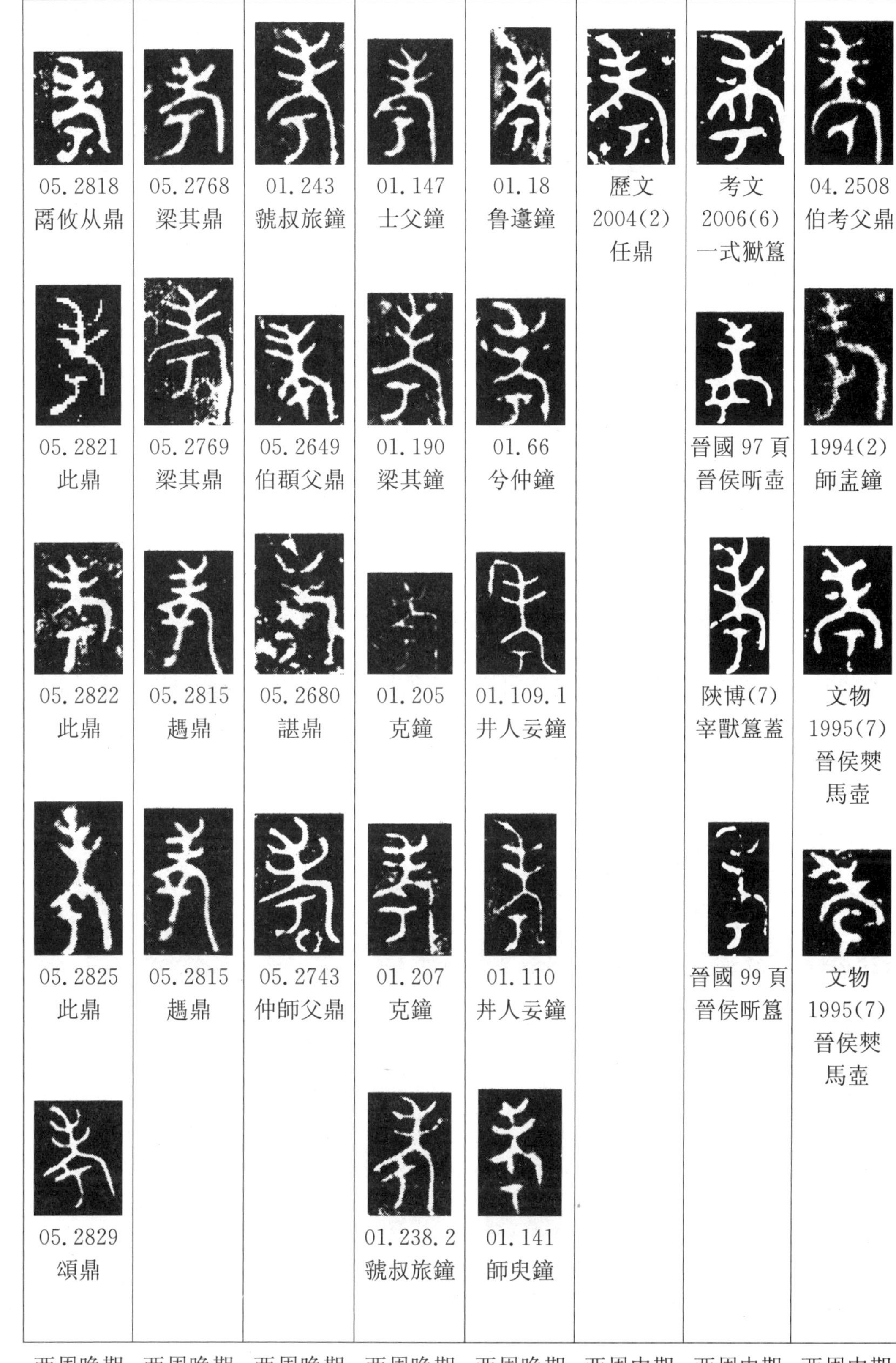

05.2818 鬲攸从鼎	05.2768 梁其鼎	01.243 虢叔旅鐘	01.147 士父鐘	01.18 鲁邍鐘	歷文 2004(2) 任鼎	考文 2006(6) 一式獄簋	04.2508 伯考父鼎
05.2821 此鼎	05.2769 梁其鼎	05.2649 伯頵父鼎	01.190 梁其鐘	01.66 兮仲鐘		晉國 97 頁 晉侯昕壺	1994(2) 師盂鐘
05.2822 此鼎	05.2815 趞鼎	05.2680 諶鼎	01.205 克鐘	01.109.1 井人妄鐘		陝博(7) 宰獸簋蓋	文物 1995(7) 晉侯僰馬壺
05.2825 此鼎	05.2815 趞鼎	05.2743 仲師父鼎	01.207 克鐘	01.110 井人妄鐘		晉國 99 頁 晉侯昕簋	文物 1995(7) 晉侯僰馬壺
05.2829 頌鼎			01.238.2 虢叔旅鐘	01.141 師臾鐘			
西周晚期	西周晚期	西周晚期	西周晚期	西周晚期	西周中期	西周中期	西周中期

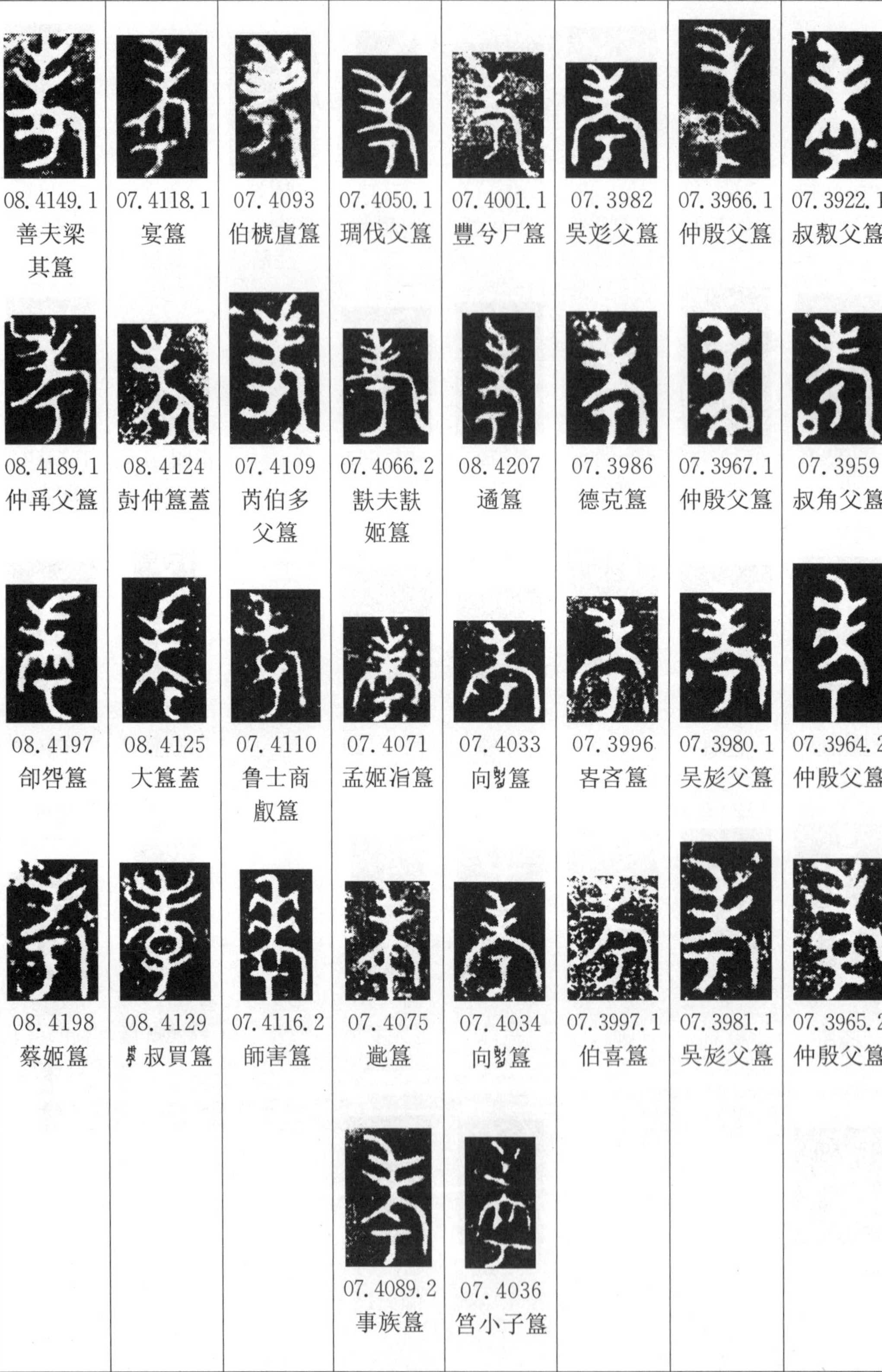
07.3922.1 叔㝬父簋
07.3959 叔角父簋
07.3964.2 仲殷父簋
07.3965.2 仲殷父簋
西周晚期
07.3966.1 仲殷父簋
07.3967.1 仲殷父簋
07.3980.1 吴尨父簋
07.3981.1 吴尨父簋
西周晚期
07.3982 吴尨父簋
07.3986 德克簋
07.3996 害宮簋
07.3997.1 伯喜簋
西周晚期
07.4001.1 豐兮尸簋
08.4207 通簋
07.4033 向𣪘簋
07.4034 向𣪘簋
07.4036 笸小子簋
西周晚期
07.4050.1 琱伐父簋
07.4066.2 𢦚夫𢦚姬簋
07.4071 孟姬㴰簋
07.4075 遣簋
07.4089.2 事族簋
西周晚期
07.4093 伯梡虘簋
07.4109 芮伯多父簋
07.4110 鲁士商𫉬簋
07.4116.2 師害簋
西周晚期
07.4118.1 宴簋
08.4124 封仲簋蓋
08.4125 大簋蓋
08.4129 𤔲叔買簋
西周晚期
08.4149.1 善夫梁其簋
08.4189.1 仲爯父簋
08.4197 㠯咎簋
08.4198 蔡姬簋
西周晚期

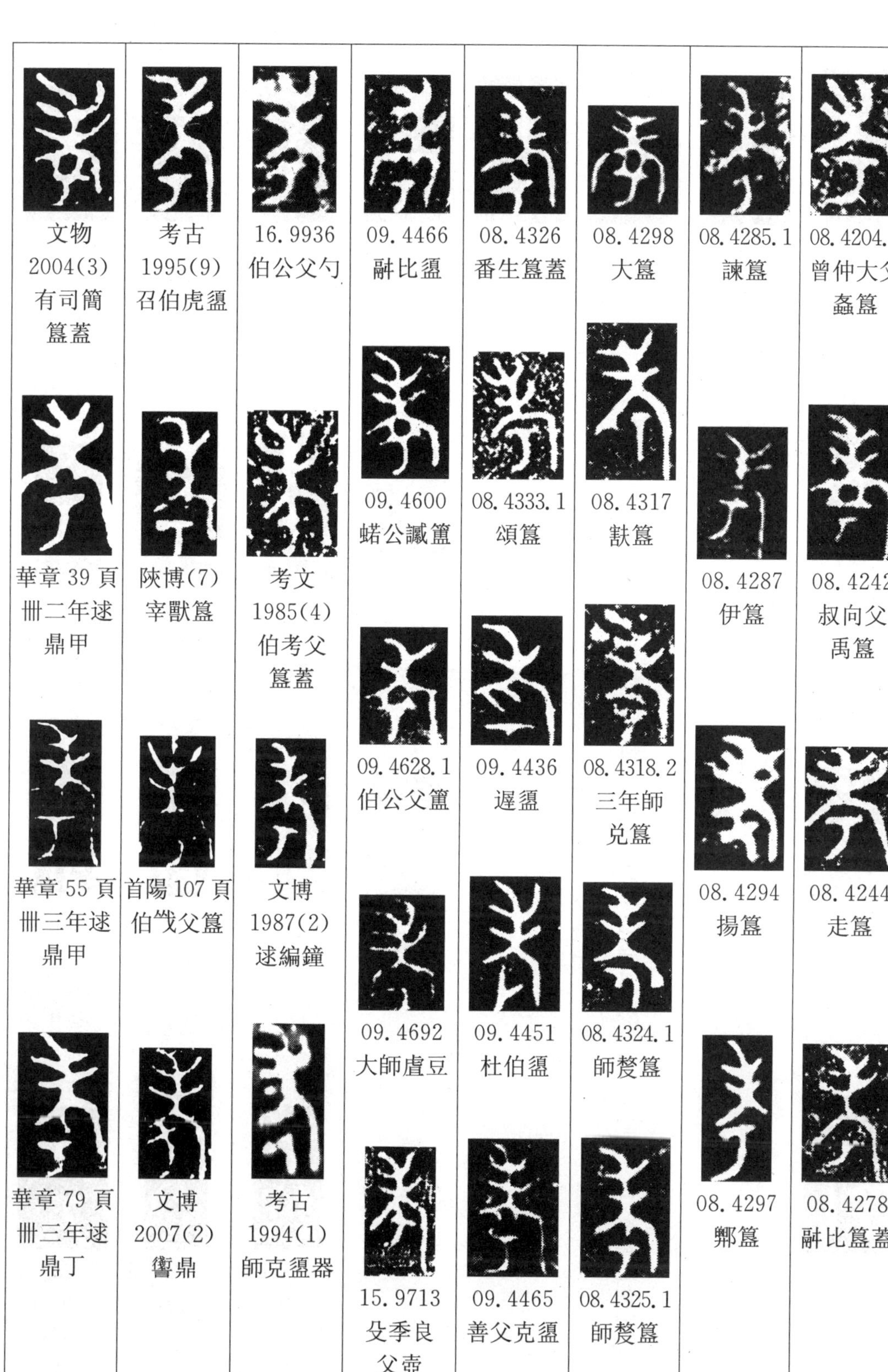

西周晚期 西周晚期 西周晚期 西周晚期 西周晚期 西周晚期 西周晚期 西周晚期

孝 丂

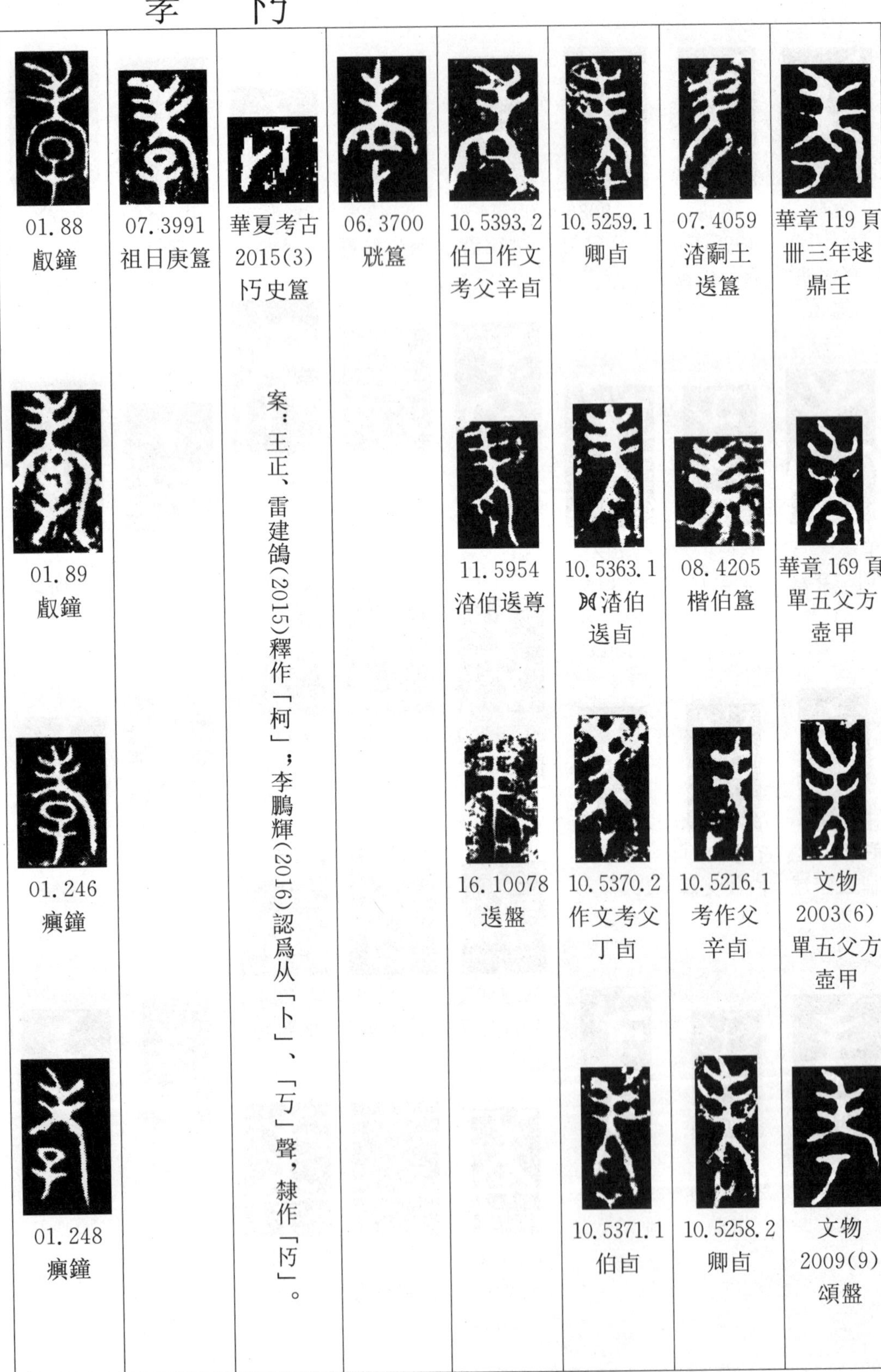

西周中期	西周早期	西周晚期	西周中期	西周早期	西周早期	西周早期	西周晚期
01.88 𣪕鐘	07.3991 祖日庚簋	華夏考古 2015(3) 丂史簋	06.3700 䟗簋	10.5393.2 伯口作文考父辛卣	10.5259.1 卿卣	07.4059 渣嗣土逘簋	華章119頁 卌三年逑鼎壬
01.89 𣪕鐘		案：王正、雷建鴿(2015)釋作「柯」；李鵬輝(2016)認爲从「卜」、「丂」聲，隸作「丂」。		11.5954 渣伯逘尊	10.5363.1 𢆶渣伯逘卣	08.4205 楷伯簋	華章169頁 單五父方壺甲
01.246 𤼈鐘				16.10078 逘盤	10.5370.2 作文考父丁卣	10.5216.1 考作父辛卣	文物 2003(6) 單五父方壺甲
01.248 𤼈鐘					10.5371.1 伯卣	10.5258.2 卿卣	文物 2009(9) 頌盤

西周晚期	西周晚期	西周晚期	西周晚期	西周晚期	西周晚期	西周中期	西周中期
08.4149.2 善夫梁其簋	08.4124 尌仲簋蓋	07.4063.1 㝬夫㝬姬簋	07.4038 章叔腁簋	05.2681 姬鼎	01.69 兮仲鐘	15.9721 幾父壺	05.2789 㦰方鼎
08.4150.1 善夫梁其簋	08.4129 □叔買簋	07.4063.1 㝬夫㝬姬簋	07.4056.1 叔噩父簋	05.2821 此鼎	04.2529 仲爯父鼎	16.10175 史牆盤	05.2838 曶鼎
08.4151 善夫梁其簋	08.4147.2 善夫梁其簋	07.4067.1 㝬夫㝬姬簋	07.4057.1 叔噩父簋	05.2827 頌鼎	05.2582 辛中姬皇母鼎	文物 1999(9) 戎生編鐘	08.4220 追簋
08.4158.1 鼃乎簋	08.4149.1 善夫梁其簋	07.4093 伯椃虘簋	07.4058.1 叔噩父簋	05.2836 大克鼎	05.2666 伯鮮鼎	通鑒 04993 楷大司徒仲車父簋	08.4224 追簋
							08.4322.1 㦰簋

西周	西周晚期	西周晚期	西周晚期	西周晚期	西周晚期	西周晚期	西周晚期
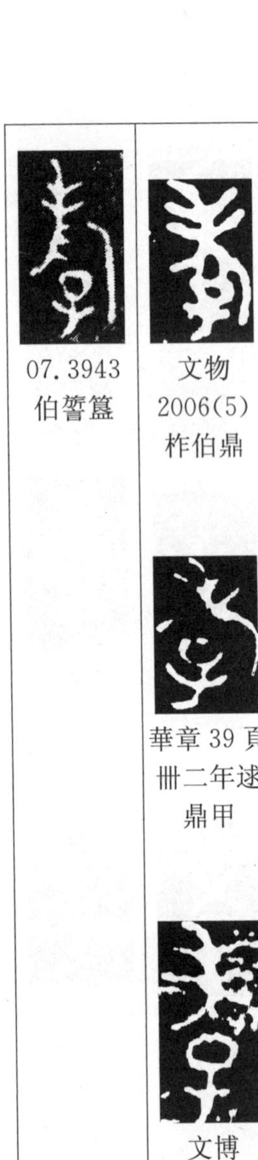 07.3943 伯簪簋	 文物 2006(5) 柞伯鼎	16.9935 伯公父勺	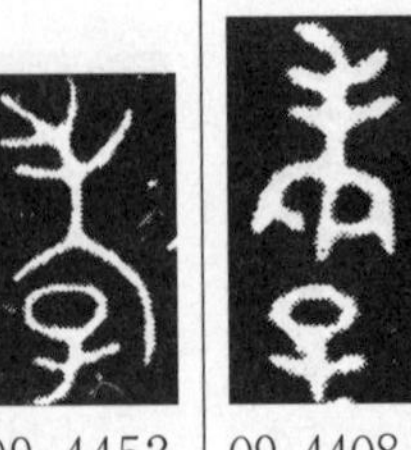 15.9695.2 虞司寇壺	09.4452 杜伯盨	09.4408.1 伯孝𢀛盨	 08.4308 此簋	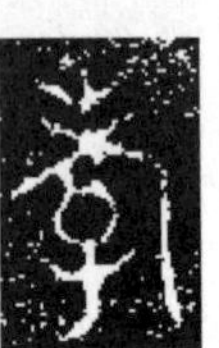 08.4188.1 仲爯父簋
	華章39頁 卌二年逑 鼎甲	文博 2007(2) 𩁹鼎	 15.9713 殳季良 父壺	 15.9694.1 虞嗣寇壺	 09.4433 曼龏父盨	 08.4309 此簋	 08.4204.1 曾仲大父 蝨簋
	文博 1987(2) 逑鐘	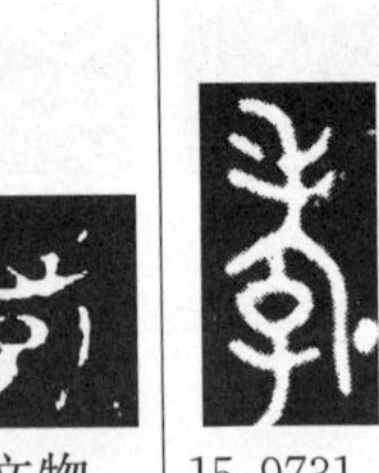 文物 2003(6) 卌二年逑 鼎乙	 15.9731.1 頌壺	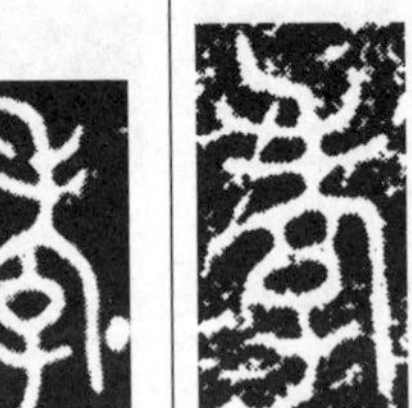 15.9694.1 虞嗣寇壺	 09.4446.2 伯梁其盨	 08.4310 此簋	 08.4303.1 此簋
	 文物 2009(9) 頌盤	 文物 2003(6) 逑盤	 15.9732 頌壺蓋	 15.9695.1 虞司寇壺	 09.4451 杜伯盨	 08.4338 頌簋蓋	 08.4307 此簋

毳　毛　耆

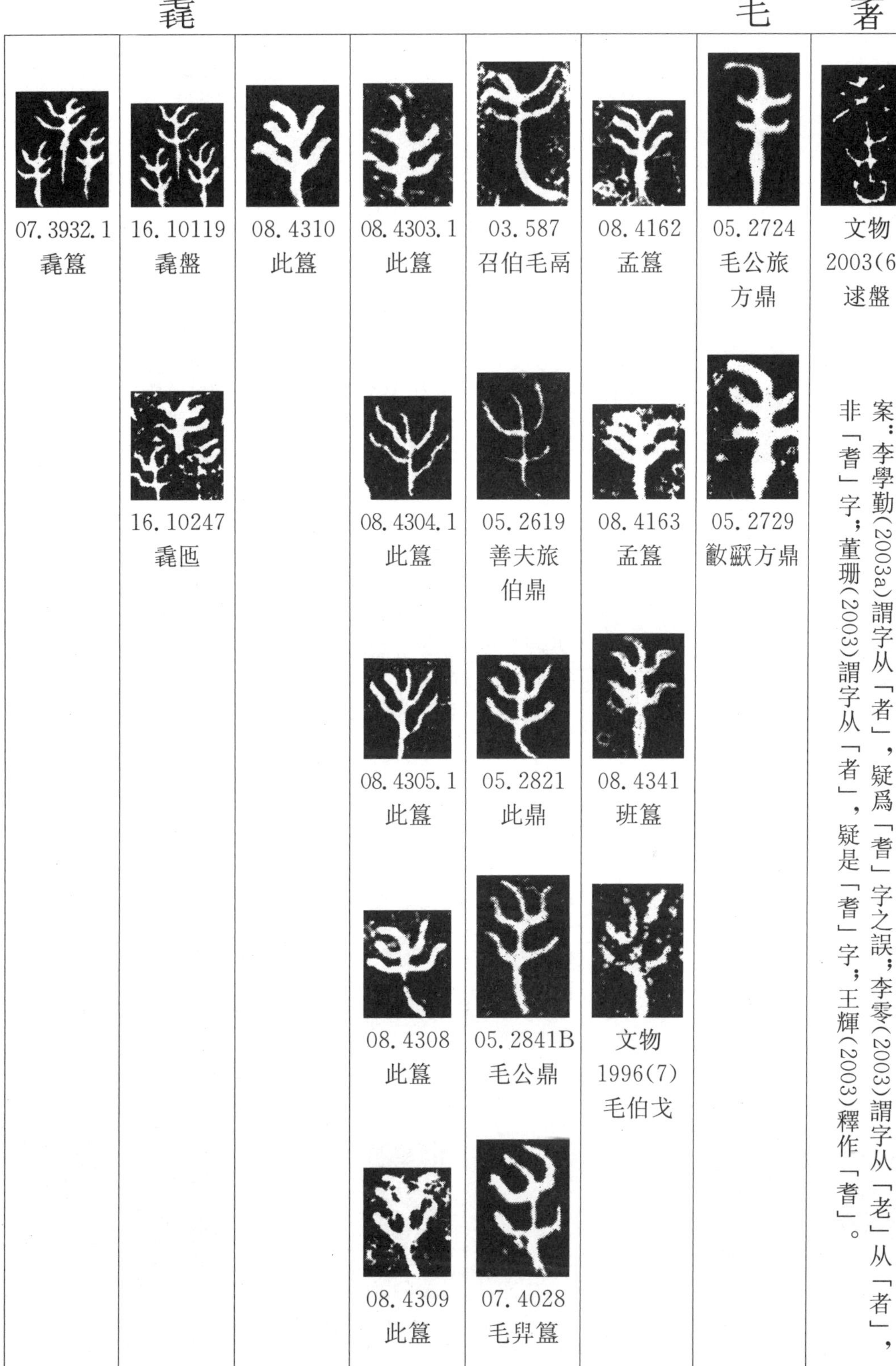

07.3932.1 毳簋	16.10119 毳盤	08.4310 此簋	08.4303.1 此簋	03.587 召伯毛鬲	08.4162 孟簋	05.2724 毛公旅方鼎	文物 2003(6) 逑盤
	16.10247 毳匜		08.4304.1 此簋	05.2619 善夫旅伯鼎	08.4163 孟簋	05.2729 歔甗方鼎	案：李學勤(2003a)謂字从「耆」，疑爲「耆」字之誤；李零(2003)謂字从「老」从「耆」，非「耆」字；董珊(2003)謂字从「耆」，疑是「耆」字；王輝(2003)釋作「耆」。
			08.4305.1 此簋	05.2821 此鼎	08.4341 班簋		
			08.4308 此簋	05.2841B 毛公鼎	文物 1996(7) 毛伯戈		
			08.4309 此簋	07.4028 毛弔簋			
西周晚期	西周中期	西周晚期	西周晚期	西周晚期	西周中期	西周早期	西周晚期

尸

 08.4215.1 龖簋	 01.260.2 㝬鐘	 華夏考古 2000(3) 追夷簋	 16.10175 史牆盤	 06.3483.1 夷伯簋	 上博(6) 保員簋	 08.4238 小臣謎簋	 05.2728 旅鼎
 08.4225.1 無㠱簋	 05.2833 禹鼎	 新收 1609 尸曰盤	 考文 1989(3) 史密簋	 08.4273 靜簋		 08.4239.1 小臣謎簋	 05.2739 𡊨方鼎
 08.4228 無㠱簋蓋	 07.4001.1 豐兮尸簋	 文博 2006(3) 尸鼎	 文博 1987(4) 尸伯尸簋	 08.4288.1 師酉簋		 08.4239.2 小臣謎簋	 05.2740 寧鼎
 08.4313.1 師寰簋	 07.4002.2 豐兮尸簋		 新收 1670 夷曰匜	 10.5420.1 彔𢦚卣		 10.5407.1 作册睘卣	 05.2741 寧鼎
 08.4321 訇簋	 07.4002.1 豐兮尸簋			 10.5425 競卣		 文物 1998(9) 柞伯簋	 05.2837 大盂鼎
西周晚期	西周晚期	西周中期	西周中期	西周中期	西周早期	西周早期	西周早期

屖	屒	㞡					
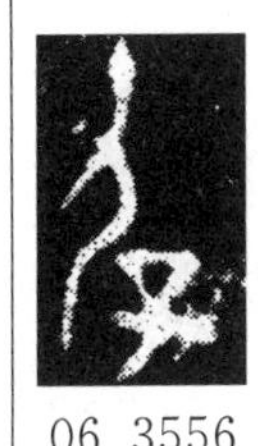 06.3556 季屖簋	 05.2808 大鼎	 08.4313.1 師寰簋	 04.2517 內字仲㞡鼎	 16.10322 永盂	 晉侯 晉侯銅人	 16.10174 兮甲盤	 09.4435 虢仲盨蓋
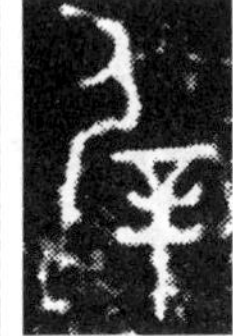 08.4134 御史競簋	 08.4298 大簋	 15.9718 𩰫史㞡壺	 08.4213 㞡敖簋蓋	 考文 1989(3) 史密簋		 新收 881 晉侯蘇鐘	 09.4459.1 翏生盨
案：徐義華(2007)、李學勤(2007b)釋爲「辟」；林澐(2008)綜合各家之說釋作「屖」，讀爲「墀」；何景成(2012)釋作「屖」，讀爲「劑」。	08.4299 大簋蓋		 08.4213 㞡敖簋蓋			 首陽 114 頁 應侯簋	 09.4461.2 翏生盨
			 08.4213 㞡敖簋蓋				 09.4464 駒父盨蓋
西周早期	西周晚期	西周晚期	西周晚期	西周中期	西周	西周晚期	西周晚期

履		層		肩			
 16.10322 永盂	 05.2831 九祀衛鼎	 06.3656.1 集層作父癸簋	 01.189.1 梁其鐘	 03.948 遇甗	 05.2649 伯頵父鼎	 文物 2007(8) 五年琱生尊甲	 05.2832 五祀衛鼎
 歷文 2002(1) 士山盤	 05.2832 五祀衛鼎	 06.3657 集層作父癸簋	 16.10200 伯庶父匜	 05.2830 師訊鼎	 08.4436.1 遅盨		 08.4269 縣改簋
	 08.4262.1 格伯簋				 文博 2008(2) 叔屖父盨		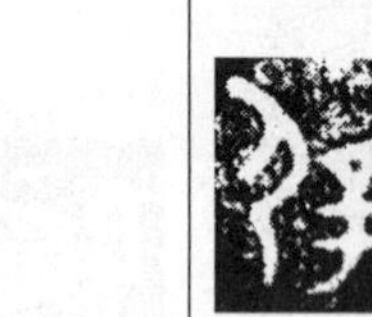 10.5425 競卣
	 08.4264.2 格伯簋						 11.5953 屖父己尊
	 08.4265 格伯簋						 16.10175 史牆盤
西周中期	西周中期	西周早期	西周晚期	西周中期	西周晚期	西周中期	西周中期

俞			舟				
05.2723 師艅鼎	08.4247.2 楚簋	04.1953 舟作寶鼎	03.1457 舟尹鼎	03.853 舟甗	考文 1998(3) 吴虎鼎	16.10176 散氏盤	08.4278 鬲比簋蓋
10.5222.1 艅伯卣	08.4249 楚簋	06.3375 舟作寶簋		10.4907 舟父甲卣		16.10176 散氏盤	08.4298 大簋
11.5955 師艅尊	周亞(2004)認爲「舟」爲「盤」之本名。	07.3867.2 洹秦簋		10.5296.1 尹舟作父癸卣		16.10176 散氏盤	08.4299 大簋蓋
11.5849 艅伯尊		文物 2004(2) 晉韋父盤		10.5752 尹舟父癸尊		16.10176 散氏盤	16.10134 段仲盤
12.6411 父辛亞艅觶				11.6015 麥方尊		16.10176 散氏盤	16.10176 散氏盤
				12.6388 尹舟父丙觶			
西周早期	西周晚期	西周晚期	西周早期或中期	西周早期	西周晚期	西周晚期	西周晚期

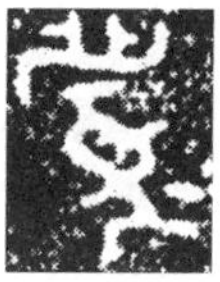

朕

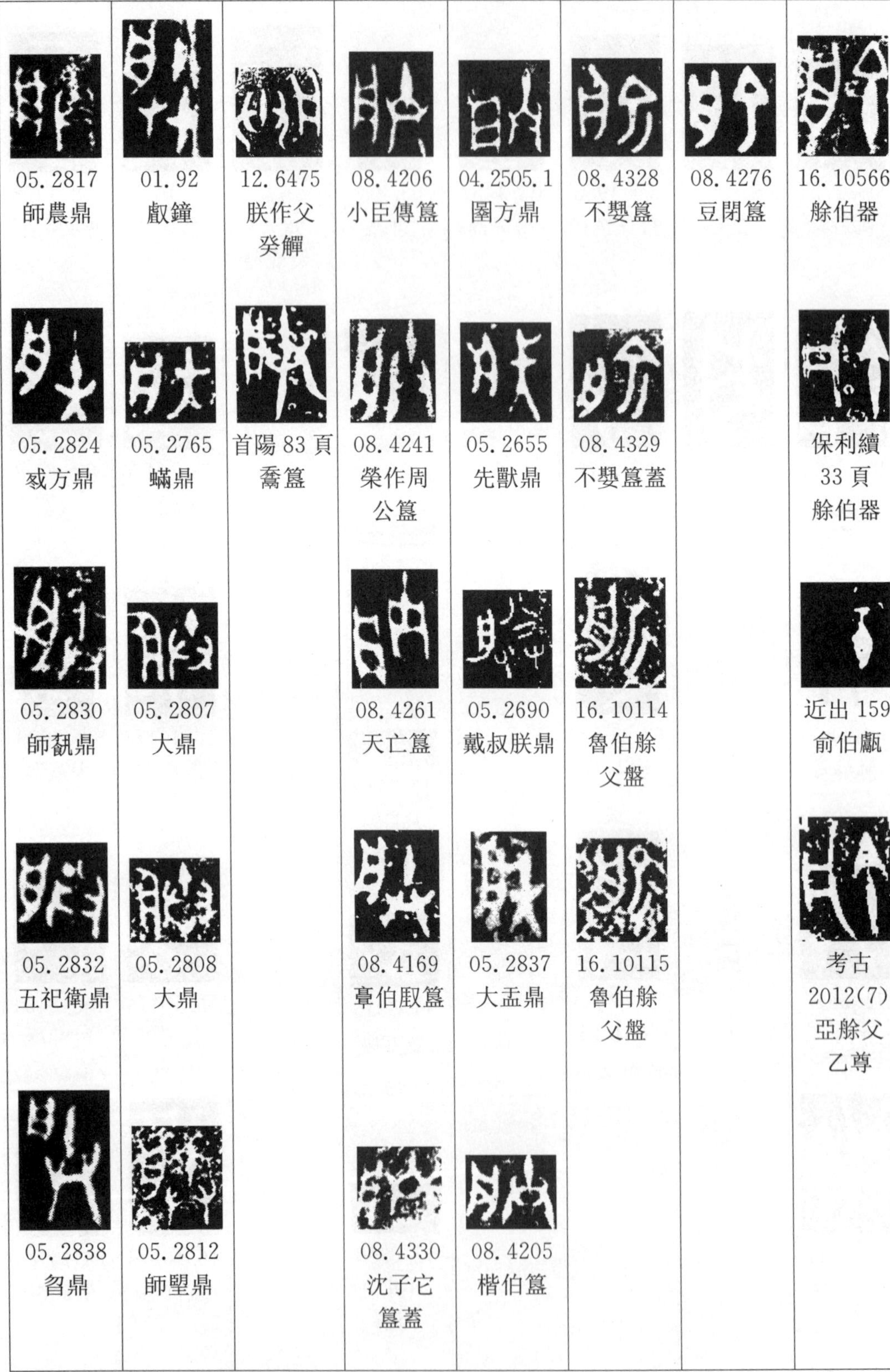

05.2817 師農鼎	01.92 䣄鐘	12.6475 朕作父癸觶	08.4206 小臣傳簋	04.2505.1 圉方鼎	08.4328 不嬰簋	08.4276 豆閉簋	16.10566 艅伯器
05.2824 㦰方鼎	05.2765 𧍧鼎	首陽 83 頁 喬簋	08.4241 榮作周公簋	05.2655 先獸鼎	08.4329 不嬰簋蓋		保利續 33 頁 艅伯器
05.2830 師𩛥鼎	05.2807 大鼎		08.4261 天亡簋	05.2690 戴叔朕鼎	16.10114 魯伯艅父盤		近出 159 俞伯甗
05.2832 五祀衛鼎	05.2808 大鼎		08.4169 章伯𠬝簋	05.2837 大盂鼎	16.10115 魯伯艅父盤		考古 2012(7) 亞艅父乙尊
05.2838 曶鼎	05.2812 師望鼎		08.4330 沈子它簋蓋	08.4205 楷伯簋			
西周中期	西周中期	西周早期	西周早期	西周早期	西周晚期	西周中期	西周早期

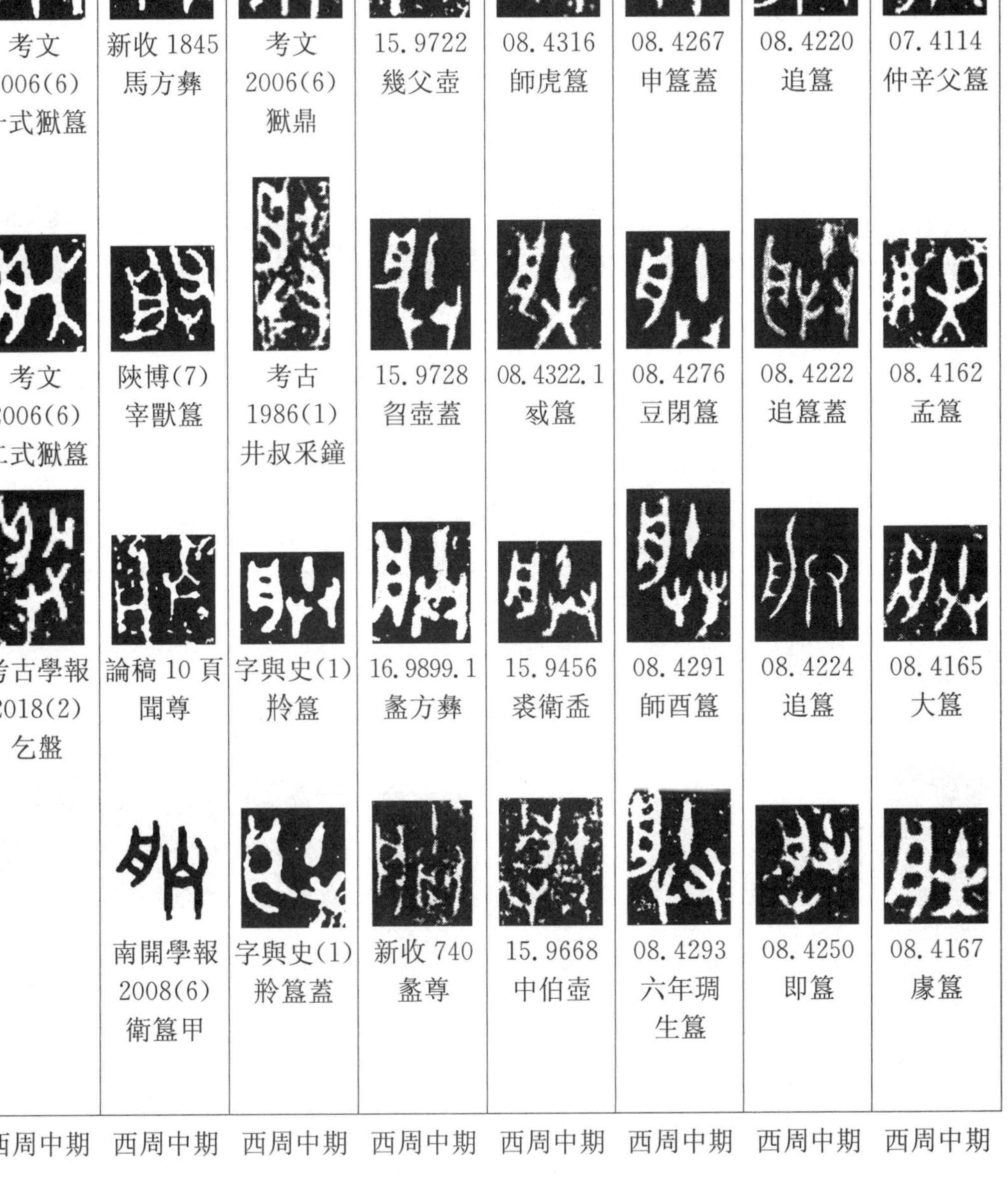

07.4103 仲叡父簋	08.4200 恒簋蓋	08.4256.1 廿七年衛簋	08.4302 彔伯㺇簋蓋	15.9722 幾父壺	考文 2006(6) 獄簋器	歷文 2006(3) 䚄簋	史學集刊 2006(2) 爯簋
07.4114 仲辛父簋	08.4220 追簋	08.4267 申簋蓋	08.4316 師虎簋	15.9722 幾父壺	考文 2006(6) 獄鼎	新收 1845 馬方彝	考文 2006(6) 一式獄簋
08.4162 孟簋	08.4222 追簋蓋	08.4276 豆閉簋	08.4322.1 㺇簋	15.9728 曶壺蓋	考古 1986(1) 井叔采鐘	陝博(7) 宰獸簋	考文 2006(6) 二式獄簋
08.4165 大簋	08.4224 追簋	08.4291 師酉簋	15.9456 裘衛盉	16.9899.1 盠方彝	字與史(1) 羚簋	論稿 10 頁 聞尊	考古學報 2018(2) 乞盤
08.4167 豦簋	08.4250 即簋	08.4293 六年琱生簋	15.9668 中伯壺	新收 740 盠尊	字與史(1) 羚簋蓋	南開學報 2008(6) 衛簋甲	
西周中期	西周中期	西周中期	西周中期	西周中期	西周中期	西周中期	西周中期

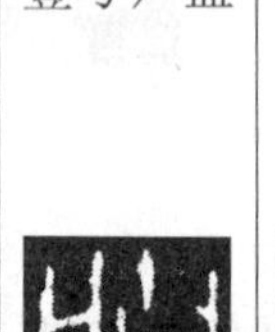

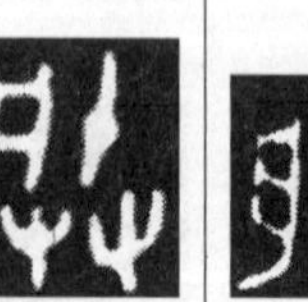

07.4118.1 宴簋	07.3998.1 伯喜簋	07.3955 兑簋	05.2836 大克鼎	05.2821 此鼎	03.679 榮有司爯鬲	01.207 克鐘	01.41 眉壽鐘
08.4124 封仲簋蓋	07.4002.2 豐兮尸簋	07.3959 叔角父簋	05.2841B 毛公鼎	05.2823 此鼎	05.2649 伯頵父鼎	01.240.2 虢叔旅鐘	01.63 眉壽鐘
08.4129 [illegible]叔買簋	08.4207 遹簋	07.3986 德克簋	07.3776 鄧公簋	05.2825 善夫山鼎	05.2796 小克鼎	01.241 虢叔旅鐘	01.141 師臾鐘
08.4150.1 善夫梁其簋	07.4110 魯士商叡簋	07.3996 害宮簋	07.3921 叔敫父簋	05.2827 頌鼎	05.2798 小克鼎	01.243 虢叔旅鐘	01.146 士父鐘
08.4151 善夫梁其簋	07.4111 魯士商叡簋	07.3997.1 伯喜簋	07.3922.1 叔敫父簋	05.2829 頌鼎	05.2815 趞鼎	01.260.2 㝬鐘	01.147 士父鐘
西周晚期	西周晚期	西周晚期	西周晚期	西周晚期	西周晚期	西周晚期	西周晚期

華夏考古 2000(3) 追夷簋	15.9732 頌壺蓋	08.4334 頌簋	08.4318.2 三年師兑簋	08.4298 大簋	08.4281 元年師旋簋	08.4227 無㠱簋蓋	08.4168 𪔁兑簋
華章 79 頁 卌三年逑鼎丁	16.10079 伯百父盤	08.4337 頌簋	08.4328 不嬰簋	08.4312 師顈簋	08.4282.1 元年師旋簋	08.4228 無㠱簋蓋	08.4185 公臣簋
華章 169 頁 單五父方壺甲	16.10114 魯伯艅父盤	08.4338 頌簋蓋	08.4331 𢍰伯歸夆簋	08.4313.1 師寰簋	08.4294 揚簋	08.4254 弭叔師察簋	08.4186 公臣簋
文物 2004(3) 有司簡簋蓋	16.10133 薛侯盤	08.4340 蔡簋	08.4332.1 頌簋	08.4314 師寰簋	08.4296 鄸簋蓋	08.4279 元年師旋簋	08.4187 公臣簋
文物 2006(5) 柞伯鼎	16.10244 魯伯艅父匜	10.5914 虢叔尊	08.4333.1 頌簋	08.4317 㝬簋	08.4297 鄸簋	08.4280.1 元年師旋簋	08.4225.1 無㠱簋
西周晚期	西周晚期	西周晚期	西周晚期	西周晚期	西周晚期	西周晚期	西周晚期

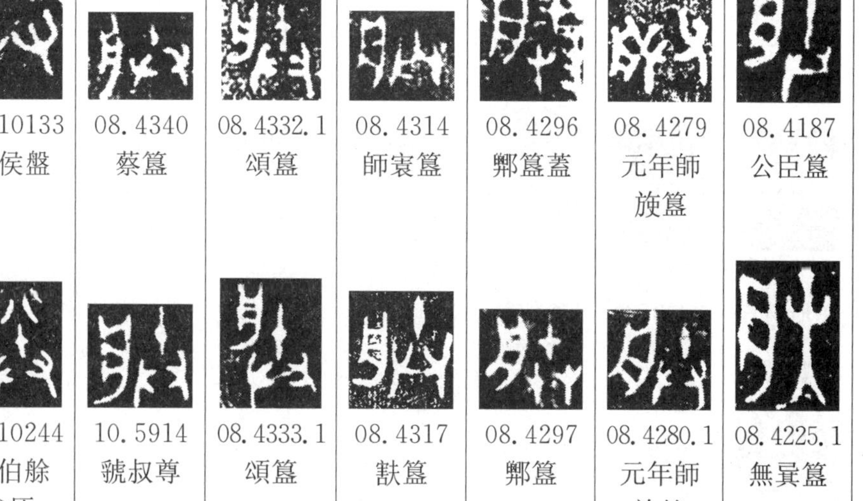

服							般
05.2837 大盂鼎	 16.10133 薛侯盤	 16.10085 [illegible]盤	 08.4141.1 函皇父簋	 16.10161 免盤	 05.2783 七年趞曹鼎	 16.10075 畬父盤	 15.9299 般觥
 08.4241 榮作周公簋	 16.10172 寰盤	 16.10093 史頌盤	 09.4485.1 般仲遽簠	 16.10170 走馬休盤	 05.2804 利鼎		 15.9386 [illegible]般盉
 10.5432.1 作册魖卣	 16.10174 兮甲盤	 16.10103 伯駟父盤	 15.9438 王盉	 歷文 2002(1) 士山盤	 15.9456 裘衛盉		 15.9409.1 強伯鎣
 10.5432.2 作册魖卣	 文物 2003(6) 逑盤	 16.10111 師寏父盤	 16.10071 宗仲盤	 考文 2006(6) 獄盤	 16.10107 叔父五盤		 16.10064 強伯鎣
 10.5432.1 作册魖卣	 考古 2003(3) 應姚簋	 16.10114 魯伯艅父盤	 16.10080 蘇甫人盤	 考文 2006(6) 獄盉	 16.10119 毳盤		 16.10066 吳盤
 首陽 83 頁 [illegible]簋							
西周早期	西周晚期	西周晚期	西周晚期	西周中期	西周中期	西周早期	西周早期

方	⿰舟尹	⿰舟若	⿰舟聿				
05.2837 大盂鼎	近出 667 ⿰舟尹父辛觶	16.10546 ⿰舟若伯器	04.2460 栜伯⿰舟聿鼎	文物 2003(6) 逑盤	05.2836 大克鼎	歷文 2002(1) 士山盤	08.4273 靜簋
08.4139 楷侯簋蓋	長子口 85 頁 ⿰舟尹觶			文博 1987(2) 逑編鐘	05.2841A 毛公鼎	歷文 2002(1) 士山盤	08.4341 班簋
08.4261 天亡簋					08.4321 訇簋	歷文 2006(3) 親簋	11.5968 服方尊
11.6016 矢令方尊					08.4326 番生簋蓋	中國古董 2008(56) 古鼎	12.6516 趩觶
文物 2004(8) 辛⿱吅阜相簋					09.4464 駒父盨蓋		15.9456 裘衛盉
西周早期	西周早期	西周早期	西周晚期	西周晚期	西周晚期	西周中期	西周中期

兒

西周中期	西周晚期	西周晚期	西周晚期	西周晚期	西周中期	西周中期	西周早期
 03.1038 兒鼎	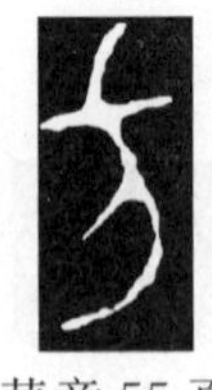 華章55頁 卌三年逑鼎甲	 16.10173 虢季子白盤	 08.4326 番生簋蓋	 01.181.2 南宮乎鐘	 歷文2002(1) 士山盤	 01.251 瘋鐘	 文物2001(6) 亘弜方簋
 03.1039 兒鼎	 文物2003(6) 卌三年逑鼎辛	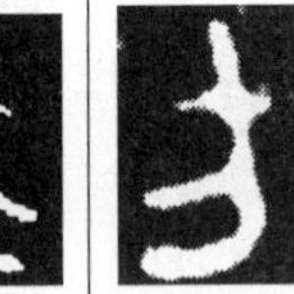 16.10174 兮甲盤	 08.4328 不嬰簋	 05.2833 禹鼎	 歷文2002(6) 豳公盨	 04.2809 師旂鼎	 文物1996(7) 伯作戈
 06.2938 兒簋	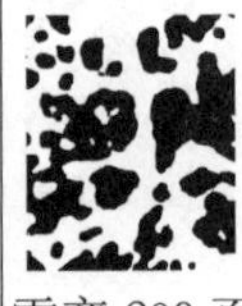 雪齋209頁 方娂各鼎	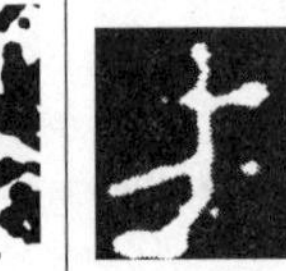 文物1999(9) 戎生編鐘	 08.4329 不嬰簋蓋	 05.2841B 毛公鼎		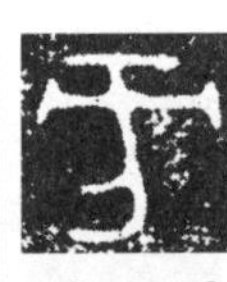 08.4302 彔伯㦰簋蓋	 文物2007(1) 𣪘甗
 06.2940 兒簋		 文物2003(6) 逑盤	 09.4467.1 師克盨	 08.4317 㝬簋		 08.4341 班簋	
 12.6479 者兒觶			 09.4468 師克盨蓋			 16.10175 史牆盤	

		兄		兑		允	
11.5932 屯尊	10.5337.1 憻季遽父卣	05.2671 ⿸广金父鼎	08.4318.1 三年師兑簋	07.3955 兑簋	08.4328 不嬰簋	08.4341 班簋	 09.4466 融比盨
11.5933 何作兄日壬尊	14.8981 亞兄丁爵	05.2672 ⿸广金父鼎	文物 2003(6) 逑盤	08.4168 ⿱齊鼎兑簋			
 11.5934 逑作兄日乙尊	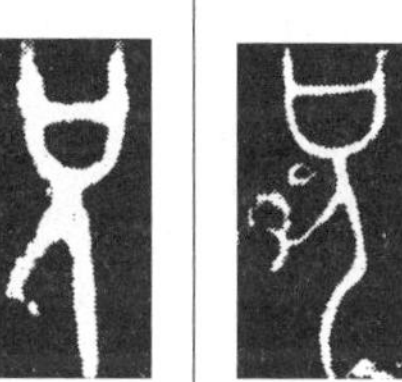 文物 1996(7) 史⿴囗比敏尊	 10.5002.2 [illegible]兄丁卣	 華章 63 頁 卌三年逑鼎乙	 08.4274.2 元年師兑簋			
	 滕州 272 頁 婦口兄癸尊	 10.5296.1 尹舟作父癸卣	 華章 71 頁 卌三年逑鼎丙	 08.4275.2 元年師兑簋			
西周早期或中期	西周早期	西周早期	西周晚期	西周晚期	西周晚期	西周中期	西周晚期

䟫	粎			貺		𧈫	
06.3700 䟫簋	 06.3630 粎簋	 05.2705 窬鼎	 11.6003 保尊	 05.2704 旟鼎	 05.2774 帥隹鼎	 06.3644 史梅𧈫祖辛簋	 08.4198 蔡姬簋
 06.3701 䟫簋		 07.4097 窬簋	 15.9303.1 作册旂觥	 08.4300 作册矢令簋	 文物2007(8)五年琱生尊甲	 10.5428.1 叔趯父卣	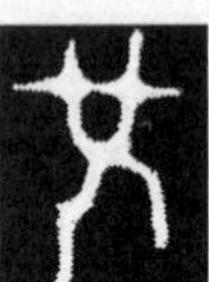 09.4628.1 伯公父匿
		案：沈培(2008)認爲用此形表示「貺」，可以看作是「異體分工」。	 16.9895.1 旂方彝	 10.5415.1 保卣	案：單育辰(2014a)謂我們以前認爲「𧈫」即文獻的「況」字，其實就是「更」的一種早期寫法。		 09.4628.2 伯公父匿
			 16.9895.2 旂方彝	 11.6002 作册旂尊			 15.9713 殳季良父壺
西周中期	西周	西周早期	西周早期	西周早期	西周早期	西周早期	西周晚期

			先		兓	兢	皝
 08.4171.1 癲簋	 05.2812 師朢鼎	 03.649 伯先父鬲	 05.2803 令鼎	 16.10176 散氏盤	 08.4261 天亡簋	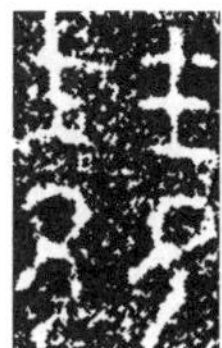 09.4466 鬲比盨	 06.3654.1 皝作父壬簋
 08.4172.1 癲簋	 05.2820 善鼎	 03.655 伯先父鬲	 05.2837 大盂鼎	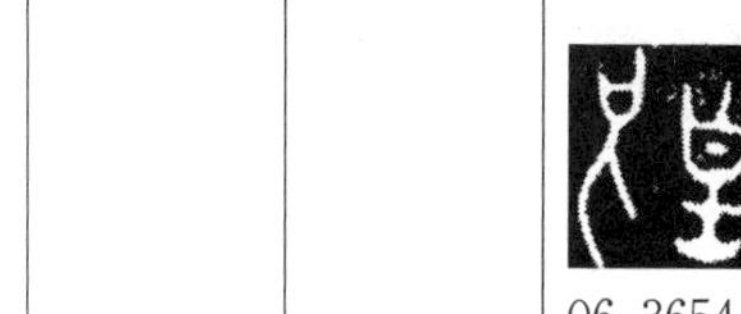 案：趙平安(1995)分析字从兩「旡」，是「朁」的本字，訓爲「曾」。			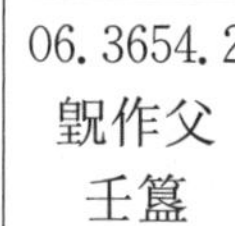 06.3654.2 皝作父壬簋
 08.4176.1 癲簋	 05.2830 師訊鼎	 03.658 伯先父鬲	08.4330 沈子它簋蓋				
 08.4283 師瘨簋蓋	 08.4170.1 癲簋	 03.755 尹姞鬲					
西周中期	西周中期	西周中期	西周早期	西周晚期	西周晚期	西周晚期	西周早期

西周晚期	西周晚期	西周晚期	西周晚期	西周晚期	西周晚期	西周中期	西周中期
 09.4468.1 師克盨	 08.4324.1 師嫠簋	 08.4297 鄦簋	 07.3807 叡先伯簋	 01.192 梁其鐘	 01.49 斁狄鐘	 新收881 晉侯蘇鐘	 08.4284 師瘨簋蓋
15.9718 䡅史屖壺	 08.4325.1 師嫠簋	 08.4312 師𩕢簋	 08.4242 叔向父禹簋	 01.260.2 㝬鐘	 01.181.2 南宫乎鐘	 新收1874 虎簋蓋乙	 08.4316 師虎簋
 16.10173 虢季子白盤	 08.4331 羋伯歸夆簋	 08.4317 㝬簋	 08.4285.1 諫簋	 05.2833 禹鼎	 01.187.2 梁其鐘	 新收1874 虎簋蓋乙	 08.4327 卯簋蓋
 16.10285.2 𠑇匜	 08.4340 蔡簋	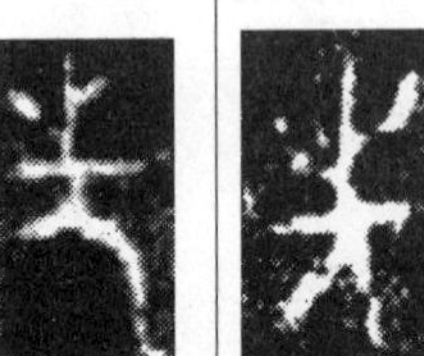 08.4321 訇簋	  08.4294 揚簋	 05.2841A 毛公鼎	 01.189.1 梁其鐘	 陝博(7) 宰獸簋	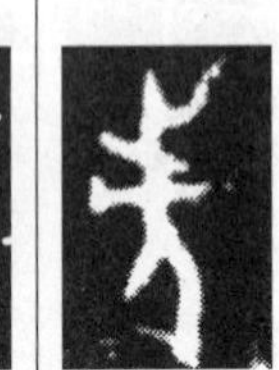 10.5427.1 作册嗌卣
	  09.4467.1 師克盨		   08.4296 鄦簋蓋				 16.9900.2 盠方彝

視					見		
 05.2612 珇方鼎	 08.4340 蔡簋	 01.252 癲鐘	 10.5432.1 作册覷卣	 08.4330 沈子它簋蓋	 03.818 見作甗	 華章 39 頁 卌二年逑鼎甲	 文博 1987(2) 逑編鐘
 05.2613 珇方鼎		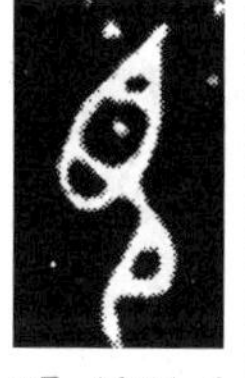 07.4104.1 賢簋	 10.5812A 見尊	 10.5196 見卣	 05.2628 匽侯旨鼎	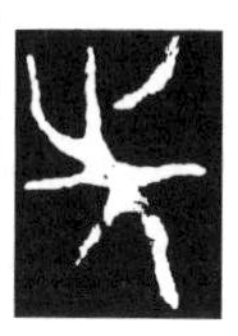 華章 79 頁 卌三年逑鼎丁	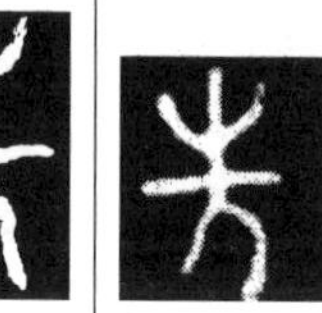 陝博(7) 宰獸簋
 10.5305.2 史視卣		 07.4105.1 賢簋	 11.6015 麥方尊	 10.5428.1 叔趯父卣	 06.3390 見作寶尊簋	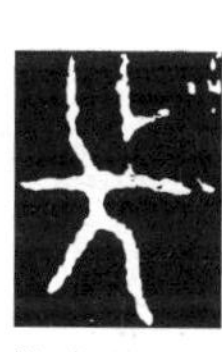 華章 63 頁 卌三年逑鼎乙	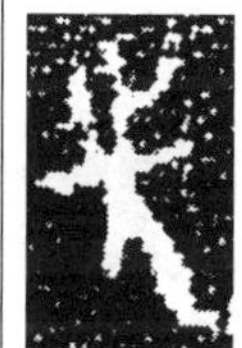 文物 2003(6) 卌二年逑鼎乙
 11.5868 史視父甲尊		 16.10175 史牆盤		 10.5428.2 叔趯父卣	 06.3685 見作父己簋	 華章 55 頁 卌三年逑鼎甲	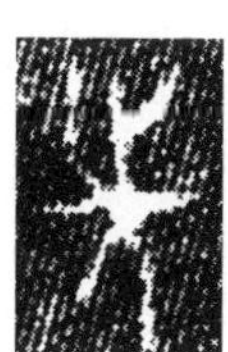 文物 2003(6) 逑盤
西周早期	西周晚期	西周中期	西周早期	西周早期	西周早期	西周晚期	西周晚期

親	觀	親	覞				
08.4268.1 王臣簋	04.2076 觀戚鼎	歷文 2006(3) 親簋	11.6014 何尊	保利續 159頁 應侯視工鐘	01.260.2 㝬鐘	05.2831 九年衛鼎	12.7279 史視觚
08.4268.2 王臣簋		歷文 2006(3) 親簋			08.4331 乖伯歸夆簋	文物 2002(7) 應侯視工簋	
11.6011.2 盠駒尊					09.4464 駒父盨蓋		
					保利續 158頁 應侯視工鐘		
西周中期	西周	西周中期	西周早期	西周晚期	西周晚期	西周中期	西周早期

覶	⿰⿱日夊見				⿰⿱日廾見	覓	
10.5311.2 覶作父 戊卣	2007(3) ⿰⿱日夊見公簋 案：朱鳳瀚(2007)釋作「覺」，讀爲「堯」；李學勤(2009b)謂左上爲「日」，與「見」旁合爲一體，即「⿰日頁」，亦即「夏」字；故整字可隸作「⿰爻夏」，从「爻」，「夏」聲，同「⿰爻延」，亦即同「疏」。	華夏考古 2003(3) 追夷簋	01.111.1 井人妄鐘 05.2787 史頌鼎 08.4229.1 史頌簋 華夏考古 2003(3) 追夷簋蓋 華夏考古 2003(3) 追夷簋	16.10175 史牆盤	01.246 𤼈鐘 08.4170.1 𤼈簋 08.4171.1 𤼈簋 08.4220 追簋 08.4224 追簋	05.2838 曶鼎 08.4341 班簋	01.204 克鐘
西周早期	西周早期	西周晚期	西周晚期		西周中期	西周中期	西周晚期

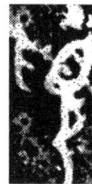

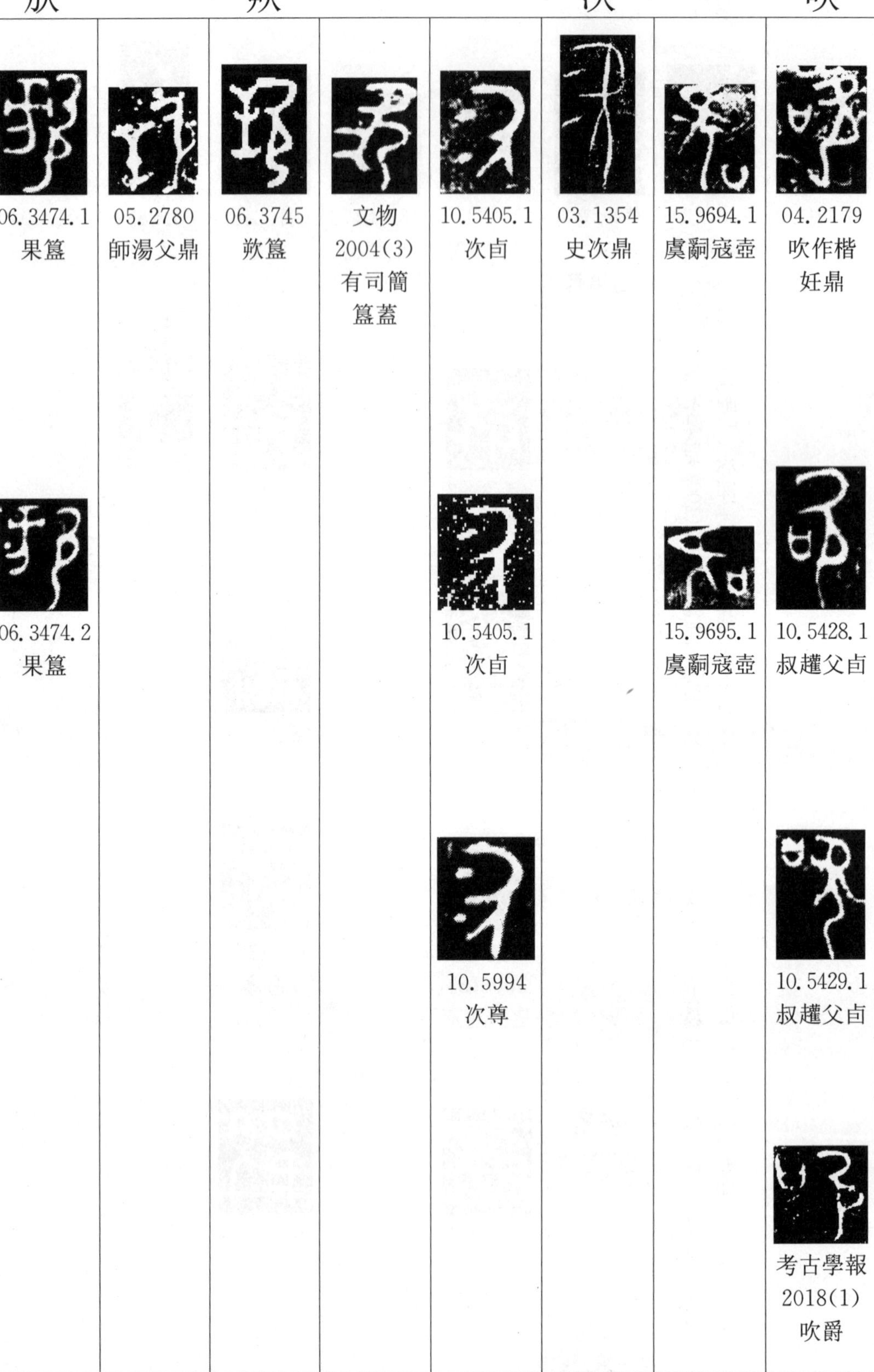

⿰方欠		欶			次		吹
06.3474.1 果簋	05.2780 師湯父鼎	06.3745 欶簋	文物 2004(3) 有司簡簋蓋	10.5405.1 次卣	03.1354 史次鼎	15.9694.1 虞嗣寇壺	04.2179 吹作楷妊鼎
06.3474.2 果簋				10.5405.1 次卣		15.9695.1 虞嗣寇壺	10.5428.1 叔趯父卣
				10.5994 次尊			10.5429.1 叔趯父卣
							考古學報 2018(1) 吹爵
西周中期	西周中期	西周早期	西周晚期	西周中期	西周早期	西周晚期	西周早期

次		歓		歌			[冊欠]
 新收 1454 焂戒鼎	 05.2825 善夫山鼎	 12.6511.1 㠱仲觶	 05.2814 無叀鼎	 08.4217.1 五年師旋簋	 04.2258 [冊欠]父癸鼎	 夏商周 321 旅簋	 06.3662 [冊欠]作父癸簋
	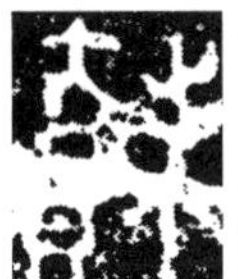 考古 1986(11) 夾壺	 文物 2003(9) 飲祖乙觶	 16.10172 寰盤	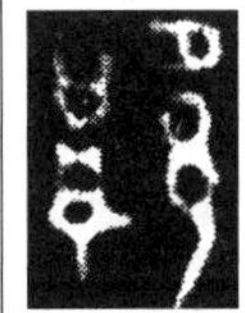 16.10170 走馬休盤			 10.5315.2 [冊欠]作父癸卣
				 論稿 167 頁 呂簋			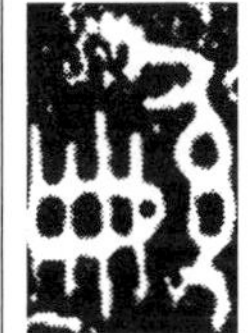 11.5907 [冊欠]作父癸尊
				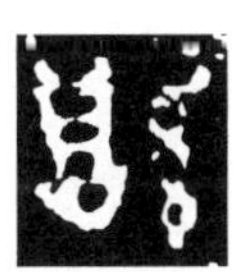 論稿 167 頁 呂簋蓋			
西周晚期	西周晚期	西周中期	西周晚期	西周中期	西周中期	西周中期	西周早期

欨

考文 2012(3) 𣂼簋

西周中期

盜

文物 2003(6) 逑盤

西周早期

案：董珊(2003)謂字原形从「次」、「火」、「皿」，「次」(「涎」字初文)爲聲符，讀「延」或「施」；李零(2003)釋作「盜」，音近讀爲「諧調」之「調」；李學勤(2003a)謂字从「次」，

「次」即「涎」字，在此讀爲「延」；王輝(2003)謂該字爲「盜」字異體；蔣玉斌(2012)釋爲「鑄」字異體，讀爲「討」。

⿰旡京

銘圖 05014 公豐父簋

西周早期

05.2832 五祀衛鼎

05.2832 五祀衛鼎

15.9456 裘衛盉

西周中期

西周金文字編

下

張俊成　編著

上海古籍出版社

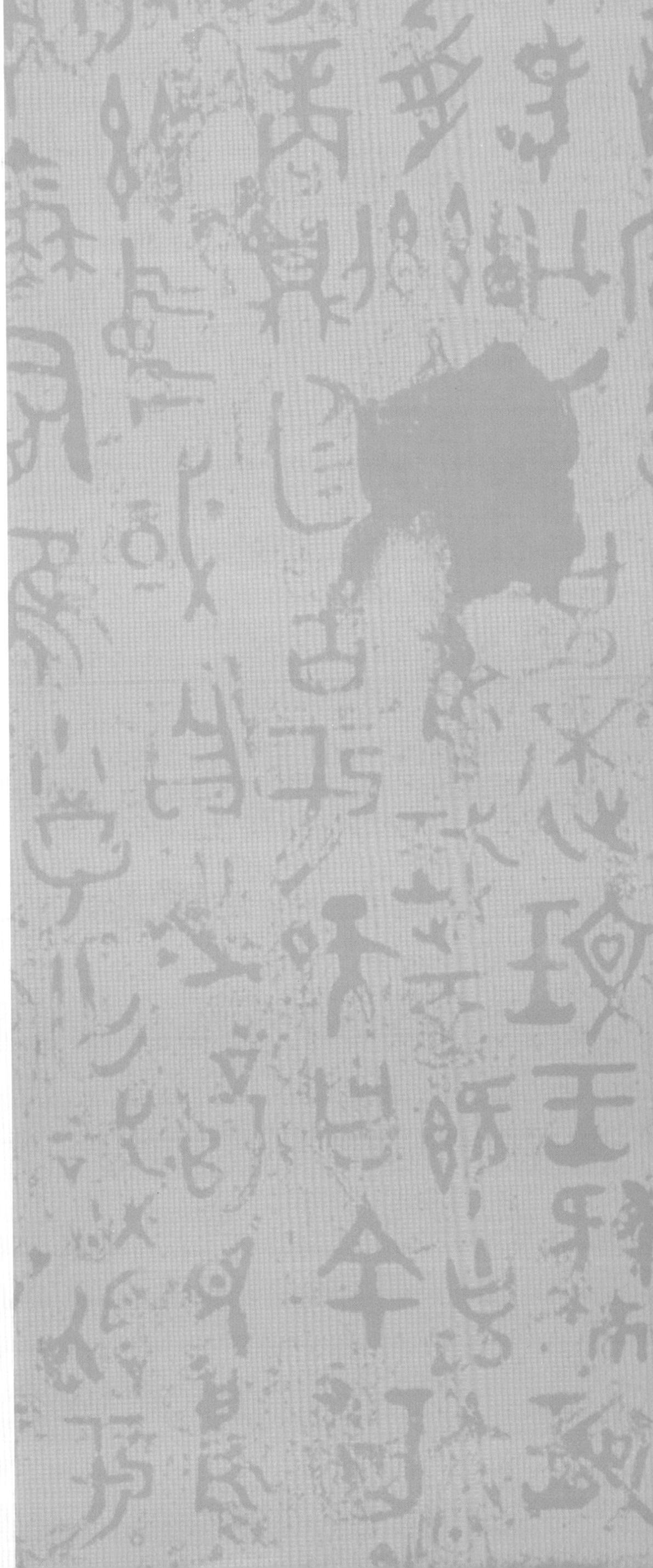

		頌		顏	頁		
08.4338 頌簋蓋	05.2827 頌鼎	01.252 癲鐘	05.2831 九年衛鼎	05.2831 九年衛鼎	05.2755 穵鼎		西周金文字編　卷九
08.4339 頌簋	05.2827 頌鼎			05.2831 九年衛鼎	08.4327 卯簋蓋		
15.9731.1 頌壺	08.4230 史頌簋			05.2831 九年衛鼎			
16.10093 史頌盤	08.4230 史頌簋			05.2831 九年衛鼎			
16.10220 史頌匜	08.4332.1 頌簋			05.2831 九年衛鼎			
西周晚期	西周晚期	西周中期	西周中期	西周中期	西周中期		

〔盥〕

顯				碩	頵	顀	
16.10114 魯伯愈父盤 16.10244 魯伯愈父匜 案：學者多釋該字爲「沬」之異體。朱鳳瀚(2002)、馮時(2003)、饒宗頤(2003)皆釋作「沬」。李學勤(2002)讀「貴」；裘錫圭(2002a)認爲「顯」	16.10119 毳盤 16.10127 殷穀盤 16.10128 殷穀盤 16.10247 毳匜 歷文 2002(6) 豳公盨	虢國墓 473 頁 國子碩 父鬲	03.928 叔碩父甗 05.2825 善夫山鼎 07.4118.1 宴簋 07.4118.2 宴簋 16.10112 伯碩脊盤	05.2596 叔碩父鼎	16.10172 寰盤 04.2011 伯頵父鼎	05.2841B 毛公鼎 案：該字一般讀作「推」，李洪財(2017)認爲該字从「隹」「寡」省聲，讀作「顧」。	文物 2009(9) 頌盤 文物 2009(9) 頌盤 文物 2009(9) 頌盤 文物 2009(9) 頌盤
西周晚期	西周中期	西周晚期	西周晚期	西周中期	西周晚期	西周晚期	西周晚期

⿱且頁

爲「釁」省體，讀「美」，又引陳劍説或讀爲「貴」；連劭名(2003)讀「簋」，訓「精微」；周鳳五(2003)則認爲該字與「沬」字有別，其左从俯首披髮形，會濯髮意。

西周中期	西周中期	西周晚期	西周晚期	西周晚期	西周晚期	西周晚期
 07.4061 畢鮮簋	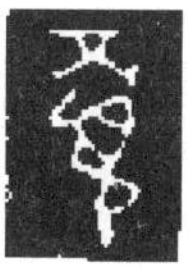 16.10119 毳盤	 01.181.2 南宮乎鐘	 05.2743 仲師父鼎	 05.2829 頌鼎	 07.4094 伯梡虘簋	 08.4188.1 仲再父簋
 08.4222 追簋蓋	 新收1000頁 仲枏父鬲	 01.190 梁其鐘	 05.2769 梁其鼎	 07.4049.1 琱伐父簋	 08.4124 尌仲簋蓋	 08.4198 蔡姬簋
 08.4223.1 追簋	 文物2002(7) 雁侯見工簋	 05.2585 [illegible]季鼎	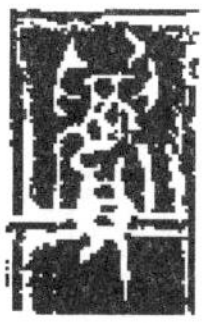 05.2797 小克鼎	 07.4050.1 琱伐父簋	 08.4129 [illegible]叔買簋	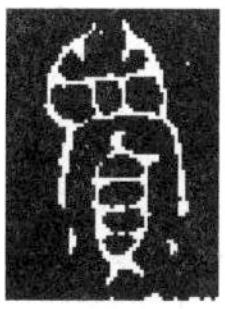 08.4303.2 此簋
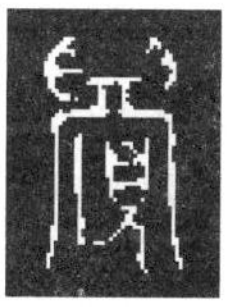 08.4224 追簋	 文物1999(9) 戎生編鐘	 05.2680 諶鼎	 05.2799 小克鼎	 07.4066.2 㝬夫㝬姬簋	 08.4149.2 善夫梁其簋	 08.4329 不嬰簋蓋
 16.10175 史牆盤	 文物1995(7) 晉侯對鼎	 05.2681 姬鼎	 05.2815 趞鼎	 07.4067.2 㝬夫㝬姬簋	 08.4161 伯康簋	

順　顧　顫

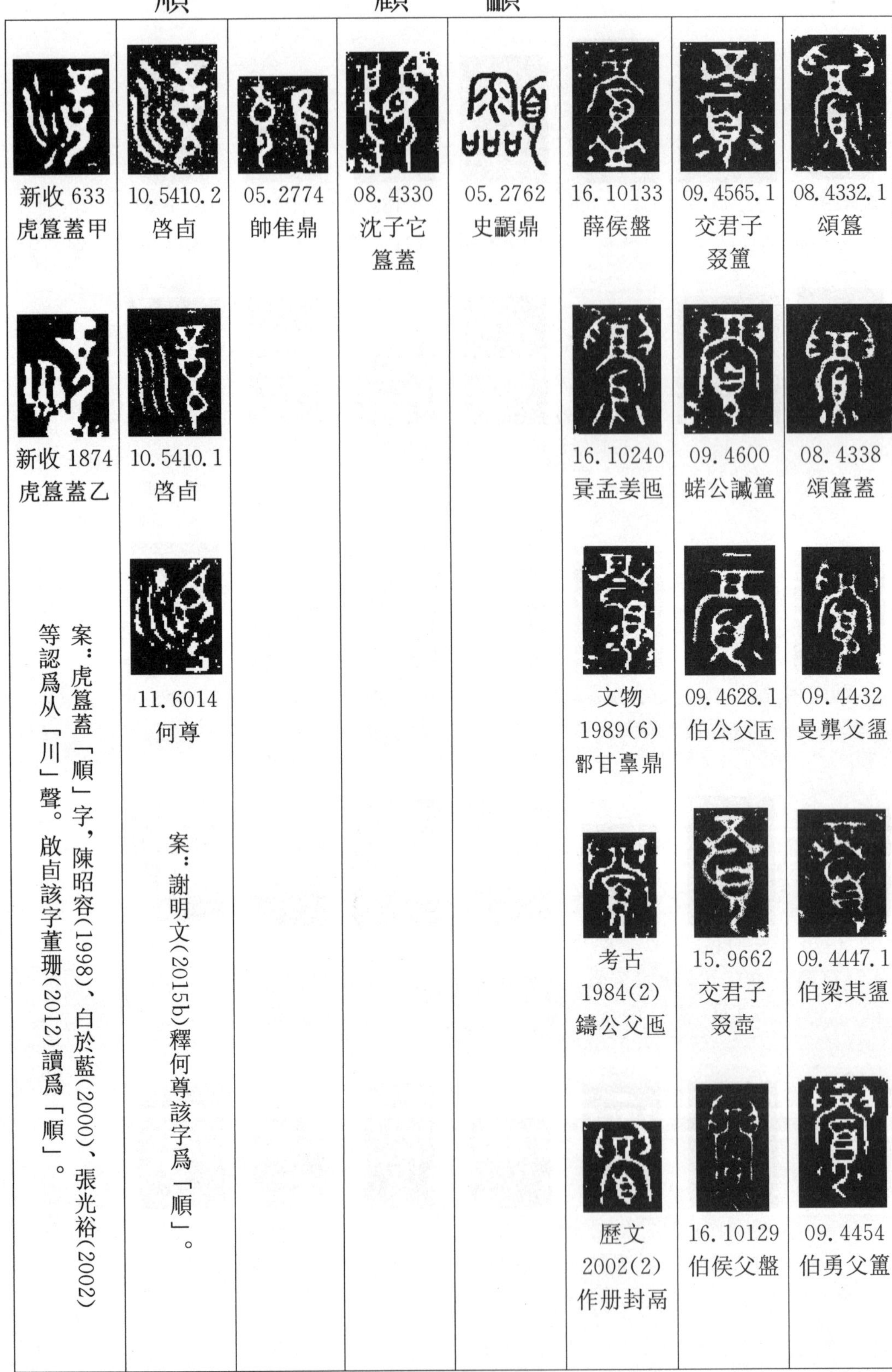

新收 633 虎簋蓋甲
新收 1874 虎簋蓋乙
10.5410.2 啓卣
10.5410.1 啓卣
11.6014 何尊
05.2774 帥隹鼎
08.4330 沈子它簋蓋
05.2762 史顫鼎
16.10133 薛侯盤
16.10240 曩孟姜匜
文物 1989(6) 鄁甘辜鼎
考古 1984(2) 鑄公父匜
歷文 2002(2) 作册封鬲
09.4565.1 交君子叕簠
09.4600 蛣公諴簠
09.4628.1 伯公父匿
15.9662 交君子叕壺
16.10129 伯侯父盤
08.4332.1 頌簋
08.4338 頌簋蓋
09.4432 曼龏父盨
09.4447.1 伯梁其盨
09.4454 伯勇父簠

案：虎簋蓋「順」字，陳昭容(1998)、白於藍(2000)、張光裕(2002)等認爲从「川」聲。啟卣該字董珊(2012)讀爲「順」。

案：謝明文(2015b)釋何尊該字爲「順」。

西周中期　西周早期　西周中期　西周早期　西周晚期　西周晚期　西周晚期　西周晚期

顯

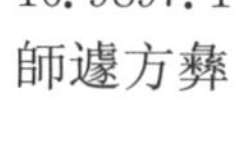
10.5423A 匽卣

16.9897.1 師遽方彝

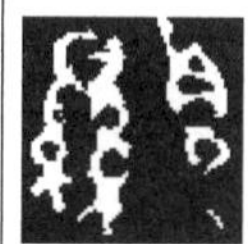
16.10169 呂服余盤

16.10170 走馬休盤

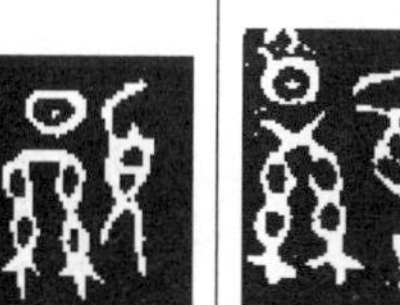
16.10175 史牆盤

西周中期

08.4284 師瘨簋蓋

08.4288.1 師酉簋

08.4290 師酉簋

08.4291 師酉簋

08.4302 彔伯㦰簋蓋

西周中期

08.4256.2 廿七年衛簋

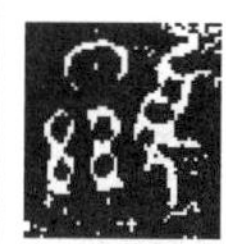
08.4268.1 王臣簋

08.4273 靜簋

08.4276 豆閉簋

08.4251.1 大師虘簋

西周中期

01.92 㪤鐘

05.2804 利鼎

05.2808 大鼎

05.2812 師朢鼎

08.4250 即簋

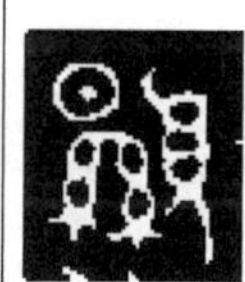

08.4252.1 大師虘簋

西周中期

05.2837 大盂鼎

05.2778 史獸鼎

08.4261 天亡簋

08.4330 沈子它簋蓋

西周早期

粨

03.865 粨甗

西周中期

顡

03.526 顡姬鬲

03.584 王作顡王姬鬲

西周晚期

鎮

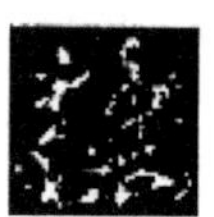
新收 891 楚公逆鐘

西周晚期

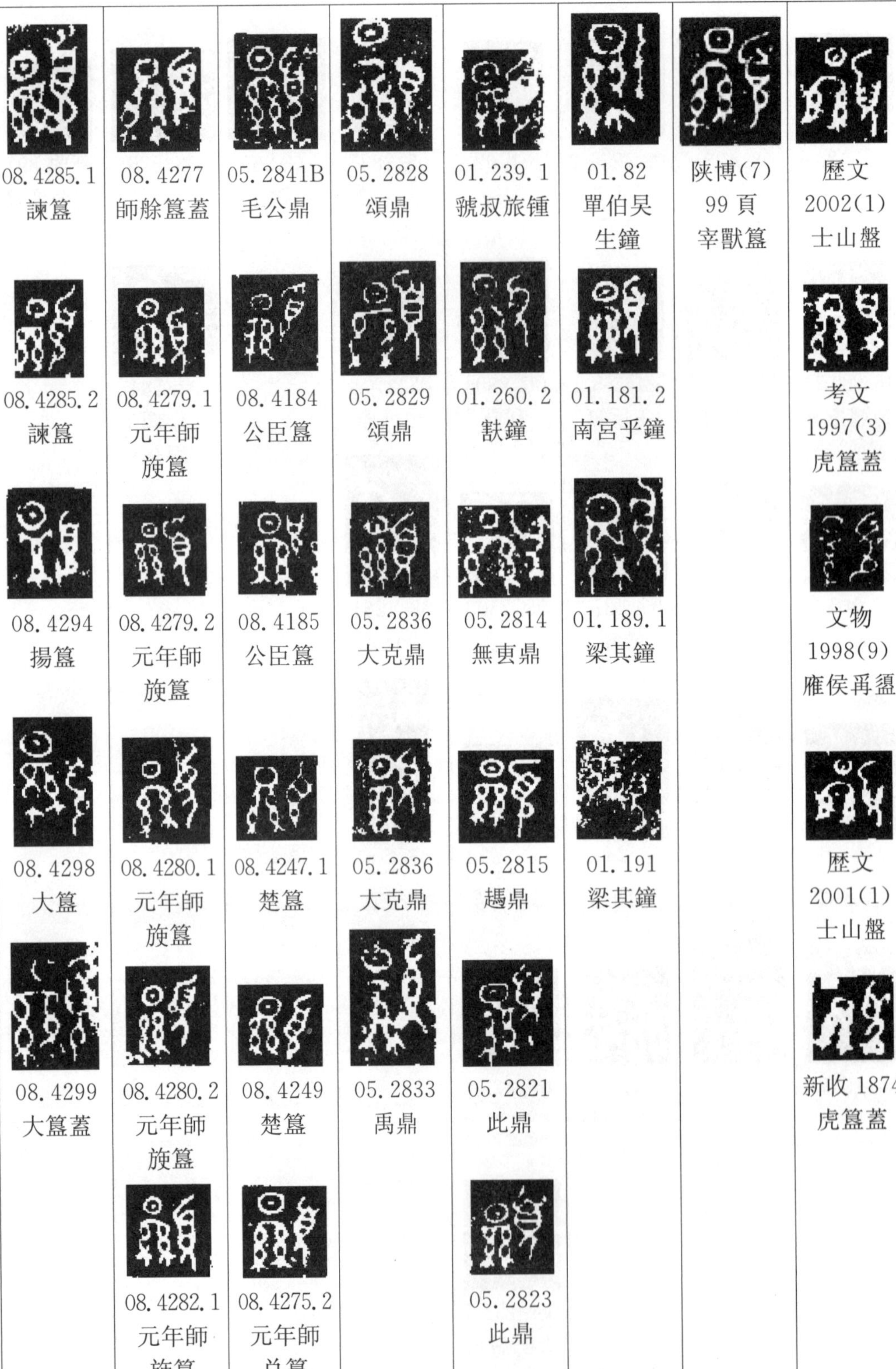

西周中期

歷文 2002(1) 士山盤

考文 1997(3) 虎簋蓋

文物 1998(9) 雁侯再盨

歷文 2001(1) 士山盤

新收 1874 虎簋蓋

西周中期

陝博(7) 99 頁 宰獸簋

西周晚期

01.82 單伯昊生鐘

01.181.2 南宫乎鐘

01.189.1 梁其鐘

01.191 梁其鐘

西周晚期

01.239.1 虢叔旅鍾

01.260.2 㝬鐘

05.2814 無叀鼎

05.2815 𧽊鼎

05.2821 此鼎

05.2823 此鼎

西周晚期

05.2828 頌鼎

05.2829 頌鼎

05.2836 大克鼎

05.2836 大克鼎

05.2833 禹鼎

西周晚期

05.2841B 毛公鼎

08.4184 公臣簋

08.4185 公臣簋

08.4247.1 楚簋

08.4249 楚簋

08.4275.2 元年師兑簋

西周晚期

08.4277 師艅簋蓋

08.4279.1 元年師旋簋

08.4279.2 元年師旋簋

08.4280.1 元年師旋簋

08.4280.2 元年師旋簋

08.4282.1 元年師旋簋

西周晚期

08.4285.1 諫簋

08.4285.2 諫簋

08.4294 揚簋

08.4298 大簋

08.4299 大簋蓋

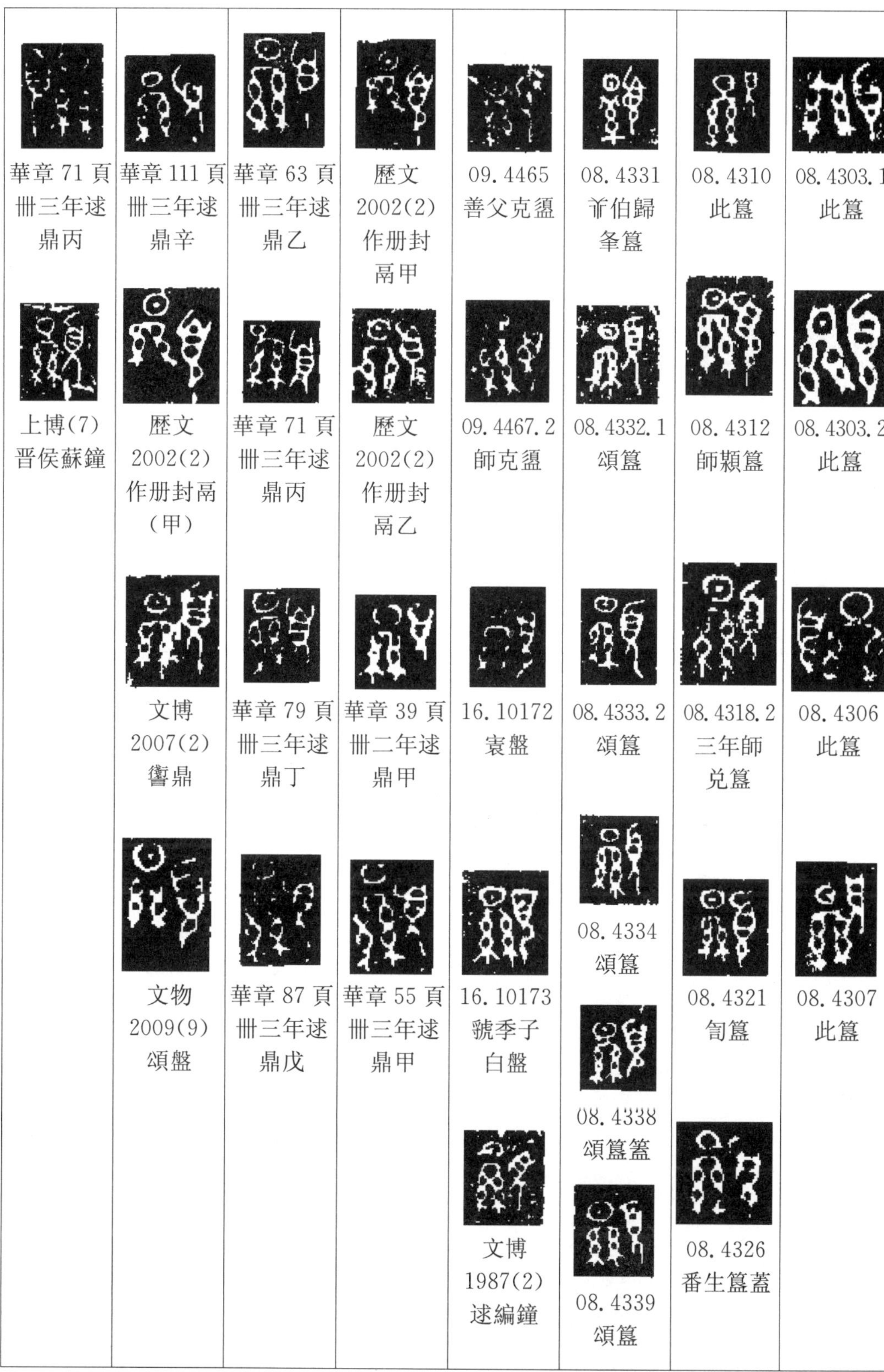

西周晚期	西周晚期	西周晚期	西周晚期	西周晚期	西周晚期	西周晚期	西周晚期
華章 71 頁 卌三年逑鼎丙	華章 111 頁 卌三年逑鼎辛	華章 63 頁 卌三年逑鼎乙	歷文 2002(2) 作册封鬲甲	09.4465 善父克盨	08.4331 𦍒伯歸夆簋	08.4310 此簋	08.4303.1 此簋
上博(7) 晉侯蘇鐘	歷文 2002(2) 作册封鬲（甲）	華章 71 頁 卌三年逑鼎丙	歷文 2002(2) 作册封鬲乙	09.4467.2 師克盨	08.4332.1 頌簋	08.4312 師類簋	08.4303.2 此簋
	文博 2007(2) ⿱衍言鼎	華章 79 頁 卌三年逑鼎丁	華章 39 頁 卌二年逑鼎甲	16.10172 寰盤	08.4333.2 頌簋	08.4318.2 三年師兌簋	08.4306 此簋
	文物 2009(9) 頌盤	華章 87 頁 卌三年逑鼎戊	華章 55 頁 卌三年逑鼎甲	16.10173 虢季子白盤	08.4334 頌簋	08.4321 訇簋	08.4307 此簋
				文博 1987(2) 逑編鐘	08.4338 頌簋蓋	08.4326 番生簋蓋	
					08.4339 頌簋		

	首		丏		顭	頯	頪
01.92 戱鐘	05.2803 令鼎	05.2812 師望鼎	03.586 伽作羲丏妣鬲	15.9713 殳季良父壺	05.2831 九年衛鼎	10.5188.2 頯卣	南開學報 2008(6) 衛簋甲蓋
05.2735 不指方鼎	08.4241 榮作周公簋	16.10175 史牆盤	03.3667 伽丏簋				考文 2006(6) 二式獄簋
05.2736 不指方鼎	08.4330 沈子它簋蓋		14.8945 大丏父辛爵				銘圖 05676 獄盨蓋
05.2755 窅鼎	上博(7) 鼄卣		文博 2008(2) 大丏簋				考文 2006(6) 獄盤
05.2783 七年趞曹鼎							考文 2006(6) 獄盉
西周中期	西周早期	西周中期	西周早期	西周晚期	西周中期	西周早期	西周中期

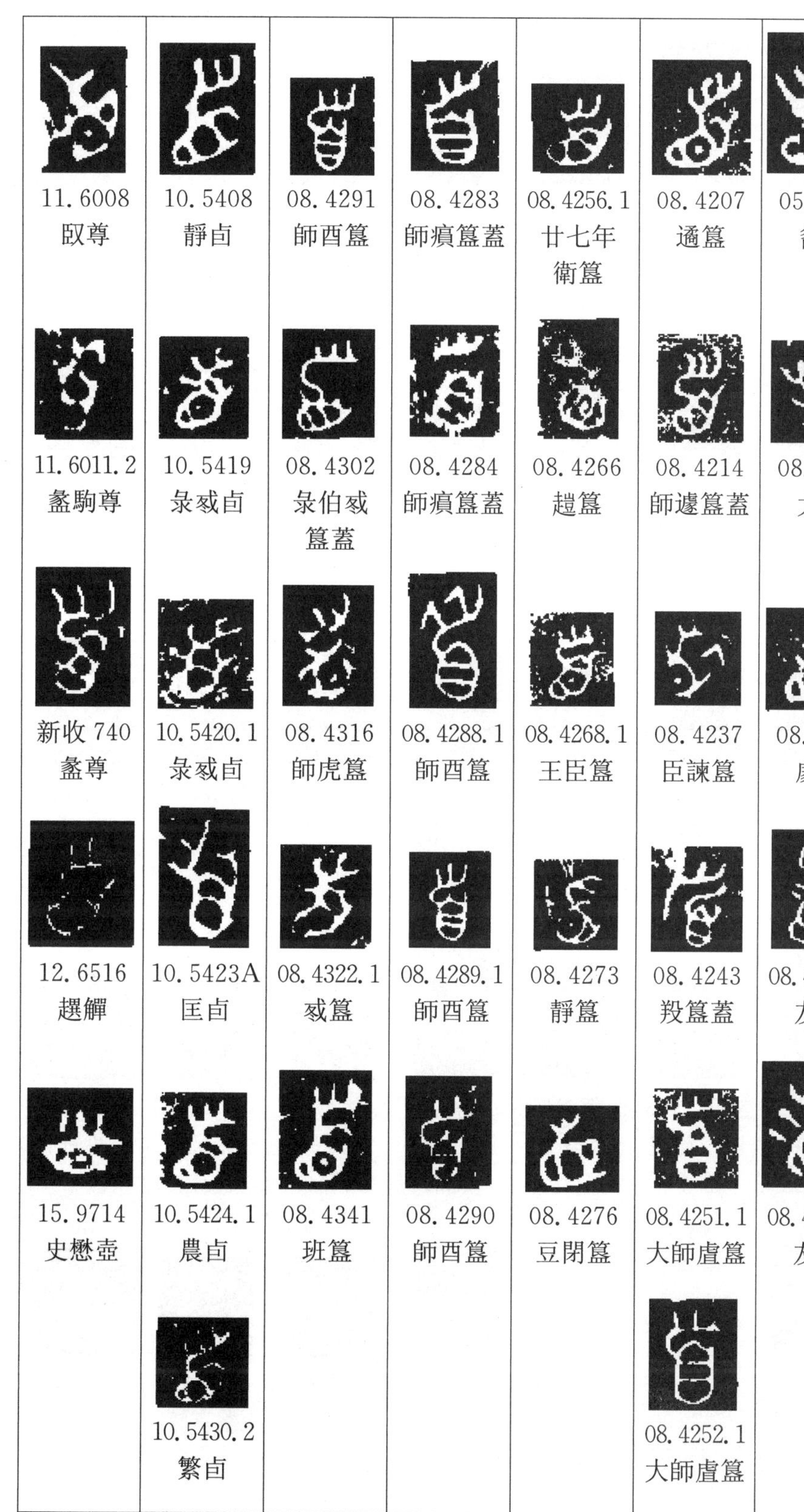

05.2789 𢦚方鼎
05.2807 大鼎
05.2808 大鼎
05.2813 師奎父鼎
05.2820 善鼎
05.2830 師訊鼎
西周中期

05.2838 曶鼎
08.4165 大簋
08.4167 康簋
08.4194.1 友簋
08.4194.2 友簋
西周中期

08.4207 遹簋
08.4214 師遽簋蓋
08.4237 臣諫簋
08.4243 殳簋蓋
08.4251.1 大師虘簋
08.4252.1 大師虘簋
西周中期

08.4256.1 廿七年衛簋
08.4266 趞簋
08.4268.1 王臣簋
08.4273 靜簋
08.4276 豆閉簋
西周中期

08.4283 師瘨簋蓋
08.4284 師瘨簋蓋
08.4288.1 師酉簋
08.4289.1 師酉簋
08.4290 師酉簋
西周中期

08.4291 師酉簋
08.4302 彔伯𢦚簋蓋
08.4316 師虎簋
08.4322.1 𢦚簋
08.4341 班簋
西周中期

10.5408 靜卣
10.5419 彔𢦚卣
10.5420.1 彔𢦚卣
10.5423A 匡卣
10.5424.1 農卣
10.5430.2 繁卣
西周中期

11.6008 叞尊
11.6011.2 盠駒尊
新收 740 盠尊
12.6516 趩觶
15.9714 史懋壺
西周中期

西周晚期	西周晚期	西周晚期	西周中期	西周中期	西周中期	西周中期	西周中期
 05.2779 師同鼎	華章 71 頁 卌三年逑鼎丙	考文 2005(增) 老簋	考文 2006(6) 二式獄簋	文物 1990(7) 逹盨蓋	16.10170 走馬休盤	15.9728 曶壺蓋	15.9722 幾父壺
05.2805 南宮柳鼎	華章 79 頁 卌三年逑鼎丁	南開學報 2008(6) 衛簋甲蓋	考文 2006(6) 獄盉	05.2786 康鼎	16.10322 永盂	16.9897.1 師遽方彝	15.9723.1 十三年瘨壺
05.2810 噩侯鼎	  華章 127 頁 卌三年逑鼎癸	 華章 39 頁 卌二年逑鼎甲	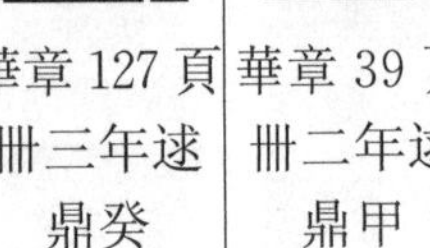 考文 2006(6) 獄盤	 05.2816 伯晨鼎	 考文 2006(6) 獄簋器	 16.9898A 吳方彝蓋	 15.9724.1 十三年瘨壺
 05.2815 趞鼎	 文物 2009(9) 頌盤	 華章 55 頁 卌三年逑鼎甲	 通鑒 05662 獄盨蓋	 考文 2006(3) 親簋	考文 1997(3) 虎簋蓋	 16.9899.2 盠方彝	 15.9726 三年瘨壺
 05.2825 善夫山鼎	 01.181.2 南宮乎鐘			 新收 1874 虎簋蓋乙	 考文 1986(3) 殷簋甲	 16.9900.2 盠方彝	 15.9727 三年瘨壺

08.4318.2 三年師兑簋	08.4298 大簋	08.4287 伊簋	08.4277 師艅簋蓋	08.4247.1 楚簋	08.4215.1 龖簋	08.4184 公臣簋	05.2827 頌鼎
08.4324.1 師嫠簋	08.4299 大簋簋	08.4294 揚簋	08.4279.1 元年師旋簋	08.4248.1 楚簋	08.4225.1 無曩簋	08.4185 公臣簋	05.2828 頌鼎
08.4325.1 師嫠簋	08.4312 師頯簋	08.4295 揚簋	08.4280.1 元年師旋簋	08.4249 楚簋	08.4226.1 無曩簋	08.4186 公臣簋	05.2829 頌鼎
08.4328 不嬰簋	08.4313.1 師寰簋	08.4296 鄭簋蓋	08.4281 元年師旋簋	08.4253 弭叔師宷簋	08.4227 無曩簋蓋	08.4187 公臣簋	05.2835 多友鼎
08.4329 不嬰簋簋	08.4314 師寰簋	08.4297 鄭簋	08.4282.1 元年師旋簋	08.4254 弭叔師宷簋	08.4228 無曩簋蓋	08.4213 屖敖簋蓋	05.2836 大克鼎
			08.4285.1 諫簋	08.4274.1 元年師兑簋	08.4244 走簋		
西周晚期	西周晚期	西周晚期	西周晚期	西周晚期	西周晚期	西周晚期	西周晚期

𩠐

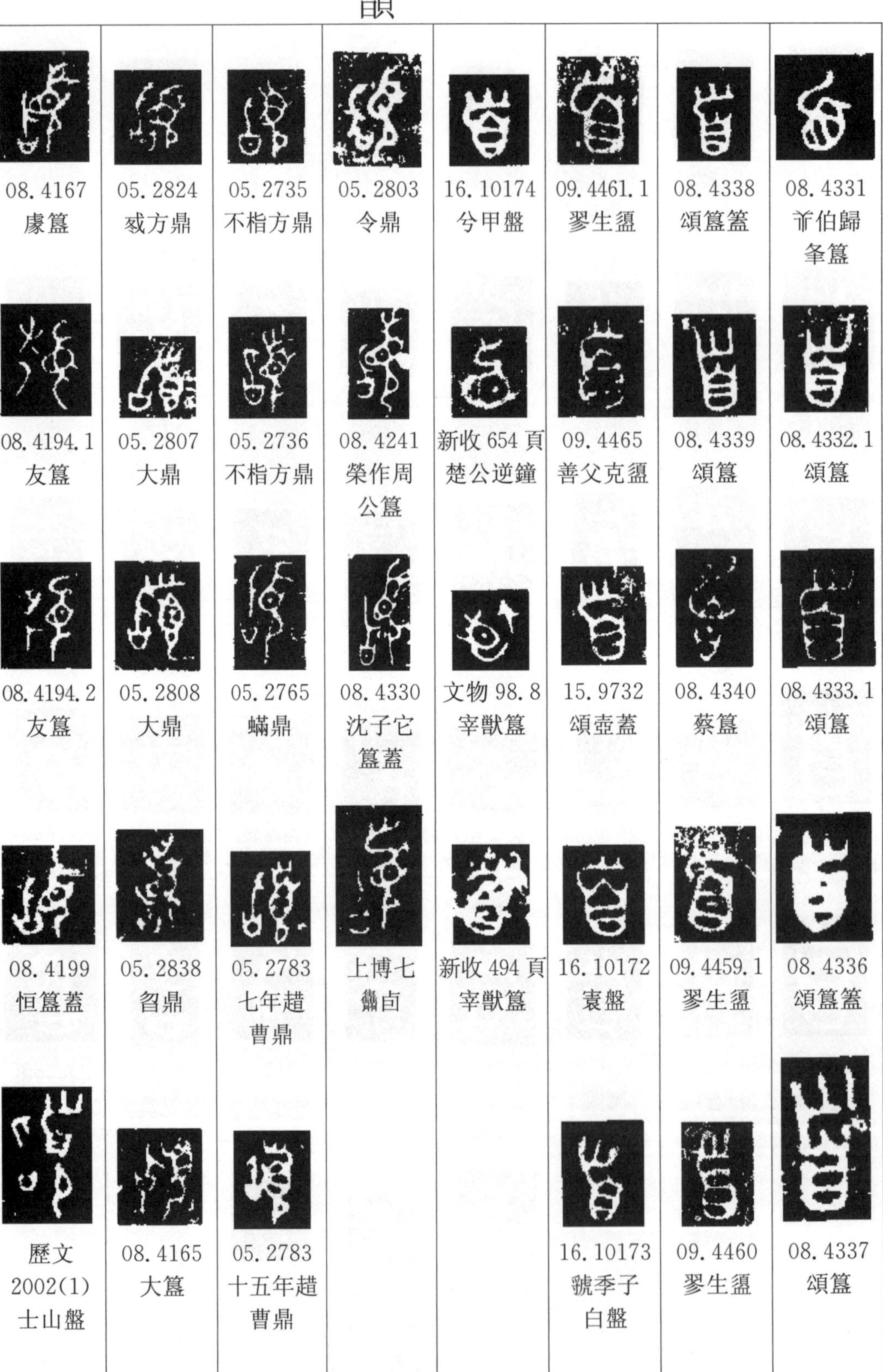

08.4167 虘簋	05.2824 㦼方鼎	05.2735 不栺方鼎	05.2803 令鼎	16.10174 兮甲盤	09.4461.1 翏生盨	08.4338 頌簋蓋	08.4331 乖伯歸夆簋
08.4194.1 友簋	05.2807 大鼎	05.2736 不栺方鼎	08.4241 榮作周公簋	新收654頁 楚公逆鐘	09.4465 善父克盨	08.4339 頌簋	08.4332.1 頌簋
08.4194.2 友簋	05.2808 大鼎	05.2765 蟎鼎	08.4330 沈子它簋蓋	文物98.8 宰獸簋	15.9732 頌壺蓋	08.4340 蔡簋	08.4333.1 頌簋
08.4199 恒簋蓋	05.2838 曶鼎	05.2783 七年趞曹鼎	上博七 𩰫卣	新收494頁 宰獸簋	16.10172 寰盤	09.4459.1 翏生盨	08.4336 頌簋蓋
歷文2002(1) 士山盤	08.4165 大簋	05.2783 十五年趞曹鼎			16.10173 虢季子白盤	09.4460 翏生盨	08.4337 頌簋
西周中期	西周中期	西周中期	西周早期	西周晚期	西周晚期	西周晚期	西周晚期

文物 1990(7) 達盨蓋	 16.9899.1 盠方彝	 15.9723 十三年瘨壺	 10.5424.1 農卣	 08.4322.1 𢦏簋	 08.4276 豆閉簋	 08.4273 靜簋	 08.4207 通簋
 文物 1991(6) 敔簋	 16.9900.2 盠方彝	 15.9723.2 十三年瘨壺	 10.5430.2 繁卣	 08.4341 班簋	 08.4283 師瘨簋蓋	 考文 2005 老簋	 08.4234 史頌簋
 考文 1986(4) 殷簋甲	 16.10170 走馬休盤	 15.9726 三年瘨壺	 新收 740 盠尊	 10.5408 靜卣	 08.4288.1 師酉簋	 通鑒 05662 獄盨	 08.4252.1 大師虘簋
 考文 1997(3) 虎簋蓋	 16.10322 永盂	 15.9728 曶壺蓋	 12.6512 小臣單觶	 10.5419 彔𢦏卣	 08.4302 彔伯𢦏簋蓋	 南開學報 2008(6) 衛簋甲蓋	 08.4256.2 廿七年衛簋
	 08.4214 師遽簋蓋	 16.9897.1 師遽方彝	 15.9722 幾父壺	 10.5420.1 彔𢦏卣	 08.4316 師虎簋	 考文 2006(6) 二式獄簋	 08.4266 趞簋
				10.5423A 匡卣			
西周中期	西周中期	西周中期	西周中期	西周中期	西周中期	西周中期	西周中期

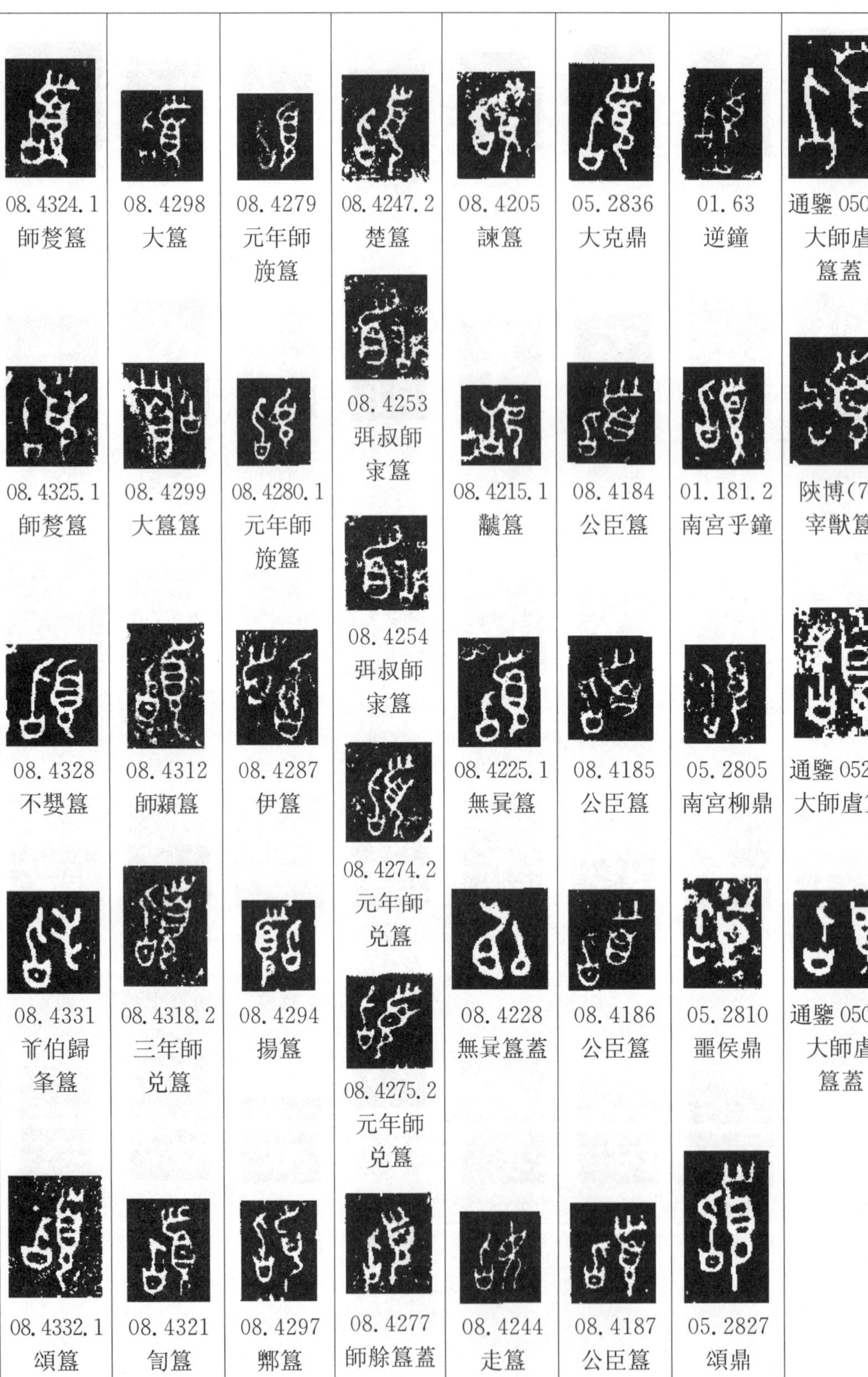

西周晚期	西周晚期	西周晚期	西周晚期	西周晚期	西周晚期	西周晚期	西周中期
08.4324.1 師嫠簋	08.4298 大簋	08.4279 元年師旋簋	08.4247.2 楚簋	08.4205 諫簋	05.2836 大克鼎	01.63 逆鐘	通鑒05016 大師虘簋蓋
08.4325.1 師嫠簋	08.4299 大簋簋	08.4280.1 元年師旋簋	08.4253 弭叔師宷簋	08.4215.1 䚄簋	08.4184 公臣簋	01.181.2 南宮乎鐘	陝博(7) 宰獸簋
08.4328 不嬰簋	08.4312 師穎簋	08.4287 伊簋	08.4254 弭叔師宷簋	08.4225.1 無㠱簋	08.4185 公臣簋	05.2805 南宮柳鼎	通鑒05245 大師虘簋
08.4331 乖伯歸夆簋	08.4318.2 三年師兑簋	08.4294 揚簋	08.4274.2 元年師兑簋	08.4228 無㠱簋蓋	08.4186 公臣簋	05.2810 噩侯鼎	通鑒05016 大師虘簋蓋
08.4332.1 頌簋	08.4321 訇簋	08.4297 鄦簋	08.4275.2 元年師兑簋	08.4244 走簋	08.4187 公臣簋	05.2827 頌鼎	
			08.4277 師艅簋蓋				

須　縣

 文物 2004(4) 䍐叔奐 父盨	 09.4439.1 伯寬父盨	 09.4390 昜弔盨	 09.4365 立盨	 09.4416 遣叔吉 父盨	 08.4269 縣改簋	 文物 1998(8) 宰獸簋	 08.4335 頌簋
	09.4446.1 伯梁其盨	09.4405.2 鬲叔興 父盨	09.4368.1 伯多父盨	09.4417 遣叔吉 父盨		 華章 71 頁 卌三年逑 鼎丙	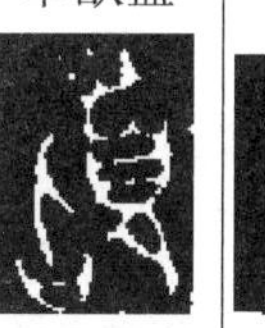 08.4338 頌簋蓋
	 上博七 晉侯對盨	 09.4408.1 伯孝𩰫盨	 09.4370.1 伯多父盨	 通鑒 05662 𤞞盨蓋		 華章 79 頁 卌三年逑 鼎丁	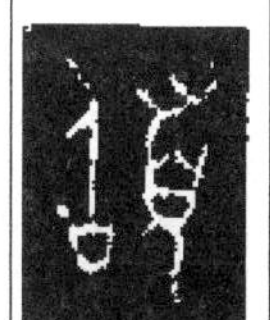 08.4340 蔡簋
	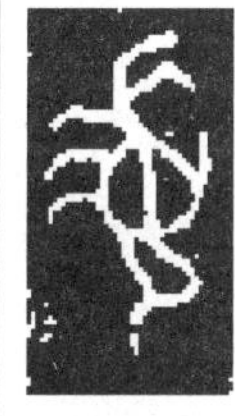 首陽 117 頁 晉侯對 盨簠	 09.4413.1 諫季獻盨	 09.4378 𩰫弔盨	 通鑒 05672 遣伯盨		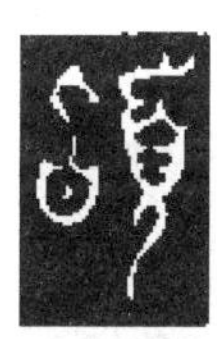 文物 2009(9) 頌盤	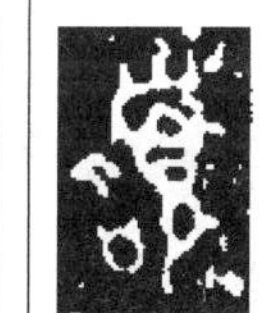 09.4465.1 善父克盨
	文物 2009(1) 鄭登伯盨	 09.4430 弭叔作叔 班盨蓋	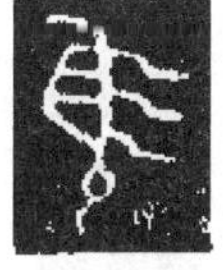 文物 2009(1) 鄭登伯盨				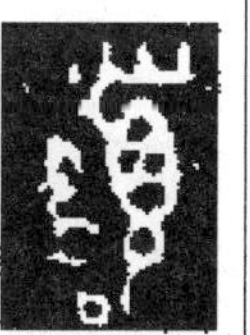 09.4465.2 善父克盨
西周中期	西周中期	西周中期	西周中期	西周中期	西周中期	西周晚期	西周晚期

文					㐱		頾
08.4300 作册夨令簋	08.4136 相侯簋	06.3627 䌹簋	06.3471 文簋	04.1810 文方鼎	11.5942 㐱尊	10.5343 㐱卣簋	05.2837 大盂鼎
08.4301 作册夨令簋	08.4139 楷侯簋蓋	06.3714 辦作文父己簋	06.3472 文簋	04.2369 長子狗鼎			
10.5316.1 伯作文公卣	08.4169 𩫖伯䢅簋	06.3716 辦作文父己簋	06.3606 䢅作文父日丁簋	05.2555 旂鼎			
10.5318.1 㿝丞卣	08.4261 天亡簋	07.3826 [illegible]戣簋	06.3626 䌹簋	05.2670 旂鼎			
10.5335.1 [illegible]作文考癸卣	08.4261 天亡簋	07.3863 彔簋	05.2837 大盂鼎	05.2730 厚趠方鼎			
西周早期	西周早期	西周早期	西周早期	西周早期	西周中期	西周早期	西周早期

西周中期	西周中期	西周中期	西周中期	西周早期	西周早期	西周早期	西周早期
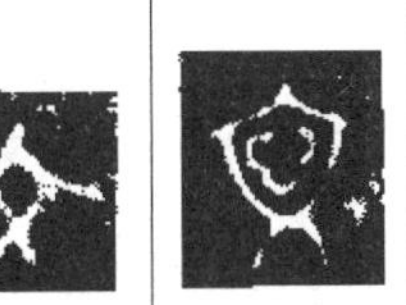 07.3911.1 是婁簋	05.2804 利鼎	 05.2662 或者鼎	 01.92 叡鐘	 11.5997 商尊	 11.5877 雔尊	 10.5407.1 作册睘卣	 10.5369 𥂴仲卣
 07.3917 是𩣑簋	 05.2824 𢦔方鼎	 05.2733 衛鼎	 01.246 𤼈鐘	 15.9817 𧼛作父戊罍	 11.5961 伯尊	 10.5415.2 保卣	 10.5370.2 作文考父丁卣
 考文 2006(6) 獄盉	 05.2832 五祀衛鼎	 05.2755 𡧊鼎	 01.255 𤼈鐘	 16.9892 [illegible]方彝	 11.5963 𥂴仲尊	 10.5426.2 庚嬴卣	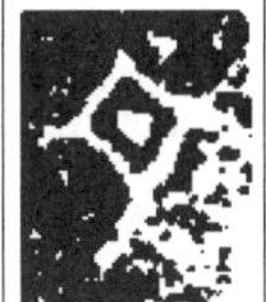 10.5371.2 伯卣
 07.4098 [illegible]簋	 05.2838 曶鼎	 05.2767 䟣叔鼎	 03.745 師趛鬲	 文物 1997(12) 盂方鼎	 11.5984 能匋尊	 11.5733 文父丁冀尊	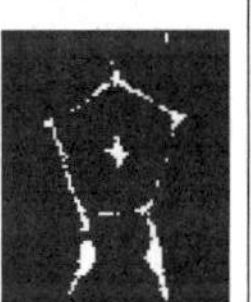 10.5393.2 伯□作文考父辛卣
  08.4122.1 彔作辛公簋	 06.3702.1 彔簋	05.2774 帥隹鼎 05.2789 𢦔方鼎	 05.2616 衛鼎	 西清續鑑甲編 01.33 作文父宗祀鼎	 11.5989 作册睘尊	 11.5734 文父丁冀尊	 10.5404.1 商卣

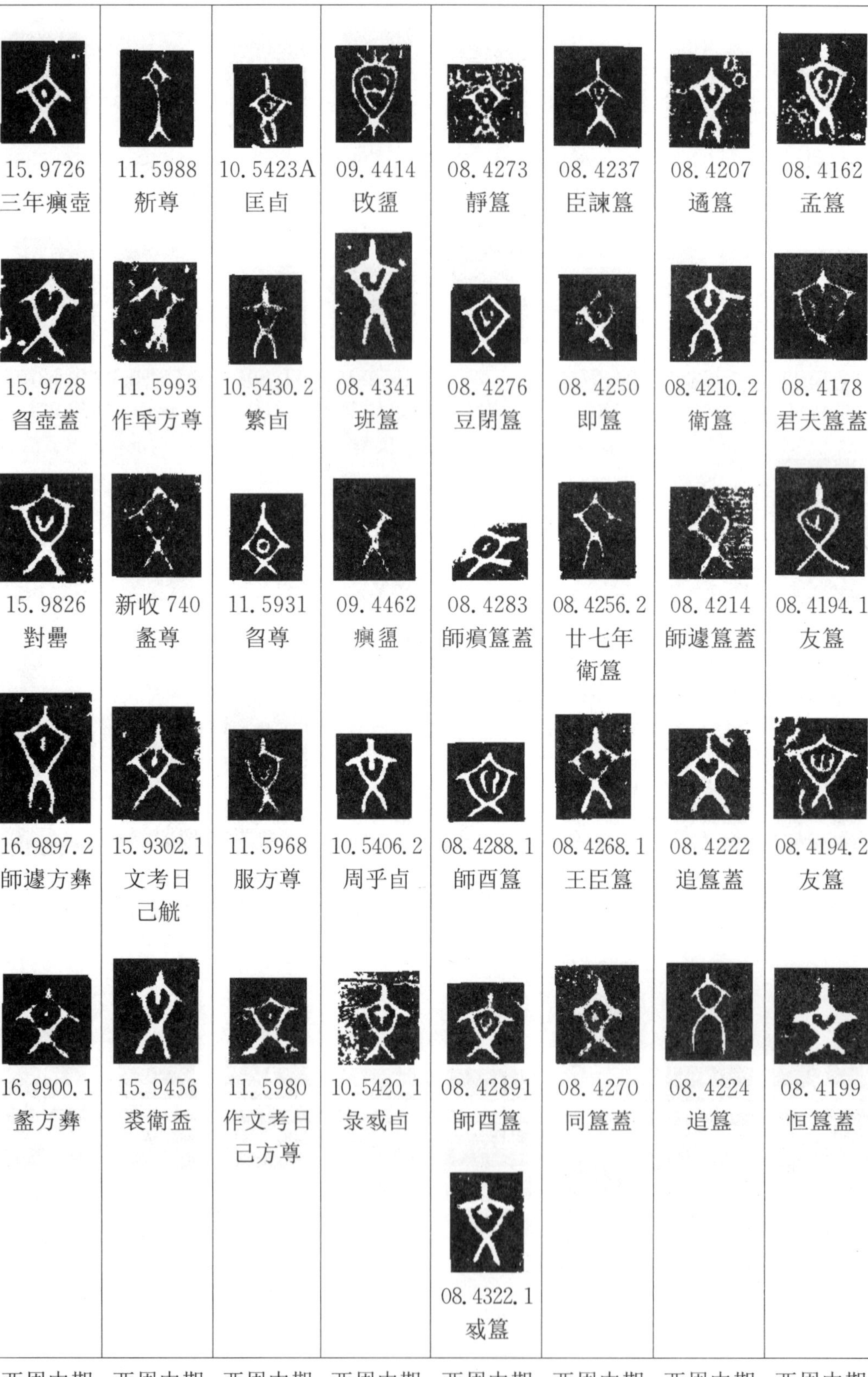

15.9726 三年瘋壺	11.5988 斱尊	10.5423A 匡卣	09.4414 攺盨	08.4273 靜簋	08.4237 臣諫簋	08.4207 遹簋	08.4162 孟簋
15.9728 曶壺蓋	11.5993 作乎方尊	10.5430.2 繁卣	08.4341 班簋	08.4276 豆閉簋	08.4250 即簋	08.4210.2 衛簋	08.4178 君夫簋蓋
15.9826 對罍	新收740 盠尊	11.5931 曶尊	09.4462 瘋盨	08.4283 師瘨簋蓋	08.4256.2 廿七年衛簋	08.4214 師遽簋蓋	08.4194.1 友簋
16.9897.2 師遽方彝	15.9302.1 文考日己觥	11.5968 服方尊	10.5406.2 周乎卣	08.4288.1 師酉簋	08.4268.1 王臣簋	08.4222 追簋蓋	08.4194.2 友簋
16.9900.1 盠方彝	15.9456 裘衛盉	11.5980 作文考日己方尊	10.5420.1 彔䖒卣	08.42891 師酉簋	08.4270 同簋蓋	08.4224 追簋	08.4199 恒簋蓋
				08.4322.1 䖒簋			
西周中期	西周中期	西周中期	西周中期	西周中期	西周中期	西周中期	西周中期

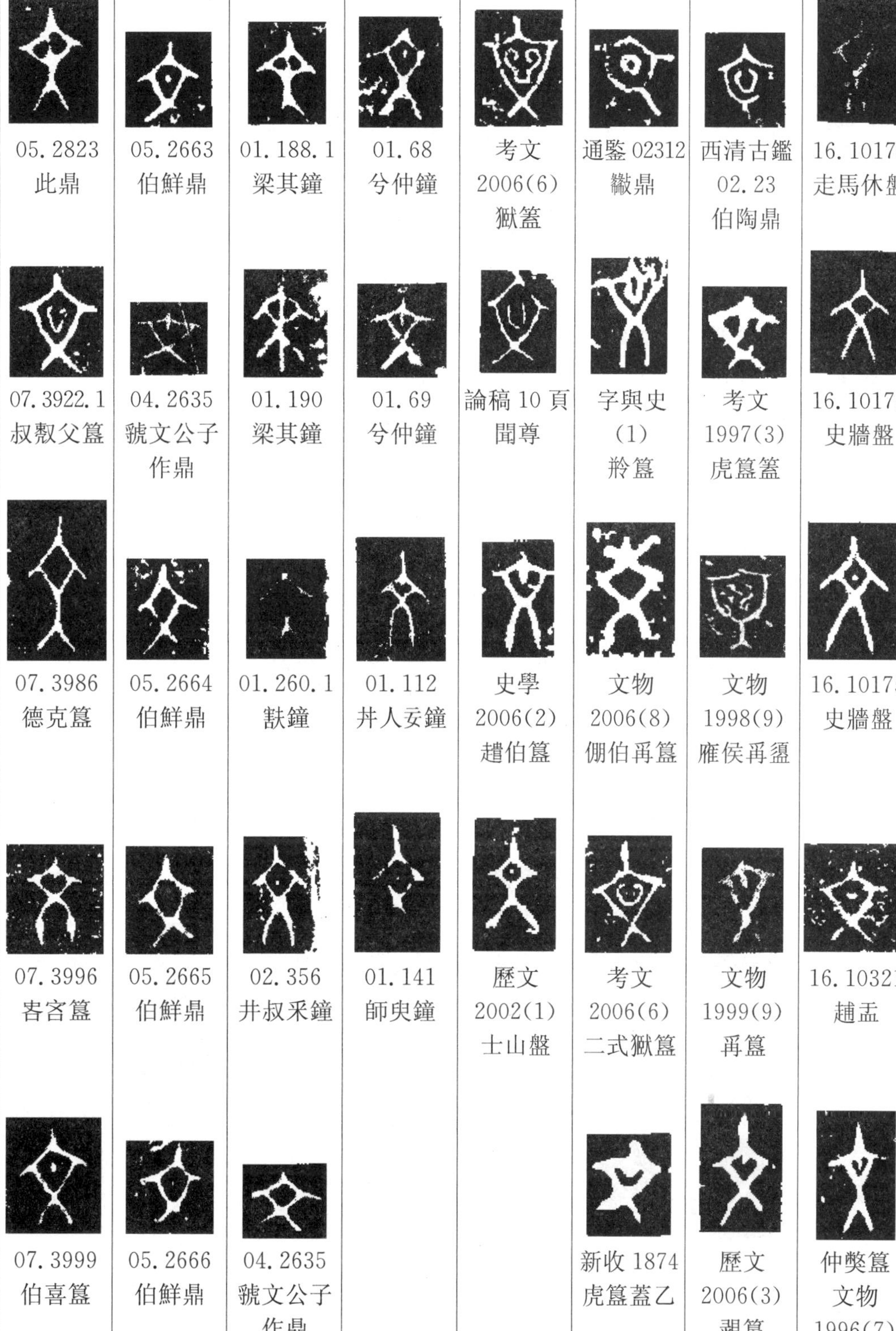

05.2823 此鼎
05.2663 伯鮮鼎
01.188.1 梁其鐘
01.68 兮仲鐘
考文 2006(6) 獄簋
通鑒 02312 䜌鼎
西清古鑑 02.23 伯陶鼎
16.10170 走馬休盤
07.3922.1 叔䝬父簋
04.2635 虢文公子作鼎
01.190 梁其鐘
01.69 兮仲鐘
論稿 10 頁 聞尊
字與史 (1) 肣簋
考文 1997(3) 虎簋蓋
16.10175 史牆盤
07.3986 德克簋
05.2664 伯鮮鼎
01.260.1 㝬鐘
01.112 井人妄鐘
史學 2006(2) 趞伯簋
文物 2006(8) 倗伯爯簋
文物 1998(9) 雁侯爯盨
16.10175 史牆盤
07.3996 害客簋
05.2665 伯鮮鼎
02.356 井叔采鐘
01.141 師臾鐘
歷文 2002(1) 士山盤
考文 2006(6) 二式獄簋
文物 1999(9) 爯簋
16.10321 𧻚盂
07.3999 伯喜簋
05.2666 伯鮮鼎
04.2635 虢文公子作鼎
新收 1874 虎簋蓋乙
歷文 2006(3) 親簋
仲㸚簋 文物 1996(7)

西周晚期　西周晚期　西周晚期　西周晚期　西周中期　西周中期　西周中期　西周中期

字與史(1) 文盨	04.2473 史喜鼎	09.4466 融比盨	08.4310 此簋	08.4281 元年師旋簋	08.4157.2 竈乎簋	07.4109.1 芮伯多父簋	07.4037 筥小子簋
上博(7) 晉侯穌鐘	文博 1987(2) 逑編鐘	09.4467.2 師克盨	08.4312 師類簋	08.4303.1 此簋	08.4158.1 竈乎簋	07.4116.2 師害簋	07.4052.1 曾伯文簋
	首陽 107 頁 伯𢦏父簋	09.4468 師克盨蓋	08.4317 㝬簋	08.4282.1 元年師旋簋	08.4168 鬻兑簋	07.4118.1 宴簋	07.4074 遣簋
	華章 71 頁 卌三年逑鼎丙	09.4692 大師虘豆	08.4321 訇簋	08.4305 此簋	08.4242 叔向父禹簋	08.4156 伯家父簋蓋	07.4089.1 事族簋
	華章 39 頁 卌二年逑鼎甲	考古 1995(9) 召伯虎盨	08.4321 訇簋	08.4309 此簋	08.4254 弭叔師察簋		07.4090 叔皮父簋
西周晚期	西周晚期	西周晚期	西周晚期	西周晚期	西周晚期	西周晚期	西周晚期

髮				髟	彥	𣀔	𢽾
歷文 2002(6) 豳公盨	01.246 瘓鐘	10.5416.1 召卣	16.10175 史牆盤	中國文物 精華 克罍	04.2499 彥父丁鼎	07.3746 數𡩜𣀔簋	06.2930 𢽾簋
	05.2662 或者鼎		周金三・ 七十四 髟生簋				
	16.10175 史牆盤						
	16.10175 史牆盤						
西周中期	西周中期	西周早期	西周中期	西周早期	西周早期	西周早期	西周早期

司

10.5404.1
商卣

11.5997
商尊

徵集 1
司母樂甗

西周早期

16.10175
史牆盤

西周中期

01.260.2
㝬鐘

05.2841B
毛公鼎

08.4294
揚簋

西周晚期

訇

07.3846
訇伯簋蓋

07.4055
鄧公簋蓋

08.4160
伯康簋

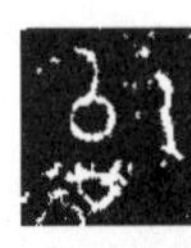
08.4161
伯康簋

08.4197
㫚𦣞簋

西周晚期

令

05.2531
雍伯簋

05.2671
䖒父鼎

05.2703
堇鼎

05.2740
寧鼎

西周早期

05.2778
史獸鼎

05.2803
令鼎

05.2837
大盂鼎

07.4029
明公簋

07.4059
渣嗣土
遙簋

西周早期

08.4140
大保簋

08.4140
大保簋

08.4146
緐簋殘底

08.4201
小臣宅簋

08.4205
楷伯簋

西周早期

08.4206
小臣傳簋

08.4329
不嬰簋蓋

08.4329
不嬰簋蓋

08.4241
榮作周
公簋

西周早期

08.4192.1 肆簋	05.2832 五祀衛鼎	01.246 癲鐘	考古 1990(1) 克罍	16.9893.2 井侯方彝	11.6003 保尊	10.5421.2 士上卣	08.4300 作册夨 令簋
08.4200 恒簋蓋	05.2838 曶鼎	05.2695 員方鼎		16.9895.1 旂方彝	11.6015 麥方尊	11.5989 作册睘尊	10.5407.2 作册睘卣
08.4208 段簋	07.4046 燮簋	05.2755 窍鼎		16.9901.1 夨令方彝	14.9104 盂爵	11.6001 小生子尊	10.5409.1 貉子卣
08.4210.1 衛簋	07.4047 陖貯簋	05.2765 蟎鼎		16.10065 令盤	15.9299 般觥	11.6002 作册旂尊	10.5415.1 保卣
08.4223.1 追簋	07.4101 生史簋	05.2824 㦰方鼎		文物 1998(9) 柞伯簋	15.9454.1 士上盉		
西周中期	西周中期	西周中期	西周早期	西周早期	西周早期	西周早期	西周早期

08.4224 追簋

08.4237 臣諫簋

08.4240 免簋

08.4267 申簋蓋

08.4273 靜簋

西周中期

08.4288.1 師酉簋

08.4341 班簋

08.4292 五年琱生簋

08.4293 六年琱生簋

08.4302 彔伯㦰簋蓋

西周中期

08.4327 卯簋蓋

09.4626 免簠

10.5403.1 豐卣

10.5405.2 次卣

10.5418 免卣

西周中期

10.5419 彔㦰卣

10.5424.1 農卣

11.5994 次尊

11.5996 豐作父辛尊

11.6006 免尊

西周中期

12.6516 趩觶

15.9456 裘衛盉

15.9714 史懋壺

15.9728 曶壺蓋

16.9898B 吳方彝蓋

西周中期

16.10161 免盤

16.10169 呂服余盤

16.10170 走馬休盤

16.10175 史牆盤

上博七目 目鼎

西周中期

考文 1997(3) 虎簋蓋

文物 2002(7) 應侯見工簋

考文 1986(4) 殷簋甲

西周中期

文物 1999(9) 戎生編鐘

字與史(1) 羚簋

歷文 2006(3) 親簋

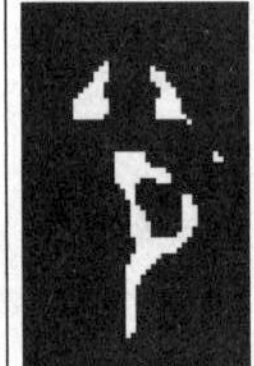
歷文 2002(6) 豳公盨

西周中期

保利續127頁應侯視工簋乙簋	08.4325.1 師嫠簋	08.4318.1 三年師兑簋	08.4298 大簋簋	08.4277 師艅簋蓋	08.4225.1 無㠱簋	05.2829 頌鼎	銘圖 05673 古盨蓋
文物2006(5)柞伯鼎	08.4326 番生簋蓋	08.4319 三年師兑簋	08.4303.2 此簋	08.4278 鬲比簋蓋	08.4234 史頌簋	08.4157.2 黿乎簋	
華章39頁卌二年逑鼎甲	08.4329 不嬰簋蓋	08.4321 訇簋	08.4312 師穎簋	08.4282.1 元年師旋簋	08.4242 叔向父禹簋	08.4184 公臣簋	
華章39頁卌二年逑鼎甲	08.4332.1 頌簋	08.4324.1 師嫠簋	08.4313.1 師寰簋	08.4286 輔師嫠簋	08.4274.1 元年師兑簋	08.4198 蔡姬簋	
			08.4317 㝬簋	08.4295 揚簋	08.4275.2 元年師兑簋	08.4216.2 五年師旋簋	
西周晚期	西周晚期	西周晚期	西周晚期	西周晚期	西周晚期	西周晚期	西周中期

卲　⿰必卩

 08.4297 鄭簋	 01.188.1 梁其鐘	16.10175 史牆盤	01.88 𤔲鐘	05.2791 伯姜鼎	 03.907 ⿰必卩作母 戊甗	 華章 71 頁 卌三年逑 鼎丙	 華章 55 頁 卌三年逑 鼎甲
 08.4332.1 頌簋	05.2815 趞鼎	 文物 1999(9) 戎生編鐘	 01.246 𤼈鐘	 06.3382 卲作寶 彝簋		華章 119 頁 卌三年逑 鼎壬	 華章 47 頁 卌二年逑 鼎乙
08.4334 頌簋	 05.2829 頌鼎	 史學 2006(2) 趞伯簋	05.2776 刺鼎	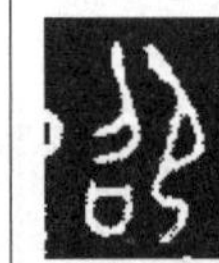 08.4241 榮作周 公簋		 文物 2009(9) 頌盤	華章 63 頁 卌三年逑 鼎乙
 文博 1987(2) 逑編鐘	 05.2841B 毛公鼎	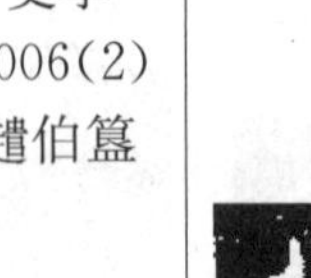	 05.2832 五祀衛鼎	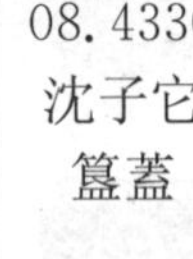 08.4330 沈子它 簋蓋			 華章 63 頁 卌三年逑 鼎乙
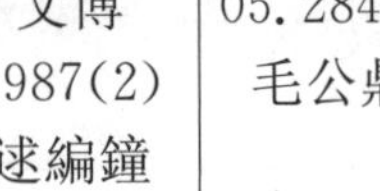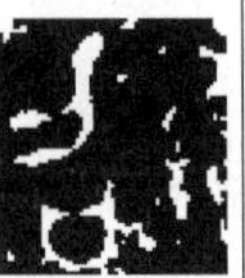 首陽 121 頁 逑鐘			 08.4341 班簋	 16.10543 卲作寶 彝器			
西周晚期	西周晚期	西周中期	西周中期	西周早期	西周早期	西周晚期	西周晚期

郃	卣卩	王卩	卩			土卩	
 08.4197 郃咎簋	 周原 1886 頁 卣卩簋  周原 1894 頁 卣卩卣簋  周原 1883 頁 卣卩簋 案：陳斯鵬等(2012)隸作「鹵卩」，劉釗(2014)分析此字从「卣」从「卩」，隸作「卣卩」，可從。	 16.10285.2 㑀匜	 16.10285.2 㑀匜 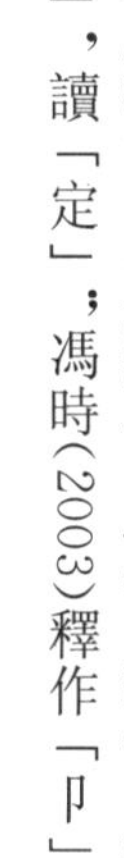 案：李學勤(2002)、朱鳳瀚(2002)均釋作「卬」，讀作「禦」；周鳳五(2003)釋作「卬」，讀作「迓」；李零(2002)釋作「卮」，讀「定」；馮時(2003)釋作「卩」，讀「節」；裘錫圭(2002a)讀作「孚」。	 歷文 2002(6) 豳公盨 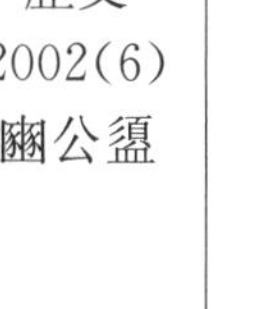 歷文 2002(6) 豳公盨	 史徵 492 頁 師覩鼎	 04.2272 土卩小子 敔鼎  06.3464 御父簋  06.3610 土卩作父 戊簋	 文物 2009(9) 頌盤 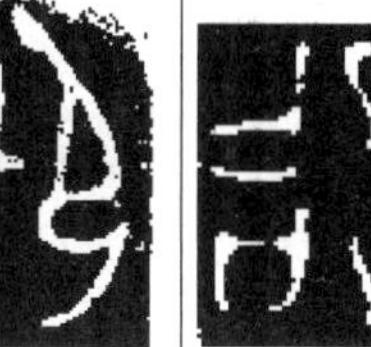 盛世 34 頁 逑盤
西周晚期	西周早期	西周晚期	西周晚期	西周中期	西周中期	西周早期	西周晚期

				卿	色	印	𠨬
 11.6016 矢令方尊	 10.5259 卿卣	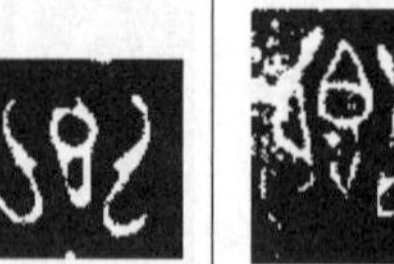 08.4261 天亡簋	07.3747 仲爯簋	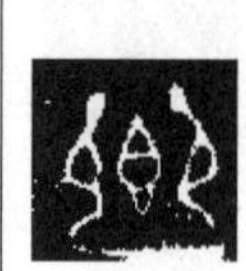 03.631 䨷鬲	 曲村440頁 中𠚤父壺	 05.2841B 毛公鼎	05.2832 五祀衛鼎
 12.7292 卿觚	 10.5428.1 叔趩父卣	 08.4300 作册矢令簋	 07.3748 伯者父簋	 04.2167 伯卿鼎	曲村440頁 中𠚤父壺		
 14.8880 卿作父乙爵	 11.5889 卿尊	 08.4330 沈子它簋蓋	 07.3948 臣卿簋	 05.2595 臣卿鼎			
 15.9431.2 甲盉	 11.5985 𠷎士卿尊	 10.5258.2 卿卣	 07.4020 天君簋	 05.2655 先獸鼎			
 16.9901 矢令方彝	 11.6001 小生子尊		 08.4201 小臣宅簋	 05.2674 征人鼎			
 考古 1991(7) 保员簋	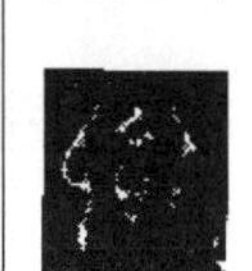 11.6009 效尊			 07.3745 㰱簋			
西周早期	西周早期	西周早期	西周早期	西周早期	西周早期	西周晚期	西周中期

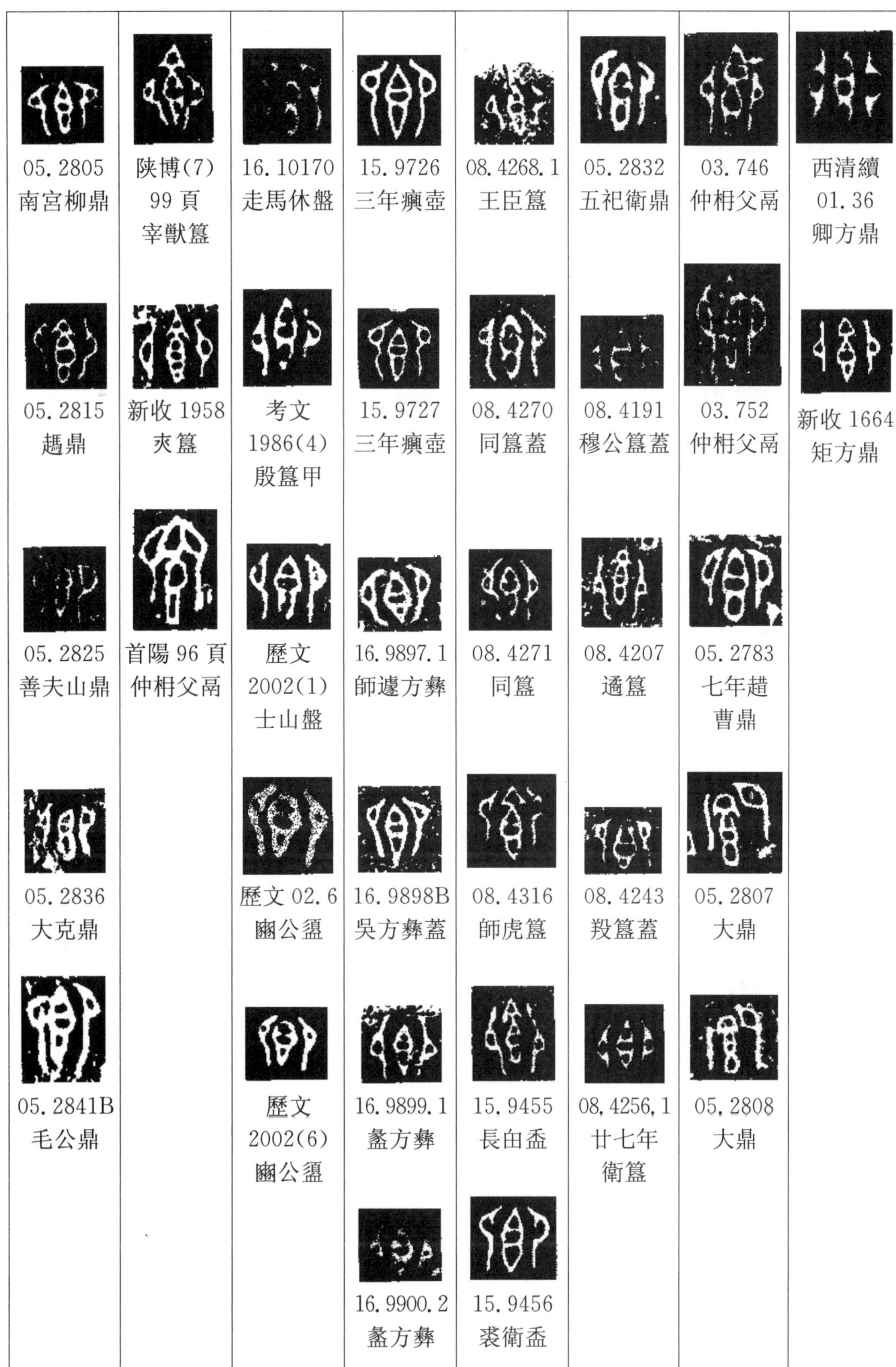

05.2805 南宮柳鼎	陝博(7) 99頁 宰獸簋	16.10170 走馬休盤	15.9726 三年㾓壺	08.4268.1 王臣簋	05.2832 五祀衛鼎	03.746 仲枏父鬲	西清續 01.36 卿方鼎
05.2815 趞鼎	新收 1958 㚒簋	考文 1986(4) 殷簋甲	15.9727 三年㾓壺	08.4270 同簋蓋	08.4191 穆公簋蓋	03.752 仲枏父鬲	新收 1664 矩方鼎
05.2825 善夫山鼎	首陽 96 頁 仲枏父鬲	歷文 2002(1) 士山盤	16.9897.1 師遽方彝	08.4271 同簋	08.4207 遹簋	05.2783 七年趞曹鼎	
05.2836 大克鼎		歷文 02.6 豳公盨	16.9898B 吳方彝蓋	08.4316 師虎簋	08.4243 殺簋蓋	05.2807 大鼎	
05.2841B 毛公鼎		歷文 2002(6) 豳公盨	16.9899.1 盠方彝	15.9455 長甶盉	08.4256.1 廿七年衛簋	05.2808 大鼎	
			16.9900.2 盠方彝	15.9456 裘衛盉			
西周晚期	西周晚期	西周中期	西周中期	西周中期	西周中期	西周中期	西周中期

辟				卿			
 新收 726 辟卣	 05.2837 大盂鼎	 05.2810 噩侯鼎	 08.4273 静簋	 05.2803 令鼎	 華章 55 頁 卌三年逑鼎甲	 09.4628.2 伯公父簠	 08.4160 伯康簋
 10.5428.1 叔趯父卣	 06.3438 皿屖簋			 16.9892 [illegible]方彝	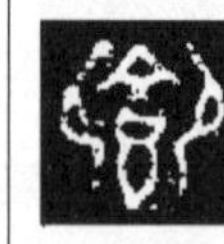 保利續 127 頁 應侯視工簋乙蓋	 16.10172 寰盤	 08.4287 伊簋
10.5429.1 叔趯父卣	 08.4205 楷伯簋					 16.10173 虢季子白盤	 08.4312 師頯簋
 10.5432.1 作册魖卣	10.5404.1 商卣					 文物 1998(8) 宰獸簋	 08.4326 番生簋蓋
11.5997 商尊						 新收 654 頁 楚公逆鐘	 09.4628.1 伯公父簠
西周早期	西周早期	西周早期	西周晚期	西周中期	西周早期	西周晚期	西周晚期

07.4071 孟姬洎簋	05.2799 小克鼎	01.41 眉壽鐘	16.10175 史牆盤	08.4170.1 𤼈簋	01.247 𤼈鐘	 中國文物 精華 克罍	11.6015 麥方尊
07.4116.2 師害簋	05.2800 小克鼎	01.187.2 梁其鐘	史徵492頁 師𠭰鼎	 08.4173.1 𤼈簋	 01.248 𤼈鐘		16.9893.2 井侯方彝
 09.4628.1 伯公父簠	 05.2833 禹鼎	 01.189.1 梁其鐘	 考文 2006(6) 𤞞簋器	 08.4175.1 𤼈簋	 01.249 𤼈鐘		 16.10360 𨜴圜器
 09.4628.2 伯公父簠	 05.2836 大克鼎	 01.238.2 虢叔旅鐘	 2006(6) 南姞甗	 08.4237 臣諫簋	 05.2812 師望鼎		 考古 1990(1) 克罍
 文博 1987(2) 逑編鐘	 05.2841B 毛公鼎	 01.240.2 虢叔旅鐘	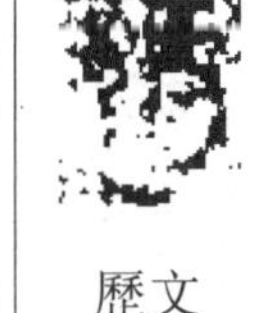 歷文 2004(1) 師酉鼎	 新收698 伯唐父鼎	 05.2824 𢦚方鼎		 考古 1991(7) 保員簋
西周晚期	西周晚期	西周晚期	西周晚期	西周中期	西周中期	西周中期	西周早期

勻	匊	匍					
06.3381 勻作寶彝簋 上博(8) 亢鼎	15.9705 番匊生壺 文物春秋 2007(6) 番匊生壺	華章 119 頁 卌三年逨鼎壬	華章 39 頁 卌二年逨鼎甲 文博 2007(2) 𧗿鼎	09.4467.1 師克盨 09.4468 師克盨 考文 2003(3) 逨盤 華章 71 頁 卌三年逨鼎丙 華章 55 頁 卌三年逨鼎甲	01.251 癲鐘 16.10175 史牆盤 文物 1998(4) 匍盉 文博 2007(6) 𧗿鼎	05.2837 大盂鼎	總集 08.6786 匽叔多父盤 盛世 34 頁 逨盤 盛世 34 頁 逨盤
西周早期	西周中期	西周晚期	西周晚期	西周晚期	西周中期	西周早期	西周早期

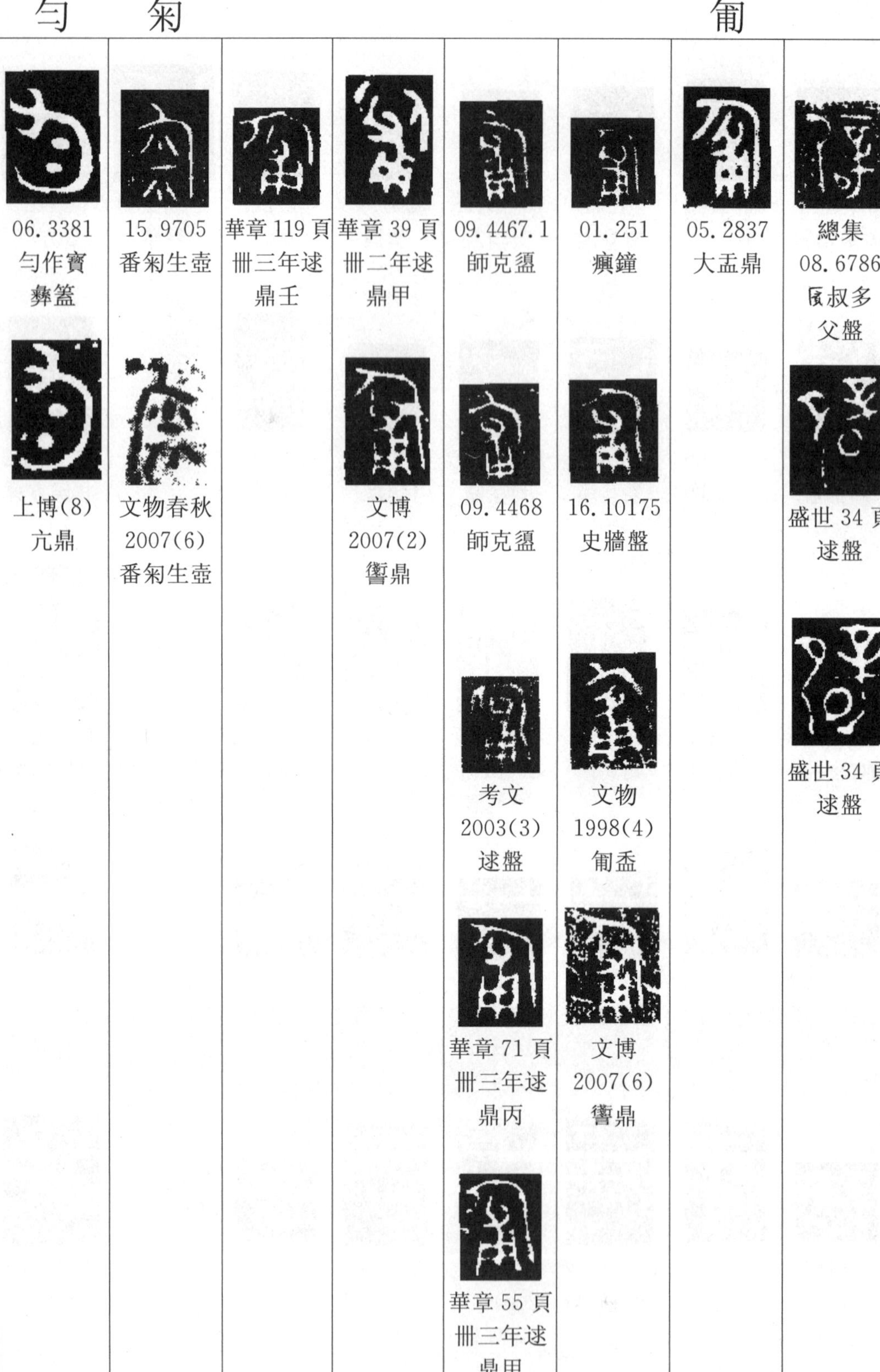

復	𣪘		匌		旬		
 04.2061 復鼎	 05.2724 毛公旅 方鼎	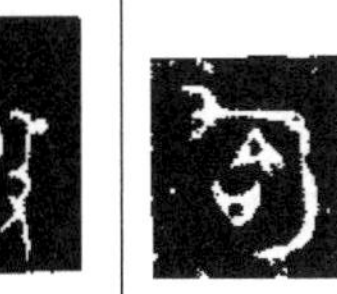 05.2833 禹鼎	 01.251 𤼈鐘	 10.5430.2 繁卣	 05.2682 新邑鼎	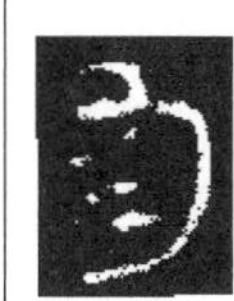 05.2835 多友鼎	 文物 1998(4) 匍盉
	 08.4300 作册夨 令簋						 文物 2002(6) 卲簋
							 文物 2000(6) 卲簋
							 首陽 107 頁 伯𢦚父簋
西周早期	西周早期	西周晚期	西周中期	西周中期	西周早期	西周晚期	西周早期

匑	匋	匓	勻	冢			
05.2831 九年衛鼎	05.2712 乃子克鼎	06.3770 降人匓簋	05.2774 帥隹鼎	05.2835 多友鼎	08.4341 班簋	05.2835 多友鼎	16.10175 史牆盤
05.2832 五祀衛鼎				晉侯 晉侯銅人	15.9728 曶壺蓋	新收624頁 晉侯對鼎	
					歷文 2006(3) 親簋		
西周中期	西周早期	西周中期	西周中期	西周晚期	西周中期	西周晚期	西周中期

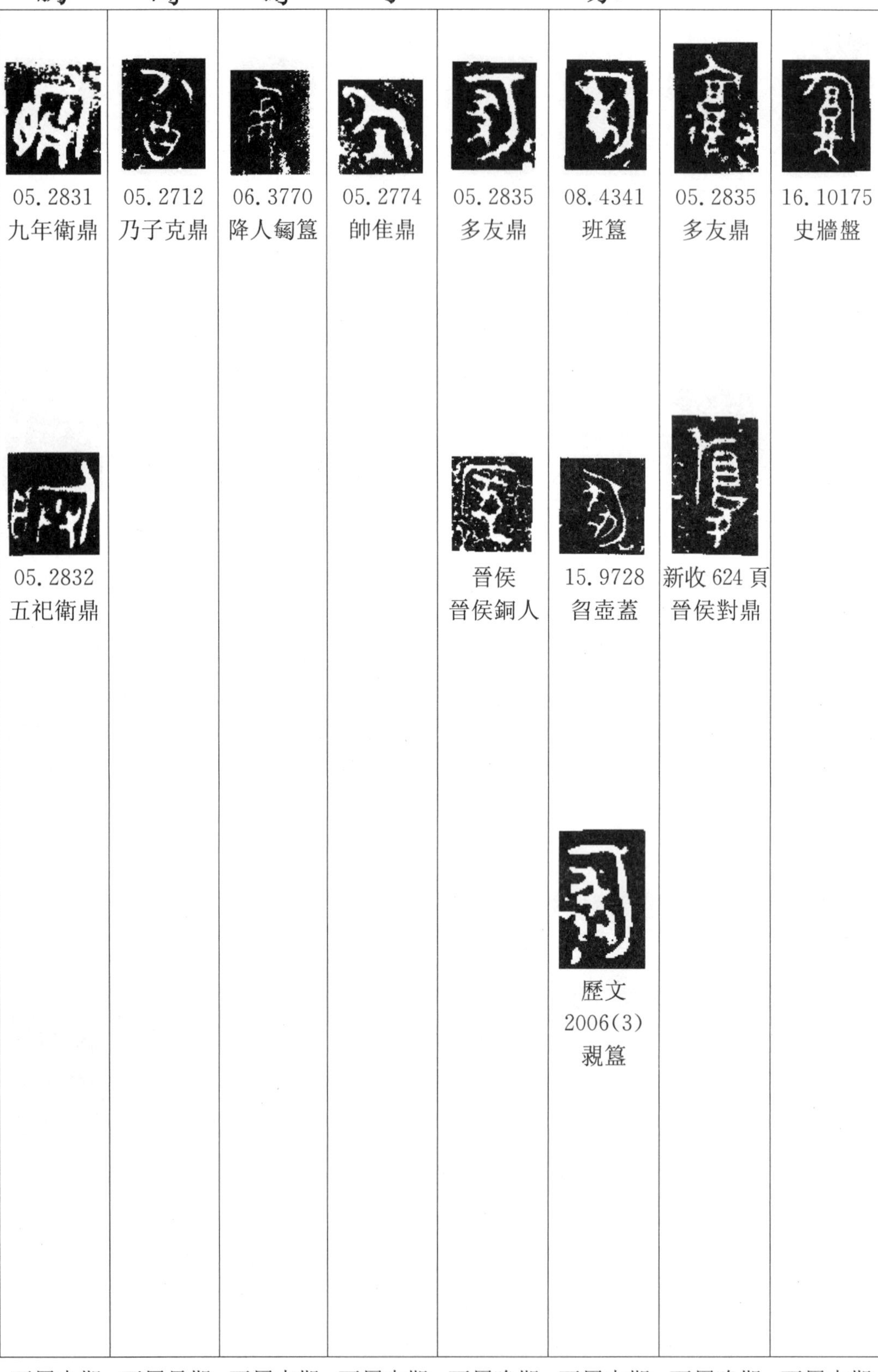

敬					苟	⿹勹黃	⿹勹熏
 01.63 逆鐘	 08.4288.2 師酉簋	 10.5428.1 叔趯父卣	 2006(3) 親簋	 01.252 癲鐘	 05.2837 大盂鼎	 新收677 蘇⿹勹黃壺	 上博七 晉侯蘇鐘
 05.2836 大克鼎	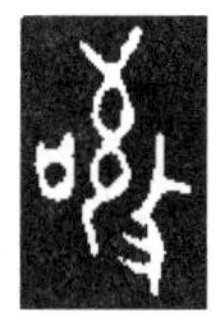 08.4289.2 師酉簋	 10.5428.2 叔趯父卣		 08.4316 師虎簋	 05.2837 大盂鼎		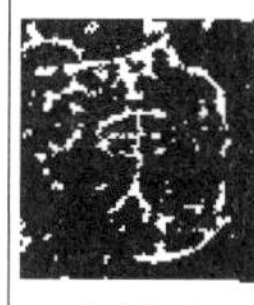 上博七 晉侯蘇鐘
 08.4279 元年師旋簋	 15.9826 對罍	 10.5429 叔趯父卣		 08.4341 班簋	 08.4140 大保簋		
 08.4280.1 元年師旋簋		 文物 1998(9) 雁侯再盨		 歷文 2006(3) 親簋	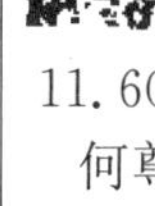 11.6014 何尊		
 09.4468 師克盨蓋							
西周晚期	西周中期	西周早期	西周中期	西周中期	西周早期	西周中期	西周晚期

䰠	𩲃	魖		鬼	𩴾		
11.5891 䰠作且乙尊	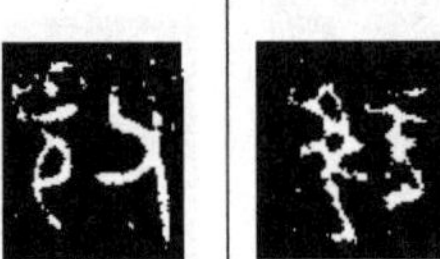 10.5243.1 𩲃父卣	 10.5432.1 作册魖卣	 銘文選一63 小盂鼎	 15.9584 鬼作父丙壺	 文物2000(12) 虢仲簠	 華章79頁 卌三年逑鼎丁	 09.4467.2 師克盨蓋
	 10.5243.2 𩲃父卣	 10.5432.2 作册魖卣				 華章127頁 卌三年逑鼎癸	 文博1987(2) 逑編鐘
							 華章55頁 卌三年逑鼎甲
							 華章71頁 卌三年逑鼎丙
西周中期	西周早期	西周早期	西周早期	西周中期	西周晚期	西周晚期	西周晚期

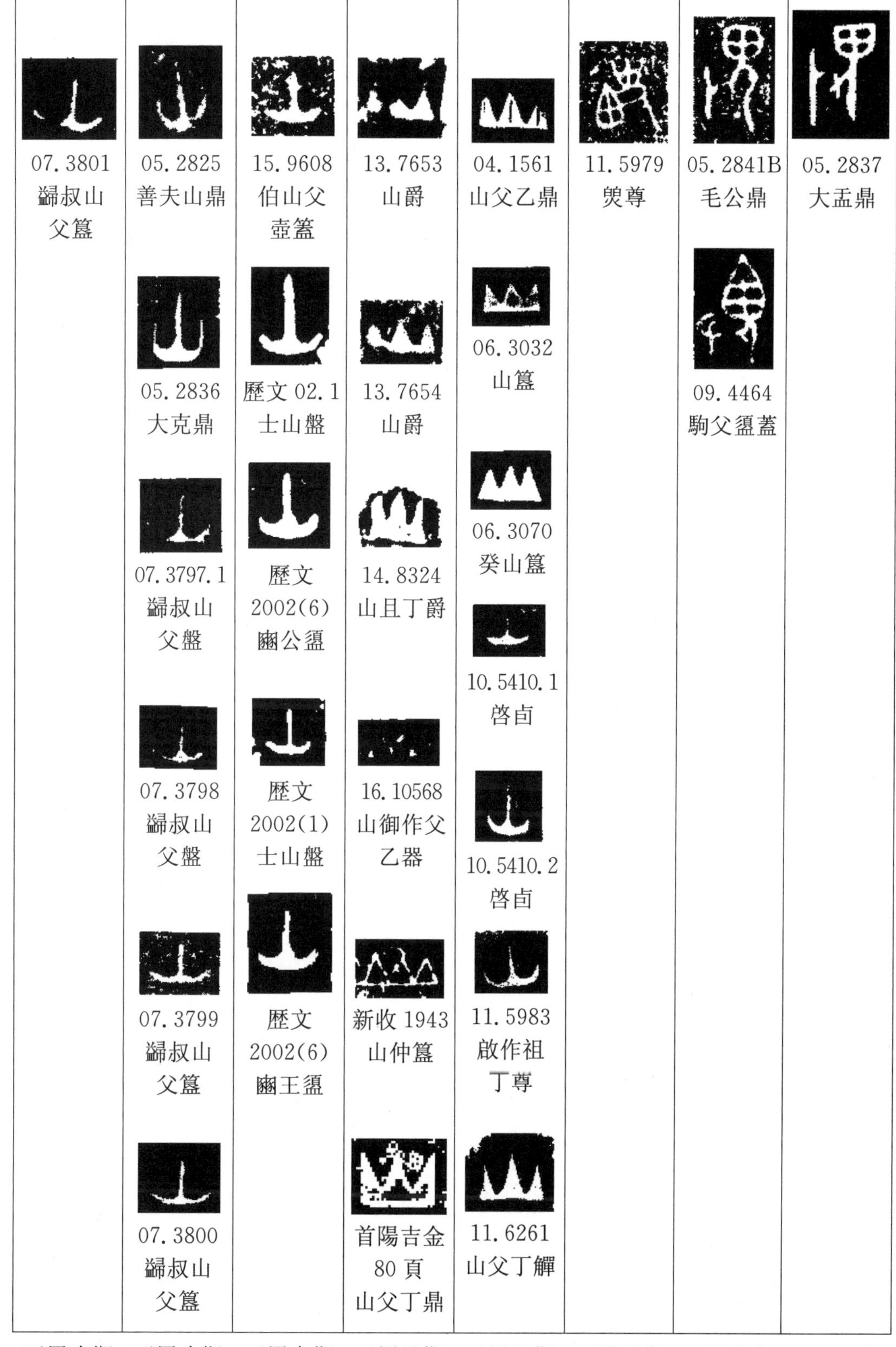

畏

05.2837 大盂鼎　西周早期

05.2841B 毛公鼎；09.4464 駒父盨蓋　西周晚期

[甶史]

11.5979 㚖尊　西周早期

山

04.1561 山父乙鼎；06.3032 山簋；06.3070 癸山簋；10.5410.1 啓卣；10.5410.2 啓卣；11.5983 啟作祖丁尊；11.6261 山父丁觶　西周早期

13.7653 山爵；13.7654 山爵；14.8324 山且丁爵；16.10568 山御作父乙器；新收1943 山仲簋；首陽吉金80頁 山父丁鼎　西周早期

15.9608 伯山父壺簋；歷文02.1 士山盤；歷文2002(6) 㽙公盨；歷文2002(1) 士山盤；歷文2002(6) 㽙王盨　西周中期

05.2825 善夫山鼎；05.2836 大克鼎；07.3797.1 𨚕叔山父盤；07.3798 𨚕叔山父盤；07.3799 𨚕叔山父簋；07.3800 𨚕叔山父簋　西周晚期

07.3801 𨚕叔山父簋　西周晚期

廦	廏	廬	⿱每山	⿱此山	巒	岡	密
首陽 83 頁 𩁹簋	09.4358.1 彔盨	05.2780 師湯父鼎	10.5113 ⿱每山作尊彝卣	05.2836 大克鼎	07.3784 伯俘簋	三代 二・六 岡鼎	新收 1874 虎簋蓋乙
首陽 83 頁 𩁹簋			案：吴榮曾(1992)讀爲「魏」；周波(2009)同意吴説，並認爲該字當是表意字；裘錫圭(2010a)認爲「每」與「山」連成一體，是由「⿱每吕」字演變而成，起初假借表示「魏」，後來成爲表示「魏」的專字。				08.4266 趞簋
							考文 1989(3) 史密簋
							考文 1997(3) 虎簋蓋
西周早期	西周晚期	西周中期	西周早期	西周晚期	西周晚期	西周	西周中期

庶							廣
05.2841A 毛公鼎	15.9456 裘衛盉	05.2837 大盂鼎	首陽 114 頁 應侯視工簋蓋	08.4326 番生簋蓋	01.146 士父鐘	01.246 癲鐘	06.3611 廣作父己簋
09.4410 伯庶父盨蓋	16.10311 庶盂	08.4320 宜侯夨簋		08.4328 不嬰簋	05.2833 禹鼎	08.4341 班簋	
總集 03.2374 伯庶父簋		12.6510 庶觶		08.4329 不嬰簋蓋	05.2835 多友鼎	16.10175 史牆盤	
華章 71 頁 卌三年逑鼎丙				文物 2006(5) 柞伯鼎	文物 2006(5) 柞伯鼎	文物 1999(9) 戎生編鐘	
					08.4242 叔向父禹簋		
西周晚期	西周中期	西周早期	西周晚期	西周晚期	西周晚期	西周中期	西周早期

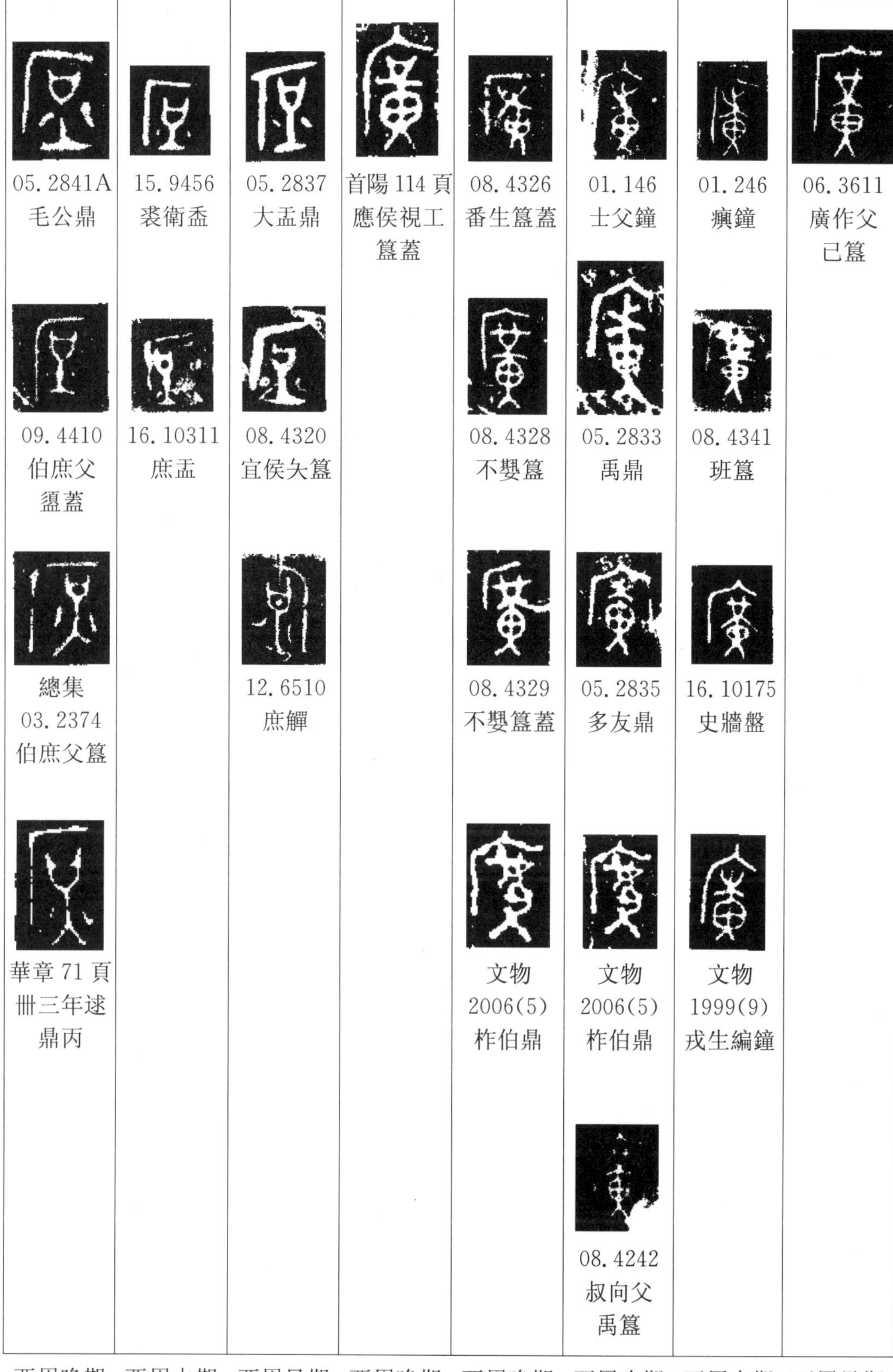

廟　廙

 08.4282.1 元年師兑簋	 05.2836 大克鼎	 01.60 逆鐘	  08.4290 師酉簋	 05.2831 九年衛鼎	 04.2375 逐啓諆鼎	 新收 648 頁 晋侯穌鐘	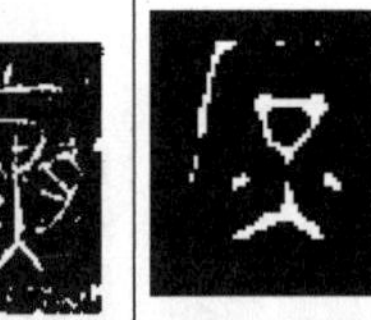 華章 111 頁 卌三年逑鼎辛
 08.4319 三年師兑簋	08.4274.1 元年師兑簋	 04.2417 廟孱鼎	 08.4291 師酉簋	 08.4240 免簋	 05.2739 塱方鼎	 華章 55 頁 卌三年逑鼎甲	
 08.4340 蔡簋	08.4275.1 元年師兑簋	  05.2631 南公有司鼎	 新收 740 盠尊	08.4270 同簋蓋	 銘文選一 63 小盂鼎	 華章 79 頁 卌三年逑鼎丁	
 16.10173 虢季子白盤	08.4279.1 元年師兑簋	05.2805 南宫柳鼎	  16.9898A 吴方彝蓋	  08.4271 同簋			
 華章 55 頁 卌三年逑鼎甲	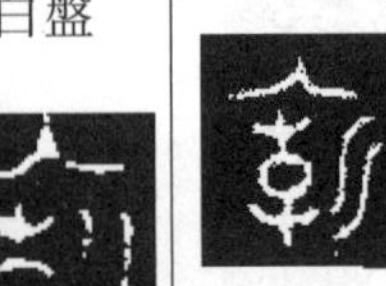 08.4280.1 元年師兑簋	 05.2814 無叀鼎	16.9899.1 盠方彝	 08.4288.1 師酉簋			
	 08.4281 元年師兑簋			  08.4289.1 師酉簋			
西周晚期	西周晚期	西周晚期	西周中期	西周中期	西周早期	西周晚期	西周晚期

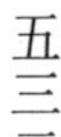

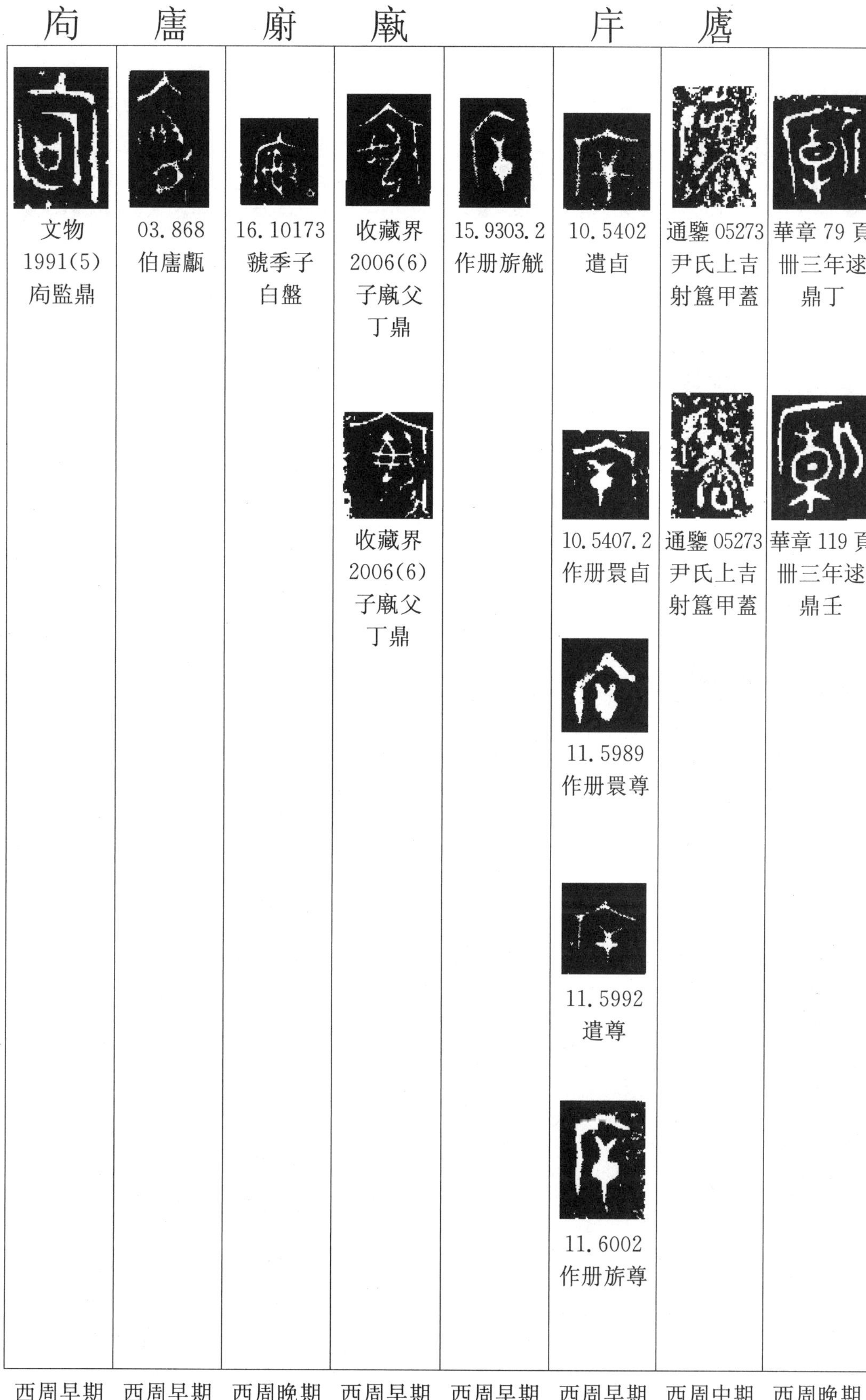

⿸广向	廬	⿸广射	⿸广執		⿸广午	⿸广吾	
文物 1991(5) ⿸广向監鼎	03.868 伯廬甗	16.10173 虢季子白盤	收藏界 2006(6) 子⿸广執父丁鼎	15.9303.2 作册旂觥	10.5402 遣卣	通鑒 05273 尹氏上吉射簋甲蓋	華章 79 頁 卌三年逑鼎丁
			收藏界 2006(6) 子⿸广執父丁鼎		10.5407.2 作册睘卣	通鑒 05273 尹氏上吉射簋甲蓋	華章 119 頁 卌三年逑鼎壬
					11.5989 作册睘尊		
					11.5992 遣尊		
					11.6002 作册旂尊		
西周早期	西周早期	西周晚期	西周早期	西周早期	西周早期	西周中期	西周晚期

	厰	厂				应	廜
08.4329 不嬰簋蓋	01.146 士父鐘	16.10176 散氏盤	08.4282.1 元年師旋簋	文物 1990(7) 逹盨蓋	05.2838 曶鼎	文物 1998(5) 静方鼎	05.2535 伯廜父鼎
08.4329 不嬰簋蓋	01.147 士父鐘		08.4295 揚簋		05.2736 不栺方鼎		
16.10174 兮甲盤	01.148 士父鐘		08.4340 蔡簋		08.4316 師虎簋		
16.10173 虢季子白盤	08.4328 不嬰簋				10.5424.1 農卣		
華章 39 頁 卌二年逑鼎甲					15.9455 長由盉		
西周晚期	西周晚期	西周晚期	西周晚期	西周中期	西周中期	西周早期	西周

⿸厂咅	⿸厂辰	⿸厂昊			厤		厲
05.2841B 毛公鼎	05.2702 嬰方鼎	05.2774 帥隹鼎	05.2841B 毛公鼎	歷文 2004(2) 任鼎	考古學報 2018(1) 霸伯簋	03.3778.1 散伯簋	05.2832 五祀衛鼎
	08.4300 作册夨 令簋	08.4292 五年琱 生簋	華章 47 頁 卌二年逑 鼎乙	文物 2000(6) 曶簋	考古學報 2018(1) 霸伯簋	03.3780.1 散伯簋	
		08.4293 六年琱 生簋	華章 39 頁 卌二年逑 鼎甲	新收 1958 夾簋	考古學報 2018(1) 霸伯山簋	通鑒 03346 應監甗	
		考古學報 2018(2) 乞盤			案：字从「厂」「木」「水」，或增「口」。		
西周晚期	西周早期	西周中期	西周晚期	西周中期	西周早期	西周晚期	西周中期

厝	⿸厂臥	⿸厂取	⿸厂古	⿸厂智	⿸厂會	⿸厂尃	⿸厂豕
06.3668 噩侯厝季簋	16.10175 史牆盤	08.4169 𦎫伯⿸厂取簋	04.2491 ⿸厂古舟騍鼎	文物 1998(8) 宰獸簋	10.5431 高卣	08.4237 臣諫簋	晉侯 417 頁 晉侯銅人
11.5912 厝季尊						晉侯 417 頁 晉侯銅人	
西周早期	西周中期	西周早期	西周中期或晚期	西周晚期	西周早期	西周中期	西周中期

案：陳英傑(2004)謂應是《説文》的「陸」字。

長					石	厮	厰
06.3582 長卣簋	04.2348 作長鼎	長子口 107 頁 長子口觥簋	通鑑 02381 長子方鼎	04.1968 寡長方鼎	07.3977 己侯貉子簋蓋	盛世 34 頁 逑盤	上博(10) 應侯視工鼎
08.4237 臣諫簋			長子口 90 頁 長子口爵	考古 2000(9) 長子口尊	10.5427.1 作册嗌卣	案：劉釗(2002)謂字从「戈」或「刀」，「戔」聲，讀作「踐」、「翦」；李學勤(2003a)謂以往多次在銘文中出現，从「戈」或「刀」，這裏則从「斤」；林澐(2004)傾向讀爲「撲」。	
15.9455 長由盉			長子口 107 頁 長子口卣	長子口 99 頁 長子口尊			
16.10175 史牆盤			長子口 61 頁 長子口鼎	長子口 107 頁 長子口卣			
西周中期	西周早期或中期	西周早期	西周早期	西周早期	西周中期	西周晚期	西周晚期

勿

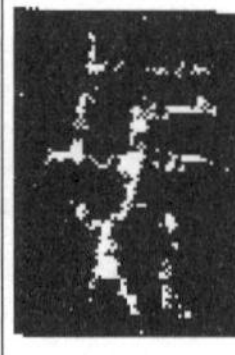
考文 2003(3) 四十二年逑鼎乙

總集 01.246 長子鼎

華章 39 頁 卌二年逑鼎甲

華章 47 頁 卌二年逑鼎乙

西周晚期

05.2837 大盂鼎

07.3908 量侯簋

08.4199 恒簋蓋

西周早期

08.4288.1 師酉簋

08.4293 六年琱生簋

考文 2006(6) 二式𤞞簋

西周中期

考文 2006(6) 𤞞盤

南開學報 2008(6) 衛簋甲蓋

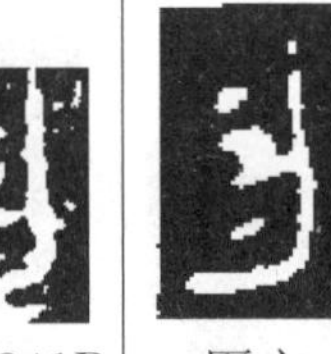
歷文 2006(3) 親簋

西周中期

01.63 逆鐘

05.2836 大克鼎

05.2841B 毛公鼎

08.4324.1 師嫠簋

08.4325.1 師嫠簋

西周晚期

09.4467.1 師克盨

文物 2003(6) 卌三年逑鼎辛

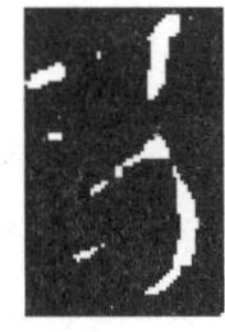
華章 55 頁 卌三年逑鼎甲

考文 2007(3) 琱生尊

西周晚期

華章 71 頁 卌三年逑鼎丙

華章 79 頁 卌三年逑鼎丁

西周晚期

昜

07.4042 昜𠔴簋

08.4201 小臣宅簋

10.5409.1 貉子卣

18.11861 匽侯銅泡

考古 1990(1) 匽侯銅泡

西周早期

豦	[illegible]	豖	而	冄			
08.4167 豦簋	05.2830 師𩛥鼎	05.2745 函皇父鼎	08.4213 屖敖簋蓋	08.4314 師寰簋	08.4216.1 五年師旋簋	05.2678 小臣鼎	考古學報 2018(1) 霸伯山簋
11.6011.2 盠駒尊		08.4141.1 函皇父簋			08.4217.2 五年師旋簋	05.2765 蟎鼎	考古學報 2018(1) 霸伯山簋
		08.4141.2 函皇父簋			08.4287 伊簋	16.10322 永盂	
		08.4143 函皇父簋			晉侯417頁 晉侯銅人		
		總集 08.6783 函皇父盤					
西周中期	西周中期	西周晚期	西周晚期	西周晚期	西周晚期	西周中期	西周早期

		彖	彘	[illegible]	㣇		家
 01.63 逆鐘	 08.4302 彔伯㦰簋蓋	 08.4241 榮作周公簋	 15.9456 裘衛盉	 08.4195.1 𦰡簋	 06.3453 作㣇商簋	 05.2841A 毛公鼎	 文物 1996(2) 王姜鼎
 01.207 克鐘	 12.6516 趩觶		 15.9726 三年𤼈壺			 08.4326 番生簋蓋	
 08.4313.1 師寰簋	 16.10175 史牆盤		 15.9727 三年𤼈壺				
 08.4313.2 師寰簋							
 考文 2003(3) 逑盤							
西周晚期	西周中期	西周早期	西周中期	西周中期	西周早期	西周晚期	西周早期

豹	豸		豚			⿰土豕	
 歷文 2004(1) 師酉鼎	 中國文物精華 克罍	 10.5365 豚卣	 04.2315 亞豚作父乙鼎	 05.2836 大克鼎	 08.4326 番生簋蓋	 15.9300 𤔲馭觥蓋	 華章 136 頁 單叔鬲丙
	 中國文物精華 克罍		 10.5421.2 士上卣	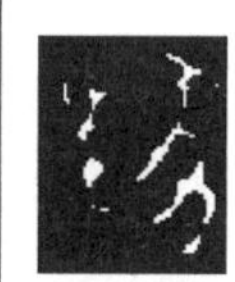   盛世 34 頁 逑盤	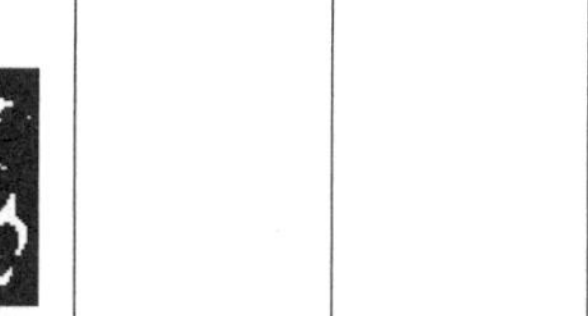		華章 144 頁 單叔鬲戊
				案：該字金文中讀作「邇」，田煒(2014)認爲該字是由「⿰土夫」演變而來。			 華章 160 頁 單叔鬲壬
西周中期	西周早期	西周中期	西周早期	西周晚期	西周中期	西周早期	西周晚期

貙

新收 1454 燹戒鼎

西周晚期

三代十三 二十一 貙卣

西周早期

貂

03.754 尹姞鬲

03.754 尹姞鬲

考文 1991(6) 敔簋蓋

西周中期

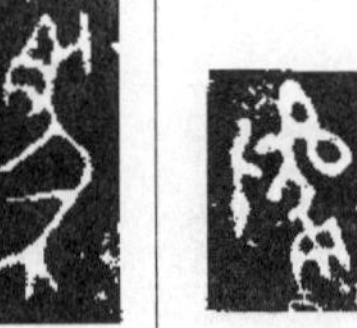
08.4331 乖伯歸夆簋

曾憲通(2015)分析此字从象形文「刀」聲或「召」省聲，實即「貂」字。

西周晚期

貉

10.5233.1 伯貉卣

10.5409.1 貉子卣

11.5845 伯貉尊

西周早期

07.3977 己侯貉子簋蓋

西周中期

貍

11.5904 貍作父癸尊

西周中期

貖

02.358.2 五祀㝬鍾

案：李朝遠(2004)釋爲「貖」，訓爲「安撫」；李家浩(2008)亦隸作「貖」；蔣玉斌(2012)釋爲「鑄」，讀爲「討」。

西周晚期

08.4136 相侯簋	07.4060 不𠷎簋	07.3824 图簋	 05.2837 大盂鼎	05.2726 歸𢦏方鼎	 05.2661 德方鼎	 04.2505.1 圉方鼎	 03.935 圉甗
 08.4140 大保簋	07.4088 奢簋	 07.3905 𢦚父丁簋	 06.3712 鳳作祖癸簋	 05.2728 旅鼎	 05.2670 旂鼎	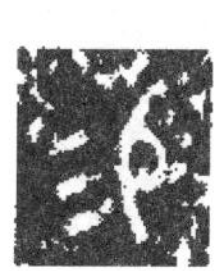 04.2506 罴作且乙鼎	 04.2453 [illegible]父鼎
 08.4201 小臣宅簋	 07.4097 窾簋	 07.3948 臣卿簋	 06.3733 德簋	 05.2748 庚嬴鼎	 05.2704 旟鼎	 05.2595 臣卿鼎	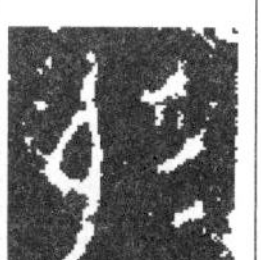 04.2458 中作祖癸鼎
 08.4239.2 小臣謎簋	 08.4121 榮簋	 07.4031 史䛃簋	 07.3743 保侃母簋蓋	 05.2749 憲鼎	 05.2706 麥方鼎	 05.2654 亳鼎	 04.2459 交鼎
 08.4241 榮作周公簋	 08.4131 利簋	 07.4041 禽簋	 07.3823 效父簋	 05.2791 伯姜鼎	 05.2775 史獸鼎	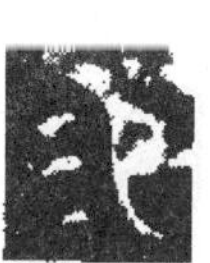 05.2659 嗣鼎	 04.2504 作册𩁹鼎
西周早期	西周早期	西周早期	西周早期	西周早期	西周早期	西周早期	西周早期

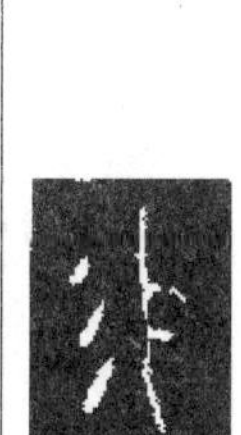

首陽 74 頁 鸒觶	考古 1991(7) 保員簋	16.9888.1 叔飽方彝	11.6014 何尊	11.5987 臣衛父辛尊	11.5962 員作旅尊	10.5391.1 執卣	10.5374.1 圉卣
考文 2005(增) 老簋	文物 1998(9) 柞伯簋	16.9893.1 井侯方彝	12.6512 小臣單觶	11.5991 作册翻父乙尊	11.5973 殁作父乙尊	10.5400.1 作册翻卣	10.5383.1 岡刼卣
	西清續鑑甲編 01.33 作文父宗祀鼎	16.9895.1 旂方彝	12.7310A 貝父乙壺	11.5992 遣尊	11.5977 犅刼尊	10.5402.1 遣卣	10.5384.1 耳卣
	文物 2005(9) 榮仲方鼎	16.9901 矢令方彝	15.9303.2 作册旂觥	11.6001 小生子尊	11.5984 能匋尊	10.5415.1 保卣	10.5386 息伯卣
	05.2405 德鼎	16.10581 幵作父辛器	15.9451 麥盉	11.6009 效尊	11.5985 噉士卿尊	10.5426.2 庚嬴卣	10.5389.1 顯卣
西周早期	西周早期	西周早期	西周早期	西周早期	西周早期	西周早期	西周早期

08.4199 恒簋蓋	08.4176.1 瘨簋	08.4167 康簋	08.4122.1 彔作辛公簋	05.2817 師農鼎	05.2789 戜方鼎	05.2754 呂方鼎	03.948 遹甗
08.4207 䚃簋	08.4191 穆公簋蓋	08.4171.1 瘨簋	08.4159 鼂簋	05.2830 師𩛥鼎	05.2804 利鼎	05.2776 剌鼎	04.2435 從鼎
08.4219 追簋	08.4192.1 肄簋	08.4172.1 瘨簋	08.4162 孟簋	05.2830 師𩛥鼎	05.2808 大鼎	05.2780 師湯父鼎	05.2696 [illegible]鼎
08.4220 追簋	08.4193 肄簋	08.4173.1 瘨簋	08.4163 孟簋	05.2838 曶鼎	05.2812 師望鼎	05.2781 庚季鼎	05.2721 寏鼎
08.4222 追簋蓋	08.4194.1 友簋	08.4174.1 瘨簋	08.4165 大簋	07.4099.2 敔簋	05.2813 師奎父鼎	05.2783 七年趞曹鼎	05.2736 不栺方鼎
西周中期	西周中期	西周中期	西周中期	西周中期	西周中期	西周中期	西周中期

15.9728 曶壺蓋	新收 740 盠尊	11.5994 次尊	10.5420.1 彔㦰卣	09.4463 瘨盨	08.4288.1 師酉簋	08.4266 趞簋	08.4224 追簋
16.9900.2 盠方彝	12.6516 趩觶	11.5994 次尊	10.5430.2 繁卣	09.4626 免簠	08.4291 師酉簋	08.4268.1 王臣簋	08.4240 免簋
16.10161 免盤	15.9714 史懋壺	11.5996 豐作父辛尊	10.5433A1 效卣	10.5398.2 同卣	08.4302 彔伯㦰簋蓋	08.4269 縣改簋	08.4251.1 大師虘簋
16.10168 守宮盤	15.9721 幾父壺	11.6006 免尊	11.6012 盠駒尊蓋	總集 07.5487 靜卣一	08.4316 師虎簋	08.4273 靜簋	08.4252.1 大師虘簋
16.10169 呂服余盤	15.9724.1 十三年瘨壺	11.6011.2 盠駒尊	11.5988 斨尊	10.5418 免卣	08.4327 卯簋蓋	08.4276 豆閉簋	08.4256.1 廿七年衛簋
西周中期	西周中期	西周中期	西周中期	西周中期	西周中期	西周中期	西周中期

07.4119.1 宴簋	07.4039 黃君簋蓋	05.2836 大克鼎	05.2810 噩侯鼎	01.61 逆鐘	銘圖 05673 古盨蓋	歷文 2004(2) 任鼎	16.10170 走馬休盤
08.4185 公臣簋	07.4049.1 琱我父簋	銘文選一 447 毛公鼎	05.2815 趞鼎	01.133 柞鐘	論稿 167 頁 呂簋蓋	文物 2003(9) 曶鼎	16.10322 永盂
08.4188.1 仲爯父簋	07.4050.1 琱我父簋	07.3984 陽飤生簋蓋	05.2821 此鼎	01.204 克鐘		南開學報 2008(6) 衛簋甲蓋	文物 1990(7) 逹盨簋
07.4066.2 𪓕夫𪓕姬簋	07.4052.1 曾伯文簋	07.4007 泆伯寺簋	05.2829 頌鼎	01.238.2 虢叔旅鐘		歷文 2006(3) 覯簋	考古 1989(6) 孟狴父甗
08.4197 卻咎簋	07.4118.1 宴簋		05.2835 多友鼎	05.2743 仲師父鼎			字與史(1) 羚簋
西周晚期	西周晚期	西周晚期	西周晚期	西周晚期	西周中期	西周中期	西周中期

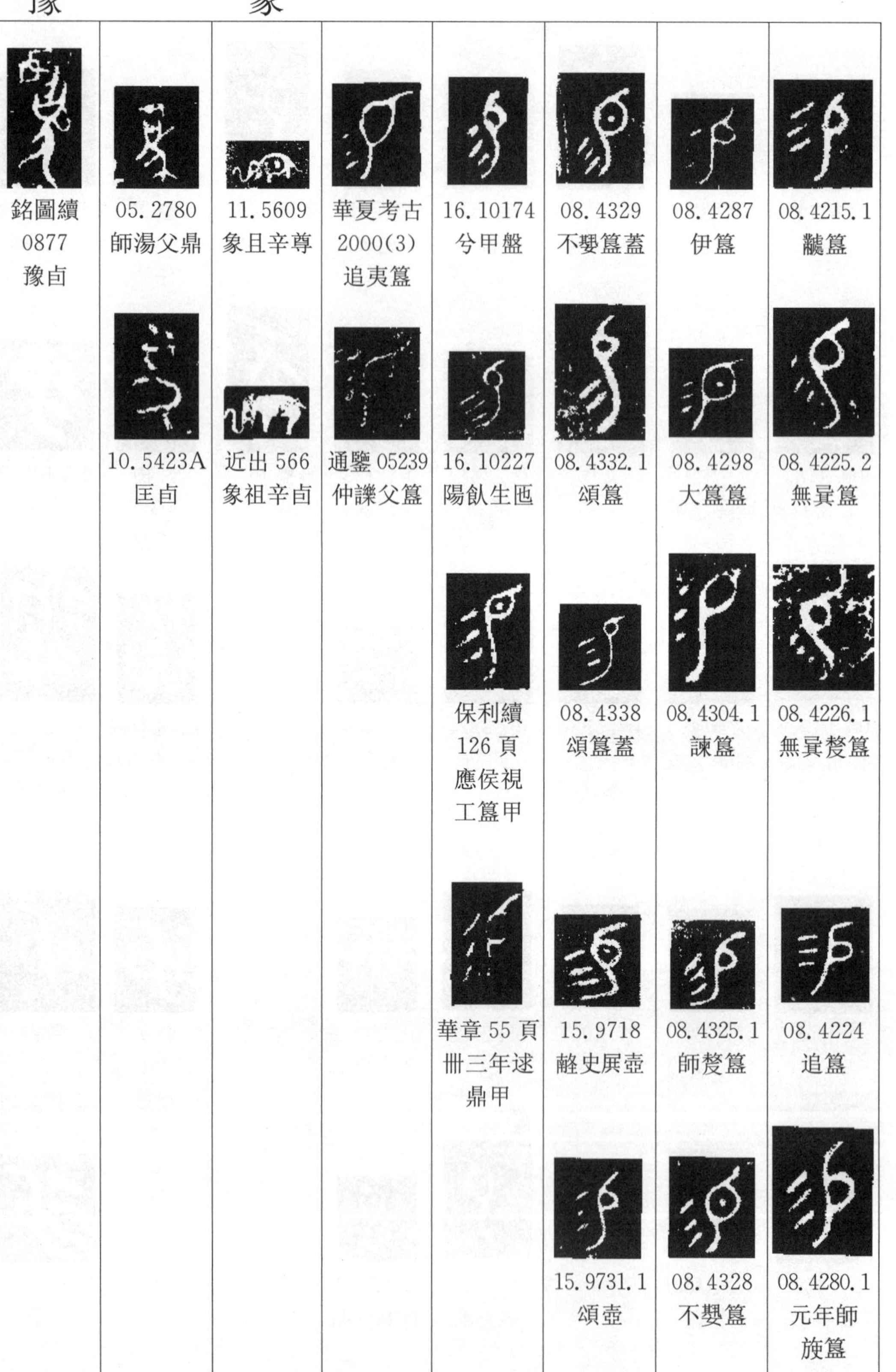

豫	象						
銘圖續 0877 豫卣	05.2780 師湯父鼎	11.5609 象且辛尊	華夏考古 2000(3) 追夷簋	16.10174 兮甲盤	08.4329 不嬰簋蓋	08.4287 伊簋	08.4215.1 龖簋
	10.5423A 匡卣	近出 566 象祖辛卣	通鑒 05239 仲𧫷父簋	16.10227 陽飤生匜	08.4332.1 頌簋	08.4298 大簋蓋	08.4225.2 無㠱簋
				保利續 126 頁 應侯視工簋甲	08.4338 頌簋蓋	08.4304.1 諫簋	08.4226.1 無㠱嫠簋
				華章 55 頁 卌三年逑鼎甲	15.9718 𩍗史𡰥壺	08.4325.1 師嫠簋	08.4224 追簋
					15.9731.1 頌壺	08.4328 不嬰簋	08.4280.1 元年師旋簋
西周早期	西周中期	西周早期	西周晚期	西周晚期	西周晚期	西周晚期	西周晚期

西周金文字編 卷十

馬

西周早期

05.2612 玐方鼎

05.2729 歔獻方鼎

05.2760 作册大方鼎

05.2803 令鼎

西周早期

05.2837 大盂鼎

07.4044 御正衛鼎

10.5416.1 召卣

11.6004 𥈃尊

11.6015 麥方尊

西周早期

15.9300 扶馭觥蓋

文物 2001(8) 弔矢方鼎

首陽 74 頁 奮觶蓋

西周中期

總集 02.1533 尹姞鬲

05.2719 公貿鼎

05.2807 大鼎

05.2808 大鼎

05.2813 師父鼎

西周中期

05.2831 九年衛鼎

03.755 尹姞鬲

07.4099.1 敱簋

08.4243 殹簋蓋

08.4262.2 格伯簋

西周中期

08.4266 趞簋

08.4276 豆閉簋

08.4283 師瘨簋蓋

08.4302 彔伯𢦚簋蓋

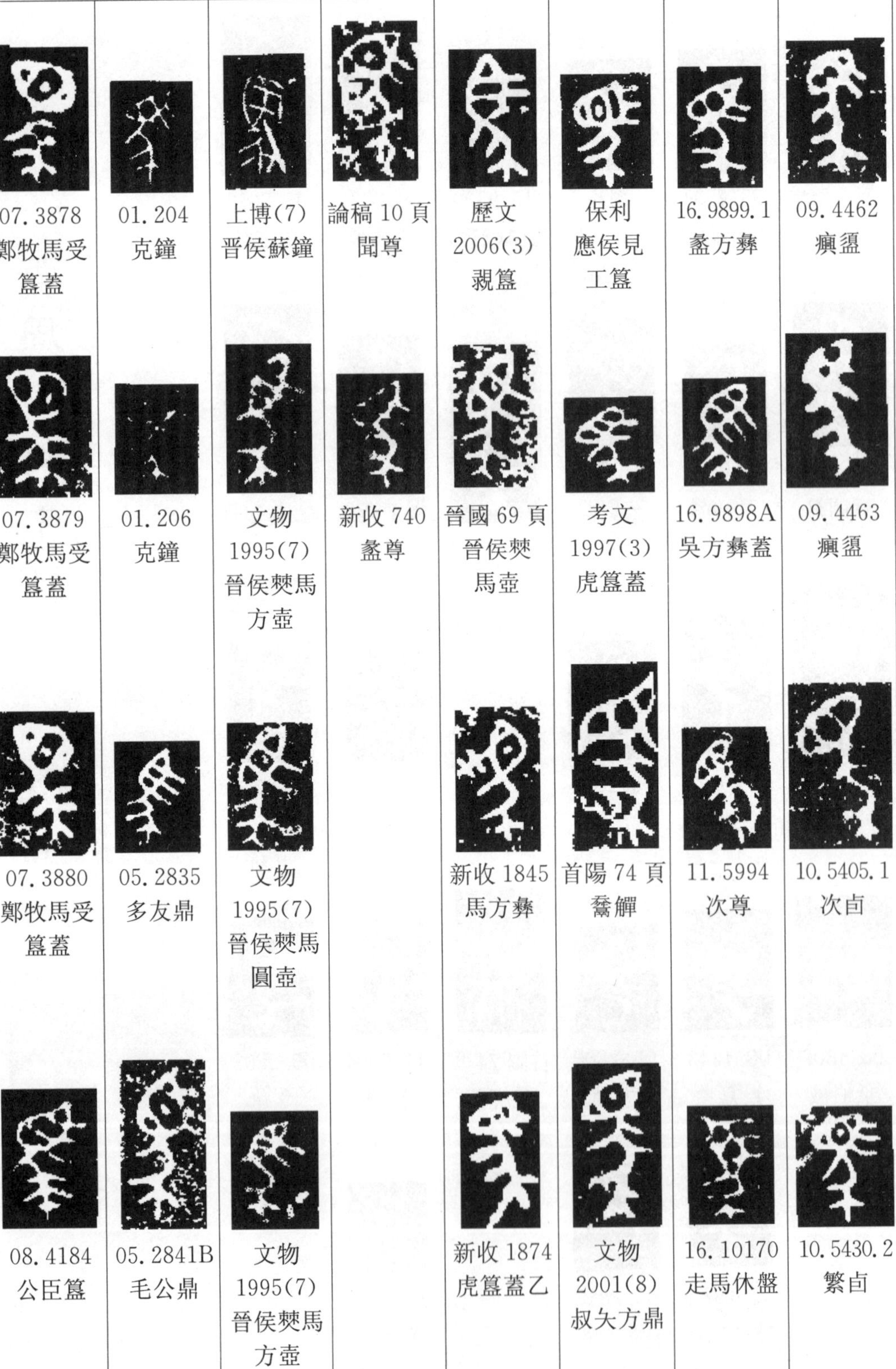

西周晚期	西周晚期	西周晚期	西周中期	西周中期	西周中期	西周中期	西周中期
07.3878 鄭牧馬受簋蓋	01.204 克鐘	上博(7) 晉侯蘇鐘	論稿 10 頁 聞尊	歷文 2006(3) 親簋	保利 應侯見工簋	16.9899.1 盠方彝	09.4462 癲盨
07.3879 鄭牧馬受簋蓋	01.206 克鐘	文物 1995(7) 晉侯⿱棘大馬方壺	新收 740 盠尊	晉國 69 頁 晉侯⿱棘大馬壺	考文 1997(3) 虎簋蓋	16.9898A 吳方彝蓋	09.4463 癲盨
07.3880 鄭牧馬受簋蓋	05.2835 多友鼎	文物 1995(7) 晉侯⿱棘大馬圓壺		新收 1845 馬方彝	首陽 74 頁 ⿱秝鬲觶	11.5994 次尊	10.5405.1 次卣
08.4184 公臣簋	05.2841B 毛公鼎	文物 1995(7) 晉侯⿱棘大馬方壺		新收 1874 虎簋蓋乙	文物 2001(8) 叔夨方鼎	16.10170 走馬休盤	10.5430.2 繁卣

駒

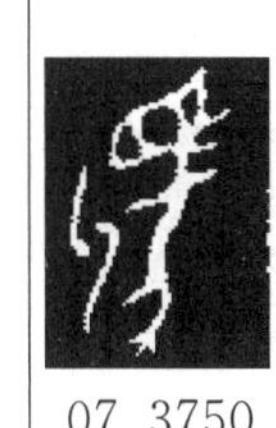 07.3750 戱見駒簋	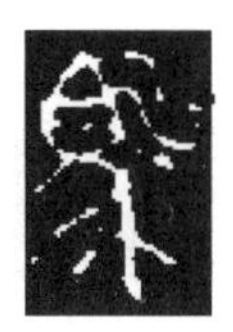 華章 71 頁 卌三年逑 鼎丙	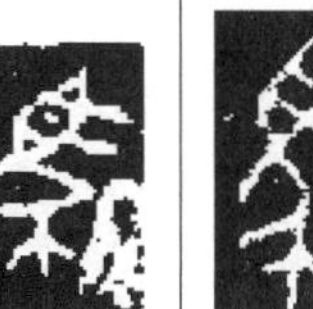 保利續 158 頁 應侯視 工鐘	 08.4318.2 三年師 兑簋	 08.4285.2 諫簋	 考文 1998(3) 吴虎鼎	 08.4227 無𠭯簋蓋	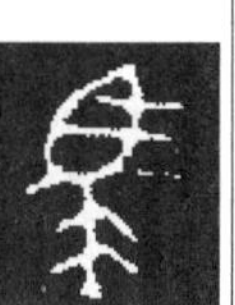 08.4185 公臣簋
	 華章 79 頁 卌三年逑 鼎丁	 保利續 127 頁 應侯視 工鐘	 16.10174 兮甲盤	 08.4298 大簋蓋	 08.4274.1 元年師 兑簋	 08.4229.1 史頌簋	 08.4186 公臣簋
		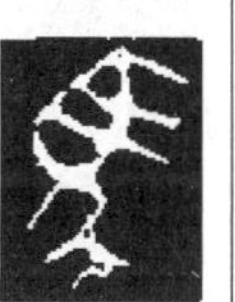 華章 79 頁 卌三年逑 鼎丁	 16.10176 散氏盤	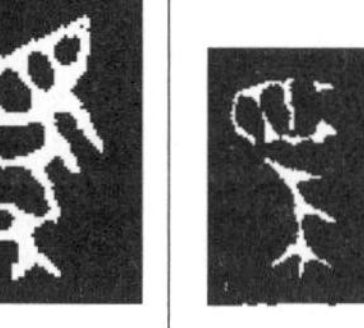 08.4299 大簋蓋	 08.4275.5 元年師 兑簋	 08.4230 史頌簋	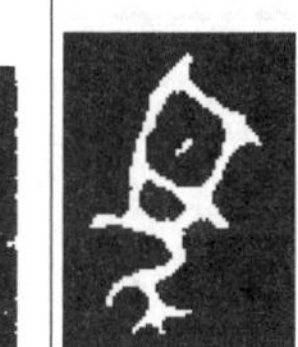 08.4225.1 無𠭯簋
		 華章 39 頁 卌二年逑 鼎甲	 16.10241 司馬南 叔匜	 08.4318.1 三年師 兑簋	 08.4277 師𩐳簋蓋	 08.4232.1 史頌簋	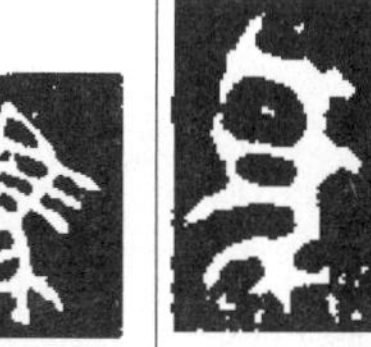 08.4226.1 無𠭯簋
						 08.4234 史頌簋	
西周早期	西周晚期	西周晚期	西周晚期	西周晚期	西周晚期	西周晚期	西周晚期

驅	駟	駱	駹				
 05.2835 多友鼎	 16.10103 伯駟父盤	 11.6012 盠驹尊蓋	 11.6011.1 盠駒尊	 華章 63 頁 卌三年逑鼎乙	 09.4464 駒父盨蓋	 文物 1990(7) 逹盨簋	 05.2813 師奎父鼎
 08.4313.1 師寰簋				 華章 71 頁 卌三年逑鼎丙	 16.10174 兮甲盤	 文物 1990(7) 逹盨簋	 05.2831 九年衛鼎
08.4313.2 師寰簋					 新收 646 頁 晉侯穌鐘	 08.2816 伯晨鼎	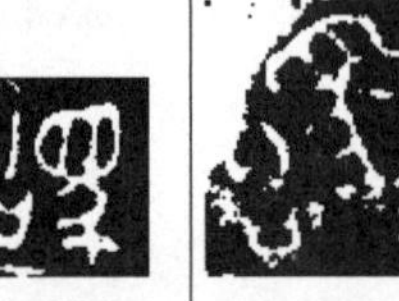 11.6012 盠驹尊蓋
					 文博 2008(2) 弔駒父盨		 11.6012 盠驹尊蓋
					 文博 2008(2) 叔駒父簋		 11.6011.2 盠駒尊
西周晚期	西周晚期	西周中期	西周中期	西周晚期	西周晚期	西周中期	西周中期

駋	䮝	⿰馬夒	⿰阝馬	駢	⿰馬京	馹	⿱鳥馬
文物 2000(6) 召鼎	10.5118.1 䮝作旅彝卣	05.2807 大鼎	05.2807 大鼎	04.2469 大師人鼎 案：周寶宏(2016)認爲此字右所从非「馬」，實爲「豸」，左从非「弁」，當隸作「豸弁」。	16.10176 散氏盤	銘圖 04463 倆季簋甲	06.3567 ⿱鳥馬妟簋
	考古學報 2018(2) 乞盤		05.2808 大鼎		04.2491 居舟⿰馬京鼎		
西周中期	西周中期	西周中期	西周中期	西周晚期	西周中期或晚期	西周中期	西周早期

麋	鹿					灋	⿰廌攴
流散歐美 304 父己爵	07.4112.1 命簋	09.4469 塱盨	01.63 逆鐘	08.4316 師虎簋	08.4288.1 師酉簋	05.2837 大盂鼎	09.4421.1 ⿰廌攴孟征盨
	10.5409.1 貉子卣	考文 2003(3) 四十三年述鼎辛	08.2816 伯晨鼎	歷文 2006(3) 親簋	08.4289.1 師酉簋	文物 1998(9) 柞伯簋	
		華章 71 頁 卌三年述鼎丙	08.4324.1 師嫠簋	文物 1999(9) 戎生編鐘	08.4199 恒簋蓋		
		華章 63 頁 卌三年述鼎乙	08.4340 蔡簋				
			09.4467.1 師克盨				
西周早期	西周早期	西周晚期	西周晚期	西周中期	西周中期	西周早期	西周中期

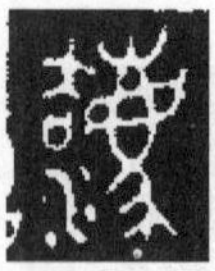

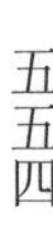

麀	麀	麗		麃	麋		
15.9456 裘衛盉	 新收 62 匍盉	 08.4279.1 元年師旋簋	 05.2831 九年衛鼎	 10.5348.2 麃父卣	 07.4116.2 師害簋	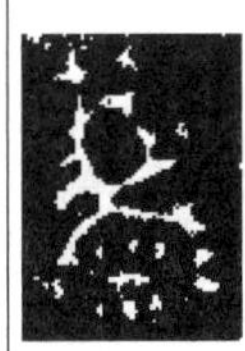 07.3995 伯姬父簋	 近出 901 癸爵
		  08.4279.2 元年師旋簋	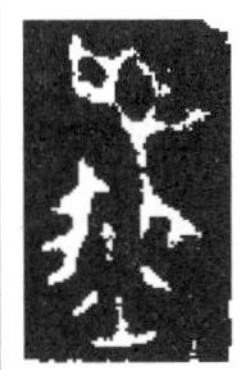 11.5930 麃父尊				
		  08.4280.1 元年師旋簋					
西周中期	西周中期	西周晚期	西周中期	西周早期	西周早期	西周晚期	西周中期

鼉 龟 黽

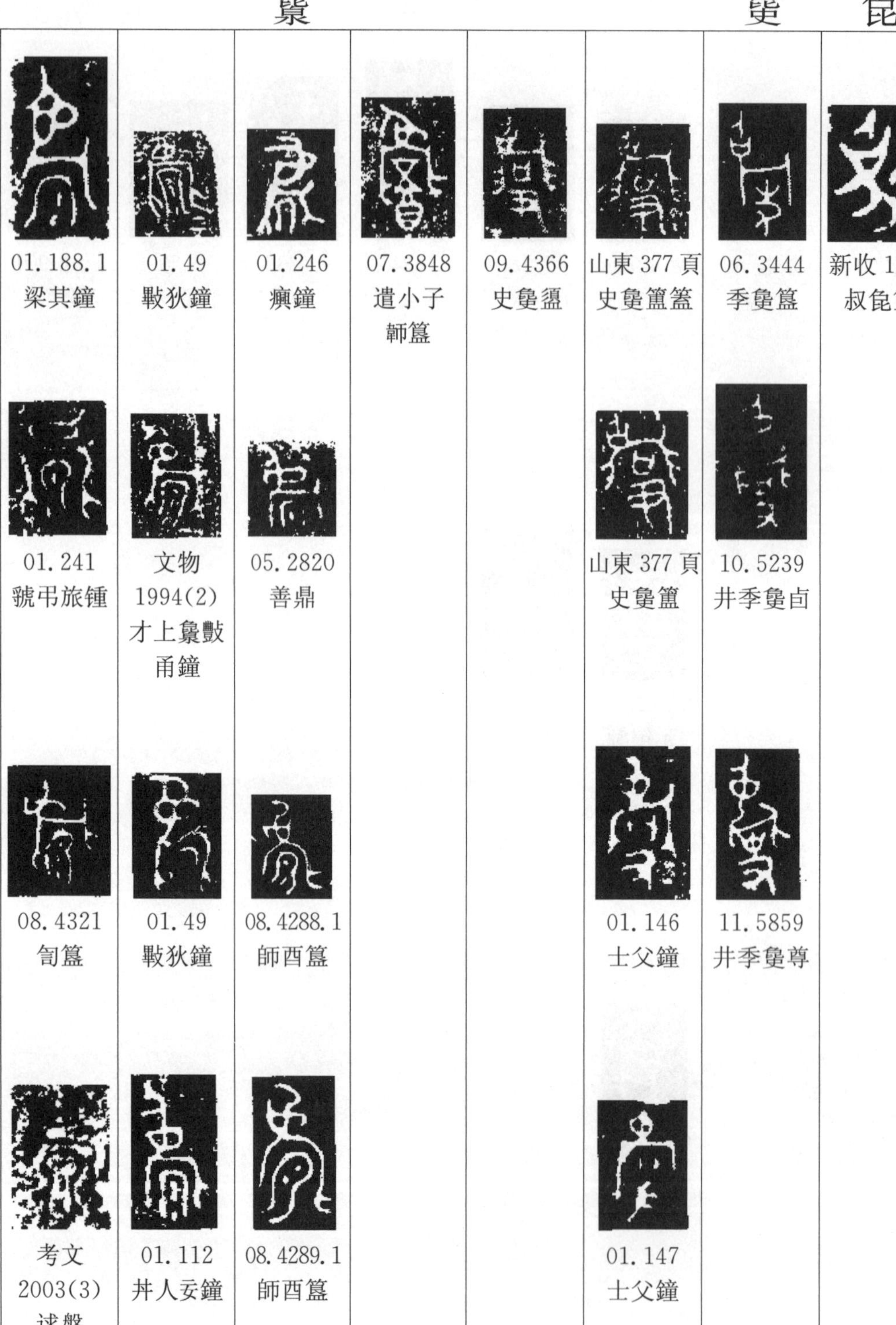

01.188.1 梁其鐘	01.49 𢻫狄鐘	01.246 𤼈鐘	07.3848 遣小子䢅簋	09.4366 史黽盨	山東377頁 史黽簠簋	06.3444 季黽簋	新收1842 叔龟簋
01.241 虢弔旅鍾	文物1994(2) 才上鼉𣪕甬鐘	05.2820 善鼎			山東377頁 史黽簠	10.5239 井季黽卣	
08.4321 訇簋	01.49 𢻫狄鐘	08.4288.1 師酉簋			01.146 士父鐘	11.5859 井季黽尊	
考文2003(3) 逑盤	01.112 井人妄鐘	08.4289.1 師酉簋			01.147 士父鐘		
西周晚期	西周晚期	西周中期	西周晚期	西周晚期	西周晚期	西周中期	西周早期

犬				㲋			逸
 05.2695 員方鼎	 11.6168 史犬觶	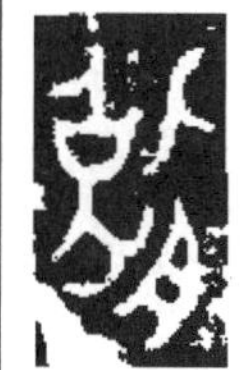 07.4033 向𣪕簋	 10.5430.1 繁卣	05.2837 大盂鼎	 05.2835 多友鼎	 08.4327 卯簋蓋	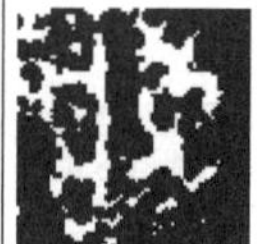 銘文選一 63 小盂鼎
				  11.5962 員作旅尊			
西周中期	西周早期	西周晚期	西周中期	西周早期	西周晚期	西周中期	西周早期

狗

04.2369 長子狗鼎

西周早期

⿰坴犬

04.2141 ⿰坴犬父簋

西周早期

07.3976 ⿰坴犬駿簋

西周中期

案：甲骨文中有一字作「[illegible]」（屯南 3759），裘錫圭(1985)曾釋此字爲「⿰坴犬」，並指出此字是一個从「犬」、「埶」省聲的字，在甲骨文中假借爲「邇」。金文中還有一個「⿰坴豕」字，與該字字形相類，唯从「犬」从「豕」之分，田煒(2014)認爲該字是由「⿰坴犬」演變而來，易「犬」旁爲「豕」旁可能是爲了表聲。

臭

10.4849 子臭卣

西周早期

獲

文物 1998(9) 柞伯簋

西周早期

獘

文物 1996(7) 仲獘簋

西周中期

獻

05.2626 獻侯鼎

05.2718 寓鼎

上博(7) [illegible]卣

集刊 第七十本 第三分 否叔卣

西周早期

狂 犺

03.862
𢊁甗
03.870
伯真甗
03.895
弜伯甗
03.908
弜伯甗
西周早期
新收665頁
克甗
曲村356頁
克甗
保利
𦊆面纹甗
西周早期
08.4293
六年琱
生簋
歷文
2004(2)
任鼎
03.910
孟姬安甗
03.928
伯碩父甗
03.925
鄭伯筍
父甗
西周中期
05.2825
善夫山鼎
05.2835
多友鼎
05.2835
多友鼎
08.4317
𤔲簋
08.4328
不𡢁簋
西周中期
08.4329
不𡢁簋蓋
08.4331
𦎫伯歸
夆簋
09.4413.1
諫季獻盨
09.4464
駒父盨蓋
09.4465
善父克盨
西周晚期
16.9935
伯公父勺
16.10173
虢季子
白盤
03.937
鄭大師小
子甗
晉國149頁
叔釗父甗
西周晚期
江漢考古
2014(2)
犺簋
西周晚期
考古
1989(6)
孟狌父鼎
西周中期

狺	𤝵	𤜻			猶		狄
03.615 伯訧父鬲	03.918 孚公𤝵甗	10.5317 𤜻伯罰卣	華章63頁 卌三年逑鼎乙	01.260.2 㝬鐘	16.10175 史牆盤	盛世34頁 逑盤	16.10175 史牆盤
			華章111頁 卌三年逑鼎辛	05.2841A 毛公鼎	文物1999(9) 戎生編鐘		
			盛世34頁 逑盤	08.4317 㝬簋			
				華章55頁 卌三年逑鼎甲			
西周中期	西周中期	西周早期	西周晚期	西周晚期	西周中期	西周晚期	西周中期

字	銘文	著錄號	器名	時代
狽		10.5197	狽作寶隮彝卣	西周早期
狽		16.10359	狽作寶彝器	西周早期
⿰犭戔		10.5119.1	⿰犭戔作旅彝卣	西周早期
⿰犭昜		04.1768	⿰犭昜盉方鼎	西周早期
獸		08.4311	師獸簋	西周早期
猷	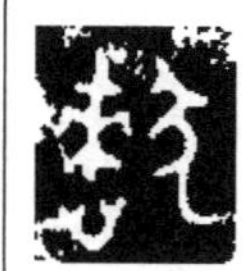	10.5254	猷卣 案：該字陳漢平(1993)認爲當从猌从臼，實即「慭」字；林素清(2007)對「慭」字有詳細討論。	西周早期
猷		10.5892	猷作且辛尊	西周中期
猷		05.2631	南公有司鼎	西周晚期
獄		03.648	魯侯熙鬲	西周早期

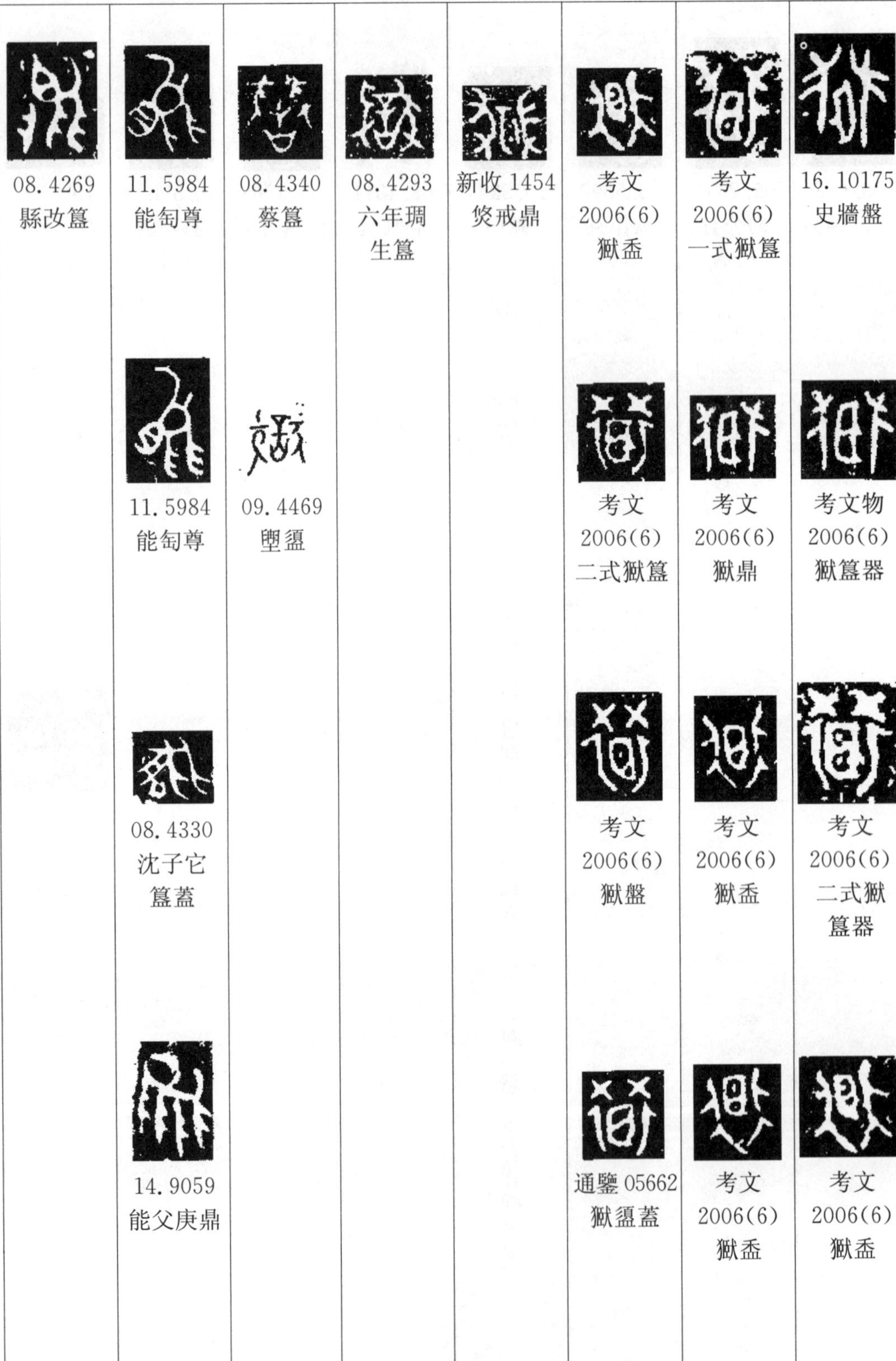

	能		獄				
08.4269 縣改簋	11.5984 能匋尊	08.4340 蔡簋	08.4293 六年琱生簋	新收 1454 焂戒鼎	考文 2006(6) 獄盉	考文 2006(6) 一式獄簋	16.10175 史牆盤
	11.5984 能匋尊	09.4469 塱盨			考文 2006(6) 二式獄簋	考文 2006(6) 獄鼎	考文物 2006(6) 獄簋器
	08.4330 沈子它簋蓋				考文 2006(6) 獄盤	考文 2006(6) 獄盉	考文 2006(6) 二式獄簋器
	14.9059 能父庚鼎				通鑒 05662 獄盨蓋	考文 2006(6) 獄盉	考文 2006(6) 獄盉
西周中期	西周早期	西周晚期	西周中期	西周晚期	西周中期	西周中期	西周中期

尞				〔豳〕 燹	火		
08.4169 章伯㪟簋	 09.4411 瓔燹盨	 考文 2006(6) 獄簋蓋	 15.9411 燹王盉	 05.2820 善鼎	 通鑒 02367 由鼎	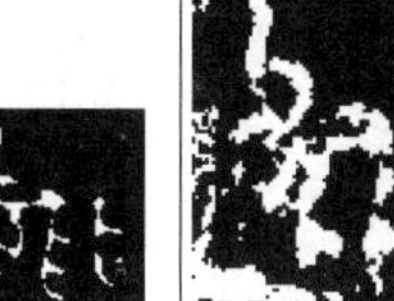 盛世 34 頁 逑盤	05.2836 大克鼎
 考古 1991(7) 保员簋	 文物 1990(5) 燹王鬲	 南開學報 2008(6) 衛簋甲蓋	 15.9456 裘衛盉	 05.2832 五祀衛鼎			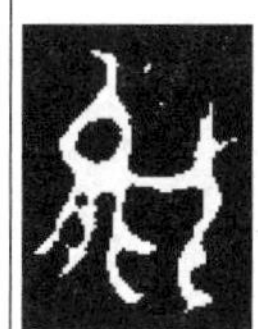 05.2841B 毛公鼎
	案：李學勤(2002)謂字从「豩」得聲，讀作「遂」；裘錫圭(2002a)謂釋「燹」爲「豳」(邠)可能是正確的。	 南開學報 2008(6) 衛簋乙	 歷文 2002(6) 豳公盨	 08.4195.1 𦿅簋			08.4278 鬲比簋蓋
			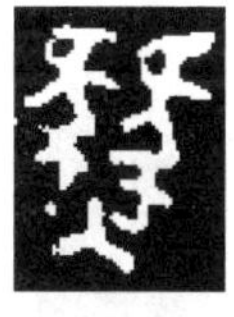 歷文 2002(6) 豳公盨	 08.4266 趞簋			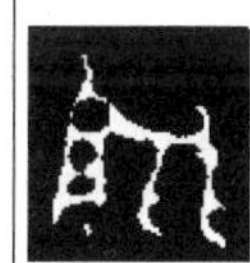 08.4326 番生簋蓋
			 考文 2006(6) 一式獄簋蓋	 08.4273 靜簋			
西周早期	西周晚期	西周中期	西周中期	西周中期	西周中期	西周晚期	西周晚期

光	光	光	光	光	炊	燓	熬
05.2833 禹鼎	考文2006(6) 二式𤞷簋	01.64 通彔鐘	16.9901 夨令方彝	04.1530 光父乙鼎	玫茵堂117 炊伯囗盤	05.2835 多友鼎	15.9671.1 兮熬壺
05.2841A 毛公鼎	考文2006(6) 𤞷盉	01.246 㾊鐘	文物2001(8) 弔夨方鼎	08.4205 楷伯簋			15.9671.2 兮熬壺
01.190 梁其鐘	南開學報2008(6) 衛簋甲蓋	01.256 㾊鐘	文物2001(8) 叔夨方鼎	11.6004 畱尊			
16.10173 虢季子白盤		16.10175 史牆盤		15.9451 麥盉			
		文物1999(9) 戎生編鐘		16.9893 井侯方彝			
西周晚期	西周中期	西周中期	西周早期	西周早期	西周中期	西周晚期	西周晚期

炤	⿰火要			滕	烖		焂
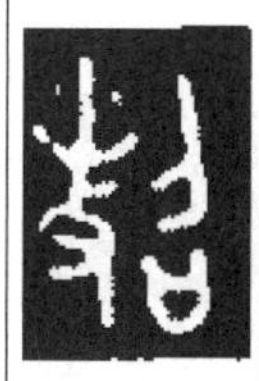 16.10175 史牆盤	 05.2831 九年衛鼎	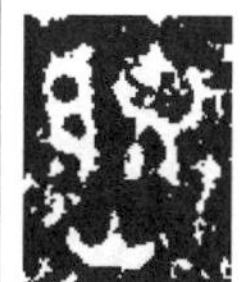 07.3831 滕虎簋	 07.3828 滕虎簋	 03.565 吾作滕公鬲	 05.2638 曩侯弟鼎	 16.10176 散氏盤	 10.5428.1 叔趯父卣
			 07.3830 滕虎簋蓋	 04.2154.2 滕侯方鼎		 第三届 321 頁 焂戒鼎	 10.5429.1 叔趯父卣
				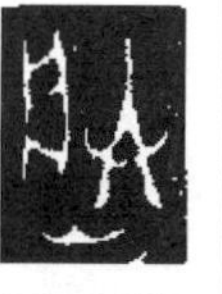 06.3670 滕侯簋			 11.6193 焂作觶
西周中期	西周中期	西周中期	西周中期	西周早期	西周中期或晚期	西周晚期	西周早期

炎

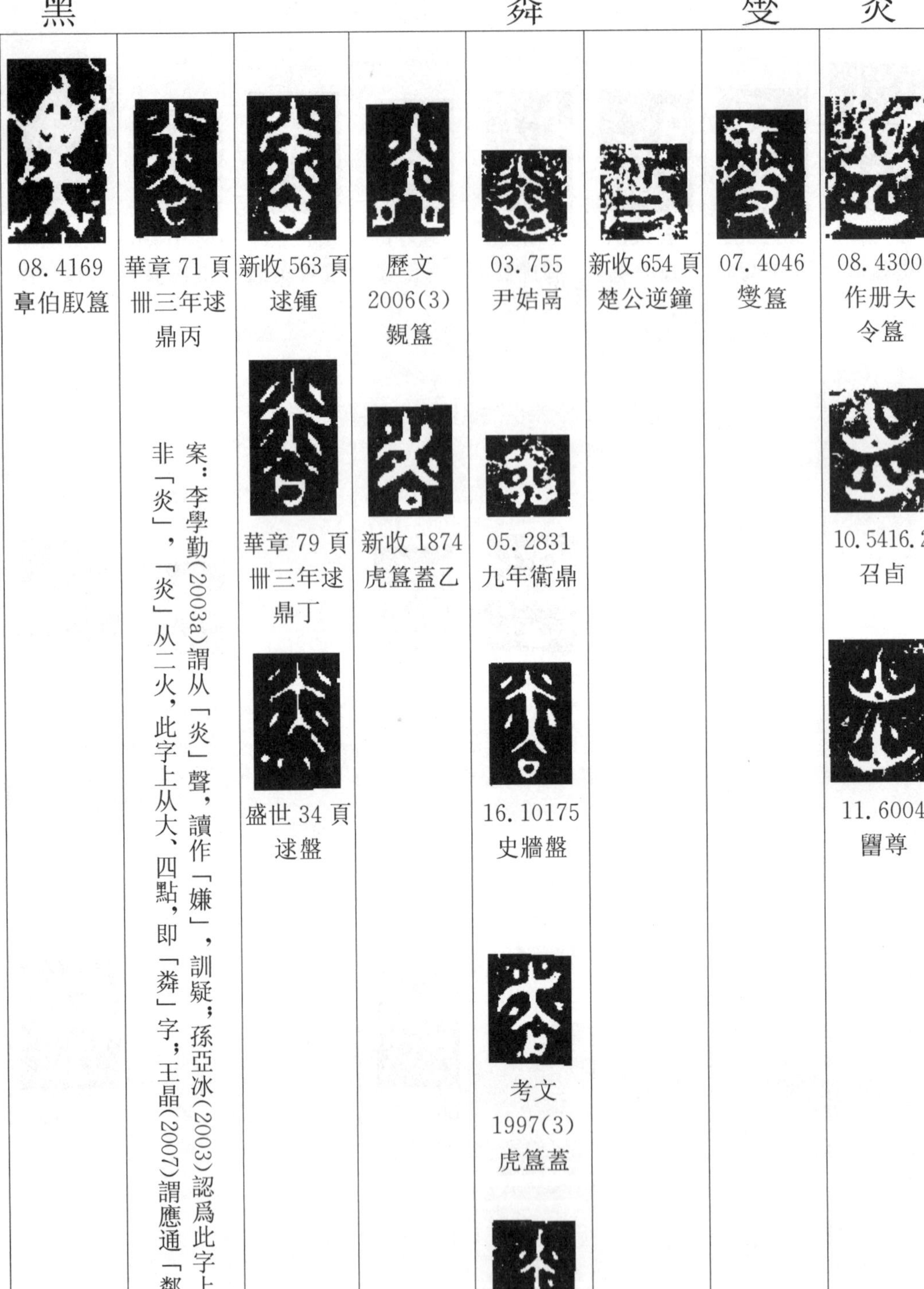

08.4300 作册夨令簋

10.5416.2 召卣

11.6004 罶尊

西周早期

燮

07.4046 燮簋

西周中期

粦

新收 654 頁 楚公逆鐘

西周晚期

03.755 尹姞鬲

05.2831 九年衛鼎

16.10175 史牆盤

考文 1997(3) 虎簋蓋

歷文 2006(3) 䚄簋

西周中期

歷文 2006(3) 䚄簋

新收 1874 虎簋蓋乙

西周中期

新收 563 頁 逑鍾

華章 79 頁 卌三年逑鼎丁

盛世 34 頁 逑盤

西周晚期

華章 71 頁 卌三年逑鼎丙

案：李學勤(2003a)謂从「炎」聲，讀作「嫌」，訓疑；孫亞冰(2003)認爲此字上所从非「炎」，「炎」从二火，此字上从大、四點，即「粦」字；王晶(2007)謂應通「鄰」。

西周晚期

黑

08.4169 𩛥伯馭簋

西周早期

炏		悤	[illegible]	[illegible]	[illegible]	點	
03.930 榮子旅作祖乙甗	 文博 1987(2) 逑編鐘	 01.260.2 㝬鐘	 03.632 榮伯鬲	 16.10285.2 𠑇匜	 16.10285.2 𠑇匜	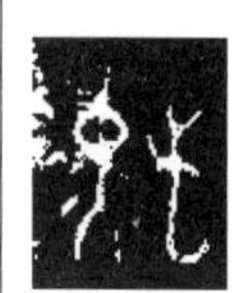 16.10285.2 𠑇匜	 07.3944 鑄子弔黑臣簋
 04.2503 熒子旅鼎		 05.2836 大克鼎					
 05.2837 大盂鼎		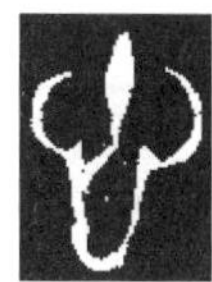 05.2836 大克鼎					
 08.4121 榮簋		 05.2841A 毛公鼎					
 08.4121 榮簋		 08.4326 番生簋蓋					
西周早期	西周晚期	西周晚期	西周中期	西周晚期	西周晚期	西周晚期	西周晚期

 保利續 158 頁 應侯視 工鐘	 16.10064 𢐗伯盤	 08.4327 卯簋蓋	 08.4192.2 肄簋	 03.632 榮伯鬲	 文物 2005(9) 榮仲方鼎	 15.9409.1 𢐗伯鎣	 08.4241 榮作周 公簋
 華章 79 頁 卌三年逑 鼎丁	 18.11719.1 叔趙父爯	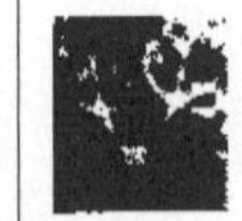 10.5256 榮子旅卣	 08.4209.2 衛簋	 04.2206 𤇾子鼎		 15.9409.1 𢐗伯鎣	 11.5843 榮子方尊
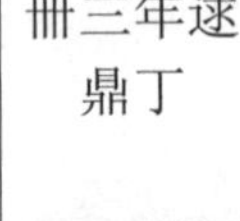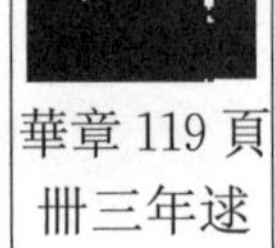 華章 119 頁 卌三年逑 鼎壬	 銘圖 05673 古盨蓋	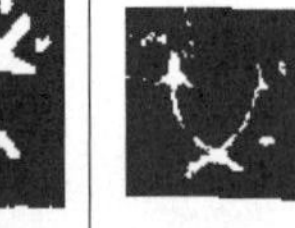 15.9456 裘衛盉	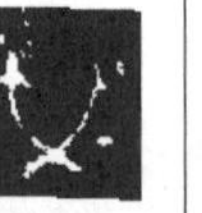 08.4210.2 衛簋	 05.2786 康鼎		 17.10888 榮子戈	 15.9390.1 榮子父 戊盉
	 陝博(7) 99 頁 宰獸簋	 16.9881.1 榮子方彝	 08.4211.1 衛簋	 05.2832 五祀衛鼎		 文物 1996(7) 榮仲爵	 15.9390.1 榮子父 戊盉
		 16.10322 永盂	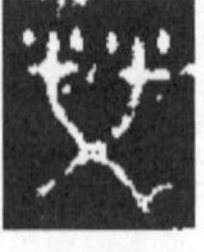 08.4271 同簋	 07.3772.2 己侯簋		 文物 2005(9) 榮仲方鼎	 15.9393 作公丹鎣
西周晚期	西周中期	西周中期	西周中期	西周中期	西周早期	西周早期	西周早期

赤

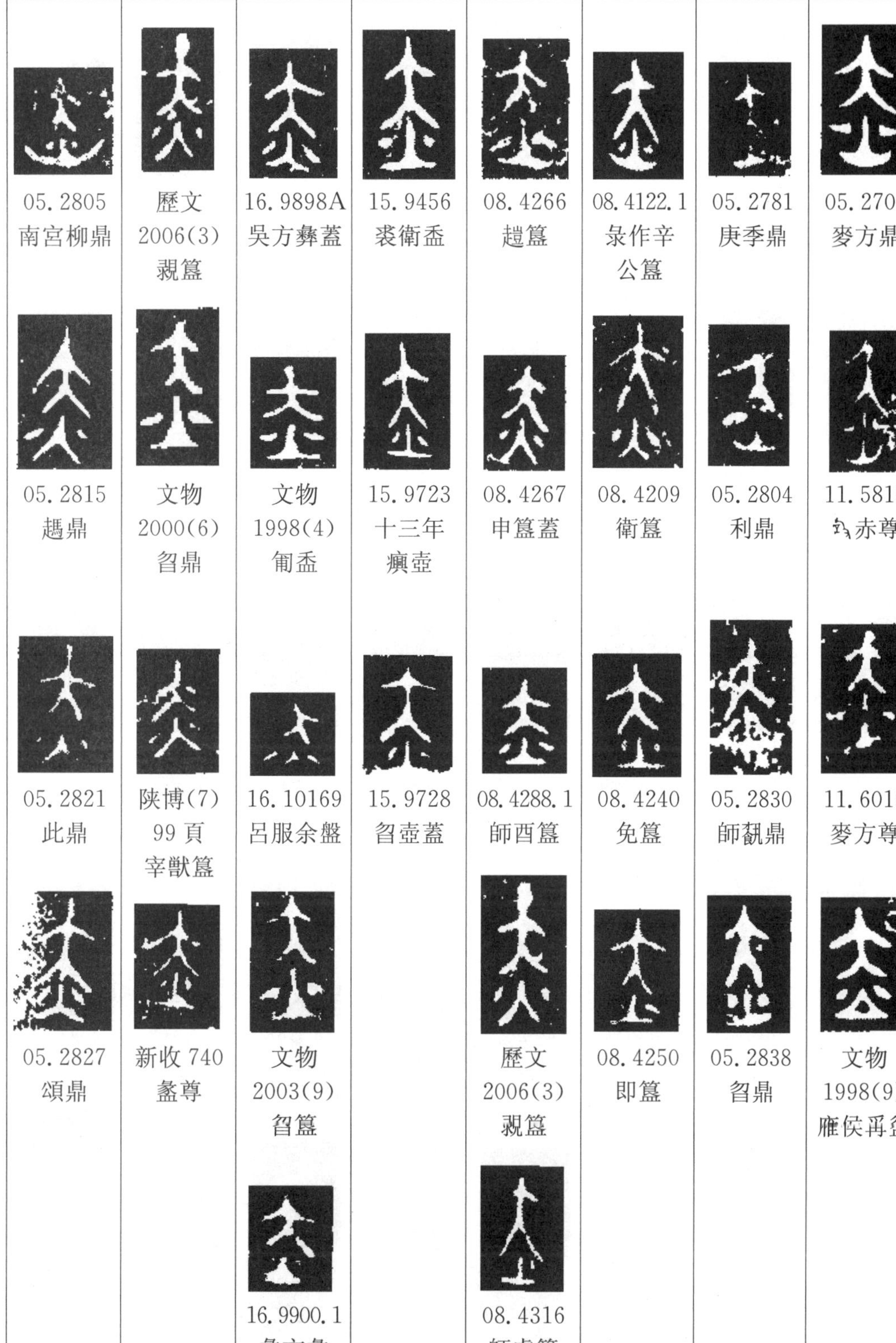

西周晚期	西周中期	西周中期	西周中期	西周中期	西周中期	西周中期	西周早期
05.2805 南宮柳鼎	歷文 2006(3) 䚄簋	16.9898A 吳方彝蓋	15.9456 裘衛盉	08.4266 趞簋	08.4122.1 彔作辛公簋	05.2781 庚季鼎	05.2706 麥方鼎
05.2815 趨鼎	文物 2000(6) 曶鼎	文物 1998(4) 匍盉	15.9723 十三年瘐壺	08.4267 申簋蓋	08.4209 衛簋	05.2804 利鼎	11.5816 [illegible]赤尊
05.2821 此鼎	陝博(7) 99 頁 宰獸簋	16.10169 呂服余盤	15.9728 曶壺蓋	08.4288.1 師酉簋	08.4240 免簋	05.2830 師𩛥鼎	11.6015 麥方尊
05.2827 頌鼎	新收 740 盠尊	文物 2003(9) 曶簋		歷文 2006(3) 䚄簋	08.4250 即簋	05.2838 曶鼎	文物 1998(9) 雁侯爯盨
		16.9900.1 盠方彝		08.4316 師虎簋			

大

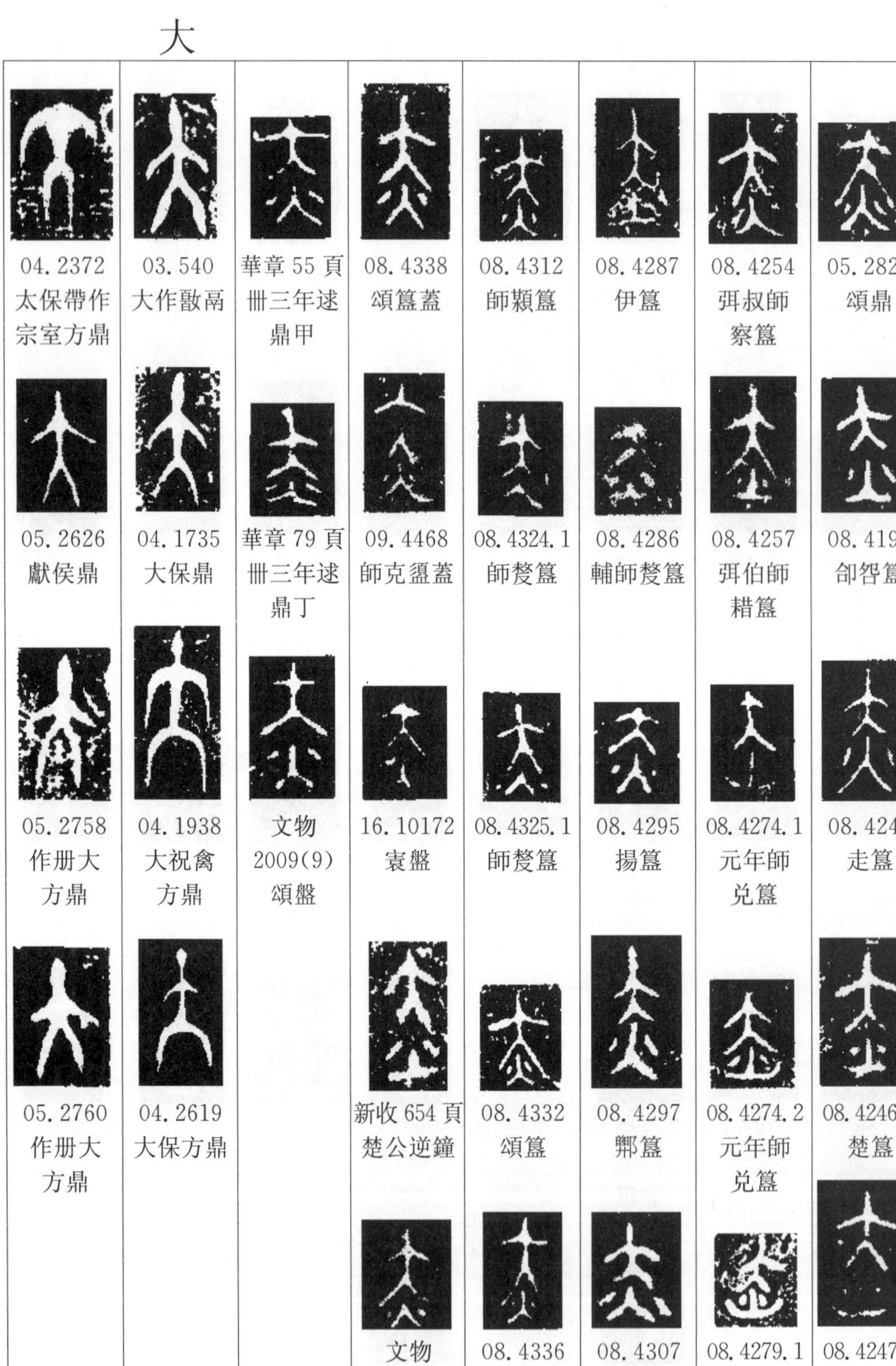

西周早期	西周早期	西周晚期	西周晚期	西周晚期	西周晚期	西周晚期	西周晚期
04.2372 太保帶作宗室方鼎	03.540 大作毃鬲	華章 55 頁 卌三年逑鼎甲	08.4338 頌簋蓋	08.4312 師穎簋	08.4287 伊簋	08.4254 弭叔師察簋	05.2828 頌鼎
05.2626 獻侯鼎	04.1735 大保鼎	華章 79 頁 卌三年逑鼎丁	09.4468 師克盨蓋	08.4324.1 師嫠簋	08.4286 輔師嫠簋	08.4257 弭伯師耤簋	08.4197 郃咎簋
05.2758 作册大方鼎	04.1938 大祝禽方鼎	文物 2009(9) 頌盤	16.10172 寰盤	08.4325.1 師嫠簋	08.4295 揚簋	08.4274.1 元年師兑簋	08.4244 走簋
05.2760 作册大方鼎	04.2619 大保方鼎		新收 654 頁 楚公逆鐘	08.4332 頌簋	08.4297 鄦簋	08.4274.2 元年師兑簋	08.4246.2 楚簋
			文物 1998(8) 宰獸簋	08.4336 頌簋蓋	08.4307 此簋	08.4279.1 元年師旋簋	08.4247.2 楚簋

西周中期	西周中期	西周早期	西周早期	西周早期	西周早期	西周早期	西周早期
05.2783 七年趞曹鼎	01.88 䖒鐘	通鑒 02412 作大保鼎	文物 1998(9) 柞伯簋	14.9103 御正良爵	10.5018.1 大保卣	08.4132 叔簋	05.2803 令鼎
05.2807 大鼎	01.89 䖒鐘		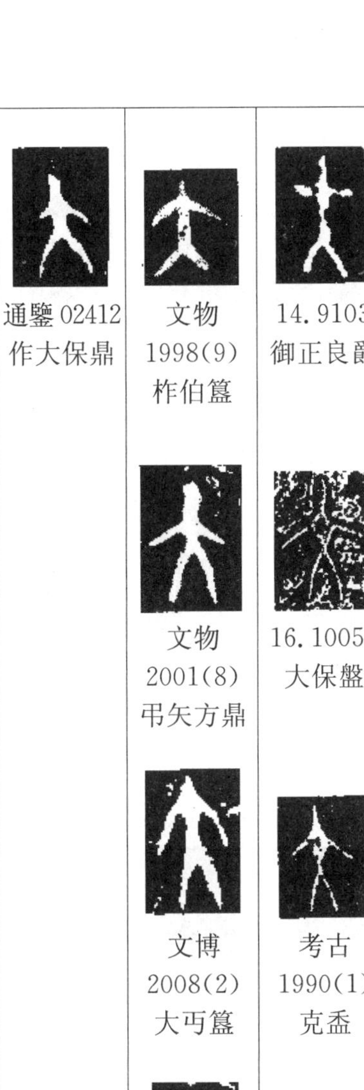 文物 2001(8) 弔矢方鼎	16.10054 大保盤	10.5421.2 士上卣	08.4140 大保簋	05.2837 大盂鼎
05.2831 九年衛鼎	05.2754 呂方鼎		文博 2008(2) 大丏簋	 考古 1990(1) 克盉	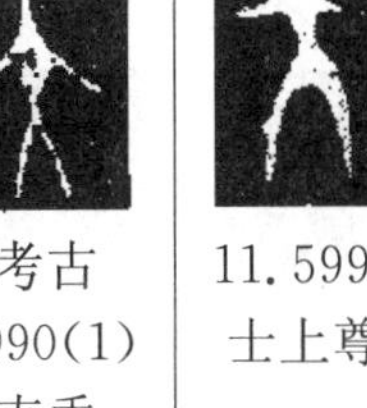  11.5999 士上尊	 08.4238 小臣謎簋	 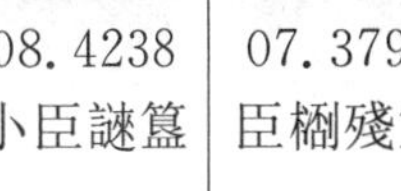 07.3790 臣槭殘簋
05.2838 曶鼎	05.2756 寓鼎		 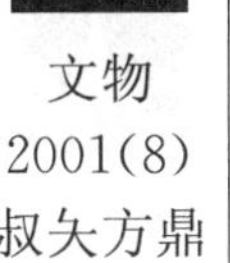 文物 2001(8) 叔夨方鼎	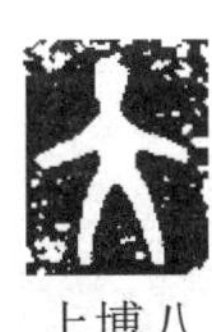 上博八 亢鼎	14.9083 萛大父辛爵	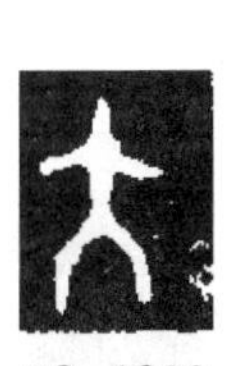 08.4239 小臣謎簋	 07.4060 不壽簋
07.3979.1 呂伯簋	 05.2776 剌鼎		 晉國 51 頁 晉侯鳥尊彝	 中國文物精華 克罍		 08.4261 天亡簋	

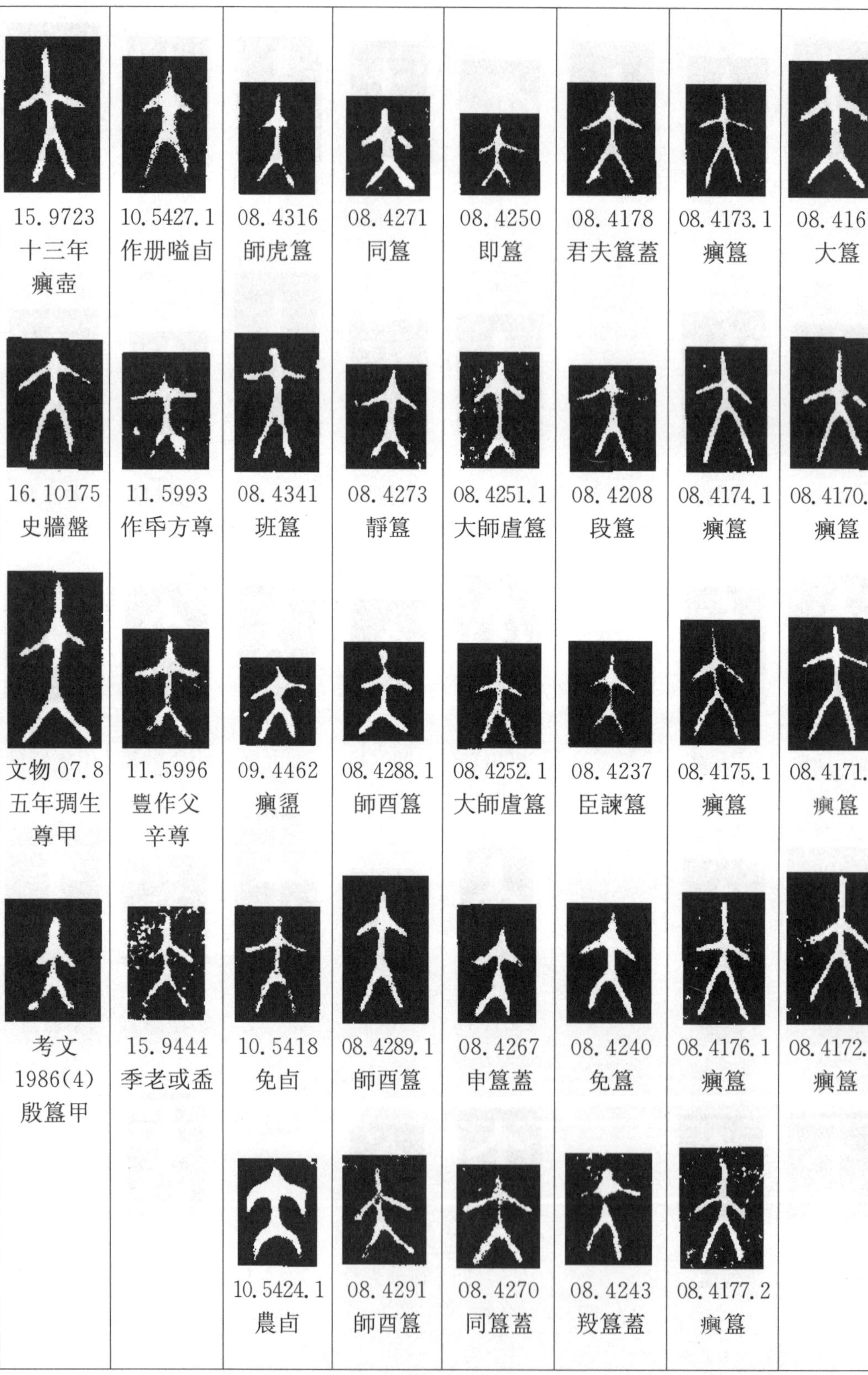

08.4165 大簋
08.4170.2 㾓簋
08.4171.1 㾓簋
08.4172.1 㾓簋
西周中期

08.4173.1 㾓簋
08.4174.1 㾓簋
08.4175.1 㾓簋
08.4176.1 㾓簋
08.4177.2 㾓簋
西周中期

08.4178 君夫簋蓋
08.4208 段簋
08.4237 臣諫簋
08.4240 免簋
08.4243 㲃簋蓋
西周中期

08.4250 即簋
08.4251.1 大師虘簋
08.4252.1 大師虘簋
08.4267 申簋蓋
08.4270 同簋蓋
西周中期

08.4271 同簋
08.4273 靜簋
08.4288.1 師酉簋
08.4289.1 師酉簋
08.4291 師酉簋
西周中期

08.4316 師虎簋
08.4341 班簋
09.4462 㾓盨
10.5418 免卣
10.5424.1 農卣
西周中期

10.5427.1 作册嗌卣
11.5993 作𠂤方尊
11.5996 豐作父辛尊
15.9444 季老或盉
西周中期

15.9723 十三年㾓壺
16.10175 史牆盤
文物 07.8 五年琱生尊甲
考文 1986(4) 㲃簋甲
西周中期

西周晚期	西周晚期	西周晚期	西周晚期	西周中期	西周中期	西周中期	西周中期
09.4459.1 翏生盨	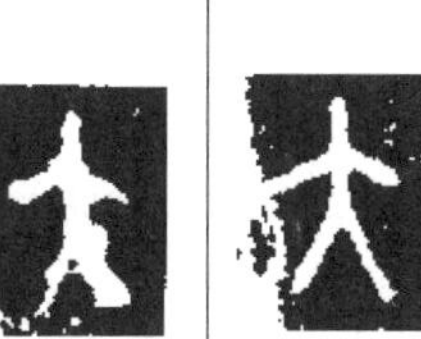 08.4336 頌簋蓋	08.4329 不嬰簋蓋	08.4318.2 三年師兑簋	通鑒04993 楷大司徒仲車父簋	 歷文2004(2) 任鼎	 新收1891 害簋	01.43 楚公豪鐘
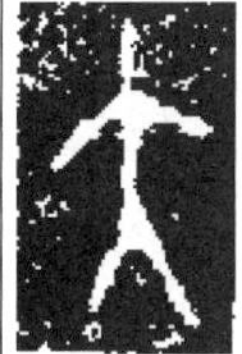 09.4460 翏生盨	 08.4339 頌簋	 08.4331 羋伯歸夆簋	 08.4324.1 師嫠簋	 通鑒05016 大師虘簋蓋	 歷文2004(2) 任鼎	 歷文2006(3) 親簋	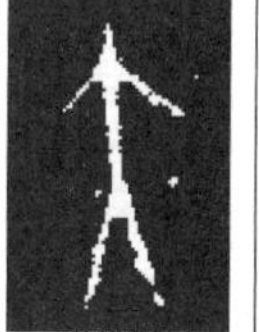 01.44 楚公豪鐘
 09.4461 翏生盨	 09.4395 伯大師盨	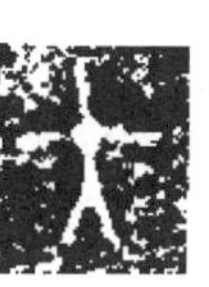 08.4332 頌簋	 08.4325.1 師嫠簋		 歷文2004(2) 任鼎	 歷文2002(1) 士山盤	 01.45 楚公豪鐘
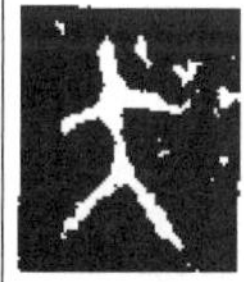 09.4466 [鬲廾]从盨	 09.4404 伯大師釐盨	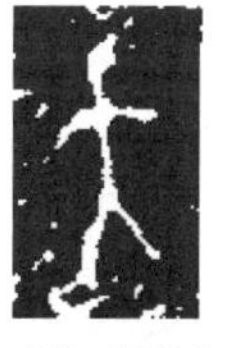 08.4333 頌簋	 08.4326 番生簋蓋		 新收1874 虎簋蓋乙	 考文2005(增) 老簋	 字與史(1) 羚簋
	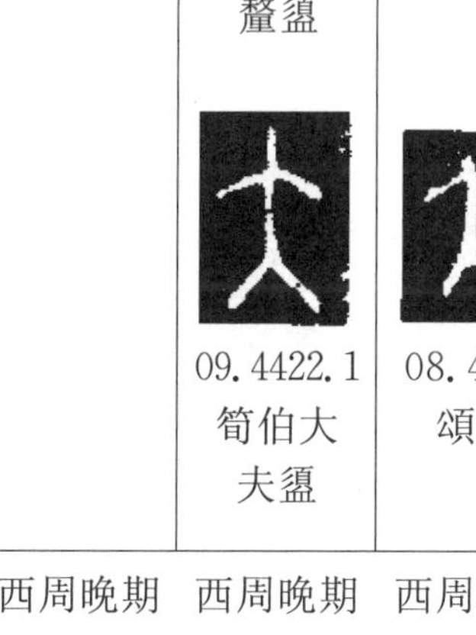 09.4422.1 筍伯大夫盨	08.4335 頌簋	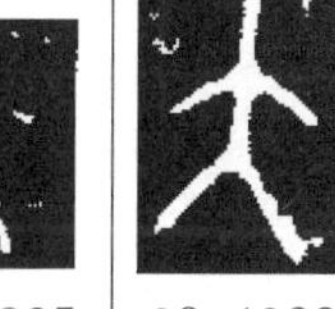 08.4328 不嬰簋				

奄		夾	奎				
 05.2553 應公鼎	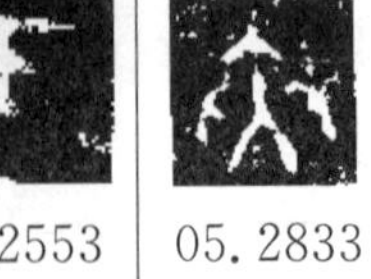 05.2833 禹鼎	 05.2837 大盂鼎	 16.10322 永盂	 09.4404 伯大師釐盨	 虢國墓上册344頁 大子車斧	 15.9644 內大子白壺蓋	 09.4467.1 師克盨
 05.2554 應公鼎	 考文2003(3) 四十二年逑鼎乙	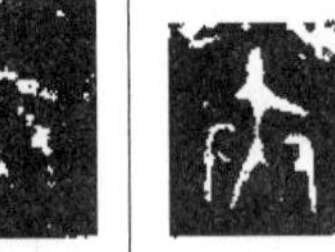 10.5314.1 夾作父辛卣		 新收857 晉侯對鋪	 華章55頁 卌三年逑鼎甲	 16.10152 宗婦鄁嬰盤	 09.4468 師克盨蓋
	 華章71頁 卌三年逑鼎丙	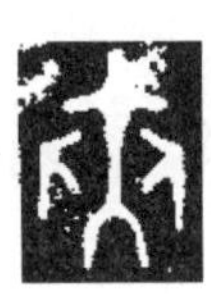 15.9533.2 夾作彝壺		 文物2007(8) 五年琱生尊甲	 華章55頁 卌三年逑鼎甲	 16.10172 寰盤	 09.4537 內太子白簠蓋
	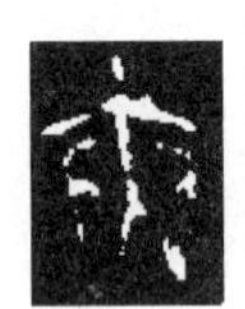 盛世34頁 逑盤			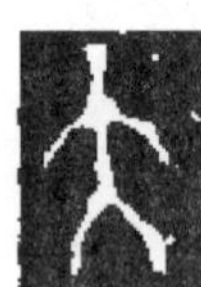 古研(27)198頁 伯戋父簋	 華章95頁 卌三年逑鼎己	 16.10176 散氏盤	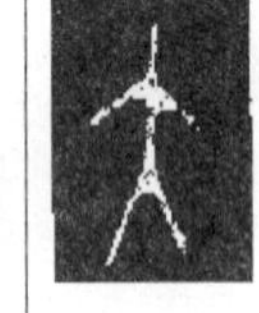 09.4628.1 伯公父簠
						 文物1998(8) 宰獸簋	
西周早期	西周晚期	西周早期	西周中期	西周晚期	西周晚期	西周晚期	西周晚期

亦	亦	亦	亦	奎	⿱大昜	夷	夸
05.2833 禹鼎	歷文 2002(6) 豳公盨	05.2676 𢐗伯鼎	05.2724 毛公旅 方鼎	05.2813 師奎父鼎	16.10112 伯碩⿱大昜盤	05.2805 南宫柳鼎	05.2833 禹鼎
05.2841B 毛公鼎		05.2677 𢐗伯鼎	11.6009 效尊				05.2841B 毛公鼎
08.4331 羋伯歸 夆簋		05.2830 師𩛥鼎	17.10864 亦車戈				08.4331 羋伯歸 夆簋
09.4628.1 伯公父簠		08.4293 六年琱 生簋					09.4628.1 伯公父簠
16.10174 兮甲盤		08.4327 卯簋蓋					16.10174 兮甲盤
西周晚期	西周西周	西周中期	西周早期	西周中期	西周晚期	西周晚期	西周晚期

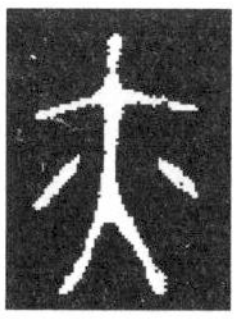

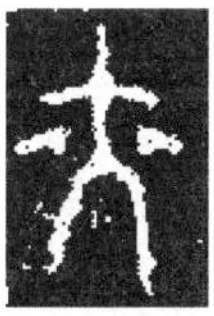

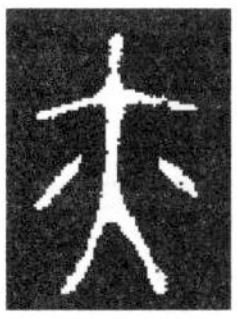

夨

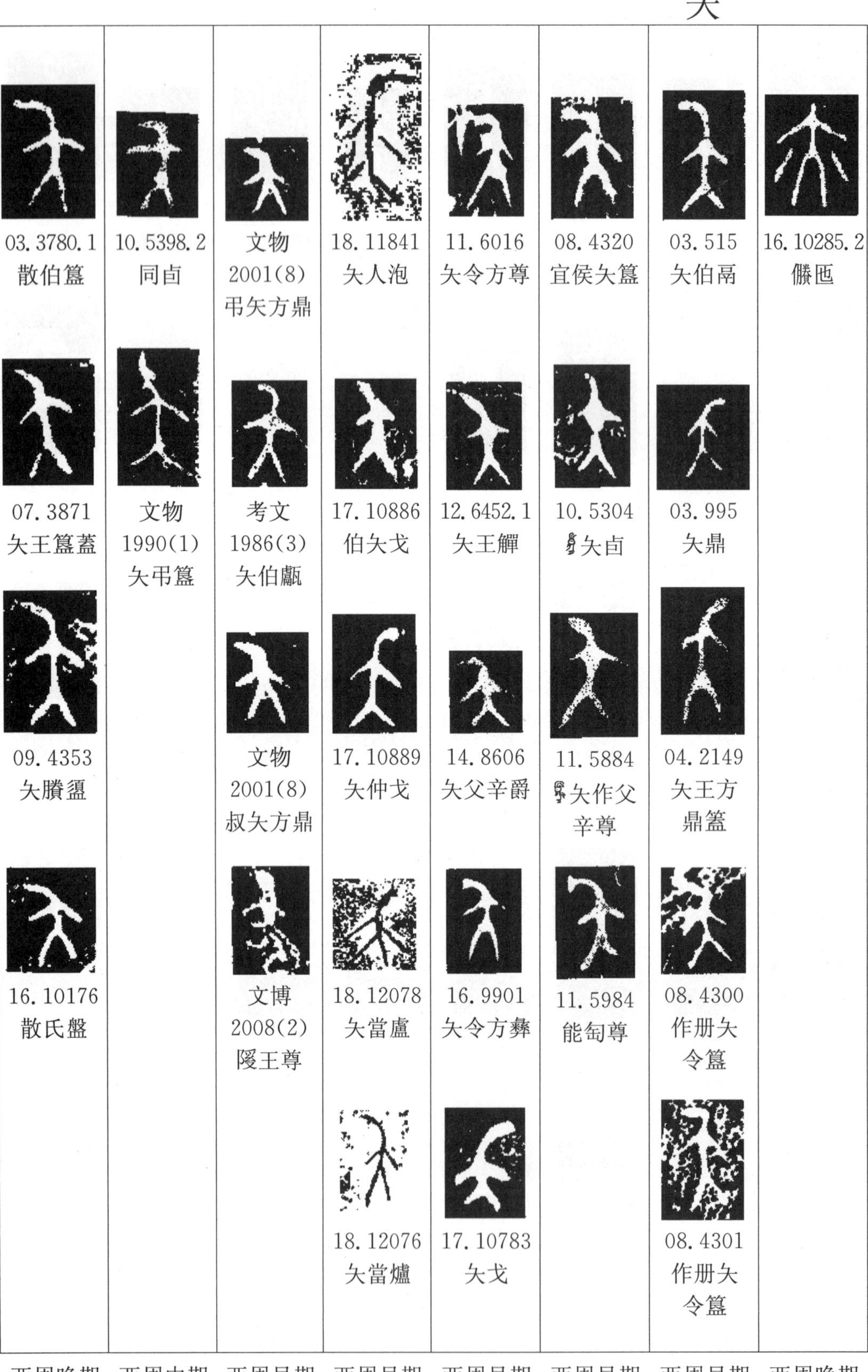

西周晚期	西周中期	西周早期	西周早期	西周早期	西周早期	西周早期	西周晚期
03.3780.1 散伯簋	10.5398.2 同卣	文物2001(8) 弔矢方鼎	18.11841 夨人泡	11.6016 夨令方尊	08.4320 宜侯夨簋	03.515 夨伯鬲	16.10285.2 𠑇匜
07.3871 夨王簋蓋	文物1990(1) 夨弔簋	考文1986(3) 夨伯甗	17.10886 伯夨戈	12.6452.1 夨王觶	10.5304 [族徽]夨卣	03.995 夨鼎	
09.4353 夨賸盨		文物2001(8) 叔夨方鼎	17.10889 夨仲戈	14.8606 夨父辛爵	11.5884 [族徽]夨作父辛尊	04.2149 夨王方鼎蓋	
16.10176 散氏盤		文博2008(2) 隱王尊	18.12078 夨當盧	16.9901 夨令方彝	11.5984 能匋尊	08.4300 作册夨令簋	
			18.12076 夨當爐	17.10783 夨戈		08.4301 作册夨令簋	

吳

考文 2003(3) 逑盤	08.4298 大簋簋	05.2600 吳王姬鼎	08.4341 班簋	08.4283 師𤸫簋蓋	05.2831 九年衛鼎	15.9300 𤝔馭觥蓋	16.10193 散伯匜
華章55頁 卌三年逑鼎甲	09.4552 麸弔簠	05.2649 伯頵父鼎	09.4415.1 魯𤔲徒伯吳盨	08.4284 師𤸫簋蓋	08.4195.2 𦮓簋	16.10066 吳鼎	
華章79頁 卌三年逑鼎丁	16.10186 作吳姬匜	07.3981.1 吳彭父簋	09.4626 免簠	08.4288.1 師酉簋	08.4270 同簋蓋		
華章119頁 卌三年逑鼎壬	考文 2003(3) 四十二年逑鼎乙	07.3982 吳彭父簋	16.9898A 吳方彝蓋	08.4291 師酉簋	08.4271 同簋		
		08.4027 通簋		08.4316 師虎簋	08.4273 靜簋		
西周晚期	西周晚期	西周晚期	西周中期	西周中期	西周中期	西周早期	西周晚期

夭

流散歐美130 夭卣

西周中期

喬

07.3762 伯喬父簋

西周中期

奔

05.2837 大盂鼎

08.4241 榮作周公簋

11.6009 效尊

西周早期

08.4322.1 𢦏簋

西周中期

交

05.2836 大克鼎

新收641 晉侯蘇鐘

西周晚期

04.2459 交鼎

文物2004(7) 單爵

西周早期

07.4048.1 琱伐父簋

07.4049.1 琱伐父簋

07.4050.1 琱伐父簋

09.4497 函交仲簠

西周晚期

09.4565.1 交君子叕簠

15.9662 交君子叕壺

17.10956 交車戈

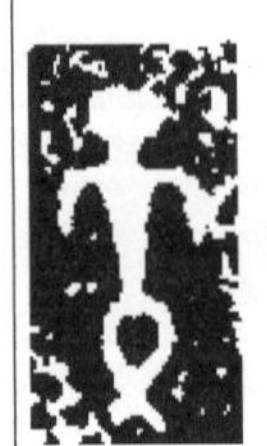

新收267頁 交父辛鼎

西周晚期

九

16.10175
史牆盤

西周中期

壺

14.8816
長隹壺爵

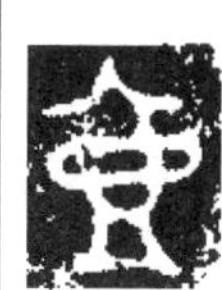

15.9518.1
夫作壺

15.9519
作旅壺

15.9528.1
伯作寶壺

西周早期

15.9530
吏从壺

15.9534.1
員作旅壺

近出563
隹壺卣蓋

文物
1986(8)
能奚方壺

文物
1995(11)
康伯壺蓋

西周早期

文物
1988(1)
小姓卣

曲村440頁
仲畾父壺

近出563
隹壺卣蓋

西周早期

08.4292
五年琱生簋

15.9535.2
皆作壺尊

西周中期

15.9536
𧊒作寶壺

15.9552
天姬壺

15.9555
劃嫣壺

15.9570
伯濼父壺

西周中期

15.9571
孟載父壺

15.9584
鬼作父丙壺

15.9618.1
㕣壺

15.9618.1
㕣壺

15.9661
大師小子師望壺

西周中期

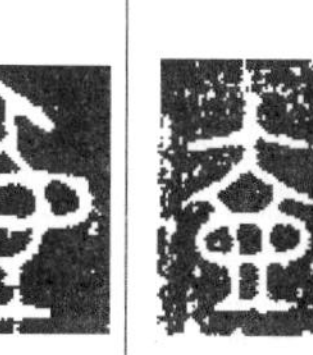

15.9668
中伯壺

15.9669
椃氏車父壺

15.9690.1
周㚸壺

15.9691.1
周㚸壺

15.9697
椃氏車父壺

西周中期

西周中期

15.9702
[illegible]伯壺蓋

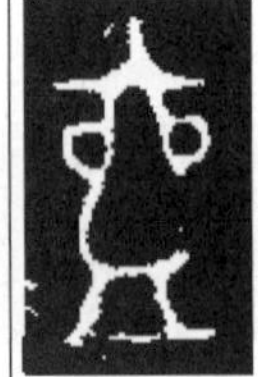
15.9705
番匊生壺

15.9716.1
梁其壺

15.9714
史懋壺

西周中期

15.9721
幾父壺

15.9726
三年𤸫壺

15.9728
曶壺蓋

考文
1993(5)
鮴𩰫壺

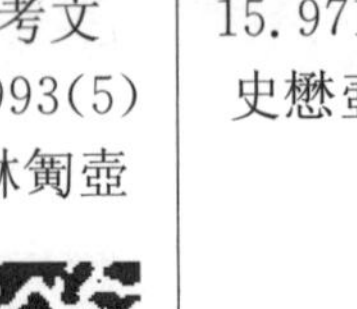

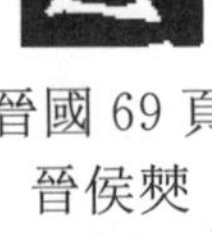
晉國 69 頁
晉侯僰
馬壺

西周中期

晉國 197 頁
晉叔家父
方壺

晉國 97 頁
晉侯昕簋

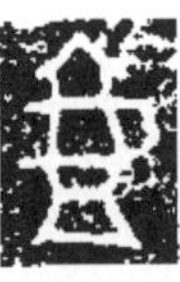
文物
1995(7)
晉侯對鼎

文物
1995(7)
晉侯僰
馬壺

西周晚期

05.2745
函皇父鼎

08.4141.1
函皇父簋

08.4143
函皇父簋

08.4292
五年召伯
虎簋

西周晚期

15.9572
鰑仲多壺

15.9579
魯侯壺

15.9598
芮公壺

西周晚期

15.9599.1
伯魚父壺

15.9601.1
𡨦車父壺

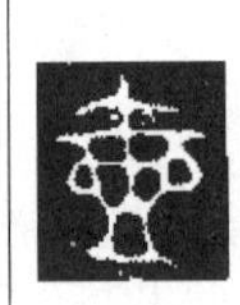
15.9602.1
𡨦車父壺

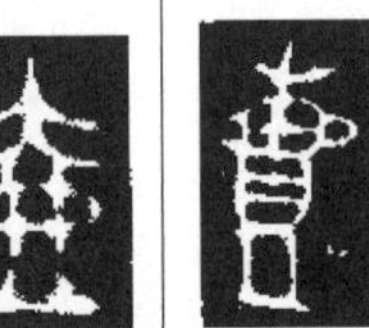
15.9613
伯多壺

15.9613
孟上父壺

西周晚期

15.9615
宬伯㠱
生壺

15.9620
伯濼父
壺蓋

15.9622
鄧孟壺蓋

16.9623
王伯姜壺

16.9624
王伯姜壺

西周晚期

15.9630
呂王壺

15.9631
鄭楙叔賓
父壺

15.9635
[illegible]壺

15.9641
𤔲寇良
父壺

15.9643.1
仲南父壺

懿　鼓

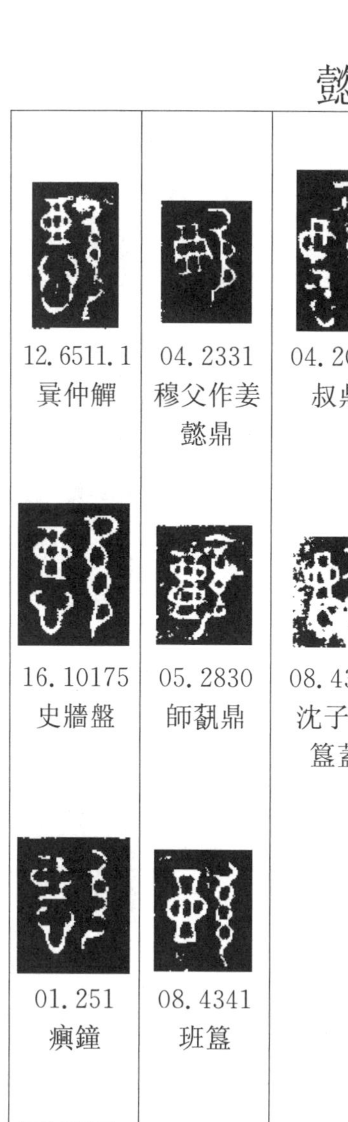
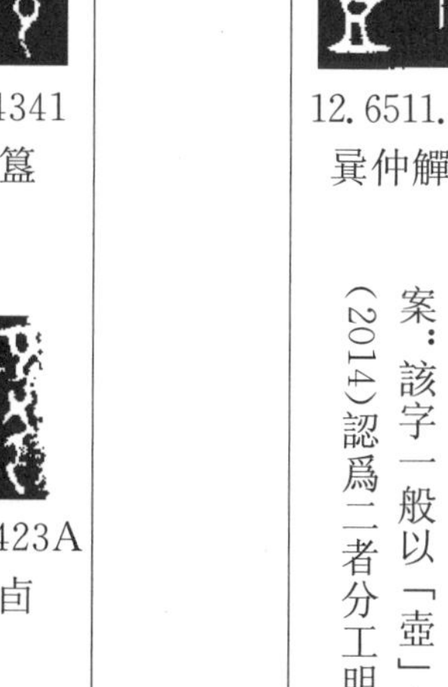

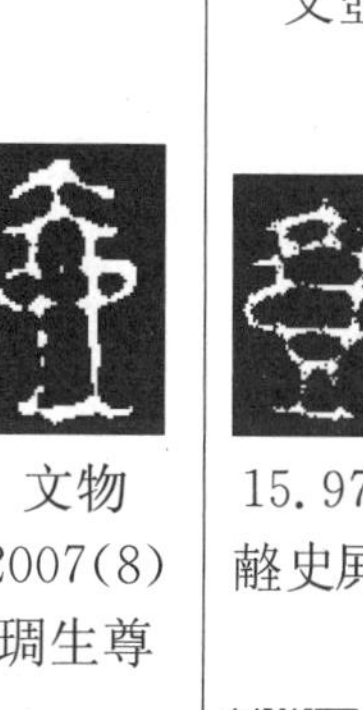
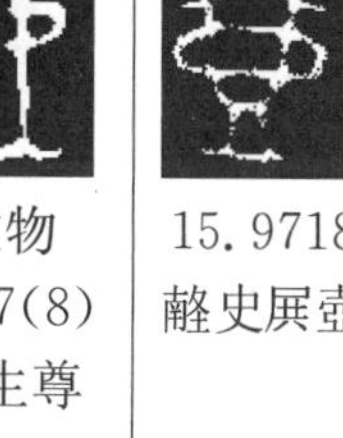

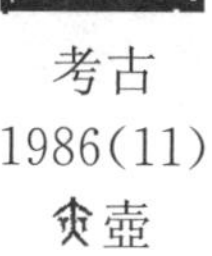
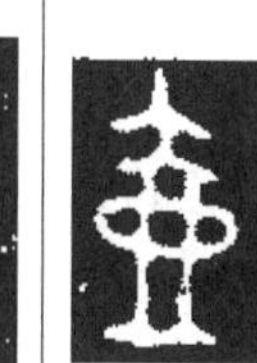

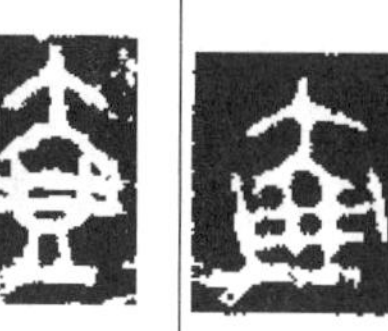

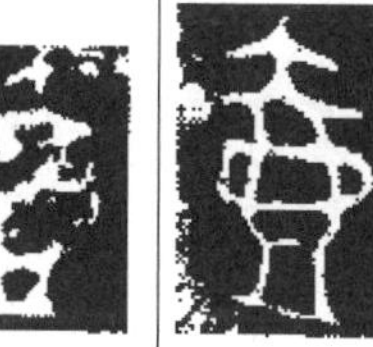
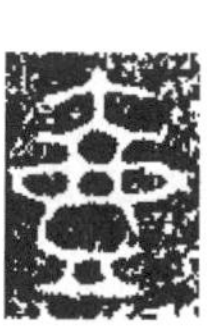
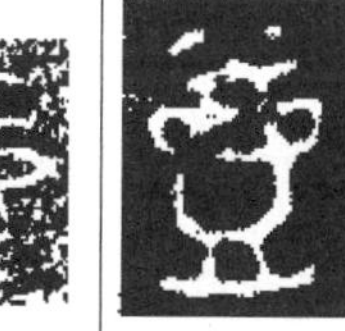
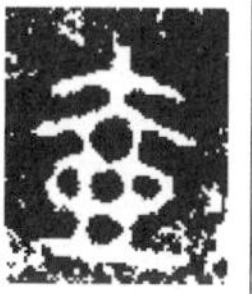

西周中期	西周中期	西周早期	西周中期	西周晚期	西周晚期	西周晚期	西周晚期
12.6511.1 異仲觶	04.2331 穆父作姜懿鼎	04.2051 叔鼎	12.6454 伯㦰觶	華章169頁 單五父方壺甲	15.9701 蔡公子壺	15.9656 伯公父壺篕	15.9644 內大子白壺蓋
16.10175 史牆盤	05.2830 師訊鼎	08.4330 沈子它簋蓋	12.6456 伯作姬觶	晉國161頁 楊姞壺	15.9713 殳季良父壺	15.9662 交君子叕壺	15.9645 內大子白壺
01.251 㾜鐘	08.4341 班簋		12.6511.1 異仲觶	文物2007(8) 琱生尊	15.9718 䣄史㞋壺	15.9672 仲𠂤父壺	15.9646.1 保侃母壺
文物1999(9) 戎生編鐘	10.5423A 匡卣		案：該字一般以「壺」字異體看待，田煒(2014)認爲二者分工明確。不能通用。	保利續155頁 應侯壺甲	考古1986(11) [illegible]壺	15.9695.1 虞司寇壺	15.9652 炬叔壺
歷文2002(6) 豳公盨							15.9653 史僕壺

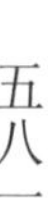

執　　㚔

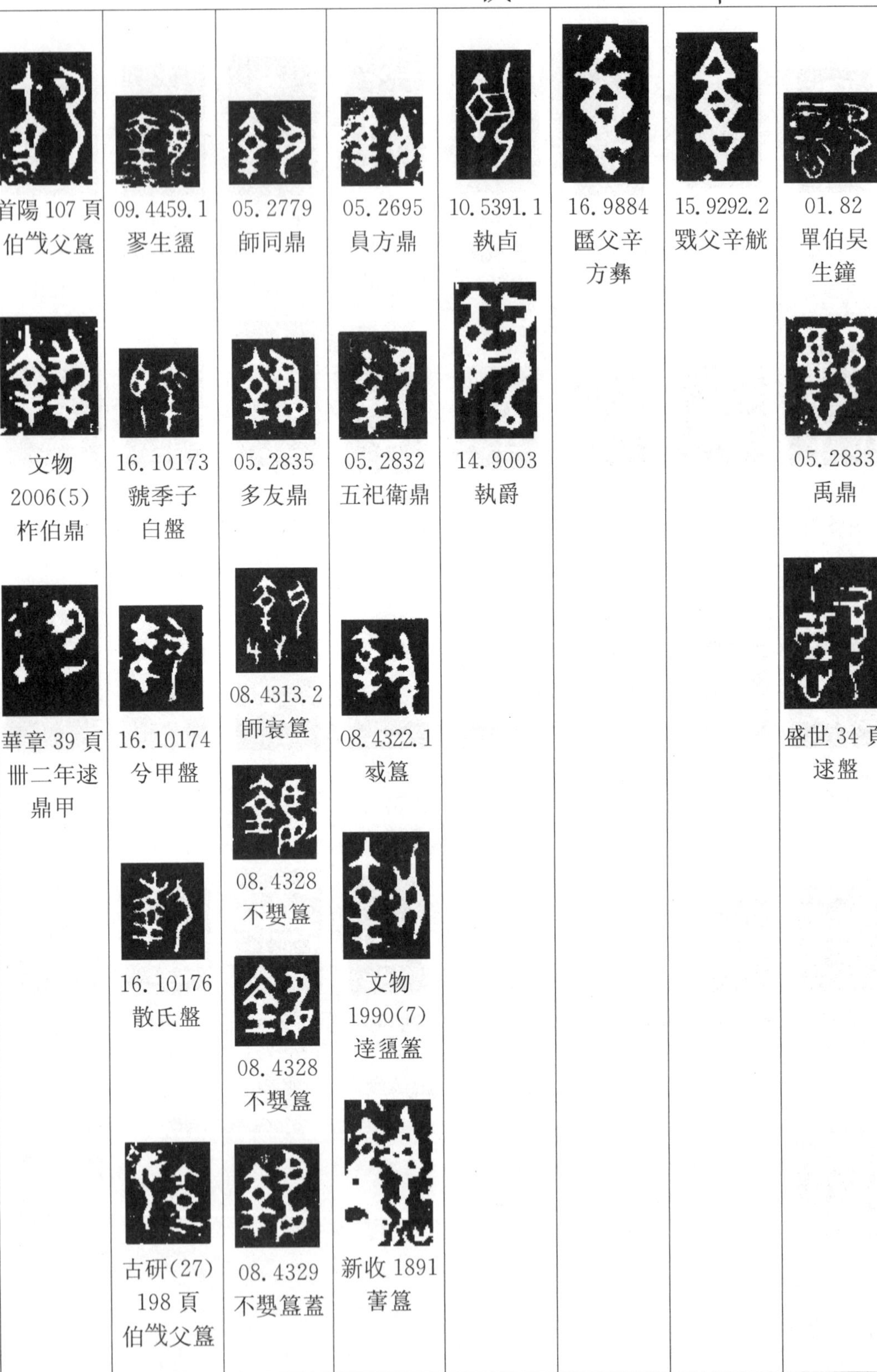

01.82 單伯昊生鐘
05.2833 禹鼎
盛世 34 頁 逑盤
西周晚期

15.9292.2 戥父辛觥
西周早期

16.9884 匽父辛方彝
西周中期

10.5391.1 執卣
14.9003 執爵
西周早期

05.2695 員方鼎
05.2832 五祀衛鼎
08.4322.1 𢦔簋
文物 1990(7) 逹盨簋
新收 1891 害簋
西周中期

05.2779 師同鼎
05.2835 多友鼎
08.4313.2 師寰簋
08.4328 不嬰簋
08.4328 不嬰簋
08.4329 不嬰簋蓋
西周晚期

09.4459.1 翏生盨
16.10173 虢季子白盤
16.10174 兮甲盤
16.10176 散氏盤
古研(27) 198 頁 伯𢦏父簋
西周晚期

首陽 107 頁 伯𢦏父簋
文物 2006(5) 柞伯鼎
華章 39 頁 卌二年逑鼎甲
西周晚期

亢	奢			報		盩	圉
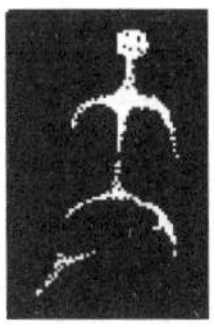 06.3655 亞高作父癸簋	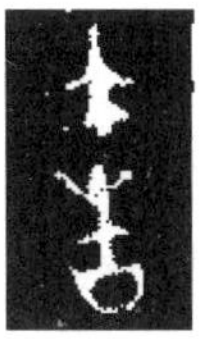 07.4088 奢簋	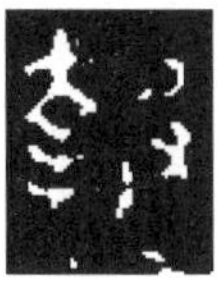 考古 2007(3) 覭公簋	 08.4292 五年琱生簋	 08.4300 作册夨令簋	 08.4234 史頌簋	 05.2728 旅鼎	 16.10175 史牆盤
 11.5943 效作且辛尊		 文物 2007(8) 琱生尊	 08.4293 六年琱生簋	 08.4300 作册夨令簋	 08.4236.1 史頌簋	 11.5917 盩嗣土幽日辛尊	
 16.9901 夨令方彝			 考古學報 2018(2) 乞盤		 08.4317 㝬簋		
 上博(8) 亢鼎					 08.4231 史頌簋蓋		
西周早期	西周早期	西周晚期	西周中期	西周早期	西周晚期	西周早期	西周中期

𠦪

 文物 2001(8) 叔夨方鼎	 08.4132 叔簋	 03.935 圉甗	 文物 1998(8) 宰獸簋	 通鑒 05662 獄盨蓋	 考文 2006(6) 二式獄 簋器	 08.4226.1 無㠱簋	 上博(8) 亢鼎
 16.9901 夨令方彝	 08.4133.2 叔簋	 05.2626 獻侯鼎			 陝博(7) 99頁 宰獸簋	 16.9899.1 盠方彝	
 11.6016 夨令方尊	 10.5374 圉卣	 07.3824 圉簋			 考文 2006(6) 獄盉	 16.9900.2 盠方彝	
 11.6016 夨令方尊	 14.9104 盂爵	 07.4073 伯獻簋			 南開學報 2008(6) 衛簋甲蓋	 新收740 盠尊	
 16.9901 夨令方彝	 文物 2001(8) 弔夨方鼎					 考文 2006(6) 獄盤	
西周早期	西周早期	西周早期	西周晚期	西周中期	西周中期	西周中期	西周早期

執

16.10173 虢季子白盤	 09.4468 師克盨蓋	 07.3881.1 椃車父簋	 09.4450 杜伯盨	 15.9721 幾父壺	 考古 1989(6) 伯唐父鼎	 08.4268.1 王臣簋	 01.246 㾓鐘
 16.10174 兮甲盤	 考文 2003(3) 四十三年逑鼎辛	 考文 1998(3) 吴虎鼎	 09.4451 杜伯盨	 15.9722 幾父壺	 考文 2005(增) 老簋	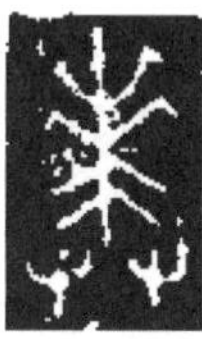 08.4302 彔伯𢦚簋蓋	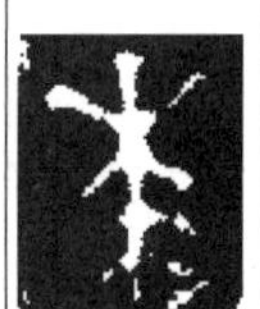 05.2733 衛鼎
 華章 39 頁 卌二年逑鼎甲	 華章 63 頁 卌三年逑鼎乙	 08.4318.2 三年師兑簋	 09.4452 杜伯盨	 16.9898A 吴方彝蓋	 通鑒 13315 加卣	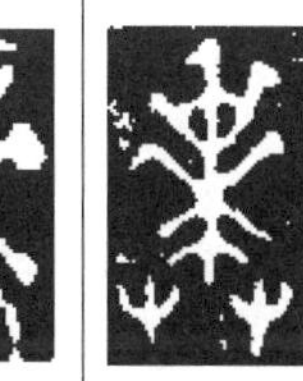 08.4302 彔伯𢦚簋蓋	 05.2831 九年衛鼎
	 華章 71 頁 卌三年逑鼎丙	 08.4326 番生簋蓋	 05.2825 善夫山鼎	 16.9898A 吴方彝蓋		 15.9456 裘衛盉	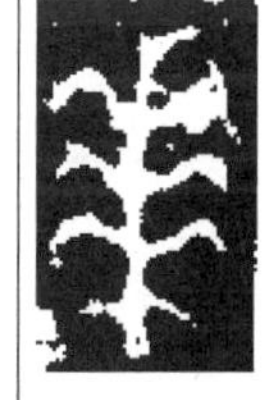 07.3765.2 伯幾父簋
			 05.2841A 毛公鼎	 文物 1998(4) 匍盉			 07.3766.1 伯幾父簋
西周晚期	西周晚期	西周晚期	西周晚期	西周中期	西周中期	西周中期	西周中期

夫					[illegible]	[illegible]	奚
05.2796 小克鼎	03.701 善夫吉父鬲	05.2808 大鼎	12.6547 夫觚	03.916 沓夫作祖丁甗	16.10129 伯侯父盤	08.4153 [illegible]簋	16.10321 [illegible]盂
05.2798 小克鼎	03.704 善夫吉父鬲	05.2817 師農鼎	13.7341 夫爵	05.2837 大盂鼎			
05.2799 小克鼎	05.2561 善夫伯辛父鼎	08.4178 君夫簋蓋	15.9394.1 亞夫盉	10.5302.1 弔夫父册卣			
		08.4322.1 𢦏簋					
05.2081 小克鼎	05.2619 善夫旅伯鼎	文物2003(9)季姬尊	文物1986.(8)小夫卣	10.5320.1 小夫卣			
西周晚期	西周晚期	西周中期	西周早期	西周早期	西周晚期	西周晚期	西周中期

㝬 㚗

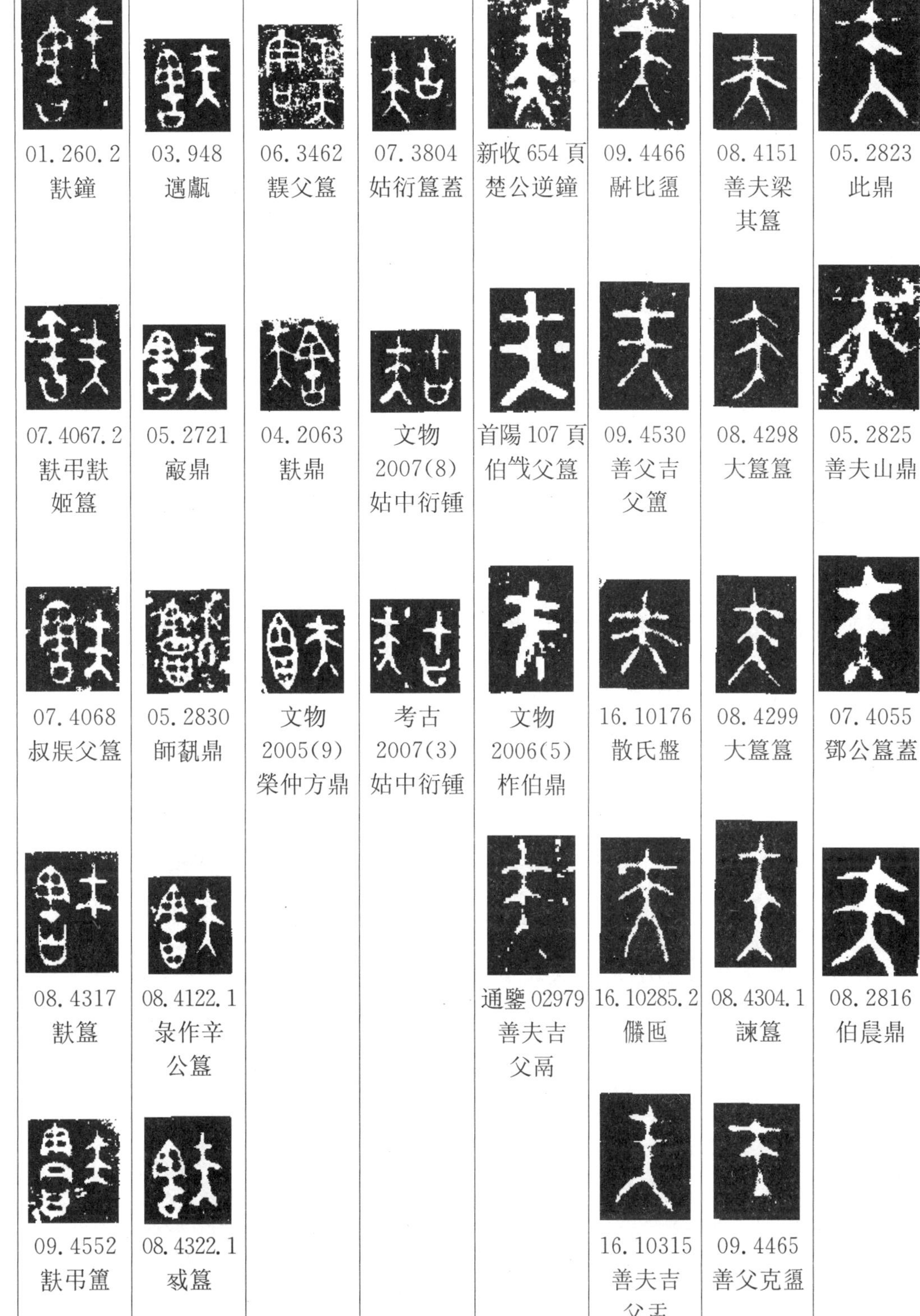

西周晚期	西周中期	西周早期	西周晚期	西周晚期	西周晚期	西周晚期	西周晚期
01.260.2 㝬鐘	03.948 邁甗	06.3462 㝬父簋	07.3804 姑衍簋蓋	新收 654 頁 楚公逆鐘	09.4466 㝬比盨	08.4151 善夫梁其簋	05.2823 此鼎
07.4067.2 㝬弔㝬姬簋	05.2721 㝬鼎	04.2063 㝬鼎	文物 2007(8) 姑中衍鍾	首陽 107 頁 伯戋父簋	09.4530 善父吉父簠	08.4298 大簋蓋	05.2825 善夫山鼎
07.4068 叔㝬父簋	05.2830 師㝬鼎	文物 2005(9) 榮仲方鼎	考古 2007(3) 姑中衍鍾	文物 2006(5) 柞伯鼎	16.10176 散氏盤	08.4299 大簋蓋	07.4055 鄧公簋蓋
08.4317 㝬簋	08.4122.1 彔作辛公簋			通鑒 02979 善夫吉父鬲	16.10285.2 㝬匜	08.4304.1 諫簋	08.2816 伯㝬鼎
09.4552 㝬弔簠	08.4322.1 㝬簋				16.10315 善夫吉父盂	09.4465 善父克盨	

05.2821 此鼎	陝博(7) 99頁 宰獸簋	16.10170 走馬休盤	09.4462 癲盨	08.4270 同簋蓋	08.4256.1 廿七年衛簋	04.2069 立鼎	05.2778 史獸鼎
05.2823 此鼎	新收740 盠尊	考文 1986(4) 殷簋甲	15.9723 十三年癲壺	08.4283 師瘨簋蓋	08.4263 格伯簋	05.2783 七年趞曹鼎	14.9031 立爵
05.2827 頌鼎	通鑒05016 大師虘簋蓋	考文 1986(4) 虎簋甲	16.9898A 吳方彝蓋	08.4289 師酉簋	08.4266 趞簋	05.2817 師晨鼎	
08.4244 走簋	通鑒05245 大師虘簋	字與史 (1) 羚簋	16.9898A 吳方彝	08.4327 卯簋蓋	08.4267 申簋蓋	08.4243 殳簋蓋	
08.4249 楚簋		歷文 2006(3) 親簋		08.4341 班簋	08.4268.1 王臣簋	08.4252.1 大師虘簋	
西周晚期	西周中期	西周中期	西周中期	西周中期	西周中期	西周中期	西周早期

巤

05.2585 巤季鼎

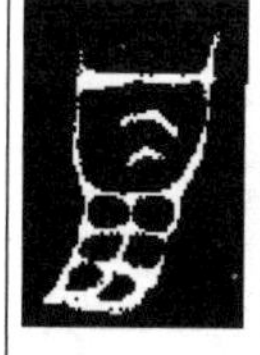

08.4313.1 師寰簋

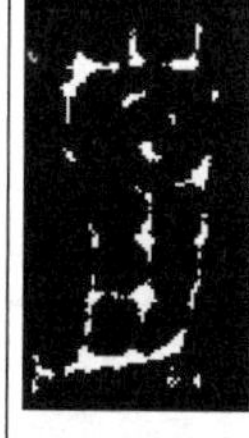

08.4314 師寰簋

西周晚期

囟

15.9455 長由盉

06.3581 長由簋

西周中期

⿺辶竝

11.5944 ⿺辶竝作父乙尊

西周早期

替

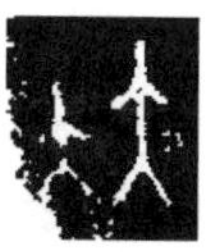

考文 2006(6) 獄盉

考文 2006(6) 獄盤

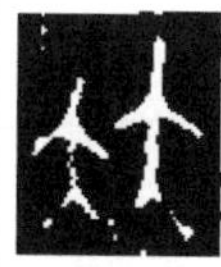
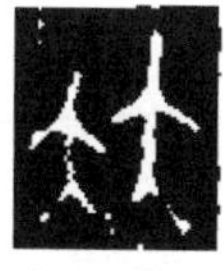

南開學報 2008(6) 衛簋甲蓋

通鑒 05662 獄盨蓋

西周中期

盛世 34 頁 逑盤

西周晚期

竝

05.2712 乃子克鼎

西周早期

⿰立犬

葉家山 124 頁 曾侯⿰立犬簋

案：發掘整理者釋作「犺」；羅運環(2015)分析此字从犬立聲，隸作「⿰立犬」；宋華强(2014)隸作「⿰立犬」，爲「戾」字古文。該字另一簋銘作「[字形]」，左非从「立」，形近「亢」。

西周早期

08.4254 弭叔師察簋

08.4277 師艅簋蓋

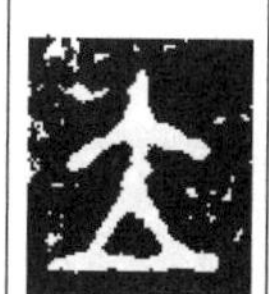

08.4279 元年師旋簋

08.4289 師酉簋

華章 55 頁 卌三年逑鼎甲

西周晚期

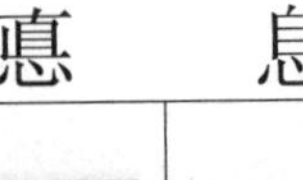

悳

06.3585 嬴霝德簋

16.10076 季嬴霝德盤

16.10110 德盤

西周中期

息

04.1598 息父丁鼎

07.3862 逘父乙簋

10.5385 息伯卣蓋

10.5386 息伯卣

西周早期

心

文博 1987(2) 逑編鐘

盛世 34 頁 逑盤

西周晚期

05.2836 大克鼎

08.4342 師訇簋

08.4317 㝬簋

16.10176 散氏盤

文博 1987(2) 逑編鐘

西周晚期

歷文 2002(6) 豳公盨

西周中期

05.2830 師𩛥鼎

08.4322.2 𢦚簋

16.10175 史牆盤

保利 戎生編鐘

歷文 2002(6) 豳公盨

西周中期

01.247 𤼈鐘

01.248 𤼈鐘

01.249 𤼈鐘

05.2812 師望鼎

05.2824 𢦚方鼎

西周中期

𣬉

07.3775 鄧公簋

考古 1985(3) 鄧公簋 D 器

考古 85.3 鄧公簋 D 蓋

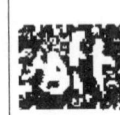
考古 1985(3) 鄧公簋器

西周晚期

盅　念　悊

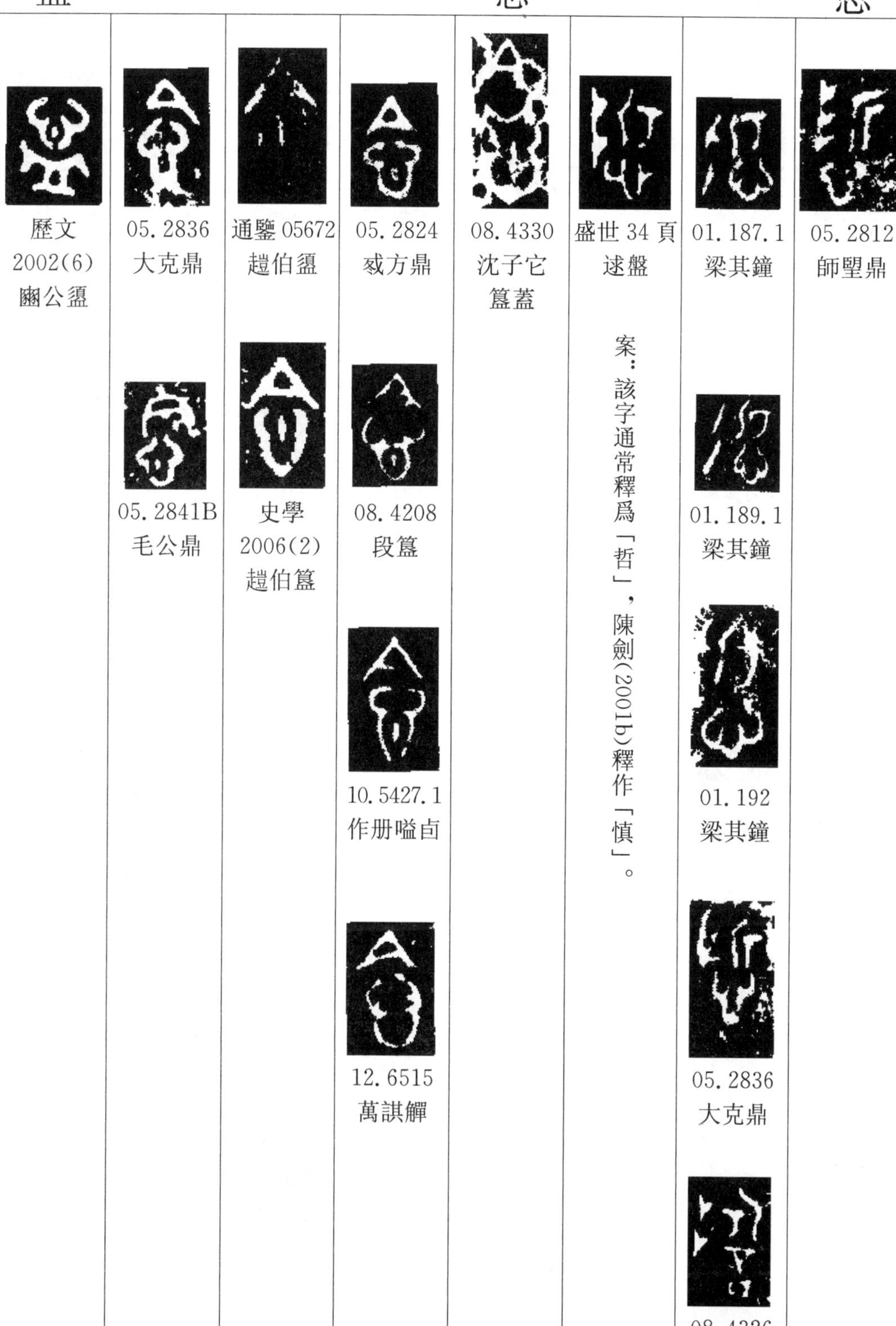

西周晚期	西周晚期	西周中期	西周中期	西周早期	西周晚期	西周晚期	西周中期
歷文 2002(6) 豳公盨	05.2836 大克鼎	通鑒 05672 趞伯盨	05.2824 𢦏方鼎	08.4330 沈子它簋蓋	盛世 34 頁 逑盤	01.187.1 梁其鐘	05.2812 師朢鼎
	05.2841B 毛公鼎	史學 2006(2) 趞伯簋	08.4208 段簋		案：該字通常釋爲「哲」，陳劍(2001b)釋作「慎」。	01.189.1 梁其鐘	
			10.5427.1 作册嗌卣			01.192 梁其鐘	
			12.6515 萬諆觶			05.2836 大克鼎	
						08.4326 番生簋蓋	

忝		愯	慶				憲
 文物 2006(5) 柞伯鼎	 08.4341 班簋	14.8877 愯作父乙爵	 第三屆 321頁 焂戒鼎	 05.2832 五祀衛鼎	 01.109.1 井人妄鐘	16.10175 史牆盤	05.2749 憲鼎
	文物 2006(5) 柞伯鼎			08.4293 六年琱生簋	 05.2825 善夫山鼎	 保利 戎生編鐘	 15.9450.2 伯憲盉
	華夏考古 2000(3) 追夷簋				08.4295 揚簋	考文 2012(3) ⿸虍斤簋	 15.9456 裘衛盉
					08.4317 㝬簋		
西周晚期	西周晚期	西周早期	西周晚期	西周中期	西周晚期	西周中期	西周早期

悆		慕				懋	忄盂
 04.2378 季悆作旅鼎	 05.2833 禹鼎	 16.10175 史牆盤	 15.9714 史懋壺	 05.2774 師隹鼎	 11.6004 𠑇尊	 07.4044 御正衛鼎	 歷文2002(6) 豳公盨
 05.2599 鄭虢仲悆䏿鼎	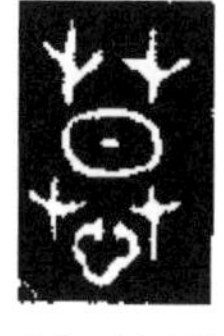 08.4317 㝬簋			 04.2809 師旂鼎	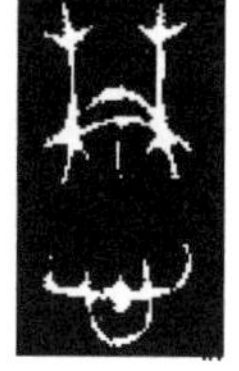 15.9689 吕行壺	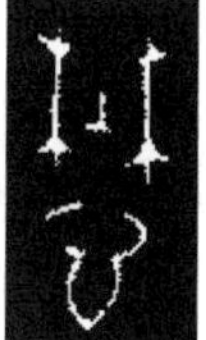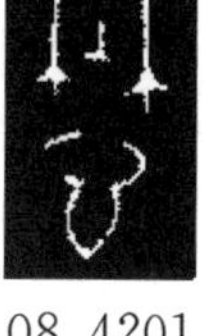 08.4201 小臣宅簋	案：李學勤(2002)、朱鳳瀚(2002)、李零(2002)皆讀爲「訏」，訓大；陳英傑(2008a)讀爲「忓」；馮時(2003)讀爲「謨」；周鳳五(2003)讀爲「于」；張新俊(2010)謂上从「殷」，下从「屯」，
				08.4327 卯簋蓋		 08.4238.2 小臣謎簋	
				10.5418 免卣		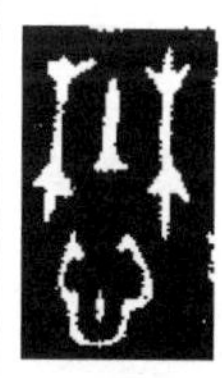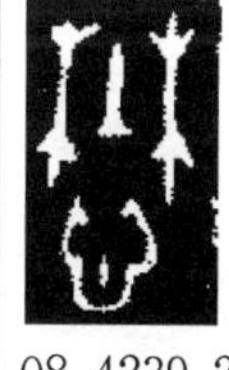 08.4239.2 小臣謎簋	
				11.6006 免尊		 10.5416.2 召卣	
西周	西周晚期	西周中期	西周中期	西周中期	西周早期	西周早期	西周中期

⿱鼓心	憻	惷	愉
新收 1957 窒叔簋	10.5357.1 憻季遽父卣	05.2833 禹鼎	16.10113 魯伯愈父盤
	10.5358.1 憻季遽父卣	05.2841B 毛公鼎	16.10244 魯伯愈父匜
	11.5947 憻季遽父尊		
西周中期	西周早期	西周晚期	西周晚期

西周金文字編 卷十一

水

08.4330 沈子它簋蓋
11.5983 啟作祖丁尊 
西周早期

河

08.4270 同簋蓋
08.4271 同簋 
西周中期

08.4270 同簋蓋
08.4271 同簋 
西周中期

沱

08.4207 遹簋
08.4273 靜簋 
西周中期

涇

10.5226.1 涇伯卣
10.5227.1 涇伯卣 
11.5848 涇伯尊
西周早期

01.204 克鐘
01.206 克鐘 
西周晚期

⿰阝帚		淮	油	渒			洛
新收 668 王盂	05.2833 禹鼎 08.4313.1 師寰簋 09.4435 虢仲盨蓋 16.10174 兮甲盤 16.10176 散氏盤 首陽 114 頁 應侯視工簋蓋	05.2824 㦰方鼎 10.5420.1 彔㦰卣	16.10176 散氏盤	05.2836 大克鼎	09.4692 大師虘豆 16.10173 虢季子白盤	16.10322 永盂	11.5986 𨸏作父乙尊
西周早期	西周晚期	西周中期	西周晚期	西周晚期	西周晚期	西周中期	西周早期

案：王輝(1997)、羅西章(1998)、李仲超(1998)釋作「歸」，讀爲「饋」。劉雨等(2002)徑隸作「浸」；裘錫圭(2010b)隸作「⿰阝帚」，即「曼」。

	衍	海	湡		洹	濼	渒
07.3804 姑衍簋蓋	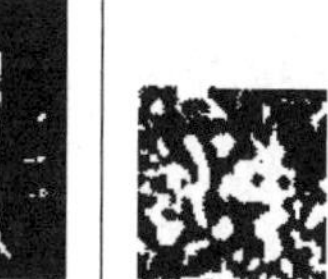 07.3747 仲爯簋	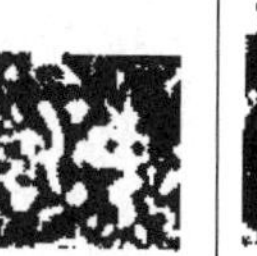 08.4328.1 小臣逑簋	 10.5368 𠦝尹肇家卣	 07.3838 伯喜父簋	 07.3867.2 洹秦簋	 01.88 𤔲鐘	 04.2213 孟渒父鼎
 考古 2007(3) 覞公簋	 08.4140 大保簋	  08.4328.2 小臣逑簋				 15.9570 伯濼父壺	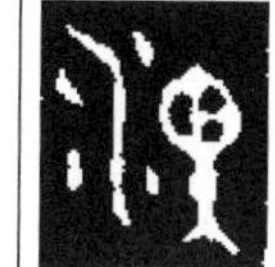 08.4436.2 遅盨
案：爲「道」的古字。	 11.5825 衍耳父乙尊	  08.4329.1 小臣逑簋				 15.9620 伯濼父壺蓋	
	 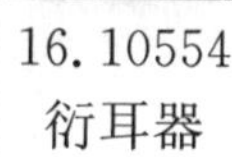 16.10554 衍耳器	 08.4329.2 小臣逑簋					
西周晚期	西周早期	西周早期	西周早期	西周晚期	西周中期	西周中期	西周晚期

淳

08.4169
䡑伯𠭯簋

西周早期

[𣶒夆]

考文 2006(6) 一式獄簋

南開學報 2008(6) 衛簋甲蓋

案：李學勤(2007a)以「𣶒」爲聲符，讀作「煙」；吴鎮烽(2006)、朱鳳瀚(2008a)以「夆」爲聲符讀作「逢」、「豐」；裘錫圭(2008)讀作「逢」，訓迎。

西周中期

[方潘]

07.3874
[方潘]媐簋蓋

西周晚期

淢

15.9455
長甶盉

西周中期

08.4280.1
元年師旋簋

08.4282.1
元年師旋簋

16.10172
寰盤

考文 2003(3)
四十二年逑鼎乙

西周晚期

汪

10.5223.1
汪伯卣

10.5223.2
汪伯卣

西周早期

滕

03.565
吾作滕公鬲

西周早期

潏

首陽107頁
伯𢦏父簋

西周中期

潢		沙	淖	涑	淵	湋	淪
 08.4342 師訇簋	 05.2814 無叀鼎	 08.4268.1 王臣簋	 新收 875 晉侯穌鐘	 銘圖續 0461 宗人簋	 08.4330 沈子它簋蓋	 07.3821 湋伯簋	 16.10103 伯駟父盤
	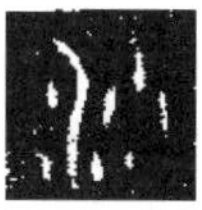 08.4218 五年師旋簋	 16.10170 走馬休盤		案：曹錦炎(2016b)讀爲「瀆」，「瀆」从「水」、「賣」聲。而「賣」从「朿」得聲，故可相通。意爲珍膳美食。			
	 08.4257 弭伯師耤簋	 論稿 167 頁 呂簋					
	 08.4286 輔師嫠簋	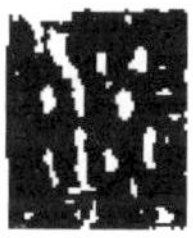 論稿 167 頁 呂簋					
	 08.4321 訇簋						
	 16.10172 寰盤						
西周晚期	西周晚期	西周中期	西周晚期	西周中期	西周早期	西周晚期	西周晚期

	溼	滔		沈	潦	湛	津

15.9714 史懋壺	05.2791 伯姜鼎	15.9824 滔御事罍	01.260.2 㝬鐘	08.4330 沈子它簋蓋	03.872 潦伯甗	05.2841B 毛公鼎	09.4459.1 翏生盨

		15.9825 滔御事罍		08.4330 沈子它簋蓋		16.10285.2 𠑇匜	09.4461.1 翏生盨
西周中期	西周早期	西周中期	西周晚期	西周早期	西周早期	西周晚期	西周晚期

泆	滆	瀘	淳	潧	液		湯
 07.4007 泆伯寺簋	 文物 1990(7) 逹盨蓋	 09.4466 䣄比盨	 考古 1984(2) 盥公大正 弔良父匜	 13.8229 㽙潧爵	 08.4312 師穎簋	 05.2835 多友鼎	 03.746 仲枏父鬲
			 考古 1984(2) 盥公大正 弔良父匜	案：徐寶貴(2008)釋作「渫」。		 16.10155 湯叔盤	 03.750 仲枏父鬲
							 05.2780 師湯父鼎
							 文物 1999(9) 戎生編鐘
							 首陽 96 頁 仲枏父鬲
西周晚期	西周中期	西周晚期	西周晚期	西周中期	西周晚期	西周晚期	西周中期

滹	[氵穆]	淢		溓		涓	滤
新收 1875 老簋	 04.2331 穆父作姜懿鼎	 05.2791 伯姜鼎	 05.2831 九年衛鼎	 05.2740 寧鼎	 新收 641 晉侯蘇鐘	 考古 1991(7) 保員簋	 16.10176 散氏盤
案：張光裕(2006)隸釋爲「淲」，所从「[image]」，象字張口嚎叫形；張富海(2008)讀「淲」爲「濠」，與「池」同意。李家浩(2007)釋作「滤」，謂「[image]」即「也」字，「虒」之初文，疑爲「池」之異體。	 04.2322 穆父作姜懿母鼎		 07.3978 溓姬簋	 05.2730 厚趠方鼎		 11.5983 啟作祖丁尊	 16.10176 散氏盤
			 字與史(1) 羚簋	 05.2741 寧鼎			
			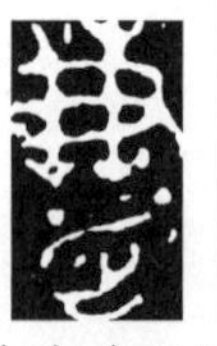 字與史(1) 羚簋蓋	 05.2803 令鼎			
			 銘圖續 0461 宗人簋	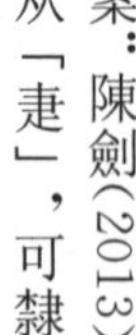 案：陳劍(2013)認爲該字右从「疌」，可隸作「渫」。			
西周中期	西周中期	西周早期	西周中期	西周早期	西周晚期	西周早期	西周晚期

	瀕		涉	沙			沫
10.5433A1 效卣	 08.4241 榮作周公簋	 16.10176 散氏盤	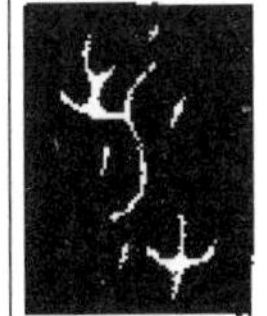 08.4263 格伯簋	 周原 10.2130 梁伯敔簋	 考古 2007(3) 覭公簋	 曾國148頁 曾伯文簋	 首陽96頁 仲枏父鬲
	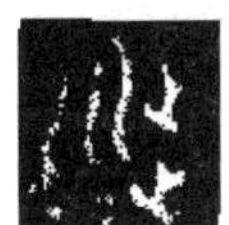 11.6009 效尊	 16.10176 散氏盤	 08.4264.2 格伯簋		 古研(27) 198頁 伯戋父簋	 首陽107頁 伯戋父簋	 銘圖05666 遣伯盨
			 08.4265 格伯簋		 文物 2006(5) 柞伯鼎	 文物 2003(4) 郜仲簠	
					 華章79頁 卌三年逑鼎丁	 首陽114頁 應侯視工簋蓋	
西周中期	西周早期	西周晚期	西周中期	西周中期	西周晚期	西周晚期	西周中期

𤄶

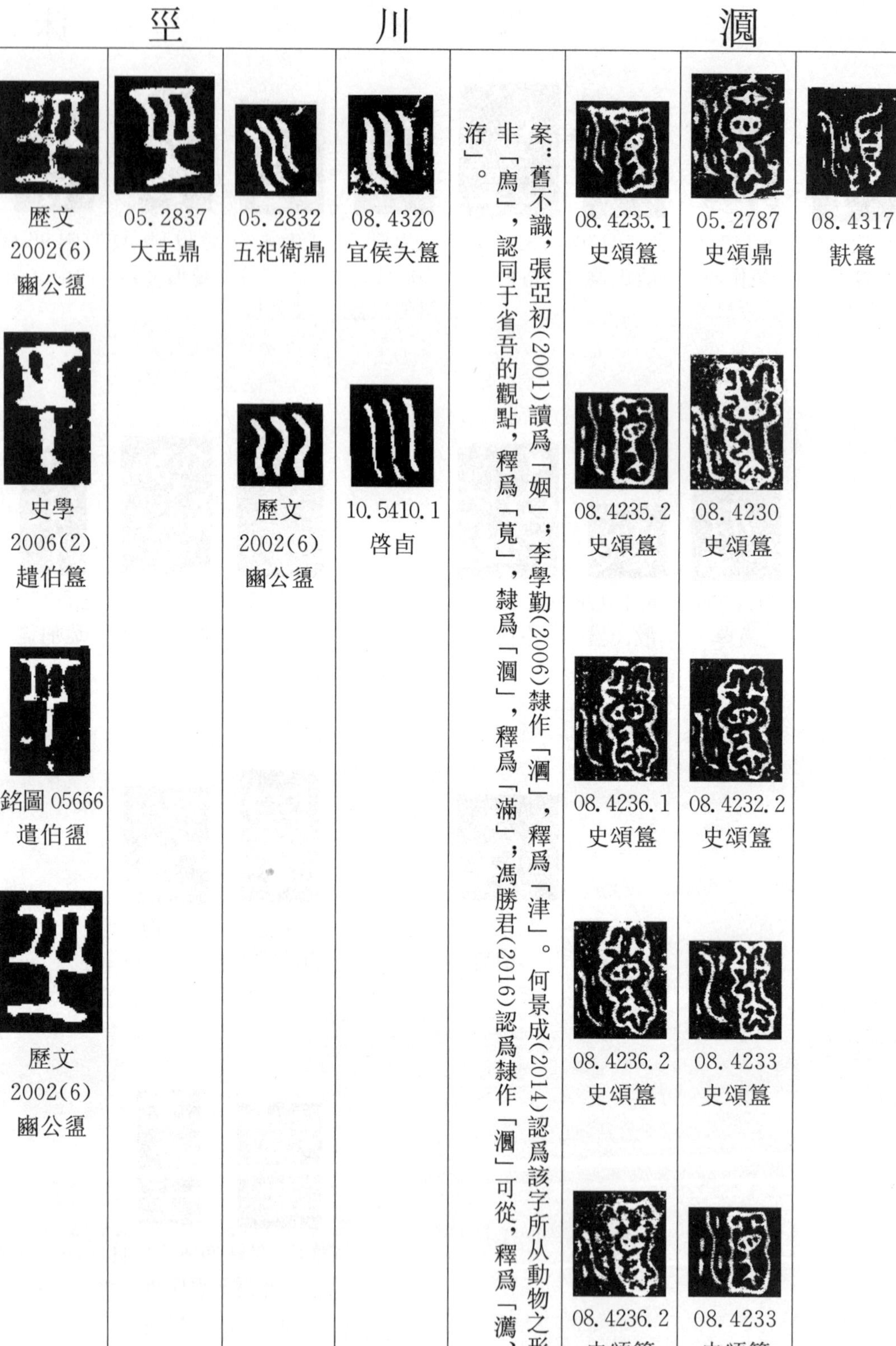

08.4317 㝬簋　西周晚期

05.2787 史頌鼎　08.4230 史頌簋　08.4232.2 史頌簋　08.4233 史頌簋　08.4233 史頌簋　西周晚期

08.4235.1 史頌簋　08.4235.2 史頌簋　08.4236.1 史頌簋　08.4236.2 史頌簋　08.4236.2 史頌簋　西周晚期

案：舊不識，張亞初(2001)讀爲「姻」；李學勤(2006)隸作「𤄶」，釋爲「津」。何景成(2014)認爲該字所从動物之形非「鳶」，認同于省吾的觀點，釋爲「莧」，隸爲「𤄶」，釋爲「滿」；馮勝君(2016)認爲隸作「𤄶」可從，釋爲「濿、洊」。

西周晚期

川

08.4320 宜侯夨簋　10.5410.1 啓卣　西周早期

05.2832 五祀衛鼎　歷文 2002(6) 豳公盨　西周中期

巠

05.2837 大盂鼎　西周早期

歷文 2002(6) 豳公盨　史學 2006(2) 趞伯簋　銘圖 05666 遣伯盨　歷文 2002(6) 豳公盨　西周中期

州				侃	巟		
08.4241 榮作周公簋	 01.188.1 梁其鐘	 01.67 兮仲鐘	 01.246 𤼈鐘	 07.3743 保侃母簋蓋	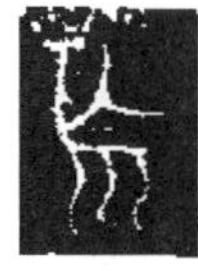 06.3530 巟伯簋	 文博1987(2) 逑編鐘	 01.208 克鐘
	 01.190 梁其鐘	 01.105 旲生残锺	 12.6515 萬諆觶	 07.3744 保侃母簋	 06.3531 巟伯簋	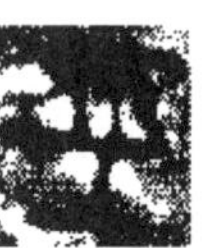 文物2003(6) 逑盤	 05.2836 大克鼎
	 08.4137 叔𡚬簋	 01.112 丼人妄鐘	 01.49 𢿢狄鐘		 辑芬集281頁 弔巟甗	 華章63頁 卌三年逑鼎乙	 05.2841B 毛公鼎
	 15.9646.1 保侃母壺	 01.147 士父鐘	 南開學報2008(6) 衛簋甲蓋		 通鑒03317 叔巟甗	 華章111頁 卌三年逑鼎辛	 08.4317 㝬簋
	 文博1987(2) 逑編鐘	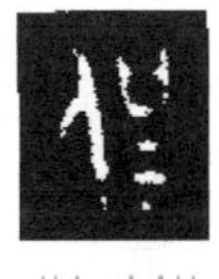 01.148 士父鐘					 09.4467.1 師克盨
		 首陽121頁 逑鐘					
西周早期	西周晚期	西周晚期	西周中期	西周早期	西周早期	西周晚期	西周晚期

09.4466
⿰鬲攵比盨
西周晚期

16.10176
散氏盤

夏商周 335
州簋

銘圖 04284
州簋甲

06.3447
仲州簋
西周

濬

歷文
2002(6)
豳公盨
西周中期

案：該字各家大多釋爲「濬」，字形分析存在分歧，朱鳳瀚（2002）謂从⿱宀㕣从又，⿱宀㕣下部所从「㕣」與《說文》對「谷」字的解釋近同，⿱宀㕣可讀爲「睿」，⿰⿱宀㕣又可讀作「濬」；裘錫圭（2002a）解爲从「奴」从「川」會意，从「〇（零之初文）」聲；李學勤（2002）謂从川即「濬」字，字或从水，古文作「濬」；李零（2002）分析爲从叡从川；馮時（2003）分析爲从川⿰⿱宀㕣又聲，即叡之本字，讀爲「濬」；陳英傑（2008）認爲从水从「璿」之初文，「〇」是表玉之義符，金文中「玗」字从此義符，疏通之義。余謂釋「濬」可從，「濬川」今本作「浚川」，《正字通》：「濬，通作浚。」

⿰川皃

新收 1874
虎簋蓋乙
西周中期

案：張光裕（2002b）隸作「⿰川皃」；白於藍（2000）改釋爲「訓」字異體，讀「紃」。

泉

05.2762
史[illegible]鼎

08.4323
敔簋
西周晚期

繁

16.10175
史牆盤
西周中期

永	永	永	永	永	永	⿰泉衰	原
03.639 庚姬鬲	01.88 叡鐘	新收 1664 矩方鼎	08.4310 此簋	07.3908 量侯簋	03.930 榮子旅作祖乙甗	文物 2014(1) 肅卣	05.2559 雍伯原鼎
03.658 伯先父鬲	01.92 叡鐘	曲村 505 頁 叔卣蓋	10.5426.2 庚嬴卣	07.4073 伯獻簋	04.2503 熒子旅鼎		05.2836 大克鼎
03.745 師趛鬲	01.249 𤼈鐘	曲村 505 頁 家父盤	11.5941 [illegible]尊	07.4088 耆簋	05.2629 舍父鼎		16.10176 散氏盤
03.746 仲枏父鬲	03.569 作寶彝鬲	曲村 555 頁 孟得簋蓋	11.6002 作册旂尊	07.4112.1 命簋	05.2778 史獸鼎		16.10176 散氏盤
03.909 弔萳作寶甗	03.620 伯韋父鬲	曲村 505 頁 曾仲韋父盉蓋	04.2486 禽鼎	08.4201 小臣宅簋	05.3724 叔⿱宀⿱王皿簋		
	03.633 塱肈家鬲						
西周中期	西周中期	西周早期	西周早期	西周早期	西周早期	西周中期	西周晚期

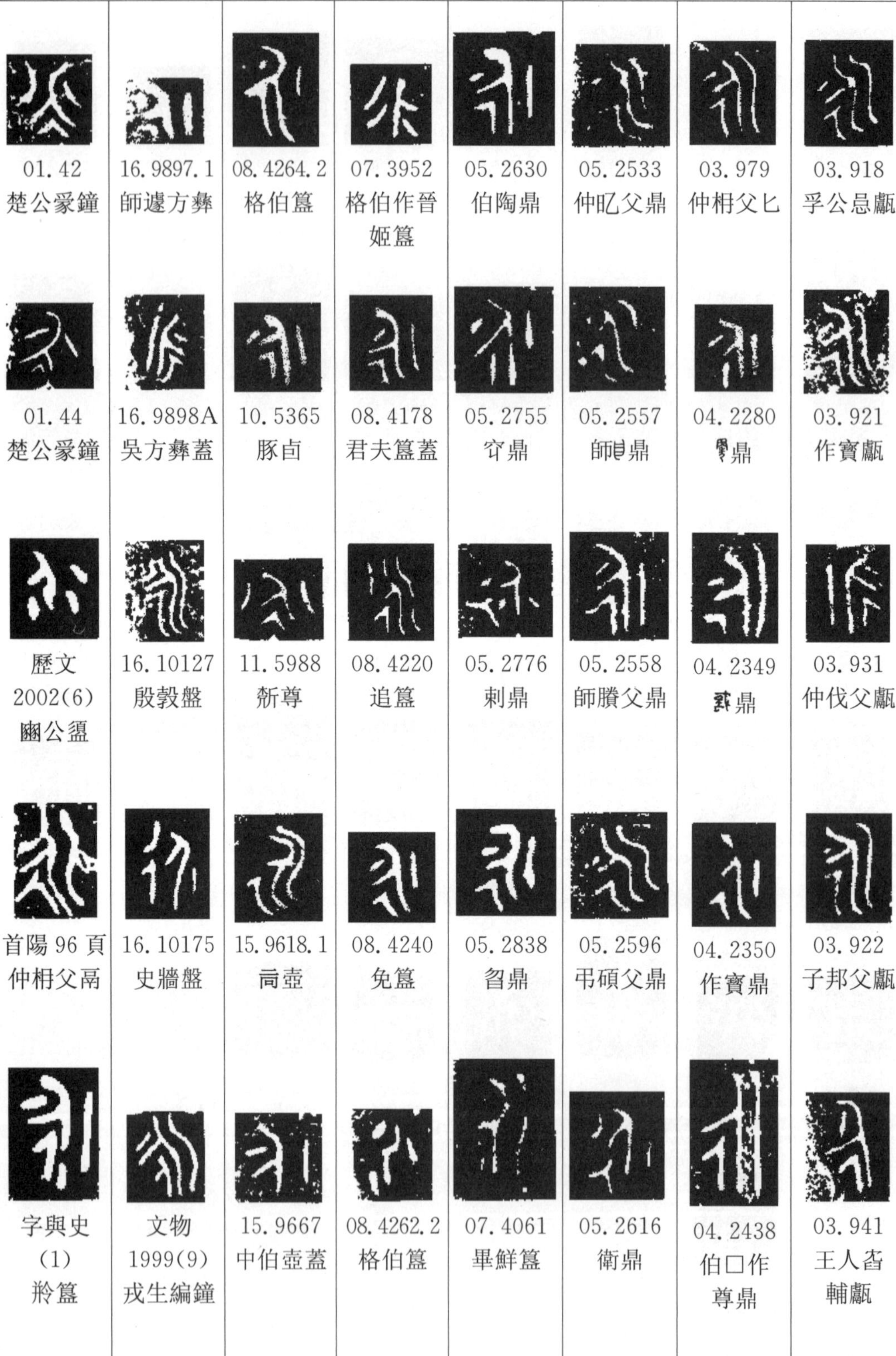

01.42 楚公豪鐘	16.9897.1 師遽方彝	08.4264.2 格伯簋	07.3952 格伯作晉姬簋	05.2630 伯陶鼎	05.2533 仲旼父鼎	03.979 仲枏父匕	03.918 孚公㤅甗
01.44 楚公豪鐘	16.9898A 吳方彝蓋	10.5365 豚卣	08.4178 君夫簋蓋	05.2755 㝭鼎	05.2557 師眉鼎	04.2280 [illegible]鼎	03.921 作寶甗
歷文 2002(6) 豳公盨	16.10127 殷穀盤	11.5988 斱尊	08.4220 追簋	05.2776 刺鼎	05.2558 師賸父鼎	04.2349 [illegible]鼎	03.931 仲伐父甗
首陽96頁 仲枏父鬲	16.10175 史牆盤	15.9618.1 咼壺	08.4240 免簋	05.2838 曶鼎	05.2596 弔碩父鼎	04.2350 作寶鼎	03.922 子邦父甗
字與史 (1) 旍簋	文物 1999(9) 戎生編鐘	15.9667 中伯壺蓋	08.4262.2 格伯簋	07.4061 畢鮮簋	05.2616 衛鼎	04.2438 伯□作 尊鼎	03.941 王人[illegible] 輔甗
西周中期	西周中期	西周中期	西周中期	西周中期	西周中期	西周中期	西周中期

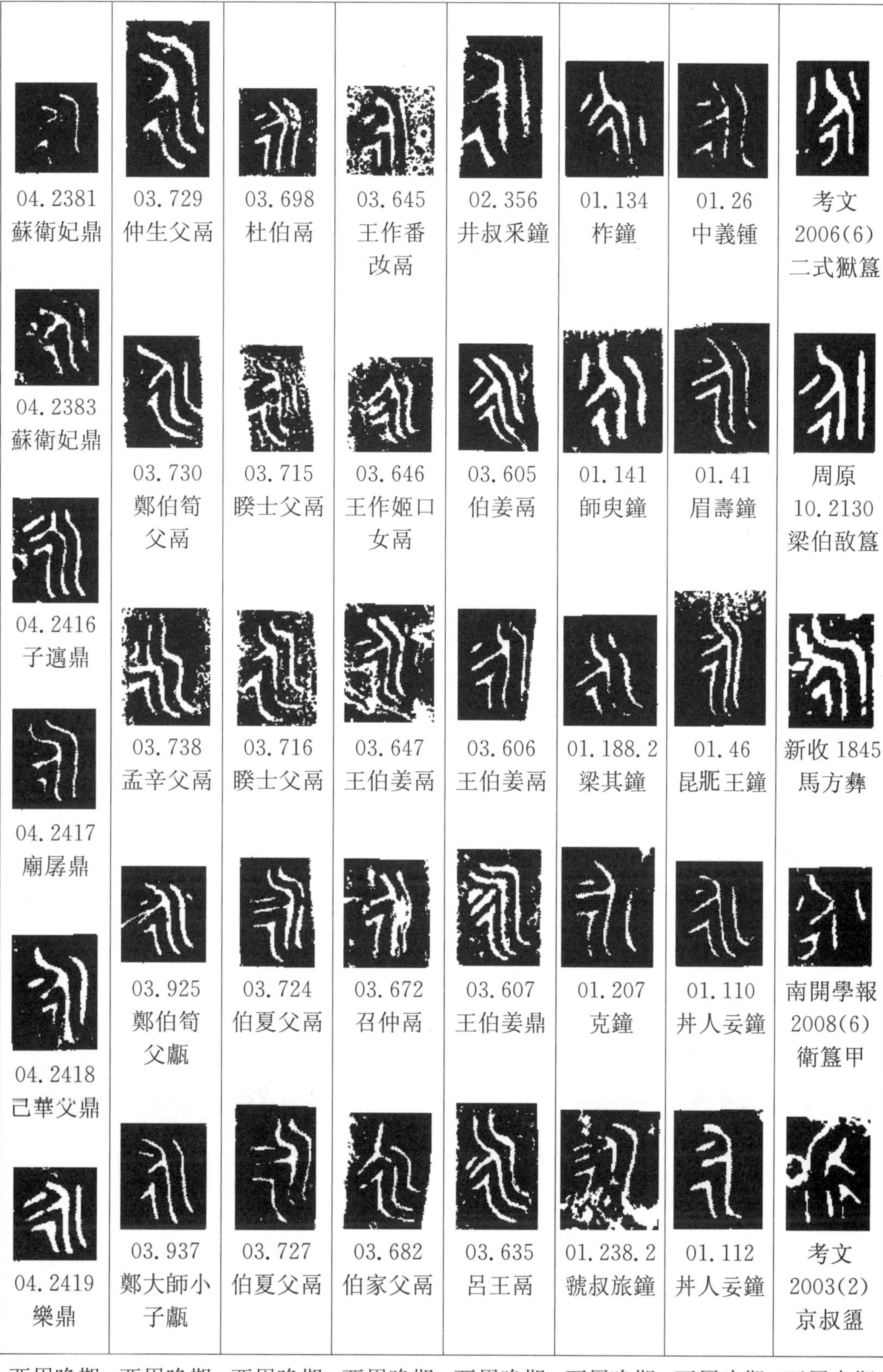

04.2381 蘇衛妃鼎	03.729 仲生父鬲	03.698 杜伯鬲	03.645 王作番改鬲	02.356 井叔采鐘	01.134 柞鐘	01.26 中義鍾	考文 2006(6) 二式獄簋
04.2383 蘇衛妃鼎	03.730 鄭伯筍父鬲	03.715 睽士父鬲	03.646 王作姬口女鬲	03.605 伯姜鬲	01.141 師臾鐘	01.41 眉壽鐘	周原 10.2130 梁伯敔簋
04.2416 子邁鼎	03.738 孟辛父鬲	03.716 睽士父鬲	03.647 王伯姜鬲	03.606 王伯姜鬲	01.188.2 梁其鐘	01.46 昆疕王鐘	新收 1845 馬方彝
04.2417 廟孱鼎							
04.2418 己華父鼎	03.925 鄭伯筍父甗	03.724 伯夏父鬲	03.672 召仲鬲	03.607 王伯姜鼎	01.207 克鐘	01.110 井人妄鐘	南開學報 2008(6) 衛簋甲
04.2419 樂鼎	03.937 鄭大師小子甗	03.727 伯夏父鬲	03.682 伯家父鬲	03.635 呂王鬲	01.238.2 虢叔旅鐘	01.112 井人妄鐘	考文 2003(2) 京叔盨
西周晚期	西周晚期	西周晚期	西周晚期	西周晚期	西周晚期	西周晚期	西周中期

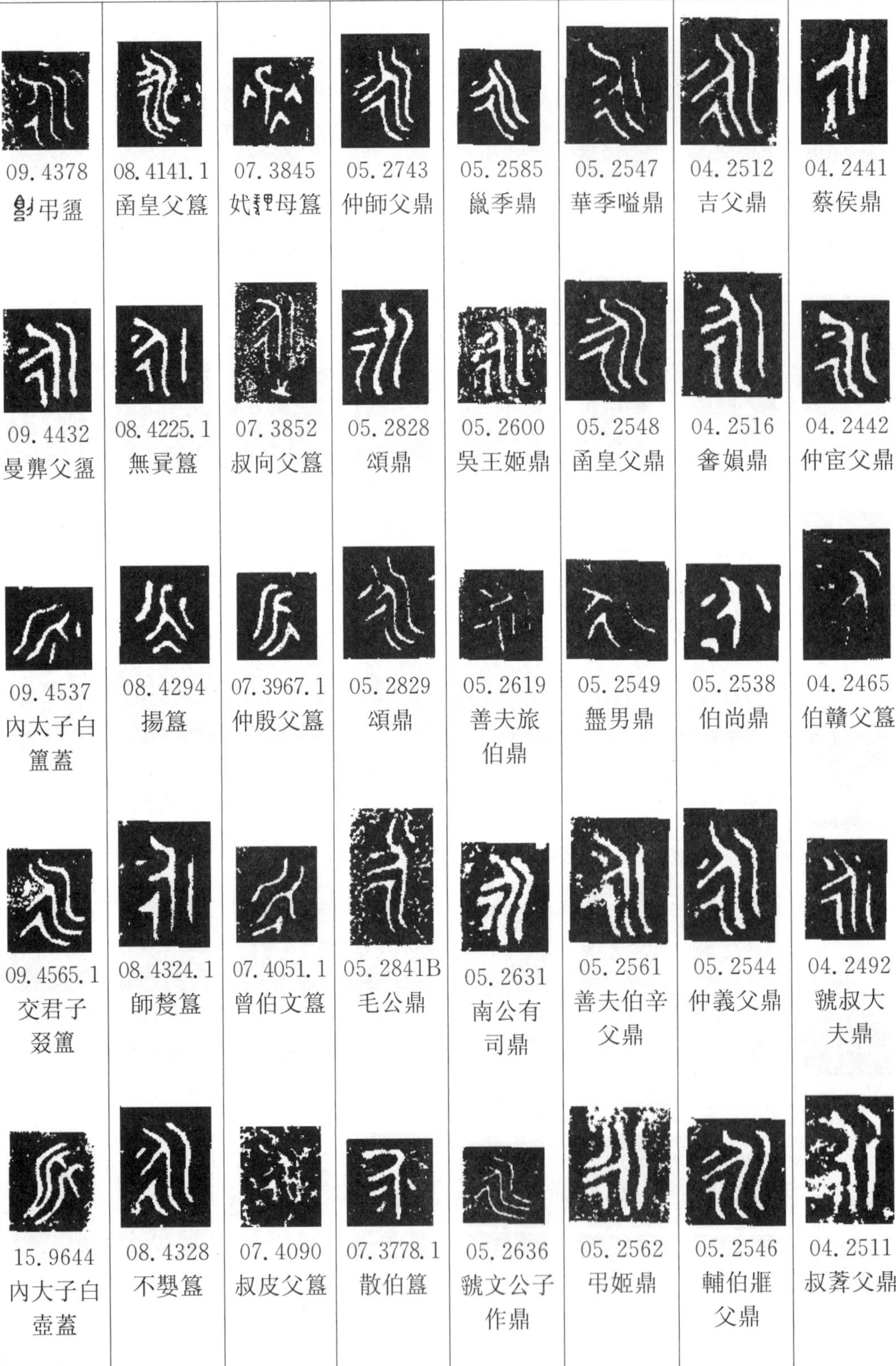

09.4378 [illegible]弔盨	08.4141.1 函皇父簋	07.3845 妊[illegible]母簋	05.2743 仲師父鼎	05.2585 𪕏季鼎	05.2547 華季嗌鼎	04.2512 吉父鼎	04.2441 蔡侯鼎
09.4432 曼龔父盨	08.4225.1 無曩簋	07.3852 叔向父簋	05.2828 頌鼎	05.2600 吳王姬鼎	05.2548 函皇父鼎	04.2516 畬娟鼎	04.2442 仲宦父鼎
09.4537 內太子白簠蓋	08.4294 揚簋	07.3967.1 仲殷父簋	05.2829 頌鼎	05.2619 善夫旅伯鼎	05.2549 無男鼎	05.2538 伯尚鼎	04.2465 伯贛父簋
09.4565.1 交君子叕簠	08.4324.1 師嫠簋	07.4051.1 曾伯文簋	05.2841B 毛公鼎	05.2631 南公有司鼎	05.2561 善夫伯辛父鼎	05.2544 仲義父鼎	04.2492 虢叔大夫鼎
15.9644 內大子白壺蓋	08.4328 不嬰簋	07.4090 叔皮父簋	07.3778.1 散伯簋	05.2636 虢文公子作鼎	05.2562 弔姬鼎	05.2546 輔伯雁父鼎	04.2511 叔𦬉父鼎
西周晚期	西周晚期	西周晚期	西周晚期	西周晚期	西周晚期	西周晚期	西周晚期

谷　羕

10.5410.1 啓卣	 11.5811 羕史尊	 文物 2003(4) 郜仲簋簋	 中銅展 76頁 虢姜鋪	 華章144頁 單叔鬲戊	 文物 1994(4) 晉侯邦 父鼎	 歷文 2002(2) 作册封鬲	 15.9713 殳季良 父壺
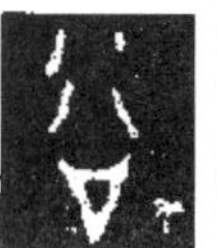 11.5983 敔作祖 丁尊		 文物 2017(3) 邢公簋	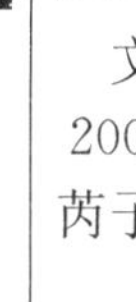 文博 2008(2) 芮子仲鼎	 首陽107頁 伯𢦚父簋	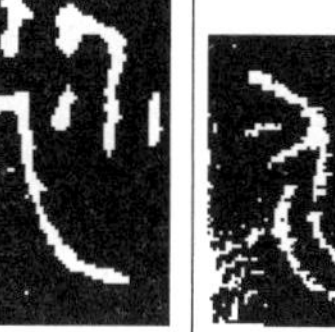 華章55頁 卌三年逑 鼎甲	考文 2003(3) 單弔鬲丁	 16.10130 䢅伯章盤
 11.6014 何尊			山東377頁 史㝬簋	 文物 2006(5) 柞伯鼎	 華章71頁 卌三年逑 鼎丙	 宁壽鑑 14.04 内公鍾	 16.10218 周窐匜
			 文物 2009(1) 鄭登伯盨	 文物 2000(12) 虢仲簋	 歷文 2002(2) 作册封 鬲甲	 西清續鑒 甲編14.13 作小鬲	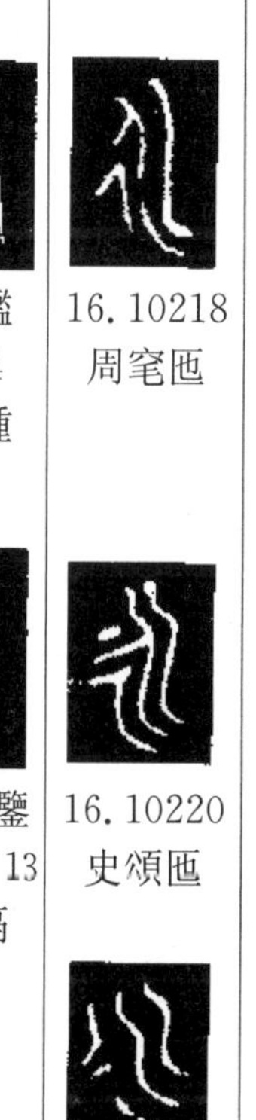 16.10220 史頌匜
							 16.10237 䢅伯匜
西周早期	西周早期	西周晚期	西周晚期	西周晚期	西周晚期	西周晚期	西周晚期

靁　洋　⿰谷侖　⿰谷厰

08.4264.2
格伯簋
西周中期

文物2003(6)
四十二年逑鼎乙

華章 39 頁
卌二年逑鼎甲

華章 47 頁
卌二年逑鼎乙

西周晚期

華章 47 頁
卌二年逑鼎乙

華章 39 頁
卌二年逑鼎甲

案：董珊(2003)釋作「巖」；周鳳五(2004)謂从「厂」，从「谷」聲、「敢」聲，釋作「巖」；陳斯鵬(2012)疑是「厰」字增益意符「谷」而成。

西周晚期

10.5221.1
綸伯卣
西周早期

上博(8)
亢鼎
西周早期

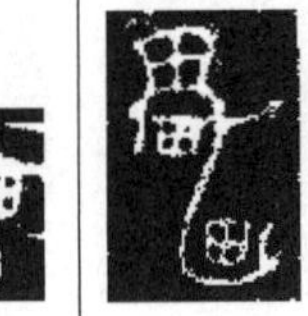
03.876
雷甗

15.9815.2
中父乙罍

15.9816
陵父日乙罍

西周早期

04.2809
師旂鼎

11.6011.1
盠駒尊

11.6012
盠駒尊蓋

15.9824
滔御事罍

15.9825
滔御事罍

西周中期

15.9826
對罍
西周中期

靁　霻　電

電

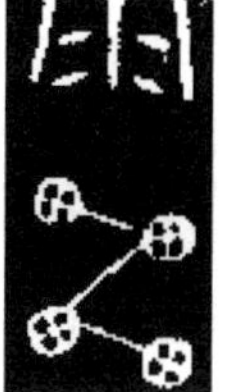
01.106 楚公逆鐘（西周晚期）

08.4326 番生簋蓋（西周晚期）

案：字釋作「申」（紳）或「電」，李春桃（2012）釋作「軐」。

霻

文物 2000(8) 伯淍父簋（西周晚期）

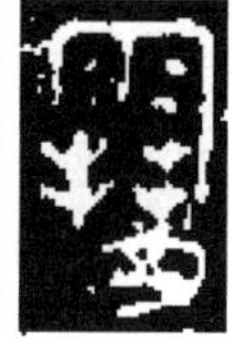

考文 2007(3) 伯沬父簋（西周晚期）

靁

05.2171 嬴靁德鼎（西周早期）

08.4330 沈子它簋蓋（西周早期）

01.254 癲鐘（西周中期）

06.3374 靁作寶飤簋（西周中期）

06.3585 嬴靁德簋（西周中期）

08.4220 追簋（西周中期）

08.4222 追簋蓋（西周中期）

08.4224 追簋（西周中期）

15.9419 季嬴靁德盉（西周中期）

16.10175 史牆盤（西周中期）

文物 2007(8) 五年琱生尊甲（西周中期）

文物 2007(8) 五年琱生尊甲（西周中期）

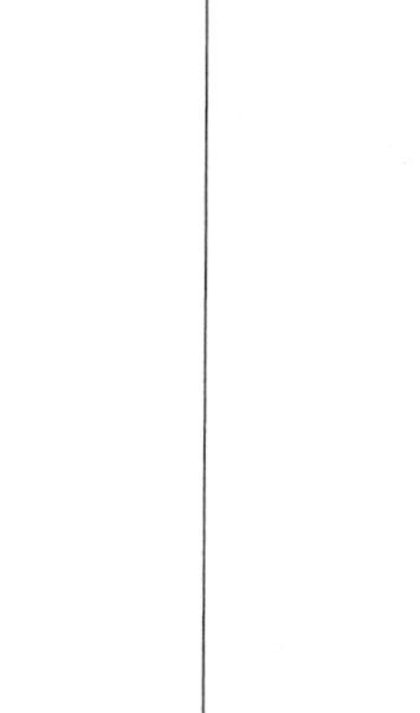

學步集 244 頁 師道簋（西周中期）

文物 1999(9) 戎生編鐘（西周中期）

05.2798 小克鼎（西周晚期）

05.2823 此鼎（西周晚期）

05.2825 善夫山鼎（西周晚期）

05.2829 頌鼎（西周晚期）

08.4156 伯家父簋蓋（西周晚期）

雩　䨘　零

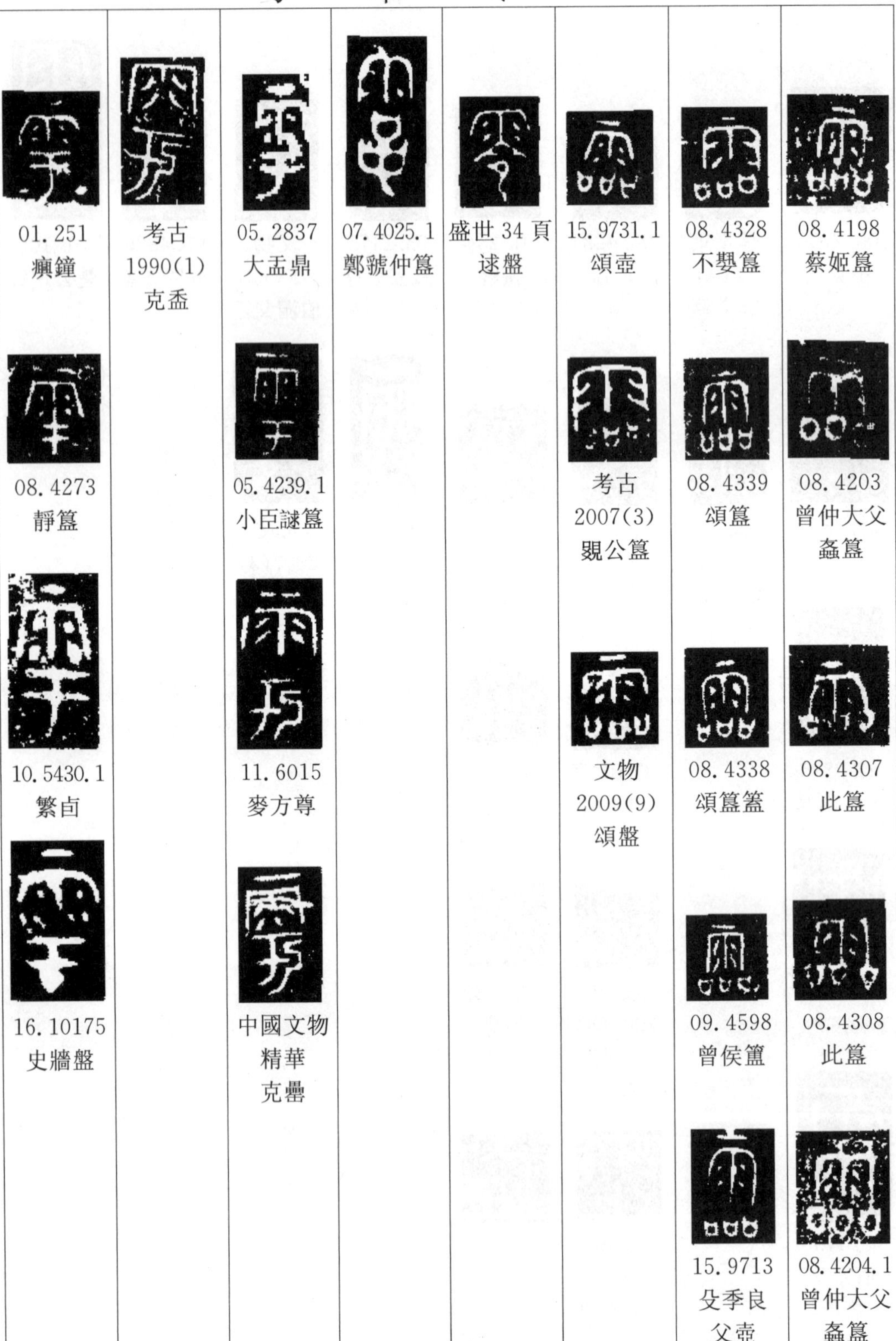

西周中期	西周早期	西周早期	西周晚期	西周晚期	西周晚期	西周晚期	西周晚期
01.251 瘐鐘	考古 1990(1) 克盉	05.2837 大盂鼎	07.4025.1 鄭虢仲簋	盛世 34 頁 逑盤	15.9731.1 頌壺	08.4328 不嬰簋	08.4198 蔡姬簋
08.4273 靜簋		05.4239.1 小臣謎簋			考古 2007(3) 覭公簋	08.4339 頌簋	08.4203 曾仲大父螽簋
10.5430.1 繁卣		11.6015 麥方尊			文物 2009(9) 頌盤	08.4338 頌簋蓋	08.4307 此簋
16.10175 史牆盤		中國文物精華 克罍				09.4598 曾侯簠	08.4308 此簋
						15.9713 殳季良父壺	08.4204.1 曾仲大父螽簋

⿱雨又	⿱雨履	雩	⿱雨羽羽		需		
03.529 ⿱雨又人守鬲	 02.356 井叔采鐘	 08.4264.1 格伯簋	 01.22 鄭井叔鐘	 新收41頁 曶弔奐父盨	 08.4162 孟簋	 華章95頁 卌三年逑鼎己	 05.2833 禹鼎
	案：陳劍(2008a)分析此字从「雨」、「履」聲，隸作「⿱雨履」，讀作「履」。	 08.4265 格伯簋	 05.2836 大克鼎	 2004(4) 曶叔奐父盨	 08.4163 孟簋	 華章55頁 卌三年逑鼎甲	 05.2841A 毛公鼎
						 盛世34頁 逑盤	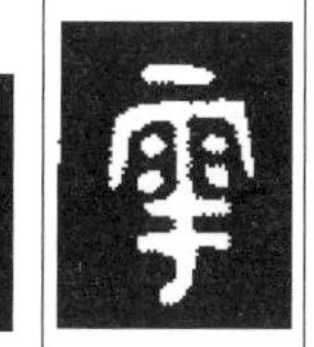 08.4331 乖伯歸夆簋
							 16.10176 散氏盤
							 考文 2003(3) 逑盤
西周早期	西周晚期	西周中期	西周晚期	西周晚期	西周中期	西周晚期	西周晚期

魚

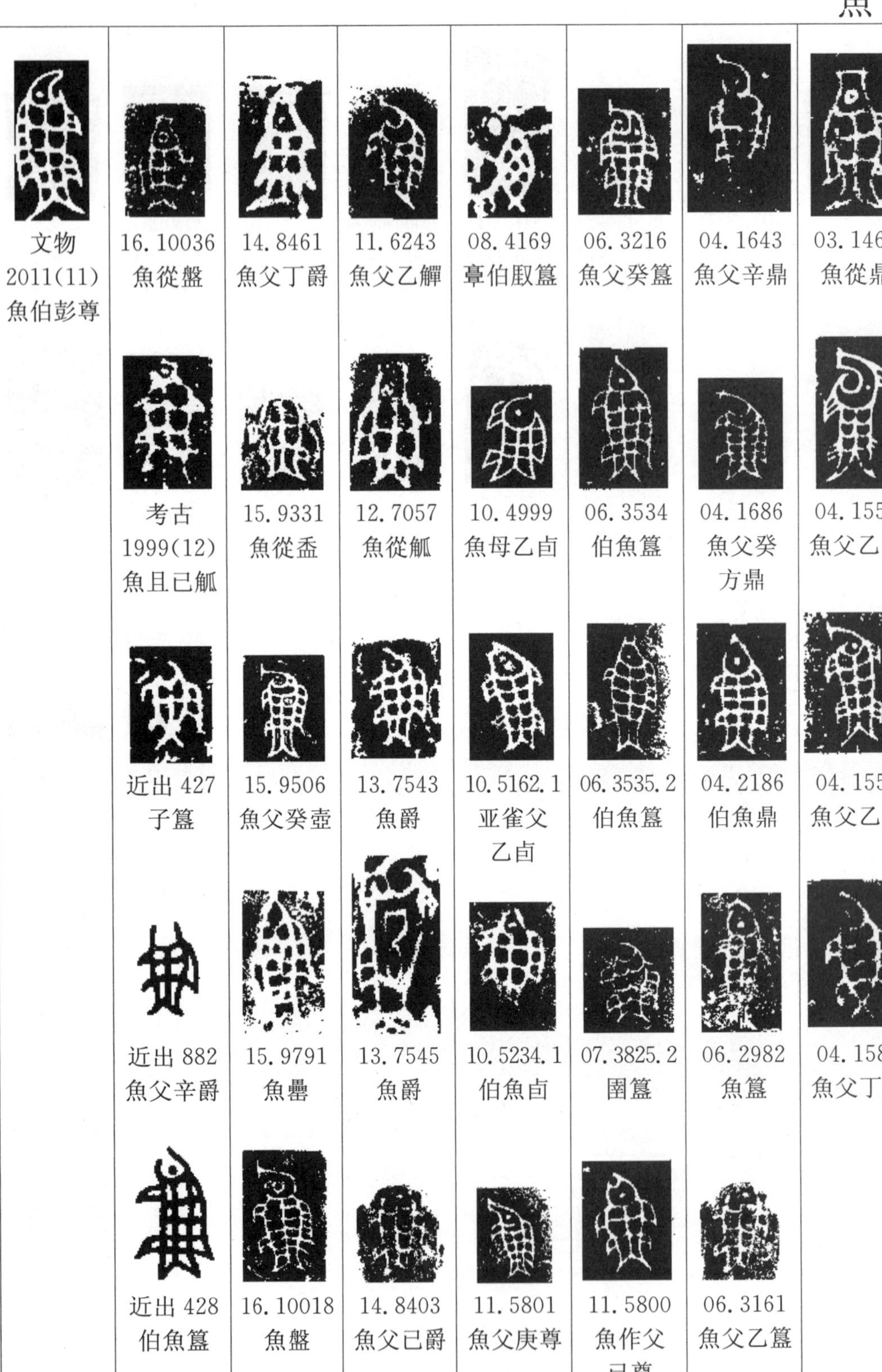

03.1465
魚從鼎
04.1551
魚父乙鼎
04.1553
魚父乙鼎
04.1585
魚父丁鼎
04.1643
魚父辛鼎
04.1686
魚父癸方鼎
04.2186
伯魚鼎
06.2982
魚簋
06.3161
魚父乙簋
06.3216
魚父癸簋
06.3534
伯魚簋
06.3535.2
伯魚簋
07.3825.2
圉簋
11.5800
魚作父已尊
08.4169
𩫏伯馭簋
10.4999
魚母乙卣
10.5162.1
亚雀父乙卣
10.5234.1
伯魚卣
11.5801
魚父庚尊
11.6243
魚父乙觶
12.7057
魚從觚
13.7543
魚爵
13.7545
魚爵
14.8403
魚父已爵
14.8461
魚父丁爵
15.9331
魚從盉
15.9506
魚父癸壺
15.9791
魚罍
16.10018
魚盤
16.10036
魚從盤
考古1999(12)
魚且已觚
近出427
子簋
近出882
魚父辛爵
近出428
伯魚簋
文物2011(11)
魚伯彭尊

西周早期　西周早期　西周早期　西周早期　西周早期　西周早期　西周早期　西周早期

		鮮		鱞	鯀		
03.940 伯鮮甗	07.4061 畢鮮簋	04.2143 鮮父鼎	05.2841A 毛公鼎	10.5427.1 作册嗌卣	04.2200 鯀還鼎	05.2841B 毛公鼎	06.2983 魚簋
05.2665 伯鮮鼎	07.4061 畢鮮簋		考文 2003(3) 四十三年逑鼎辛		16.10175 史牆盤	08.4326 番生簋蓋	考文 2005(增) 老簋
09.4361.2 伯鮮盨	16.10166 鮮盤					15.9600.1 伯魚父壺	考文 2005(增) 老簋
09.4362.1 鮮盨							
16.10176 散氏盤							
西周晚期	西周中期	西周早期	西周晚期	西周中期	西周中期	西周晚期	西周中期

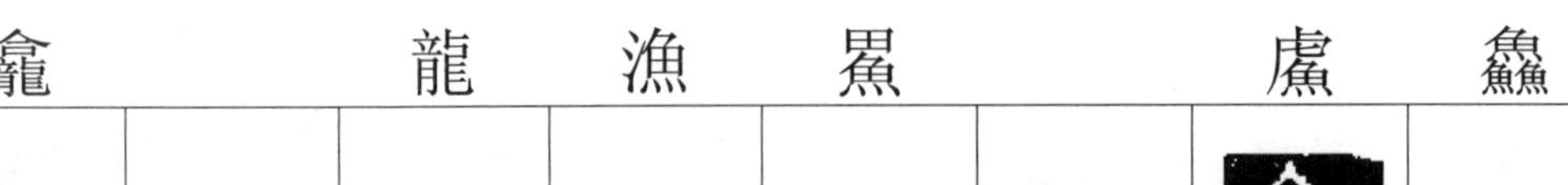

龕		龍	漁	羆		⿱虍魚	鱻
 16.10175 史牆盤	 16.10249 袒仲無壟匜	 11.5809 作龍母尊	 05.2720 井鼎	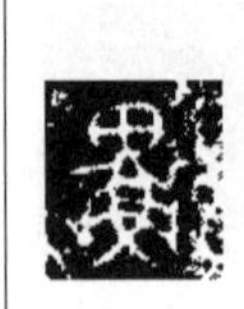 04.2506 羆作且乙鼎	 16.10174 兮甲盤	 12.6447 ⿱虍魚作父丁觶	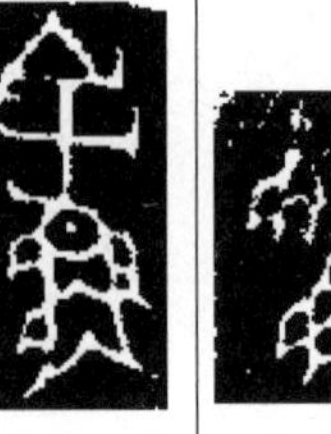 05.2719 公貿鼎
		 13.7534 龍爵	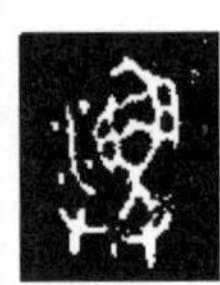 08.4207 遹簋		案：葉玉英(2014)認爲該字是「櫓」之本字。		
西周中期	西周晚期	西周早期	西周中期	西周早期	西周晚期	西周早期	西周中期

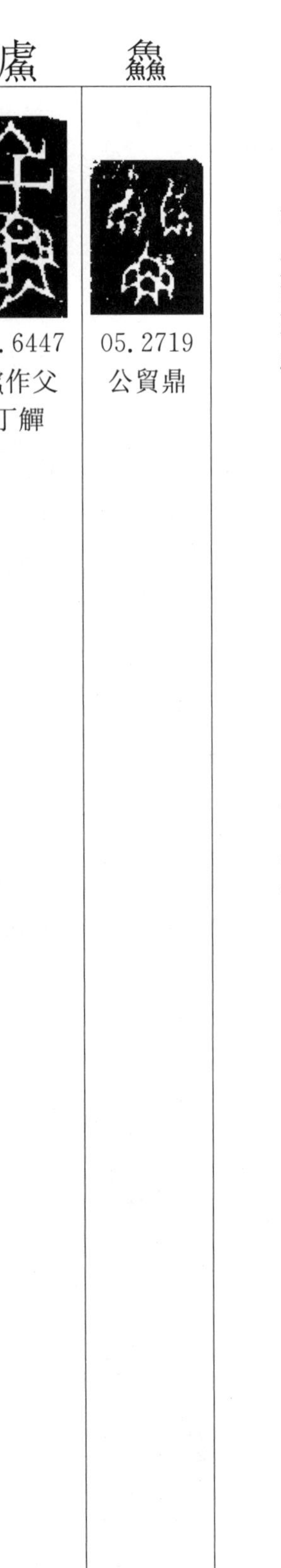

卂			非	龓	䶬	
06.3482.2 卂伯簋	05.2841A 毛公鼎	05.2696 𠦪鼎	08.4206 小臣傳簋	01.103 遟父鍾	03.679 榮有司爯鬲	01.40 眉壽鐘
	08.4340 蔡簋	05.2838 曶鼎			04.2470 榮有司爯鼎	
	上博(10) 應侯視工鼎	08.4327 卯簋蓋				
		08.4341 班簋				
西周早期	西周晚期	西周中期	西周早期	西周晚期	西周晚期	西周晚期

孔

著録號	器名	時代
04.2021	孔作父癸鼎	西周中期
 05.2830	師𩛥鼎	西周中期
 09.4628.1	伯公父簠	西周晚期
 16.10173	虢季子白盤	西周晚期

不

著録號	器名	時代
05.2778	史獸鼎	西周早期
 05.2837	大盂鼎	西周早期
 07.3827	敔簋	西周早期
 07.4060	不曷簋	西周早期
 08.4205	諫簋	西周早期
 08.4241	榮作周公簋	西周早期
 08.4261	天亡簋	西周早期
 08.4330	沈子它簋蓋	西周早期
 10.5410.2	啓卣	西周早期
 10.5416.1	召卣	西周早期
 10.5429.1	叔趯父卣	西周早期
11.6004	[illegible]尊	西周早期
 05.2736	不栺方鼎	西周中期
 05.2804	利鼎	西周中期
 05.2807	大鼎	西周中期
 05.2812	師朢鼎	西周中期
 05.2813	師奎父鼎	西周中期

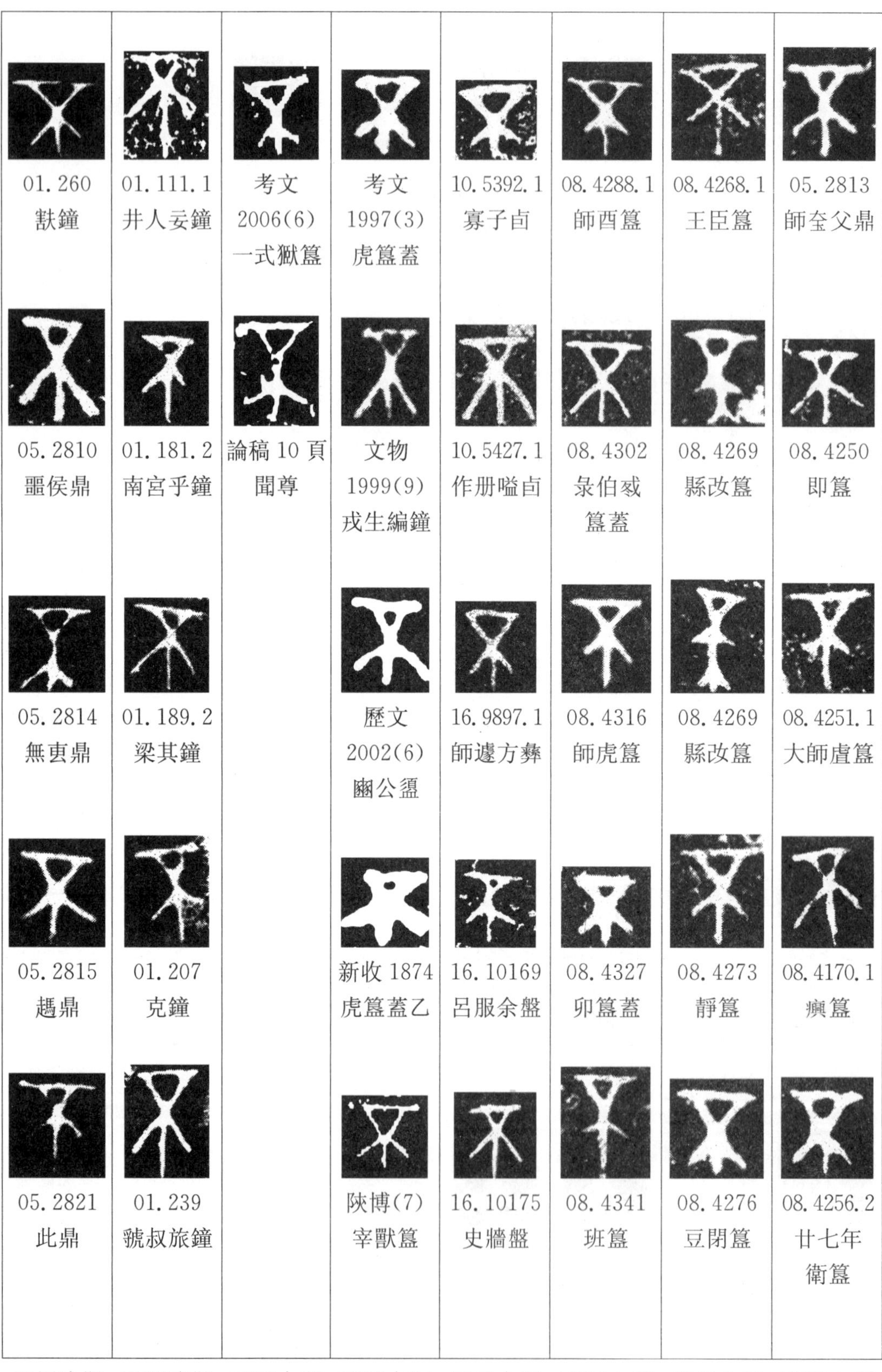

西周中期：
- 05.2813 師奎父鼎
- 08.4250 即簋
- 08.4251.1 大師虘簋
- 08.4170.1 𤼈簋
- 08.4256.2 廿七年衛簋

西周中期：
- 08.4268.1 王臣簋
- 08.4269 縣改簋
- 08.4269 縣改簋
- 08.4273 靜簋
- 08.4276 豆閉簋

西周中期：
- 08.4288.1 師酉簋
- 08.4302 彔伯㦰簋蓋
- 08.4316 師虎簋
- 08.4327 卯簋蓋
- 08.4341 班簋

西周中期：
- 10.5392.1 寡子卣
- 10.5427.1 作册嗌卣
- 16.9897.1 師遽方彝
- 16.10169 吕服余盤
- 16.10175 史牆盤

西周中期：
- 考文1997(3) 虎簋蓋
- 文物1999(9) 戎生編鐘
- 歷文2002(6) 豳公盨
- 新收1874 虎簋蓋乙
- 陝博(7) 宰獸簋

西周中期：
- 考文2006(6) 一式𤞲簋
- 論稿10頁 聞尊

西周晚期：
- 01.111.1 井人妄鐘
- 01.181.2 南宫乎鐘
- 01.189.2 梁其鐘
- 01.207 克鐘
- 01.239 虢叔旅鐘

西周晚期：
- 01.260 㝬鐘
- 05.2810 噩侯鼎
- 05.2814 無叀鼎
- 05.2815 趞鼎
- 05.2821 此鼎

文物 2009(9) 頌盤	華章 39 頁 卌二年逑鼎甲	16.10173 虢季子白盤	08.4332.1 頌簋	08.4313.1 師寰簋	08.4277 師艅簋蓋	05.2835 多友鼎	05.2821 此鼎
	華章 55 頁 卌三年逑鼎甲	16.10174 兮甲盤	09.4464 駒父盨蓋	08.4326 番生簋蓋	08.4279.1 元年師旋簋	05.2836 多友鼎	05.2825 善夫山鼎
	華章 55 頁 卌三年逑鼎甲	盛世 34 頁 逑盤	09.4465.1 善父克盨	08.4328 不嬰簋	08.4294 揚簋	05.2841A 毛公鼎	05.2829 頌鼎
	華夏考古 2000(3) 追夷簋	陝博(7) 宰獸簋	09.4468 師克盨蓋	08.4328 不嬰簋	08.4303.2 此簋	08.4184 公臣簋	05.2829 頌鼎
	文博 2007(2) 讆鼎	歷文 2002(2) 作册封鬲	16.10172 寰盤	08.4331 𦍒伯歸夆簋	08.4304.1 此簋	08.4275.2 元年師兌簋	05.2833 禹鼎
西周晚期	西周晚期	西周晚期	西周晚期	西周晚期	西周晚期	西周晚期	西周晚期

至						杯	否
04.2385 至鼎	05.2721 [illegible]鼎	16.9901.1 矢令方彝	05.2803 令鼎	08.4326 番生簋蓋	05.2813 師奎父鼎	10.5416.1 召卣	05.2841B 毛公鼎
16.10174 兮甲盤	08.4270 同簋蓋		05.2837 令鼎	08.4331 乖伯歸夆簋	15.9455 長甶盉	11.6004 罶尊	
16.10176 散氏盤	08.4271 同簋		08.4169 𩫖伯馭簋		考文 1997(3) 虎簋蓋		
文物 2006(5) 柞伯鼎	08.4292 五年琱生簋		10.5410.2 啓卣		新收 1874 虎簋蓋乙		
文物 2006(5) 柞伯鼎	上博(7) 晉侯蘇鐘		16.9901.1 矢令方彝				
西周晚期	西周中期	西周早期	西周早期	西周晚期	西周中期	西周早期	西周晚期

西 臸

16.10176 散氏盤	08.4328 不嬰簋	05.2833 禹鼎	文博 1987(4) 尸伯尸簋	07.4115 伯㦰簋	05.2581 小臣趞鼎	05.2780 師湯父鼎	字與史(1) 文盨
16.10176 散氏盤	08.4329 不嬰簋蓋	05.2835 多友鼎	上博(8) 殹鼎	08.4288.1 師酉簋	文物 2014(4) 西簋		
16.10176 散氏盤	08.4329 不嬰簋蓋	08.4130 [illegible]叔簋蓋		08.4289.1 師酉簋	江漢考古 2016(3) 曾伯作西宮爵		
考文 1998(3) 吳虎鼎	16.10176 散氏盤	08.4321 訇簋		08.4290 師酉簋			
	16.10176 散氏盤	08.4328 不嬰簋		15.9427.1 伯匽盉			
西周晚期	西周晚期	西周晚期	西周中期	西周中期	西周早期	西周中期	西周晚期

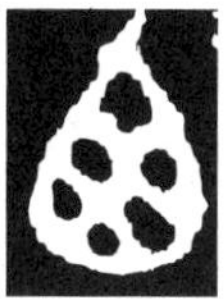

肁			戹	鹽	鹵禺	鹵	
07.3828 滕虎簋	 11.6007 耳尊	 07.4021 寧簋蓋	 05.2841B 毛公鼎	 考古學報 2018(1) 霸伯簋	 08.4238 小臣謎簋	 16.10161 免盤	 新收 1674 辛王姬簋
 11.5953 犀父己尊		「肇」字重見。	 08.4318.2 三年師兑簋	 考古學報 2018(1) 霸伯簋	 08.4239.1 小臣謎簋	 文物 1999(9) 戎生編鐘	
 考文 2006(6) 南姞甗			 08.4326 番生簋蓋	 考古學報 2018(1) 霸伯山簋			
 考文 2006(6) 獄鼎				 考古學報 2018(1) 霸伯山簋			
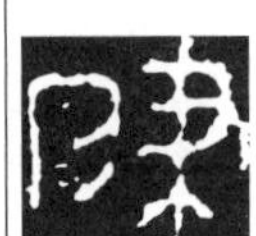 南開學報 2008(6) 衛簋甲蓋							
西周中期	西周早期或中期	西周早期	西周晚期	西周早期	西周晚期	西周中期	西周晚期

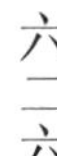

門

西周晚期	西周晚期	西周晚期	西周中期	西周中期	西周	西周晚期	西周中期
 15.9731.1 頌壺	 08.4277 師艅簋蓋	 05.2815 趞鼎	 08.4288.1 師酉簋	 05.2838 曶鼎	 04.2071 旁肁鼎	 01.141 師臾鐘	 南開學報 2008(6) 衛簋甲蓋
16.10172 寰盤	 08.4285.1 諫簋	 05.2821 此鼎	 16.9898A 吳方彝蓋	 08.4251.1 大師虘簋			
 16.10176 散氏盤	 08.4303.1 此簋	 05.2825 善夫山鼎	 16.10170 走馬休盤	 08.4256.2 廿七年 衛簋			
 華章47頁 卌二年逑 鼎乙	 08.4321 訇簋	 05.2827 頌鼎	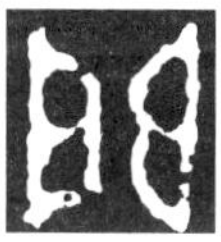 陝博(7) 宰獸簋	 08.4262.2 格伯簋			
 華章119頁 卌三年逑 鼎壬	 08.4338 頌簋蓋	 08.4275.1 元年師 兑簋		 08.4265 格伯簋			
				 08.4283 師瘨簋蓋			

閉	閑		闌	閒		闢	閈
08.4276 豆閉簋	08.4271 同簋	05.2810 噩侯鼎	08.4131 利簋	01.260 㝬鐘	07.3773 伯闢簋	05.2837 大盂鼎	05.2841B 毛公鼎
		案：噩侯鼎有「休闌」，小臣唐簋有「小臣闌」。關於「闌」字，黄錫全(2014)讀爲「僩」或「撊」，意爲「勇武威猛」；袁俊傑(2013)認爲通「欄」；李家浩(2016c)讀爲「忓」，訓爲「善」。			08.4302 彔伯㦰簋蓋	15.9241 劦闢父丁斝	
西周中期	西周中期	西周晚期	西周早期	西周晚期	西周中期	西周早期	西周晚期

耿	耳	闈	闢	闌	閺	閔	
05.2833 禹鼎	07.3993 䀠簋	06.3476 闈簋	03.854 闢作寶彝甗	10.5322 闌卣	04.2041 閺伯鼎	04.2281 師閔鼎	華章39頁 卌二年逑鼎甲
05.2841B 毛公鼎	10.5384.1 耳卣				04.2042 閺伯鼎	09.4398 仲閔盨	華章47頁 卌二年逑鼎乙
	11.5865 亞耳祖丁尊				10.5297 閺作寶伯卣蓋		
	16.10554 衍耳器				10.5298 閺作寶伯卣		
西周晚期	西周早期	西周早期	西周早期	西周早期	西周早期	西周	西周晚期

聖　　　　聯

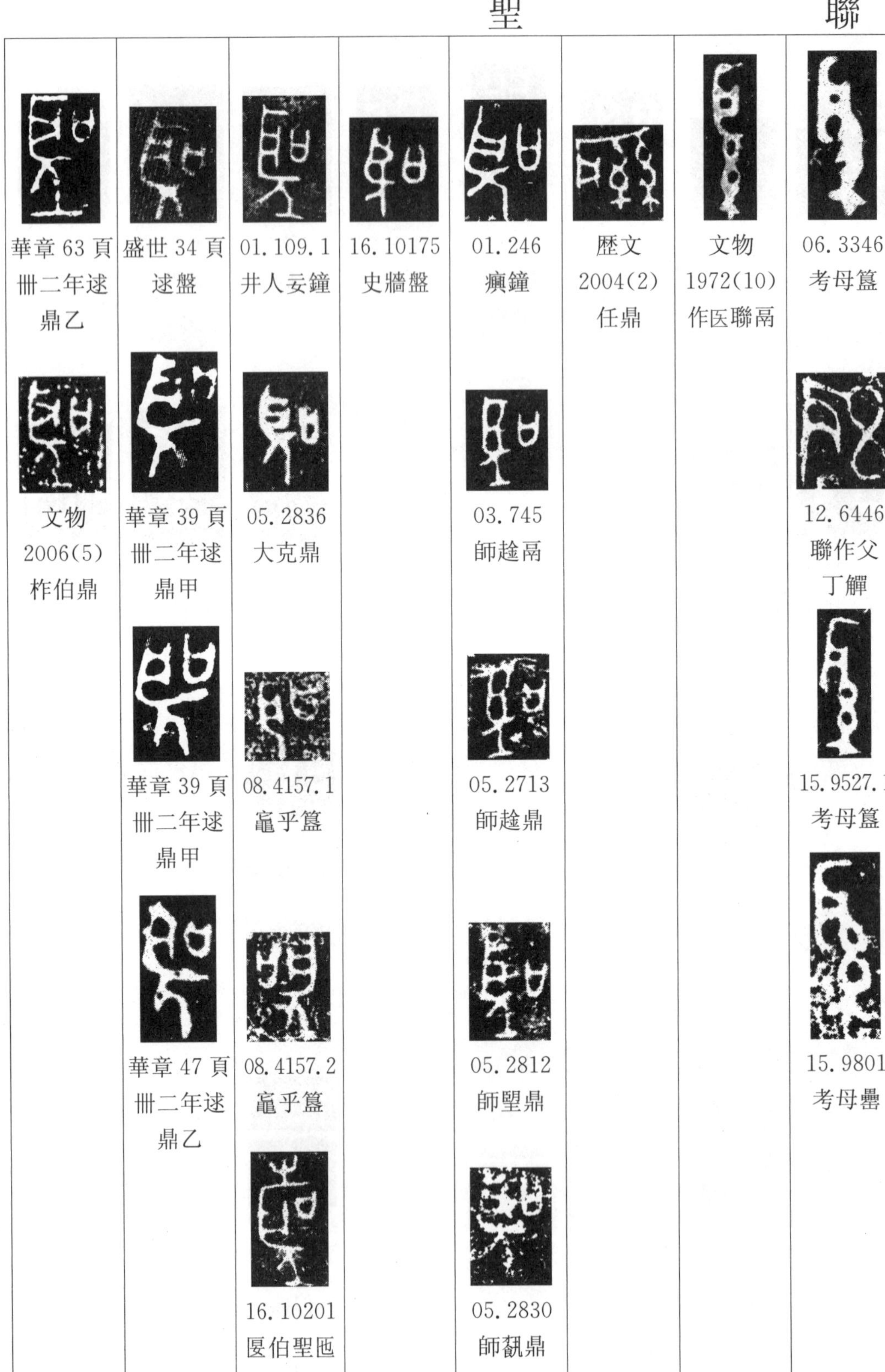

西周晚期	西周晚期	西周晚期	西周中期	西周中期	西周早期	西周早期	西周早期
華章63頁 卌二年逑鼎乙	盛世34頁 逑盤	01.109.1 井人妄鐘	16.10175 史牆盤	01.246 瘋鐘	歷文 2004(2) 任鼎	文物 1972(10) 作医聯鬲	06.3346 考母簋
文物 2006(5) 柞伯鼎	華章39頁 卌二年逑鼎甲	05.2836 大克鼎		03.745 師趛鬲			12.6446 聯作父丁觶
	華章39頁 卌二年逑鼎甲	08.4157.1 黿乎簋		05.2713 師趛鼎			15.9527.1 考母簋
	華章47頁 卌二年逑鼎乙	08.4157.2 黿乎簋		05.2812 師望鼎			15.9801 考母罍
		16.10201 匽伯聖匜		05.2830 師訊鼎			

聽

西周早期

08.4140 大保簋

12.7296 天子聖觚

聞

西周早期

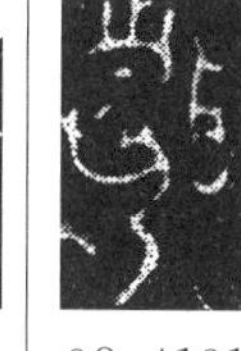
08.4131 利簋

05.2837 大盂鼎

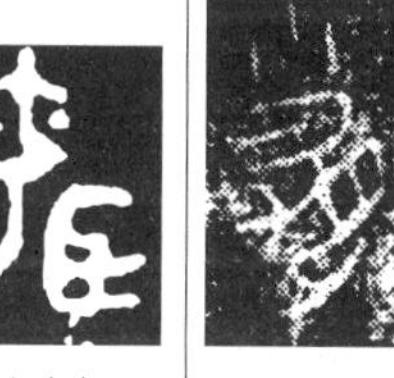
06.3695 義叔䎽簋

14.9032 聞爵

西周中期

08.4302 彔伯𢦚簋蓋

陝博(7) 宰獸簋蓋

歷文 2002(6) 𨛭公盨

論稿 10 頁 聞尊

西周中期

論稿 10 頁 聞尊

案：張光裕(2008a)指出銘中三見，一从二「虫」，一省从「虫」，另一僅書作「䎽」。董珊(2008)釋「聞」無疑，字亦从虎頭人、从耳，與之大體同構。

西周晚期

01.61 逆鐘

05.2841B 毛公鼎

08.4285.1 諫簋

08.4340 蔡簋

西周晚期

07.3919 𩖃公㫨簋

聾

西周中期

04.1974 聾作寶器鼎

聝

西周早期

05.2837 大盂鼎

手 臣

 08.4227 無曩簋蓋	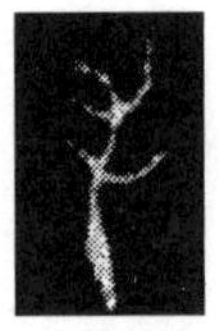 01.63 逆鐘	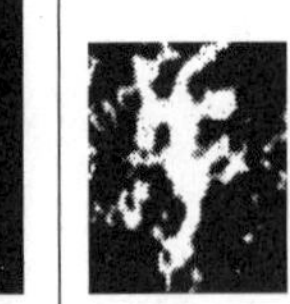 15.9728 曶壺蓋	 08.4237 臣諫簋	 16.10114 夻伯愈父盤	 首陽107頁 伯戋父簋	 05.2835 多友鼎	 08.4322.1 𢦏簋
 08.4228 無曩簋蓋	 01.133 柞鐘	 文物 2006(8) 倗伯爯簋	 08.4268.1 王臣簋		 華章39頁 卌二年逑鼎甲	 08.4323 敔簋	 新收1891 害簋
 08.4287 伊簋	 01.135 柞鐘		 08.4302 彔伯𢦏簋蓋			 16.10173 虢季子白盤	 考古學報 2018(2) 格仲鼎
 08.4294 揚簋	 01.181.2 南宮乎鐘		 08.4327 卯簋蓋			 文物 2006(5) 柞伯鼎	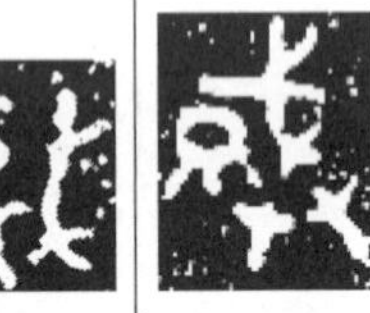 考古學報 2018(2) 格仲簋
 08.4324.1 師嫠簋	 05.2810 噩侯鼎		 10.5423A 匡卣			 華章47頁 卌二年逑鼎乙	
西周晚期	西周晚期	西周中期	西周中期	西周晚期	西周晚期	西周晚期	西周中期

捧　拇

08.4251.1 大師虘簋	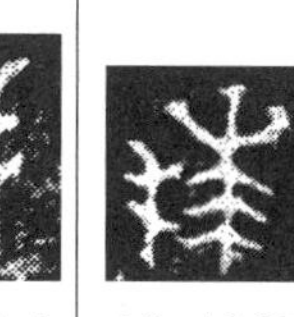 08.4165 大簋	 05.2789 㦰方鼎	 05.2735 不栺方鼎	 05.2803 令鼎	 08.4205 誎簋	 08.4340 蔡簋	 08.4325.1 師嫠簋
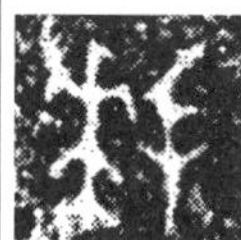 08.4251.1 大師虘簋	 08.4199 恒簋蓋	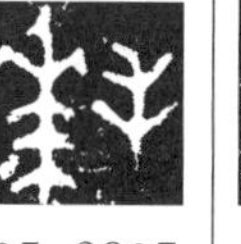 05.2807 大鼎	 05.2736 不栺方鼎	 08.4241 榮作周公簋	案：舊釋「尤」，陳劍(2004a)隸作「文」，應爲「拇」的表意初文。		 08.4325.1 師嫠簋
 08.4252.1 大師虘簋	 08.4207 遹簋	 05.2813 師奎父鼎	 05.2755 䆙鼎	 08.4330 沈子它簋蓋			 08.4328 不嬰簋
 08.4252.2 大師虘簋	 08.4214 師遽簋蓋	 05.2824 㦰方鼎	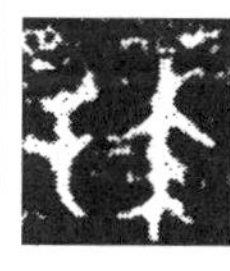 05.2765 䗡鼎	 上博(7) 𪓑卣			 08.4329 不嬰簋蓋
 08.4266 趞簋	  08.4237 臣諫簋	 05.2838 曶鼎	 05.2783 七年趞曹鼎				 08.4331 䢼伯歸夆簋
西周中期	西周中期	西周中期	西周中期	西周早期	西周早期	西周晚期	西周晚期

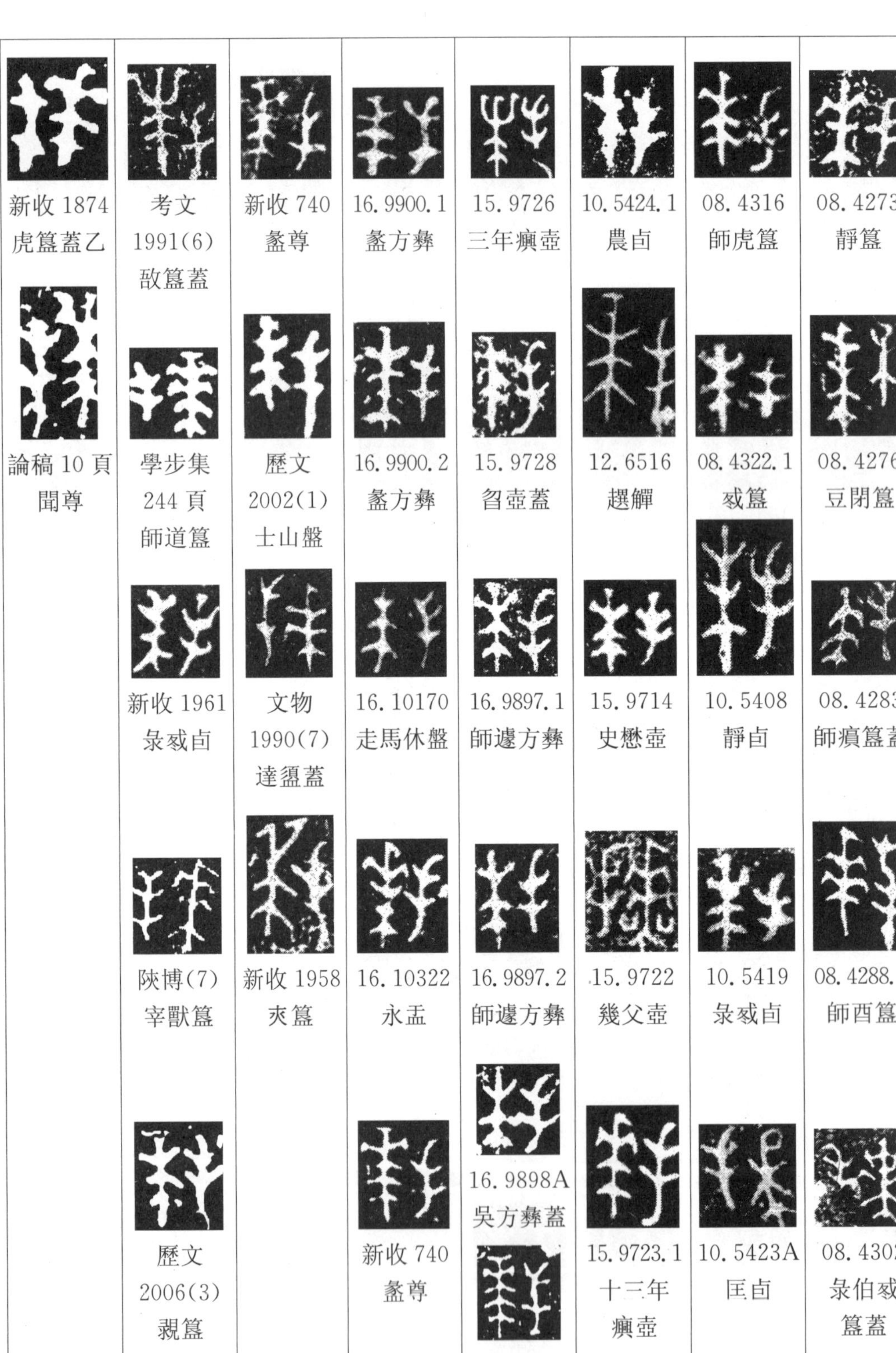

新收 1874 虎簋蓋乙
論稿 10 頁 聞尊
西周中期

考文 1991(6) 敔簋蓋
學步集 244 頁 師道簋
新收 1961 彔𢦏卣
陝博(7) 宰獸簋
歷文 2006(3) 親簋
西周中期

新收 740 盠尊
歷文 2002(1) 士山盤
文物 1990(7) 逹盨蓋
新收 1958 㚇簋
西周中期

16.9900.1 盠方彝
16.9900.2 盠方彝
16.10170 走馬休盤
16.10322 永盂
新收 740 盠尊
西周中期

15.9726 三年𤼈壺
15.9728 曶壺蓋
16.9897.1 師遽方彝
16.9897.2 師遽方彝
16.9898A 吳方彝蓋
16.9899.2 盠方彝
西周中期

10.5424.1 農卣
12.6516 趩觶
15.9714 史懋壺
15.9722 幾父壺
15.9723.1 十三年𤼈壺
西周中期

08.4316 師虎簋
08.4322.1 𢦏簋
10.5408 靜卣
10.5419 彔𢦏卣
10.5423A 匡卣
西周中期

08.4273 靜簋
08.4276 豆閉簋
08.4283 師𤸫簋蓋
08.4288.1 師酉簋
08.4302 彔伯𢦏簋蓋
西周中期

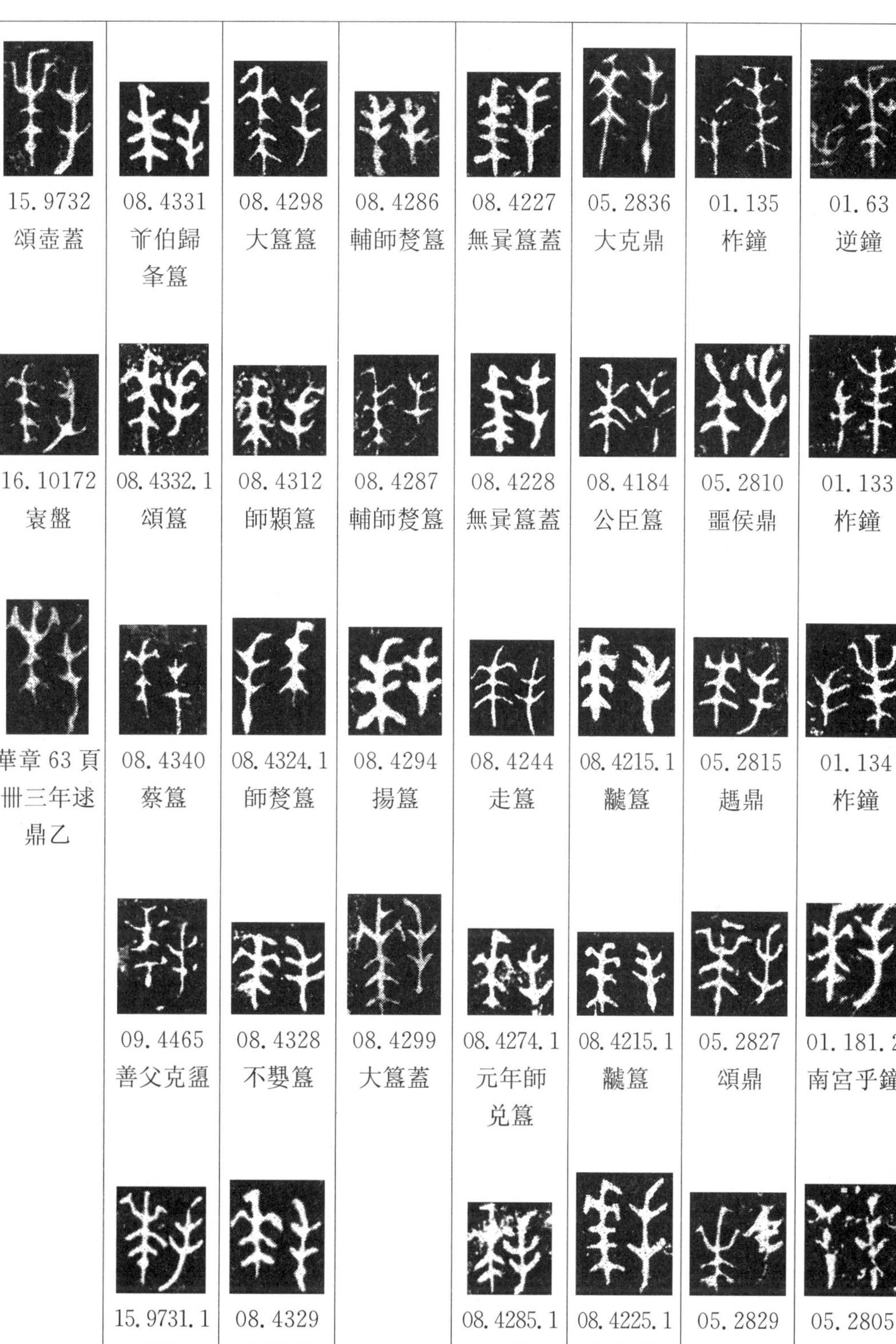

15.9732 頌壺蓋	08.4331 𠦪伯歸夆簋	08.4298 大簋簋	08.4286 輔師嫠簋	08.4227 無㠱簋蓋	05.2836 大克鼎	01.135 柞鐘	01.63 逆鐘
16.10172 寰盤	08.4332.1 頌簋	08.4312 師類簋	08.4287 輔師嫠簋	08.4228 無㠱簋蓋	08.4184 公臣簋	05.2810 噩侯鼎	01.133 柞鐘
華章63頁 卌三年逑鼎乙	08.4340 蔡簋	08.4324.1 師嫠簋	08.4294 揚簋	08.4244 走簋	08.4215.1 龖簋	05.2815 趩鼎	01.134 柞鐘
	09.4465 善父克盨	08.4328 不嬰簋	08.4299 大簋蓋	08.4274.1 元年師兌簋	08.4215.1 龖簋	05.2827 頌鼎	01.181.2 南宮乎鐘
	15.9731.1 頌壺	08.4329 不嬰簋		08.4285.1 諫簋	08.4225.1 無㠱簋	05.2829 頌鼎	05.2805 南宮柳鼎
西周晚期	西周晚期	西周晚期	西周晚期	西周晚期	西周晚期	西周晚期	西周晚期

揚　承　擇　搏　扶

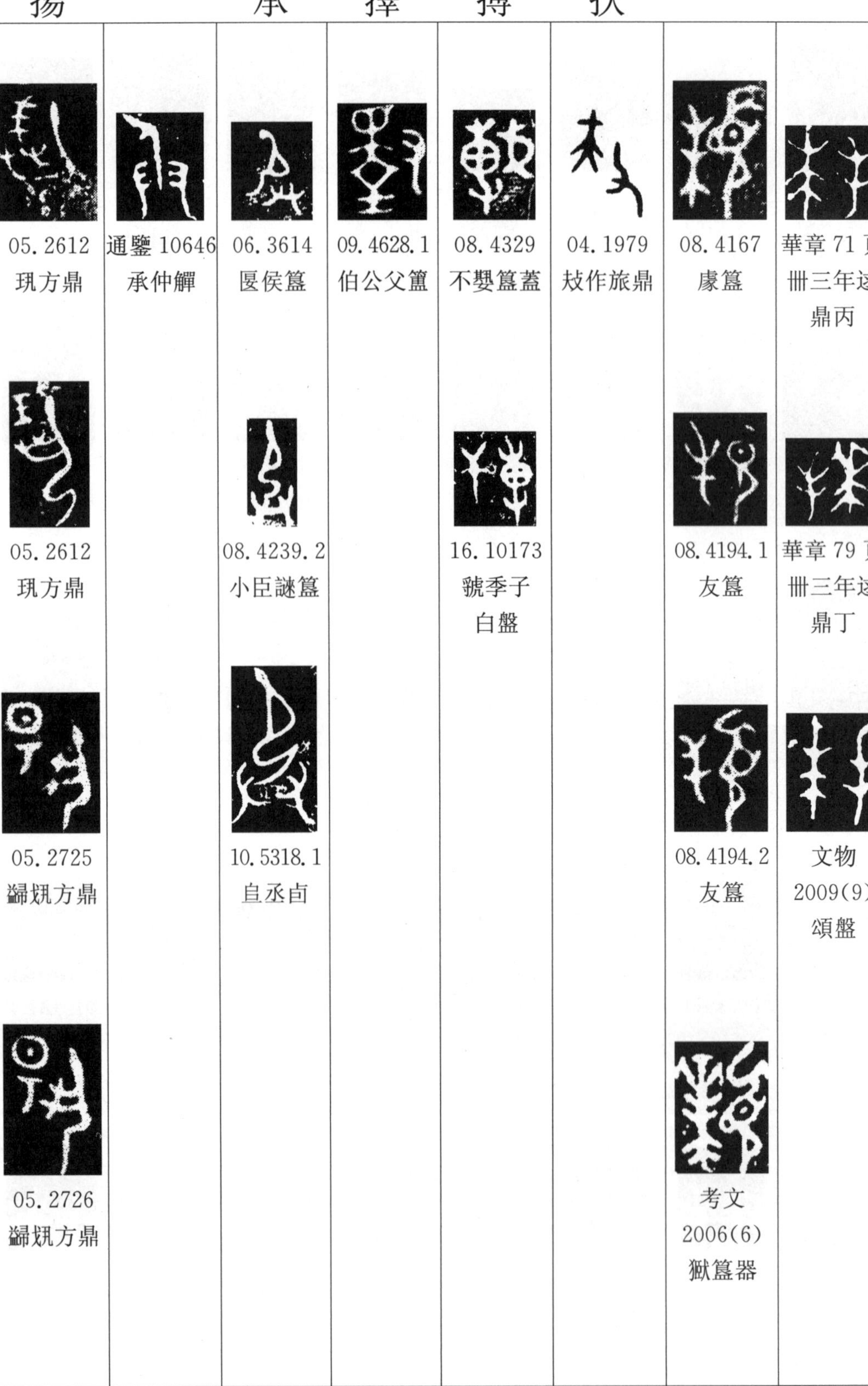

揚		承	擇	搏	扶		
05.2612 玨方鼎	通鑒 10646 承仲觶	06.3614 匽侯簋	09.4628.1 伯公父簠	08.4329 不嬰簋蓋	04.1979 弢作旅鼎	08.4167 虘簋	華章 71 頁 卌三年逑鼎丙
05.2612 玨方鼎		08.4239.2 小臣謎簋		16.10173 虢季子白盤		08.4194.1 友簋	華章 79 頁 卌三年逑鼎丁
05.2725 歸俎方鼎		10.5318.1 亘丞卣				08.4194.2 友簋	文物 2009(9) 頌盤
05.2726 歸俎方鼎						考文 2006(6) 獄簋器	
西周早期	西周中期	西周早期	西周晚期	西周晚期	西周早期	西周中期	西周晚期

08.4159 鼉簋	 05.2807 大鼎	 05.2754 吕方鼎	 05.2720 井鼎	 15.9303.2 作册旂觥	 11.5991 作册䣄父乙尊	 08.4169 𩛥伯𤔲簋	 05.2729 𩁹䛶方鼎
 08.4162 孟簋	 05.2813 師奎父鼎	 05.2755 㝉鼎	 11.5959 守宫父辛鳥尊	 16.9895.1 旂方彝	 11.6001 小生子尊	 08.4261 天亡簋	 05.2749 憲鼎
 08.4167 㢑簋	 05.2820 善鼎	 05.2776 剌鼎	 11.5974 蔡尊	 16.9901.1 矢令方彝	 11.6002 作册旂尊	 08.4300 作册矢令簋	 05.2759 作册大方鼎
 08.4178 君夫簋蓋	 05.2824 䧹方鼎	 05.2781 庚季鼎	 11.6007 耳尊	 文物 2001(8) 叔矢方鼎	 11.6015 麥方尊	 10.5426.2 庚贏鼎	 05.2791 伯姜鼎
 08.4192.1 𤔲簋	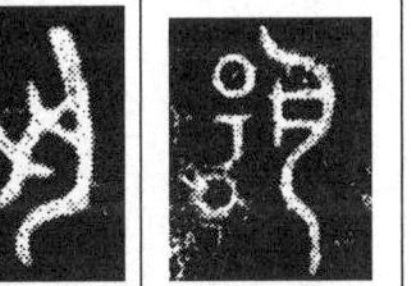 07.4099.1 𢿍簋	 05.2789 䧹方鼎					 05.2803 令鼎
西周中期	西周中期	西周中期	西周早期或中期	西周早期	西周早期	西周早期	西周早期

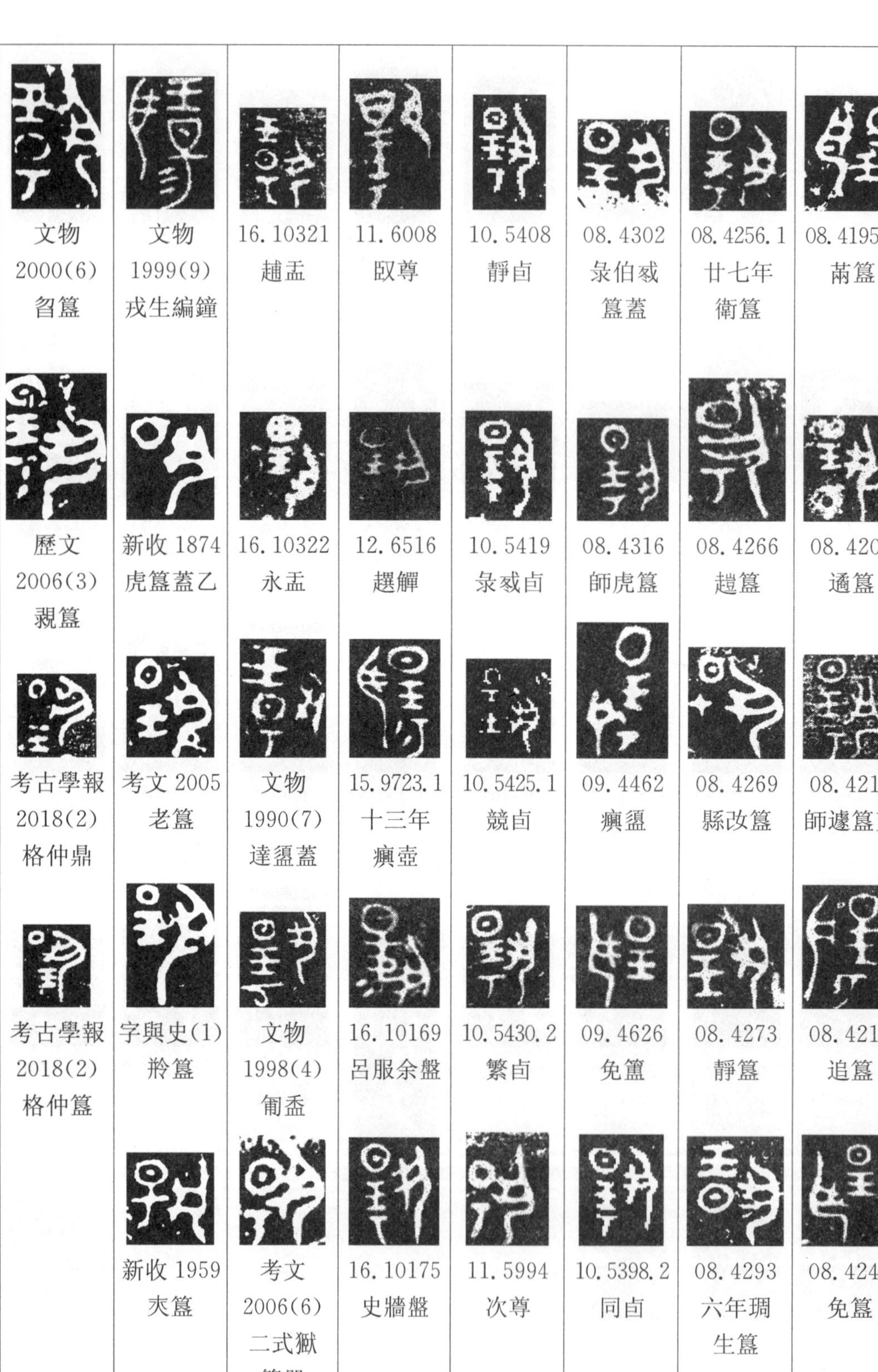

西周中期	西周中期	西周中期	西周中期	西周中期	西周中期	西周中期	西周中期
文物 2000(6) 曶簋	文物 1999(9) 戎生編鐘	16.10321 趞盂	11.6008 臤尊	10.5408 靜卣	08.4302 彔伯𢦚簋蓋	08.4256.1 廿七年衛簋	08.4195.1 𦰡簋
歷文 2006(3) 親簋	新收 1874 虎簋蓋乙	16.10322 永盂	12.6516 趩觶	10.5419 彔𢦚卣	08.4316 師虎簋	08.4266 趞簋	08.4207 遹簋
考古學報 2018(2) 格仲鼎	考文 2005 老簋	文物 1990(7) 達盨蓋	15.9723.1 十三年㾓壺	10.5425.1 競卣	09.4462 㾓盨	08.4269 縣改簋	08.4214 師遽簋蓋
考古學報 2018(2) 格仲簋	字與史(1) 旂簋	文物 1998(4) 匍盉	16.10169 呂服余盤	10.5430.2 繁卣	09.4626 免簠	08.4273 靜簋	08.4219 追簋
	新收 1959 夾簋	考文 2006(6) 二式獄簋器	16.10175 史牆盤	11.5994 次尊	10.5398.2 同卣	08.4293 六年琱生簋	08.4240 免簋

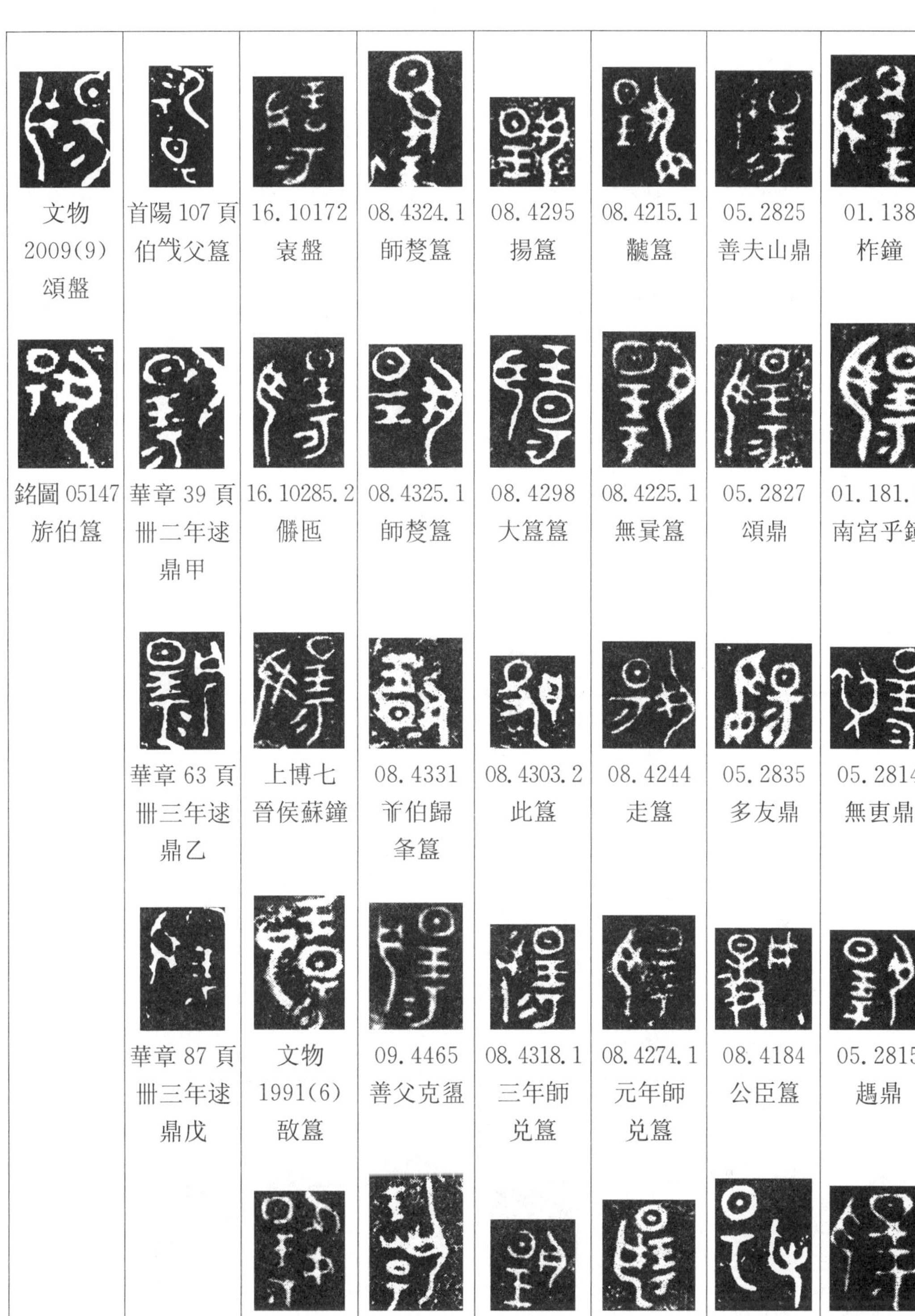

西周晚期	西周晚期	西周晚期	西周晚期	西周晚期	西周晚期	西周晚期	西周晚期
01.138 柞鐘	05.2825 善夫山鼎	08.4215.1 鬳簋	08.4295 揚簋	08.4324.1 師嫠簋	16.10172 寰盤	首陽107頁 伯戔父簋	文物2009(9) 頌盤
01.181.2 南宮乎鐘	05.2827 頌鼎	08.4225.1 無曩簋	08.4298 大簋簋	08.4325.1 師嫠簋	16.10285.2 𠑇匜	華章39頁 卌二年逑鼎甲	銘圖05147 旂伯簋
05.2814 無叀鼎	05.2835 多友鼎	08.4244 走簋	08.4303.2 此簋	08.4331 羋伯歸夆簋	上博七 晉侯蘇鐘	華章63頁 卌三年逑鼎乙	
05.2815 趞鼎	08.4184 公臣簋	08.4274.1 元年師兌簋	08.4318.1 三年師兌簋	09.4465 善父克盨	文物1991(6) 敔簋	華章87頁 卌三年逑鼎戊	
05.2821 此鼎	08.4197 郃咎簋	08.4279.1 元年師旋簋	08.4321 訇簋	15.9646.1 保侃母壺	陝博(7) 宰獸簋		

			撲	播	揮	失	
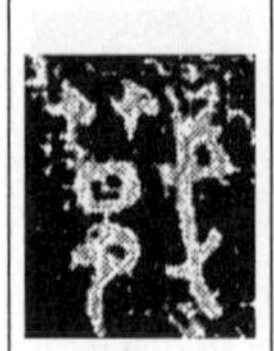 史徵 242 頁 壺鼎	 15.9689 呂行壺	 上博(10) 應侯視工鼎	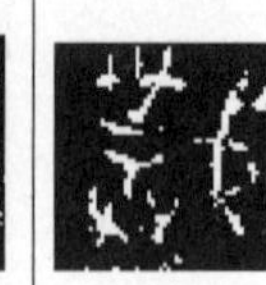 01.260 㝬鐘	 04.2809 師旂鼎	 04.1771 揮鼎	 06.3165 失父乙簋	 首陽 105 頁 龍紋盤
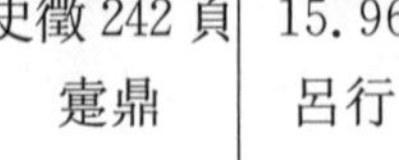	案：李學勤(2003a)、孫亞冰(2003)釋作「捷」。	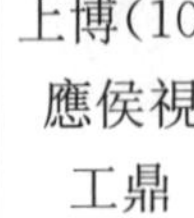 案：該字多釋爲「撲」或「戳」，劉釗(2002)據郭店簡改釋爲「踐」「剗」「翦」；李學勤(2003a)、王輝(2003)、董珊(2006)等同劉釋；李零(2010)、林澐(2004)從傳統釋「撲」；顏世鉉(2015)結合文獻辭例，傾向釋作「翦」。	 05.2833 禹鼎  16.10174 兮甲盤  16.10176 散氏盤  首陽 114 頁 應侯簋	 04.2809 師旂鼎 案：李零(1992)釋作「播」；徐在國(1999)釋爲「樊」；連劭名(2003b)認爲从「釆」聲讀作「鞭」；張振林(2005)認爲从「敝」省聲，讀爲「敝」；陳劍(2012)釋作「殺」。		 08.4285.1 諫簋 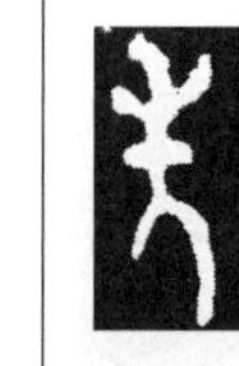 08.4294 揚簋  10.5150.1 臣辰父乙卣 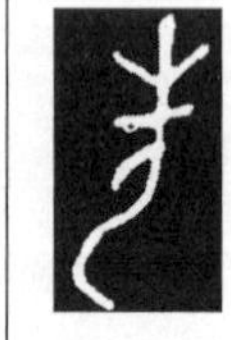 10.5152 臣辰父乙卣	
西周中期	西周早期	西周晚期	西周晚期	西周中期	西周晚期	西周早期	西周晚期

女				⿱目手		拲	
16.10576 庚姬器	 11.5979 㚇尊	 05.2837 大盂鼎	 03.688 𤔲作又母辛鬲	 01.192 梁其鐘	 05.2812 師望鼎	 歷文 2004(2) 任鼎	 上博八 亢鼎
	 11.6348 女朱戈觶	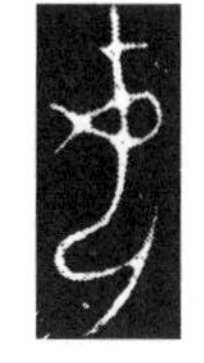 06.3225 史母癸簋	 04.2327 易貝作母辛鼎	 01.238.1 虢叔旅鐘	 16.10175 史牆盤		案：黃錫全(2002a)以「□」爲「並」，讀亢鼎字爲「瓶」；董珊(2005)釋作「拲」字的表意初文；陳絜、祖雙喜(2005)謂該字或當釋爲表示「對」與「雙」義的「純」字。
	15.9287.1 王㞢女叡觥	06.3347 女𡚧作簋	05.2672 㝣父鼎	 文博 2007(2) 䜌鼎	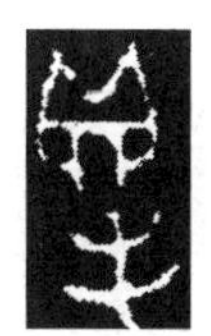 文物 2007(8) 五年琱生尊甲		
	 16.9901.1 矢令方彝	 06.3631 伊生簋	 05.2723 師艅鼎		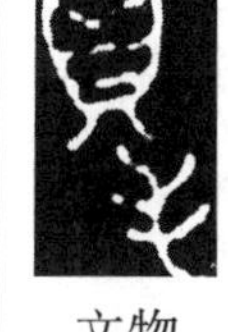 文物 2007(8) 五年琱生尊乙		
	 16.10075 㪤父盤	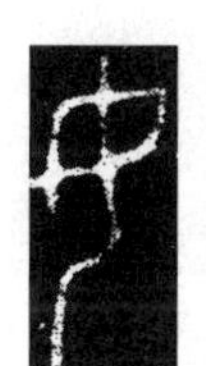 10.5428.1 叔趩父卣	 05.2803 令鼎				
西周早期	西周早期	西周早期	西周早期	西周晚期	西周中期	西周中期	西周早期

西周中期	西周中期	西周中期	西周中期	西周中期	西周中期	西周中期	西周中期
 新收 1874 虎簋蓋乙	 考文 1997(3) 虎簋蓋	 15.9728 曶壺蓋	 08.4302 彔伯𢦚簋蓋	 08.4269 縣改簋	 08.4240 免簋	 05.2832 五祀衛鼎	 03.641 京姜鬲
	 歷文 2006(3) 䚄簋	 16.10161 免盤	 08.4316 師虎簋	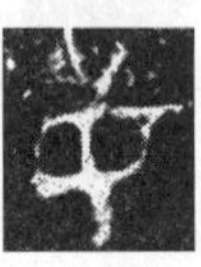 08.4270 同簋蓋	 08.4250 即簋	 05.2838 曶鼎	 05.2820 善鼎
	 歷文 2002(6) 豳公盨	 16.10169 呂服余盤	 08.4327 卯簋蓋	 08.4276 豆閉簋	 08.4266 趞簋	 06.3678 伯蔡父簋	 05.2820 善鼎
	 陝博(7) 宰獸簋	 16.10321 𧻚盂	 10.5419 彔𢦚卣	 08.4283 師𤸫簋蓋	 08.4267 申簋蓋	 08.4191 穆公簋蓋	 05.2820 善鼎
		 考文 1986(3) 殷簋甲	 15.9416 畬父盉	 08.4289.2 師酉簋	 08.4268.1 王臣簋	 08.4200 恒簋蓋	 05.2830 師𩛥鼎

 華章 95 頁 卌三年逑 鼎己	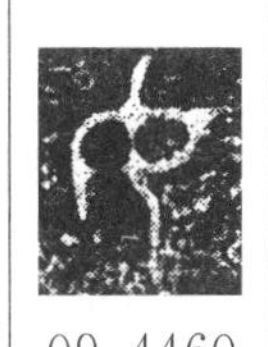 09. 4460 翏生盨	08. 4329 不嬰簋蓋	 08. 4313. 1 師寰簋	08. 4287 伊簋	 08. 4215. 1 龖簋	05. 2821 此鼎	 03. 646 王作姬 □鬲
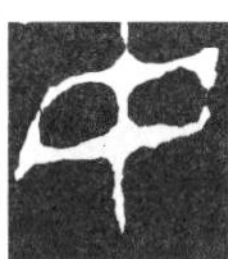 文物 2009(9) 頌盤	09. 4461. 1 翏生盨	 08. 4331 乖伯歸 夆簋	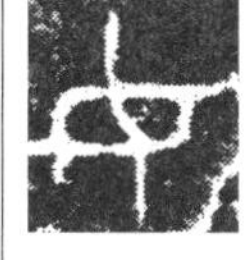 08. 4318. 2 三年師 兑簋	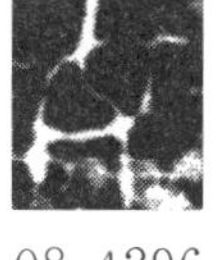 08. 4296 鄭簋蓋	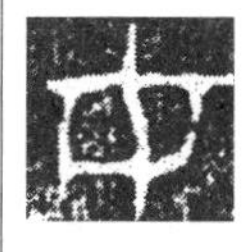 08. 4216. 2 五年師 旋簋	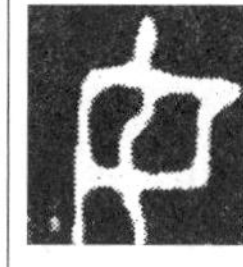 05. 2827 頌鼎	 04. 2501 嗣工殘鼎
	 考文 2003(3) 四十二年 逑鼎乙	 08. 4332. 1 頌簋	 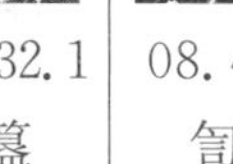 08. 4321 訇簋	 08. 4297 鄭簋	 08. 4217. 2 五年師 旋簋	 05. 2835 多友鼎	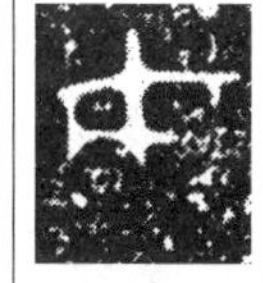 05. 2560 王伯姜鼎
	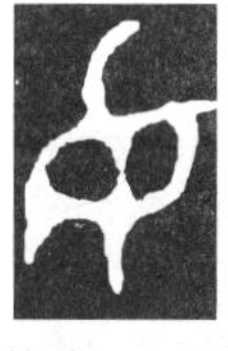 華章 39 頁 卌二年逑 鼎甲	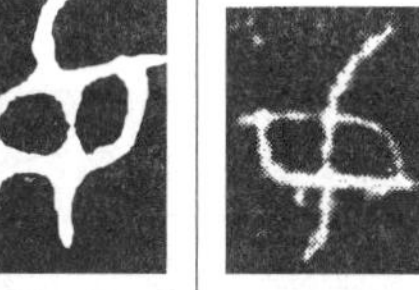 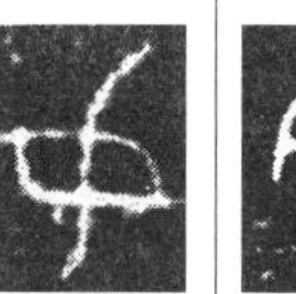  08. 4340 蔡簋	 08. 4325. 1 師嫠簋	 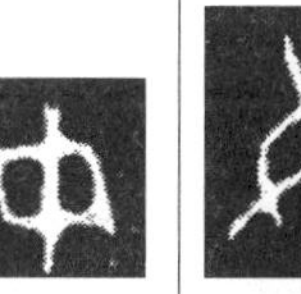 08. 4303. 2 此簋	 08. 4257 弭伯師 耤簋	 05. 2841B 毛公鼎	 05. 2814 無叀鼎
	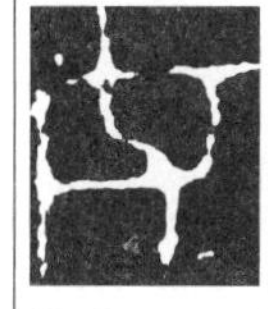 華章 71 頁 卌三年逑 鼎丙	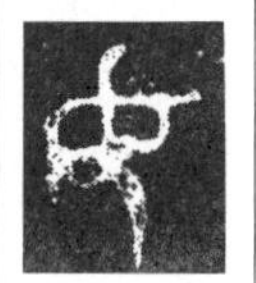 09. 4459. 1 翏生盨	 08. 4328 不嬰簋	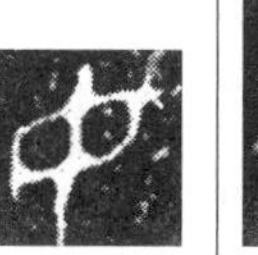 08. 4312 師𩒨簋	 08. 4279. 1 元年師 旋簋	 08. 4184 公臣簋	 05. 2818 鬲攸从鼎
西周晚期	西周晚期	西周晚期	西周晚期	西周晚期	西周晚期	西周晚期	西周晚期

姜

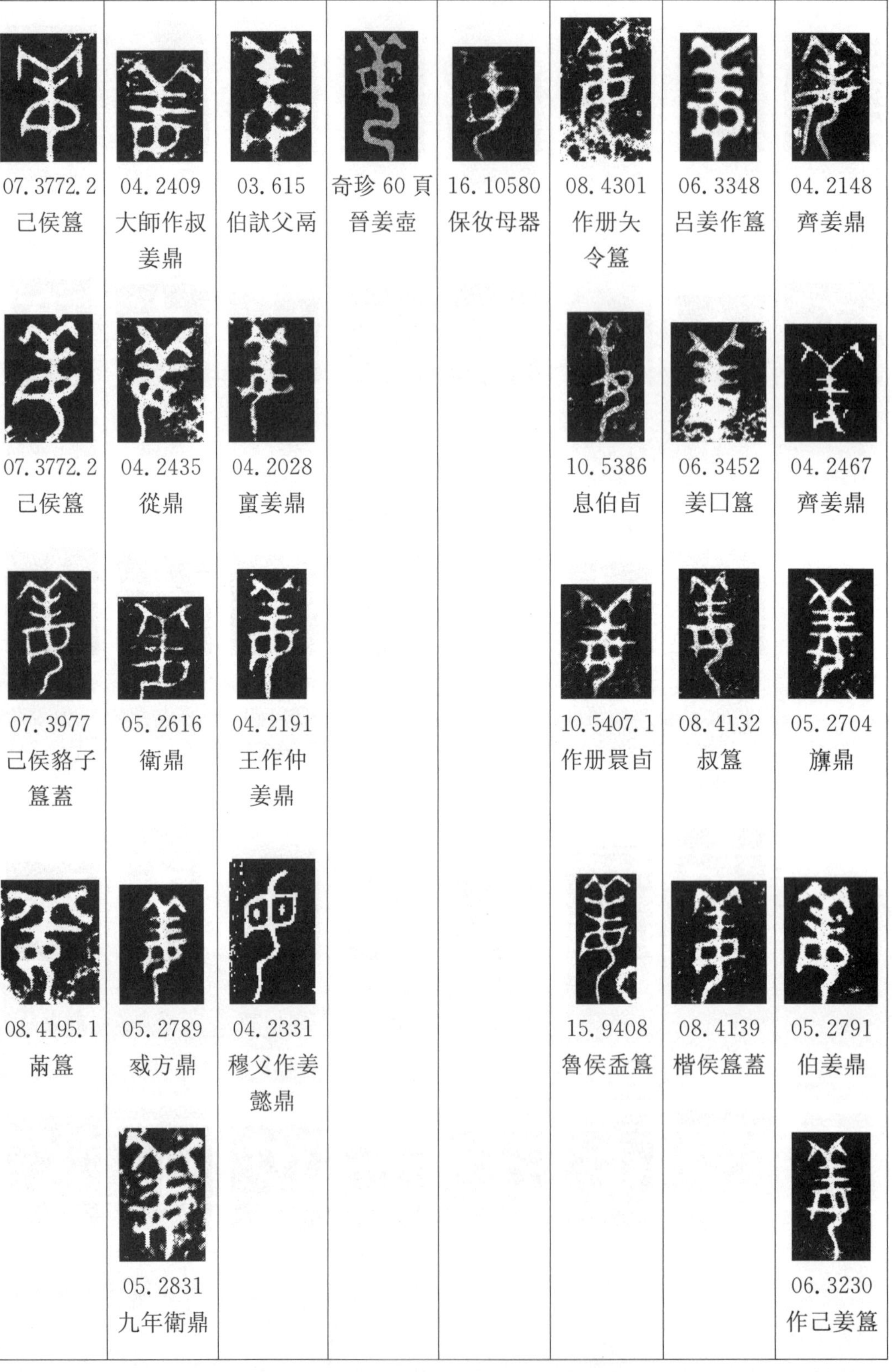

西周中期	西周中期	西周中期	西周早期或中期	西周早期	西周早期	西周早期	西周早期
07.3772.2 己侯簋	04.2409 大師作叔姜鼎	03.615 伯誋父鬲	奇珍 60 頁 晉姜壺	16.10580 保汝母器	08.4301 作册夨令簋	06.3348 呂姜作簋	04.2148 齊姜鼎
07.3772.2 己侯簋	04.2435 從鼎	04.2028 亶姜鼎			10.5386 息伯卣	06.3452 姜口簋	04.2467 齊姜鼎
07.3977 己侯貉子簋蓋	05.2616 衛鼎	04.2191 王作仲姜鼎			10.5407.1 作册睘卣	08.4132 叔簋	05.2704 旟鼎
08.4195.1 莃簋	05.2789 㦰方鼎	04.2331 穆父作姜懿鼎			15.9408 魯侯盉簋	08.4139 楷侯簋蓋	05.2791 伯姜鼎
	05.2831 九年衛鼎						06.3230 作己姜簋

西周晚期	西周晚期	西周晚期	西周晚期	西周晚期	西周晚期	西周中期	西周中期
16.10240 曩孟姜匜	15.9623 王伯姜壺	07.4004 叔父多簋	06.3633 大師簋	03.647 王伯姜鬲	03.522 同姜鬲	陝博(7) 宰獸簋	15.9436 弔簋
文物 1995(5) 盨季姜簋	15.9651 矩叔壺	07.4008 兮吉父簋	07.3820 虢姜簋	03.682 伯家父鬲	03.523 仲姜鬲	晉國 60 頁 晉姜簋	15.9669 㭎氏車父壺
文物 1996(7) 仲遷父匜	16.10203 叔□父匜	08.4340 蔡簋	07.3856 伯家父簋	03.684 鄭鑄友父鬲	03.588 叔皇父鬲		15.9697 㭎氏車父壺
文物 1999(9) 王作姜氏簋	16.10204 鄭邑伯匜	09.4436.1 遅盨	07.3871 矢王簋蓋	05.2549 盨男鼎	03.605 伯姜鬲		文物 2007(8) 五年琱生尊甲
	16.10218 周窀匜	15.9609 成伯邦父壺	07.3893 齊巫姜簋	06.3571 姜林母簋	03.606 王伯姜鬲		

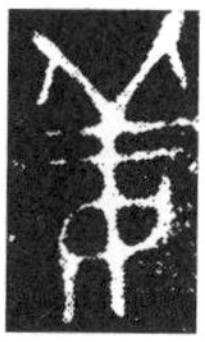

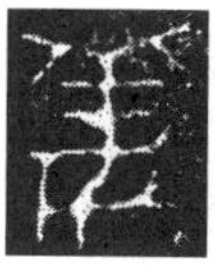

姬

西周晚期	西周早期	西周早期	西周早期	西周早期	西周中期	西周中期	西周中期
近出 470 曩侯簋	03.527 夌姬鬲	06.3530 亢伯簋	11.5997 商尊	文博 2008(2) 陘王尊	03.615 伯試父鬲	03.639 庚姬鬲	03.910 孟姬安甗
文物 2000(12) 虢仲簠	03.908 彊伯鬲	06.3614 匽侯簋	16.10576 庚姬器		03.617 伯章父鬲	03.640 庚姬鬲	03.931 仲伐父甗
考文 2007(3) 琱生尊	04.2147 王鼎	10.5357.1 憻季遽父卣	曲村 348 頁 南宮姬鼎		03.621 伯章父鬲	03.671 伯汃父鬲	05.2558 師贉父鼎
中銅展 76 頁 虢姜鋪	04.2333 姬作厥姑日辛鼎	10.5404.1 商卣	首陽 71 頁 南姬爵甲		03.637 庚姬鬲	03.696 夆伯鬲	05.2676 㺇伯鼎
	06.3450 作姬簋	11.5947 憻季遽父尊	首陽 71 頁 南姬爵乙		03.638 庚姬鬲	03.745 師趛鬲	05.2713 師趛鼎

07.3781 侯氏簋	05.2600 吳王姬鼎	03.730 鄭伯筍父鬲	03.545 魯侯鬲	 文物 2006(8) 倗伯簋	 15.9425 伯百父鎣	 08.4288.1 師酉簋	 06.3350 伯姬作岁簋
 07.3797.1 歸叔山父盤	 04.2619 大保方鼎	 05.2560 王伯姜鼎	 03.584 王作豰王姬鬲	 考古學報 2018(2) 乞盤	 15.9552 天姬壺	 11.5913 彊伯井姬羊尊	 07.3952 格伯作晉姬鼎
 07.3816 齊嫚姬簋	 05.2649 伯頵父鼎	 05.2560 王伯姜鼎	 03.646 王作姬□女鬲	 考古學報 2018(2) 乞盤	 15.9667 中伯壺蓋	 11.5969 伯作蔡姬尊	 07.4102 仲叡父簋
 07.3848 遣小子軐簋	 05.2815 趞鼎	 05.2562 叔姬鼎	 03.718 □季鬲		 文物 2003(9) 季姬尊	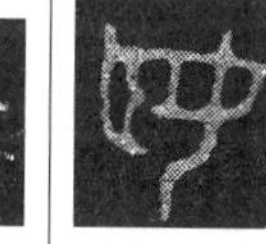 12.6456 伯作姬觶	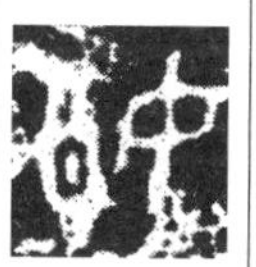 08.4195.1 苪簋
   07.3859 辛叔皇父簋	  06.3722 莓伯簋	  05.2596 叔碩父鼎	   03.719 伯夏父鬲		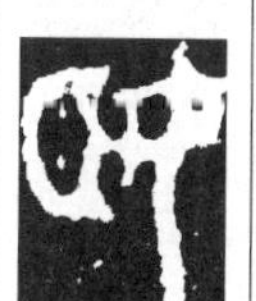 史學集刊 2006(2) 遣伯簋	 15.9411 鸄王盉	 08.4195.2 苪簋
西周晚期	西周晚期	西周晚期	西周晚期	西周中期	西周中期	西周中期	西周中期

姑

西周早期	西周早期	西周晚期	西周晚期	西周晚期	西周晚期	西周晚期	西周晚期
11.6350.1 作姑彝觶	04.2184 霸姑鼎	16.10244 魯伯愈父匜	15.9656 伯公父壺簋	09.4572 季宮父簠	09.4352 昊女盨蓋	07.4058.1 叔噩父簋	07.3923 豐井叔簋
12.6451 姑亙母觶	04.2330 姑曶母方鼎	16.10248 叔㱿父匜	16.9967 伯夏父鑘	09.4598 曾侯簠	09.4355 中伯盨	07.4071 孟姬㴰簋	07.3946 中伯簋
	06.3563 姑口父簋	文博2008(2) 叔駒父簋	16.10079 伯百父盤	09.4598 曾侯簠	09.4356 中伯盨	08.4198 蔡姬簋	07.3947 中伯簋
	06.3565 霸姑簋	首陽114頁 應侯視工簋蓋	16.10111 師寏父盤	15.9579 魯侯壺	09.4419 伯多父盨	08.4321 訇簋	08.4027 遹簋
	10.5402 遣卣	上博(8) 太祝追鼎	16.10193 散伯匜	15.9641 嗣寇良父壺	09.4425 㒼叔盨	08.4329 不嬰簋蓋	07.4062.1 㝬叔㝬姬簋
	11.5992 遣尊				09.4552 㝬弔簠		

嬴

 06.3585 嬴霝德簋	 04.2171 嬴霝德鼎	 06.3619 義伯簋	 16.10183 姞口母匜	 07.3886 棭車父簋	 03.554 仲姞鬲	 10.5405.2 次卣	 03.755 尹姬鬲
 10.5240.1 嬴季卣	 05.2748 庚嬴鼎		 晉國 149 頁 叔釗父甗	 07.3928 鼉侯簋	 03.576 伯窐父鬲	 11.5994 次尊	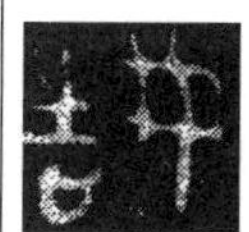 04.2282 尹叔作↾ 姞鼎
 15.9419 季嬴霝 德盉	 06.3558 嬴季簋		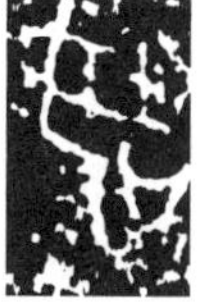 新收 665 芮姞簋	 07.3929 鼉侯簋	 05.2700 散伯車 父鼎	 15.9697 棭氏車 父壺	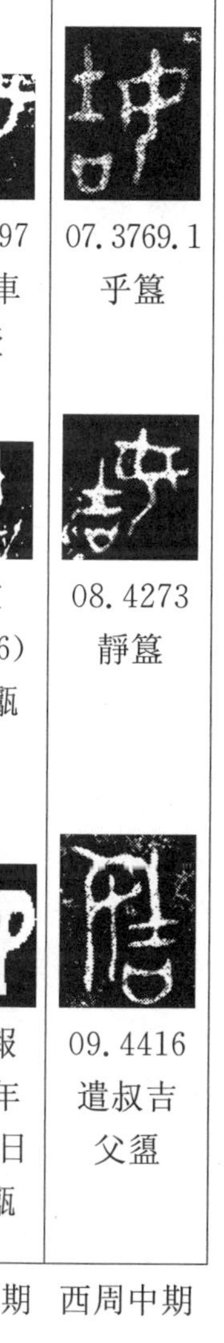 07.3769.1 乎簋
 16.10076 季嬴霝 德盤	 11.5860 嬴季尊		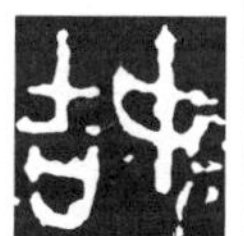 晉國 161 頁 楊姞壺	 08.4198 蔡姬簋	 06.3705 師窦父簋	 考文 2006(6) 南姞甗	08.4273 靜簋
 銘圖 14380 嬴盤			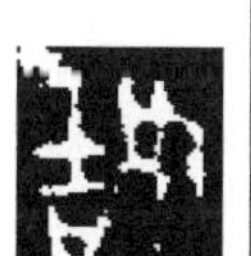 銘圖 02211 伯上父鼎	09.4388 叔姬壺  16.10071 宗仲盤	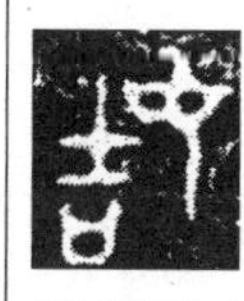 07.3795.1 伯梁父簋	 文物報 2010 年 4 月 6 日 仲姞甗	09.4416 遣叔吉 父盨
西周中期	西周早期	西周	西周晚期	西周晚期	西周晚期	西周中期	西周中期

嫣　　姚

 16.10129 伯侯父盤	 15.9555 劉嫣壺	 04.2485 剌觀鼎	 07.4009 毛伯簋	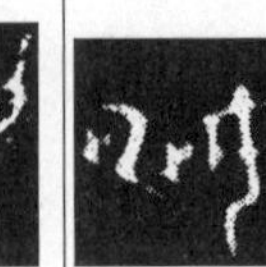 04.2068 姚鼎	 考古 2007(1) 覞公簋	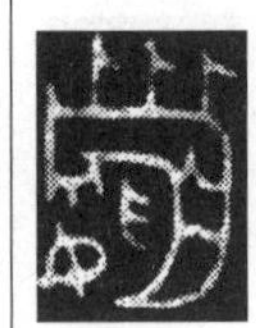 09.4422.1 筍伯大夫盨	 03.563 作予叔嬴鬲
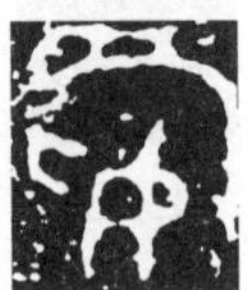 文物 2003(4) 郝仲簠蓋			 07.4069 叔猴父簋	 07.4113 井南伯簋		 16.10148 楚嬴盤	 03.679 榮有司爯鬲
 文物 2003(4) 郝仲簠			 07.4070 叔猴父簋			 16.10149 嚚伯盤	 03.680 成伯孫父鬲
			 考古 2003(3) 應姚鬲				 04.2470 榮有司爯鼎
			 新收 57 頁 應姚簋				 08.4309 此簋
西周晚期	西周中期	西周早期	西周晚期	西周中期	西周早期	西周晚期	西周晚期

婦		妻		婚		娟	
 03.486 齊婦鬲	 10.5424.1 農卣	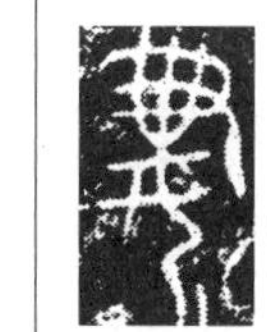 15.9811.1 冉父丁罍	 08.4331 𢎮伯歸夆簋	 歷文 2002(6) 豳公盨	 07.3915 周𩁹生簋	 04.2516 夆娟鼎	 考古 2012(7) 亞妘鼎
 04.1714 中婦鼎	 古二十四 229頁 淮伯鼎	 曲村494頁 王妻簋	 09.4465 善父克盨			 05.2546 輔伯雁父鼎	 考古 2012(7) 亞妘簋
04.2368 簋婦方鼎		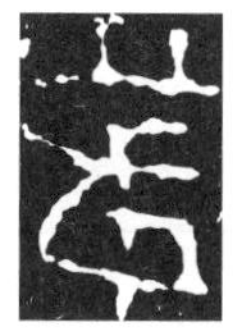 曲村361頁 王妻簋	 15.9713 殳季良父壺			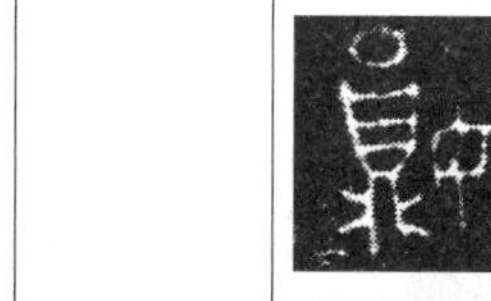 05.2548 函皇父鼎	
 06.3345 䎽𨛭婦簋						 09.4459.1 翏生盨	
 06.3621 陸婦簋						 08.4141.1 函皇父簋	
						 15.9447 仲皇父盉	
西周早期	西周中期	西周早期	西周晚期	西周中期	西周	西周晚期	西周早期

女部

妊

西周晚期	西周中期	西周早期	西周	西周晚期	西周中期	西周早期	西周早期
07.3785 叡孖妊簋	05.2765 蟎鼎	04.2179 吹作檽妊鼎	06.3619 義伯簋	08.4317 㝬簋	08.4269 縣改簋	滕州 232 頁 宋婦彝觚	08.4301 作册矢令簋
07.3962 孟㻤父簋	08.4264.1 格伯簋	06.3344 妊簋	總集 08.6786 㠱叔多父盤			銘圖 07665 婦己爵	10.5389.1 顯卣
08.4123 妊小簋	08.4264.2 格伯簋	14.9027 妊爵				銘圖 12214 㠱壺	11.6347 亞𢍜婦觶
15.9438 王盉	08.4265 格伯簋	15.9556.2 嫚妊壺					文物 2003(10) 婦丁尊
16.10133 薛侯盤		新收 1441 妊簋					滕州 272 頁 婦𠃬兄癸尊

 近出 427 子簋	 14.8684 母父癸爵	 11.5950 引簋	 10.4999 魚母乙卣	 06.3349 作母尊彝簋	 05.2702 嬰方鼎	 03.907 郕作母戊甗	 04.2260 亞[illegible]作母丙鼎
 夏商周 222 南單母癸甗	 15.9417 伯[illegible]盉	 11.5998 由伯尊	 10.5388.2 [illegible]卣	 06.3666 木工册作母日甲簋	 05.2724 毛公旅方鼎	 04.2107 寧母方鼎	 05.2763.1 我方鼎
 通鑒 02381 長子方鼎	 15.9801 考母罍	 12.6451 姞亘母觶	 10.5389.2 [illegible]卣	 06.3673 □作厥母簋	 06.3220 龔母乙簋	 04.2145.2 田高母辛方鼎	 06.3225 史母癸簋
	 16.10580 保攸母器	 12.6502 木工册作母甲觶	 10.5428.1 叔趩父卣	 06.3689.1 亞㠱吳作母辛簋	 06.3226 [illegible]母癸簋	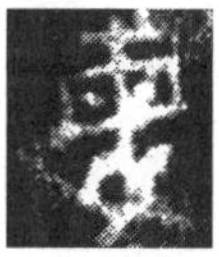 04.2329 北子作母癸方鼎	 15.9527.1 考母簋
	 陝博 2001(8) 司母樂甗	 13.7995 母癸爵	 11.5759 作母旅尊彝	 08.4139 楷侯簋蓋	 06.3346 考母簋	 04.2330 姞曶母方鼎	
西周早期	西周早期	西周早期	西周早期	西周早期	西周早期	西周早期	西周早期

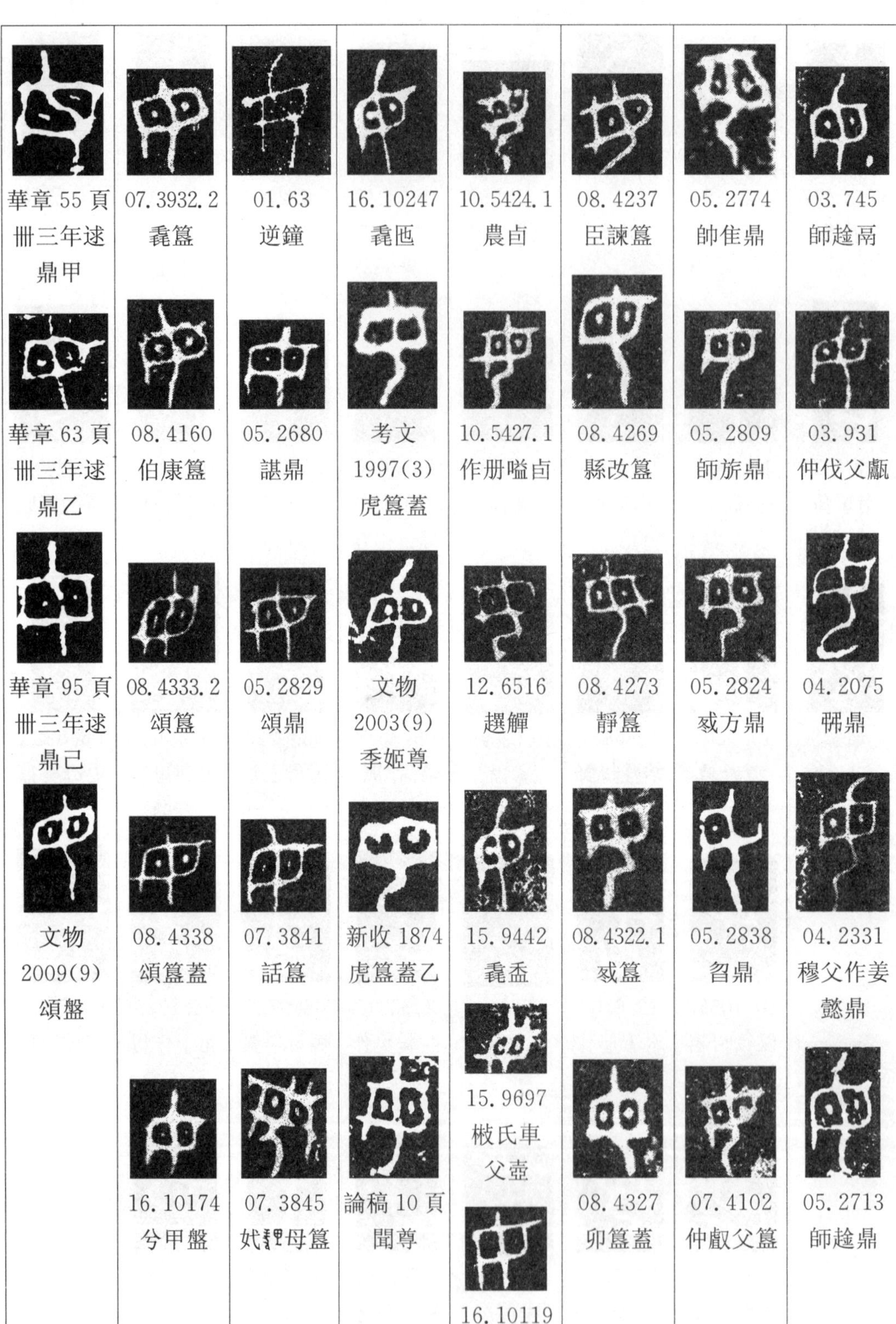

華章55頁 卌三年逑鼎甲	07.3932.2 毳簋	01.63 逆鐘	16.10247 毳匜	10.5424.1 農卣	08.4237 臣諫簋	05.2774 帥隹鼎	03.745 師趛鬲
華章63頁 卌三年逑鼎乙	08.4160 伯康簋	05.2680 諶鼎	考文 1997(3) 虎簋蓋	10.5427.1 作册嗌卣	08.4269 縣改簋	05.2809 師旂鼎	03.931 仲伐父甗
華章95頁 卌三年逑鼎己	08.4333.2 頌簋	05.2829 頌鼎	文物 2003(9) 季姬尊	12.6516 趩觶	08.4273 靜簋	05.2824 㦰方鼎	04.2075 [illegible]鼎
文物 2009(9) 頌盤	08.4338 頌簋蓋	07.3841 話簋	新收1874 虎簋蓋乙	15.9442 毳盉	08.4322.1 㦰簋	05.2838 曶鼎	04.2331 穆父作姜懿鼎
	16.10174 兮甲盤	07.3845 [illegible][illegible]母簋	論稿10頁 聞尊	15.9697 [illegible]氏車父壺	08.4327 卯簋蓋	07.4102 仲叡父簋	05.2713 師趛鼎
				16.10119 毳盤			
西周晚期	西周晚期	西周晚期	西周中期	西周中期	西周中期	西周中期	西周中期

妣		威			姑	姁	
 03.586 倗作羲丏妣鬲	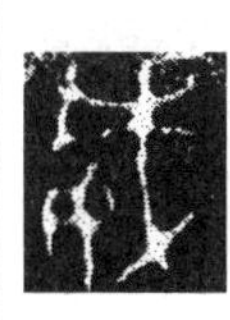 01.238.1 虢叔旅鐘	 08.4170.1 㾓簋	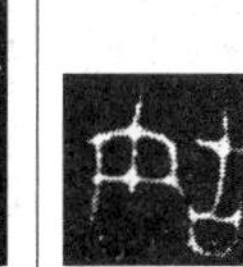 05.2700 散伯車父鼎	 文物 1999(9) 爯簋蓋	 04.2333 姬作氒姑日辛鼎	 04.2334 衰𢍰父作睘姁鼎	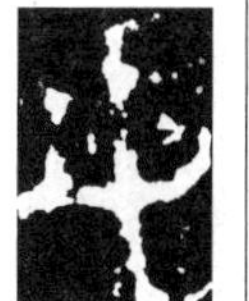 新收 1674 辛王姬簋蓋
 05.2763.1 我方鼎	 08.4242 叔向父禹簋		 07.4011 復公子簋	 首陽 114 頁 應侯視工簋蓋	 10.5389.1 䪉卣		
 06.3667 倗丏簋			 07.4062.1 䟽夫䟽姬簋	 首陽 114 頁 應侯視工簋蓋	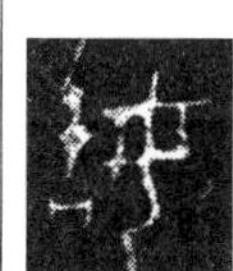 10.5426.1 庚嬴卣		
 14.8978 舌作妣庚爵			 09.4436.2 遟盨				
西周早期	西周晚期	西周中期	西周晚期	西周中期	西周早期	西周	西周晚期

姉　妹　嬗

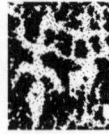

姉				妹		嬗	
05.2789 𢦔方鼎	03.672 召仲鬲	論稿256頁 姬凫母溫鼎	保利續 公仲徭簋	09.4572 季宫父簠	05.2837 大盂鼎	15.9556.1 嬗妊壺	16.10080 蘇甫人盤
	03.673 召仲鬲			文物2017(3) 邢公簋	08.4330 沈子它簋蓋		16.10205 蘇甫人匜
				案：袁廣闊、崔宗亮（2017）指出邢公簋該字「[illegible]」下部没有「冂」，應爲簡化。	10.5428.1 叔趯父卣		
西周中期	西周晚期	西周早中期	西周中期	西周晚期	西周早期	西周早期	西周晚期

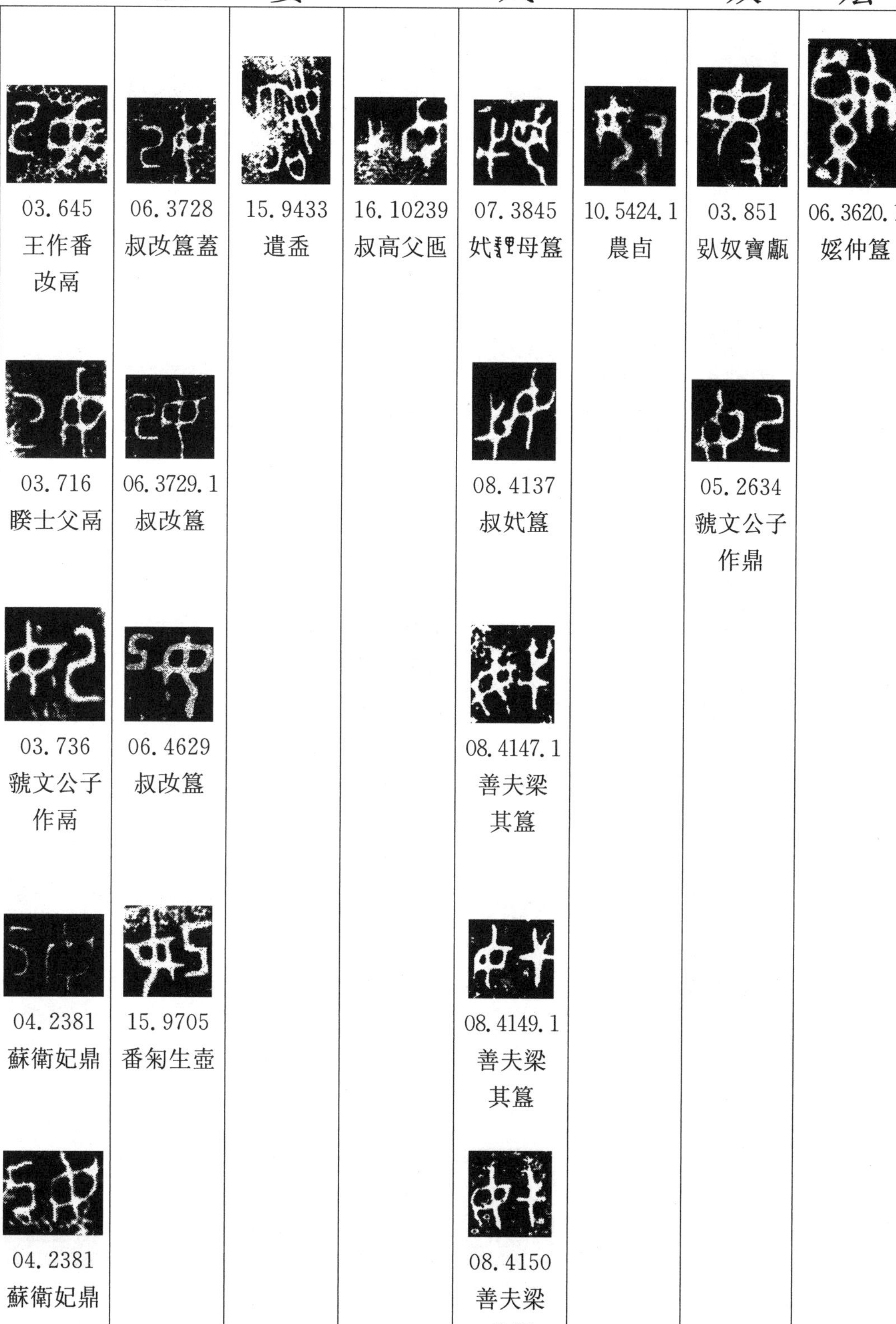

	改	⿱雨要		⿰女弋		奴	⿰女⿱幺厶
03.645 王作番改鬲	06.3728 叔改簋蓋	15.9433 遣盉	16.10239 叔高父匜	07.3845 ⿰女弋[illegible]母簋	10.5424.1 農卣	03.851 [illegible]奴寶甗	06.3620.1 ⿰女⿱幺厶仲簋
03.716 睽士父鬲	06.3729.1 叔改簋			08.4137 叔⿰女弋簋		05.2634 虢文公子作鼎	
03.736 虢文公子作鬲	06.4629 叔改簋			08.4147.1 善夫梁其簋			
04.2381 蘇衛妃鼎	15.9705 番匊生壺			08.4149.1 善夫梁其簋			
04.2381 蘇衛妃鼎				08.4150 善夫梁其簋			
西周晚期	西周中期	西周中期	西周晚期	西周晚期	西周中期	西周早期	西周晚期

始

08.4341 班簋	07.4088 耇簋	徵集5 姒簋甲	07.3850.2 叔向父簋	03.536 鄶姒鬲	06.3365 叔作始尊簋	16.10205 蘇甫人匜	04.2382 蘇衛妃鼎
07.3836 衛姒簋蓋	11.5962 員作旅尊	文物 2009(9) 頌盤	09.4667.1 衛始豆	05.2827 頌鼎		16.10216 召樂父匜	05.2634 虢文公子作鼎
	16.9888.1 叔𩚫方彝		15.9443 季良父壺	05.2743 仲師父鼎		晉侯507頁 蘇公匜	06.3739 蘇公簋
	08.4341 班簋		15.9713 殳季良父壺	05.2829 頌鼎		收藏 2007(4) 蘇公盤	09.4422.1 筍伯大夫盨
			15.9713 殳季良父壺	07.3850.1 叔向父簋			16.10080 蘇甫人盤
西周早期	西周早期	西周晚期	西周晚期	西周晚期	西周早期	西周晚期	西周晚期

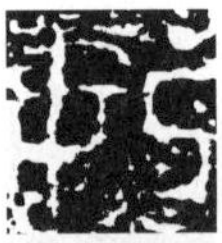

〔姛〕

變	媅	好					
09.4355 中伯盨	 07.3915 周𩔒生簋	 06.3691 伯好父簋	 歷文2002(6) 𨞰公盨	 01.88 𪒠鐘	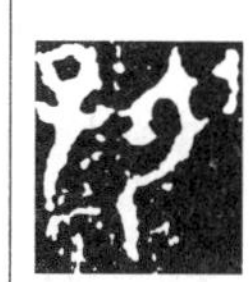 銘圖05014 公豐父簋	 15.9646.1 保侃母壺	 06.3662 㪤作父癸簋
		 08.4331 𦎫伯歸夆簋	 歷文2002(6) 𨞰公盨	 01.89 𪒠鐘		案：隸作「姛」的字，容庚《金文編》置於「始」下，朱鳳瀚(1992)認爲該字應爲「后」字異構字；陳昭容(2007)也有討論；裘錫圭(2009)指出殷虛卜辭中的女性稱謂「姛」不應釋「后」。	
		 09.4451 杜伯盨	 歷文2002(6) 𨞰公盨	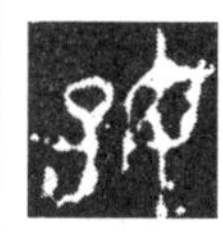 01.91 𪒠鐘			
			歷文2002(6) 𨞰公盨	 07.3754 仲師父簋			
				 07.4111 魯氏商𪒠簋			
				 10.5341.1 仲作好旅彝卣			
西周晚期	西周	西周晚期	西周中期	西周中期	西周早期	西周晚期	西周早期

	媿			婁	嫚	嫖	妄
 04.2462 倗仲鼎	 文物 2011(11) 曾侯谏簋	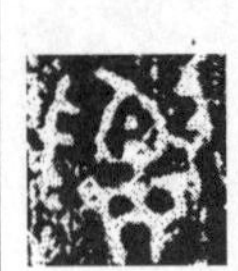 文博 2007(6) [illegible]鼎	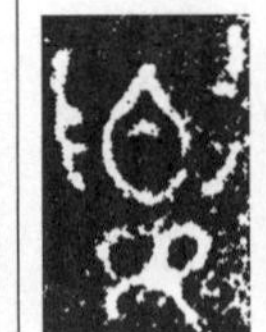 07.3910.1 是婁簋	 06.3537.1 伯婁簋	 15.9622 鄧孟壺蓋	 07.3874 旛嫖簋蓋	 05.2841B 毛公鼎
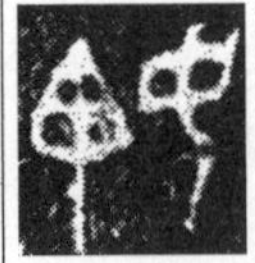 06.3692 伯[illegible]簋蓋	 江漢考古 2013(4) 曾侯諫尊	 文物 2017(3) 邢公簋	 07.3910.2 是婁簋	 06.3537.1 伯婁簋	 考古 1985(3) 鄧公簋 D 蓋	 07.3874 旛嫖簋蓋	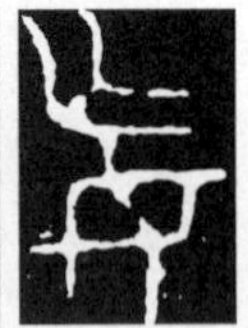 華章 55 頁 卌三年逑 鼎甲
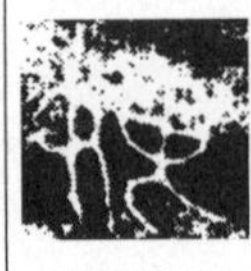 15.9434 圓君盉	 葉家山 88 頁 曾侯諫壺				 考古 1985(3) 鄧公簋 C 蓋	 07.3945 殤姬簋蓋	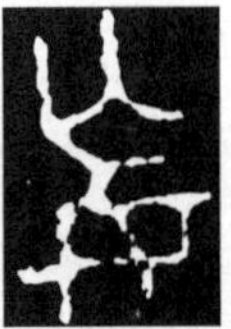 華章 63 頁 卌三年逑 鼎乙
 15.9442 毳盉						 07.3945 殤姬簋蓋	 華章 71 頁 卌三年逑 鼎丙
 16.10119 毳盤							
西周中期	西周早期	西周晚期	西周中期	西周早期	西周晚期	西周晚期	西周晚期

女部

妥　妓　儆　旻

 08.4170.1 瘨簋	 01.246 瘨鐘	 07.4021 寧簋蓋	 12.7304 妓作乙公觚	 14.9062 儆爵	 應國墓 151頁 旻鼎	 04.2415 鄭同媿鼎	 16.10119 𪓰盤
 08.4171.1 瘨簋	 01.248 瘨鐘	 08.4330 沈子它簋蓋				 07.3974 𪓰簋	 16.10119 𪓰盤
 文物 1998(9) 應侯爯盨	 05.2662 或者鼎	 11.6015 麥方尊				 07.4011 復公子簋	 16.10119 𪓰盤
	 05.2824 㦰方鼎					 07.4064.1 ⿰吉夫叔⿰吉夫叔簋	
	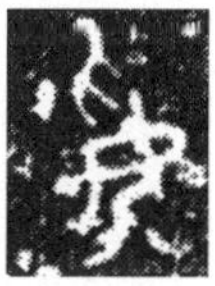 05.2830 師𧮫鼎					 07.4065.1 ⿰吉夫叔⿰吉夫叔簋	
西周中期	西周中期	西周早期	西周早期	西周	西周早期	西周晚期	西周中期

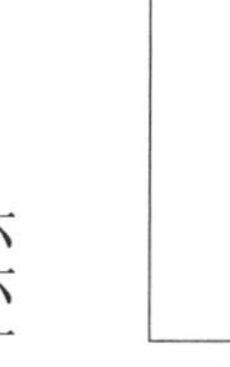

妶	婜	娊	妄	婞	孃	妓	
16.10533 弜妶父乙器	06.3568 雒婜簋	03.637 庚姬鬲	01.110 井人妄鐘	07.3849.2 叔向父簋	09.4572 季宮父簠	05.2743 仲師父鼎	01.22 鄭井叔鐘
近出 623 口妶父己尊	皕明樓 97 雒婜簋	03.638 庚姬鬲		07.3853.2 叔向父簋		05.2744 仲師父鼎	08.4198 蔡姬簋
		03.639 庚姬鬲		近出 461 叔向父簋			
西周早期	西周早期	西周中期	西周晚期	西周晚期	西周晚期	西周晚期	西周晚期

妃	嫛	[illegible]	嫡	嬦	嫧	妧	媾
16.10045 亞吴妃盤	16.10152 宗婦鄁 嫛盤	07.3887 伯疑父 簋蓋	11.6143 帚嫡觶	15.9697 栿車父壺	新收 389 嫧戈	通鑒 05272 公豐父簋	總集 08.6876 匽叔多 父盤
	16.10152 宗婦鄁 嫛盤						
西周早期	西周晚期	西周晚期	西周早期	西周中期	西周中期	西周早期	西周早期

嬉	媘	嬶	嬭	數	婎	妝	嫞
10.4762 嬉卣蓋	04.1903 作母媘 彝鼎	07.3793.1 伯梁父簋	09.4598 曾侯簠	07.3746 數𡨦𣪕簋	03.597 鄭登伯鬲	03.634 叜妝鬲	03.698 杜伯鬲
10.4763 嬉卣蓋		07.3794.1 伯梁父簋			05.2536 鄭登伯鼎		
		07.3795.1 伯梁父簋					
		07.3795.2 伯梁父簋					
西周早期	西周	西周晚期	西周晚期	西周早期	西周晚期	西周早期	西周晚期

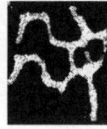

民				毋	㜸	妢	媵
08.4341 班簋	05.2837 大盂鼎	01.62 逆鐘	05.2809 師旂鼎	05.2724 毛公旅方鼎	06.3678 伯蔡父簋	近出470 曩侯簋	07.3815 陳侯簋
16.10175 史牆盤	11.6014 何尊						華夏考古 2015(3) 丏史簋
歷文 2002(6) 豳公盨							
歷文 2002(6) 豳公盨							
歷文 2002(6) 豳公盨							
西周中期	西周早期	西周晚期	西周中期	西周早期	西周中期	西周晚期	西周晚期

弗　稃

西周晚期	西周晚期	西周中期	西周中期	西周中期	西周早期	西周	西周晚期
08.4278 㝬比簋蓋	01.109.1 井人妄鐘	考文1997(3)虎簋蓋	08.4292 五年琱生簋	01.247 㝬鐘	05.2724 毛公旅方鼎	07.3751 [illegible]父甲簋	05.2836 大克鼎
08.4299 大簋簋	05.2818 㝬攸从鼎		08.4341 班簋	03.755 尹姞鬲	05.2555 旂鼎		08.4317 㝬簋
08.4313.1 師寰簋	05.2833 禹鼎		11.6011.2 盠駒尊	08.4167 虘簋	15.9300 犾馭觥蓋		
08.4326 番生簋蓋	05.2841B 毛公鼎		16.10175 史牆盤	08.4170.1 痶簋			
08.4328 不䟽簋	07.4037 笣小子簋		文物1999(9)再簋	08.4172.2 痶簋			

氏				弋			
01.248 㾓鐘	 04.2351 小臣氏樊尹鼎	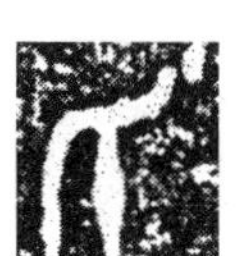 05.2803 令鼎	 16.10285.2 𠑇匜	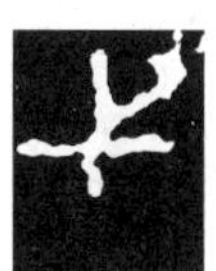 考文 2007(3) 琱生尊	 01.246 㾓鐘	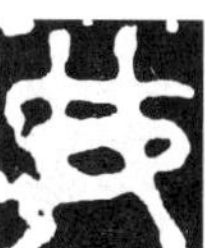 文物 2006(5) 柞伯鼎	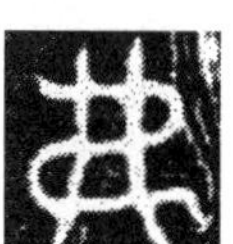 08.4329 不嬰簋蓋
 01.250 㾓鐘		 06.3455 作任氏盤		 考文 2007(8) 琱生尊	 05.2824 㦰方鼎	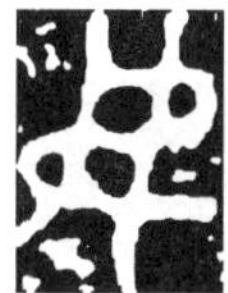 首陽114頁 應侯視工簋蓋	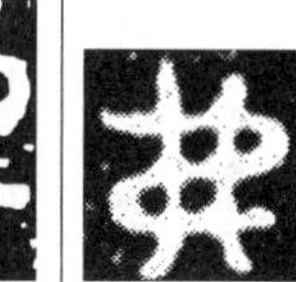 08.4331 𦍧伯歸夆簋
 04.2027 嬴氏鼎		 08.4139 楷侯簋蓋			 08.4292 五年琱生簋		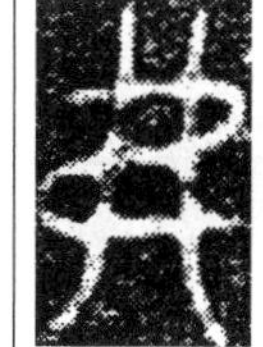 歷文 2002(2) 作册封鬲
 05.2719 公貿鼎		 11.6014 何尊			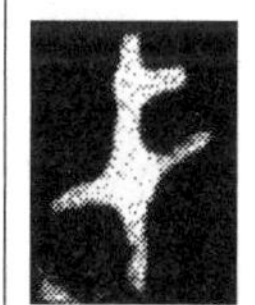 10.5424.1 農卣		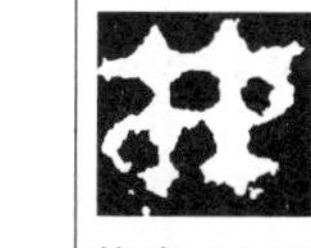 華章39頁 卌二年逑鼎甲
 06.3692 伯[illegible]簋蓋					 16.10175 史牆盤		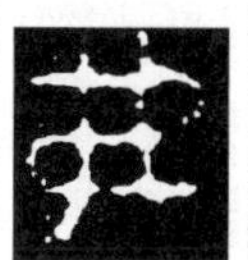 華章55頁 卌三年逑鼎甲
西周中期	西周早期或中期	西周早期	西周晚期	西周中期	西周中期	西周晚期	西周晚期

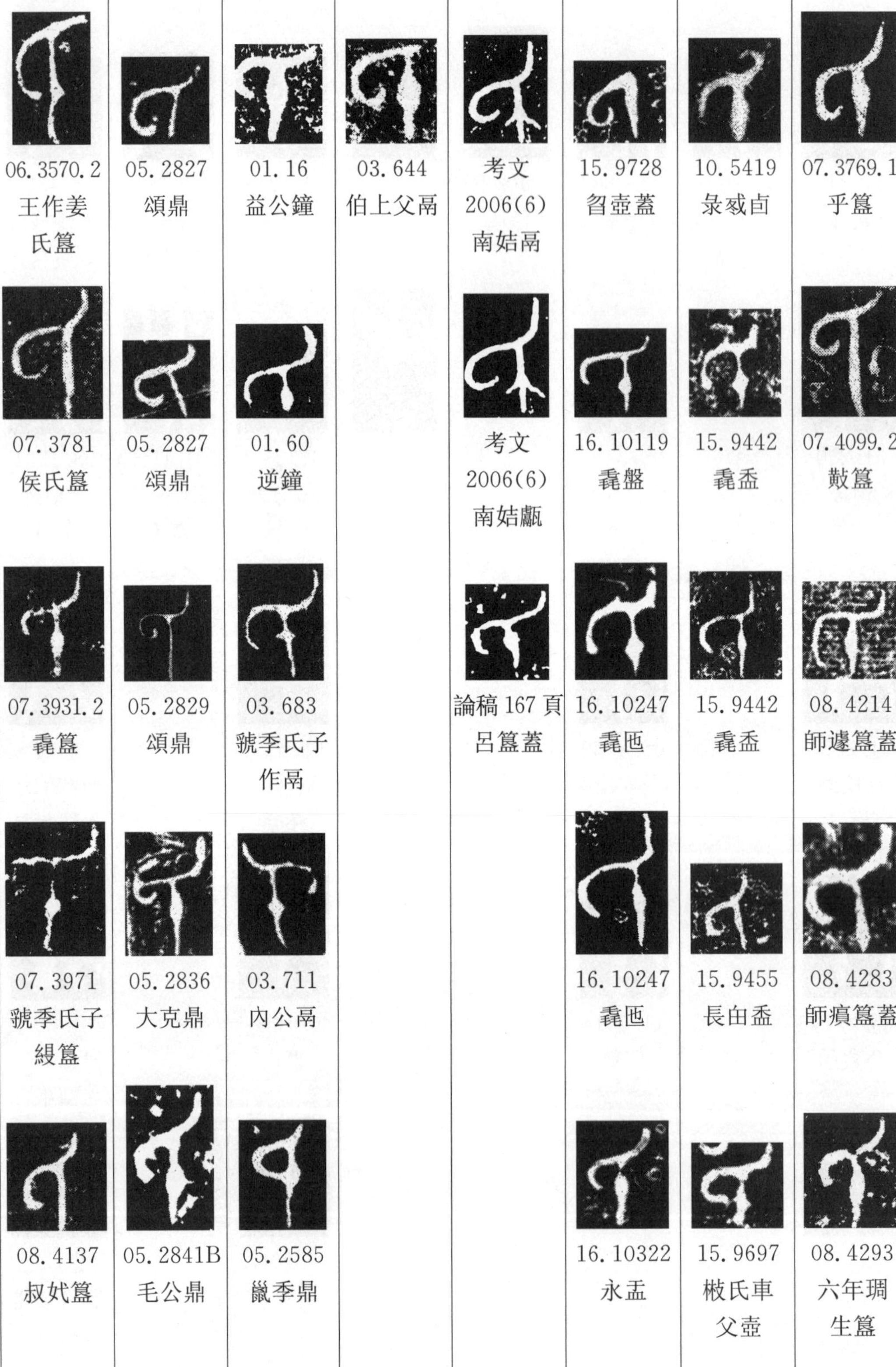

06.3570.2 王作姜氏簋	05.2827 頌鼎	01.16 益公鐘	03.644 伯上父鬲	考文 2006(6) 南姞鬲	15.9728 曶壺蓋	10.5419 彔刻卣	07.3769.1 乎簋
07.3781 侯氏簋	05.2827 頌鼎	01.60 逆鐘		考文 2006(6) 南姞甗	16.10119 毳盤	15.9442 毳盉	07.4099.2 𢾊簋
07.3931.2 毳簋	05.2829 頌鼎	03.683 虢季氏子作鬲		論稿 167 頁 呂簋蓋	16.10247 毳匜	15.9442 毳盉	08.4214 師遽簋蓋
07.3971 虢季氏子緄簋	05.2836 大克鼎	03.711 内公鬲			16.10247 毳匜	15.9455 長由盉	08.4283 師瘨簋蓋
08.4137 叔妊簋	05.2841B 毛公鼎	05.2585 [illegible]季鼎			16.10322 永盂	15.9697 𣐈氏車父壺	08.4293 六年琱生簋
西周晚期	西周晚期	西周晚期	西周中期或晚期	西周中期	西周中期	西周中期	西周中期

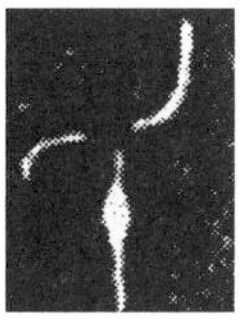 07.3916 姞氏壺	 文物 2009(9) 頌盤	 首陽114頁 應侯視工 簋蓋	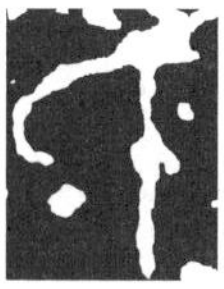 文物 2006(5) 柞伯鼎	 15.9732 頌壺蓋	 08.4332.2 頌簋	 08.4325.1 師嫠簋	 08.4168 𪔂兑簋
 總集 08.6786 𠩺叔多 父盤	 華章119頁 卌三年逑 鼎壬	 中原文物 2008(5) 𧰨氏剢 簋蓋	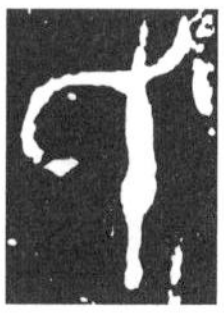 文博 2007(6) 響鼎	 16.10176 散氏盤	 08.4340 蔡簋	 08.4324.1 師嫠簋	 08.4246.1 楚簋
		 文物 2007(8) 琱生尊	 文物 2003(6) 卌二年逑 鼎乙	 16.10176 散氏盤	 09.4456.2 叔尃父盨	 08.4328 不嬰簋	 08.4253 弭叔師 宷簋
		 文物 2007(8) 琱生尊	 華章55頁 卌三年逑 鼎甲	 16.10350 厚氏𤺺鐳	 09.4553 尹氏賈 良簠	 08.4329 不嬰簋蓋	 08.4257 弭伯師 耤簋
				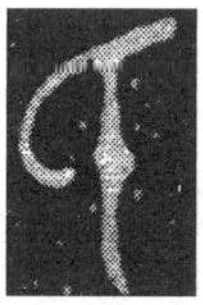 文物 1999(9) 王作姜 氏簋	 15.9731.1 頌壺	 08.4332.1 頌簋	 08.4237 臣諫簋
西周	西周晚期	西周晚期	西周晚期	西周晚期	西周晚期	西周晚期	西周晚期

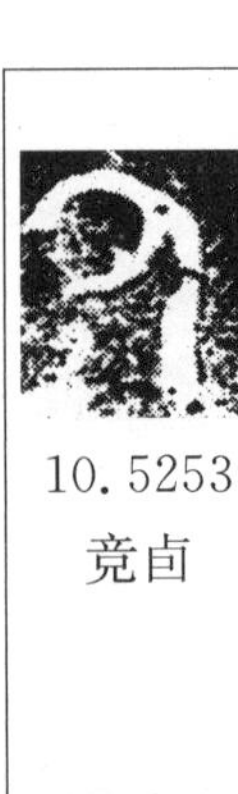 10.5253 竞卣	08.4239.2 小臣謎簋	07.4073 伯梡簋	 07.3822 效父簋	05.2837 大盂鼎	 05.2674 征人鼎	 04.2453 𤔲父鼎	 04.2330 姞曶母方鼎
 10.5258.1 卿卣	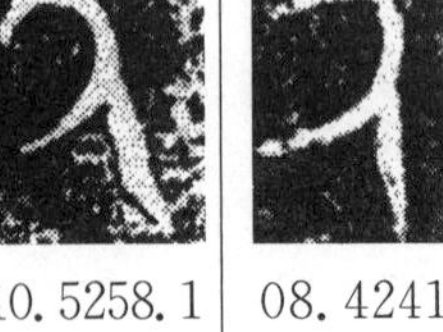 08.4241 榮作周公簋	 07.4097 𡨦簋	 07.3827 敔簋	 06.3696 嗣作嗣簋	05.2729 𣪕𤔲方鼎	 04.2457 叡侯鼎	04.2336 伯䵼方鼎
 10.5326.1 伯睘卣	 08.4320 宜侯夨簋	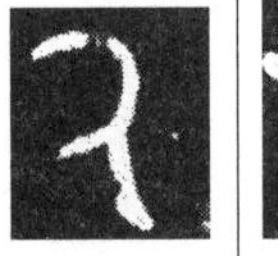 08.4121 榮簋	 07.3863 彔簋	 06.3696 嗣作嗣簋	 05.2730 厚趠方鼎	 04.2528 𢍭仲方鼎	 04.2338 義仲方鼎
 10.5363.1 𠬝渣伯遙卣	 10.5250.1 向卣	 08.4140 大保簋	 07.4020 天君簋	 06.3698 柬人守父簋	 05.2740 寧鼎	 05.2655 先獸鼎	04.2341 叔具鼎
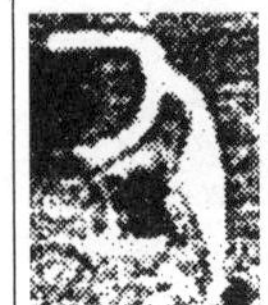 10.5369 盨仲卣	 10.5250.2 向卣	 08.4205 楷伯簋	 07.4042 昜𣎵簋	 07.3745 欮簋	 05.2791 伯姜鼎	 05.2660 辛鼎	 04.2404 伯𩰫方鼎
西周早期	西周早期	西周早期	西周早期	西周早期	西周早期	西周早期	西周早期

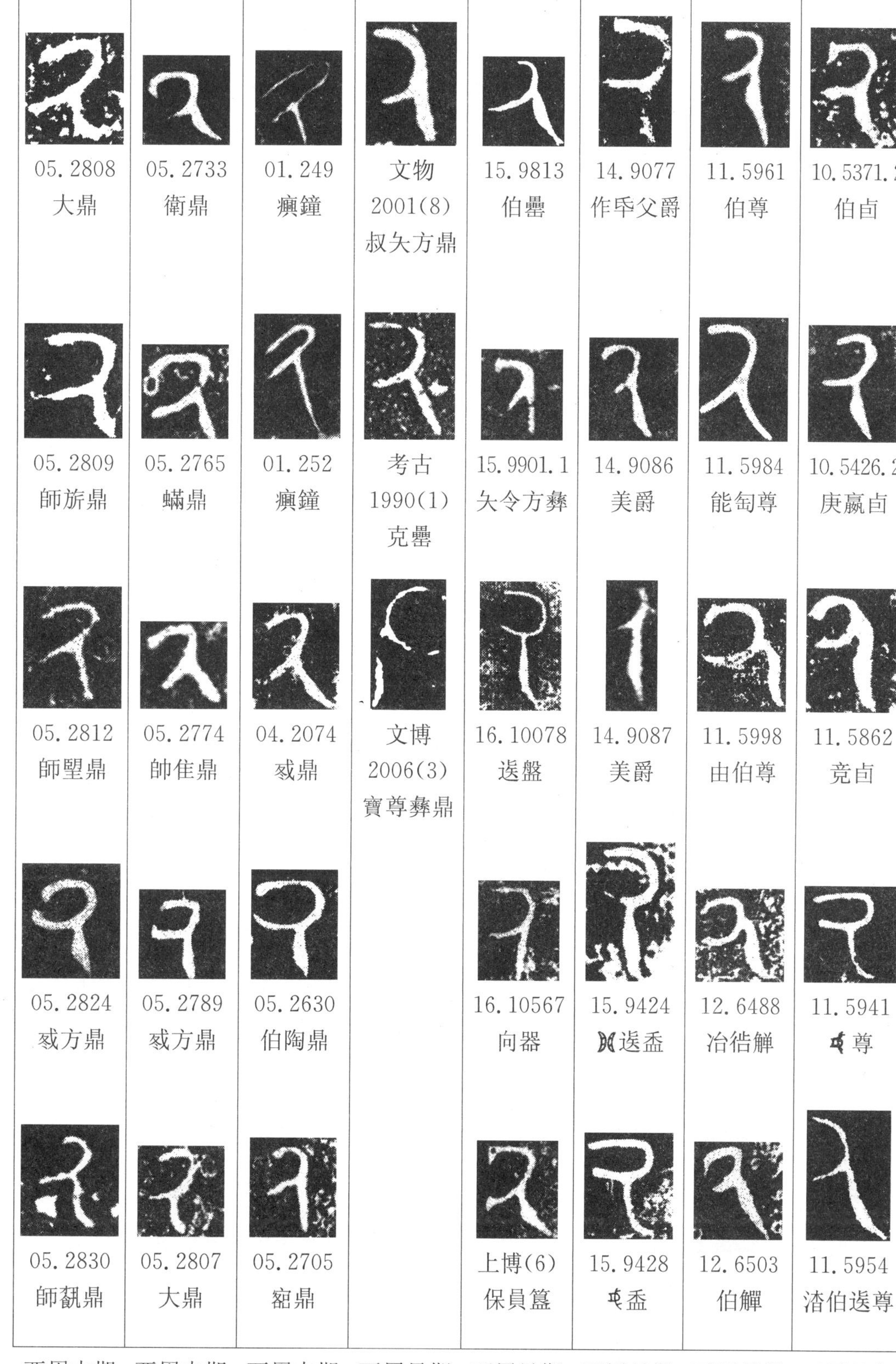

05.2808 大鼎	05.2733 衛鼎	01.249 𤼈鐘	文物 2001(8) 叔夨方鼎	15.9813 伯罍	14.9077 作𠂤父爵	11.5961 伯尊	10.5371.2 伯卣
05.2809 師旂鼎	05.2765 𧍨鼎	01.252 𤼈鐘	考古 1990(1) 克罍	15.9901.1 夨令方彝	14.9086 美爵	11.5984 能匋尊	10.5426.2 庚嬴卣
05.2812 師望鼎	05.2774 帥隹鼎	04.2074 㦰鼎	文博 2006(3) 寶尊彝鼎	16.10078 遘盤	14.9087 美爵	11.5998 由伯尊	11.5862 竞卣
05.2824 㦰方鼎	05.2789 㦰方鼎	05.2630 伯陶鼎		16.10567 向器	15.9424 [illegible]遘盉	12.6488 冶㣈觶	11.5941 [illegible]尊
05.2830 師𩓚鼎	05.2807 大鼎	05.2705 𥧰鼎		上博(6) 保員簋	15.9428 [illegible]盉	12.6503 伯觶	11.5954 渣伯遘尊
西周中期	西周中期	西周中期	西周早期	西周早期	西周早期	西周早期	西周早期

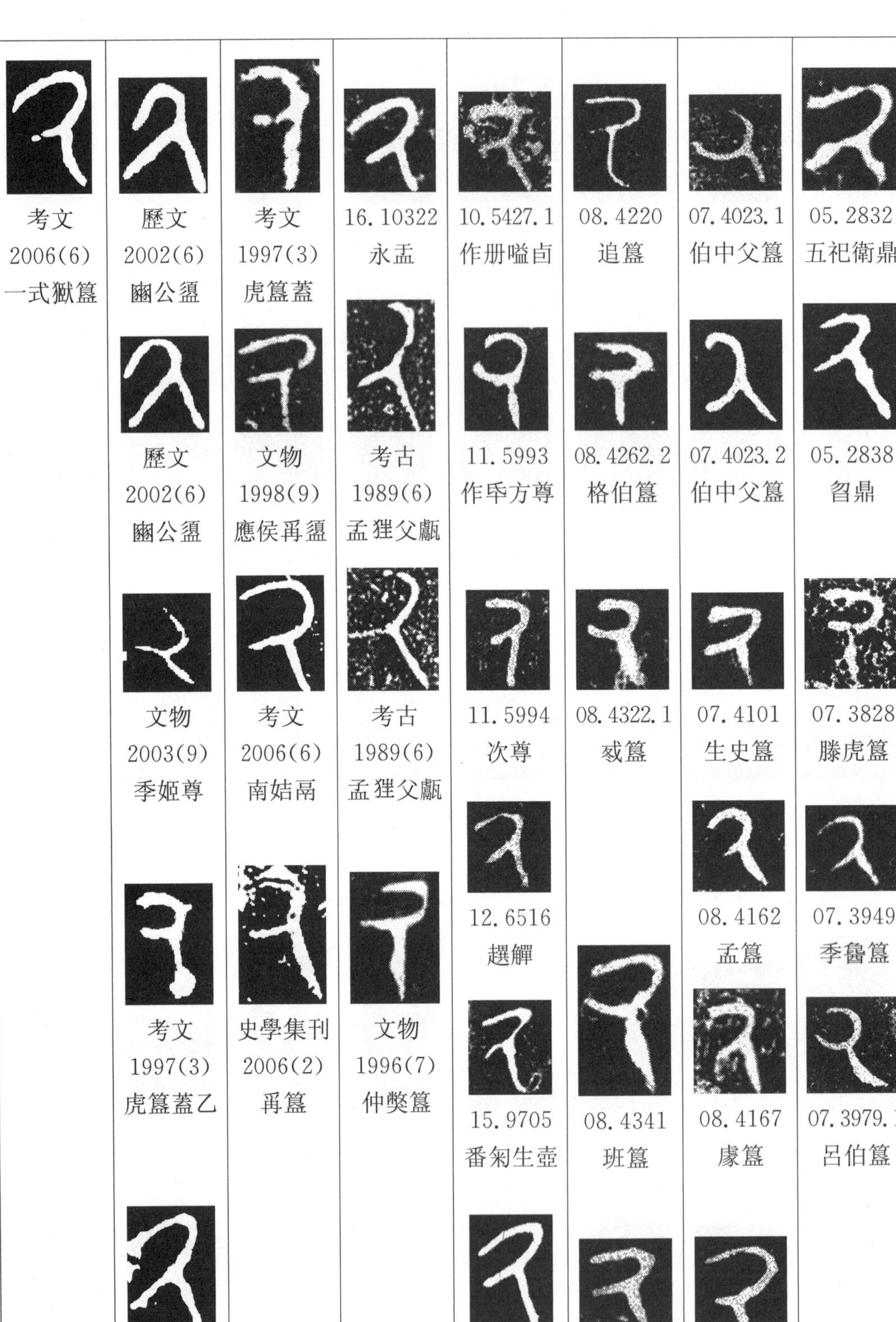
05.2832 五祀衛鼎
05.2838 曶鼎
07.3828 滕虎簋
07.3949 季魯簋
07.3979.1 呂伯簋
07.4023.1 伯中父簋
07.4023.2 伯中父簋
07.4101 生史簋
08.4162 孟簋
08.4167 豦簋
08.4192.1 肄簋
08.4220 追簋
08.4262.2 格伯簋
08.4322.1 戜簋
08.4341 班簋
10.5424.1 農卣
10.5427.1 作册嗌卣
11.5993 作卑方尊
11.5994 次尊
12.6516 趩觶
15.9705 番匊生壺
16.10175 史牆盤
16.10322 永盂
考古 1989(6) 孟狸父甗
考古 1989(6) 孟狸父甗
文物 1996(7) 仲獘簋
考文 1997(3) 虎簋蓋
文物 1998(9) 應侯爯盨
考文 2006(6) 南姞鬲
史學集刊 2006(2) 爯簋
歷文 2002(6) 豳公盨
歷文 2002(6) 豳公盨
文物 2003(9) 季姬尊
考文 1997(3) 虎簋蓋乙
新收 1958 夾簋
考文 2006(6) 一式獄簋

西周中期　西周中期　西周中期　西周中期　西周中期　西周中期　西周中期　西周中期

戈 氏

西周早期	西周中期	西周晚期	西周晚期	西周晚期	西周晚期	西周晚期	西周晚期
03.807 戈父甲甗	文物 1998(4) 匍盉	盛世 34 頁 逑盤	文博 1987(2) 逑編鐘	08.4326 番生簋蓋	07.4116.2 師害簋	01.260.2 㝬鐘	01.106 楚公逆鐘
03.814 戈父戊甗	歷文 2004(2) 任鼎	盛世 34 頁 逑盤	華章 39 頁 卌二年逑鼎甲	08.4340 蔡簋	08.4189.2 仲爯父簋	05.2823 此鼎	01.109.1 井人妄鐘
04.1606 戈父己鼎		盛世 34 頁 逑盤	華夏考古 2000(3) 追夷簋	09.4464 駒父盨蓋	08.4189 仲爯父簋	05.2836 大克鼎	01.111.1 井人妄鐘
04.1639 戈父辛鼎				09.4466 鬲比盨	08.4244 走簋	05.2841B 毛公鼎	01.187.2 梁其鐘
04.2406 戈父辛鼎			首陽 114 頁 應侯視工簋蓋	16.10174 兮甲盤	08.4313.1 師寰簋	07.4036 筥小子簋	01.240.1 虢叔旅鐘
				16.10176 散氏盤			

06.3171
戈父丁簋
06.3503
戈作父乙簋
08.4201
小臣宅簋
10.4854
戈网卣
10.5112
戈器卣
西周早期
10.5141
戈作肇彝卣
11.5472
戈尊
11.5474
戈尊
11.5603
戈且乙尊
11.6015
麥方尊
西周早期
11.6056
戈觶
11.6057
戈觶
11.6059
戈觶
11.6151
戈母觶
11.6211
戈且辛觶
西周早期
11.6223
戈父乙觶
11.6336
戈父癸觶
12.6433
戈器觶
12.7135
戈父乙觚
13.8237
戈父爵
西周早期
15.9355
戈父戊盉
15.9754
戈罍
17.11014
豐伯戈
17.10955
呂自戈
17.11012
皿自戈
西周早期
新收670
戈父己鼎
滕州214頁
戈鼎
西周早期
04.1948
戈作寶鼎
05.2813
師奎父鼎
08.4167
虘簋
08.4268.1
王臣簋
08.4269
縣改簋
08.4322.1
㦚簋
西周中期
08.4322.1
㦚簋
15.9822
蘇罍
16.10170
走馬休盤
文物1996(7)
毛伯戈
論稿167頁
呂簋蓋
西周中期

肇

西周中期	西周中期	西周中期	西周中期	西周中期	西周早期	西周晚期	西周晚期
文物 2006(8) 倗伯鼎	文物 1998(9) 𠈌卣	11.5953 孱父己尊	05.2824 㦰方鼎	01.252 瘐鐘	04.2342 叔䵼作南宮鼎	08.4206 小臣傳簋	01.62 逆鐘
文物 2006(8) 倗伯鼎	文物 1998(9) 𠈌尊	11.5968 服方尊	05.2830 師訊鼎	03.633 塱肇家鬲	05.2614 曆方鼎	中原文物 2007(5) 輔伯戈	05.2814 無叀鼎
北京 97 肇卣	文物 1998(9) 應侯爯盨	15.9455 長由盉	07.3949 季𩛥簋	05.2723 師艅鼎	06.3695 義叔聞簋		08.2816 伯晨鼎
	考文 2006(6) 獄簋蓋	16.10110 德盤	08.4302 彔伯㦰簋蓋	05.2812 師望鼎	07.4021 寧簋蓋		08.4216 五年師旋簋
		16.10175 史牆盤	09.4415.1 魯嗣徒伯吳盨	05.2820 善鼎			08.4257 弭伯師耤簋

戎

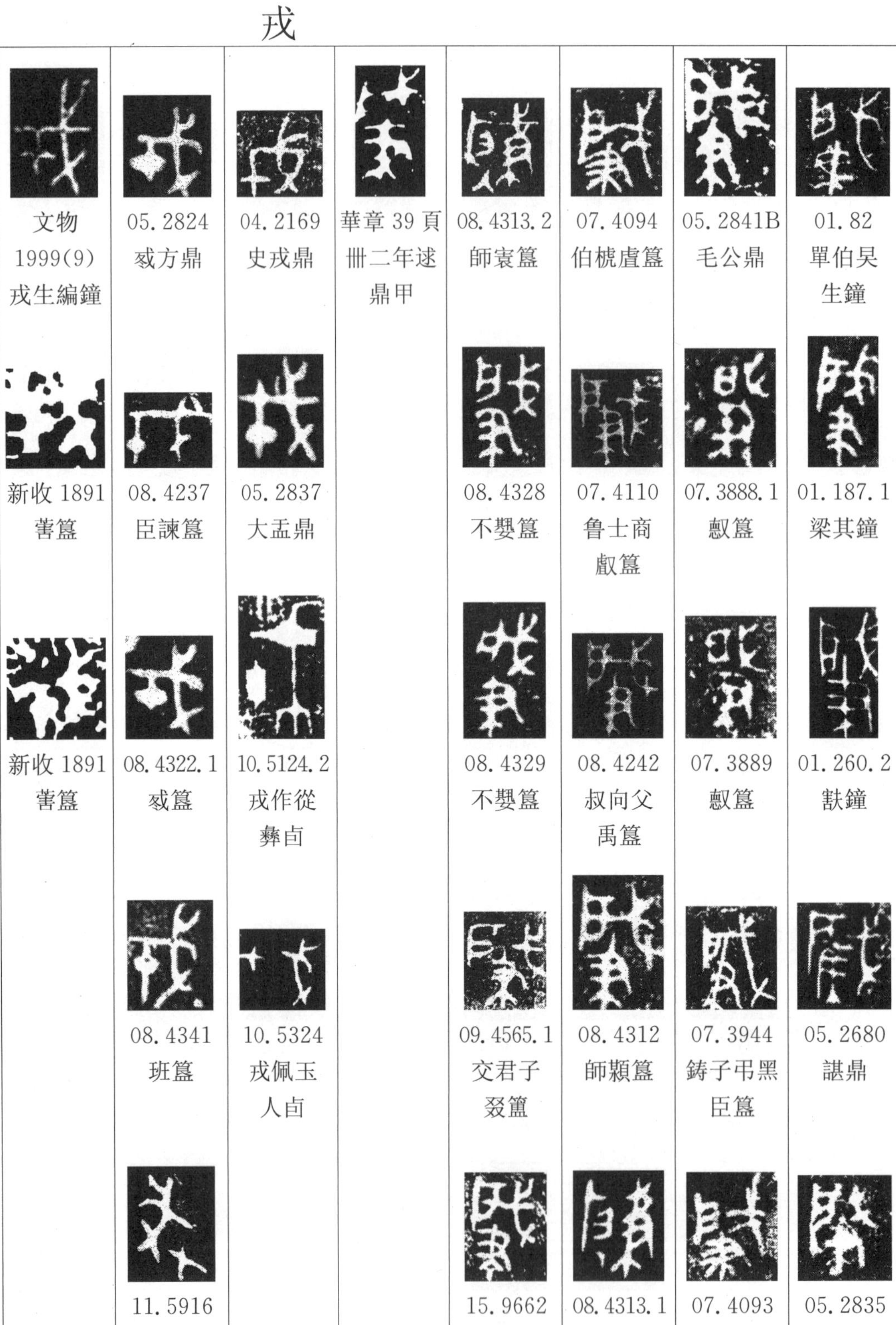

西周中期	西周中期	西周早期	西周晚期	西周晚期	西周晚期	西周晚期	西周晚期
文物 1999(9) 戎生編鐘	05.2824 𢦔方鼎	04.2169 史戎鼎	華章 39 頁 卌二年逑鼎甲	08.4313.2 師寰簋	07.4094 伯梡盧簋	05.2841B 毛公鼎	01.82 單伯昊生鐘
新收 1891 害簋	08.4237 臣諫簋	05.2837 大盂鼎		08.4328 不嬰簋	07.4110 魯士商𠭯簋	07.3888.1 𠭯簋	01.187.1 梁其鐘
新收 1891 害簋	08.4322.1 𢦔簋	10.5124.2 戎作從彝卣		08.4329 不嬰簋	08.4242 叔向父禹簋	07.3889 𠭯簋	01.260.2 㝬鐘
	08.4341 班簋	10.5324 戎佩玉人卣		09.4565.1 交君子叕簠	08.4312 師穎簋	07.3944 鑄子弔黑臣簋	05.2680 諶鼎
	11.5916 戎佩玉尊			15.9662 交君子叕壺	08.4313.1 師寰簋	07.4093 伯梡盧簋	05.2835 多友鼎

戍 賊

08.4321 訇簋	考文 1986(3) 殷簋甲	03.948 遹甗	06.3732.1 𤔲鼎	16.10176 散氏盤	華章39頁 卌二年逑鼎甲	09.4460 翏生盨	05.2779 師同鼎
		05.2820 善鼎	06.3732.2 𤔲鼎		考文 2003(6) 卌二年逑鼎乙	16.10173 虢季子白盤	05.2835 多友鼎
		10.5420.1 彔㦰卣	08.4300 作册夨令簋		文物 2006(5) 柞伯鼎	16.10176 散氏盤	08.4213 屖敖簋蓋
		10.5425.1 競卣	10.5288.2 史戍作父壬卣		文博 2008(2) 盠戎盨	首陽114頁 應侯視工簋蓋	08.4328 不𡢁簋
		11.6008 䢅尊				華章39頁 卌二年逑鼎甲	08.4329 不𡢁簋蓋
西周晚期	西周中期	西周中期	西周早期	西周晚期	西周晚期	西周晚期	西周晚期

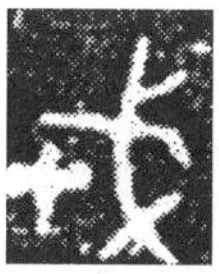

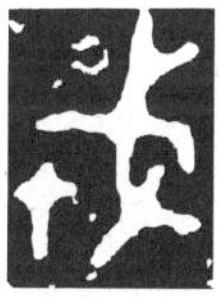

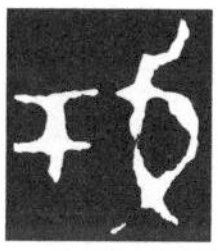

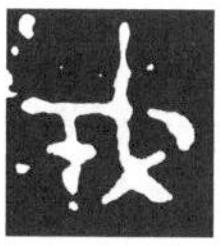

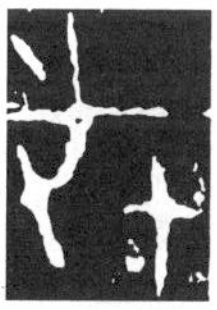

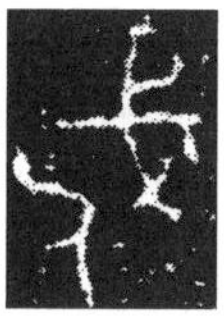

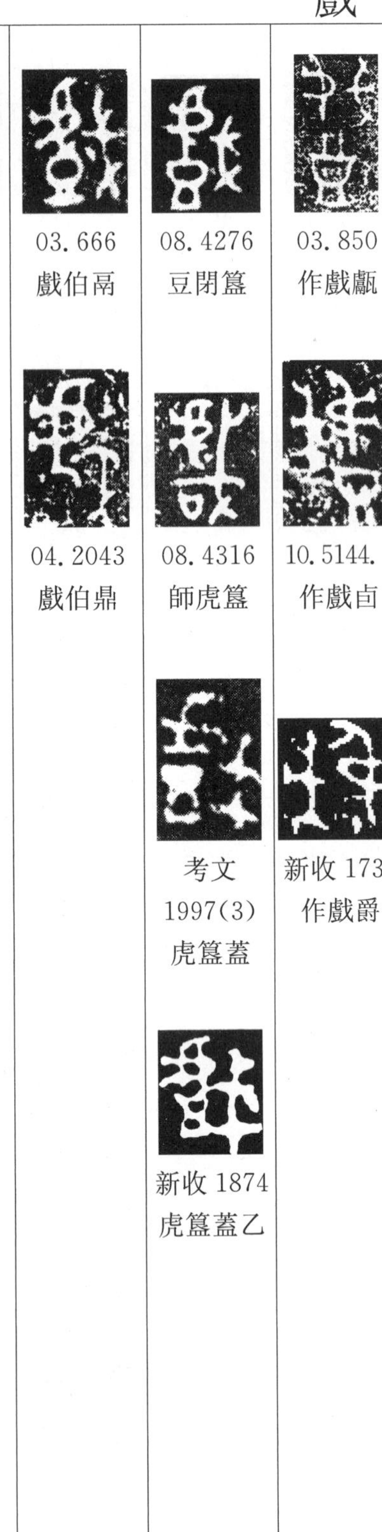

		或		戜			戲
05.2838 曶鼎	10.5415.1 保卣	04.2249 或作父丁鼎	05.2662 或者鼎	04.1913 或伯鼎	03.666 戲伯鬲	08.4276 豆閉簋	03.850 作戲甗
05.2838 曶鼎	11.6003 保尊	05.2740 雩鼎	06.3675 或者簋	案：張崇禮(2012b)認爲「戜」當分析爲从「戈」，「呈」聲，釋爲「徵」。	04.2043 戲伯鼎	08.4316 師虎簋	10.5144.2 作戲卣
08.4292 五年琱生簋	11.6014 何尊	05.2740 雩鼎	08.4341 班簋			考文1997(3) 虎簋蓋	新收1739 作戲爵
08.4341 班簋	14.9095 呂仲僕爵	07.4029 明公簋				新收1874 虎簋蓋乙	
08.4341 班簋		08.4320 宜侯夨簋					
西周中期	西周早期	西周早期	西周中期	西周早期	西周晚期	西周中期	西周早期

𢦒　　𢦏

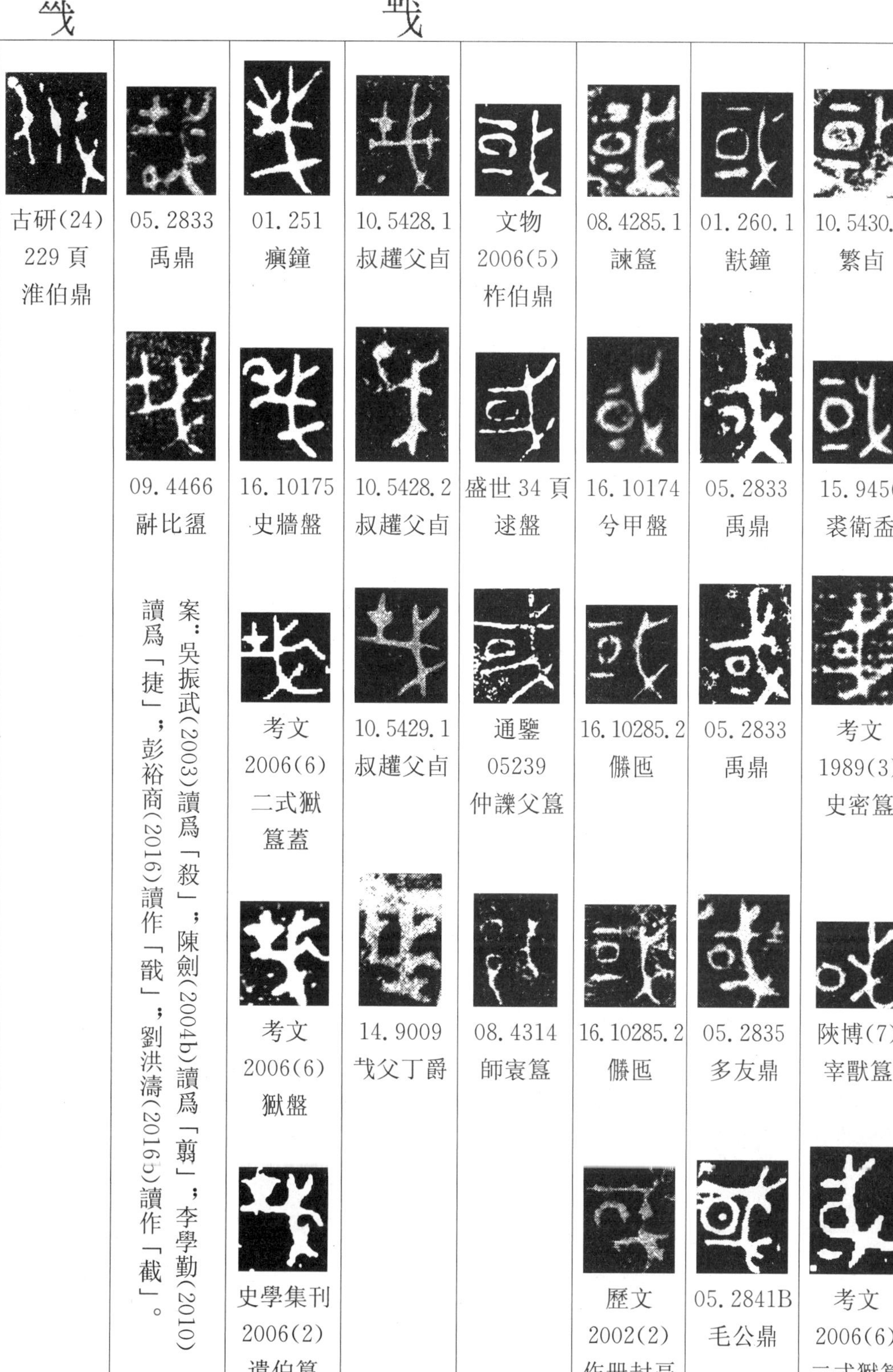

西周中期	西周晚期	西周中期	西周早期	西周晚期	西周晚期	西周晚期	西周中期
古研(24) 229頁 淮伯鼎	05.2833 禹鼎	01.251 癲鐘	10.5428.1 叔趯父卣	文物 2006(5) 柞伯鼎	08.4285.1 諫簋	01.260.1 㝬鐘	10.5430.1 繁卣
	09.4466 鬲比盨	16.10175 史牆盤	10.5428.2 叔趯父卣	盛世34頁 逑盤	16.10174 兮甲盤	05.2833 禹鼎	15.9456 裘衛盉
		考文 2006(6) 二式獄簋蓋	10.5429.1 叔趯父卣	通鑒 05239 仲譲父簋	16.10285.2 儯匜	05.2833 禹鼎	考文 1989(3) 史密簋
		考文 2006(6) 獄盤	14.9009 𢦏父丁爵	08.4314 師寰簋	16.10285.2 儯匜	05.2835 多友鼎	陝博(7) 宰獸簋
		史學集刊 2006(2) 遣伯簋			歷文 2002(2) 作册封鬲	05.2841B 毛公鼎	考文 2006(6) 二式獄簋

案：吳振武(2003)讀爲「殺」；陳劍(2004b)讀爲「翦」；李學勤(2010)讀爲「捷」；彭裕商(2016)讀作「戠」；劉洪濤(2016)讀作「截」。

武

西周晚期

- 首陽107頁 伯㦰父簋
- 首陽107頁 伯㦰父簋

案：伯㦰父簋該字，朱鳳瀚(2008b)分析爲左从「戈」，右从「匕」，隸作「㦰」；葉正渤(2012)讀該字爲「殲」字初文。

西周早期

- 05.2760 作册大方鼎

西周中期

- 01.64 通彔鐘
- 01.251 㾜鐘
- 05.2830 師𩛥鼎
- 08.4262.1 格伯簋
- 08.4262.2 格伯簋

西周中期

- 08.4263 格伯簋
- 08.4264.1 格伯簋
- 08.4264.2 格伯簋
- 08.4265 格伯簋
- 16.10175 史牆盤

西周晚期

- 01.260.1 㝬鐘
- 05.2805 南宮柳鼎
- 05.2833 禹鼎
- 05.2833 禹鼎
- 05.2833 禹鼎

西周晚期

- 05.2835 多友鼎
- 05.2841B 毛公鼎
- 07.4071 孟姬湝簋
- 08.4321 訇簋
- 16.10173 虢季子白盤
- 16.10176 散氏盤

西周晚期

- 16.10176 散氏盤
- 16.10176 散氏盤
- 華章47頁 卌二年逑鼎乙
- 保利續127頁 應侯視工簋乙蓋
- 華章71頁 卌三年逑鼎丙

西周早期

- 05.2661 德方鼎
- 05.2837 大盂鼎
- 08.4131 利簋
- 08.4320 宜侯夨簋
- 11.6014 何尊

⿰冬戈 戟 ⿰礻戈 戠

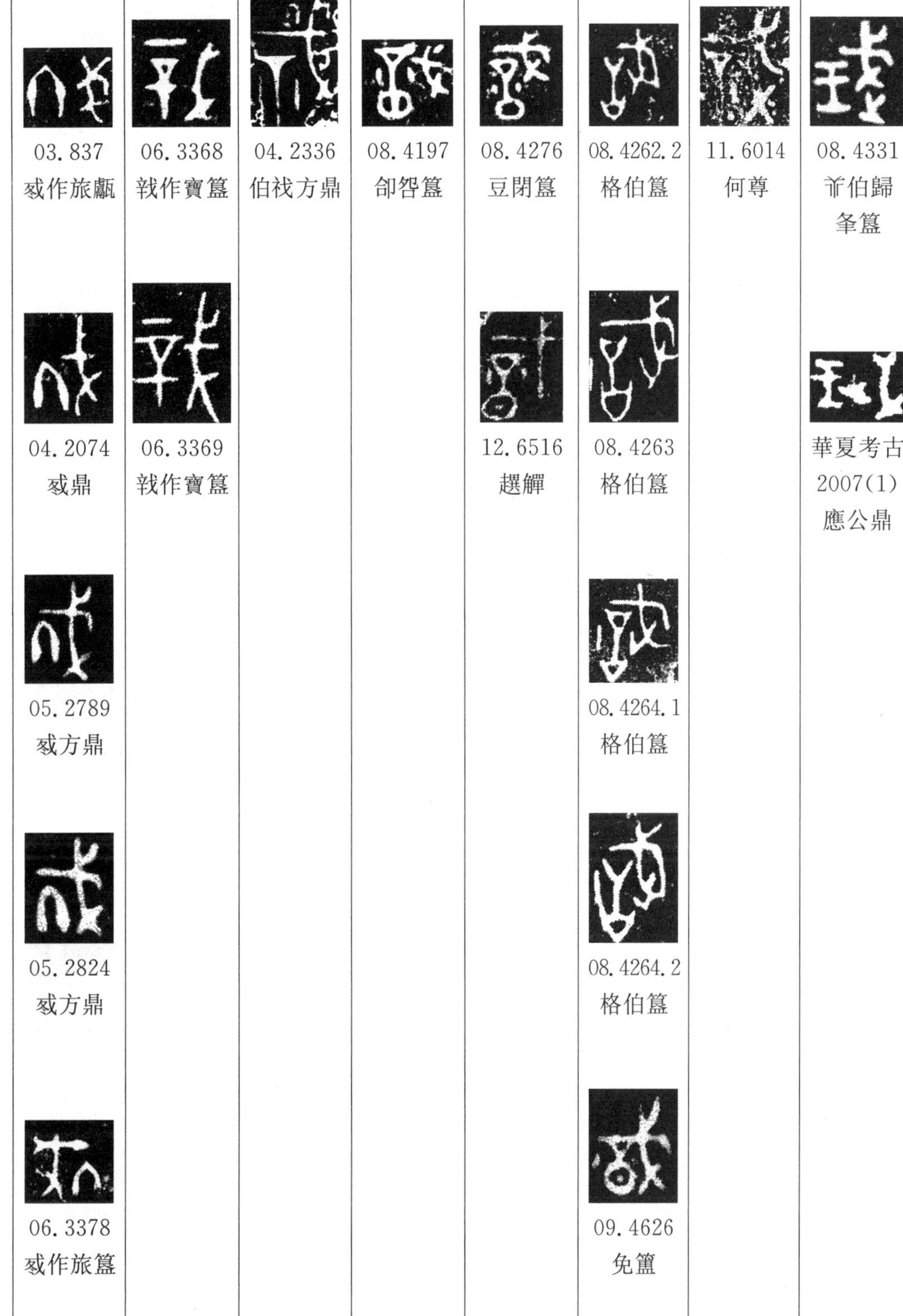

西周中期	西周早期	西周早期	西周晚期	西周中期	西周中期	西周晚期	西周晚期
03.837 ⿰冬戈作旅甗	06.3368 戟作寶簋	04.2336 伯⿰礻戈方鼎	08.4197 卲智簋	08.4276 豆閉簋	08.4262.2 格伯簋	11.6014 何尊	08.4331 乖伯歸夆簋
04.2074 ⿰冬戈鼎	06.3369 戟作寶簋			12.6516 趩觶	08.4263 格伯簋		華夏考古2007(1) 應公鼎
05.2789 ⿰冬戈方鼎					08.4264.1 格伯簋		
05.2824 ⿰冬戈方鼎					08.4264.2 格伯簋		
06.3378 ⿰冬戈作旅簋					09.4626 免簠		

𢦔

06.3489 伯𢦔簋

07.4115 伯𢦔簋

08.4302 彔伯𢦔簋蓋

08.4302 彔伯𢦔簋蓋

08.4322.1 𢦔簋

西周中期

10.5419 彔𢦔卣

西周中期

銘文選一63 小盂鼎

西周早期

05.2813 師奎父鼎

08.4268.1 王臣簋

16.10170 走馬休盤

論稿167頁 呂簋

新收1394 師道簋

西周中期

05.2814 無叀鼎

08.4216.1 五年師旋簋

08.4216.2 五年師旋簋

16.4217.1 五年師旋簋

08.4257 弭伯師耤簋

16.10172 寰盤

西周晚期

閾

08.4322.1 𢦔簋

08.4322.2 𢦔簋

西周中期

𢧜

考文2007(3) 琱生尊

案：袁金平(2006)分析爲从「火」「箋」省聲，讀作「巇」；陳英傑認爲(2007)从「戈」、从「炅」，釋「箋」；吳鎮烽(2007b)釋「斁」；李學勤(2007b)認爲从「烕」聲，讀「幣」；王輝(2008)釋「織」。

西周晚期

𦿒

華章39頁 卌二年逑鼎甲

「捷」字重見。

西周晚期

			我		戚		戉
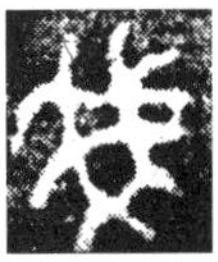 05.2820 善鼎	 04.1988 明我作鼎	 05.2837 大盂鼎	 04.1930 叔我鼎	 06.3569 戚姬簋	 04.1901 戚作父癸鼎	 09.4467.2 師克盨	 16.10175 史牆盤
 05.2831 九年衛鼎		 07.4020 天君簋	 05.2724 毛公旅方鼎		 10.5410.2 啟卣	 09.4468 師克盨蓋	
 05.2838 曶鼎		 08.4330 沈子它簋蓋	 05.2763.1 我方鼎		 11.5983 啟作祖丁尊	 16.10173 虢季子白盤	
 05.2838 曶鼎		 16.9901.1 矢令方彝	 05.2837 大盂鼎		 11.6166 戚葡觶		
 08.4269 縣改簋			 05.2837 大盂鼎				
西周中期	西周早期或中期	西周中期	西周早期	西周中期	西周早期	西周晚期	西周中期

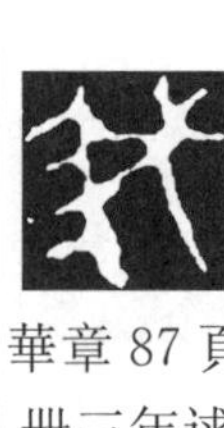 華章87頁 卌三年逑 鼎戊	 16.10176 散氏盤	 08.4329 不嬰簋蓋	 08.4317 𢰓簋	 08.4242 叔向父 禹簋	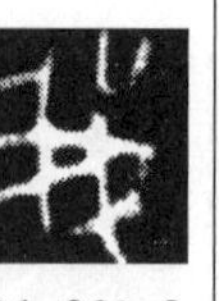 01.260.2 𢰓鐘	 新收740 盠尊	 08.4327 卯簋蓋
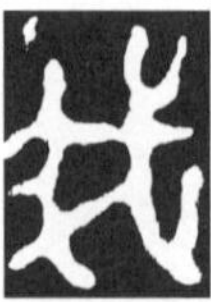 考文 2007(3) 琱生尊	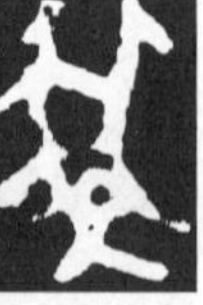 首陽114頁 應侯視工 簋蓋	 08.4331 𦍒伯歸 夆簋	 08.4328 不嬰簋	 08.4278 鬲比簋蓋	 05.2818 鬲攸从鼎	 歷文 2002(6) 𪓐公盨	 11.6011.2 盠駒尊
 考文 2007(3) 琱生尊	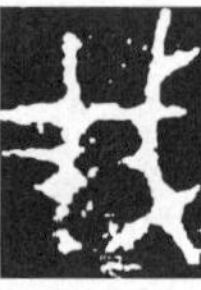 華章55頁 卌三年逑 鼎甲	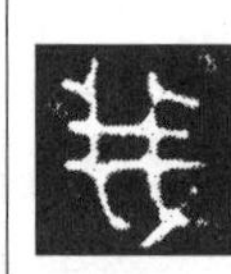 09.4464 駒父盨蓋	 08.4328 不嬰簋	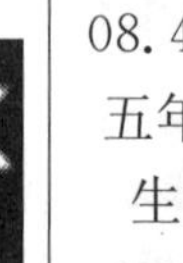 08.4292 五年琱 生簋	05.2841B 毛公鼎	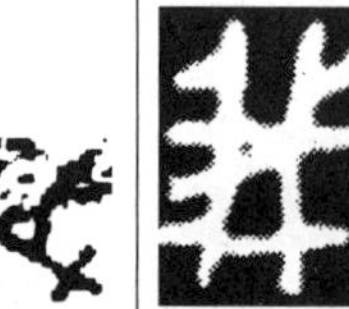 歷文 2004(1) 師酉鼎	16.9899.1 盠方彝
	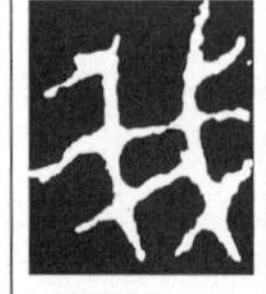 華章71頁 卌三年逑 鼎丙	 09.4628.1 伯公父簠	 08.4328 不嬰簋	 08.4293 六年琱 生簋	 07.4011 復公子簋		 16.9899.2 盠方彝
		 16.10174 兮甲盤	 08.4329 不嬰簋蓋	 08.4313.1 師寰簋	 07.4012 復公子簋		 16.9900.2 盠方彝
				 08.4314 師寰簋			
西周晚期	西周晚期	西周晚期	西周晚期	西周晚期	西周晚期	西周中期	西周中期

義

西周早期	西周中期	西周中期	西周晚期	西周晚期	西周晚期	西周
 03.586 倗作義丏妣鬲	 01.246 痶鐘	 08.4171.1 痶簋	 01.27 中義鐘	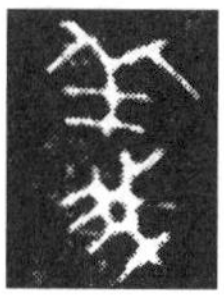 04.2542 仲義父鼎	 09.4391 仲義父盨	 06.3619 義伯簋
 04.2338 義仲方鼎	 01.248 痶鐘	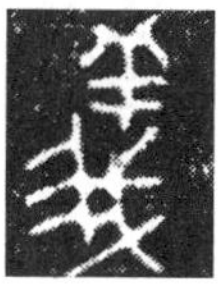 08.4173.1 痶簋	 01.29 中義鐘	 04.2543 仲義父鼎	 09.4392 仲義父盨	
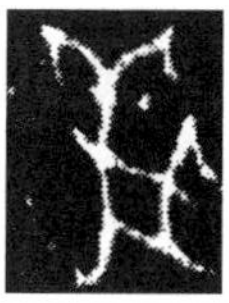 06.3624 叔單簋	 01.249 痶鐘	 10.5427.1 作册嗌卣	 01.243 虢叔旅鐘	 16.9973.2 鄭義伯鑘	 16.9964.2 仲義父鑘	
 06.3667 倗丏簋	 01.255 痶鐘	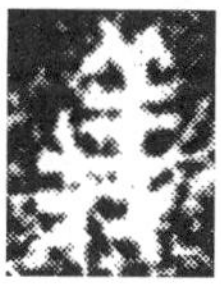 15.9453 義盉蓋	 04.2209 仲義父鼎	 08.4242 叔向父禹簋	 16.10173 虢季子白盤	
 11.6015 麥方尊	 04.2809 師旂鼎	 16.10175 史墻盤	 04.2541 仲義父鼎	 09.4386.1 仲義父盨	 16.10285.2 𠑇匜	

⿱義子

西周早期
國刊 2012(9) 疑尊

案：董珊(2012b)分析該字从「義」从「子」，隸作「義」；李學勤(2014)隸作「⿱義子」；黄傑(2014)同意李氏釋，並謂該字不宜看成一個字，而應當釋爲「義」、「子」兩個字。

亡　　直

						亡	直
01.260.2 㝬鐘	01.148 士父鐘	歷文2002(6) 豳公盨	10.5427.1 作册嗌卣	05.2812 師望鼎	11.6015 何尊	05.2660 辛鼎	08.4199 恒簋蓋
05.2836 大克鼎	01.188 梁其鐘	歷文2002(6) 豳公盨	10.5430.1 繁卣	08.4207 遹簋		08.4140 大保簋	
05.2841B 毛公鼎	01.190 梁其鐘	史學集刊2006(2) 遣伯簋	16.9897.1 師遽方彝	08.4237 臣諫簋		08.4205 諫簋	
08.4317 㝬簋	01.239.1 虢叔旅鍾	考文2006(6) 一式獄簋	16.10175 史牆盤	08.4237 臣諫簋		08.4261 天亡簋	
09.4464 駒父盨蓋	01.241 虢叔旅鍾	歷文2004(2) 任鼎	16.10175 史牆盤	08.4341 班簋		11.6014 何尊	
西周晚期	西周晚期	西周中期	西周中期	西周中期	西周早期	西周早期	西周中期

乍

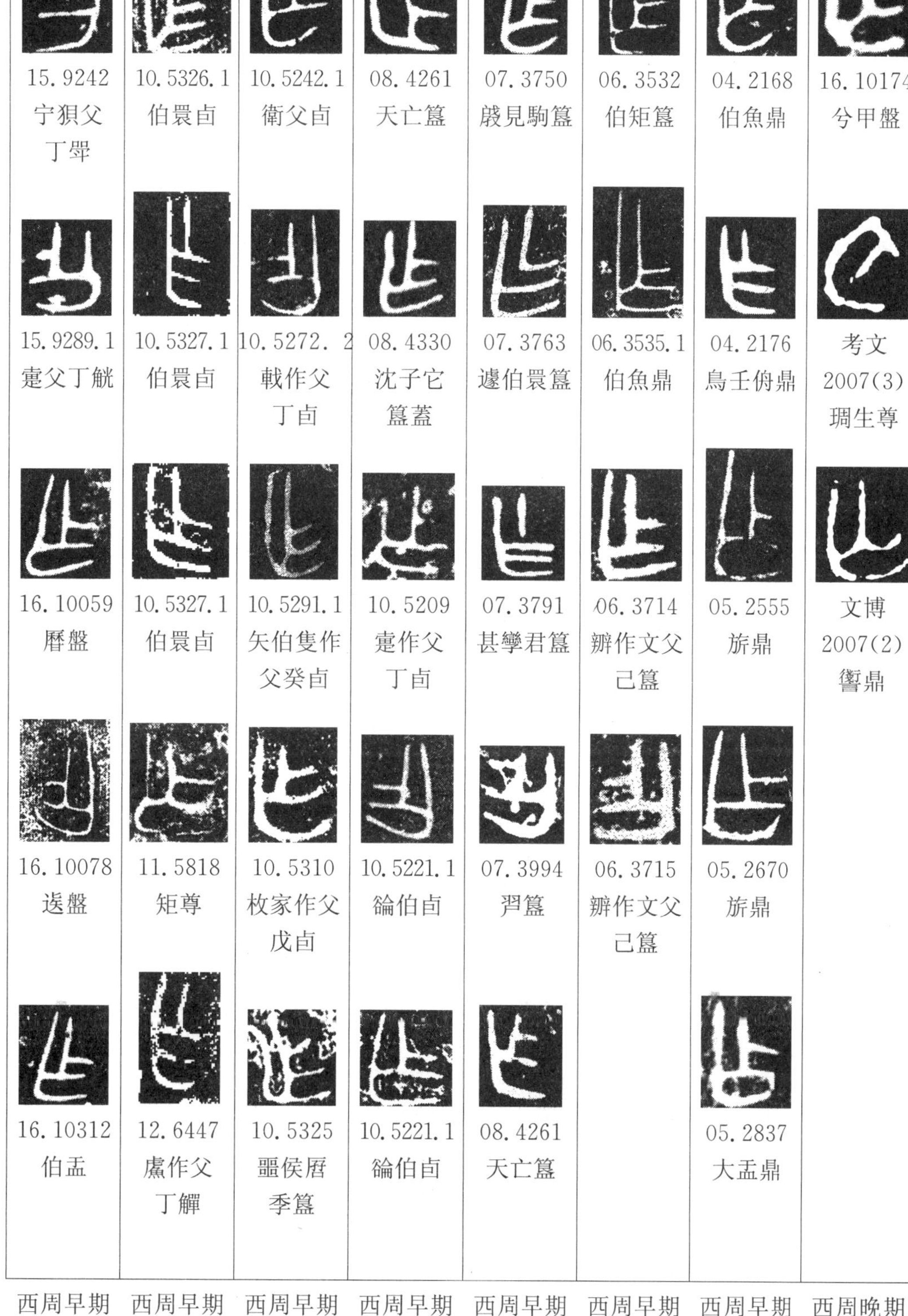

西周早期	西周早期	西周早期	西周早期	西周早期	西周早期	西周早期	西周晚期
15.9242 宁狽父丁罍	10.5326.1 伯睘卣	10.5242.1 衛父卣	08.4261 天亡簋	07.3750 㪤見駒簋	06.3532 伯矩簋	04.2168 伯魚鼎	16.10174 兮甲盤
15.9289.1 寠父丁觥	10.5327.1 伯睘卣	10.5272.2 戟作父丁卣	08.4330 沈子它簋蓋	07.3763 遽伯睘簋	06.3535.1 伯魚鼎	04.2176 鳥壬侜鼎	考文2007(3) 琱生尊
16.10059 曆盤	10.5327.1 伯睘卣	10.5291.1 矢伯隻作父癸卣	10.5209 寠作父丁卣	07.3791 甚擊君簋	06.3714 辦作文父己簋	05.2555 旂鼎	文博2007(2) 訇鼎
16.10078 遙盤	11.5818 矩尊	10.5310 枚家作父戊卣	10.5221.1 𩰫伯卣	07.3994 羽簋	06.3715 辦作文父己簋	05.2670 旂鼎	
16.10312 伯盂	12.6447 盧作父丁觶	10.5325 匽侯厝季簋	10.5221.1 𩰫伯卣	08.4261 天亡簋		05.2837 大盂鼎	

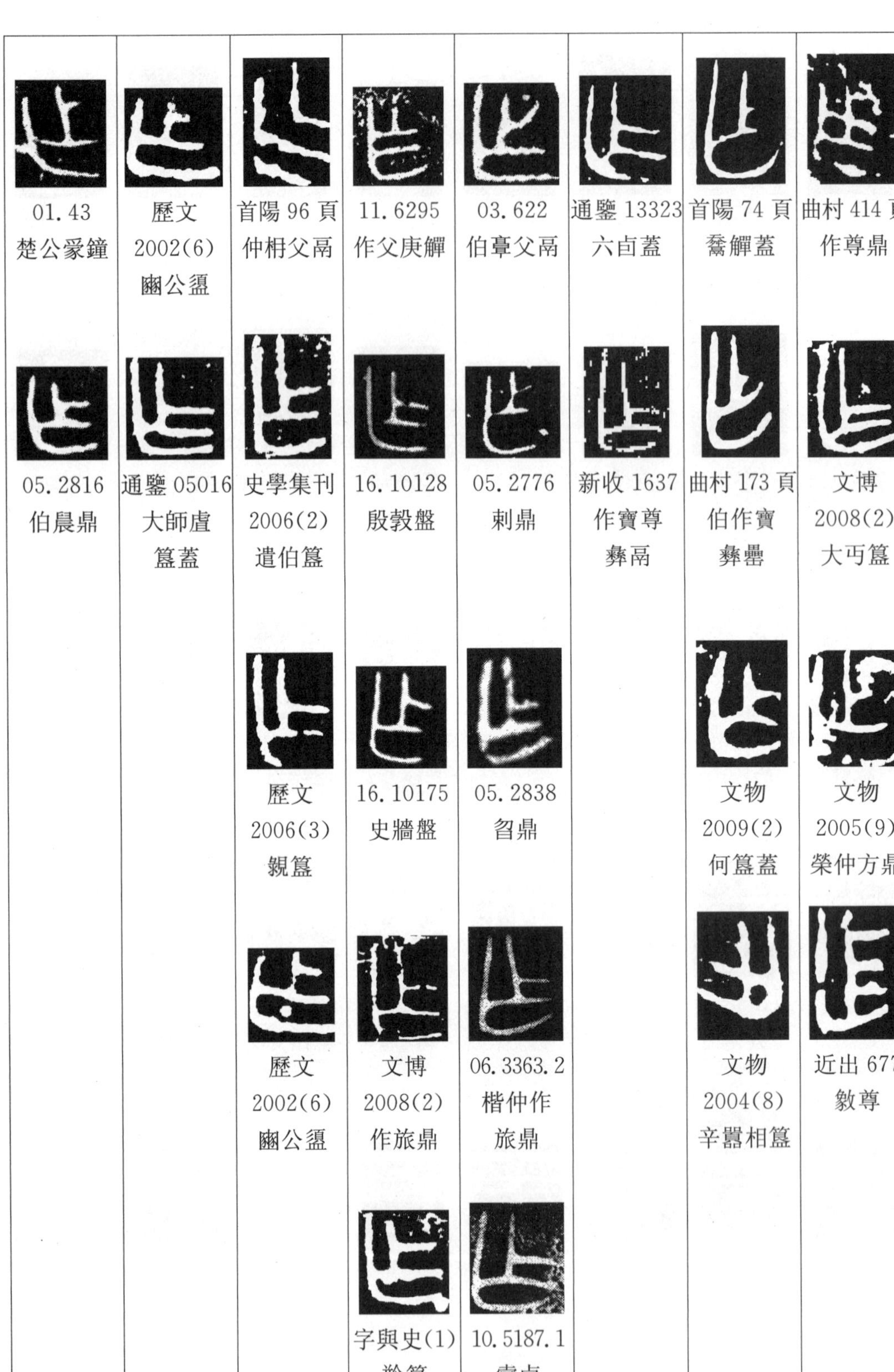

01.43 楚公豦鐘	歷文 2002(6) 𪒠公盨	首陽 96 頁 仲枏父鬲	11.6295 作父庚觶	03.622 伯𩛥父鬲	通鑒 13323 六卣蓋	首陽 74 頁 𤕌觶蓋	曲村 414 頁 作尊鼎
05.2816 伯晨鼎	通鑒 05016 大師虘簋蓋	史學集刊 2006(2) 遣伯簋	16.10128 殷𣪕盤	05.2776 剌鼎	新收 1637 作寶尊彝鬲	曲村 173 頁 伯作寶彝罍	文博 2008(2) 大丏簋
		歷文 2006(3) 親簋	16.10175 史牆盤	05.2838 曶鼎		文物 2009(2) 何簋蓋	文物 2005(9) 榮仲方鼎
		歷文 2002(6) 𪒠公盨	文博 2008(2) 作旅鼎	06.3363.2 楷仲作旅鼎		文物 2004(8) 辛嚣相簋	近出 677 敹尊
			字與史(1) 羚簋	10.5187.1 𩃬卣			
西周中期或晚期	西周中期	西周中期	西周中期	西周中期	西周早期	西周早期	西周早期

匄

08.4223.1 追簋	07.3977 己侯貉子簋蓋	01.246 癲鐘	10.5410.1 啓卣	04.2032 小臣鼎	16.10237 昶伯匜	07.4117.2 師害簋	03.703 善父吉父鬲
08.4223.2 追簋	07.4115 伯戜簋	04.2280 [illegible]鼎			華章 55 頁 卌三年逑鼎甲	08.4329 不嬰簋蓋	03.704 善父吉父鬲
08.4224 追簋	08.4219 追簋	05.2630 伯陶鼎			首陽 114 頁 應侯視工簋蓋	08.4332.1 頌簋	05.2656 伯吉父鼎
08.4237 臣諫簋	08.4220 追簋	05.2662 或者鼎			文物天地 2008(10) 咭相伯甗	08.4333.1 頌簋	05.2836 大克鼎
10.5382.2 緐书卣	08.4222 追簋	05.2813 師奎父鼎				08.4337 頌簋	05.2841B 毛公鼎
西周中期	西周中期	西周中期	西周早期	西周	西周晚期	西周晚期	西周晚期

西周晚期	西周晚期	西周晚期	西周晚期	西周晚期	西周中期	西周中期	西周中期
08.4317 㝬簋	08.4124 尌仲簋蓋	05.2814 無叀鼎	05.2798 小克鼎	01.141 師臾鐘	文物 1996(7) 仲獘簋	15.9433 遣盉	10.5406.1 周乎卣
08.4328 不嬰簋	08.4147.1 善夫梁其簋	05.2821 此鼎	05.2799 小克鼎	01.188.1 梁其鐘	考文 2006(6) 南姞甗	15.9728 曶壺蓋	11.5913 𢐗伯井姬羊尊
08.4329 不嬰簋蓋	08.4198 蔡姞簋	05.2825 善夫山鼎	05.2800 小克鼎	01.205 克鐘	考文 2006(6) 一式獄簋蓋	15.9826 對罍	11.5972 作乎考尊
08.4332.1 頌簋	08.4303.2 此簋	05.2827 頌鼎	05.2801 小克鼎	05.2681 姬鼎	南開學報 2008(6) 衛簋甲蓋	16.9897.1 師遽方彝	11.5993 作乎方尊
08.4332.2 頌簋	08.4310 此簋	05.2828 頌鼎	05.2802 小克鼎	05.2796 小克鼎	通鑒 05672 遣伯盨	16.10175 史牆盤	12.6511.1 㠱仲觶
		05.2829 頌鼎					

匽　　匿

西周早期	西周早期	西周早期	西周早期	西周晚期	西周晚期	西周晚期	西周晚期
16.10305 匽侯盂	 05.2703 堇鼎	 03.689.2 伯矩鬲	 05.2837 大盂鼎	 15.9713 殳季良父壺	 09.4450 杜伯盨	 08.4339 頌簋	 08.4333.1 頌簋
 16.10887 匽侯戈	 05.2749 憲鼎	 04.2269 匽侯旨作父辛鼎		 15.9731.1 頌壺	 09.4450.2 杜伯盨	 09.4432 曼龏父盨	 08.4333.2 頌簋
 18.11854 匽侯銅泡	 06.3614 郾侯簋	 04.2505.1 圉方鼎		 15.9732 頌壺蓋	 09.4451 杜伯盨	 09.4433 曼龏父盨	 08.4334 頌簋
 18.11860 匽侯銅泡	 11.5978 復作父乙尊	 05.2556 小臣𫌨鼎		 文物 2009(9) 頌盤	 09.4452 杜伯盨	 09.4446.1 伯梁其盨	 08.4335 頌簋
 18.11861 匽侯銅泡	 16.10303.1 匽侯盂	 05.2628 匽侯旨鼎			 09.4692 大師盧豆	 09.4448 杜伯盨	 08.4336 頌簋
 中國文物精華 克罍蓋銘						 09.4449 杜伯盨	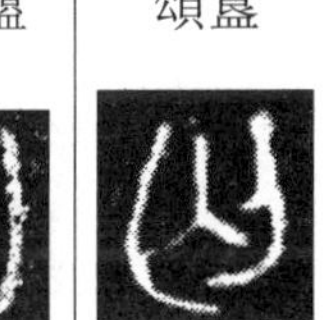 08.4338 頌簋

匚部

匹

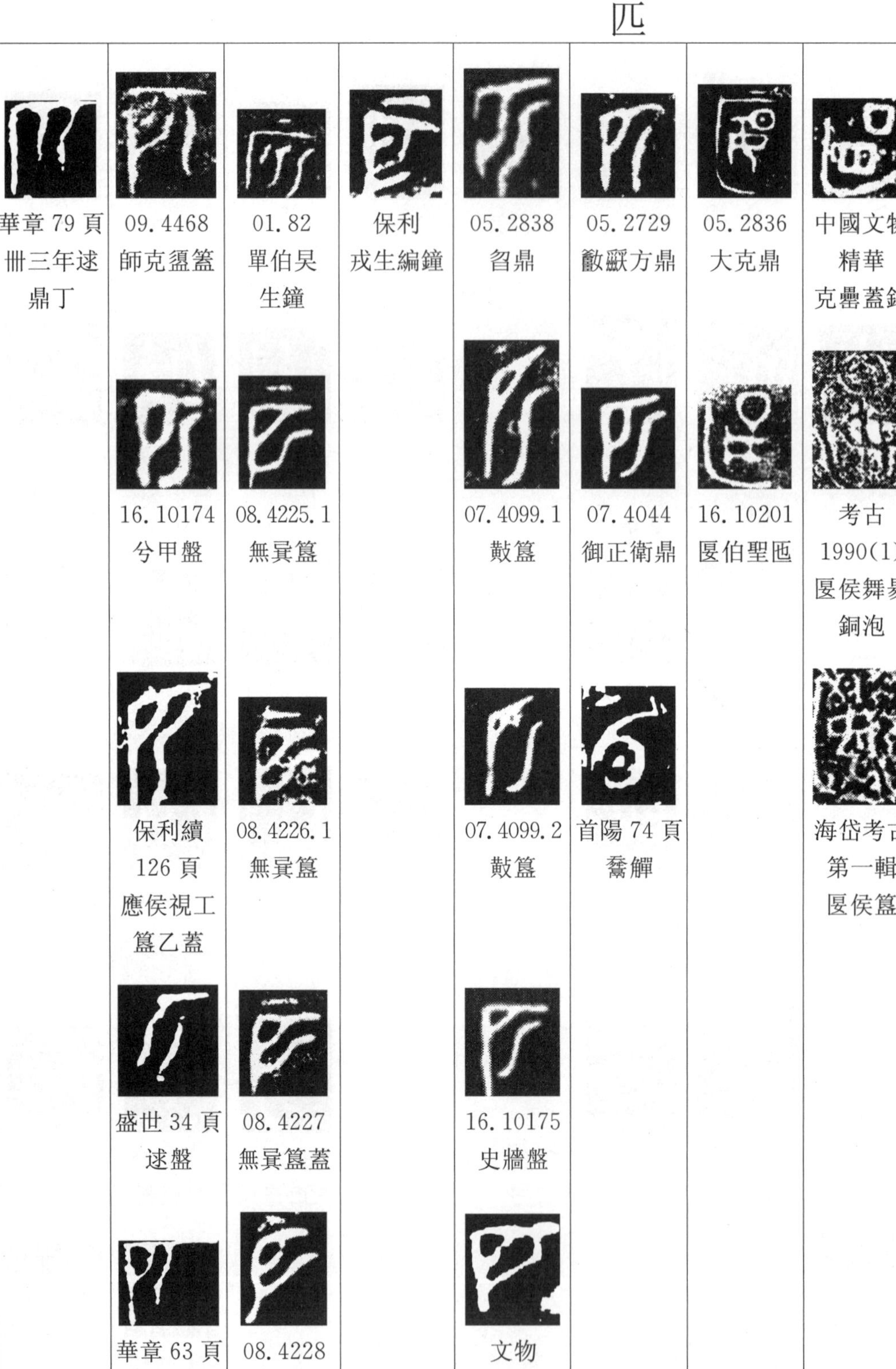

華章 79 頁 卌三年逑鼎丁
09.4468 師克盨簋
01.82 單伯昦生鐘
保利 戎生編鐘
05.2838 曶鼎
05.2729 䲨𠪚方鼎
05.2836 大克鼎
中國文物精華 克罍蓋銘
16.10174 兮甲盤
08.4225.1 無㠱簋
07.4099.1 𢾊簋
07.4044 御正衛鼎
16.10201 匽伯聖匜
考古 1990(1) 匽侯舞昜銅泡
保利續 126 頁 應侯視工簋乙蓋
08.4226.1 無㠱簋
07.4099.2 𢾊簋
首陽 74 頁 𩁹觶
海岱考古第一輯 匽侯簋
盛世 34 頁 逑盤
08.4227 無㠱簋蓋
16.10175 史牆盤
華章 63 頁 卌三年逑鼎乙
08.4228 無㠱簋蓋
文物 2003(9) 季姬尊

西周晚期 西周晚期 西周晚期 西周中期 西周中期 西周早期 西周早期 西周早期

匚	匡		匜	〔鉇〕		〔盄〕	
04.2132 匚[illegible]父癸鼎	05.2838 曶鼎	05.2833 禹鼎	16.10216 召樂父匜	16.10224 中友父匜	16.10220 史頌匜	16.10219 叔穀匜	文物2009(2) 何簋
	05.2838 曶鼎	09.4552 𪔛弔簠				16.10237 𧩘伯匜	文物2009(2) 何簋簋
	10.5423A 匡卣	09.4553 尹氏賈良簠				16.10250 伯[illegible]匜	
		09.4555 師麻斿叔鼎					
		09.4579.2 史免簠					
西周早期	西周中期	西周晚期	西周晚期	西周中期	西周晚期	西周晚期	西周晚期

案：張光裕(2009)視作「皿」形，爲「益」字簡寫，讀爲「賜」；趙平安(2010b)釋爲「匜」。

				𠥓		医	
 陝博(7) 宰獸簋	 09.4563 季良父簠	 09.4523 史免簠	 09.4497 函交仲簠	 09.4473 史利簠	 03.470 作医鬲	 06.3346 考母簋	 16.10252 賈子己父匜
	 總集 2941 季良父簠	 09.4524 [illegible]簠	 09.4498 虢叔簠蓋	 09.4479 射南簠蓋		 15.9527.1 考母簋	 16.10182 宗仲匜
	 09.4572 季宮父簠	 09.4530 善夫吉父簠	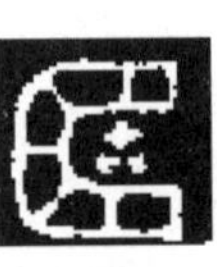 09.4515 虢叔簠	 09.4481 史頌簠		 15.9527.2 考母簋	
	 文物2000(12) 虢仲簠	 09.4552 [illegible]弔簠	 09.4515 虢叔簠	 09.4482 仲其父簠甲		 15.9801 考母罍	
	 新收 1045 郜仲簠	 09.4554 伯勇父簠	 皕明樓 47 虢叔簠	 09.4485 般仲[illegible]簠			
西周晚期	西周晚期	西周晚期	西周晚期	西周晚期	西周中期	西周早期	西周晚期

匵	⿷匚丙	甾		⿱甾皿	甗		
09.4516 [illegible][illegible]簠	文博 1985(3) 史惠鼎	12.6504 甾作父己觶	08.4321 訇簋	05.2841A 毛公鼎	03.818 見作甗	03.910 孟姬安甗	08.4323 敔簋
				16.10173 虢季子白盤	03.858 伯作旅甗	考古學報 2018(2) 霸仲甗	案：此字或釋爲「啚」，陳夢家釋爲「膚」，讀爲「獻」；禤健聰(2016b)認爲該字是「甗」的象形初文之變，可從。
					03.884 師趛甗		
					新收 916 克甗		
西周晚期	西周晚期	西周早期	西周晚期	西周晚期	西周早期	西周中期	西周晚期

彊　　　　　　　　弭　　　　　　　　弓

05.2660 辛鼎	08.4253 弭叔師宋簋	03.572 弭叔鬲	05.2780 師湯父鼎	16.10173 虢季子白盤	08.4276 豆閉簋	03.1214 弓鼎	04.1678 弓父癸鼎
	08.4254 弭叔師宋簋			華章39頁 卌二年逑鼎甲	08.4322.1 㦰簋	05.2780 師湯父鼎	04.2181 作公尊彝鼎
	08.4257 弭叔師宋簋			考文2003(3) 四十二年逑鼎乙	10.5398.1 同卣	05.2784 十五年趞曹鼎	10.5033 作旅弓卣
	09.4385 弭叔盨				10.5398.2 同卣	07.4099.1 戴簋	新收800 子弓盉
	09.4430 弭叔作叔班盨蓋				11.5902 獸作父庚尊	07.4099.2 戴簋	
西周早期	西周晚期	西周中期或晚期	西周中期	西周晚期	西周中期	西周中期	西周早期

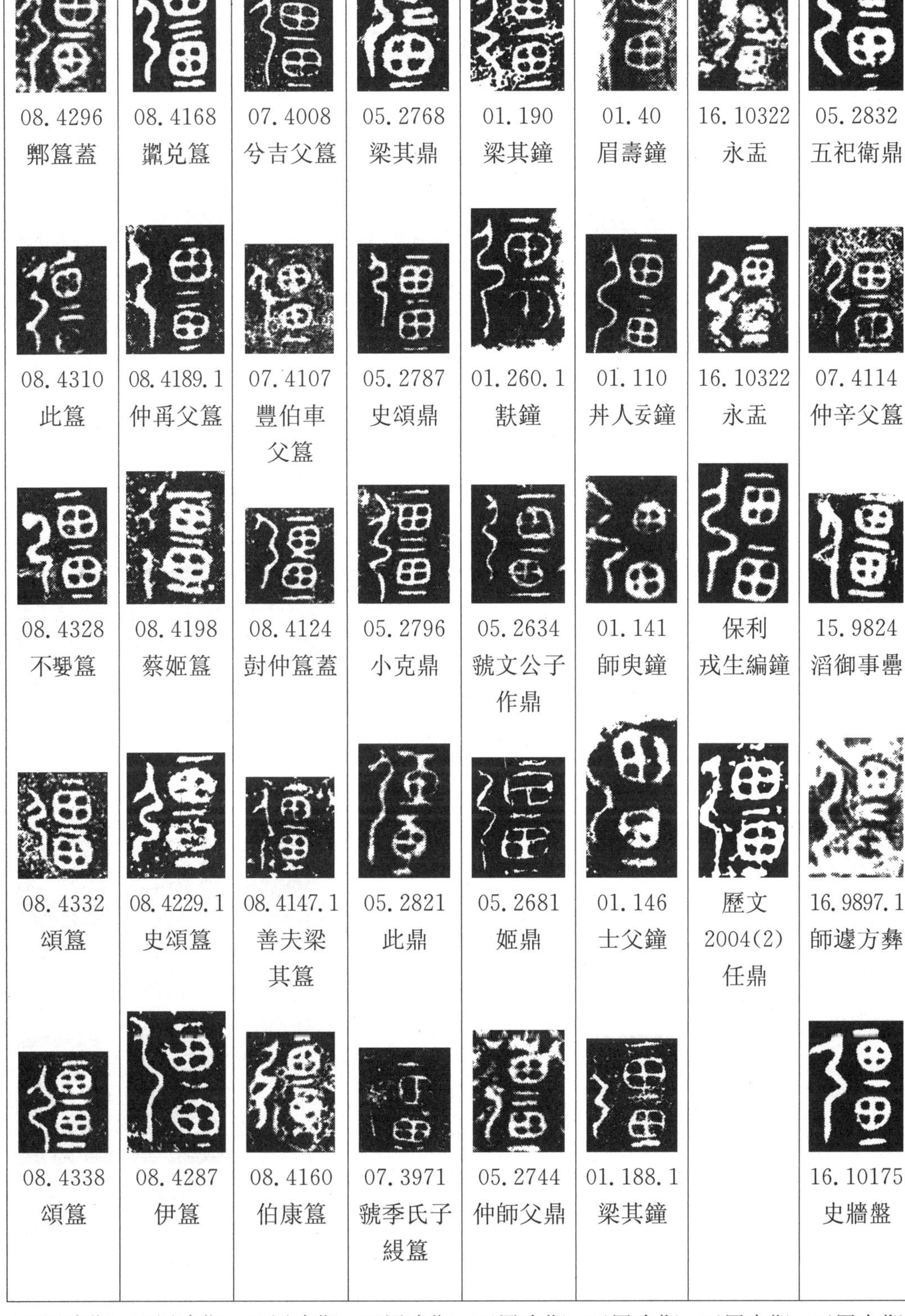

08.4296 鄭簋蓋	08.4168 鬻兌簋	07.4008 兮吉父簋	05.2768 梁其鼎	01.190 梁其鐘	01.40 眉壽鐘	16.10322 永盂	05.2832 五祀衛鼎
08.4310 此簋	08.4189.1 仲爯父簋	07.4107 豐伯車父簋	05.2787 史頌鼎	01.260.1 㝬鐘	01.110 井人妄鐘	16.10322 永盂	07.4114 仲辛父簋
08.4328 不嬰簋	08.4198 蔡姬簋	08.4124 討仲簋蓋	05.2796 小克鼎	05.2634 虢文公子作鼎	01.141 師臾鐘	保利 戎生編鐘	15.9824 滔御事罍
08.4332 頌簋	08.4229.1 史頌簋	08.4147.1 善夫梁其簋	05.2821 此鼎	05.2681 姬鼎	01.146 士父鐘	歷文 2004(2) 任鼎	16.9897.1 師遽方彝
08.4338 頌簋	08.4287 伊簋	08.4160 伯康簋	07.3971 虢季氏子組簋	05.2744 仲師父鼎	01.188.1 梁其鐘		16.10175 史牆盤
西周晚期	西周晚期	西周晚期	西周晚期	西周晚期	西周晚期	西周中期	西周中期

引

西周中期	西周早期或中期	西周早期	西周	西周晚期	西周晚期	西周晚期	西周晚期
04.2809 師旂鼎	11.5950 引簋	05.2724 毛公旅方鼎	文物 1994(1) 年無彊鐘	華章 71 頁 卌三年逑鼎丁	盛世 34 頁 逑盤	16.10142 齊叔姬盤	08.4339 頌簋
10.5427.1 作册嗌卣		12.7278 晝引壺		文物 2009(9) 頌盤	文物 2004(3) 有司簡簋蓋	16.10155 湯叔盤	09.4426 兮伯吉父盨
考文 2006(6) 二式獄簋					華章 39 頁 卌二年逑鼎甲	16.10174 兮甲盤	09.4465 善父克盨
考文 2006(6) 獄盉					華章 63 頁 卌三年逑鼎乙	16.10176 散氏盤	09.4628.1 伯公父簠
						考文 1998(3) 吳虎鼎	15.9718 𩰫史屖壺

弘

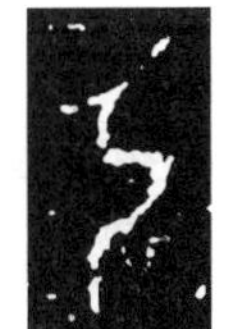
南開學報 2008(6) 衛簋甲蓋

西周中期

05.2828 頌鼎

05.2841B 毛公鼎

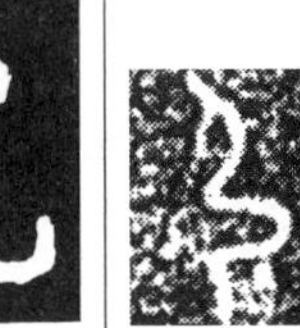
08.4332.1 頌簋

08.4338 頌簋蓋

08.4339 頌簋

西周晚期

15.9731.1 頌壺

15.9732 頌壺蓋

文物 2009(9) 頌盤

西周中期

08.4180 小臣守簋

案：趙誠(2014)認爲兩周金文的「引」字寫作「[illegible]」，在弓的背部著一斜畫；「弘」字基本上寫作「[illegible]」，先在弓的背部著一斜畫，然後在斜畫的尾端向上一挑，或長或短，不上挑者則是「引」字。

西周

03.488 弘作彝鬲

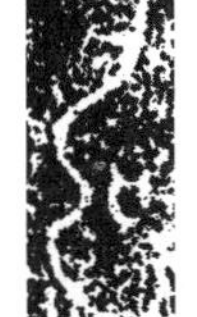
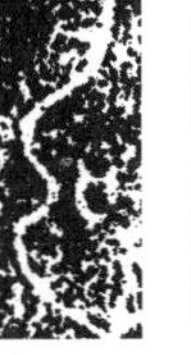
10.5257 盟弘卣

西周早期

璽

16.10175 史牆盤

西周中期

05.2833 禹鼎

西周晚期

發

新收 593 耳發耒簋

西周早期

⿰弓⿱日又	盭	弻	弜		⿰弓魚	⿰弓寅	弙
04.1772 ⿰弓⿱日又鼎	01.251 瘐鐘	05.2841B 毛公鼎	保利續 146 頁 典兔尊	04.2192 ⿰弓魚作井 姬鼎	03.895 ⿰弓魚伯甗	15.9455 長由盉	16.10581 弙作父 辛器
	16.10175 史牆盤	08.4326 番生簋蓋		11.5913 ⿰弓魚伯井姬 羊尊	03.908 ⿰弓魚伯甗		
		第三屆 321 頁 焂戒鼎		16.10063 ⿰弓魚伯盤	06.3528 ⿰弓魚伯簋		
					16.10064 ⿰弓魚伯盤		
西周早期	西周中期	西周晚期	西周早期	西周中期	西周早期	西周中期	西周早期

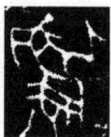

10.5365 豚卣	08.4264.1 格伯簋	08.4208 段簋	06.3738 啚簋	05.2755 㝉鼎	11.6007 耳尊	11.5941 [illegible]尊	07.3827 敔簋
11.5969 伯作蔡姬尊	08.4264.2 格伯簋	08.4214 師遽簋蓋	07.3771 晉人簋	05.2789 戜方鼎		新收 1664 矩方鼎	07.3863 彔簋
15.9728 曶壺蓋	08.4265 格伯簋	08.4250 即簋	07.3772.1 己侯簋	05.2807 大鼎		近出 677 敾尊	07.4021 寧簋蓋
字與史(1) 舲簋	08.4269 縣改簋	08.4262.1 格伯簋	07.3952 格伯作晉姬鼎	05.2808 大鼎		曲村 505 頁 叡卣蓋	07.4073 伯[illegible]簋
考文 2006(6) 南姞甗	08.4327 卯簋蓋	08.4263 格伯簋	08.4194.1 友簋	05.2838 曶鼎		新收 960 家父盤	08.4201 小臣宅簋
西周中期	西周中期	西周中期	西周中期	西周中期	西周早期或中期	西周早期	西周早期

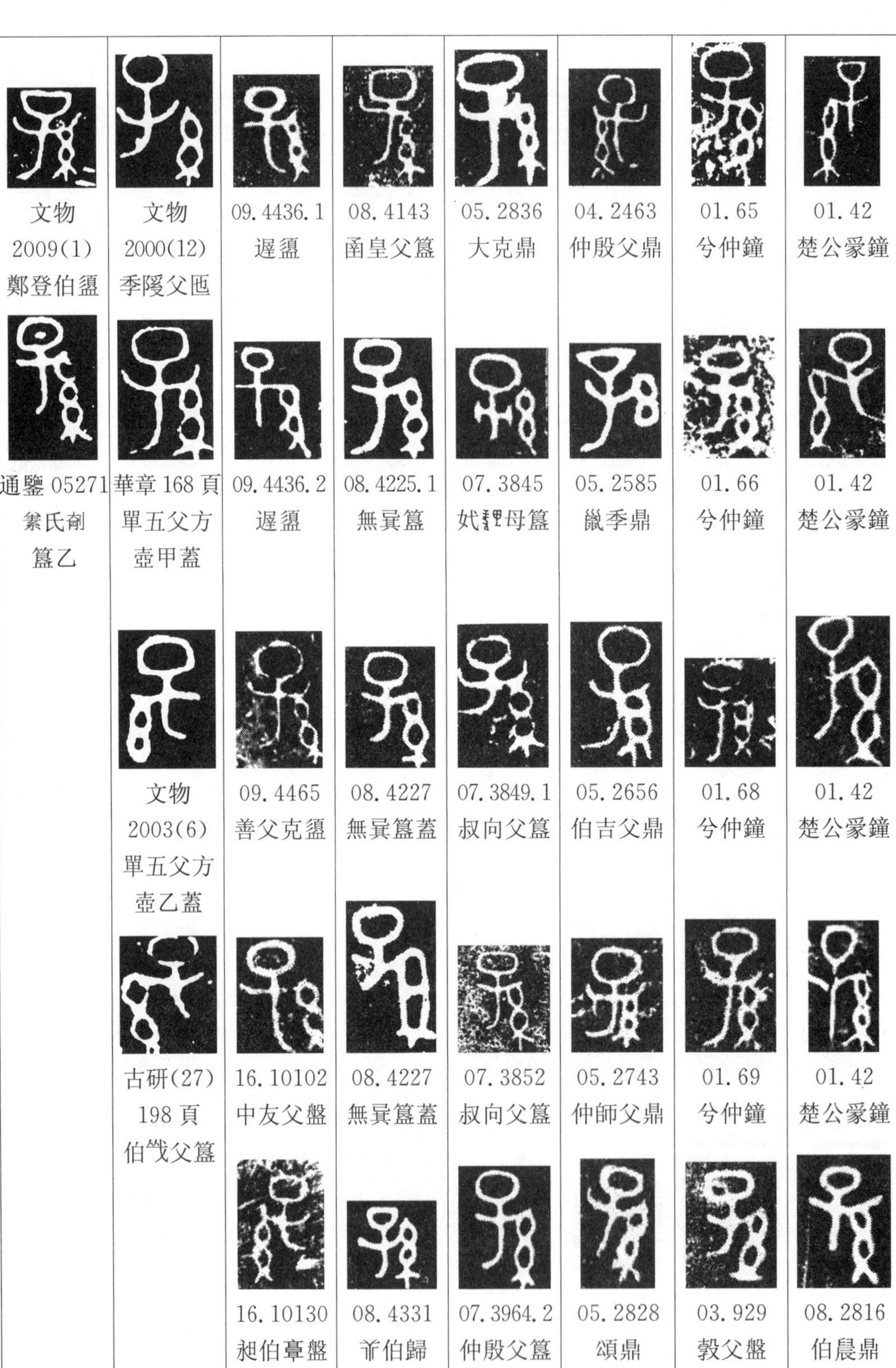

文物 2009(1) 鄭登伯盨	文物 2000(12) 季隥父匜	09.4436.1 遅盨	08.4143 圅皇父簋	05.2836 大克鼎	04.2463 仲殷父鼎	01.65 兮仲鐘	01.42 楚公豪鐘
通鑒 05271 㝬氏𠜂簋乙	華章 168 頁 單五父方壺甲蓋	09.4436.2 遅盨	08.4225.1 無㠱簋	07.3845 妊𡢁母簋	05.2585 𪔀季鼎	01.66 兮仲鐘	01.42 楚公豪鐘
	文物 2003(6) 單五父方壺乙蓋	09.4465 善父克盨	08.4227 無㠱簋蓋	07.3849.1 叔向父簋	05.2656 伯吉父鼎	01.68 兮仲鐘	01.42 楚公豪鐘
	古研(27) 198 頁 伯戔父簋	16.10102 中友父盤	08.4227 無㠱簋蓋	07.3852 叔向父簋	05.2743 仲師父鼎	01.69 兮仲鐘	01.42 楚公豪鐘
		16.10130 袒伯章盤	08.4331 乖伯歸夆簋	07.3964.2 仲殷父簋	05.2828 頌鼎	03.929 㪉父盤	08.2816 伯晨鼎
西周晚期	西周晚期	西周晚期	西周晚期	西周晚期	西周晚期	西周晚期	西周中期或晚期

⿰言系

西周中期	西周晚期	西周晚期
04.1936 懋史⿰言系鼎	08.4313.1 師寰簋	盛世 34 頁 逑盤
08.4302 彔伯𢦚簋蓋	08.4313.2 師寰簋	華章 39 頁 卌二年逑鼎甲
	09.4467.1 師克盨	華章 119 頁 卌三年逑鼎壬
	16.10175 史牆盤	文物 2006(5) 柞伯鼎
	考古 1994(1) 師克盨	

案：曾憲通(1983)分析此字从「言」从「鼬」之象形初文得聲；單育辰(2012)認爲金文中的「⿰歹系」應該由甲骨文的「狐」形演變而來。

西周金文字編　卷十三

系	純					
03.501 系父丁鬲	05.2813 師奎父鼎	05.2814 無叀鼎	05.2829 頌鼎	08.4309 此簋	08.4334 頌簋
14.8665 系父壬爵	05.2718 康季鼎	05.2821 此鼎	08.4303.2 此簋	08.4310 此簋	08.4335 頌簋
	05.2830 師𩛥鼎	05.2822 此鼎	08.4257 弭伯師耤簋	08.4321 訇鼎	08.4336 頌簋蓋
	08.4243 投簋蓋	05.2823 此鼎	08.4306 此簋	08.4332.1 頌簋	08.4337 頌簋
	08.4268.1 古臣簋	05.2825 善夫山鼎	08.4307 此簋	08.4333.1 頌簋	08.4338 頌簋蓋
	16.10170 走馬休盤	05.2827 頌鼎	08.4308 此簋	08.4333.2 頌簋	
西周早期	西周中期	西周晚期	西周晚期	西周晚期	西周晚期

		終	絅	〔紉〕 絶	織	經	
01.109.1 井人妄鐘	08.4223.2 追簋	01.249 癲鐘	08.4289.1 師酉簋	08.4262.1 格伯簋	08.4197 卻咎簋	05.2837 大盂鼎	08.4339 頌簋蓋
05.2796 小克鼎	08.4224 追簋	08.4219 追簋	08.4290 師酉簋	08.4262.2 格伯簋	08.4276 豆閉簋	16.10173 虢季子白盤	15.9731.1 頌壺
05.2799 小克鼎	08.4241 榮作周公簋	08.4220 追簋		08.4265 格伯簋	09.4626 免簠		15.9732 頌壺蓋
05.2801 小克鼎	11.6015 麥方尊	08.4222 追簋蓋			12.6516 趩觶		新收964頁 師道簋
05.2821 此鼎	15.9433 遣盉	08.4223.1 追簋					
05.2822 此鼎	15.9826 對罍	08.4223.1 追簋					
西周晚期	西周中期	西周中期	西周中期	西周中期	西周中期	西周早期	西周晚期

紳	綼	綰					
 06.3559 紳父簋	 07.3906.2 攸簋	 考文 2003(6) 逑盤	 01.188.1 梁其鐘	 01.246 㾓鐘	 15.9731.1 頌壺	 08.4305 此簋	 05.2825 善夫山鼎
10.5400.2 作册紳卣		 華章 39 頁 卌二年逑 鼎甲	 01.190 梁其鐘	 16.10175 史牆盤	 文物 2003(6) 逑盤	 08.4328 不嬰簋	 05.2827 頌鼎
 11.5991 作册䚄父 乙尊		 華章 79 頁 卌二年逑 鼎甲	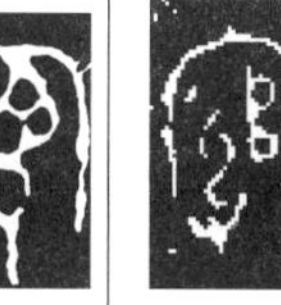 05.2825 善夫山鼎		 考文 2007(3) 琱生尊	 08.4333.1 頌簋	 08.4156 伯家父 簋蓋
 16.9892.2 𢉖方彝		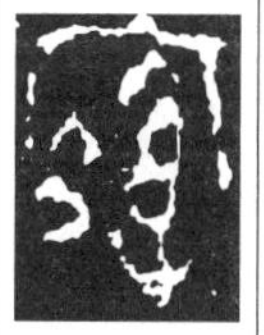 華章 103 頁 卌二年逑 鼎庚	 08.4198 蔡姞簋		 文物 2009(9) 頌盤	 08.4336 頌簋蓋	 08.4198 蔡姞簋
			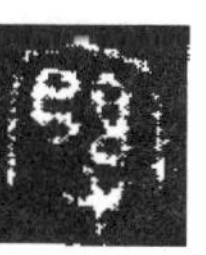 文物 2003(6) 卌二年逑 鼎乙			 15.9713 殳季良 父壺	 08.4204.1 曾仲大父 蛕簋
西周早期	西周早期	西周晚期	西周晚期	西周中期	西周晚期	西周晚期	西周晚期

〔纑〕

組　綏

西周晚期	西周中期	西周晚期	西周晚期	西周晚期	西周晚期	西周中期	西周中期
03.661 虢季氏子組鬲	16.10175 史牆盤	陝博(7) 宰獸簋	文物 2003(6) 逑盤	08.4312 師頯簋	05.2836 大克鼎	歷文 2006(3) 䚄簋	06.3443 𥾝紳簋
07.3971 虢季氏子緻簋			華章 55 頁 卌三年逑鼎甲	08.4317 㝬簋	05.2841B 毛公鼎	新收 1874 虎簋蓋乙	08.4283 師瘨簋蓋
07.3973 虢季氏子緻簋			華章 71 頁 卌三年逑鼎丙	08.4318.1 三年師兑簋	08.4242 弔向父禹簋		08.4284 師瘨簋蓋
08.4313.1 師寰簋			華章 119 頁 卌三年逑鼎壬	08.4324.1 師嫠簋	08.4287 伊簋		16.10175 史牆盤
08.4314 師寰簋				銘文選一 307 師克盨器	08.4296 𨛭簋蓋		考文 1997(3) 虎簋蓋
					08.4297 𨛭簋		

彝		緐	維	緘	縈	縷	
03.471 作彝鬲	08.4242 弔向父禹簋	08.4316 師虎簋	16.10173 虢季子白盤	05.2841B 毛公鼎	07.3772.1 己侯簋	16.10176 散氏盤	10.5376 虢季子緅卣
03.491 作隮彝鬲		08.4341 班簋	案：劉洪濤(2016c)根據古文字「擁」的不同寫法把此字釋爲「擁」。		07.3772.2 己侯簋		15.9655 虢季子緅壺
03.493 作寶彝鬲		10.5430.2 緐卣			08.4267 申簋蓋		
03.494 伯作彝鬲		文物 2007(1) 敔甗			06.3481 縈伯簋		
03.506 北伯作彝鬲		保利 戎升編鐘			10.5382.2 縈弔卣		
西周早期	西周晚期	西周中期	西周晚期	西周晚期	西周中期	西周晚期	西周晚期

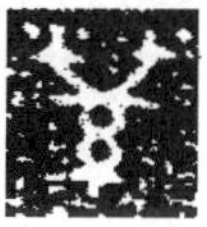

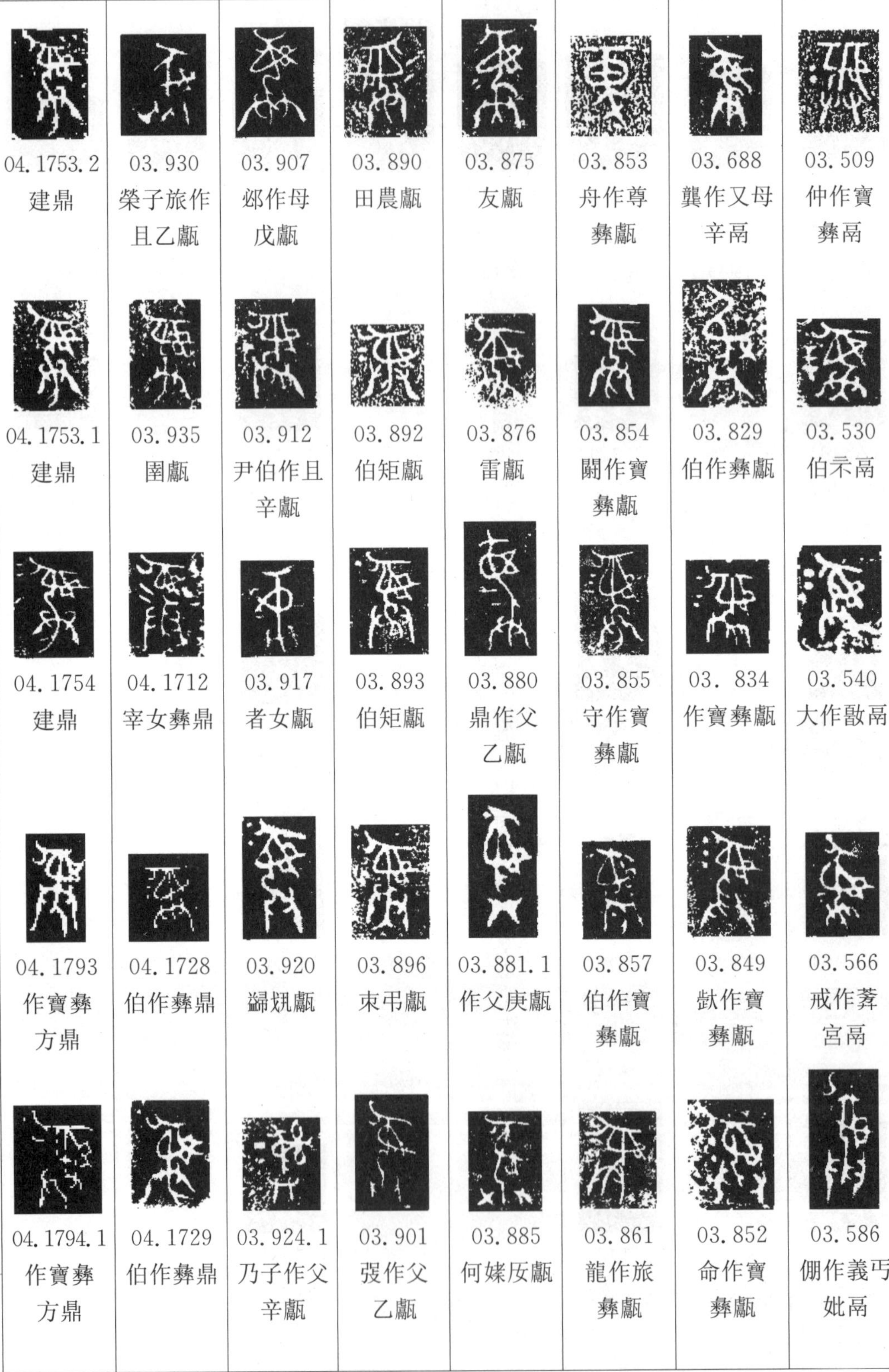

04.1753.2 建鼎	03.930 榮子旅作且乙甗	03.907 邲作母戊甗	03.890 田農甗	03.875 友甗	03.853 舟作尊彝甗	03.688 龔作又母辛鬲	03.509 仲作寶彝鬲
04.1753.1 建鼎	03.935 圉甗	03.912 尹伯作且辛甗	03.892 伯矩甗	03.876 雷甗	03.854 鬫作寶彝甗	03.829 伯作彝甗	03.530 伯示鬲
04.1754 建鼎	04.1712 宰女彝鼎	03.917 者女甗	03.893 伯矩甗	03.880 鼎作父乙甗	03.855 守作寶彝甗	03. 834 作寶彝甗	03.540 大作𣪕鬲
04.1793 作寶彝方鼎	04.1728 伯作彝鼎	03.920 歸𢦚甗	03.896 束弔甗	03.881.1 作父庚甗	03.857 伯作寶彝甗	03.849 戱作寶彝甗	03.566 戒作葊宮鬲
04.1794.1 作寶彝方鼎	04.1729 伯作彝鼎	03.924.1 乃子作父辛甗	03.901 弜作父乙甗	03.885 何嫊㕦甗	03.861 龍作旅彝甗	03.852 命作寶彝甗	03.586 倗作義丏妣鬲
西周早期	西周早期	西周早期	西周早期	西周早期	西周早期	西周早期	西周早期

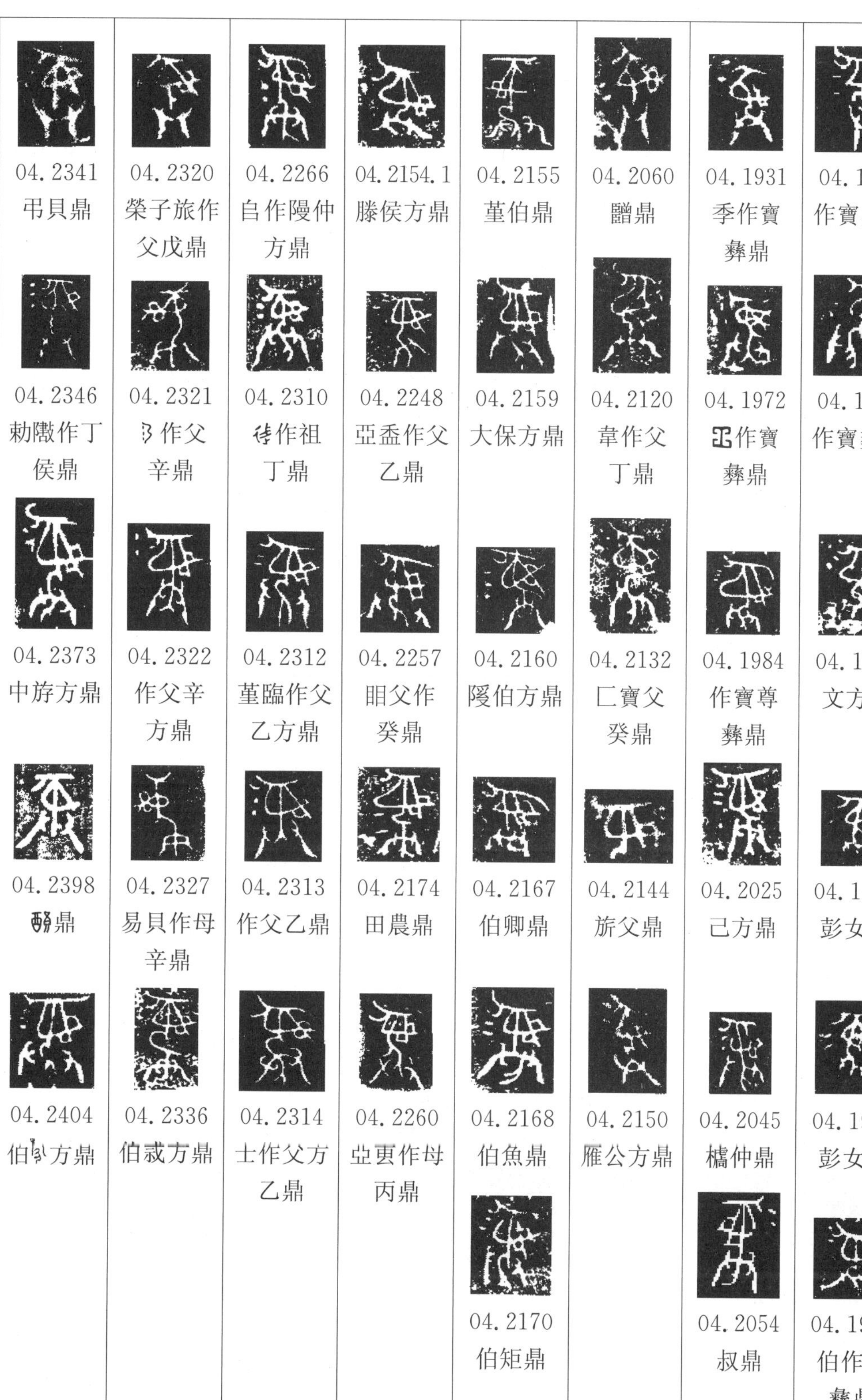

04.1795 作寶彝鼎
04.1796 作寶彝鼎
04.1810 文方鼎
04.1907 彭女鼎
04.1908 彭女鼎
04.1918 伯作寶彝鼎
西周早期

04.1931 季作寶彝鼎
04.1972 [illegible]作寶彝鼎
04.1984 作寶尊彝鼎
04.2025 己方鼎
04.2045 檮仲鼎
04.2054 叔鼎
西周早期

04.2060 齟鼎
04.2120 韋作父丁鼎
04.2132 匚寶父癸鼎
04.2144 旂父鼎
04.2150 雁公方鼎
西周早期

04.2155 堇伯鼎
04.2159 大保方鼎
04.2160 陖伯方鼎
04.2167 伯卿鼎
04.2168 伯魚鼎
04.2170 伯矩鼎
西周早期

04.2154.1 滕侯方鼎
04.2248 亞盉作父乙鼎
04.2257 眀父作癸鼎
04.2174 田農鼎
04.2260 㞢叀作母丙鼎
西周早期

04.2266 自作陾仲方鼎
04.2310 [illegible]作祖丁鼎
04.2312 堇臨作父乙方鼎
04.2313 作父乙鼎
04.2314 士作父方乙鼎
西周早期

04.2320 榮子旅作父戊鼎
04.2321 [illegible]作父辛鼎
04.2322 作父辛方鼎
04.2327 昜貝作母辛鼎
04.2336 伯䞣方鼎
西周早期

04.2341 弔貝鼎
04.2346 勅𪫺作丁侯鼎
04.2373 中斿方鼎
04.2398 [illegible]鼎
04.2404 伯[illegible]方鼎
西周早期

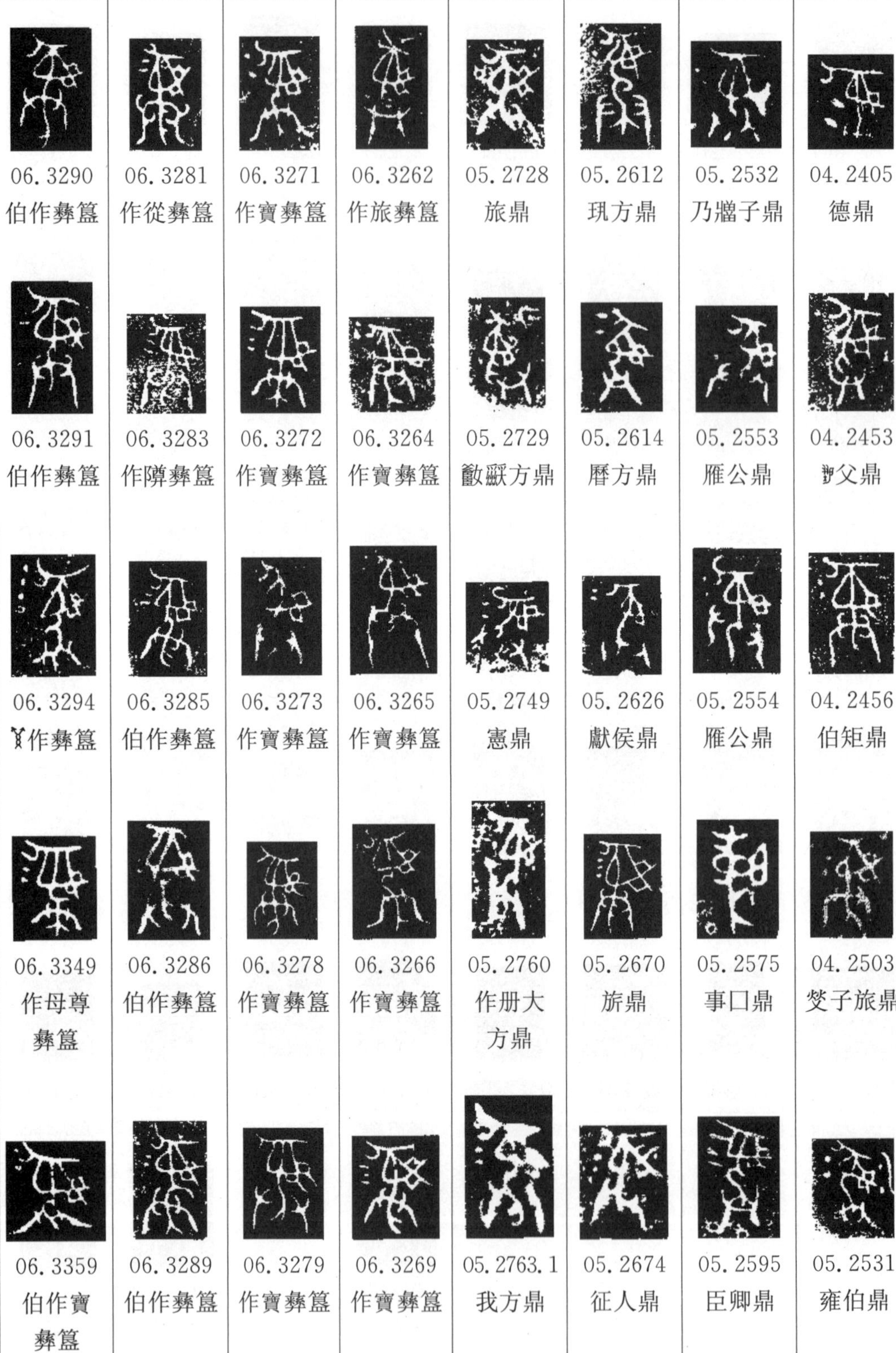

06.3290 伯作彝簋	06.3281 作從彝簋	06.3271 作寶彝簋	06.3262 作旅彝簋	05.2728 旅鼎	05.2612 玐方鼎	05.2532 乃孋子鼎	04.2405 德鼎
06.3291 伯作彝簋	06.3283 作隮彝簋	06.3272 作寶彝簋	06.3264 作寶彝簋	05.2729 歔甗方鼎	05.2614 曆方鼎	05.2553 雁公鼎	04.2453 [illegible]父鼎
06.3294 丫作彝簋	06.3285 伯作彝簋	06.3273 作寶彝簋	06.3265 作寶彝簋	05.2749 憲鼎	05.2626 獻侯鼎	05.2554 雁公鼎	04.2456 伯矩鼎
06.3349 作母尊彝簋	06.3286 伯作彝簋	06.3278 作寶彝簋	06.3266 作寶彝簋	05.2760 作册大方鼎	05.2670 旂鼎	05.2575 事口鼎	04.2503 [illegible]子旅鼎
06.3359 伯作寶彝簋	06.3289 伯作彝簋	06.3279 作寶彝簋	06.3269 作寶彝簋	05.2763.1 我方鼎	05.2674 征人鼎	05.2595 臣卿鼎	05.2531 雍伯鼎
西周早期	西周早期	西周早期	西周早期	西周早期	西周早期	西周早期	西周早期

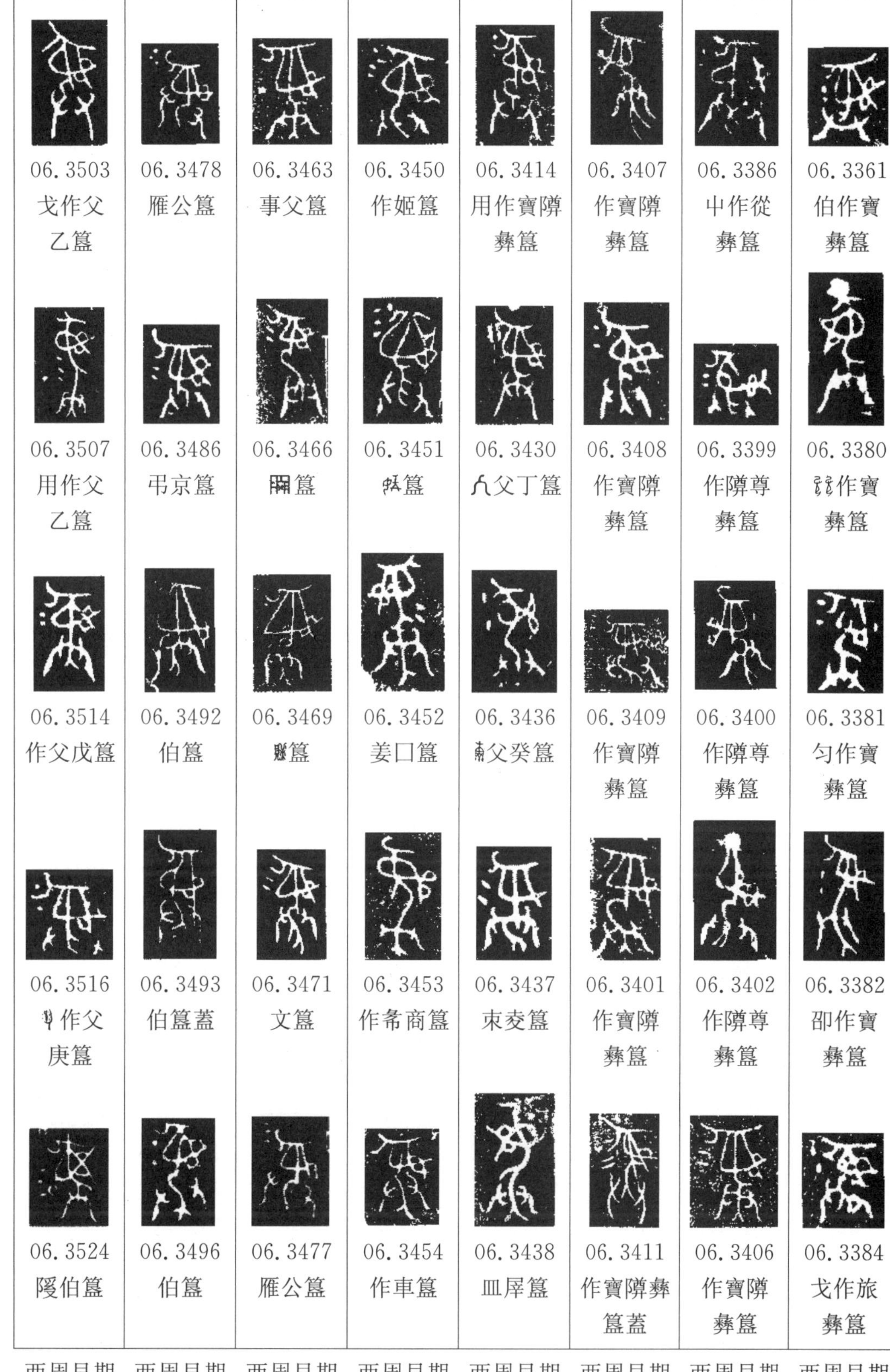

06.3503 戈作父乙簋	06.3478 雁公簋	06.3463 事父簋	06.3450 作姬簋	06.3414 用作寶隮彝簋	06.3407 作寶隮彝簋	06.3386 中作從彝簋	06.3361 伯作寶彝簋
06.3507 用作父乙簋	06.3486 弔京簋	06.3466 [illegible]簋	06.3451 [illegible]簋	06.3430 [illegible]父丁簋	06.3408 作寶隮彝簋	06.3399 作隮尊彝簋	06.3380 [illegible]作寶彝簋
06.3514 作父戊簋	06.3492 伯簋	06.3469 [illegible]簋	06.3452 姜口簋	06.3436 [illegible]父癸簋	06.3409 作寶隮彝簋	06.3400 作隮尊彝簋	06.3381 匀作寶彝簋
06.3516 [illegible]作父庚簋	06.3493 伯簋蓋	06.3471 文簋	06.3453 作希商簋	06.3437 朿交簋	06.3401 作寶隮彝簋	06.3402 作隮尊彝簋	06.3382 卲作寶彝簋
06.3524 隁伯簋	06.3496 伯簋	06.3477 雁公簋	06.3454 作車簋	06.3438 皿屖簋	06.3411 作寶隮彝簋蓋	06.3406 作寶隮彝簋	06.3384 戈作旅彝簋
西周早期	西周早期	西周早期	西周早期	西周早期	西周早期	西周早期	西周早期

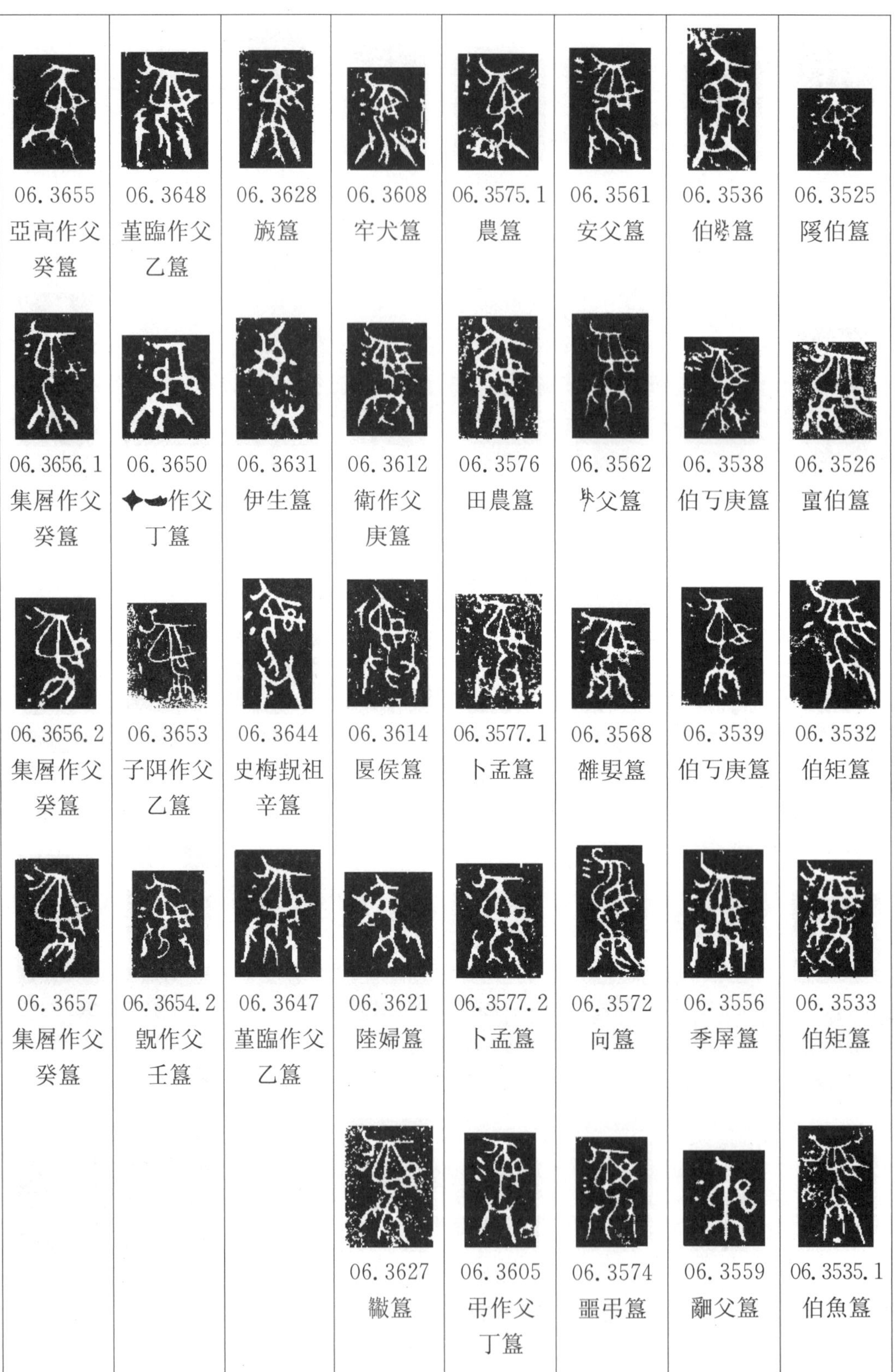

06.3525 隰伯簋

06.3526 亶伯簋

06.3532 伯矩簋

06.3533 伯矩簋

06.3535.1 伯魚簋

西周早期

06.3536 伯[illegible]簋

06.3538 伯丂庚簋

06.3539 伯丂庚簋

06.3556 季犀簋

06.3559 鄺父簋

西周早期

06.3561 安父簋

06.3562 [illegible]父簋

06.3568 雔嬰簋

06.3572 向簋

06.3574 齷弔簋

西周早期

06.3575.1 農簋

06.3576 田農簋

06.3577.1 卜孟簋

06.3577.2 卜孟簋

06.3605 弔作父丁簋

西周早期

06.3608 牢犬簋

06.3612 衛作父庚簋

06.3614 匽侯簋

06.3621 陸婦簋

06.3627 鑯簋

西周早期

06.3628 旃簋

06.3631 伊生簋

06.3644 史梅䚄祖辛簋

06.3647 堇臨作父乙簋

西周早期

06.3648 堇臨作父乙簋

06.3650 [illegible]作父丁簋

06.3653 子阩作父乙簋

06.3654.2 䚄作父壬簋

西周早期

06.3655 亞高作父癸簋

06.3656.1 集脧作父癸簋

06.3656.2 集脧作父癸簋

06.3657 集脧作父癸簋

西周早期

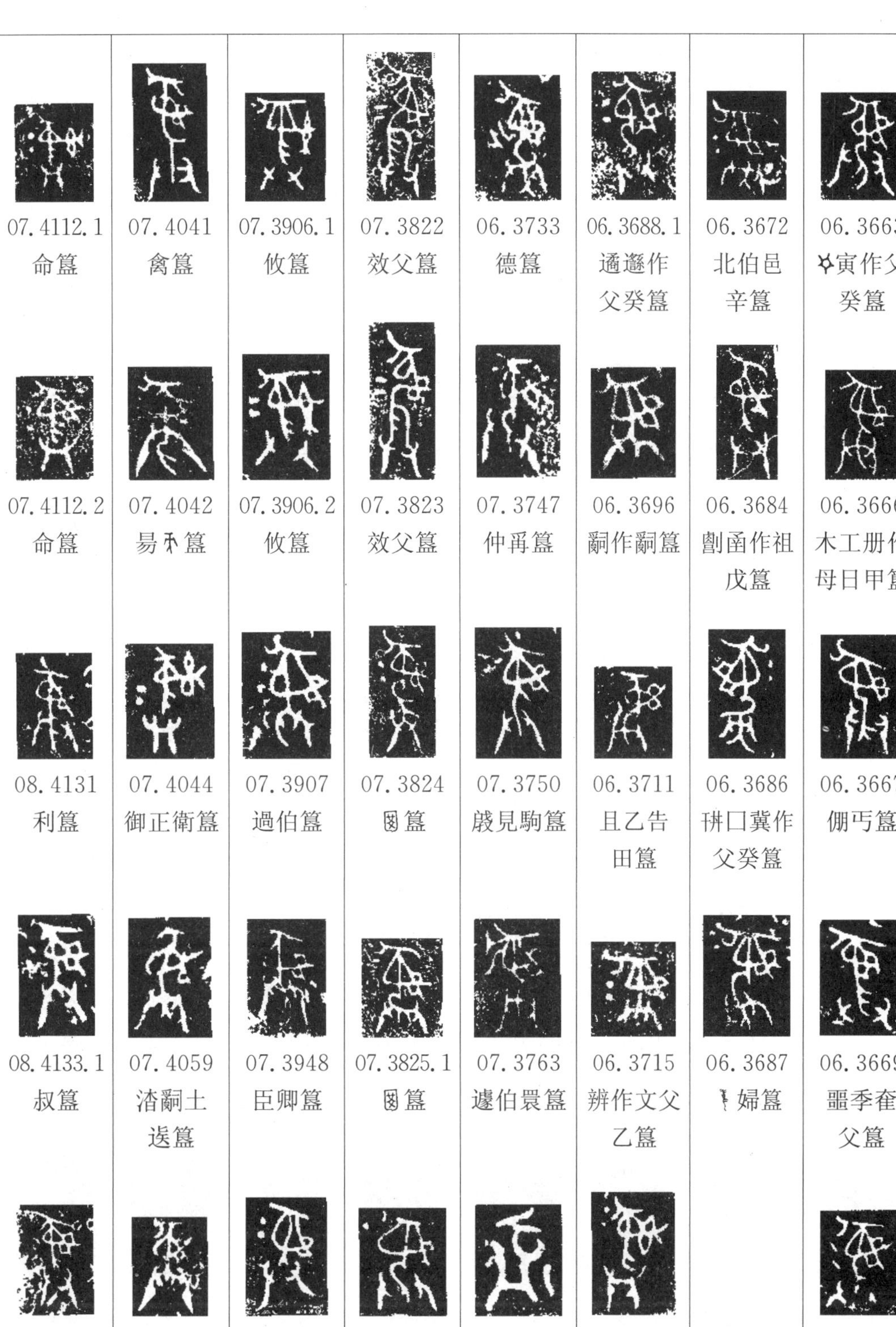

07.4112.1 命簋	07.4041 禽簋	07.3906.1 攸簋	07.3822 效父簋	06.3733 德簋	06.3688.1 通遻作父癸簋	06.3672 北伯邑辛簋	06.3663 ☆寅作父癸簋
07.4112.2 命簋	07.4042 易䅵簋	07.3906.2 攸簋	07.3823 效父簋	07.3747 仲爯簋	06.3696 嗣作嗣簋	06.3684 劃函作祖戊簋	06.3666 木工册作母日甲簋
08.4131 利簋	07.4044 御正衛簋	07.3907 過伯簋	07.3824 圂簋	07.3750 𢦚見駒簋	06.3711 且乙告田簋	06.3686 翀口冀作父癸簋	06.3667 倗丏簋
08.4133.1 叔簋	07.4059 湝嗣土逘簋	07.3948 臣卿簋	07.3825.1 圂簋	07.3763 遽伯睘簋	06.3715 辨作文父乙簋	06.3687 ⺦婦簋	06.3669 噩季奞父簋
08.4133.2 叔簋	07.4088 奢簋	07.4020 天君簋	07.3862 逘父乙簋	07.3790 臣楙殘簋	06.3723 仲簋		06.3670 滕侯簋
西周早期	西周早期	西周早期	西周早期	西周早期	西周早期	西周早期	西周早期

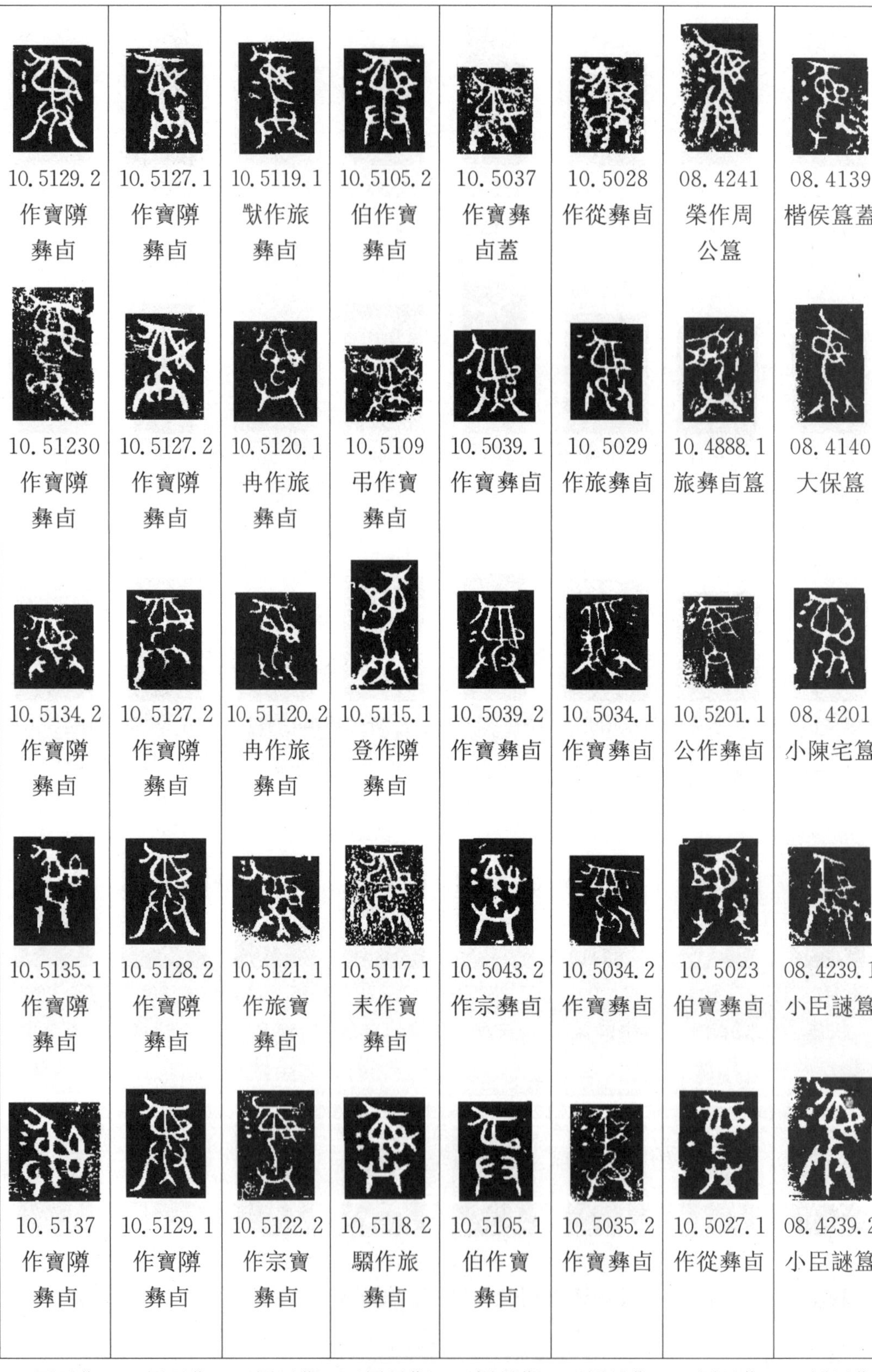

10.5129.2 作寶隮彝卣	10.5127.1 作寶隮彝卣	10.5119.1 [屮犬]作旅彝卣	10.5105.2 伯作寶彝卣	10.5037 作寶彝卣蓋	10.5028 作從彝卣	08.4241 榮作周公簋	08.4139 楷侯簋蓋
10.51230 作寶隮彝卣	10.5127.2 作寶隮彝卣	10.5120.1 冉作旅彝卣	10.5109 弔作寶彝卣	10.5039.1 作寶彝卣	10.5029 作旅彝卣	10.4888.1 旅彝卣簋	08.4140 大保簋
10.5134.2 作寶隮彝卣	10.5127.2 作寶隮彝卣	10.51120.2 冉作旅彝卣	10.5115.1 登作隮彝卣	10.5039.2 作寶彝卣	10.5034.1 作寶彝卣	10.5201.1 公作彝卣	08.4201 小陳宅簋
10.5135.1 作寶隮彝卣	10.5128.2 作寶隮彝卣	10.5121.1 作旅寶彝卣	10.5117.1 未作寶彝卣	10.5043.2 作宗彝卣	10.5034.2 作寶彝卣	10.5023 伯寶彝卣	08.4239.1 小臣謎簋
10.5137 作寶隮彝卣	10.5129.1 作寶隮彝卣	10.5122.2 作宗寶彝卣	10.5118.2 騽作旅彝卣	10.5105.1 伯作寶彝卣	10.5035.2 作寶彝卣	10.5027.1 作從彝卣	08.4239.2 小臣謎簋
西周早期	西周早期	西周早期	西周早期	西周早期	西周早期	西周早期	西周早期

10.5296.2 尹舟作兄癸卣	10.5250.1 向卣	10.5229 伯矩卣蓋	10.5222.1 觪伯卣	10.5210.1 作父丁卣	10.5192 [illegible]卣蓋	10.5183.1 伯作寶彝彝卣	10.5140 作寶隮彝卣
	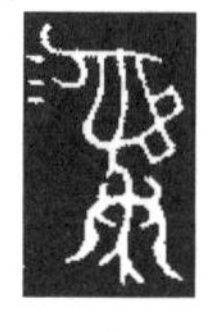	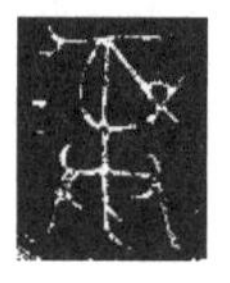	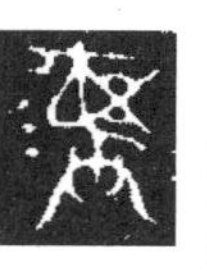				
10.5305.1 史見卣	10.5250.2 向卣	10.5231.1 伯各卣	10.5225.1 隁伯卣	10.5213 [illegible]作父庚卣	10.5194 師隻卣蓋	10.5188.1 頍卣	10.5159 作父戊卣
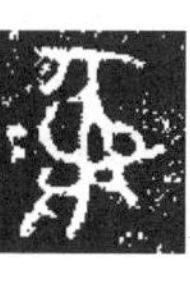		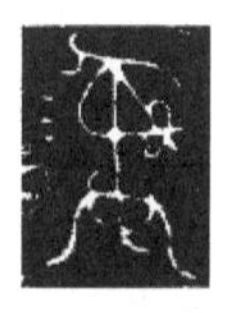			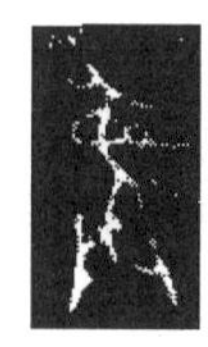		
10.5310 枚家作父戊卣	10.5263.1 [illegible]作祖丁卣	10.5231.2 伯各卣	10.5226.1 涇伯卣	10.5216.2 考作父辛卣	10.5196 見卣	10.5189 頍卣	10.5177.1 雁公卣
						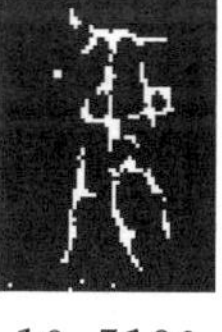	
10.5312.1 鈇作父戊卣	10.5279 [illegible]作父己卣	10.5233.2 伯貉卣	10.5227.1 涇伯卣	10.5220.1 雁公卣	10.5197 狽作寶隮彝卣	10.5190 曶卣蓋	10.5177.2 雁公卣
			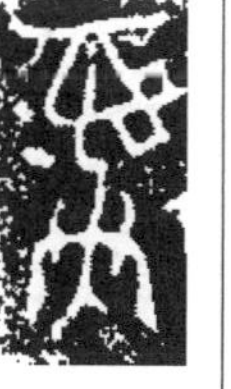		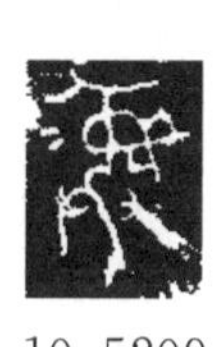		
10.5313 寚作父辛卣	10.5296.1 尹舟作兄癸卣	10.5242.1 衛父卣	10.5228.2 伯矩卣	10.5221.1 龤伯卣	10.5209 壴作父丁卣	10.5191.1 豐卣	10.5178.1 伯作寶隮彝卣
西周早期	西周早期	西周早期	西周早期	西周早期	西周早期	西周早期	西周早期

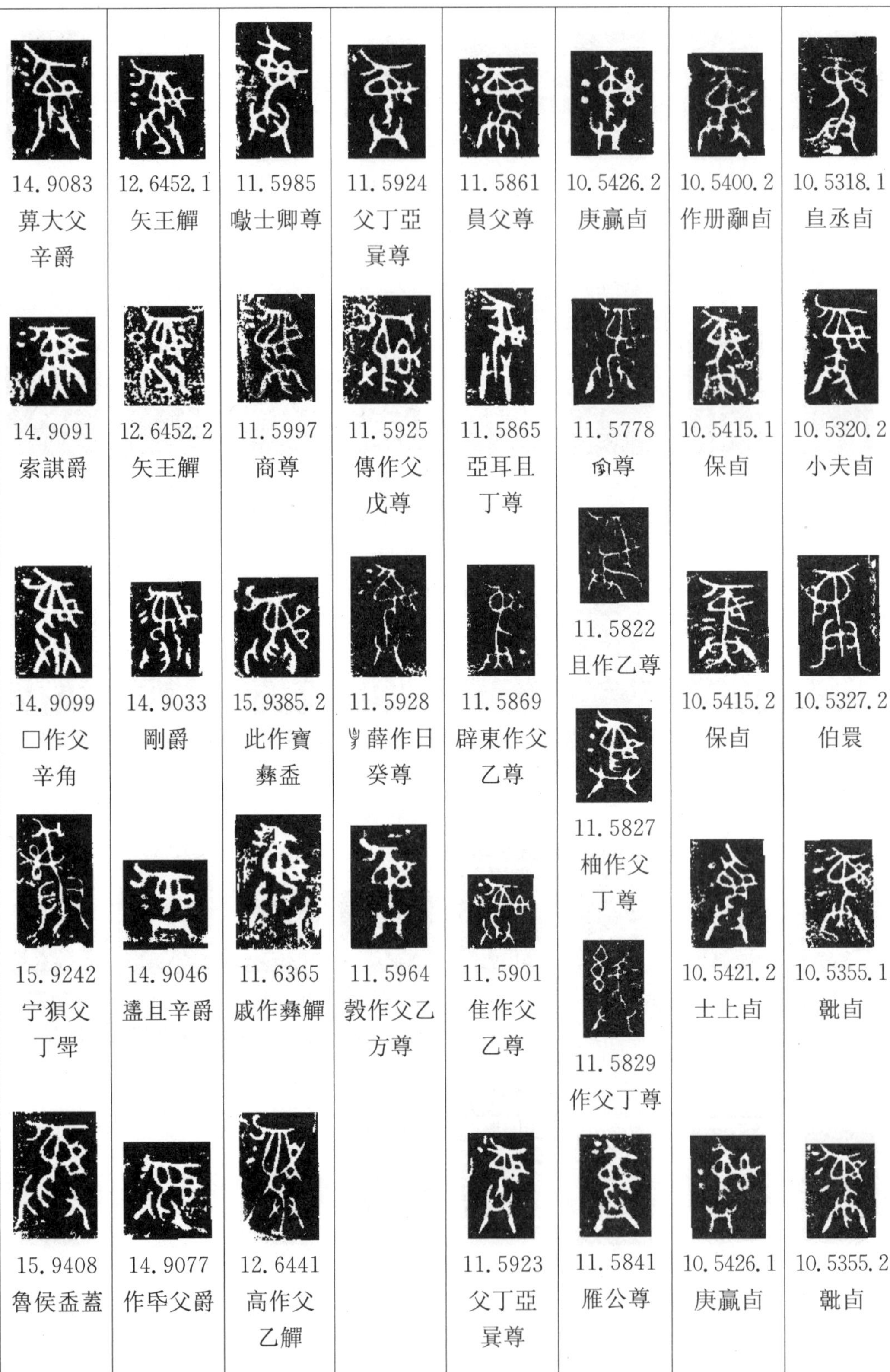

10.5318.1 皀丞卣
10.5320.2 小夫卣
10.5327.2 伯睘
10.5355.1 翺卣
10.5355.2 翺卣
西周早期

10.5400.2 作册翻卣
10.5415.1 保卣
10.5415.2 保卣
10.5421.2 士上卣
10.5426.1 庚赢卣
西周早期

10.5426.2 庚赢卣
11.5778 俞尊
11.5822 且作乙尊
11.5827 柚作父丁尊
11.5829 作父丁尊
11.5841 雁公尊
西周早期

11.5861 員父尊
11.5865 亞耳且丁尊
11.5869 辟東作父乙尊
11.5901 隹作父乙尊
11.5923 父丁亞曩尊
西周早期

11.5924 父丁亞曩尊
11.5925 傳作父戊尊
11.5928 薛作日癸尊
11.5964 榖作父乙方尊
西周早期

11.5985 嗷士卿尊
11.5997 商尊
15.9385.2 此作寶彝盉
11.6365 戚作彝觶
12.6441 高作父乙觶
西周早期

12.6452.1 矢王觶
12.6452.2 矢王觶
14.9033 剛爵
14.9046 遙且辛爵
14.9077 作毕父爵
西周早期

14.9083 茻大父辛爵
14.9091 索諆爵
14.9099 口作父辛角
15.9242 宁狽父丁罍
15.9408 魯侯盉蓋
西周早期

西周早期	西周早期	西周早期	西周早期	西周早期	西周早期	西周早期	西周早期
曲村 365 頁 作寶彝鼎	總集 01.908 宥父辛鼎	考古 1997(4) 作尊彝鼎	中原文物 1986(4) 甬乍父辛 寶尊鬲	海岱考古 第一輯 匽侯簋	16.10544.2 宵作旅 彝器	16.9888.1 叔飽方彝	15.9430.1 伯憲盉
曲村 375 頁 作寶彝鼎	文物 1992(6) 師隻作尊 彝簋	文物 1987(2) 恆父簋	考文 1990(1) [illegible]事正鬲	近出 675 鳥作父 己觶	新收 948 作旅彝卣	16.9901.1 矢令方彝	15.9430.2 憲偉盉
曲村 398 頁 伯作彝簋	總集 07.5271 作寶隮 彝卣	文物 2001(8) 弔矢方鼎	作寶彝簋 西清續鑑 乙編 07.2	西清續 01.36 卿方鼎	文物 2001(12) 王作左 守鼎	16.10050 作從彝盤	15.9532 办作寶 彝壺
曲村 348 頁 伯作包尊 彝卣	曲村 375 頁 作寶彝鼎	文物 1986(3) 矢伯甗	文物 1991(5) 㝢監鼎	西清續鑑 甲編 01.3 作文父宗 祀鼎	中原文物 1986(4) 甬作父 辛鬲	16.10059 曆盤	15.9533.2 夾作寶 彝壺
保利續 33 頁 歷簋						16.10078 遈盤	15.9577 叡作父 辛壺

西周中期	西周中期	西周中期	西早早期或中期	西早早期	西周早期	西周早期	西周早期
05.2809 師旂鼎	04.2326 史造作父癸鼎	小校 2.22.6 伯鼎	11.6007 耳尊	否弔卣 集刊 第七十本 第三分	保利續 143 頁 陊仲卣蓋	曲村 480 頁 同簋	夏商周 231 妊簋
05.2824 𢦏方鼎	04.2410 甚諆臧鼎	03.569 作寶彝鬲		04.1916 伯作旅彝鼎	新收 836 作彝盉	周原 1888 頁 鄫尊	新收 1842 叔㲋簋
06.3387 豐作從彝簋	05.2662 或者鼎	04.1987 辛作寶彝鼎		04.2186 外弔鼎	考古 2011(11) 伯生盉	新收 1914	文博 2008(2) 大丏簋
06.3479 公簋	05.2695 員方鼎	04.2069 立鼎		04.2348 作長鼎	文物 2014(4) 西簋	文物 2009(2) 何簋	曲村 416 頁 作旅彝卣
06.3549 𣝋仲簋	05.2776 刺鼎	04.2183 才𠈘父鼎		11.5777 鼻尊	江漢考古 2016(3) 父庚鼎	文物 2011(11) 魚伯彭卣	

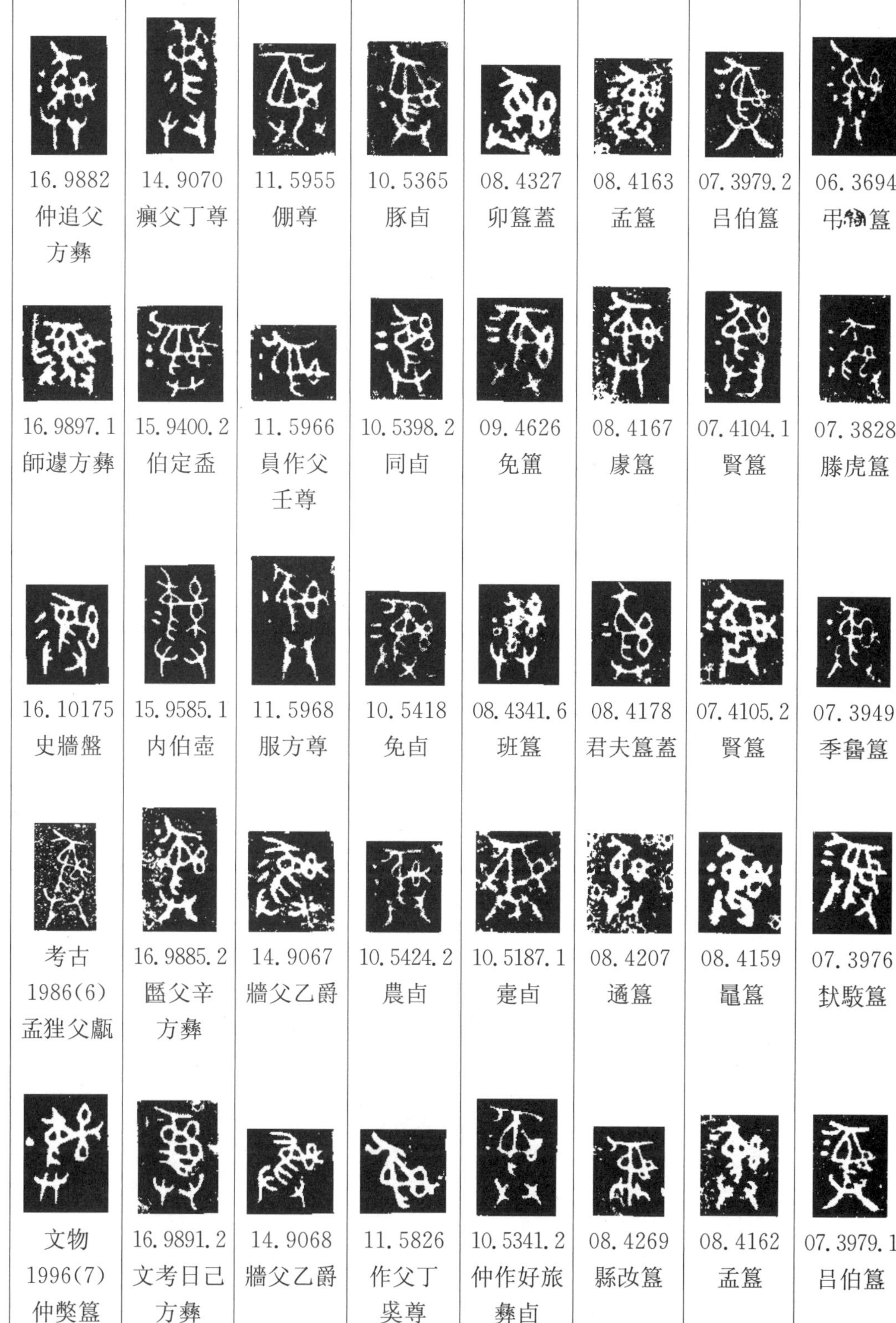

16.9882 仲追父方彝	14.9070 癲父丁尊	11.5955 倗尊	10.5365 豚卣	08.4327 卯簋蓋	08.4163 孟簋	07.3979.2 吕伯簋	06.3694 弔[illegible]簋
16.9897.1 師遽方彝	15.9400.2 伯定盉	11.5966 員作父壬尊	10.5398.2 同卣	09.4626 免簠	08.4167 虘簋	07.4104.1 賢簋	07.3828 滕虎簋
16.10175 史牆盤	15.9585.1 内伯壺	11.5968 服方尊	10.5418 免卣	08.4341.6 班簋	08.4178 君夫簋蓋	07.4105.2 賢簋	07.3949 季魯簋
考古1986(6) 孟狴父甗	16.9885.2 匽父辛方彝	14.9067 牆父乙爵	10.5424.2 農卣	10.5187.1 壴卣	08.4207 遹簋	08.4159 鼂簋	07.3976 扶駿簋
文物1996(7) 仲獘簋	16.9891.2 文考日己方彝	14.9068 牆父乙爵	11.5826 作父丁奊尊	10.5341.2 仲作好旅彝卣	08.4269 縣改簋	08.4162 孟簋	07.3979.1 吕伯簋
西周中期	西周中期	西周中期	西周中期	西周中期	西周中期	西周中期	西周中期

西周晚期	西周晚期	西周晚期	西周晚期	西周晚期	西周中期	西周中期	西周中期
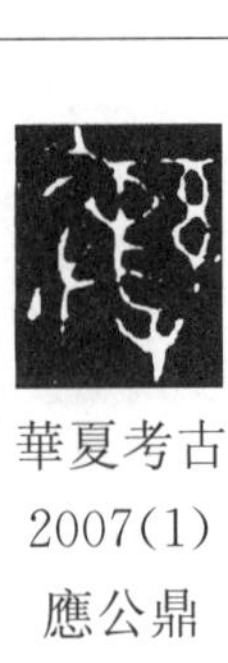 華夏考古 2007(1) 應公鼎	 08.4236.1 史頌簋	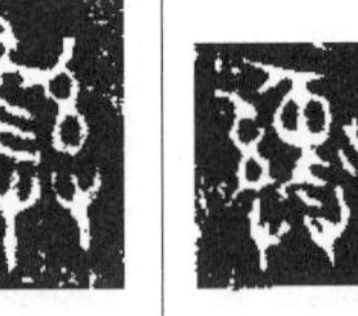 08.4229.1 史頌簋	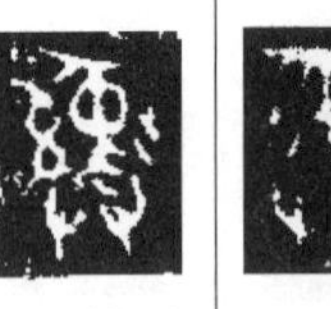 05.2801 小克鼎	 03.584 王作䫂王 姬鬲	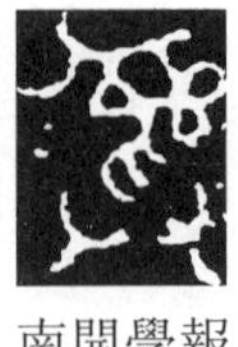 南開學報 2008(6) 衛簋甲蓋	 西安 47 量伯承 父爵	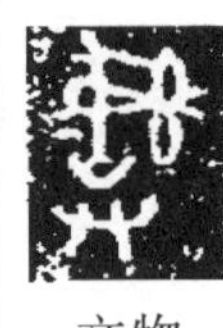 文物 1996(7) 雁侯甗
	 08.4317 㝬簋	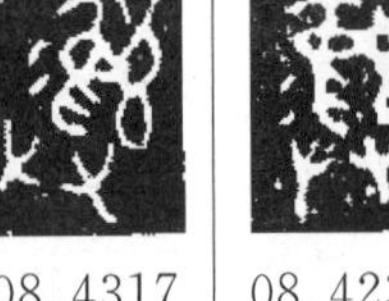 08.4230 史頌簋	 05.2836 大克鼎	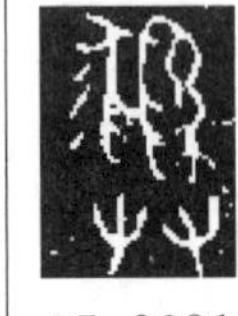 05.2681 姬鼎		 首陽 66 頁 尸爵	 文物 1998(9) 雁侯爯盨
	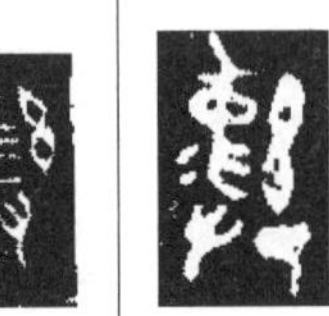 09.4598 曾侯簠	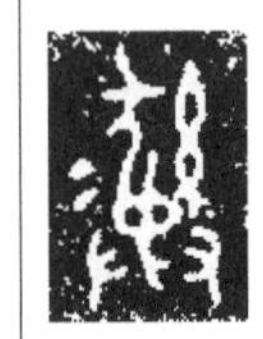 08.4231 史頌簋蓋	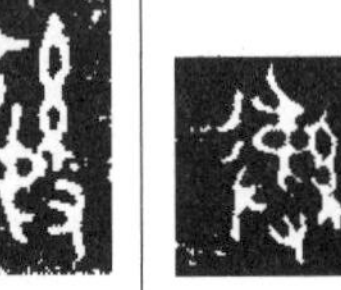 07.3848 遣小子 師簋	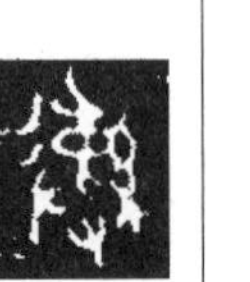 05.2787 史頌鼎		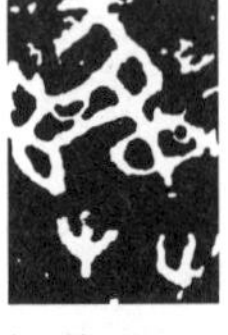 新收 1845 馬方彝	 考文 2006(6) 南姞甗
	 16.10152 宗婦鄁 嬰盤	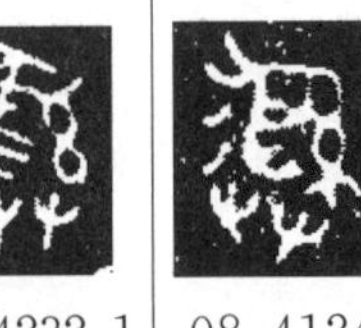 08.4232.1 史頌簋	 08.4124 尌仲簋蓋	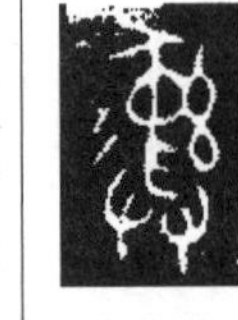 05.2799 小克鼎		 新收 1670 夷曰匜	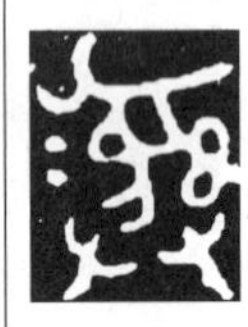 考文 2006(6) 一式獄 簋蓋
	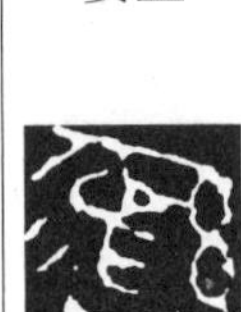 華章 63 頁 卌三年逑 鼎乙	 08.4235.2 史頌簋	 08.4198 蔡姞簋	 05.2800 小克鼎		 新收 1706 尸曰盤	

		⿰素卓	素	⿱八素	⿰糸刅	⿰糸屖	
文物 2003(6) 卌二年逑鼎乙 華章 79 頁 卌三年逑鼎丁	01.188.1 梁其鐘 01.1890 梁其鐘 05.2825 善夫山鼎 08.4198 蔡姞簋 文物 2003(6) 逑盤	01.246 㾓鐘 文物 1999(9) 戎生編鐘	08.4286 輔師嫠簋	新收 1612 ⿱八素氏劍簋蓋 中原文物 2008(5) ⿱八素氏劍簋蓋 案：李零、董珊(《保利藏金》)(1999)認爲此字从八从糸，或爲「辮」字異體，讀爲「卞」。郭永秉、鄔可晶(2012a)認爲實从「索」。	08.4330 沈子它簋蓋	05.2841B 毛公鼎 08.4326 番生簋蓋	09.4685 康生豆 04.2202 孟[illegible]鼎 04.2251 穆作父丁鼎 06.3385 友作旅彝簋 08.4166.1 敔簋
西周晚期	西周晚期	西周中期	西周晚期	西周晚期	西周早期	西周晚期	西周

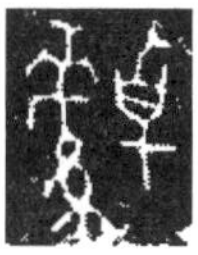

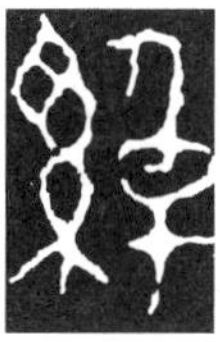

				絲	綤		紷
晉侯447頁 晉侯銅人	上博(6) 目鼎	05.2838 曶鼎	05.2718 寓鼎	05.2712 乃子克鼎	16.10175 史牆盤	08.4317 㝬簋	05.2830 師𩛥鼎
		05.2838 曶鼎		11.5997 商尊		09.4468 師克盨鼎	
		05.2838 曶鼎					
		15.9702 [illegible]伯壺蓋					
西周晚期	西周中期	西周中期	西周早期或中期	西周早期	西周中期	西周晚期	西周中期

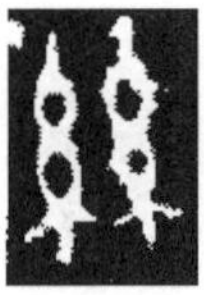

	蠚	蜀	蠡	虫	率	轡	⿰素素
09.4600 蜡公諴簠	歷文 2002(1) 士山盤	08.4341 班簋	08.4203 曾仲大夫 蠡簋	04.2175 𠃨𣉻作 旅鼎	05.2837 大盂鼎	05.2719 公貿鼎	考文 2006(3) 獄簋
			08.4204.1 曾仲大父 蠡簋		文物 2006(5) 柞伯鼎	學步集 244 頁 師道簋	考文 2006(3) 獄盤
							考文 2006(3) 獄盉 案：郭永秉、鄔可晶(2012b)釋此字爲「⿰素素」，爲「索」之繁構，銘文中讀爲「素」。
西周晚期	西周中期	西周中期	西周晚期	西周早期	西周早期	西周晚期	西周中期

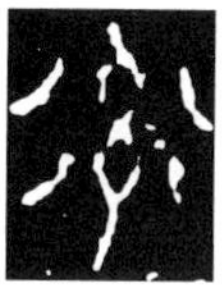

它			⿰虫憂	蟎	⿰虫正		⿱亠⿱回虫
16.10181 皃弔匜	16.9897.1 師遽方彝	08.4330 沈子它簋蓋	16.10175 史牆盤	05.2765 蟎鼎	14.9024 戲父簋爵	04.2028 ⿱亠⿱回虫姜簋	06.3526 ⿱亠⿱回虫伯簋
16.10195 蔡侯匜	16.10192 作仲姬匜						
16.10201 匽伯聖侯匜							
16.10204 鄭義伯匜							
16.10214 黃仲匜							
西周晚期	西周中期	西周早期	西周中期	西周中期	西周中期	西周中期	西周早期

黿 黽 龜

16.10114 魯伯愈父盤	 03.669 黿伯鬲	 05.2779 師同鼎	 04.1483 黽父丁鼎	 16.10271 潘君竄匜	 16.10244 魯伯愈父匜	 16.10227 陽飤生匜	 16.10216 召樂父匜
 16.10244 魯伯愈父卣		 15.9677.1 黽壺蓋	 06.3427 弔龜父匜	 文物 1996(7) 仲遼父匜	 16.10248 叔口父匜	 16.10231 伯正父匜	 16.10218 周窐匜
			 14.8459 龜父丁爵	 考文 2003(8) 弔五父匜	 16.10249 祀仲無龍匜	 16.10239 弔高父匜	16.10221 尋伯匜
				 山東 696 頁 者僕故匜	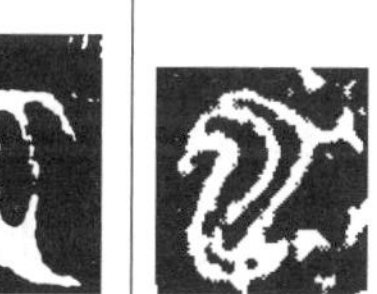 16.10262 有伯君堇生匜	 16.10240 眞孟姜匜	 16.10225 圅皇父匜
				 晉侯 507 頁 蘇公匜	 16.10270 弔男父匜	 16.10241 嗣馬南弔匜	 16.10226 伯吉父匜
西周晚期	西周中期或晚期	西周晚期	西周早期	西周晚期	西周晚期	西周晚期	西周晚期

⿱宀黽　鼂　⿱朿黽　二

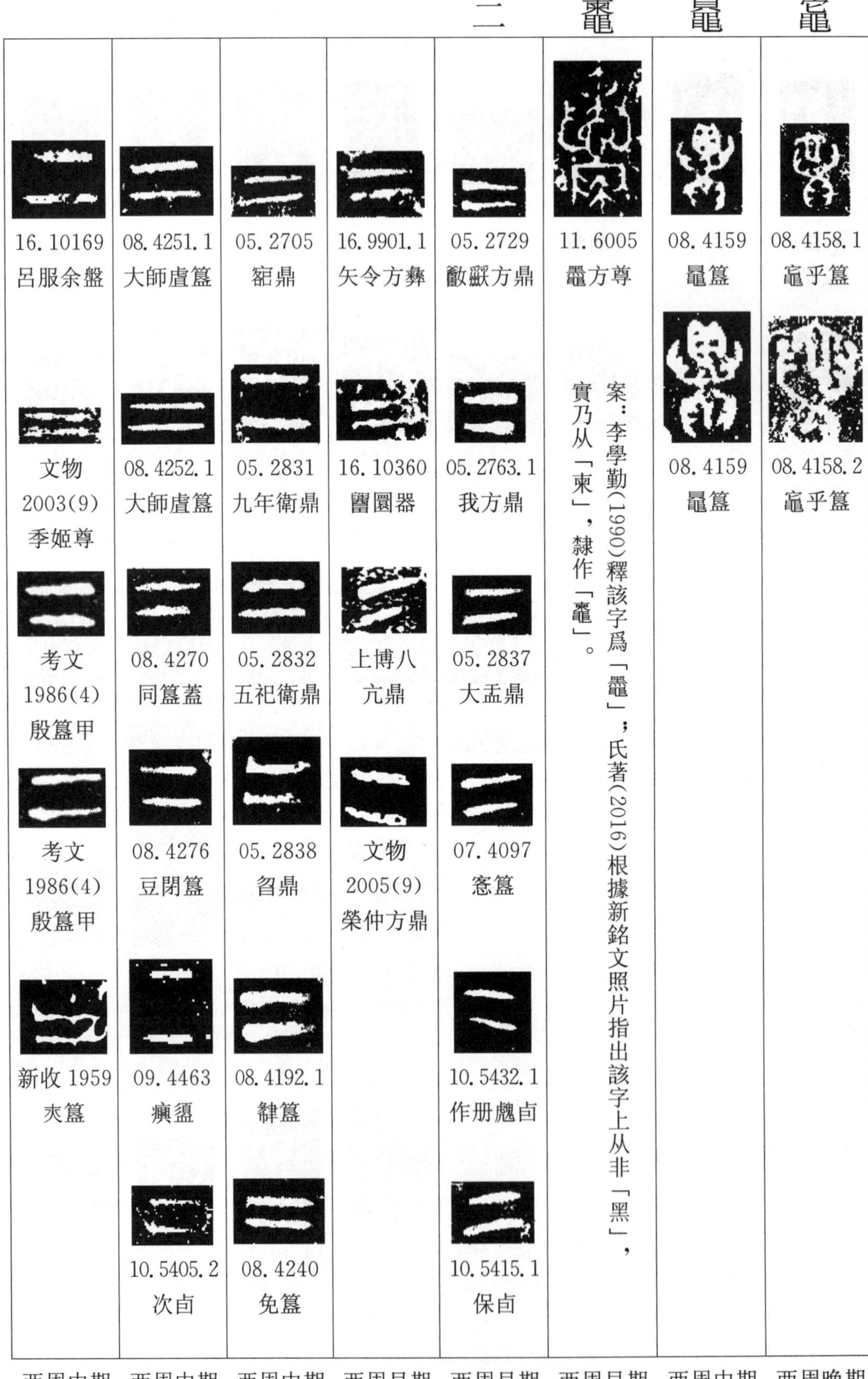

⿱宀黽

08.4158.1 ⿱宀黽乎簋

08.4158.2 ⿱宀黽乎簋

西周晚期

鼂

08.4159 鼂簋

08.4159 鼂簋

西周中期

⿱朿黽

11.6005 ⿱朿黽方尊

案：李學勤(1990)釋該字爲「⿱黑黽」；氏著(2016)根據新銘文照片指出該字上从非「黑」，實乃从「朿」，隸作「⿱朿黽」。

西周早期或中期

二

05.2729 歔甗方鼎

05.2763.1 我方鼎

05.2837 大盂鼎

07.4097 悤簋

10.5432.1 作册魖卣

10.5415.1 保卣

西周早期

16.9901.1 矢令方彝

16.10360 𨚕圜器

上博八 亢鼎

文物 2005(9) 榮仲方鼎

西周早期

05.2705 䆁鼎

05.2831 九年衛鼎

05.2832 五祀衛鼎

05.2838 曶鼎

08.4192.1 肄簋

08.4240 免簋

西周中期

08.4251.1 大師虘簋

08.4252.1 大師虘簋

08.4270 同簋蓋

08.4276 豆閉簋

09.4463 瘨盨

10.5405.2 次卣

西周中期

16.10169 吕服余盤

文物 2003(9) 季姬尊

考文 1986(4) 殷簋甲

考文 1986(4) 殷簋甲

新收 1959 夾簋

西周中期

恆				亟			
04.2380 亙鼎	文物 1987(2) 恆父簋	08.4199 恆簋蓋	05.2841B 毛公鼎	08.4341 班簋	新收 881 晉侯蘇鐘	08.4307 此簋	08.4158.1 黿乎簋
	文物 1987(2) 恆父簋	08.4199 恆簋蓋	09.4446.1 伯梁其盨	16.10175 史牆盤	文物 2003(6) 卌二年逑鼎甲	08.4326 番生簋蓋	08.4244 走簋
		08.4200 恆簋蓋	09.4446.2 伯梁其盨		文物 2006(5) 柞伯鼎	16.10176 散氏盤	08.4269 鄉簋蓋
		08.4200 恆簋蓋	考文 2007(3) 琱生尊				08.4297 鄉簋
		學步集 244 頁 師道簋					08.4299 大簋蓋
							08.4306 此簋
西周中期或晚期	西周早期	西周早期	西周晚期	西周中期	西周晚期	西周晚期	西周晚期

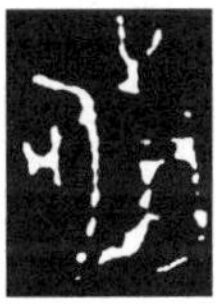

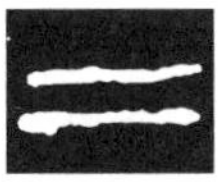

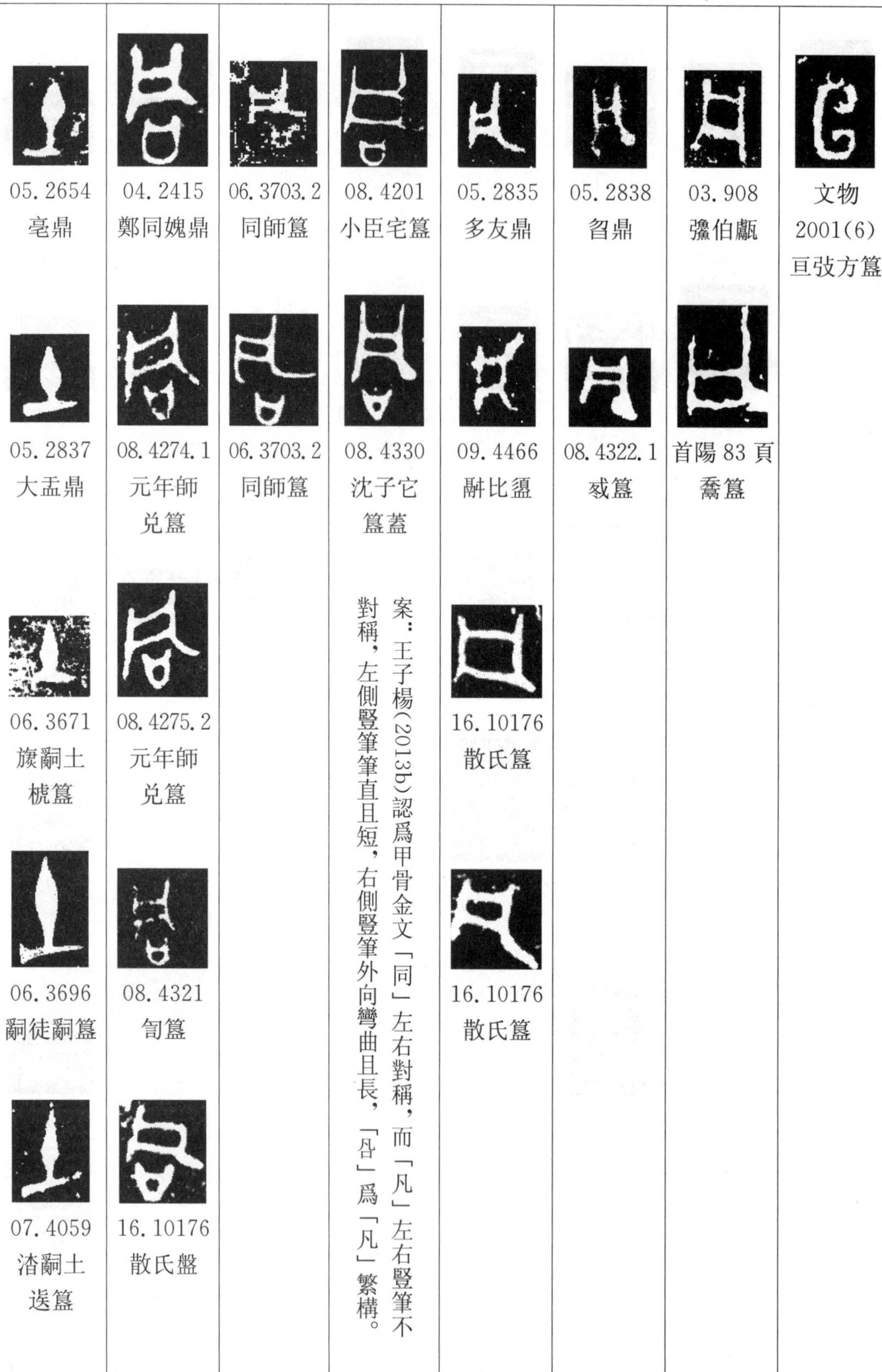

土	〔㕣〕			凡			亘
05.2654 亳鼎	04.2415 鄭同媿鼎	06.3703.2 同師簋	08.4201 小臣宅簋	05.2835 多友鼎	05.2838 曶鼎	03.908 㺇伯甗	文物 2001(6) 亘弜方簋
05.2837 大盂鼎	08.4274.1 元年師兑簋	06.3703.2 同師簋	08.4330 沈子它簋蓋	09.4466 䰜比盨	08.4322.1 𢦚簋	首陽83頁 [illegible]簋	
06.3671 旞𤔲土椃簋	08.4275.2 元年師兑簋		案：王子楊(2013b)認爲甲骨金文「同」左右對稱，而「凡」左右豎筆不對稱，左側豎筆筆直且短，右側豎筆外向彎曲且長，「㕣」爲「凡」繁構。	16.10176 散氏簋			
06.3696 𤔲徒𤔲簋	08.4321 訇簋			16.10176 散氏簋			
07.4059 涾𤔲土逘簋	16.10176 散氏盤						
西周早期	西周晚期	西周中期	西周早期	西周晚期	西周中期	西周早期	西周早期

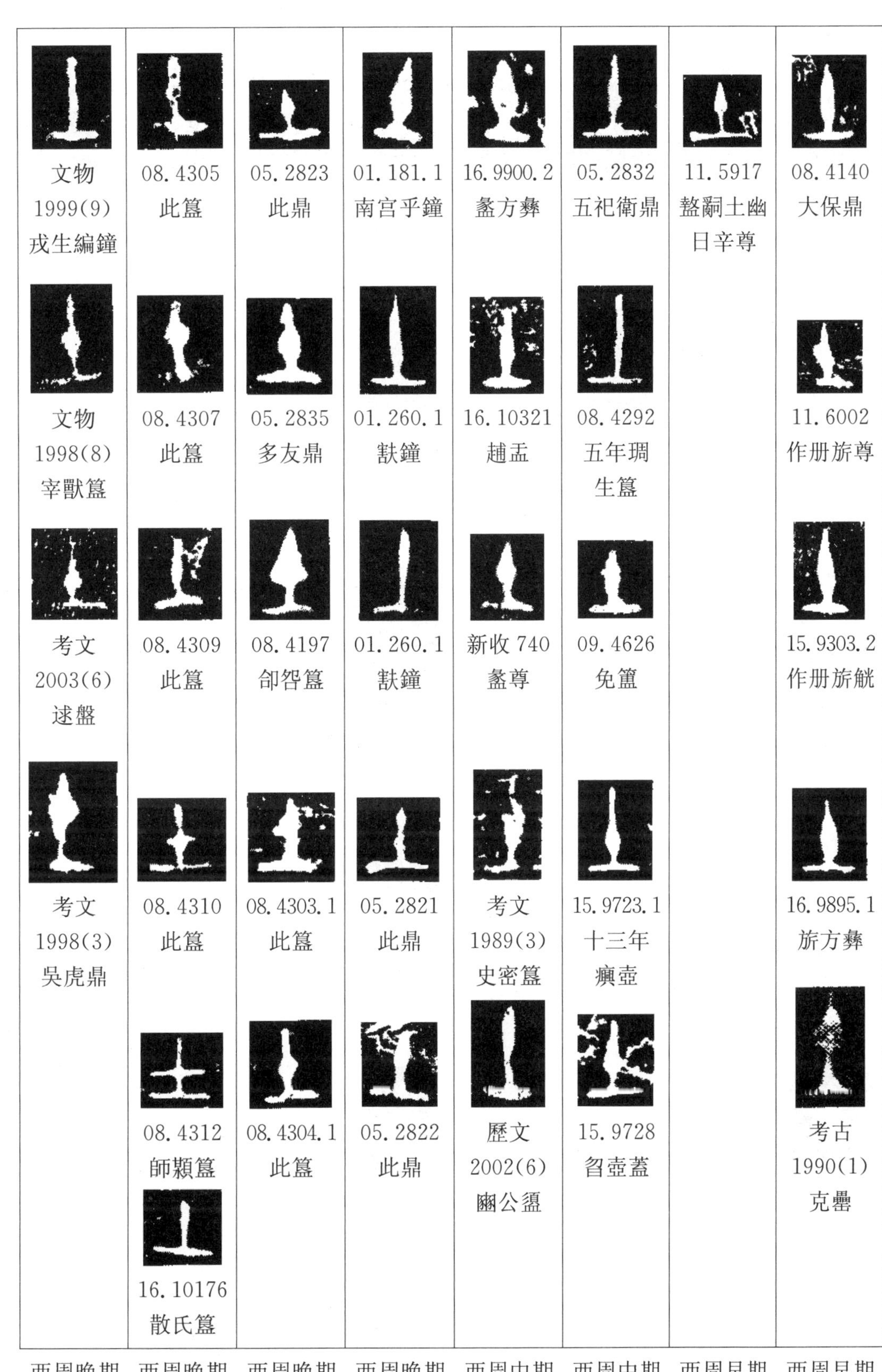
08.4140
大保鼎
11.6002
作册旂尊
15.9303.2
作册旂觥
16.9895.1
旂方彝
考古
1990(1)
克罍
西周早期
11.5917
盩嗣土幽
日辛尊
西周早期
或中期
05.2832
五祀衛鼎
08.4292
五年琱
生簋
09.4626
免簠
15.9723.1
十三年
癲壺
15.9728
曶壺蓋
西周中期
16.9900.2
盠方彝
16.10321
趞盂
新收 740
盠尊
考文
1989(3)
史密簋
歷文
2002(6)
豳公盨
西周中期
01.181.1
南宫乎鐘
01.260.1
㝬鐘
01.260.1
㝬鐘
05.2821
此鼎
05.2822
此鼎
西周晚期
05.2823
此鼎
05.2835
多友鼎
08.4197
卻咎簋
08.4303.1
此簋
08.4304.1
此簋
西周晚期
08.4305
此簋
08.4307
此簋
08.4309
此簋
08.4310
此簋
08.4312
師類簋
16.10176
散氏簋
西周晚期
文物
1999(9)
戎生編鐘
文物
1998(8)
宰獸簋
考文
2003(6)
逑盤
考文
1998(3)
吳虎鼎
西周晚期

在	墽		塍	堣	墜		隊
 05.2661 德方鼎	 05.2706 麥方簋	 16.10129 伯侯父盤	 03.669 黿伯鬲	 05.2787 史頌鼎	 08.4317 㝬簋	 08.4269 縣改簋	 上博(6) 保員簋
 05.2837 大盂鼎		 16.10149 器伯盤		 08.4230 史頌簋			
 08.4201 小臣宅簋				 08.4232.1 史頌簋			
 05.2754 吕方鼎				 08.4235.1 史頌簋			
 上博(6) 保員簋				 08.4236.1 史頌簋			
西周早期	西周早期	西周晚期	西周中期或晚期	西周晚期	西周晚期	西周中期	西周早期

〔𩫨〕城			封	⿰𩫏比			
07.3866 城虢遣生簋	08.4287 伊簋	04.2437 [illegible]虎鼎	04.1981 作封從彝鼎	06.3615 ⿰𩫏比[illegible]伯簋	01.204 克鐘	07.4046 燮簋	05.2837 大盂鼎
08.4341 班簋	16.10176 散氏盤	08.4293 六年琱生簋	04.2153 康侯丰鼎	10.5355.2 ⿰𩫏比卣	文博 2007(2) 𧗿鼎		05.2837 大盂鼎
	16.10176 散氏盤		山東 645 頁 作封從彝罍				10.5432.1 作册魖卣
	歷文 2002(2) 作册封鬲乙						10.5432.2 作册魖卣
							11.5983 啟作且丁尊
西周中期	西周晚期	西周中期	西周早期	西周早期	西周晚期	西周中期	西周早期

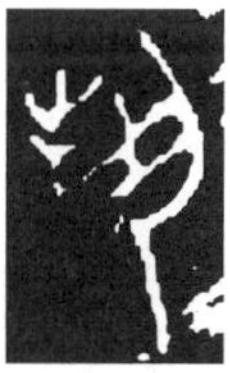

塱

03.633
塱肇家鬲
西周中期

案：張政烺釋「裒」，與「抔」、「掊」同字，義爲聚土治地；郭沫若認爲乃城塞之「塞」，从「臼」，从「土」，「再」聲。

⿰南夅

07.3895
⿰南夅鄭仲父簋
西周晚期

圭

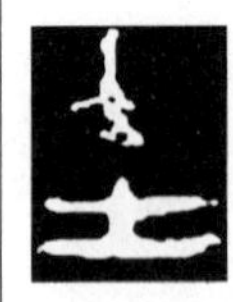
華章 55 頁
卌三年逑鼎丁
西周晚期

文物 2003(6)
卌三年逑鼎辛
西周晚期

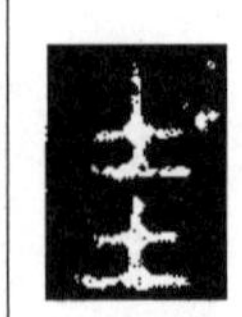
05.2835
多友鼎
西周晚期

05.2841B
毛公鼎
西周晚期

08.4342
師訇簋
西周晚期

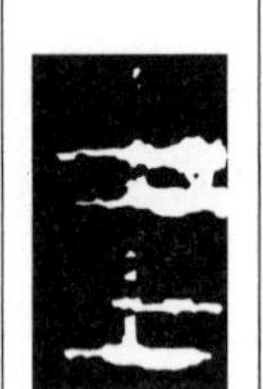
華章 55 頁
卌三年逑鼎甲
西周晚期

08.4292
五年琱生簋
西周中期

16.8997.1
師遽方彝
西周中期

坏

05.2810
噩侯鼎
西周晚期

10.5425.2
競卣
西周中期

06.3551
城虢仲簋
西周晚期

08.4275.2
元年師兌簋
西周晚期

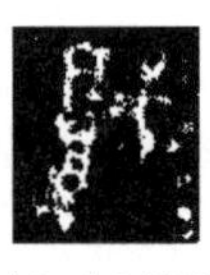
16.10176
散氏盤
西周晚期

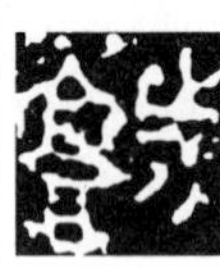
文物 2006(5)
柞伯鼎
西周晚期

堇	堇	堇	堯	堯	僂	坂	壘
05.2774 帥隹鼎	06.3647 堇臨作父乙簋	04.2155 堇伯鼎	15.9436.1 堯盉	15.9518.2 堯作壺	12.6486 弔僂觶	12.6512 小臣單觶	05.2830 師𧮫鼎
08.4292 五年琱生簋	10.5410.1 啓卣	04.2156 堇伯鼎	16.10106 堯盤				案：沈建華(2006)謂師𧮫鼎該字从「蟲」从「土」，此應讀作「后」，即「先祖」的意思。
15.9456 裘衛盉		04.2312 堇臨作父方乙鼎					
		05.2703 堇鼎					
西周中期	西周早期	西周早期	西周中期	西周早期	西周早期	西周早期	西周中期

釐	里		艱				
 04.2067.1 釐鼎	 08.4230 史頌簋	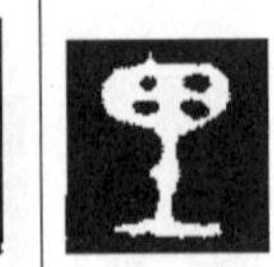 05.2787 史頌鼎	 05.2841B 毛公鼎	 華章71頁 四十三年 逑鼎丙	 文物 2003(6) 四十二年 逑鼎乙	 08.4332.1 頌簋	 01.260.1 㝬鐘
 04.2067.2 釐鼎	 08.4298 大簋蓋	 05.2788 史頌鼎	 08.4328 不嬰簋	 華章71頁 四十三年 逑鼎丙	 考文 2003(6) 逑盤	 08.4339 頌簋	 05.2825 善夫山鼎
	 08.4299 大簋蓋	 08.4215.1 𪓊簋	 08.4329 不嬰簋蓋	 文物 2009(9) 頌盤	 華章79頁 四十三年 逑鼎丁	 09.4464 駒父盨蓋	 05.2827 頌鼎
		 08.4215.2 𪓊簋			 華章119頁 四十三年 逑鼎壬	 15.9732 頌壺蓋	 05.2841B 毛公鼎
		 08.4229.1 史頌簋				 16.10262 友伯君堇 生匜	 08.4213 屖敖簋蓋
西周早期 或中期	西周晚期	西周晚期	西周晚期	西周晚期	西周晚期	西周晚期	西周晚期

西周晚期	西周晚期	西周晚期	西周中期或晚	西周中期	西周中期	西周中期	西周中期
08.4225.1 無㠱簋	05.2800 小克鼎	05.2796 小克鼎	05.2786 康鼎	文物 2002(7) 應侯見工簋	15.9585.1 内伯壺	08.4289.2 師酉簋	01.92 戲鐘
08.4225.2 無㠱簋	05.2801 小克鼎	05.2797 小克鼎		文物 1998(9) 雁侯再盨	15.9585.2 内伯壺	08.4290 師酉簋	05.2755 𡨦鼎
08.4226.1 無㠱簋	05.2802 小克鼎	05.2798 小克鼎			15.9728 曶壺蓋	08.4302 彔伯㦰簋蓋	06.3588 [illegible]作盠伯簋
08.4227 無㠱簋蓋	05.2810 噩侯鼎	05.2799 小克鼎			16.10175 史牆盤	08.4341 班簋	08.4276 豆閉簋
08.4242 弔向父禹簋	05.2815 趞鼎				上博(6) 冒鼎	08.4341 班簋	08.4289.1 師酉簋

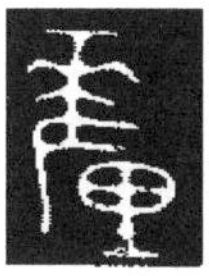

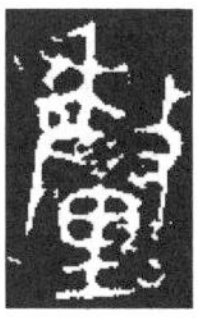

田　　埜

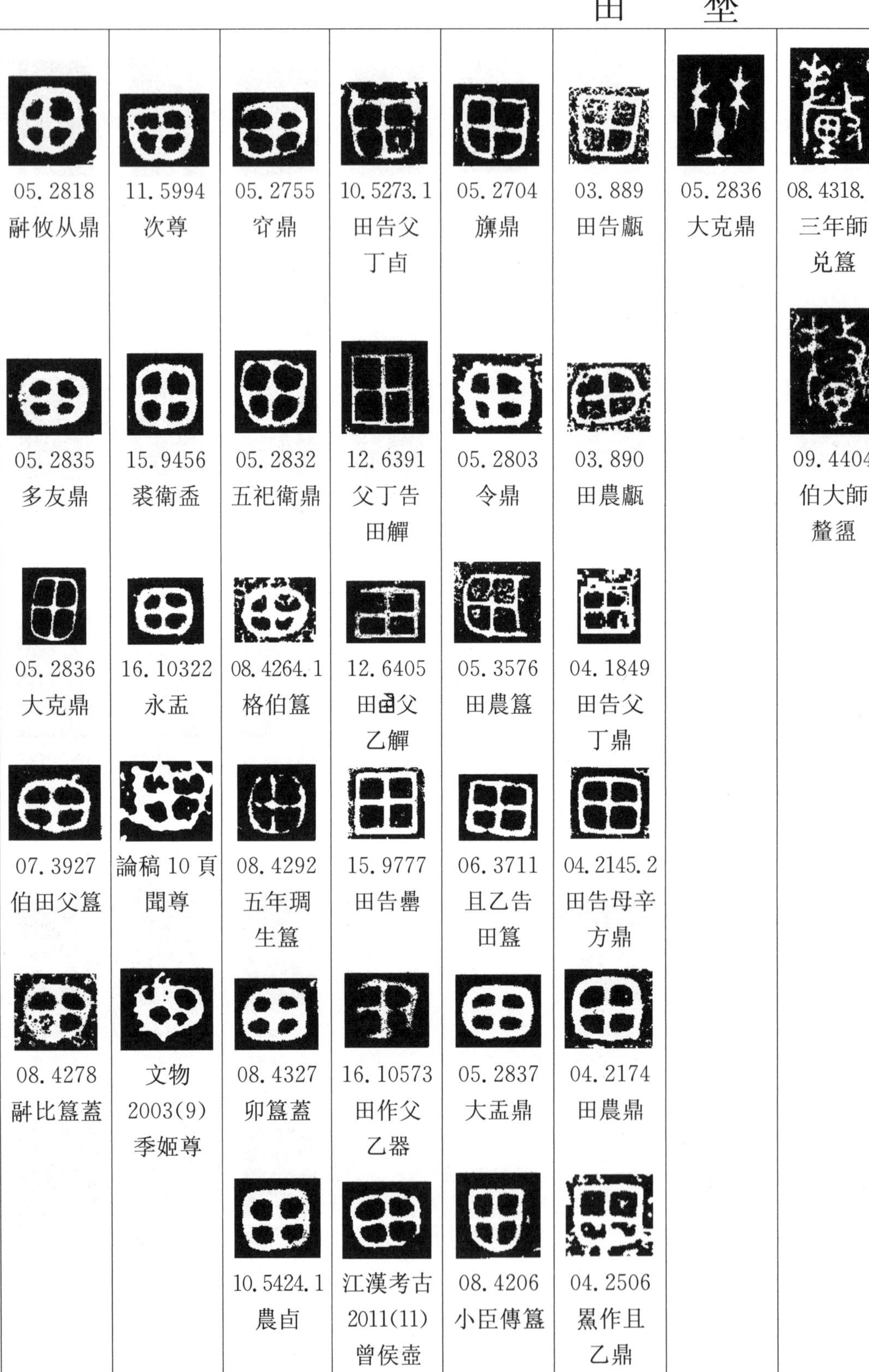

田	田	田	田	田	田	埜	埜
05.2818 𩰫攸从鼎	11.5994 次尊	05.2755 㝐鼎	10.5273.1 田告父丁卣	05.2704 旟鼎	03.889 田告甗	05.2836 大克鼎	08.4318.1 三年師兑簋
05.2835 多友鼎	15.9456 裘衛盉	05.2832 五祀衛鼎	12.6391 父丁告田觶	05.2803 令鼎	03.890 田農甗		09.4404 伯大師釐盨
05.2836 大克鼎	16.10322 永盂	08.4264.1 格伯簋	12.6405 田𤰔父乙觶	05.3576 田農簋	04.1849 田告父丁鼎		
07.3927 伯田父簋	論稿 10 頁 聞尊	08.4292 五年琱生簋	15.9777 田告罍	06.3711 且乙告田簋	04.2145.2 田告母辛方鼎		
08.4278 𩰫比簋蓋	文物 2003(9) 季姬尊	08.4327 卯簋蓋	16.10573 田作父乙器	05.2837 大盂鼎	04.2174 田農鼎		
		10.5424.1 農卣	江漢考古 2011(11) 曾侯壺	08.4206 小臣傳簋	04.2506 𦋝作且乙鼎		
西周晚期	西周中期	西周中期	西周早期	西周早期	西周早期	西周晚期	西周晚期

畯		甸			晦		
05.2837 大盂鼎	 01.138 柞鐘	 05.2837 大盂鼎	 08.4313.1 師寰簋	 07.4104.1 賢簋	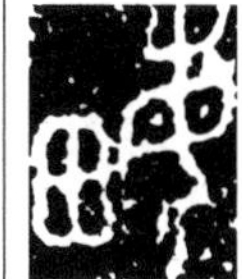 首陽 83 頁 𤕌簋	 文物 2003(6) 卌二年逑 鼎乙	 08.4295 揚簋
	 08.4294 揚簋		 08.4313.2 師寰簋	 07.4105.1 賢簋	案：𤕌簋該字朱鳳瀚(2010)讀爲「晦」。	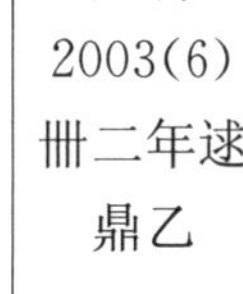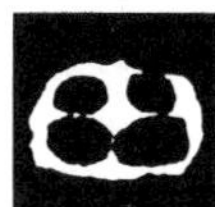 文物 2003(6) 卌二年逑 鼎甲	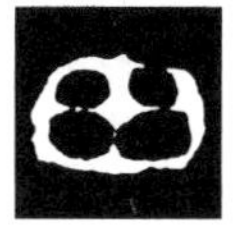 08.4329 不嬰簋蓋
	文博 2007(2) 𧷤鼎		 08.4314 師寰簋	 07.4106 賢簋		 文物 2003(6) 卌二年逑 鼎甲	 09.4465.1 善夫克盨
			 16.10174 兮甲盤			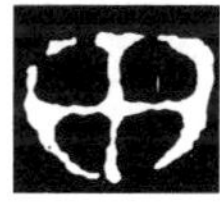 考文 2007(3) 琱生尊	16.10176 散氏盤
							 首陽 117 頁 晉侯對盨
西周早期	西周晚期	西周早期	西周晚期	西周中期	西周早期	西周晚期	西周晚期

畱

05.2815 趞簋	文物 2003(6) 逑盤	09.4446.2 伯梁其盨	08.4307 此簋	05.2829 頌鼎	01.181.2 南宮乎鐘	08.4224 追簋	08.4219 追簋
	文博 1987(2) 逑編鐘	09.4447.1 伯梁其盨	08.4309 此簋	07.4094 伯梡虘簋	05.2768 梁其鼎	16.10175 史牆盤	08.4220 追簋
	華章55頁 卌三年逑 鼎甲	09.4447.2 伯梁其盨	08.4332.1 頌簋	08.4277 師餘簋蓋	05.2821 此鼎	文物 1999(9) 戎生編鐘	08.4221 追簋
	華章95頁 卌三年逑 鼎己	09.4465 善夫克盨	08.4334 頌簋	08.4304.2 此簋	05.2822 此鼎		08.4222 追簋蓋
		15.9731.2 頌壺	08.4338 頌簋蓋	08.4306 此簋	05.2828 頌鼎		08.4223.1 追簋
		15.9732 頌壺蓋	08.4339 頌簋				
西周晚期	西周晚期	西周晚期	西周晚期	西周晚期	西周晚期	西周中期	西周中期

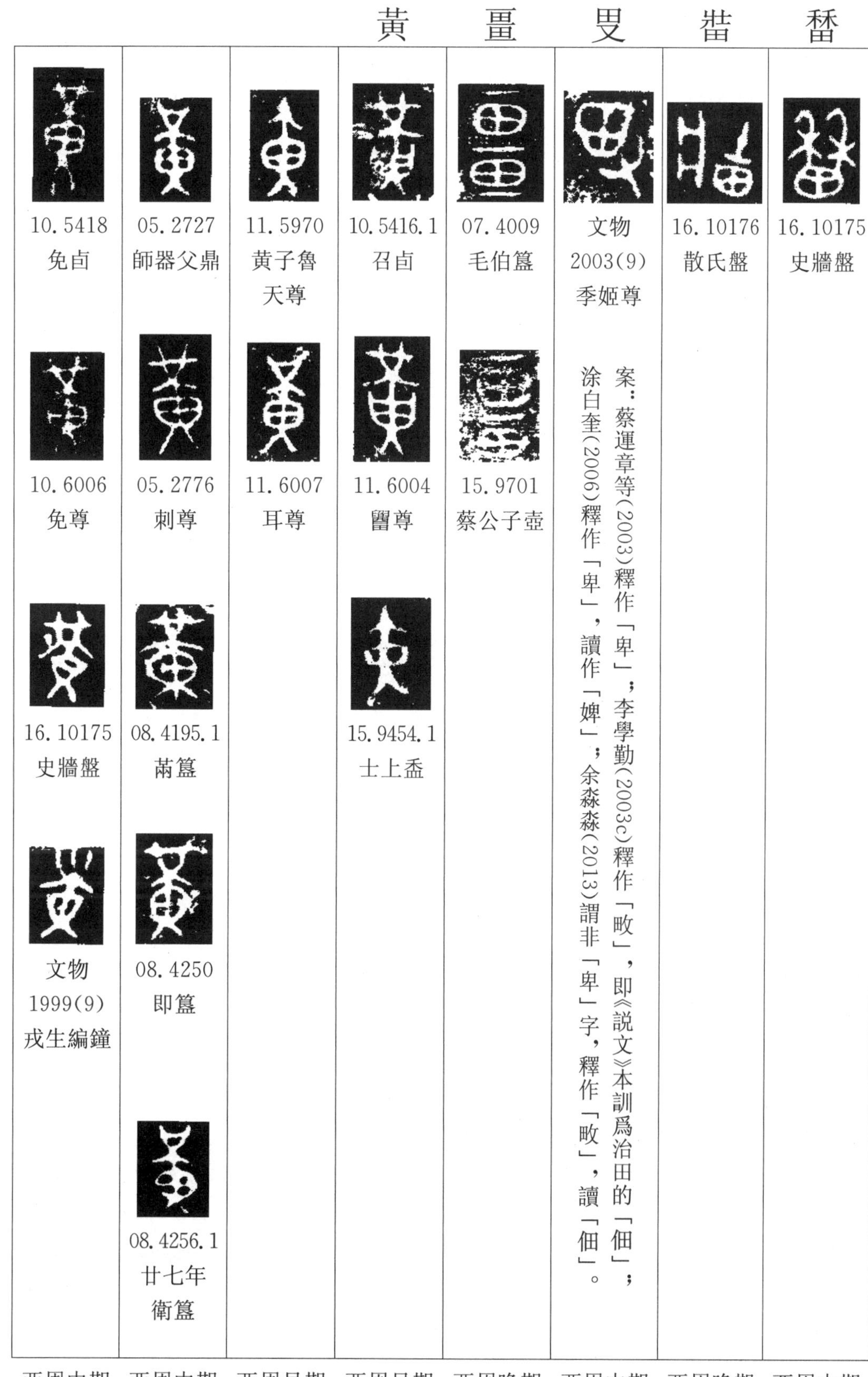

			黃	畺	叟	苗	畨
10.5418 免卣	05.2727 師器父鼎	11.5970 黃子魯天尊	10.5416.1 召卣	07.4009 毛伯簋	文物 2003(9) 季姬尊	16.10176 散氏盤	16.10175 史牆盤
10.6006 免尊	05.2776 刺尊	11.6007 耳尊	11.6004 罶尊	15.9701 蔡公子壺	案：蔡運章等（2003）釋作「卑」；李學勤（2003c）釋作「畋」，即《説文》本訓爲治田的「佃」；涂白奎（2006）釋作「卑」，讀作「婢」；余淼淼（2013）謂非「卑」字，釋作「畋」，讀「佃」。		
16.10175 史牆盤	08.4195.1 𦿅簋		15.9454.1 士上盉				
文物 1999(9) 戎生編鐘	08.4250 即簋						
	08.4256.1 廿七年衛簋						
西周中期	西周中期	西周早期或中期	西周早期	西周晚期	西周中期	西周晚期	西周中期

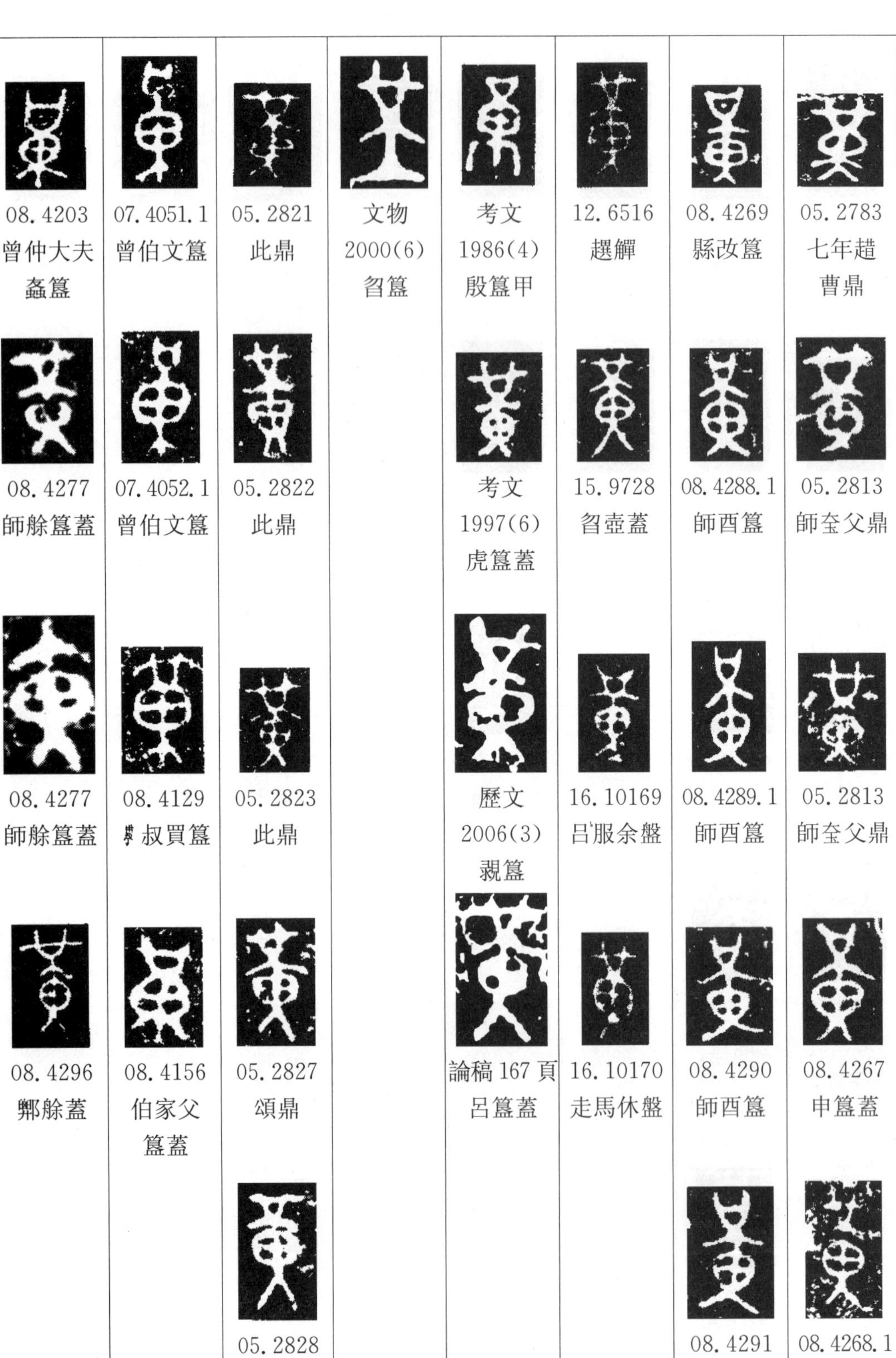

西周中期：05.2783 七年趞曹鼎；05.2813 師奎父鼎；05.2813 師奎父鼎；08.4267 申簋蓋；08.4268.1 王臣簋

西周中期：08.4269 縣改簋；08.4288.1 師酉簋；08.4289.1 師酉簋；08.4290 師酉簋；08.4291 師酉簋

西周中期：12.6516 趩觶；15.9728 曶壺蓋；16.10169 吕服余盤；16.10170 走馬休盤

西周中期：考文 1986(4) 殷簋甲；考文 1997(6) 虎簋蓋；歷文 2006(3) 䚄簋；論稿167頁 呂簋蓋

西周中期：文物 2000(6) 曶簋

西周晚期：05.2821 此鼎；05.2822 此鼎；05.2823 此鼎；05.2827 頌鼎；05.2828 頌鼎

西周晚期：07.4051.1 曾伯文簋；07.4052.1 曾伯文簋；08.4129 [illegible]叔買簋；08.4156 伯家父簋蓋

西周晚期：08.4203 曾仲大夫蠡簋；08.4277 師餘簋蓋；08.4277 師餘簋蓋；08.4296 鄭餘蓋

16.10172 寰盤	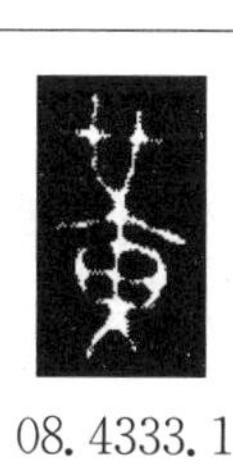 08.4333.1 頌簋	 08.4310 此簋	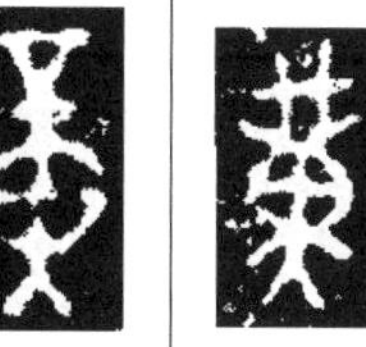 08.4304.1 此簋	08.4281 元年師旋簋	 05.2841B 毛公鼎	 16.10214 黃仲匜	 08.4297 鄭簋
 上博(8) 大祝追鼎	 08.4336 頌簋蓋	 08.4312 師顛簋	 08.4305 此簋	 08.4286 輔師嫠簋	 08.4274.1 元年師兑簋	 01.134 柞鐘	08.4321 訇簋
 文物 2003(6) 逑盤	 08.4338 頌簋蓋	 08.4324.1 師嫠簋	 08.4307 此簋	 08.4287 伊簋	 08.4274.2 元年師兑簋	 05.2805 南宫柳鼎	 09.4598 曾侯簠
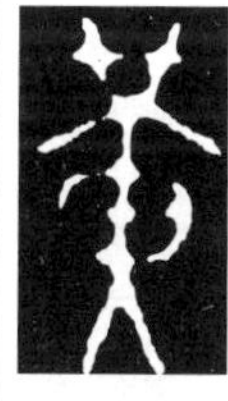 文物 2009(9) 頌盤	 08.4339 頌簋	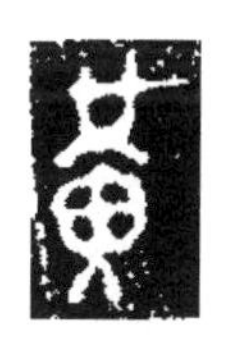 08.4325.1 師嫠簋	 08.4308 此簋	 08.4303.1 此簋	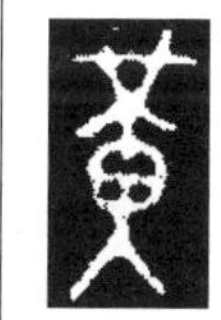 08.4275.2 元年師兑簋	 05.2815 趞鼎	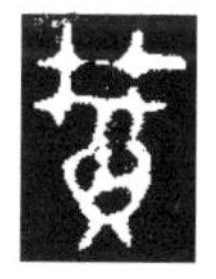 09.4628.1 伯公父簠
	 09.4468 師克盨蓋	 08.4326 番生簋蓋	 08.4309 此簋	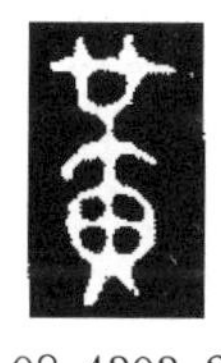 08.4303.2 此簋	 08.4279.2 元年師旋簋	 05.2825 善夫山鼎	 09.4628.2 伯公父簠
西周晚期	西周晚期	西周晚期	西周晚期	西周晚期	西周晚期	西周晚期	西周晚期

〔戫〕勇		加	動	劼			男
09.4554 伯戫父簋	16.10173 虢季子白盤	14.8925 加作父戊爵	05.2841A 毛公鼎	文物 1999(9) 戎生編鐘	09.4461 翏生盨	05.2549 無男鼎	16.9901.1 矢令方彝
	首陽 107 頁 應侯簋	文物 2005(9) 滎仲方鼎			09.4461 翏生盨	07.3848 遣小子師簋	
	文物 2004(4) 䍐叔奐父盨					08.4313.1 師寰簋	
	首陽 114 頁 應侯視工簋蓋					08.4314 師寰簋	
						09.4460 鏐生盨	
西周晚期	西周晚期	西周早期	西周晚期	西周中期	西周晚期	西周晚期	西周早期

勑	助	勘	劦				
04.2346 勑𨻰作丁侯鼎	08.4261 天亡簋	03.710 仲勘鬲	01.247 𤼈鐘	歷文 2002(6) 𪓌公盨			
	案：李學勤(2009c)認爲从「貝」聲，讀爲「敗」。		01.249 𤼈鐘				
			05.2838 𦣞鼎				
			文物 1999(9) 戎生編鐘				
西周早期	西周早期	西周晚期	西周中期	西周中期			

西周金文字編 卷十四

金

05.2706 麥方鼎	05.2723 師艅鼎	05.2725 歸𡚬方鼎	05.2749 憲鼎	07.3790 臣梱殘簋	西周早期
07.3907 過伯簋	07.3948 臣卿簋	07.4041 禽簋	08.4131 利簋	07.4133.1 叔簋	西周早期
08.4134 御史競簋	08.4135 御史競簋	08.4201 小臣宅簋	08.4136 相侯簋	10.5387 員卣	西周早期
11.5973 殺作父乙尊	11.6001 小生子尊	11.6002 作册旂尊	11.6015 麥方尊	11.6016 夨令方尊	西周早期
11.6016 夨令方尊	15.9303.1 作册旂觥	15.9451 麥盉	16.9893 井侯方彝	16.9895.1 旂方彝	西周早期
16.9901 夨令方彝	16.9901 夨令方彝	16.9901.2 夨令方彝	16.10105 陶子盘	上博(8) 亢鼎	西周早期

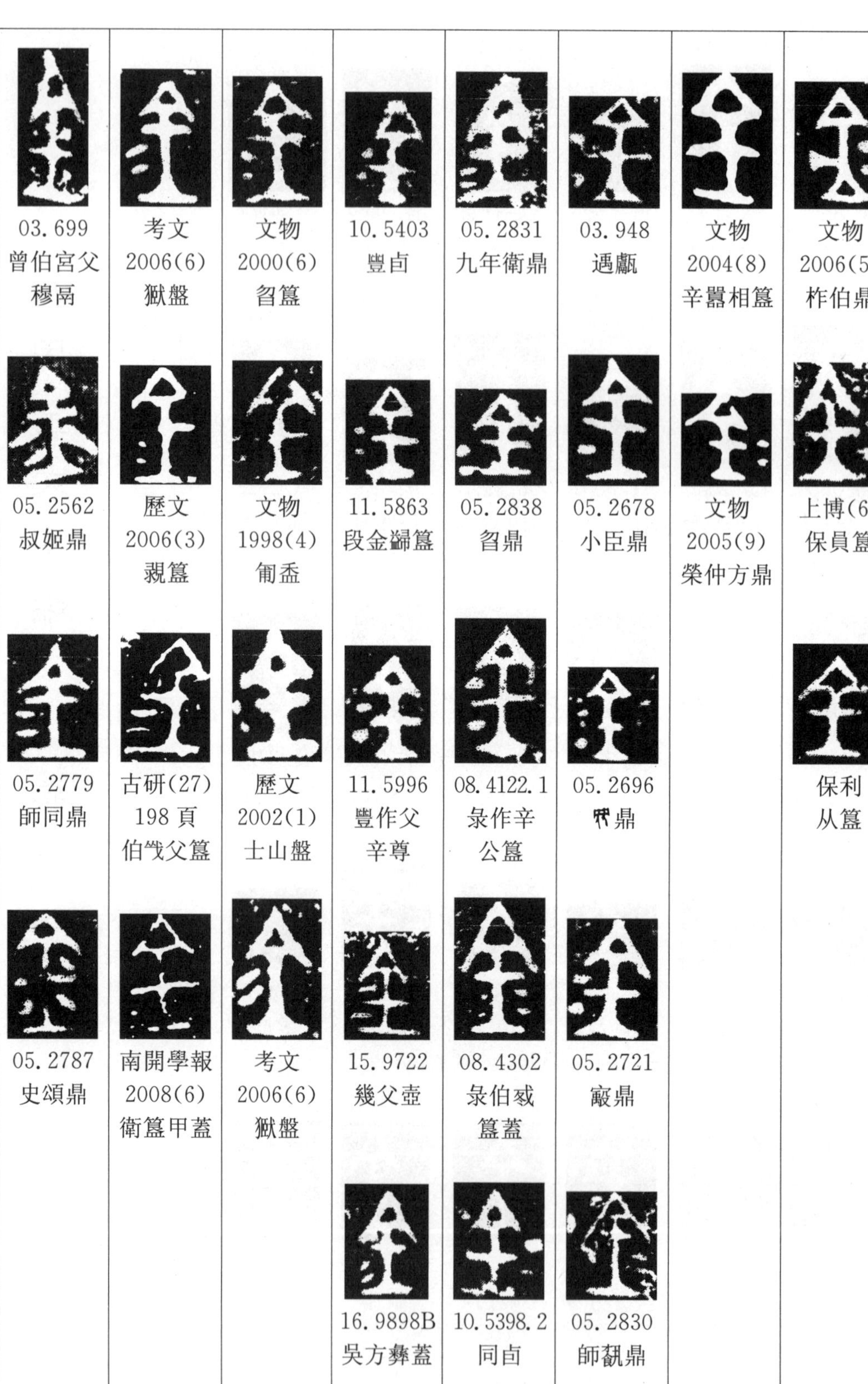

西周晚期	西周中期	西周中期	西周中期	西周中期	西周中期	西周早期	西周早期
03.699 曾伯宮父穆鬲	考文 2006(6) 獄盤	文物 2000(6) 曶簋	10.5403 豐卣	05.2831 九年衛鼎	03.948 遹甗	文物 2004(8) 辛礨相簋	文物 2006(5) 柞伯鼎
05.2562 叔姬鼎	歷文 2006(3) 親簋	文物 1998(4) 匍盉	11.5863 段金歸簋	05.2838 曶鼎	05.2678 小臣鼎	文物 2005(9) 滎仲方鼎	上博(6) 保員簋
05.2779 師同鼎	古研(27) 198頁 伯戋父簋	歷文 2002(1) 士山盤	11.5996 豐作父辛尊	08.4122.1 彔作辛公簋	05.2696 [illegible]鼎		保利 从簋
05.2787 史頌鼎	南開學報 2008(6) 衛簋甲蓋	考文 2006(6) 獄盤	15.9722 幾父壺	08.4302 彔伯戜簋蓋	05.2721 寏鼎		
			16.9898B 吴方彝蓋	10.5398.2 同卣	05.2830 師䬙鼎		

 銘文選一 477 毛公鼎	 16.9935 伯公父勺	 09.4467.1 師克盨	 08.4326 番生簋蓋	 08.4313.1 師寰簋	 08.4233 史頌簋	 08.4229.1 史頌簋	 08.4156 伯家父 簋蓋
 銘文選一 477 毛公鼎	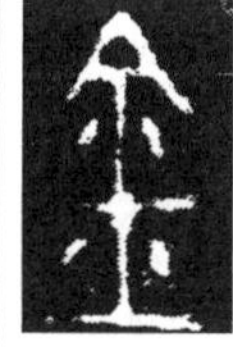 16.10134 [illegible]仲盤	 09.4628.1 伯公父簠	 09.4454.1 叔尃父盨	 08.4313.2 師寰簋	 08.4235.2 史頌簋	 08.4230 史頌簋	 08.4184 公臣簋
	 16.10271 潘君贏匜	 09.4628.1 伯公父簠	 09.4456.2 叔尃父盨	 08.4318.1 三年師 兑簋	 08.4236.2 史頌簋	 08.4231 史頌簋蓋	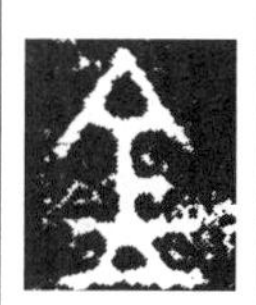 08.4203 曾仲大父 蠡簋
	 16.10285.1 𠑇匜	 09.4628.2 伯公父簠	 09.4459.1 翏生盨	 08.4324.1 師嫠簋	 08.4257 弭伯師 耤簋	 08.4232.1 史頌簋	 08.4213 屖敖簋蓋
	 新收 891 楚公逆鐘	 09.4628.2 伯公父簠	 09.4459.2 翏生盨	 08.4324.2 師嫠簋	 08.4318.2 三年師 兑簋	 08.4232.1 史頌簋	 08.4229.1 史頌簋
西周晚期	西周晚期	西周晚期	西周晚期	西周晚期	西周晚期	西周晚期	西周晚期

08.4179 小臣守簋

新收 1148 辛䵼簋

總集 02.1157 禽鼎

華章 71 頁 卌三年逑鼎丙

西周

鋻

05.2786 康鼎

08.4302 彔伯㦰簋蓋

16.10169 呂服余盤

西周中期

05.2805 南宮柳鼎

05.2835 多友鼎

15.9732 頌壺

西周晚期

鑄

04.1735 大保鼎

05.2760 作册大方鼎

10.5018.1 大保卣

15.9551 王七祀壺蓋

西周早期

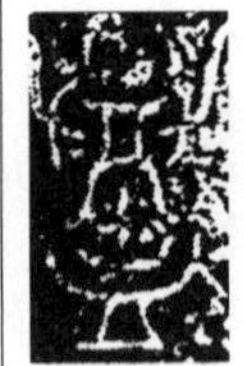
16.10054 大保盤

通鑒 05293 何簋

西周早期

03.632 榮伯鬲

03.633 塱肇家鬲

03.941 王人杏輔甗

07.4047 陸貯簋

西周中期

08.4264.1 格伯簋

08.4264.2 格伯簋

08.4265 格伯簋

09.4399 仲鑠盨

西周中期

10.5406 周乎卣

10.5427.1 作册嗌卣

15.9705 番匊生壺

西周中期

西周	西周晚期	西周晚期	西周晚期	西周晚期	西周晚期	西周晚期	西周中期或晚期
08.4179 小臣守簋	考文 1995(4) 秦公壺	15.9644 内大子白壺蓋	09.4389 虢叔盨	07.3966.2 仲殷父簋	06.3708 内公簋蓋	03.684 鄭鑄友父鬲	01.42 楚公豪鐘
18.11757 取子鉞	文博 2008(2) 盨戒盨	16.10148 楚嬴盤	09.4407.1 伯孝[illegible]盨	07.3967.1 仲殷父簋	06.3709 内公簋蓋	03.711 内公鬲	新收 851 晉侯對鼎
		16.10155 湯叔盤	09.4422.1 筍伯大夫盨	07.3967.2 仲殷父簋	07.3944 鑄子叔簠簋	05.2779 師同鼎	
		考文 1983(2) 彔盨	15.9596 内公壺	07.3968 仲殷父簋	07.3964.2 仲殷父簋	06.3691 伯好父簋	
			15.9598 内公壺	07.3968 仲殷父簋	07.3966.1 仲殷父簋	06.3707 内公簋蓋	

鈞	鑿	鍌	鑊	鐈			鍾
16.10105 陶子盤	11.5816 鑿赤尊	05.2838 曶鼎	11.5913 強伯井姬羊尊	05.2835 多友鼎	01.16 益公鐘	01.42 楚公豪鐘	01.88 𪒠鐘
		15.9425 伯百父鍌		08.4268.1 王臣簋	01.69 兮仲鐘	01.44 楚公豪鐘	
				09.4628.1 伯公父簠		01.45 楚公豪鐘	
西周早期	西周早期	西周中期	西周中期	西周晚期	西周晚期	西周中期或晚期	西周中期

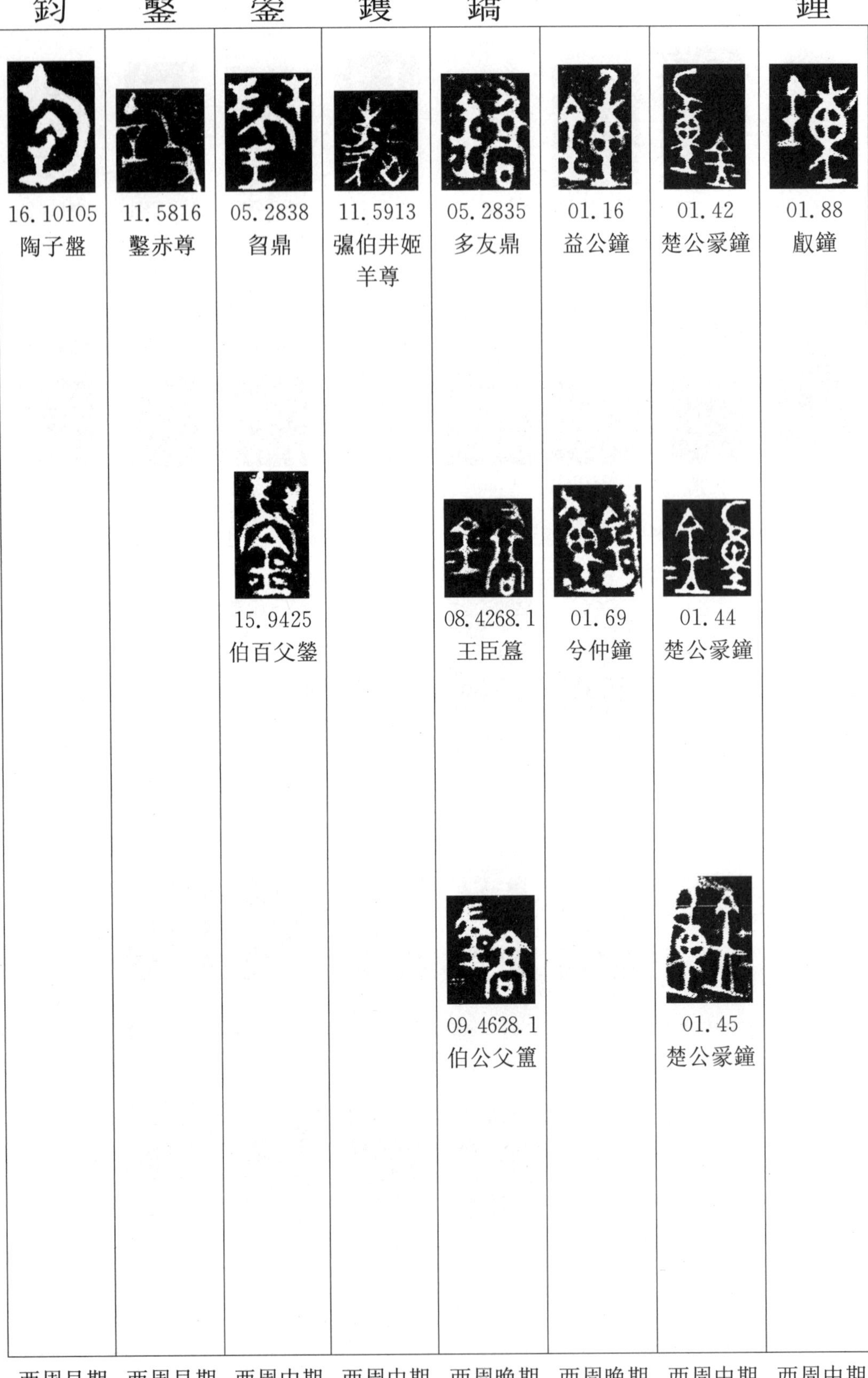

鐘　　鈴　　鉬

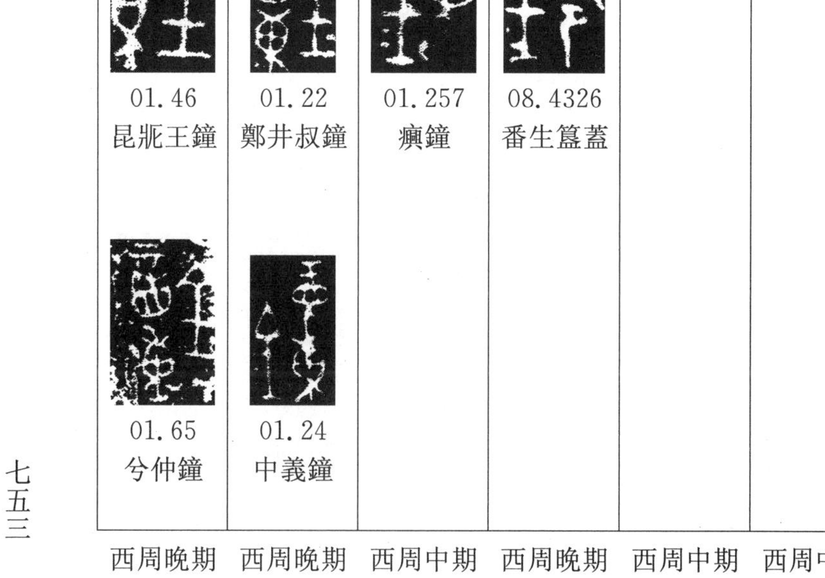

 01.27 中義鐘	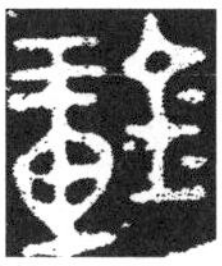 01.14 己侯虓鐘	 01.89 𤔲鐘	 05.2841A 毛公鼎	 08.4341 班簋	 文物 2014(1) 肅卣	 08.4213 𡱂敖簋蓋	 15.9722 幾父壺
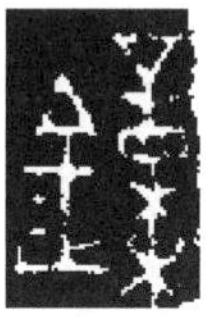 01.28 中義鐘	 01.16 益公鐘	 01.92 𤔲鐘	 08.4313.1 師寰簋			 新收 891 楚公逆鐘	 銘圖 03349 昔須甗
 01.31 芮公鐘	 01.18 魯𨗨鐘	 01.246 㾓鐘	 08.4313.2 師寰簋				
 01.46 昆疕王鐘	 01.22 鄭井叔鐘	 01.257 㾓鐘	08.4326 番生簋蓋				
01.65 兮仲鐘	01.24 中義鐘						
西周晚期	西周晚期	西周中期	西周晚期	西周中期	西周中期	西周晚期	西周中期

鎗　鏄

01.188.1 梁其鐘	文物 1999(9) 戎生編鐘	考古 2007(3) 姑仲衍鐘	09.4455.2 叔尃父盨	08.4184 公臣簋	01.244 虢叔旅鐘	01.188.1 梁其鐘	01.110 井人妄鐘
01.192 梁其鐘			09.4456.2 叔尃父盨	08.4324.1 師嫠簋	01.260.2 㝬鐘	01.189.2 梁其鐘	01.112 井人妄鐘
文博 1987(2) 逑編鐘			09.4457.1 叔尃父盨	08.4325.1 師嫠簋	02.356 井叔采鐘	01.205 克鐘	01.136 柞鐘
				08.4457 叔尃父盨	05.2835 多友鼎	01.238.2 虢叔旅鐘	01.146 士父鐘
				09.4454.2 叔尃父盨	05.2836 多友鼎	01.240.2 虢叔旅鐘	01.181.1 南宮乎鐘
西周晚期	西周中期	西周晚期	西周晚期	西周晚期	西周晚期	西周晚期	西周晚期

錫	鑯	鋪	鐊	鑵	鐼	鈙	鍯
		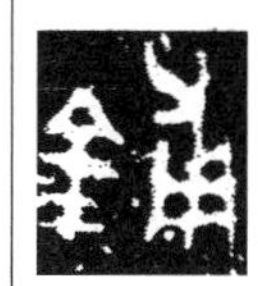	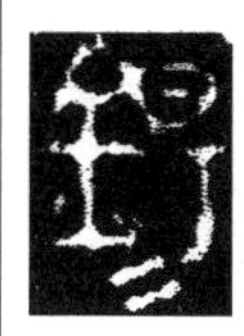	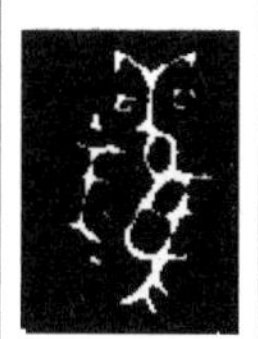			
01.42 楚公豸鐘	通鑒 03348 叔甗	05.2779 師同鼎	01.62 逆鐘	16.9986 仲作旅鑵蓋	通鑒 05658 仲宮父盨	收藏 2007(4) 蘇公盤 案：陳斯鵬(2012)謂此字从「金」「攴」聲，爲盤之自名，或即可讀「盤」，與《説文·攴部》「鈙」字同形。	01.188.1 梁其鐘
							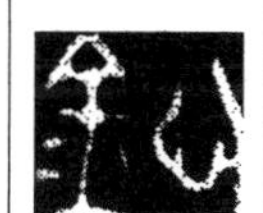
			新收 891 楚公逆鐘		論稿 149 頁 京叔休父盨		01.192 梁其鐘
西周中期或晚期	西周早期	西周晚期	西周晚期	西周早期	西周晚期	西周晚期	西周晚期

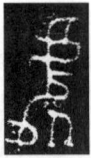

處			鐯	鈌	鐥	鈧	鍑
01.109.2 井人妄鐘	 01.252 瘋鐘	 01.66 兮仲鐘	 01.246 瘋鐘	 01.188.1 梁其鐘	 01.188.1 梁其鐘	 08.4257 弭伯師耤簋	 05.2831 九年衛鼎
 01.112 井人妄鐘	 05.2838 曶鼎	 01.70 兮仲鐘	 01.252 瘋鐘	 01.192 梁其鐘	 01.192 梁其鐘		
 01.260.1 㝬鐘	 08.4237 臣諫簋	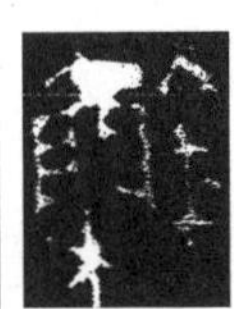 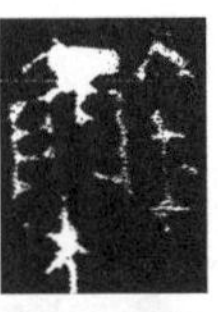 01.71 兮仲鐘			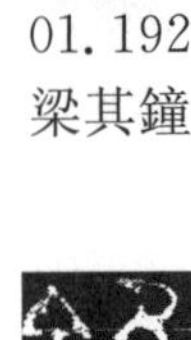  文博 1987(2) 逑編鐘		
	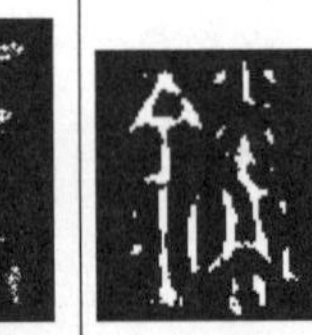 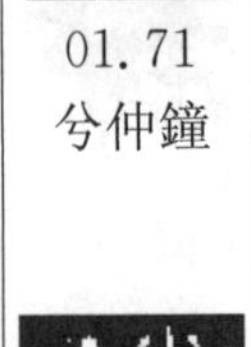 16.10175 史牆盤	 01.134 柞鐘					
	  16.10175 史牆盤						
西周晚期	西周中期	西周晚期	西周中期	西周晚期	西周晚期	西周晚期	西周中期

且

 10.5344.1 盩司土幽卣	 10.4896 竟且辛卣	 06.3711 且乙告田簋	 06.3600 [illegible]作且丁簋	 05.2763.1 我方鼎	 04.2368 盜婦方鼎	 04.1811 王且甲方鼎	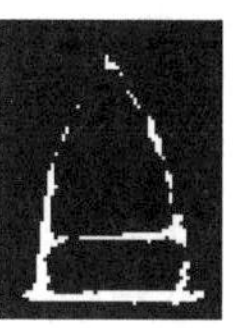 03.806 且丁旅甗
 10.5383.1 岡劫卣	 10.4898 子且壬卣	 06.3711 且乙告田簋	 06.3626 𢇍簋	 05.2837 大盂鼎	 04.2458 中作祖癸鼎	 04.1814 [illegible]作且戊鼎	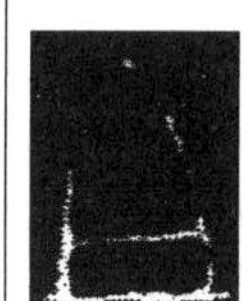 03.912 尹伯作祖辛甗
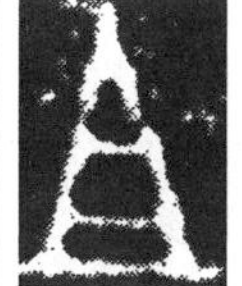 10.5384.1 耳卣	 10.5044 且丁父己卣	 07.3749 [illegible]簋	 06.3645 作且癸簋	 06.3140 [illegible]且己簋	 04.2056 罴作且乙鼎	 04.2110 [illegible]作且丁鼎	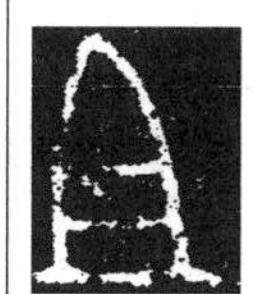 03.916 香夫作祖丁甗
 10.5410.1 啓卣	 10.5307 [illegible]作且癸卣	 07.3826 [illegible]戮簋	 06.3683 亞𩩲父簋	 06.3296 且癸父丁簋	 05.2759 作册大方鼎	 04.2244 𠭯作祖乙鼎	 03.930 榮子旅作祖乙甗
 11.5511 且辛尊	 10.5321 交卣	 07.3991 祖日庚簋	 06.3684 劁函作祖戊簋	 06.3500 作祖戊簋	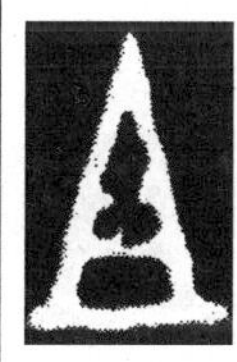 05.2760 作册大方鼎	 04.2310 [illegible]作祖丁鼎	「祖」字重見。
西周早期	西周早期	西周早期	西周早期	西周早期	西周早期	西周早期	西周早期

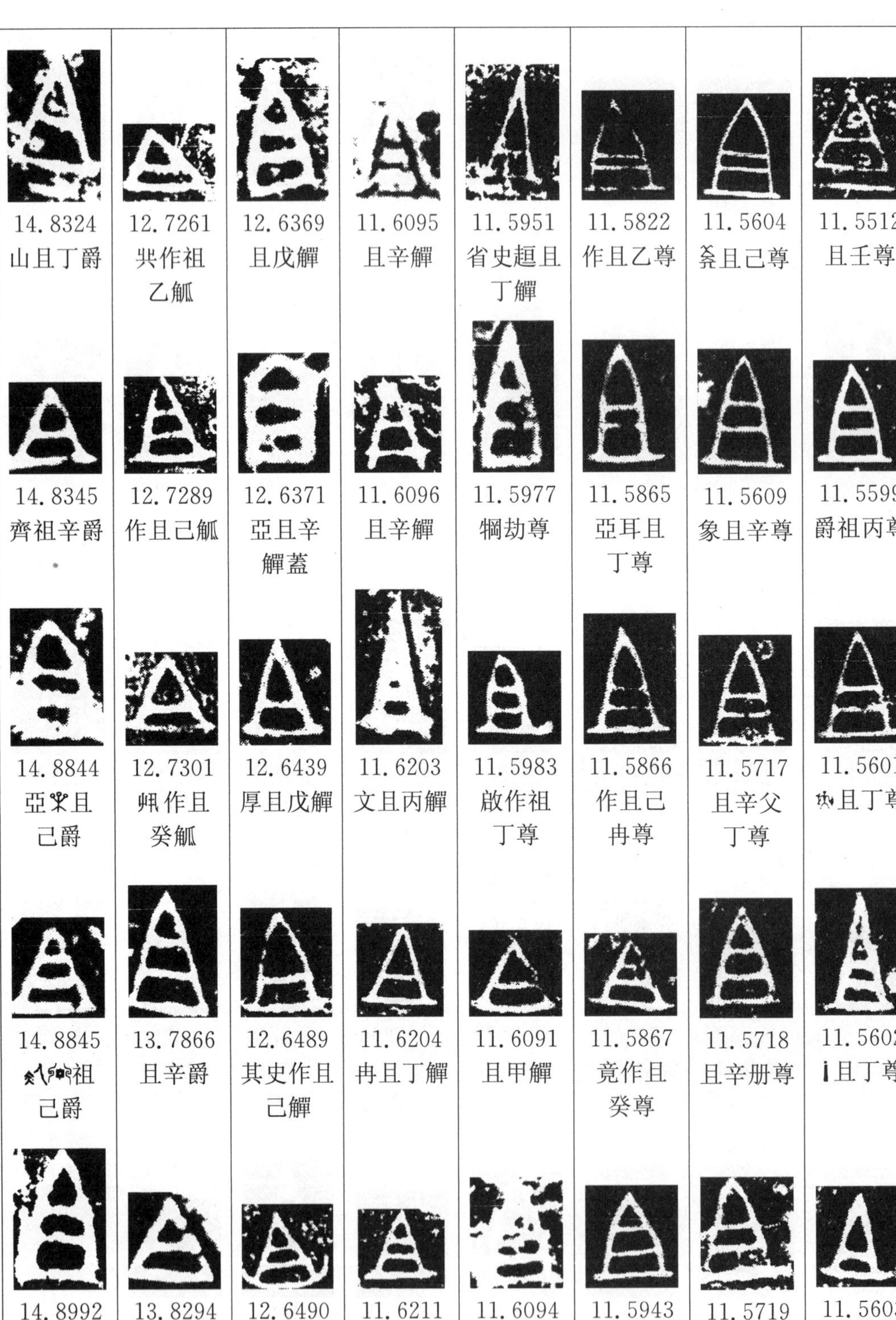

14.8324 山且丁爵	12.7261 [illegible]作祖乙觚	12.6369 且戊觶	11.6095 且辛觶	11.5951 省史趄且丁觶	11.5822 作且乙尊	11.5604 [illegible]且己尊	11.5512 且壬尊
14.8345 齊祖辛爵	12.7289 作且己觚	12.6371 亞且辛觶蓋	11.6096 且辛觶	11.5977 犅劫尊	11.5865 亞耳且丁尊	11.5609 象且辛尊	11.5599 爵祖丙尊
14.8844 亞[illegible]且己爵	12.7301 [illegible]作且癸觚	12.6439 厚且戊觶	11.6203 文且丙觶	11.5983 啟作祖丁尊	11.5866 作且己冉尊	11.5717 且辛父丁尊	11.5601 [illegible]且丁尊
14.8845 [illegible]祖己爵	13.7866 且辛爵	12.6489 其史作且己觶	11.6204 冉且丁觶	11.6091 且甲觶	11.5867 竟作且癸尊	11.5718 且辛册尊	11.5602 [illegible]且丁尊
14.8992 [illegible]且乙爵	13.8294 且甲爵	12.6490 齊史遤祖辛觶	11.6211 戈且辛觶	11.6094 且丁觶	11.5943 效作且辛尊	11.5719 伯且癸尊	11.5603 戈且己尊
西周早期	西周早期	西周早期	西周早期	西周早期	西周早期	西周早期	西周早期

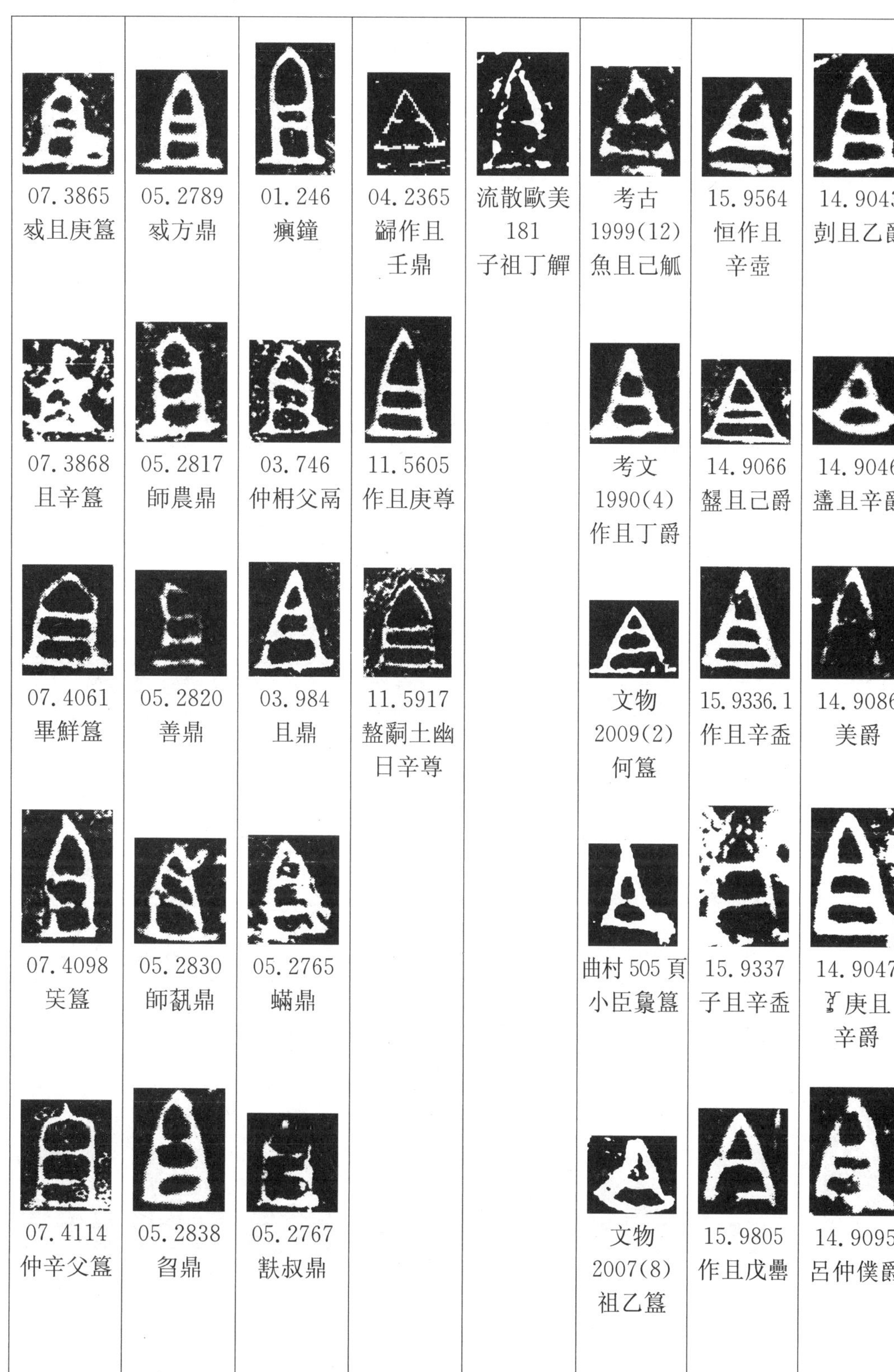

07.3865 彧且庚簋	05.2789 彧方鼎	01.246 㾜鐘	04.2365 歸作且壬鼎	流散歐美181 子祖丁觶	考古1999(12) 魚且己觚	15.9564 恒作且辛壺	14.9043 剅且乙爵
07.3868 且辛簋	05.2817 師農鼎	03.746 仲枏父鬲	11.5605 作且庚尊		考文1990(4) 作且丁爵	14.9066 盤且己爵	14.9046 遽且辛爵
07.4061 畢鮮簋	05.2820 善鼎	03.984 且鼎	11.5917 盩嗣土幽日辛尊		文物2009(2) 何簋	15.9336.1 作且辛盉	14.9086 美爵
07.4098 宎簋	05.2830 師𩛥鼎	05.2765 𧍝鼎			曲村505頁 小臣𩁹簋	15.9337 子且辛盉	14.9047 𢀛庚且辛爵
07.4114 仲辛父簋	05.2838 曶鼎	05.2767 𫨻叔鼎			文物2007(8) 祖乙簋	15.9805 作且戊罍	14.9095 呂仲僕爵
西周中期	西周中期	西周中期	西周早期或晚期	西周早期	西周早期	西周早期	西周早期

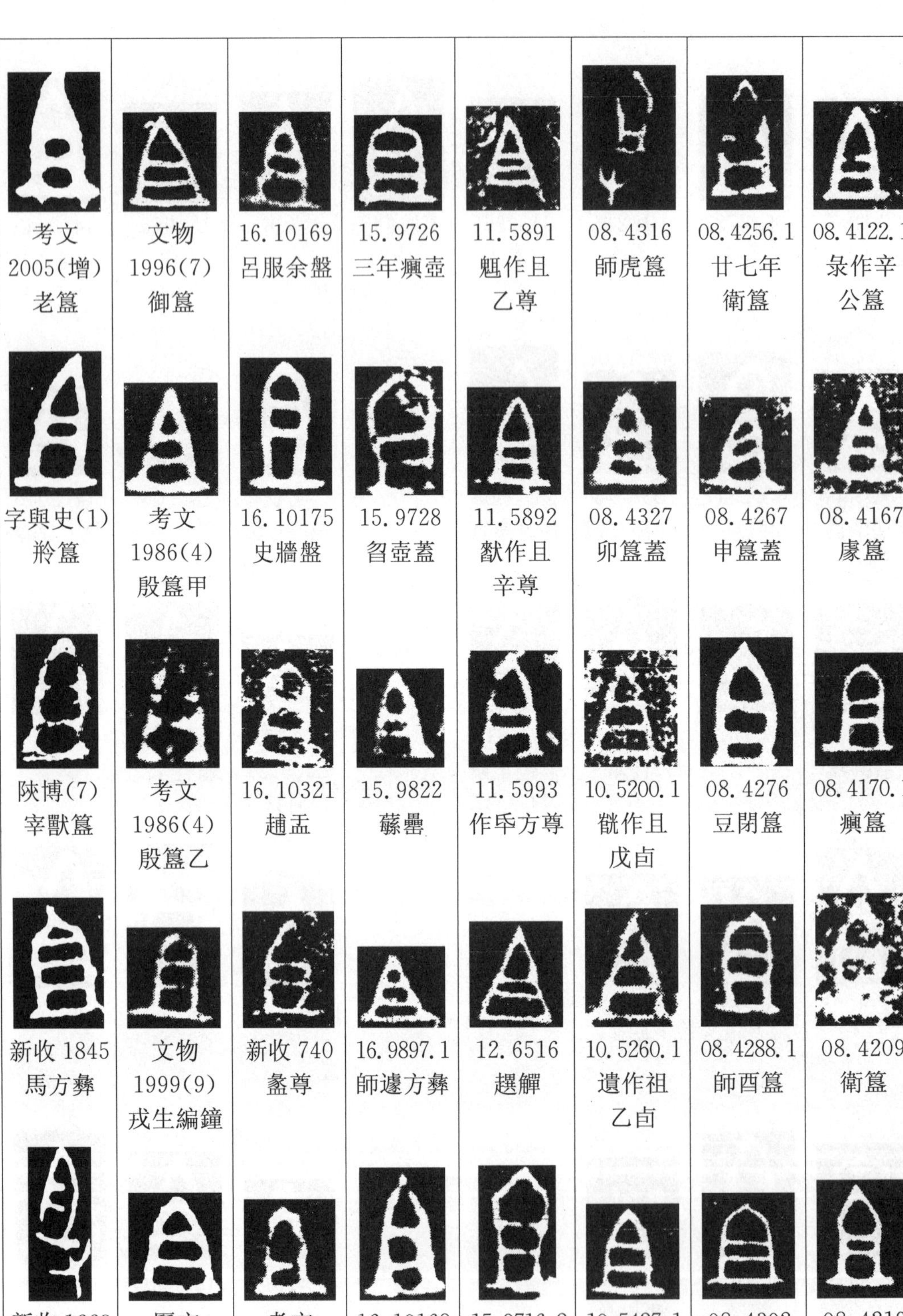

考文 2005(增) 老簋	文物 1996(7) 御簋	16.10169 呂服余盤	15.9726 三年瘓壺	11.5891 魌作且乙尊	08.4316 師虎簋	08.4256.1 廿七年衛簋	08.4122.1 彔作辛公簋
字與史(1) 羚簋	考文 1986(4) 殷簋甲	16.10175 史牆盤	15.9728 曶壺蓋	11.5892 猷作且辛尊	08.4327 卯簋蓋	08.4267 申簋蓋	08.4167 豦簋
陝博(7) 宰獸簋	考文 1986(4) 殷簋乙	16.10321 趙盂	15.9822 蘇罍	11.5993 作氒方尊	10.5200.1 戠作且戊卣	08.4276 豆閉簋	08.4170.1 瘓簋
新收 1845 馬方彝	文物 1999(9) 戎生編鐘	新收 740 盠尊	16.9897.1 師遽方彝	12.6516 趩觶	10.5260.1 遺作祖乙卣	08.4288.1 師酉簋	08.4209 衛簋
新收 1669 楷尊	歷文 2006(3) 親簋	考文 1993(3) 虎簋蓋	16.10168 守宮盤	15.9716.2 梁其壺	10.5427.1 作册嗌卣	08.4302 彔伯𢦚簋蓋	08.4219 追簋
西周中期	西周中期	西周中期	西周中期	西周中期	西周中期	西周中期	西周中期

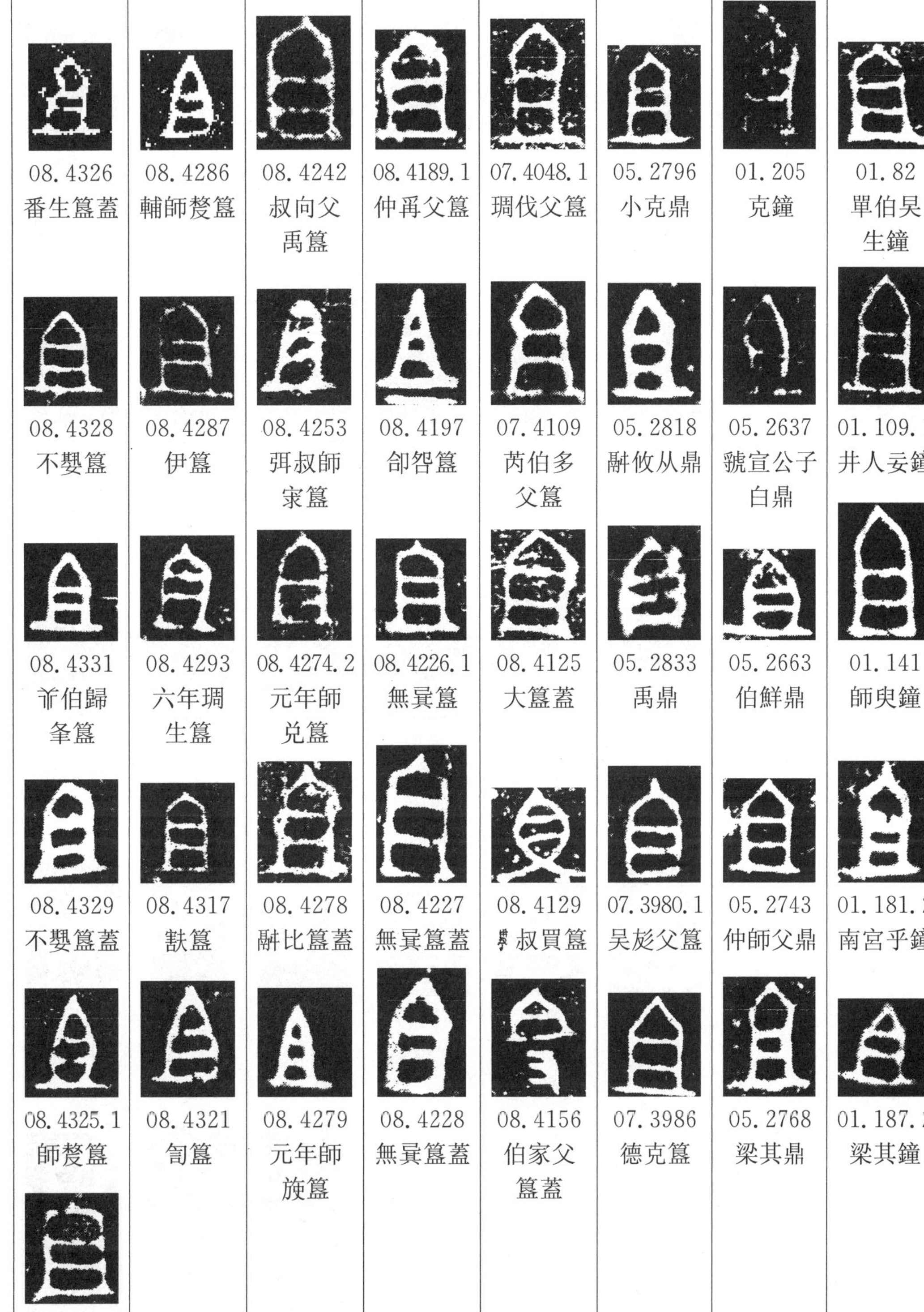

08.4326 番生簋蓋	08.4286 輔師嫠簋	08.4242 叔向父禹簋	08.4189.1 仲爯父簋	07.4048.1 琱伐父簋	05.2796 小克鼎	01.205 克鐘	01.82 單伯昊生鐘
08.4328 不嬰簋	08.4287 伊簋	08.4253 弭叔師宷簋	08.4197 郃咎簋	07.4109 芮伯多父簋	05.2818 鬲攸从鼎	05.2637 虢宣公子白鼎	01.109.1 井人妄鐘
08.4331 乖伯歸夆簋	08.4293 六年琱生簋	08.4274.2 元年師兑簋	08.4226.1 無㠱簋	08.4125 大簋蓋	05.2833 禹鼎	05.2663 伯鮮鼎	01.141 師臾鐘
08.4329 不嬰簋蓋	08.4317 㝬簋	08.4278 鬲比簋蓋	08.4227 無㠱簋蓋	08.4129 [illegible]叔買簋	07.3980.1 吴尨父簋	05.2743 仲師父鼎	01.181.2 南宮乎鐘
08.4325.1 師嫠簋	08.4321 訇簋	08.4279 元年師旋簋	08.4228 無㠱簋蓋	08.4156 伯家父簋蓋	07.3986 德克簋	05.2768 梁其鼎	01.187.2 梁其鐘
09.4448 杜伯盨							
西周晚期	西周晚期	西周晚期	西周晚期	西周晚期	西周晚期	西周晚期	西周晚期

組

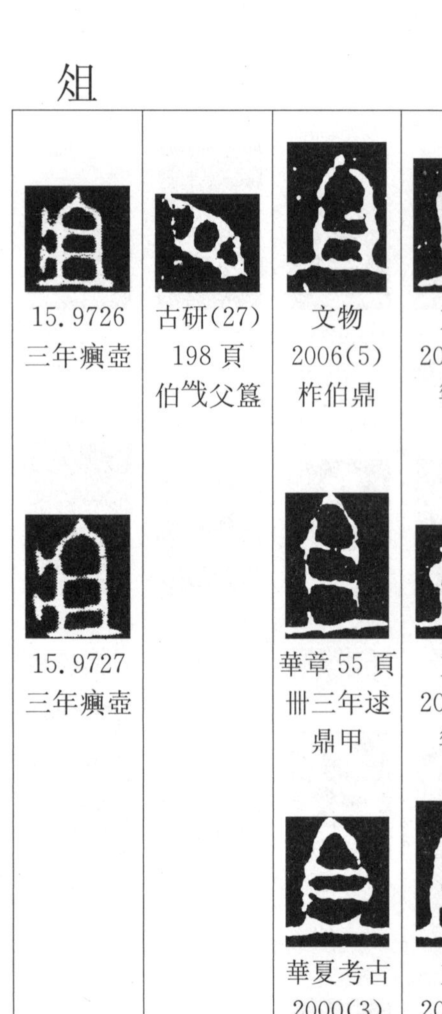

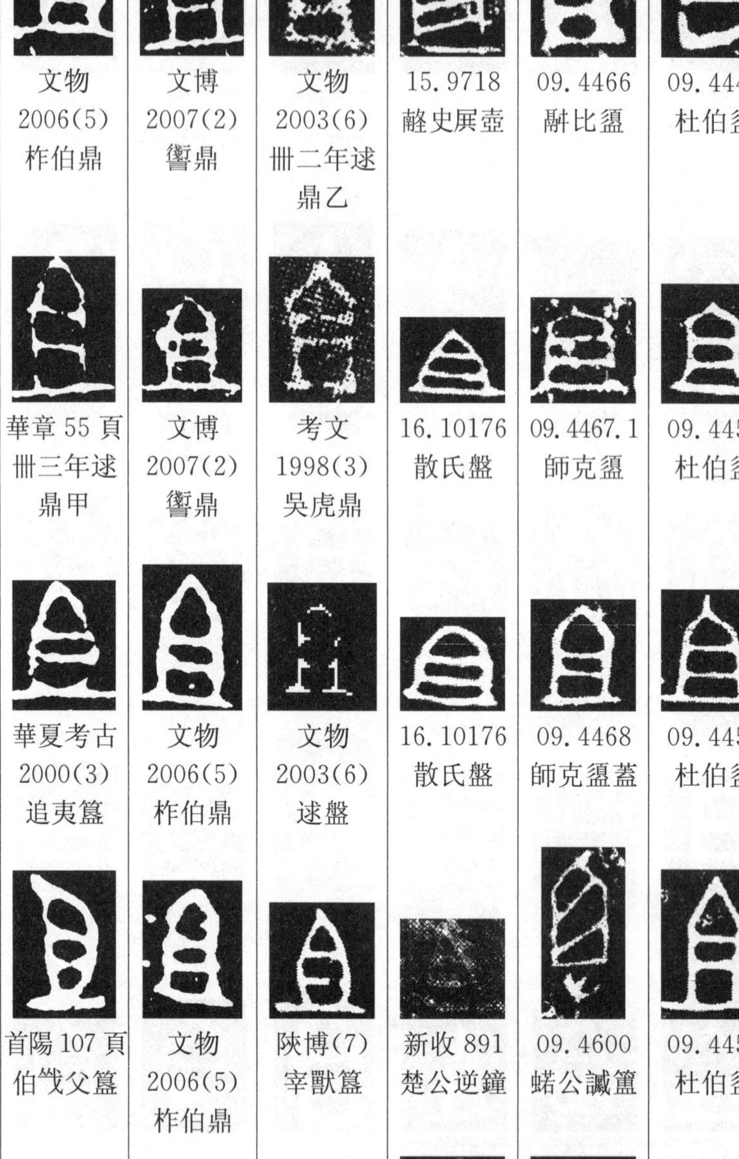

西周中期	西周晚期	西周晚期	西周晚期	西周晚期	西周晚期	西周晚期	西周晚期
15.9726 三年瘨壺	古研(27) 198頁 伯戋父簋	文物 2006(5) 柞伯鼎	文博 2007(2) [衞/言]鼎	文物 2003(6) 卌二年逑鼎乙	15.9718 𩁹史𡱒壺	09.4466 𩰫比盨	09.4449 杜伯盨
15.9727 三年瘨壺		華章55頁 卌三年逑鼎甲	文博 2007(2) [衞/言]鼎	考文 1998(3) 吴虎鼎	16.10176 散氏盤	09.4467.1 師克盨	09.4450 杜伯盨
		華夏考古 2000(3) 追夷簋	文物 2006(5) 柞伯鼎	文物 2003(6) 逑盤	16.10176 散氏盤	09.4468 師克盨蓋	09.4451 杜伯盨
		首陽107頁 伯戋父簋	文物 2006(5) 柞伯鼎	陝博(7) 宰獸簋	新收891 楚公逆鐘	09.4600 𧊒公諴簠	09.4452 杜伯盨
					文博 1987(2) 逑編鐘	09.4692 大師虘豆	09.4453 仲𠂤父盨

新					斷	斯	斤
新收 1874 虎簋蓋乙	08.4289.2 師酉簋	05.2596 叔碩父鼎	11.5987 臣衛父辛尊	05.2595 臣卿鼎	07.3908 量侯簋	05.2833 禹鼎	05.2674 征人鼎
	08.4290 師酉簋	05.2784 十五年趞曹鼎	17.10885 新邑戈	05.2682 新邑鼎			05.2674 征人鼎
	08.4291 師酉簋	08.4214 師遽簋蓋	新收 950 叔觶	06.3439 新[illegible]簋			07.4020 天君簋
	考文 1986(4) 殷簋甲	08.4288.1 師酉簋		07.3948 臣卿簋			
	考文 1993(3) 虎簋蓋	08.4289.1 師酉簋		11.5985 噭士卿尊			
西周中期	西周中期	西周中期	西周早期	西周早期	西周早期	西周晚期	西周早期

升 [illegible] 㫁 質

升	[illegible]	㫁	質				
08.4194.1 友簋	 文物 2000(12) 季陾父匜	 晉國 99 頁 晉侯㫁簋	 08.4313.1 師寰簋	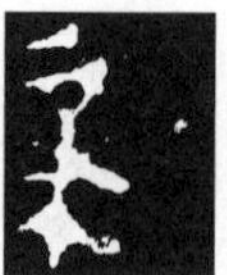 文物 2003(6) 卌二年逑 鼎乙	 08.4338 頌簋蓋	 08.4321 訇簋	 05.2541 仲義父鼎
		晉國 99 頁 晉侯㫁簋			 15.9731.1 頌壺	 08.4332 頌簋	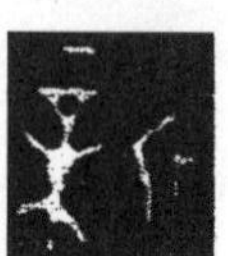 05.2542 仲義父鼎
					 15.9732 頌壺蓋	 08.4333.1 頌簋	 05.2543 仲義父鼎
					 16.10176 散氏盤	 08.4333.2 頌簋	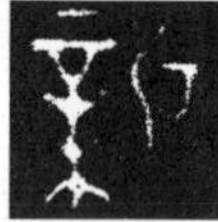 05.2544 仲義父鼎
					 文物 2003(6) 逑盤	 08.4334 頌簋蓋	 05.2827 頌鼎
						 08.4339 頌簋	 05.2829 頌鼎
西周中期	西周晚期	西周中期	西周晚期	西周晚期	西周晚期	西周晚期	西周晚期

08.2816 伯晨鼎	15.9697 栱氏車父壺	04.1951 車作寶鼎	17.10864 亦車戈	10.5248 [illegible]卣	05.2837 大盂鼎	08.4322.1 戜簋	09.4404 伯大師釐盨
	考文2006(6) 獄盤	05.2831 九年衛鼎	上博(6) 保員簋	11.6015 麥方尊	06.3454 作車簋		
		08.4302 彔伯戜簋蓋	文物2001(8) 叔夨方鼎	14.8832 [illegible]作車爵	06.3464 御父簋		
		10.5398.1 同卣		14.8921 車犬父戊爵	06.3477 應公簋		
		10.5430.1 繁卣		14.9071 小車父丁爵	08.4201 小臣宅簋		
					08.4205 楷伯簋		
西周中期或晚期	西周中期	西周中期	西周中期	西周中期	西周中期	西周中期	西周晚期

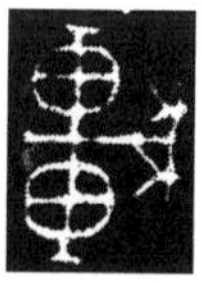

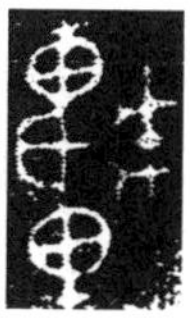

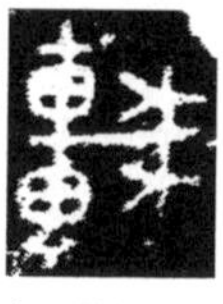

較

01.204 克鐘

03.1149 車鼎

05.2697 散伯車父鼎

05.2779 師同鼎

05.2779 師同鼎

西周晚期

07.3881.1 栰車父簋

07.3886 栰車父簋

08.4318.2 三年師兌簋

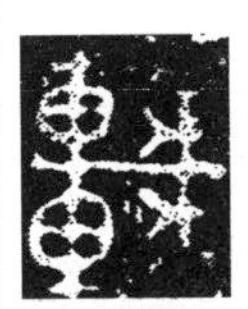
08.4318.2 三年師兌簋

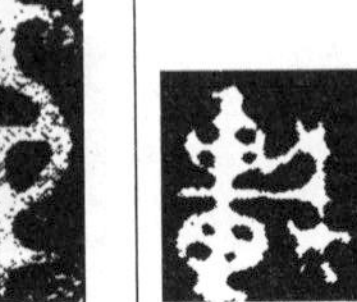
08.4326 番生簋蓋

西周晚期

08.4329 不嬰簋蓋

09.4382 伯車父盨

09.4383 伯車父盨

09.4467.1 師克盨

15.9601.1 𡨦車父壺

西周晚期

16.10174 兮甲盤

新收881 晉侯蘇鐘

新收44 大子車斧

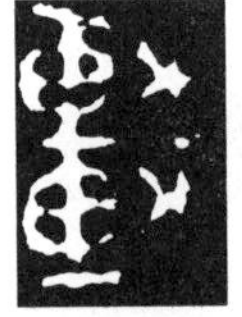
文物 2003(6) 卌二年逑鼎甲

西周晚期

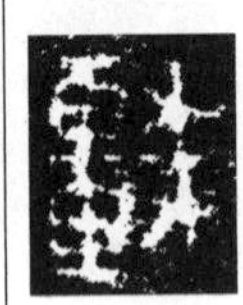
文物 2003(6) 卌二年逑鼎乙

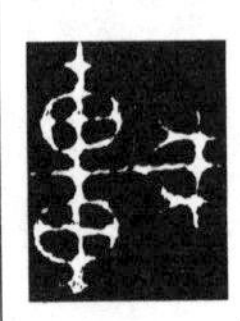
華章71頁 卌三年逑鼎丙

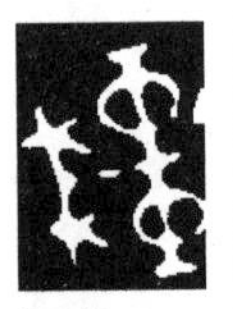
新收655 車戈

西周晚期

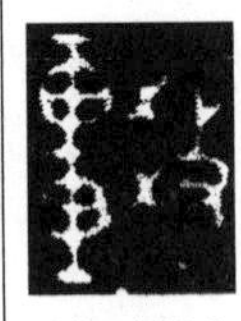
08.4302 彔伯𢦚簋蓋

16.9898B 吳方彝蓋

西周中期

05.2841B 毛公鼎

08.4318.1 三年師兌簋

08.4326 番生簋蓋

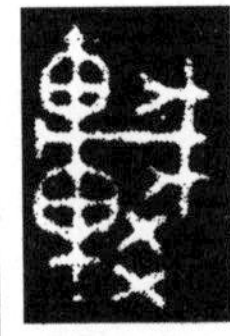
09.4468 師克盨蓋

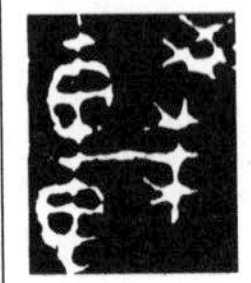
華章55頁 卌三年逑鼎甲

西周晚期

輯

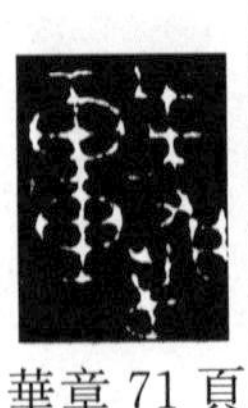
華章71頁 卌三年逑鼎丙

西周晚期

<table>
<tr><th>斬</th><th>輦</th><th>軍</th><th>軎</th><th>軝</th><th></th><th>轙</th><th>軫</th></tr>
<tr>
<td>考文
1990(5)
伯簋</td>
<td>
10.5189
輦卣</td>
<td>
新收 881
晉侯蘇鐘</td>
<td>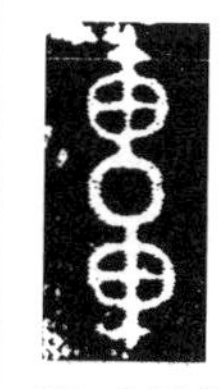
05.2612
現方鼎

05.2613
現方鼎</td>
<td>
10.5428.1
叔趯父卣</td>
<td>
09.4468
師克盨蓋</td>
<td>
05.2841B
毛公鼎
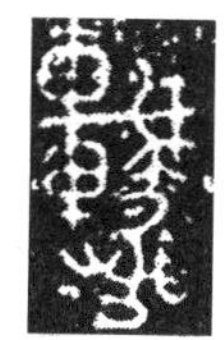
08.4318.2
三年師兑簋

08.4326
番生簋蓋

09.4467.1
師克盨</td>
<td>
08.4326
番生簋蓋</td>
</tr>
<tr><td>西周中期</td><td>西周早期</td><td>西周晚期</td><td>西周早期</td><td>西周早期</td><td>西周晚期</td><td>西周晚期</td><td>西周晚期</td></tr>
</table>

	𠂤			轉		輔	軝
 08.4239.2 小臣謎簋	 04.2264 𠂤作陾仲方鼎	 09.4467.1 師克盨	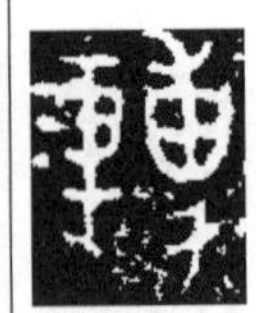 15.9401.1 師轉釜	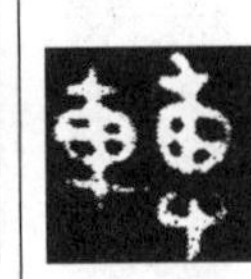 16.10055 輔作寶盥盤	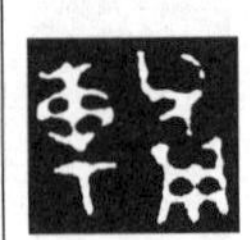 中原文物 2007(5) 輔伯戈	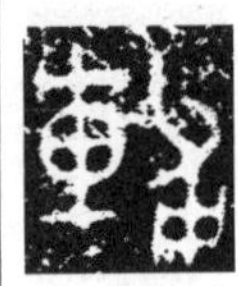 05.2546 輔伯雁父鼎	 05.2831 九年衛鼎
 10.5416.2 召卣	 04.2504 作册疐鼎	 09.4468 師克盨				 08.4324.1 師嫠簋	
 11.6004 䨼尊	 05.2728 旅鼎	 文物 2003(6) 卌三年逑鼎辛				 08.4324.1 師嫠簋	
12.6512 小臣單觶	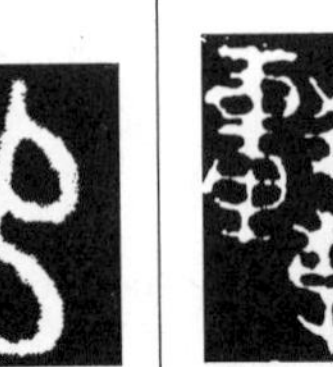 05.2837 大盂鼎	華章63頁 卌三年逑鼎乙				 08.4325.1 師嫠簋	
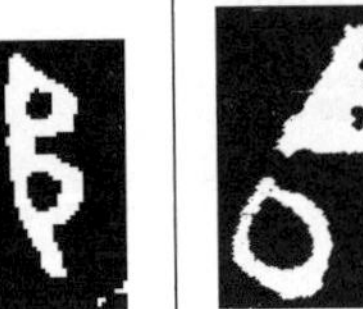 17.10955.1 呂𠂤戈	 08.4131 利簋					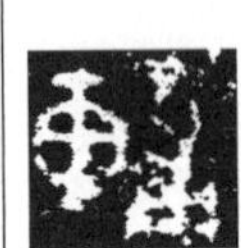 08.4325.2 師嫠簋	
西周早期	西周早期	西周晚期	西周中期	西周早期	西周晚期	西周晚期	西周中期

西周晚期	西周中期	西周中期	西周中期	西周中期	西周中期	西周中期	西周早期
01.204 克鐘	16.10169 呂服余盤	11.6008 臤尊	10.5246.1 仲自父卣	08.4266 趞簋	06.3545 仲自父簋	03.948 遹甗	17.11012 [illegible]自戈
05.2799 小克鼎	新收 740 盠尊	15.9410 仲師父盉	10.5419 彔㦸卣	08.4273 靜簋	07.4047 陵貯簋	04.2046 仲自父鼎	
05.2805 南宮柳鼎		15.9728 曶壺蓋	10.5420.1 彔㦸卣	08.4322.1 㦸簋	08.4191 穆公簋蓋	05.2703 堇鼎	
05.2833 禹鼎		16.9899.1 盠方彝	10.5425.2 競卣	08.4341 班簋	08.4195.1 萳簋	05.2789 㦸方鼎	

官

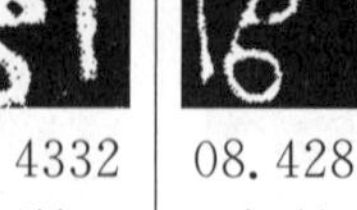 08.4332 頌簋	 08.4287 伊簋	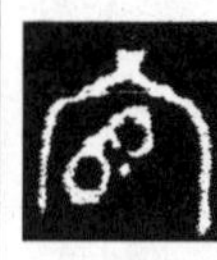 05.2814 無叀鼎	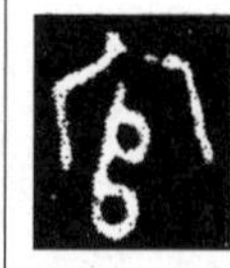 08.4316 師虎簋	 05.2813 師奎父鼎	 08.4206 小臣傳簋	 07.3914 大師良父簋蓋	 05.2835 多友鼎
 16.9971 番伯鐳	 08.4294 揚簋	 05.2825 善夫山鼎	 08.4327 卯簋蓋	 05.2817 師農鼎	 11.5986 𨻰作父乙尊		 08.4123 奸小簋
 華章 71 頁 卌三年逑鼎丙	 08.4312 師頪簋	 05.2827 頌鼎	 10.5425 競卣	 08.4266 趞簋	 上博(7) 𩰬卣		 華章 39 頁 卌二年逑鼎甲
 文物 2003(6) 卌三年逑鼎辛	 07.4032 官夌父簋	 08.4246.2 楚簋	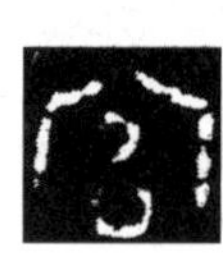 考文 1993(3) 虎簋蓋	 08.4267 申簋蓋			
 文物 2009(9) 頌盤	 08.4321 訇簋  08.4324.1 師嫠簋	 08.4279.1 元年師旋簋	 新收 1874 虎簋蓋乙	 08.4289.1 師酉簋			
西周晚期	西周晚期	西周晚期	西周中期	西周中期	西周早期	西周	西周晚期

陽		陰		陵	[illegible]		[illegible]
05.2723 師餘鼎	08.4323 敔簋	16.10322 永盂	03.696 夆伯鬲	15.9816 陵父日乙罍	16.10174 兮甲盤	上博(7) 晉伯[illegible]父甗	09.4346 [illegible]伯盨
10.5424.1 農卣			04.2198 陵叔鼎	新收 850 陵鼎			
文博 1987(4) 尸伯尸簋			11.5823 陵作父乙尊				
保利 應侯視工簋			15.9726 三年瘨壺				
			16.10176 散氏盤				
西周中期	西周晚期	西周中期	西周中期	西周早期	西周晚期	西周	西周晚期

		限	陂	阿	陸		
 09.4466 尉比盨	 05.2838 曶鼎	 14.9036 伯限爵	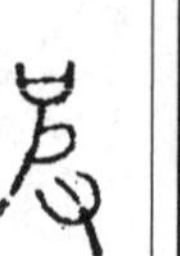 05.2790 微緐鼎	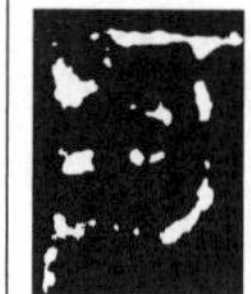 華章39頁 卌二年逑鼎甲	 06.3621 陸婦簋	 06.3578 陽尹簋	 04.2392 叔姬鼎
		 文物 2004(8) 辛罍相簋		 文物 2003(6) 卌二年逑鼎乙	 06.3616 強伯簋		 05.2805 南宫柳鼎
							 07.3984 陽飤生簋蓋
							 16.10173 虢季子白盤
							 16.10227 陽飤生匜
							 保利續158頁 應侯視工簋
西周晚期	西周中期	西周早期	西周晚期	西周晚期	西周早期	西周	西周晚期

<table>
<tr><th colspan="6">降</th><th>陟</th><th>隥</th></tr>
<tr>
<td>01.49
戡狄鐘</td>
<td>
16.10175
史墻盤</td>
<td>
01.247
𤼈鐘</td>
<td>
08.4140
大保鼎</td>
<td>
08.4317
㝬簋</td>
<td>
01.248
𤼈鐘</td>
<td>
08.4330
沈子它
簋蓋</td>
<td>08.4341
班簋</td>
</tr>
<tr>
<td>
文物
1994(2)
才上象數
甬鐘</td>
<td>
歷文
2002(6)
豳公盨</td>
<td>
01.247
𤼈鐘</td>
<td>
08.4261
天亡簋</td>
<td>
16.10176
散氏盤</td>
<td>
01.250
𤼈鐘</td>
<td></td>
<td></td>
</tr>
<tr>
<td></td>
<td>
文物
1994(2)
師盂鐘</td>
<td>
01.249
𤼈鐘</td>
<td></td>
<td>16.10176
散氏盤</td>
<td>
08.4341
班簋</td>
<td></td>
<td></td>
</tr>
<tr>
<td></td>
<td></td>
<td>
01.250
𤼈鐘</td>
<td></td>
<td></td>
<td>
08.4341
班簋</td>
<td></td>
<td></td>
</tr>
<tr>
<td></td>
<td></td>
<td>
06.3770
降人𩰫簋</td>
<td></td>
<td></td>
<td></td>
<td></td>
<td></td>
</tr>
<tr>
<td>西周中期
或晚期</td>
<td>西周中期</td>
<td>西周中期</td>
<td>西周早期</td>
<td>西周晚期</td>
<td>西周中期</td>
<td>西周早期</td>
<td>西周中期</td>
</tr>
</table>

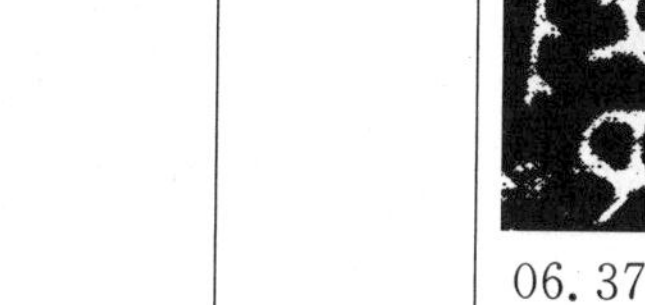

隓 阤

西周晚期	西周晚期	西周晚期	西周晚期	西周晚期	西周晚期	西周晚期	西周晚期
01.39 叔旅魚父鐘	01.238.2 虢叔旅鐘	08.4137 叔妀簋	09.4669 降叔豆	新收 881 晉侯蘇鐘	華章 63 頁 卌三年逑鼎乙	08.4317 㝬簋	05.2832 五祀衛鼎
01.110 井人妄鐘	05.2833 禹鼎	08.4317 㝬簋	16.10164 函皇父盤	文物 1994(2) 在上鐘	華章 79 頁 卌三年逑鼎丁		歷文 2002(6) 豳公盨
01.112 井人妄鐘	08.4141.1 函皇父簋	08.4317 㝬簋	16.10176 散氏盤	華章 39 頁 卌二年逑鼎甲	文物 2003(6) 逑盤		
01.146 士父鐘	08.4141.2 函皇父簋	08.4321 訇簋	16.10152 宗婦鄁嬰盤	文物 2003(6) 卌二年逑鼎乙	文博 1987(2) 逑鐘		
01.188.1 梁其鐘	08.4242 叔向父禹簋	09.4465 善父克盨	文博 1987(2) 逑編鐘				

案：李學勤(2002)釋作「隨」；裘錫圭(2002a)釋作「墮」字初文，字形象兩手使「阜」上土墮落，「圣」變爲「左」，由二者形音近緣故；朱鳳瀚(2002)讀作「陶」或「掘」。

〔陶〕

陻	隣				陶	陳	陳
04.2264 自作陻仲方鼎	05.2830 師訊鼎	03.643 瀕史鬲	08.4238 小臣謎簋	05.2630 伯陶鼎	16.10105 陶子盘	04.2468 陳生隺鼎	05.2831 九年衛鼎
04.2266 自作陻仲方鼎	08.4266 趞簋		08.4329 不嬰簋蓋			07.3815 陳侯簋	
04.2267 自作陻仲方鼎	16.10321 趙盂		案：李守奎、劉波(2012)謂金文中「㚸」「陶」等字的基本音符都是「勹」，「㚸」「陶」只是繁簡之別。				
07.3918 陻仲孛簋							
西周中期	西周中期	西周早期	西周晚期	西周中期	西周早期	西周晚期	西周中期

隔	隣	隟		陪	阠		陕
04.2160 隔伯方鼎	16.10083 京隣仲盤	16.10176 散氏盤	05.2838 曶鼎	06.3242 耳伯陪簋	06.3653 子阠作父己簋	06.3475 陕簋	08.4238 小臣謎簋
04.3524 隔伯簋		16.10176 散氏盤					08.4238 小臣謎簋
10.5225.1 隔伯卣							08.4239.1 小臣謎簋
11.5847 隔伯尊							08.4239.2 小臣謎簋
西周早期	西周早期	西周晚期	西周中期	西周早期	西周早期	西周中期	西周早期

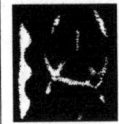

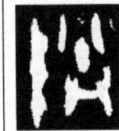

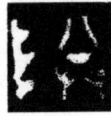

⿰阝号	⿰阝夷	⿰阝睘	⿰阝敫	⿰阝専	隊		
保利續 143 頁 ⿰阝号仲卣	文物 2009(2) 何簋	11.5986 ⿰阝睘作父乙尊	08.4159 鼂簋	05.2836 大克鼎	08.4327 卯簋蓋	新收 47 頁 季隬父匜	15.9414.1 隬伯盉
保利續 143 頁 ⿰阝号仲卣蓋	案：張光裕(2009)分析爲从阜从夷，從造字本義角度思考，「⿰阝夷」宜有平土之意；葉正渤(2010)分析爲从阜夷聲，讀與「夷」同。						
西周早期	西周早期	西周早期	西周中期	西周晚期	西周中期	西周晚期	西周早期

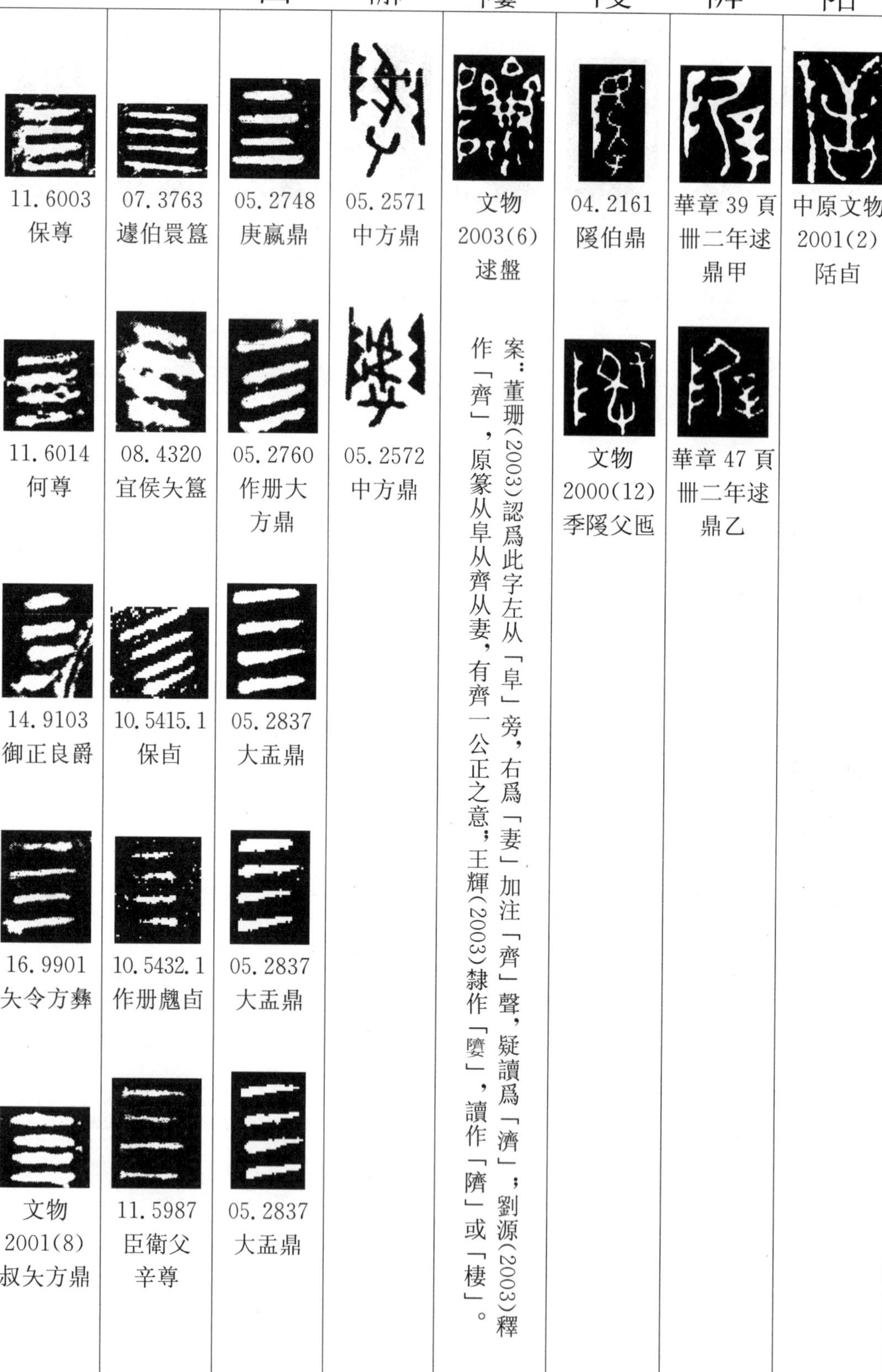

⿰阝舌

中原文物 2001(2) ⿰阝舌卣

西周早期

⿰阝孚

華章 39 頁 卌二年逑鼎甲

華章 47 頁 卌二年逑鼎乙

西周晚期

⿰阝妥

04.2161 ⿰阝妥伯鼎

文物 2000(12) 季⿰阝妥父匜

西周晚期

⿰阝⿱齊妻

文物 2003(6) 逑盤

案：董珊(2003)認爲此字左从「阜」旁，右爲「妻」加注「齊」聲，疑讀爲「濟」；劉源(2003)釋作「齊」，原篆从阜从齊从妻，有齊一公正之意；王輝(2003)隸作「⿰阝⿱齊妻」，讀作「隮」或「棲」。

西周晚期

⿰阝卿

05.2571 中方鼎

05.2572 中方鼎

西周晚期

四

05.2748 庚嬴鼎

05.2760 作册大方鼎

05.2837 大盂鼎

05.2837 大盂鼎

05.2837 大盂鼎

西周早期

07.3763 遽伯睘簋

08.4320 宜侯夨簋

10.5415.1 保卣

10.5432.1 作册䰧卣

11.5987 臣衛父辛尊

西周早期

11.6003 保尊

11.6014 何尊

14.9103 御正良爵

16.9901 夨令方彝

文物 2001(8) 叔夨方鼎

西周早期

08.4234 史頌簋	05.2836 大克鼎	01.134 柞鐘	考文 1993(3) 虎簋蓋	11.5988 斦尊	08.4164 孟簋	08.4194.2 友簋	05.2831 九年衛鼎
08.4279 元年師旋簋	05.2841B 毛公鼎	01.181.2 南宮乎鐘	文物 1998(4) 匍盉	15.9721 幾父壺	08.4208 段簋	08.4214 師遽簋蓋	05.2832 五祀衛鼎
08.4317 㝬簋	07.3820 虢姜簋	05.2697 散伯車父鼎	文物 2002(7) 應侯視工簋	15.9722 幾父壺	09.4463 癲盨	08.4302 彔伯𢦚簋蓋	05.2838 曶鼎
08.4457 叔專父盨	07.3858 鄧公簋	05.2815 趞鼎	考文 2006(6) 二式獄簋	16.10166 鮮盤	10.5408 靜卣	08.4322.1 𢦚簋	05.2838 曶鼎
16.10173 虢季子白盤	08.4225.1 無㠱簋	05.2833 禹鼎		16.10175 史牆盤	10.5433 效卣	08.4341 班簋	08.4194.1 友簋
16.10174 兮甲盤							
西周晚期	西周晚期	西周晚期	西周中期	西周中期	西周中期	西周中期	西周中期

亞　叕　宁

 周原 1881 頁 亞牧父 乙鬲	 14.9002 亞吴父 乙爵	 10.5248 [illegible]卣	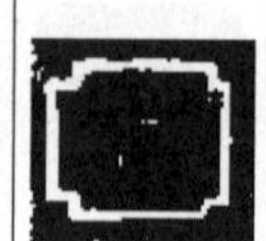 04.1146 亞鼎	 09.4565.1 交君子 叕簠	 16.9892.2 [illegible]方彝	 04.2436 剌啟宁鼎	 文物 2003(6) 逑盤
 上博(8) 亢鼎	 14.9099 祉作父 辛角	 11.5925 傳作父 戊尊	 04.2315 亞豚作父 乙鼎		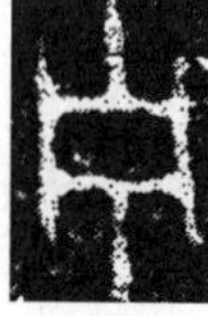 考古 1989(1) 宁角	 06.3318 宁矢父 丁簋	 歷文 2002(2) 作册封鬲 甲
 周原 1884 頁 鄀卣蓋	 15.9293.2 旛觥	12.7105 亞父丁觚	04.2322 作父辛 方鼎		 考古 2008(2) 宁斝	 12.6445 宁册父 丁觶	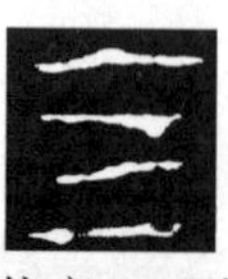 華章 79 頁 卌三年逑 鼎丁
 保利續 110 頁 歷簋	 15.9768 亞旁罍	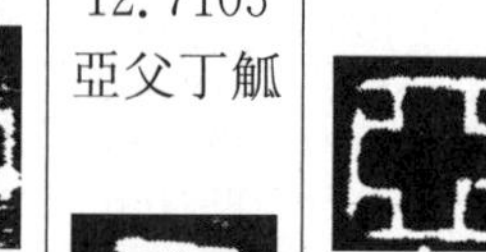 14.8323 亞祖丁爵	 04.2506 羉作祖 乙鼎			 12.6508 [illegible]觶	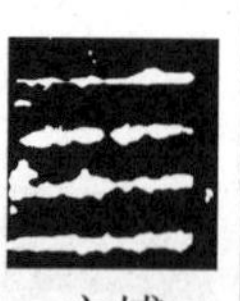 文博 2007(2) 䜌鼎
	 文物 1996(7) 亞父乙爵	 14.8404 亞父乙爵	 06.3509 作父乙簋			 15.9338.1 宁未父 乙盉	
		 14.9001 亞吴父 乙爵					
西周早期	西周早期	西周早期	西周早期	西周晚期	西周早期	西周早期	西周晚期

五

西周中期	西周中期	西周早期	西周早期	西周早期	西周晚期	西周晚期	西周中期
05.2832 五祀衛鼎	03.755 尹姞鬲	15.9303.2 作册旂觥	10.5404.1 商卣	06.3027 五簋	文博2007(2) ⿱衛言鼎	01.181.2 南宫乎鐘	01.247 㾓鐘
05.2838 曶鼎	05.2754 吕方鼎	15.9454.1 士上盉	11.5997 商尊	07.4044 御正衛鼎		08.4215.1 龖簋	01.248 㾓鐘
07.4023.1 伯中父簋	05.2784 十五年趞曹鼎	16.9895.1 旂方彝	11.5999 士上尊	08.4201 小臣宅簋		08.4321 訇簋	03.1144 亞鼎
總集04.2722 窒叔簋	05.2807 大鼎	17.10790 五戈	11.6002 作册旂尊	08.4206 小臣傳簋		文物2003(6) 逑盤	08.4237 臣諫簋
08.4167 㝬簋	05.2808 大鼎	新收1940 五鼎	11.6003 保尊	08.4239.2 小臣謎簋			09.4421.2 䣄孟征盨
				10.5020.1 圜仲卣			16.10175 史牆盤

五部

08.4243 投簋蓋

08.4266 趞簋

08.4268.1 王臣簋

15.9722 幾父壺

16.10107 叔五父盤

西周中期

16.10161 免盤

16.10166 鮮盤

陝金 1.674 五戈

考文 1986(4) 殷簋甲

文物 1990(7) 達盨蓋

西周中期

考文 1993(3) 虎簋蓋

文物 2002(7) 應侯視工簋

字與史(1) 㪤簋

字與史(1) 㪤簋蓋

新收 1874 虎簋蓋乙

西周中期

新收 1874 虎簋蓋乙

考文 2005(增) 老簋

文物 2003(9) 季姬尊

西周中期

08.4286 輔師嫠簋

08.4292 五年琱生簋

08.4294 揚簋

08.4297 鄁簋

08.4329 不嬰簋蓋

08.4332 頌簋

西周晚期

08.4338 頌簋蓋

09.4430 弭叔作叔班盨蓋

09.4466 鬲比盨

09.4468 師克盨蓋

15.9731.1 頌壺

西周晚期

16.10172 寰盤

16.10174 兮甲盤

16.10176 散氏盤

16.10285.2 𠑇匜

新收 762 叔五父匜

西周晚期

華章 55 頁 卌二年逑鼎甲

首陽 107 頁 伯戋父簋

考文 2007(3) 琱生尊

華章 169 頁 單五父方壺甲蓋

字與史(1) 文盨

西周晚期

七							六
04.2373 中游父鼎	華章 79 頁 卌三年逑鼎丁	05.2835 多友鼎	01.204 克鐘	10.5418 免卣	03.948 遹甗	10.5415.1 保卣	04.2337 伯六辝方鼎
08.4320 宜侯夨簋	華章 87 頁 卌三年逑鼎戊	07.4028 毛㚸簋	01.206 克鐘	11.5996 豊作父辛尊	03.747 仲枏父鬲	11.6003 保尊	07.3823 郊父簋
10.5020.1 釁仲卣	夏商周 395 伯吕盨	08.4125 大簋蓋	01.208 克鐘	首陽 96 頁 仲枏父鬲	07.4047 陖貯簋		07.3823 郊父簋
15.9551 王七祀壺蓋		09.4455.1 叔尃父盨	05.2805 南宫柳鼎	文物 2003(9) 季姬尊	08.4207 遹簋		08.4134 御史競簋
		陝博(7) 宰獸簋	05.2833 禹鼎		08. 4316 師虎簋		08.4135 御史競簋
			05.2833 禹鼎		10.5403 豊卣		08.4320 宜侯夨簋
西周早期	西周晚期	西周晚期	西周晚期	西周中期	西周中期	西周早期	西周早期

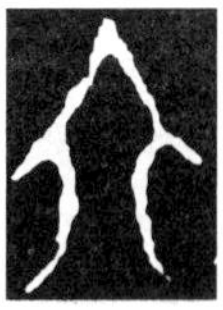

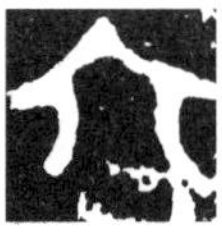

九

西周中期	西周中期	西周早期	西周早期	西周晚期	西周晚期	西周中期	西周早期或中期
07.3951 隹叔簋	03.745 師趛鬲	11.6002 作册旂尊	05.2749 憲鼎	08.4321 訇簋	05.2822 此鼎	05.2783 七年趞曹鼎	05.2720 井鼎
07.4104.1 賢簋	05.2713 師趛鼎	15.9303.2 作册旂觥	05.2837 大盂鼎	09.4455.1 叔尃父盨	05.2825 善夫山鼎	05.2838 曶鼎	
07.4105.1 賢簋	05.2755 㝨鼎	16.9895.1 旂方彝	07.4060 不𪿙簋	09.4455.2 叔尃父盨	05.2835 多友鼎	07.3953 辰在寅簋	
07.4106 賢簋	05.2789 㦅方鼎	首陽 83 頁 鬵簋	08.4201 小臣宅簋	09.4456.1 叔尃父盨	07.4074 遹簋	08.4256.1 廿七年衛簋	
08.4267 申簋蓋	05.2804 利鼎		08.4205 楷伯簋	09.4456.2 叔尃父盨	08.4287 伊簋		
	05.2831 九年衛鼎		10.5407.1 作册睘卣		08.4307 此簋		

禽

05.2835 多友鼎

08.4328 不嬰簋

08.4328 不嬰簋

08.4329 不嬰簋蓋

08.4329 不嬰簋蓋

西周晚期

上博(6) 目鼎

西周中期

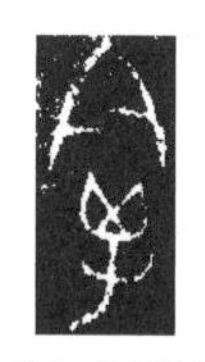
04.1937 大祝禽方鼎

04.1938 大祝禽方鼎

07.4041 禽簋

07.4041 禽簋

11.6015 麥方尊

西周早期

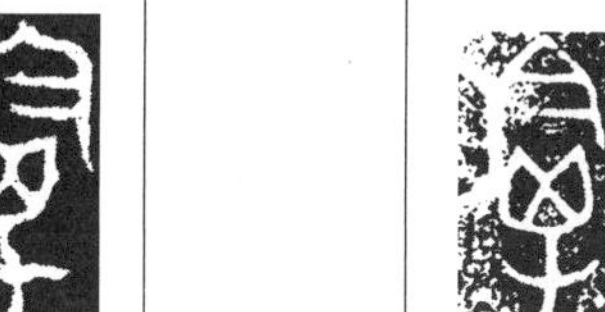
首陽107頁 伯㦰父簋

考文2007(3) 琱生尊

西周晚期

08.4218 五年師旋簋

08.4294 揚簋

08.4324.1 師嫠簋

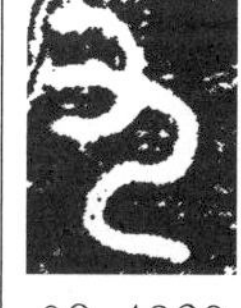
08.4329 不嬰簋蓋

16.10176 散氏盤

西周晚期

01.204 克鐘

05.2800 小克鼎

05.2814 無叀鼎

05.2815 趞鼎

07.3807 叡先伯簋

西周晚期

歷文2004(1) 師酉鼎

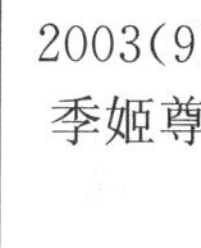
文物2003(9) 季姬尊

西周中期

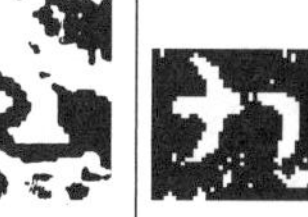
10.5430.2 繁卣

15.9723 十三年瘋壺

15.9723 十三年瘋壺

15.9726 三年瘋壺

15.9727 三年瘋壺

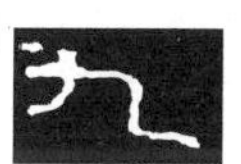
晉國97頁 晉侯㫁簋

西周中期

萬

西周中期	西周中期	西周中期	西周早期或中期	西周早期	西周早期	西周早期	西周晚期
08.4192.1 肄簋	07.3865 彧且庚簋	03.669 鼄伯鬲	04.2461 从鼎	10.5416.2 召卣	07.3993 習簋	03.913 比甗	文物1994(8) 楚公逆鐘
08.4200 恒簋蓋	07.3977 己侯貉子簋蓋	05.2813 師壴父鼎	11.6007 耳尊	15.9431.1 甲盉	07.3994 習簋	05.2660 辛鼎	
08.4225.1 無㠱簋	07.4061 畢鮮簋	07.3773 伯闢簋		16.9892 [illegible]方彝	08.4201 小臣宅簋	05.2749 憲鼎	
08.4252.1 大師虘簋	07.4102 仲叡父簋	07.3784 伯俘簋		文物2001(8) 叔夨方鼎	10.4752.1 萬卣	06.3723 仲簋	
		07.3792 伯艿簋			11.6071 萬觶	07.3745 歀簋	

卷十四

内部

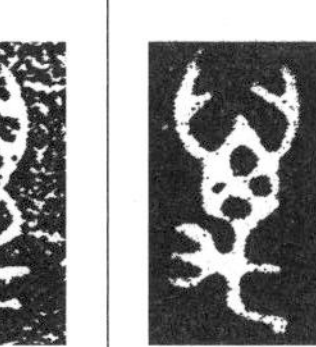 07.3815 陳侯簋	05.2743 仲師父鼎	 01.24 中義鐘	 新收 1668 邦簋	 歷文 2002(1) 士山盤	 10.5418 免卣	 08.4289 師酉簋	 08.4269 縣改簋
 07.3846 㠯伯簋蓋	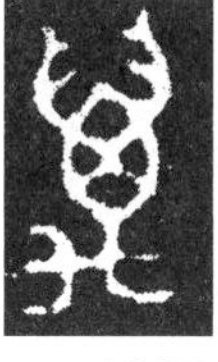 05.2827 頌鼎	 01.238.2 虢叔旅鐘	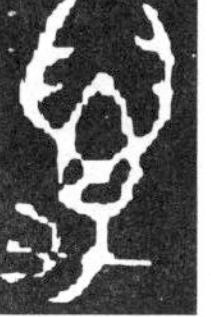 陝博(7) 宰獸簋	 文物 2004(2) 晉韋父盤	 15.9728 曶壺蓋	 09.4420 𩛥盂征盨	 08.4276 豆閉簋
 07.3927 伯田父簋	 07.3783 仲競簋	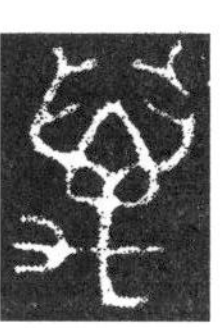 04.2463 仲殷父鼎	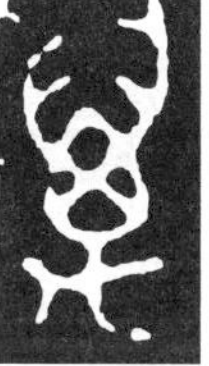 晉國 99 頁 晉侯斷簋	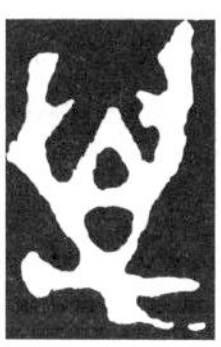 考文 2006(8) 倗伯鼎	 16.10106 堯盤	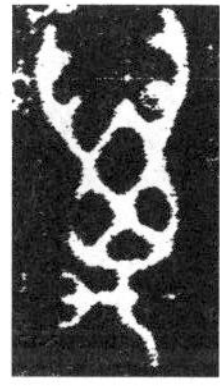 09.4421 𩛥盂征盨	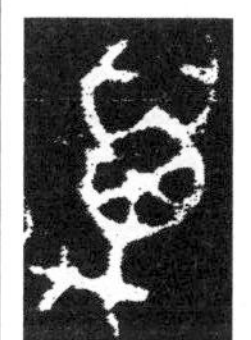 08.4283 師瘨簋蓋
 07.3929 㽙侯簋	 07.3786.1 史窦簋	 04.2515 史宜父鼎	 新收 1669 楷尊	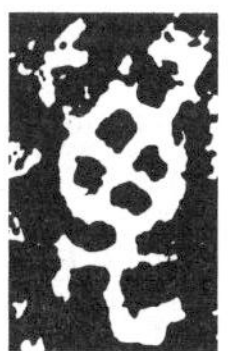 歷文 2004(2) 任鼎	 16.10107 叔五父盤	 10.5341.1 仲作好旅彝卣	 08.4288 師酉簋
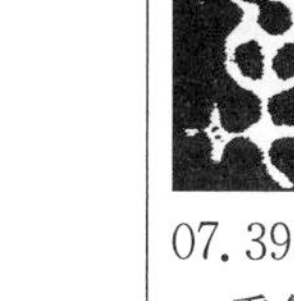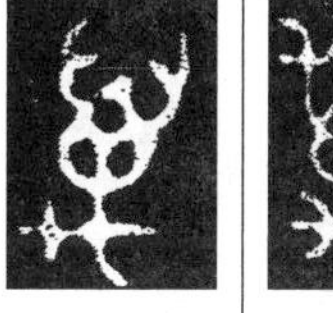 07.3932.1 䨻簋	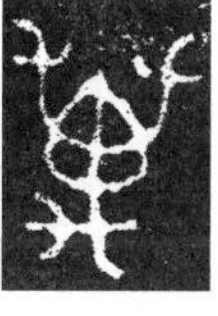 07.3893 齊巫姜簋	 05.2681 姬鼎					
西周晚期	西周晚期	西周晚期	西周中期	西周中期	西周中期	西周中期	西周中期

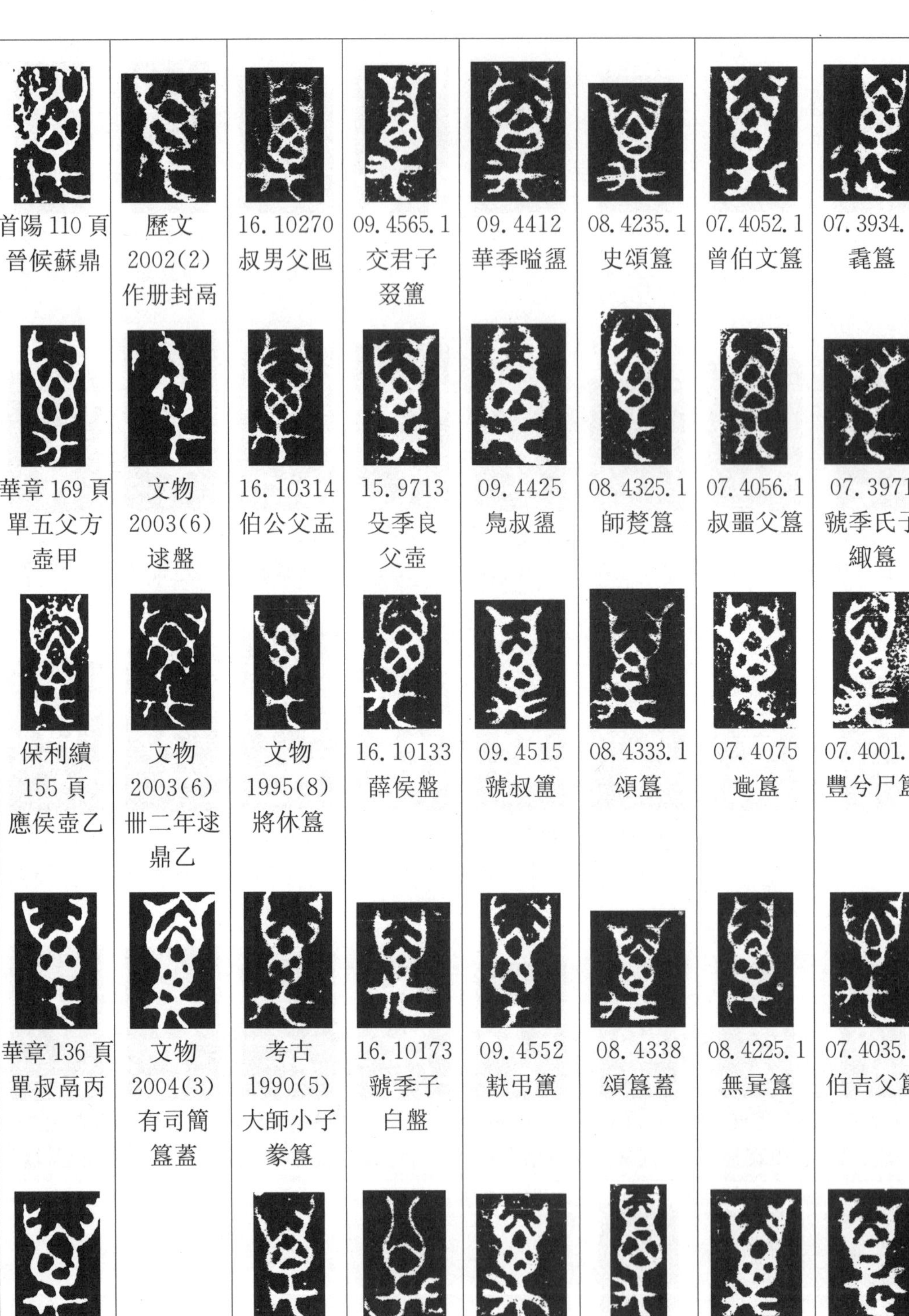

首陽110頁 晉侯蘇鼎	歷文 2002(2) 作册封鬲	16.10270 叔男父匜	09.4565.1 交君子 叕簠	09.4412 華季嗌盨	08.4235.1 史頌簋	07.4052.1 曾伯文簋	07.3934.2 [illegible]簋
華章169頁 單五父方 壺甲	文物 2003(6) 逑盤	16.10314 伯公父盂	15.9713 殳季良 父壺	09.4425 曟叔盨	08.4325.1 師嫠簋	07.4056.1 叔噩父簋	07.3971 虢季氏子 緻簋
保利續 155頁 應侯壺乙	文物 2003(6) 卌二年逑 鼎乙	文物 1995(8) 將休簋	16.10133 薛侯盤	09.4515 虢叔簠	08.4333.1 頌簋	07.4075 遹簋	07.4001.1 豐兮尸簋
華章136頁 單叔鬲丙	文物 2004(3) 有司簡 簋蓋	考古 1990(5) 大師小子 豢簋	16.10173 虢季子 白盤	09.4552 𪸈弔簠	08.4338 頌簋蓋	08.4225.1 無㠱簋	07.4035.1 伯吉父簋
華章144頁 單叔鬲戊		虢國墓 43頁 虢季鬲	16.10237 䄞伯匜	09.4555 師麻斿 叔鼎	09.4410 伯庶父 盨蓋	08.4231 史頌簋	07.4039 黄君簋蓋
西周晚期	西周晚期	西周晚期	西周晚期	西周晚期	西周晚期	西周晚期	西周晚期

		獸			嘼		禹
 首陽 117 頁 晉侯對 盨蓋	 05.2695 員方鼎	 05.2655 先獸鼎	 08.4313.1 師寰簋	 文物 1998(9) 作嘼宮盉	 04.2459 交鼎	 05.2833 禹鼎	 歷文 2002(6) 豳公盨
	 11.5902 獸作父 庚尊	 05.2655 先獸鼎	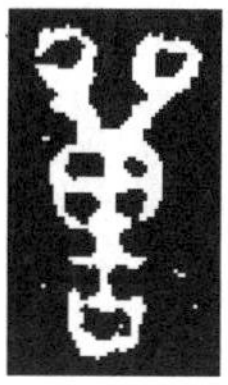 08.4313.2 師寰簋		 10.5329.2 嘼作父 乙卣	 08.4242 叔向父 禹簋	
	 14.9053 獸父戊爵	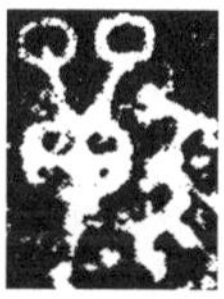 05.2788 史頌鼎			 18.11842 嘼泡	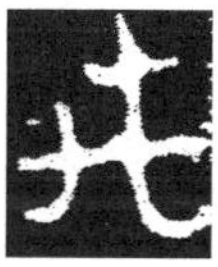 08.4242 叔向父 禹簋	
	 陝博(7) 宰獸簋	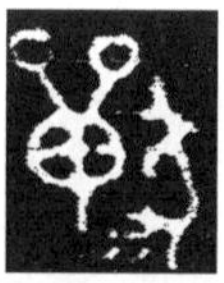 10.5410.1 啓卣					
	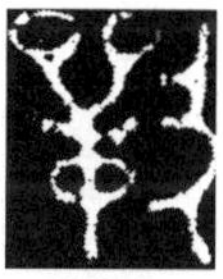 陝博(7) 宰獸簋						
西周晚期	西周中期	西周早期	西周早期	西周早期		西周晚期	西周中期

05.2824 𢦚方鼎	04.1949 甲作寶方鼎	08.4334 頌簋	08.4275.2 元年師兑簋	01.106 楚公逆鐘	10.5433 效卣	04.1518 戈父甲方鼎	06.2911 甲簋
08.4253 弭叔師宷簋	15.9431.1 甲盉	08.4336 頌簋蓋	08.4279 元年師旋簋	01.133 柞鐘	16.10170 走馬休盤	05.2695 員方鼎	07.4044 御正衛鼎
16.10174 兮甲盤	新收 1874 虎簋蓋乙	09.4466 𩰫比盨	08.4280.1 元年師兑簋	05.2835 多友鼎	16.10175 史牆盤	08.4252.1 大師虘簋	08.4131 利簋
考文 2006(6) 獄鼎		15.9731.1 頌壺	08.4281 元年師兑簋	08.4215.1 龖簋	新收 1874 虎簋蓋乙	08.4293 六年琱生簋	08.4206 小臣傳簋
		文物 2009(9) 頌盤	08.4282.1 元年師兑簋	08.4274.2 元年師兑簋	考文 2006(6) 一式獄簋蓋	10.5424.1 農卣	11.6091 且甲觶
							徵集 2 父甲簋
西周晚期	西周早期	西周晚期	西周晚期	西周晚期	西周中期	西周中期	西周早期

乙

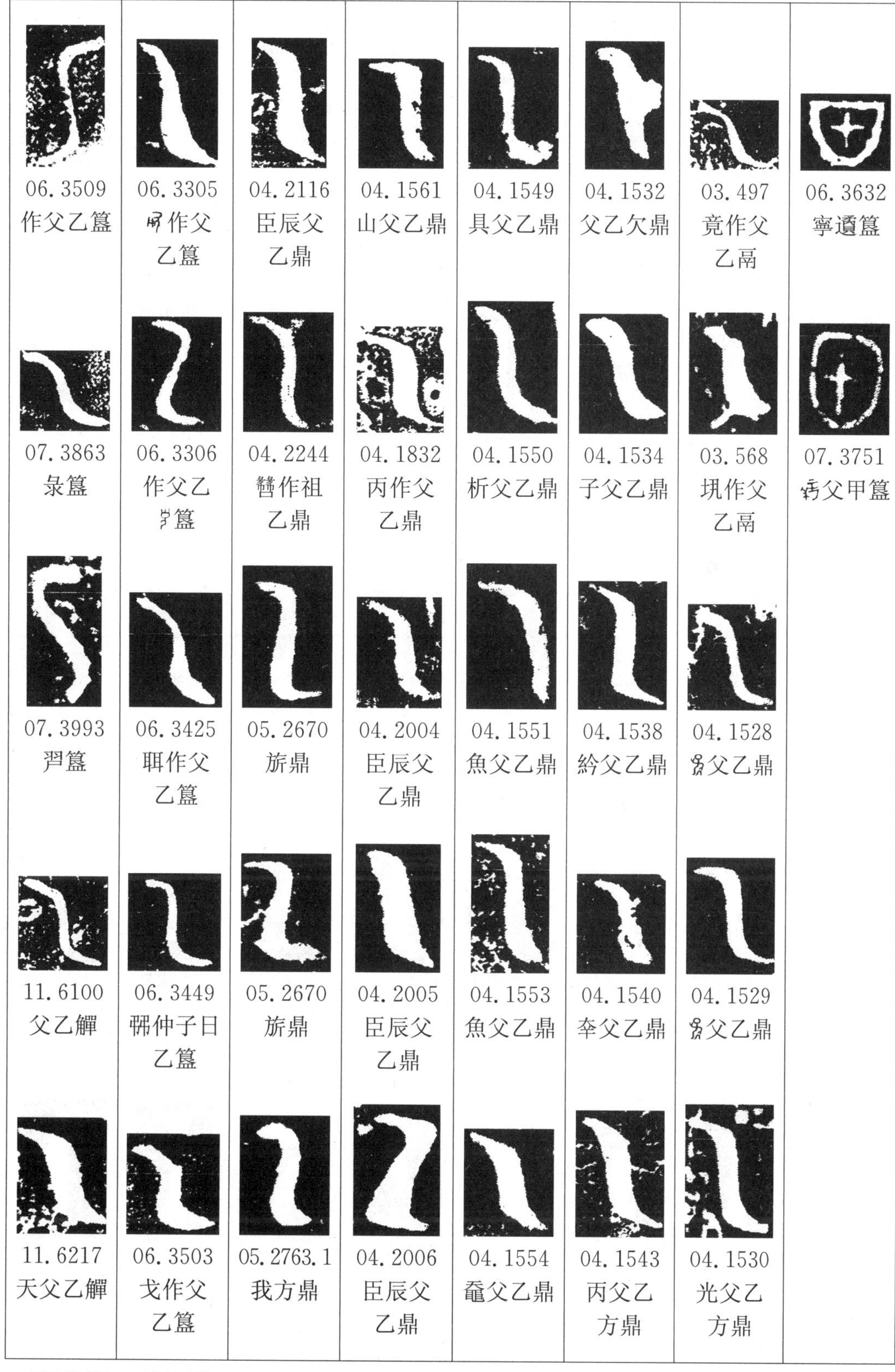

西周	西周早期	西周早期	西周早期	西周早期	西周早期	西周早期	西周早期
06.3632 寧遹簋	03.497 竟作父乙鬲	04.1532 父乙欠鼎	04.1549 具父乙鼎	04.1561 山父乙鼎	04.2116 臣辰父乙鼎	06.3305 𠬝作父乙簋	06.3509 作父乙簋
07.3751 𠂤父甲簋	03.568 𢃇作父乙鬲	04.1534 子父乙鼎	04.1550 析父乙鼎	04.1832 丙作父乙鼎	04.2244 𣪘作祖乙鼎	06.3306 作父乙𢀛簋	07.3863 彔簋
	04.1528 𢆶父乙鼎	04.1538 紟父乙鼎	04.1551 魚父乙鼎	04.2004 臣辰父乙鼎	05.2670 旂鼎	06.3425 耳作父乙簋	07.3993 𤕌簋
	04.1529 𢆶父乙鼎	04.1540 李父乙鼎	04.1553 魚父乙鼎	04.2005 臣辰父乙鼎	05.2670 旂鼎	06.3449 𤕌仲子日乙簋	11.6100 父乙觶
	04.1530 光父乙方鼎	04.1543 丙父乙方鼎	04.1554 黿父乙鼎	04.2006 臣辰父乙鼎	05.2763.1 我方鼎	06.3503 戈作父乙簋	11.6217 天父乙觶

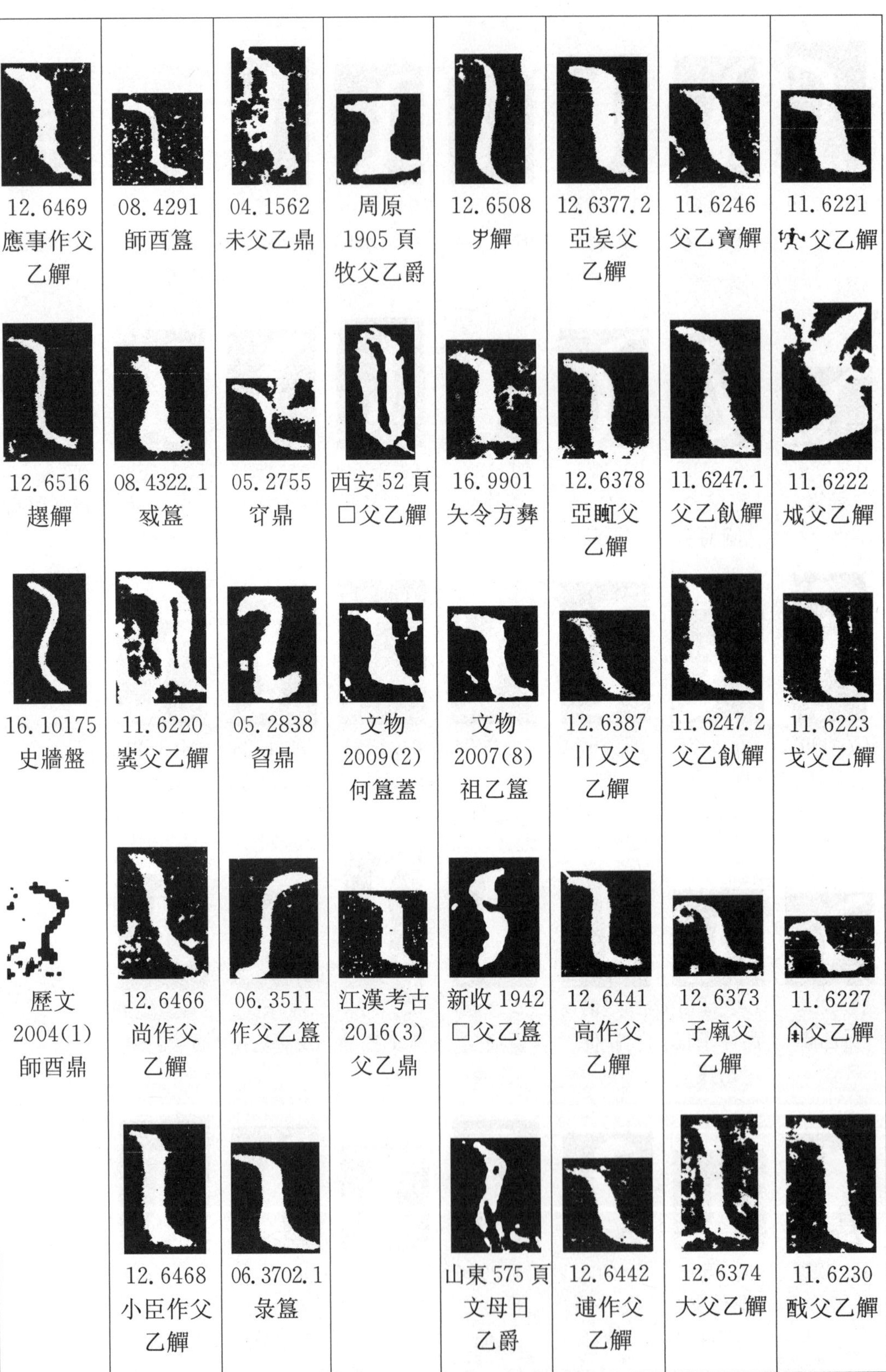

12.6469 應事作父乙觶　08.4291 師酉簋　04.1562 未父乙鼎　周原1905頁 牧父乙爵　12.6508 尹觶　12.6377.2 亞矣父乙觶　11.6246 父乙寶觶　11.6221 父乙觶

12.6516 趩觶　08.4322.1 彧簋　05.2755 㝉鼎　西安52頁 □父乙觶　16.9901 矢令方彝　12.6378 亞畋父乙觶　11.6247.1 父乙飤觶　11.6222 戕父乙觶

16.10175 史牆盤　11.6220 䕫父乙觶　05.2838 曶鼎　文物2009(2) 何簋蓋　文物2007(8) 祖乙簋　12.6387 丨又父乙觶　11.6247.2 父乙飤觶　11.6223 戈父乙觶

歷文2004(1) 師酉鼎　12.6466 尚作父乙觶　06.3511 作父乙簋　江漢考古2016(3) 父乙鼎　新收1942 □父乙簋　12.6441 高作父乙觶　12.6373 子廟父乙觶　11.6227 父乙觶

12.6468 小臣作父乙觶　06.3702.1 彔簋　山東575頁 文母日乙爵　12.6442 逌作父乙觶　12.6374 大父乙觶　11.6230 戠父乙觶

西周中期　西周中期　西周中期　西周早期　西周早期　西周早期　西周早期　西周早期

丙　　亂

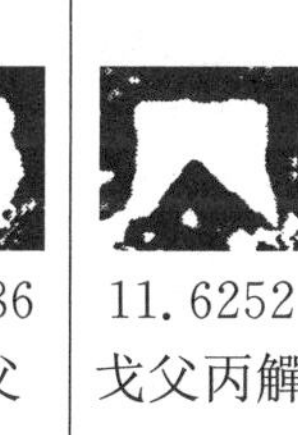

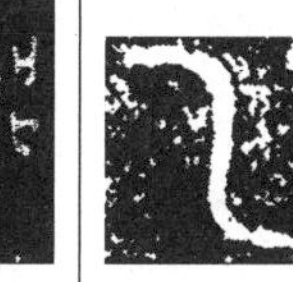

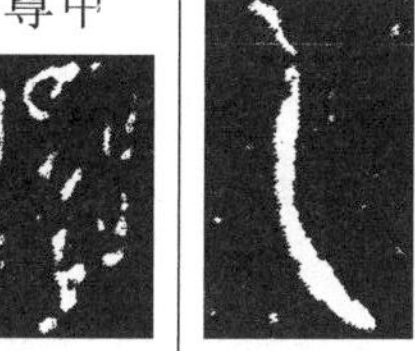
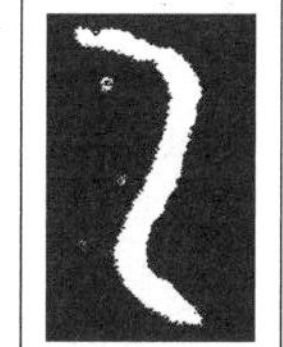

西周晚期	西周中期	西周早期	西周早期	西周早期	西周早期	西周早期	西周中期或晚期
08.4304.2 諫簋	文物 2007(8) 五年琱生尊甲	03.832 作丙寶甗	05.2674 征人鼎	11.6203 文且丙觶	12.6470 作父丙觶	西清續 01.36 作文父宗祀鼎	08.2816 伯晨鼎
08.4321 訇簋	文物 2007(8) 五年琱生尊乙	弻父丙鼎 04.1568	06.3427 叔龜父丙簋	11.6248 子父丙觶	12.7102 史父丙觚	03.948 遇甗	
16.10176 散氏盤		04.1836 宁羊父丙鼎	11.5599 爵祖丙尊	11.6250 [illegible]父丙觶	12.7103 子父丙觚	10.5408 靜卣	
華章 55 頁 卌二年逑鼎甲		04.2119 作父丙残鼎	11.5998 由伯尊	11.6252 戈父丙觶	14.8886 鼬作父丙爵	文物 2000(6) 曶簋	
		04.2260 亞[illegible]作母丙鼎	11.6014 何尊	11.6253 作父丙觶	西清續 01.36 卿方鼎		
			11.6102 父丙觶	11.6388 尹舟父丙觶			

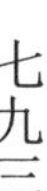

丁

西周晚期

- 08.4197 卲智簋
- 15.9614.1 孟上父壺

西周早期

- 03.806 且丁旅甗
- 05.2763.1 我方鼎
- 06.3600 [illegible]作且丁簋
- 10.5071 冉[illegible]父丁卣
- 10.5076 [illegible]作父丁卣
- 12.6495 遽仲作父丁觶

西周早期

- 12.7105 亞父丁觚
- 14.8325 [illegible]祖丁爵

西周早期

- 文物 1998(10) 冉祖丁尊
- 考文 1990(4) 作祖丁爵
- 文物 1986(8) 小夫卣
- 考古 1989(1) 冉祖丁卣
- 文物 2003(10) 婦丁尊

西周早期

- 流散歐美 129 □兄丁卣
- 玫茵堂 93 叔父丁鼎
- 文物 2001(6) □父丁卣
- 首陽 80 頁 山父丁鼎

西周中期

- 01.246 癲鐘
- 04.1588 弜父丁鼎
- 06.3184.1 弜父丁簋
- 07.4114 仲辛父簋
- 08.4270 同簋蓋
- 11.5826 作父丁奚尊

西周中期

- 15.9726 三年癲壺
- 15.9728 曶壺蓋
- 16.10322 永盂
- 16.10170 走馬休盤
- 保利 應侯見工簋
- 新收 1845 馬方彝

西周晚期

- 05.2697 散伯車父鼎
- 05.2788 史頌鼎
- 08.4229.2 史頌簋
- 07.3954 仲幾父簋
- 08.4318.2 三年師兑簋
- 08.4325.1 師嫠簋

戊

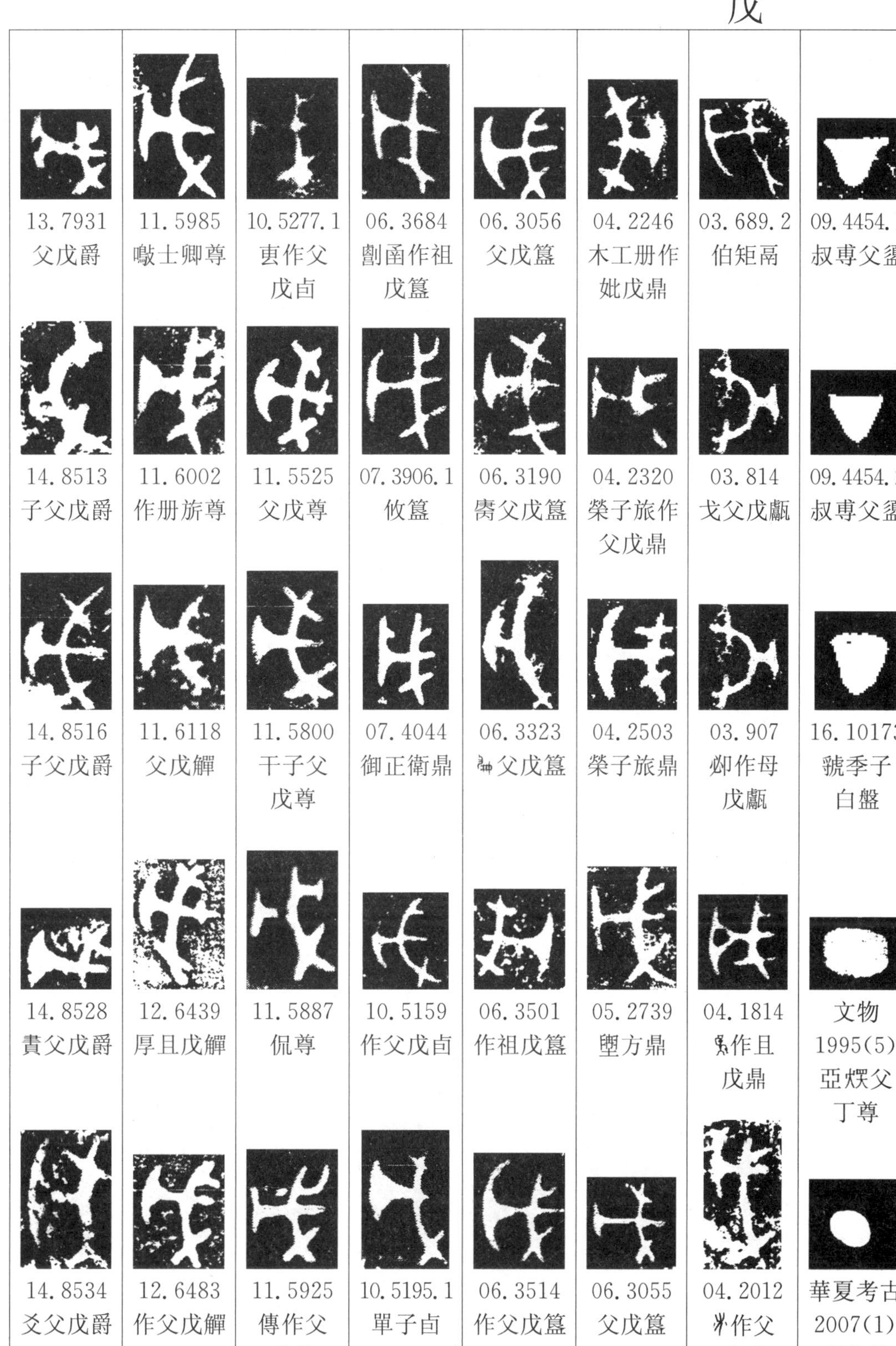

西周早期	西周早期	西周早期	西周早期	西周早期	西周早期	西周早期	西周晚期
13.7931 父戊爵	11.5985 噭士卿尊	10.5277.1 叀作父戊卣	06.3684 劏函作祖戊簋	06.3056 父戊簋	04.2246 木工册作妣戊鼎	03.689.2 伯矩鬲	09.4454.1 叔専父盨
14.8513 子父戊爵	11.6002 作册旂尊	11.5525 父戊尊	07.3906.1 攸簋	06.3190 脔父戊簋	04.2320 榮子旅作父戊鼎	03.814 戈父戊甗	09.4454.2 叔専父盨
14.8516 子父戊爵	11.6118 父戊觶	11.5800 干子父戊尊	07.4044 御正衛鼎	06.3323 [illegible]父戊簋	04.2503 榮子旅鼎	03.907 卹作母戊甗	16.10173 虢季子白盤
14.8528 責父戊爵	12.6439 厚且戊觶	11.5887 侃尊	10.5159 作父戊卣	06.3501 作祖戊簋	05.2739 塱方鼎	04.1814 [illegible]作且戊鼎	文物 1995(5) 亞[illegible]父丁尊
14.8534 爻父戊爵	12.6483 作父戊觶	11.5925 傳作父戊尊	10.5195.1 單子卣	06.3514 作父戊簋	06.3055 父戊簋	04.2012 [illegible]作父戊鼎	華夏考古 2007(1) 應公鼎

西周早期

14.8921 車犬父戊爵

14.8922 車犬父戊爵

14.8924 加作父戊爵

14.8925 加作父戊爵

14.9012 舟父戊爵

西周早期

14.9034 癸旻爵

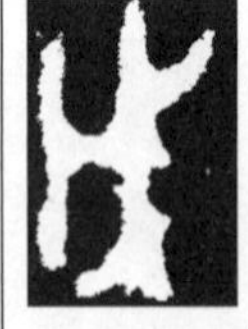
14.9053 獸父戊爵

15.9300 扶馭觥蓋

15.9303.1 作册旂觥

10.9355 戈父戊盉

西周早期

15.9390.1 榮子父戊盉

15.9391.1 榮子父戊盉

15.9805 作祖戊罍

15.9817 趞作父戊罍

16.9895.1 旂方彝

西周早期

16.10052 戠作父戊盤

16.10558 曷作父戊器

16.10569 臺作父戊器

周原2122頁 □父戊簋

文物2006(3) 父戊觶

西周中期

04.1601 𠘨父戊鼎

05.2789 𢦚方鼎

07.3976 扶駿簋

08.4283 師𤸫簋蓋

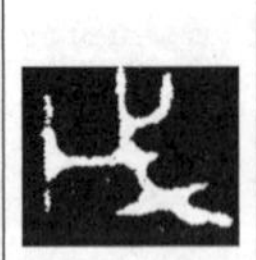
08.4256.1 廿七年衛簋

西周中期

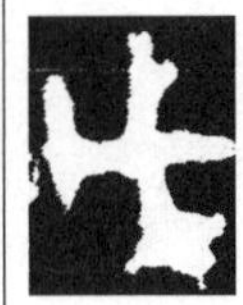
08.4276 豆閉簋

09.4463 癲盨

10.5200.1 戠作且戊卣

10.5398.1 同卣

10.5398.2 同卣

西周中期

11.5899 䖒作父戊尊

15.9723 十三年癲壺

15.9724.1 十三年癲壺

16.9898B 吳方彝蓋

16.10166 鮮盤

西周中期

16.10175 史牆盤

文物1998(4) 匍盉

文物2006(8) 倗伯爯簋

考文2006(6) 獄盉

成

西周中期	西周早期	西周早期	西周早期	西周早期	西周早期	西周早期	西周晚期
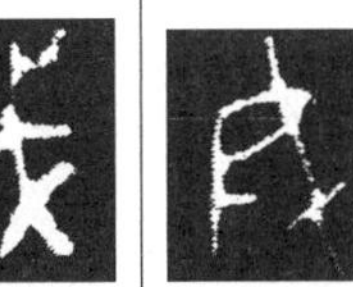 05.2678 小臣鼎	西清續 01.36 卿方鼎	 17.10884 成周戈	 10.5421.2 士上卣	 08.4206 小臣傳簋	 05.2661 德方鼎	 01.246 癲鐘	 08.4257 弭伯師耤簋
 05.2831 九年衛鼎		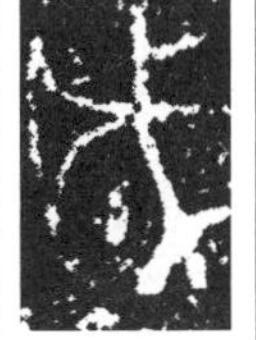 考古 1990(1) 成周戈	 11.6014 何尊	 08.4330 沈子它簋蓋	 05.2730 厚趠方鼎	 03.935 圉甗	 08.4328 不嬰簋
 05.2838 曶鼎		 新收 1268 呂壺蓋	 14.9104 盂爵	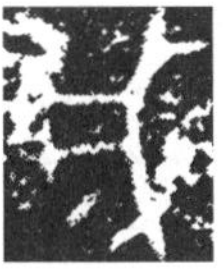 10.5374 圉卣	 05.2760 作册大方鼎	 04.1734 成王鼎	 08.4329 不嬰簋蓋
07.3950 唯叔簋		 文物 2001(8) 叔夨方鼎	 16.9901 夨令方彝	 10.5400.2 作册翻卣	 05.2778 史獸鼎	 05.2659 嗣鼎	
 07.3951 唯叔簋			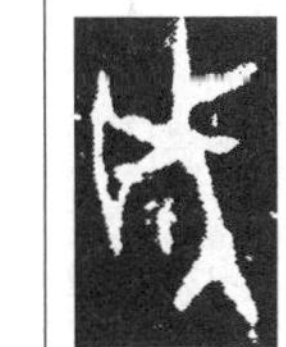 17.10882 成周戈	 10.5400.1 作册翻卣	 07.3824 圂簋	 05.2626 獻侯鼎	

西周晚期	西周晚期	西周晚期	西周晚期	西周晚期	西周中期	西周中期	西周中期
09.4438.2 伯寛父盨	08.4336 頌簋蓋	08.4232.1 史頌簋	05.2835 多友鼎	01.260.2 㝬鐘	16.9898B 吳方彝蓋	10.5420.1 彔𢦚卣	08.4262.2 格伯簋
09.4454.1 叔尃父盨	08.4338 頌簋蓋	08.4234 史頌簋	07.4116.2 師害簋	05.2549 無男鼎	16.10175 史牆盤	11.5996 豐作父辛尊	08.4264.1 格伯簋
09.4454.2 叔尃父盨	08.4339 頌簋	08.4235.1 史頌簋	08.4215.1 龖簋	05.2787 史頌鼎	歷文 2002(6) 豳公盨	15.9723 十三年𤼈壺	08.4293 六年琱生簋
09.4455.2 叔尃父盨	09.4435 虢仲盨蓋	08.4321 訇簋	08.4229.1 史頌簋	05.2800 小克鼎	新收 881 晉侯蘇鐘	15.9724.1 十三年𤼈壺	08.4341 班簋
09.4456.2 叔尃父盨	09.4438.1 伯寛父盨	08.4332 頌簋	08.4231 史頌簋	05.2829 頌鼎	文物 2014(1) 肅卣	15.9728 曶壺蓋	10.5403 豐卣

己

西周中期	西周早期	西周早期	西周早期	西周	西周晚期	西周晚期	西周晚期
07.3977 己侯貉子簋蓋	文物 2004(7) 戈父己鼎	11.5901 隹作父己尊	03.1387 冉己鼎	15.9621 成周邦父壺	首陽107頁 伯戋父簋	文物 2003(6) 逑盤	09.4457.1 叔尃父盨
11.5831 作父己𢆶尊	考文 2000(4) 旅父己爵	11.6288 𩾏父己觶	05.2763.1 我方鼎			文物 2003(6) 逑盤	09.4457.2 叔尃父盨
11.5879 羌作父己尊	文物 2005(9) 滎仲方鼎	13.7944 己父爵	06.3230 作己姜簋			文物 2003(6) 逑盤	09.4628.1 伯公父
11.5953 屖父己尊	山東575頁 己爵	14.8339 䁪祖己爵	06.3328 耒作父己簋			字與史(1) 文盨	16.10285.1 𠑇匜
11.5980 作文考日己方尊		上博(6) 保員簋	11.5603 戈且己尊				文物 2003(6) 逑盤
			11.5604 𡚬且己尊				

㠱

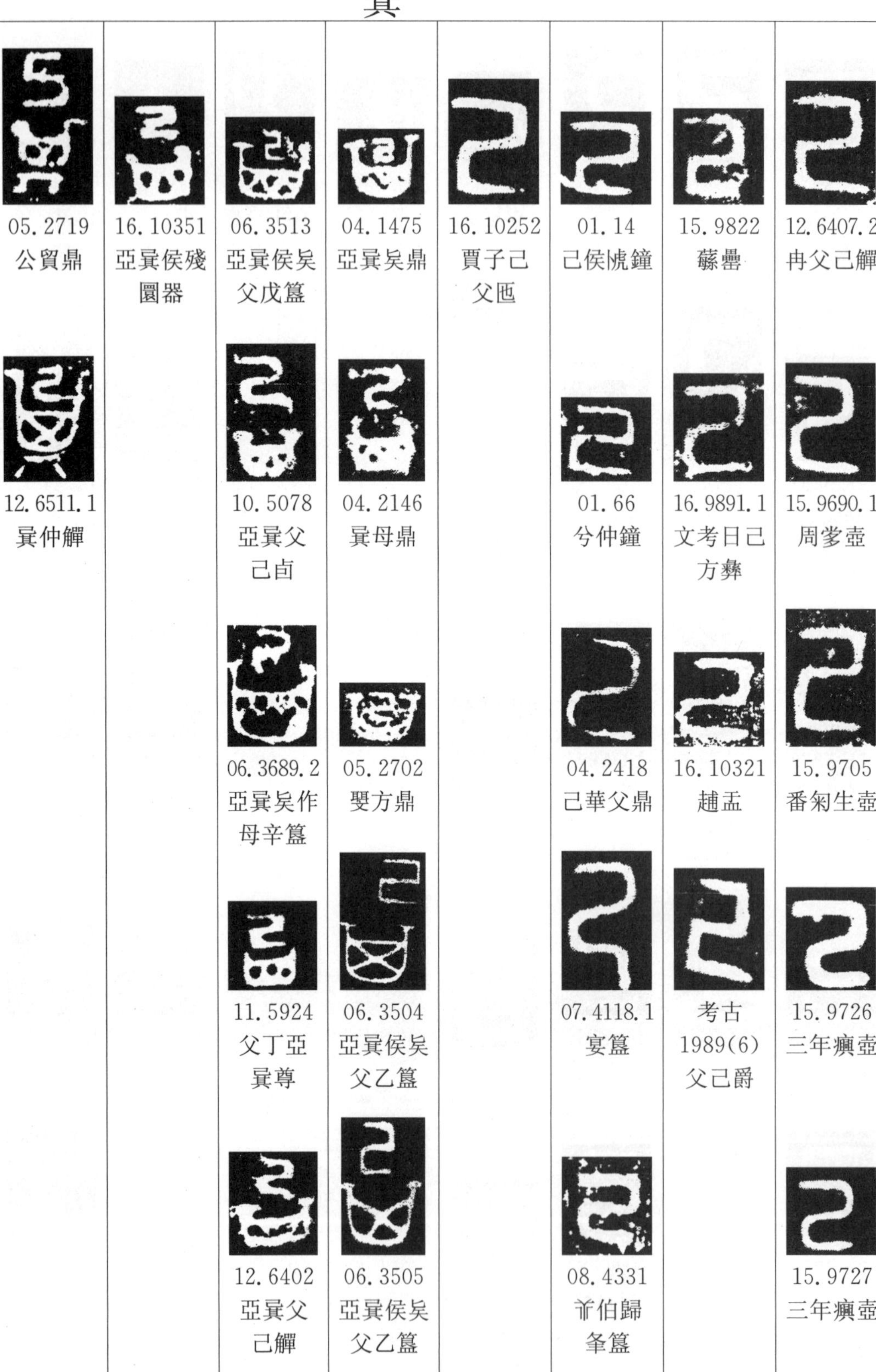

05.2719 公貿鼎	16.10351 亞㠱侯殘圜器	06.3513 亞㠱侯吴父戊簋	04.1475 亞㠱吴鼎	16.10252 賈子己父匜	01.14 己侯虓鐘	15.9822 蘇罍	12.6407.2 冉父己觶
12.6511.1 㠱仲觶		10.5078 亞㠱父己卣	04.2146 㠱母鼎		01.66 兮仲鐘	16.9891.1 文考日己方彝	15.9690.1 周娄壺
		06.3689.2 亞㠱吴作母辛簋	05.2702 嬰方鼎		04.2418 己華父鼎	16.10321 趞盂	15.9705 番匊生壺
		11.5924 父丁亞㠱尊	06.3504 亞㠱侯吴父乙簋		07.4118.1 宴簋	考古1989(6) 父己爵	15.9726 三年癲壺
		12.6402 亞㠱父己觶	06.3505 亞㠱侯吴父乙簋		08.4331 乖伯歸夆簋		15.9727 三年癲壺
西周中期	西周早期	西周早期	西周早期	西周晚期	西周晚期	西周中期	西周中期

庚

西周早期	西周早期	西周早期	西周早期	西周早期	西周晚期	西周晚期	西周中期
 11.5832 作父庚尊	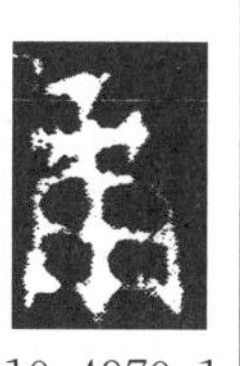 10.4970.1 父庚觥卣	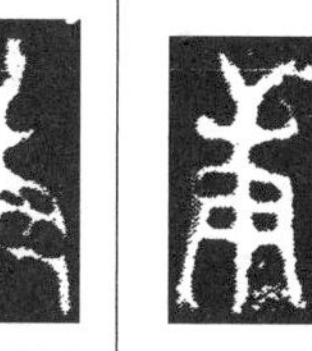 06.3517 毁作父庚簋	05.2729 𣪘𤔲方鼎	 03.881.1 作父庚甗	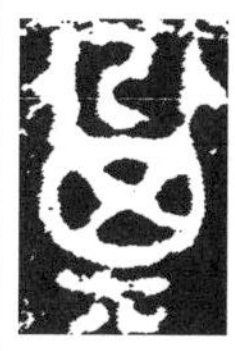 15.9615 㝚伯異生壺	 08.4227 無異簋蓋	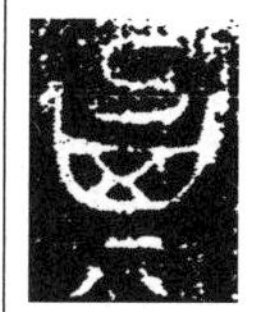 05.2638 異侯弟鼎
 11.5833 魚作父庚尊	 10.5213 □作父庚卣	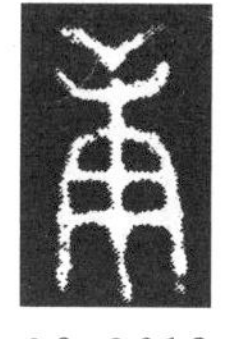 06.3612 衛作父庚簋	 05.2748 庚嬴鼎	 04.1624 史父庚鼎	 16.10240 異孟姜匜	 08.4227 無異簋蓋	
 11.5997 商尊	 10.5404.1 商卣	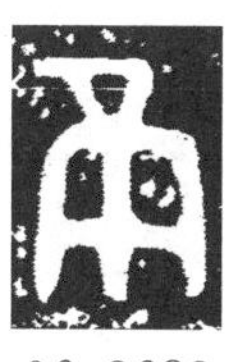 06.3683 亞艅父簋	 05.2778 史獸鼎	 05.2612 玔方鼎		 08.4228 無異簋蓋	
 11.6123 父庚觶	 10.5426 庚嬴鼎	 08.4205 楷伯簋	 05.2791 伯姜鼎	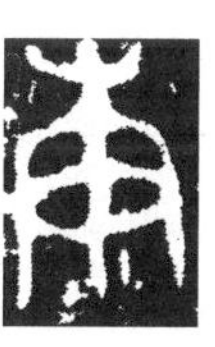 05.2613 玔方鼎		 08.4228 無異簋蓋	
 12.7139 □父庚觚	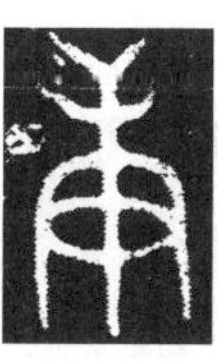 11.5801 魚父庚尊	 08.4261 天亡簋	 06.3516 □作父庚簋	 05.2728 旅鼎		 08.4313.1 師寰簋	

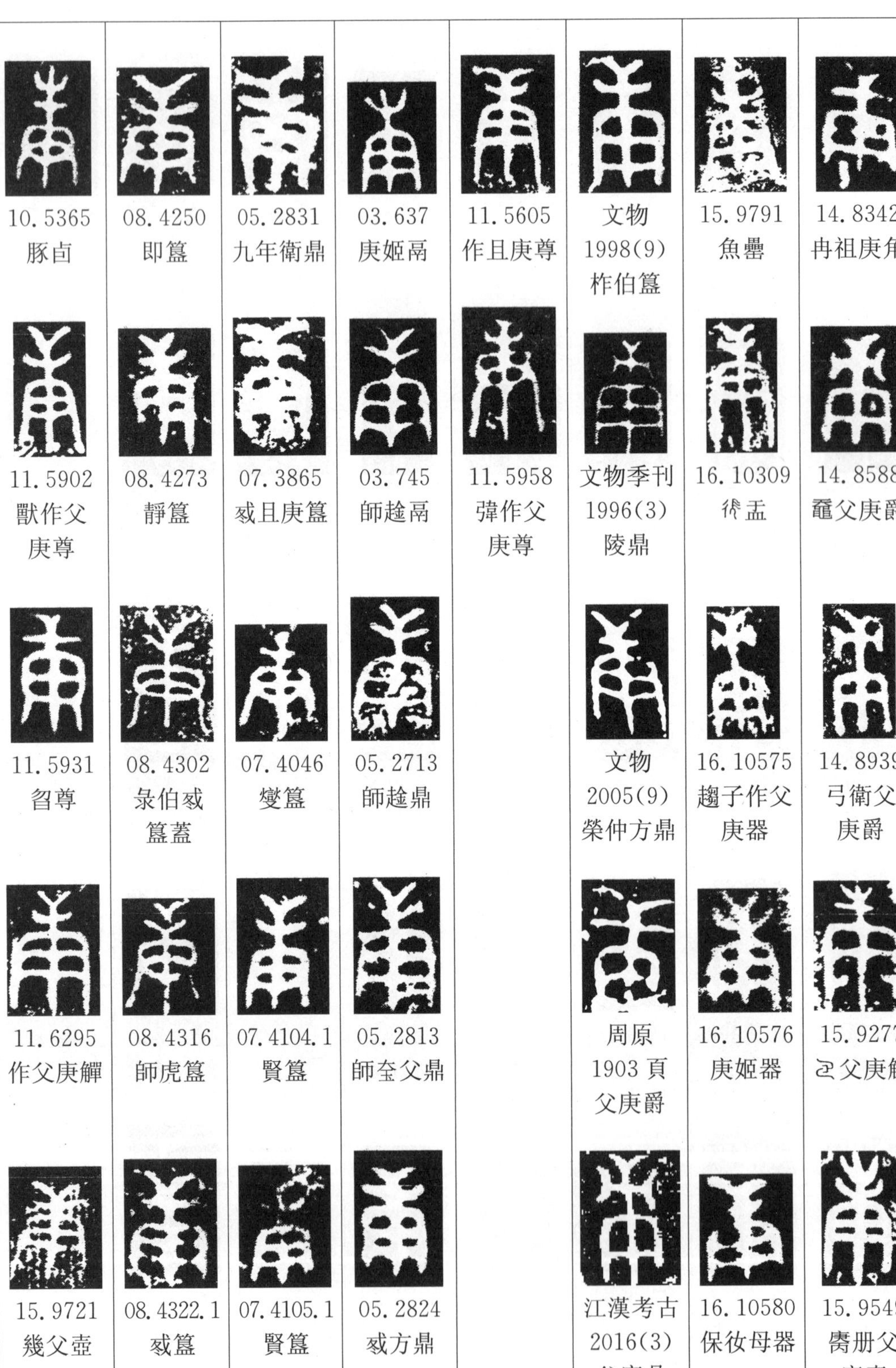

西周早期	西周早期	西周早期	西周早期或中期	西周中期	西周中期	西周中期	西周中期
14.8342 冉祖庚角	15.9791 魚罍	文物 1998(9) 柞伯簋	11.5605 作且庚尊	03.637 庚姬鬲	05.2831 九年衛鼎	08.4250 即簋	10.5365 豚卣
14.8588 黿父庚爵	16.10309 衜盂	文物季刊 1996(3) 陵鼎	11.5958 彈作父庚尊	03.745 師趛鬲	07.3865 㦰且庚簋	08.4273 靜簋	11.5902 獸作父庚尊
14.8939 弓衛父庚爵	16.10575 趨子作父庚器	文物 2005(9) 榮仲方鼎		05.2713 師趛鼎	07.4046 燮簋	08.4302 彔伯㦰簋蓋	11.5931 䀠尊
15.9277 己父庚觥	16.10576 庚姬器	周原 1903 頁 父庚爵		05.2813 師奎父鼎	07.4104.1 賢簋	08.4316 師虎簋	11.6295 作父庚觶
15.9549 𡨦冊父庚壺	16.10580 保攸母器	江漢考古 2016(3) 父庚鼎		05.2824 㦰方鼎	07.4105.1 賢簋	08.4322.1 㦰簋	15.9721 幾父壺

康

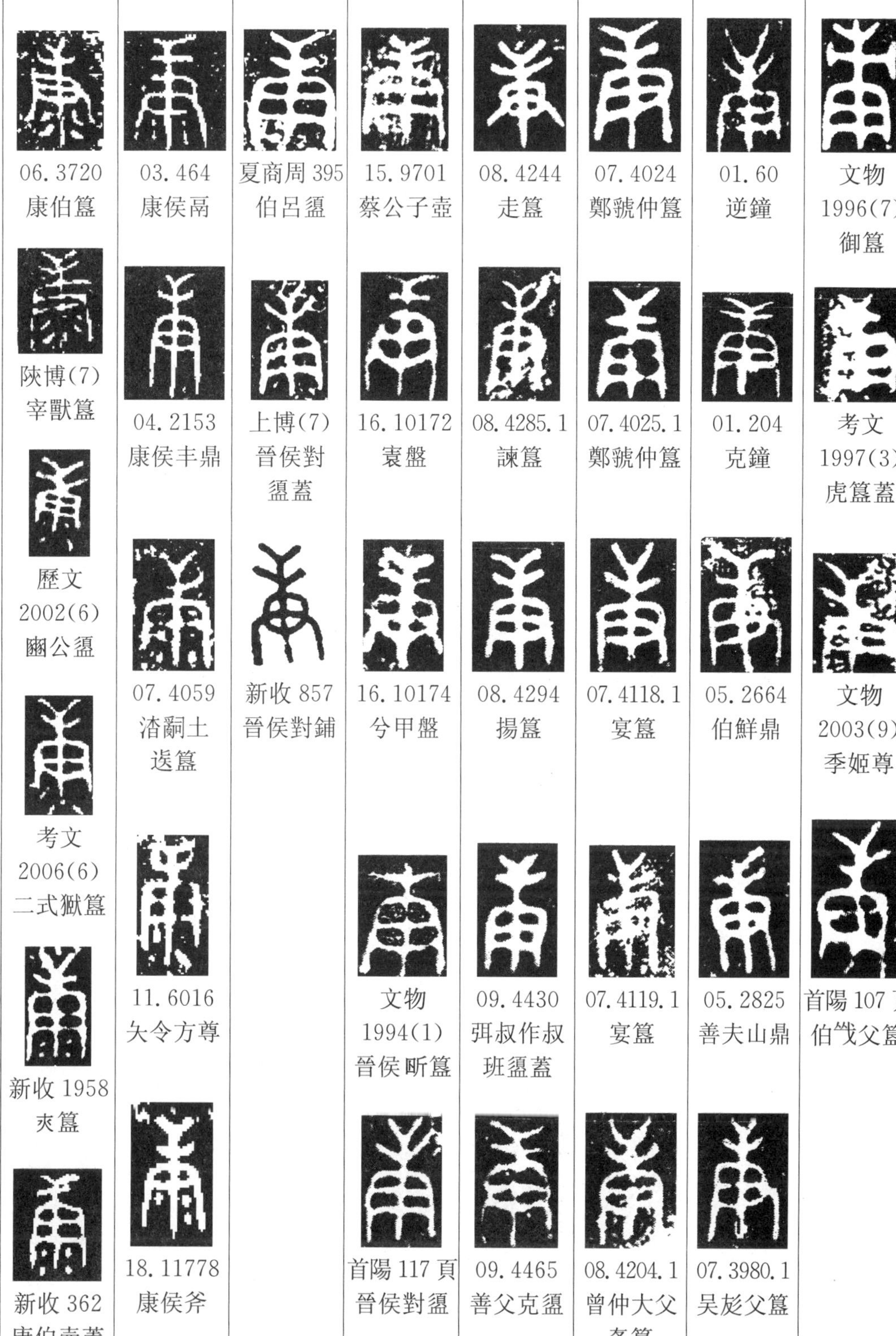

06.3720 康伯簋	03.464 康侯鬲	夏商周 395 伯呂盨	15.9701 蔡公子壺	08.4244 走簋	07.4024 鄭虢仲簋	01.60 逆鐘	文物 1996(7) 御簋
陝博(7) 宰獸簋	04.2153 康侯丰鼎	上博(7) 晉侯對盨蓋	16.10172 寰盤	08.4285.1 諫簋	07.4025.1 鄭虢仲簋	01.204 克鐘	考文 1997(3) 虎簋蓋
歷文 2002(6) 豳公盨	07.4059 渣嗣土遙簋	新收 857 晉侯對鋪	16.10174 兮甲盤	08.4294 揚簋	07.4118.1 宴簋	05.2664 伯鮮鼎	文物 2003(9) 季姬尊
考文 2006(6) 二式獄簋	11.6016 矢令方尊		文物 1994(1) 晉侯斷簋	09.4430 弭叔作叔班盨蓋	07.4119.1 宴簋	05.2825 善夫山鼎	首陽 107 頁 伯𢦚父簋
新收 1958 夾簋	18.11778 康侯斧		首陽 117 頁 晉侯對盨	09.4465 善父克盨	08.4204.1 曾仲大父蝨簋	07.3980.1 吴尨父簋	
新收 362 康伯壺蓋							
西周中期	西周早期	西周晚期	西周晚期	西周晚期	西周晚期	西周晚期	西周中期

辛

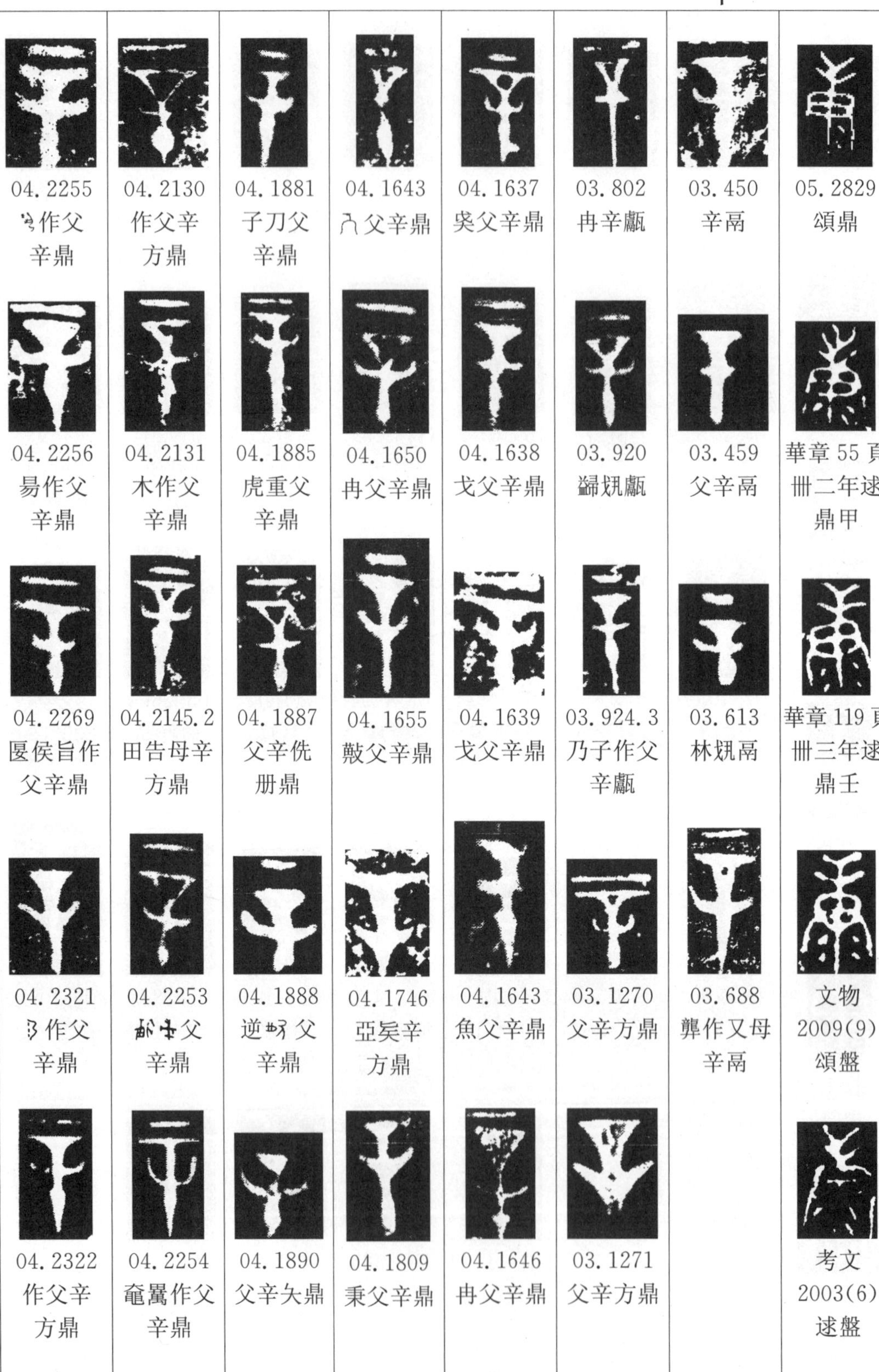

04.2255 □作父辛鼎	04.2130 作父辛方鼎	04.1881 子刀父辛鼎	04.1643 □父辛鼎	04.1637 □父辛鼎	03.802 冉辛甗	03.450 辛鬲	05.2829 頌鼎
04.2256 昜作父辛鼎	04.2131 木作父辛鼎	04.1885 虎重父辛鼎	04.1650 冉父辛鼎	04.1638 戈父辛鼎	03.920 □□甗	03.459 父辛鬲	華章55頁 卌二年逑鼎甲
04.2269 匽侯旨作父辛鼎	04.2145.2 田告母辛方鼎	04.1887 父辛侁册鼎	04.1655 敽父辛鼎	04.1639 戈父辛鼎	03.924.3 乃子作父辛甗	03.613 林□鬲	華章119頁 卌三年逑鼎壬
04.2321 □作父辛鼎	04.2253 □□父辛鼎	04.1888 逆□父辛鼎	04.1746 亞矣辛方鼎	04.1643 魚父辛鼎	03.1270 父辛方鼎	03.688 龏作又母辛鬲	文物2009(9)頌盤
04.2322 作父辛方鼎	04.2254 奄羼作父辛鼎	04.1890 父辛矢鼎	04.1809 秉父辛鼎	04.1646 冉父辛鼎	03.1271 父辛方鼎		考文2003(6)逑盤
西周早期	西周早期	西周早期	西周早期	西周早期	西周早期	西周早期	西周晚期

 10.5246.1 考作父辛卣	 10.4974 [illegible]父辛卣蓋	 07.3905 娸父丁簋	 06.3518 执作父辛簋	 06.3208 旁父辛簋	 05.2730 厚趠方鼎	 05.2629 舍父鼎	 04.2327 易貝作母辛鼎
 10.5246.2 考作父辛卣	 10.4982.1 [illegible]父辛卣	 07.3909 [illegible]簋	 06.3519 □作父辛簋	 06.3209 責作父辛簋	 05.2749 憲鼎	 05.2660 辛鼎	 04.2333 姬作氒姑日辛鼎
 10.5304 [illegible]矢卣	 10.4984 [illegible]父辛卣蓋	 07.4088 奢簋	 06.3613 哦作父辛簋	 06.3334 亞孿父辛簋	 06.3051 祖辛簋	 05.2712 乃子克鼎	 04.2406 戈父辛鼎
 10.5314.1 夾作父辛卣	 10.5090.1 夆旅父辛卣	 08.4131 利簋	 06.3672 北伯邑辛簋	 06.3335 責作父辛簋	 06.3060 父辛簋	 05.2725 歸娸方鼎	 04.2407 伯龢鼎
 10.5322 鬩卣	 10.5170 守宮作父辛卣	 10.4896 竟且辛卣	 07.3746 數寏敽簋	 06.3336 作父辛彝簋	 06.3206 执作父辛簋	 05.2726 歸娸方鼎	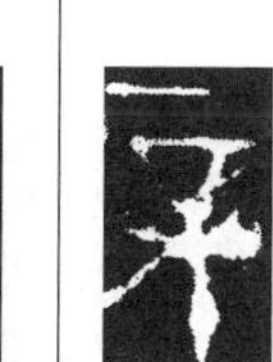 04.2485 剌觀鼎
西周早期	西周早期	西周早期	西周早期	西周早期	西周早期	西周早期	西周早期

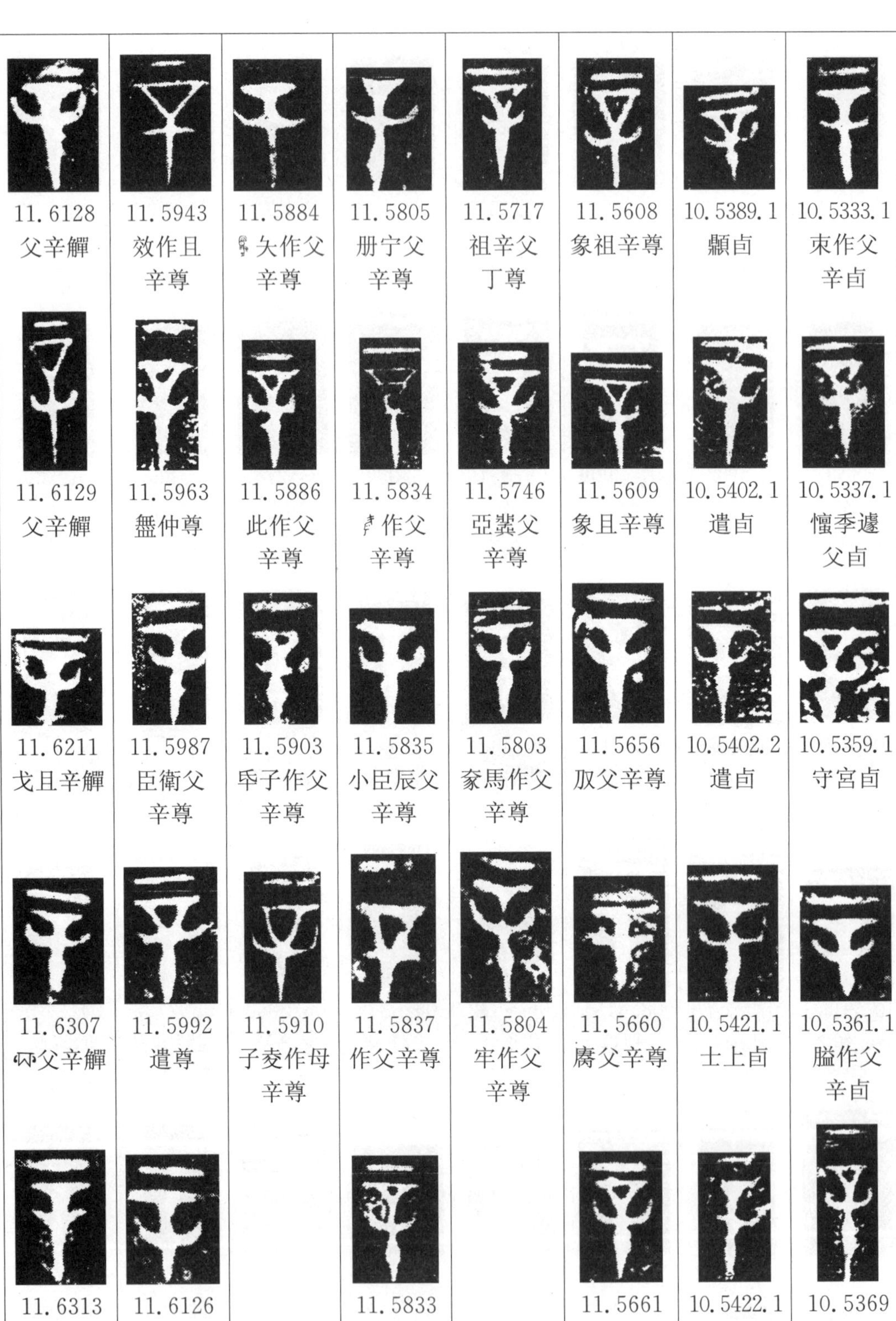

10.5333.1 束作父辛卣	10.5389.1 顯卣	11.5608 象祖辛尊	11.5717 祖辛父丁尊	11.5805 册宁父辛尊	11.5884 [glyph]矢作父辛尊	11.5943 效作且辛尊	11.6128 父辛觶
10.5337.1 懽季遽父卣	10.5402.1 遣卣	11.5609 象且辛尊	11.5746 亞㠱父辛尊	11.5834 [glyph]作父辛尊	11.5886 此作父辛尊	11.5963 舞仲尊	11.6129 父辛觶
10.5359.1 守宮卣	10.5402.2 遣卣	11.5656 叔父辛尊	11.5803 豖馬作父辛尊	11.5835 小臣辰父辛尊	11.5903 乎子作父辛尊	11.5987 臣衛父辛尊	11.6211 戈且辛觶
10.5361.1 膉作父辛卣	10.5421.1 士上卣	11.5660 𢊁父辛尊	11.5804 牢作父辛尊	11.5837 作父辛尊	11.5910 子麦作母辛尊	11.5992 遣尊	11.6307 [glyph]父辛觶
10.5369 舞仲卣	10.5422.1 士上卣	11.5661 [glyph]父辛尊		11.5833 魚作父庚尊		11.6126 父辛觶	11.6313 [glyph]父辛觶
西周早期	西周早期	西周早期	西周早期	西周早期	西周早期	西周早期	西周早期

西周中期	西周中期	西周早期或中期	西周早期	西周早期	西周早期	西周早期	西周早期
08.4159 鼉簋	01.246 癲鐘	 11.5774 辛作寶彝尊	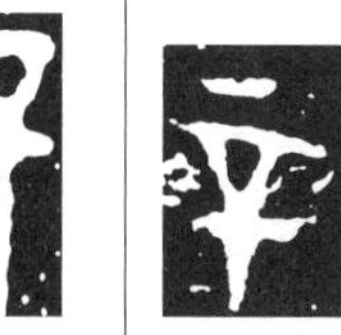 近出559 冉辛卣	文物2004(8) 辛囂相簋	 12.6723 辛觚	 12.6371 亞且辛觶蓋	 11.6314 鼪父丁觶
 08.4195.1 茍簋	 04.1987 辛作寶彝鼎	 11.5917 盩嗣土幽日辛尊	 近出591 守宮卣	 文博2008(2) 叔祖辛鼎	 13.7866 且辛爵	 12.6411 父辛亞艅觶	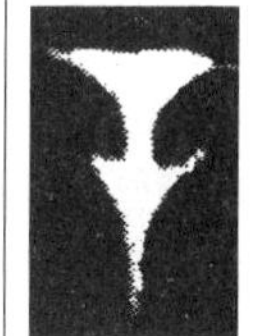 11.6316 樹父辛觶
 10.5403 豐卣	 07.3868 祖辛簋	 11.5932 屯尊	 新收981 辛口鼎	 考古2008(12) 父辛爵	 15.9336.1 作且辛盉	 12.6414 亞孿父辛觶	 11.6319 [illegible]父辛觶
 10.5427.1 作册嗌卣	 07.4114 仲辛父簋	 11.5959 守宮父辛鳥尊		 近出881 左父辛爵	 15.9430.1 伯憲盉	 12.6417 宀作父辛觶	 11.6320 賁父辛觶
 11.5892 猷作且辛尊	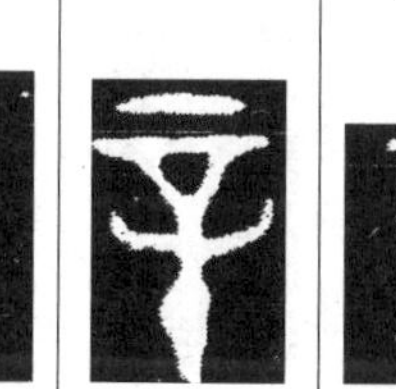  08.4122.1 彔作辛公簋	 11.6007 耳尊			 16.10025 父辛盤	 12.6472 作禦父辛觶	 11.6321 [illegible]父辛觶

辪

西周晚期	西周早期	西周	西周晚期	西周晚期	西周中期	西周中期	西周中期
05.2836 大克鼎	10.5428.1 叔𧽊父卣	08.4179 小臣守簋	07.3996 害宮簋	03.738 孟辛父鬲	新收 1845 馬方彝	14.9081 豐父辛爵	11.5968 服方尊
05.2836 大克鼎	10.5429.1 叔𧽊父卣		09.4438.1 伯寬父盨	05.2561 善夫伯辛父鼎	歷文 2004(2) 任鼎	16.9884 匽父辛方彝	11.5996 豐作父辛尊
05.2841B 毛公鼎	11.6014 何尊		09.4439.1 伯寬父盨	05.2815 趞鼎		16.9885.2 匽父辛方彝	12.6473 作父辛觶
16.10152 宗婦鄁嬰盤				05.2852 辛中姬皇母鼎		16.10175 史牆盤	14.9060 木羊册父辛爵
文物 2003(6) 逑盤				07.3859 辛叔皇父簋		文博 2006(3) 尸鼎	

				〔嗣〕 辭		辝	
08.4240 免簋	05.2832 五祀衛鼎	03.746 仲枏父鬲	06.3696 嗣土嗣簋	05.2803 令鼎	文物 1999(9) 戎生編鐘	04.2337 伯六辝 方鼎	歷文 2002(2) 作册封鬲
08.4273 靜簋	05.2838 曶鼎	03.752 仲枏父鬲	07.4059 湁嗣土 逘簋	05.2837 大盂鼎		07.3826 亘𠂤戰簋	文博 2007(2) 𩤼鼎
08.4276 豆閉簋	08.4170.1 瘨簋	05.2755 寏鼎	08.4300 作册夨 令簋	05.2837 大盂鼎			
08.4243 殺簋蓋	08.4199 恒簋蓋	05.2813 師奎父鼎	16.10363 司工量	06.3696 嗣土嗣簋			
08.4284 師瘨簋蓋		05.2831 九年衛鼎	通鑒 11792 嗣尊				
西周中期	西周中期	西周中期	西周早期	西周早期	西周中期	西周早期	西周晚期

西周晚期	西周晚期	西周中期或晚期	西周中期	西周中期	西周中期	西周中期	西周中期
 05.2825 善夫山鼎	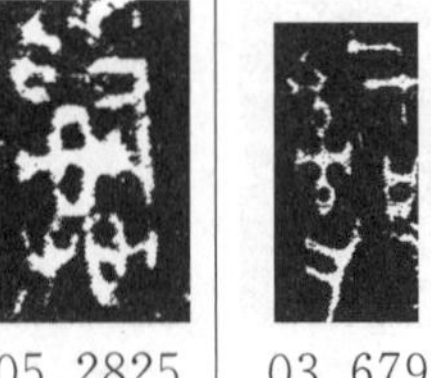 03.679 榮有司爯鬲	05.2638 曩侯弟鼎	通鑒 05288 楷大嗣徒仲車父簋	16.10322 永盂	 16.9898B 吳方彝蓋	 15.9456 裘衛盉	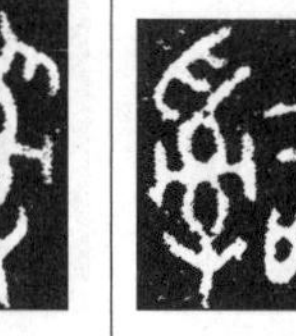 08.4291 師酉簋
 05.2829 頌鼎	05.2631 南公有司鼎		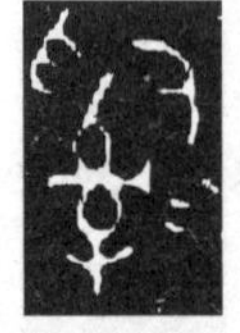 陝博(7) 宰獸簋	首陽 96 頁 仲枏父鬲	 16.9899.2 盠方彝	 15.9723 十三年癲壺	08.4316 師虎簋
 05.2841B 毛公鼎	 05.2805 南宮柳鼎		 新收 1874 虎簋蓋乙	 歷文 2006(3) 䚄簋	 16.9899.2 盠方彝	 15.9724.1 十三年癲壺	 08.4327 卯簋蓋
 08.4186 公臣簋	 05.2814 無叀鼎		 考古學報 2018(2) 乞盉	 歷文 2006(3) 䚄簋	 16.9899.1 盠方彝	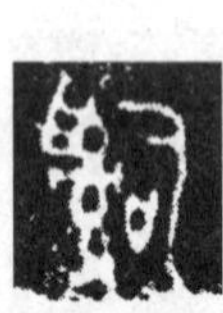 15.9728 曶壺蓋	 09.4626 免簠
 08.4197 郃咎簋	 05.2821 此鼎		 考古學報 2018(2) 乞盤	 文物 2000(6) 曶簋	 16.9899.1 盠方彝	 08.4293 六年琱生簋	 10.5418 免卣

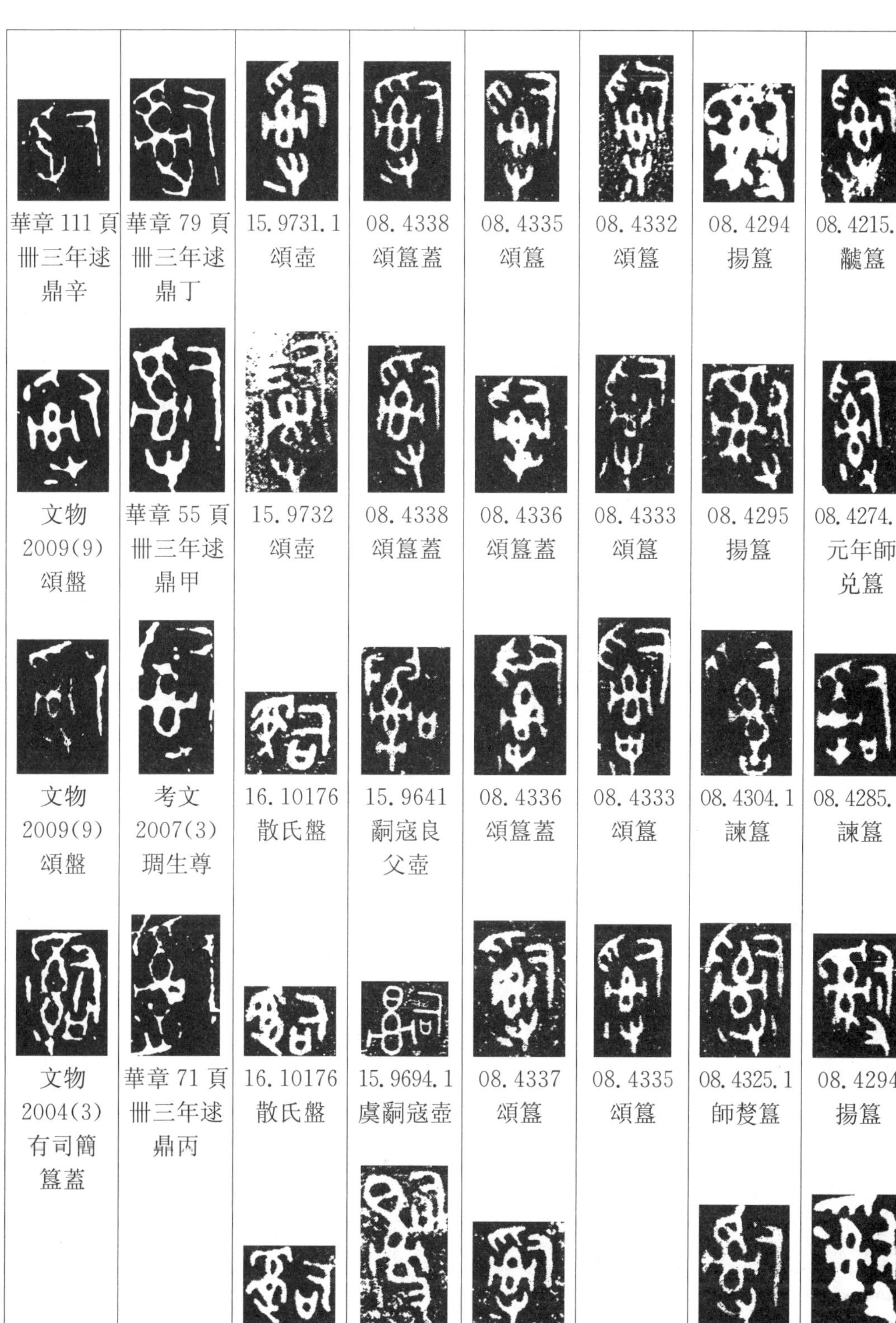

華章 111 頁 卌三年逑鼎辛	華章 79 頁 卌三年逑鼎丁	15.9731.1 頌壺	08.4338 頌簋蓋	08.4335 頌簋	08.4332 頌簋	08.4294 揚簋	08.4215.1 龖簋
文物 2009(9) 頌盤	華章 55 頁 卌三年逑鼎甲	15.9732 頌壺	08.4338 頌簋蓋	08.4336 頌簋蓋	08.4333 頌簋	08.4295 揚簋	08.4274.2 元年師兌簋
文物 2009(9) 頌盤	考文 2007(3) 琱生尊	16.10176 散氏盤	15.9641 嗣寇良父壺	08.4336 頌簋蓋	08.4333 頌簋	08.4304.1 諫簋	08.4285.1 諫簋
文物 2004(3) 有司簡簋蓋	華章 71 頁 卌三年逑鼎丙	16.10176 散氏盤	15.9694.1 虞嗣寇壺	08.4337 頌簋	08.4335 頌簋	08.4325.1 師嫠簋	08.4294 揚簋
		16.10176 散氏盤	15.9694.2 虞嗣寇壺	08.4337 頌簋		08.4326 番生簋蓋	08.4294 揚簋
西周晚期	西周晚期	西周晚期	西周晚期	西周晚期	西周晚期	西周晚期	西周晚期

壬　[illegible]

西周中期	西周早期或中期	西周早期	西周早期	西周早期	西周中期	西周晚期	西周晚期
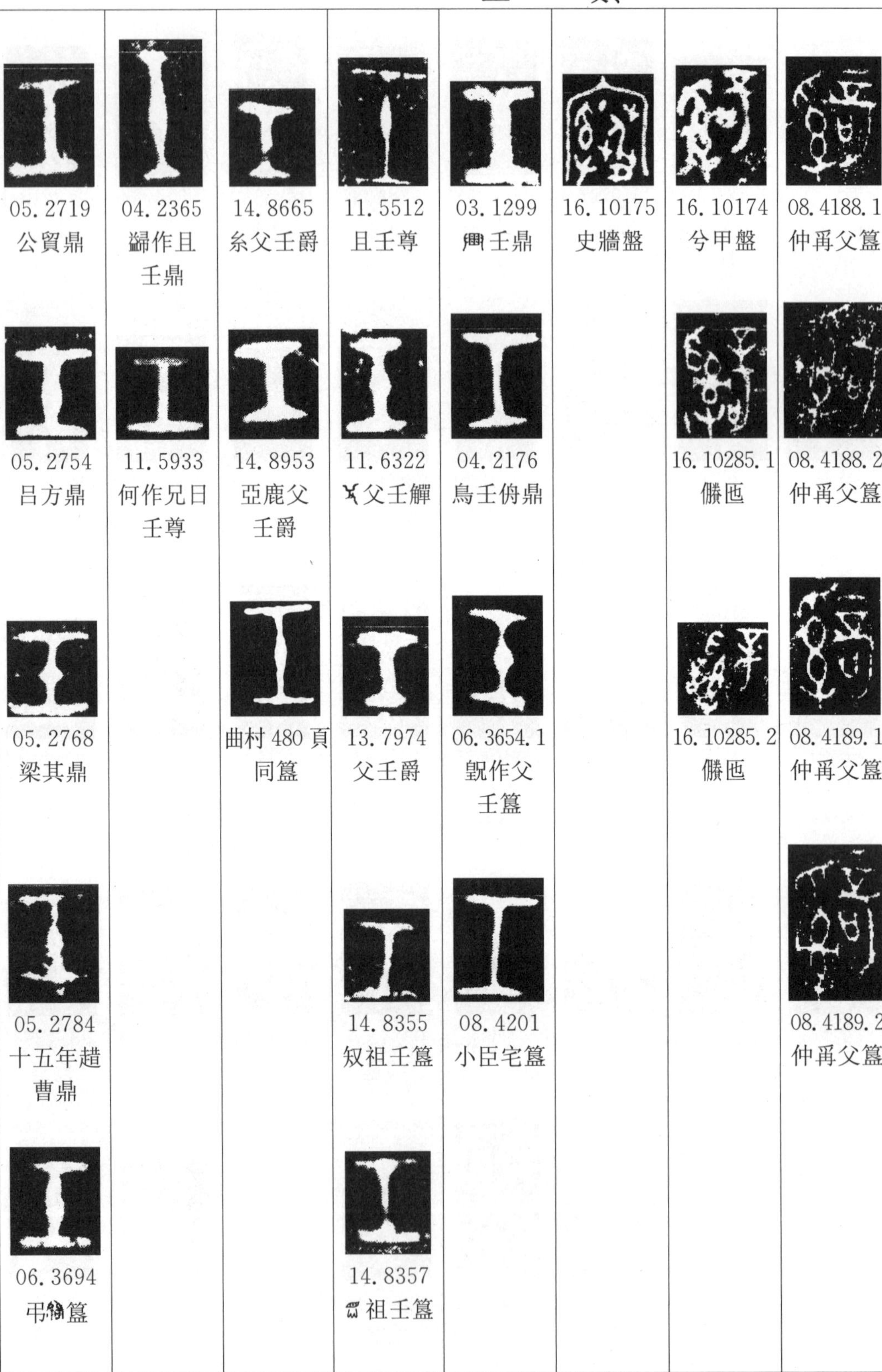 05.2719 公貿鼎	04.2365 歸作且壬鼎	14.8665 糸父壬爵	11.5512 且壬尊	03.1299 冊壬鼎	16.10175 史牆盤	16.10174 兮甲盤	08.4188.1 仲爯父簋
05.2754 吕方鼎	11.5933 何作兄日壬尊	14.8953 亞鹿父壬爵	11.6322 父壬觶	04.2176 鳥壬侜鼎		16.10285.1 𠑇匜	08.4188.2 仲爯父簋
05.2768 梁其鼎		曲村 480 頁 同簋	13.7974 父壬爵	06.3654.1 䚄作父壬簋		16.10285.2 𠑇匜	08.4189.1 仲爯父簋
05.2784 十五年趞曹鼎			14.8355 叔祖壬簋	08.4201 小臣宅簋			08.4189.2 仲爯父簋
06.3694 弔䞯簋			14.8357 祖壬簋				

癸

西周早期	西周早期	西周早期	西周早期	西周早期	西周中期	西周中期	西周中期
06.3656.1 集屖作父癸簋	06.3225 史母癸簋	06.3214 [illegible]父癸癸	03.1279 父癸鼎	03.460 癸父鬲	08.4225.1 無㠱簋	文博 1987(4) 尸伯尸簋	07.4023.1 伯中父簋
06.3657.1 集屖作父癸簋	06.3296 且癸父丁簋	06.3215 [illegible]父癸癸	04.2133 或作父癸方鼎	03.822 龔父癸甗	08.4227 無㠱簋蓋	文物 1990(7) 達盨蓋	07.4023.2 伯中父簋
06.3658.1 集屖作父癸簋	06.3342 作父癸[illegible]簋	06.3216 魚父癸簋	05.2703 堇鼎	03.1273 父癸鼎	08.4228 無㠱簋蓋	新收 1891 䇂簋	07.4113 井南伯簋
06.3660 [illegible]作父癸簋	06.3521 噭作父癸簋	06.3217 [illegible]父癸簋	05.2763.1 我方鼎	03.1274 父癸鼎			08.4269 縣改簋
	06.3645 作且癸簋	06.3219 [illegible]父癸簋	05.2778 史獸鼎	03.1278 父癸鼎			11.5966 員作父壬尊

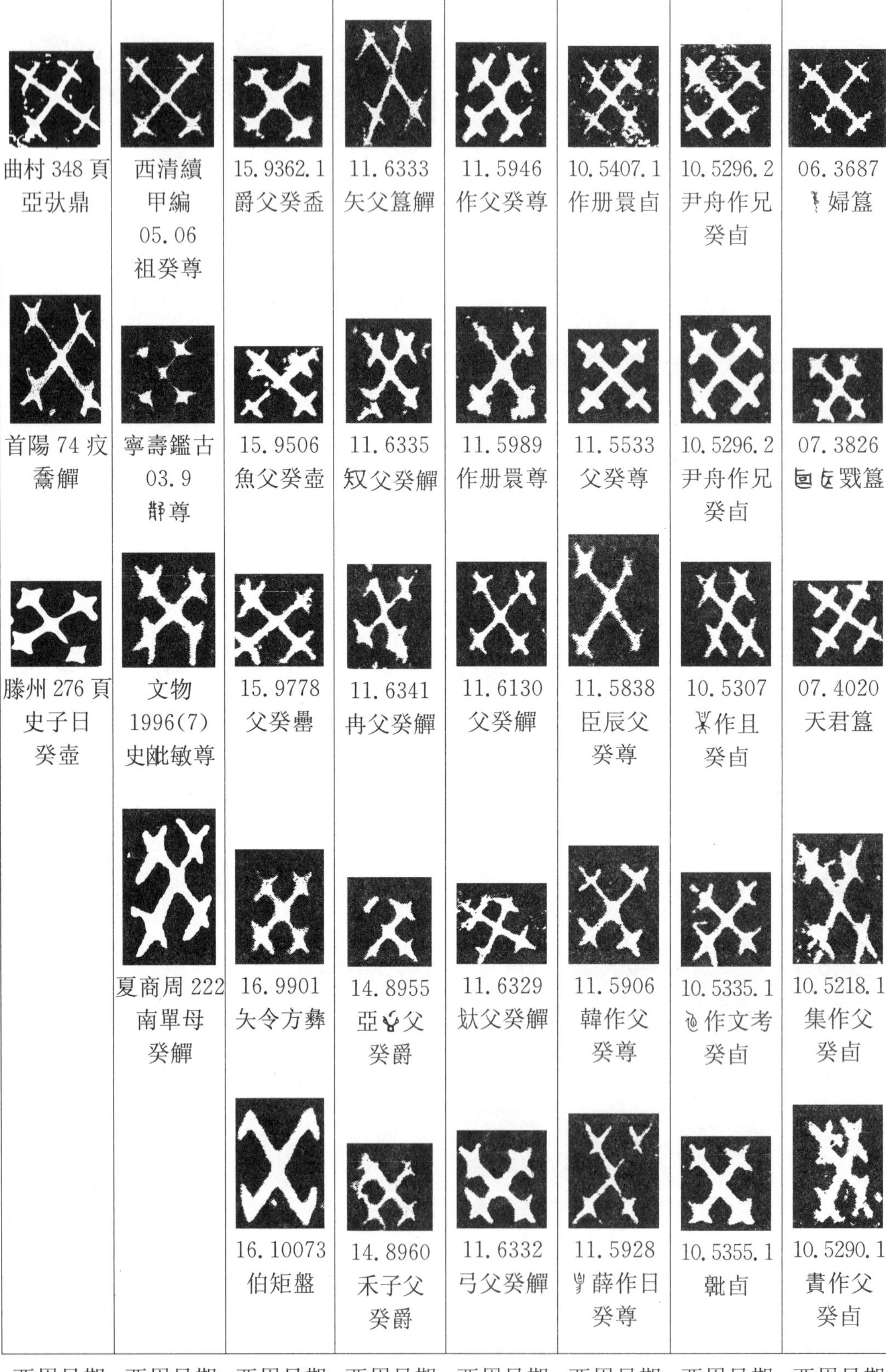

06.3687 婦簋
07.3826 戥簋
07.4020 天君簋
10.5218.1 集作父癸卣
10.5290.1 責作父癸卣
西周早期
10.5296.2 尹舟作兄癸卣
10.5296.2 尹舟作兄癸卣
10.5307 作且癸卣
10.5335.1 作文考癸卣
10.5355.1 䡇卣
西周早期
10.5407.1 作册睘卣
11.5533 父癸尊
11.5838 臣辰父癸尊
11.5906 韓作父癸尊
11.5928 薛作日癸尊
西周早期
11.5946 作父癸尊
11.5989 作册睘尊
11.6130 父癸觶
11.6329 妖父癸觶
11.6332 弓父癸觶
西周早期
11.6333 矢父簋觶
11.6335 叔父癸觶
11.6341 冉父癸觶
14.8955 亞父癸爵
14.8960 禾子父癸爵
西周早期
15.9362.1 爵父癸盉
15.9506 魚父癸壺
15.9778 父癸罍
16.9901 矢令方彝
16.10073 伯矩盤
西周早期
西清續甲編 05.06 祖癸尊
寧壽鑑古 03.9 尊
文物 1996(7) 史䏊敏尊
夏商周 222 南單母癸觶
西周早期
曲村 348 頁 亞弜鼎
首陽 74 疫齋觶
滕州 276 頁 史子日癸壺
西周早期

子

西周早期	西周早期	西周早期	西周早期	西周晚期	西周中期	西周中期	西周中期
長子墓 61 頁 長子口鼎	07.4073 伯㝬簋	03.924.3 乃子作父辛甗	03.582 榮子旅鼎	05.2805 南宮柳鼎	文博 2006(3) 尸鼎	11.5904 貍作父癸尊	04.2326 史造作父癸鼎
長子墓 72 頁 子鼎	08.4201 小臣宅簋	04.1534 子父乙鼎	03.688 龏作又母辛鬲	08.4130 [illegible]叔簋蓋		11.5907 [illegible]作父癸尊	05.2695 員方鼎
長子墓 107 頁 長子口卣	08.4205 楷伯簋	05.2803 令鼎	03.847 𠬞北子甗	08.4309 此簋		12.6501 作父癸觶	05.2832 五祀衛鼎
滕州 276 頁 史子日癸壺	08.4330 沈子它簋蓋	05.2837 大盂鼎	03.874 解子甗	08.4310 此簋		15.9826 對罍	07.4114 仲辛父簋
	12.7296 天子聖觚	06.3659 子令簋	03.917 者女甗			首陽 66 頁 尸鼎	08.4263 格伯簋

西周晚期	西周晚期	西周晚期	西周中期	西周中期	西周中期	西周早期	西周早期
16.10225 函皇父匜	08.4339 頌簋	03.680 成伯孫父鬲	08.4165 大簋	08.4237 臣諫簋	05.2804 利鼎	文物 2004(8) 辛囂相簋	文物 2005(9) 滎仲方鼎
15.9731.1 頌壺	09.4467.1 師克盨	03.719 伯頵父鬲	08.4288 師酉簋	08.4250 即簋	08.4207 遹簋	新收 800 子弓盉	首陽 83 頁 [illegible]簋
15.9654 史僕壺蓋	09.4628.1 伯公父簠	04.2512 吉父鼎	通鑒 05256 遣伯簋	08.4273 靜簋	08.4208 段簋		文物 2004(8) 辛囂相簋
16.10095 京叔盤	16.10074 伯雍父盤	05.2549 [illegible]男鼎		08.4276 豆閉簋	08.4178 君夫簋蓋		近出 677 敫尊
16.10231 伯正父匜		08.4303.1 此簋		08.4262.2 格伯簋	08.4219 追簋		

㝅字

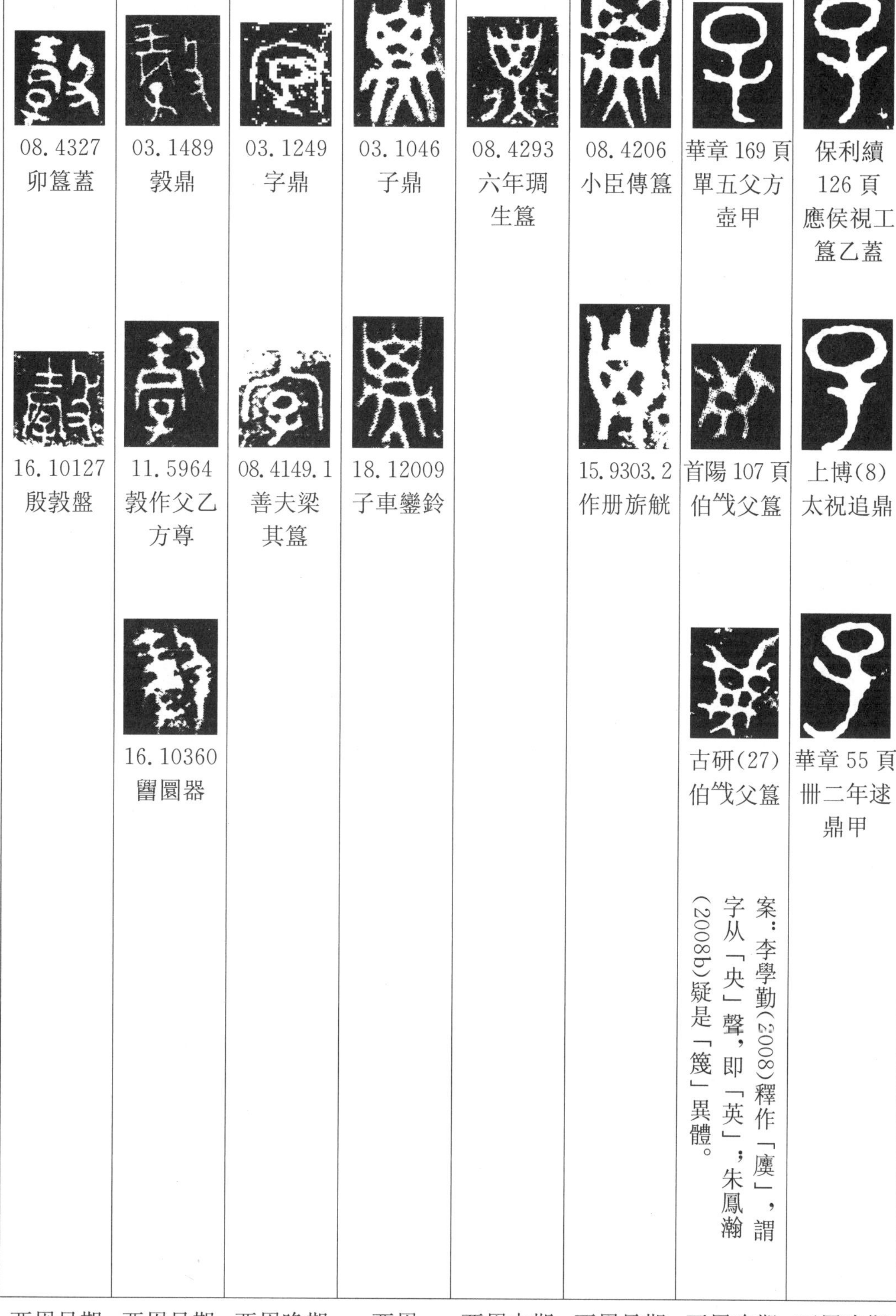

西周早期	西周早期	西周晚期	西周	西周中期	西周早期	西周晚期	西周晚期
08.4327 卯簋蓋	03.1489 㝅鼎	03.1249 字鼎	03.1046 子鼎	08.4293 六年琱生簋	08.4206 小臣傳簋	華章169頁 單五父方壺甲	保利續126頁 應侯視工簋乙蓋
16.10127 殷㝅盤	11.5964 㝅作父乙方尊	08.4149.1 善夫梁其簋	18.12009 子車鑾鈴		15.9303.2 作册旂觥	首陽107頁 伯𢦏父簋	上博(8) 太祝追鼎
	16.10360 罶圜器					古研(27) 伯𢦏父簋	華章55頁 卌二年逑鼎甲

案：李學勤(2008)釋作「廮」，謂字从「央」聲，即「英」；朱鳳瀚(2008b)疑是「篋」異體。

季		孿					
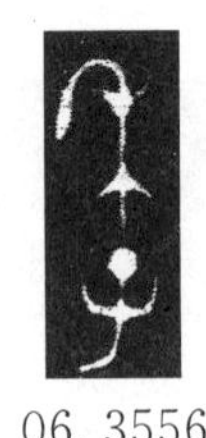 06.3556 季屖簋	 03.541 季䰮鬲	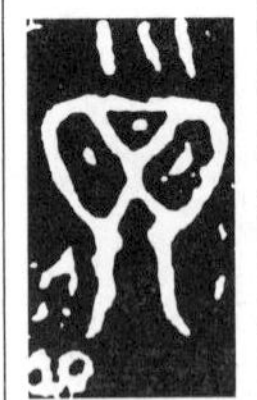 首陽107頁 伯戋父簋	 歷文 2002(1) 士山盤	 06.3334 亞蕨父辛簋	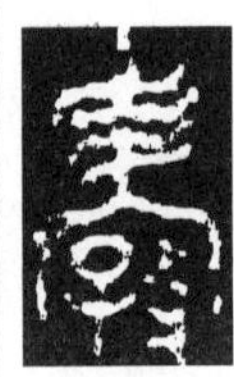 保利續 126頁 應侯視工簋乙蓋	 03.929 㝅父盤	 16.10127 殷㝅盤
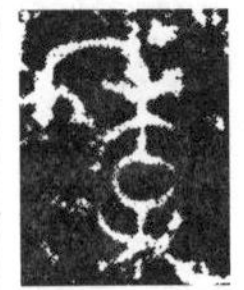 06.3557 季㚤簋	 04.1931 季作寶彝鼎	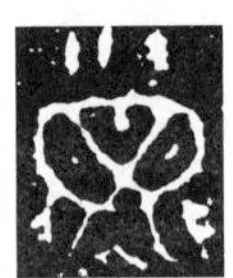 古研(27) 伯戋父簋		 07.3791 甚孿君簋		 09.4498 虢叔作叔殷㝅簠蓋	
 06.3668 䵼侯㕁季簋	 04.2325 [illegible]季作父癸方鼎	案：「孿」舊多釋作「孳」，讀作「子」。董蓮池(2005)、李學勤(2003b)認爲从「子」字籀文，从「𢆶」，改釋作「孿」。		 12.6414 亞孿父辛觶		 10.5914 虢叔尊	
 10.5357.1 㦤季遽父卣	  04.2338 義仲方鼎					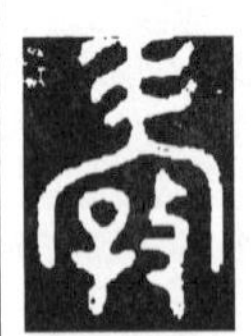 保利續 126頁 應侯視工簋乙蓋	
西周早期	西周早期	西周中期	西周中期	西周晚期	西周晚期	西周晚期	西周中期

西周中期	西周中期	西周中期	西周中期	西周中期	西周早期或中期	西周早期	西周早期
16.10048 季作寶盤	11.5959 守宮父辛鳥尊	10.5239 井季㚼卣	07.3949 季魯簋	03.615 伯試父鬲	12.6434 季作旅彝觶	11.5940 季𡵂尊	10.5358.1 憻季遽父卣
16.10076 季嬴霝德盤	11.5981 敠尊	10.5240.1 嬴季卣	07.4113 井南伯簋	05.2838 曶鼎		11.5947 憻季遽父尊	11.5860 嬴季尊
文物2003(9) 季姬尊	15.9419 季嬴霝德盉	10.5241.1 彊季卣	08.4195.1 𦱕簋	06.3444 季㚼簋			11.5912 厤季尊
	15.9444 季老或盉	11.5858 彊季尊	08.4327 卯簋蓋	06.3448 季楚簋			11.5915 衛尊

 08.4228 無曩簋蓋	 07.4039 黄君簋蓋	 07.3877 季[illegible]父簋蓋	 05.2836 大克鼎	 05.2799 小克鼎	 05.2744 仲師父鼎	 05.2560 王伯姜鼎	 01.141 師臾鐘
 08.4287 伊簋	 08.4168 鬻兑簋	 07.3971 虢季氏子組簋	 06.3705 師寏父簋	 05.2800 小克鼎	 05.2796 小克鼎	 05.2560 王伯姜鼎	03.559 梁其鐘
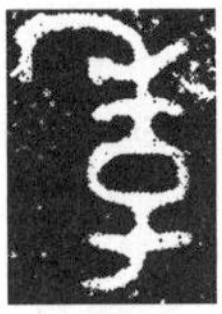 09.4412 華季嗌盨	 08.4225.1 無曩簋	 07.3972 虢季氏子組簋	 07.3817 寺季故公簋	 05.2801 小克鼎	 05.2797 小克鼎	 05.2585 𪓐季鼎	04.2057 良季鼎
 09.4413.1 諫季獻盨	 08.4227 無曩簋蓋	 07.3972 虢季氏子組簋	 07.3818 寺季故公簋	 05.2802 小克鼎	 05.2798 小克鼎	 05.2743 仲師父鼎	05.2547 華季嗌鼎
西周晚期	西周晚期	西周晚期	西周晚期	西周晚期	西周晚期	西周晚期	西周晚期

孟

西周中期	西周中期	西周早期	西周	西周晚期	西周晚期	西周晚期	西周晚期
09.4421.1 ⿰鬳攴孟征盨	03.696 夆伯鬲	06.3577.1 卜孟簋	04.2378 季悆作旅鼎	文物 2000(12) 季陞父匜	16.10173 虢季子白盤	10.5376 虢季子緩卣	09.4454.1 叔尃父盨
14.8820 孟作旅爵	08.4162 孟簋	曲村 555 頁 孟得簋蓋	07.3912 再簋	銘圖 02211 伯上父鼎	16.10204 鄭義伯匜	15.9443 季良父盉	09.4457.1 叔尃父盨
15.9425 伯百父鎣	08.4267 申簋蓋		07.3913 再簋		文物 1995(5) 盝季姜簋	15.9713 殳季良父壺	09.4564 季复父簠
15.9456 裘衛盉	09.4420 ⿰鬳攴孟征盨		總集 08.6786 [illegible]叔多父盤		虢國墓 33 頁 虢季鼎	16.10111 師寏父盤	09.4572 季宮父簠
15.9571 孟載父壺							

疑

國刊 2012(9) 疑尊	07.3887 伯疑父簋蓋	16.10142 齊叔姬盤	07.4071 孟姬湝簋	07.3961 孟弼父簋	06.3704 孟肅父簋	03.682 伯家父鬲	15.9705 番匊生壺
	12.6480.1 遾觶	16.10240 曩孟姜匜	08.4329 不嬰簋蓋	07.3980.2 吳尨父簋	07.3781 侯氏簋	03.729 仲生父鬲	考古 1989(6) 孟狴父甗
	12.6480.2 遾觶	歷文 2007(2) 宋孟姬匜	15.9614.2 孟上父壺	07.3980.2 吳尨父簋	07.3843 孟鄭父簋	04.2213 孟淠父鼎	考古 1989(6) 孟狴父鼎
	12.6490 齊史遾祖辛觶	文物 2003(4) 郜仲簠	15.9622 鄧孟壺蓋	07.4004 叔多父簋	07.3856 伯家父簋	05.2546 輔伯雁父鼎	歷文 2004(2) 任鼎
	考古 2012(7) 叔疑尊	華章 128 頁 單叔鬲甲	16.10079 伯百父盤	07.4013 復公子簋	07.3857.1 伯家父簋	06.3633 大師簋	
西周早期	西周早期	西周晚期	西周晚期	西周晚期	西周晚期	西周晚期	西周中期

孓	⿱山子			⿱孖日		⿱孖口	孱

14.8393 孓父乙爵	文物 2003(4) 郜仲簠	新收 375 叔⿱孖口父鼎	05.2831 九年衛鼎	15.9810 ⿱孖日竹父 丁罍	07.3785 𠭰⿱孖口妊簋	17.11333.1 做勺白戈	04.2417 廟孱鼎
		案：徐在國(2002)釋作「孤」。		案：李學勤(1983)隸作「⿱孖日」，讀爲「孤」。			
西周中期	西周晚期	西周晚期	西周中期	西周早期	西周早期	西周早期	西周晚期

羞					丑		毓
04.1770 羞鼎	15.9726 三年㾜壺	05.2767 ⿰甚夫叔鼎	05.2718 寓鼎	10.5426.1 庚嬴鼎	05.2759 作册大方鼎	08.4341 班簋	14.9095 吕仲僕爵
	15.9727 三年㾜壺	05.2789 戜方鼎	12.6510.1 庶觶	10.5426.2 庚嬴鼎	05.2760 作册大方鼎	16.10175 史牆盤	
	考文1986(4) 殷簋甲	08.4270 同簋蓋			08.4261 天亡簋		
	字與史(1) 舲簋	08.4292 五年琱生簋			08.4300 作册夨令簋		
		10.5430.2 繁卣			10.5409.1 貉子卣		
西周中期	西周中期	西周中期	西周早期或中期	西周早期	西周早期	西周中期	西周早期

寅

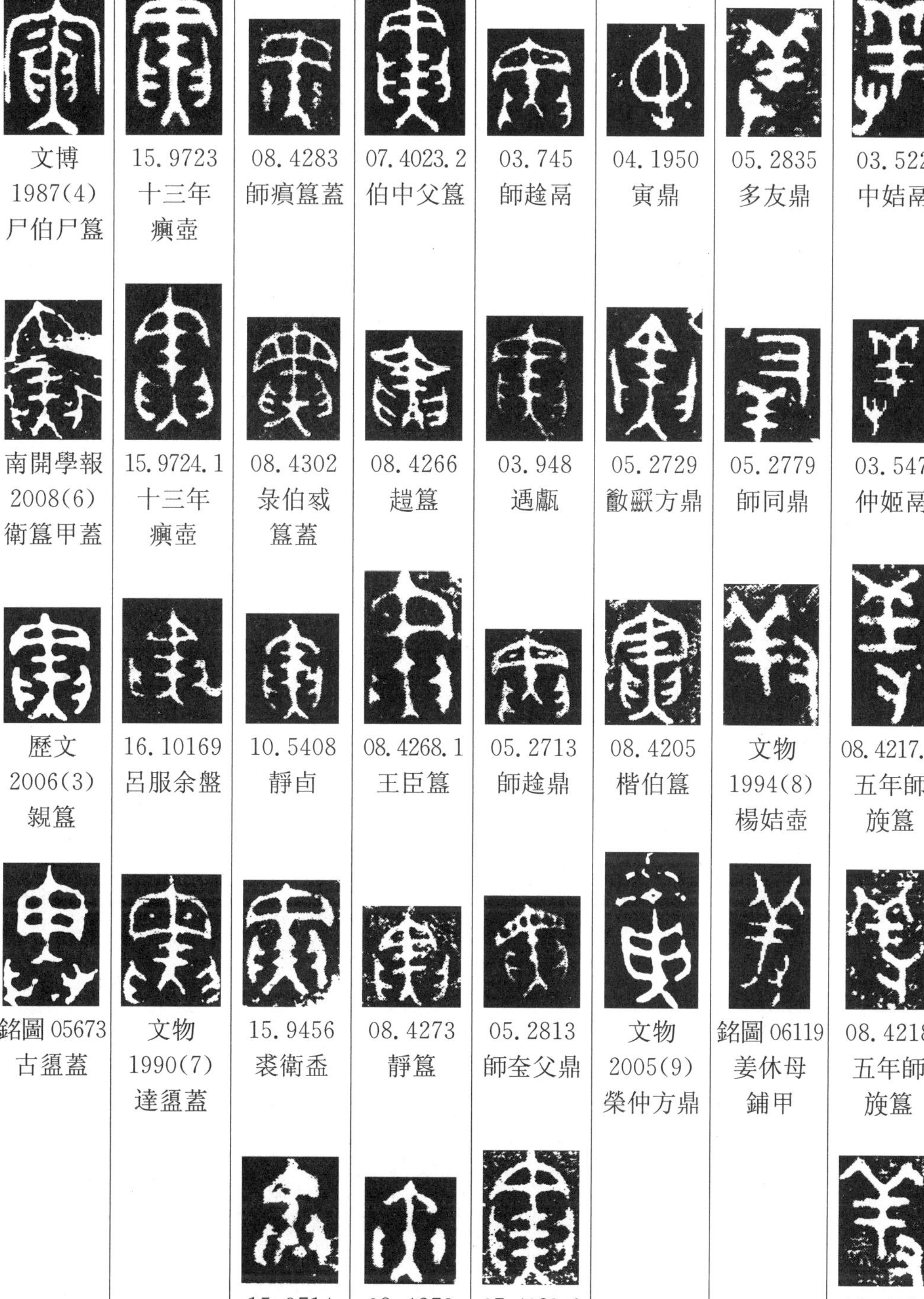

西周中期	西周中期	西周中期	西周中期	西周中期	西周早期	西周晚期	西周晚期
文博 1987(4) 尸伯尸簋	15.9723 十三年瘐壺	08.4283 師瘨簋蓋	07.4023.2 伯中父簋	03.745 師趛鬲	04.1950 寅鼎	05.2835 多友鼎	03.522 中姞鬲
南開學報 2008(6) 衛簋甲蓋	15.9724.1 十三年瘐壺	08.4302 彔伯䵼簋蓋	08.4266 趞簋	03.948 遹甗	05.2729 歔甗方鼎	05.2779 師同鼎	03.547 仲姬鬲
歷文 2006(3) 䚄簋	16.10169 呂服余盤	10.5408 靜卣	08.4268.1 王臣簋	05.2713 師趛鼎	08.4205 楷伯簋	文物 1994(8) 楊姞壺	08.4217.1 五年師旋簋
銘圖 05673 古盨蓋	文物 1990(7) 達盨蓋	15.9456 裘衛盉	08.4273 靜簋	05.2813 師奎父鼎	文物 2005(9) 滎仲方鼎	銘圖 06119 姜休母鋪甲	08.4218 五年師旋簋
		15.9714 史懋壺	08.4273 靜簋	07.4023.1 伯中父簋			08.4329 不嬰簋蓋

卯

西周早期	西周早期	西周晚期	西周晚期	西周晚期	西周晚期	西周晚期	西周晚期
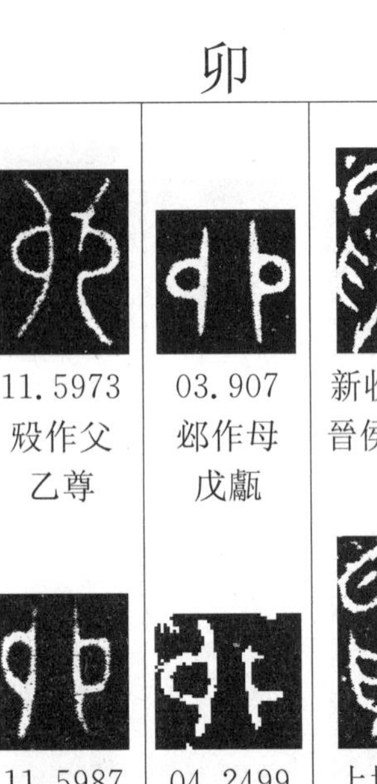 11.5973 殺作父乙尊	03.907 郯作母戊甗	新收 881 晉侯蘇鐘	09.4465 善父克盨	08.4275.1 元年師兑簋	08.4197 卻咎簋	01.204 克鐘	01.133 柞鐘
11.5987 臣衛父辛尊	04.2499 鬲父丁鼎	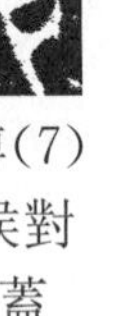 上博(7) 晉侯對匜蓋	 16.10172 寰盤	 08.4282.1 元年師旋簋	 08.4227 無曩簋蓋	 07.4033 向𧻚簋	 01.134 柞鐘
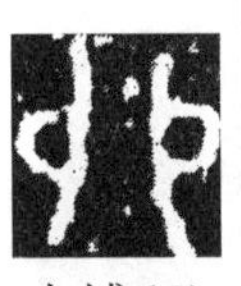 上博(6) 保員簋	 05.2670 旂鼎	新收 851 晉侯對鼎	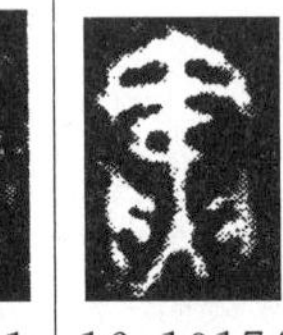 16.10174 兮甲盤	 08.4285.1 諫簋	08.4228 無曩簋蓋	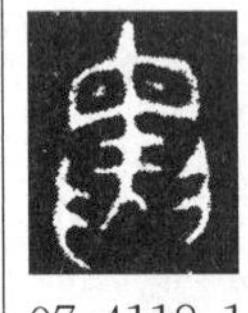 07.4118.1 宴簋	 01.135 柞鐘
 保利續 145 頁 典兔尊	 05.2682 新邑鼎		 新收 903 晉侯喜父器	 08.4294 揚簋	 08.4244 走簋	 07.4118.2 宴簋	 01.136 柞鐘
	 10.5415.1 保卣		 上博七 晉侯對匜	 08.4331 乖伯歸夆簋	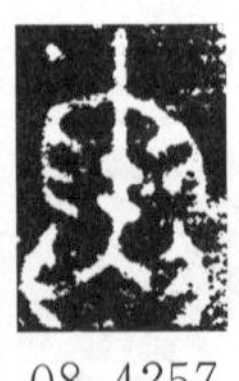 08.4257 弭伯師耤簋	 07.4119.1 宴簋	 01.137 柞鐘

辰

西周早期	西周早期	西周晚期	西周晚期	西周中期	西周中期	西周中期	西周早期或中期
04.2135 臣辰父乙鼎	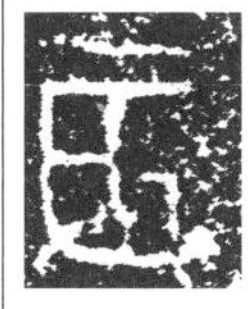 03.689.1 伯矩鬲	 09.4438.1 伯寛父盨	05.2815 趞鼎	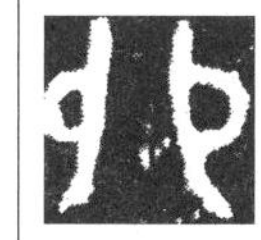 11.5994 次尊	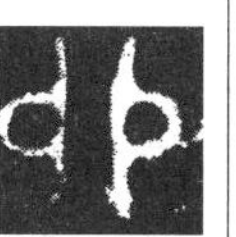 08.4208 段簋	 03.755 尹姞鬲	 05.2720 井鼎
 05.2725 歸娏方鼎	 04.1942 臣辰册方鼎	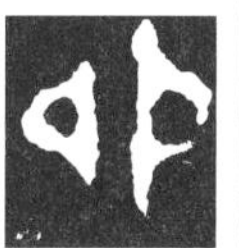 華章55頁 卌二年逑鼎甲	 05.2821 此鼎	 11.5996 豐作父辛尊	 08.4267 申簋蓋	 05.2776 刺鼎	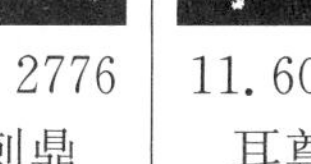 11.6007 耳尊
 05.2739 塱方鼎	 04.1943 臣辰册方鼎	 華夏考古2015(3) 丏史簋	 07.4032 官夌父簋	 16.10322 永盂	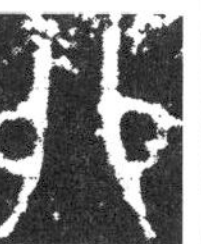 08.4273 靜簋	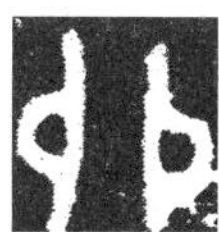 05.2809 師旂鼎	
 05.2837 大盂鼎	 04.2004 臣辰父乙鼎	案：考史簋該字整理者(2015)釋作「柳」，看作「卯」異體；李鵬輝(2016)釋作「茆」，讀爲「卯」。	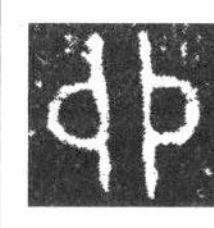 08.4130 [illegible]叔簋蓋		 08.4327 卯簋蓋	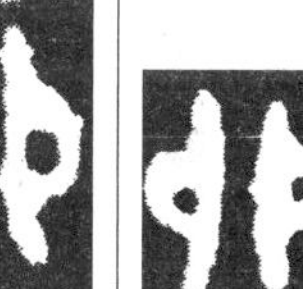 08.4159 鼂簋	
	 04.2005 臣辰父乙鼎		 08.4308 此簋		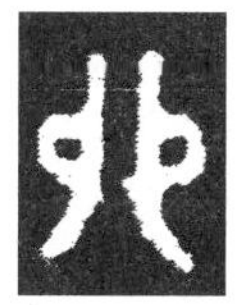 09.4626 免簠	 08.4194.1 友簋	

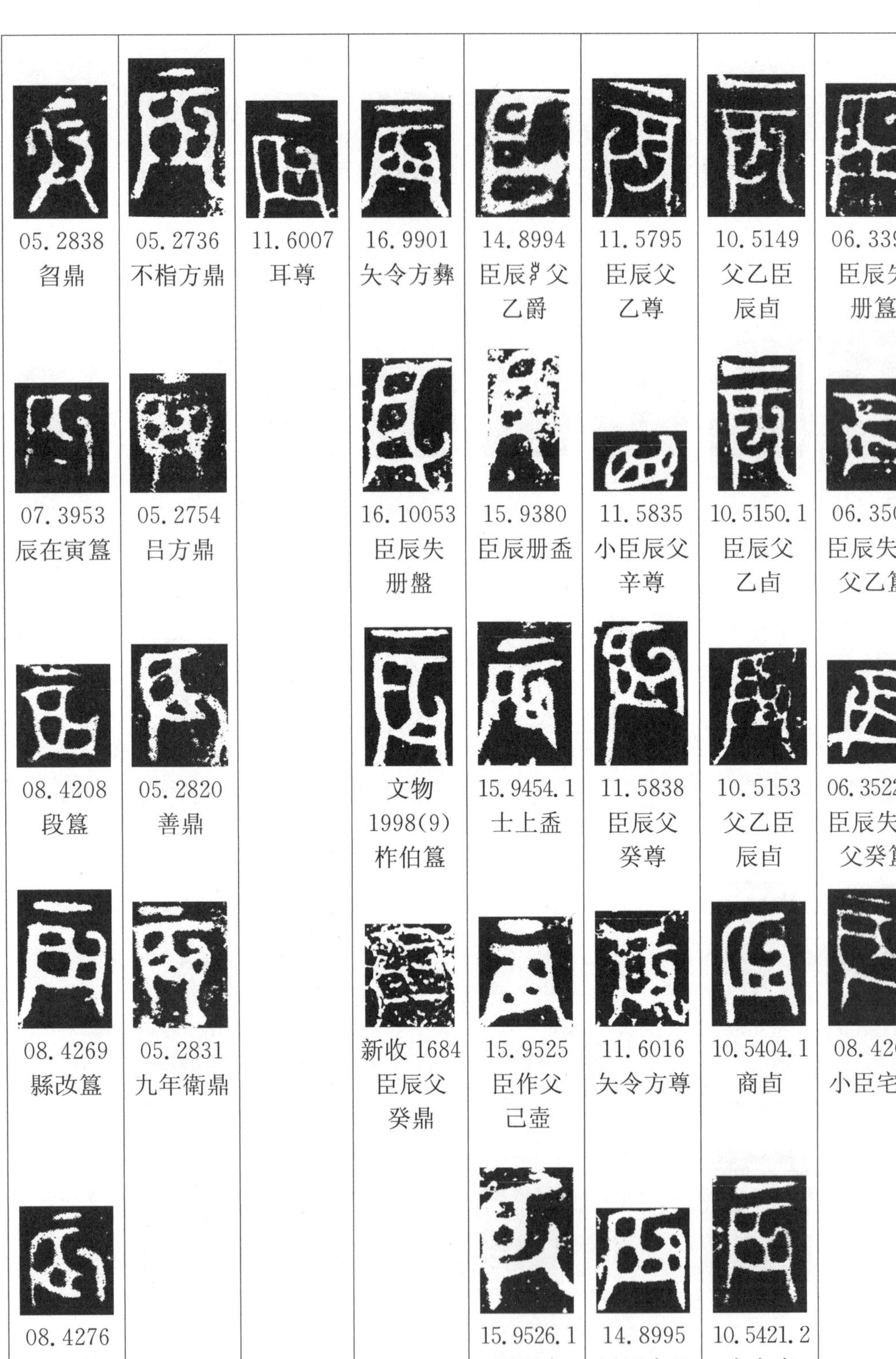

05.2838 曶鼎	05.2736 不栺方鼎	11.6007 耳尊	16.9901 矢令方彝	14.8994 臣辰□父乙爵	11.5795 臣辰父乙尊	10.5149 父乙臣辰卣	06.3397 臣辰失册簋
07.3953 辰在寅簋	05.2754 吕方鼎		16.10053 臣辰失册盤	15.9380 臣辰册盉	11.5835 小臣辰父辛尊	10.5150.1 臣辰父乙卣	06.3506 臣辰失册父乙簋
08.4208 段簋	05.2820 善鼎		文物1998(9) 柞伯簋	15.9454.1 士上盉	11.5838 臣辰父癸尊	10.5153 父乙臣辰卣	06.3522.1 臣辰失册父癸簋
08.4269 縣改簋	05.2831 九年衛鼎		新收1684 臣辰父癸鼎	15.9525 臣作父己壺	11.6016 矢令方尊	10.5404.1 商卣	08.4201 小臣宅簋
08.4276 豆閉簋				15.9526.1 臣辰失册壺	14.8995 臣辰失父乙爵	10.5421.2 士上卣	
西周中期	西周中期	西周早期或中期	西周早期	西周早期	西周早期	西周早期	西周早期

㠯				巳			
 08.4238 小臣謎簋	 05.2553 應公鼎	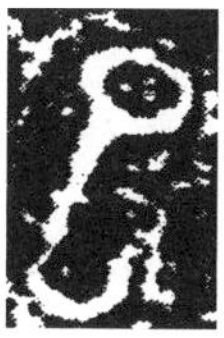 05.2841A 毛公鼎	 08.4262.2 格伯簋	 05.2837 大盂鼎	 05.2818 ⿰鬲寸攸从鼎	 08.2816 伯晨鼎	 08.4302 彔伯㦰簋蓋
 08.4239.2 小臣謎簋	 05.2554 應公鼎			 11.6015 麥方尊	 08.4215.1 ⿰黹虎簋		 文物2003(9) 季姬尊
 08.4330 沈子它簋蓋	 05.2672 ⿸广金父鼎				 16.10176 散氏盤		 文博1987(4) 尸伯尸簋
 16.9901 矢令方彝	 05.2740 寧鼎						
 16.10101 仲⿰女凡臣盤	 07.4112.1 命簋						
西周早期	西周早期	西周晚期	西周中期	西周早期	西周晚期	西周中期或晚期	西周中期

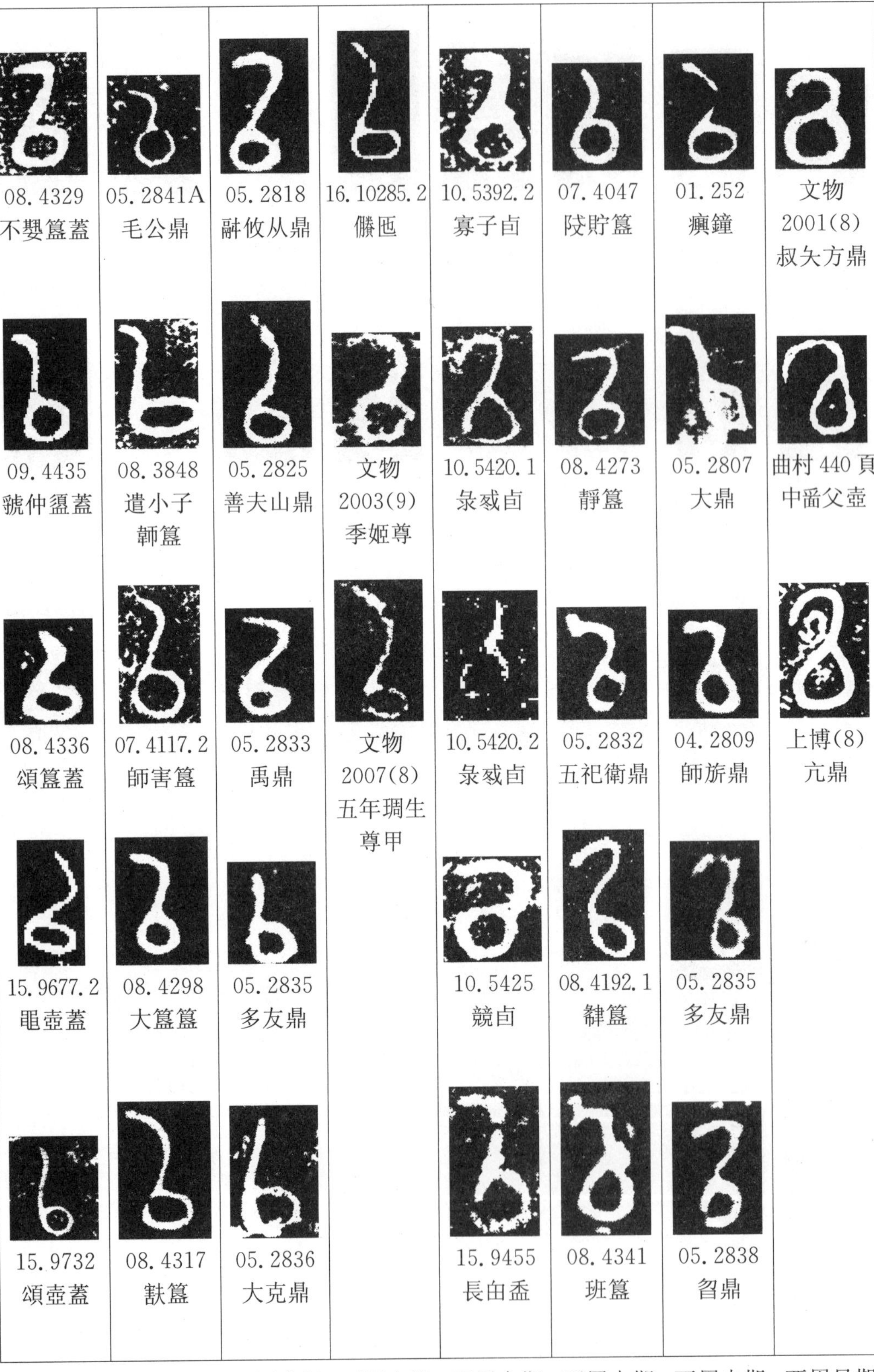

西周早期：文物2001(8) 叔夨方鼎；曲村440頁 中甾父壺；上博(8) 亢鼎

西周中期：01.252 癲鐘；05.2807 大鼎；04.2809 師旂鼎；05.2835 多友鼎；05.2838 曶鼎

西周中期：07.4047 陵貯簋；08.4273 靜簋；05.2832 五祀衛鼎；08.4192.1 肄簋；08.4341 班簋

西周中期：10.5392.2 寡子卣；10.5420.1 彔刻卣；10.5420.2 彔刻卣；10.5425 競卣；15.9455 長由盉

西周中期：16.10285.2 儯匜；文物2003(9) 季姬尊；文物2007(8) 五年琱生尊甲

西周晚期：05.2818 鬲攸从鼎；05.2825 善夫山鼎；05.2833 禹鼎；05.2835 多友鼎；05.2836 大克鼎

西周晚期：05.2841A 毛公鼎；08.3848 遣小子𩏂簋；07.4117.2 師害簋；08.4298 大簋簋；08.4317 㝬簋

西周晚期：08.4329 不嬰簋蓋；09.4435 虢仲盨蓋；08.4336 頌簋蓋；15.9677.2 黽壺蓋；15.9732 頌壺蓋

午					㠯		
	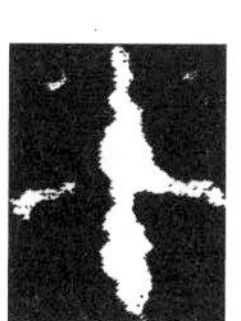	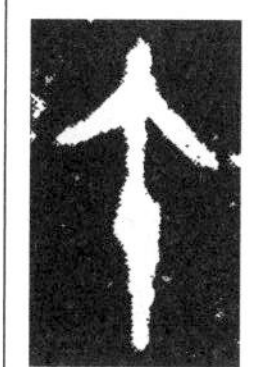					
08.2816 伯晨鼎	文物 2000(6) 曶簋	07.4113 井南伯簋	05.2719 公貿鼎	05.2674 征人鼎	05.2825 善夫山鼎	文物 2003(6) 卌二年逑鼎乙	16.10152 宗婦鄁嬰盤
		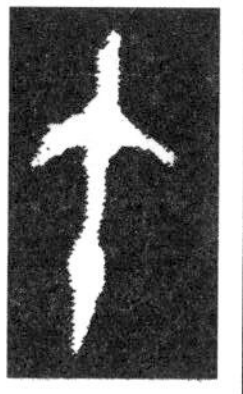					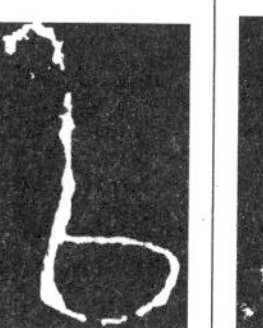
	晉侯 99 頁 晉侯䩨簋	08.4252.1 大師虘簋	05.2784 十五年趞曹鼎	10.5416.1 召卣		華章 55 頁 卌三年逑鼎甲	16.10173 虢季子白盤

	首陽 107 頁 伯戋父簋	08.4269 縣改簋	07.4046 燮簋	10.5432.1 作册𩵦卣		考文 2007(3) 琱生尊	16.10176 散氏盤
						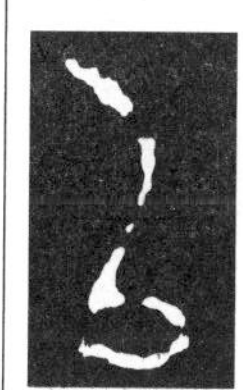	
		16.10166 鮮盤	07.4104.1 賢簋			考文 2007(3) 琱生尊	華章 55 頁 卌二年逑鼎甲
西周中期 晚期	西周中期	西周中期	西周中期	西周早期	西周晚期	西周晚期	西周晚期

申				未			
04.1873 子申父己簋	08.4180 小臣守簋	05.2835 多友鼎	 04.1562 未父乙鼎	 14.9099 祉作父辛角	 05.2778 史獸鼎	 08.4216.1 五年師旋簋	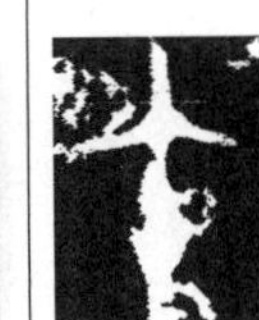 05.2663 伯鮮鼎
05.2703 堇鼎		08.4331 乖伯歸夆簋	 16.10168 守宮盤	 15.9388.1 宁未父乙盉	 07.3905 𡚬父丁簋	 09.4430 弭叔作叔班盨蓋	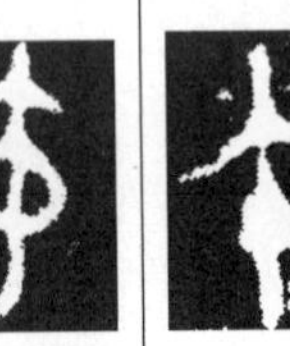 05.2664 伯鮮鼎
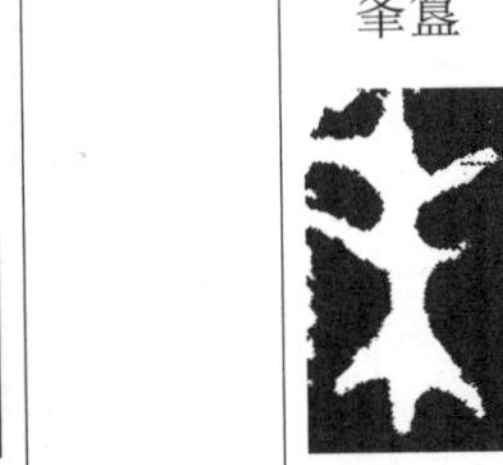 05.2728 旅鼎		 保利續159頁應侯視工鐘		 16.9901 矢令方彝	 08.4131 利簋	 15.9701 蔡公子壺	 05.2665 伯鮮鼎
 05.2791 伯姜鼎				 滕州225頁未斝	 11.6016 矢令方尊	 16.10149 囂伯盤	 05.2666 伯鮮鼎
 07.4044 御正衛鼎							 08.4215.1 虘夆簋
西周早期	西周	西周晚期	西周中期	西周早期	西周早期	西周晚期	西周晚期

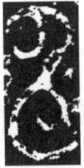

15.9718 䣄史㞒壺	 08.4328 不嬰簋	 05.2836 大克鼎	 01.106 楚公逆鐘	 文物 1998(4) 匍盉	 08.4250 即簋	 文物 1998(9) 柞伯簋	 07.4112.1 命簋
 16.10285.2 㑴匜	 08.4328 不嬰簋	 07.4028 毛昇簋	 05.2768 梁其鼎	 歷文 2002(6) 𣄰公盨	 08.4267 申簋蓋	 曲村 491 頁 申鼎	 08.4121 桊簋
	 09.4450 杜伯盨	 08.4204.1 曾仲大父 螽簋	 05.2821 此鼎	 考文 2006(6) 獄簋	 10.5427.1 作册嗌卣	 新收 1844 子申盤	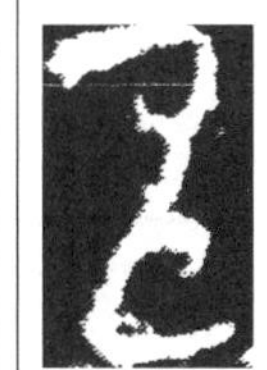 08.4134 御史競簋
	 09.4451 杜伯盨	 08.4307 此簋	 05.2823 此鼎	 新收 1958 夾簋	 15.9716.1 梁其壺		 16.9901 夨令方彝
	 09.4452 杜伯盨	 08.4310 此簋	 05.2835 多友鼎		 歷文 2002(1) 士山盤		 16.10581 㚤作父 辛器
西周晚期	西周晚期	西周晚期	西周晚期	西周中期	西周中期	西周早期	西周早期

酉

臾

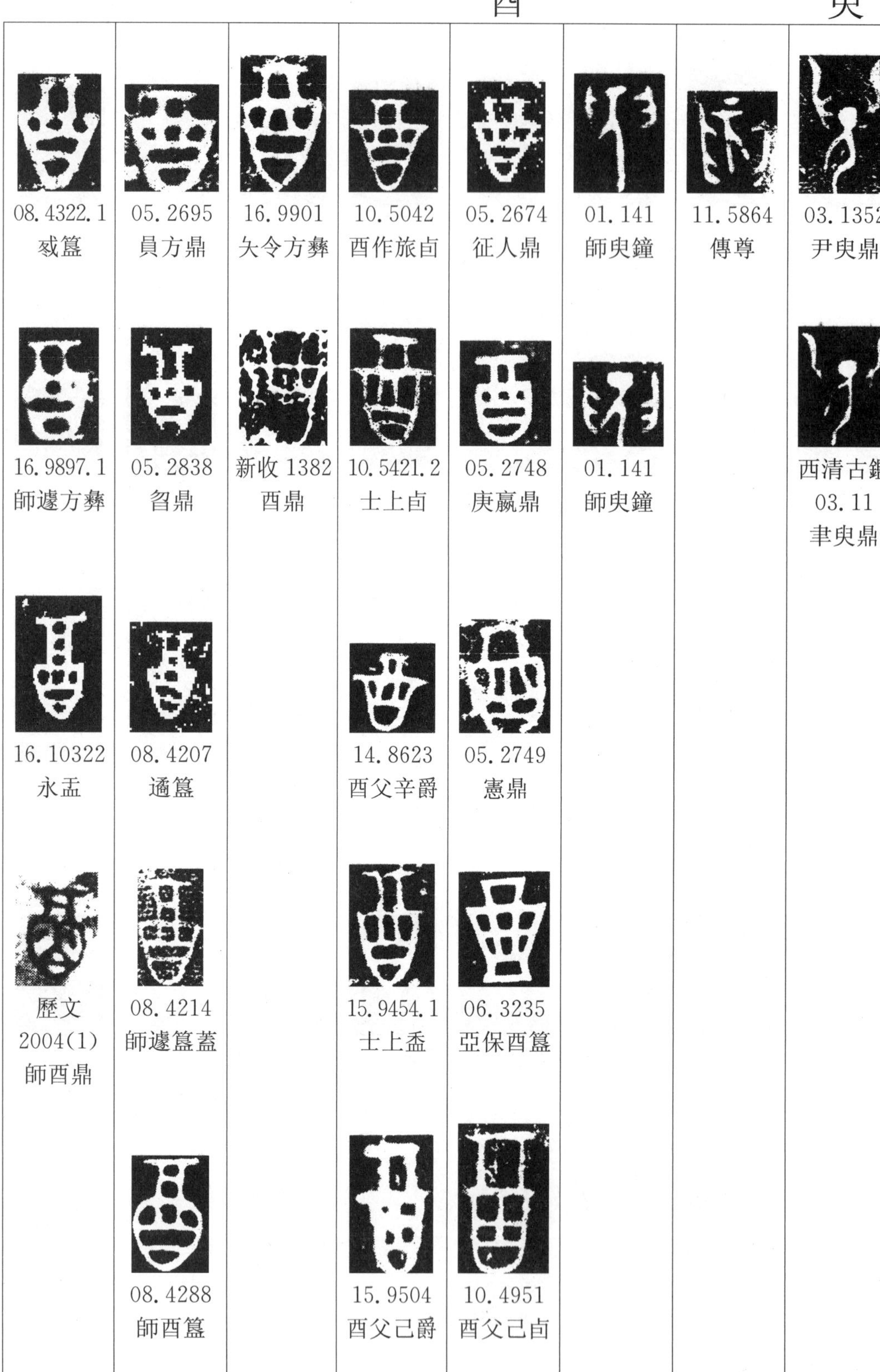

08.4322.1 戜簋	05.2695 員方鼎	16.9901 矢令方彝	10.5042 酉作旅卣	05.2674 征人鼎	01.141 師臾鐘	11.5864 傳尊	03.1352 尹臾鼎
16.9897.1 師遽方彝	05.2838 曶鼎	新收 1382 酉鼎	10.5421.2 士上卣	05.2748 庚嬴鼎	01.141 師臾鐘		西清古鑑 03.11 聿臾鼎
16.10322 永盂	08.4207 遹簋		14.8623 酉父辛爵	05.2749 憲鼎			
歷文 2004(1) 師酉鼎	08.4214 師遽簋蓋		15.9454.1 士上盉	06.3235 亞保酉簋			
	08.4288 師酉簋		15.9504 酉父己爵	10.4951 酉父己卣			
西周中期	西周中期	西周早期	西周早期	西周早期	西周晚期	西周中期	西周早期

				酒	酺	醴	配

酒

05.2835 多友鼎

文物 2006(5) 柞伯鼎

西周晚期

05.2674 征人鼎

05.2837 大盂鼎

07.4020 天君簋

西周早期

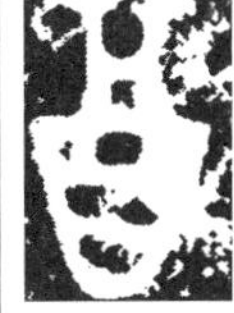

08.4207 通簋

15.9727 三年痶壺

西周中期

酺

銘圖續 0461 宗人簋

案：吳鎮烽(2016)隸作「⿰酉㒼」；曹錦炎(2016b)隸作「酺」，認爲該字右所从聲旁「甫」字上部訛變成「甘」，意爲「聚飲」。該字下从與「莆」字不類。

西周晚期

醴

05.2807 大鼎

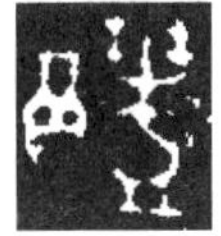

08.4191 穆公簋蓋

15.9726 三年痶壺

16.9897.1 師遽方彝

新收 1958 夾簋

西周中期

15.9572 鴅仲多壺

15.9631 鄭楙叔賓父壺

15.9656 伯公父壺蓋

晉國 161 頁 楊姞壺

文物 1994(8) 楊姞壺蓋銘

西周中期

配

歷文 2002(6) 豳公盨

西周中期

01.181.2 南宮乎鐘

05.2841A 毛公鼎

08.4317 㝬簋

文物 2003(6) 逑盤

西周晚期

⿰酉長	酨		⿰酉彡			酓	酌
05.2837 大盂鼎	11.6230 酨父乙觶	10.5430.1 繁卣	11.6015 麥方尊	05.2810 噩侯鼎	12.6454 伯㦰卣	05.2739 𡎸方鼎	16.9935 伯公父勺
			文物2001(8) 叔夨方鼎		12.6456.1 伯作姬觶	上博(7) 𩰫卣	
西周早期	西周早期	西周中期	西周早期	西周晚期	西周中期	西周早期	西周晚期

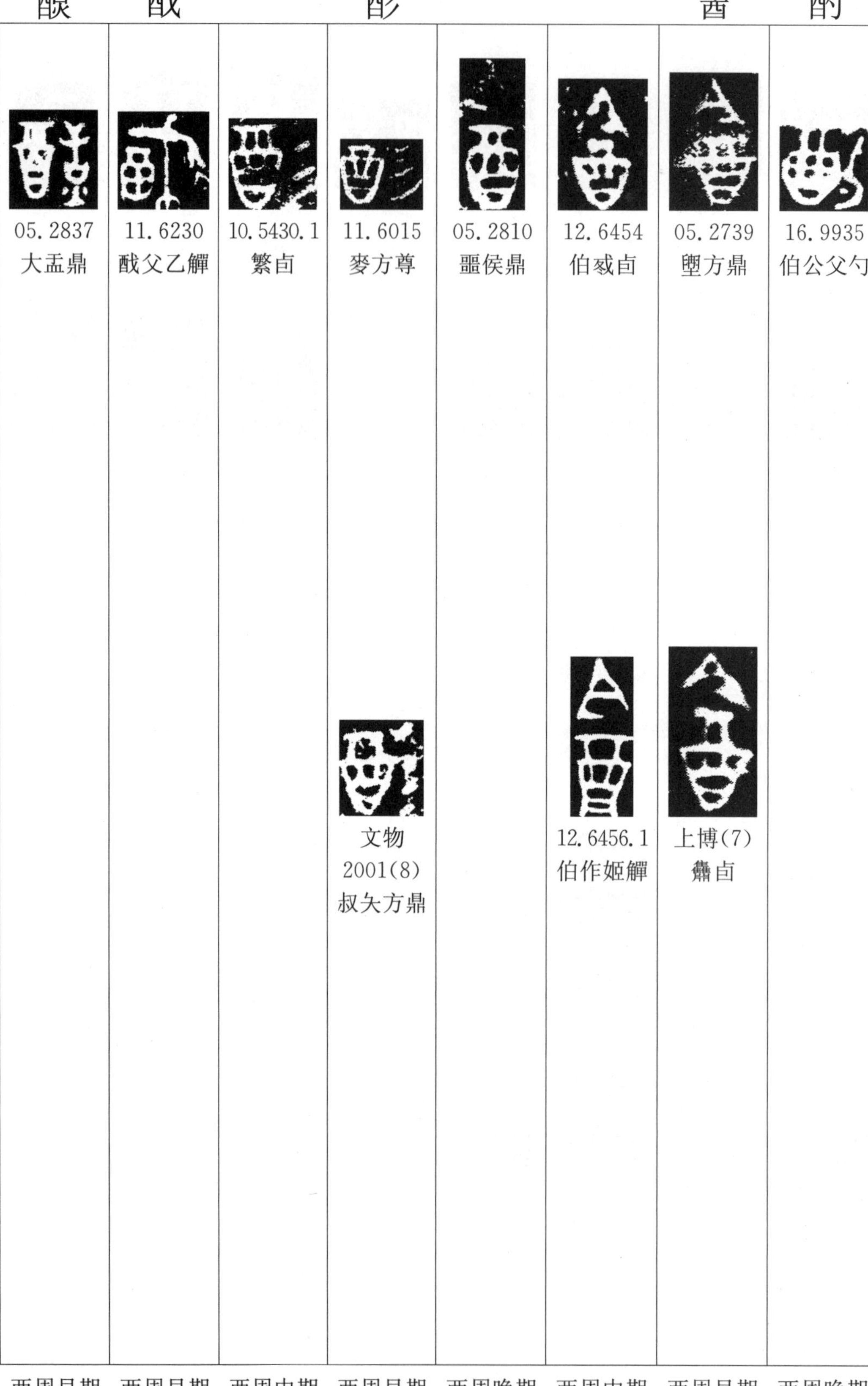

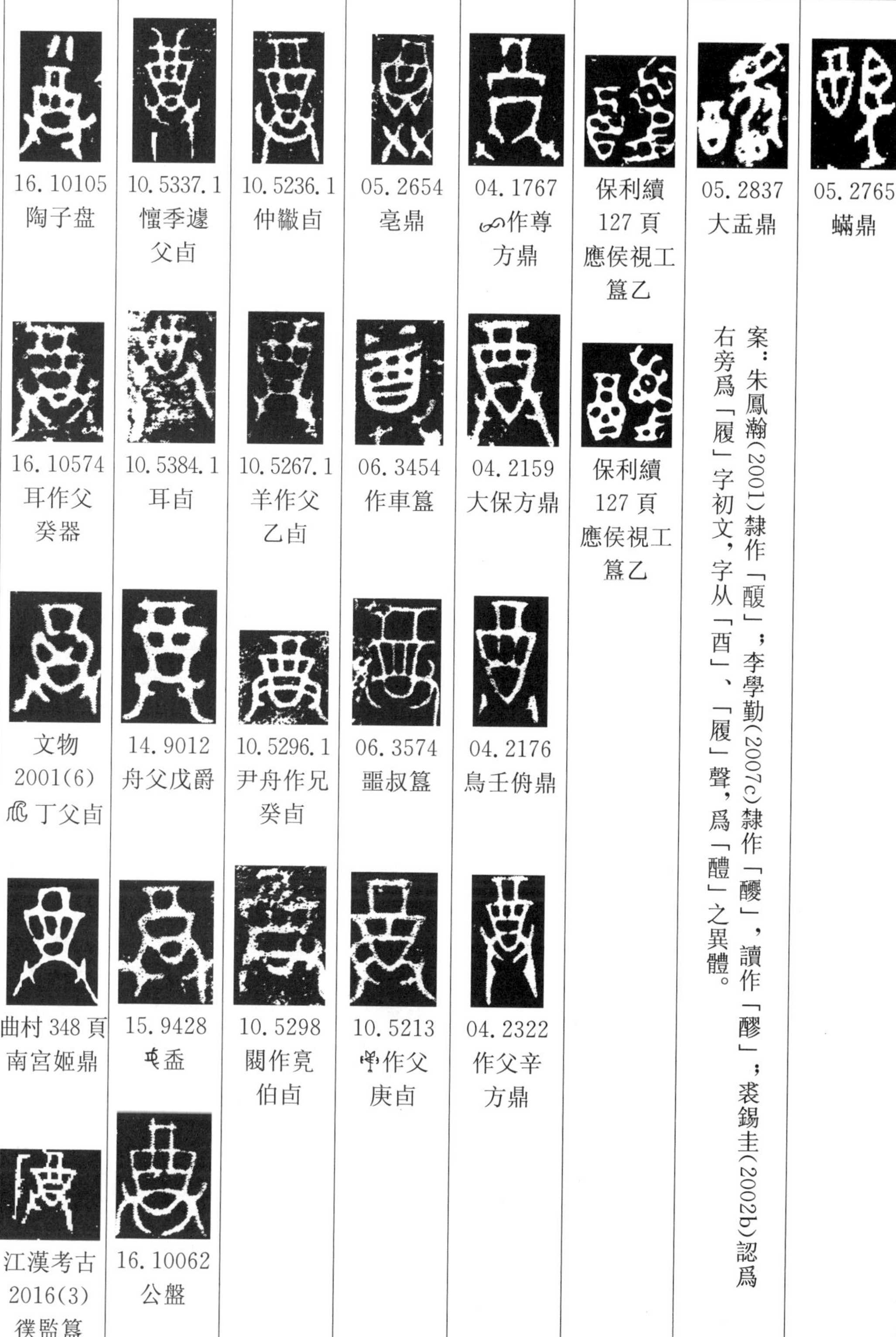

酲

05.2765 𬸕鼎

西周中期

⿰酉履

05.2837 大盂鼎

西周早期

案：朱鳳瀚(2001)隸作「⿰酉复」；李學勤(2007c)隸作「⿰酉嬰」，讀作「醪」；裘錫圭(2002b)認爲右旁爲「履」字初文，字从「酉」、「履」聲，爲「醴」之異體。

保利續127頁應侯視工簋乙

保利續127頁應侯視工簋乙

西周晚期

尊

04.1767 ∽作尊方鼎

04.2159 大保方鼎

04.2176 鳥壬侜鼎

04.2322 作父辛方鼎

西周早期

05.2654 亳鼎

06.3454 作車簋

06.3574 䴗叔簋

10.5213 ♆作父庚卣

西周早期

10.5236.1 仲𢿢卣

10.5267.1 羊作父乙卣

10.5296.1 尹舟作兄癸卣

10.5298 閔作亮伯卣

西周早期

10.5337.1 㦖季遽父卣

10.5384.1 耳卣

14.9012 舟父戊爵

15.9428 ♆盉

16.10062 公盤

西周早期

16.10105 陶子盘

16.10574 耳作父癸器

文物2001(6) ♆丁父卣

曲村348頁南宫姬鼎

江漢考古2016(3)僕監簋

西周早期

〔隮〕

西周中期

04.2069 立鼎

04.2183 才僕父鼎

11.5955 倗尊

15.9726 三年㾓壺

西周晚期

03.672 召伯鬲

04.2211 仲義父鼎

05.2656 伯吉父鼎

07.3874 嫼𪇰簋蓋

西周早期

03.491 作隮彝鬲

03.880 鼎作父乙甗

03.883 應監甗

03.890 田農甗

03.917 者女甗

西周早期

04.1734 成王鼎

04.1984 作寶尊彝鼎

04.2007 作父乙鼎

04.2025 己方鼎

04.2154.1 滕侯方鼎

04.2248 亞盉作父乙鼎

西周早期

04.2315 亞豚作父乙鼎

04.2337 伯六䎽方鼎

05.2405 德鼎

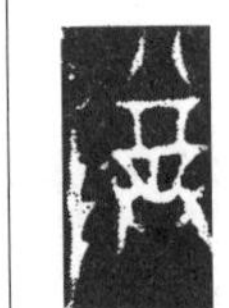
05.2553 應公鼎

05.2761 作册大方鼎

西周早期

05.2763.1 我方鼎

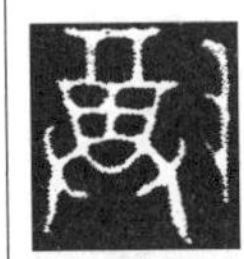
06.3696 𤔲土𤔲簋

08.4131 利簋

08.4169 𦎫伯馭簋

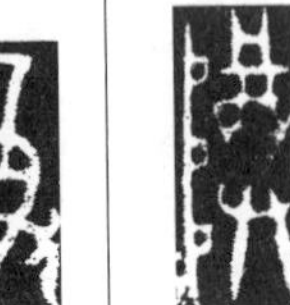
08.4300 作册夨令簋

西周早期

10.5197 狽作寶隮彝卣

10.5236.1 仲𢇁卣

10.5300 散伯卣蓋

10.5301.1 散伯卣蓋

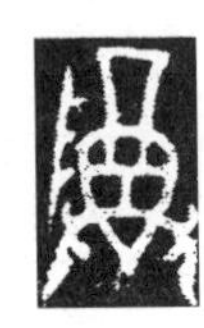
10.5404.1 商卣

西周早期

11.5900 啚册作父己尊

11.5903 㝬子作父辛尊

11.5906 韓作父癸尊

11.5908 作厥皇考尊

11.5921 奪作父丁尊

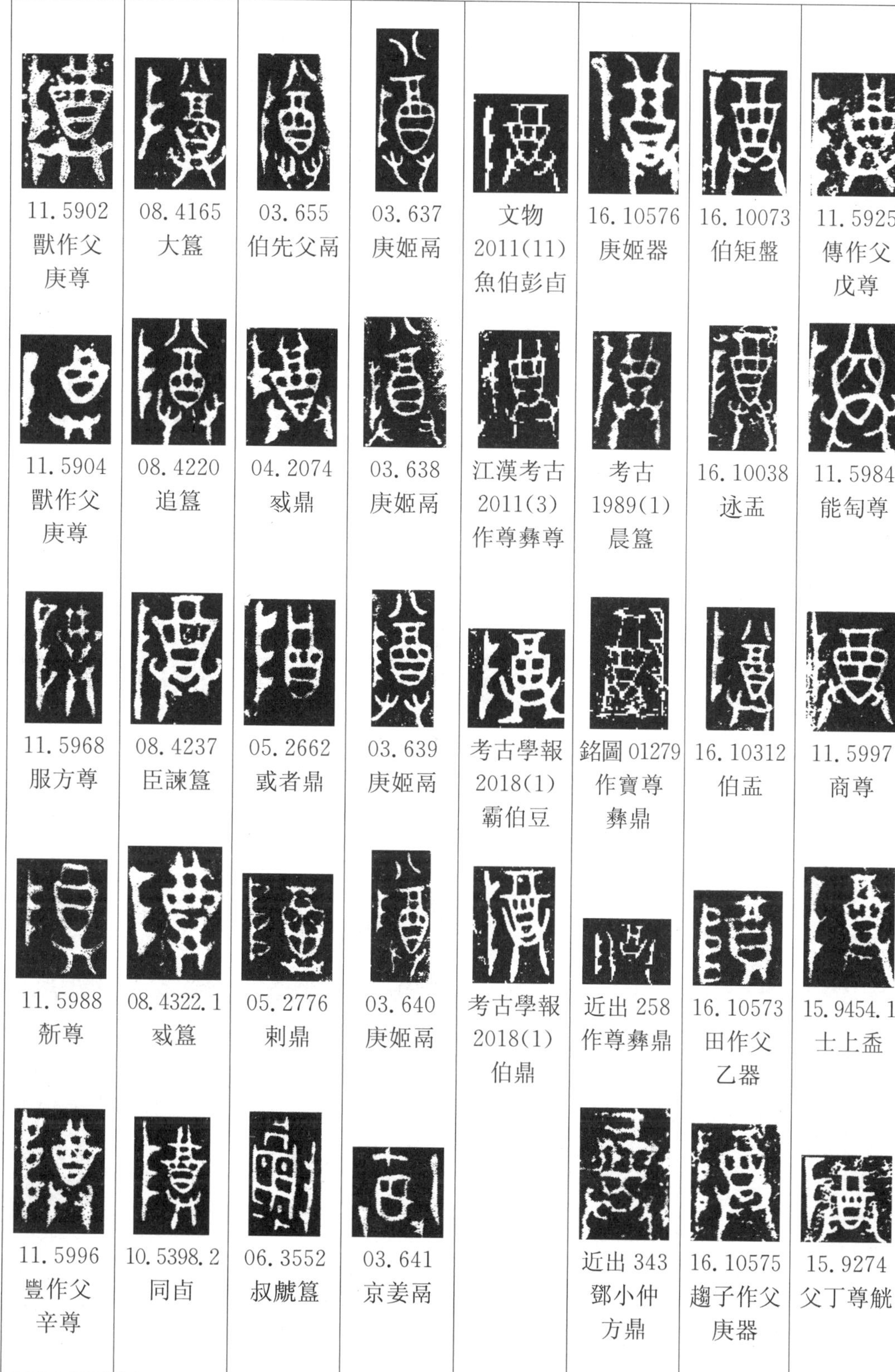

西周早期	西周早期	西周早期	西周早期	西周中期	西周中期	西周中期	西周中期
11.5925 傳作父戊尊	16.10073 伯矩盤	16.10576 庚姬器	文物2011(11)魚伯彭卣	03.637 庚姬鬲	03.655 伯先父鬲	08.4165 大簋	11.5902 獸作父庚尊
11.5984 能匋尊	16.10038 泳盂	考古1989(1)晨簋	江漢考古2011(3)作尊彝尊	03.638 庚姬鬲	04.2074 𢦚鼎	08.4220 追簋	11.5904 獸作父庚尊
11.5997 商尊	16.10312 伯盂	銘圖01279作寶尊彝鼎	考古學報2018(1)霸伯豆	03.639 庚姬鬲	05.2662 或者鼎	08.4237 臣諫簋	11.5968 服方尊
15.9454.1 士上盉	16.10573 田作父乙器	近出258作尊彝鼎	考古學報2018(1)伯鼎	03.640 庚姬鬲	05.2776 刺鼎	08.4322.1 𢦚簋	11.5988 旂尊
15.9274 父丁尊觥	16.10575 趞子作父庚器	近出343鄧小仲方鼎		03.641 京姜鬲	06.3552 叔虤簋	10.5398.2 同卣	11.5996 豐作父辛尊

酉部

西周中期

- 15.9427 伯匽盉
- 15.9608 伯山父壺蓋 
- 16.9884 匽父辛方彝 
- 16.10175 史牆盤 

- 文物 1995(7) 晉侯[illegible]馬壺

西周中期

- 文物 1998(9) 任稱卣
- 考文 1990(5) 伯簋 
- 文物 1998(9) 應侯盨 
- 文物 2002(7) 應侯視工簋 

西周中期

- 新收 62 匍甫盉
- 文物 1984(6) 矢王簋蓋 
- 歷文 2002(1) 士山盤 
- 文物 2007(8) 五年琱生尊乙 

西周中期

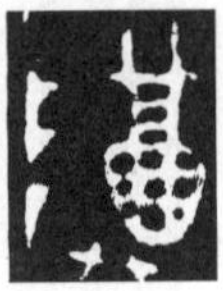

- 文博 2006(3) 尸鼎
- 文物 2005(4) 作寶尊彝蓋 
- 新收 1670 夷曰匜 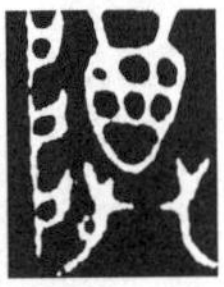
- 新收 1845 馬方彝 

西周中期

- 北京 97 肇卣
- 晉國 197 頁 晉叔家父方壺 
- 新收 1706 尸曰盤 

西周中期或晚期

- 08.2816 伯晨鼎

西周晚期

- 03.524 虢叔鬲
- 03.558 叔皇父鬲 
- 03.634 [illegible]妝鬲 
- 03.635 呂王鬲 

西周晚期

- 03.646 王作姬女鬲
- 03.647 王伯姜鬲 
- 04.2414 伯旬鼎 
- 05.2548 函皇父鼎 
- 05.2549 無男鼎

戌

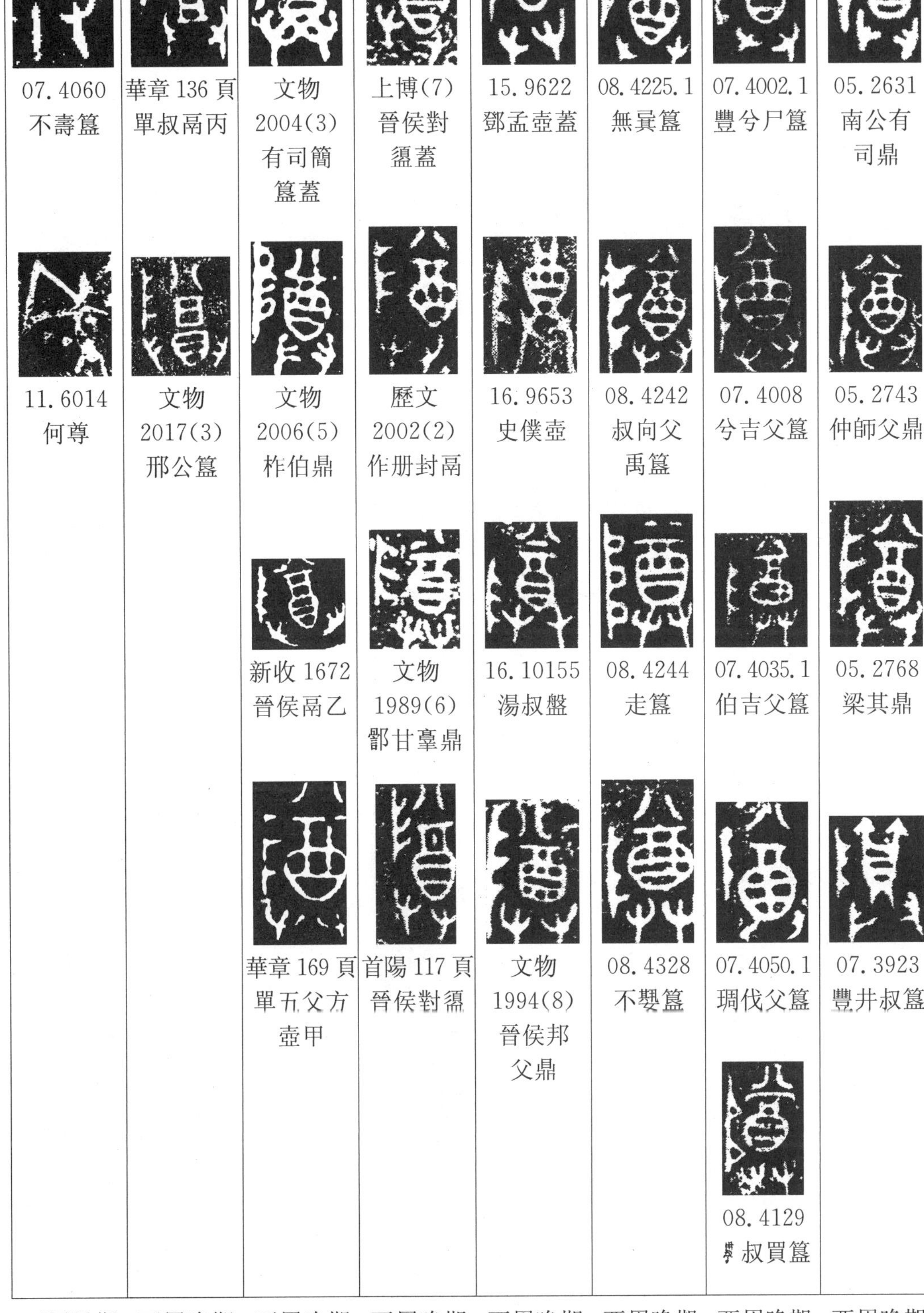

西周早期	西周晚期	西周晚期	西周晚期	西周晚期	西周晚期	西周晚期	西周晚期
07.4060 不壽簋	華章136頁 單叔鬲丙	文物2004(3) 有司簡簋蓋	上博(7) 晉侯對盨蓋	15.9622 鄧孟壺蓋	08.4225.1 無㠱簋	07.4002.1 豐兮尸簋	05.2631 南公有司鼎
11.6014 何尊	文物2017(3) 邢公簋	文物2006(5) 柞伯鼎	歷文2002(2) 作册封鬲	16.9653 史僕壺	08.4242 叔向父禹簋	07.4008 兮吉父簋	05.2743 仲師父鼎
		新收1672 晉侯鬲乙	文物1989(6) 鄁甘𩫖鼎	16.10155 湯叔盤	08.4244 走簋	07.4035.1 伯吉父簋	05.2768 梁其鼎
		華章169頁 單五父方壺甲	首陽117頁 晉侯對盨	文物1994(8) 晉侯邦父鼎	08.4328 不嬰簋	07.4050.1 琱伐父簋	07.3923 豐井叔簋
						08.4129 [illegible]叔買簋	

亥

 07.4020 天君簋	 05.2613 玏方鼎	 陝博(7) 宰獸簋	 08.4338 頌簋蓋	 05.2814 無叀鼎	 文物 2006(8) 倗伯爯簋	 08.4316 師虎簋	 05.2754 吕方鼎
 07.4030 史話簋	 05.2702 嫛方鼎	 夏商周 395 伯吕盨	 15.9731.1 頌壺	 05.2827 頌鼎	 陝博(7) 宰獸簋蓋	 08.4341 班簋	 05.2786 康鼎
 07.4031 史話簋	 05.2726 歸娥方鼎	 文物 2009(9) 頌盤	 15.9731.1 頌壺	 07.4024 鄭虢仲簋		 09.4462 痶盨	 05.2817 師農鼎
 08.4261 天亡簋	 05.2763.1 我方鼎			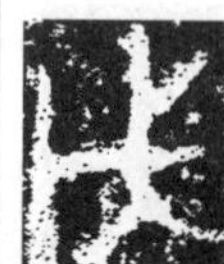 07.4075 遹簋		 16.10170 走馬休盤	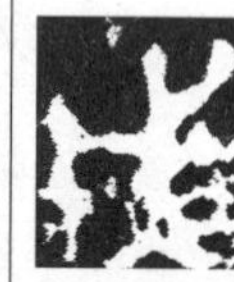 05.2832 五祀衛鼎
				 08.4337 頌簋		新收 1874 虎簋蓋乙	 08.4256.1 廿七年 衛簋
西周早期	西周早期	西周晚期	西周晚期	西周晚期	西周中期	西周中期	西周中期

西周晚期	西周中期	西周中期	西周中期	西周中期	西周中期	西周早期	西周早期
05.2698 散伯車父鼎	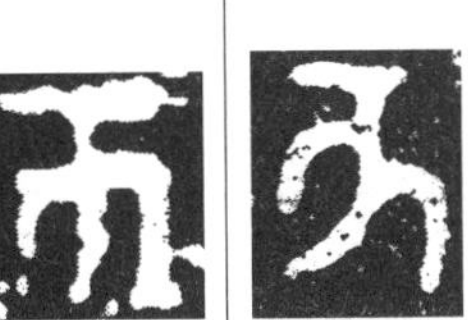 考文 2006(6) 二式獄簋	文物 2002(7) 應侯視工簋	 10.5430.2 繁卣	 07.4099.2 鼓簋	 01.88 𢾅鐘	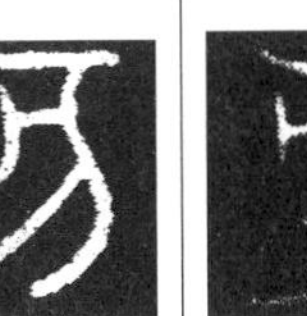 16.9893.1 井侯方彝	10.5391.1 執卣
 05.2700 散伯車父鼎	 文物 1999(9) 戎生編鐘	 文物 1999(9) 再簋	 15.9455 長甶盉	 08.4178 君夫簋蓋	 05.2804 利鼎	 16.9901 矢令方彝	 10.5404.1 商卣
 07.4089.1 事族簋	 考文 2006(6) 獄簋	 文物 1999(9) 再簋蓋	 15.9728 曶壺蓋	 08.4192.1 肄簋	 05.2807 大鼎	 上博(7) 𩱦卣	 10.5432.1 作册䰧卣
07.4089.2 事族簋		 考文 1991(6) 敔簋	 16.9898A 吳方彝蓋	 10.5406 周乎卣	 05.2820 善鼎		 11.5997 商尊
08.4249 楚簋			08.4327 卯簋蓋	 10.5418 免卣	 05.2838 曶鼎		

				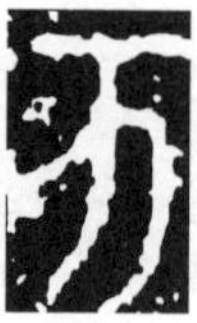 中原文物 2008(5) 㒸氏剞簋蓋	 09.4455.1 叔尃父盨	 08.4318.2 三年師兑簋	 08.4246.1 楚簋
				 文物 1998(9) 應侯鼎	 16.9896 齊生魯方彝蓋	 08.4324.1 師嫠簋	 08.4247.2 楚簋
				 華章 55 頁 卌三年逑鼎甲	 16.10173 虢季子白盤	 08.4340 蔡簋	 08.4297 鄦簋
				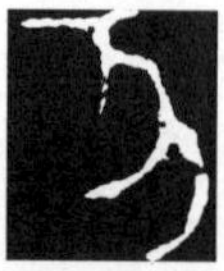 華章 79 頁 卌三年逑鼎丁	 首陽 117 頁 晉侯對盨	 09.4454.1 叔尃父盨	 08.4298 大簋簋
						 09.4454.2 叔尃父盨	 08.4318.1 三年師兑簋
				西周晚期	西周晚期	西周晚期	西周晚期

西周金文字編　合文

字頭	出處	器名	時代
一月	文物2004(8)	辛甗相簋	西周早期
八師	16.9899.1	盠方彝	西周中期
八十	15.9456	裘衛盉	西周中期
百世	11.5976	黃尊	西周中期
寶用	16.10216	召樂父匜	西周晚期
匕己	12.6482	中作妣己觶	西周早期

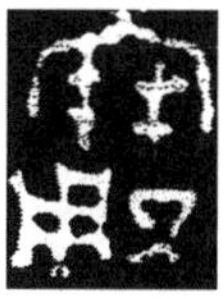

二月	二匹	三兩	二百	鄧伯	大牢	帛貝	匕辛
05.2719 公貿鼎 史學集刊 2006(2) 冉簋 文物 1999(9) 戎生編鐘	05.2807 大鼎	05.2831 九年衛鼎	11.6015 麥方尊 文物 2003(9) 季姬尊	14.9104 盂爵	新收 1567 榮仲鼎	08.4331 乖伯歸夆簋	14.8741 夊妣辛爵
西周中期	西周中期	西周中期	西周中期	西周早期	西周早期	西周晚期	西周早期

<table>
<tr><th>三百</th><th>卅朋</th><th></th><th>廿朋</th><th>內門</th><th>六十</th><th>六百</th><th></th></tr>
<tr>
<td>
08.4320
宜侯夨簋</td>
<td>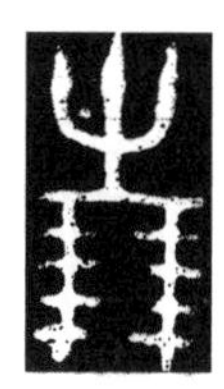
10.5404.1
商卣</td>
<td>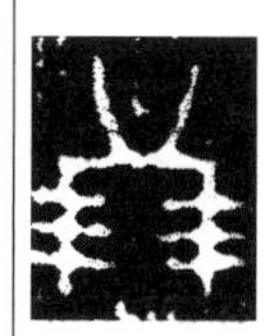
新收 1959
夾簋</td>
<td>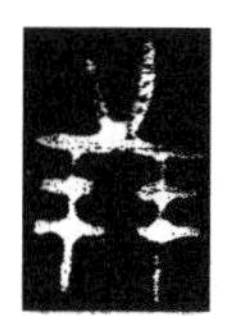
05.2661
德方鼎</td>
<td>
05.2814
無叀鼎</td>
<td>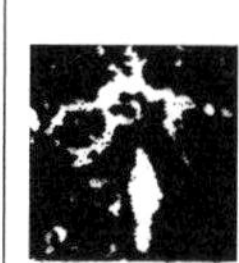
文物
2003(9)
季姬尊</td>
<td>
08.4320
宜侯夨簋</td>
<td>
08.4331
乖伯歸
夆簋</td>
</tr>
<tr>
<td></td>
<td>
11.6014
何尊</td>
<td>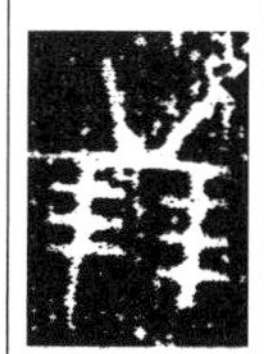
新收 1959
夾簋</td>
<td></td>
<td></td>
<td></td>
<td>
05.2837
大盂鼎</td>
<td></td>
</tr>
<tr>
<td></td>
<td>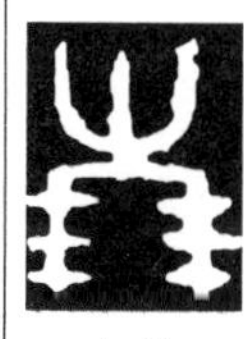
文物
2001(8)
叔夨方鼎</td>
<td></td>
<td></td>
<td></td>
<td></td>
<td></td>
<td></td>
</tr>
<tr><td>西周早期</td><td>西周早期</td><td>西周中期</td><td>西周早期</td><td>西周晚期</td><td>西周中期</td><td>西周早期</td><td>西周晚期</td></tr>
</table>

上父		上帝		三月	三千	三朋	
 05.2830 師訊鼎	 01.260.2 㝬鐘	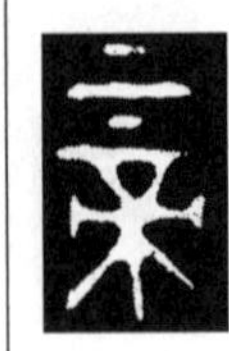 01.251 瘐鐘	 08.4243 殳簋蓋	 05.2718 寓鼎	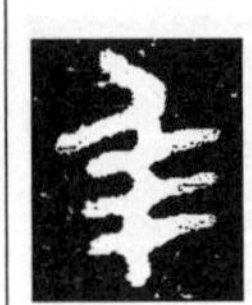 保利 應侯見 工簋	 04.2499 旁父丁鼎	 16.10285.2 𠈇匜
	 文物 2003(6) 述盤	 16.10175 史牆盤	 08.4266 趞簋		 保利續 126 頁 應侯視工 簋甲		
西周中期	西周晚期	西周中期	西周中期	西周早期	西周中期	西周早期	西周晚期

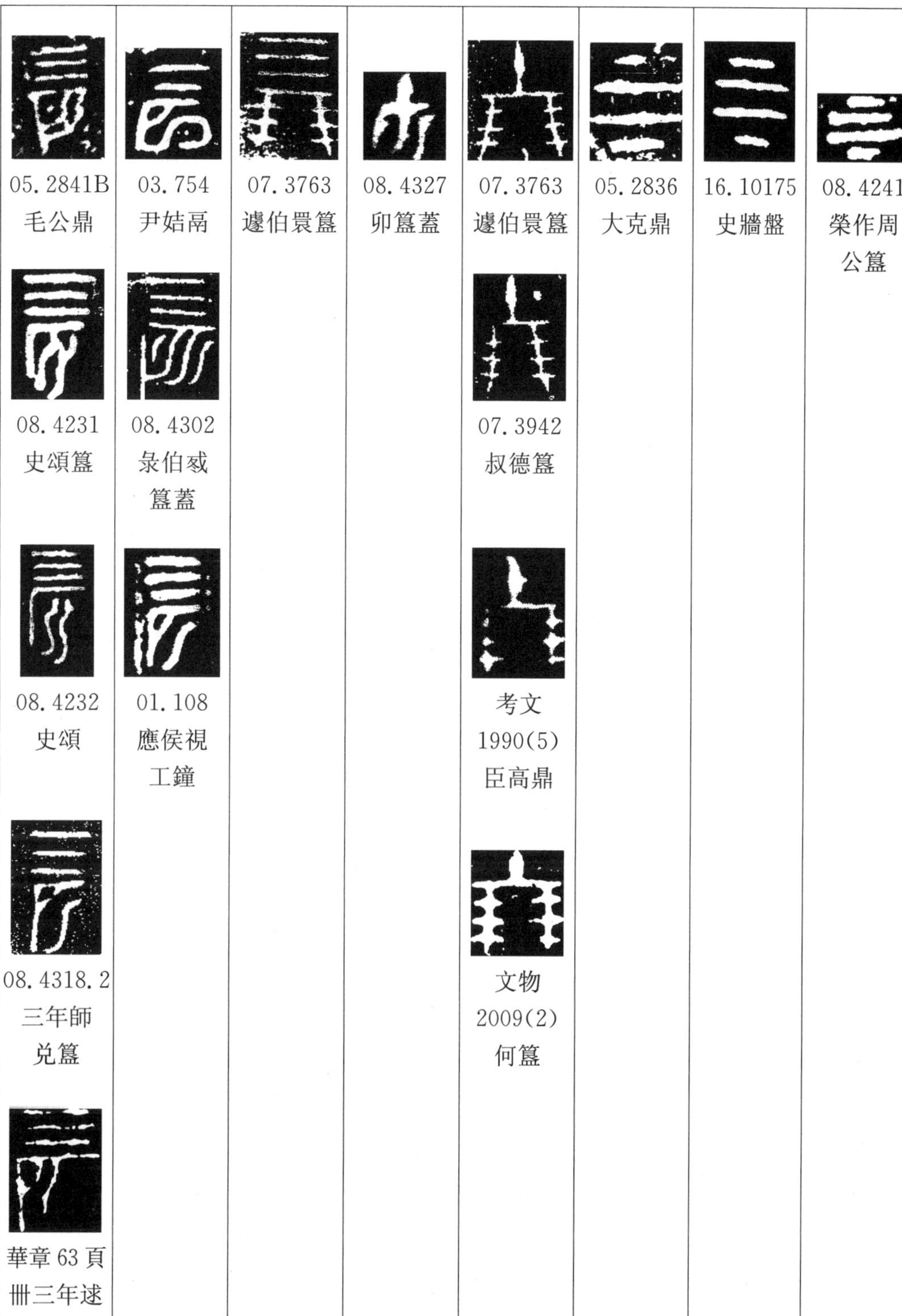

	四 匹	四 朋	十 匹	十 朋			上 下
05.2841B 毛公鼎	03.754 尹姞鬲	07.3763 遽伯睘簋	08.4327 卯簋蓋	07.3763 遽伯睘簋	05.2836 大克鼎	16.10175 史牆盤	08.4241 滎作周 公簋
08.4231 史頌簋	08.4302 彔伯𢦏 簋蓋			07.3942 叔德簋			
08.4232 史頌	01.108 應侯視 工鐘			考文 1990(5) 臣高鼎			
08.4318.2 三年師 兑簋				文物 2009(2) 何簋			
華章63頁 卌三年逑 鼎乙							
西周晚期	西周中期	西周早期	西周中期	西周早期	西周晚期	西周中期	西周早期

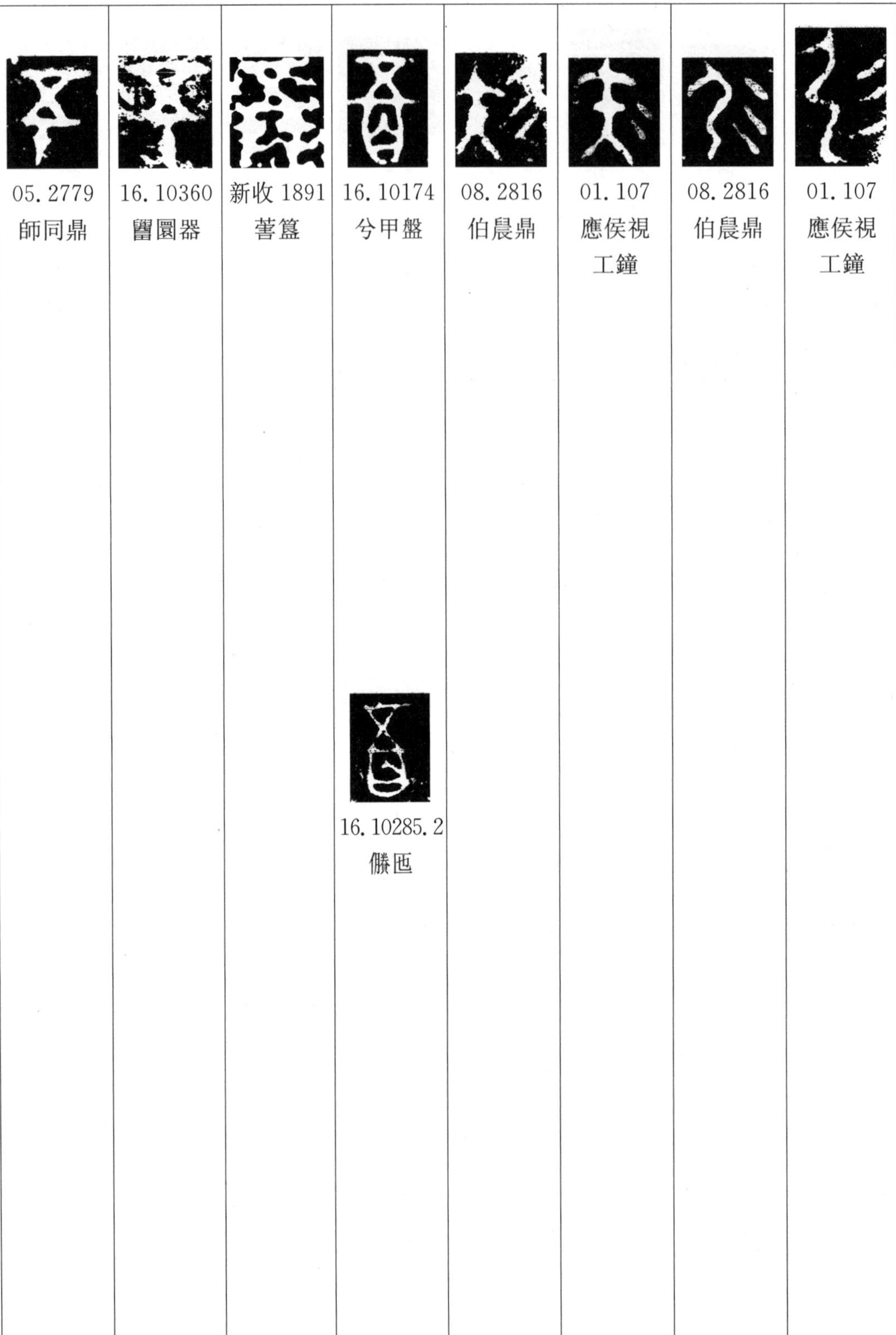

	五十	五朋	五百		彤矢		彤弓
05.2779 師同鼎	16.10360 䡈圜器	新收 1891 萅簋	16.10174 兮甲盤 16.10285.2 㑞匜	08.2816 伯晨鼎	01.107 應侯視工鐘	08.2816 伯晨鼎	01.107 應侯視工鐘
西周晚期	西周早期	西周中期	西周晚期	西周中期或晚期	西周中期	西周中期或晚期	西周中期

小子		小大			小臣	五月	五十朋
 11.4261 何尊	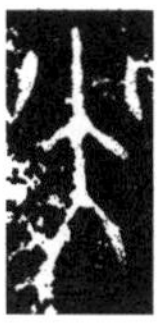 16.10285.2 㒨匜	 08.4266 趞簋	 新收 881 晉侯蘇鐘	 11.5870 小臣作父乙尊	 08.4206 小臣傳簋	 05.2776 剌鼎	 上博(8) 亢鼎
 11.6001 小生子尊	 華章 71 頁 卌三年逑鼎丙				 保利續 145 頁 典兔尊		
					 曲村 505 頁 小臣𥃝簋		
西周早期	西周晚期	西周中期	西周晚期	西周中期	西周早期	西周中期	西周早期

父乙　父甲　且辛　子孫　之日　須句

 保利續 110 頁 歷簋	 徵集 2 父甲簋	 06.3644 史梅兕祖辛簋	 16.10218 周窀匜	 11.6015 麥方尊	 06.3034 須句簋	 08.4242 叔向父禹簋	 05.2830 師𩛥鼎
		 文物 2004(7) 祖辛鬲					 05.2832 五祀衛鼎
西周早期	西周早期	西周早期	西周晚期	西周早期	西周	西周晚期	西周中期

父丙	父丁	父己	父壬	父癸	甲公	百朋
文物 2006(3) 父丙爵	文物 2005(9) 榮仲方鼎	考古學報 2000(2) 耒父己爵	曲村 356頁 黴卣蓋	夏商周 262 父癸壺蓋	通鑑 05662 獄盨	05.2739 㙺方鼎
						05.2791 伯姜鼎
西周早期	西周早期	西周早期	西周早期	西周早期	西周中期	西周早期

西周金文字編

附録上

002 001

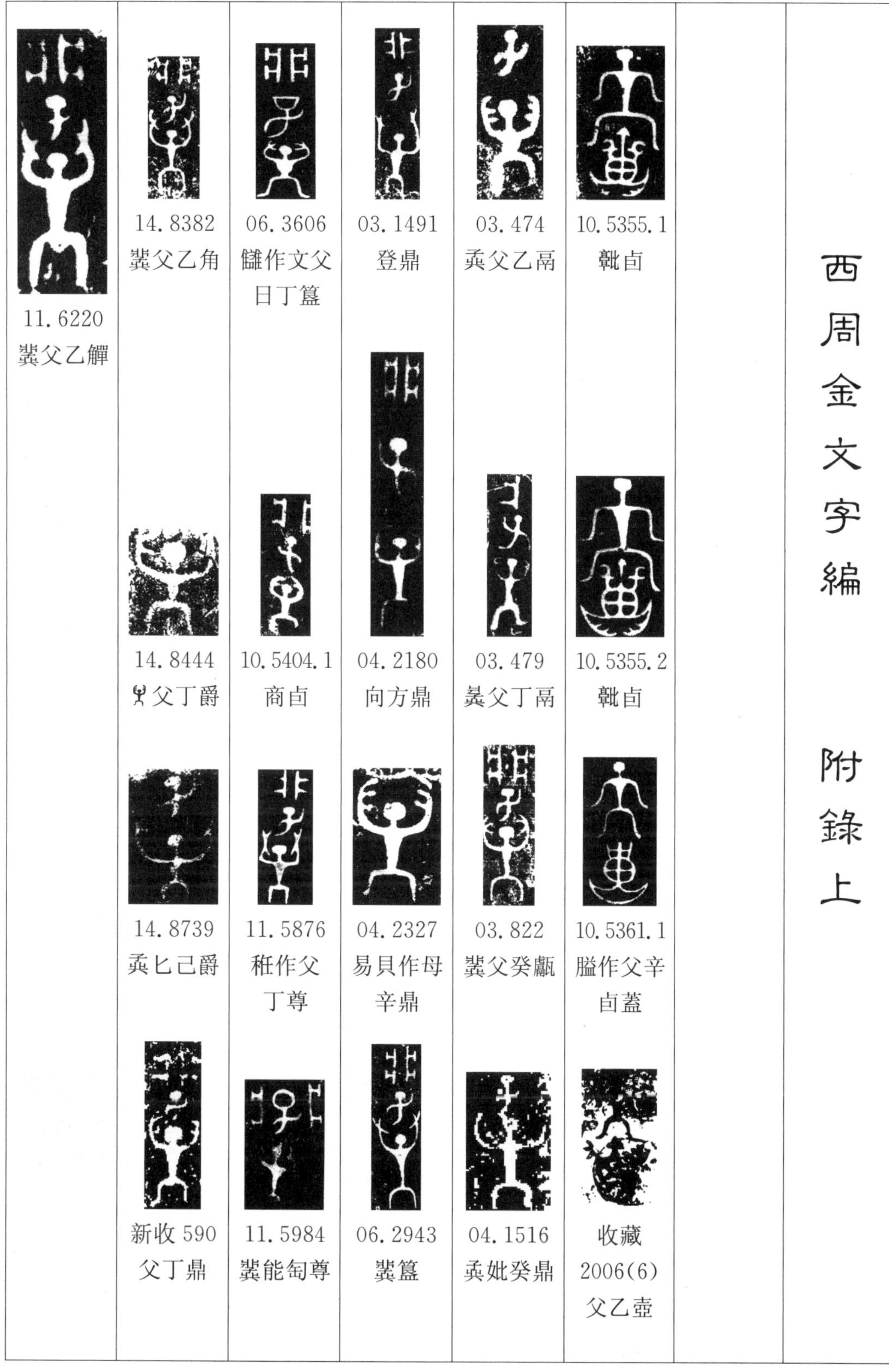

西周中期	西周早期	西周早期	西周早期	西周早期	西周早期
11.6220 𧾷父乙觶	14.8382 𧾷父乙角	06.3606 鼄作文父日丁簋	03.1491 登鼎	03.474 𢍉父乙鬲	10.5355.1 𣄨卣
	14.8444 𠂤父丁爵	10.5404.1 商卣	04.2180 向方鼎	03.479 𢍉父丁鬲	10.5355.2 𣄨卣
	14.8739 𢍉匕己爵	11.5876 秜作父丁尊	04.2327 易貝作母辛鼎	03.822 𧾷父癸甗	10.5361.1 𦡑作父辛卣蓋
	新收 590 父丁鼎	11.5984 𧾷能匋尊	06.2943 𧾷簋	04.1516 𢍉妣癸鼎	收藏 2006(6) 父乙壺

003	003 (cont.)	004	005	006	007	008	009
04.1592 [illegible]父丁鼎	新收 1417 [illegible]母鼎	流散歐美 174 □觶	流散歐美 9 □鼎	近出 600 罬壺	通鑒 02359 長子方鼎	新收 682 父甲簋	通鑒 03651 □簋
06.3140 [illegible]祖己簋				近出 600 罬壺蓋			
10.4911 [illegible]父乙卣							
10.5003 [illegible]兄丁卣							
流散歐美 174 □兄丁卣							
西周早期	西周	西周早期	西周早期	西周早期	西周早期	西周早期	西周早期

010	011	012	013	014	015	016	017
03.905 作父癸甗	14.8679 父癸爵	11.6331 父癸觶	03.821 父辛甗	11.5601 祖丁尊	06.3200 父辛簋	12.7143 父辛簋	06.3125 簋
04.1814 作祖戊鼎				14.8377 父乙爵			
10.5025.1 作彝卣							
西周早期	西周早期	西周早期	西周早期	西周早期	西周早期	西周早期	西周早期

018

夏商周 262
父癸壺

夏商周 262
父癸壺

西周早期

019

10.5264
祖辛卣

西周早期

020

斝

西周早期

021

04.1854
耳夰父丁鼎

西周早期

022

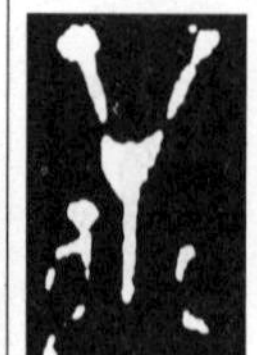

新收 1942
☐父乙簋

西周早期

023

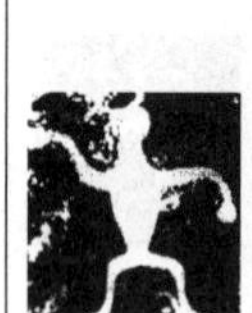

10.5025.2
作彝卣

西周早期

024

13.8149
爵

西周早期

025

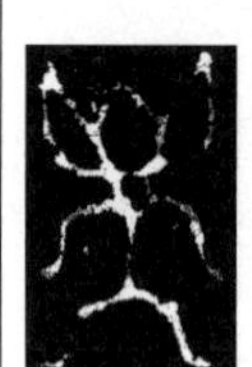

新收 603
父辛簋

西周早期

026	027	028	029	030	031	032	033
04.2006 父乙臣辰鼎	新收 932 □鼎	12.7108 父丁觚	新收 304 册方彝蓋	04.1529 父乙方鼎	10.5319.1 高卣	10.5301.1 散伯卣	06.3562 父簋
流散歐美 165 □觶							
流散歐美 316 父癸斝							
西周早期	西周早期	西周早期	西周早期	西周早期	西周早期	西周早期	西周早期

041	040	039	038	037	036	035	034
 15.9635 皝壺	 03.3380 作寶彝蓋	 17.10788 戈	 11.5644 父己尊	 07.3750 㱿見駒簋	 新收 812 父戊卣	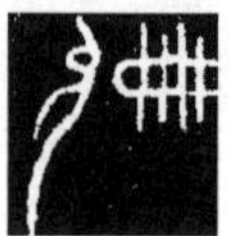 06.3304 册父乙簋	 10.5304 矢卣
						 10.5331.1 奪作父丁卣	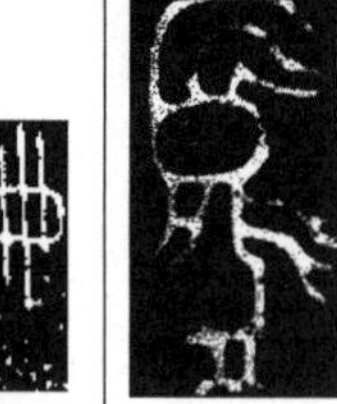 11.5884 矢作父辛尊
						 06.3323 父戊簋	
						 06.3688.1 通遚作父癸簋	
西周早期	西周早期	西周早期	西周早期	西周早期	西周早期	西周早期	西周早期

049	048	047	046	045	044	043	042

文物 2007(8) 琱生尊乙	流散歐美 263 亞口爵	14.8985 [illegible][illegible]作 寶爵	10.5389.2 [illegible]卣	15.9550 䰜壺	新收 304 [illegible]册[illegible]方 彝蓋	15.9815.2 中父乙罍	03.501 [illegible]系父 丁鬲
西周早期	西周早期	西周早期	西周早期	西周早期	西周早期	西周早期	西周早期

050	051	052	053	054	055	056	057
06.3687	05.2696	08.4322.1	14.8455	03.809	新收 955	12.6585	14.8357
婦簋	鼎	𢦚簋	父丁爵	父乙甗	仲父壺	觚	祖壬爵
西周早期	西周中期	西周早期	西周早期	西周早期	西周早期	西周早期	西周早期

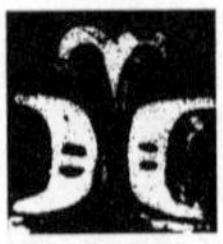

063	062	061	060			059	058

17.10781 □戈	08.4203 曾仲大父蝨簋	11.6288 𠷎父己觶	06.3315 □□父丁簋	新收 1913 作中子日乙卣	新收 1502 㻰簋	06.3184.1 㻰父丁簋	15.9191 □□咢
西周早期	西周晚期	西周早期	西周早期	西周	西周晚期	西周中期	西周早期

064	065	066	067	068	069	070	071
03.1111 獸形銘鼎	13.7344 [illegible]爵	06.3459 騺馬簋 10.5062 騺馬父丁卣 10.5063 騺馬父丁卣	04.1811 王祖甲方鼎	近出 1027 媚斗	首陽 79 頁 ☐卣蓋	14.8489 [illegible]父鼎爵	11.6313 [illegible]父辛觶
西周早期	西周早期	西周早期	西周早期	西周早期	西周早期	西周早期	西周早期

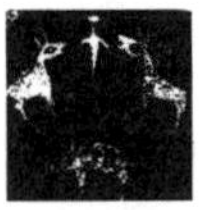

079	078	077	076	075	074	073	072
 14.8645 父辛爵	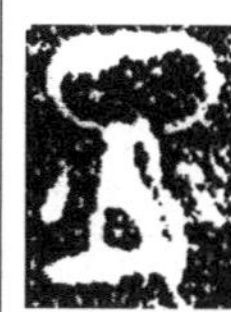 07.3924 朿仲父 簋蓋	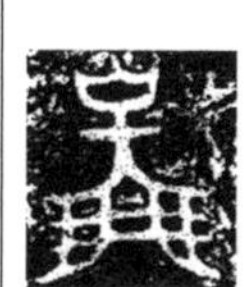 12.6374 大父乙觶	 03.817 父己甗	 新收 943 丙口爵	 04.1902 ◆父 癸鼎	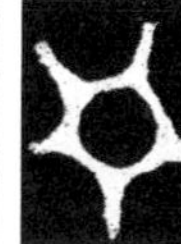 06.3663 寅作父 癸簋	 06.3217 父癸爵
					 06.3649 ◆父 丁簋		 06.3217 父癸爵
					 12.7529 ◆ 作從 彝觚		
西周早期	西周晚期	西周早期	西周早期	西周早期	西周早期	西周早期	西周早期

088	087	085	084	083	082	081	080
09.4466 融比盨	近出 804 [illegible]爵	13.7506 [illegible]爵	10.5279 [illegible]作父己卣	新收 1314 [illegible][illegible]簋	14.8980 [illegible]作[illegible]女角	新收 1853 [illegible]作父乙簋	11.5656 𠬝父辛尊 14.8614 𠬝父辛尊
西周晚期	西周早期	西周早期	西周早期	西周中期	西周早期	西周早期	西周早期

096	095	094	093	092	091	090	089
14.8971	04.1861	14.8869	11.5953	14.8919	14.8946	10.5276	06.2952
[illegible]父癸爵	[illegible]父丁鼎	[illegible]父乙爵	犀父己爵	[illegible]矢父戊爵	子[illegible]父辛爵	[illegible]作父丁卣	⊠簋
西周早期	西周	西周早期	西周中期	西周早期	西周早期	西周早期	西周晚期

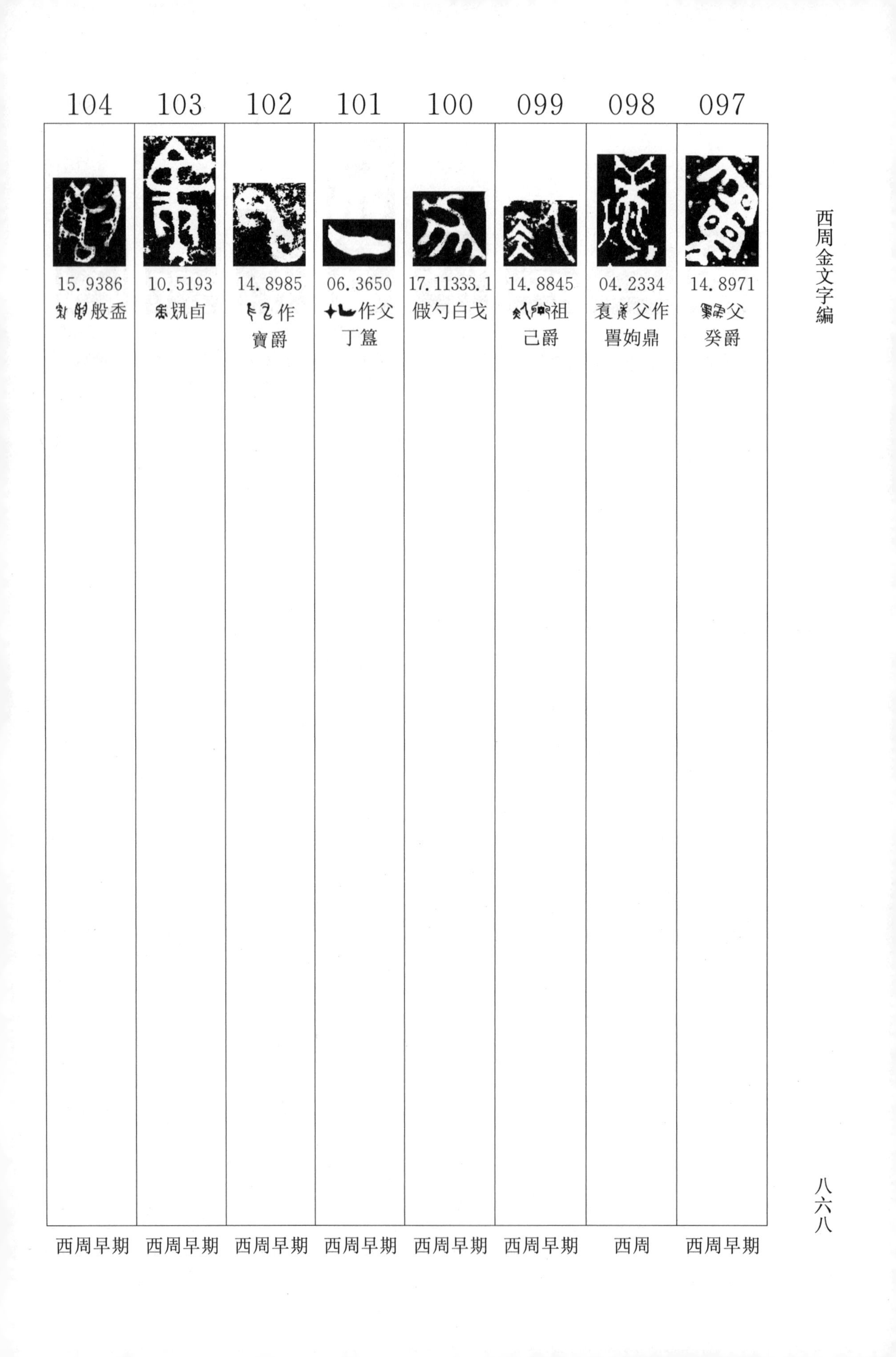

097	098	099	100	101	102	103	104
14.8971	04.2334	14.8845	17.11333.1	06.3650	14.8985	10.5193	15.9386
父癸爵	衰父作嚚姁鼎	祖己爵	僦勹白戈	作父丁簋	作寶爵	娸卣	般盉
西周早期	西周	西周早期	西周早期	西周早期	西周早期	西周早期	西周早期

112	111	110	109	108	107	106	105
03.1233 中方鼎	新收 1845 馬方彝	新收 1845 [illegible]方鼎	06.3125 [illegible]簋	06.3623 杯[illegible]簋	04.1902 [illegible]父癸鼎	03.1486 [illegible]鼎	15.9594.1 歸[illegible]進壺
						周原銅 8.1718 [illegible]鼎	
						首陽吉金 94 頁 [illegible]鼎	
西周早期	西周中期	西周中期	西周早期	西周	西周早期	西周	西周早期

120	119	118	117	116	115	114	113
流散歐美 291 父辛簋	03.783 甗	06.3436 父癸尊	14.8624 父辛爵	14.8543 父己爵	14.8551 父己爵	新收 305 父丁簋	14.8504 父丁爵
	03.1155 鼎						
	03.1155 鼎						
	06.3430 父丁簋						
	10.4766 卣						
	流散歐美 82 父辛簋						
西周早期	西周早期	西周早期	西周早期	西周早期	西周早期	西周晚期	西周早期

128	127	126	125	124	123	122	121
14.8340 祖己爵	14.9040 父爵	04.2453 父鼎	12.6425 父癸觶	文物 2006(8) □戈	文物 2007(8) □鼎	文物 2001(6) □丁父盉	03.1184 冉鼎 04.1674 冉父癸鼎 15.9811.2 冉父丁罍 近出 559 冉卣 夏商周 282 冉盉 新收 934 冉鼎
西周早期	西周早期	西周早期	西周早期	西周早期	西周早期	西周早期	西周早期

136	135	134	133	132	131	130	129
06.3516 [illegible]作父庚簋	10.5213 [illegible]作父庚卣	10.5279 [illegible]作父己卣	04.2319 [illegible]作父丁鼎	10.5332 [illegible]作父丁卣	14.8878 [illegible]作父乙爵	10.5335.1 [illegible]作文考癸卣	10.5335.1 [illegible]作文考癸卣
西周早期	西周早期	西周早期	西周早期	西周早期	西周早期	西周早期	西周早期

144	143	142	141	140	139	138	137
05.2705 [illegible]鼎	17.10804 戟	11.5979 㚇尊	03.451 鬲	05.2781 庚季鼎	04.2325 季作父癸方鼎	04.1972 作寶彝鼎	06.3600 作祖丁簋
西周中期	西周早期	西周早期	西周晚期	西周中期	西周早期	西周早期	西周早期

145	146	147	148	149	150	151	152
新收 335 □鼎	03.1231 [illegible]鼎	11.6011.2 盠駒尊	新收 1355 [illegible]觶	12.6508 歺觶	新收 1148 辛嚻簋	14.9038 [illegible]隻爵	12.6514 中觶
	03.1232 [illegible]鼎						
西周早期	西周早期	西周中期	西周早期	西周早期	西周	西周早期	西周早期

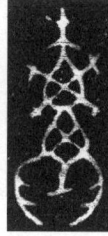

160	159	158	157	156	155	154	153
05.2831 九年衛鼎	12.6501 仲作癸觶	16.10101 仲㚸臣盤	06.3609 休作父丁簋	12.6445 宁册父丁觶	05.2562 叔姬鼎	文物 2001(8) 叔夨方鼎	文物 2007(8) 五年琱生尊甲
						案：李伯謙(2001)、黄錫全(2002)、吴振武(2002)、陳劍(2008)釋作「裳」；黄盛璋(2002)認爲是最早「帽」字的原始象形字；李學勤(2001)疑即「冃」字。	
西周中期	西周中期	西周早期	西周中期	西周早期	西周晚期	西周晚期	西周中期

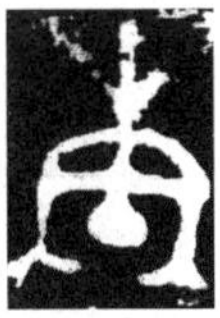

168	167	166	165	164	163	162	161
05.2654 亳鼎	16.10237 䢅伯匜	08.4208 段簋	11.5985 𠪚士卿尊	03.739 孟辛父鬲	08.2816 伯䢅鼎	08.2816 伯䢅鼎	06.3693 伯𠫑簋蓋
西周早期	西周晚期	西周中期	西周早期	西周晚期	西周中期或晚期	西周中期或晚期	西周中期

176	175	174	173	172	171	170	169
 16.10218 周宅匜	 04.1861 ⌶▬父丁鼎 06.3649 ▬✦父丁簋	 03.1243 ☼鼎	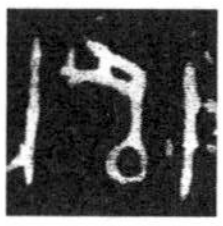 08.4269 縣改簋	 12.6515 萬諆觶	 07.4039 黄君簋蓋	 15.9584 鬼作父丙壺	 05.2654 亳鼎
西周晚期	西周早期	西周早期	西周中期	西周中期	西周晚期	西周中期	西周早期

177	178	179	180	181	182	183	184
11.5676	新收 1314	14.8495	11.6322	13.7711	11.5928	11.5831	05.2703
[illegible]父癸尊	[illegible] [illegible] 簋	[illegible]父丁爵	[illegible]父壬觶	[illegible]爵	辟作日癸尊	作父己[illegible]尊	堇鼎
西周早期	西周早期	西周早期	西周早期	西周早期	西周早期	西周中期	西周早期

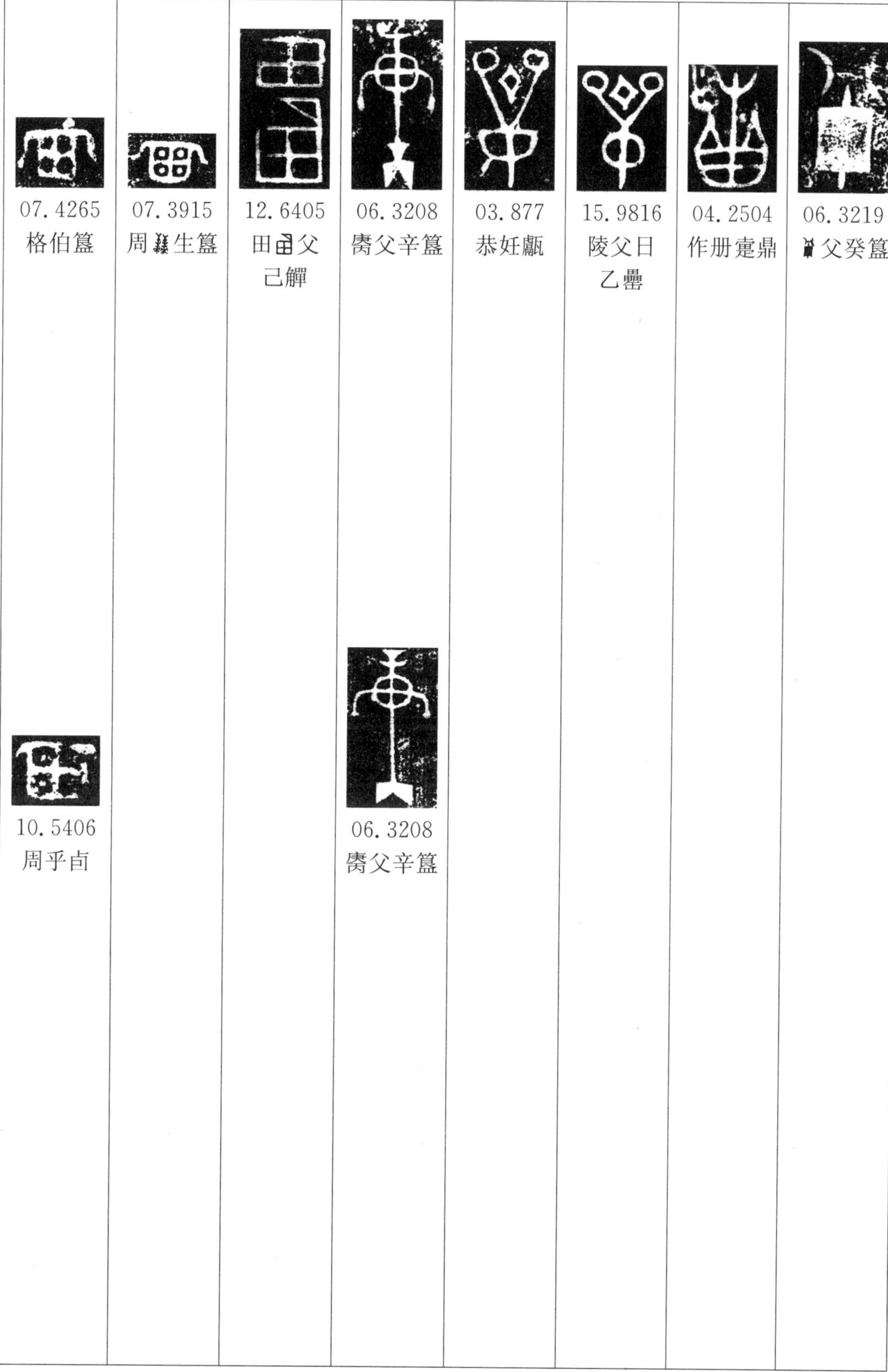

185	186	187		188	189	190	
06.3219 [illegible]父癸簋	04.2504 作册寠鼎	15.9816 陵父日乙罍	03.877 恭妊甗	06.3208 [illegible]父辛簋	12.6405 田[illegible]父己觶	07.3915 周[illegible]生簋	07.4265 格伯簋
				06.3208 [illegible]父辛簋			10.5406 周乎卣
西周早期	西周早期	西周早期	西周中期	西周早期	西周早期	西周	西周中期

191	192	193	194	195	196	197	198
11.5743 父己尊	14.8443 父丁爵	06.3092 亞㠱簋	12.6377.2 亞㠱父乙觶	06.3513 亞㠱侯㠱父戊簋	保利續110頁 歷簋	15.9394.2 亞父盉	11.5569.1 亞此犧尊
			12.6377.2 亞㠱父乙觶	06.3689.1 亞㠱㠱作母辛簋			
			14.9099 征作父辛角				
西周早期	西周早期	西周早期	西周早期	西周早期	西周早期	西周早期	西周早期

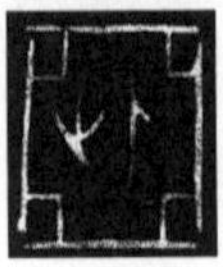

206	205	204	203	202	201	200	199
05.2763.1	12.6421	06.3299	06.3327	03.840	14.8887	12.6483	10.5162.2
我方鼎	亞食父篹觶	亞獸父乙篹	亞戈父己篹	亞盉父丁甗	亞屰父丁爵	作父戊觶	亞雀魚父己卣
西周早期	西周早期	西周早期	西周早期	西周早期	西周早期	西周早期	西周早期

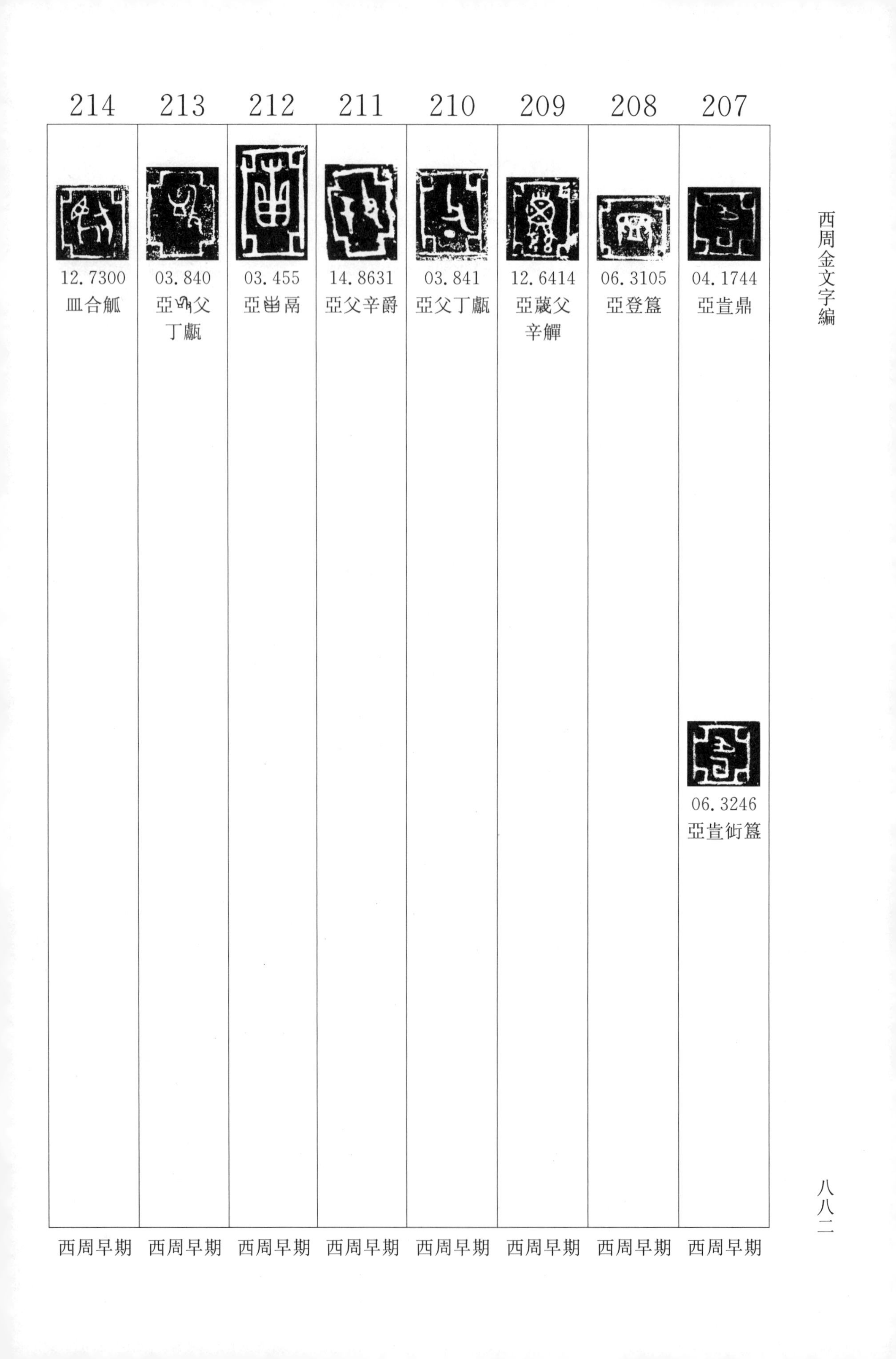

編號	著錄號	器名	時代
207	04.1744	亞豈鼎	西周早期
207	06.3246	亞豈衔簋	西周早期
208	06.3105	亞登簋	西周早期
209	12.6414	亞蔑父辛觶	西周早期
210	03.841	亞父丁甗	西周早期
211	14.8631	亞父辛爵	西周早期
212	03.455	亞[illegible]鬲	西周早期
213	03.840	亞[illegible]父丁甗	西周早期
214	12.7300	皿合觚	西周早期

編號	著録	器名	時代
215	03.843	亞㠱父己甗	西周早期
216	11.5684	亞旃竅尊	西周早期
217	14.8855 14.8856.1	亞[illegible]父乙角 亞[illegible]父乙角	西周早期
218	14.8844	亞[illegible]且己爵	西周早期
219	11.6314	雔父丁觶	西周早期
220	03.1415	亞夒鼎	西周早期
221	14.8955	亞[illegible]父癸爵	西周早期
222	11.6347	亞[illegible]婦觶	西周早期

230	229	228	227	226	225	224	223

04.1872	12.7243	04.1759	03.828	12.6495	10.5370.2	15.9810	06.3300
亞[illegible]父己鼎	亞㫃父己觚	[illegible]亞方鼎	亞口矣甗	遽仲作父丁觶	作文考父丁卣	𣅀竹父鼎罍	亞父乙簋
西周早期	西周早期	西周早期	西周早期	西周早期	西周早期	西周早期	西周早期

編號	拓本	著録號	器名	時代
231		14.8941	亞[illegible]父辛爵	西周早期
232		04.2317	亞[illegible]作父丁鼎	西周早期
233		04.2260	亞[illegible]作母丙鼎	西周早期
234		06.3235	亞保酉簋	西周早期
235		12.6440	亞吴父乙觶	西周早期
236		12.6413	亞弄父辛觶	西周早期
237		04.1892	亞[illegible]父癸鼎	西周早期
238		13.7797	亞[illegible]爵	西周早期

246	245	244	243	242	241	240	239
06.3397 臣辰册失簋	06.3319 册劦父丁簋	05.2760 作册大方鼎	15.9483 宁tt壺	03.1448 戈宁鼎 03.1448 戈宁鼎 新收687 戈宁鼎	11.5944 𨟭作父乙尊	03.839 戈宁父乙甗	12.6371 亞且辛鱓蓋
西周早期	西周早期	西周早期	西周早期	西周晚期	西周早期	西周早期	西周早期

編號	銘文	著錄	器名	時代
247		06.3433	天公册父己簋	西周早期
248	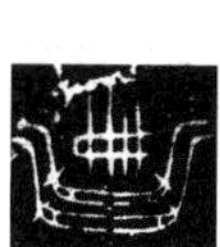	10.5158	劦册竹父丁卣	西周早期
249		10.5400.2	作册嗣卣	西周早期
250		11.5718	且辛册尊	西周早期
251	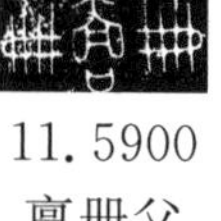	11.5900	亯册父己尊	西周早期
252		11.5951	省史趞且丁觶	西周早期
253		11.6016	矢令方尊	西周早期
254		12.6483	作父戊觶	西周早期

262	261	260	259	258	257	256	255
14.9005 弓佘羊父丁爵	14.9081 豐父辛爵	11.6171 羊册觶	16.10065 令盤	16.10030 𦣞册盤	15.9303.1 作册旂觥	14.8975 册父癸爵	14.8948 册失父辛爵
西周早期	西周早期	西周早期	西周早期	西周早期	西周早期	西周早期	西周早期

270	269	268	267	266	265	264	263
流散歐美 27 □鼎	文物 2007(8) 父己甗	考文 2007(3) □鐘	文物 2007(8) 祖乙簋	新收 1908 父辛卣 新收 1908 父辛卣蓋	近出 623 □妶父己尊	新收 1437 □方鼎	文物 2006(3) 父丙爵
西周早期	西周早期	西周早期	西周早期	西周早期	西周早期	西周早期	西周早期

		276	275	274	273	272	271

		江漢考古 2016(3) 父乙爵	江漢考古 2016(3) □觚	江漢考古 2016(3) 父乙鼎	旅博 17 頁 父己鬲	徵集 1 司母樂甗	流散歐美 27 □爵
		西周早期	西周早期	西周早期	西周早期	西周早期	西周早期

西周金文字編

附錄下

001

05.2763.1

我方鼎

案：舊釋「禮」、「祭」等；趙平安（2002）認爲可隸作「祟」，爲「甹」字異體，即「寧」字；馮時（2013）認爲作爲血祭之法應屬禦祭之祭法。

西周早期

002

近出 346

史叀鼎

案：李學勤（1985）分析此字从「日」「察」省聲，讀爲「察」。

西周早期

003

05.2674

征人鼎

西周早期

004

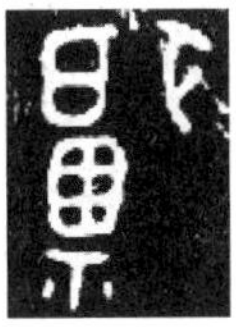

08.4130

[illegible]叔簋蓋

案：文術發（1999）釋爲「肈福」合文；謝明文（2015f）认爲也有可能當釋作一字，分析爲从「福」、「攴（肈）」聲，專指「肈福」之「肈」；沈培（2012）认爲字从「示」，或许是「灌鬯」一類的祭祀。

西周早期

005

08.4326

番生簋蓋

西周早期

006

05.2841B

毛公鼎

西周中期

007	008	009	010	011	012	013	014
08.4323	新收 1359	商周 44 頁	17.10805	04.2073	06.3573	16.10155	04.2065
敔簋	[illegible]父辛盉	曶鼎	[illegible]戟	[illegible]建鼎[illegible]	師虘簋	湯叔盤	莽鼎
西周晚期	西周早期	西周早期	西周早期	西周中期	西周中期	西周晚期	西周中期

022	021	020	019	018	017	016	015
14.8980 [illegible]作㚇女角	11.5941 [illegible]尊	15.9618.1 冋壺	05.2719 公貿鼎	15.9531.2 禽作寶彝壺	06.3651 牧共作父丁簋	06.3732.1 鼐簋	08.4294 揚簋
						06.3732.2 鼐簋	08.4331 乖伯歸夆簋
西周早期	西周早期	西周中期	西周中期	西周早期	西周早期	西周早期	西周晚期

023
08.4213
展敖簋蓋
西周晚期

024
08.4213
展敖簋蓋
西周早期

025
05.2660
辛鼎

10.5421.2
士上卣
西周早期

026
15.9299
般觥
西周早期

16.10175
史牆盤

案：該字多隸定爲「甬」，讀爲「通」或「勇」；或隸作「㴕」；陳劍(2008)分析各家之説隸該字爲「䖑」，讀爲「柔」。
西周中期

027
10.5356
[illegible]伯卣
西周早期

028
新收1959
[illegible]簋

案：張光裕(2002c)謂字不識，暫讀爲「夾」。
西周中期

029
06.3485
叔[illegible]簋
西周早期

037	036	035	034	033	032	031	030
08.4132 叔簋	03.884 師趞甗	08.4298 大簋蓋	05.2731 疐鼎	16.10176 散氏盤	05.2841B 毛公鼎	05.2836 大克鼎	08.4238 小臣謎簋
		08.4299 大簋蓋 08.4299 大簋蓋					案：陳秉新(2002)謂該字从「⿱吅又」、「象」聲，疑是古「讓」字。
西周早期	西周早期	西周晚期	西周中期	西周晚期	西周晚期	西周晚期	西周晚期

038	039	040	041	042	043	044	045
10.5402.1 遣卣	10.5263.1 □作祖丁卣	07.4042 昜□簋	07.4074 遫簋	07.4029 明公簋	08.4237 臣諫簋	10.5410.1 啓卣	04.2310 □作祖丁鼎
10.5402.2 遣卣			07.4074 遫簋	案：謝明文(2017)釋該字爲「逝」，上所从爲「噬」字初文，下从「止」。	案：謝明文(2014b)釋「徝」，即「迵」字異體，在該銘中讀作「同」，訓作「聚」。	案：董珊(2012)分析此字从「辵」「𢍰(畢)」聲，隸作「𨒡」，讀「趩」。	
西周晚期	西周晚期	西周早期	西周晚期	西周早期	西周中期	西周早期	西周早期

053	052	051	050	049	048	047	046
08.4169	05.2838	05.2734	05.2835	09.4516	05.2841	16.10176	05.2814
章伯戲簋	曶鼎	仲催父鼎	多友鼎	[illegible][illegible]簋	毛公鼎	散氏盤	無叀鼎
10.5412.2							
士上卣							
11.6016							
矢令方尊							
12.6488							
冶[illegible]觶							
15.9454.1							
士上盉							
西周早期	西周中期	西周中期	西周晚期	西周晚期	西周晚期	西周晚期	西周晚期

16.9901 夨令方彝

16.9901 夨令方彝

新收 349 叔尊

西周早期

04.2326 史造作父癸鼎

07.3767 [illegible]徣簋

08.4159 鼂簋

08.4341 班簋

文物 1998(9) 柞伯簋

西周中期

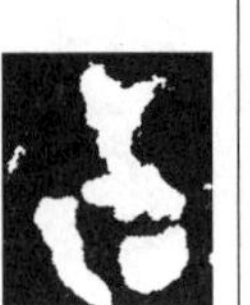
歷文 2002(1) 士山盤

案：此字可隸作「徣」，董珊(2004)隸作「徙」，讀「遂」；李學勤(2014)認爲此字可釋爲从「延」从「口」，應該就是「誕」字。

西周中期

054

10.5428.1 叔趯父卣

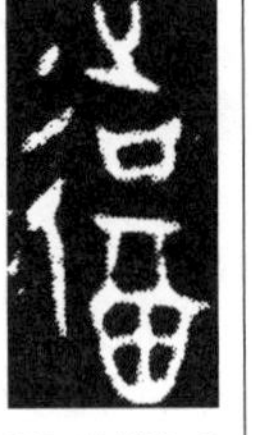

10.5429.1 叔趯父卣

案：字隸作「𢔶」，張世超等(1996)分析从「徣」从「酉」；單育辰(2014a)釋作「延」。

西周早期

055

08.4327 卯簋蓋

西周中期

056

保利續 公仲簋

西周中期

057

14.8986 达馬作彝爵

西周早期

058

04.2253 [illegible]父辛鼎

西周早期

059	060	061	062	063	064	065	066
16.10101	新收 1760	11.6318	11.5925	08.4293	09.4533	05.2807	09.4466
仲⿰女凡臣盤	徙斧	遽父辛觶	傳作父戊尊	六年琱生簋	口[illegible]簋	大鼎	⿰鬲斗比盨
				案：李學勤（2007b）隸作「⿰言柔」，讀作「擾」；徐義華（2007）、林澐（2008）、王輝（2008）隸作「誎」。			
西周早期	西周早期	西周早期	西周早期	西周中期	西周晚期	西周中期	西周晚期

067	068	069	070	071	072	073	074
09.4466 尌比盨	08.4181 小臣守簋蓋	12.6439 厚且戊觶	11.5998 由伯尊	15.9536 [illegible]作寶壺	05.2763.1 我方鼎	06.3651 牧共作父丁簋	03.683 虢季氏子作鬲 04.2635 虢文公子作鼎
西周晚期	西周早期	西周早期	西周早期	西周中期	西周早期	西周晚期	西周晚期

082	081	080	079	078	077	076	075
			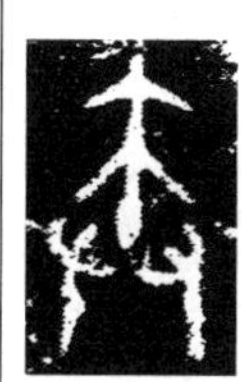			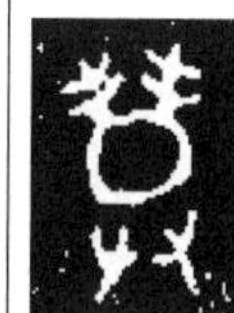	
04.2202 盂[illegible]鼎	05.2841 毛公鼎	10.5067.1 [illegible]父丁卣	04.2126 [illegible]作父己鼎	近出二編3.143頁 鄧[illegible]盉	16.10176 散氏盤	09.4347 [illegible]伯盨	11.5960 史喪尊
		 10.5067.2 [illegible]父丁卣					
西周	西周晚期	西周早期	西周早期	西周早期	西周晚期	西周晚期	西周中期

編號	出處	器名	時代
083	16.10176；16.10176	散氏盤；散氏盤	西周早期
084	11.5988	斿尊	西周中期
085	03.688；04.2246；05.2703	㚸作又母辛鬲；木工册作妣戊鼎；堇鼎	西周早期
086	05.2702	嬰方鼎	西周早期
087	03.626	樊君鬲	西周晚期
088	16.10176	散氏盤	西周晚期
089	16.10134	□仲盤	西周晚期
090	07.3827	敔簋	西周早期

087 案：陳英傑(2008)認爲从「圭」得聲；郭永秉(2011)認爲該字是「鬲」字加注的「圭」聲。

091	092	093	094	095	096	097	098
08.4322.1 戜簋	04.2022 𣪊父鼎	07.3922.1 叔𣪕父簋	文物 2000(6) 曶簋	11.6197 作𡿺觶	16.10271 潘君𣄨匜	07.3960 孟𢍰父簋	雪齋 209 頁 方𡛤各鼎
							案：禤健聪(2016)認爲是「𥼶」字異體，讀爲「妻」。
西周中期	西周早期	西周晚期	西周中期	西周早期	西周中期	西周晚期	西周晚期

編號	099	100	101	102	103	104	105	106
出處	17.10803	08.4208	09.4407.1	07.3784	新收 1446	06.3043	04.2110	04.1965
器名	[illegible]戟	段簋	伯孝[illegible]盨	伯俘簋	冉鼎	[illegible]簋	[illegible]作祖丁鼎	[illegible]作寶鼎
案語			案：徐在國（2002）釋作「鼓」。		案：張新俊（2010）分析該字上部爲「殿」，下部爲「屯」，爲「臀」字異構。			
時代	西周早期	西周中期	西周晚期	西周中期	西周中期	西周早期	西周早期	西周中期

107	108	109	110	111	112	113	114
05.2695 員方鼎	新收 323 史䀈𢾊尊	07.4041 禽簋	15.9443 季良父盉 15.9713 殳季良父壺	18.11757 取子鉞	14.9096 魯侯爵	10.5248 𡨦卣	08.4207 遹簋
		案：謝明文(2015f)認爲該字左旁可能即「卜兆」之「兆」的初文「𡆧」省去「卜」形後的變體，該字从「攴」从「𡆧」省聲，在銘文中讀爲「肇」。			案：郭沫若(1954)釋作「酉」；張世超(2014)讀如「圭」。		案：周忠兵(2014)綜合各家之説，分析此字从「斗(升)」「樵」聲，或爲「爵」字異體。
西周中期	西周中期	西周早期	西周晚期	西周	西周早期	西周早期	西周中期

編號	字形	著錄	器名	案語	時代
115		10.5431.1	高卣	案：或釋作「雀」或「[illegible]」，湯志彪(2014)認爲从「隹」「少」聲，讀作「繰」。	西周早期
116		04.2460	梀伯肆鼎		西周中期
117		04.2379	雔[illegible]鼎		西周
118		12.6476	北子[illegible]觶		西周早期
119		09.4466	[illegible]比盨	案：舊不識，裘錫圭(1998)隸作「[illegible]」；黄天樹(2006)釋作「[illegible]」；劉釗(1999)釋爲「[illegible]」；郭永秉(2011)釋作「[illegible]」，讀作「忌」。	西周晚期
120		04.1733	[illegible]叔鼎		西周早期
	 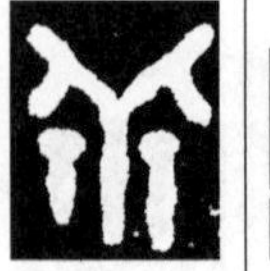	08.4331	[illegible]伯歸夆簋		西周晚期
121	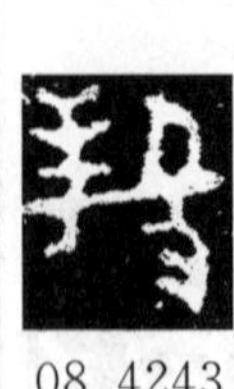	08.4243	[illegible]簋蓋	案：該字舊釋爲「[illegible]」，現在學者多釋作「救」字。	西周中期

編號	著録	器名	時代	備注
122	05.2740	寍鼎	西周早期	
123	新收 1612	豙氏剳簋	西周早期	
124	09.4378	[illegible]叔簋	西周晚期	
125	09.4484	副伯簋	西周晚期	
126	05.2704	旜鼎	西周晚期	
127	06.3684	劏函作祖戊簋	西周早期	
128	03.916	沓夫作祖丁甗	西周早期	
129	05.2841	毛公鼎	西周晚期	案：何景成(2011)釋作「敉」，讀爲「纂」，訓爲「繼」；李春桃(2015)認爲此字从「少」、从「殳」；蘇建洲(2016)認爲左旁可分析爲「㞙」省聲或理解爲从「沙」字初文「少」。

編號	出處	器名	時代
130	新收 881	晉侯蘇鐘	西周晚期
131	07.3790	臣槲殘簋	西周早期
132	考古 1989(6)	孟狴父甗	西周中期
133	03.508	丁⿲个吉个作彝鬲	西周早期
134	08.4206	小臣傳簋	西周早期
135	08.4269	縣改簋	西周中期
136	08.4288；08.4288	師酉簋；師酉簋	西周中期
137	08.4320	宜侯夨簋	西周早期

編號	著錄	器名	案語	時代
138	11.6015	麥方尊		西周早期
139	08.2816	伯晨鼎	案：蔡哲茂(1997)釋爲「矛」字；周寶宏(2016)隸此字作「㝔」。	西周中期或晚期
140	01.358	五祀㝬鐘	案：各家無釋，秦曉華(2016)隸作「㪘」，即「歙」字，讀作「戡」。	西周中期
141	04.2412	叔⿱丞皿父鼎		西周
142	10.5361.1	𦢊作父辛卣蓋		西周早期
143	07.4104.1	賢簋		西周中期
144	14.9066	盤且己爵		西周早期
145	05.2562	叔姬鼎		西周晚期

146

08.4262.1
格伯簋

08.4262.2
格伯簋

08.4262
格伯簋

08.4262
格伯簋

08.4264.2
格伯簋

08.4262
格伯簋

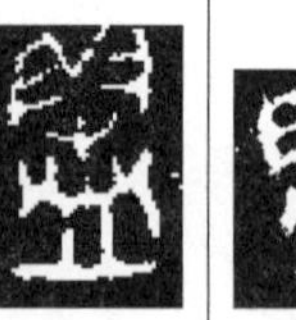

08.4265
格伯簋

案：劉釗(2014)梳理各家之説隸此字「盉」，認爲从「臿」从「皿」，應是「歃」的異體。

西周中期　西周中期

147

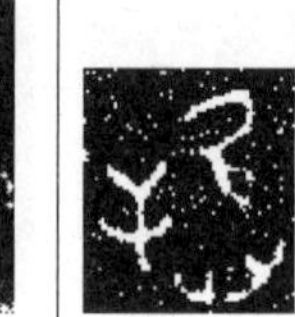
09.4464
駒父盨蓋

案：郭沫若隸作「慭」，李孝定隸作「醔」，張亞初(2001)隸作「歃」；劉釗(2014)指出該字所从之「臿」爲簡體。

西周晚期

148

14.9046
㴱且辛爵

西周早期

149

新收 933
作ㄓ尊簋

西周早期

150

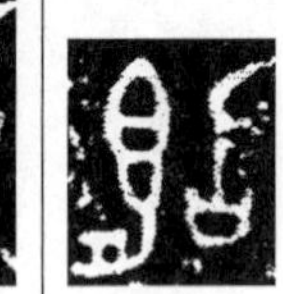
新收 1957
窒叔簋

西周中期

151

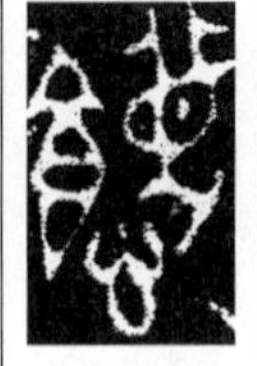
09.4667.1
衛始豆

案：陳漢平(1993)認爲該字右从「廌」从「心」，古文字中「廌」與「鹿」形旁多相同，釋之爲「慶」；周寶宏(2016)隸作「饄」。

西周晚期

152

07.3762
伯喬父簋

西周中期

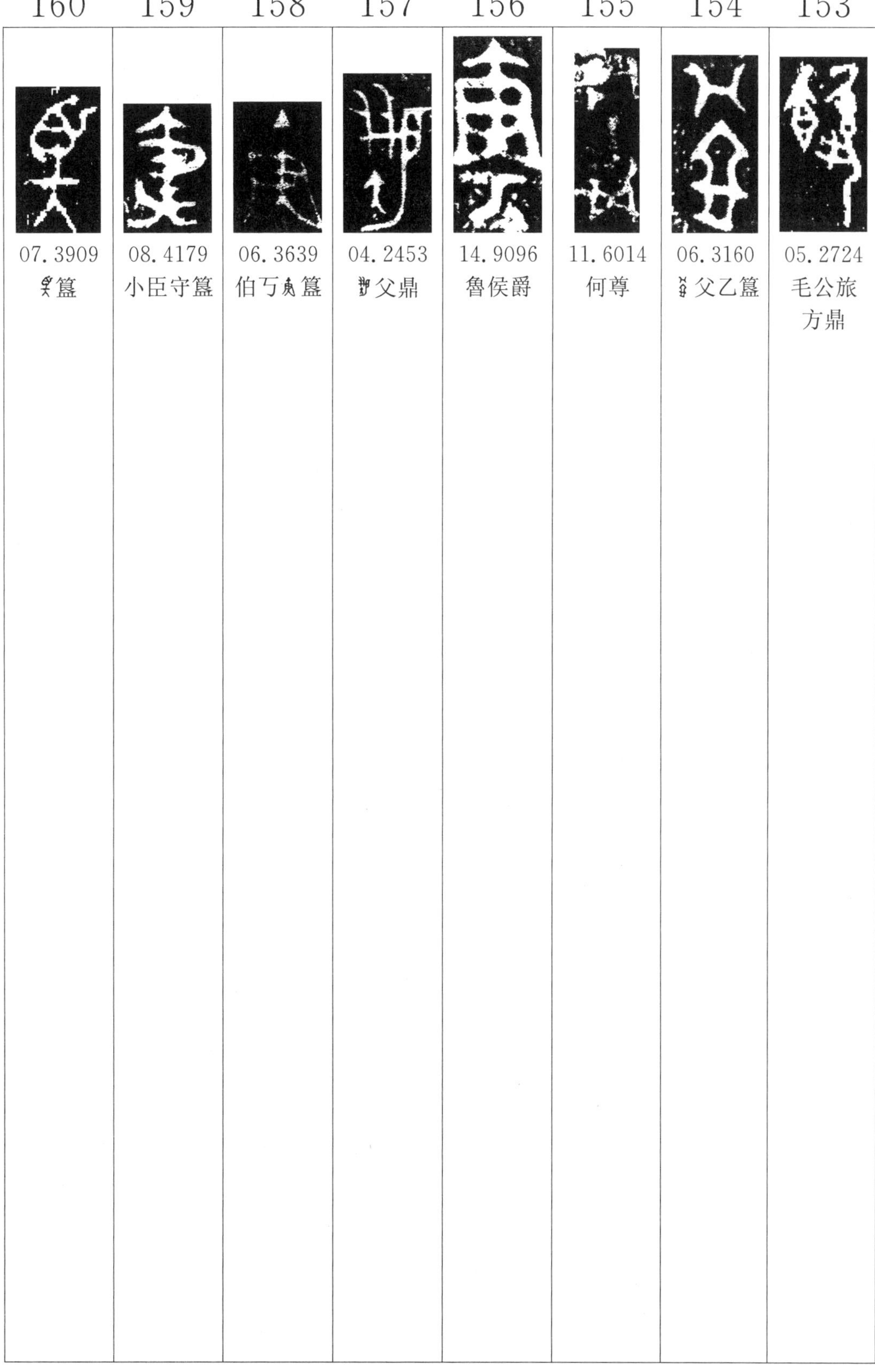

153	154	155	156	157	158	159	160
05.2724	06.3160	11.6014	14.9096	04.2453	06.3639	08.4179	07.3909
毛公旅方鼎	□父乙簋	何尊	魯侯爵	□父鼎	伯丂□簋	小臣守簋	□簋
西周早期	西周早期	西周早期	西周早期	西周早期	西周早期	西周	西周早期

161	162	163	164	165	166	167	168
11.5987 臣衛父辛尊	11.5687 天御尊	08.4288 師酉簋	14.9429 [illegible]父盉	04.2319 [illegible]作父丁鼎	16.10176 散氏盤	06.3443 [illegible]䣄紳簋	03.584 王作䫄王姬鬲
		08.4288.2 師酉簋	14.9429.2 [illegible]父盉				
西周早期	西周早期	西周中期	西周中期	西周早期	西周晚期	西周中期	西周晚期

169	170	171	172	173	174	175	176
05.2838	11.5988	15.9635	11.5827	08.4262.2	10.5392.2	08.4313.1	04.2460
曶鼎	斱尊	㭱壺	作父丁尊	格伯簋	寡子卣	師寰簋	梜伯肆鼎
			16.10556	08.42642	案：李學勤(2017)疑該字从「桒」，擬讀爲「債」，《禮記·大學》鄭注：「猶覆敗也。」	08.4313.2	
			作父丁器	格伯簋		師寰簋	
西周中期	西周中期	西周晚期	西周早期	西周中期	西周中期	西周晚期	西周中期

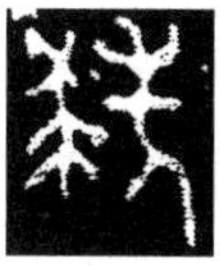

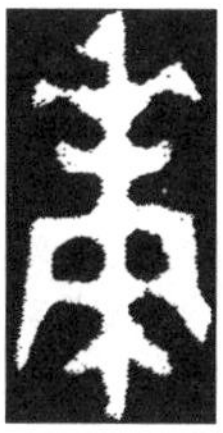

184	183	182	181	180	179	178	177
04.2505.1 圛方鼎	07.3824 圛簋	首陽114頁 應侯簋蓋	11.6011.2 盠駒尊	07.4116 師害簋	06.3512 □作父丁簋	04.2194 □父鼎	04.1967 □作寶鼎
04.2505.2 圛方鼎		保利 應侯視工簋					
		保利 應侯視工簋					
		案：李學勤(2007d)釋作「屰」，讀作「逆」；王龍正等(2007)釋作「毛」。					
西周早期	西周早期	西周晚期	西周中期	西周中期	西周早期	西周中期	西周中期

192	191	190	189	188	187	186	185
06.3628 [illegible]簋	10.5335.1 [illegible]作文考癸卣	07.3881.1 栰車父簋	07.3919 [illegible]公昏簋	05.2835 多友鼎	07.4038 章叔淵簋	05.2838 曶鼎	06.3006 [illegible]簋
		07.3882.1 栰車父簋					
		07.3883 栰車父簋					
		07.3886 栰車父簋					
西周早期	西周早期	西周晚期	西周	西周晚期	西周晚期	西周中期	西周早期

193	194	195	196	197	198	199	200
12.6477.1 伯旛觶	06.3689.1 亞曩吴作母辛簋	文物 2000(6) 曶簋	04.2404 伯[illegible]方鼎	06.3676 [illegible]簋	09.4466 鬲比盨	14.8876 旟作父乙爵	首陽105頁 龍紋盤
12.6477.2 伯旛觶				案：張亞初(2001)隸作「[㫃+涉]」；黄德寬(2006)釋作「旐」；郭永秉(2014)亦釋作「旐」。			
西周早期	西周早期	西周中期	西周早期	西周早期	西周晚期	西周早期	西周

208	207	206	205	204	203	202	201
		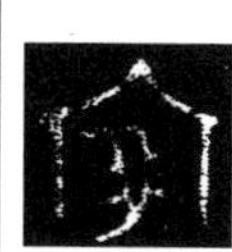				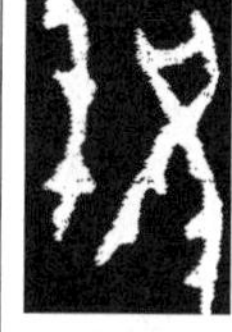	
05.2740 [illegible]鼎	03.634 [illegible]鬲	11.5778 [illegible]尊	08.4327 卯簋蓋	04.3810.1 兮仲簋	04.1973 [illegible]作寶 彝鼎	文物 1998(9) 柞伯簋	04.2404 伯[illegible]方鼎
西周早期	西周早期	西周早期	西周中期	西周晚期	西周中期	西周早期	西周早期

編號	字形	著錄	器名	時代
209		04.2487	伯𠭯父鼎	西周中期
210		11.5984	能匋尊	西周中期
211		11.5684	亞旐𩰫尊	西周早期
212		15.9413	伯寶盉	西周晚期
213		新收 937	伯雒倗宿鼎	西周早期
214		05.2837	大盂鼎	西周早期
215		11.6007	耳尊	西周早期或中期
216		05.2720	井鼎	西周早期或中期

213 案：朱鳳瀚(2012)認爲可讀作「底」。

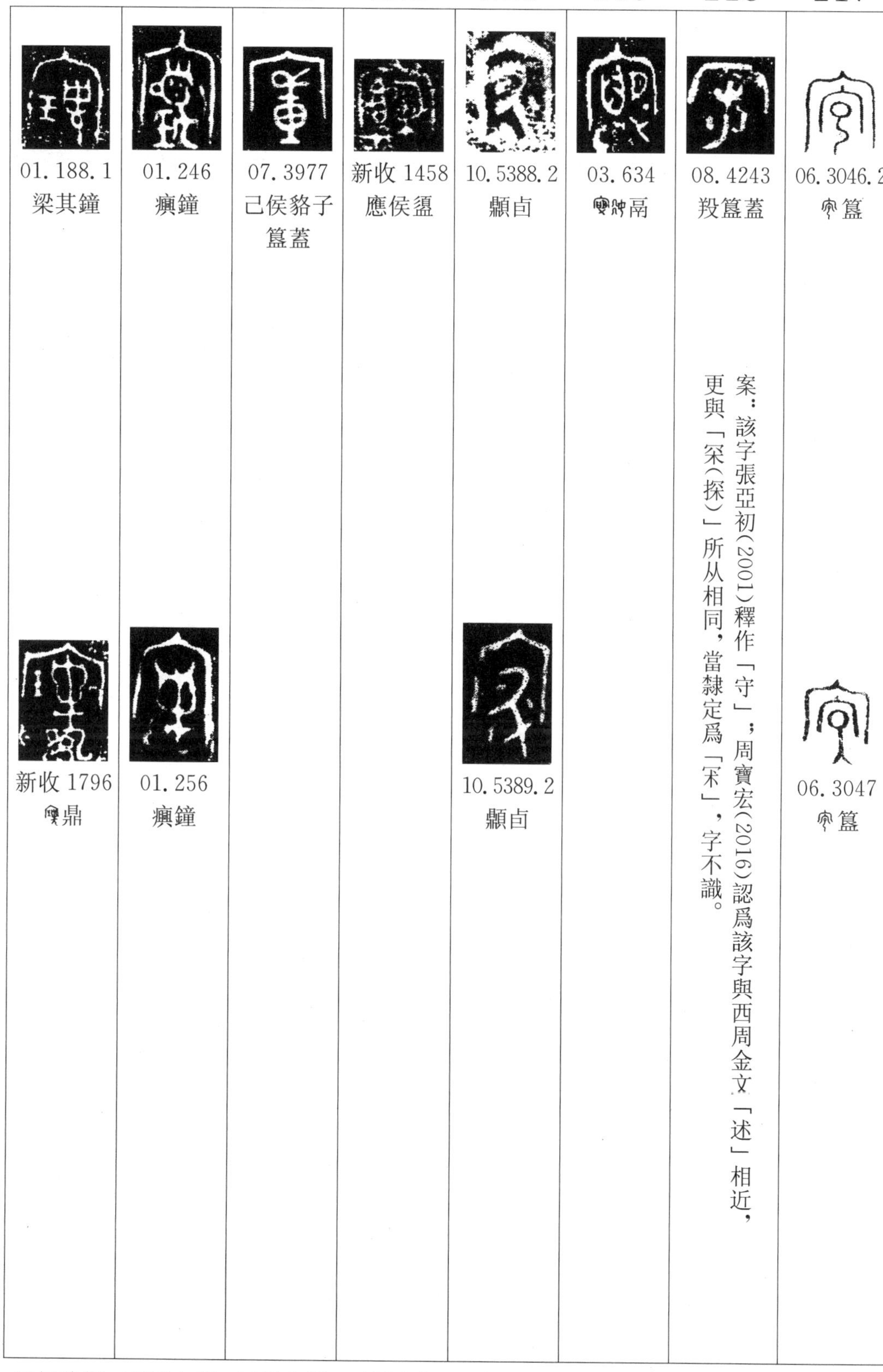

223	222	221	220	219	218	217
01.188.1 梁其鐘 新收 1796 𠆡鼎	01.246 㾓鐘 01.256 㾓鐘	07.3977 己侯貉子簋蓋	新收 1458 應侯盨	10.5388.2 顯卣 10.5389.2 顯卣	03.634 [illegible]鬲	08.4243 殳簋蓋 案：該字張亞初(2001)釋作「守」；周寶宏(2016)認爲該字與西周金文「述」相近，更與「罙(探)」所从相同，當隸定爲「宋」，字不識。	06.3046.2 [illegible]簋 06.3047 [illegible]簋
西周晚期	西周中期	西周中期	西周晚期	西周早期	西周晚期	西周中期	西周晚期

編號	字形及出處	時代
224	 06.3721 康伯簋	西周中期
225	 考古 1990(1) 克盉  考古 1990(1) 克罍   考古 1990(1) 克罍蓋  案：有釋「垂」、「宅」、「彔」、「寓」、「寑」等（參周寶宏 2005）；黃德寬（2008）釋作「宋」，讀作「次」。	西周早期
226	 05.2831 九年衛鼎	西周中期
227	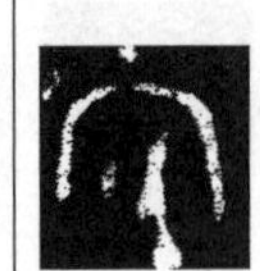 12.6418 ⿱宀父辛觶	西周早期
228	 05.2575 事口鼎  10.5410.1 啓卣	西周早期
229	 08.4327 卯簋蓋	西周中期
230	 新收 1664 矩鼎	西周早期
231	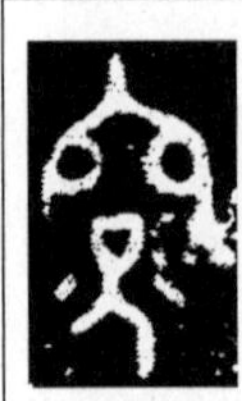 08.4331 𠦪伯歸夆簋	西周晚期

239	238	237	236	235	234	233	232
07.3877 季□父 簋蓋	歷文 2002(6) 𣄰公盨	11.5576 □尊	12.6515 萬諆觶	16.10155 湯叔盤	06.3694 叔 簋	08.4276 豆閉簋	12.6418 □父辛觶
西周晚期	西周中期	西周中期	西周中期	西周晚期	西周中期	西周中期	西周早期

247	246	245	244	243	242	241	240
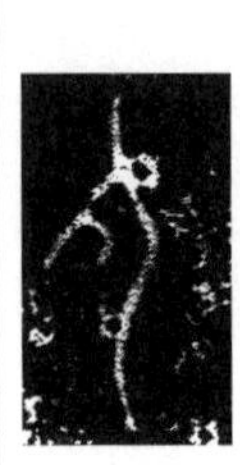		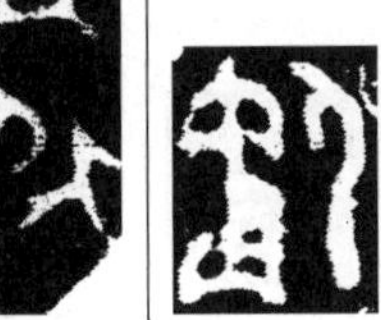					
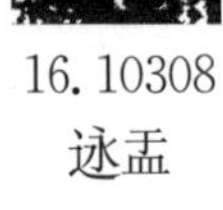16.10308 逨盂	11.5581 叔[illegible]尊	05.2810 噩侯鼎	08.4288.1 師酉簋	03.851 𢀛奴寶甗	06.3469 [illegible]簋	04.2809 師旂鼎	07.3750 戩見駒簋

			08.4288.2 師酉簋				
西周早期	西周	西周晚期	西周中期	西周早期	西周早期	西周中期	西周早期

編號	出處	器名	時代	案
248	04.2068	姚鼎	西周中期	
249	04.1975	應□作旅鼎	西周早期	
250	05.2557	師□鼎	西周中期	
251	05.2575	事口鼎	西周早期	
252	06.3501 10.4970.1	作祖戊簋 父庚□卣	西周早期	
253	10.5311.2	覰作父戊卣	西周早期	
254	文物 1998(4)	匍盉	西周中期	案：李學勤(1999b)釋作「艮」；陳昌遠、王琳(1999)釋作「信」；王龍正(2007)釋作「兒」，讀爲「懋」、「茂」或「衺」；黃益飛(2013)釋作「盾」，讀作「允」。
255	04.2012	□作父戊鼎	西周早期	

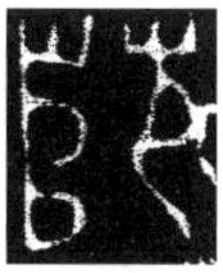

263	262	261	260	259	258	257	256
15.9447 王仲皇父盉	10.5300 散伯卣蓋	16.10271 潘君赢匜	08.4262 格伯簋	06.3686 琲囗冀作父癸簋	15.9406 僕父己盉	06.2954 [illegible]簋	05.2734 仲譴父鼎
			08.4262 格伯簋				
			08.4262.2 格伯簋				
			08.4265 格伯簋				
西周晚期	西周早期	西周晚期	西周中期	西周早期	西周早期	西周	西周中期

264	265	266	267	268	269	270	
文博 1996(4) 望伯逗鬲	文物 1998(9) 柞伯簋	08.4327 卯簋蓋	06.3588 屐作鳌伯簋	07.3993 召簋	04.2491 居舠駷鼎	歷文 2002(1) 士山盤	新收 1148 辛囂簋
西周	西周中期	西周中期	西周中期	西周早期	西周中期或晚期	西周中期	西周

271	272	273	274	275	276	277	278
		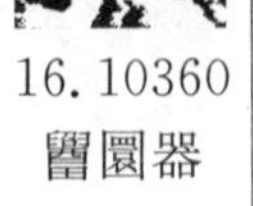	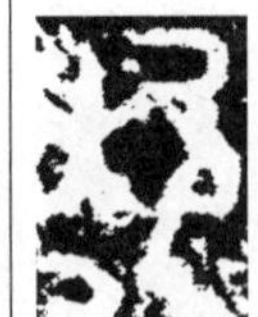	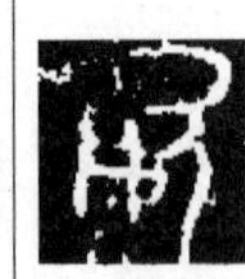			
08.4312 師頵簋	文物 1999(9) 戎生編鐘	15.9594.1 𢍉𡛜進壺	16.10360 罍圜器	06.3305 [illegible]作父乙簋	15.9299 般觥	08.4213 𡰥敄簋蓋	近出二編 63頁 [illegible]簋
			案：李學勤(1986b)疑該字从「羊」聲，讀爲「觴」；《引得》隸「歠」；周忠兵(2014b)認爲該字與「𩰫」構形相似，其中的「𠱠」應爲義符，「款」爲聲符。謝明文(2016)疑可讀爲「鑵」。				
西周晚期	西周中期	西周早期	西周早期	西周早期	西周早期	西周晚期	西周早期

279	280	281	282	283	284	285	286
05.2626	03.1015	16.9892.2	新收 932	06.3687	11.5887	14.8446	05.2838
獻侯鼎	□鼎	□方彝	□作父戊鼎	□婦簋	侃尊	□父丁爵	曶鼎
		案：葉正渤(2011)隸作「頁」；李學勤(2011)隸此字作「須」。					案：謝明文(2014a)分析「王」形上當分析爲从「林」从「大」从「夗」，从「夗」聲字與「鬱」字多相通，此字可讀爲「鬱」或「鈎」。
西周早期	西周早期	西周早期	西周早期	西周早期	西周早期	西周早期	西周中期

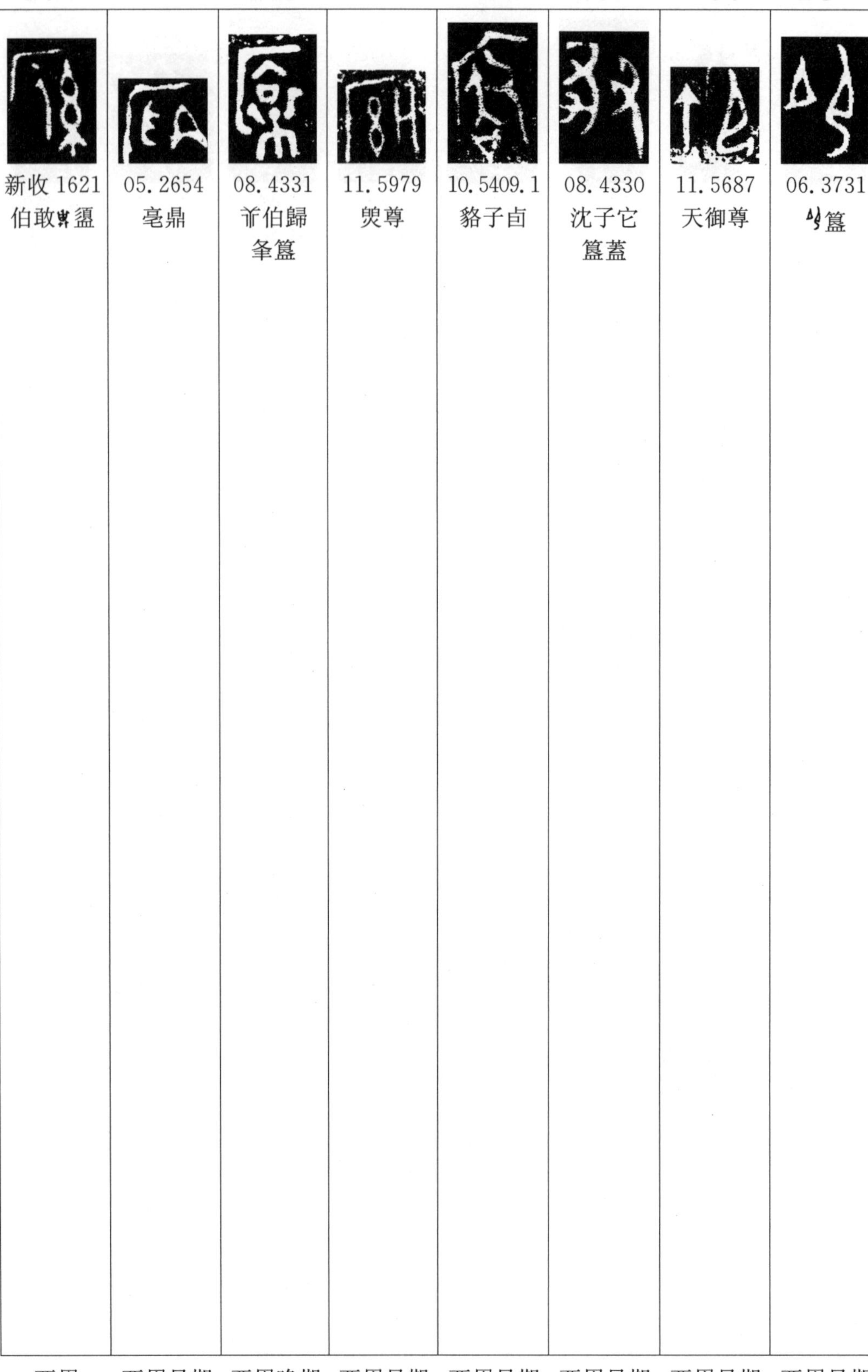

294	293	292	291	290	289	288	287
新收 1621 伯敢[illegible]盨	05.2654 亳鼎	08.4331 𦍒伯歸夆簋	11.5979 㚸尊	10.5409.1 貉子卣	08.4330 沈子它簋蓋	11.5687 天御尊	06.3731 [illegible]簋
西周	西周早期	西周晚期	西周早期	西周早期	西周早期	西周早期	西周早期

302	301	300	299	298	297	296	295
14.9073	06.2915	04.2455	06.3692	12.6514	16.10176	新收 1598	總集 08.6876
[illegible]作父己爵	[illegible]簋	[illegible]父鼎	仲[illegible]簋蓋	中觶	散氏盤	魯侯鼎	[illegible]叔多父盤
西周早期	西周早期	西周早期	西周中期	西周早期	西周晚期	西周中期	西周

303	304	305	306	307	308	309	310
首陽137頁	文物2003(6)	新收698	14.8830	16.10043	16.10172	16.10176	09.4667.2
□觚	述盤	伯唐父鼎	□作彝爵	□父己盤	寰盤	散氏盤	衛始豆
	案：該字還見於秦公鎛作「□」，可隸作「瀊」。董珊(2003)讀爲「施」；王輝(2003)疑是「盜」字異體；李學勤(2003a)讀爲「延」；何琳儀(2003)讀爲「濯」；秦曉華(2016)讀爲發語詞「誕」。						
西周早期	西周早期	西周中期	西周早期	西周早期	西周晚期	西周晚期	西周晚期

311	312	313	314	315	316	317	318
08.4237 臣諫簋	05.2841.2 毛公鼎	16.10176 散氏盤	04.2037 [illegible]鼎	05.2838 曶鼎 05.2838 曶鼎 05.2838 曶鼎	04.2485 刺觀鼎	03.3439 新甹簋	07.3945 觴姬簋蓋
案：謝明文(2014b)謂該字右邊顯然是「兄」，而與「𠬝」「欠」有别，當隸作「舧」。					案：謝明文(2015f)釋爲「肈」。		
西周中期	西周晚期	西周晚期	西周早期	西周中期	西周早期	西周早期	西周晚期

319

06.3347
女[illegible]作簋

11.6004
瞿尊

08.4178
君夫簋蓋

08.4269
縣改簋

西周中期

320

06.3451
婞簋

西周早期

321

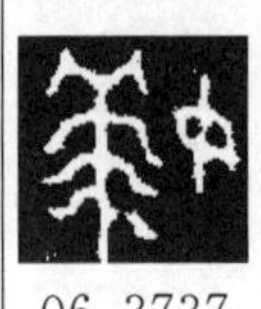

06.3737
畬簋

西周中期

322

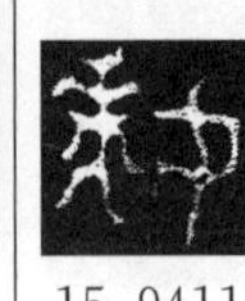

15.9411
變王盉

案：張亞初(2001)釋作「姊」；譚步雲(2015)釋作「娸」。

西周中期

323

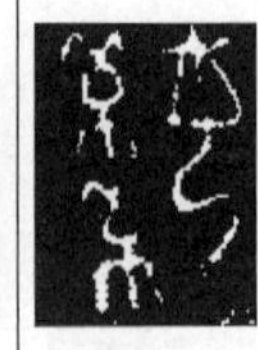

07.3942
叔德簋

西周早期

324

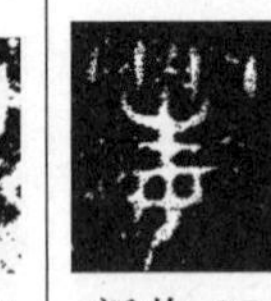

新收 85
[illegible]卣

西周早期

325

06.3566
[illegible]啟簋

西周早期

326

16.10177
嬇匜

西周早期

334	333	332	331	330	329	328	327
07.4048.1 琱伐父簋 07.4048.2 琱伐父簋 07.4049.2 琱伐父簋 07.4049.2 琱伐父簋 07.4050.1 琱伐父簋	04.2253 [illegible]父 辛鼎	03.885 何婖庈甗	15.9418 伯翺盉	05.2729 歔甗方鼎	16.10216 召樂父匜	05.2702 嬰方鼎	10.5389.1 顯卣 10.5389.2 顯卣
西周晚期	西周早期	西周早期	西周早期	西周早期	西周晚期	西周早期	西周早期

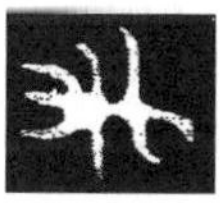

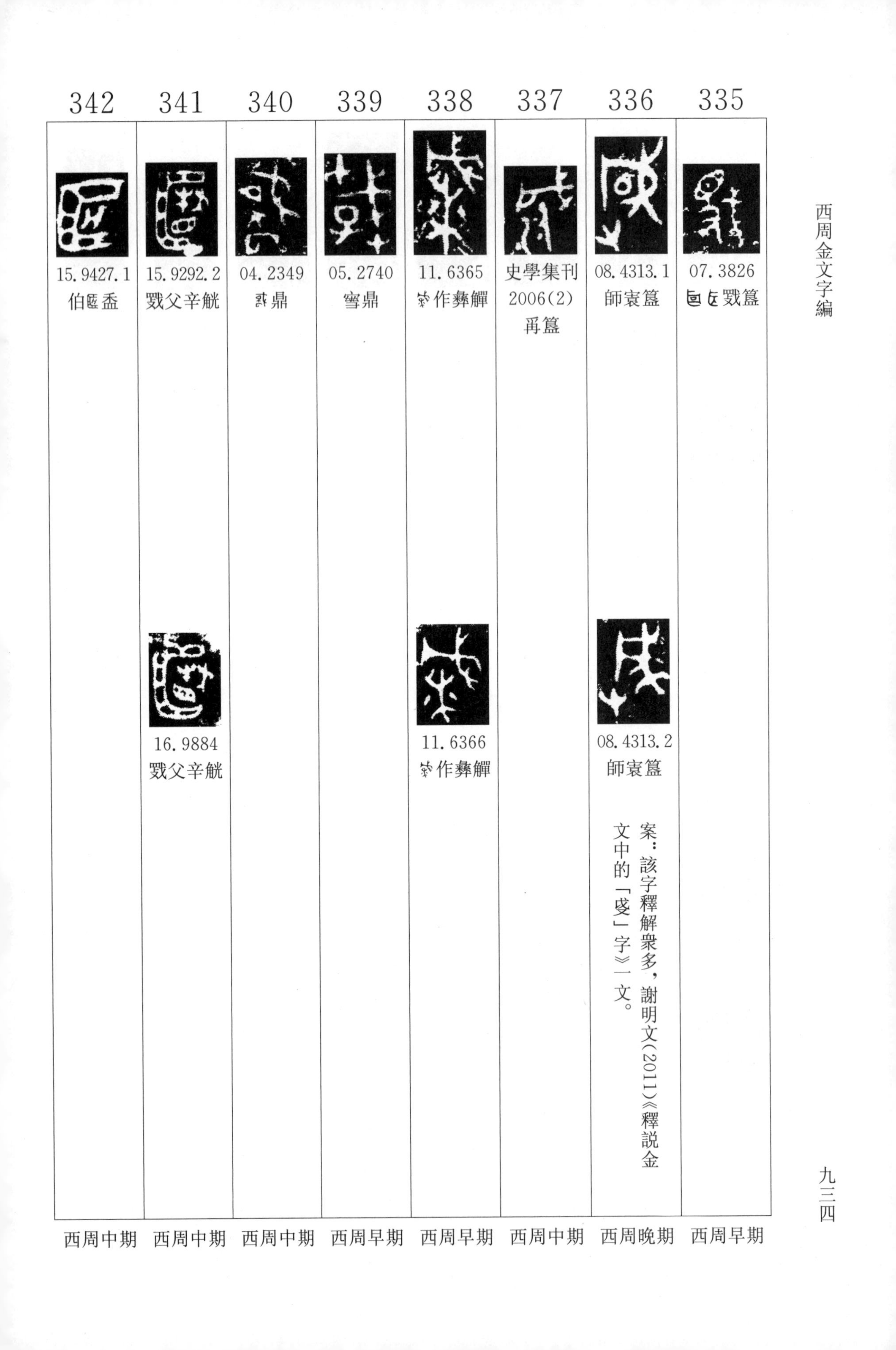

335	336	337	338	339	340	341	342
07.3826 [illegible][illegible]戜簋	08.4313.1 師寰簋	史學集刊 2006(2) 爯簋	11.6365 [illegible]作彝觶	05.2740 寧鼎	04.2349 [illegible]鼎	15.9292.2 戜父辛觥	15.9427.1 伯匽盉
	08.4313.2 師寰簋 案：該字釋解衆多，謝明文(2011)《釋說金文中的「𢦏」字》一文。		11.6366 [illegible]作彝觶			16.9884 戜父辛觥	
西周早期	西周晚期	西周中期	西周早期	西周早期	西周中期	西周中期	西周中期

350	349	348	347	346	345	344	343
05.2729	04.1538	09.4347	03.901	06.3236	新收 45	08.4321	11.5986
歔甗方鼎	紟父乙鼎	[illegible]伯盨	弜作父乙甗	弢作旅簋	梁姬罐	訇簋	隮作父乙尊
西周早期	西周早期	西周晚期	西周早期	西周早期	西周晚期	西周晚期	西周早期

351	352	353	354	355	356	357	358
03.541	04.2342	08.4292	04.2325	07.3845	03.530	11.5986	08.2816
季𩰫鬲	叔𡨦作南宮鼎	五年琱生簋	𤔲季作父癸方鼎	妊𨛭母簋	伯乔鬲	𨻰作父乙尊	伯晨鼎
		案：陳英傑(2007)釋作「蟪」，讀作「惠」；李學勤(2007b)謂字从「熏」聲，讀作「問」；陳絜(2008)讀作「惠」，訓作「順」；羅衛東(2010)釋作「裸」的異體字；周忠兵(2012)謂釋「鼀」是正確的。					
西周早期	西周早期	西周中期	西周早期	西周晚期	西周早期	西周早期	西周中期或晚期

359	360	361	362	363	364	365	366
08.4243 殺簋蓋	16.10085 [illegible]盤	陝博(7) 宰獸簋	考古學報 2018(1) 伯方鼎 案：謝堯亭等(2018)釋「釪」。	晉國97頁 晉侯斷簋	17.11333.1 倣勺白戈	14.9097 盟口鑰 [illegible]爵	08.4318.2 三年師 兑簋
西周中期	西周晚期	西周晚期	西周早期	西周晚期	西周早期	西周早期	西周晚期

367	368	369	370	371	372	373	374
08.4203 曾仲大父蠢簋	06.3566 [illegible]畋簋	10.5318.1 𠂤丞卣 15.9533.2 夾作彝壺	14.8908 [illegible]册父丁爵	16.10161 免盤	04.2282 尹叔作限姞鼎	12.6514 中觶	11.5895 [illegible]作父乙尊
西周晚期	西周晚期	西周早期	西周早期	西周中期	西周中期	西周早期	西周晚期

382	381	380	379	378	377	376	375

12.6472	08.4130	05.2763.1	05.2748	05.2841	09.4555	07.3750	16.10176
作御父辛觶	[illegible]叔簋蓋	我方鼎	庚贏鼎	毛公鼎	師麻斿叔鼎	殸見駒簋	散氏盤
西周早期	西周晚期	西周早期	西周早期	西周晚期	西周晚期	西周早期	西周晚期

390	389	388	387	386	385	384	383
陝博(7) 宰獸簋	歷文 2002(6) 𨟻公盨	08.4276 豆閉簋	01.20 [illegible]鐘	11.5900 亯册作父己尊	06.3536 伯[illegible]簋	05.2575 事口鼎	03.738 孟辛父鬲
西周晚期	西周中期	西周中期	西周晚期	西周早期	西周早期	西周早期	西周晚期

398	397	396	395	394	393	392	391
13.8145 爵	06.3480 伯簋	10.5356 伯卣	07.4116.2 師害簋	16.10085 盤	05.2720 井鼎	04.2280 鼎	05.2671 虘父鼎 05.2672 虘父鼎
西周早期	西周早期	西周早期	西周晚期	西周晚期	西周早期或中期	西周中期	西周早期

406	405	404	403	402	401	400	399
05.2725	15.9456	05.2751	11.6011.1	08.4129	10.5332	11.5981	新收 593
歸𢐗方鼎	裘衛盉	中方鼎	盠駒尊	[illegible]叔買簋	[illegible]作父丁卣	敪尊	[illegible]發耒簋
案：李學勤(1986b)讀爲「堯」；陳絜(2012)隸作「𢽴」，釋爲「敢」字異體。							
西周早期	西周中期	西周早期	西周中期	西周晚期	西周早期	西周中期	西周早期

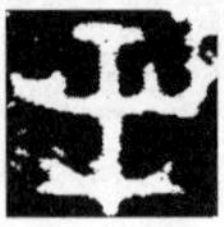

414	413	412	411	410	409	408	407
 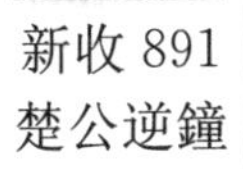			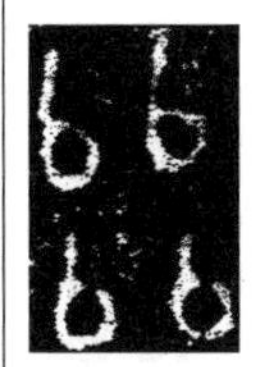				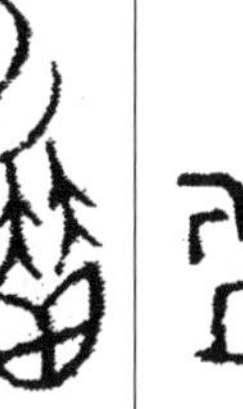
新收 891	15.9672	05.2720	09.4466	16.10321	11.5864	08.4343	08.4323
楚公逆鐘	仲自父壺	井鼎	鬲比盨	趞盂	傳尊	牧簋	敔簋
西周晚期	西周晚期	西周早期或晚期	西周晚期	西周中期	西周中期	西周中期	西周晚期

422	421	420	419	418	417	416	415

新收 726 辟卣	新收 1148 辛嚣簋	09.4464 駒父盨蓋	12.6472 作御父辛觶	近出 1240 衖斧	文物 1999(9) 戎生編鐘	16.10101 仲𢦚臣盤	16.10101 仲𢦚臣盤
					案：李學勤(1999a)認爲字从「采」，即「穗」字，讀爲「耊」；禤健聪(2015)認爲字當从「老」省、从「禾」，左下从「卬」得聲，銘文中讀作「仰」。		
西周早期	西周	西周晚期	西周早期	西周早期	西周中期	西周早期	西周早期

423	424	425	426	427	428	429	430
		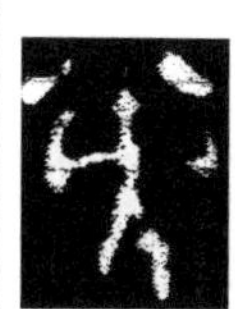	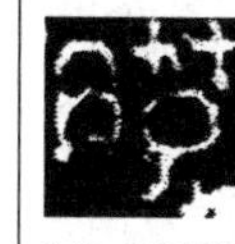				
04.1767 [illegible]作尊方鼎	04.1705 作[illegible]鼎	文物 2003(6) 卌二年逑鼎乙	16.10168 守宫盤	06.3566 [illegible]攺簋	07.3935 [illegible]生[illegible]簋	07.3935 [illegible]生[illegible]簋	05.2704 旟鼎
		案：李學勤(2003)疑从「㡀」聲，讀作「蔽」；王輝(2006)疑爲牆盤「[illegible]」之誤，讀作「匡」；周鳳五(2004)釋作「夾」；張再興(2010)謂該字上从「八」聲，下从「人」形，讀作「弼」字。					
西周早期	西周早期	西周晚期	西周中期	西周早期	西周晚期	西周晚期	西周早期

431	432	433	434	435	436	437	438
近出二編（三）175頁 楷侯辛[illegible]壺	04.2398 [illegible]鼎	06.3521 璥作父癸蓋	05.2814 無叀鼎	歷文 2006(3) 䚊簋	上博(8) □鼎	文物 2003(6) 卌二年逑鼎乙	新收 672 □姒簋
		近出 985 璥父己罍			上博(8) □鼎	華章 39頁 卌二年逑鼎甲	
西周晚期	西周早期	西周早期	西周晚期	西周中期	西周中期	西周晚期	西周晚期

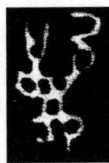

編號	出處	器名	案語	時代
439	新收 960	家父盤	案：鄔可晶(2011)隸此字作「⿱宀皿」，讀爲當血祭講的「盟」。	西周早期
440	文博 2008(2)	叔駒父簋		西周晚期
441	05.2659	圅鼎	案：張亞初(2011)釋作「暈」；張新俊(2014)繫聯甲骨文「暈」字，申説此義，銘文中讀作「營」；蔡一峰(2017)釋作「暈」，讀作「軍」，訓作「屯兵駐扎」。	西周晚期
442	歷文 2004(1)	師酉鼎		西周中期
443	玫茵堂 117	炊伯□盤		西周中期
444	論稿 10 頁	聞尊		西周中期
445	華章 71 頁；華章 111 頁	卌三年逑鼎丙；卌三年逑鼎辛	案：趙平安(1996)認爲是「靳冕衣」的合文。	西周晚期
446	新收 1842	叔皀簋		西周早期

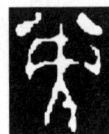

447	448	449	450	451	452	453	454
 08.4167 虘簋	 銘圖 05673 古盨蓋	 華章 39 頁 卌二年逑鼎甲	 華章 39 頁 卌二年逑鼎甲	  晉國 99 頁 晉侯哳簋	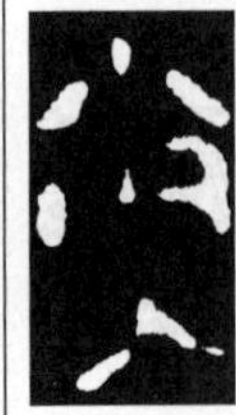 華章 39 頁 卌二年逑鼎甲	 歷文 2002(6) 豳公盨	  文博 2007(2) 䜌鼎
案：該字或釋「衮」「甲」「介」，張亞初(1989)釋「祄」；傅修傑(2013)釋「祄」，讀爲「介」。		 華章 47 頁 卌二年逑鼎乙	 華章 47 頁 卌二年逑鼎乙		華章 47 頁 卌二年逑鼎乙		
西周中期	西周中期	西周晚期	西周晚期	西周中期	西周晚期	西周中期	西周晚期

462	461	460	459	458	457	456	455
	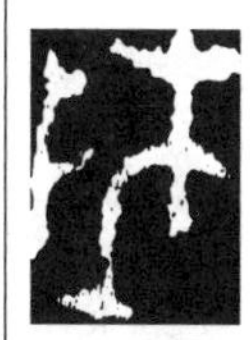	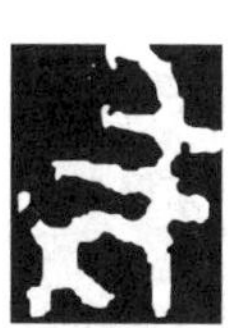					
文物 2004(8) 辛䀇相簋	文物 2004(8) 辛䀇相簋	文物 2004(8) 辛䀇相簋	文物 2004(8) 辛䀇相簋	文物 2004(8) 辛䀇相簋	文物 2001(8) □卣	上博(11) □角	文博 2007(2) 䜌鼎
西周早期	西周早期	西周早期	西周早期	西周早期	西周早期	西周早期	西周晚期

463	464	465	466	467	468	469	470
				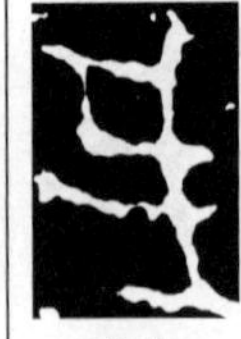			
文物 2004(8) 辛嚚相簋	文物 2004(8) 辛嚚相簋	文物 2004(8) 辛嚚相簋	文物 2004(8) 辛嚚相簋	文物 2004(8) 辛嚚相簋	文物 2004(8) 辛嚚相簋	文物 2004(8) 辛嚚相簋	文物 2004(8) 辛嚚相簋
西周早期	西周早期	西周早期	西周早期	西周早期	西周早期	西周早期	西周早期

478	477	476	475	474	473	472	471
03.1299 [illegible]壬鼎	18.12085 [illegible]日當盧	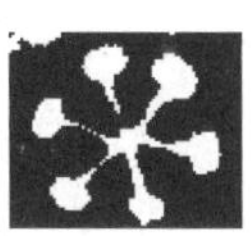 新收 835 ✻□癸鼎	文物 2000(6) 曶簋	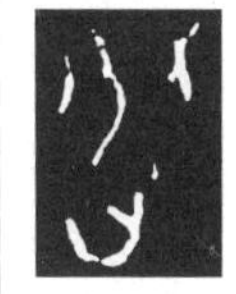 新收 94 伯□簋	 文物 2006(8) □□簋	 文物 2006(8) □□簋	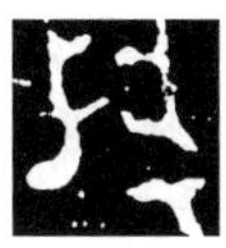 文物 2004(8) 辛囂相簋
		 新收 1305 ✻祖乙 器蓋					
西周早期	西周早期	西周早期	西周中期	西周早期	西周早期	西周早期	西周早期

486	485	484	483	482	481	480	479
03.454 [illegible]鬲	文博 2006(3) 尸鼎	04.2537 静叔鼎	08.4167 豦簋	04.2152 豐公鼎	04.1690 嬰父癸鼎	04.1600 瞏父丁鼎	04.1548 [illegible]父乙鼎
			案：李零(1992)釋作「量」讀作「糧」；裘錫圭(1998b)分析从「早」从「東」，釋作「量(糧)」；鄒芙都等(2016)釋作「榐」，讀作「提」。				
西周早期	西周早期	西周早期	西周中期	西周早期	西周早期	西周早期	西周早期

494	493	492	491	490	489	488	487
14.8340 [illegible]祖己爵	銘圖 06258 仲豈父盆甲	06.3036 [illegible]簋	銘圖 03478 [illegible]甗	銘圖 03157 豐甗	新收 1008 父辛鬲	新收 1008 父辛鬲	03.454 [illegible]鬲
西周早期	西周中期	西周早期	西周早期	西周早期	西周早期	西周早期	西周早期

495
14.8542
父己爵
西周早期

496
14.9061
公爵
西周早期

497
上博刊
11 期
□角
西周早期

498
文物
2011(11)
父乙觶
西周早期

499
11.5604
祖己尊
西周早期

500
05.2841B
毛公鼎
案：王挺斌(2017)認爲該字上部从二「人」，下部从二「匕」，讀作「嘩」。陳劍(2017)謂該字舊釋「從(縱)」，應據傳抄古文和上博簡等古文「虞」字「㐺」釋作「譁」。
西周晚期

501
05.2815
趞鼎
案：謝明文(2014)釋作「嬴」。
西周晚期

502
08.4191
穆公簋蓋
案：饒宗頤(2003)認爲字从「盟」，讀爲「鄘」；郭永秉(2012)認爲該字右半从「夗」。
西周早期

編號	著録	器名	説明	時代
503	05.2556	小臣[illegible]鼎		西周早期
504	文博 1985(3)	史叀鼎	案：李學勤(1985)分析此字从「虍」、「葬」聲，讀訓爲「善」的「臧」；姚萱(2006)讀爲「虞」；楊澤生(2010)釋作「怒」。亞當·施沃慈(2017)釋作「虞」，與「訛」相對。	西周中期
505	06.3615	[illegible][illegible]伯簋		西周早期
506	07.3908	量侯簋		西周早期
507	新收 1842	叔[illegible]簋		西周早期
508	15.9713	殳季良父壺	案：或釋「殳」、「事」、「弁」。	西周晚期
509	04.2410	甚鼎	案：謝明文(2015f)釋爲「肈」。	西周晚期
510	04.2076	覩戚鼎	案：陳英傑(2009)認爲和常見「肈」字有很大差異，似非「肈」字；謝明文(2015f)釋作「肈」字。	西周

511	512	513	514	515
15.9722 幾父壺	考古學報 2018(1) 霸伯方簋	考古學報 2018(1) 伯𩰫甗	考古學報 2018(1) 霸伯盤	考古學報 2018(1) 霸伯方簋
	案：王子楊(2018)認爲此字可能就是見於《説文·豆部》的「𧯞」，似可以直接釋作「登」；該字還似可隸成「豊」，可釋作「肆」。		案：謝明文(2015g)釋「宜」。	案：王子楊(2018)謂此字从「行」「金」「弋」，或以「金」为形符、以「衍」爲聲符的形聲字，釋「釴」，「釴」爲鼎形温食器。
西周中期	西周早期	西周早期	西周早期	西周早期

筆畫檢字表

一畫

二畫

三畫

四畫

五畫

六畫

九畫

十二畫

十三畫

十四畫

十五畫

十六畫

十七畫

十八畫

十九畫

二十畫

二十一畫

二十二畫

二十三畫

二十四畫

二十五畫

二十六畫

二十七畫

二十八畫

二十九畫

三十畫

三十三畫

三十六畫

參考文獻

B

白於藍 2000《「玄衣曉屯」新解》,《中國文字》新廿六期,藝文印書館。

保利藏金編輯委員會 1999《保利藏金——保利藝術博物館精品選》,嶺南美術出版社。

C

蔡一峰 2017《讀金偶記》,鄒芙都主編:《商周青銅器與先秦史研究論叢》,科學出版社。

蔡運章、張應橋 2003《季姬方尊銘文及其重要價值》,《文物》2003 年第 9 期。

蔡哲茂 1997《釋伯晨鼎「□」字》,《第三屆國際中國古文字學研討會論文集》,中華書局。

曹錦炎 2014《曾侯殘鐘銘文考釋》,《江漢考古》2014 年第 4 期。

曹錦炎 2016a《趩簋銘文考釋》,《出土文獻》第八輯,中西書局。

曹錦炎 2016b《宗人簋銘文與西周時的燕禮》,《古文字研究》第三十一輯,中華書局。

陳秉新 2002《釋叜及从叜之字》,《古文字研究》第二十五輯,中華書局。

陳芳妹 2000《晉侯對鋪——兼論銅鋪的出現及其禮制意義》,《故宮學術季刊》17 卷 4 期。

陳昌遠、王　琳 1999《「匍鴨銅盉」應爲「匍雁銅盉」新釋》,《河南大學學報》1999 年第 4 期。

陳漢平 1993《金文編訂補》,中國社會科學出版社。

陳　劍 1999《柞伯簋銘文補釋》,《傳統文化與現代化》1999 年第 1 期。

陳　劍 2001a《據郭店簡釋讀西周金文一例》,《北京大學中國古文獻研究中心集刊》第二輯,北京燕山出版社。
陳　劍 2001b《説慎》,《簡帛研究二〇〇一》上册,廣西師範大學出版社。
陳　劍 2003《西周金文「牙僰」小考》,《語言》第四卷,首都師範大學出版社。
陳　劍 2004a《甲骨金文舊釋「尤」之字及相關諸字新釋》,《北京大學中國古文獻研究中心集刊》第四輯,北京大學出版社。
陳　劍 2004b《甲骨金文「𢦏」字補釋》,《古文字研究》第二十五輯,中華書局。
陳　劍 2006a《晉侯墓銅器小識》,《中國歷史文物》2006 年第 6 期。
陳　劍 2006b《甲骨文舊釋「眢」和「⿱幾皿」的兩個及金文「⿰非丮」字新釋》,《出土文獻與古文字研究》第一輯,復旦大學出版社。
陳　劍 2007《釋「琮」及相關諸字》,《甲骨文考釋論集》,線裝書局。
陳　劍 2008a《金文字詞零釋》,張光裕、黃德寬編《古文字學論稿》,安徽大學出版社。
陳　劍 2008b《釋上博竹書和春秋金文的「羹」字異體》,復旦大學出土文獻與古文字研究中心網站,2008 年 1 月 6 日。
陳　劍 2008c《甲骨金文舊釋「䵼」之字及相關諸字新釋》,《出土文獻與古文字研究》第二輯,復旦大學出版社。
陳　劍 2009《楚簡「⿱网廾」字試釋》,《簡帛》第四輯,上海古籍出版社。
陳　劍 2012《試説甲骨文「殺」字》,《古文字研究》第二十九輯,中華書局。
陳　劍 2013《釋「疌」及相關諸字》,《出土文獻與古文字研究》第五輯,上海古籍出版社。
陳　劍 2015《〈釋殷墟甲骨文裏的「遠」「⿰犬戈」(邇)及有關諸字〉導讀》,《中西學術名篇精讀・裘錫圭卷》,中西書局。
陳　劍 2017《據〈清華簡（五）〉的古文「虞」字説毛公鼎和殷墟甲骨文的有關諸字》,李宗焜主編《古文字與古代史》第五輯,「中研院」历史语言研究所。
陳　絜、祖雙喜 2005《亢鼎銘文與西周土地所有制》,《中國歷史文物》2005 年第 1 期。

陳　絜 2008《關於「叀」字本義的一個假説》，《古文字研究》第二十七輯，中華書局。
陳　絜 2012《讀金札記二則》，《古文字研究》第二十九輯，中華書局。
陳　絜 2013《冉方鼎銘與周公東征路線初探》，李宗焜主編：《古文字與古代史》第四輯，「中研院」歷史語言研究所。
陳佩芬 1997《釋焂戒鼎》，《第三屆國際中國古文字學研討會論文》，香港中文大學。
陳斯鵬 2004《「眔」爲「泣」之初文説》，《古文字研究》第二十五輯，中華書局。
陳斯鵬 2008《唐叔虞方鼎銘文新解》，張光裕、黄德寬編《古文字學論稿》，安徽大學出版社。
陳斯鵬 2010《新見金文釋讀商補》，《古文字研究》第二十九輯，中華書局。
陳斯鵬 2012《新見金文字編》，福建人民出版社。
陳偉武 2016《讀金零札》，《古文字研究》第三十一輯，中華書局。
陳英傑 2004《讀金小札（五則）》，《古文字研究》第二十五輯，中華書局。
陳英傑 2007《新出琱生尊補釋》，《考古與文物》2007 年第 5 期。
陳英傑 2008《燹公盨銘文再考》，《語言科學》2008 年第 1 期。
陳英傑 2009《西周金文作器用途銘辭研究》，線裝書局。
陳昭容 1998《説「玄衣⿰巾竟純」》，《中國文字》新廿四期，藝文印書館。
陳昭容 2007《從青銅器銘文看兩周王室婚姻關係》，陳昭容主編《古文字與古代史》第一輯，「中研院」歷史語言研究所。

D

程　燕 2004《曶叔盨新釋》，《古文字研究》第二十五輯，中華書局。
大西克也 2002《論古文字資料中的「害」字及其讀音問題》，《古文字研究》第二十四輯，中華書局。
鄧佩玲 2008a《新見爯器銘文小議》，《紀念中國古文字研究會成立三十周年國際學術研討會論文集》，2008 年 10 月。
鄧佩玲 2008b《從新見「呂簋」銘文試論「⿸广各」、「奠師氏」、「䜌旂」之釋讀》，張光裕、黄德寬編《古文字學論稿》，安徽大學出版社。
鄧佩玲 2014《銅器自銘前修飾語「鬳」字試釋——兼談「延鐘、反鐘」等辭》,《古文字研究》第三十輯,中華書局。
董蓮池 2005《釋孿》,《漢字研究》第一輯,學苑出版社。
董蓮池 2010《西周金文幾個疑難字的再研究》,《古文字研究》第二十八輯,中華書局。
董蓮池 2011《新金文編》,作家出版社。
董蓮池、宋 琳 2014《釋伯𢦏父簋銘中的「茾」》,《中國文字研究》第1期。
董蓮池 2017《釋兩周金文中的「富」字》,《釋戰國文字研究的回顧和展望》,中西書局。
董 珊 2003《略論西周單氏家族窖藏青銅器銘文》,《中國歷史文物》2003年第4期。
董 珊 2004《談士山盤銘文的「服」字義》,《故宮博物院院刊》2004年第1期。
董 珊 2005《任鼎新探——兼説亢鼎》,《黄盛璋先生八秩華誕紀念文集》,中國文化教育出版社。
董 珊 2006《試論周公廟龜甲卜辭及其相關問題》,北京大學中國考古學研究中心、北京大學震旦古代文明研究中心編《古代文明》第五卷,文物出版社。
董 珊 2008《讀聞尊銘》,復旦大學出土文獻與古文字研究中心網站,2008年4月26日。
董 珊 2011《釋西周金文的「沈子」——〈逸周書·皇門〉的「沈人」》,《出土文獻》第二輯,中西書局。
董 珊 2012a《啟尊、啟卣新考》,《文博》2012年第5期。
董 珊 2012b《疑尊、疑卣考釋》,《中國國家博物館館刊》2012年第9期。
董 珊 2014《山西絳縣橫水M2出土肅卣銘文初探》,《文物》2014年第1期。
董 珊 2015a《它簋蓋銘文新釋——西周凡國銅器的重新發現》,《出土文獻與古文字研究》第六輯,上海古籍出版社。
董 珊 2015b《韓伯豐方鼎初論》,漢字國際學術研討會暨東亞研究型大學協會第三屆漢字文化研討會。

董　珊 2015c《新見魯叔四器銘文考釋》,《古文字研究》第二十九輯,中華書局。

董　珊 2015d《釋蘇埠屯墓地的族氏銘文「亞醜」》,李宗焜主編《古文字與古代史》第四輯,「中研院」历史语言研究所。

董　珊 2017《毛公方鼎韻讀》,《青銅器與金文》第一輯,上海古籍出版社。

F

范常喜 2013《方𡚬各鼎銘「從」字小考》,《中國文字學會第七屆年會會議論文集》,中國文字學會第七屆學術年會。

馮勝君 2016《清華簡〈説命〉「圜水」解》,《古文字研究》第三十一輯,中華書局。

馮　時 2003《燹公盨銘文考釋》,《考古》2003 年第 5 期。

馮　時 2006《坂方鼎、榮仲方鼎及相關問題》,《考古》2006 年第 8 期。

馮　時 2010《二里頭文化「常旜」及其相關諸問題》,《考古學集刊》第十七集,科學出版社。

馮　時 2012《班簋銘文補釋》,《出土文獻》第三輯,中西書局。

馮　時 2013《我方鼎銘文與西周喪奠禮》,《考古學報》2013 年第 2 期。

馮　時 2017《血方罍銘文與孟徐傳説》,《青銅器與金文》第一輯,上海古籍出版社。

傅修傑 2013《釋金文中兩個與「幵」相關的字》,《中國文字》第三十九輯,藝文印書館。

付　强 2015《據清華簡釋甲骨金文中的「樊」字》,《鼎甲杯甲骨文字有獎辨識大賽論文集》,中州古籍出版社。

付　强 2016《據清華簡釋金文甲骨中的「襲」字》,《高明先生九秩華誕慶壽論文集》,科學出版社。

G

郭沫若 1954《殷周青銅器銘文研究》,人民出版社。

郭靜雲 2008《甲骨、金、簡文「畀」字的通考》,《古文字研究》第二十七輯,中華書局。

郭永秉 2010a《上博藏西周寓鼎銘文新釋》,《出土文獻與傳世典籍的詮釋——紀念譚樸森先生逝世兩周年國際學術研討會論文集》,上海古籍出版社。

郭永秉 2010b《談古文字中的「要」及和从「要」之字》,《古文字研究》第二十八輯,中華書局。

郭永秉 2011a《釋三晉銘刻「亭」字異體兼談國博藏十七年春平侯鈹銘的真僞》,《簡帛》第六輯。
郭永秉 2011b《商周金文所見人名補釋五則》,《語言研究集刊》第八輯,上海辭書出版社。
郭永秉、鄔可晶 2012a《釋「索」、「剎」》,《出土文獻》第三輯,中西書局。
郭永秉 2012b《穆公簋蓋所記周穆王大蒐事考》,《復旦學報(社會科學版)》2012年第5期。
郭永秉 2014a《晉侯豬形尊銘文商榷》,《兩周封國論衡——陝西韓城出土芮國文物及周代封國考古研究國際學術研討會論文集》,上海古籍出版社。
郭永秉 2014b《關於「兆」、「涉」疑問的解釋》,《古文字研究》第三十輯,中華書局。

H

何景成 2006《關於「榮仲方鼎」的一點看法》,《中國歷史文物》2006年第6期。
何景成 2011《應侯視工青銅器研究》,《新出金文與西周歷史》,上海古籍出版社。
何景成 2012《琱生尊「有司眔注兩屖」試解》,《古文字研究》第二十九輯,中華書局。
何景成 2014《史頌器銘「瀆蘇滿」新解》,《吉林大學古籍研究所建所三十周年紀念論文集》,上海古籍出版社。
何景成 2015a《試釋甲骨文中讀爲「廟」的「勺」字》,《文史》2015年第1期。
何景成 2015b《釋曾侯與編鐘銘文中的「堂」》,《出土文獻研究》第六輯,中西書局。
何景成 2016《應侯盨「馨簋」解說》,《古文字研究》第三十一輯,中華書局。
何景成 2017《論霸伯盂諸器銘文的賞賜品「苞」》,《青銅器與金文》第一輯,上海古籍出版社。
何琳儀 2003《逨盤古辭探微》,《安徽大學學報(哲學社會科學版)》2003年第5期。
何琳儀 2010《莒縣出土東周銅器銘文匯釋》,《文史》2010年第1輯。
胡長春 2006《倏戒鼎新释》,《古文字研究》第二十六輯,中華書局。
黄德寬 2002《説遅》,《古文字研究》第二十四輯,中華書局。
黄德寬 2006《古文字譜系疏證》,商務印書館。

黄德寬 2008《釋琉璃河太保二器中的「⿱宀弟」》，張光裕、黄德寬編《古文字學論稿》，安徽大學出版社。
黄 傑 2014《疑尊、疑卣及「栗成左」戈銘文補釋》，《中國國家博物館館刊》2014 年第 5 期。
黄 傑 2015《釋古文字中的一些「沐」字（摘要）》，復旦大學古文字與出土文獻研究中心網站，12 月 2 日。
黄錦前 2011《談兩周金文中的「舍」字》，《出土文獻》第二輯，中西書局。
黄錦前 2012《霸伯盂銘文考釋》，《中國國家博物館館刊》2012 年第 5 期。
黄盛璋 2002《晉侯墓地 M114 與叔矢方鼎主人、年代和墓葬世次年代排列新論證》，《晉侯墓地出土青銅器國際學術研討會論文集》，上海書畫出版社。
黄盛璋 2011《關於柞伯鼎關鍵問題質疑解難》，《中原文物》2011 年第 5 期。
黄天樹 2006《比盨銘文補釋》，《黄天樹古文字論集》，學苑出版社。
黄錫全 2002a《西周貨幣史料的重要發現——亢鼎銘文的再研究》，《中國錢幣論文集》第四輯，中國金融出版社。
黄錫全 2002b《晉侯墓地諸位晉侯的排列及叔虞方鼎補證》，《晉侯墓地出土青銅器國際學術研討會論文集》，上海書畫出版社。
黄錫全 2014《新見小臣唐簋簡析》，《古文字研究》第三十輯，中華書局。
黄益飛 2013《匍盉銘文研究》，《考古》2013 年第 2 期。

J

蔣書紅 2010《聞尊銘文考釋》，《中國歷史文物》2010 年第 3 期。
蔣玉斌 2012《釋西周春秋金文中的「討」》，《古文字研究》第二十九輯，中華書局。

L

李伯謙 2001《叔矢方鼎銘文考釋》，《文物》2001 年第 8 期。
李朝遠 2004《〈五祀㝬鐘〉新讀》，《華學》第七輯，中山大學出版社。
李朝遠 2007《讀〈榮仲方鼎〉》，《青銅器學步集》，文物出版社。
李春桃 2012《釋番生簋蓋銘文中的車馬器「靷」》，《中國國家博物館館刊》2012 年第 1 期。

李春桃 2015《説〈尚書〉中的「敉」及相關諸字》，《出土文獻與古文字研究》第六輯，上海古籍出版社。

李春桃 2016《從斗形爵的稱謂談到三足爵的命名》，「出土文獻與中國古代文明再認識」青年學術論壇，2016 年 10 月 28 日—30 日，中國開封。

李家浩 2007《釋老簋銘文中的「滤」字——兼談「只」字的來源》，《古文字與古代史》第一輯，「中研院」歷史語言研究所。

李家浩 1992《齊國文字中的「遂」》，《湖北大學學報》(哲社版)1992 年第 3 期。

李洪財 2017《疏「顧」》，《出土文獻》第十輯，中西書局。

李家浩 2008《説「貖不廷方」》，張光裕、黄德寬編《古文字學論稿》，安徽大學出版社。

李家浩 2010《讀金文札記兩則》，《古文字研究》第二十八輯，中華書局。

李家浩 2013《清華竹簡〈耆夜〉的飲至禮》，《出土文獻》第四輯，中西書局。

李家浩 2014《説「命汝更肯克司直鄙」》，《古文字研究》第三十輯，中華書局。

李家浩 2016a《大万尊銘文釋讀》，《出土文獻》第八輯，中西書局。

李家浩 2016b《楚簡文字中的「枕」字——兼談戰國文字中幾個从「臼」之字》，《出土文獻》第九輯，中西書局。

李家浩 2016c《小臣唐簋「闌」與鄂侯馭方鼎「休闌」》，《古文字研究》第三十一輯，中華書局。

李　零 1992《西周金文中的土地制度》，《學人》第二輯，江蘇文藝出版社。

李　零 2002《論燹公盨發現的意義》，《中國歷史文物》2002 年第 6 期。

李　零 2003《讀楊家村出土的虞逑諸器》，《中國國家博物館館刊》2003 年第 3 期。

李　零 2010《讀〈首陽吉金〉》，《中國古代青銅器國際研討會論文集》，上海博物館、香港中文大學文物館。

李　零 2015《文峰塔 M1 出土鐘銘補釋》，《江漢考古》2015 年第 1 期。

李天虹 2011《湖北隨州葉家山西周墓地筆談》，《文物》2011 年第 11 期。

李鵬輝 2016《平頂山應國墓地 M257 出土銅簋銘文補釋》,《出土文獻》第八輯,中西書局。
李守奎、劉　波 2012《續論陸字構形與陸聲字的音義》,《古文字研究》第二十九輯,中華書局。
李守奎 2013《出土文獻中「遷」字的使用習慣與何尊「遷宅」補説》,《出土文獻》第四輯,中西書局。
李守奎 2015《「㞙」與「徙之古文」考》,《出土文獻》第六輯,中西書局。
李學勤 1985《史恵鼎與史學淵源》,《文博》1985 年第 6 期。
李學勤 1983《試論孤竹》,《社會科學戰線》1983 年第 2 期。
李學勤 1986a《班簋續考》,《古文字研究》第十三輯,中華書局。
李學勤 1986b《論長安花園村兩墓青銅器》,《文物》1986 年第 1 期。
李學勤 1990《鼉尊考釋》,《新出青銅器研究》,文物出版社。
李學勤 1998a《魯器帥鼎》,《綴古集》,上海古籍出版社。
李学勤 1998b《柞伯簋銘文考釋》,《文物》1998 年第 1 期。
李學勤 1999a《戎生編鐘論釋》,《文物》1999 年第 9 期。
李學勤 1999b《論應國墓地出土的匍盉》,《平頂山師專學報》1999 年第 1 期。
李學勤 2001a《犅伯卣考釋》,載《保利藏金(續)》,嶺南美術出版社。
李學勤 2001b《亢鼎賜品試説》,《南開學報(哲學社會科學版)》2001 年增刊。
李學勤 2001c《談叔矢方鼎及其他》,《文物》2001 年第 10 期。
李學勤 2002《論燹公盨及其重要意義》,《中國歷史文物》2002 年第 6 期。
李學勤 2003a《眉縣楊家村新出青銅器研究》,《文物》2003 年第 6 期。
李學勤 2003b《論士山盤——西周王朝干預諸侯政事一例》,《遯亭集——吕紹剛教授古稀紀念文集》,吉林大學出版社。

李學勤 2003c《季姬方尊研究》,《中國史研究》2003 年第 4 期。

李學勤 2005a《試論新發現的甗方鼎和榮仲方鼎》,《文物》2005 年第 9 期。

李學勤 2005b《青銅器與古代史》,聯經出版事業股份有限公司。

李學勤 2006《頌器的分合及其年代的推定》,《古文字研究》第二十六輯,中華書局。

李學勤 2007a《伯獄青銅器與西周典祀》,陳昭容主編《古文字與古代史》第一輯,「中研院」歷史語言研究所。

李學勤 2007b《琱生諸器銘文聯讀研究》,《文物》2007 年第 8 期。

李學勤 2007c《從柞伯鼎銘談〈世俘〉文例》,《江海學刊》2007 年第 5 期。

李學勤 2007d《論應侯視工諸器的時代》,《青銅文化研究》第 4 輯,合肥,黄山書社。

李學勤 2008a《談西周厲王時器伯㦰父簋》,《文物中的古文明》,商務印書館。

李學勤 2008b《新出應公鼎釋讀》,《古文字學論稿》,安徽大學出版社。

李學勤 2009a《〈首陽吉金〉應侯簋考釋》,《人文中國學報》第 15 期,上海古籍出版社。

李學勤 2009b《釋「疏」》,《考古》2009 年第 9 期。

李學勤 2009c《「天亡簋」試釋及其有關推測》,《中國史研究》2009 年第 4 期。

李學勤 2010《再談甲骨金文中的「㦰」字》,《湖南省博物館館刊》第六輯,嶽麓書社。

李學勤 2011a《西周早期頌方彝考釋》,《中國文字博物館》2011 年第 2 期。

李學勤 2011b《紂子武庚祿父與大保簋》,《甲骨文與殷商史》新二輯,上海古籍出版社。

李學勤 2011c《冀城大河口尚盂銘文試釋》,《文物》2011 年第 9 期。

李學勤 2012a《斗子鼎與成王岐陽之盟》,《國家博物館館刊》2012 年第 1 期。

李學勤 2012b《棗莊徐樓村宋公鼎與費國》,《史學月刊》2012 年第 1 期。

李學勤 2012c《由沂水新出盂銘釋金文「總」字》,《出土文獻》第三輯,中西書局。

李學勤 2013a《論清華簡〈耆夜〉的〈蟋蟀〉詩》，《初識清華簡》，中西書局。
李學勤 2013b《石鼓山三號墓器銘選釋》，《文物》2013 年第 4 期。
李學勤 2014《疑尊、卣別解》，《饒宗頤國學院院刊》創刊號，2014 年。
李學勤 2015《釋金文「亡尤」等詞》，《夏商周文明研究》，商務印書館。
李學勤 2016《再釋鼀方尊》，《古文字研究》第三十一輯，中華書局。
李學勤 2017《試釋所謂「寡子卣」》，《出土文獻》第十輯，中西書局。
李仲操 1998《王作歸盂銘文簡釋——再談葊京爲西周宮室之名》，《考古與文物》1998 年第 1 期。
連劭名 2000《周生簋銘文所見史實考述》，《考古與文物》2000 年第 6 期。
連劭名 2003a《〈燹公盨〉銘文考述》，《中國歷史文物》2003 年第 4 期。
連劭名 2003b《金文所見西周時期的刑典》，《華夏考古》2003 年第 1 期。
林素清 2007《説愁》，陳昭容主編《古文字與古代史》第一輯，「中研院」歷史語言研究所。
林　澐 1990《新版〈金文編〉正文部分釋字商榷》，中國古文字研究會第八屆年會論文，1990 年 11 月，江蘇太倉。
林　澐 2004《究竟是「翦伐」還是「撲伐」》，《古文字研究》第二十五輯，中華書局。
林　澐 2008《琱生尊與琱生簋的聯讀》，《古文字研究》第二十七輯，中華書局。
林　澐 2014《華孟子鼎等兩器部分銘文重釋》，《吉林大學古籍研究所建所三十周年紀念論文集》，上海古籍出版社。
劉　桓 2002《釋甲骨文𢓊字兼説大保簋的考釋》，《古文字研究》第二十三輯，中華書局。
劉　桓 2004《牆盤銘文札記》，《故宮博物院院刊》2004 年第 1 期。
劉　桓 2008《關於「五年琱生尊」的釋讀問題》，《考古與文物》2008 年第 3 期。
劉　桓 2010《重釋金文「攝」字》，《古文字研究》第二十八輯，中華書局。
劉洪濤 2016a《釋「韓」》，《古文字研究》第三十一輯，中華書局。

劉洪濤 2016b《甲骨金文「截」字補釋——兼釋《詩經》中的「截」字》,《出土文獻》第九輯,中西書局。
劉洪濤 2016c《釋虢季子白盤盤銘的「經擁四方」》,《中國文字研究》第二十四輯,上海辭書出版社。
劉　光 2016《補論金文「串固」與「固」字的釋讀》,《出土文獻》第八輯,中西書局。
劉社剛 2003《獸叔盨銘文及相關問題》,《中國文物報》2003 年 9 月 19 日 7 版。
劉　雨、盧岩編著 2002《近出殷周金文集錄》,中華書局。
劉　源 2003《逨盤銘文考釋》,《中國史研究》2003 年第 4 期。
劉　釗 1998《釋慍》,《容庚先生百年誕辰紀念文集(古文字研究專號)》,廣東人民出版社。
劉　釗 1999《古文字中的人名資料》,《吉林大學學報(哲學社會科學版)》1999 年第 1 期。
劉　釗 2002《利用郭店楚簡字形考釋金文一例》,《古文字研究》第二十四輯,中華書局。
劉　釗 2006a《古文字構形學》,福建人民出版社。
劉　釗 2006b《利簋銘文新解》,《古文字研究》第二十六輯,中華書局。
劉　釗 2014《「臿」字源流考》,《古文字研究》第三十輯,中華書局。
羅　琨 2006《殷墟卜辭中的「先」與「失」》,《古文字研究》第二十六輯,中華書局。
羅衛東 2008《釋新刊布應公鼎名「□」》,《古文字研究》第二十七輯,中華書局。
羅衛東 2010《琱生諸器「□」「□」字餘釋》,《古文字研究》第二十八輯,中華書局。
羅西章 1998《西周王盂考——兼論傛京地望》,《考古與文物》1998 年第 1 期。
羅運環 2015《新出金文與西周曾侯》,《陝西師範大學學報》2015 年第 6 期。

M

馬今洪 2002《鳥尊、豬尊、兔尊二題》,上海博物館編:《晉侯墓地出土青銅器國際學術討論會論文集》,上海書畫出版社。
馬承源 1985《説[illegible]》,《古文字研究》第十二輯,中華書局。

馬承源 2000《亢鼎銘文——西周早期用貝幣交易玉器的記錄》,《上海博物館集刊》第八期,上海書畫出版社。
孟蓬生 2008《解「頣」》,《古文字研究》第二十七輯,中華書局。

P

彭裕商 2012《「喪」字淺議》,《古文字研究》第二十九輯,中華書局。
彭裕商 2016《關於「戠」字釋讀的一點淺見》,《古文字研究》第三十一輯,中華書局。

Q

秦曉華 2016《利用異文校釋金文兩則》,《古文字研究》第三十一輯,中華書局。
裘錫圭 1978《史牆盤銘解釋》,《文物》1978 年第 3 期。
裘錫圭 1980《甲骨文中的幾種樂器名稱——釋「庸」、「豐」、「鞀」》,《中華文史論叢》1980 年第 2 輯。
裘錫圭 1985《釋殷虛甲骨文里的「遠」「𤞷」(邇)及有關諸字》,《古文字研究》第十二辑,中華書局。
裘錫圭 1989《釋「建」》,《古文字論集》,中華書局。
裘錫圭、李家浩 1992a《談曾侯乙墓鐘磬銘文中的幾個字》,《古文字論集》,中華書局。
裘錫圭 1992b《古璽印考釋四篇》,《文博研究論集》,上海古籍出版社。
裘錫圭 1998a《釋𠬪》,《容庚先生百年誕辰紀念文集(古文字研究專號)》,廣東人民出版社。
裘錫圭 1998b《西周糧田考》,《胡厚宣先生紀念文集》,科學出版社。
裘錫圭 1999《戎生編鐘銘文考釋》,《保利藏金保利藝術博物館精品選》,嶺南美術出版社。
裘錫圭 2001《犅伯卣的形制和銘文》,《保利藏金(續)》,嶺南美術出版社。
裘錫圭 2002a《燹公盨銘文考釋》,《中國歷史文物》2002 年第 6 期。
裘錫圭 2002b《應侯視工簋補釋》,《文物》2002 年第 7 期。
裘錫圭 2003《讀逨器銘文札記三則》,《文物》2003 年第 6 期。
裘錫圭 2008《獄簋銘補釋》,《安徽大學學報》2008 年第 4 期。
裘錫圭 2009《説「婀」(提綱)》,李宗焜主編《古文字與古代史》第二輯,「中研院」歷史語言研究所。

裘錫圭 2010a《復公仲簋蓋銘補釋——兼説琱生器銘「寢氏」》,《出土文獻與古文字研究》第三輯,復旦大學出版社。

裘錫圭 2010b《釋「歸」》,《古文字研究》第二十八輯,中華書局。

裘錫圭 2012《翼城大河口西周墓地出土鳥形盉銘文解釋》,《中國史研究》2012 年第 3 期。

饒宗頤 2003《燹公盨與夏書佚篇〈禹之總德〉》,《華學》第六輯,紫禁城出版社。

R

單育辰 2007《再論沈子它簋》,《中國歷史文物》2007 年第 5 期。

單育辰 2012《甲骨文所見的動物之「狐」》,《古文字研究》第二十九輯,中華書局。

單育辰 2014a《焂卣補釋》,《古文字研究》第三十輯,中華書局。

單育辰 2014b《近出金文詞語考釋兩則》,《考古與文物》2014 年第 5 期。

沈建華 2003《讀燹公盨銘文小札》,《華學》第六輯,紫禁城出版社。

沈建華 2006《釋卜辭中的「后土」及其相關字》,《古文字研究》第二十六輯,中華書局。

沈　培 2007《説古文字里的「祝」及相關之字》,《簡帛》第二輯,上海古籍出版社。

沈　培 2010《再談西周金文「叚」表示情態的用法》,《中國古代青銅器國際研討會論文集》,上海博物館、香港中文大學文物館。

沈　培 2012《關於古文字材料中所見古人祭祀用尸的考察》,李宗焜主編《古文字與古代史》第三輯,「中研院」歷史語言研究所。

沈　培 2013《西周金文「宕」字釋義重探》,李宗焜主編《第四屆國際漢學會議論文集:出土材料與新視野》,「中研院」歷史語言研究所。

石小力 2014《利用楚簡考釋金文字詞兩則》,《古文字研究》第三十輯,中華書局。

施謝捷 1999《宰嘼簋銘補釋》,《文物》1999 年第 11 期。

S

宋華强 2014《葉家山銅器銘文和殷墟甲骨文中的古文「戾」》,《古文字研究》第三十輯,中華書局。

蘇建洲 2016《釋與「沙」有關的幾個古文字》,《出土文獻》第九輯,中西書局。

蘇建洲 2017《西周金文「干」字再議》,復旦大學出土文獻與古文字研究中心網站,2017 年 2 月 12 日。

孫亞冰 2003《眉縣楊家村卌二、卌三年逨鼎考釋》,《中國史研究》2003 年第 4 期。

T

唐　蘭 1981《論周昭王時代的青銅器銘刻》,《古文字研究》第二輯,中華書局。

譚步雲 2015《説「嬂」及其相關的字》,《古文字論壇(第一輯)——曾憲通教授八十慶壽專號》,中山大學出版社。

湯志彪 2014《金文和古書中的「幅」及相關問題小議》,《吉林大學古籍研究所建所三十周年紀念論文集》,上海古籍出版社。

田　煒 2014《西周金文字詞關係零札(兩則)》,《古文字研究》第三十輯,中華書局。

涂白奎 2006《〈季姬方尊〉銘文釋讀補正》,《考古與文物》2006 年第 4 期。

涂白奎、黄錦前 2011《隨州葉家山 M2 所出荆子鼎銘文補釋》,復旦大學出土文獻與古文字研究中心網站,2011 年 11 月 4 日。

W

王長豐 2006《西周裛土考——再釋〈中作父乙方鼎〉之裛土及其地望》,《江漢考古》2006 年第 2 期。

王恩田 2004《釋畁、畀、𡨄——兼説畀、𢍏字形》,《古文字研究》第二十五輯,中華書局。

王冠英 2004《任鼎銘文考釋》,《中國歷史文物》2004 年第 2 期。

王　輝 1997《周初王盂考跋》,《第三屆國際中國古文字學研討會論文集》,香港,1997 年 10 月。

王　輝 2003《逨盤銘文箋釋》,《考古與文物》2003 年第 3 期。

王　輝 2006《四十二年逨鼎銘文箋釋》,《周秦文明論叢》,陝西人民出版社。

王　輝 2008《琱生三器考釋》,《考古學報》2008 年第 1 期。

王　晶 2007《卌三年逨鼎中「訊庶又粦」考辨》,《中國史研究》2007 年第 3 期。

王龍正 2007《匍盉銘文補釋並再論覜聘禮》,《考古學報》2007 年第 4 期。

王龍正、劉曉紅、曹國朋 2009《新見應侯見工簋銘文考釋》,《中原文物》2009 年第 5 期。

王挺斌 2017《談談古文字資料中从二化的字》,《出土文獻》第十輯,中西書局。

王　正、雷建鴿 2015《柯史簋與柯國、唐國》,《中原文物》2015 年第 5 期。

王占奎 2010《讀金随札——内史亳同》,《考古與文物》2010 年第 2 期。

王占奎 2011《湖北隨州葉家山西周墓地筆談》,《文物》2011 年第 11 期。

王子楊 2013a《釋甲骨金文中的「將」——兼談古文字「將」之流變》,《出土文獻》第四輯,中西書局。

王子楊 2013b《甲骨文舊釋「凡」之字絶大多數當釋爲「同」——兼談「凡」、「同」之别》,《出土文獻與古文字研究》第六輯,上海古籍出版社。

王子楊 2018《大河口霸國墓地 M1017 出土青銅銘文材料的幾點認識》,中國社會院歷史研究所先秦史研究室網站,2018 年 3 月 9 日。

魏宜輝 2002《試析楚簡文字中的「顯」「㬎」字》,《江漢考古》2002 年第 2 期。

鄔可晶 2011《釋青銅器銘文中處於自名位置的「䖒」、「盟」等字》,《出土文獻與古文字研究》第四輯,復旦大學出版社。

吳紅松 2015《西周金文考釋三則》,《中國國家博物館館刊》2015 年第 4 期。

吳榮曾 1992《戰國布幣地名考釋三則》,《中國錢幣》1992 年第 2 期。

吳雪飛 2016《山西绛縣横水西周墓地出土肅卣銘文補釋》,《考古與文物》2016 年第 3 期。

吳鎮烽 2006《獄器銘文考釋》,《考古與文物》2006 年第 6 期。

吳鎮烽 2007a《⿱衛言鼎銘文研究》,《文博》2007 年第 2 期。

吳鎮烽 2007b《琱生尊銘文的幾點考釋》,《考古與文物》2007 年第 5 期。

吳鎮烽 2010a《遣伯盨銘考釋》,《古文字與青銅器論集》,科學出版社。

吴鎮烽 2010b《内史亳豐同的初步研究》,《考古與文物》2010年第2期。
吴鎮烽 2012《䖒簋考》,《考古與文物》2012年第3期。
吴鎮烽 2016《商周青銅器銘文暨圖像集成續編》,上海古籍出版社。
吴振武 1990《釋䨻》,《文物研究》第六輯,黄山書社。
吴振武 1998《焂戒鼎補釋》,《史學集刊》1998年第1期。
吴振武 2002《曲沃北趙晉侯墓地 M114 出土叔夨方鼎及相關問題研究筆談》,《文物》2002年第5期。
吴振武 2003《「𢦏」字的形音義》,《紀念殷墟甲骨文發現一百周年國際學術研討會論文集》,社會科學文獻出版社。
吴振武 2006a《新見西周爯簋銘文釋讀》,《史學集刊》2006年第2期。
吴振武 2006b《試釋西周獄簋銘文中的「馨」字》,《文物》2006年第11期。

X

謝明文 2011《試説金文中的「𢦚」字》,《中國文字》第三十七輯,藝文印書館。
謝明文 2013《晉公𥂴銘文補釋》,《出土文獻與古文字研究》第五輯,上海古籍出版社。
謝明文 2014a《金文叢考(一)》,《出土文獻》第五輯,中西書局。
謝明文 2014b《臣諫簋銘文補釋》,《中國國家博物館館刊》2014年第6期。
謝明文 2015a《談談青銅酒器中所謂三足爵形器的一種别稱》,《出土文獻》第七輯,中西書局。
謝明文 2015b《説臨》,《出土文獻與古文字研究》第六輯,上海古籍出版社。
謝明文 2015c《釋東周金文中幾個「䣛」字》,《出土文獻》第六輯,中西書局。
謝明文 2015d《釋西周金文中的「垣」字》,《中國文字學報》第六輯,商務印書館。
謝明文 2015e《説腹、飽》,《甲骨文與殷商史》新五輯,上海古籍出版社。
謝明文 2015f《金文「肈」字補説》,《中國文字》第四十一輯,藝文印書館。
謝明文 2015g《霸伯盤銘文補釋》,《中國文字》第四十一輯,藝文印書館。

謝明文 2016《談談金文中宋人所謂「觶」的自名》,《中國文字》新四十二輯,藝文印書館。
謝明文 2017《釋魯侯簋「逝」字兼談東周文字中「噬」字的來源》,《青銅器與金文》第一輯,上海古籍出版社。
謝堯亭等 2018《山西翼城大河口西周墓地 1017 號墓發掘》,《考古學報》2018 年第 1 期。
徐寶貴 2003《金文考釋兩篇》,《考古與文物》2003 年第 5 期。
徐寶貴 2008《金文研究五則》,張光裕、黃德寬編《古文字學論稿》,安徽大學出版社。
徐義華 2007《新出土〈五年琱生尊〉與琱生器銘試析》,《中國史研究》2007 年第 2 期。
徐在國 1998《讀〈楚系簡帛文字編〉札記》,《安徽大學學報(哲學社會科學版)》1998 年第 5 期。
徐在國 1999《「中播簋」應爲「中僰簋」》,《文物》1999 年第 12 期。
徐在國 2002《金文考釋拾遺》,《中國文字研究》第三輯,廣西教育出版社。
禤健聰 2005《上博楚簡釋字三則》,武漢大學簡帛研究網站,2005 年 4 月 15 日。
禤健聰 2015《銅器銘文識小錄》,《中國文字研究》第二十一輯,上海書店出版社。
禤健聰 2016a《方[戈凡]各鼎銘文考釋》,《古文字論壇(第二輯)——中山大學古文字學研究室成立六十周年紀念專號》第二輯,中西書局。
禤健聰 2016b《銅器銘文補釋二則》,《古文字研究》第三十一輯,中華書局。

Y

亞當·施沃慈 2017《史惠鼎銘文新釋》,《出土文獻》第十輯,中西書局。
顏世鉉 2015《再論是「翦伐」還是「撲伐」》,李宗焜主編《古文字與古代史》第四輯,「中研院」歷史語言研究所。
嚴志斌 2005《季姬方尊補釋》,《中國歷史文物》2005 年第 6 期。
嚴志斌 2017《釋爵》,《商周青銅器與先秦史研究論叢》,科學出版社。
楊樹達 1952《毛公鼎跋》,《積微居金文説》,中國科學院出版社。
楊澤生 2010《釋「怒」》,《中山大學學報(社會科學版)》2010 年第 6 期。

葉玉英 2014《釋「䖒」、「戲」——兼談春秋時期吳國國名》，《古文字研究》第三十輯，中華書局。

余淼淼 2013《季姬方尊「[illegible]」字補釋》，《中國文字研究》第十八輯，上海書店出版社。

袁廣闊、崔宗亮 2017《首都師範大學歷史博物館藏邢公簋》，《文物》2017 年第 3 期。

袁金平 2004《關於曶叔盨銘文的一點補充》，《古籍研究》2004 年第 2 期。

袁金平 2006《新見西周琱生尊銘文考釋》，中國社會科學院歷史研究所先秦史研究室網站，2006 年 12 月 9 日。

袁俊傑 2008《柞伯鼎銘補論》，《中原文物》2008 年第 1 期。

袁俊傑 2011《再論柞伯簋與大射禮》，《故宮博物院院刊》2011 年第 2 期。

袁俊傑 2013《兩周射禮研究》，科學出版社。

姚　萱 2006《殷墟花園莊東地甲骨卜辭的初步研究》，綫裝書局。

葉正渤 2010《周公攝政與相關銅器銘文》，《古文字研究》第二十八輯，中華書局。

葉正渤 2011《亘方彝銘文獻疑》，《考古與文物》2011 年第 4 期。

葉正渤 2012《釋𢦏（殲）》，《古文字研究》第二十九輯，中華書局。

于省吾 1981《〈牆盤〉銘文十二解》，《古文字研究》第五輯，中華書局。

Z

曾憲通 1983《説繇》，《古文字研究》第十輯，中華書局。

曾憲通 2004《再説「畫」符》，《古文字研究》第二十五輯，中華書局。

曾憲通 2015《談談怎樣考釋古文字》，《古文字論壇（第一輯）——曾憲通教授八十慶壽專號》，中山大學出版社。

張崇禮 2012a《釋聞尊銘文中的「廙」字》，復旦大學出土文獻與古文字研究中心網站，2012 年 3 月 9 日。

張崇禮 2012b《釋金文中的「或」字》，復旦大學出土文獻與古文字研究中心網站，2012 年 5 月 5 日。

張富海 2008《讀新出西周金文偶識》，《古文字研究》第二十七輯，中華書局。

張光裕 2002a《方𡘇各鼎銘考釋》，《揖芬集——張政烺先生九十華誕紀念文集》，社會科學文獻出版社。

張光裕 2002b《虎簋甲、乙蓋銘合校小記》,《古文字研究》第二十四輯,中華書局。

張光裕 2002c《新見西周「夾」簋銘文説釋》,鍾柏生主編:《第三屆國際漢學會議論文集:古文字與商周文明》,「中研院」歷史語言研究所。

張光裕 2004《讀新見西周羚簋銘文札迻》,《古文字研究》第二十五輯,中華書局。

張光裕 2006《新見老簋銘文及其年代》,《康樂集——曾憲通教授七十壽慶論文集》,中山大學出版社。

張光裕 2008a《新見樂從堂[illegible]尊銘文試釋》,《古文字學論稿》,安徽大學出版社。

張光裕 2008b《西周伯𢦏父簋銘識小》,《華學》(第九、十輯),上海古籍出版社。

張光裕 2009《㺸簋銘文與西周史事新證》,《文物》2009 年第 2 期。

張桂光 2011《金文札記二則》,《出土文獻》第二輯,中西書局。

張新俊 2004《説饎》,武漢大學簡帛研究網站,2004 年 4 月 29 日。

張新俊 2010《殷墟甲骨文「臀」字補論》,《古文字研究》第二十八輯,中華書局。

張新俊 2014《洛陽出土金文釋讀二則》,《古文字研究》第三十輯,中華書局。

張世超、孫凌安、金國泰、馬如森 1996《金文形義通解》,京都中文出版社。

張世超 1996《金文考釋二題》,《于省吾教授百年誕辰紀念文集》,吉林大學出版社。

張世超、鞠焕文 2014《「包茅、縮酒」考》,《古文字研究》第三十輯,中華書局。

張世超 2016《金文「[illegible]」字再考》,《中國文字研究》第二十四輯,上海书店出版社。

張亞初 1989《古文字分類考釋論稿》,《古文字研究》第十七輯,中華書局。

張亞初 2001《殷周金文集成引得》,中華書局。

張再興 2010《近十年新發表西周金文中的若干新見字和新見字形》,「中國古代銅器:最近發現、最近發展」國際研討會,2010 年 11 月。

張振林 2005《師旂鼎銘文講疏》,《黃盛璋先生八秩華誕紀念文集》,中國教育文化出版社。
趙　誠 2014《兩周金文中的「弘」和「引」》,《古文字研究》第三十輯,中華書局。
趙平安 1995《釋「參」及相關諸字》,《語言研究》1995 年第 1 期。
趙平安 1996《西周金文中的𡨦斲新解》,《于省吾教授百年誕辰紀念文集》,吉林大學出版社。
趙平安 1998《金文考釋五則》,《容庚先生百年誕辰紀念文集》,廣東人民出版社。
趙平安 2000《從失字的釋讀談到商代的佚候》,《中國社會科學院歷史研究所學刊》第一集,社會科學文獻出版社。
趙平安 2002a《〈窮達以時〉第九號簡考論——兼及先秦兩漢文獻中比干故事的衍變》,《古籍整理研究學刊》2002 年第 2 期。
趙平安 2002b《從〈我鼎〉銘文「祟」談到甲骨文相關諸字》,《追尋中華古代文明的蹤迹——李學勤先生學術活動五十年紀念文集》,復旦大學出版社。
趙平安 2003《商周時期金屬稱量貨幣的自名名稱及其嬗變》,《中國文字研究》第四輯,廣西教育出版社。
趙平安 2010a《釋「孛」及相關諸字》,《文字學論叢》第五集,線裝書局。
趙平安 2010b《𣧑簋銘文在文字演變上的意義》,《出土文獻》第一輯,中西書局。
趙平安 2011《迄今所見最早的褒國青銅器》,《出土文獻》第二輯,中西書局。
趙　瑩 2010《讀金札記二則》,《古文字研究》第二十八輯,中華書局。
周　波 2009《中山器銘文補釋》,復旦大學出土文獻與古文字研究中心,2009 年 9 月 8 日。
周寶宏 2005《克罍、克盉銘文集釋》,載《近出西周金文集釋》,天津古籍出版社。
周寶宏 2016《金文考釋六則》,《古文字研究》第三十一輯,中華書局,2016 年。
周鳳五 2003《燹公盨銘初探》,《華學》第六輯,紫禁城出版社。
周鳳五 2004《眉縣楊家村窖藏〈四十二年逑鼎〉銘文初探》,《華學》第七輯。

周　亞 2004《晉韋父盤與盤盉組合的相關問題》,《文物》2004 年第 2 期。
周忠兵 2012《釋甲骨文中的「餗」》,《古文字研究》第二十九輯,中華書局。
周忠兵 2014a《逦簋銘文中的「爵」字補釋》,《吉林大學古籍研究所建所三十周年紀念論文集》,上海古籍出版社。
周忠兵 2014b《釋甲骨文中的「觶」》,《古文字研究》第三十輯,中華書局。
周忠兵 2015《釋金文中的「鬻」》,《甲骨文與殷商史》新五輯,上海古籍出版社。
周忠兵 2017《釋春秋金文中的「糂」》,《戰國文字研究的回顧和展望》,中西書局。
朱鳳瀚 1992《論卜辭與商周金文中的「后」》,《古文字研究》第十九輯,中華書局。
朱鳳瀚 2001《應侯視工簋》,《保利藏金(續)》,嶺南美術出版社。
朱鳳翰 2002《燹公盨銘文初釋》,《中國歷史文物》2002 年第 6 期。
朱鳳瀚 2004《師酉鼎與師酉簋》,《中國國家博物館館刊》2004 年第 1 期。
朱鳳瀚 2006《柞伯鼎與周公南征》,《文物》2006 年第 5 期。
朱鳳瀚 2007a《覞公簋與唐伯侯於晉》,《考古》2007 年第 3 期。
朱鳳瀚 2007b《西周金文中「取徵」與相關諸問題》,陳昭容主編《古文字與古代史》第一輯,「中研院」歷史語言研究所。
朱鳳翰 2008a《衛簋與伯獄諸器》,《南開大學學報(哲學社會科學版)》2008 年第 6 期。
朱鳳瀚 2008b《由伯𢦚父簋銘再論周厲王征淮夷》,《古文字研究》第二十七輯,中華書局。
朱鳳瀚 2010《滕州莊里西滕國墓地出土𩰫器研究》,《中國古代青銅器國際研討會論文集》,上海博物館、香港中文大學文物館,2010 年。
朱鳳瀚 2012《對與晉侯有關的兩件西周銅簋的探討》,《古文字研究》第二十九輯,中華書局。
朱鳳瀚 2017《金文所見西周貴族家族作器制度》,《青銅器與金文》第一輯,上海古籍出版社。
鄒芙都、黃勁偉 2016《虡簋銘文「丼五椃」新考》,《中國文字研究》第二十三輯,上海書店出版社。

後記

本書爲二〇一三年教育部人文社科研究項目立項成果，自立項以來，雖不廢日月，但由於種種原因，遲遲未完成研究工作而遷延至今方就，這是首先要表達歉意的。西周金文作爲金文研究中最重要的研究資料，對其進行系統斷代性的整理研究工作具有重要的學術意義。拙作的初衷是充分吸收新見並參以舊著録的西周金文資料，儘量提供全面的西周金文字形拓片，從而爲研究西周金文字形的演進提供完整的字形依據。但在實際工作中由於資料所限，加之工作時間的限制等因素，字形的收集並非窮盡性的，所以在字形選擇上並非全面，而是將有代表性的字形予以儘量收入。另外，拙作注重吸收近年來學界對於西周金文的考釋成果，並提供了相關研究成果的索引，意圖一方面展現西周金文的考釋成果，另一方面也爲進一步研究提供研究資料綫索。不過由於所見資料有限，成果的吸收或存在疏漏之處。

拙作完成之際，雖感慨良多，但此時此刻最想表達的還是感謝。首先感謝彭裕商先生。二〇〇五年我負笈入川投於先生門下，先生的教誨與幫助良多，必將永銘於心。拙作雖無多少創獲，先生仍應允賜序，序中諸多鼓勵和支持的話讓我倍感溫暖，也成爲我在學術道路上不斷前行的動力。

還要感謝黄懷信先生。黄先生是我博士後期間的合作導師，黄先生學問精深，爲人謙和，有君子之風，實屬我輩學習之楷模。

拙作還得到了趙平安、徐在國、侯乃峰等先生的審閲，給拙作提出了很多好的修改建議。感謝陳昭容先生、顔世鉉先生，史語所訪問期間多有請益，受教良多。對諸位先生的鼓勵和支持深表謝意。同時感謝同門苗利娟女士，她也給予了諸多幫助。感謝我的學生史國豪，他也爲拙作傾注了不少精力。需要説明的是，雖然拙作得到了諸位先生的扶正抑或鼓勵，但拙作中存在的疏漏和錯誤文責自負。

感謝曲阜師範大學孔子文化研究院院長馬士遠先生，感謝歷史文化學院院長成積春先生、書記尹明法先生，感謝他們一直以來的關心，他們爲拙作的順利出版提供了諸多支持。感謝曲阜師範大學社科處的各位先生，特别是祁世友先生的幫助和鼓勵。

感謝我的家人，感謝父母大人。如今母親棄養，溘然長逝，天人永隔，每念至此，悲慟淚下，願母親在天之靈安息。還要感謝我的妻子王蕾女士，爲了家不辭辛勞，爲照顧女兒她付出比我更多。感謝岳父岳母大人，他們爲我們的小家傾注所有。感謝女兒，祝福她健康、快樂。還要感謝兩位姐姐及其家人。

衆所周知，古文字書籍的編輯工作不勝煩勞，在此向上海古籍出版社的各位先生，特别是顧莉丹女士對拙作的精心編校致以謝意。拙作吸收和借鑒了學界諸多先生的研究成果，金文字形選取了諸多已出版的金文著作資料，不一一枚舉，一併致以謝意。

文字編的編寫工作費時費力，甘苦自知。拙作耗時數年，雖盡心於此，但囿於能力所限，疏漏和錯誤必定不少，還請方家批評指正。人生總會面對諸多答卷，如今把這份不太成功的答卷呈現在各位面前，實在有愧於心，不過它總是我人生旅程中的一段記憶，記録了曾經的艱辛以求，曾經的悲歡離合，曾經的過眼雲煙……

張俊成

二〇一八年六月十日於陋居

圖書在版編目(CIP)數據

西周金文字編 / 張俊成編著. —上海：上海古籍出版社，2018.7
ISBN 978-7-5325-8765-0

Ⅰ.①西… Ⅱ.①張… Ⅲ.①金文—研究—中國—西周時代 Ⅳ.①K877.34

中國版本圖書館 CIP 數據核字(2018)第 048104 號

責任編輯　顧莉丹
封面設計　嚴克勤
技術編輯　耿瑩禕

西周金文字編(全二册)

張俊成　編著

上海古籍出版社　出版發行

(上海瑞金二路 272 號　郵政編碼 200020)

(1)網址:www.guji.com.cn

(2)E-mail:guji1@guji.com.cn

(3)易文網網址.www.ewen.co

常熟新驊印刷有限公司印刷

開本 787×1092　1/16　印張 63　插頁 10

2018 年 7 月第 1 版　2018 年 7 月第 1 次印刷

印數 1—2,100

ISBN 978-7-5325-8765-0

H·193　定價：358.00 元

如有質量問題,請與承印公司聯繫